KB267233

라이벌까지 끌어안은 링컨의 포용 리더십

권력의 조건

라이벌까지 끌어안은 링컨의 포용 리더십

권력의 조건

권력의 조건

라이벌까지 끌어안은 링컨의 포용 리더십

도리스 컨스 굿윈 지음 | **이수연** 옮김

arte

• 링컨과 그의 라이벌들 •

에이브러햄 링컨(Abraham Lincoln, 1809~1865). 1857년 2월 28일 시카고에서. 당시 48세. 무명에 가까웠던 시골 벽지 변호사가 정치 스타로 떠오르고 있었다. 이 사진을 찍고 1년 뒤 상원의원을 위한 당의 지명을 받아들이면서 그는 유명한 말을 남긴다. "분열하는 집은 스스로 지탱할 수 없다."

윌리엄 H. 슈어드(William H. Seward, 1801~1872)
국무장관

새먼 P. 체이스(Salmon P. Chase, 1808~1873)
재무장관

에드윈 M. 스탠턴(Edwin M. Stanton, 1814~1869)
전쟁장관

에드워드 베이츠(Edward Bates, 1793~1869)
법무장관

THE ORDINANCE OF '87.
"WESTWARD THE STAR OF EMPIRE TAKES ITS WAY.
THE GIRLS LINK ON TO LINCOLN.
THEIR MOTHERS WERE FOR CLAY."
ABE THE GIANT-KILLER
THE LITTLE GIANT CHAWING UP OLD ABE

차 례

2부 역사가 된 링컨, 화해와 통합의 리더십

마음을 얻은 사람, 링컨

1876년, 연설가 프레더릭 더글러스는 미국 흑인들이 에이브러햄 링컨을 기리기 위해 워싱턴에 세운 기념비 제막식에서 이렇게 말했다. "지금 이 자리에서 이 위대하고 선량한 사람의 됨됨이와 그의 숭고한 업적에 대해 장황하게 이야기할 필요는 없습니다. 이유는 너무나 분명합니다. 우리는 이미 그의 행적과 사상을 충분히 알고 있습니다. 누구나 에이브러햄 링컨의 과거에 대해서는 말할 수 있겠지만, 누구도 에이브러햄 링컨에 관한 새로운 소식을 들려줄 수는 없게 되었습니다."

링컨이 사망한 지 겨우 11년 밖에 지나지 않은 시점이었기 때문에, 더글러스는 미국인들이 이후 이 솔직하되 복잡하고, 빈틈없으나 정직하며, 다정하지만 강철 같은 의지를 지녔던 지도자에 대해 수 세대에 걸쳐 새롭게 발견하게 될 매력을 제대로 평가하지 못했다. 링컨이 태어난 후 거의 200년 동안 헤아릴 수 없을 만큼 많은 역사가와 작가들이 그에 관한 새로운 문서를 발견해왔고, 신선한 견해를 제시해왔다. 우리가 이로 인해 더 많은 것을 알아가고 있음은 두말할 것도 없다.

나는 에이브러햄 링컨이라는 인물의 생애를 기술하면서 1860년 공화당 대통령 후보 공천 당시 그의 라이벌이었던 명사들의 이야기를 한데 엮었다. 그때 뉴욕 주 상원의원이던 윌리엄 H. 슈어드, 오하이오 주지사였던 새먼 P. 체이스, 미주리 주의 저명한 노(老) 정치가 에드워드 베이츠가 그의 라이벌이었다. 링컨이 공천을 받았을 때 그의 라이벌들은 모두 사람을 잘못 뽑았다고 생각했다.

링컨은 벼락출세한 인물인 듯했다. 한 번 당선된 하원에서 별 볼일 없이 임기를 마친데다 상원의원 선거에서는 두 번 연속 낙선한 시골 벽지의 변호사가 아니었던가. 당대 사람들은 그가 공천받은 것은 우연이며, 노예제도에 대한 중도적 입장과 접전 지역이었던 일리노이 출신이라는 이점 때문이라고 여겼다. 하지만 링컨의 자질을 라이벌들의 면모와 비교해보았을 때, 그의 승리는 결코 우연이라고 할 수 없다. 링컨의 비범한 정치적 능력, 고난과 좌절이라는 혹독한 시련 속에서 다져진 용기는 그를 남보다 뛰어나게 하는 강력한 힘을 가졌던 것이다.

링컨은 대통령에 당선된 후, 유능한 라이벌들을 내각에 끌어들이기로 결정했다. 이 유례없는 결정은 링컨이 엄청난 자신감과 관대함을 지니고 있다는 증거였다. 슈어드는 국무장관, 체이스는 재무장관, 베이츠는 법무장관에 임명되었다. 링컨은 민주당 출신의 세 사람에게도 나머지 장관직을 제안했는데, 기디언 웰스는 해군장관, 몽고메리 블레어는 우정장관, 에드윈 M. 스탠턴은 전쟁장관이 되었다.

링컨이 임명한 내각의 장관들은 모두 링컨보다 더 유명하고 더 많은 교육을 받았으며 공직생활 경험도 풍부했다. 내각에 이들이 존재할 경우, 스프링필드 출신의 무명 변호사는 빛을 보지 못할 수도 있었다. 하지만 얼마 지나지 않아, 에이브러햄 링컨이 라이벌로만 구성된 이 이상한 내각의 손색없는 우두머리라는 사실이 분명해졌다. 막강한 경쟁자들은 처음에는 링컨이 경험도 없고 무식하다고 멸시했지만, 얼마 지나지 않아 그와 함께 위태로운 조국을 이끌어 암울한 시대를 헤쳐나가는 충실한 친구가 되었다.

링컨의 뛰어난 능력을 가장 먼저 알아챈 슈어드는 대통령을 명목상의 우두머리로 만들려고 했던 자신의 계획이 얼마나 어리석은 일이었는지 깨달았다. 슈어드는 장관이 된 지 몇 달 만에 링컨의 가장 친한 친구이자 조언자가 되었다. 베이츠 역시 처음에는 링컨을 착하기는 해도 무능한 행정가라고 생각했지만, 결국 대통령이 비길 데 없는 지도자이자 "완벽에 가까운 사람"이라고 말하게 되었다. 대통령직에 대한 오랜 야망을 버리지 못해 고뇌하던 체이스조차 결국 링컨이 자신보다 더 뛰어나다고 인정했다. 처음 만났을 때 링컨을 무시했던 스탠턴도 그를 존경하게 되었고, 대통령이 사망하자 한동안 슬픔에서 헤어나지 못했다.

홀로그램이 여러 방향에서 발사되는 빛의 간섭으로 상을 이루는 것처럼, 링컨과 함께했던 이들의 삶을 통해 그를 더 정확하고 다차원적으로 조명할 수 있다. 경쟁자였다가 동지가 된 이들의 수많은 글을 보면, 링컨의 정치적 능력이 어떻게 발현되었는지 알 수 있다. 이들의 일기와 대화, 가족 및 지인들과 주고받았던 편지 속의 수많은 에피소드와 추억은 링컨을 더욱 생생하게 보여준다. 늦은 밤 슈어드의 집 난로불 앞에서 그 긴 다리를 죽 뻗고 편히 쉬는 링컨의 모습이 손에 잡힐 듯 다가온다. 촌철살인 같은 그의 재미난 이야기가 귓가에 선하다. 노예해방과 남부 재통합에 대한 떠들썩한 토론, 전선을 방문해 병사들을 위로하며 의지를 곧추세웠던 감동적인 행보, 전쟁터에서 전해오는 속보를 기다리던 긴박한 순간……. 수만 갈래로 뻗어나가는 이야기를 통해 우리는 이 중요한 인물을 더욱 세심하게 들여다볼 수 있는 것이다.

나는 다른 링컨의 전기에서 흔히 인용하지 않은 자료를 많이 참고했다. 내가 참고한 슈어드 가족의 편지만 해도 5000통에 달하고, 슈어드의 딸 패니가 열다섯 살 때부터 스물한 살에 세상을 떠나기 2주 전까지 썼던 일기는 800쪽이나 된다. 체이스는 40여 년의 세월을 기록한 방대한 일기 외에도 수천 통의 편지를 남겼다. 1846년부터 쓰기 시작한 미공개 일기는 1859년부터 시작된 공개 일기보다 베이츠를 좀더 자세하게 알려준다. 가족에게 보낸 스탠턴의 다정한 편지와 미출판된 누이의 회고록은 열정적인 전쟁장관과 대통령을 이어주었던 헌신적 애정과 이상을 보여준다.

이 책을 집필한 10년이라는 시간 동안 링컨의 가장 놀라운 면모가 무엇이냐는 질문을 자주 받았다. 링컨은 암울했던 전쟁기간 내내 친절한 마음과 뛰어난 화술, 재기 발랄한 유머로 동료와 국민의 사기를 높였다. 불만과 다툼으로 내각이 붕괴될 위기를 맞이했을 때, 그는 사사로운 비난에 반응하지 않았고 모욕을 당해도 신경 쓰지 않았다. 링컨은 자신을 싫어했던 사람들과도 우정을 맺었고, 공로를 함께 나누었다. 그대로 두면 끝까지 가시지 않을 적개심을 없앴으며, 아랫사람의 잘못을 몸소 책임졌다. 감당할 수 없을 만큼 힘들었지만 자신감을 잃거나 대의를 잊지 않았다. 다른 이들이 절망에 빠져 있을 때도, 연방을 구하겠다는 그의 굳은 결심은 흔들리지 않았다.

1850년대에 들어서면서 더욱 격렬해진 노예 문제에 대한 다툼으로 미국은 분열의 위기를 맞았다. 이는 링컨과 그의 동료들에게 워싱턴과 제퍼슨, 애덤스가 확립한 민주주의를 개선하고 새롭게 구축할 기회를 주었다. 링컨은 이를 "자유의 새로운 탄생"이라 지칭했다.

역사가들은 오랫동안 일개 인간이 역사적 사건을 좌우할 수 있느냐, 아니면 그들은 그저 시대의 산물일 뿐이냐 하는 문제로 논쟁을 거듭했다. 이러한 논쟁에서 에이브러햄 링컨만큼 당대에 큰 공헌을 했다고 평가되는 사람은 없다. 그의 위대한 업적에 비추어보면, 링컨은 남북전쟁과 연방의 보존, 노예제도의 종식을 위해 필수조건이었던 듯하다.

30년가량 사학자로 활동했던 필자는 10년 넘게 에이브러햄 링컨과 함께 지내며 그가 직접 쓴 글과 다른 이들이 그에 대해 기록한 수백 개의 글을 읽으며 그 삶의 궤적을 따라갔다. 이를 통해 어린 시절의 끔찍한 가난과 자식들의 죽음, 온 나라를 삼킨 공포에 맞서는 그를 만났다. 그리고 이 속에서 나는, 약 200년이 지난 지금도 에이브러햄 링컨이 우리에게 깊은 감동을 줄 수 있는 인물임을 확신하게 되었다.

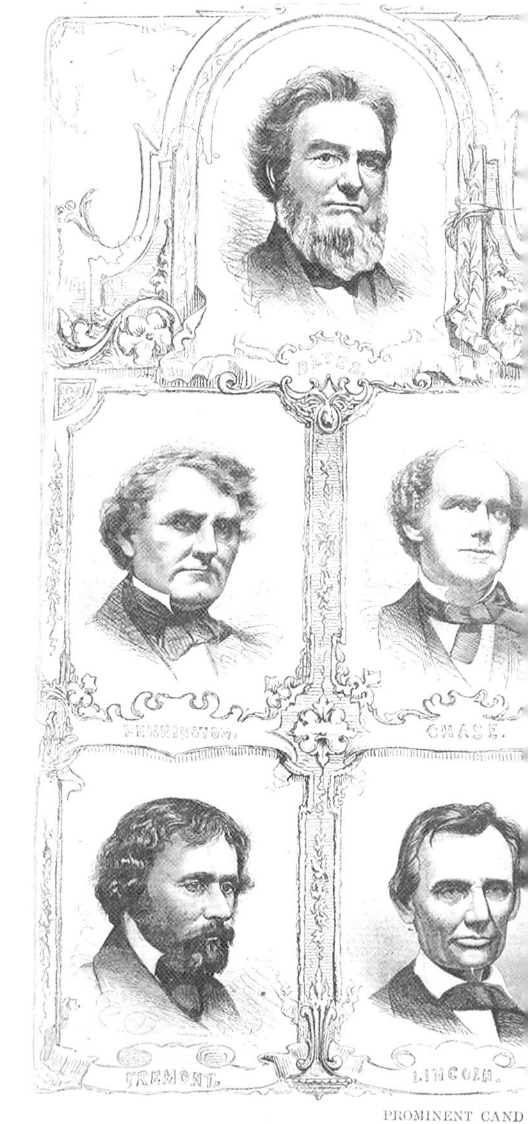

PROMINENT CAND

1부
링컨과 그 라이벌들

REPUBLICAN PRESIDENTIAL NOMINATION AT CHICAGO.—[From Photographs by Brady.]

남북전쟁 당시의 워싱턴 D.C.

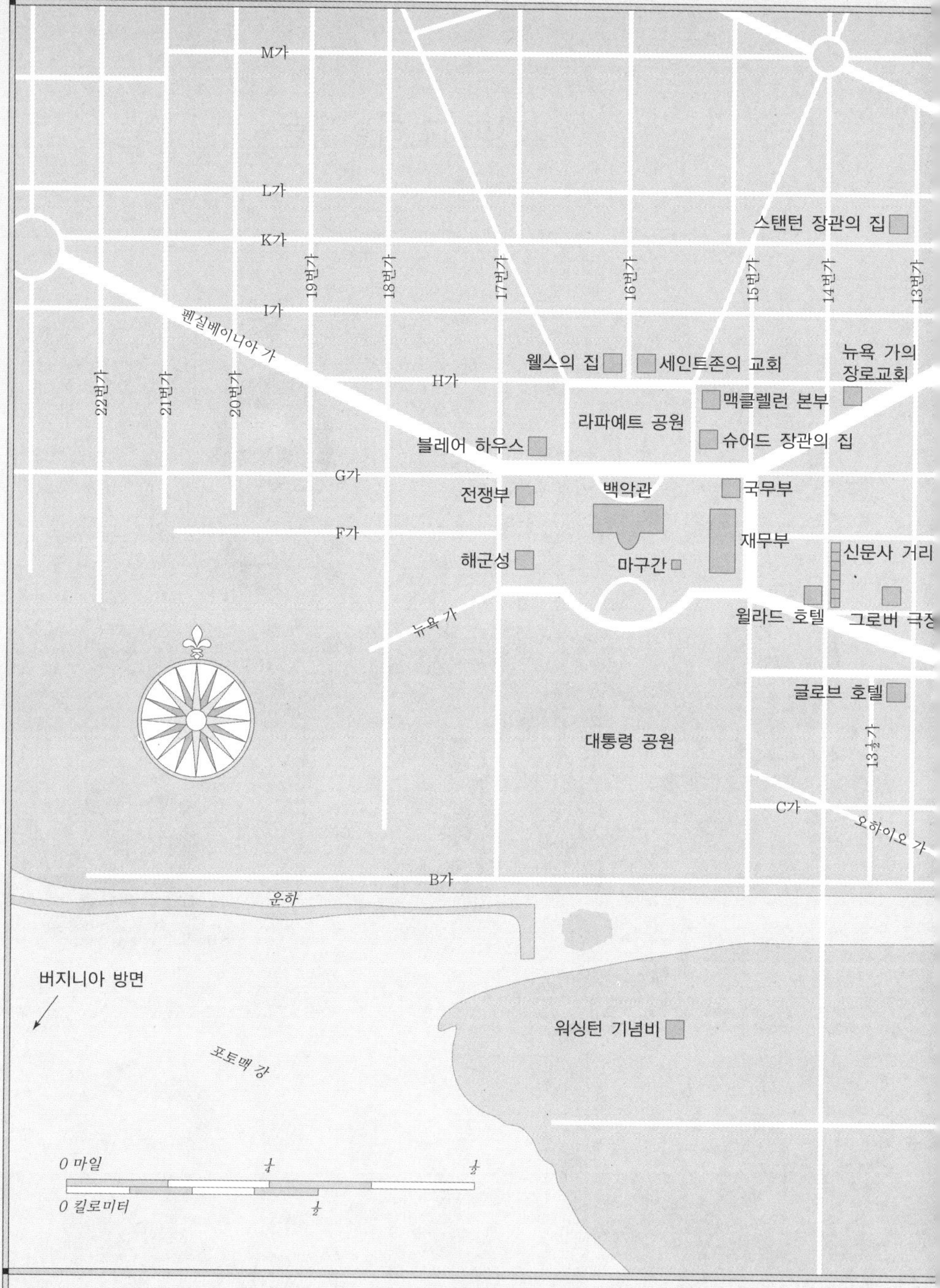

M가
L가
K가
I가
H가
G가
F가
C가
B가
22번가
21번가
20번가
19번가
18번가
17번가
16번가
15번가
14번가
13번가
13½가
펜실베이니아 가
뉴욕 가
오하이오 가
스탠턴 장관의 집
웰스의 집
세인트존의 교회
뉴욕 가의
장로교회
맥클렐런 본부
라파예트 공원
슈어드 장관의 집
블레어 하우스
전쟁부
백악관
국무부
재무부
해군성
마구간
신문사 거리
윌라드 호텔
그로버 극장
글로브 호텔
대통령 공원
운하
버지니아 방면
포토맥 강
워싱턴 기념비
0 마일
¼
½
0 킬로미터
½

군인 거주지역과
실버 스프링 방면
M가
L가
K가
매사추세츠 가
뉴욕 가
I가
H가
뉴저지 가
슈라트 부인의 하숙집
12번가
11번가
10번가
9번가
8번가
7번가
6번가
5번가
4번가
3번가
2번가
1번가
G가
F가
특허청
베이츠의 집
피터슨 하우스
포드 극장
우정성
사법병원
E가
체이스-스프레이그
저택
D가
뉴저지 가
커크우드 하우스
내셔널 인텔리젠서 신문사
B.&O. 기차역
스타 신문사
루이지애나 가
인디애나 가
C가
펜실베이니아 가
메트로폴리탄 호텔
B.&O. 철로
내셔널 호텔
B가
중앙시장
운하
4번가
7번가
스미스소니언 박물관,
도서관, 강당
전쟁 병원
메인 가
미 국회의사당
D.C. 병기고
메릴랜드 가
운하
해군 공창 방면
롱 브리지 방면
버지니아행 부두
-나루터 방면

1장

결전의 날 아침

1860년 5월 18일 , 대통령 후보 공천일

1860년 5월 18일, 에이브러햄 링컨은 평소보다 일찍 눈을 떴다. 이날은 공화당이 대통령 후보를 공천하기로 한 날이었다. 그가 일리노이 주 스프링필드의 광장 서쪽에 있는 초라한 변호사 사무실로 향하는 계단을 오르고 있을 무렵, 130개의 객실이 있는 4번가의 체너리 하우스(1837년에 스프링필드가 일리노이 주의 주도[州都]가 되었을 때 건설된 의원용 호텔 _ 이하 옮긴이)에서는 아침 식사 준비가 한창이었다.

공화당원들은 공천을 위한 전당대회를 시카고에서 열기로 결정했다. 이 전당대회를 위해 '위그왬'(정치 집회 등을 위한 임시 대회장)이라는 새 회의장도 건설했다. 1차 투표는 오전 10시쯤 시작될 예정이었다. 느긋한 기질을 타고난 링컨도 이날만큼은 "눈에 띄게 초조해하고 조바심을 냈으며 몹시 불안해하는" 모습을 보였다. 자신이 대통령 후보로 공천될 가능성이 희박했던 터라, 일에 집중할 수가 없었던 것이다.

초조하게 거리로 나선 링컨은 공화당계 지방지인 〈일리노이 스테이트 저널〉 사무실로 향했다. 가운데 커다란 장작 난로가 있는 2층 편집실은 뉴스와 가십의 집합지였다.

링컨은 전신국에 들러 새로운 속보가 들어왔는지 살펴보았다. 그러나 아무데서도 이날이 스프링필드 역사상 더없이 ‘특별하고 희망찬 날’이 될 것이라는 조짐은 보이지 않았다. 링컨이 진짜 대통령 후보로 공천받을 경우를 위해 경축 행사가 계획되었다는 기록도 없다.

이달 초 디케이터에서 열린 주(州) 전당대회에서 링컨이 일리노이 주 대표 의원단의 지지를 받았을 때도, 사람들은 그저 ‘우대’라고만 생각했다. 하지만 링컨은 든든한 친구들이 위그왬의 분위기를 자신에게 유리하게 돌려놓았다는 사실을 잘 알고 있었다.

애덤스 가에 있는 침례교회 뾰족탑의 시계 바늘은 미동도 하지 않는 것 같았다. 오랜 친구 제임스 콘클링이 전날 밤 느닷없이 전당대회에서 돌아왔음을 알게 된 링컨은 콘클링의 사무실로 발길을 돌렸다. 하지만 친구가 한 시간 뒤에야 돌아올 것이란 이야기를 듣고는 콘클링이 도착하는 대로 다시 찾아갈 요량으로 자기 사무실로 돌아왔다.

링컨은 당시 쉰한 살이었지만 헝클어진 검은 머리와 주름진 갈색 얼굴, 푹 꺼진 눈 때문에 훨씬 늙어 보였다. 게다가 그의 걸음걸이는 기름칠이라도 해야 할 듯, 삐죽하게 말라빠진 체구만큼이나 특이해서 스프링필드에선 모르는 사람이 없을 정도였다. 링컨은 손을 옆구리에 붙이거나 뒷짐을 진 채 우스꽝스럽게 터덜터덜 걸었다. 혹자는 그의 걸음걸이를 “고된 하루를 마치고 집에 돌아가는 노동자처럼, 그의 다리는 무릎 아래부터 질질 끌려가는 것 같았다.”라고 묘사하기도 했다.

링컨의 지지자들조차 그의 얼굴이 ‘미남형’은 아니라고 인정했다. 호러스 화이트 기자는 “쉬고 있을 때 그의 얼굴은 슬픔이 가득해서, ‘우울증에 걸린 자크’(셰익스피어 작 《당신 좋으실 대로》의 등장인물)가 아든 숲에서 일리노이로 온 것 같았다.”라고 기록했다. 하지만 링컨은 일단 말을 하기 시작하면 전혀 다른 사람으로 돌변했다. 기자는 "그 슬픈 표정은 순식간에 사라지고 그의 얼굴은 매력적인 미소로 환히 빛났다. 나는 먹먹한 슬픔이 눈 깜짝할 새에 냉철한 지성과 순수한 친절, 진실한 우정의 약속으로 바뀌는 것을 보았다."고 회고했다.

링컨의 외모는 이처럼 조금 독특한 면이 있었지만, 그럼에도 지지자들은 그의 "매력적인 태도와 재치 있는 유머, 마음에서 우러난 친절과 온화함"에 마음을 빼앗겼다. 누군가는 그에 대해 "5분만 같이 있어보면, 그가 못생겼다거나 어줍다는 생각은 금세 잊게 된다."고 말했다.

링컨은 거의 25년 동안 스프링필드에서 살았다. 링컨의 절친한 친구 조슈아 스피드는 스물여덟 살의 링컨이 옷가지가 든 안장주머니 외에는 아무 것도 없이, 빌린 말을 타고서 이 신생 도시에 와 변호사 사무실을 열었다고 회상했다.

스프링필드는 빠르게, 특히 1839년에 일리노이의 주도가 된 이후 더욱 급속히 성장한 도시였다. 1860년 무렵에는 인구가 거의 1만 명에 달했고, 주 의회 개회시기에 맞춰 찾아온 사람들을 수용하기 위해 조성한 상업지구에 수천 명이 더 정착했다.

링컨은 이곳 스프링필드 언덕 위에 있는 에드워즈 저택에서 '일리노이에서 가장 아름다운 여인' 이었던 메리 토드를 만나 결혼했다. 그녀는 켄터키 주 렉싱턴의 명문가에서 성장한 덕에 또래 여인들보다 많은 교육을 받을 수 있었다. 일류 기숙학교에서 4년간 어학과 문학을 공부했는가 하면, 요즘의 대학원과 비슷한 곳에서도 2년을 더 수학했다.

링컨은 어느 무도회에서 그녀와 처음 만났다. 그리고 그녀의 쾌활한 성격과 지적인 얼굴, 맑고 푸른 눈동자, 보조개가 인상적인 미소에 푹 빠지고 말았다. 그날 링컨은 그녀에게 "간절히 청합니다. 당신과 춤추고 싶습니다."라고 말했다.

링컨의 아이들은 모두 스프링필드에서 태어났다. 그중 세 살 때 세상을 떠난 둘째 아들 에드워드도 바로 그곳에 묻혔다. 1860년 봄, 메리가 마흔두 살 되던 해 로버트는 열일곱 살, 윌리엄은 아홉 살, 토머스는 일곱 살이었다.

링컨은 스프링필드에 머무는 동안 유달리 의리 있는 친구들을 많이 사귀었다. 이들은 링컨과 함께 주 의회에서 일했고, 상하원 선거 때 그를 도왔으며, 바로 이 순간 시카고 전당대회에서 그를 지지하고 있었다.

이 한결같은 친구들 가운데에는 "큰 머리와 넓은 마음"이라는 표현에 걸맞게 136킬로그램의 거구를 가진 제8선거구의 순회법원 판사 데이비드 데이비스, 철도회사 변호사이자 공화당 일리노이 주 중앙위원회 의장인 노먼 저드, 링컨을 이 세상 그 누구보다 더 잘 알고 있다고 믿었던 블루밍턴 출신의 변호사 레너드 스웨트, 그리고 40년대 초반에 3년간 링컨의 변호사 사무소 공동 대표였던 스티븐 로건 등이 있었다.

링컨과 동료 변호사들은 봄가을마다 8주 동안 일리노이 주 전역을 도는, '순회재판'을 함께하며 우정을 쌓았다. 인구가 적은 일리노이 주의 변호사들은 수입이 좋지 않았다. 그래서 생계유지를 위해 수천 건의 자잘한 소송거리를 찾아 주 전역을 돌아다니며 순회재판에 참가했다. 링컨의 동료였던 헨리 휘트니는 이렇게 회고했다.

"순회재판 일행이 도착하면 마을 사람들은 군청 청사에 모여들었고 덕분에 군청소재지는 활기를 띠었다. 저녁 무렵 순회재판이 끝나면 허름한 여인숙에 모두 함께 둘러앉아 동이 틀 때까지 술을 마시며 이야기를 나누었다. 타고난 이야기꾼이었던 링컨은 이곳에서 항상 사람들의 이목을 끌었다. 링컨만큼 한없이 이야기를 쏟아내는 사람도 없었고, 그만큼 재미있게 이야기하는 재주를 가진 사람도 없었다."

그의 이야기 솜씨가 점점 유명해지면서, 그가 머무는 곳은 언제나 그의 이야기를 듣기 위해 모여든 사람들로 붐볐다. 이 과정에서 링컨은 헌신적인 친구들을 사귀었고, 이들의 우정은 훗날 링컨이 공직에 진출할 때 커다란 힘이 되었다. 사학자 로버트 위비에 따르면, 당시의 정치생활은 서로에 대한 믿음으로 단결했던 사람들까지 갈라서게 했다고 한다. 그러나 링컨과 그 친구들의 경우는 예외였다. 시카고에서 링컨을 위해 일했던 동료들은 누구보다 충성스러웠으며 하나로 똘똘 뭉쳐 있었다.

링컨의 입후보 가능성은 1858년 일리노이 상원의원 선거를 계기로 더욱 높아졌다. 링컨이 막강한 경쟁자인 민주당 당수 스티븐 더글러스를 상대로 훌륭한 선거 운동을 펼친 후, 그에 대한 관심이 비약적으로 높아졌던 것이다. 더글러스가 근소한 표차로 승리를 거두기는 했지만, 세인의 이목을 집중시킨 극적인 선거 과정은 일리노이에서 갓 형성되기 시작한 공화당 세력을 결집시키기에 충분했다.

공화당은 1850년대 중반, 노예제 확산을 막겠다는 목표 아래 북부의 여러 주에서 서서히 결성되었다. 그러나 당시 공화당은 옛 휘그당원, 노예제를 반대하는 민주당원, 이민 배척주의자, 외국인, 급진파와 보수파의 묘한 통합체로 불협화음이 가실 날 없었다. 그런데 링컨이 선거 과정에서 이러한 당 분위기를 일거에 바꾸어놓았던 것이다. 링컨은 자랑스럽게 말했다. "서먹서먹하고, 사이가 나쁘고, 심지어 적대적이었던 우리들이 단결하여 전쟁에서 싸워 이겼습니다."

링컨이 주목받는 데에는 격렬해진 노예제 반대 운동도 한몫했다. 노예제도에 대한 상반된 의견으로 미국 전역이 시끄러운 가운데 링컨과 더글러스는 이 문제에 대해 격렬한 논쟁을 벌였다. 일곱 차례에 걸쳐 주요 일간지에 보도된 이 논쟁은, 스프링필드의 풋내기 정치가였던 링컨의 지명도를 한순간에 끌어올렸다. 그때는 정치적으로 성공하는 데 연설 능력이 무엇보다 중요했던 시절이라, 뛰어난 웅변가였던 링컨은 더없이 유리했다. 링컨의 웅변을 직접 듣거나 신문에서 관련 기사를 읽은 사람들은 그의 매력에 빠져들었다. 그의 명성이 높아지자 연설 초청이 늘어났다. 전당대회가 열리기 전 1년 동안, 그는 오하이오, 아이오와, 인디애나, 위스콘신, 켄터키, 뉴욕, 뉴잉글랜드 주의 수만 명에 달하는 시민 앞에서 연설했다. 그의 연설은 뉴욕의 쿠퍼 유니온 대학에서 절정에 달했다. 1860년 2월 27일 밤, 링컨은 1500명 이상의 군중 앞에서 공화당의 신념과 노예제도 제한의 필요성에 대해 연설했다. 〈뉴욕 트리뷴〉은 "이 도시에서 이루어진 정치적 주장 중에서 가장 훌륭하고 설득력 있는 것이다. 처음 연설에서 뉴욕 청중을 그토록 감동시킨 사람은 없었다."라고 보도했다.

동부에서 이루어낸 링컨의 성공은 당내 지지자들에게 힘을 실어주었다. 5월 10일, 디케이터에서 열린 공화당 주 전당대회에서 그는 열광적인 환호 속에 대통령 후보로 지명되었고, 지지자들은 링컨이 어릴 때 쪼갰다는 울타리 가로장 두 개를 엄숙하게 공회당으로 옮긴 후 '나무꾼 대통령 후보'라는 별명을 지어주었다. 다음 주, 〈시카고 프레스 앤 트리뷴〉은 링컨의 중도 정치가 대다수 시민의 생각을 대표하고 있다고 보도했다. 또한 링컨이 "어떤 장애도 없이" 대선에 출마할 것이며, 남부의 권리를 존중하면서도 "공화당 정책의 기본"을 지키는 정직한 사람이라면서 링컨을 공식적으로 지지했다. 그렇지만 링컨은 자신이 "이 분야의 초보"이며, 일리노이를 제외한 다른 곳에서는 "대다수 사람들의 첫 번째 선택"이 아님을 분명히 알고 있었다. 전국 수준의 정치 경험이라고는 두 번 낙선한 상원의원 선거와 약 12년 전에 끝마친 한 번의 하원 임기가 전부였다. 반대로 다른 세 명의 경선 출마자들은 공화당의 유명인사들이었다.

윌리엄 헨리 슈어드는 10년 넘게 뉴욕 주 상원의원을 지냈으며 주지사를 두 차례나 역임했다. 오하이오 주의 새먼 P. 체이스 역시 상원의원과 주지사 경험이 있었고, 공화당 결성에 중요한 역할을 담당했다. 에드워드 베이츠는 널리 존경받는 원로 정치가였으며, 미주리 법의 토대를 세웠던 전당대회의 대의원이자, 아직도 많은 이들이 국가 문제에 대해 자문을 구하는 전직 국회의원이었다.

이들 후보 중 슈어드가 처음부터 압도적인 우세를 보이며 선두를 달렸고 체이스와 베이츠가 그 뒤를 따르고 있었다. 이를 잘 알고 있던 링컨은 그 누구도 공격하지 않는다는 전략을 세웠다. 그는 대의원들에게 "첫사랑을 포기해야만 할 때 드는 기분"이 들게끔 만들고자 했다. 시카고에 있는 링컨의 선거 운동원들과, 데이비스 판사의 영향력 아래에서 링컨을 지지하고 있는 모든 대의원들은 이 사실을 정확히 알고 있었다. 스콧 카운티의 대의원 네이선 크냅은 처음 시카고에 도착했을 때 링컨에게 "당신이 첫 번째 선택이 될 수 없다면, 대의원 전원이 당신을 두 번째로 선택하도록 만들기 위해 노력하고 있소이다. 승산이 아주 없지는 않습니다. 용기를 잃지 마시오."라고 격려했다. 전당대회 두 번째 날 데이비스도 링컨에게 충고했다. "희망을 갖되 침착하시게." 그러나 사실 이런 말들은 별 필요가 없었다. 현실주의자였던 링컨은 자신보다 훨씬 유명한 라이벌들을 상대로 고군분투하고 있다는 사실을 잘 알고 있었다.

상황을 좀더 정확히 파악하고 싶어 조바심을 내던 링컨은 콘클링이 돌아왔기를 기대하며 다시 이 오랜 친구의 사무실로 향했다. 이번에는 실망하지 않았다. 콘클링의 말에 따르면, 링컨은 그날 창가에 놓인 낡고 긴 의자에 대자로 누워 콘클링이 위그웸을 떠나기 전 이틀 동안의 이야기를 들었다고 한다. 콘클링은 슈어드가 곤란한 처지이며, 다른 주뿐 아니라 출신 주인 뉴욕에도 정적이 있다고 전했다. 또한 슈어드가 1차 투표에서 지명되지 않으면, 링컨이 공천받을 것이라고 예상했다.

링컨은 "그런 일이 일어나리라고는 생각하지 않네. 슈어드가 1차 투표에서 지명되지 않으면 오하이오의 체이스나 미주리의 베이츠가 지명될 거라고 생각하네."라고 대답했다. 콘클링은 그 두 후보가 지명되기 힘든 이유를 설명했다. 특유의 명석한 두뇌로 상황을 가늠하던 링컨은 친구의 말이 어느 정도는 맞을지도 모른다고 생각했다. 하지만 숱하게 쓴맛을 보았던 그간의 경험이 그를 신중하게 만들었다. 링컨은 긴 의자에서 몸을 일으키며 천천히 말했다. "콘클링, 난 내가 다시 사무실로 돌아가 변호사 노릇을 계속하게 될 거라 생각하네."

공천을 확신하는 슈어드

링컨이 탈락 가능성이 높다는 것을 잘 알면서도 희망의 끈을 놓지 않으려 노력하는 동안, 윌리엄 헨리 슈어드는 날아갈 듯 상쾌한 기분으로 결과를 기다리고 있었다. 3일 전 휴양을 마친 그는 가족, 친구들과 함께 공화당 후보 지명 소식을 듣기 위해 자신의 저택이 있는 뉴욕 주의 오번으로 향했다. 오번은 연방에서 가장 인구가 많은 핑거레이크에 있었다.

60세가 다 되었으면서도 젊은이 못지않은 체력을 지녔던 슈어드는 평소 오전 6시면 잠자리에서 일어났다. 그러고는 아침식사 종이 울리기 전에, 애지중지하며 직접 가꾼 드넓은 정원에서 산책을 즐겼다. 그의 정원에는 그가 직접 심은 수백 그루의 나무들로 이루어진 산책로가 있었다. 그는 매일같이 "연인처럼 소중하게" 화초를 돌보았으며, 식탁에 앉을 때마다 "히아신스가 꽃을 피웠다거나, 울새가 왔다거나, 그 밖에 아침이 가져온 여러 가지 변화"를 낱낱이 이야기하곤 했다.

공천 당일 아침, 커다란 대포가 오번 병기고에서 공원으로 이동되었다. "모두가 기쁜 소식을 온 나라에 울려 퍼지게 할 신호를 기다리고 있었다."고 한 지방지는 보도했다. 오번이라는 도시가 생긴 이래 가장 큰 축하행사가 시작될 참이었다. 사람들이 슈어드의 집 앞으로 몰려들었다. 시간이 갈수록 점점 더 많은 사람들이 거리로 쏟아져 나와 발 디딜 틈도 없었다. 현수막과 깃발이 준비되었고, 큰 호텔의 지하실에는 수백 병의 샴페인이 세차게 치솟기 위해 대기 중이었다. 오번 전역이 축제 분위기였다. 이 지역 사람들이 청렴함과 뛰어난 지성, 용기, 선한 성품을 가진 이 상원의원을 무척 존경했기 때문이다.

타고난 정치가였던 슈어드는 진심으로 사람들에게 관심이 많았고, 문제가 생기면 도와주지 못해 안달했다. 또한 대단히 유쾌한 성격이어서 비판을 받더라도 침착하게 받아들일 줄 알았다. 민주당계 신문인 〈뉴욕 헤럴드〉조차도 슈어드가 공천을 받는다면 오번의 주민 1만 명 중에서 그를 반대할 사람은 100명도 안 될 것이라고 보도했다. "그는 당파에 관계없이 모든 이들의 사랑을 받는다. 그는 진취적이고 애국심 강한 시민이자 자애로운 대지주이며, 신뢰할 만한 조언자이다. 그리고 옳다고 생각하는 일을 위해 싸울 때는 용감무쌍한 투사가 된다."

슈어드는 키가 170센티미터밖에 안 되었다. 그러나 헨리 애덤스는 "그는 허수아비처럼 깡마른 체격이지만, 그 누구도 따를 수 없는 고결한 인품을 지니고 있어, 몸집이 더 큰 사람도 그의 옆에 서면 작아 보일 정도다."고 말하며 놀라움을 표시했다. 지치고 힘겨워 보이는 링컨의 걸음걸이와는 반대로, 슈어드는 "학교에 다니는 어린 꼬마처럼" 씩씩하게 걸었다. 한때 선명한 빨강이었던 머리카락이 옅은 누런색으로 바랬지만 사람들은 여전히 커다란 매부리코와 짙은 눈썹, 엄청나게 큰 귀를 가진 이 활기찬 사람을 좋아했다.

지난 주 내내, 시카고에서 도착한 전보와 신문기사들을 읽으면서 슈어드의 확신은 더욱 굳어졌다. 공화당계 신문과 민주당계 신문 모두 "이번 영광은 뉴욕 주 출신의 저명한 상원의원에게 돌아갈 것으로 예상된다. 무엇보다 그는 공화당의 대표이며 뛰어난 재능을 가진 훌륭한 행정가로서 당의 원칙을 세우는 데 지대한 공헌을 한 인물이다."라고 입을 모았다. 민주당계 지방지인 〈올버니 아틀러스 앤 아르거스〉조차 "본사보다 더 슈어드의 정치 원리를 반대한 언론은 없었다. …… 하지만 그의 자질과 리더십은 인정한다."라고 털어놓았다. 슈어드는 공천을 확신하면서, 전당대회가 열리기 전 주말에 이미 상원에서 읽을 고별사 초안도 작성해두었다. 공천이 되면 바로 의원직에서 물러나야 했기 때문이다.

슈어드는 뉴욕 주 스케넥터디의 유니언 대학을 뛰어난 성적으로 졸업한 후 오번에 정착했다. 법정 훈련을 마친 후에는 카유가 카운티의 유력 인사였던 엘리야 밀러 판사와 함께 변호사 사무실을 열었다. 그는 밀러 판사의 저택에서 그의 딸, 프랜시스 밀러와 결혼했다. 아름다우면서도 남편 못지않게 지적이었던 그녀는 여권 신장과 노예제 반대 운동에 열심이었다. 결혼 후 슈어드 부부가 살았던 바로 그 집에서, 태어난 지 넉 달 만에 세상을 떠난 둘째 딸 코넬리아를 포함해 다섯 아이가 태어났다. 네 아이 중 오거스터스는 당시 웨스트포인트 사관학교를 졸업하고 군 복무 중이었고 프레더릭은 기자 생활을 접고 워싱턴에서 아버지의 개인 비서로 활동하고 있었다. 윌리엄 2세는 막 사업을 시작했고, 시를 좋아하는 어린 패니는 많은 책을 읽고 매일 일기를 쓰는 작가 지망생이었다.

슈어드는 그동안 몸담았던 사랑하는 휘그당을 버리기 힘들었기 때문에, 공화당의 기치를 서서히 받아들였다. 이미 유명인사였던 그는 곧 새로운 당의 주요 대변인이 되었다. 그의 정치 수완이 어찌나 뛰어났던지, 헨리 애덤스가 "소가 사람의 말을 알아들을 수만 있다면 슈어드는 그의 정치 수완으로 소마저도 선동할 만한 사람"이라고 말할 정도였다. 젊은 공화당 당수 칼 슈르츠는 "나와 친구들은 슈어드를 깊이 존경하여 '노예제 폐지 운동의 정치적 지도자'로 여겼다."고 말하기도 했다.

이처럼 광범위한 계층의 전폭적인 지지를 받던 그에게도 한 가지 맹점이 있었다. 신문에 옮겨진 말이 정치가와 대중 사이의 주된 의사소통 수단이었던 당시, "논란의 핵심을 한 문장, 한 단어로 압축하는" 그의 표현방법은 그에 대해 '위험한 정치가'라는 인상을 갖도록 만들었다. 그는 인간의 자유를 억압하는 헌법보다 더 상위에 있는 도덕률을 발휘할 것을 강력하게 요청하거나, 북부와 남부의 충돌을 "억누를 수 없는 갈등"이라고 주장했다. 이러한 주장에 대해 젊은 슈르츠는 "우리 주장의 좌우명이자 투사의 암호였다."라고 말했다. 하지만 바로 이 때문에 공화당, 특히 서부의 온건파 공화당원들은 크게 반발했다. 1860년 당시 슈어드의 입장은 사실상 공화당 중도파의 견해와 별 차이가 없었는데도 표현방법 때문에 과격파로 낙인찍혔다.

그럼에도 불구하고 그의 공천은 확실한 듯 보였다. 슈어드가 오랜 숙원이 이루어지리라 확신하면서 침착할 수 있었던 것은, 바로 미국 정치계의 거물

서로우 위드가 자신의 선거 사무장이었기 때문이다. 근 50년간 뉴욕 주의 절대권력자로 군림해온 백발의 미남 위드는 슈어드의 가장 친한 친구이자 동지였다. 위드의 전기 작가인 글린던 밴 듀센은 "그를 사랑하고 존경하는 사람도 있었고, 미워하고 경멸하는 사람도 있었을 것이다. 하지만 정치와 관련된 사람이라면 누구도 그를 무시하지 못했다."고 전했다. 오랜 세월 동안 "암탉이 병아리에게 하듯" 슈어드를 보호하고 주 상원의원과 주지사를 위한 그의 선거 운동을 모두 성공으로 이끈 이가 바로 위드였다.

둘은 독특한 팀이었다. 슈어드가 관념적이고 이상적이며 대중의 정서를 자극하는 데 능통했던 반면, 위드는 현실적이고 실용적이며 선거에서의 승리를 위한 실질적인 업무 처리에 탁월했다. 슈어드가 당의 강령을 고안하고 전반적인 원칙을 세웠다면, 위드는 당을 조직하고 후원했으며 실력자로서 주 전역에 영향력을 발휘했다. 그래서 가까운 사람들은 슈어드와 위드를 한 사람의 정치가로 보았다. 바로 "슈어드가 위드고, 위드가 슈어드였다."

위드는 슈어드가 전당대회에서 많은 문제에 직면하리라는 사실을 알고 있었다. 많은 대의원들이 슈어드가 지나치게 과격하다고 여겼고, 어떤 이들은 그가 야망을 위해 입장을 바꾸는 기회주의자라며 경멸했다. 게다가 슈어드는 10년 동안이나 북부에서 가장 유명한 정치가였기 때문에 그를 질투하는 동료도 많았다. 그러나 이러한 상황에서도 슈어드는 공화당 유권자들과 정치가들의 압도적인 지지를 받았다. 위드는 상대 세력에게 힘을 강화할 여력이 없다고 믿었기 때문에, 결국엔 슈어드가 승리하리라 확신했다.

뉴욕 주 주요 대의원들의 견해는 위드의 이러한 판단을 뒷받침해주었다. 전당대회가 열린 5월 16일, 휘그당의 간부였다가 공화당원이 된 제임스 왓슨 웹은 슈어드가 불안해할 이유가 조금도 없다고 장담했다. 다음날 국회의원 엘드리지 스폴딩은 슈어드에게 전보를 보냈다. "당신 친구들은 몇 번의 투표 후 당신이 지명될 것이라고 확신하고 있습니다." 그리고 18일 아침, 투표가 시작되기 직전 뉴욕 대의원단 위원장인 윌리엄 에바츠도 낙관적인 전갈을 보냈다. "아무런 문제도 없습니다. 모든 정황이 오늘 당신의 공천을 분명히 가리키고 있습니다." 30년 동안 슈어드와 위드가 함께 이루고자 했던 꿈이 마침내 실현되는 듯했다.

'대통령 열병'에 걸린 체이스

18일 오전 지지자들이 슈어드에게 모여드는 동안, 오하이오의 주지사 새먼 P. 체이스는 그답게 혼자서 투표 결과를 기다렸다. 기록에 따르면, 그날 오하이오 주 콜럼버스에 있는 그의 웅장한 고딕식 저택을 방문한 사람은 한 명도 없었다. 탑과 누각이 많은 그 저택에는 쉰다섯 살의 홀아비인 체이스가 열아홉 살 난 딸 케이트, 배다른 자매인 열한 살의 네티와 함께 살고 있었다. 물론 그날 밤, 오하이오 출신의 유력한 후보가 공천받을 때를 대비해 성대한 축하 행사를 치를 준비는 완료되어 있었다. 악단은 대기 중이었고, 불꽃놀이가 준비되었으며, 마차는 커다란 대포를 주의회의사당으로 옮겼다. 원하던 결과가 나오면 천둥 같은 대포 소리가 도시를 뒤흔들 예정이었다. 그러나 발표가 나올 때까지 콜럼버스의 주민들은 내성적이다 못해 금욕적이기까지 한 주지사와 마찬가지로 각자 자기 일을 하고 있었던 게 분명하다.

체이스는 180센티미터가 훌쩍 넘는 키에 넓은 어깨와 위엄 있는 태도를 가진 남자였다. 칼 슈르츠는 체이스를 두고 "정치가처럼 보인다."고 했다. 한 기자는 "체이스만큼 완벽한 남자의 전형도 없다. 크고 잘생긴 머리와 반짝이는 눈 덕에 거인 같은 그의 덩치가 더 커보였다."고 말했다. 하지만 보면 볼수록 더욱 다정하고 매력적으로 느껴지는 링컨의 얼굴과 달리, 체이스의 잘생긴 얼굴은 찬찬히 들여다볼수록 매력이 줄어들었다.

체이스는 자신이 공천받으리라 확신하고 있었다. 신앙심이 깊었던 체이스는 여느 때처럼 그날 아침에도 두 딸과 엄숙하게 성경을 읽었을 것이다. 아침식사를 마친 후에는 장녀 케이트와 함께 서재에서 조간신문을 읽으면서 대통령 후보 공천에 대한 희망을 뒷받침해줄 흔적을 찾아보았을 것이다.

주지사 시절 체이스는 아침마다 똑같은 시간에 세 블록 떨어진 주 의회의 사당으로 향했다. 그는 약속시간에 늦는 법이 없었고, 지각을 죄악시했다. 그건 기다리는 사람의 귀한 시간을 빼앗는 행위라는 것이 그의 견해였다. 특별히 참석해야 할 공공행사가 없는 날 밤이면 서재에 홀로 들어가 편지를 쓰거나 법령집을 읽었다. 그의 접이식 책상 위에 놓인 모든 물건은 펜 하나, 종이 한 장 흐트러지는 법이 없었다. 체이스는 그 책상에 몇 시간이고 앉아서 스무 살 때부터 꾸준히 썼던 일기장에 자기 생각을 기록했다. 그러다 촛불이 약해지기 시작하면 성경을 꺼내 들고 기도로 하루를 마무리했다.

극장에 자주 가고 소설 읽기를 즐기며 카드게임과 고급 시가, 포트와인으로 저녁시간을 보내기 좋아했던 슈어드와 달리, 체이스는 술도 마시지 않고 담배도 입에 대지 않았다. 연극과 소설을 바보 같은 시간 낭비라고 여겼고 확률 게임에는 손도 대지 않았다. 그는 링컨처럼 이야기로 친구들을 즐겁게 만들어주지도 못했다. 그는 종종 농담을 연습했지만 그의 농담은 도무지 재미가 없었다. 어떤 사람은 "그가 말을 했다 하면 어떤 이야기든 재미없어졌다."고 말하기도 했다. 사랑하는 딸 케이트는 예외였겠지만, 친한 사람들도 그가 크게 웃는 모습을 본 기억이 없었다.

아름답고 야망이 컸던 케이트는 세 아내를 차례로 떠나보낸 아버지의 공허한 마음을 채워주는 유일한 존재였다. 케이트의 어머니는 그녀가 다섯 살이 되던 해 세상을 떠났다. 일곱 살 때 뉴욕의 그래머시 공원에 있는 기숙학교에 입학한 케이트는 그곳에서 10년 동안 라틴어와 불어, 역사, 고전, 그리고 웅변술과 사교술을 배웠다.

기숙학교를 졸업하고 콜럼버스로 돌아온 후, 그녀는 아버지의 꿈과 야망을 이루는 데 몰두해 다른 것에는 관심을 두지 않았다. 그 나이 또래의 다른 소녀들이 무도회와 사교 모임에 정신이 팔려 있을 때, 그녀는 정계에서 아버지를 출세시키기 위해 전력을 다했다.

체이스는 자신의 손발이 되어 무슨 일이든 척척 꾸려나가는 케이트에게 의지하며, 대통령이 되겠다는 목표를 향해 꾸준히 전진하고 있었다. 1855년, 중요한 주에서 최초의 공화당 출신 주지사로 당선되자, 대통령이 되는 것도 불가능한 꿈이 아닌 듯 보였다. 바로 그 순간부터 부녀는 백악관 입성에 대한 야망을 맹렬히 불태웠다.

체이스는 25년 이상 변함없이 노예제 반대 운동에 전념하며 자신의 철학을 완고하게 지켰다. 훨씬 친절하고 사교적이었던 슈어드는 어느 시대에나 성공할 수 있는 정치가였지만, 체이스는 윤리 문제가 격렬하게 대두되었던 바로 이 시기에 가장 큰 역량을 발휘할 수 있는 사람이었다. 남북전쟁이 일어나기 전 노예제를 두고 논란이 가열되자 체이스는 성경적인 선악 개념을 바탕으로 노예제 반대 입장을 표명했다. 노예제에 대한 체이스의 입장은 사실 슈어드보다 훨씬 과격했다. 그러나 그의 연설이 그리 인상적이지 못했기 때문에, 슈어드처럼 일반 대중과 중도파에게 주목과 경계의 대상이 되지 않았다.

그의 전기 작가 앨버트 하트는 "체이스보다 더 훌륭한 연설가도, 그보다 더 친절한 사람도 분명 많았다. 하지만 미국 정치 사상에 체이스보다 더 지대한 공헌을 한 사람은 없다."라고 주장했다. 윌리엄 지냅은 공화당의 기원에 대한 연구에서, 노예제 폐지 운동에 대한 체이스의 현명한 지도력에 대해 언급하며 "체이스만큼 공화당 형성에 크게 공헌한 사람은 없다."고 단언했다. 체이스 본인 또한 자신이 미국 정치에 지대한 공헌을 했다고 믿었다. 그리고 바로 이러한 이유로 자신이 대통령이 되는 건 당연한 일이라고 생각했다. 그는 오랜 친구이자 노예제 폐지론자였던 개메일리얼 베일리에게 보낸 편지에서, "많은 이들이 내가 1860년에 입후보하기를 원하는 듯하네. 내가 아는 한, 나나 내 친한 친구들이 억지로 사람들에게 그런 감정을 심은 적은 없었네. 자발적으로 생긴 감정인 듯하더군."이라고 말하기도 했다.

칼 슈르츠는 이 주지사가 공천 결과에 대해 얼마나 낙관적으로 생각하고 있었는지 생생하게 증언했다. 슈어드의 열성적 지지자였던 슈르츠는 1860년 3월, 오하이오에서 강연하는 동안 자신의 집에서 머물라는 체이스의 초대를 받았다. 이 만남에서 체이스가 놀라울 정도로 솔직하게 "미국 대통령이 되고 싶다는 간절한 소망"을 슈르츠에게 털어놓자, 대화는 이내 정치로 넘어갔다. 동석한 케이트도 적극적이고 재치 있게 대화에 참여했다. 슈르츠가 전당대회 의 대의원이 되리라는 것을 알고 있던 체이스는 자신의 입후보에 대한 그의 생각을 떠보았다. 슈르츠는 만약 대의원들이 "진보적인 노예제 폐지론자"를 공천하려 한다면 체이스보다는 슈어드를 택할 것이라고 예견했다. 체이스는 "예기치 못한 말을 들은 듯" 깜짝 놀랐다. 그의 얼굴에 실망의 빛이 떠올랐 다. 그러나 재빨리 감정을 추스른 체이스는 왜 슈어드가 아닌 자신을 노예제 폐지 운동의 진정한 지도자로 여겨야 하는지 짧고 강하게 설명했다. 슈르츠 는 "자신이 대통령이 되는 것이 나라와 자신의 의무라고 확신하는", 중증 "대 통령 열병"을 앓는 공인은 처음 만났다고 생각하면서도 예의를 갖춰 그의 말 에 귀를 기울였다. 체이스는 자신이 자신감 있는 태도로 슈르츠의 호감을 얻 었다고 생각했다. 다음날, 체이스는 친구 로버트 호세아에게 슈르츠의 방문 에 대해 이야기하면서, 몇 시간 동안 대화를 나눈 덕에 슈르츠가 자신의 공천 가능성에 대한 의견을 바꾼 것 같다고 전했다. 하지만 슈르츠는 끝까지 슈어 드에게 충성했다.

전당대회 전 몇 주 동안, 콜럼버스의 공화당계 신문인 〈오하이오 스테이트 저널〉은 매일같이 체이스의 입후보를 지지하는 글을 실었다. 승리를 확신했 던 체이스는 공천을 받기 위한 선거 운동을 전혀 하지 않았다. 오하이오의 수 많은 정적들을 자기편으로 끌어들이지도 않았으며, 공천 후보 중 유일하게 출신 주의 지지 세력을 모아 전당대회에 보내지도 않았다.

케이트와 함께 콜럼버스 저택에 남은 그는 지지자들에게 자신이 적임자라 고 일깨우는 편지를 쓰면서 시간을 보냈다. 체이스는 듣고 싶은 이야기만 듣 고 좋지 않은 징후는 무시하면서 "사람들의 가장 소중한 소망이 이루어진다면", 자신이 공천을 받을 것이라고 생각했다. 전당대회 전날 밤에도 그는 낙천적이었다. "희망을 가질 이유가 있네."라고 그는 클리블랜드 출신의 변호사 제임스 브릭스에게 말했다. 그와 케이트가 조만간 미국의 대통령 자리를 차지하리라고 그는 확신하고 있었다.

조심스러운 기대, 베이츠

에드워드 베이츠 판사는 세인트루이스에서 4마일 떨어져 있는 넓은 사유지 그레이프 힐에서 전당대회 결과를 기다렸다. 서른일곱 살의 아내 줄리아 콜터가 그의 곁을 지키고 있었다. 그녀는 열일곱 명의 아이를 낳은 매력적인 여인이었다. 이들 자녀 중 여덟 명만이 어른이 될 때까지 성장했는데, 베이츠는 여섯 아들과 두 딸, 그리고 열두 명의 손자와 손녀로 이루어진 대가족과 함께 자연을 지극히 사랑하면서 평화롭게 생활하고 있었다.

예순여섯 살의 베이츠는 세인트루이스에서 가장 사랑받는 시민으로 손꼽혔다. 1814년, 그가 처음 세인트루이스에 발을 내디뎠을 때만 해도 그곳은 통나무집이 군데군데 흩어져 있는 작은 모피 무역지에 불과했다. 그러나 40년이 지난 지금은 인구 16만 명을 자랑할 만큼 번창하고 있었다. 베이츠는 이 주 최초로 법을 입안했던 전당대회 대의원 중 한 사람이었다. 또한 그는 주 의회 의원, 미 국회의 대표, 세인트루이스 토지 법정 판사 등의 중책을 두루 역임한 명망 높은 정치인이기도 했다.

하지만 그의 정치적 야망은 가족에 대한 사랑보다 크지 않았다. 공직생활에서 물러난 후 지난 20년 동안 고위 공직에 진출하라는 요청을 여러 번 받았지만, 그는 시종일관 거절했다.

초상화가 재스퍼 코넌트는 베이츠를 "이 세상에서 가장 특이해 보이는 인물"이라고 묘사했다. 베이츠는 "구식 퀘이커 교도 복장"을 고집했는데, 스무 살 청년이었을 때 고향 버지니아를 떠난 이후 한 번도 다른 옷을 입어본 적이 없었다고 한다. 베이츠는 173센티미터의 키에 강한 턱선과 짙은 눈썹을 가진 사람이었다. 굵은 머리카락은 말년이 될 때까지도 까맸고, 수염은 하얗고 풍성했다.

베이츠는 법조계 생활에서 보람을 얻었고, 장로교회의 장로라는 위치를 좋아했으며, 서재에서 한가로이 보내는 긴긴 겨울밤을 사랑했다. 그는 현재에 만족했고 자신을 "대단히 가정적인 사람"이라고 부르길 좋아했다. 베이츠는 1850년대 일기에 이렇게 기록했다. "아내와 자식 복을 타고난 나는 얼마나 행복한 사람인가! 내가 행복해야 자신들도 행복하다는 듯, 가족은 나를 편안하게 해준다. 아, 그런 가족을 위해 노력하고 그들과 하나님께서 베풀어주신 축복을 함께 누릴 수 있으니 얼마나 기쁜 일인지!"

1847년 시카고의 리버 앤 하버 전당대회에서 훌륭한 연설을 했을 때 베이츠는 국가적인 관심을 받았다. 이 전당대회는 급성장하는 서부의 강과 항구를 개선하기 위해 연방 예산을 마련해 달라는 휘그당의 의안에 대해 포크 대통령이 거부권을 행사하자 이에 항의하기 위해 열린 것이었다. 전당대회가 끝난 직후, 전국의 신문들은 베이츠를 가장 유력한 대통령 후보라고 보도했다. 하지만 그는 동요하지 않았고 1860년 선거가 가까워질 무렵에는 고위 공직에 대한 야망은 오래전에 사라졌다고 여겼다.

그런데 시카고 전당대회가 열리기 13개월 전 뜻밖의 사건이 일어났다. 미주리 주 국회의원 프랭크 블레어 2세가 주최한 만찬에서 프랭크의 아버지 프랜시스 프레스턴 블레어 경이 이끄는 막강한 정치 집단이 베이츠에게 대통령 선거에 출마할 것을 제안했던 것이다.

66세의 블레어 경은 수십 년 동안 워싱턴 정계에서 막강한 영향력을 행사하고 있었다. 블레어 경은 준주(準州)로의 노예제 확산을 둘러싸고 벌어진 멕시코 전쟁이 끝난 후 민주당에서 탈당했다. 남부에서 나고 자란 그는 여전히 노예를 소유하고 있었지만, 노예제가 더 이상 확산되어서는 안 된다고 확신했다. 그는 공화당 창당을 주도했던 주요 인물 중 한 명이었다. 1855년 그는, 다음해 여름 필라델피아에서 제1회 공화당 전당대회를 열자고 제안한 바 있었다.

블레어 경은 두 아들 몽고메리와 프랭크, 그리고 인디애나 주 국회의원이자 이후 율리시스 그랜트 대통령 시절 부통령이 된 슈일러 콜팩스, 베이츠의 오랜 친구인 찰스 깁슨 등을 불러들였다. 몽고메리는 웨스트포인트 사관학교를 졸업한 후 미주리에서 법을 공부했다. 이후 그는 워싱턴에서 변호사로 성공했으며, 자유를 얻으려 했던 노예 드레드 스콧을 변호한 후 전국적으로 유명해졌다. 몽고메리의 동생 프랭크는 카리스마를 발하는 타고난 정치가로, 얼마 전 국회의원에 당선되었다. 블레어 가문은 프랭크가 언젠가 대통령이 되리라 확신하며 기대를 걸고 있었지만 1860년 당시 그는 겨우 30대였다. 이러한 이유로 블레어 가문은 에드워드 베이츠에게 시선을 돌렸다.

블레어 가문은 많은 이들의 존경을 받는 판사이자 오랜 휘그당원이며, 자신의 노예들을 해방시킨 후 자유토지당(노예제도에 반대한 당으로 1854년 공화당에 흡수되었다)에 입당했던 베이츠를 아주 높게 평가했다. 서부 사람이자 타고난 평화주의자인 베이츠야말로 북부의 급진적 노예제 폐지론자들과 남부의 열성적 노예제 찬성론자들 모두를 이끌 수 있는 공천 후보라고 생각했다. 공식적으로 공화당에 입당하진 않았지만, 베이츠는 노예제가 기존에 존재하는 주에 제한되어야 하며 준주로의 확산을 막아야 한다는 공화당의 기본 원칙을 고수했다. 그가 수십 년 동안 정치계에서 물러나 있었다는 사실도 장점이었다. 그 덕에 50년대의 말썽 많았던 싸움에 휘말리지 않았기 때문이다. 그의 지지자들은 내전의 위협을 가라앉히고 나라를 다시 평화롭게 번영시킬 사람은 베이츠밖에 없다고 믿었다.

베이츠는 처음에는 대통령 후보로 나서려 하지 않았다. 그러나 1859년 7월, 그는 자신이 흔들리고 있음을 인정했다. "나답지 않게 우유부단한 태도를 보이고 있다. …… 대다수 공화당원들은 내가 휘그당과 아메리카당의 폭넓은 지지를 받을 수 있을 것이라고 생각해 나를 끌어들이려 한다. …… 유혹을 뿌리치도록 노력해야 한다. 내 평범한 일상과 가족을 잊어서는 안 된다. 야망은 강렬하지만 교활한 열정이며, 한 사람의 행복과 진실한 성품을 빼앗기 쉽다.”그러나 그의 출마를 지지하는 편지와 신문 사설이 쏟아지자, 그는 서서히 나라에서 가장 높은 관직에 오르고 싶다는 욕망을 가지게 되었다. 그 자리는 오래전 그가 경멸하며 떠났던 “비천한 국회의원 자리”가 아니라, 미국의 대통령직이었던 것이다.

정계 실력자들이 그에게 접근한 지 6개월이 지난 후, 프랭크 블레어는 “베이츠가 엄청난 의욕을 불태우고 있다.”고 말하며 그가 “지금까지 그 어느 때보다 대담하게 선거 운동을 벌일 것”이라고 예상했다. 1860년 새해가 밝아올 무렵, 예전 같으면 달의 주기와 정원 상태에 대한 관찰 기록으로 가득했을 베이츠의 일기장은 온통 백악관에 대한 생각으로 채워졌다. 1860년 1월 9일 일기에는 이렇게 적혀 있다. “처음에는 의심스럽기만 했던 대통령 후보 공천 가능성이 희망적으로 생각되기 시작했다. 각계각층의 반대 세력이 나를 중심으로 단결할 가능성이 높다. …… 내가 저 부패하고 위험한 당(민주당)을 격파할 수 있을까? 내가 조국을 위해 그렇게 할 수 있다면, 헛되이 살지 않았다고 믿으며 기뻐할 것이다.”

베이츠가 정치에 할애하는 시간은 갈수록 늘어났다. 당시 그는 대부분의 시간을 정치 동료, 교육행정가, 신문사 주필들과 보냈다. 정원은 여전히 돌보았지만 정치와 경제, 사회 관련 정기간행물에 더욱 몰두했다. 전에는 가족들이나 친한 친구들과 함께했던 저녁시간을 이제는 대중 연설을 준비하고 지지자들과 편지를 주고받는 데 썼다. 정치는 그를 강하게 사로잡았고 예전의 그를 붕괴시켰다.

체이스나 링컨과 마찬가지로 그의 공천은 슈어드가 전당대회의 첫 번째 투표에서 패배하느냐에 달려 있었다. 베이츠는 “나는 틀림없이 2위로 당선될 것이다. 북서부에서와 뉴잉글랜드의 몇몇 주에서는 1위, 뉴욕과 필라델피아에서는 2위일 것이다."라고 일기에 적었다. 당원 중 한 사람을 공천해야 한다고 주장했던 열성파 공화당원과 베이츠가 4년 전, 이주민 반대정책을 펼쳤던 아메리카당에서 대통령에 출마한 밀러드 필모어를 지지했음을 기억하는 독일계 미국인들은 그를 반대했다. 하지만 전당대회가 임박해지면서 그의 지지자들은 점차 낙관적으로 생각하기 시작했다. 〈뉴욕 트리뷴〉은 "중도파나 보수파 전력을 지닌 사람을 선호하는 사람들이 추천한 다른 후보보다, 베이츠가 전당대회에서 더 많은 표를 받을 것이라는 데에는 의문의 여지가 없다."고 보도했다.

베이츠는 많은 공화당원들이 자신이 공천될 경우 "공화당의 원칙을 저버리지 않고도 당의 논조를 중도적으로 이끌어, 많은 주 특히 접경주들(켄터키, 메릴랜드, 버지니아, 미주리 등 자유 주에 접해 있으면서도 노예제를 채택한 몇몇 주)의 지지를 얻어낼 것"이라고 생각하는 것을 알고 있었다. 성공 가능성은 높은 듯했다. 정치에 다시 뛰어들려고 나선 지금, 최정상을 향해 활짝 펼쳐진 길이 그의 눈에 들어왔다.

그리고 아침

1860년 5월 18일 아침, 그날 베이츠의 가장 큰 목표는 첫 번째 투표에서 슈어드를 방해하는 것이었다. 체이스 역시 선두주자를 주시하고 있었다. 반면 슈어드는 체이스를 두려워했다. 베이츠는 전당대회의 대의원들이 결국은 유일하게 진정한 온건파인 자신에게 돌아서리라 확신했다. 슈어드와 체이스, 베이츠 중 그 누구도 링컨을 걸림돌로 여기지 않았다.

그렇다고 링컨이 정적들에게 전혀 알려지지 않은 사람이었던 것은 아니다. 1860년까지 그의 행보는 이 세 사람과 각기 다른 방식으로 교차되었다. 슈어드는 12년 전 정치 회합에서 링컨을 만났다. 두 사람은 그날 밤 같은 숙소에 머물렀고, 슈어드는 링컨에게 노예제에 대한 입장을 명확히 밝히는 것이 좋겠다고 격려했다. 링컨은 베이츠를 잠깐 만난 적이 있었다. 1847년 베이츠가 리버 앤 하버 전당대회에서 훌륭한 연설을 했을 때에는 청중석에 앉아 있었다. 체이스는 링컨의 얼굴을 본 적은 없었지만 1858년에 링컨과 공화당원들을 위해 선거 운동을 한 바 있었다.

그러나 그 5월의 아침에 스프링필드를 초조하게 거닐었고, 이렇다할 행정 경험도 국가적 명성도 거의 없었던 에이브러햄 링컨이 19세기 가장 위대한 역사적 인물이 되리라고는 그 누구도 짐작하지 못했다.

2장

성공에 대한 열망

변호사가 되기까지

에이브러햄 링컨, 윌리엄 헨리 슈어드, 새먼 P. 체이스, 그리고 에드워드 베이츠는 18세기 이후의 미국의 불안한 시대를 살아가고 있었다. 이중 가장 연장자인 베이츠는 조지 워싱턴이 초대 대통령이었을 때 태어났고, 슈어드와 체이스는 제3대 대통령 토머스 제퍼슨의 행정부 시절에, 그리고 링컨은 제4대 대통령 제임스 매디슨의 임기 때 태어났다. 이들의 고향인 버지니아와 뉴욕, 뉴햄프셔, 켄터키 주는 서로 수천 마일 떨어진 곳에 위치했다. 하지만 사회·경제적 추세가 이들의 행로를 비슷하게 만들었다. 신분과 기질은 전혀 달랐지만, 네 명의 공화당 공천 후보들 모두 고향을 떠나 서부를 여행했으며 법을 공부했고, 휘그당에 입당했으며, 노예제 확산을 반대했다.

당시 미국은 젊은이를 위한 나라였다. 스물여덟 살의 링컨은 스프링필드의 청년문화회관에서 "우리는 면적과 비옥함, 기후에 관한 한 가장 이상적인 땅에 살고 있습니다."라고 말했다. 건국의 아버지들은 이 땅에 "과거의 그 어느 정부보다” 더 많은 자유를 인정하는 정부를 세웠다. 이제 그 위대한 실험을 유지하고 발전시키는 것은 후손의 몫이었다.

독립전쟁 이후 많은 이들이 미국에서는 재능만 있으면 누구나 성공할 수 있다고 여겼다. “계급적 특혜가 폐지되고 구속이 사라지면, 모두들 자연스럽게 진보적인 사상을 갖게 된다. 모두가 출세욕을 품고, 미천했던 사회적 지위를 버리려 한다. 야망이 보편적 정서가 된다.”라고 미국을 방문했던 프랑스인 알렉시스 드 토크빌은 말했다. 또 다른 방문자인 프랜시스 트롤로프 부인 역시 ‘그 누구의 아들이든 다른 이의 아들과 평등해졌다’ 는 사실에 경탄했다. 야심 찬 젊은이들은 상인과 제조업자, 교사, 변호사 등의 새 직업을 무기로 자신의 운명을 바꾸기 위해 과감히 작은 고향 마을을 떠났다. 이 과정에서 수백 개의 새로운 도시가 생겨났고, 그에 발맞추어 근대적인 시장경제가 급속히 발전했다. 루이지애나 매입(1803년 미국이 프랑스에서 루이지애나 지역을 사들였다)으로 미국의 영토가 두 배로 늘어나자 드넓은 새 땅과 함께 미래에 대한 가능성 또한 곱절로 높아진 듯했다.

해방의 기쁨을 맛본 미국인들은 애팔래치아 산맥을 넘어갔다. 이 산맥은 식민지와 미개척지인 서부를 가르는 분기점이었다. 스티븐 빈센트 브네(미국의 시인이자 소설가. 남북전쟁을 그린 서사시 〈존 브라운을 위해〉와 미국 역사를 다룬 서사시 〈서부의 별〉로 두 차례에 걸쳐 퓰리처상을 수상했다)는 “미국인들은 언제나 전진한다. 아무도 건너지 않은 시내, 아직 시도해보지 않은 약속 / 산허리에 잠들어 있는 금속을 향해.”라고 이 시대를 노래했다.

베이츠는 고향 버지니아에서 켄터키, 일리노이, 인디애나 주를 지나 새로 형성된 미주리 준주의 신생 도시 세인트루이스까지 800마일이라는 긴 거리를 이동했다. 체이스는 뉴햄프셔 주에서 원시림을 개척해서 건설한 신흥 도시인 오하이오 주의 신시내티까지 험난한 여행을 했다. 슈어드는 뉴욕 주의 동부를 떠나 같은 주 서부에서 성장하고 있던 도시 오번에 정착했다. 링컨은 켄터키에서 인디애나로, 다시 일리노이 주로 이동했다.

토크빌은 "미국인은 모두 출세욕에 사로잡혀 있다."라고 말했다. 이 네 남자를 비롯해 수천 명에 달하는 미국인들은 급변하는 사회에서 자신의 꿈과 희망을 실현할 곳을 찾고 있었다.

탄탄대로를 걸어온 슈어드

윌리엄 헨리 슈어드는 경쟁자들 가운데 가장 유복한 어린 시절을 보냈다. 1801년 5월 16일, 여섯 아이 중 넷째로 태어난 슈어드는 뉴욕 주 오렌지 카운티에서 성장했다. 그의 아버지 새무얼 슈어드는 의사, 판사, 상인, 부동산 투기업자, 뉴욕 주 의원 등 다양한 직업을 거치며 많은 재산을 모았다. 어머니 메리 제닝스 슈어드는 따뜻한 마음씨를 지닌 사려 깊은 여인이었다.

빨간 머리카락과 초롱초롱 빛나는 푸른 눈을 가진, 상냥하고 활발한 소년이었던 슈어드는 아버지의 편애에 가까운 특별한 관심 속에서 학창 시절을 보냈다. 학창 시절 그의 하루는 아침 다섯 시에 시작되어 저녁 아홉 시가 지나서야 끝이 났다. 학교는 무척이나 엄격했다. 그가 시저를 제대로 번역하지 못하거나 고대 로마의 시인 베르길리우스의 시를 해석하지 못하면 "한 손에는 고전작품을, 다른 한 손에는 사전을 들고" 교실 바닥에 앉아 있어야 했다. 때로는 견딜 수 없었지만 아버지가 낙제를 용서하지 않으리라는 것을 잘 알기에, 그는 끝까지 버텼다.

슈어드는 오랜 시간 동안 혼자서 책을 들여다보고 난 후에는 사람들과 어울리는 것을 즐겼다. 그는 "겨울밤이면 이웃 어른들은 사과와 땅콩, 사과주를 가져왔고, 공부에서 벗어난 나는 휴식을 즐기며 정치나 종교에 대한 어른들의 대화에 귀를 기울였다."고 어린 시절을 회상했다. 슈어드는 이 즐거운 추억을 평생 간직했다. 어른이 된 슈어드는 어린 시절 그의 아버지가 그랬던 것처럼, 밤마다 끊임없이 찾아오는 손님을 맞았고, 늘 풍성한 음식과 재미있는 이야깃거리로 그들을 대접했다.

그 지역의 다른 부잣집들처럼 슈어드 가족도 노예를 소유했다. 슈어드는 어릴 적 노예 숙소에서 많은 시간을 보내며 이 "수다스럽고 인정 많은" 사람들과 친하게 지냈다. 하지만 슈어드는 성장할수록 자신과는 너무나 다른 노예 친구들의 비참한 생활을 받아들이기 힘들어했다. 슈어드의 아버지는 마을에서는 예외적으로, 노예들도 자기 아이들과 같이 학교를 다녀도 좋다고 허락했지만, 그는 "왜 다른 집의 흑인 아이들은 학교에 다니지 못하는지" 이해할 수 없었다. 게다가 그는 친구였던 이웃집 노예 소년이 자주 채찍질 당하는 모습을 지켜보아야만 했다. 슈어드는 어린 시절 노예들의 비참한 상황을 가까이에서 보았기 때문에 노예제 반대 운동을 결심했다고 한다.

어린 슈어드 혼자만 노예제를 혐오했던 것은 아니다. 독립전쟁 이후 북부의 11개 주 의회는 노예제 폐지 법안을 통과시켰다. 일부 주는 경계 내의 노예제를 전면 금지했고, 다른 주들은 특정 연도 이후 태어난 모든 노예를 성인이 되었을 때 자유인이 되도록 하여 점진적으로 노예해방을 추진했다. 1827년이 되자 뉴욕 주에서는 노예가 완전히 사라졌다. 북부의 주 의회들은 이처럼 노예제를 없애갔지만, 면화 재배가 주된 산업이었던 남부에서 노예제는 여전히 중요했다.

슈어드는 형제들 중에서 유일하게 — 값비싼 특혜로 여겨지던 — 대학 교육을 받았다. 슈어드는 열다섯 살이 되었을 때 뉴욕의 명문인 유니언 대학에 입학했다. 그는 유니언 대학에서 특유의 쾌활하고 붙임성 있는 성격으로 많은 친구들을 사귀었다. 그는 "입학하자마자 나는 졸업생 대표가 되고 싶다는 생각을 남몰래 품고 있었다."고 고백했다. 하지만 졸업생 대표 경쟁자들이 학업에 몰두하느라 친구를 사귀지 못한다는 사실을 알았을 때, 그는 그 영예가 그럴만한 가치가 있는지 의아해했다.

하지만 유니언 대학 학장이 파이베타카파 회(성적이 우수한 재학생과 졸업생으로 이루어진 클럽)가 "유니언 대학에 네 번째 지부를 세우기로 결정했다."고

하면서 3학년 말 수석 학생에게 회원자격을 주겠다고 발표했을 때 그의 야심은 되살아났다. 당시 파이베타카파 회는 하버드, 예일, 다트머스, 이렇게 세 곳밖에 없었는데 파이베타카파의 회원들은 "미국의 저명한 철학자, 학자, 연설가"들과 사귈 수 있었다. 총명하고 야심 찬 소년이었던 슈어드는 매일같이 새벽 세 시에 일어나 공부에만 집중했고 결국 그 유명한 단체에 가입했다. 슈어드는 기분 좋게 4학년 생활을 시작했다. 그리고 동기들과 친하게 지내면서도 수석으로 졸업하기로 결심했고, 그 목표는 실현되었다. 슈어드는 수석으로 졸업했고, 학생들과 교직원들은 만장일치로 그를 1820년 7월 유니언 대학의 졸업식 연설 대표로 뽑았다.

졸업 후 슈어드는 수월하게 법조계로 옮겨갔다. 당시에는 활동 중인 변호사의 지도를 받아야 변호사 되기가 유리했는데, 그는 졸업 후 곧장 고센지역의 유명한 변호사 사무소를 찾아가서는 명망 높은 법률 서적 저자인 존 앤턴의 뉴욕 시 사무소 제자가 되었던 것이다.

슈어드는 이에 만족하지 않고, 변호 실력을 다지기 위해 모의재판을 했던 법학도 모임 '뉴욕 재판소'에도 참여했다. 그러나 슈어드는 그곳에서 그리 주목받지 못했다. 그의 연설은 배심원을 설득하기에는 역부족인 듯했다. 연설문 집필에 대한 자신감이 흔들리던 중, "늘 청중의 혼을 빼놓는" 동료 법학도가 "문제는 작문 실력이 아니라 쉰 목소리"라고 지적해주었다. 작문 실력은 슈어드가 훨씬 뛰어나지만, 선천성 후두염을 앓고 있던 그의 목소리가 "귀에 거슬린다"는 것이었다. 이를 증명하기 위해 동료는 서로 연설문을 바꿔 읽어보자고 제안했다. "최선을 다해 친구의 연설문을 읽었지만 도무지 설득력이 없었다. 그 다음에 친구가 내 연설문을 읽었을 때는 워싱턴 홀에서 터져나온 박수 소리가 브로드웨이까지 들리는 듯했다."

시간이 지나고 변호사 시험에 합격한 슈어드는 뉴욕 주의 서부를 여행하면서 새출발하기에 적합한 법률 사무소를 찾아다녔다. 때마침 오번의 엘리야 밀러 판사가 번창하는 자신의 변호사 사무소를 공동경영하자고 제안했고, 슈어드는 이를 흔쾌하게 받아들였다. 슈어드는 얼마 지나지 않아 사무소의 법률 업무 대부분을 책임질 만큼 유능한 변호사로 성장했고, 공동경영자인 밀러 판사는 이를 무척 흡족해했다.

홀아비였던 쉰두 살의 판사 밀러는 두 딸 라제트, 프랜시스와 함께 오번에서 가장 웅장한 저택에 살고 있었다. 슈어드는 밀러 판사와 일한 지 2년도 채 지나지 않은 어느 날 그의 딸 프랜시스에게 청혼했다. 판사는 결혼을 승낙하는 대신, 결혼 후 부부는 물론이고 슈어드의 어머니와 결혼하지 않은 누이까지 다 함께 자기 집에서 살아야 한다는 조건을 내걸었다. 그렇게 스물세 살의 슈어드는 화려한 대저택에서 살게 되었고, 그곳에서 프랜시스와 평생을 보냈다. 그는 행복한 결혼생활과 탄탄한 직업으로 인해 미래를 자신 있게 바라볼 수 있었다.

불행한 체이스의 이력

새먼 P. 체이스는 늘 활기찬 슈어드와는 정반대로, 많은 것을 이루고도 만족하지 못하고 늘 불안해하는 사람이었다. 그는 인생의 전환기마다 주어진 기회를 잘 이용하지 못했던 것을 후회했고, 항상 아직 이루지 못한 것들에 대해 생각했다.

체이스는 1808년 뉴햄프셔 주 코니시에서 열한 명 중 여덟 번째 아이로 태어났다. 3대에 걸쳐 이 마을에 살았던 그의 가문은 지역사회에서 명망이 높았다. 아버지의 형제들 중 셋은 다트머스 대학을 졸업한 후 변호사, 미국 상원의원, 감독교회의 감독으로 각각 활동했다. 이웃들은 유복한 체이스 가를 두고 "뉴잉글랜드에서 가장 많은 인재가 태어난 노란 집"이라고 말하곤 했다.

성공한 농부였던 체이스의 아버지 이타마르 체이스는 치안판사, 뉴햄프셔 주 의회의 지역 대표 등 지역의 중책을 두루 지냈다. 그는 아내 자넷 랠스턴을 무척이나 사랑하는 남편이자 다정한 아버지였다. 그는 어떠한 경우에도 "언성을 높이거나 폭언을 하지 않고" 집안을 다스렸다.

슈어드처럼 체이스 역시 어릴 적부터 남달리 총명했다. 아버지는 그에게 "다른 자녀들이 받은 것보다" 훨씬 많은 교육을 받게 했다. 소년은 많은 기대를 받으며 성장했다. 체이스는 "신동"이라고 불릴 정도로 뛰어난 작문실력을 가지고 있었지만 낭독하는 것은 꺼려했다. 어릴 적부터 재미있는 이야기로 친구들을 사로잡았던 링컨과 달리, 수줍음이 많았던 체이스는 사람들 앞에서 말하기를 두려워했다.

감독교도였던 그의 가족은 신앙심이 깊어서 안식일을 엄격하게 지켰고 교회의 계율을 엄격하게 따랐다. 이러한 환경 속에서 그는 완고하고, 지독하리만큼 정직한 사람으로 성장했다. 또한 그는 자신의 경험을 통해 많은 것을 배웠다. 그가 술을 싫어하게 된 것도 잊을 수 없는 어린 시절의 기억 때문이었다. 그는 우연히 술에 취해 죽은 남자를 발견했다. 그 남자는 길가 웅덩이에 얼굴을 묻고 있었다. 물이 깊지는 않았지만, 만취 상태에서 익사하기에는 충분한 깊이였다. 그는 그 끔찍한 광경이 음주의 해악에 대한 교구 목사의 설교보다 훨씬 설득력 있었다고 말했다.

체이스의 아버지는 그가 일곱 살이었을 때, 과감하게 사업을 시작했다가 파산했다. 체이스 가족은 재기하지 못했다. 사업 실패로 가족은 집까지 잃었고, 이타마르 체이스는 쉰세 살의 나이에 치명적인 뇌졸중을 일으켰다. 새먼 체이스는 그때 겨우 아홉 살이었다. 남편이 세상을 떠난 후 엄청난 빚을 떠안은 자넷 체이스는 그 많은 자식들을 어떻게 키워야할지 막막하기만 했다. "고통스러울 정도로" 허리띠를 졸라매며 악전고투했지만 자넷은 결국 친척들에게 아이들을 보내야만 했다.

1819년, 열두 살이었던 체이스는 작은아버지 필랜더 체이스에게 가게 되었다. 감독교회의 감독이었던 그는 오하이오 주 워딩턴에서 남학교를 운영하고 있었다. 필랜더 체이스는 교육자로 일하면서도 꽤 큰 교구를 관리했고, 학생들에게 음식과 유제품을 공급하는 농장도 갖고 있었다. 어린 체이스는 소젖을 짜고, 소들을 보살피고, 장작을 나르는 대가로 잠자리와 먹을거리, 고전과 종교 교육을 제공받기로 했다.

작은아버지는 패기만만하고 의욕적인 사람이었다. 체이스는 "그는 우리에게 대단히 엄격하고 가혹할 때가 많았다. 사실 폭군과도 같았다."고 회상했다. 기도와 공부를 게을리 하는 기색이 조금이라도 보이면, 매를 맞고 설교를 들어야 했다. 체이스는 "워딩턴에 대한 추억은 전반적으로 즐겁지 않다. 조금은 재미있던 일들과 좋은 친구들도 있었다. 하지만 대부분은 불쾌한 기억이다. 나는 날짜를 헤아리며 언제쯤 집으로 돌아갈 수 있을지 생각했다. 그게 안된다면 다른 곳에 가서 일을 하며 살고 싶었다."라고 이 시절을 회상했다.

작은아버지가 신시내티 대학의 학장이 되었을 때, 체이스는 그와 함께 신시내티로 갔다. 그리고 열세 살 때 그는 대학 신입생이 되었다. 교육과정이 그리 어렵지 않아서 소년들은 남는 시간에 장난과 놀이에 몰두했는데, 체이스는 그런 아이들과 어울리지 않았다. 체이스는 엄격하고 금욕적인 습관을 갖게 되었고, 그로 인해 평생 사람들과 잘 어울리지 못했다.

체이스가 열다섯 살이 되었을 때, 작은아버지는 이후 케니언 대학이 될 새 신학교 건립 기금을 마련하기 위해 영국으로 떠났다. 마침내 체이스는 뉴햄프셔 주 킨에 있는 어머니에게 돌아갈 수 있게 되었다.

체이스는 고통스럽기만 했던 오하이오에서의 교육 덕에 다트머스에 3학년으로 입학할 수 있었다. 그리고 파이베타카파 회의 일원으로 수석졸업을 하면서부터는 대학 친구들과 교류하기 시작했다. 이후 고전문학 교수가 된 명석한 동기 찰스 클리블랜드와 부유한 사업가가 된 해밀턴 스미스와의 깊은 우정도 이 시기에 맺어진 것이었다.

열아홉 살의 청년 체이스는 졸업 후 몇 년 동안 수도 워싱턴에서 지냈다. 그리고 남학교를 세워 성공을 거두었다. 이 학교에는 많은 상원의원과 행정부 각료의 자제들이 입학했다. 하지만 그는 이번에도 그 상황을 좋아하기보다는,

자신의 재능을 인정받지 못하고 있다며 우울해했다. 체이스는 해밀턴 스미스에게 워싱턴에는 뚜렷한 사회 계급이 있다고 말했다. 첫째는 그가 갈망하는 고위 관료로 이루어진 계급이고, 둘째는 현재 자신이 속한 교사와 의사 등의 계급이며, 셋째는 상인과 기술공 계급이라고 했다. 물론 노예와 노동자로 구성된 더 낮은 계급도 있었다. 그는 "알파벳이라는 미로를 이리저리 빠져나갈 수 있는 초라한 개자식"도 교사를 자처하며 교육자라는 직업을 수치스럽게 만드는 것이 교사생활의 문제라고 했다. 그러나 무엇보다 괴로웠던 것은 정신없이 돌아가는 워싱턴에서 무명(無名)으로 살아가는 자신의 처지였다.

재능을 펼칠 수 있는 더 높은 직책을 찾던 체이스는 1825년 형에게 보낸 편지에서 다른 직업에 대해 자문을 구하며, 법을 공부할까 생각 중이라고 썼다. 그건 아마도 두 제자의 아버지였던 법무장관 윌리엄 워트와 친분을 쌓으며 영향을 받았기 때문이었을 것이다.

워트는 변호사 겸 문학학자로 존경받는 인물이었다. 또한 그는 제임스 먼로 대통령 시절부터 존 퀸시 애덤스 대통령 시절까지 법무장관을 역임했던 워싱턴의 주요인사이기도 했다. 인자하고 다정했던 워트는 아들들의 교사로 아직 10대의 나이인데도 외롭게 지내던 체이스를 가족처럼 여겨 만찬이나 무도회, 워싱턴 명사들이 참석하는 화려한 모임에 초대하곤 했다. 30여 년 후에도 체이스는 워트 가족과 함께 보낸 그 "행복했던 시간"을 생생하게 기억했다. 워트 가족의 응접실에서 출세한 사람들에게 둘러싸였던 체이스가 법을 공부해야겠다고 생각한 건 어쩌면 당연한 일이었다.

형 알렉산더는 법조인이 되기 위해서는 그 어느 직업보다 힘든 준비 과정을 거쳐야 한다고 경고했다. 그는 동생에게 "변호사로 성공하려면 과학, 예술, 고대사와 현대사 등에 대한 수천 권의 책을 섭렵해서 박학다식해져야 한다."고 말했다. 체이스는 형의 말을 가슴 깊이 새겼고, 이 엄청난 공부를 위해 혹독한 노력을 기울였다.

워트는 체이스에게 자기 사무실에서 법을 공부해도 좋다며 용기를 주었다. "장담컨대 자넨 유명한 법조인이 될 걸세. 자네는 이 분야에서 성공하는 데 꼭 필요한 감각과 능력, 의지를 모두 가지고 있어."

체이스는 교사생활을 하면서도 부지런히 의회의 방청석에서 의원들의 연설에 귀를 기울이고, 워싱턴의 블랙스톤 토론 클럽의 일원이 되어 웅변을 연습했으며, 끊임없이 책을 읽었다. 대법원에서 저명한 정치가이자 웅변가인 대니얼 웹스터의 감동적인 연설을 들은 후, 체이스는 "노력으로 저만한 경지에 이를 수 있다면, 밤낮을 가리지 않고 노력하겠다."고 결심했다.

체이스는 아버지의 사업 실패로 가정이 파괴되었다고 확신했다. 때문에 더욱 실패를 두려워했고, 그 두려움은 평생에 걸쳐 강렬한 야망의 촉매제 역할을 했다. 그는 늘 자책하면서도 "부지런히 노력하기만 한다면" 반드시 성공하리라는 믿음만은 잃지 않았다.

체이스는 슈어드처럼 법대생들이 대부분 3년 동안 밟는 과정을 2년 만에 마쳤다. 1829년, 스물두 살의 체이스는 마침내 변호사가 되었다. 체이스는 변호사들이 많이 활동하던 워싱턴보다는 이제 막 성장하기 시작한 오하이오 주에서 새로운 기회를 찾기로 결심했다. 체이스는 클리블랜드에게 "앞으로 20년 내에 나는 신시내티의 일인자가 될 걸세."라고 장담했다.

신시내티에 입성한 체이스는 이 신도시에서 반드시 성공하겠다고 다짐했다. 출발은 순조로웠다. 몇 년 동안의 법조계 훈련을 마친 후, 그는 여러 사업가들을 변호하고 몇몇 큰 은행의 법률 고문으로 일하면서 사업을 확장해 큰 돈을 벌었다. 그와 동시에, 계속해서 자기계발을 하라는 벤저민 프랭클린의 충고에 따라 대중 강의를 기획하고, 금주 모임에 가입했으며, 정리되지 않은 오하이오 주의 법령을 모아 출판하는 대규모 프로젝트에 착수했고, 직접 시와 여러 잡지에 게재할 글을 썼다.

이 수많은 일을 위해 그는 새벽 4시에 일어나곤 했으며, 매번 자책하면서도 가끔은 일요일에도 일을 했다. 체이스가 성공하면 할수록, 신앙심 깊은 그의 가족은 세속적인 성공과 명예에 대한 그의 집요한 욕망을 걱정했다. 누나 애비게일은 그에게 "명성과 부귀를 좇아 이승에서만 만족할 일에 빠져 있는 널 보니 걱정스럽구나."라는 편지를 보냈다. 누나는 동생이 야망 대신 따뜻한 가족애를 느끼며 행복해지기를 바랐다.

그러나 체이스가 꾸렸던 가정은 결코 평탄하지 않았다. 체이스가 열렬히 사랑했던 첫 번째 아내 캐서린 가니스는 결혼생활 18개월 만인 1835년, 출산 합병증으로 세상을 떠났다. 사망 당시 그녀는 겨우 스물세 살이었는데, 체이스는 아내의 죽음이 "너무나 엄청난 일"이어서 아무 일도 할 수 없었다고 친구 클리블랜드에게 말했다. "사랑했던 사람을 잃고 나니 무서울 만큼 외롭다네."

죽은 엄마를 기리기 위해 캐서린이라고 이름 붙이고 온 정성을 쏟아 키웠던 아이도 겨우 다섯 해밖에 살지 못했다. 성홍열로 아이마저 잃고 난 후 체이스는 망연자실했다. 하나밖에 없는 아이를 잃는다는 것은 "인간이 경험하는 불행 중 가장 큰 일"이라고 그는 클리블랜드에게 말했다.

이후 체이스는 엘리자 앤 스미스와 다시 결혼했다. 그녀는 첫 번째 아내의 친한 친구였다. 스무 살이 되던 해 첫 딸을 낳은 그녀는 체이스의 첫 아내와 첫 딸을 기려 아이에게 케이트라는 이름을 지어주었다. 체이스는 이 결혼생활을 통해 행복을 되찾았다. 하지만 이 행복도 그리 오래가지 못했다. 둘째 딸이 태어났다가 죽은 후 엘리자가 결핵으로 스물다섯 살의 생을 마감했던 것이다. 체이스는 엘리자를 땅에 묻은 후 클리블랜드에게 고백했다. "심장이 찢어지는 것 같네. 눈물을 참을 수 없군. …… 내겐 아내가, 어린 케이트에겐 엄마가 없네. 외롭군."

다음 해 체이스는 세라 벨 러들로우와 또 한 번의 결혼을 했다. 그녀는 네티와 조라는 두 딸을 낳았다. 조는 12개월 때 세상을 떠났고, 2년 후 엄마 역시 아이를 따라 무덤에 묻혔다. 당시 마흔네 살이었던 체이스는 이후 다시는 결혼하지 않았다. 몇 년 후 우애가 좋았던 누이 해나가 심장마비로 사망하자 체이스는 탄식했다. "이 세상은 불행의 골짜기로구나. 내게는 분명 그러했다. 내가 스물다섯 살이었을 때부터 죽음은 한없이 나를 따라다녔다. …… 가끔은 다 포기할 수 있을 것 같은, 아니 포기해야만 할 것 같은 생각이 든다. 하지만 나는 다시 일어나 전진해야 한다."

베이츠, 형의 후광을 입다

젊은 시절 에드워드 베이츠는 체이스처럼 발전하는 개척지를 찾아 동부 해안을 떠나 서부로 향했다. 열두 형제 중 막내였던 그는 버지니아 주 리치먼드에서 그리 멀지 않은, 벨몬트라는 농장에서 태어났다. 아버지 토머스 플레밍 베이츠는 인근 지역에서 가장 존경받는 지주였다. 그는 영국에서 교육을 받았고 수십 명의 노예를 소유한 대농장의 지주였으며, 토머스 제퍼슨 대통령, 제임스 매디슨 대통령과도 친분이 있었다. 어머니 캐롤라인 우드슨 베이츠는 유서 깊은 버지니아 가문 출신이었다.

베이츠의 오랜 친구 찰스 깁슨은 베이츠 가 사람들이 마치 서부 유럽의 귀족같이 느껴졌다고 회상했다. 이들은 영국의 장원생활을 본받아 경제적 성공보다는 가족과 사교, 땅, 명예에 더 큰 가치를 두었다.

베이츠 가족의 생활은 독립전쟁이 일어나기 전까지는 안락하고 평화로웠다. 하지만 전쟁이 일어나자 실천하는 퀘이커교도였던 토머스는 퀘이커교의 평화주의 원칙을 저버리고 참전했다. 가족은 식민지 독립군으로 참전한 토머스를 자랑스러워했다. 그가 가지고 다녔던 부싯돌 식 머스킷 소총은 "휘그당원 토머스 플레밍 베이츠는 독립전쟁에서 이 총으로 자유와 독립을 위해 싸웠다."라는 은도금 문장과 함께 후대에 전해졌다. 하지만 토머스는 입대 결정 때문에 큰 대가를 치러야 했다. 전쟁이 끝난 후 그는 퀘이커 예배당에서 추방당했고, 담보로 잡혔던 가문의 재산을 영영 잃었다. 때문에 그는 이후 일곱 아들과 다섯 딸을 부양하느라 고군분투해야 했다.

슈어드와 체이스처럼, 젊은 베이츠도 일찍이 공부에 소질을 보였다. 구클랜드 카운티에는 학교가 거의 없었지만, 에드워드는 아버지에게서 읽고 쓰는 법을 배웠고 여덟 살 무렵에는 시에 재능을 나타냈다.

베이츠는 열한 살이 되던 해 아버지의 부음과 함께 벨몬트를 떠나야 했다. 가난해진 그의 어머니가 체이스의 모친처럼 여러 친척들에게 아이들을 보냈던 것이다. 그는 형 플레밍 베이츠와 함께 버지니아의 노섬벌랜드에서 2년간 지내다가 메릴랜드 주 하노버에 있는 학구적인 사촌 벤저민 베이츠의 집에서 살게 되었다.

베이츠는 그곳에서 사촌의 후원을 받으며 수학과 역사, 식물학, 천문학을 공부했다. 하지만 그는 함께 장난치며 놀았던 그 많던 형제자매와 벨몬트의 집을 늘 그리워했다. 열네 살이 된 그는 메릴랜드 주의 사립학교인 샬럿 홀에 들어가 프린스턴 대학 진학을 준비하며 문학과 고전을 공부했다. 그러나 베이츠는 프린스턴에 다니지 못했다. 부상을 당해 샬럿 홀에서의 학업을 중단할 수밖에 없었던 것이다. 벨몬트로 돌아온 그는 1812년, 전쟁 때 아버지가 사용한 낡은 부싯돌 식 머스킷 총으로 무장한 채 버지니아 주의 민병대에 입대했다. 그리고 1814년 스물한 살이 된 그는 루이지애나 매입으로 애팔래치아 산맥 서쪽에서 활짝 열린 가능성에 이끌려, 미주리 준주로 밀려드는 개척자들의 대열에 뒤늦게 합류했다.

베이츠는 혼자서 고향 버지니아 주를 출발해 켄터키, 일리노이, 인디애나 주를 지나 미주리 준주로 가는 험난한 여정에 몸을 맡겼다. 훗날 그는 "당시 서부는 잔인한 인디언들의 무대였지만, 당시 나는 너무 젊어서 이러한 위험에 대해 아무런 경각심도 없었다."고 감개무량한 듯 말했다.

젊은 베이츠가 서쪽으로 가기에 이보다 더 좋은 시기는 없었을 것이다. 제퍼슨 대통령이 베이츠의 형 프레더릭을 새로운 미주리 준주의 장관으로 임명했던 것이다. 베이츠가 세인트루이스 변경의 거주지에 도착했을 때, 미주리는 주(州)로 승격되기 7년 전이었다. 강기슭에서 이 새로운 땅을 바라본 베이츠는 이렇다 할 집도 한 채 발견할 수 없었다. 2500명밖에 되지 않는 주민들은 주로 허름한 오두막이나 단층짜리 나무집에서 살고 있었다.

베이츠는 형의 도움으로 저명한 변경 지역 법조인인 루프스 이스턴과 함께 법을 공부하게 되었다. 이스턴은 준주의 판사 겸 국회 대의원이었다. "오래도록 불안한 시절을 보낸 그는 마침내 속에서 불같이 타오르는 야망을 실현할 수 있는 안정된 위치를 차지했다."고 베이츠의 전기 작가 마빈 케인은 말했다. 형 프레더릭과 법조인 이스턴, 세인트루이스의 친한 친구들의 조언으로 베이츠 역시 2년간 공부한 후 변호사 시험에 합격했고 바로 개업했다.

변호사는 주민이 빠르게 늘어나던 변경 지역에서 수요가 높은 직업이었다. 세인트루이스에서는 경제적으로나 직업적으로나 성공할 가능성이 매우 높았기 때문에, 베이츠 형제는 남은 가족들을 불러들이기로 결심했다. 베이츠는 버지니아 주로 돌아가 아버지의 재산을 처분하고 미주리에 데려가지 않을 노예들은 경매로 팔았다. 그리고 어머니와 누나 마가렛을 데리고 기나긴 여정에 올랐다. 베이츠의 한 친구는 훗날 "그 시절 서부의 강에는 배도 없었고 땅에는 길도 없었다."고 회상했다. 게다가 일리노이 주와 인디애나 주의 황무지를 건너기 위해서는 반드시 안내자가 있어야 했다. 하지만 그는 여행에서 많은 이득을 얻었다고 형에게 전하기도 했다. "어머니와 동생은 처음 출발했을 때보다 더 적극적이고 건강해지고 쾌활해졌어요. 힘든 여행을 놀라울 만큼 잘 견디고 있습니다."

베이츠는 세인트루이스에 도착하자마자 형에게 "앞으로는 형에게 걱정을 끼치지 않겠습니다."라고 장담했다. 세인트루이스에서 다시 변호사 일을 시작한 스물다섯 살의 베이츠는 지역 사회의 유력 인사였던 형 덕택에 많은 혜택을 누렸다. 한 편지에서 그는 형의 "사회적 명성"뿐 아니라 "재산과 영향력"으로 인해 자신의 지위가 엄청나게 높아졌다면서 "친구이자 은인"인 프레더릭에게 열렬한 감사를 전했다.

그는 형을 통해서 유명한 탐험가였다가 당시 미주리 준주의 지사가 된 윌리엄 클라크와 〈미주리 인콰이어러〉의 편집장인 토머스 하트 벤턴, 미주리 주 의회의 의장이자 미주리를 준주에서 주로 승격시키는 데 큰 역할을 했던 데이비드 바턴 등 세인트루이스의 거물들을 소개받았다. 얼마 후 그는 데이비드 바턴의 동생 조슈아 바턴과 동업하게 되었다. 그리고 막강한 배경을 가지고 있었던 이 두 젊은이는 영향력 있는 사업가와 지주들의 이익을 대변하여 수익성 높은 사건을 맡기 시작했다.

링컨의 고난에 찬 어린 시절

에이브러햄 링컨은 공화당의 다른 공천 후보들은 상상도 못할 만큼 고난에 찬 세월을 보냈다. 1809년 2월 12일, 에이브러햄 링컨은 노예주 켄터키에 있는 외딴 농장의 통나무 오두막집에서 태어났다. 아버지 토머스 링컨은 글을 배운 적이 없는 사람이었다. 링컨에 따르면 그는 "당신의 이름을 서툴게 사인할 때 외에는 글자를 써본 적이 없었다."고 한다. 그는 서툰 목수와 머슴으로 일하다가 출신 가문이 불분명한, 조용하고 지적인 젊은 여인 낸시 행크스와 결혼했다.

링컨이 태어난 후 몇 년 동안 그의 가족은 켄터키와 인디애나, 일리노이주의 더러운 농장 이곳저곳을 전전했다. 링컨의 아버지에겐 별다른 야망이 없었고 농산물을 내다팔 시장에 가기도 쉽지 않았기 때문에 이 가족은 지독하게 가난한 생활을 해야 했다.

오랜 세월이 흐른 후에도 링컨은 힘겨웠던 어린 시절을 낭만적으로 생각하거나 감상에 젖어 회상하지 않았다. 1860년 선거 운동 당시 전기 작가 존 록스스크립스가 그의 어린 시절에 대해 자세히 알고 싶어 하자 링컨은 머뭇거리며 대답했다. "스크립스 씨, 내 어린 시절에서 뭔가 대단한 것을 찾으려고 노력해봤자 소용없습니다. 그 세월은 영국의 시인 그레이의 〈비가(悲歌)〉에 나오는 한 구절로 요약할 수 있지요. '짧고도 단순한 빈자(貧者)의 연보(年譜)'

로 말입니다.”

링컨의 어머니 낸시 행크스가 역사에 남긴 흔적은 거의 없다. 어릴 적 링컨의 동네 친구였던 너대니얼 그릭스비는 “그녀를 아는 모든 사람들은 그녀가 대단한 정신력의 소유자라고 생각했다. 그녀는 모든 면에서 남편보다 훌륭한 여인이었다.”라고 회상했다. 낸시의 가까운 친척이자 링컨의 죽마고우였던 데니스 행크스는 “링컨 부인은 에이브러햄에게 좋은 성경 구절을 읽어주었고, 읽고 쓰는 법을 가르쳤으며, 사랑과 자비심으로 그를 길렀다.”고 전했다. 그녀는 “의심할 나위 없는 지적인 여성”, “놀라운 직관력”을 가진 여성, “대단히 현명하고 정신력이 강한” 여성으로 평가되었다.

링컨이 아홉 살이던 1818년 초가을, 낸시는 “우유병”에 걸렸다. 어지러움과 구토, 불규칙한 심장박동에 시달리다가 혼수상태에 빠지게 되는 치명적인 병이었다. 그녀는 세상을 떠나기 직전 어린 아들에게 “에이브러햄, 엄마가 너를 떠나 다시는 돌아오지 못하겠구나.”라고 말했다고 한다.

남자가 마흔다섯 살까지 살면 다행이고 수많은 여성이 아이를 낳다 목숨을 잃었던 시절, 부모의 죽음은 흔한 일이었다. 네 경쟁자 중 슈어드만 성장한 후에도 부모가 살아 있었다. 체이스는 겨우 여덟 살 때, 베이츠는 열한 살 때 아버지를 잃었다. 이 둘의 삶도 링컨처럼 상실감으로 얼룩져 있었다. 그러나 상실감이 주는 영향은 그 사람의 성격과 환경에 따라 크게 달라진다. 어린 나이에 겪은 부모의 죽음은 이들의 인생을 바꿀 만큼 큰 영향을 주었지만, 특히 링컨에게 어머니의 죽음은 치명적인 사건이었다. 그녀의 힘으로 간신히 유지되었던 가족의 안정감이 그녀와 함께 영영 사라졌던 것이다.

아내가 세상을 뜨자, 아버지는 새 아내를 데려오겠다며 두 아이를 “황량한 곳”에 내버려둔 채 켄터키 주로 떠났다. 토머스가 집을 떠나 있는 몇 달 동안, 링컨의 열두 살 된 누나 세라는 그 “포효하는 표범과 곰에 대한 공포가 밤을 가득 채우던 곳”에서 동생과 엄마의 사촌 데니스 행크스를 돌보기 위해 안간힘을 썼다. 세라 링컨은 동생을 많이 사랑했고, 누구든 편안하게 만들어주는

"기분 좋은 미소를 가진 영리한 소녀"였지만, 어른의 보살핌 없이 몇 달이나 지내기란 쉽지 않았다. 링컨의 새어머니인 세라 부시 존스턴은, "토머스와 함께 집에 가보니 누더기 옷을 걸치고 지저분하게 방치된 채 동물처럼 사는 아이들이 있었다."고 회상했다. 비누로 깨끗이 씻기고 제대로 옷을 입히고 나서야 아이들이 "조금은 사람답게" 보였다고 한다.

10년도 채 지나기 전에 링컨은 또 다시 힘겨운 상실감으로 괴로워해야 했다. 누나 세라가 아이를 낳다 죽은 것이다. 그녀의 죽음을 전해들은 링컨은 "통나무에 주저앉아 손에 얼굴을 파묻은 채 길고 앙상한 손가락 사이로 눈물을 흘렸다. 그 사건은 그를 더 없이 깊은 슬픔에 빠뜨렸다." 그는 사랑했던 두 여인을 잃었다. 한 이웃은 "그때부터 그는 이 세상에서 가장 외로운 사람이 되었다."고 말했다.

오랜 시간이 지난 후 링컨은 남북전쟁에서 아버지를 잃은 어린 소녀 패니 매컬로우에게 위로의 편지를 보냈다. "다정하고 용감한 아버지의 사망 소식을 듣고 몹시 슬펐단다. 특히 이 일은 네 어린 가슴에 큰 상처를 주겠지. 이 슬픈 세상에서는 누구나 불행을 겪는단다. 게다가 어린아이에게는 더 큰 고통이 따르지. 알지 못하는 사이에 일어나니까."

비극적인 상실감을 여러 차례 겪은 후 링컨의 우울증은 더욱 심해졌다. 그는 이 같은 고통과 절망을 겪으며, 슈어드처럼 쾌활한 사람이라면 절대 이해하지 못할 인간의 나약함을 이해할 수 있게 되었다. 침울했던 체이스와 달리, 링컨은 삶을 긍정적으로 바라보는 시선과 유머감각, 절망감을 달래고 의지를 다잡는 유연한 사고를 통해 고통을 극복할 수 있었다.

링컨은 어릴 적부터 큰 꿈을 품었다. 그는 자신이 문맹이었던 아버지와 간신히 입에 풀칠하던 어린 시절을 뛰어넘어 출세하리라는 것을 알고 있었다. 역사학자 더글러스 윌슨은 "그는 주위 사람들과 달랐다. 자신이 뛰어난 재능을 타고났으며 많은 잠재력을 갖고 있다는 사실을 잘 알고 있었다."고 말했다. 어릴 적 친구 그릭스비는 "그의 지성과 야망은 우리보다 훨씬 높았다. 그는 우리가 뛰어노는 동안 책을 읽었다. 그는 우리를 능가했고 자연스럽게 우리의 지도자가 되었다.”고 회상했다.

친어머니가 사랑과 칭찬으로 링컨에게 자신감을 키워주었다면, 이후 그를 친자식처럼 사랑해주었던 새어머니는 그의 자신감을 더욱 북돋아주었다. 일찍부터 세라 부시 링컨은 에이브러햄이 “보기 드문 재능을 타고난 소년”임을 알아보았다. 자신은 일자무식이었으면서도 링컨이 많이 읽고 배울 수 있도록 온갖 노력을 다했다.

체구가 커지고 힘이 세지면서 링컨의 자신감은 더욱 커졌다. 변경 지역에서는 키가 크고 힘센 아이를 높이 평가했다. “그는 강하고 운동을 잘하는 소년이었다. 그 누구보다 더 잘 달리고, 높이 뛰고, 레슬링도 잘했으며, 힘이 셌다.”고 한 친구는 말했다.

링컨의 라이벌들은 모두 어릴 적부터 야망을 품고 이를 위해 노력했지만, 링컨이 자신의 야망을 깨닫기까지에는 많은 시간이 걸렸다. 그 여정에는 자기 창조라는 어마어마한 용기가 필요했을 것이다. 링컨이 예닐곱 살 때부터 밤이면 난롯가에 앉아 아버지와 어른들이 주고받는 이야기에 열심히 귀를 기울였던 것을 살펴보면, 그가 얼마나 비범했는지 그리고 어떻게 탁월한 이야기꾼이 되었는지 알 수 있다.

그가 두 살 때부터 일곱 살 때까지 살았던 놉 크리크 농장은 루이스빌에서 내슈빌까지 뻗어 있는 옛 컴벌랜드 오솔길에 있었다. 그 길로 농부, 행상인, 전도사 등 저마다 사연을 지닌 개척자 행렬이 매일 북서부 쪽을 향해 지나갔다. 토머스 링컨은 밤마다 손님이나 이웃들과 이야기를 나누었고, 그럴 때면 어린 아들은 구석에서 꼼짝도 않고 앉아 있었다.

토머스는 이런 모임에 적격인 사람이었다. 재치 있는 이야기꾼이었던 그는 남달리 흉내를 잘 냈고 특이한 이야기를 기막힐 정도로 잘 외웠다. 이러한 자질은 그가 아들에게 남긴 가장 큰 유산이었다. 어린 링컨은 일상생활의 경험을 각색해서 만든 아버지의 수많은 이야기에 열심히 귀를 기울였고, 머릿

속에 확실하게 새겨두었다.

저녁 내내 어른들의 이야기를 듣고 나면 링컨은 밤새 "친구들 누구나 이해할 수 있을 만큼 쉬운 말로 풀어서" 어른들의 대화를 재구성했다. 이렇게 이야기를 새로 꾸민 다음날이면, 그는 나무 그루터기나 통나무 위에 올라서서 어린 청중들의 넋을 빼놓았다. 링컨은 평생 동안 자신의 경험을 인상적으로 표현하기를 즐겼다. 그는 자기 이야기에 심취한 친구들의 얼굴을 바라보면서 긍지와 즐거움을 느꼈다. 이 탁월한 이야기 재능과 웅변 능력은 훗날 법조계와 정치계에서 활동할 때 그의 가장 큰 자산이 되었다.

시골인 켄터키와 인디애나 주에는 학부모들이 수업료를 내야 하는 사립학교 밖에 없었다. 게다가 변경 지역 사람들은 수업료를 낼 능력이 있어도 자녀에게 많은 교육을 받게 하지 않았다. "읽기, 쓰기, 산수 외에 교사에게 필요한 자격증은 없었다. 라틴어를 아는 듯한 떠돌이가 이웃 마을에 머물게 되면, 사람들은 그를 천재라고 우러러보았다."고 링컨은 회상했다.

농장 일을 하면서 "짬짬이" 학교에 다녀도 된다고 허락받은 그의 학력은 다해봐야 1년도 안 되었다. 이후 링컨은 변호사 자격증을 얻을 때까지 "대학이나 학원 건물 안에" 발을 들여놓은 적이 없었다. 그는 모든 지식을 독학으로 얻어야 했다. 책이 그의 학원이자 대학이었다. 인쇄된 말은 그에게 위대한 지성들의 정신을 심어주었다. 친지와 이웃들은 그가 사방팔방 돌아다니며 책을 찾았고, 손에 넣을 수 있는 책은 무엇이든 읽었다고 기억했다. 그러나 책을 갖는다는 것이 "중산층이 안 되는 미국인에게는 사치"였던 시절이라, 읽을거리를 찾기란 여간 어려운 일이 아니었다. 킹 제임스 판 성경과 존 버니언의 《천로역정》, 《이솝우화》, 윌리엄 스콧의 《웅변술 교습서》를 갖게 되었을 때 링컨은 기쁨을 감추지 못했다. 《천로역정》을 손에 든 "그의 눈은 반짝거렸고, 그날 낮에는 먹지 못하고 밤에는 잠들지 못했다."

"인쇄술이 처음 발명되었을 때, 많은 사람들이 자신의 상황, 혹은 정신이 크게 나아질 수 있음을 전혀 몰랐다."라고 훗날 링컨은 기록했다. 물론 이 말은 자기 자신, 즉 불가사의한 언어의 신비를 벗기며 훗날 "지상에서 가장 범속한 곳"이라 여겼던 변경의 작은 통나무 오두막집에서 가능성의 세계를 발견했던 어린 소년의 해방을 가리키는 말이다.

미국의 여류시인 에밀리 디킨슨은 "책만큼 우리를 수많은 대륙에 데려다주는 쾌속선은 없다."고 말했다. 어린 링컨은 변경 지역도, 아메리카 대륙도 떠난 적이 없었지만 바이런의 《차일드 해롤드의 편력》을 통해 스페인과 포르투갈, 중동, 이태리를 여행했다. 그리고 스코트랜드 시인 로버트 번스와 함께 에든버러에 갔고, 셰익스피어를 따라 영국 왕들의 전쟁에 뛰어들었다.

청년 링컨은 문학과 역사를 탐험하면서 주위 사람 누구도 예상하지 못할 만큼 엄청난 성장을 이루었다. 그는 문학을 통해 자신의 처지를 뛰어넘을 수 있었다. 링컨은 성경과 이솝우화를 여러 번 읽었기 때문에 오랜 시간이 지난 후에도 그 모든 구절과 이야기를 외울 수 있었다. 그리고 스콧의 《웅변술 교습서》에서 셰익스피어의 명문장을 처음 접한 그는, 실제 연극을 보기 전이었음에도 이 위대한 극작가의 작품을 사랑하게 되었다. 또한 그는 지역 경찰관에게서 《인디애나의 개정 법령집》을 빌렸는데 독립선언서와 헌법, 1787년 북서부 조례가 담긴 이 책은 훗날 그의 철학과 정치사상의 초석이 되었다.

링컨은 어딜 가나 책을 가지고 다녔다. 그가 가진 책은 몇 권 안 됐지만, 영어권에서는 중요한 책이었다. 성경과 셰익스피어를 여러 번 읽는 과정에서 링컨은 운율을 익히고 시심을 길렀으며, 미국 역사상 유일무이한 '시인 대통령'이 되었다. 링컨은 끈기를 잃지 않고 훌륭한 생각과 사상을 찾아냈다. 새어머니에 따르면, 링컨은 좋은 문장이 생각났는데 종이가 없으면 판자에 적었고, 판자가 새까매지면 칼로 긁어냈다고 한다. 그러다 종이가 생기면 그 글들을 옮겨 적고, 암기할 수 있도록 스크랩북에 보관했다.

링컨이 책으로 지적 갈증을 채우기 위해 치른 대가는 만만치 않았다. 그가 부유한 농장주 조시아 크로포드에게서 파슨 윔스의 《조지 워싱턴의 생애》를 빌렸던 때의 저 유명한 일화는 이러한 상황을 잘 보여준다. 초대 대통령의 이야기에 감동받은 그는 밤마다 다락방에 올라가 촛불 옆에서, 초가 떨어지면 호두나무 껍질을 모아 만든 등불 옆에서 이 책을 읽었다. 그러다 잠이 오면 오두막 통나무 틈새에 책을 끼워두었는데, 폭풍우가 몰아치던 어느 날 밤, 책이 비에 흠뻑 젖어 못쓰게 되어버렸다. 고민 끝에 링컨은 크로포드에게 가서 사과하고 자초지종을 설명했다. 링컨이 책값을 물어주는 대신 일을 하겠다고 하자, 크로포드는 꼬박 이틀 동안 옥수수를 따라고 요구했다. 링컨은 부당하다고 생각했지만, 곧장 일을 시작해 옥수수 대에 옥수수가 하나도 남지 않을 때까지 옥수수를 땄다. 링컨은 그렇게 빚을 갚은 후 〈나팔 부는 조시아〉라는, 크로포드의 큰 코를 비웃는 시를 지었다고 한다.

링컨은 명석했으며 호기심 많고 집요한 성품을 가졌다. 게다가 언어의 아름다움을 발견하는 감각 또한 탁월했다. 곧잘 큰 소리로 책을 읽던 그는 언어의 의미뿐 아니라 소리에도 매력을 느꼈다. 시의 아름다운 운율을 사랑했던 그는 종종 긴 시를 암송했다. 그는 특히, 죽음을 안고 사는 인간의 불행한 운명과 세속적인 성공의 덧없음을 노래하는 시들에 이끌렸다. 분명 링컨은 냉철하고 논리적인 사람이었지만 낭만적인 면도 있었다.

링컨처럼 세 라이벌도 모두 어릴 적부터 책을 좋아했지만, 이들은 링컨과 달리 쉽게 책을 구하고 읽을 수 있었다. 라이벌들이 훌륭한 교육의 혜택을 누리는 동안 링컨은 수많은 고난과 맞서 싸워야 했다. 이 힘겨운 전쟁터에서 링컨의 ‘책읽기’는 언제나 위기에 빠졌다.

육체노동으로 먹고살며, 정신노동은 일로 여기지 않던 켄터키와 인디애나 주의 개척자들은 링컨의 독서열을 비정상적이고 나태한 것으로 치부했다. 주변 사람들은 링컨이 책에서 느끼는 감동을 전혀 이해하지 못했다. 링컨의 새어머니는 “그를 방해하지 않기 위해 특별히 배려하고, 그가 스스로 그만둘 때까지 계속해서 책을 읽도록” 했지만, 아버지는 그가 농장의 온갖 허드렛일을 도와야 한다고 생각했다. 아들이 농장에서 책을 읽거나 일꾼들과 책 이야기를 나눌라치면, 그는 일을 계속하라며 심하게 화를 냈다. 아버지는 교양을 쌓으려는 소년을 못마땅해했고 종종 그의 책을 찢거나 체벌을 가하기도 했다.

링컨과 아버지의 관계는 갈수록 틀어졌다. 특히 아버지가 아들을 하인으로 취직시키겠다며 링컨이 학교 교육을 받을 마지막 기회마저 빼앗자 링컨 부자의 관계는 최악으로 치달았다. 링컨은 가족의 빚을 갚기 위해 여러 집을 전전하며 돼지를 잡거나, 우물을 파고 땅을 갈아야 했다.

링컨 세대의 '자수성가 형' 남자들이 아버지 세대와는 전혀 다른 삶을 추구하기 시작하면서, 이렇듯 부자 간에 갈등이 깊어지는 경우가 많았다. 결국 슈어드를 허드슨 계곡에서 벗어나게 하고, 체이스를 오하이오로 데려갔으며, 베이츠를 미주리 준주로 가게 했던 바로 그 '출세욕'이, 링컨을 인디애나 주에서 일리노이 주의 뉴세일럼으로 데려갔다.

스물두 살이던 그는 보잘것없는 소지품을 어깨에 둘러메고 집을 떠났다. 신생도시였던 뉴세일럼에는 스물다섯 가구와 상점 세 곳, 여인숙, 대장간, 무두질 공장이 한 곳씩 있었다. "입에 풀칠을 하기 위해" 뱃사공, 점원, 장사꾼, 우체국장, 측량기사로 일하던 그는, 이곳에 어느 정도 익숙해지자 좀더 체계적으로 자신을 계발하기 시작했다. 가게가 문을 닫는 밤이면 그는 영문법 기초를 공부했다. 외출을 할 때는 늘 셰익스피어 희곡과 시집을 갖고 다녔고 우체국에선 열심히 신문을 읽었다. 측량법을 배우면서 기하학과 삼각법을 함께 공부하기도 했다. 그렇게 스물다섯 살이 되었을 때, 링컨은 마침내 법을 공부하기로 결심했다.

당시 법조계에 진출하려는 젊은이라면 누구나 개업 변호사 밑에서 도제 생활을 하며 법을 공부했지만, 링컨의 말에 따르면, 그는 그 누구의 도움도 받지 않았다고 한다. 링컨은 친구에게서 법률 서적을 빌려 혼자서 필요한 지식과 기술을 익히기 시작했다. 그는 닳고 닳은 블랙스톤의 《주석》에 빠져들었고, 치티의 《변론》에서 판단력을 얻었으며, 그린리프의 《증거》와 스토리의 《형평법론》을 통해 영장을 분석하는 법을 배웠다. 여러 직장에서 일을 하던 그는 긴 하루를 보내고 난 후 밤늦도록 책을 읽었다. 뚜렷한 목적의식이 그에게 힘을 주었다.

링컨의 세 경쟁자들 중에서 그토록 고독하고 힘겹게 자신을 갈고 닦은 이는 없었다. 슈어드는 《소송》의 유명한 저자를 스승으로 두었지만, 링컨은 완전히 혼자였다. 체이스가 저명한 윌리엄 워트와 법을 공부하면서 누렸던 사회적 혜택이나, 베이츠가 루푸스 이스턴에게서 끌어냈던 연줄도 없었다. 링컨은 이 부족한 부분을 엄청난 집중력과 가공할 만한 기억력, 예리한 추론 능력, 통찰력 있는 해석으로 보완했다. 법학과 고전을 배우지는 못했지만, 완벽하게 이해할 때까지 몇 번이고 책을 읽을 수는 있었다. 1855년 그는 충고를 부탁하는 법학도에게 말했다. "책을 구해서 읽고 공부하게." 이어서 그는 작은 마을에서 읽든 대도시에서 읽든, 혼자 읽든 다른 사람들과 읽든, 그건 중요하지 않다고 말했다. "책을 이해할 줄 아는 능력은 어디서나 다 똑같네. 성공하겠다는 결심이 그 무엇보다 중요하다는 것을 늘 마음에 새겨두게."

첫사랑

나는 이 잡초 아래 잠든 앤 러틀리지.
에이브러햄 링컨의 인생에서 사랑받았고,
만남이 아니라 헤어짐을 통해
그와 결혼했노라.
공화국이여, 영원히 번영하라,
내 가슴의 흙에서!

-에드거 리 매스터스, 《스푼 강 선집》

뉴세일럼에서 링컨은 법률 서적을 숲에 가져가 "수풀이 우거진 언덕"에 길게 누워 책을 읽는 것을 좋아했다. 링컨은 이곳에, 러틀리지 여인숙 딸인 앤 러틀리지와 함께 가곤 했다. 알려진 바에 의하면, 그녀는 링컨의 첫사랑이자 그가 가장 열렬히 사랑했던 여인이다. 링컨은 그녀가 세상을 뜨고 긴 세월이 흐른 후, 오랜 친구 아이작 코그달에게 그녀에 대한 감정을 털어놓았다고 한다. 어느 날 코그달이 그에게 사랑을 해본 적이 있느냐고 묻자, 링컨은 이렇게 대답했다. "그럼. 정말 사랑했지. 그녀는 아름다운 여인이었네. 좋은 아내가 되었을 텐데. …… 솔직히 지금도 그녀를 진심으로 사랑하고 자주 생각한다네."

이들의 관계를 보여주는 편지는 아직 한 장도 발견되지 않았다. 뉴세일럼의 몇몇 친한 이웃과 친구들의 추억을 통해, 두 사람의 관계를 짐작할 수 있을 뿐이다. 앤은 링컨보다 몇 살 어렸고, "크고 표정이 풍부한 푸른 눈"과 적갈색 머리카락을 가진 아름다운 아가씨였다. 그녀는 모든 이의 사랑을 받았다. 그리고 대단히 영리하고 재치 있었을 뿐 아니라 현명했다.

앤과 링컨의 관계는 우정으로 시작되었다가 어느 순간부터 사랑으로 발전했다. 친구들에 따르면, 두 사람은 앤이 잭슨빌의 여학교를 졸업한 후 결혼하기로 약속했다고 한다. 그런데 뉴세일럼에 주 역사상 가장 무더운 여름이 찾아왔던 1835년 여름, 장티푸스로 추정되는 치명적인 열병이 도시를 덮쳤다. 당시 스무 살이었던 앤은 링컨의 여러 친구들처럼 전염병으로 사망했다. "앤이 세상을 떠난 후, 링컨은 아무 일에도 관심이 없는 사람 같았다. 말없이 총을 들고는 혼자 숲 속을 헤매고 다녔다."고 한 이웃은 회상했다. 링컨에게 어머니와도 같았던 뉴세일럼의 이웃사촌 엘리자베스 아벨은 "링컨보다 더 연인의 죽음을 슬퍼하는 사람은 본 적이 없었다."고 전했다.

비가 오는 어둡고 쓸쓸한 날이면 그의 슬픔은 더욱 깊어졌다. "그녀의 무덤에 눈과 비, 폭풍이 치는 것을 견딜 수 없었기" 때문이다. 주위 사람들은 그가 일시적인 정신착란을 일으킬까 두려워했다. 링컨 본인도 앤이 죽은 후 잠시 정신이 나갔었다고 인정했다. 그는 그때까지 가장 친했던 세 여인, 어머니와 누이, 앤을 잃었다. 몇 년 후 그는 어린 시절 살았던 인디애나 주의 집을 방문했던 때를 회상하며 구슬픈 시를 썼다.

> 사랑하는 유족의 말을 들었네.
>
> 모든 소리가 다 조롱으로 들리고,
>
> 어디나 다 무덤이거늘,
>
> 죽지 않고 살아있는 게 얼마나 헛된 일이더냐.

더욱이 앤의 죽음으로 수심에 잠겨 있던 링컨에게는 천국에서 다시 만나리라는 생각도 위로가 되지 못했다. 뉴세일럼의 친구이자 이웃인 새무얼 힐 부인이 그에게 천국을 믿느냐고 묻자, 그는 아니라고 대답하면서 서글픈 목소리로 말했다. "그럴 수 없을 것 같습니다. 죽으면 모든 게 끝이라고 생각하니 슬프군요." 공개 자료 중에서 링컨의 사후 세계에 대한 믿음을 언급한 부분은 없다고 — 죽어가는 아버지에게 보내는 애매한 편지 외에는 — 사학자 로버트 브루스는 지적했다. 천국에서 사랑하는 앤을 다시 만나리라 생각하지 않았던 링컨의 슬픔은 끝 간 데 없이 깊기만 했다. 그래도 그는 법 공부를 마치고 변호사 자격증을 얻었으며, 법률 서적을 빌려주었던 친구 존 스튜어트로부터 동업 제의를 받았다.

서서히 드러나는 행운

앤 러틀리지가 세상을 뜬 지 20개월 후인 1837년 4월, 링컨은 뉴세일럼을 떠나 일리노이 주 스프링필드로 갔다. 당시 스프링필드에는 약 1500명의 주민이 살고 있었다. 머물 곳도, 식량을 살 돈도 없던 그는 마을광장에 있는 상점

주변을 어슬렁거렸다. 그리고는 젊은 주인 조슈아 스피드에게 1인용 매트리스와 시트, 이불, 침대보, 베개를 사려면 얼마가 드느냐고 물었다. 스피드가 17달러만 내라고 했다. 링컨은 꽤 괜찮은 값이라고 맞장구를 치면서 하지만 당장은 살 돈이 없다고 말했다. 그리고는 변호사 일이 잘 되면 크리스마스까지 다 갚을 수 있으니 외상으로 물건을 줄 수 없겠느냐고 물으면서, 이렇게 덧붙였다. "물론 제가 이 일에 실패하면, 갚을 수 있을지 모르겠지만 말입니다."

스피드는 앞에서 쩔쩔매고 서 있는 키 큰 사람을 찬찬히 살펴보았다. 그는 "그보다 더 슬픈 표정은 본 적이 없었다."고 당시를 회상했다. 두 사람은 초면이었지만, 스피드는 1년 전 링컨의 연설을 듣고 깊이 감동한 바 있었다. 스피드는 링컨에게 말했다. "보잘 것 없는 빚을 지면서도 몹시 어려워하는 것 같군요. 빚을 지지 않고도 당신의 목적을 달성할 방법을 제안하리다. 위층에 큰 방이 있소. 침대가 2인용이니 나랑 같이 지냅시다." 링컨은 생각지도 못한 스피드의 제안을 재빨리 수락했다. 위층으로 달려 올라가 가방을 내려놓고는 완전히 달라진 얼굴로 다시 부산스레 내려왔다. "자, 스피드 씨, 이사 끝냈습니다!"

링컨과 스피드는 거의 4년 동안 같은 방을 썼다. 시간이 갈수록 두 젊은이는 점점 친해져 밤마다 희망과 미래, 시와 정치에 대한 애정, 여성에 대한 이야기들을 주고받았다. 같이 정치 모임과 토론회에 참석했고, 무도회에 갔으며, 승마 여행을 즐겼다. 드디어 링컨은 지독하게 고독했던 유년기와 청년기에서 벗어나, 속내를 다 털어놓을 진정한 친구를 만난 것이었다. 링컨은 스피드와 난생 처음으로 깊은 우정을 맺음으로써, 오랜 세월 동안 지속된 정서적 박탈감과 고독감에 종지부를 찍었다.

이들은 서로에 대한 애정을 공공연하게 표현하며, 우정을 맹세했다. 링컨을 잘 아는 사람들은 스피드를 "링컨의 가장 절친한 친구"이자, 허물없이 지냈던 딱 한 사람이라고 이야기한다. 링컨은 "난 언제까지고 자네와 친구로 지내고 싶네. 그 욕망을 없애는 법을 알게 될지언정, 그럴 일은 결코 없을 걸세."라고 스피드에게 장담했다.

링컨과 스피드가 불건전한 관계를 맺었다고 주장하는 사람들도 있다. 하지만 이들의 우정은 당시로서는 일반적인 모습이었다. 링컨이 살던 시대에는 남자친구들끼리도 공공연히 애정을 표현하는 경우가 많았다. 지금 링컨과 스피드의 관계를 정확히 밝히기는 힘들다. 그러나 가족을 떠나 낯선 도시에 정착하느라 힘겨워하던 시기였기에 더욱 깊은 우정을 맺었을 것이라는 점만은 분명하다.

스프링필드에서 링컨은 인생의 대부분을 차지한 두 갈래 길, 즉 법과 정치를 향해 나아가고 있었다. 가난과 죽음으로 점철된 어린 시절과 독학의 한계에서 완전히 벗어나기 위해서는 이제 서서히 그 모습을 드러내기 시작한 행운과 대담함, 폭넓은 지식이 필요했다.

3장

정치의 유혹

정계 진출

인간이 자치할 수 있고 또 자치해야만 한다는 원칙으로 건국된 나라, 자치가 아주 작은 마을부터 나라의 수도에 이르기까지 모든 사회를 지배하는 나라, 이 나라에서 정치는 자연스럽게 모든 이들의 주요 관심사가 되었다.

링컨이 주 의회 임기 중이던 해, 알렉시스 드 토크빌은 이렇게 말했다. "미국 땅에 발을 내디딘 이들이라면 누구나 격동의 한가운데 서게 될 것이다. 사방에서 고함 소리가 들려오고, 주위의 모든 것이 정신없이 돌아간다. 여기서는 교회를 세우느라 사람들이 모여들고, 저기서는 대표를 뽑느라 분주하다. 저 너머에서는 지역 대표가 지역의 중요한 사안을 결정하기 위해 급히 도시로 달려간다. 어떤 곳에서는 밭을 버려두고 달려온 마을 농부들이 도로나 학교 건설 계획을 토론하고 있다." 토크빌은 또한 "사회 통치에 간섭하고 정치 토론를 하는 것이 미국인들의 가장 중요한 일이자 유일한 기쁨이다. 미국인은 대화하는 법은 몰라도 토론하는 법은 안다. 연설하는 법은 몰라도 장황하게 늘어놓을 줄은 안다. 미국인은 늘 집회할 때처럼 이야기한다.”라고 말했다.

랄프 왈도 에머슨은 정치의 유혹에 대해 이렇게 말했다. “사회의 가장 큰 빵 덩어리가 성공적인 연설가의 발밑에 있는데 야심찬 젊은이라면 누가 다른 곳으로 눈을 돌릴 수 있단 말인가? 그에게는 기도하는 청중이 있다. 그의 명성 앞에 다른 이들은 입을 다물어야 한다.” 야망을 품은 19세기의 수많은 젊은이들에게 정치는 출세하기에 더없이 좋은 활동무대였다. 정치는 미주리 주의 베이츠, 뉴욕 주 북부의 슈어드, 일리노이 주의 링컨, 오하이오 주의 체이스를 유혹했다.

야망을 접고 가정을 택하다

네 사람 중 가장 연장자인 에드워드 베이츠가 먼저 정계에 뛰어들었다. 1820년대 미주리 준주를 주로 승격시키기 위해 노력하던 중의 일이었다. 미 국회가 미주리 준주의 탄원서를 검토하는 동안, 기존 주에서는 헌법의 보호를 받는 노예제가 새로 만들어진 주에도 적용되느냐는 문제로 논쟁이 일어났다. 노예제를 반대하던 뉴욕 주 대표는 미주리 주 노예의 모든 자녀를 스물한 살 생일에 해방시키자고 요구하는 수정안을 제출했다. 그러나 에드워드 베이츠를 비롯한 “변호사 일당”은 연방에 편입되는 대가로 노예제 폐지를 수용해야 하는 상황을 받아들을 수 없는 일로 치부했다. 베이츠는 그것이 헌법에 보장된 “공화정치”를 제약하는 일이라고 주장했다. 노예제 종식을 원했던 북부인들은 새로운 주에 노예제가 도입되면 서부 전역은 물론 국가의 미래에까지 노예제가 스며들지 모른다고 우려했다. 반면 노예 노동에 경제생활을 의지했던 남부인들은 미주리 주에 노예제를 허용해선 안 된다는 북부의 입장을 생활에 대한 심각한 위협으로 받아들였다.

싸움이 한창일 때 남부 지도자들은 연방에서 탈퇴할 의사를 밝혔고, 많은 북부인들은 흔쾌히 그들을 놓아줄 듯했다. 당시 제퍼슨 대통령은 "한밤중의 화재 경보처럼, 이 중대한 문제는 나를 깨우고 공포로 몰아넣었다. 그것은 연방의 몰락을 예고하고 있었다."라고 말했다. 상원은 결국 반노예제 수정안을 폐기했고, 미주리를 노예주로 연방에 편입했다. 이것이 바로 저 유명한 1820년의 '미주리 타협'이다. '위대한 중재자'라는 별명을 가진 켄터키 주 상원의원 헨리 클레이가 주도했던 미주리 타협에서는, 메인 주를 자유주로 인정하고 위도 36도 30분 북쪽의 루이지애나 매입 지역에선 노예제를 전면 금지시켰다.

그해 늦봄, 베이츠는 새로운 주의 헌법을 쓰게 될 마흔네 명의 대의원 중 한 명으로 선출되었다. 대부분의 대의원보다 나이는 어렸지만, 그는 헌법의 중요한 입안자로 두각을 나타냈다. 주 의회 후보를 선발할 시기가 되었을 때 "변호사 일당"은 많은 자리를 차지했다. 데이비드 바턴과 토머스 하트 벤턴은 미주리 주 최초의 상원의원이 되어 워싱턴으로 떠났고, 에드워드 베이츠는 미주리 주의 초대 검찰청장이 되었다. 그의 동업자 조슈아 바턴은 최초의 서기관이 되었다. 2년 후 베이츠는 미주리 주 하원에 당선되었고, 다시 2년 뒤 그의 형 프레더릭 베이츠는 주지사가 되었다.

그러나 이들의 단결은 그리 오래가지 못했다. 상원의원인 바턴과 벤턴 사이에 갈등이 빚어졌기 때문이다. 바턴의 지지자들은 대부분 상인과 지주였는데, 벤턴이 서서히 잭슨식 민주주의의 토지 재분배 원칙에 동조했던 것이다.

바턴과 벤턴의 불화는 돌이킬 수 없는 지경이 되었다. 베이츠를 포함한 바턴의 지지자들은 휘그당에 가담했고, 벤턴의 지지자들은 민주당원이 되었다. 휘그당은 새로운 시장경제의 활성화를 위해 노력한 끝에 대중의 지지를 받았다. 이들의 안건으로는 보호관세, 국가의 재원을 개발하고 증원하기 위한 국립 은행 체계 도입 등이 포함되어 있었다. 농업 중심의 남부에서 우세했던 민주당은 은행가와 법률가, 상인보다는 보통 사람의 이익을 우선시해야 한다면서 이러한 법안을 거부했다.

이처럼 혼란스러운 미주리 정치의 한가운데 있던 베이츠는 1823년, 그의 인생을 완전히 바꾸어놓는 뜻밖의 사건을 맞이하게 된다. 바로 줄리아 콜터와 사랑에 빠져 결혼을 하게 된 것이다. 이때부터 베이츠에게는 가정생활이 인생의 가장 큰 기쁨이 되었다. 1824년, 세상을 떠난 친구를 기려 조슈아 바턴 베이츠라고 이름 붙인 첫 아이가 세상에 태어났다. 그리고 이후 25년 동안 열여섯 명의 아이가 더 그의 품에 안겼다.

무척이나 아름다운 여인이었던 줄리아는 사우스캐롤라이나 주의 명문가 출신이었다. 그녀는 어릴 적 가족들과 미주리 주로 이주했는데, 아버지는 토지 투자로 성공한 부호였다. 그녀의 인척들 중 유력한 정치 인사가 많았는데도 줄리아는 정치에 별 관심이 없었다. 그녀는 오로지 가족에게만 관심을 쏟았다.

줄리아는 친구들이 입을 모아 '이상적인 가정'이라 표현했던 더없이 포근하고 행복한 가정을 베이츠에게 선사했다. 가정생활에 만족했던 베이츠는 이후 서서히 공직의 유혹에서 벗어나게 된다. 결혼 3년째였던 1826년, 그는 미국회의원에 당선되었다. 그러나 기쁨도 잠시, 그는 이내 집과 가족을 떠나야 한다는 생각에 침울해졌다. 그는 줄리아가 잠시만 곁에 없어도 힘들어했다. 이런 그가 임신한 아내와 어린 아들을 집에 남겨두고 워싱턴을 향해 외로운 여행을 떠났을 때 깊은 불안감을 느낀 것은 당연한 일이었다.

여행 도중 보낸 편지에서 베이츠는 "우울하고 슬프다"고 토로했다. 떨어져 지낸 지 겨우 몇 주 밖에 지나지 않았는데도 그는 울고만 싶었다. "내가 무얼 하고 있는지 모르겠소! 내가 나라의 운명을 좌우할 만큼 대단한 사람이라면 모르겠지만, 이 보잘것없는 의석에 앉자고 우리가 함께 나눌 행복을 희생하다니." 하지만 그는 워싱턴의 하숙집에 익숙해지면서 데이비드 크로켓, 제임스 포크, 헨리 클레이와 나란히 의석에 앉게 되자 어느 정도 기운을 회복했다. 베이츠는 일과 후 책을 읽거나 아내에게 편지를 쓰느라 파티에는 좀처럼 참석하지 않았지만, 헨리 클레이와 함께 오붓하게 보내는 저녁시간만큼은 무척 좋아했다.

베이츠가 국회에서 맞닥뜨린 주요 쟁점은 서부지역과 국내 개선, 그리고 관세와 관련되어 있었다. 이 모든 쟁점에서 벤턴과 바턴 상원의원은 서로 대립했다. 벤턴은 연방정부가 이주민들에게 무상에 가까운 낮은 가격으로 땅을 주어야 한다고 주장했다. 이에 대해 바턴은 땅값이 싸면 서부의 경기가 나빠질 것이라고 주장하며 반대했다. 베이츠는 바턴과 뜻을 함께 했다.

공유지에 대한 논란이 이어지는 동안 베이츠는 벤턴을 비난하는 소책자를 발행했는데, '해묵은 금덩이'이라는 별명으로 불린 벤턴은 이 책을 보고 너무 화가 나서 25년 동안이나 베이츠와 말을 하지 않았다. 베이츠는 줄리아에게 "쇠를 녹이는 질산처럼 내 글은 그의 명성을 부식시켰소. 그 상처는 지울 수 없을 거요."라고 말했다. 베이츠는 벤턴과 공공연하게 반목했지만, 다른 동료들과는 사이좋게 지냈다. 천성적으로 다정다감하고 사람을 편안하게 해주는 성품을 가졌던 그는, 사람들로부터 존경과 애정을 받았다.

가족과 떨어져 지내는 워싱턴에서의 생활은 그를 늘 허전하게 했다. 첫 딸 낸시의 탄생을 곁에서 지켜보지 못했을 때는 깊은 아쉬움과 그리움이 그를 괴롭혔다. 그럼에도 공직생활은 여전히 그에게 유혹적이었다. 베이츠는 친구와 지지자들의 간절한 부탁으로 두 번째 임기에 입후보하는 데 동의했다. 그러나 그는 재선되지 못했다. 잭슨 지지자들이 압승을 거둔 후, 벤턴과 민주당원들이 미주리 주의 정계를 완전히 장악했기 때문이다.

집으로 돌아간 서른여섯 살의 베이츠는 낙선된 게 진심으로 기쁘다고 줄리아를 안심시켰다. 그는 "그 누구보다" 친구들을 사랑하지만, 자신은 "오로지 가족의 품안에 있을 때만" 행복하다고 말했다. 몇 달, 몇 년이 흐른 뒤에도 베이츠는 계속해서 가족과 함께했다. 주 의회에서 두 번 봉직하는 동안 "가장 유능하고 말 잘하는 의원"으로 칭송받았지만, 1835년 그는 재선에 출마하지 않고 변호사 일에 전념하기로 결심했다. 베이츠는 한창 혈기왕성했던 시기 내내 가정을 돌보며 가장 큰 행복을 얻었다.

30년 넘게 성실하게 기록한 그의 일기를 보면, 베이츠가 얼마나 가정에 충실했는지를 잘 알 수 있다. 체이스의 일기에는 성공과 권력에 대한 야심이 곳곳에 가득했지만, 베이츠의 일기에는 일상생활, 아이들이 자라는 모습, 정원의 변화, 그가 사랑했던 세인트루이스의 사회적 사건들이 자세히 기록되어 있다. 베이츠는 아이들과의 자잘한 일상에 푹 빠졌다. 때문에 베이츠는 장성한 자녀들이 한 명씩 집에서 떠날 때마다 깊은 허전함을 느꼈다. 1851년 일기에는 이렇게 적혀 있다. "1849년 3월 결혼하던 날부터 쭉 우리와 같이 살았던 아들 바턴이, 오늘 자기 아내와 아이를 데리고 새집으로 이사를 갔다. 자식들이 빠르게 자라 뿔뿔이 흩어질 테니 식솔은 점점 줄어들겠지."

베이츠가 쓴 일기에는 세인트루이스에 대한 깊은 애정도 드러나 있다. 매년 4월 29일은 그가 세인트루이스에 처음 도착한 것을 기념하는 날이었다. 세인트루이스에서는 세월이 흐를수록 "인구와 교통기관, 상업과 예술의 거대한 변화"가 일어났고, 미시시피 계곡의 보석 같은 도시가 되었다. 베이츠는 세인트루이스가 결국에는 "아메리카 대륙의 막강한 도시"가 될 것이라고 생각했다. 그의 일기에는 최초의 가스등 점화, 처음으로 세인트루이스와 동부 도시 사이에 오간 전보, 미시시피 강 서쪽으로 기차가 떠난 첫날이 자랑스레 기록되어 있다.

베이츠의 일기에는 가족과 도시에 대한 이야기 외에도 계절의 변화와 꽃의 성장, 달의 주기에 대해서도 자세히 적혀 있다. 그는 매년 처음 핀 사프란과 씨를 뿌리는 느릅나무, 잎이 무성한 오크나무, 한창 피어나는 튤립의 소식을 기록했다. 정원에 대한 그의 묘사가 어찌나 생생한지, 그의 일기를 읽으면 바스락거리는 가을 낙엽이나 봄밤을 가득 채우는 "개구리들의 개굴개굴 합창소리"가 들리는 듯하다. 자연의 변화를 꼼꼼하게 기록했던 그는 매년 똑같은 계절이 반복된다고 생각하지 않았다. 그는 행복한 사람이었다.

그렇다고 해서 그가 정치에 대한 관심을 완전히 버린 것은 아니었다. 서부를 발전시키겠다는 열정이 컸던 그는 리버 앤 하버 전당대회에서 중요한 역할을 했다. 1840년대 후반 휘그당이 발기한 국내 개선 의안에 제임스 포크 대통령(제11대 미국 대통령)이 거부권을 행사하자 이에 저항하기 위해 대규모 전당대회가 소집되었다. 이 전당대회는 "남북전쟁이 발발하기 전 미합중국에서 열린 가장 큰 집회"였다고 전해진다. 시카고의 1만 6000명 주민뿐 아니라 5000명이 넘는 각 지역 대표와 헤아릴 수 없이 많은 구경꾼들이 호텔과 하숙집, 민박집을 가득 메웠다. 방을 구하지 못한 방문객들은 시카고 항구의 배 위에서 머물기도 했다.

이 인파 중에는 오하이오 주의 톰 코원과 〈뉴욕 트리뷴〉의 편집자 호러스 그릴리, 전당대회의 간사로 뽑힌 인디애나 주의 슈일러 콜팩스 등 전직, 혹은 미래의 주지사와 상·하원의원 등이 있었다. 또한 포크 대통령의 주장을 대변하도록 지명된 민주당의 데이비드 더들리 필드도 이곳에 있었다. 그릴리는 "일리노이의 키 큰 괴짜이자 그 주의 유일한 휘그당 선거구에서 이제 갓 의원으로 당선된 에이브러햄 링컨"도 참석했다고 기록했다. 전국지에 링컨의 이름이 실린 것은 그때가 처음이었다.

첫날, 베이츠는 전당대회 의장으로 뽑혔다. 저명한 대의원들이 많이 참석해 있던 터라 그는 몹시 놀랐다. 베이츠는 "나를 전당대회 의장으로 지목하리라는 것을 조금이라도 예상했더라면, 겁이 나서 만류했을 것이다."라고 일기에 털어놓았다. 그는 당략 때문에 전당대회가 실패할 수도 있으며, 그럴 경우 자신이 책임져야 한다고 걱정했다. 그러나 그는 능숙하게 의사를 진행하고 대단히 설득력 있게 국내 개선과 내륙 운하 개발을 주장하여 "단번에 전국적인 유명인사가 되었다." 링컨도 민주당이 제안한 '국내 개선의 대중적 지지'를 훌륭하게 반박했지만 그리 큰 인상을 남기지는 못했다.

베이츠는 전당대회를 마무리하며 최종 연설을 했다. 이 연설은 완벽하게 기록되지 못했다. 그것은 "베이츠의 연설에 기자들마저 푹 빠져들어 기록할 생각을 못했기 때문이었다."고 위드는 설명했다. 호러스 그릴리는 다음 주 〈뉴욕 트리뷴〉을 통해 "지금 가진 그 어떤 말로도 그의 연설을 제대로 평하지 못할 것이다.”라고 전했다. 베이츠는 명쾌하고 흡인력 있는 표현으로 “나라가 파벌에 의해 붕괴되느냐, 무한히 번영하느냐” 하는 위태로운 갈림길에 서 있다고 주장했다. 그는 “정치가답게 양보해야만 노예제와 토지 획득 문제를 해결할 수 있고 나라가 위대해질 수 있으니 온건과 타협의 목소리로” 이야기하라고 촉구했다. “연설 내내 베이츠는 계속해서 이어지는 갈채 때문에 말을 잇기가 힘들었고, 연설이 끝나자 수천 명의 함성 소리가 허공을 가득 메웠다.”고 위드는 전했다. 베이츠는 그 연설을 일생 “최고의 행동”으로 여겼으며, 그를 통해 “유례 없는 칭송을” 받았다.

“집회에 모인 엄청난 군중은 완전히 매료된 것 같았다. 청중의 몸과 마음은 내 의지에 지배받았고, 내 호소에 전광석화처럼 재빠르게 화답했다. 내가 연설을 마치자, 엄청난 함성이 길게 이어졌다. 다시는 그 같은 함성을 듣지 못할 것이다.”라고 베이츠는 일기에 적었다. 베이츠는 이 한 번의 연설로 전국적인 유명인사가 되었고, 전국지들은 휘그당이 재집권하면 그가 가장 유력한 대통령 후보가 될 것이라고 보도했다.

베이츠는 처음에는 이러한 갈채에 마음이 들떴지만, 몇 주 후에는 더 이상 겉만 번드르르한 정치적 성공을 갈망하지 않겠다고 다짐했다. 정계에 재진출하라는 위드의 호소도 정중히 거절했다. 이 거절은 자신의 사회적 위치와 대가족에 대한 책임을 고려한 “당연한 결정”이라고 베이츠는 설명했다.

버리기 힘든 야심

그 다음으로 정계에 진출한 사람은 슈어드였다. 몇 년 간 평범한 변호사 생활을 하던 그는 자신이 “법조계에는 별 야망이 없다”는 사실을 깨달았다. 그는 “법조계가 마음에 들지 않는다고 생각해본 적이 없기에” 기분 좋게 변호사 일을 했지만, 법률 서적은 변론에 필요할 때만 들여다보면서 신문과 잡지를 더없이 꼼꼼하게 살폈다. 그는 "정치가 나라에서 가장 중요하고 매력적인 일"임을 알게 되었다고 말했다.

운명은 슈어드와 서로우 위드의 만남을 계획했다. 위드는 슈어드를 정계에 진출시켜 출세하도록 도와준 인물이다. 아내 프랜시스와 장인, 부모님과 나이아가라 폭포를 여행하던 슈어드는, 마차 바퀴가 빠지는 바람에 질퍽거리는 계곡으로 떨어졌다. 그때 푸른 눈을 가진 건장한 체격의 남자가 나타나 모두를 구해주었다. 그는 로체스터 신문사 편집장 서로우 위드라고 자신을 소개했다.

전형적인 자수성가 형이었던 그는 자신의 진로를 방해하는 걸림돌을 발견하면 즉시 그것을 극복하기 위해 노력했다. 그는 정치가는 한 번 만난 사람을 영원히 기억해야 한다고 생각했지만, 정작 자신은 사람이나 약속을 잘 기억하지 못했다. 이를 무척 걱정했던 위드는 의식적으로 기억력을 훈련했다. 밤마다 아내 캐서린에게 그날 일어난 일과 만난 사람들, 입 밖에 내었던 말을 하나도 빠짐없이 15분 동안 이야기했다. 이 방법은 효과가 있어서, 위드는 곧 대단한 기억력의 소유자로 유명해졌다. 엄청난 정력과 명석한 두뇌, 따뜻한 인품을 타고난 그는 인쇄업자, 편집자, 작가, 출판업자, 그리고 마침내 "실력자"라는 별명으로 알려진 정치계의 거물이 되었다.

위드는 젊은 슈어드 역시 자신과 마찬가지로 권력과 정치에 매혹되었음을 느꼈다. 뜻이 맞았던 위드와 슈어드는 나라의 새로운 기간시설 즉, 운하 개발, 새로운 도로와 철도망 구축을 지지하는 이들에게 이끌려 헨리 클레이의 휘그당을 지지하며 연합했다.

1830년 3월, 위드는 슈어드의 도움으로 뉴욕에서 〈올버니 이브닝 저널〉을 발행하게 되었다. 나중에 휘그당(이후에는 공화당)의 기관지가 된 유력지 〈올버니 이브닝 저널〉은 40여 년 동안 위드의 정치생활을 든든하게 뒷받침했다. 위드는 이 신문을 통해 슈어드의 정계 진출을 꾀했다. 1830년 9월, 슈어드는 제7선거구에서 주 상원의원으로 지목됐다. 그리고 그해 11월, 꼼꼼한 선거사무장 위드의 도움으로 슈어드는 최연소 뉴욕 상원의원이라는 역사적 승리를 거두었다. 당시 그의 나이 스물아홉이었다.

주 의회는 32명의 상원의원과 128명의 하원의원으로 구성되었다. 그들 중 대부분이 사우스 마켓 가에 있는 독수리 여인숙이나 스테이트 가 모퉁이에 있는 버몬트 호텔에 묵었다. 이렇게 비좁은 숙소는 마음이 맞는 정치인들에게는 좋았지만 가족들에게는 적합하지 않았다. 특히 슈어드처럼 어린 자녀가 있는 가족에게는 더욱 나빴다. 결국 슈어드는 겨울 회기가 열리는 넉 달 동안 혼자 지내기로 했다.

"위드는 나와 대단히 비슷하고, 내게 따뜻하다오." 슈어드는 버몬트에 정착한 후 프랜시스에게 이렇게 털어놓으며 이 친구를 가장 위대한 정치가이자 "마술지팡이로 당을 좌우하고 조종하는 마술사"라고 묘사했다. 그는 "우리는 서로 얼굴에 담배연기를 내뿜으며 정치만 빼고는 온갖 일과 사람들에 대해 이야기를 나누었소."라고 자랑스러운 듯 말했다. 그들은 둘 다 연극을 좋아했고 찰스 디킨스와 월터 스콧의 소설에 열광했다. 이 두 사람은 죽는 날까지 굳건한 우정으로 묶여 있었다.

회기 초에 그는 연상의 동료 앨버트 할러 트레이시와 친구가 되었다. 버펄로 출신의 상원의원이었던 그는 미 국회에서 세 차례 임기를 보냈고 한때 부통령 후보로 출마하라는 권유를 받았다. 하지만 최근 몇 년 동안 병 때문에 몸이 쇠약해져서 그의 모든 야망이 좌절되었다. 아마 그는 슈어드가 자신의 간절한 꿈을 실현해줄 젊은이라 여겼던 듯하다. "헨리는 그에게 속마음을 모두 털어놔. 그와 헨리는 서로를 똑같이 사랑하는 것 같아."라고 프랜시스는 동생 라제트에게 말했다.

트레이시의 열정은 서로우 위드에게 강렬한 경쟁의식을 불러일으켰다. 프랜시스는 올버니에 방문했을 때 자매에게 말했다. "트레이시가 온 다음부터 위드가 우리를 만나러오지 않아. 이유는 모르겠지만, 정말 애석하구나." 두 사람 모두와 함께할 수 없었던 슈어드는 정치생활에서 긴밀히 협조하고 있던 위드와 더욱 긴밀한 관계를 맺게 되었다. 트레이시는 슈어드와 계속해서 진심 어린 관계를 유지했지만, 위드와 갈수록 가까워지는 슈어드를 불만에 찬 눈으로 바라보았다.

이듬해 여름, 슈어드는 오번에 아내와 가족을 남겨두고 아버지와 함께 석 달 동안 유럽 여행을 떠났다. 연로한 아버지를 보필하기 위한 동행이었지만, 서른두 살의 슈어드는 외국 땅과 낯선 문화를 접한다는 기쁨에 들떠 어쩔 줄 몰랐다. 슈어드 부자는 영국과 아일랜드, 네덜란드, 스위스, 이태리, 프랑스 등 많은 곳을 여행했다. 하지만 그는 어느 곳에 가든 늘 조국 번영에 대한 생각을 잊지 않았다. "오랜 억압 속에서 고통스러워하는 유럽을 방문해본 사람만이 우리나라의 정부에 감사할 수 있으며, 미국이 전 세계 모든 나라에 지고 있는 책임을 깨달을 것이다." 그는 "악의적인 정치 싸움"에 대한 수많은 기사에 주목하면서 도서관 열람실에서 미국 신문을 탐독했다.

슈어드는 유럽 전역의 의원들과 쉽게 어울렸고 우아한 환영회와 디너파티에 초대되었다. 프랑스에서는 혁명전쟁의 영웅 라파예트 장군의 저택인 라그랑즈에 초대받아 며칠 동안 머물기도 했다.

슈어드는 4년 동안의 주 의회생활을 통해 자신이 개혁 정책의 설득력 있는 대변인임을 증명했다. 그는 빚 때문에 채무자를 구금하는 제도를 비난하고, 남자 죄수와 여자 죄수를 수용하는 감옥을 분리하도록 촉구했으며, 국내 개선을 요구했다. 그러면서도 그는 반대파 사람들과 친분을 유지했다.

위드는 이제 슈어드를 더 높은 공직에 앉힐 때가 되었다고 생각했다. 1834년 9월에 열린 뉴욕 주 유티카 전당대회에서 위드는 갓 창당된 휘그당 당원들에게 젊고 정력적인 슈어드가 유력한 민주당원들을 상대로 주지사 선거 운동을 더없이 잘 이끌 것이라고 설득했다. 슈어드는 흥분했다. 위드는 슈어드에게 힘겨운 싸움에 직면할 것이라고 경고했지만, 그는 주눅 들지 않았다. 선거 운동은 활기차게 이루어졌다. 1834년 11월 최종 투표가 3일에 걸쳐 개표될 때까지도 슈어드는 승리를 예상했다. 그러나 그는 패배의 쓴 맛을 보아야 했다.

패배는 슈어드를 철저하게 뒤흔들었다. 그는 현재의 삶과 결혼생활, 자신의 미래에 대해 다시 곰곰이 생각했다. 낙선의원 신분으로 마지막 주 상원 회기를 위해 올버니로 돌아가야 했던 그는 평소답지 않게 우울증에 빠졌다. 슈어드는 자신의 야망 때문에 몇 달 동안 아내와 아이들과 떨어져 지내느라 결혼생활이 위태로워졌을까봐 두려워하며 잠들지 못했다.

"야망이란 그 얼마나 사악한 악마인지!" 그는 편지에서 아내에게 속내를 털어놓으며 탄식했다. 그는 야망 때문에 자신을 "순수하게 사랑하는 단 한 사람과의 공감이 어긋났음"을 이제야 깨달았다. 그는 이제까지 그녀의 사랑을 그저 "하나의 사건"일 뿐이라 생각했지만, 사실은 자기 인생의 "최고선"이었다는 것을 알게 되었다고 고백했다. 그리고 아내의 사랑을 되찾기에 너무 늦은 것이 아니기를 간절히 바랐다. "과거에 나는 내 마음에서 당신을 잊어버렸소. 당신은 견딜 수 없었겠지요. 상처받은 내 천사여, 처음으로 진실을 깨달은 나를 받아주오. 내 마음을 이해한다 말해주오."

슈어드는 프랜시스가 이 편지에 바로 답장하지 않자 몸져누웠다. 그는 아내가 더 이상 자신을 사랑하지 않을지도 모른다는 두려움에 몸을 떨었다. 그는 진심 어린 두 번째 편지에서 이렇게 고백했다. "갈수록 여인네들처럼 눈물이 많아지는구려. 예전처럼 다정하게 나를 사랑한다고 말해주오."

마침내 슈어드는 그토록 듣고 싶어 했던 대답을 들었다. 슈어드는 "집에 돌아가서 당신과 사랑하는 우리 아이들을 위해 살고, 당신의 생각과 감정을 함께 나누고 싶은 것 외에는 아무것도 바라는 것이 없다."고 답장을 보냈다. 그리고 신앙을 되찾아 하나님의 은총 속에서 살겠다고 약속했다.

슈어드가 공직에 대한 야망 대신 행복한 가정생활을 선택했다고 해서 그의 야심이 영영 사라진 것은 아니었다. 그는 오번으로 돌아오자마자 "공직생활 중의 휴식시간을 즐기는 사람이 은둔하며 행복해하는 경우는 거의 없네."라고 친구에게 털어놓았다. 며칠 지나지 않아 그는 오랜 친구이자 정신적 스승인 위드에게 "제게 계속해서 정계 상황을 알려주십시오. 그리고 당신이 더 이상 저를 정치가로 생각하지 않는 일이 없도록 신경 써주십시오."라는 편지를 보냈다.

1835년 여름, 서른네 살의 슈어드는 기분을 전환하기 위해 가족들을 데리고 남부로 여행을 떠났다. 그와 프랜시스는 마차 뒷자리에 앉았고, 다섯 살배기 아들 프레더릭은 예전에 노예였던 마부와 함께 앞자리에 앉았다. 이들 일행은 석 달 동안 펜실베이니아와 버지니아 주를 여행했고, 집으로 돌아가는 길에 나라의 수도에 들렀다. 여행 기간 동안 노예제의 실상을 직접 목격하면서, 남부에 대한 그의 생각은 크게 바뀌었다.

당시, 북부 사회는 산업발전, 사업 열풍, 경제적 다각화에 힘입어 활기 있게 발달하고 있었다. 사학자 케네스 스탬프는 당시 북부의 모습을 이렇게 묘사했다. "북부는 분주하게 움직이는 사람들로 넘쳐났다. 그들은 '발전'을 진심으로 믿었고, 성장과 변화의 가능성에 들떠 있었다." 하지만 남부는 사정이 조금 다른 듯했다. 슈어드 가족은 버지니아 주를 지나 1800년 이래 거의 바뀌지 않은 듯한 세계로 들어섰다. 슈어드는 마차가 버지니아 주의 앨러게니 산맥을 지날 때 이렇게 적었다. "이제 눈에 익은 농가와 여인숙, 상점은 보이지 않는다. 거친 길을 따라 노예들이 사는 초라한 통나무 오두막들이 위태롭게 서 있다." 다른 여행자는 거의 만날 수 없고, 대신 "쓰러지기 일보 직전의 낡은 집이 여기저기 흩어져 있는 황량한 땅만 보인다."

슈어드는 "이 유서 깊은 땅 버지니아에 노예제의 불행이 너무나 깊숙하게 배어 있다. 내가 가본 나라 중에서 40년 동안의 전쟁으로 황폐해져 있던 프랑스를 빼고는, 버지니아 주만큼 쇠퇴한 곳은 없었다."고 탄식했다. 남부의 부(富)는 토지와 노예를 가진 일부 계층에 집중되어 있었다. 소수의 농장주 계층은 점점 부유해졌지만, 활발한 경제활동을 이끌 중산층은 전무한 상황이었다.

슈어드가 노예제로 인한 경제 및 사회적 파괴를 눈여겨보았다면, 프랜시스는 여행 중에 만났던 노예들의 비참한 상황을 가슴 아파했다. 그녀는 '이 학대받는 인종'에 대한 생각을 멈출 수 없었다. 어느 날, 프랜시스는 마차를 세우고 앞 못 보는 노예 할머니와 이야기를 나누었다. 그 할머니는 마당에서 '육중한 바퀴를 돌리며' 일을 하고 있었다. 그녀는 일은 힘들지만 무슨 일이든 해야 하고, 너무 늙어 지금 할 수 있는 일이라곤 이것밖에 없다고 설명했다. 프랜시스가 가족에 대해 묻자, 그녀는 남편과 아이들 모두 오래전 멀리 팔려갔는데 그 후 한 번도 소식을 듣지 못했다고 털어놓았다. 이 슬픈 만남은 프랜시스에게 지울 수 없는 인상을 남겼다. 그녀는 이날의 대화를 자세히 기록했고, 이후 오번의 가족과 친구들에게 큰 소리로 읽어주었다.

며칠 후 슈어드 가족은 리치먼드 외곽에서 사슬에 묶인 채 길을 가는 노예 아이들과 마주쳤다. 슈어드는 그 비참한 광경을 이렇게 묘사했다. "여섯 살에서 열두 살가량 되어 보이는 열 명의 소년들이 벌거벗은 채 밧줄에 묶여 끌려가고 있었다. 무지막지하게 생긴 키 큰 백인이 아이들을 긴 채찍으로 때리며 말구유로 끌고가 물을 마시게 하더니, 다시 오두막 안으로 몰아넣었다. 그곳에서 아이들은 땅바닥에 누워 구슬피 울다가 잠들었다." 이 아이들은 각기 다른 농장에서 사들인 노예들로 리치먼드에서 경매에 붙여질 예정이었다.

프랜시스는 여행을 계속할 수 없었다. 그녀는 "끊임없이 내 앞에 나타나 모든 것을 망치는 노예제와 남부, 그 사악한 기운에 신물이 난다."고 일기에 적었다. 그녀는 남편에게 남은 여행을 취소하자고 부탁했고, 슈어드도 찬성했다. 그들은 여행을 중단하고 말머리를 북쪽 집으로 돌렸다. 이후 가난한 남부와 비참한 흑인 노예에 대한 이 잊을 수 없는 기억 때문에 슈어드는 더욱 노예제를 혐오하게 되었고, 프랜시스의 사회적 양심은 더욱 확고해졌다.

새로운 기회

슈어드가 여행을 마치고 오번으로 돌아왔을 때, 큰돈을 벌 수 있는 기회가 찾아왔다. 뉴욕 서부의 미개발지를 30만 에이커 넘게 보유한 '네덜란드 토지회사' 가 땅 분배와 이주민과의 계약을 담당할 책임자를 찾고 있었다. 이 회사는 슈어드에게 연봉 5000달러와 이익배당금을 주겠다고 제안했다. 이 조건을 받아들이면 오번의 집에서 100마일 넘게 떨어진 쇼토쿼 카운티에서 혼자 몇 달씩이나 지내야 했지만 그는 주저하지 않았다. 슈어드는 변호사 사무소를 정리하고 웨스트필드에 아름다운 침실 다섯 개짜리 집을 빌렸다. 여름 몇 달 동안만이라도 가족들과 함께 지내기고 싶었기 때문이다. 한편으로 그는 오번에 홀로 남아 적적해할 프랜시스를 위해 위드의 열일곱 살 된 딸 해리엇을 초대했다. 해리엇은 두 아들과 1836년 8월에 갓 태어난 딸 코넬리아를 돌보는 데에도 많은 도움이 될 것이었다.

슈어드는 곧 토지개발 사업이 무척 전도유망하다는 사실을 알게 되었다. 밤마다 프랜시스에게 그녀와 아이들이 미칠 듯 그립다는 편지를 쓰긴 했지만, 그가 고용한 여섯 명의 젊은 직원은 금세 제2의 가족이 되었다.

웨스트필드의 생활은 순조롭게 자리잡혀갔다. 슈어드는 가족과 단란한 시간을 보냈던 오번에서의 기억을 간직하는 한, 어느 곳에 가든 새로운 모험에 열중할 수 있었다. 하지만 1837년 1월, 어린 딸이 천연두로 세상을 떠나자 그의 마음은 더 이상 평온할 수 없었다. 집으로 돌아간 슈어드는 슬픔에 빠진 프랜시스에게 웨스트필드로 같이 가자고 했다. 그녀는 이 부탁을 거절하면서 "아이들을 할아버지에게서 떼어놓는 건 옳지 않다고 생각한다."고 말했다.

그러나 다음 여름 프랜시스는 결국 슈어드에게 설득당했다. 슈어드는 몹시 들떠서 위드에게 편지를 보냈다. "이제야 꿈이 실현된 것 같습니다. 저는 이곳에서 많은 책을 읽었고 말을 타고 호숫가를 거닐었지요. 앞으로는 아내와 아이들도 건강해져서 이 즐거운 시간을 저와 함께할 수 있을 겁니다." 하지만 그의 행복을 완벽하게 해줄 하나가 빠져 있었다. 그는 위드에게 "당신이 여기 계신다면, 키케로와 그의 철학 친구들을 투스쿨룸에서 끌어냈을 만한 기쁨을 우리가 누릴 수 있을 테지요."라고 말했다.

1837년 가을이 되자 심각한 경제침체가 쇼토쿼 카운티를 덮쳤다. 미국 전역을 휩쓴 1837년의 이 "공황"은 기업 부도, 실업, 은행의 지불 청구 쇄도, 부동산 가치 하락, 빈곤의 심화 등 많은 불행을 낳았다. 슈어드는 집에 편지를 보냈다. "난 거의 자포자기 상태요. 사원 셋을 해고해야 했다오. 내가 보기에 그들은 모두 어린아이처럼, 의지가 없어 보였소."

그러나 다시 한 번, 행운의 여신은 슈어드에게 미소를 보냈다. 경기불황이 민주당의 정책 실패 때문이라는 비난 속에서, 그가 소속된 정당이 일대 기회를 맞이한 것이다. 그해 가을 선거에서 휘그당은 그 주를 휩쓸었다. 슈어드는 위드에게 편지를 보냈다. "귓전에 '영광스러운 휘그당의 승리'라는 소리가 울려 퍼집니다." 올버니에 있던 위드는 기쁨에 겨워 답장을 보냈다. "자네와 함께 보낼 시간을 마련하기 위해 이틀 동안 노력했네. …… 이건 엄청난 위업이며, 대단한 격변이네. 우리에게 구원을 주신 하나님께서 우리의 힘을 건강하게 쓸 수 있는 지혜도 주시기를."

다음 몇 달 동안 슈어드와 위드는 상인과 일부 산업 노동자, 부유한 농장주로 제한되어 있던 휘그당 지지 세력을 더욱 확대하기 위해 함께 노력했다. 이들은 앤드루 잭슨 대통령(제7대 미국 대통령) 시대부터 민주당을 지지했던 대다수 노동자의 호감을 얻고자 새 주간 당보(黨報)를 발행하기로 했다. 이 간행물의 편집자는 호러스 그릴리로 결정되었다. 젊은 기자 그릴리는 이전에 뉴욕의 다락방에서 〈뉴요커〉라고 하는 작은 잡지를 편집한 바 있었다. 새 주간 당보는 큰 성공을 거두었고 이후 전국적으로 영향력 있는 신문, 〈뉴욕 트리뷴〉으로 발전했다. 이후 거의 25년 동안 이들은 휘그당, 이후에는 공화당의 지지기반을 쌓기 위해 협력했다. 그 시절 이 세 사람은 형제와도 같았다. 가끔 다툼이 일어나기도 했지만, 사람들 앞에서는 항상 단합된 모습을 보였다.

1838년 여름, 위드는 슈어드를 주지사로 만들 수 있는 기회가 다시 찾아왔다고 생각했다. 그해 9월 휘그당의 전당대회에서 '실력자' 위드는 대의원들을 한 명씩 만나고 다니며 슈어드가 가장 유력한 공천 후보라고 설득했다. 그는 자신의 주장을 뒷받침하기 위해 1834년 주지사 선거전의 통계 자료를 배포했다. 통계 자료는 이 선거전에서 슈어드가 휘그당의 다른 후보들이 받은 표를 전부 합친 것보다 더 많은 표를 받았다는 사실을 보여주고 있었다. 위드의 마술은 효력을 발휘했다. 슈어드는 결국 네 번째 투표에서 지목받았다. "슈어드, 우린 또다시 '고난의 바다'에 뛰어들었네. 그러니 앞으로 나아가기 위해 열심히 노력해야 하네." 당시에는 후보가 직접 선거 운동을 하는 것이 옳지 않았기 때문에 사실 대부분의 일은 위드의 몫이었다. 그리고 위드는 자기 역할을 대단히 잘 해냈다. 개표가 시작되었고, 서른일곱 살의 슈어드는 압도적인 승리를 거두었다.

슈어드는 "하나님께서 서로우 위드를 축복하시길! 이 결과는 그의 덕이다!"라며 크게 기뻐했다. 하지만 그는 일주일도 채 지나지 않아 불안해하기 시작했다. 그는 정신적 스승에게 이렇게 털어놓았다. "제가 탐냈던 이 자리는 몹시 두려운 곳입니다. 제가 개인적인 일도 제대로 처리할 수 있을지 모르겠습니다." 당시 셋째 아들 윌리엄을 임신 중이던 프랜시스는 몇 주 동안이나 앓아누워 있었고 올버니로 이사하는 것을 몹시 불안해했다.

위드는 오번에 도착하자마자 빠르게 움직였다. 그는 주지사가 된 슈어드를 위해 하인들이 종일 근무하는 저택을 빌리고, 남편과 함께 지내라고 프랜시스를 설득했다. 슈어드가 역사책과 철학책을 보면서 취임연설을 준비하는 동안, 위드는 집안에 와인과 음식을 들여놓고 슈어드가 취임식에서 입을 옷을 골랐으며, 주지사 고문위원을 선발했다. 슈어드는 자신의 의무가 "고문단을 선발하는 게 아니라 맞아들이는 것"이라고 믿었다.

조심성이 많은 위드는 종종 슈어드의 충동적인 발언 때문에 화를 냈다. 슈어드는 "당신의 편지는 제게 조심하는 습관을 들이라고 충고하지만, 저로선 쉽지 않군요. 저는 떠오르는 대로 생각하고 느끼는 대로 쓰는 게 좋습니다."라는 답장을 보냈다. 하지만 슈어드는 대개 위드의 뛰어난 분별력과 경험을 인정하면서 그의 의견을 따랐다. 훗날 위드는 "정계에서 우리 두 사람보다 서로를 잘 이해하며 함께 일했던 이들은 없었다. 둘 중 누구도 서로를 지배하지 않았다. …… 우리는 더없이 친하고, 가장 고귀한 친구였다."라고 회고록에 기록했다.

1839년 새해 첫날, 젊은 주지사는 취임연설에서 공립학교 확대(더 나은 환경의 흑인 학교 포함), 운하와 철도 증설, 정신병자에 대한 보다 인간적인 처우 마련, 채무자 구금 폐지 등 야침 찬 계획을 발표했다. 자유민의 노동을 토대로 한 경제활동과 광범위한 공교육, 기술 발전에 대한 그의 비전은 1835년 남부 여행에서 접했던 경제·문화적 침체를 전적으로 거부하는 것이었다. 그는 "우리 국민은 이 대륙에서 지금까지 이룩했던 것보다 더 완벽한 사회를 건설할 운명을 지녔습니다. 우리는 세상을 개혁하기 위해 노력해야 합니다."라고 그해 뉴욕 주 의회에서 주장했다. 그는 또 "북부 자유민 노동의 정력과 독창성, 야망을 현명하고 관대한 정책으로 뒷받침한다면 우리 주에 상업적으로 필적할 곳은 없게 될 것이며, 수백 개의 번성하는 도시를 품에 안은 뉴욕은 고대 크레타의 영광을 재현할 수 있을 것이다."라고 말했다.

휘그당 지지 세력을 더욱 넓히고자 했던 슈어드는 뉴욕 주 민주당의 중심을 이루었던 아일랜드와 독일계 가톨릭 이민자들에게 눈길을 돌렸다. 그는 미국 동포들에게 "이들이 고국에서 겪은 불행과 이곳에서 이방인으로 사는 처지, 그리고 자유에 대한 열망을 이해하고 공감하며" 그들을 환영하자고 말했다. 그는 또한 미국은 북부 확장에 크게 기여한 이 이민자들에게 시민의 모든 혜택을 나눠주어야 한다고 주장했다. 특히 반가톨릭 커리큘럼으로 가득한 학교를 개혁하고 거리의 아이들을 학교로 돌려보내 발전의 기회를 찾도록 도와야 한다고 강조했다. 이를 위해서 공립학교 기금 중 일부를 가톨릭계 부속 학교를 후원하는 데 사용해야 하다는 것이 그의 생각이었다.

학교와 관련된 슈어드의 제안은 이민 배척주의자인 신교도들의 맹렬한 반발을 불러일으켰다. 그들은 슈어드가 교회와 국가의 분리 원칙을 깨뜨려, 공화주의 체제를 전복하려 한다고 비난했다. 거기다 슈어드가 "교황과 결탁하여" 신교도 아이들을 사제의 손에 넘기려 한다는 전단지까지 나돌았다. 결국 주 의회는 공립학교를 확대한다는 선에서 타협안을 통과시켰다. 하지만 이민 배척주의자들은 끝내 슈어드를 용서하지 않았다. 실제로 그들의 반감은 1860년 대통령 후보로 공천받고자 했던 슈어드에게 가장 큰 걸림돌이었다.

교육과 이민자에 대한 예의 진보적 정책이 슈어드를 뉴욕 주에서 가장 논란 많은 인물로 만들었다면, '버지니아 소송 사건'은 그를 전국적인 유명인사의 반열에 올려놓았다. 그는 이 사건을 통해 노예제 폐지론자로서의 면모를 유감없이 보여주었다.

1839년 9월, 버지니아 주 노퍽에서 출항해 뉴욕으로 향하던 배에 숨어 있던 탈출 노예가 사람들에게 발각되었다. 그 노예는 '노역의 의무를 가진 자가 다른 주로 탈출했을 경우 주인에게 양도해야 한다.'는 미 헌법 2조 4항에 따라 버지니아의 주인에게 송환되었다. 버지니아 주는 그 노예를 숨겨주었다고 알려진 세 명의 자유민 흑인 선원도 체포해 인도하라고 요구했는데, 뉴욕 주 지사 슈어드는 이를 거부했다.

남부 전역의 비난을 받은 한 성명서에서, 주지사 슈어드는 버지니아 주가 그 선원들에게 뉴욕 주에서는 인정하지 않는 죄를 묻고 있다고 주장했다. 인간은 재산이 아니며, 따라서 그들은 아무런 죄를 저지르지 않았다는 것이었다. 범죄이기는커녕, "문명국의 일반적 정서"는 노예 신분에서 탈출하고자 하는 노예를 돕는 일을 "인도적이고 훌륭한 행위"로 여긴다고 말했다.

세 선원에 대한 논란이 길어지자, 버지니아 자치주는 이에 대한 보복으로 뉴욕의 상업에 피해를 입히기 위한 법령을 제정했다. 그러면서 남부의 다른 주에, 슈어드가 그들의 전통적인 '국내 제도'를 간섭하려 한다고 비난하는 결의안을 통과시키라고 촉구했다. 북부의 민주당계 간행물들은 주지사 때문에 버지니아 및 다른 노예주들과의 무역 관계가 위태로워질 것이라고 경고했다. 슈어드는 "고집불통의 뉴잉글랜드 광신자"라는 별명까지 얻었지만 그럴수록 그의 결심은 더욱 굳어질 뿐이었다. 그는 반노예제 법안을 통과시키는 데 박차를 가했다. 남부 노예 사냥꾼에 맞서 흑인 시민의 권리를 보호하고,

체포된 노예는 누구나 배심 재판을 받도록 보장하며, 뉴욕 경찰은 도망 노예의 체포에 관여하지 못하도록 하는 법안이었다.

이 사건으로 북부와 남부의 갈등은 더욱 심화되었다. 북부에서 윌리엄 로이드 개리슨의 신문 〈해방자〉는 노예제를 비인간적이라고 비난하면서 즉각적인 노예해방과 인종 평등을 촉구했다. 남부 지도자들은 이에 맞서 격렬히 항의했다. 이들은 노예제가 단순히 필요한 제도가 아니라 백인과 흑인 모두에게 막대한 이익을 주는 '절대선'이라고 주장했다. 북부와 남부의 싸움이 격해지자 많은 북부인들이 급진적인 노예제 폐지론자에게 반감을 가지게 되었다. 사람들은 노예제 폐지 운동이 연방을 파괴할 것이라고 두려워하며 북부와 남부의 노예제 반대 입장을 가진 인쇄업자들을 공격했다. 신문과 잡지는 불태워지고 편집자들은 노예제 폐지 운동을 계속할 경우 살해될 것이라는 협박을 받았다.

1840년에 슈어드는 주지사로 재선되었지만, 아주 근소한 차였다. 그의 지지도가 하락한 것은 가톨릭계 부속학교 논쟁과 버지니아 주와의 지난한 싸움, 점점 줄어드는 사회개혁에 대한 열정 때문이었다. 호러스 그릴리는 "대의를 고려할 때 앞으로 슈어드는 그가 평생 받았던 표가 아니라, 기꺼이 잃었던 표 때문에 더 많은 존경을 받을 것이다."라는 사설을 발표했다. 하지만 슈어드는 세 번째 출마를 하지 않겠노라 결심했다. 그는 "지금 내 야망을 위해 할 수 있는 일은, 뉴욕 주를 떠나 역사 속에서 좋은 평가를 받기를 기다리는 것이네."라고 한 친구에게 설명했다. 그는 자유에 대한 자신의 원칙이 다시 지지받을 때 공직생활로 돌아가리라 기대하며 호기롭게 관직을 떠났다.

슈어드가 버지니아 주와의 논란이나 그 밖에 그의 성공적인 재임을 위협했던 다른 논란에 휩싸여 있는 내내, 위드는 충실한 동료이자 친구로서 주 의회에서 비판에 답변하고, 〈올버니 이브닝 저널〉에 사설을 발표하며 한결같이 슈어드의 정신을 지지했다.

오번으로 돌아간 슈어드는 다시 법조계생활을 시작해 이번에는 수익성이 높은 특허 소송 사건에 집중했다. 그는 자신이 버지니아 주와의 투쟁 덕분에 북부 전역의 노예제 폐지론자들에게서 사랑을 받고 있다는 사실을 알게 되었다. 자유당은 1844년 대통령 후보를 물색하며 그의 이름을 거론했다. 자유당은 1840년, 그 어느 다수당도 노예제를 정면으로 다루지 못하는 것에 반발하여 창당되었다. 노예제 폐지는 자유당의 기본 목표였다. 슈어드는 이들의 관심을 받자 잠시 우쭐해지기는 했지만, 휘그당을 떠날 생각은 없었다.

그는 계속해서 흑인 시민의 편에서 목소리를 높였다. 1846년 3월, 슈어드가 살던 고장에서 끔찍한 살인 사건이 일어났다. 스물세 살의 흑인 청년 윌리엄 프리먼은 억울한 누명을 쓰고 감옥에 들어갔다. 5년 간 복역한 후 출소한 그는 슈어드의 친구이자 부유한 농장주 존 밴 네스트의 집에 침입했다. 칼 두 자루로 무장한 그는 밴 네스트와 임신 중이던 그의 아내와 어머니, 어린아이를 죽였다. 프리먼은 체포되자마자 범행 일체를 자백했다. 하지만 조금도 뉘우치는 기색이 없었고 크게 웃기까지 했다. 보안관은 프리먼에게 린치를 가하려는 분노한 군중들 사이를 가까스로 헤치고 나와 그를 감옥으로 연행했다.

이 과정을 지켜본 프랜시스는 모든 정황을 살펴볼 때, 프리먼의 행동에는 절대 "이해할 수 없는" 면이 있다고 생각했다. 그녀의 생각은 옳았다. 조사 결과 프리먼의 가족이 대대로 정신병을 앓았다는 사실이 드러났다. 더욱이 프리먼은 감옥에서 수차례 태형을 받아 귀가 멀고 정신착란에 빠진 상태였다. 재판이 열렸을 때 프리먼의 사건을 맡으려는 변호사는 아무도 없었다. 오번의 시민들은 이 냉혈한 살인자를 변호하는 자는 가만두지 않겠다고 위협했다. 판사가 "이 사람을 변호할 분이 있습니까?"라고 묻자 쥐죽은 듯한 침묵이 혼잡한 법정을 가득 메웠다. 그때 슈어드가 일어나 격한 목소리로 말했다. "친애하는 재판장님, 그가 죽을 때까지 제가 피고의 변호를 맡겠습니다!"

서로우 위드와 밀러 판사를 포함한 슈어드의 친구와 가족들은 그 결정을 호되게 비난했다. 오직 프랜시스만이 남편을 당당하게 편들었고, 자매에게 "그는 옳은 일을 한 거야. 엄청난 잘못이 자행되고 있다는 사실을 알고도 눈을 감을 사람이 아니야."라고 자랑스레 말했다. 프랜시스는 슈어드의 결정 때문에 가족에게 가해질지도 모를 보복을 두려워하지 않았다. 그녀는 늘 한결같았다. 오랫동안 그녀는 남편의 개혁 정신과 노예제에 대한 깊은 혐오감을 함께 나누었다. 그녀는 아버지와 이웃의 시선에 신경 쓰지 않고 매일 법정에 앉아 조용히 남편에게 힘을 실어주었다.

슈어드는 몇 주 동안 이 사건을 조사하며 프리먼의 가족들을 만나보고 다섯 명의 의사를 소환해 피고의 심각한 정신질환 상태를 증언하도록 했다. 그는 최종 변론에서 피고의 피부색에 영향 받지 말라고 배심원에게 간청했다. "그는 여전히 여러분과 저의 형제입니다. …… 그를 그저 한 인간이라고 생각하십시오." 그리고 이어서 "저는 피고의 변호사가 아닙니다. 저는 정신병자를 죄인으로 만들고자 하는 시도에 말할 수 없이 큰 충격을 받은, 사회와 인류의 변호사입니다."라고 말했다. 슈어드는 배심원에게 사형선고를 내리려 하지 말라고 간청하면서 프리먼을 종신 정신병원에 수용하라고 요청했다. 그는 "그 어떤 백인 남녀도 그러한 구형을 잊지 못할 것"이라고 주장했다.

그러나 배심원단은 유죄판결을 언도할 게 확실했다. 슈어드는 다음의 말로 변론을 마무리했다. "배심원 여러분, 언젠가 제가 자연에게 진 빚을 갚아야 할 때가 되면 제 유골은 친지들의 유해와 함께 묻힐 것입니다. 존경받지 못하고 무시당하고 발로 걷어차일 수도 있습니다! 하지만 아주 오랜 시간이 지난 후, 지금 이 사회를 뒤흔들었던 흥분과 열정이 가라앉고 나면, 수많은 이방인과 외로운 방랑자, 인디언과 흑인들은 '그는 헌신적이었다!' 라는 비문이 적힌 초라한 비석을 세울 것입니다." 실제로 백여 년 후, 오번의 포트 힐 공동묘지에 있는 슈어드의 무덤을 찾은 이들은 그의 묘비에 바로 그 말이 새겨진 것을 볼 수 있었다.

오번 시민들의 미움은 샀지만, 그는 이 변호로 전국적으로 유명해졌다. 감동적인 최종 변론은 수십 개의 신문에 실렸고, 소책자의 형태로 제작되어 널리 배포되었다. 노예제 폐지 운동을 꾸준히 펼쳐온 새먼 체이스는 노예제 폐지론자인 친구 루이스 태팬에게, 자신은 슈어드를 "우리나라 최고의 공인 중한 사람"으로 평가했다고 고백했다. "그 누가 불쌍한 프리먼을 위해 슈어드가 한 일을 할 수 있겠는가?" 체이스는 프리먼을 위해 기꺼이 나선 슈어드의 행동은 "그의 개인적 입장과 상황을 고려해볼 때 대단히 고결한 것"이라고 말했다.

다시 오번의 가정생활로 돌아간 1840년대 중반, 슈어드는 여전히 미래를 낙천적으로 바라보았다. 그는 국가 발전에 대한 자신만의 원칙과 비전을 바탕으로 국가적인 명성을 쌓았다. 그는 자신의 진보적 원칙이 다시 대중의 지지를 받을 때 공직생활로 돌아가리라고 생각했다.

존경받는 사람이 되는 일

슈어드와 베이츠처럼 에이브러햄 링컨도 일찍이 정치에 매료되었다. 일리노이 주 뉴세일럼에 온 지 겨우 6개월이 지났을 뿐이었지만, 스물세 살의 겁 없는 청년 링컨은 생가먼 카운티에서 주 의회 의원으로 출마하기로 결심했다. 그러나 정식 교육도 받지 못한 신출내기가 이 생면부지의 땅에서 공직에 오른다는 것은 거의 불가능한 일이었다. 1832년 3월, 국내 개선과 공교육, 고리대금 금지법을 촉구했던 휘그당 강령에 따라 공식적으로 입후보를 선언했던 그의 연설에는 이러한 야망과 불안이 확연하게 드러난다. "모든 사람에겐 저마다 야망이 있다고 합니다. 저는 제 동료들의 존경을 받을 만한 사람이 되겠다는 것 외에 더 큰 야망은 없습니다. 제가 이 야망에 다다를 수 있을지는 아직 증명되지 않았습니다."

링컨은 이 평생의 꿈에 대해 수차례 되풀이하여 말한 바 있었다. 그것은 자신이 시민들에게 존경을 받을 만한 사람임을 증명하겠다는 야망이었다. 그는 계속해서 말했다. "저는 아직 젊고 유명하지도 않습니다. 가장 비천한 신분으로 태어났고 지금도 그러합니다. 부자도 아니며 저를 추천할 만한 인맥도 없습니다. 저는 그저 이 고장의 무소속 유권자들의 손에 달려 있습니다. 만일 제가 당선된다면 여러분들은 그 보답으로 부단히 노력하는 저를 더욱 지지하실 수 있을 것입니다. 지혜롭고 선량한 시민들이 저를 지지하지 않는다고 해도, 이미 수많은 실망에 익숙해져 있으니 그리 분하게 여기지는 않을 것입니다." 하지만 그는 이번 시도가 마지막은 아니라면서, 최소 "대여섯 번" 패배하고 나야 수치심을 느껴 "다시는 시도하지 않을 것"이라고 말했다.

링컨의 선거 운동은 잠시 중단되었다. 그가 블랙 호크 난이라고 알려진 색 부족과 폭스 인디언 부족과의 전투에 가담하기 위해 국민군에 입대했기 때문이었다. 3개월 후 제대한 그는 선거 직전에야 집으로 돌아올 수 있었다. 투표 결과는 당연히 링컨의 낙선이었다. 그는 비록 패배하긴 했지만, 어딜 가나 친구를 사귀었던 뉴세일럼이라는 작은 마을에서 300표 중 277표를 얻었다는 사실을 진심으로 자랑스러워했다.

이 놀라운 지지율은 그의 선량한 성품과 탁월한 화술에서 비롯된 것이었다. 이후 링컨은 직접 투표에서 패배한 것은 그때뿐이었다고 주장했다. 2년 후, 그는 두 번째로 출마했다. 그 무렵 링컨은 뉴세일럼 외부에도 많이 알려져 있어서 비교적 수월하게 승리할 수 있었다. 그렇게 처음 주 의회에 진출한 후 그는 네 번 연속 재임했다. 슈어드와 베이츠, 그리고 짧은 시간 동안 체이스가 그랬던 것처럼, 링컨은 새로 창당된 공화당에 가입할 때까지 계속 휘그당원이었다.

1837년에 스프링필드로 이주한 링컨은 자신의 정치생활에 결정적인 역할을 할 친구와 지지자들을 얻기 시작했다. 링컨은 낮에는 변호사 일에 몰두했지만, 밤에는 스피드의 가게 난롯가에 모여 신문을 읽고 잡담을 나누며 철학 논쟁을 벌이는 스프링필드 젊은이들의 중심이 되었다. 스피드는 "그들은 재미있는 이야기로 늘 즐겁게 해주는 링컨을 만날 수 있었기 때문에 그곳에 왔다. 그것은 일종의 사교 모임이었다."라고 회상했다. 이 자리에서는 휘그당원, 민주당원 할 것 없이 다 같이 모여 토론을 벌였다. 이 사교 모임에 드나들던 청년들 중에는 미래의 미국 상원의원도 세 명이나 있었다. 링컨의 가장 큰 라이벌이 되는 스티븐 더글러스, 제1차 취임연설에서 링컨을 소개했고 남북전쟁 최초의 사상자 중 하나가 되는 에드워드 베이커, 대통령 공천 경쟁에서 그를 돕게 되는 오빌 브라우닝이 그들이었다.

주 의회에서 보낸 8년 동안 링컨은 자신이 꽤 유능한 서민 정치가임을 증명해 보였다. 그는 자기 당 후보들을 위해, 자신의 선거구에서 유권자들의 지지를 이끌어내고자 열심히 노력했다. 슈어드는 선거인 명부를 작성하고 유권자들을 투표소로 끌어들이는 일을 위드에게 맡긴 채 당 강령을 토론하는 데 전념할 수 있었지만, 링컨은 가장 관념적인 일부터 가장 현실적인 일까지 선거의 모든 과정에 참여해야 했다.

이러한 경험을 통해 링컨은 모든 당의 당수가 수세대에 걸쳐 깨달은 바를 일찍 알게 되었다. 당 조직의 현실적 절차 즉, 투표용지 분배, 선거인 명부 작성, 유권자 모집 등이 당의 강령과 이데올로기만큼이나 중요하다는 것을 말이다. 링컨은 이 시절에 그랬던 것처럼, 이후에도 항상 선거 운동 조직에 적극 참여했다.

1840년 링컨의 선거 운동은 세 단계로 나뉘어 진행되었다. 카운터의 대장은 "각 선거구의 선거인 명부에서" 과거에 휘그당 후보를 지지했던 이들의 명단을 찾아내는 일을 맡았다. 이 명단이 입수되면 "명단의 유권자들과 가장 가까이 살고 있는" 열 개 지역의 선거구 책임자들에게 전해졌다. 그 다음 각 지역의 책임자들은 "담당 지역 사람들을 직접 만나 공약을 전달하고. 가능한 한 이른 시간에 투표를 하도록" 독려했다.

같은 해, 링컨과 스피드를 포함한 네 명의 휘그당 동료들은 윌리엄 헨리 해리슨(미국의 제9대 대통령으로 미국 대통령 중 한 달이라는 가장 짧은 재임기간을 지낸 것으로 유명하다)의 대통령 선거 운동을 겨냥한 전단지를 발행했다. 이들의 목표는 "전국을 체계화하여 모든 휘그당 후보를 내세우는 것"이었다. 이들은 목표를 이루기 위해서는 먼저 모든 주를 여러 개의 작은 지역으로 나누고, 각 지역에서 휘그당에 투표할 만한 사람들과 망설이는 사람들을 구분한 '완벽한 유권자 명단'을 작성하는 작업이 필요하다고 했다. 그 다음에는 각 지역의 위원들이 "망설이는 유권자들을 지속적으로 살펴보면서, 한편으로는 확신을 지닌 사람들과 이야기를 나누도록" 했다. 이 위원들이 매달 중앙 주 위원회에 제출하는 보고서를 살펴보면, 선거 전에 각 주 유권자들의 동향을 정확하게 파악할 수 있었다. 마지막 순간에는 당원들을 급파하여 확실한 유권자들을 투표소로 데려가 휘그당을 지지하도록 했다.

좌초의 위기를 맞은 야망

링컨은 세 가지 단순한 아이디어, 즉 국립 은행, 보호 관세, 그리고 국내 개선을 지지했다. 주 의회는 국립 은행을 세우거나 관세를 높이는 데에는 별 힘을 쓸 수 없었지만, 도로와 강, 항구, 철도 개선을 의미하는 국내 개선은 대부분 지역 문제였다. 슈어드와 베이츠 등 많은 휘그당원들이 수로 개선을 주장하긴 했지만, 링컨보다 그 필요성을 더 뼈저리게 느끼는 사람은 없었다. 링컨은 뱃사공이 되어 미시시피 강을 따라 뉴올리언스까지 육류와 곡물을 운반한 적이 있었다. 수로가 잘 정비되지 않은 생가먼 강은 작은 배들에게는 무척 위험한 곳이었다. 링컨은 허름한 너벅선 위에서 언제나 강물 위를 아무렇게나 떠다니는 위험한 파편, 통나무들과 전쟁을 벌여야 했다.

링컨은 그의 너벅선으로 처음 돈을 벌었을 때의 전율을 잊지 못했다. 어느 날 두 신사를 "강 가운데에 정박되어 있던" 그들의 증기선까지 태워다주고 2달러 50센트를 벌었는데, 그는 그때 세상이 "더 넓고 아름다워" 보였으며, 미래에 대한 자신감이 생겼다고 고백했다. 수로가 개선되면 더욱 많은 사람들이 그 같은 기회를 얻을 수 있을 것이었다.

링컨은 궁핍이라는 것을, 길이 없어서 농부가 시장에 가지 못하는 궁핍한 생활환경이 무엇인지 몸으로 체험해 잘 알고 있었다. 오래된 길, 막힌 수로, 부족한 철로, 불충분한 학교……. 그것은 링컨에게 언제나 절박한 생존의 문제였다. 기간 시설을 개선하면 수많은 농부들이 이 같은 열악한 생활환경에서 벗어나고, 새로운 도시와 마을이 번성할 수 있을 것이었다.

"누구나 노동에 대해 충분한 보상을 받아 성공할 기회를 가질 수 있어야 한다는 이상을" 적극적으로 약속했기 때문에, 국내 개선과 경제 발전을 위한 링컨의 노력은 많은 지지를 받았다고 사학자 가버 보리트는 주장했다. 경제 발전은 모든 미국인에게 "인생이라는 경주로에서 자유로운 출발과 공정한 기회"를 마련하는 토대가 된다고 링컨은 말했다. 그가 생각하기에 진정한 민주주의 사회에서는 어떠한 환경에서 태어났더라도 천부적인 재능과 노력만 있다면 출세가 가능해야 했다.

1830년대 젊은 링컨은 "일리노이 주의 드위트 클린턴"이 되고자 하는 야망을 품었다. 드위트 클린턴은 개척정신이 남달랐던 뉴욕 주지사로 모든 뉴욕 시민에게 기회를 열어주었고, 주 의회를 설득해 이리 운하 계획을 추진하는 과정에서 영원히 지워지지 않을 인상을 남겼다. 링컨은 야심 찬 국내 개선 계획을 통해 일리노이 주 의회에 그와 같은 족적을 남기고자 했다.

바로 이 시기에 링컨은 노예제에 대한 최초의 공식 성명을 발표했다. 북부에서 노예제 폐지 운동이 계속되었지만, 남부와 북부의 주 의회는 모두 노예제 폐지론을 비난하는 결의안을 통과시키고 노예제에 대한 헌법상의 권리를 승인했다. 남부 출신 시민들이 많았던 보수적인 일리노이 주 의회도 행동을 같이했다. 77대 6이라는 압도적인 표차로 주 의회는 "노예제 폐지 단체 결성을 인정하지 않고, 노예 재산권을 보호하며, 연방정부는 시민의 동의에 반하여 컬럼비아 특별지구의 노예제를 폐지할 수 없다."고 결의했다. 링컨은 반대표를 던진 여섯 사람 중 한 사람이었다. 그는 결의안에 반대표를 던진 다른 동료들과 함께 공식 항의서를 작성했다. 그러나 이 항의서가 노예제 폐지론을 적극 지지하는 것은 아니었다. 링컨은 "노예제는 부정과 잘못된 정책에 근거하고 있다."라고 주장하면서, 컬럼비아 특별지구처럼 연방의 관리 하에 있는 지역에서 노예제를 폐지할 수 있는 국회의 헌법적 권한을 지지했다. 물론 그는 "그 권한은 컬럼비아 시민의 요청이 없는 한 발휘되어서는 안 된다."고 덧붙였지만 말이다.

링컨은 노예제가 잘못이 아니라면, 잘못된 것은 아무것도 없다고 늘 생각했다. 그는 노예주인 켄터키에서 태어났지만, 그의 부모는 노예제 폐지론자였다. 이 때문에 그들은 종교를 바꾸고 결국 자유주인 인디애나로 이사했다. 하지만 링컨은 이 시기에 노예제 문제에 큰 관심을 쏟지 않았다. 그것은 노예제가 점차 종식될 것이라고 생각했기 때문이었다. 링컨은 변호사 업무를 하면서 노예 소유주와 도망 노예 모두를 변호했다. 도망 노예를 추적하는 것은 싫어했지만, 그는 도망 노예 반환에 관한 헌법 조항을 무시할 수 없다고 생각했다.

1837년 일리노이 주에 불황이 닥치자 '일리노이의 드위트 클린턴'이 되겠다는 링컨의 꿈은 좌초의 위기를 맞았다. 여론이 장기적으로 막대한 비용이 드는 국내 개선 계획에 불만을 품게 되었기 때문이다. 링컨은 운하를 포기하는 것은 "강을 거슬러 올라가지 않으면 가라앉게 될 배를 강 한가운데 멈춰 세우는 것"과도 같다고 주장했다. 그는 역경에 처했을 때에는 더욱 적극적으로 감수하라는 아버지의 말을 지침 삼아 완강하게 버텼다.

그러나 1840년, 불경기가 4년 째 계속되자 주 의회는 결국 이 프로젝트를 중단할 수밖에 없었다. 더 이상의 자금 마련이 불가능해졌던 것이다. 이로 인해 국내 개선 체제가 붕괴되고 주 은행은 와해되었으며, 일리노이 주는 파산 지경에 이르렀다. 땅값도 급격히 떨어졌다. 링컨은 그의 정책이 일리노이 주의 재정난을 악화시켰다는 엄청난 비난에 시달렸다. 1840년 그는 네 번째로 의회에 당선되었지만, 당선된 후보 중에서 가장 적은 득표수를 기록했다. 자신에 대한 믿음이 흔들린 그는 임기가 끝난 후 주 의회에서 물러나기로 결심했다.

괴로운 연애사

정치적 야망이 좌절된 바로 이 시기, 링컨은 개인생활에서도 여러 번의 위기를 겪었다. 그는 유머감각과 지성, 유창한 웅변 실력을 겸비했으면서도 여인 앞에서는 늘 어색해했다. 그의 호리호리한 외모와 세련되지 못한 행동은 여인들의 호감을 사지 못했다. 그는 크고 무거운 부츠를 신고 무도회장에 뛰어들어가서는 "이보게들, 저 여자들 정말 예쁘지 않나?"라고 소리쳤다고 한 친구가 회상했다. 헨리 휘트니는 "한 친목회에서 몇몇 여인들 사이에 링컨을 혼자 두고 갔다가 돌아오니 그가 숫기 없는 시골 청년처럼 당황해서 어쩔 줄 몰라 했다."며 우스꽝스러웠던 그때를 떠올렸다.

링컨은 스티븐 빈센트 브네의 서사시 〈존 브라운의 유해〉의 한 구절을 빌려 여성과 어울리는 것에 대한 어려움을 토로했다.

바다의 정수가 움직일 때,

그리고 그게 여인의 정수일 때, 나는 바다에 있노라.

모든 의미에서

내 해도에는 오래된 인내심만 있을 뿐.

인내가 항상 여인을 기쁘게 하지는 못하네.

그렇다고 그가 여자에게 관심이 없었던 것은 아니다. 변호사 사무실 동업자였던 윌리엄 헌돈은 링컨도 여자에 대한 관심이 많았다면서, "그는 자존심과 강한 의지로 그 엄청난 열정의 불꽃을 끌 수 있었다."라고 말했다. 링컨과 함께 순회재판을 다녔던 데이비스 판사도 이 말에 동의하면서 "그는 양심 때문에 여인을 유혹하지 않았다. 그 덕에 많은 여인이 안전했다."라고 농담처럼 덧붙였다.

앤 러틀리지가 세상을 떠난 지 1년 후, 링컨은 친구였던 엘리자베스 아벨

부인의 여동생 메리 오언스에게 구혼했다. 메리 오언스는 짙고 푸른 눈동자를 가진 아름답고 활발한 여인이었다고 한다. 켄터키 주의 부유한 가문에서 태어난 그녀는 대단한 이야기꾼으로 책을 무척 좋아했다. 링컨은 몇 년 전 메리가 뉴세일럼의 언니네 집에 한 달 동안 머물렀을 때 그녀를 처음 만났다. 앤 러틀리지가 사망한 후, 엘리자베스 아벨은 링컨에게 두 사람이 좋은 짝이 되리라 생각한다면서 메리를 데려오는 게 어떻겠느냐고 제안했다. 링컨은 그 생각에 "대단히 만족"해하며 동의했다.

하지만 메리가 일리노이 주에 왔을 때, 링컨은 기막힌 상황에 맞닥뜨렸다. 그는 이후 약간의 과장을 섞어 이렇게 기록했다. "그녀는 이가 빠지고 비바람에 시달린 얼굴에 육중한 몸집을 지닌 팔스타프(베르디의 마지막 오페라 작품의 주인공. 뚱뚱하고 우스꽝스러운 바보로 묘사되는 경우가 많다)의 좋은 짝으로 보인다." 그는 겉모습보다는 마음을 더 높이 평가해야 한다고 마음을 다잡았지만 소용이 없었다. "그녀가 아름답다고 상상하려 했지만, 그녀가 뚱뚱하다는 것은 엄연한 사실이었다." 그는 청혼할 시간이 되었을 때 "그 끔직한 날을 미룰" 방법을 고민했지만, 결국 약속을 지켜야 할 것 같았다.

1837년 5월 7일의 이 청혼은 세상에서 가장 매력 없는 청혼으로 기록되기에 손색이 없다. 링컨은 그녀가 결혼 후 겪게 될지도 모를 우울한 생활에 대해 말했다. "당신이 만족하지 못할 것 같아 걱정입니다. 이곳 사람들은 화려하게 치장하고 호사스러운 생활을 즐기고 있습니다. 하지만 당신은 그 모습을 그저 바라보기만 해야 할 겁니다. 가난을 감출 방법도 없는 곤궁함 속에서 살아가야 할 텐데, 그걸 견딜 수 있겠습니까? …… 당신은 가난에 익숙하지 않으니, 상상보다 더 힘들 겁니다. 친애하는 링컨."

당연히 메리 오언스는 그의 청혼을 거절했다. 그녀에게 거절당한 링컨은 오빌 브라우닝의 아내이자 친구인 엘리자 브라우닝에게 우스꽝스럽고 자기 비하적인 편지를 보냈다. 그는 편지에 "나 말고는 그녀를 데려갈 사람이 아무도 없을 것이라고 애써 생각했는데, 그녀가 이렇게 가능성이 많은 나를 거부했다고 생각하니 참을 수 없을 만큼 굴욕감이 느껴진다."고 적었다. 그는 다시는 결혼을 생각하지 않겠다고 단언하면서 "나를 가질 만큼 멍청한 사람에게는 만족하지 못할 것"이라고 덧붙였다.

이렇게 말했으면서도 서른한 살의 링컨은 18개월 후, 발랄하고 지혜로운 여인 메리 토드와 약혼하게 되었다. 메리는 언니 엘리자베스와 함께 지내기 위해 스프링필드에 왔다. 그녀가 머물던 에드워즈 저택에는 날마다 최신 유행 드레스를 입은 여인들과 많은 청년들이 모여들었다. 링컨 역시 이 수많은 젊은이들 속에 섞여 있었다. 메리와 링컨은 모든 면에서 서로 정반대로 보였다. 그녀가 키가 작고 육감적이었던 반면, 링컨은 유난히 키가 크고 비쩍 말랐다. 활발하고 열정적인 성격에 모든 감정이 얼굴에 고스란히 드러났던 그녀와는 달리, 링컨은 자제력이 강해서 감정을 거의 표현하지 않았다.

그러나 이 커플에게는 공통점도 많았다. 메리도 링컨처럼 대단히 총명해서 어릴 적부터 학교에서 "가장 높은 점수"를 받아오곤 했다. 탁월한 기억력과 재치, 엄청난 지식욕을 타고난 그녀는 링컨과 마찬가지로 아주 긴 시를 암송할 수 있었고, 둘 다 로버트 번스를 좋아했으며, 독서에 열을 올렸다.

또한 정치가 집안에서 자란 그녀는 자연스럽게 정치에 매료되었다. 그녀는 렉싱턴의 우아한 벽돌집에서 아버지 로버트 토드가 열곤 했던 화려한 만찬을, 가장 행복한 어린 시절의 추억으로 꼽았다. 그녀의 아버지는 켄터키 주 하원과 상원의원을 지낸 골수파 휘그당원이었다. 이 모임에는 링컨의 우상이었던 헨리 클레이뿐 아니라 여러 의원들, 각료, 주지사, 장관들이 자주 참석했다. 그녀의 여동생에 따르면, 이들의 토론에 홀딱 빠진 메리는 "적극적인 꼬마 휘그당원"이 되었고 자신이 "영부인이 될 운명"이라고 확신했다고 한다.

링컨처럼 그녀도 당시의 정치 싸움에 대해 관심이 많았다. 1840년에 친한 친구에게 보낸 편지에서 그녀는 "나는 우리 휘그당원들처럼 네가 얼마 전에 있었던 윌리엄 헨리 해리슨의 당선을 기뻐했을 거라고 믿어. 이번 가을에 나는 숙녀답지 않기는 해도 확실한 정치가가 됐어."라고 말했다. 링컨 역시 똑같은 시기에, 이 오랜 영웅을 당선시키기 위한 위대한 대의에 적극적으로 참여했다.

시와 정치에 대한 사랑 외에도, 이 두 사람은 어린 나이에 어머니를 잃었다는 공통점이 있었다. 메리가 겨우 여섯 살이 되었을 때, 어머니 엘리자베스 파커 토드는 일곱 번째 아이를 낳다가 사망했다. 슬픔에 빠져 있던 메리는 아버지의 재혼으로 더욱 큰 상실감을 느꼈다. 엄격한 새어머니 엘리자베스 험프리스는 아홉 명의 아이를 더 낳았는데, 공공연하게 자기가 낳은 자식들을 편애했다. 메리는 새어머니가 집에 들어온 순간부터 자신의 어린 시절은 암울해졌다며, "그때부터 그녀의 유일한 진짜 집은 열네 살 때 보내졌던 기숙학교였다."고 탄식했다.

가족과의 불화는 메리에게 독특한 기질을 안겨주었다. 그녀는 더없이 밝고 낙천적이며 관대하게 굴다가도, 다음 순간 고집을 부리고 의기소침해져서는 짜증을 냈다. 친구들의 재미있는 표현에 따르면, 그녀는 언제나 "다락방 아니면 지하실"에 있었다. 그녀는 늘 관심을 받고 싶어 했는데, 감정표현에 서툴렀던 링컨은 그녀의 이러한 욕구를 채워주지 못했다.

이들의 연애가 지속되면서 처음에는 매력적으로 느껴졌던 면들이 서서히 갈등의 불씨가 되었다. 처음 링컨은 좌중을 모으는 메리의 엄청난 에너지에 끌렸지만, 나중에는 그 에너지가 귀찮고 강압적인 관심욕구를 반영한다고 단정했을 것이다. 메리는 링컨의 참을성과 성실함, 객관성을 우유부단과 무관심, 몰인정으로 생각하게 되었던 듯하다. 하지만 지금 확실하게 알 수 있는 것은 1840년 겨울, 결혼준비를 하던 중 둘의 관계가 틀어졌다는 사실 뿐이다.

오래전에 생존했던 남녀의 마음을 알아내기란 쉽지 않지만, 이 두 사람의 경우는 더욱 까다롭다. 두 사람 사이에 오간 친밀한 편지가 존재하지 않기 때문이다. 링컨이 메리와 사귀던 시절의 편지는 단 한 통도 남아 있지 않다. 때문에 링컨의 연애가 실제로 어떻게 진행되었는지를 되살리기는 쉽지 않다. 자료가 없기 때문에 온갖 소문과 추측만이 난무한다.

메리는 자신의 신분에 어울리는 사람과 결혼하기를 바라는 언니 부부의 반대로 파혼을 고려했던 듯하다. 언니 부부는 메리와 에이브러햄의 "성격과 지성, 교육 수준, 성장 환경 등이 너무나 달라서 행복하게 살 수 없을 것"이라 여겼다. 메리에겐 부유한 홀아비인 에드윈 웹이나 장래가 촉망되는 민주당 정치인 스티븐 더글러스, 머시 앤 르버링 등 다른 구혼자들이 많았다. 좋은 신랑감 후보들이 있었던 메리는 가족들의 걱정을 무릅쓰고 파혼에 대해 충분한 시간을 두고 고민하고자 했다.

링컨은 청혼 시기가 다가올수록 자신이 그녀를 얼마나 사랑하는지를 의심했던 듯하다. 조슈아 스피드는 "1940년과 1941년 사이의 겨울, 링컨은 메리와의 약혼을 후회했다."고 말했다. 스피드는 "링컨이 얼마나 고통스러워했는지 나만큼 잘 아는 사람은 없다. 그는 내게 진심을 털어놓았다."고 회상했다.

최근의 연구는 링컨이 스프링필드에서 겨울을 나기 위해 찾아온 니니언 에드워즈의 사촌 마틸다 에드워즈를 사랑했기 때문에 마음이 바뀌었다고 주장한다. 오빌 브라우닝은 링컨이 곤경에 빠져 '정신착란'을 일으켰다고 주장했다. 링컨이 마틸다에게 사랑을 고백했다는 증거는 없지만, 한 지인의 편지를 통해 이 복잡한 상황을 좀 더 자세히 살펴볼 수 있다. 스프링필드의 주민인 제인 벨은 "링컨은 메리와 약혼하기는 했지만, 에드워즈 양의 아름다움에 푹 빠져 있었고, 그녀의 곁을 떠나는 걸 견딜 수 없어했다."고 말했다. 그에 따르면 링컨의 친구들은 그의 경솔한 행동을 심하게 비난했다고 한다. 친구들은 그에게 "대단히 잘못된 분별력 없는 행동을 하고 있다."고 말했고, 그런 비난을 받은 링컨은 정신이 이상해졌다는 것이다.

그러나 어쩌면 링컨은 그저 결혼에 대한 불안감에서 벗어나기 위해 마틸다에게 집착한 것인지도 모른다. 엘리자베스 에드워즈에 따르면, 링컨은 자신이 가족을 잘 부양하고 아내를 행복하게 해줄 수 있을지 의심스러워했다고 한다. 그는 아내와 가족이 생기면 자신의 목표에 집중할 수 없을까봐 두려워했던 듯하다. 부유하고 화려한 생활에 익숙한 여자의 행복을 책임져야 한다는 것에 큰 부담을 느꼈고, 새로운 지식을 공부하면서 밤늦게까지 책을 읽지 못할까 우려했다.

당시에는 많은 이들이 결혼이 인생의 걸림돌이 될지 모른다고 두려했다. 게다가 19세기 중반에는 법률사무소를 개업해도 생활이 어려운 경우가 많았다. 법조계에서 성공하기 위해서는 밤낮 없는 노력이 필요했고, 이 때문에 많은 청년 변호사들이 결혼을 미루었다. 하버드 법과 대학 조지프 스토리의 말처럼, "질투심 많은 애인"인 법은 "길고 끝없는 구애를 요구"했던 것이다. 정치계는 이보다 더 심했다. 상황이 이러니, 법조계와 정치계 모두에서 성공하기 위해 노력하던 링컨에게, 결혼은 야망을 붙잡는 엄청난 덫으로 느껴졌을 것이다.

결국 링컨은 파혼하자는 내용의 편지를 쓴 다음, 이것을 메리에게 전해 달라고 스피드에게 부탁했다. 하지만 스피드는 직접 이야기하는 것이 좋겠다며 거절했다. "말을 글로 쓰면, 영원히 남게 되네. 자네에게 좋지 않을 걸세."

스피드에 따르면, 링컨은 메리를 만나서 그녀를 사랑하지 않는다고 말했다고 한다. 하지만 그녀가 울음을 터뜨리자 주눅이 들고 말았다. "스피드, 솔직히 말해 내겐 너무 버거운 일이었네. 눈물이 내 뺨을 타고 흐르더군. 나는 그녀를 안고 입을 맞추었네." 파혼은 잠시 미루어졌다. 그러나 링컨은 곧, 파혼하기 위해 그녀를 다시 만났다. 이 두 번째 만남은 그를 황폐하게 만들었다. 메리에게 상처를 주었고, "일단 결심을 하면 끝까지 밀어붙이고 마는 자신의 성품"을 고집했기 때문이었다.

우울증

이 혹독한 겨울, 링컨에게는 또 다른 슬픔이 몰아닥쳤다. 스피드가 몇 달 뒤 켄터키 주 루이스빌에 있는 가족의 농장으로 돌아가기로 결정했던 것이다.

스피드는 아버지가 돌아가시자 어머니를 책임져야겠다고 생각했다. 1841년 1월 1일, 그는 7년 동안 머물렀던 가게를 팔았다. 스피드가 떠나면 스프링필드의 젊은이들이 모여 정치 토론을 했던 즐거운 저녁시간도 사라질 것이었다. 교감을 나누며 속내를 털어놓았던 친구를 잃게 된 링컨은 슬픔을 감추지 못했다. 우울해진 링컨은 스피드에게 말했다. "자네가 없으면 몹시 외로울 걸세. 이 세상이 얼마나 슬퍼 보일런지."

메리와의 힘겨운 파혼과 일리노이 주에서 명성을 가져다줄 것이라고 기대했던 국내 개선 프로젝트의 좌절로 힘겨워하고 있던 차라, 스피드와의 이별이 더욱 고통스럽게 다가왔다. 링컨의 우울증은 갈수록 깊어졌다. 그는 주 의회에도 참석하지 않았고, 그토록 좋아했던 사교 활동도 하지 않았다. 친구들은 그가 자살하는 게 아닌가 걱정했다. 스피드는 "링컨은 미쳐가고 있었다. 그의 방에서 면도칼이나 부엌칼 등 위험한 물건들을 모두 치워야 했다. 너무나 무서웠다."라고 회고했다. 제임스 콘클링은 미래의 아내 머시 앤 르버링에게 편지를 보냈다. "불쌍한 링컨! 그는 무척 수척해졌다오. 말을 할 힘도 없는 것 같아요. 지금 그의 상태는 정말 심각하오."

링컨의 시대에는 이렇게 절망감과 무기력감, 죽음과 자살에 대한 생각이 한꺼번에 나타나면 그것을 '히포콘드리증', 즉 우울증이라고 불렀다. 당시엔 그 원인이 간과 쓸개, 비장을 포함하여 감정을 좌우하는 복부 부위인 히포콘드리에 있다고 여겼으며 간과 소화기관을 치료하면 낫는다고 생각했다.

1841년 1월 20일, 링컨은 "지난 며칠 동안 내가 히포콘드리증 환자처럼 아주 망신스러운 짓을 저질렀네."라고 법률사무소 동업자이자 친구인 존 스튜어트에게 고백했다. 3일 후, 링컨은 다시 스튜어트에게 편지를 보냈다. "나는 지금 가장 불행한 사람이라네. 내가 회복하지 못할 것 같다는 불길한 예감이 들어. 그러나 지금 이 상태로 계속 살 순 없네. 죽거나 아니면 회복되어야만 하네."

링컨은 치료를 받으면 슬픔이 누그러들지도 모른다는 희망을 품고, 서부에서 가장 유명한 의사인 신시내티 의과 대학의 대니얼 드레이크에게 상담을 받고자 했다. 그는 편지에 자신의 상태를 자세히 묘사하고 조언을 부탁했다. 하지만 의사에게서는 직접 만나지 않고는 진단을 할 수 없다는 대답만 돌아왔다.

링컨이 절망의 진창길을 헤매고 있을 때, 스피드는 말없이 친구의 곁을 지켰다. 스피드는 링컨에게 기운을 회복하지 않으면 틀림없이 죽을 거라고 경고했다. 링컨은 자신이 이 세상에 살아 있었다고 기억될 만한 일, 시대가 요구하는 위대한 일, 그래서 사람들에게 깊은 인상을 줄만한 일을 아직 하지 못했기 때문에 살고 싶다고 대답했다. 그가 처음 변호사 사무소를 열었을 때부터 키워왔던 이 야망은 링컨이 정치 활동을 하는 내내 그의 길잡이가 되었고, 인생의 힘겨운 순간을 지날 때마다 그가 쓰러지는 것을 막아주었다.

링컨은 역사에 이름을 남기고 싶다는 욕망 덕분에 굴복하는 법 없이 계속 전진할 수 있었다. 그는 고대 그리스인들처럼, "인간의 가치는 현재와 미래의 사람들이 그를 어떻게 인식하느냐에 따라 다르게 평가된다."고 믿는 듯했다. 천국을 믿지 않았던 그는, 인간은 다른 사람들의 기억 속에 살아남는다는 확신에서 위안을 얻었다. 실제로 어린 시절 살던 집에 방문했을 때 쓴 시에서 링컨은 기억의 중요성을 강조하면서 "지상과 천국 사이에 있는 / 그대 중간 세계여"라고 묘사하기도 했다.

링컨은 굳은 의지로 절망을 헤치고 나와 서서히 회복의 길로 접어들었다. 그는 다시 변호사 일과 주 의회 업무를 시작했고, 휘그당을 위한 일도 재개했다. 1841년 여름에는 켄터키 주에 있는 스피드의 집에 한 달 동안 머물면서 전처럼 즐거운 대화를 하며 우정을 나누기도 했다. 다음해 2월, 그는 스프링필드의 금주 모임에서 감동적인 연설을 했다. 이 연설에서 링컨은 자신의 역량을 십분 발휘해 찬사를 받았고, 훌륭한 리더십을 보여주었다. 그는 금주 지지자들에게, 계속해서 술장수와 술꾼들에게 저주와 비난을 퍼붓는다고 해도 아무런 효과도 없을 것이라면서, 식초보다는 꿀로 더 많은 파리를 잡을 수 있다는 옛말을 따르는 것이 낫다고 충고했다.

금주 연설을 했던 바로 그달, 링컨은 스피드에게 "히포콘드리증이 없어졌고 가을보다 훨씬 나아졌다."고 전했다. 하지만 여전히 메리와는 거리를 두고 지냈다. 링컨의 감정상태로 인해, 그를 전혀 만날 기회가 없었던 그 몇 달 동안 메리는 그를 몹시 그리워했다. 그녀는 친구에게 보낸 편지에서, 링컨을 만나지 못해 너무나 외롭다고 말했다.

그녀는 느닷없이 친구 머시의 옛 애인인 라이먼 트럼벌과 사귈 생각을 했다. 그는 당시 일리노이 국무장관으로 민주당원이었다. 그녀는 머시에게 "그는 능력 있고 상냥한데다 내게 호의적이야."라고 말했다. 하지만 사실은 링컨과의 관계 회복 가능성이 남아 있는 한, 다른 사람을 만날 생각은 추호도 없었다. 그리고 마침내 그녀의 인내심이 보답받을 때가 다가왔다. 메리와 에이브러햄의 친구들이 1842년 여름, 거의 1년 반 동안 서로 연락하지 않고 지냈던 두 사람을 다시 맺어주기로 작심한 것이다.

그 즈음 링컨은, 사랑으로 고통스러워하는 스피드에게 현명한 조언을 해주었다. 조언을 하는 동안 그는 자신이 저지른 "최악의 허튼짓"을 인식했다. 스피드는 페니 헤닝과 사랑에 빠져 약혼한 후, 결혼에 대한 회의감에 시달리고 있었다. 이 사실을 알게 된 링컨은 스피드에게 "자넨 그녀를 진심으로 사랑하고 있다."고 열심히 말하면서, 사랑에 대한 비현실적 기대감이 문제라고 지적했다. "언제나 보통 사람은 접근할 수 없는 이상향을 꿈꾼다는 건, 자네와 나 모두의 불행일세." 링컨은 좀 더 일찍 자신의 연애 문제에 대해 이해했더라면 "순조로운 항해를 했을 것"이라고 생각했다.

결혼에 대한 의구심이 사라지기 시작하자, 링컨은 마지막 확신을 얻고자 신혼이었던 스피드를 찾았다. "감성적으로나 이성적으로 결혼해서 행복한가? 내가 아닌 다른 사람이 이렇게 묻는다면 정말 무례한 일이겠지. 하지만 자넨 이해해주리라 생각하네. 제발 빨리 대답해주게. 못 견디게 알고 싶으니까." 링컨은 제일 친한 친구가 결혼이라는 시련을 견뎌냈으며 사실은 대단히 행복해하고 있다는 소식을 듣고는, 다시 메리와 결혼할 용기가 생겼다.

1842년 11월 4일 밤, 에이브러햄 링컨과 메리 토드는 에드워즈 저택 거실에 모인 몇몇 친구와 친척들 앞에서 결혼서약을 했다. 링컨은 일주일 후 친구에게 보낸 편지에서 이렇게 말했다. "이곳에 별 일은 없네. 내가 결혼했다는 사실을 빼고는 말일세. 결혼은 내게 너무나 놀라운 일이지." 결혼식을 올린 지 꼭 3일 모자란 아홉 달 후, 아들 로버트가 태어났다. 그리고 3년 후에는 두 번째 아들 에드워드를 보았다.

타고난 우수

힘들었던 그 겨울을 돌이켜보면, 링컨이 우울증을 앓았다는 데에는 의심의 여지가 없다. 전기 작가들은 링컨이 우울증에 걸린 이유를 설명하기 위해 메리와 스피드를 한꺼번에 잃었던 상황에만 눈을 돌릴 뿐, 그를 오랫동안 지탱해주었던 정치의 꿈이 좌절된 후 그가 받았을 충격에는 별 관심을 기울이지 않았다. 앤 러틀리지가 사망한 후의 지독한 절망도 감당한 그였지만, 이번에는 명예 손상과 좌절된 야망이 더욱 짙은 그늘을 드리웠던 것이다.

링컨은 늘 자신의 뛰어난 능력과 지성을 발휘하지 못하거나 동료들에게서 인정받지 못할까봐 두려워했다. 높은 야망과 현실의 괴리가 너무 크다고 느껴질 때마다 그는 엄청난 슬픔에 빠져들었다. 그는 자신의 감정을 좋아하는 시를 통해 표현하는 것에 익숙했다. 링컨은 짧은 자서전에서 어린 시절의 가난을 이야기하며 그레이의 〈비가〉를 인용했다. 시인은 엄청난 재능을 타고났으나 그 능력을 발휘하지 못한 채 죽은 젊은이에 대해 노래했다.

"여기 대지의 무릎에 그가 머리를 누인다. / 행운이나 명예와는 거리가 멀었던 젊은이가 / 유망한 학문은 그의 비천한 출생에 눈살 찌푸리지 않았고 / 우울증은 그에게 자신의 흔적을 남겼도다."

링컨의 인생은 그 같은 운명에서 벗어나기 위한 투쟁의 연속이었다. 하지만 1940년과 1941년 사이의 그 힘겨웠던 겨울, 그는 그 기나긴 투쟁이 허사가 되었다고 느꼈을 것이다.

일부 링컨 연구자들은 그가 만성적 우울증을 앓았다고 주장한다. 링컨은 분명 우수에 젖은 사람이었다. "링컨이 걸어갈 때면 그의 몸에서 우수가 뚝뚝 떨어졌다."고 윌리엄 헌돈은 말했다. 헨리 휘트니는 이렇게 회고했다. "우울증은 그의 본성이었고, 그가 머리를 잘라낼 수 없는 것처럼 우울증을 털어낼 수 없었다." 링컨은 어릴 적 아무도 없는 곳에서 책을 읽었다. 유클리드 기하학이든 독립선언서의 의미든, 그 어떤 문제든 혼자서 풀곤 했다. 혼자서 문제를 다 푼 후에야 그 결과를 사람들에게 이야기했다. 사람들은 이렇게 외로운 세계로 숨어드는 링컨의 습관을 우수의 증거라고 생각했다.

우울증과 달리, 우수에 젖는 데에는 특별한 원인이 없다. 그건 기질적 문제이다. 링컨처럼 히포콘드리증에서 회복되는 사람은 있을 수 있지만, 타고난 우수를 지울 수 있는 사람은 없다. 링컨은 이 사실을 알고 있었다. 그는 조슈아의 누이 메리에게 말했다. "우수에 젖는 성향은 결함이 아니라 불행입니다."

소설가 토머스 핀천은 이렇게 적었다. "우수는 단순한 우울증보다 훨씬 풍부하고 복잡한 감정의 자양물이다. 때문에 우수는 생산적인 행동이나 심지어 유머 감각 등에서까지 뛰어난 재능을 발휘하게 한다." 그리고 링컨을 아는 모든 사람들이 한결같이 이야기하듯, 그는 대단히 재미있는 이야기꾼이었다. 헨리 휘트니는 "그는 재미있는 이야기를 할 때면, 잠에서 깨어난 사람처럼 어둠의 동굴에서 나왔다가, 이내 다시 원래 살던 세계로 돌아갔다."며 놀라워했다. "이야기는 그에게 매우 중요한 활동이었다. 사람들은 휴식 시간에 술을 마시거나 카드놀이를 했지만 그는 그런 류의 오락을 즐기지 않았다. 그는 이야기에서 휴식을 구했다."라고 스피드는 말했다. 링컨도 재미있는 이야기가 자신을 위해 꼭 필요한 요소라는 사실을 알고 있었다. 그는 재미있는 이야기 속에서 터져나오는 웃음 덕에 눈물을 흘리지 않을 수 있었다고 말했다. 그의 이야기는 '슬픔을 몰아내기 위한' 것이었다.

현대 정신의학은 유머가 우울증을 극복하는 가장 성숙하고 건강한 수단이라고 말한다. "희망처럼 유머는 견디기 힘든 일을 감당할 수 있게 한다." 하버드 대학 정신과 교수인 조지 밸리언트는 말했다. 또 다른 사람은 이렇게 주장했다. "유머는 놀라울 만큼 치료에 도움이 된다. 아무것도 파괴하지 않고 우울한 기분을 없앨 수 있는 것이다. 유머는 재미있게 가르침을 주고, 자칫 거칠어질 수 있는 감정을 매끄럽게 분출시킨다."

링컨의 우울증은 그의 예민한 감수성에서 비롯되었다. 그는 대단히 인정이 많았다. 한번은 가던 길을 멈추고 반 마일이나 말머리를 돌려 수렁에 빠진 돼지를 구해주었다. "그건 링컨이 돼지를 사랑해서가 아니라 마음속의 고통을 없애기 위해서였다."고 한 친구는 회고했다. 학교 친구들이 거북이 등에 뜨거운 석탄을 올려놓고 괴롭히자, 링컨은 "그건 나쁜 짓"이라며 아이들을 말렸다. 그는 변경의 관습과 달리 동물을 사냥하지 않았다. 그는 메리와 헤어진 후 자신을 불행하게 하는 것은 자신이 메리를 고통스럽게 했다는 '지울 수 없는' 생각뿐이라고 했다.

링컨이 다른 사람에게 상처를 주기 싫어하는 것은 단순한 동정심 때문이 아니었다. 그는 엄청난 감정이입 능력을 갖고 있었다. 그것은 상대방의 감정을 자신의 것처럼 경험하고, 그를 통해 사람들의 동기와 욕망을 이해하는 타고난 재주 혹은 저주였다. 철학자 애덤 스미스는 이 능력이 "타인의 불행에 공감하게 되는 원인"이라면서, "상상 속에서 고통받는 사람과 입장을 바꿈으로써 우리는 그의 감정을 이해하거나 영향을 받는다."고 말했다. 잔인함과 불의가 가득한 세상에서, 남다른 감정이입 능력은 고통의 원인이 될 수밖에 없었다.

그러나 감정이입이 링컨을 괴롭히기만 했던 것은 아니다. 정치 활동을 할 때 이 능력은 엄청난 자산이 되기도 했다. "그가 탁월한 정치적 판단을 할 수 있었던 것은 그의 공감 능력 덕분이었다. 그는 정적이 어떻게 행동할 것인지 무서울 정도로 정확하게 예측할 수 있었다.”고 링컨의 비서였던 존 니콜라이는 주장했다. 다른 사람의 의중을 직관적으로 파악하는 그의 탁월한 능력은 정치계에서도 확연히 두드러졌다.

힘겹지만 행복한 가정생활

결혼이 자신의 야망에 걸림돌이 될지도 모른다는 링컨의 두려움은 근거가 없는 것이었다. 그와 메리는 8번 가와 잭슨 가 모퉁이에 있는 안락한 목조 주택에 정착했다. 변호사 사무소까지 걸어다닐 만한 거리에 있는 집이었다. 그는 처음으로 가족의 따뜻함과 안정감을 느꼈다. 독서와 공부, 순회재판 여행, 정치 활동도 게을리 하지 않았다. 가끔은 문제가 벌어지기도 했지만, 가정은 링컨이 마음 편히 드나들 수 있는 안전한 은신처가 되었다.

　결혼생활에 적응하기 힘들어했던 쪽은 오히려 메리였다. 남부의 대저택에서 노예들의 시중을 받으며 자란 그녀는 요리를 하거나, 마룻바닥을 닦거나, 장작을 패거나, 우물에서 물을 길어본 적이 없었다. 게다가 스프링필드의 호화저택에서 언니와 살 때는 돈 걱정을 해본 적도 없었다. 그러나 이제 그녀는 링컨이 주는 얼마 안 되는 생활비로 집안을 꾸리느라 엄청난 일들을 해야 했다. 링컨이 시장보기나 설거지를 도와주었고 아이를 돌볼 하녀도 있었지만, 대부분의 힘든 집안일은 메리의 몫이었다.

　문제는 상대적 가난뿐만이 아니었다. 이 부부는 부모, 친지들과 어느 정도 거리를 두고 생활했다. 현대의 ‘핵가족’에 가까운 가정생활이었다. 때문에 링컨이 집을 비울 때면, 메리는 홀로 남아 천둥번개를 무서워했고, 혼자서 병든 아이들을 돌보았으며, 외로움에 시달렸다. 자존심이 무척 강했던 메리는 이 결혼을 반대했던 다른 자매들에게 자신의 어려움을 알리지 않고 모든 것을 혼자 감수하며 당당하게 버텼다.

그러나 힘겨워 보이기만 하는 이 가정에도 행복은 엄연히 존재했다. 두 아들의 탄생이 이 가정에 엄청난 활기를 불어넣었던 것이다. 결혼 후 첫 40달 동안 이들 부부는 더없이 큰 행복에 둘러싸여 있었다. 씩씩하고 똑똑했던 두 아들은 부모의 극진한 사랑을 받았다.

링컨은 누구의 말을 들어보아도 다정하고 관대한 아버지였다. 주기적으로 아들들과 함께 산책을 나갔고, 집에 있을 때는 언제나 아이들과 놀아주었으며 아이들을 데리고 변호사 사무소에 가서 일하기도 했다. 헌돈은 링컨이 지나치게 관대해서 아이들이 막무가내로 조르는 일도 다 들어준다고 걱정했지만, 링컨은 아이들을 규칙이나 제약 없이 길러야 한다고 주장했다. 링컨은 메리에게 이렇게 말하곤 했다. "내 아이들이 부모의 횡포에 위축되지 않고 자유롭고 행복하게 지내는 모습을 보니 너무 기쁘오. 사랑은 아이와 부모를 엮어주는 사슬이오."

되살아나는 야망

일리노이 주가 불황에서 벗어나기 시작하자, 정치에 대한 링컨의 야망도 되살아났다. 그는 신혼생활이 석 달째로 접어들 무렵, 한 친구에게 편지를 보냈다. "링컨이 의회에 갈 생각이 없다고 누가 그러거든, 잘못 생각하는 거라고 말해주게." 그의 목표는 생가먼 카운티를 포함한 제7연방국회 선거구였다. 일리노이 주의 다른 선거구는 민주당이 대세였지만, 그곳만큼은 휘그당 세력이 강했다.

이를 위해 링컨이 첫 번째로 한 일은 생가먼 카운티 당 대회에서 추천을 받는 것이었다. 그렇게 되면 연방의회 선거구 당 대회에 파견할 위원단을 지목할 수 있었다. 휘그당은 이제 막 총선거에서 당원들을 통합하기 위한 당 대회 체제를 구축하고 있었다. 링컨은 새로운 당 대회 체제를 지지하면서 "단결이 힘이라는 말은 진리입니다. 그 어느 철학자보다 더 지혜로웠던 분께서도,

한 집안이 갈라져서 싸우면 망하는 법이라고 말씀하셨습니다."라고 말했다. 오랜 후 그는 전 국민 앞에서도 이 성경 구절을 인용했다.

생가먼 카운티에서 링컨의 경쟁자는 에드워드 베이커였다. 그는 링컨이 둘째 아들의 이름을 지을 때 그의 이름을 따서 붙일 만큼 절친한 친구였다. 링컨은 선전했지만 아슬아슬한 표차로 떨어졌다. 이후 베이커에 의해 파견 위원으로 선출된 링컨은 "애인을 가로채이고는 자기 여자와 결혼하는 친구의 들러리를 서주는 사람 같은 기분이구먼."이라며 한탄했다. 그는 베이커가 선출되는 것을 반대할 생각은 없었지만, 자신이 다른 지역에서 지목될지도 모른다고 생각하며 미련을 버리지 못했다.

하지만 페킨에서 열린 선거구 당 대회에서는 링컨도, 베이커도 아닌 젊은 변호사 존 하딘이 지목되었다. 이 당 대회에서, 링컨은 베이커가 미 의회의 차기 후보가 되도록 하는 결의안을 성공적으로 통과시키면서, 나중에 자신에게도 차례가 돌아오도록 순번제 개념을 확립시키고자 했다. 2년 후 베이커가 선출되고 그의 임기가 끝났을 때 존 하딘은 다시 출마할 뜻을 비치면서 링컨에게 양보하려 하지 않았다. 그러자 링컨은 휘그당 신문이 하딘을 지지하는 것을 저지하고, 친구들에게 중립적인 입장에 있는 사람들을 자기편으로 만들어 달라고 요청했다. 그는 모든 선거구의 영향력 있는 휘그당원들에게 편지를 보냈다.

링컨은 선거 운동 내내 일관되게 주장했다. 하딘과 베이커는 이미 의회에서 여러 번 임기를 지냈으니 이번엔 자기 차례라는 것이었다. 그는 지지자들에게 말했다. "하딘은 유능하고 정력적이며 늘 관대한 사람입니다. 전에도 이렇게 말씀드렸고 지금도 부정하지 않습니다. 저는 그저 '순번제가 공정한 행동'이라고 주장하고 싶을 뿐입니다." 그는 하딘에게 보내는 장문의 편지에서 "만약 제가 지금까지 당에 도움이 되지 못했고, 당에 도움이 될 능력이 당신보다 부족하다면, 이미 당신 차례는 지나갔지만 제가 지목받는 것을 수치로 여기겠습니다."라고 말했다. 완전히 허를 찔린 하딘은 경쟁에서 물러났다. 그러자 링컨이 지목되었고, 순조롭게 의회에 입성하게 되었다. 당시 의회는 앞으로 10년 동안 중요한 사안이 될 노예제 확대 문제에 대한 논쟁을 준비하고 있었다.

체이스의 노예제 반대 운동

새먼 체이스는 세 라이벌과는 다른 경로로 권력에 다가섰다. 그는 오랫동안 정치와는 거리를 두고 지냈다. 그는 친구에게 "난 정치가가 아닐세. 정당 싸움에 환멸을 느끼고, 양 당이 목적을 얻기 위해 동원하는 수단을 보기가 싫다네."라고 말했다.

그런데 1836년 체이스를 정계로 끌어들이는 사건들이 잇달아 일어났다. 오하이오 주의 노예제 폐지론자인 제임스 G. 버니가 신시내티에서 노예제 반대 주간지인 〈박애주의자〉를 출간했을 때였다. 이 주간지의 발행은 신시내티의 유력한 상인과 은행가들을 대경실색하게 했다. 그들 대부분이 남부 농장과 밀접한 관계를 맺고 있었기 때문이다. 오하이오 주의 경제는 인접한 켄터키 주 노예소유주들과의 무역에 의존하고 있었다. 〈박애주의자〉의 판매가 시작되자마자, 많은 상인들이 포함된 백인 집단은 버니의 잡지 판매를 중단시키려 온갖 방법을 동원했다. 압력과 회유가 통하지 않자 이들은 폭력까지 동원했다.

1836년 무더운 여름밤, 〈박애주의자〉를 인쇄하던 가게에 폭도가 침입해서 인쇄기를 부수고 배포하려고 쌓아둔 잡지를 파기하는 사건이 벌어졌다. 그러나 버니는 이에 굴하지 않고 계속해서 잡지를 발행했다. 그러자 2주 후 폭도가 다시 사무실에 침입했다. 이들은 책상과 각종 집기를 부숴 창밖으로 내던지고는 군중의 갈채를 받으며 인쇄기를 떨어뜨렸다. 시장도 흡족한 눈으로 이 광경을 바라보았다. 사람들은 경찰이 의도적으로 자리를 비운 사이에 인쇄기를 강으로 끌고 갔다. 이들은 인쇄기가 강물 속으로 가라앉는 것을 지켜보며, 버니에게 엄벌을 가해야 한다고 소리쳤다.

노예제 반대 문제에 대해 아직 공식적인 입장을 취하지 않고 있던 체이스는, 폭도의 폭력에 소스라치게 놀랐다. 폭도가 이번에는 버니가 머물고 있던 프랭클린 하우스를 습격하려고 했다. 이 소식을 전해들은 체이스는 버니에게 이를 경고해주기 위해 호텔로 달려갔다. 폭도가 몰려오자, 다급해진 체이스는 몸으로 호텔 입구를 막았다. 188센티미터의 키에 어깨와 가슴이 떡 벌어진 체이스는 폭도를 잠시 멈춰 세울 수 있었다. 군중은 누구냐고 물었다. "새먼 체이스입니다." 젊은 변호사는 대답했다. 폭도 중 한 사람이 말했다. "지금 이 행동에 대한 대가를 치를 거요." 체이스는 물러서지 않았다. "원한다면 언제든 나를 찾을 수 있을 겁니다."그의 전기 작가는 "그의 목소리와 위엄 있는 풍채는 단번에 성난 폭도를 진정시켰다."고 말했다. 폭도는 돌아갈 수밖에 없었다.

이 극적인 사건은 체이스에게 깊은 영향을 주었다. 노예제 폐지론자 단체의 영웅이 된 그는 미래를 다른 시각으로 바라보기 시작했다. 그 후 몇 년 동안 그는 노예제 반대 운동과 그 조직을 보호하는 지도자가 되었다. 사학자 앨버트 하트는 노예제 폐지 운동에 관한 한, "체이스보다 더 큰 용기와 결단력을 보여준 사람은 없었다."고 주장했다. 노예제 폐지 운동에 대한 그의 열정은 그리 놀라운 일이 아니었다. 그는 노예해방과 인종 간의 평등을 찬성하는 종교적 주장에 따르고 있었던 것이다.

하지만 시간이 가면서 체이스는 이 운동을 자신의 야망 실현과 결부시켰다. 체이스는 정치적 야망을 위해 내린 계산적인 결정을, 노예제 폐지 운동의 확산을 위한 것이라며 정당화시켰다. 사학자 스티븐 매즐리쉬는 "체이스는 이 도덕적 행동에 전념함으로써, 출세하고자 하는 야망과 종교적 신념을 결합시킬 수 있었다. 그는 '명예의 전당'에 들어갈 수 있었고, 그 자리를 차지하는 데 죄책감을 느낄 필요가 없었다."

버니를 응징하려는 폭도를 돌려보낸 지 1년이 지난 1837년, 체이스는 다시 한번 노예제를 반대하는 이 편집자를 도와주었다. 그가 피부색이 밝은 젊은 노예 마틸다를 변호하게 된 것이다. 그녀는 주인이자 친아버지인 미주리 주 농장주의 손에 이끌려 오하이오 주에 오게 되었다. 오하이오에 머무르면서 자유롭게 생활하는 흑인들을 목격한 그녀는, 아버지에게 자유를 달라고 부탁했다. 아버지는 거절했다. 그러자 그녀는 아버지가 미주리로 돌아갈 때까지 신시내티의 흑인 사회에 피신해 있기로 결심했다. 도망친 그녀는 한동안 버니의 집에 고용되어 안전하게 지냈다. 그러나 결국 노예 사냥꾼에게 발각되고 말았다. 그녀는 1793년 의회가 통과시킨 '도망 노예법'에 따라 미주리로 돌려보내질 운명에 처했다. 이 법은 다른 주로 도망친 노예는 원래 주인에게 이송되어야 한다는 헌법 조항을 강제하고 있었다.

체이스는 마틸다가 아버지를 따라 오하이오에서 왔기 때문에 미주리에서 도망친 것이 아니라고 설득력 있게 주장할 수도 있었다. 하지만 그는 '자유주인 오하이오에 도망 노예법을 적용할 수 있는가'라는 근본적인 문제를 공격을 하기로 했다. 그는 마틸다가 오하이오에 들어서자마자 1787년 북서부령에 따라 법적으로 자유인의 권리를 획득했다고 주장했다. 이 법령은 오하이오와 인디애나, 일리노이, 미시간 주가 점유한 북서부 지역에 노예제 도입을 금지하고 있었다. 기존의 노예주에만 노예제도를 국한시키고 더 이상의 확대는 금지해야 한다고 규정한 이 법령은, 이후 에이브러햄 링컨을 포함한 많은 노예제 폐지론자에게 건국의 아버지들이 작성한 독립선언서처럼 성스러운 조항이 되었다.

체이스는 주장했다. "이주 법령에 따라 모든 정착민들은 이 협약의 당사자가 되었고, 영원히 그 조항의 혜택을 누릴 권리가 있다. 이 조항은 오하이오 사람의 타고난 권리다. 미국 자유의 참된 원리는 바로 그 땅에 각인되어 있으며, 바로 그 공기에 스며들어 있다. 노예제는 확실한 법의 기반 위에서만 존재할 수 있으며, 노예제를 인정한 주의 영역을 넘어서면 그 효력을 상실한다."

예상대로 보수적인 판사는 체이스에게 불리한 판결을 내렸다. 다음날, 마틸다는 남부로 끌려가 다시 노예가 되었다. 이러한 결과에도 불구하고 노예제 폐지 단체들은 체이스가 제기한 철학적·법적 주장을 대단히 중요하게 여겨, 이를 소책자에 담아 전국에 배포했다. 이 소책자가 출판되자마자 체이스의 주장은 북부 지식인 사회에서 큰 환영을 받았다. 그는 역사와 법 위에 자신의 주장을 확고하게 세움으로써 개리슨주의자들의 전략과는 다른 노예제 폐지 방법을 세상에 제시했다. 개리슨은 노예제를 인정하는 헌법을 '죽음과의 계약, 지옥과의 협정'으로 여겼다. 개리슨주의자들이 노예제 폐지를 위해 강력한 도덕 개혁 운동을 펼쳤던 반면, 체이스는 정부나 의회를 통해 노예제를 폐지할 수 있다고 여겼기 때문에 정치적 활동을 중요시했다.

체이스는 공직에 진출해야겠다고 생각했다. 그는 정당 정치에는 적극적이지 않았지만, 휘그당에서 주 상원의원으로 공천되고자 했다. 그러나 실망스럽게도 노예제 폐지론자라는 이유로 거절당했다. 3년 후, 그는 다시 휘그당에서 신시내티 시 의회에 공천받고자 했다. 이번에는 공직을 얻는 데 성공했지만, 재선에는 실패했다. 금주에 대한 그의 입장이 문제였다. 그는 주류 판매 허가증을 거부하는 입장을 취했고 이 때문에 많은 표를 받지 못했다.

정치계를 살펴보던 체이스는 민주당이나 휘그당원으로선 미래를 내다볼 수 없겠다고 판단했다. "두 당은 '노예제라는 중대한 문제'에 대해 남부의 의견을 따르고 있었다."고 그는 기록했다. 1841년 그는 갓 창당된 자유당에 합류했다. 자유당은 미국의 노예제 반대 단체를 이끌기 위해 뉴욕에 온 제임스 버니를 대통령 후보로 공천한 바 있었다.

1840년대 체이스는 자유당을 좀더 온건한 이미지로 만들어 더 많은 지지를 이끌어내고자 노력했다. 체이스는 버니의 뒤를 이어 〈박애주의자〉를 출판하던 눈치 빠른 개메일리얼 베일리와 긴밀하게 협조했다. 그러면서 오하이오주 자유당에게 "노예제가 존재하는 주에게 간섭하려는" 의도를 명백히 부정하라고 설득했다. 마침내 링컨과 베이츠, 수많은 진보적 휘그당원과 의견이 일치한 자유당원들은 노예제가 "헌법적 근거 없이" 존재하는 지역들에만 노예제 반대 투쟁을 집중하겠다고 맹세했다.

그와 동시에 체이스는 당원들에게 "행정 업무를 하찮게 여겼던" 급진적 성향의 버니보다 더 많은 표를 얻을 수 있는 후보를 찾아보라고 권했다. 체이스는 1842년 오하이오 주 서부 보류지(1780년대에 미국 동부 여러 주가 서부의 토지에 대한 청구권을 포기한 후에도 코네티컷 주가 끝까지 포기하지 않고 보류했던 오하이오 북동부의 토지) 출신의 노예제 폐지론자인 의원 조슈아 기딩스에게 보내는 편지에서, 존 퀸시 애덤스나 윌리엄 헨리 슈어드가 "공천을 수락한다면 당에 엄청난 힘이 될 것"이라고 주장했다.

체이스는 슈어드를 만난 적은 없었지만, 이들은 흥미로운 편지를 주고받으며 허심탄회하게 논쟁했다. 슈어드는 남부에 탄탄한 지지층을 가진 민주당은 언제까지나 노예제를 지지하는 당이겠지만, 휘그당은 "노예 문제에 대한 국민들의 관심과 진보적 흐름"에 따라 노예제 폐지를 옹호하게 될 것이라고 말했다. 그리고 자신이 최근 휘그당의 "노예제에 대한 미온적 태도"에 실망하긴 했지만, 당에 머물 수밖에 없으며 앞으로 좀더 지위가 높아지리라 기대한다고 전했다. 그는 자신이 너무나 많은 빚을 지고 있는 당과 친구를 버린다면, 그것은 어리석은 일일 뿐 아니라 죄악일 것이라고 편지에 적었다.

체이스는 '한 가지 일에만 몰두하는' 당으로 남는 한, 자유당이 다수의 지지를 받지 못하리라는 사실을 분명하게 알고 있었다. 그는 원칙을 고수하는 노예제 폐지론자들의 반발을 감수하고서라도, 자유당을 좀 더 폭넓은 계층의 지지를 받는 다수당으로 만들고자 했다. 오하이오의 친구들은 자유당을 키우기 위해 정력을 쏟아 붓는 그를 걱정스럽게 바라보았지만, 이러한 활동은 그에게, 휘그당에 있을 때보다 더 큰 성공의 기회를 주었다.

이후 몇 년 동안, 신시내티 법정에서는 수많은 도망 노예 사건들이 다루어졌다. 노예주인 켄터키와 접해 있으면서 어느 정도는 자유 지역이었던 신시내티가 노예들이 도망쳐오기 좋은 곳이었기 때문이다. 체이스는 많은 도망 노예 사건을 자청해서 변론했다. 그는 확고한 주장과 유창한 언변으로 큰 명성을 얻었다. 사람들은 그에게 '흑인을 위한 법무장관'이라는 명예로운 별명을 붙여주었다.

체이스는 자유주에 살기 위해 켄터키 주에서 오하이오 주로 이사했던 늙은 농장주 존 밴 잔트를 변호했다. 이 사건은 훗날 해리엇 비처 스토의 《톰 아저씨의 오두막》의 선량한 존 밴 트롬프를 탄생시켰다.

1842년 4월의 어느 날 밤, 밴 잔트는 신시내티 시장에서 북쪽으로 20마일 거리에 있는 집으로 돌아가고 있었다. 가던 도중 그는 켄터키에서 강을 건너온 노예들을 만났다. 체이스의 말을 빌면 그는 선량한 동정심으로 그 노예들에게 레바논이나 스프링필드에 데려다주겠다고 약속했다고 한다. 그런데 도중에 일행은 두 노예 사냥꾼과 마주쳤다. 그들은 노예들을 붙잡아 켄터키의 주인에게 돌려보냈고, 그 대가로 450달러의 보상금을 받았다. 그 후 노예 주인은 밴 잔트가 도망 노예법을 어기고 노예들을 은닉했다며 소송을 제기했다.

체이스는 유죄 판결을 받을 경우 엄청난 벌금을 물게 될 늙은 농장주를 위해 변호를 자청했다. 밴 잔트에 대한 체이스의 변론은 마틸다 사건 때보다 더욱 훌륭했다. 그는 변론에서 도망 노예법의 합법성에 정면으로 도전하며, 그 법이 정당한 근거 없이 도망 노예에게서 생명과 자유를 빼앗아간다고 주장했다. 그는 "헌법 하에 미합중국의 모든 주민은 예외 없이 인간이다. 자유롭지 못하고 주인의 부림을 당할 수는 있지만 그래도 여전히 인간이다."라고 말하면서 그렇기 때문에 노예도 헌법과 독립선언서가 보장한 모든 권리를 갖고 있다고 단언했다. "노예란 무엇입니까? 노예는 법률상 정당하다고 인정받은 폭력에 의해, 재산으로 소유된 사람입니다. 노예가 노예주의 관할지역에서 벗어난 그 순간, 그는 더 이상 노예가 아닙니다. 그것은 그 노예가 들어간 주의 법이 그에게 자유를 주었기 때문이 아니라, 그를 노예로 만들었던 폭력적인 법을 벗어났기 때문입니다." 체이스는 노예제를 국가의 법령이 아닌 '주(州) 법의 산물'이라고 말했다. 그리고 북서부령이 법으로 인정된 해인 1787

년 이후에 형성된 모든 노예주는 헌법과 건국 아버지들의 희망을 좌절시키고 있다고 주장했다.

대부분의 방청객들이 예상한 것처럼, 신시내티 법원은 체이스의 주장을 받아들이지 않았다. 밴 잔트는 유죄 판결을 받았다. 당시 신시내티 주민이었던 해리엇 비처 스토에 의하면, 체이스가 법정을 나설 때, 판사 중 한 명은 노예제 폐지론자들의 낮은 인기를 조롱하며, "저기 오늘 몰락한 젊은이가 간다."라고 말했다고 한다.

하지만 밴 잔트 사건은 체이스의 장래를 망치기는커녕, 그를 더욱 유명하게 만들었다. 미국 연방대법원에 상소한 그는 공동변호사로 슈어드의 도움을 받았다. 이 사건은 천천히 진행되었고, 덕분에 두 사람에겐 변론을 작성할 시간이 충분했다. 체이스는 헌법에 입각한 원칙적인 변론을 맡았고, 슈어드는 기술적인 변론을 다루었다. 체이스가 작성한 헌법적인 변론은 노예제 폐지를 주장하는 공화당 정책의 기둥이 되었다.

체이스는 '불쌍하고 늙은 밴 잔트'가 그에게 부과된 벌금을 물고 나면 다시는 회생할 수 없으리라고 생각했다. 하지만 그는 "불쌍하고 나이 든 내 의뢰인이 희생된다 해도, 인류의 고고한 운동은 승리할 것이다."라고 말했다. 그는 변론 내용이 담긴 소책자를 널리 배포했고, 그 책자가 일으킨 긍정적인 반응에 기뻐했다. 노예제 폐지 운동가인 찰스 섬너는 매사추세츠 주에서 "1787년 북서부령에 대한 사안은 소설"이라면서 "정치적 운동을 다시 일으킬 것"이라는 편지를 보냈다. 존 퀸시 애덤스 대통령의 아들 찰스 프랜시스 애덤스는 뉴햄프셔 주의 상원의원 존 헤일처럼 체이스를 칭송했다.

하지만 체이스는 슈어드에게서 받은 칭찬을 가장 기뻐했다. 슈어드는 "체이스의 품위 있고 유려한 주장이 자유 운동과 체이스 본인의 명성에 길이 공헌할 것이다."라고 말했다. 체이스는 그 사건을 통해 슈어드와 개인적이고 지적인 만남을 가졌다는 사실이 무척 기쁘다고, 노예제 폐지론자인 루이스 태펜에게 말했다.

정치가들만 체이스의 헌신을 알아본 것은 아니었다. 베이커 가 교회의 한 흑인 목사는 "억압받는 사람을 위한" 그의 봉사와 "인간의 권리에 대한 감동적인 주장"에 감사하며 교구민들에게서 후원금을 모았다.

그리고 1845년 5월 6일, 많은 흑인 교인들이 참석한 가운데 열린 감동적인 예배에서 체이스는 아름답게 조각된 순은 주전자를 선물로 받았다. '신시내티의 흑인'을 대신해 선물을 준 A. J. 고든 목사는 열광하는 교인들에게 "노예제 아래서 신음하는 사람이 자유를 찾으려 할 때마다, 체이스라는 확고하고 열성적이며 헌신적인 친구를 만나게 될 것"이라고 말했다. 그는 체이스에게 도망 노예와 흑인을 위한 그의 행동은 "모든 이의 가슴에 새겨져 영원히 기억될 것"이라고 사의를 표했다. 고든 목사는 체이스가 "하늘의 부르심을 받으면 하나님께서 그를 천국으로 들어가게 해주실 것"이라면서, 그때 하나님께서는 "선하고 충직한 하인아, 착한 일을 했으니 네 야훼의 기쁨에 들어가리라. 네가 미약한 형제들을 위해 착한 일을 하였으니, 그것은 곧 나를 위한 일이로다!"라고 말씀하실 것이라고 말했다.

체이스는 그 예배에서 깊은 감동을 받았다. 그는 이 자리에서 "흑인과 백인이 법 앞에서 평등해질" 때까지 자유를 위한 투쟁을 계속하겠노라 맹세했다. 그가 살던 오하이오 주에서는 '흑인 법'이라고 하는 법 조항 때문에, 흑인은 자유인임에도 공립학교와 투표소에 갈 수 없었고 증인석에 설 수 없었다. 그는 이 자리에서 이것이 명백히 잘못된 일이라고 개탄했다. "진정한 민주주의는 피부색이나 출생지를 묻지 않습니다. 민주주의는 모든 사람을 조물주에게서 양도할 수 없는 권리를 받은 존재로 인식합니다."

또한 흑인 아이들에게 공교육을 받지 못하게 하면서도, 그 부모들에게 교육세를 부과하는 법은 비난받아 마땅하다고 체이스는 주장했다. 이 법에서는 백인이 연루된 사건의 경우 흑인들은 증인석에 설수 없도록 했는데, 이 때문에 흑인들은 "온갖 종류의 폭력"에 노출됐다. 백인들이 '흑인만 목격할 때' 범죄를 저지르는 한, 벌을 받지 않을 것이라고 여겼기 때문이다. "너무나 잘못되고 비겁해서 집행될 수 없거나 집행될 경우 부당하다고 느껴지는 법은, 정의와 법을 분리시켜 모든 법의 정당성을 전복시킨다."고 체이스는 단언했다.

그러면서 이렇게 결론을 맺었다. "저는 모든 억압이 법전에서 사라지는 그날까지, 그리고 우리의 이 넓고 영광스러운 땅에서 어떤 노예의 발자국도 보지 않게 될 그날까지 조금도 흔들림 없이 나아갈 것이라는 맹세를 다시 할 준비가 되어 있습니다." 우레와 같은 박수가 쏟아졌고, '아메리카'라는 감동적인 찬송가 연주가 이어졌다.

스탠턴과의 우정

슈어드나 링컨과 달리, 체이스는 친구를 쉽게 사귀지 못했다. 평소 그의 표정은 무언가에 열중하고 있는 것 같은 분위기를 풍겼다. 사람들은 그 때문에 그에게 접근하기 어려워했다. 천성적으로 말이 없고 유머 감각도 없는데다 술도 마시지도 않았기 때문에 친구를 사귀기가 더욱 힘들었다. 게다가 그는 엄청난 근시 때문에 다른 사람의 반응을 제때 파악하지 못했다. 그의 준수한 용모와 섬세한 옷차림도 사람들을 사귀는 데 그리 긍정적인 역할을 하지는 못했다.

하지만 그도 40년대에 중요한 친분을 쌓았다. 체이스보다 여섯 살 어렸던 에드윈 M. 스탠턴은 오하이오 주 출신의 젊고 재기 넘치는 변호사였다. 키가 작고 풍채가 당당하며 눈썹이 짙고 강렬한 검은색 눈동자를 지닌 스탠턴은 노예제 폐지 운동에 적극적이었던 퀘이커 가문에서 자랐다. 그는 "어릴 적 아버지는 로마에 대항했던 한니발의 아버지처럼, 그에게 노예제에 대한 영원한 적개심을 맹세하도록 했다."고 회상했다. 그는 어릴 적부터 민주당 활동에 열심이었다.

1840년대 체이스와 스탠턴이 콜럼버스에서 처음 만났을 때, 두 사람은 모두 엄청난 상실감을 겪고 있었다. 죽음은 체이스뿐 아니라 스탠턴도 따라다니고 있었기 때문이다. 1841년부터 1846년까지 5년 동안 스탠턴은 외동 딸 루시와 아내 메리, 그리고 하나밖에 없는 형제 다윈을 잃었다. 똑같은 시기에 비슷한 슬픔을 경험했던 체이스는 스탠턴에게서 다른 때보다 더 큰 위로와 공감을 느꼈다. 1846년 여름, 스탠턴은 신시내티의 집에서 체이스와 며칠 동안 함께 지냈다. 그곳에서 그들이 함께 나누었던 폭넓은 대화는 스탠턴에게 깊은 인상을 남겼다. "지난여름 당신과 함께 지냈던 기억이 제 영혼을 즐겁게 둘러싸고 있습니다. 우리가 함께 있을 때보다 더 많이 당신을 존경합니다."라고 스탠턴은 체이스에게 편지를 보냈다.

체이스와 스탠턴이 우정을 맺으며 슬픔만을 교감한 것은 아니었다. 1840년대 중반 그들이 교류하던 당시, 두 사람은 급격한 정치계의 변화 속에 있었다. 체이스는 자유당에 입당한 상태였다. 새로 생긴 이 당은 스탠턴에게도 관심을 보였지만, 그는 충직하게 민주당에 남아 있었다. 두 사람은 처음에는 대화로, 이후에는 편지로 오랫동안 신생 자유당의 장단점에 대해 토론했다. 체이스는 밴 잔트 상소가 진행될 때 스탠턴을 합류시키려 했다. 하지만 스탠턴은 자신에겐 그 소송에 관여할 만한 체력도, 능력도 없는 것 같다면서 거절했다.

서로를 무척 그리워하던 두 사람은, 마침내 1847년 7월 신시내티에서 재회했다. 하지만 이들이 함께 보낸 시간은 스탠턴이 만족하기에는 너무나 짧았다. 스탠턴은 스투벤빌의 집으로 돌아갈 때 체이스에게 이 짧은 만남이 불만족스럽다고 털어놓았다. 하지만 몇 달도 채 지나지 않아 두 사람은 다시 여러 차례 만났고, 편지로도 흉금을 털어놓았다. 어느 날 체이스로부터 유난히 다정한 편지를 받고 감격한 스탠턴은 "당신에게서 사랑받고 당신이 제 사랑을 소중히 여긴다는 말씀을 들었을 때 제 능력으로는 형언할 수 없을 만큼 기뻤습니다."라고 말했다.

우정이 깊어지면서 체이스는 스탠턴에게 노예제에 대한 자신의 투쟁에 좀 더 깊이 관여하라고 재촉했다. 그는 여전히 민주당원인 스탠턴에게 주지사에 출마하면 그의 선거 운동에 참여하겠노라고 약속했다. 하지만 자기 가족뿐 아니라 형제의 가족까지 부양하던 스탠턴은 금전적인 희생을 감수할 수가 없었다. 체이스는 실망했다. "당신의 확답을 듣지 못해 몹시 유감스럽습니다. 친구여, 당신에겐 하나님의 위대한 선물인 정력, 열정, 능력, 언변이 있습니다. 그리고 지금 위대한 운동이 당신을 원하고 있습니다."

스탠턴이 노예제 폐지 운동에 적극적으로 가담하지 않자, 체이스와 그의 관계에 먹구름이 드리워졌다. 스탠턴이 노예제 문제를 주요 쟁점으로 다룬 콜럼버스의 민주당 당 대회에 참석하지 않았을 때, 체이스는 정치적 의무보다 개인적 관심을 중시한다며 그를 비난했다. "왜, 왜 참석하지 않은 겁니까? 당신이 당 대회에 참석하지 않을 줄 알았더라면 나도 집에 있었을 겁니다."체이스가 화를 내자 스탠턴은 상처를 받았다. 그는 자신이 당 대회에 참석하지 않은 이유는 개인적 이유가 아니라 의무의 충돌 때문이었다고 설명했다. "법률 사무는 아무리 시간을 쏟고 노력해도 끝이 나지 않습니다. …… 다른 이들이 신나게 놀 때 파수꾼 같은 이들은 외롭게 순찰을 돌아야 한다는 걸 당신도 잘 알고 있을 겁니다."

스탠턴에게는 우정이 정치나 개인적인 야망보다 훨씬 중요했다. 스탠턴은 체이스에게 "명예를 얻는 것도 좋지만, 당신이 보여주는 것과 같은 우정은 제게 헤아릴 수 없을 만큼 소중합니다."라고 말했다. 그러면서도 그는 언젠가 체이스와 나란히 서서 노예제와 맞서 싸우기를 원했다.

1847년이 가까워질 무렵 1860년 대통령 후보 공천에서 경쟁할 네 사람은 성장하는 나라를 좌우하게 될 정치, 사회, 경제 문제에 적극적으로 관여했다. 네 사람은 노예제에 대해 점차 증가하는 반대여론의 다양한 스펙트럼 속에서 저마다 다른 입장을 가졌다. 하지만 슈어드와 체이스, 베이츠가 이 시기에 국가적 명성을 쌓아 워싱턴의 유명인사가 되었던 반면, 생애 처음으로 미국 수도에 간 말라깽이 청년 의원을 아는 사람은 일리노이 주민 말고는 거의 없었다.

4장

고난이라는 이름의 희망

실패한 하원의원 시절

1847년 12월 링컨이 목조 기차역에 도착했을 때, 워싱턴은 개발이 한창인 도시였다. 워싱턴 기념탑의 주춧돌은 다음해 여름이 되어서야 놓여질 것이었다. 국회의사당의 유명한 둥근 천정도 아직 올려지지 않은 상태였다. 자갈로 덮인 펜실베이니아 가는, 이 도시의 단 두 개뿐인 포장도로 중 하나였다.

그럼에도 4만 명(수천 명의 노예를 포함)의 주민이 사는 수도는 작은 스프링필드에 비하면 엄청나게 큰 도시였다. 워싱턴에는 역사적 기념물과 획기적인 사건들이 가득했고, 링컨 가족은 이에 사로잡혔다. 당대 가장 유명한 사람들이 의회 회관을 거닐었다. 지칠 줄 모르고 노예제 폐지를 위해 노력하던 존 퀸시 애덤스, 위대한 웅변가 대니얼 웹스터, 남부의 인정받는 대변인으로 폭동을 주도했던 존 컬훈 등이 의회에 있었다. 과거 수십 년의 역사를 주도해온 이 거물들이 머무는 곳에, 앞으로 전개될 대하드라마에서 중요한 역할을 할 사람들이 합류했다. 미래 남부 연맹의 대통령과 부통령이 될, 제퍼슨 데이비스와 알렉산더 스티븐스, 대통령직을 둘러싸고 링컨의 라이벌이 될 스티븐 더글러스, 폭동 선동가 로버트 반웰 레트 등이 그들이다.

링컨은 국회의사당에 있는 스프리그스 부인의 하숙집(현재 의회 도서관 자리)에서 머물렀다. 링컨은 금세 하숙생들 사이에서 인기를 끌어 모았다. 그는 늘 재미있거나, 설득력 있거나, 논쟁의 긴장감을 누그러뜨릴 만한 이야기를 준비해두었다. 하숙집에서 식사를 했던 젊은 의사 새무얼 부시는 "링컨은 이야기를 시작할 때마다 양손을 얼굴에 대고 '그 이야기를 들으니 생각나는데.' 라는 말로 운을 떼었다. 그러면 모두가 그 다음 이어질 폭발적인 이야기를 기대했다."고 회상했다.

멕시코 전쟁

에이브러햄 링컨이 워싱턴에 도착하기 전 1년 6개월 동안, 역사는 돌이킬 수 없는 변화를 겪었다. 민주당 출신 대통령 제임스 포크가 군대에게 미 연방과 멕시코 국경 사이의 분쟁 지역을 점거하라고 명령했던 것이다. 수십 년 동안 이어진 국경선 싸움은 멕시코와 미국 간의 관계를 극도로 악화시켰다. 포크는 멕시코가 미 영토에 있는 미국 군대에 발포했다고 발표하며, 선전포고를 할 필요도 없이 이미 전쟁상태에 돌입했음을 인식하라고 의회에 촉구했다.

멕시코와의 전쟁이 시작되자 미국인들은 적극적으로 대응했다. 많은 이들이 전쟁을 "먼 이국적인 땅에서의 낭만적인 모험"으로 여겼다. 의회는 5만 명의 병사를 모집하려고 했는데, 몇 주 만에 3만 명의 지원자가 몰려들었다. 예전 링컨의 라이벌이었던 존 하딘은 일리노이 주에서 첫 번째로 입대했다. 연대장으로 선발되었던 그는 부에나비스타 전투에서 영웅적인 최후를 맞이했다. 여전히 의석을 차지하고 있던 에드워드 베이커는 군대를 소집해 "깃발이 휘날리는 거리"에서 병사들을 이끌었다.

그러나 많은 휘그당원들은 전쟁의 합법성과 정당성에 의문을 제기했다. 이후 링컨은 "리오그란데 강(미국과 멕시코 사이를 흐름)을 향해 전진한 미 연방 군대가 평화로운 멕시코 거주지에 진입해 주민들을 위협하고 집과 농작물을 빼앗은 것은 사실이다."라고 말했다. 하지만 링컨이 의회선서를 했을 때는 이미 전쟁이 끝난 후였다. 승리한 미국에게는 대단히 유리한 조건의 평화 조약에 서명하는 일만 남아 있었다. 많은 사람들이 이 미심쩍은 전쟁에 대해 침묵했다. 하지만 휘그당은 민주당이 "침묵하도록" 내버려두지 않았다. 국회가 다시 소집되자, 휘그당은 즉각 멕시코 침략을 비난하며, 의회가 "대통령의 편에서 전쟁의 정당성"을 뒷받침했는지를 묻는 결의안을 제출했다.

12월 13일, 워싱턴에 도착한 지 두 주 정도 지났을 때 링컨은 법률사무소 동업자 윌리엄 헌돈에게 편지를 보냈다. "내가 두각을 나타내기를 자네가 간절히 원하는 것처럼, 나도 그렇게 하기로 결심을 굳혔네. 머지않아 그렇게 될 걸세." 9일 후, 그는 포크 대통령에게 "우리 시민들의 피가 흐른 지역이" 멕시코 영토인지, 미 연방 영토인지를 의회에 알려주어야 한다고 촉구하는 결의안을 제출했다. 그는 대통령에게 "멕시코가 악의를 품고 '우리 땅'을 침입한 침략국"이라는 증거를 제시하라고 촉구했다. 대통령은 이 이름 없는 신출내기 의원에게 응답하지 않았다. 오히려 링컨은 이 성급한 움직임 때문에 '오점투성이 링컨'이라는 조롱 섞인 별명만 얻었다. 몇 주 후, 링컨은 동료 휘그당 원들과 매사추세츠 의원인 조지 애쉬먼이 제출한 결의안에 대해 투표했다. 그는 결의안에서 대통령이 "헌법을 위반하면서까지" 불필요한 전쟁을 시작했다고 주장했다.

다음 주인 1848년 1월 12일, 링컨은 한 연설에서 자신의 '오점투성이' 결의안과 애쉬먼 결의안의 정당성을 주장했다. 그는 대통령이 미국 땅에서 최초의 사상자가 발생했음을 증명할 수 있다면 기꺼이 자신의 주장을 번복하겠지만 "대통령은 증명할 수도 없고, 증명하지도 않을 것"이라고 단언했다. 링컨은 두 나라를 전쟁에 끌어들인 대통령이 "사람들의 관심을 눈부신 승리로 돌려", 정확한 조사를 회피하고 있다며 비난했다. 나아가 대통령의 전쟁 교서를 "열병에 걸린 사람이 혼미해진 정신으로 반쯤 미쳐 중얼거리는 것"에 비유하기까지 했다. 이 미숙한 연설에서는 링컨 연설의 특징이었던 이성적인 어조를 전혀 찾아볼 수 없다. 또한 "리더는 여론을 바꾸려 하되, 여론을 무시해서도 안 된다."라는 그의 신념에도 위배된다.

링컨의 비난은 아무런 반응도 불러일으키지 못했다. 대부분의 미국인들이 전쟁의 승리에 도취되어 있었기 때문이다. 민주당의 〈일리노이 스테이트 리지스터〉는 링컨이 "포크 대통령에 대한 반역과도 같은 공격"으로 자기 선거구의 명예를 훼손했다고 비난하면서, 이후 링컨은 '베네딕트 아널드(미국 독립전쟁 당시 조지 워싱턴 휘하의 장군이었으나 영국군과 내통하여 '배신자'라는 뜻으로 이 이름을 자주 사용함)'로 알려질 것이며 다시는 의회에 진출하지 못할 것이라고 장담했다. 링컨은 "의문을 제기하지 않고 포크의 입장을 받아들이는 것"은 "대통령이 필요하다고 생각할 때마다 이웃 나라를 침략할 수 있도록 허용하는 것"이라고 반박했다.

그러나 링컨의 충성스러운 지지자인 헌돈조차 전쟁에 대한 링컨의 입장이 그의 미래를 망칠지도 모른다며 우려했다. 결국 링컨은 민주당을 격분시키고 겁 많은 휘그당의 우려를 샀으며, 대부분의 주민들이 전쟁에 찬성했던 일리노이 주에서 지지를 잃었다. 그는 한 번의 임기로 만족한다고 동료들과 합의하면서도 의회에 재선되기를 원했지만, 휘그당은 그의 장래성을 부정적으로 보았다. 실제로 휘그당은 그의 후임으로 지목된 스티븐 로건이 선거에서 패배했을 때, 그 탓을 링컨에게 돌렸다.

슈어드가 링컨보다는 더 현명했던 그 시절, 미국이 북미 전체를 지배할 운명이라는 '명백한 사명설'(미국의 텍사스 병합 당시 〈데모크라틱 리뷰〉의 주필이던 J. L. 오설리번이 "아메리카 대륙에 영토를 확대해야 할 우리의 명백한 사명은 수백만 인구의 자유로운 발전을 위하여 신(神)이 베풀어 주신 것이다."라고 말한 데서 비롯되어 1840년대 미국의 영토확장주의를 정당화하는 말)이 미국인들을 사로잡았다. 슈어드는 "우리 국민은 저항할 수 없는 파도를 타고 얼음으로 덥힌 북부의 경계와 태평양 연안의 동양 문명까지 당당히 흘러갈 운명이다."라고 주장했다. 슈어드는 전쟁을 찬성하지는 않았지만, 전쟁을 반대할 경우 극복하기 힘든 위기에 봉착하게 될 것이라고 재빨리 판단했다. 그는 "휘그당이 전쟁을 수행하는 행정부를 성공적으로 공략하리라고 생각하지 않는다. 휘그당과 그 대변인은 결국 이적 행위에 대해 사과해야 할 것이다."라고 경고했다.

오하이오 주로 돌아간 새먼 체이스는 노예제 폐지론자인 게리트 스미스에게 자신은 전쟁에 가담하지 않겠다고 말했지만, 공식적으로 반대의사를 표명하지는 않았다. 한편 그와 함께 노예제 폐지를 지지했던 자유당원들은 전쟁을 맹렬하게 반대했다. 하지만 그는 상원의원직을 위해 오하이오 민주당의 지지가 필요했다. 민주당인 대통령을 공격한다면 그들의 지지를 받기가 힘들어질 것이었다.

대통령직을 둘러싼 미래의 네 라이벌 중에서 에드워드 베이츠만이 링컨과 똑같이 전쟁을 격렬하게 반대했다. 그는 뻔한 거짓말을 한다고 포크 대통령을 비난하면서 전쟁의 진짜 목적은 약탈과 정복이었다고 주장했다. 베이츠는 "인기가 떨어지면 차기 대통령 선거에 악영향을 미칠 것을 걱정하며, 이기적인 두려움에 사로잡혀" 전쟁을 찬성한 휘그당 동료들에 대해 수치심을 느낀다고 말했다. 베이츠는 전쟁을 노예제 확대를 위한 음모의 일부로 보았다. 하지만 링컨은 그저 "더 많은 표를 확보하기 위한 정복 전쟁"이라고만 주장했다.

의도야 어찌됐든 전쟁은 노예제 확대 문제를 전면으로 부각시켰다. 미국이 승승장구하던 전쟁 초기, 펜실베이니아 국회의원 데이비드 윌모트는 전쟁세출 예산안에 대한 역사적 개정안을 작성했다. 이 개정안은 "멕시코로부터 할양받은 지역에, 노예 노동을 비롯한 그 어떠한 종류의 강압적인 노역도 존재해선 안 된다."고 명시했다. 이 지역은 캘리포니아, 네바다, 유타, 애리조나, 그리고 뉴멕시코를 가리킨다. 이 '윌모트 단서 조항' 은 하원에서 여러 차례 통과되었지만, 남부인들이 지배하는 상원에서는 통과되지 못했다. 이 문제를 놓고 의회에서 남부와 북부는 심각하게 대립했다. 그리고 이 지역의 노예제 문제는 이후 오랫동안 미국 정치의 가장 중요한 사안이 되었다.

슈어드와 체이스, 링컨 모두 멕시코로부터 획득한 영토에 노예제가 확산되는 것을 금지해야 한다고 생각했다. 윌모트 단서 조항이 제출되기 전에도 링컨은 노예제 확대에 반대하는 입장이었고, 그 후로도 계속 같은 입장을 취했다. 그는 기존에 노예제가 존재하는 주에서 헌법이 노예제를 보장하는 것은 인정하지만, "노예제가 자연 소멸되는 것을 막거나, 계속 존속할 새로운 영토를 찾도록 도와주어서는 안 된다."라고 주장했다.

이유는 다르지만 미주리의 베이츠 역시 윌모트 단서 조항을 지지했다. 베이츠는 이 새 준주로의 노예제 확산 문제를 실용적 관점으로 보았다. 남부인들이 수많은 노예를 서부에 데려가면, 자유 백인의 이민이 줄어들어 그 지역의 발전이 위축되지 않을까 우려했다. 또한 그는 노예제 문제로 인한 갈등이 나라를 분열시킬지도 모른다고 걱정했다. 이 때문에 그는 북부 노예제 폐지론자와 남부 극단주의자들을 똑같이 비난했다.

베이츠에겐 그렇게 두려워할 만한 이유가 있었다. 사우스캐롤라이나 주의 존 컬훈이 윌모트 단서 조항에 대한 반대 여론을 주도하고 있었던 것이다. 그는 이 조항이 미국 영토 안에서 '자기네 재산'을 자유롭게 이동시킬 수 있는 남부인들의 권리를 부정한다면서, 이는 헌법에 위배된다고 거세게 비난했다. 더욱이 노예제가 새 준주에서 금지되면, 자유주로 편입된 이 주들은 연방에 가담하게 되고 남과 북의 세력 균형은 깨질 것이었다. 하원에서 이미 인구가 많은 북부에게 밀리고 있던 남부는 상원에서도 그 힘을 잃을 것이 분명했다. 남부는 이런 미래를 받아들일 수 없었다. 〈리치먼드 인콰이어러〉는 "북부와 북서부의 광인들이 주사위를 던져 이 영광스러운 연방의 수명을 결정할까 두렵다."라는 사설을 실었다.

워싱턴에서의 실패와 희망

엄청난 정치적 중압감과 혼란을 겪고 있던 링컨은 아내와 아이들을 몹시 그리워했다. 링컨은 1848년 4월 16일, 메리에게 편지를 보냈다. "당신이 여기 있었을 때 나는 당신이 내 일을 방해한다고 생각했소. 하지만 지금은 일밖에는 아무것도 없는 이 순간이 너무나 싫어졌소. …… 혼자 이 낡은 방에 있기가 너무나 싫다오." 그는 아이들을 위해 물건을 사러갔던 일을 낱낱이 회상했고, 아내의 편지를 받으면 몹시 즐겁다고 말했다.

메리는 아이들이 잠든 토요일 밤에 답장을 썼다. "사랑하는 남편에게. 이렇게 편지를 쓰는 게 아니라 우리가 이 밤을 같이 보낼 수 있다면 얼마나 좋을까요. 당신과 멀리 떨어져 있으니 얼마나 슬픈지요."

이들의 편지는 워싱턴과 스프링필드의 친지에 대한 소문, 아이들의 소식, 링컨의 정치 활동, 그리움, 그리고 은근한 성적(性的) 농담들로 채워졌다. 1848년 가을, 메리와 아이들은 워싱턴으로 갔다.

그해 6월, 링컨은 멕시코 전쟁의 영웅인 재커리 테일러를 대통령으로 지목한 필라델피아의 동료 휘그당원들과 만났다. 그들은 조지 워싱턴과 앤드루 잭슨, 윌리엄 헨리 해리슨 때처럼 군인의 영광이 다시 한 번 마술을 부릴 수 있기를 기원했다. 링컨은 헌돈에게 테일러를 지명함으로써 민주당의 약점을 공격할 수 있다고 설명했다. "그러면 전쟁은 그들에게 불리하게 작용할 걸세. 전쟁은 이제 그들에게 하만의 교수대(성경의 에스더 서에 나오는 이야기로 하만은 자신의 원수 모르드개를 처형하려고 자기 집 뜰에 약 23미터 높이의 교수대를 만들어 놓았는데 오히려 자신이 그 교수대에서 처형당하게 된다)가 될 걸세. 그들이 우리를 목매달기 위해 만들었던 그 교수대에서, 그들 스스로 목을 매게 될 걸세."

슈어드는 당이 테일러를 지목하자, 이를 무척 못마땅해했다. 테일러가 정치적 기반도 없는 데다, 노예소유주였기 때문이다. 게다가 부통령으로 그의 라이벌인 밀러드 필모어가 추천되었다. 슈어드는 윌모트 단서 조항 등 중요한 국가적 문제에 대해 명확한 입장을 취하지 않는 당의 피상적인 강령도 마음에 들지 않았다. 그러나 그는 "만인의 자유라는 업적을 앞당길 수만 있다면 다른 후보를 위해" 자신의 지지 세력을 "기꺼이" 저버릴 수도 있다고 말했다. 서로우 위드는 테일러가 민주당 후보인 미시간의 루이스 캐스와는 달리 북부의 이익을 보호할 근본적 민족주의자라고 주장했다. 캐스는 '줏대없는 사람', 즉 남부의 원칙을 가진 북부 사람으로 여겨졌다. 게다가 민주당은 노예제 문제를 의회 심의에 상정하려는 윌모트의 노력을 노골적으로 반대하고 있었다. 결국 슈어드는 링컨과 베이츠처럼 테일러를 지지하기로 했다. 그의 입후보로 소수당인 휘그당이 북부 민주당원과 무소속 위원들의 표를 끌어들여 세력을 넓힐 수 있을 것이라고 기대했기 때문이다.

체이스는 새로운 전략을 세웠다. 그는 자유당원과 노예제에 반대하는 민주당원들을 '양심적인' 휘그당에 합류시켜 광범위한 북부 당을 새롭게 건설할 때가 되었다고 믿었다. 그는 매사추세츠 주의 찰스 섬너를 포함한 여러 인사들과 손을 잡고 반노예제 당 대회를 소집했다. 1만 명이 소집에 응했다. 1848년 8월 버펄로에 모인 이 기세등등한 군중은 체이스를 전당대회 의장으로 선출하고 그에게 새로 창당된 자유토지당의 강령을 세우는 임무를 맡겼다.

버펄로에서 심의가 진행되는 동안 한 대의원은 베이츠에게 그를 부통령 후보 명단에 넣어도 되겠느냐고 물었다. 그를 후보감으로 여겼다는 것은 이 시기 정당들의 유연성을 잘 보여준다. 왜냐하면 베이츠는 여전히 노예소유주였고, 남부에서 어릴 적 교육받은 대로 여전히 흑인이 열등하다고 믿었기 때문이다. 슈어드나 체이스와는 반대로, 그는 흑인들이 투표를 하거나 배심원석에 앉지 못하거나 공직에 진출하지 못하도록 금지하는 법률을 지지했다.

베이츠는 이 제안을 거절했다. 그는 "의회는 노예제가 존재하지 않는 곳에 노예제를 자리 잡게 해서는 안 된다."라는 자유토지당의 '진짜 원칙'을 지지하긴 했지만, 이 단 한 가지 원칙으로는 전국적인 당을 건설할 수 없다고 보았다. 그는 대통령이 될 기회를 준다고 해도 "당파적이고 지역적인 당에 가입하는 데" 동의하지 않을 것이라고 말했다.

며칠 후, 버펄로 전당대회는 전직 대통령인 마틴 밴 뷰런을 대통령 후보로, 찰스 프랜시스 애덤스를 부통령 후보로 지명했다. 체이스가 제안한 모토 "자유 토지, 자유 언론, 자유 노동, 자유인"에 따라, 이 당은 "준주로의 노예제 확대 금지"를 맹세하고 힘겨운 싸움에 착수했다.

1848년 9월, 링컨은 의회가 휴회 중일 때 처음으로 대통령 선거 운동에 뛰어들었다. 재커리 테일러를 위해 북동부 전역에서 선거 운동을 했던 것이다. 매사추세츠 주 우스터에 초대도 없이 도착한 그는, 마침 연설가가 필요했던 휘그당 집회 의장의 소원을 기꺼이 들어주었다. 링컨의 이 즉흥 연설을 보도한 보스턴의 〈데일리 애드버타이저〉는, "지적인 얼굴을 가진 키 큰 의원이 냉철한 정신과 판단력을 보여주었다."고 전하면서 "뛰어난 웅변과 적절한 예로 청중을 사로잡았다."고 평했다. "그가 연설을 마치자 청중은 일리노이 주를 위해 만세삼창을 했으며, 그 주 출신의 능변가 휘그당원을 위해 한 번 더 손을 높이 들어올렸다."

보스턴의 트레몬 템플에서 열린 대규모 휘그당 대회에서 선거 운동을 하는 동안, 링컨은 슈어드와 처음으로 만났다. 이후 링컨은 그날 밤 만남은 "주지사 슈어드에게보다 내 기억에 더 깊은 인상을 남겼을 것"이라고 말했다.

두 사람은 넓은 홀의 똑같은 연단에 앉아 있었다. 뜨거운 관심 속에서 슈어드가 먼저 연설을 했고 깊은 인상을 남겼다. 대부분의 휘그당 연설가들이 국내 개선과 관세, 국유지 문제에 집중했던 반면, 슈어드는 노예제에 초점을 맞추었다. 그는 테일러가 좋은 사람이며 멕시코 전쟁으로 얻은 지역에 노예제가 확산되는 것에 반대하는 휘그당의 입장을 잘 뒷받침할 것이라고 주장했다. 하지만 "머지않아 매사추세츠 주뿐 아니라 나라의 모든 시민이 노예소유주보다는 북부의 자유인을 그들의 리더로 뽑을 때가 오기를" 기원한다고 덧붙이는 것도 잊지 않았다. 마지막으로 슈어드는 결국 사회적 의식이 바뀌고 나라의 모든 노예가 해방될 것이라고 장담했다.

링컨이 연단에 나섰을 때는 무척 늦은 시간이었지만, 그는 〈보스턴 쿠리어〉가 "가장 힘차고 설득력 있다."고 극찬했던 명연설로 청중을 사로잡았다. 이 연설에서 링컨은 당적과 입장을 자주 바꾸어 킨더훅의 '교활한 사기꾼'이란 별명을 얻은 자유토지당원 밴 뷰런과 민주당의 캐스를 공격했다. 그는 귀청이 터질 것 같은 열렬한 박수와 환호 속에 연설을 마무리했다. 그러나 슈어드는 20여 년 후 "그 연설은 사람들의 웃음을 자아냈지만 노예제 문제에 대한 근본적인 논의는 피했다."고 예리하게 지적했다.

다음날 밤, 슈어드와 링컨은 우스터 호텔에서 한 방을 썼다. 슈어드는 오랜 시간이 지난 후 "우리는 그날 밤 많은 이야기를 나누었다. 나는 그에게 견해를 정확하게 정리하고 대담하게 발언할 때가 되었다고 주장했다."라고 기억을 더듬었다. 신중하게 귀를 기울이던 링컨은 "당신이 옳다고 생각합니다. 우리는 노예제 문제를 해결하기 위해 더 많은 관심을 기울여야 합니다."라고 말했다. 링컨은 시종일관 윌모트 단서 조항을 지지하면서도 노예제 문제에 대해 연설하거나 노예제 폐지를 위해 활동한 적은 없었다.

휘그당은 그해 11월 선거에서 승리를 거두었다. 재커리 테일러는 백악관에 입성했다. 그건 휘그당의 마지막 국가적 승리였다. 4년 후 휘그당은 노예제 문제로 분열되어 겨우 네 개 주에서만 승리를 거둘 수 있었다. 체이스는 자유토지당의 마틴 밴 뷰런이 북부 유권자 표 중 10퍼센트 이상을 얻었다는 사실에 고무되었다. 그것은 노예제 폐지 운동이 국가 정치에 영향력을 발휘할 수 있게 되었다는 증거였다.

남은 회기를 마치기 위해 의회로 돌아간 링컨은 '워싱턴의 점진적 노예해방'을 위한 건의안을 작성했다. 슈어드와의 만남에서 영향을 받았던 것이다. 전에도 비슷한 건의안을 제출한 적이 있었지만, 이번엔 몇 가지 조건을 더 추가했다. 그는 정부 기금으로 노예의 값을 주인에게 보상해주고, 노예주 출신의 정부 관료들이 업무 출장을 갈 때는 하인들을 데려갈 수 있도록 허락하자는 단서 조항을 포함했다. 마지막으로 접경 지역에 거주하는 남부 노예소유주의 두려움을 덜어주기 위해, 지역 당국에 "해당 지역으로 도망 노예를 체포하는 데 적극 협조하고, 체포된 노예는 주인에게 이송하도록" 요구하는 단서 조항도 첨가했다. 노예제 폐지론자인 웬델 필립스가 링컨을 '일리노이 출신의 노예 사냥개'라고 비난하게 만든 것이 바로 이 마지막 단서 조항이었다.

10여 명의 동료 휘그당원들과 길고 신중한 대화를 나눈 끝에, 링컨은 남부의 온건주의자와 북부의 강경한 노예제 폐지론자 모두의 지지를 얻을 수 있는 적당한 타협안을 만들었다고 확신했다. 하지만 건의안을 발표한 후 링컨은 자신의 지지 기반이 사라졌음을 알게 되었다. 점점 격렬해지는 분열로 인해 타협의 여지가 사라졌다. 열성파 노예제 폐지론자들은 도망 노예에 대한 단서 조항과 노예 소유주에 대한 보상 모두를 반대했다. 남부인들은 워싱턴에서 노예제를 폐지하면 노예제 폐지가 나라 전체에 확산될 것이라고 주장했다. 상황을 현실적으로 파악한 링컨은 다시는 안건을 제출하지 않았다.

1849년 3월에 임기를 마친 링컨은 스프링필드로 돌아가기 전, 너벅선을 몰아본 경험을 가지고 여울과 모래톱 위로 좌초된 배를 들어올릴 수 있는 '공기부양실'이라는 것을 고안해 특허 출원했다. 그러나 불행히도 그는 좌초된 그의 정치 경력을 끌어올릴 만한 것을 생각해 내지는 못했다. 그의 휘그당 의회 선거구는 민주당으로 넘어갔고, 많은 휘그당원들은 링컨이 전쟁을 비판했기 때문에 민주당에 패배했다고 그를 비난했다. 그는 관직에서 물러났고, 돌아갈 가능성은 거의 없어 보였다. 그는 의회 재임 기간 동안 눈에 띌 만한 공적을 세우지도 못했다. 그는 의회 소집에 빠짐없이 참석하고 당을 위해 충직하게 일하는 부지런한 의원이었지만, 두각을 나타내거나 유명해지지는 못했다.

이러저러한 일들로 실망을 하긴 했지만, 링컨은 장차 그의 출세에 크게 공헌할 사람들과 친분을 맺고 깊은 인상을 남겼다. 그 사람들에는 인디애나 주의 캘럽 스미스와 오하이오 주의 조슈아 기딩스 등이 있었다. 모두 그와 정치 경력이 비슷한 서부인들이었다.

캘럽 스미스는 링컨처럼 젊은 시절에 서부로 이주했다가 인디애나 주에 정착해 법조계에 발을 들여놓았고 휘그당원으로 정계에 진출했다. 그는 "부드러운 계란형 얼굴을 가진 잘생기고 건장한 사람"이었다. 발음이 좋지는 않았지만, 연설 능력 만큼은 널리 인정받았다. 그는 사람들이 "피가 정맥을 지나 손끝과 등줄기로 흘러가는 맥동을 느끼게" 만들 수 있었다고 한다. 실제로 당대의 한 사람은 스미스가 링컨보다 더 뛰어난 연설가였다고 평가했다. 1860년 공화당 전당대회에서 스미스는 인디애나 대의원단이 링컨에게 표를 던지도록 도왔고, 이는 링컨이 대통령 후보로 공천받을 수 있는 발판이 되었다.

조슈아 기딩스는 링컨만큼이나 엄청난 역경을 겪었다. 그는 오하이오 주 애슈타불라의 작은 농장과 가족을 뒤로 하고 캔필드라는 도시로 법을 공부하러 떠났다. 친구와 이웃들은 그의 결정에 깜짝 놀랐다. 그의 사위인 조지 줄리언은 이렇게 말했다. "장인은 어릴 때부터 가족과 함께 들판에서 일했다. 공립학교 교육도 받지 못했다. 가족들은 장인이 하나님의 섭리에 어긋나는 헛된 욕망 때문에 떠났다고 생각했다. 그들은 비천하게 태어난 사람은 자신의 운명에 만족해야 한다고 믿었다."

링컨보다 열네 살이 많은 기딩스는 1838년 처음 국회에 진출했다. 그 후 계속해서 재선된 그는 반노예제 탄원서를 접수하기 위한 존 퀸시 애덤스의 용맹한 투쟁에 적극적으로 가담했다. 기딩스가 링컨보다 노예제 문제에 대해 훨씬 강경하긴 했지만, 둘은 친한 친구가 되었다. 국회의사당 근처에서 같이 하숙했던 그들은 자주 함께 식사를 하고 수많은 대화를 나누었다. 기딩스는 링컨을 너무나 좋아하고 존경해서 7년 후인 1855년 링컨이 상원의원 선거에 출마했을 때는, 그의 선거 운동을 돕기 위해 일리노이 주까지 걸어가겠다고 호언하기도 했다.

링컨의 동료 휘그당원 중에는 이후 남부 연맹의 부통령이 된 알렉산더 스티븐스도 있었다. 스티븐스의 감동적인 연설 방식에 매료된 링컨은 "호리호리하고 창백한 얼굴을 한 폐병 걸린 남자가 최고의 연설을 막 끝냈네. 내 눈에는 지금 눈물이 가득하네."라고 한 친구에게 편지를 보냈다. 오랜 세월이 지난 후, 정통 교육을 받은 스티븐스는 이렇게 회상했다. "링컨 씨는 예의범절에 서툴고 어투도 어색했지만, 대단히 힘차고 명석하며 정력적이었다. 그의 이야기는 항상 사람들의 관심을 끌었다. 그는 사고방식뿐 아니라 연설 태도도 독창적이었다. …… 그의 일화는 적절하고 예리했으며, 항상 사람들을 폭소의 도가니에 몰아넣었다." 다른 사람의 존경과 신뢰, 심지어 헌신까지 얻어내는 링컨의 능력은 권세를 잡는 데 필수적이었다. 그에게는 무수한 사람들, 심지어 오랜 정적조차 그를 존경할 수밖에 없게 만드는 신비한 무언가가 있었다.

정치를 쉬는 동안

다시 변호사 생활을 시작한 링컨은 "정치에 관심을 잃은 듯한" 기분이 되었다. 하지만 사실은 멕시코 전쟁에 대한 입장 때문에 정치를 향한 문이 잠시 닫혔을 뿐이었다. 더욱이 그는 정계에서 완전히 물러난 상태도 아니었다. 일리노이의 동료들이 그가 계속 정계에서 활동할 수 있도록 도와주었고, 휘그당을 개편하기 위한 전당대회에 참석하기도 했다. 그는 노예제가 "이 시대의 큰 문제 중 하나"라고 말하면서 이 국가적 쟁점을 논했다. 그리고 당시 전국적으로 유명한 인물이었던 스티븐 더글러스를 비판할 기회도 놓치지 않았다.

링컨은 한동안 열심히 변호사 활동을 하기로 결심했다. 변호사 일이 많아지면서 수입도 점차 늘어났다. 메리는 집을 늘리고 잡다한 집안일을 도와줄 사람을 고용해 좀더 편안한 생활을 누릴 수 있었다. 이 몇 년간이 메리에겐 정말 행복한 시절이었을 것이다. 하지만 뜻밖의 죽음이 그녀의 행복을 앗아갔다. 링컨이 워싱턴에서 돌아온 다음해 여름, 메리의 아버지가 콜레라로 사망했다. 당시 그는 겨우 쉰여덟이었고, 여전히 정치에 활발하게 참여하고 있었다. 전염병에 걸렸을 때도 그는 켄터키 주 상원의원 선거 운동 중이었다. 그리고 6개월 후에는 메리가 어머니처럼 사랑하던 할머니 엘리자 파커가 렉싱턴에서 세상을 떠났다. 여섯 살 때 어머니를 잃은 메리는 이 할머니에게서 사랑과 위안을 얻었었다. 1850년 2월 1일은 메리에게 가장 가슴 아픈 날이었다. 세 살이던 둘째 아들 에드워드가 폐결핵으로 세상을 떠난 것이다. 그녀는 자신이 불행한 운명을 타고났다고 생각하기 시작했다. 7주 동안 에드워드는 고열과 고통스러운 기침에 시달렸다. 메리의 정성스러운 간호도 아무 소용이 없었다. 아이는 점점 쇠약해지다가 2월 1일 아침에 세상을 떠났다. 며칠 동안 그녀는 먹지도 않고 한없이 눈물만 흘리며 침대에 누워 지냈다. 링컨도 절망적인 상태였지만, 그만이 메리의 마음을 움직일 수 있었다. 링컨은 메리에게 사정했다. "메리, 좀 먹어요. 우린 살아야 하지 않소."

메리는 에드워드의 장례식을 치러주었던 제일장로교회 목사 제임스 스미스와 대화를 나누며 점차 기운을 회복했다. 사후 영생한다는 목사의 믿음에서 큰 위로를 받은 메리는 그 교회의 신자가 되었다. 고마움을 느낀 링컨은 가끔 메리와 함께 교회에 가서 예배에 참석하기도 했다. 하지만 그는 에드워드와 내세에서 다시 만날 것이라고 생각하지는 않았다.

에드워드가 죽은 후 메리는 다시 임신했고 1850년 12월에 셋째 아들 윌리엄을, 1853년 4월에는 넷째 아들 토머스를 낳았다. 하지만 에드워드의 죽음은 그녀의 영혼에 지울 수 없는 상처를 남겼다. 기분 변화가 심해지고 극도로 쇠약해졌으며 두려움이 많아졌다. 그녀의 행동이 이상하다는 이야기가 나돌기 시작했다. 남편에게 이성을 잃고 화를 낸다거나, 정원에서 칼을 들고 남편을 쫓아갔다거나, 빗자루로 남편을 내쫓고 나무토막으로 남편의 머리를 내리쳤다는 소문이 떠돌았다. 그녀의 불안정한 상태와 폭력적인 행동은 가정을 크게 뒤흔들었다.

조금 진정되는 듯했던 메리가 또다시 불안정한 상태에 빠져들자 링컨은 그녀를 무관심하게 대했다. 그의 태도는 메리를 더욱 화나게 했다. 그러나 링컨은 메리와 맞상대를 하는 대신, 조용히 밖으로 나가거나 아이들을 데리고 산책을 하러 갔다. 불화가 심해지면 그는 도서관이나 사무실에 가서 감정의 폭풍이 잦아들 때까지 밤늦도록 머물러 있곤 했다.

결혼생활이 더 행복했더라면 링컨은 지방 변호사로 만족했을 것이라고 친구들은 생각했다. 링컨이 평화로운 집안 분위기를 좋아했을지는 모르지만, 이 추측은 링컨의 엄청난 야망에 대해 우리가 알고 있는 모든 사실과 모순된다. 링컨은 야망 때문에 틈이 날 때마다 책을 탐독했고, 친구들의 마음을 사로잡으려 아버지의 이야기를 외웠으며, 종일 일을 한 후에도 밤늦게까지 법을 공부했고, 스물세 살의 나이에 국회의원에 출마했다. 그는 정계 진출이 구체화되기 훨씬 전부터 유명인사가 되어 친구들의 존경을 받아야겠다고 결심했다. 당시에도 링컨은 전환기를, 정계에 다시 진출할 적절한 때를 기다리고 있었다.

거침없는 노예제 반대 주장

링컨의 성공이 잠시 지체되는 것처럼 보였다면, 슈어드와 체이스는 빠르게 여세를 몰아가고 있었다. 재커리 테일러의 승리로 휘그당은 수년 만에 뉴욕 주 의회에서 여당이 되었다. 당시 미국 상원의원은 의회에서 선출되었기 때문에, 슈어드는 무척 유리한 입장이 되었다. 서로우 위드는 슈어드를 미국 상원의원으로 만들기 위해 노력하고 있었다. 그러면서 그는 뉴욕 주의 휘그당을 두 파로 나누는 데도 한몫했다. 부통령으로 선출되어 힘을 받은 밀러드 필모어는 상인과 자본가, 목화 공장주로 이루어진 보수파를 이끌었다. 이들은 노예제 논쟁이 불식되기를 원하고 있었다. 그리고 위드와 슈어드는 자유파를 대표했다.

뉴욕 신문들이 클리블랜드에서 슈어드가 했던 격한 연설을 보도해서 온건한 입장을 취하고 있던 새 행정부와 틀어지자 위드는 힘겨워했다. 슈어드는 이렇게 주장했다. "미국 사회에는 상반되는 두 요소, 즉 자유와 노예제가 있습니다. 자유는 우리의 정치 조직, 그리고 시대정신과 조화를 이루기 때문에 평화롭고 조용합니다. 노예제는 정의, 인류애와 갈등을 빚고 있기 때문에 조직적이고 공격적입니다."

슈어드는 클리블랜드 청중 앞에 서서 오하이오 흑인의 투표와 배심, 공직 진출을 금지하는 흑인법을 폐지하라고 촉구했다. 그는 한때 모든 주가 노예제라는 죄를 저질렀다고 말했다. "뉴욕의 우리는 해방된 인종에게 투표권을 주지 않음으로써 지금도 노예제와 똑같은 죄를 저지르고 있습니다."

흑인의 투표권과 배심 자격, 공직 진출권에 관한 당시 슈어드의 주장은 주류 정치인으로서는 놀라울 만큼 급진적인 것이었다. 반면 꼬박 10년 동안이나 스티븐 더글러스와 논쟁 중이던 에이브러햄 링컨은 "흑인에게 유권자나 배심원, 공직자로서의 자격을 주거나 백인과 흑인의 결혼을 찬성한 적은 한 번도 없었다."고 말했다.

이들의 입장 차이는 대개 훨씬 진보적인 뉴욕과 보수적이고 남부에 우호적인 일리노이라는 상반된 정치 환경에 기인하는 것이었다. 슈어드는 링컨보다 더 거침없는 언어로 군중을 흥분시켰다. 서부 보류지의 청중이 동부 청중보다 훨씬 진보적이라는 사실을 알고 있던 슈어드는 더욱 과감하게 노예제 폐지를 주장했다. 그런데도 〈클리블랜드 플레인 딜러〉는 동부 해안보다 10년은 앞선 서부 보류지의 노예제 폐지 열정에 비해 슈어드의 열정은 부족하기 그지없다고 비난했다.

슈어드는 흑인법에 대한 비난으로 그치지 않고, 도망 노예법에 대해서도 맹렬한 공격을 가했다. 그는 청중들을 자극하기 위해 선동적인 호소로 연설을 마무리했다. "대중의 양심은 자유를 위해 많은 일을 할 수 있습니다. 무슨 일이든 할 수 있습니다. 노예제를 현재의 범위에 한정시킬 수 있고 개선시킬 수 있습니다. 노예제는 폐지할 수 있고 또 폐지해야 합니다. 여러분과 저는 그렇게 할 수 있으며 또 그래야 합니다."

위드는 슈어드의 발언이 앞으로 문제가 될 것이라고 걱정했다. 노예제가 "정치적 범죄이자 국가적 재앙, 엄청난 도덕적, 정치적 죄악"이라는 데에는 동의했지만, "노예제 문제가 정치적인 논란을 일으킨다면 정부의 기반이 흔들릴 것"이라고 우려했다. 바로 이러한 이유로 그는 "이같이 위험하고 중대한 일을 무모하게 우리의 당파 갈등과 연결시켜서는 안 된다."고 주장했다.

당시 노예제 폐지론자들은 인기를 끌지 못하는 소수파였고, 일부 북부 도시에서는 폭행을 당하기도 했다. 위드는 슈어드에게, 그의 자극적인 말 때문에 윌리엄 로이드 개리슨이나 웬델 필립스와 같은 극단주의자로 분류될 수 있다고 경고했다.

슈어드는 위드의 우려를 심사숙고한 후 노예해방 문제가 충분히 '무르익지' 않았다는 점을 인정했다. 그는 이후 몇 주 동안 노예제에 관한 말은 아껴, 위드가 자신을 다음 단계로 이끄는 데 필요한 여백을 주었다. 위드는 국회의원을 한 명씩 소개시켜주면서 슈어드의 기분을 달랬다. 슈어드는 온건주의자들을 안심시키며, "사회를 후퇴시키기 위해서가 아니라 발전시키고 싶어서" 노예제에 대해 이야기한 것이라고 말했다. 테일러 행정부에게는 온건주의 정책 노선을 충실하게 따를 것이라고 약속했다. 당내 분열과 필모어의 기세에도 불구하고, 위드는 다수파를 통제하고 친구 슈어드를 상원의원으로 만들었다.

슈어드는 명성을 안고 상원에 도착했다. 하지만 클리블랜드에서 했던 슈어드의 급진적인 연설이 그를 괴롭히리라는 위드의 예언은 적중했다. 상원에서 선서한 지 얼마 지나지 않아, 한 남부 의원이 자리에서 일어나 "노예제는 폐지할 수 있고 또 폐지해야 합니다."라고 말했던 슈어드의 연설을 큰 소리로 낭독했다. "전율"이 회의장에 흘렀다. "조지아에서 당신 얼굴이 보이면 우린 당신 목을 딸 것이다."라는 협박편지가 슈어드에게 전달되었다.

야망을 위한 뒷거래

성장하는 반노예제 당을 통해 출세하려고 노력하던 새면 체이스는, 1849년 드디어 결실을 보았다. 열세 명의 자유토지당원이 오하이오 주 의회에 당선되었던 것이다. 당시 전체 일흔두 명이었던 주 의회 의원들은 차기 미국 상원의원을 선발할 것이었다. 휘그당과 민주당 모두 압도적인 다수가 아니었기 때문에, 자유토지당은 강력한 힘을 행사할 수 있었다. 사람들은 십 년 이상 의회에서 노예제 반대 운동의 투사로 활동했던 옛 휘그당원 조슈아 기딩스를 상원으로 보내는 것이 당연하다고 생각했다. 하지만 결국 그 자리를 차지한 것은 체이스였다. 그러나 아이러니컬하게도 승리를 위한 그의 전략은, 이후 그의 성공을 가로막고 마침내는 출신 주의 주요 인사들을 영원한 적으로 만들어버렸다.

대부분의 자유토지당원은 민주당에 반대하는 옛 휘그당원들이었다. 그들은 기딩스를 좋아했다. 한편 두 무소속 의원은 망설이고 있었다. 한때 자유당원이었다가 민주당에 가담한 노튼 타운센드와 과거 '양심적인 휘그당원'이었던 존 F. 모스가 그들이었다.

이 두 사람의 결정이 결과를 좌우할 것이었다. 기회를 엿보던 체이스는 오하이오 민주당 당수인 새무얼 메더리와 거래를 준비했다. 체이스가 타운센드와 모스의 표를 민주당으로 몰아주면, 메더리가 체이스를 미국 상원의원으로 만들어준다는 거래였다. 게다가 민주당은 흑인법 폐지에 표를 던지기로 약속했다. 그 대가로 민주당은 주 의회의 의장직과 그 직책이 누리는 폭넓은 임명권과 통제권을 가질 것이었다. 메더리에게는 이것이 상원의원 지명보다 훨씬 중요했다.

체이스는 타운센드와 모스의 표를 민주당으로 몰기 위해 부단히 노력했다. 기딩스가 워싱턴에 남아 있는 동안, 그는 콜럼버스에 가서 주 의회의사당과 가까운 닐 하숙집에 방을 잡았다. 밤에는 자유토지당 간부회의에 참석하고 낮에는 민주당원들을 한 명씩 만나 협상을 하기 위해서였다. 그는 주요 신문에 자신뿐 아니라 타운센드와 모스를 칭찬하는 기사를 흘렸다. 그는 한 개 이상의 신문에 돈을 빌려주었다.

자유토지당 계열 주간지인 〈콜럼버스 데일리 스탠더드〉의 요구를 자신의 재력으로 감당하기 힘들자, 체이스는 이렇게 편집자를 안심시켰다. "상원의원 선거가 끝나면, 내가 뽑히든 아니든 좀더 효과적으로 행동할 수 있습니다. 그러면 당신은 내게 의지할 것입니다." 그는 신문사에 돈을 빌려주면서도 신문사를 담보로 잡는 것은 거부했다. 이러한 일에 자신의 이름이 공식적으로 연루되는 것을 원치 않았기 때문이다.

모스가 흑인만을 위한 학교 설립 법안을 의회에 제출하려 한다는 사실을 알게 된 체이스는 〈콜럼버스 데일리 스탠더드〉의 편집자에게 그 법안이 통과되도록 도와 달라고 부탁했다. 그는 "이 일은 대단히 중요합니다. 그 법안이 일반 대중의 지지로 통과될 수 있다면, 전반적으로는 대의에, 그리고 특히 우리 친구 모스에게 상당히 큰 도움이 될 것입니다."라고 말했다.

또한 분명 그 일은 새먼 체이스의 출세에 큰 도움이 될 것이었다. 그는 차기 상원의원을 결정하는 데 고려할 사항은 노예해방 운동을 진척시킬 수 있는 능력이라고 모스에게 말했다. "원칙의 희생을 빼고는 대의를 위해 무슨 일이든 하며, 대의를 이루는 데 도움을 줄 수 있는 사람이어야 합니다." 체이스의 마음속에는 자신의 출세와 대의를 이루고자 하는 욕구가 뒤엉켜 있었다. 결국 모스와 타운센드가 주 의회 구성 때 민주당을 지지했고, 승리를 거둔 메더리는 의회에서 다수를 차지한 민주당 세력을 동원해 체이스를 상원의원으로 만들었다.

언론은 체이스 선거 운동의 독특한 상황을 걸고넘어졌다. 〈오하이오 스테이트 저널〉은 "그의 모든 행동은 오로지 야망의 산물이다. 자유토지당의 이익에 대한 그의 말은 사실 그 자신의 이익만을 위한 것이 아닌가?"라고 보도했다. 그러나 이 적대적인 신문의 비판은 지나친 면이 있었다. 민주당과의 거래는 실제로 자유토지당의 대의를 촉진시켰기 때문이다. 메러디가 약속한 대로, 민주당은 가증스러운 흑인법을 폐지하는 데 투표했다. 그리고 상원의원이 된 체이스는 노예제 반대 세력의 충실한 지도자가 되었다.

그럼에도 체이스가 상원의원 선거 중 벌였던 일은, 〈뉴욕 트리뷴〉을 통해 널리 알려져 호된 비판을 받았다. 상원의원 선거의 독특한 상황으로 야기된 의혹과 불신은 오랫동안 사라지지 않았다. 한 동료 정치가는 말했다. "그 일이 알려진 후 체이스는 오하이오의 모든 중년 휘그당원들의 신뢰를 잃었다. 그에게 드리워진 이 그늘은, 정치 생활의 중요한 시기마다 그의 길을 어둡게 만들었다."

자신의 술책이 어떻게 평가되는지 제대로 감지하지 못했던 체이스는, 자신이 오랜 친구를 배신하고 평생의 적을 만들고 있다는 것을 몰랐다. 분명 당시에는 용기 있고 통찰력 있는 일이었더라도, 한순간에 인연을 끊고 새로운 동맹관계를 맺은 그의 행동은 당시 정치계 관습에는 어긋난 것이었다.

체이스는 자신의 선거 운동에 대한 비판 때문에 괴롭긴 했지만, 어쨌건 승리에 흥분했다. 2년 후 자유토지당과 매사추세츠 민주당과의 비슷한 동맹으로 상원의원이 되어 체이스와 합류한 찰스 섬너도 마찬가지였다. 섬너는 이렇게 적었다. "믿을 수가 없었네. 자네의 승리는 서부 전역에 영향을 줄 수 있지. 지금도 상원에서 자네 존재는 우리 운동의 토론에 전례 없는 자극을 줄 것이네."

체이스는 1849년 3월 화려하게 상원의원 의사당에 입성했다. 가난한 청년 교사의 꿈이 드디어 이루어지는 순간이었다. 이제 체이스는 유명한 정치가이자 뛰어난 변호사, 전설적인 노예제 폐지 운동가로서 워싱턴 사회의 제일 앞자리를 차지할 수 있었다. 윌리엄 워트는 체이스를 자랑스러워했다. "어디서나 최고가 되어야 한다는" 체이스의 집요한 욕구는 충족되었다.

1840년대 말, 윌리엄 헨리 슈어드와 새먼 P. 체이스는 미국 상원에서 최고의 정치권력을 향해 전진했다. 에드워드 베이츠는 대부분의 세월을 시골 저

택에서 점점 늘어가는 가족과 함께 지냈지만 전국적으로 유명하고 널리 존경
받는 사람이 되었고, 최고의 정치적 지위에 오를 만한 사람으로 여겨졌다. 그
러나 에이브러햄 링컨은 여전히 변경에서 변호사로 활동하며 이야기로 순회
재판 동료 변호사들을 재미있게 해주었고, 당시 가장 중요한 주제에 대해 조
용히 생각하고 있을 뿐이었다.

5장

리더의 제1조건, 화술

격동의 50년대

1850년의 미합중국은 약 2300만 명의 국민을 둔 거대한 농업 국가였다. 그곳에서 정치와 사회 문제는 많은 이들의 절박한 관심사였다. 시민들은 그 어느때보다 정치에 적극적으로 참여했다. 전체 유권자 중 4분의 3이 10년간 두 번의 대통령 선거에 참여했다. 정치가의 기본 무기는 연설이었다. 연설 실력은 정치에서 성공을 거머쥐는 비결이었다. 링컨은 어릴 적부터 나무 그루터기에서 친구들에게 연설을 하며 그 실력을 연마해왔다. 그는 중요한 사안에 대해서는 연설하기 전에 항상 철저하게 조사하고 연구했다. 물론 선동적인 표현도 있었지만, 은유적인 표현을 사용하거나 문학과 고대 역사를 언급하기도 했으며, 때로는 문학적으로 대단히 뛰어나서 영원히 남을 만한 표현도 있었다.

정치의 쟁점과 연설은 당시 거의 유일한 언론 매체였던 신문을 통해 사람들에게 전해졌다. 대다수 신문은 대단히 당파성이 강했다. 서로우 위드와 호러스 그릴리의 경우처럼, 편집자나 발행인이 유력한 정치인인 경우도 많았다. "19세기의 신문은 끼니와도 같았다. 공기와 물처럼 너무나 값싸고 흔해서 그 유용성이 과소평가되었다."라고 작가 찰스 잉거솔은 말했다. 랄프 왈도 에머슨은 "상인들을 태우고 도시의 가게와 회계실, 들판, 창고로 실어 나르는 아침 기차를 보라! 차량마다 신문 파는 아이들이 신비한 종이를 꺼내들고, 막 아침식사를 마친 승객들은 마치 한 사람처럼 일제히 두 번째 아침식사를 향해 눈길을 돌린다."라고 기록했다. 유럽에서 온 한 여행객은 이 신생국가의 생활에 깊숙이 침투한 신문의 모습에 놀라워했다. "어딜 가든 신문 읽는 사람들을 볼 수 있다. 저녁이 되면 온 도시는 스물네 시간 전에 신문기자의 책상에 놓여 있던 것을 알게 된다."

50년대가 시작되기 17년 전, 앤드루 잭슨 대통령은 "연방을 파괴하려는 자들이 노예 문제로 큰 소동을 일으키려 한다. …… 이들은 연방을 해체하고 포토맥 강 경계를 따라 나뉘어지는 남부 연맹을 형성하려 들 것이 틀림없다."고 예언했다. 그리고 이제 그 소동이 일어났다. 노예제 문제는 건국 초기부터 남부와 북부를 분열시키는 원인이었다. 양쪽의 차이는 헌법 자체에서 구체적으로 나타났는데, 헌법이 국회에서의 표현상의 목적으로 노예를 5분의 3 정도로만 인간으로 간주하고 있었고, 도망 노예는 합법적인 주인에게 인도되어야 한다고 강제하고 있었던 것이다. 노예제 폐지론자인 국회의원 존 퀸시 애덤스의 말처럼 노예제는 헌법에 명시되지 않았지만, "계약서에 적혀" 있었다. 이는 '그 의무를 충실하게 수행해야 한다'는 뜻이었다.

하지만 기존에 존재하는 주의 노예제를 보호했던 헌법적 타협은 새로 편입된 준주에는 적용되지 않았다. 때문에 국토가 확장될 때마다 문제가 계속 불거졌다. 멕시코 전쟁으로 획득한 새 준주의 운명을 결정하기 위해 의회가 소집되었을 때, 이 국가적 논쟁은 다시 시작되었다. "법령에 따라 국민의 피와 돈으로 사들인 캘리포니아와 뉴멕시코 준주에서 우리를 몰아내려 한다면, 나는 연방 탈퇴를 지지할 것이다."라고 조지아 주의 로버트 툼스는 경고했다. 미시시피 주는 남부 여러 주에 남부의 권리를 옹호하기 위한 전당대회를 소집하라고 독촉했다.

　노예제 문제는 의회의 주요 쟁점 사안이 되었다. 논쟁은 격렬했다. 같은 당 내에서도 각자의 입장에 따라 파벌이 나눠어졌다. 노예제 문제가 정치계 전체를 분열시키고 있었다. 물론 분열이 일어난 것이 노예제 때문만은 아니었다. 남부는 북부의 제조업 육성을 위한 보호 관세에 반대하며, 북부에 운송 수단을 건설하기 위한 국내 개선을 위해 국가 예산이 사용되는 것을 막으려 했다. 하지만 이 같은 문제는 정치적 조정과 거래를 통해 해결할 수 있었다. 하지만 노예제는 그렇지 않았다. "우리는 노예제 문제에 적극적으로 관여해야 한다."라고 1800년대 초 버지니아 주의 존 랜돌프는 말했다. "노예제는 우리에게 생사의 문제다." 1850년대가 되자 랜돌프가 옳다는 것이 증명되었다. 그 '독특한 제도'는 이제 경제, 정치, 사회적으로 남부 사회 깊숙히 스며들어 있었다. 그렇지만 많은 북부인들에게 준주로의 노예제 확대는 자유 노동 운동을 위협하는 일이었다. 1850년대는 이 같은 '반목적인 요소들'의 극한 충돌을 예고하고 있었다.

　1850년 존 컬훈은 이렇게 경고했다. "분열이 단번에 일어나리라는 주장은 엄청난 오류다. 그러기에는 여러 주를 하나의 연방으로 묶는 끈이 너무나 많고 튼튼하다. 분열까지는 오랜 시간이 걸릴 것이다. 지난한 과정을 거쳐야만 이 모든 끈이 끊어지고 조직이 와해될 것이다. 그러나 이미 노예제 문제는 가장 중요한 끈 몇 개를 끊었다. 이러한 공통의 끈이 계속 끊어진다면 무력 말고는 여러 주를 단결시킬 다른 방법이 없을 것이다."

　연방의 정신적 끈 즉, 훌륭한 종파들은 교파는 이미 파벌적인 노선에 따라 찢어졌다. 그 다음으로 전국적 정당이 노예제 확산을 지지하는 쪽과 반대하는 쪽으로 대립하면서 연방의 정치적 끈이 끊어졌다. 50년대 초, 노예제로 인해 절망적으로 분열된 휘그당은 점점 그 세력을 잃다가 끝내 사라졌다. 탈당 사태로 골머리를 앓던 민주당도 서서히 세력을 잃었고, 1850년대 말 무렵에는 회복할 수 없을 정도로 분열되었다.

연방을 묶는 끈은 단순한 제도가 아니라 눈에 보이지 않는 애국심, 즉 혁명 세대의 성취에 대한 자부심과 미래에 대한 공통의 꿈을 말하는 것이었다. 1850년대의 역사는 이러한 끈이 팽팽하게 긴장하다가 점차 약해지고 마침내 끊어져버리는 과정에 대한 이야기이다. 한 집안도 갈라져서 서로 싸우면 망한다는 링컨의 말은 정확한 지적이었다.

감도는 위기

31대 국회가 개회되었을 때 악의에 불타는 다툼은 표면까지 끓어올랐다. 이후 링컨은 모든 눈길이 "모두가 위기에 대처할 수 있는 사람이라 여겼던" 일흔세 살의 헨리 클레이에게 쏠렸다고 말했다. 헨리 클레이는 전에도 연방을 구한 적이 있었다. 미주리 타협이 이루어진 지 37년이 지난 시점에서 의회와 미국은 다시 한 번 그에게 기대를 걸었던 것이다.

당시 클레이는 2년 후 그의 목숨을 앗아가게 되는 폐결핵을 앓고 있었다. 이젠 상원의사당의 계단을 오르기도 벅찰 지경이었다. 그럼에도 불구하고 그는 '1850년 타협'으로 알려진 결의안을 제출하기 위해 발언대에 올랐다. 〈뉴욕 트리뷴〉은 그가 "청년의 기백과 불꽃"을 다시금 불러일으켰다고 찬탄했다. 클레이는 조국의 운명이 이토록 위태롭게 느껴진 적은 없었다고 말했다. 그는 동료들에게 "입을 크게 벌리고 있는 저 아래 심연으로 떨어져 회복할 수 없는 파멸에 이르기 전에" 싸움을 중단하라고 간청했다. 그는 분열이 전쟁을 낳을 것이며, 이 전쟁은 "너무나 격렬하고 무자비하고 파괴적이어서" 역사에 깊은 흠집을 남길 것이라고 예언했다.

재난을 피하기 위해서는 타협이 이루어져야 했다. 그의 첫 번째 결의안은 즉각 캘리포니아 주의 가입을 허락하고, 노예제에 대한 결정권은 캘리포니아의 새로운 주 의회에 남겨둘 것을 촉구했다. 캘리포니아 주민 대다수가 노예제의 전면 금지를 원하고 있었기에, 이 안은 북부의 찬성을 받았다. 그는 다음으로 멕시코에서 획득한 나머지 영토를 두 준주, 즉 뉴멕시코와 유타로 나누어 편입하고 노예제에 대해 제약하지 말자고 제안했다. 이 제안은 남부의 찬성을 받았다. 그는 나라의 수도 경계 내에서는 노예무역을 중지시키고, 한편으로는 도망 노예의 소환이 용이하도록 1793년의 옛 도망 노예법을 강화하라고 의회에 촉구했다. 도망 노예는 배심 재판 없이 지방행정관의 판결에 따라야 할 것이며, 연방보안관은 도망 노예를 쫓아갈 시민을 파견할 자격을 가질 것이었다.

클레이는 타협 결의안이 노예주보다는 북부에 훨씬 많은 양보를 요구하고 있음을 인정했지만, 이는 연방을 유지하기 위한 것이라고 호소했다. 남부가 재산과 관습, 안전, 삶 자체에 대한 우려로 노예제 존속을 주장했던 반면, 북부는 이데올로기와 정서에 근거해 노예제를 반대했다. 북부는 실질적으로 잃을 것이 없었다. 마지막으로 그는 하나님에게 간청했다. "만약 연방의 붕괴라는 비참하고 슬픈 사건이 일어난다면, 저는 살아남아 그 슬프고 비통한 광경을 보고 싶지 않습니다." 이 기도는 응답을 받았다. 그는 남북전쟁이 시작되기 10년 전 세상을 떠났다.

헨리 클레이가 무수한 인파 속에서 연설을 한 1850년 2월 5일로부터 4주 후, 방청석은 사우스캐롤라이나 주 출신인 존 컬훈의 연설을 듣기 위한 사람들로 다시 가득 찼다. 최고의 주 권리 옹호자였던 예순일곱 살의 컬훈은 폐렴으로 약해진 몸을 두꺼운 모직 코트로 감싸고 의사당에 나타났다. 힘겹게 의자에서 일어나던 그는 연설을 하기에는 자신의 몸 상태가 너무 안 좋다는 것을 깨닫고, 친구인 버지니아 주의 제임스 메이슨 상원의원에게 연설문을 대신 읽어 달라고 부탁했다.

연설은 북부를 통렬히 비판하고 있었다. 컬훈은 북부가 새로운 영토에 노예를 데려갈 수 있는 남부의 권리를 인정하지 않고, 노예 문제에 관한 논의를 중단하지 않으며, 두 지역 간 세력 균형을 회복하는 헌법상의 단서 조항에 찬성하지 않는다면, 연방 탈퇴만이 유일한 선택일 것이라고 경고했다.

'위대한 3인방'(클레이, 컬훈, 웹스터를 이렇게 불렀다) 중 세 번째 인물인 매사추세츠 주 대니얼 웹스터의 연설은 3월 7일로 예정되어 있었다. 그날 의사당은 이전 그 어느 때보다 더 많은 인파로 가득 찼다. 웹스터가 그를 압도적으로 지지하는 노예제 폐지론자의 열렬한 희망과는 반대로, 클레이의 남부 편향적인 타협안을 지지하기로 했다는 소문이 나돌았기에 이번 연설에 대한 관심은 더욱 높아졌다. "저는 오늘 매사추세츠 사람이나 북부 사람이 아니라 미합중국 국민으로서 말씀드리고자 합니다. 저는 오늘 연방의 존립을 위해 연설할 것입니다. 대의를 위하는 제 호소를 들어주십시오."라는 말로 웹스터는 연설을 시작했다. 그는 노예제 폐지론자들을 비난하면서 도망 노예법 강화를 위한 단서 조항 등 클레이의 결의안을 하나도 빠짐없이 지지한다는 뜻을 밝혀 북부인을 경악하게 했다. 뉴잉글랜드 사람들은 웹스터의 새로운 입장을 유난히 싫어했다. 랄프 왈도 에머슨은 "웹스터 씨는 명예의 전당에서 자신의 이름을 고의로 빼냈다. 그는 오랫동안 이룩했던 모든 업적을 일순간에 망쳤다."라고 평가했다.

그러나 웹스터의 연설은 평화로운 문제 해결을 간절히 원했던 전국의 온건주의자들로부터 열렬한 지지를 받았다. 반노예제 입장을 고수했던 휘그당원들은 슈어드가 자신의 연설 차례가 되었을 때 주저할지도 모른다고 우려했다. 그런 걱정은 기우에 불과했다.이 연설을 위해 열심히 준비했다. 몇 주 동안 슈어드는 이 연설을 위해 열심히 준비했다. 이것은 상원에서의 첫 연설이자, 최초의 전국적인 연설이 될 것이었다. 그는 위드와 오랫동안 의견을 나누고 프랜시스 앞에서 여러 번 연습을 했다. 연설은 1850년 3월 11일에 있을 예정이었다.

슈어드는 "지금까지 제시된 모든 형태의" 타협에 단호하게 반대한다는 주장으로 연설을 시작했다. 그는 특히 도망 노예법을 강화하는 데 반대했다. "우리 자신을 구속하는 억압은 모두 거부하면서 다른 이들에게는 사슬을 강요한다면 우리는 진정한 기독교인이나 자유인이 될 수 없습니다." 그는 워싱턴에서의 노예 무역 금지만으로는 불충분하며 수도에서 노예제를 전면 폐지해야 한다고 주장했다. 마지막으로 새로운 준주 그 어느 곳에도 노예제 도입을 허용해서는 안 된다고 주장했다.

연설이 두 시간째로 접어들면서 그의 어조는 더욱 자신감 있게 바뀌었다. 그는 이 연설에서 자신의 이름을 영원히 떠올리게 할 '도덕률'의 토대를 마련했다. "헌법보다 더 높은 도덕률은 전 지역에 걸쳐 우리의 권위를 통제할 것이며, 신성한 목적에 전념하게 할 것입니다. 땅은 우주의 창조주가 선물한 전 인류의 유산 중 일부입니다. 우리는 하나님의 재산 관리인일 뿐입니다."

이 연설로 슈어드는 상원에서 노예제 반대 운동의 대표 주자가 되었다. 그의 연설문은 수만 장이나 인쇄되어 북부 전역에 배포되었다. 〈뉴욕 트리뷴〉은 그 연설이 온 나라를 깨울 것이며 "오래도록 살아남아 진심 어린 감탄 속에 읽히고, 그 어떤 연설보다 국민의 정신에 더 강력한 영향을 미칠 것"이라고 논평했다.

은폐된 갈등

바로 이 극적인 시기 국회에 진출한 체이스는 노예제 반대 투쟁에서 주도적인 역할을 맡기로 되어 있었다. 그 역시 몇 주 동안 연설을 준비하면서 옛 법령집을 열심히 연구하고 동료 개혁 운동가 찰스 섬너와 의견을 주고받았다. 체이스와 섬너는 확고한 반노예제 관점 때문에 비난을 받을 때마다 서로에게 정신적으로 큰 힘이 되어주었다. 체이스는 섬너에게 "자네만큼 나와 마음이 잘 맞는 사람은 없었네."라고 말했다. 섬너는 체이스를 '의지처'로 여겼으며, 상원의원으로 당선된 그가 "우유부단한 사람에게 확신을 주고, 게으른 사람을 서두르게 하며, 기회주의자를 좌절시킬 것"이라고 생각했다.

체이스가 연설을 하기 직전, 섬너는 그에게 편지를 보냈다. "자네의 움직임에 대한 깊은 관심을 숨길 수 없군. 온 나라에 우리의 대의가 울려 퍼지기를 기대하네." 그러나 그때는 이미 슈어드가 체이스가 주장하려 했던 입장을 또렷이 제시하여 노예제 반대 세력의 가장 주요한 대변인으로 부각된 후였다.

더욱이 체이스에게는 슈어드만큼 감동적인 연설을 할 능력이 없었다. 몇 년 동안 꾸준히 연습하여 연설 실력이 늘기는 했지만, 어릴 적부터 남아 있던 약간의 혀 짧은 소리는 완전히 없앨 수가 없었다. 체이스는 사려 깊고 설득력 있게 주장했지만, 연설이 미처 다 끝나기도 전에 의사당은 텅 비어버렸다. 체이스는 몹시 실망했다.

체이스는 섬너가 슈어드의 감동적인 첫 연설을 칭찬하자 더욱 크게 실망했다. 섬너는 슈어드에게 몹시 감사한다고 체이스에게 말했다. "슈어드는 우리 편이네."라고 섬너는 크게 기뻐했다. 그러자 체이스는 적이 언짢아하며 대답했다. "슈어드가 우리 편이라는 당신 말은 틀렸습니다." 그는 슈어드가 지금은 "노예제 반대 의견에 함께하고 있지만", 휘그당에 대한 충성심 때문에 완전히 믿을 수 없다고 말했다. 그 다음 편지에서는 "내가 볼 때 그는 도가 지나친 정치가입니다."라고 덧붙였다.

지난 10년 동안 슈어드와 체이스는 노예제 반대 운동을 활성화시키는 데 가장 효과적인 방법에 대한 의견을 교환했다. 제3당에 가입하느냐 마느냐에 대한 의견은 달랐지만, 체이스는 늘 슈어드를 존경했고 노예제 폐지를 위해 상원에서 그와 함께 일하기를 기대했다.

그런 체이스의 태도가 변화한 것은 어느 정도는 질투심 때문인 것이 분명하다. 그는 스물세 살 때 일기에 이렇게 적었다. "나는 모든 일에 뛰어난 사람이 되기 위해 노력할 것이다. 하지만 뛰어나지 못하다 해도 내가 잘못을 저지른 게 아니라면, 굴욕감을 느끼지 않을 것이다. 마땅한 자격이 있다고 여기는 사람은 기꺼이 칭송할 것이다. 또한 다른 사람이 칭송받을 때 그를 질투하지 않을 것이다. 내가 그럴 수 있도록 하나님께서 도와주시기를." 그렇지만 똑같은 기회를 가졌던 슈어드가 노예제 폐지 운동의 리더로 부상했을 때, 그는 끓어오르는 질투심을 없애지 못했다. 이렇게 두 사람 사이에 생긴 불화는 링컨 행정부 때까지 계속되어 연방에 막대한 영향을 미쳤다.

슈어드는 노예제 폐지론자들의 갈채를 한 몸에 받았지만, 남부와 북부 전역의 보수파 신문들의 격렬한 비난에 시달려야 했다. "슈어드 상원의원은 뉴욕의 흑인들처럼 모든 타협에 반대한다. 그의 견해는 남부의 제도를 철저히 파괴하려는 북부 광신자의 견해와 같다."라고 〈뉴욕 헤럴드〉는 논평했다. 슈어드는 처음에는 그러한 비난에 괴로워하지 않고 "내가 죽을 때 할 말을 했다."고 말하며 의연하게 대처했다. 아내 프랜시스는 그때보다 더 남편을 자랑스러워한 적이 없었다. 남편을 볼 때면 사랑과 존경심으로 압도되는 듯한 기분이 든다고 그녀는 자매에게 말했다.

이렇게 하늘을 찌를 듯했던 슈어드의 기분은, 위드의 걱정스러운 편지를 받고 이내 누그러들었다. 그는 '헌법보다 더 높은 도덕률'이라는 슈어드의 표현이 도를 넘어선 것 같다고 우려했다. 위드는 연설문 초안은 봤지만, 최종 원고는 읽지 못했었다. 위드는 슈어드에게 "자네 연설을 듣고 무거운 마음으로 잠들었네. 아무것도 내 걱정을 덜어주지 못하는군."이라고 털어놓았다. 위드의 비판은 슈어드를 괴롭혔다. 정신적 스승의 정치적 감각이 대개 자신보다 뛰어나다는 사실을 알고 있었기 때문이다. 슈어드는 위드의 비판적 편지의 속뜻을 눈치 채고는 의기소침해지고 슬픔과 부끄러움으로 가득 찼다. 그 표현이 자신뿐 아니라 정신적 스승의 정치 경력까지도 위험에 빠뜨렸음을 깨달았던 것이다.

얼마 후 슈어드의 정황이 크게 흔들리는 일이 일어났다. 위드와 슈어드를 측근으로 인정했던 재커리 테일러 대통령이 미완공된 워싱턴 기념비 부지에서 열린 7월 4일 경축행사에 참석한 후 치명적인 위장염에 걸렸다. 이로 인해 테일러가 갑자기 사망하자 슈어드의 숙적인 부통령 밀러드 필모어가 대통령직에 올랐다. 이제 타협안을 막을 가망은 없었다. 그해 9월 일리노이 주 상원의원인 스티븐 더글러스는 노련한 리더십을 발휘해 클레이의 일괄법안을 상원과 하원 모두에서 통과시켰다.

1850년 타협으로 위기는 종식된 듯했다. 스티븐 더글러스는 법안을 '최종 해결'로 여기며, 양쪽의 동료들에게 논쟁을 중단하고 이야기를 접으라고 촉구했다. 타협안이 통과되자 워싱턴의 일류 호텔들은 환하게 불을 밝혔고, 100발의 축포가 터졌다. 가수들은 엄청난 군중과 함께 클레이, 웹스터, 더글러스의 집 창문 아래에서, 미국의 비공식 국가인 '콜롬비아에 갈채를'과 공식 국가인 '성조기여 영원하라'를 부르며 이들을 찬양했다. 남부 성향의 루이스 캐스는 "위기는 지나갔다. 구름은 걷혔다."라고 말하며 크게 기뻐했다. 하지만 온 나라가 기쁨에 들떠 있을 때, 조지아의 한 편집장은 예언하듯 경고했다. "하지만 투쟁의 요소는 모두 살아 있고, 지금의 정부보다 더 오래 살아 남을 것이다. 북부와 남부의 갈등을 잠시 은폐할 수는 있지만, 완전히 없앨 수는 없다."

인생이라는 학교

스프링필드에서 신문을 통해 이 극적인 사건을 들여다보던 에이브러햄 링컨은 평화로운 해결에 대체로 만족했다. 도망 노예법을 지지하는 단서 조항은 불만스러웠지만, 연방의 존립을 위해서는 응당 어느 정도는 양보하는 게 당연하다고 생각했다. 하지만 슈어드의 '도덕률'이라는 개념에는 동의하지 않았다. 링컨은 그보다는 헌법과 독립선언서에 기초한 자신의 노예제 반대 의견이 더 설득력 있다고 믿었다.

이 시기 링컨은 순회재판에 열중하고 있었다. 순회재판은 그의 성격에도 맞고 돈도 벌 수 있어서 좋았다. 낮에는 재판정에서 맹렬하게 싸우고, 밤이면 선술집에서 동료 변호사들과 친구가 되어 유쾌한 시간을 보냈다. 순회재판 판사와 변호사들이 등장하면 마을은 흥분으로 술렁였다. 사람들은 논란이 분분한 유언장과 이혼, 사생아 소송부터 명예훼손, 특허 신청, 부채 수금, 살인과 강도 사건에 이르기까지 재판정에서 다뤄지는 수많은 사건을 궁금해하며 몇 마일 밖에서도 찾아왔다.

같이 순회재판을 다녔던 헨리 휘트니는 이렇게 회상했다. "재판소는 이른 아침부터 늦은 밤까지, 선술집은 늦은 밤부터 이른 아침까지 소동과 사건, 유쾌한 수다, 아이러니, 냉소, 흥분과 재미있는 이야기로 북적였다." 하숙집 방이 깨끗하고 식사가 훌륭한 마을도 있었지만, 반대로 방에 빈대가 들끓고 먼지가 수북한 마을도 있었다. 변호사들은 대개 한 침대에 두 명씩 잤으며, 한 방에는 보통 서너 개의 침대가 있었다. 순회재판을 하는 동안에는 이렇게 형편없는 환경에서 생활해야 했지만, 링컨은 그 생활을 좋아했다.

일을 아주 잘 했던 링컨은 동료 변호사들의 존경을 받았다. 순회 재판을 같이 다니던 이들 중 링컨만큼 많은 사랑을 받았던 변호사는 없었다고 한 동료 변호사는 회고했다. "그는 무척 겸손했다. 그는 자신이 그 누구보다 못난 사람이라고 생각했다. …… 그는 젊은 변호사들에게도 대단히 친절하게 대했다. 링컨과 법정에서 함께 일했던 젊은 변호사 치고, 그에게 애정을 갖지 않는 사람은 없었다."

순회재판 일행 중, 당면한 소송과 관련된 사람들은 모두 긴 탁자에서 함께 식사를 했다. 식사를 마치고 나면, 모두들 난롯가나 데이비스 판사의 방에 모여 술과 담배를 나누며 이야기에 빠져들었다. 링컨은 술, 담배나 도박을 하지 않았지만, 그런 사람들을 비난하지도 않았다. 오히려 스프링필드의 한 금주 모임에서 "우리가 술을 마시지 않는 것은 그들보다 정신적, 도덕적으로 우월해서라기보다는 그저 입맛에 맞지 않기 때문"이라고 주장하기도 했다. 이같은 자리에서 링컨은 늘 중심을 차지했다. "그는 불을 등지고 서서 이 이야기 저 이야기를 넘나들며 해가 뜰 때까지 사람들을 웃겼다."고 헌돈은 회고했다.

링컨이 제일 좋아했던 일화는 미국 독립혁명이 막 끝났을 무렵의 이야기였다. 이야기는 독립전쟁의 영웅 에단 앨런이 평화 조약을 맺은 후, 영국에 갔다가 엄청난 조롱을 당했던 날부터 시작된다. 영국인들은 미국인, 특히 워싱턴 장군을 조롱하며 선물받은 장군의 초상화를 보란 듯 옥외 변소에 걸어 놓았다. 그러나 앨런이 그걸 빤히 보고도 아무 말도 하지 않자, 영국인들은 그에게 워싱턴 장군의 그림을 보았느냐고 물었다. 그러자 앨런은 영국인이 그 그림을 보관하기에 그보다 더 적당한 곳은 없다고 생각한다고 말했다. 그 들이 이유를 묻자, 앨런은 워싱턴 장군의 얼굴을 볼 수 있는 변소만큼 빨리 똥을 싸기 좋은 곳은 없기 때문이라고 대답했다.

이후 존 어서가 전해준 링컨의 또 다른 이야기에서는 "혁명의 유물을 엄청 나게 숭배했던" 남자가 주인공이다. 한 노부인이 "혁명전쟁 때 입었던" 옷을 아직도 갖고 있음을 알게 된 그는 그 부인의 집에 가서 옷을 보여 달라고 졸 랐다. 그녀는 장롱에서 옷을 꺼내 그에게 건네주었다. 남자는 너무나 흥분해 서 옷에 입을 맞추었다. 현실주의자였던 부인은 낡은 옷을 가지고 바보 같은 짓을 한다며 그를 경멸했다. "오래된 것에 입을 맞추고 싶다면 내 궁둥이에 입을 맞추시구려. 내 엉덩이가 그 옷보다 16년은 더 오래됐으니 말이우."

하지만 링컨이 단순히 우스꽝스러운 이야기만 한 것은 아니다. 자신의 경 험과 다른 이들의 진기한 일화를 섞어 만든 링컨의 이야기들은, 귀를 기울이 고 있던 이들의 삶과 연결되어 유익한 교훈을 주었다. 링컨에게는 실용적인 지혜를 유머러스한 이야기로 만들어, 누구나 잊지 않고 다른 사람에게도 전 할 수 있게 만드는 재주가 있었다.

휘트니는 "당신들은 그저 링컨의 이야기를 듣기만 한 것 아닙니까?"라는 질문을 받았다. 그는 이렇게 대답했다. "아니오! 우리는 철학과 정치, 경제, 형이상학과 인간에 대해 폭넓은 대화를 나누었습니다. 우리 대화의 주제는 생각과 경험의 우주를 관통하고 있었지요." 오랜 후, 휘트니는 조지 워싱턴 에 대한 기나긴 토론을 떠올렸다. 논쟁의 주제는 초대 대통령이었던 워싱턴 이 완벽했느냐, 인간적인 오류가 많은 사람이었느냐는 것이었다. 휘트니에 따르면, 링컨은 어릴 적 배웠던 것처럼 워싱턴이 완벽하다는 생각을 간직하는 게 좋겠다고 말했다고 한다. "완벽한 인간이 존재했고, 인간이 완벽할 수 있다고 믿는다면 인간성은 더욱 나아질 것"이라고 링컨은 주장했다.

토요일 오후에 법원이 문을 닫으면, 대부분의 변호사는 집으로 돌아갔다가 일요일 밤이나 월요일 아침에 돌아왔다. 하지만 링컨만은 주말 내내 순회재판 지역에 남아 있었다. 처음에는 다들 의아해했지만, 곧 그가 왜 집에 가려 하지 않는지 알게 되었다. 대부분의 변호사들에겐 즐겁고 화목한 가정이 있었지만, 링컨은 그렇지 못했던 것이다. 헌돈은 "집은 지옥이었고 집 밖은 천국이었기 때문에" 링컨이 가능한 한 오래 순회재판 구역에서 지냈다고 말했다.

링컨의 가정생활이 행복하지 않다는 것은 뒤늦게 알려졌다. 데이비스와 헌돈이 메리에게 깊은 적개심을 갖게 되었을 때였다고 한다. 그러나 당시 데이비스가 아내 세라에게 쓴 편지에는 조금 다른 이야기가 담겨 있다. 1851년 데이비스는 "링컨은 아내와 아이들에 대해 언제나 애정을 담아 이야기한다오."라고 세라에게 말했다. 데이비스의 편지들에서는 링컨의 부부생활에 어떤 문제가 있었다는 흔적은 조금도 찾을 수 없다. 링컨이 반드시 가정 불화 때문에 변호사 일에 매달렸다고는 볼 수는 없을 것이다. 순회재판 생활은 링컨에게 "부족한 교육"을 벌충하는 데 필요한 시간과 공간을 주었다. 순회재판에 나가 있을 때면 그는 집안일에 방해받지 않고 기하학을 공부할 수 있었다. 그 후 마침내 그는 "유클리드 여섯 권을 통달했다."고 자랑스레 말했다. 그의 첫 번째 법률사무소 동업자였던 존 스튜어트는 "그는 철학과 논리학, 수학 책을 열심히 읽었다"고 회상했다.

헌돈은 어느 날 링컨이 "공부에 푹 빠져 있어서 내가 사무실에 들어가도 눈을 들어 나를 바라보지 않았다."고 말했다. "무수한 문방용품에" 둘러싸인 링컨은 "숫자로 빼곡한 종이가 사방에 널려 있는 걸로 미루어볼 때, 어떤 복잡한 계산과 씨름하고 있는 것"이 분명했다. 헌돈은 "그는 원의 면적을 구하는 어려운 문제를 풀기 위해 노력하고 있었다.”고 전했다. 링컨은 4000년 전에 고대인들이 낸 이 어려운 문제에 “거의 이틀 내내 탈진할 지경에 이를 때까지” 매달렸다.

링컨은 기하학 외에도 동료 변호사들이 대학에서 배운 천문학과 정치경제학, 철학을 혼자서 공부했다. 같이 순회재판을 다녔던 변호사 레너드 스웨트는 “그에게 인생은 학교였고, 그는 항상 자신에게 주어진 모든 과목을 충실히 공부했다.”고 말했다. 링컨의 순회재판 시간은 메리에게는 힘든 시간이었음이 틀림없다. 그녀는 남편의 이 오랜 부재를 “결혼생활의 가장 큰 고통 중 하나”로 여겼다. 그러나 링컨에게는 순회재판 생활이 너무나 소중했다. 이 생활은 마음 맞는 친구들과 교류하고 계속 공부할 수 있는 기회를 주었다. 뿐만 아니라, 여러 소도시의 거리를 거닐고, 궁벽한 시골의 선술집에서 식사를 하며 수천 명의 평범한 일리노이 주 사람들의 욕망과 공포, 희망을 생생하게 접할 수도 있었다. 이때 만난 평범한 친구들은 몇 년 후 링컨이 첫사랑, 즉 정치계로 돌아갈 때가 되었을 때 그의 충실한 지지층이 되었다.

프랜시스의 이상

링컨이 순회재판에 참여하는 동안, 슈어드는 국정(國情)의 반동적인 변화에 무척 실망했다. 그는 프랜시스에게 보내는 편지에서 “내가 노예제 문제에 대해 입을 다물지 않는다면, 휘그당을 혼란에 빠뜨리려 한다는 비난을 받을 거요.”라고 말했다. 그는 민심을 고려하여 노예제에 대한 견해를 입 밖에 내지 않고 교육과 국내 개선, 외교 정책 등 논쟁의 여지가 덜한 문제로 관심을 돌렸다. 그러면서 미국 시민이 서서히 계몽되면 노예해방이 이루어질 것이라고 애써 믿으려 했다. 1852년, 헨리 클레이와 대니얼 웹스터가 사망했을 때, 슈어드는 상원 의사당에서 지극히 열렬한 송덕문을 읊었다. 그의 급진적인 친구들은 불같이 화를 냈다. 슈어드는 프랜시스에게 불평했다. "그들은 터무니 없는 분노가 인간의 삶을 얼마나 불행하게 하는지 모르더군!"

이상주의자였던 프랜시스는 송덕문에 대한 남편의 이론적 설명은 인정했지만, 타협이 있은 후 전국을 뒤덮은 반발에 대한 그의 불만을 지지할 수는 없었다. 1852년 휘그당이 전당대회에서 대통령 후보 윈필드 스콧 장군을 위한 온건한 강령을 작성하고 타협을 지지하려 하자, 프랜시스는 남편에게 집으로 와 달라고 편지를 보냈다. "그들이 어떤 식으로든 타협을 지지하려 한다면, 당신이 그 전당대회에서 활동하지 않기를 바랍니다. 그렇지 않으면 자유를 진심으로 원하는 사람들은 몹시 실망할 거예요."

프랜시스는 남편의 연설이나 글에서 타협적인 어조를 감지하면 그냥 넘어가지 않았다. 그녀는 "세상 사람들은 시류에 순응하라고 합니다. 실제로 시류에 순응해서 옳은 길을 갈 수 있는 게 확실하다면 상관없습니다. 하지만 필요하다면 시류에 저항하는, 보다 고결한 길도 있어요."라고 주장했다.

프랜시스는 찰스 섬너가 항상 그 고결한 길을 택하는 정치가라고 생각했다. 물론 가끔은 그 때문에 고립되기는 했지만 말이다. 체이스처럼 풍채가 당당하고 선이 뚜렷한 정치가다운 외모를 갖고 있던 총각 섬너는 프랜시스가 상경했을 때 슈어드 가족과 함께 식사를 하곤 했다. 그녀가 오번으로 돌아갔을 때, 둘은 많은 편지를 주고받았다. 섬너는 노예제에 대한 완고한 입장 때문에 상원에서 비난과 조롱을 받고 있을 때도 변함없이 자신을 지지해주었던 그녀를 잊지 않았다. 1852년, 그는 도망 노예법을 폐기하자는 의안을 상원에 제출했다. 그 제안은 단 네 표밖에 얻지 못했다. 다른 노예제 폐지론자들처럼 슈어드도 스콧의 대통령 당선을 방해한다는 이유로 섬너를 지지하지 않았다. 하지만 프랜시스는 충실하게 친구를 지지했다. "자유에 대한 이 용감한 시도는 당신의 진심을 의심하는 트집쟁이들의 입을 다물게 할 것입니다. 그건 정당한 대의를 위한 숭고한 주장입니다."

그해 11월 대통령 선거에서, 스콧은 남부인들이 지지하는 후보 프랭클린

피어스(미국의 제14대 대통령)에 밀려 대패했다. 북부 휘그당은 이를 '워털루 패배'라 불렀다. 이때 프랜시스는 절망에 빠졌다. 그녀는 주류 정치계에 대한 믿음이 사라졌다며, 노예제 폐지 운동에 동참하고 싶다고 남편에게 말했다. 슈어드는 자기 가문의 이름이 노예제 폐지 운동과 관련되면, 좋은 일보다는 나쁜 일이 더 많을 것이라면서 자제해 달라고 부탁했다.

프랜시스가 건강했더라면, 슈어드 부부의 결혼생활은 많이 달랐을 것이다. 몸이 약했던 프랜시스는 구역질, 일시적인 시력 상실, 불면증, 편두통, 원인을 알 수 없는 근육통과 관절통, 극심한 발작, 지속적인 우울증 등 다양한 신경증으로 점점 쇠약해졌다. 번쩍이는 불빛이나 덜컹거리는 마차, 날카로운 소리만으로도 몸져눕곤 했다. 의사는 프랜시스를 반병자로 만든 이 증상의 원인을 정확히 밝히지 못했다. 총명한 여인이었던 프랜시스는 한때 수많은 여인을 괴롭혔던 "다양한 신경증과 무서운 생각을 하는 습관"이 19세기 중반 교육받은 여성의 욕구불만 때문은 아닌가 생각했다. 그녀의 글 중에는 여성의 비참한 상황에 대한 미출판 논문 초고가 있다. 그녀는 이렇게 기술했다. "사람들은 여자가 달리거나 껑충 뛰거나 활동적인 운동에 참여하면 미쳤다고 생각할 것이다. …… 무도장에서 밤새 춤을 추는 건 괜찮지만, 아이들과 황무지에서 달리기를 하거나 절벽에서 꽃을 찾는 일은 여성스럽지 못하고 경망스러운 일이라 여긴다." 그녀는 이 글에서 "일을 하지 않아도 되는 여성에게 존재하는 무수한 질병은 적절한 일자리, 즉 삶의 진짜 목적이 없기 때문이다."라고 주장했다."

슈어드 부부의 관계는 몇 년 동안 하루도 빠짐없이 쓴 정겨운 장문의 편지를 통해 유지되었다. 프랜시스는 수천 통의 편지에서 정원의 변화와 아이들의 재미있는 행동을 묘사했다. 또한 정치 문제에 대해 조언하고, 남편의 연설에 대해 비평했으며, 노예 문제에 대한 자신의 의견을 적극적으로 표현했다. 그녀는 남편을 격려하면서, 할 수 있는 일이 아니라 해야 할 일을 생각하라고 여러 번 강조했다. 슈어드는 편지에서 동료들의 성격을 분석하고, 두려움을 털어놓고, 읽은 책에서 받은 인상을 전하고, 그녀를 "이 세상 그 무엇보다" 사랑하노라고 여러 번 말했다. 그는 아이들이 자신의 담배 연기 속에서 뛰어 놀고, 남편과 아내가 편안하고 허심탄회하게 이야기를 나누는 즐거운 가정을 상상하곤 했다. 하지만 결국 그가 원했던 것은 정치였다. 그 결과 슈어드 부부는 링컨 부부보다 훨씬 오랜 시간 동안 떨어져 지냈다.

엄격한 아버지

체이스 역시 타협 이후 몇 달 동안 풀이 죽어 지냈다. "지금 우리 위에는 먹구름이 있네. 노예소유주는 1년 전에 그들이 소망했던 것 이상으로 성공했네." 최소한 잠깐 동안은 노예제 폐지 운동이 좌절된 것 같았다.

게다가 체이스는 상원에서 고립되어 있었다. 민주당이 위원회 업무와 정치 회합에서 그를 배제했던 것이다. 그는 자유토지당원들의 우정에 의지할 수도 없었다. 그들은 체이스가 출세를 위해 자신들을 희생시켰다고 생각했다. 시간을 주체할 수 없었던 그는 뉴욕의 기숙학교에 있던 딸 케이트에게 편지를 쓰면서 시간을 보냈다. 그의 세 번째 아내 벨이 그녀의 목숨을 앗아간 결핵에 걸렸을 때, 그는 케이트를 기숙학교에 보냈다.

매디슨 가와 49번 가에 위치한 미스 헤인스 학교는 무척 엄격했다. "그곳에선 선생님의 허락 없이는 숨도 쉴 수 없었다."고 한 학생은 회상했다. 이 숨막히는 환경에서 1년 중 10개월 동안 지냈던 케이트는 늘 사랑하는 사람, 즉 아버지를 그리워했다. 체이스는 수백 통의 편지를 딸에게 보냈다. 하지만, 그 속엔 슈어드 같은 따스함은 없었다. 그는 냉정한 선생님 같은 태도로 아이를 칭찬하기도 하고 비난하기도 하면서, 편지 쓰는 법을 가르치고 좋은 습관을 기르라고 훈계했다. 케이트의 편지 글씨가 예쁘지 않으면 체이스는 그녀의 글자체를 비난했다. 글자체가 예쁘면, 밋밋한 문장 실력을 비판했다.

케이트가 열네 살이었을 때 체이스는 말했다. "사랑하는 딸아, 네 다정한 편지가 어제 도착했단다. 하지만 다소 따분하더구나. …… 관찰하는 습관을 기르면 네게 큰 도움이 될 게다. 똑같은 내용도 누가 어떻게 이야기하느냐에 따라 엄청나게 달라질 수 있다. 이 차이는 대부분 기질에서 비롯되지만, 총명한 사람이라면 섬세한 자기 훈련으로 이해력과 표현력을 높일 수 있다." 체이스가 케이트에게 이렇게 충고했던 이유는, 의지를 가지고 노력해 자신이 가진 장애를 모두 극복하면, 크나큰 만족을 얻을 수 있다고 믿었기 때문이다. 케이트는 엄격한 아버지를 기쁘게 하기 위해 무던히 노력했다.

어느 해 체이스는 이러한 노력에 대한 보상으로, 그녀를 워싱턴에 초대했다. 케이트는 오랜 시간이 흐른 후에도 그때의 일을 생생하게 기억했다. 50대가 되었을 때 그녀는 한 기자에게 자랑스레 말했다. "난 클레이와 웹스터, 컬훈을 알아요." 어린 소녀였던 그녀는 특히 클레이에게서 깊은 인상을 받았다. 클레이는 케이트의 응석을 잘 받아주었고, 그녀도 클레이를 좋아했다. 대니얼 웹스터는 케이트에게 "이상적인 정치가의 모습"으로 보였다. 그녀는 이후 아버지에게 이같이 말했다. "그는 좀처럼 웃지 않았어요. 하지만 대단히 친절했고 내게 당신의 연설문을 보내주곤 했어요. 그는 제가 그 글을 읽을 거라고 생각하지 않았지만, 제게 안부를 묻고 절 기억하고 있다는 걸 보여주고 싶어 했어요. 학교에서 무료배달 서명이 선명한 대니얼 웹스터의 편지를 받을 때마다 얼마나 자랑스러웠는지 몰라요."

케이트는 아버지의 상원의원 동료들 중에서 찰스 섬너를 가장 좋아했다. "그는 마음이 따뜻하고 섬세했어요. 그는 재미있는 이야기를 많이 알았고 말을 정말 잘했어요."라고 케이트는 회상했다. 섬너가 어린 케이트를 칭찬했을 때 체이스는 몹시 기뻐했다. "내 소중한 아이야, 칭찬을 듣고 이 애비가 얼마나 기뻤는지 넌 모를 게다."

기대가 충족되어 기분이 좋아지면 체이스는 케이트에게 워싱턴 생활에 대해 자세히 들려주었다. 그는 한 상원의원이 대통령을 방문했을 때 치러진 의 전행사와 백악관에서의 저녁식사에 대해 자세히 이야기했다. 그리고 그래서는 안 되지만 술에 취한 많은 동료들과 상원의원 회의실에서 늦은 밤까지 시간을 보냈던 이야기를 재미있게 들려주었다. 케이트는 워싱턴에 살며 아버지가 어딜 가든 동행하고 아버지의 일상생활을 도와줄 생각에 들떠 있었다.

헛된 희망

미래의 네 대통령 후보 중에서 에드워드 베이츠만이 진심으로 타협을 지지했다. 마침내 노예제 문제가 잠잠해지자, 그는 미합중국 국민이 영토 확장으로 얻게 된 경제 발전의 기회를 잡으려고 다시 한 번 총력을 기울일 것이라고 생각했다. 그는 북부에 있는 '자유 흑인들의 연인'과 '남부에 있는 노예 흑인들의 연인' 모두를 똑같이 비난했다. 노예제 문제를 개인적 야망을 위해 이용하는 북부의 슈어드, 체이스 같은 급진주의자와 남부의 컬훈, 툼스 등이 '패권을 차지하기 위해' 정치 싸움을 벌이고 있다고 생각했기 때문이다.

베이츠는 특히 도망 노예법의 법적 효력을 부정하는 슈어드의 '도덕률' 주장을 비난하면서 이렇게 말했다. "민주정치 하에서 헌법과 성문율보다 더 상위의 법은 있을 수 없다. 그는 어떤 초월적 권위를 내세우면서, 법적 기준보다 자신의 가치 기준이 더 우월하다고 주장한다. 내가 찬찬히 생각해본 바, 그는 위선자나 염치없는 바보, 그것이 아니라면 꿍꿍이가 있는 악당이 틀림없다." 그는 또한 컬훈에 대해서도 비슷한 경멸감을 나타내며 노예제 문제에 대한 그의 입장을 비판했다.

50년대 초반, 베이츠는 여전히 서부는 그 어느 편도 들지 말아야 한다고 생각했다. 그는 "싸움에 휘말리지 않고 과격한 행동을 자제한다면, 이러한 당파싸움은 곧 하찮아질 것"이라고 믿었다. 그러나 그의 희망은 머지않아 헛된 것으로 드러났다. 화해는 겨우 4년 동안만 지속되었기 때문이다.

소설가 토머스 만은 말했다. "인간은 개개인으로서 살아갈 뿐 아니라, 의식적으로나 무의식적으로 그 시대와 동시대인들의 삶을 공유한다. …… 아무리 활기차게 움직인다 해도 시대와 동시대인들이 기회를 주지 않는다면, 그 어떤 중요한 임무도 완수할 수 없을 것이다."

10여 년 전, 스프링필드 청년 문화 단체에서 연설하던 링컨은, 건국의 아버지들은 '영광의 수확'을 거두었는데 이후 자신의 세대가 거둔 수확은 너무나 빈약하다고 개탄했다. 그들은 "거대한 오크나무 숲"이었으며, "이 성스러운 땅을 차지하고 그 언덕과 계곡에 자유와 평등이라는 정치적 건물을 지어야 하는 임무"를 가졌던 그리고 숭고하게 수행했던 이들이라고 말했다. 그는 또 그들의 운명은 전 세계에 "자신들이 스스로 통치할 수 있는 민족이라는 것을 증명"하는 문제와 "불가분의 관계"였다고 주장했다. "그들은 이를 성공적으로 증명했고, 이로써 그들의 이름은 온 세상에 전해져 영원히 존경받고 칭송받을 것이다."

1854년, 역사는 다시 한번 요동쳤다. 북부의 노예제 반대 세력을 결집시킨 일련의 사건으로 공화당이 창당되었다. 링컨 세대에게는 건국의 아버지들과 똑같은, 아니 어쩌면 훨씬 더 클지 모를 과제가 주어졌다. 사건들이 연이어 일어났다. 캔자스와 네브래스카 정착민들이 자신들에게 준주 자격을 부여해 달라고 의회에 요구하면서, 이 지역에서의 노예제 허용 문제가 도마 위에 올랐다.

'준주 위원회' 의장인 일리노이 주 상원의원 스티븐 더글러스는 자유주가 될 것인지 노예주가 될 것인지를 주민들 스스로 결정하도록 '주권재민(主權在民)'을 허용하자는 법안을 제출했다. 하지만 문제는 그렇게 간단하지가 않았다. 캔자스와 네브래스카 모두 36도 30분 북쪽에 위치해 있었기 때문에, 캔자스-네브래스카 결의안이 통과된다는 것은 미주리 타협이 무효가 된다는 뜻이었던 것이다.

캔자스-네브래스카 결의안은 고조되어 가던 북부의 노예제 반대 정서와 대립되었다. ‘1850년 타협’에 포함된 도망 노예 단서조항이 시행되자 북부는 분노로 들끓었다. 노예소유주들이 보스턴과 뉴욕에 정착한 도망 노예를 다시 잡아들이려 했을 때는 폭동의 기운마저 감돌았다.

북부의 이러한 정서는 해리엇 비처 스토의 《톰 아저씨의 오두막》 출판으로 더욱 가열되었다. 이 책은 1852년 3월, 출판된 지 1년도 채 되지 않아 성경과 맞먹는 30만 부의 판매량을 기록했다. 노예제 폐지 운동의 지휘자인 프레더릭 더글러스는 그 소설을 ‘전투태세를 갖춘 노예군 앞에 놓인 수백만 개의 모닥불’에 불을 붙인 ‘섬광’에 비유하면서, 노예제 문제에 무관심했던 미국인들을 노예제 폐지 운동의 지지자로 바꾸고 노예제에 대한 분노를 일깨웠다고 말했다. 캔자스-네브래스카 법안이 제출되기 전까지는 노예제 폐지론자들이 결집할 만한 계기가 없었다. 그런데 상원에서 논쟁이 시작되자 북부인들은 “그 어느 때보다 대규모로” 행동을 취해 “침략에 대항해 고국을 지키려는 군대처럼 맹렬하게” 싸웠다고 사학자 돈 페렌바처는 말했다.

남부의 반응도 맹렬했다. 남부인들에게 이 문제는 단순히 노예제에 국한된 문제가 아니었다. 그것은 피와 땀으로 나라를 세우고 영토를 확장하는 데 동참했던 그들이, 공유지 문제에 관여할 자격을 갖느냐 갖지 못하느냐의 문제, 즉 평등권의 문제였다. 노스캐롤라이나 주지사 토머스 브래그는 “우리 북부 형제들은 남부 주들이 연방에서 평등해지려 하거나 연방에서 독립하려 한다는 사실을 깨달을 날이 올 것”이라고 말했다.

이번에는 새먼 체이스가 노예제 반대 세력의 우두머리가 되었다. 슈어드는 워싱턴 사회생활의 잡다한 논쟁과 요구사항에 치여 정신이 없었다. 그는 “연구, 조사와 심사숙고를 요하는 중요한 문제”였던 캔자스-네브라스카 법안을 효과적으로 반박하지 못했다. 슈어드의 연설은 그저 “노예제를 반대하는 시론”에 그쳤다. 반면 체이스는 “리더”로서 그 역할을 충실하게 해냈다.

체이스는 섬너, 오하이오 하원의원인 조슈아 기딩스와 함께 상원뿐 아니라 전국의 미국 시민에게 "독자적 민주주의자의 호소문"을 공개하기로 결심했다. 호소문은 《톰 아저씨의 오두막》을 처음 연재했던 반노예제 신문인 〈내셔널 이어러〉에 실렸다. 사학자들이 "지금껏 발행된 것 중 가장 인상적인 정치 선전문 중 하나"로 여기는 이 호소문은 캔자스-네브래스카 법안에 대한 반대 세력을 구축하기 위해 소책자 형식으로 다시 출판되었다.

호소문은 "우리는 이 법안을 신성한 공약에 대한 철저한 모독으로 간주한다."라는 말로 시작되었다. 그리고 이어서, 탐욕스럽게 노예제를 옹호하려는 음모가 루이지애나 매입 때 프랑스로부터 획득한 모든 영토에서 노예제를 영원히 추방했던 미주리 타협을 전복하려 한다고 비난했다. 이들에게 이 법안의 통과는 "대륙의 심장부를 차지하고 있는 이 거대한 지역"이 "주인과 노예가 사는 암울한 압제의 지역"으로 바뀐다는 것을 의미했다. 이들은 시민들에게 어떤 수단을 동원해서라도 항의해야 한다고 호소했다.

"마침내 체이스에게 가장 큰 기회가 찾아왔다. 축적된 경험을 바탕으로 캔자스-네브래스카 논쟁에 효과적으로 대항할 수 있었기 때문이다."라고 그의 전기 작가 앨버트 하트는 말했다. 1854년 2월 3일, 체이스는 상원에서 연설을 하기 위해 일어섰다. "연설이 시작되기 한 시간 전부터 방청석과 로비에는 사람들이 빽빽하게 운집해 있었고, 숙녀들도 상원회관으로 몰려 들어가 청중석의 절반을 차지했다."고 〈뉴욕 타임스〉는 보도했다.

열띤 논쟁이 이어지는 동안, 체이스는 더글러스가 대통령 출마를 위해 법안을 제출했다고 비난했다. 더글러스는 이 주장에 몹시 분개하며, 체이스더러 부정한 거래로 상원에 진입하지 않았느냐고 맞섰다.

체이스는 '주권재민'이라는 개념이 모든 준주의 노예제 문제를 해결해주리라는 더글러스의 주장에 반박했고, 곁에 앉아 있던 섬너는 그를 흡족한 눈으로 바라보았다. 체이스는 "어떤 주권재민이 국민에게 또 다른 국민을 노예로 만들 권한을 준답니까? 그게 평등의 원칙입니까? 아닙니다, 절대 아니죠!

인권을 차별하는 진정한 민주주의란 있을 수 없습니다."

자정이 되자 더글러스는 거의 네 시간가량 이어진 최종연설을 시작했다. 연설 중 슈어드는 더글러스에게 어떤 말을 설명해 달라고 요청했다. 더글러스는 빈정댔다. "아, 자유민 깜둥이에게 아첨하지 마시란 얘깁니다." 슈어드는 "더글러스, 흑인을 '깜둥이'라고 말하는 사람은 미합중국 대통령이 될 수 없을 것입니다."라고 반박했다.

3월 4일 아침 다섯 시, 대다수 의원이 법안에 찬성표를 던졌다. 체이스와 섬너가 국회의사당 계단을 내려가고 있을 때 멀리서 법안 통과를 알리는 포성이 울렸다. "그들은 현재의 승리를 축하했다. 하지만 그들이 일으킨 논란은 노예제 자체가 사라질 때까지 사그라들지 않을 것이다."라고 체이스는 말했다.

〈뉴욕 트리뷴〉의 기자 제임스 파이크는 남부인들에게 경고했다. "확신하라, 확신하라. 당신들의 어리석은 짓은 크나큰 화를 부를 것이다. …… 미주리 타협의 폐지를 찬성했던 이들은 심판의 날, 북부에 서지 못할 것이다. …… 여기 정당의 지리적 분열 시대가 시작되었다. 이 분열은 북부와 남부를 나눈다. 노예와 자유라는 양립할 수 없는 두 세력은 정면으로 충돌한다."

이후 몇 주 동안 북부 전역에서 법안 통과 소식을 들은 시민들의 항의집회가 잇달았다. "북부를 휩쓴 엄청난 폭풍은 매주 새로운 세력을 규합하는 듯했다."라고 사학자 앨런 네빈스는 기록했다. 코네티컷과 뉴햄프셔, 오하이오, 인디애나, 아이오와, 매사추세츠, 펜실베이니아 주의 주민 수만 명이 그 법에 반대하는 서명 운동에 참여했다. 뉴욕에서는 수천 명에 이르는 시위대가 "악단을 앞세우고 횃불과 깃발을 휘두르며" 브로드웨이까지 행진했다고 〈뉴욕 트리뷴〉은 보도했다. 대학 교정과 마을 광장, 시청과 장터는 열띤 토론을 벌이는 사람들로 넘쳐났다.

행동에 나선 링컨

캔자스-네브래스카 법안 통과 소식이 들려왔을 때 링컨은 일리노이 시골에서 순회재판에 참여하고 있었다. 링컨과 같은 방을 쓴 동료 변호사 T. 라일 디키는 "그는 침대 끝에 앉아 밤늦게까지 정치 상황에 대해 토론했다."고 전했다. 그는 해뜰 녘이 되어도 여전히 잠들지 않고 생각에 잠겨 있었다. 링컨은 친구에게 말했다. "디키, 이 나라가 국민 절반은 노예, 절반은 자유인으로 둔 채 영속할 수는 없을 걸세."

이 사건은 노예제에 대한 링컨의 견해를 영원히 바꾸어놓았다. 그는 더 이상 노예제가 서서히 종식의 길을 걷고 있다고 생각할 수 없었다. 미주리 타협이 폐지되는 것을 본 링컨은 북부가 노예제 찬성 세력에 대해 전투태세를 갖추지 않는 한, 자유 사회 전체가 위험에 빠질 것이라고 확신했다. 이후 그는 "캔자스-네브래스카 법안은 우리를 놀라게 했다. 우리는 벼락이라도 맞은 것처럼 어안이 벙벙했다."고 말했다.

노예제 확산 저지 투쟁은 링컨의 최대 목표가 되었다. 하지만 그는 신중했다. 링컨은 캔자스-네브래스카 법안에 반대하는 입장을 공식적으로 발표하기 전에, 주립도서관에서 오래 머물며 현재와 과거의 국회 논쟁에 대해 공부했다. 그리하여 그는 미국 역사의 흐름을 깊이 있게 짚어내며 명확하고 설득력 있는 주장을 할 수 있었다. 헌돈에 따르면 링컨은 어떠한 경우에도 그 내용을 철저하게 파악하기 전까지는 자신의 견해를 나타내지 않았다고 한다. 링컨은 조슈아 스피드에게 말했다. "나는 배우는 데에도, 배운 것은 잊는 데에도 느리네. 내 정신은 단단한 강철과도 같아서 그 위에 무언가를 새겨 넣기 힘들고, 일단 새긴 다음에는 문질러 지워내기가 거의 불가능하지."

링컨은 1854년 10월 4일, 연례행사로 열리는 스프링필드의 농산물 공진회에 참석한 수천 명의 관중 앞에서 처음으로 노예제 반대 연설을 했다. 주민들은 일리노이 곳곳에서 주도인 스프링필드로 몰려와 호텔과 여인숙, 하숙집을 가득 메웠다. 주 역사상 가장 큰 농산물 공진회로 알려진 이 전시회는 보다 진보적인 농업 기구와 중장비들을 소개했다. 그리고 게임과 오락, 음악과 다과가 아침부터 밤까지 제공되었다.

연설 전날, 링컨은 스티븐 더글러스가 똑같은 청중 앞에서 연설한다는 소식을 들었다. 캔자스–네브래스카 법안을 통과시키는 데 중요한 역할을 했던 자신에게 북부 일리노이 주민이 적개심을 갖고 있다는 사실에 놀라워했던 더글러스는, 농산물 공진회 행사를 빌어 법안을 확실하게 옹호하고자 했다. 상원에서의 주장을 더욱 확고하게 다듬은 더글러스는 자신의 법안은 분명 민주주의 원칙에 입각해 있다고 강조했다. 그 민주주의 원칙에 입각해 노예제를 자기네 영토에 허용할지 안 할지는 주민 스스로 결정하도록 해야 한다는 것이었다.

작고 다부진 체격의 더글러스는 그의 우렁찬 목소리와 잘 어울리는 인상적인 얼굴을 가지고 있었다. "그의 머리카락은 사자 갈기처럼 길고 풍성했다. 그는 포효하며 먹이 사냥을 준비하는 사자 같은 인상이었다."라고 한 기자는 전했다. 연설 도중 그는 넥타이를 던지고 코트 단추를 풀면서 "반라(半裸)의 권투선수 같은 태도"로 청중을 사로잡았다. "그의 연설은 커다란 박수와 환호성으로 자주 끊겼다. 집회에 참석한 대다수 청중은 분명 그의 편이었다."고 〈피오리아 데일리〉는 전했다. 그가 연설을 마쳤을 때, 링컨은 자리를 박차고 일어나 다음날 반론을 제기할 것이라고 청중에게 외쳤다.

다음날 오후, 링컨은 그 어느 때보다 많은 청중 앞에 섰다. 링컨의 목소리는 호소력이 있었고 청중들의 웅성거림을 뚫고 먼 곳까지 또렷하게 울려 퍼졌다. 이내 냉정을 되찾은 링컨은 빠르게 자신의 주장을 전개했다. 그는 점점 흥분했고, 전혀 다른 사람이 된 것 같았다. "링컨은 청중을 사로잡았다. 그의 연설은 가슴으로부터 우러나왔기에 모든 이의 마음을 울렸다. 나는 모두가 한마음으로 경탄하는 훌륭한 연설가의 말을 들었다. 링컨은 유려하고 진심 어린 연설로 모든 이에게 확신을 심어주었다."

더글러스가 노골적인 어투로 자신의 견해를 주장했다면, 링컨은 역사 속의 이야기를 끌어들여 주장을 전개했으며, 청중으로 하여금 위대한 건국의 시기를 돌이켜 생각하게 했다. 그의 주장은 이미 상원의 논란을 지켜보고 체이스의 훌륭한 "호소문"을 읽은 사람들에게는 익숙한 것이었지만, 연설의 구성이 대단히 독창적이면서도 "명확하고 논리적"이어서 더욱 큰 감동을 줄 수 있었다고 〈일리노이 데일리 저널〉은 전했다.

농산물 공진회에서, 그리고 12일 후 캔자스-네브래스카 법안에 대한 논란이 재개되었던 피오리아의 횃불 옆에서 링컨은 거의 세 시간 동안 신중하게 "자신의 견해"를 제시했다. 링컨은 논지를 명확히 밝히기 위해 누구나 알고 있는 미국의 역사 이야기로 연설을 시작했다. 그리고 노예제가 어떻게 시작되었고, 건국의 아버지들이 노예제의 성장과 확대를 얼마나 신중하게 저지해 왔으며, 어찌하여 이 위대한 연방의 역사가 계속될런지 알 수 없는 위기에 부딪혔는가를 감동적으로 설명했다.

웹스터 같은 이들이 많이 쓰던 미사여구 대신, 링컨은 일상적인 표현과 역설, 유머를 이용했다. "전 제 집을 증축하는 것을 막기 위해, 집을 부숴야겠다고 결심했습니다!" 번뜩이는 비유와 상징을 통해 링컨은 교육적이면서도 재미있게 핵심을 찌를 수 있었다. 대단히 복잡한 문제를 단순하면서도 명쾌하게 파헤쳤던 것이다.

헌법을 구성할 때 이미 노예제가 미국 전역에 뿌리 깊게 자리 잡혀 있었기 때문에, 오로지 그 '필요성'에 의해 노예제를 일부분 보호할 수밖에 없었다고 링컨은 주장했다. 또한 헌법에는 '노예'나 '노예제'라는 단어가 명시되어 있지 않다고 지적하면서 "병자가 출혈과다로 죽을까봐 종기나 암을 잘라내지 않고 마냥 숨기는 것처럼" 헌법 입안자들이 그 단어의 존재를 감추고자 했다고 주장했다. 링컨은 이 입법자들의 의도를 설명하면서, 버지니아 주가 북서부 영토를 미합중국에 할양한 이후 그 영토에는 노예제가 영원히 금지되어 "노예가 없는 수백만 자유인들의 행복한 집"이 되리라 생각했던 순간으로 청중들을 이끌었다. 그는 치명적인 캔자스–네브래스카 법안이 노예제를 "성스러운 권리"로 바꾸어 "확장과 영속의 길" 위에 올려두고는 "가라, 성공을 빈다!"라고 말하며 "그 등을 때리기" 전까지는, 최근 몇 년 동안 노예제는 사라져가는 것처럼 보였다고 말했다.

더글러스는 북부 정치가들이 위기를 조작하고 있다며, 여하튼 캔자스와 네브래스카 모두 토양과 기후가 주요 작물 경작에 부적합하기 때문에 자유주가 될 수밖에 없을 것이라고 주장했다. 링컨은 이 주장을 "자장가"라고 일축하며, 현재 다섯 곳인 노예주들의 기후가 캔자스, 네브래스카와 비슷하다는 것을 나타내는 지도를 꺼내 보였다. 그리고는 전체 노예의 4분의 1이 이곳에 살고 있음을 증명하는 1850년 국세 조사 보고서를 제시했다.

마지막으로, 링컨은 캔자스–네브래스카 법안과 '주권재민' 개념에 반대하는 가장 큰 근거로 독립선언서를 인용했다. 그는 이 법안이 노예제의 영속과 확대를 위한 수단에 지나지 않는다고 여겼다. 그렇기에 이 법안이 연방의 파괴를 알리는 조종(弔鐘)이 될 수도 있다고 생각했다. 링컨은 "자치(自治)라는 원칙은 옳습니다. 무조건, 그리고 영원히 옳습니다."라고 말했다. 그러나 더글러스의 제안처럼 노예제 확산을 위해 자치의 원칙을 이용하는 것은 그 진정한 의미에 위배되는 것이라고 주장했다. "상대방의 '동의' 없이 다른 사람을 지배할 수 있는 권한은 누구에게도 없습니다. 이것은 미국 공화주의를 존속 가능하게 하는 가장 중요한 원칙입니다." 흑인이 인간이라면, 흑인이 그의 동의 없이 누군가의 지배를 받아야 한다는 주장은 자치의 기본을 파괴하는 일이 아닐 수 없다고 링컨은 확신에 차서 외쳤다. 그리고 노예제 확산을 허용한다면 미국 시민은 독립선언과 전면전을 벌일 수밖에 없으며 "온 세상에 영향을 미치는 공화정의 모범"이 사라질 것이라고 덧붙였다.

링컨은 나라의 근간을 이루는 도덕과 철학에 호소함으로써 남부와 북부의 선량한 시민들이 함께 설 수 있는 공통의 기반을 마련하고자 했다. 대다수 노예제 폐지론자들은 남부의 노예소유주들이 비도덕적이고 비기독교적이라고 비난했지만 링컨의 생각은 달랐다. 그는 북부인과 남부인에게 근본적인 차이가 있다는 이들의 주장을 부정했다. "우리도 그들과 같은 상황이었다면 똑같이 행동했을 것입니다. 노예제가 지금 그들 가운데 존재하지 않는다면, 그들은 노예제를 옹호하지 않을 것입니다. 그리고 지금 우리 가운데 노예제가 존재한다면, 우리 역시 즉각 노예제를 포기하지 않을 것입니다. …… 현재 존재하는 제도를 폐지하는 것은 대단히 힘든 일입니다. 저는 제가 옳다고 생각하는 일을 그들이 하지 않았다고 해서 그들을 비난할 생각은 없습니다." 그는 마지막으로 "그들이 헌법에 입각해 자기네 권리를 논증할 수 있다면, 저는 그 권리를 인정할 것입니다."라고 주장했다.

링컨은 노예소유주들을 비난하는 대신, 감정이입을 통해 그들의 입장을 이해하려 했다. 10여 년 전에 그는 금주 지지자들에게 음주가들을 "저주와 협박조로" 비난하지 말라고 충고한 적이 있었다. "협박은 협박을, 비난은 비난을, 저주는 저주를" 낳는다는 것이 그의 생각이었다. 링컨은 노예제 폐지론자들에게 "이 땅의 모든 해악과 고통을 불러온 장본인이라는 비난을 받는다면, 누구나 자기 속으로 숨어들어 머리와 가슴으로 통하는 길을 모두 막게 될 것"이라고 말했다. 또한 독실한 체하는 개혁가는, 밀짚으로 거북이의 단단한 등을 뚫을 수 없는 것처럼 음주가나 노예소유주의 심장에 파고들 수 없다고 충고했다. 그리고 "여러분의 대의에 사람들을 동참시키기 위해서는, 먼저 상대방의 이성으로 가는 가장 확실한 길인 그의 마음을 이해해야 한다."고 설명했다. 그는 이것이 승리, 즉 "이 땅에 노예나 음주가가 존재하지 않는" 영광의 날을 향한 유일한 길이라고 말했다.

슈어드나 체이스와 달리, 링컨의 주장은 현실에 근거해 있었다. 그는 남부인들에게 흑인의 법적 지위에 대한 그들의 입장에 모순점이 존재한다고 지적했다. 링컨은 1820년에 남부가 북부와 함께 아프리카 노예 매매를 해적행위라고 선포하고, 이 범죄를 저지르는 자에게 사형을 선고하는 것에 거의 만장일치로 동의했음을 일깨웠다. 링컨은, "이를 보면 남부인들도 노예 매매가 옳지 않은 일이라고 생각했음이 분명하다.”고 말했다. 누구도 말이나 소, 양을 사고파는 사람을 교수형에 처해야 한다고는 생각하지 않을 것이었다. 링컨은 그들도 마찬가지라고 주장했다. “어쩔 수 없이 국내 노예상인과 거래를 한다고 해도, 그들은 노예상인을 친구, 혹은 정직한 사람으로도 여기지 않습니다. 왜 그럴까요? 여러분은 옥수수나 가축, 담배를 파는 사람에겐 그렇게 대하지 않습니다.” 마지막으로, 그는 40만 명이 넘는 미합중국의 흑인 노예가, 흑인의 인권을 이해하는 백인 주인들의 “엄청난 금전적 희생”을 통해 해방되었다고 말했다. 그리고 “이 자리에서 노예를 단순한 상품으로 여겨서는 안 된다고 말하는 것은 여러분의 정의감과 인간적 공감을 믿기 때문”이라고 호소했다.

링컨은 연설을 마무리하면서 청중에게 다시 독립선언서의 관점을 채택하여 “노예제를 건국의 아버지들이 두었던 위치로 되돌려 고이 잠들게 하라.”고 간청했다. “이렇게 하면 연방을 구할 수 있는 것은 물론이고, 전 세계의 수백만 자유인들이 일어나 마지막 세대까지 우리를 축복할 것입니다.” 그가 연설을 마치자 청중은 열광하며 “귀청이 떨어질 듯한 박수”를 보냈다. 민주당 계열 신문의 편집장조차 “이보다 더 감동적인 캔자스-네브래스카 법안 반대 연설을 듣거나 읽은 적이 없다.”고 말했다.

그때부터 링컨은 사명감을 가지고 노예제 반대 운동에 전력을 기울였다. 기질적으로 보수적이고 관조적이었던 그는 새로운 입장을 조심스럽게 받아들였다. 하지만 일단 노예제 반대 운동에 뛰어들자 엄청나게 적극적인 태도를 보여주었다. 에이브러햄 링컨이 권좌에 오르는 과정은 점점 격렬해지는 노예제 폐지 운동과 밀접하게 연결되어 있다. “내 두 눈이 하나의 영상을 만드는 것처럼”이라고 노래한 로버트 프로스트의 시처럼, 야망과 확신이 하나로 결합하여 링컨의 눈앞에 정치적 미래와 시대의 대의를 펼쳐 보였다.

6장

오직 원칙으로 싸우다

더글러스와의 논쟁

1855년으로 접어들면서, 오랫동안 잠들어 있던 에이브러햄 링컨의 야망이 깨어날 준비를 서두르고 있었다. 그는 일리노이 주 하원의원에 당선되었고, 바로 상원의원으로 출마했다. 지난 가을 일리노이 주 선거에서 노예제를 반대하는 휘그당과 독자적인 민주당의 엉성한 연합이, 주 의회에서 더글러스 파 민주당을 간신히 누르고 다수표를 확보했다. 이 승리에는 링컨의 리더십이 큰 역할을 했다고 주 의회의원 조지프 길레스피는 말했다. 새로운 주 의회가 일리노이의 차기 미 상원의원을 선택하기 위해 1월 말에 소집되었을 때, 캔자스-네브래스카 법안을 반대하는 의원들 대부분이 링컨을 지지하고 있었다. 고위직을 차지하고 싶다는 링컨 평생의 꿈이 마침내 실현되는 것 같았다.

1855년 2월 8일 화요일, 투표는 3시로 예정되어 있었지만 아침부터 주 의회의사당은 몹시 분주했다. 하원의원들은 구석에 서서 숙덕거리며 의견을 주고받았다. 주로 휘그당원으로 구성된 반(反)캔자스-네브래스카 법안 간부회의는 예상대로 링컨을 지지했지만, 민주당원으로 구성된 반 캔자스-네브래스카 법안 소규모 그룹의 다섯 의원은 불길하게도 불참한 상태였다. 더글러스 파 민주당은 초반 투표에서 현직 상원의원인 제임스 쉴즈를 지지하기로 결정했다. 그러다 만약 캔자스-네브래스카 법안을 적극적으로 지지하는 입장 때문에 쉴즈가 불리해지면, 그 법안에 대해 공식적인 입장을 드러내지 않은 민주당 주지사인 조엘 매트슨을 지지하겠다는 계획을 세웠다. 민주당원들은 이렇게 하면 반 캔자스-네브래스카 간부회의의 몇몇 구성원들을 끌어들일 수 있으리라 믿었다.

정오가 되자 하원 의사당의 로비와 방청석은 상원의원과 하원의원, 방청객들로 가득 차기 시작했다. 방청석의 숙녀 중에서 가장 눈에 띄는 사람은 메리 토드 링컨과 그녀의 친구 줄리아 제인 트럼벌이었다. 줄리아는 최근 반-캔자스 네브래스카 법안 연설 덕택에 하원의원에 당선된 민주당원 라이먼 트럼벌의 아내였다. 매트슨 주지사의 아내와 딸도 그 자리에 참석했다. 몇 주 전 링컨은, 수백 명에 달하는 상하원의원들의 당파 관계와 캔자스-네브래스카 법안에 대한 입장을 기록하려고 작은 공책을 한 묶음 샀다. 그의 계산에 따르면 기대를 걸만 했지만, 상황이 너무 복잡했다. 과반수인 51표를 얻기 위해서는 캔자스-네브래스카 법안 반대를 위해 최근에야 결집하기 시작한 휘그당과 민주당 진영의 옛 라이벌로 구성된, 허약한 연합 세력을 단결시켜야 했다.

예정된 시간이 되자 상원의원들이 주지사의 안내를 받으며 의사당으로 들어왔다. 선서가 끝나자, 투표가 시작되었다. 1차 투표에서는 성적이 좋았다. 더글러스 파 민주당원 제임스 쉴즈가 41표, 하원의원인 라이먼 트럼벌이 5표, 링컨은 45표를 얻었다. 그러자 시카고의 노먼 저드가 캔자스-네브래스카 법안에 반대하며 트럼벌을 지지하는 다섯 명의 민주당원을 끌어들이려했다. 그들은 링컨에게 악의는 없지만, 상원의원으로 휘그당원을 지지하면 민주당원인 그들이 편하게 활동할 수 없다고 주장했다. 투표가 이어졌고 넓은 의사당에 가스등이 켜질 무렵, 링컨은 승리하는 데 네 표 부족한 47표까지 받았다.

그럼에도 소수였던 트럼벌 지지자들은 링컨에게 양보하지 않았다. 결국 9차 투표 이후 링컨은 자신의 지지자들이 트럼벌에게 표를 던지지 않는다면, 예상대로 매트슨 쪽으로 표를 바꾼 더글러스 파 민주당원들의 손에 상원의원 자리가 넘어가리라는 결론을 내렸다.

노예제 반대 연합의 모든 노력이 수포로 돌아가는 것을 우려했던 링컨은 스티븐 로건에게 자신 대신 트럼벌을 지지하라고 요청했다. 링컨의 지지 세력을 지휘했던 로건은 처음에는 훨씬 많은 표를 받는 후보가 지지가 적은 후보에게 양보하는 것은 부당하다면서 그의 요청을 거부했다. 링컨은 자신의 이름이 투표용지에 계속 남아 있다면, "당신은 트럼벌과 나 모두를 잃을 것이고, 저들이 원하는 것이 바로 그런 경우"라고 주장하면서 완강한 태도를 보였다.

로건이 발언을 하려고 일어섰을 때, 의사당의 분위기가 어찌나 경직되었던지 "청중들은 숨조차 쉴 수 없었다." 그는 슬픈 목소리로 "승리하는 것이 휘그당의 목적"이라고 선언했다. 링컨의 지시에 따라 그의 지지자들은 링컨 대신 트럼벌에게 표를 던져 승리를 안겨주었다. 링컨의 친구들은 "이번이 그가 요직에 오를 마지막 기회였을 것"이라면서 슬픔에 잠겼다. 로건이 얼굴을 손에 묻고 울음을 터뜨리자, 데이비스는 자신이 링컨이었다면 "47명이 다섯 명에 좌우되도록 내버려두지 않았을 것"이라며 노발대발했다.

링컨은 공개적으로는 트럼벌이나 저드에 대한 악감정을 표현하지 않았다. 그는 일부러 트럼벌의 당선 파티에 모습을 드러내어 만면에 미소를 지으며 승자에게 따뜻한 악수를 청했다. 링컨은 네브래스카 주 사람들은 자신보다 "더 극심한 채찍질"을 받았다고 애써 자신을 위로하며, "매트슨의 패배는 내가 받은 고통보다 더 큰 기쁨을 주었다. 전반적으로 보면 트럼벌이 당선된 것은 우리의 대의에 좋은 일이다."라고 말했다. 링컨의 아량은 그에게 유리하게 작용했다. 슈어드와 체이스가 승리의 과정에서 친구를 잃었던 반면 — 슈어드는 승승가도에 있을 때 호러스 그릴리를 무시해서 이 오랜 친구를 잃었고, 체이스는 1849년 모종의 거래로 상원의원에 당선된 이후 계속되는 동료들의 분노를 이해하지 못해 그들을 잃었다 — 링컨은 패배에서 친구들을 얻었다. 트럼벌도, 저드도 링컨의 관대한 행동을 잊지 않았다. 실제로 두 사람 모두 1858년에 링컨이 상원의원으로 출마했을 때 그를 도와주었고 저드는 1860년에 링컨이 대통령으로 당선되는 데 중요한 역할을 했다.

링컨은 공식적으로는 품위를 잃지 않았지만, 속으로는 몹시 실망하고 고통스러워했다. 반 캔자스-네브래스카 운동을 위해 트럼벌의 승리를 돕긴 했지만, 패배를 인정하기란 쉬운 일이 아니었다. 그는 친구 길레스피에게 "정적들에게 당한 패배는 얼마든 견딜 수 있지만, 친구인 의원들에게 받은 상처는 견디기 몹시 힘들다."고 말했다. 힘겨운 노력을 계속하며 희망을 갖고 참을성 있게 기다린 기나긴 세월 후에도, 그의 야망이 실현될 조짐은 좀처럼 보이지 않았다. 운명은 그의 꿈을 산산조각 낼 새로운 방법을 찾아내는 걸 낙으로 삼는 것 같았다.

수확기 소송 사건

트럼벌에게 패배한 지 6개월이 지난 1855년 여름, 링컨에게 또 다른 아픔이 찾아왔다. 링컨은 유명한 소송에 관여했다가 일리노이 변방에서는 변호사로서 드높았던 자신의 명성이, 저명한 변호사들 사이에서는 그다지 대수롭게 여겨지지 않다는 사실을 깨닫게 되었다.

이 이야기는 피터 왓슨이 스프링필드를 찾아왔던 6월 어느 날 시작된다. 왓슨은 전국적으로 유명한 특허 전문 변호사 조지 하딩이 운영하던 필라델피아 법률회사의 젊은 직원이었다. 밀 수확기 발명가인 사이러스 맥코믹이 일리노이 주 록포드의 존 매니 회사가 특허권을 위반했다며 소송을 걸어오자, 이 회사는 변호를 맡아줄 사람으로 하딩을 고용했다. '수확기 소송 사건'이라고 널리 알려진 이 사건에서는, 맥코믹 측의 유명한 두 특허전문 변호사 — 뉴욕의 에드워드 디커슨과 전직 법무부 장관 리버디 존슨 — 와 매니 회사 측의 하딩의 치열한 대결이 예상되고 있었다. 이 재판은 시카고에서 열릴 예정이었기 때문에 하딩은 "시카고의 판사를 잘 알고 그의 신임을 받는" 지방 변호사를 참여시키기로 했다. 하지만 동부인인 그의 견해로 볼 때 일리노이에서 변론에 "실제로 도움이 될 만한" 변호사를 찾을 수 있을지는 미지수였다.

에이브러햄 링컨을 추천받은 하딩은 그가 적임자인지 알아보라며 왓슨을 스프링필드에 보냈다. 왓슨은 링컨을 만났지만 8번가의 작은 목조가옥도 그렇고, "양복도 조끼도" 입지 않은 옷차림도 그렇고, 첫인상으로는 링컨이 이 중요한 소송에 적합한 변호사라는 생각이 들지 않았다. 하지만 링컨과 대화를 나눈 후 왓슨은 그가 상당히 유능하다는 결론을 내렸다. 그는 링컨에게 의뢰비를 지불하고 일이 다 끝난 후 상당한 사례금을 더 주겠노라 약속했다. 링컨은 막대한 보수와 함께 저명한 리버디 존슨을 상대로 자신을 시험할 기회가 주어진 것에 흥분했다. 그는 열심히 변론을 준비하기 시작했다.

그러나 얼마 후, 하딩은 이 소송 재판이 시카고가 아닌 신시내티에서 열릴 것이라는 소식을 들었다. 오하이오로 재판지가 변경되자 링컨을 고용했던 유일한 목적이 사라졌다. 하딩은 처음부터 함께 일하고 싶었던 에드윈 M. 스탠턴과 손을 잡기로 했다. 그러나 이러한 상황이 알지 못했던 링컨은 계속해서 소송을 준비했다. 7월 말 그는 왓슨에게 편지를 보냈다. "6월에 여기서 만났을 때 기소장과 답변의 사본을 보내주겠다고 말씀하신 것으로 알고 있습니다. 그리고 조서도요. 그런데 아직 아무것도 받지 못했습니다. 하지만 시카고 법원에 가서 사본을 구했습니다. 이 편지를 쓰는 이유는 가능한 한 빨리 추가 증거자료를 보내 주십사 요청하기 위해서입니다. 저는 남은 이번 달과 8월에 소송에 전념할 수 있습니다. 구할 수 있는 모든 자료를 원합니다. 시카고에 있을 때 록포드에 가서 매니의 밀 수확기에 대해서도 알아보았습니다."

그러나 링컨은 아무런 답변도 받지 못했다. 하지만 링컨은 자신이 직접 구한 온갖 자료를 종합해 만든 장문의 소송사건 적요서를 들고 9월 말 신시내티로 떠났다. 많은 변호사들이 머물고 있던 버넷 하우스에 도착한 그는 법원으로 향하던 하딩과 스탠턴을 우연히 만났다. 하딩은 오랜 후에도 "허름한 행색에 발목까지 내려오지도 않는 바지를 입고, 손잡이 끝에 동그란 공이 있는 파란색 목면 우산을 손에 들고 있는, 볼품없고 깡마른 꺽다리 촌놈"이라는 충격적이었던 링컨의 첫인상을 떠올릴 수 있었다. 링컨은 인사를 건네고는 "같이 뭉쳐서 갑시다."라고 제안했다. 그러자 스탠턴이 하딩을 한쪽으로 불러내 속삭였다. "왜 저 긴팔원숭이를 끌어들인 거요? 저 친구는 아무것도 모르고 쓸모도 없는데." 그러고 나서 스탠턴과 하딩은 링컨을 무시한 채 법원을 향해 가던 길을 재촉했다.

그 후 며칠 동안 스탠턴은 링컨에게 그가 소송에서 손 떼기를 바란다고 "분명하게" 이야기했다. 링컨은 소송에 관여하지는 않았지만, 신시내티에 계속 머물며 재판을 지켜보았다. 재판은 일주일 동안 계속되었다. 복잡한 변론들은 링컨에게 '뜻밖의 발견'이었다고 매니의 파트너 중 한 사람인 랄프 에머슨은 회고했다. 링컨은 스탠턴의 연설에 어찌나 매혹되었던지 "엄청나게 집중하며 그의 말을 듣느라 넋을 놓고"서 있었다. 링컨은 "그토록 공을 들여 철저히 준비한 연설을 들은 것은 처음이었다."고 고백했다. 재판이 끝나자 링컨은 에머슨에게 "법 공부를 하기 위해" 집으로 가겠다고 말했다. 에머슨은 처음에는 그게 무슨 뜻인지 알 수 없었지만, 링컨은 이렇게 설명했다. "아주 지저분한 소송에 대해서그리고 아주 좋은 소송에 대해서도 나는 우리 지역의 그 어떤 변호사에게도 뒤지지 않지. 하지만 이 사람들은 대학에서 교육받았네. 그들은 법을 공부할 시간이 많았고, 안정되게 법을 공부할 수 있는 모든 여건을 갖고 있었네. 곧 그들이 일리노이에 올 거야. 나는 그들이 나타날 때를 대비해야 할 걸세."

스프링필드로 돌아간 링컨은 나머지 보수를 우편으로 받았다. 그는 변론을 하지 않았으니 돈을 받을 이유가 없다며 돌려보냈다. 그래도 왓슨이 다시 돈을 보내자 링컨은 그 수표를 현금으로 바꾸었다.

링컨은 비열했던 스탠턴의 행동을 기억했지만 그럼에도 6년 후 다시 만났을 때 그에게 "그의 재능에 비추어 볼 때 가장 막강한 직책"인 전쟁장관직을 제안했다. 링컨의 이러한 모습은 대의를 위해서라면 개인적 원한이나 굴욕, 고통을 초월할 줄 알았던 그만의 비범한 능력을 보여준다. 처음에는 링컨을 "긴팔원숭이"라고 경멸했던 스탠턴은 그 제안을 받아들였을 뿐 아니라 그 누구보다 더 링컨을 존경하고 사랑하게 되었다.

스탠턴이 링컨에게 퉁명스러운 태도를 보였던 또 다른 이유는, 자신에게 대단히 중요했던 수확기 재판 결과에 대해 무척 불안해했기 때문일 것이다. 겨우 열세 살에 아버지가 돌아가신 후, 스탠턴은 재정적으로 안정되어야 한다는 강박관념에 사로잡혀 있었다. 유명한 의사였던 아버지가 마흔의 나이에 뇌졸중으로 사망하기 전까지, 그는 오하이오 주 스투벤빌의 웅장한 벽돌 저택에서 가족에게 둘러싸여 응석받이로 자랐다. 세 살 때 이미 글을 깨우친 이 조숙한 아이는 아버지의 수많은 책을 읽었고 스투벤빌의 유서 깊은 학교에서 훌륭한 교육을 받았다. 하지만 아버지가 재산을 한 푼도 남기지 않은 채 사망하자, 그는 학교를 그만두고 홀로 된 어머니와 세 동생을 부양해야 했다. 그의 가족은 생계를 위해 처음에는 집을, 그 다음에는 아버지의 책을 팔았고, 아주 작은 집으로 이사를 했다. 책장사 밑에서 일을 배웠던 스탠턴은 일하는 중에도 틈만 나면 책을 읽었고, 일이 끝나면 체이스의 작은아버지 필랜더가 총장으로 있던 케니언 대학에 입학하기 위해 공부를 했다. 총명했던 그는 이후 케니언 대학에서 행복한 시간을 보냈지만, 어려운 가정 형편 때문에 2년 후에는 학업을 중단하고 다시 콜럼버스 서점에서 일해야 했다.

다음 해, 스탠턴은 스투벤빌로 돌아가 법률사무소에서 수습 생활을 하게 되었다. 그는 법을 공부하면서, 어린 동생들과 어머니를 돌보았다. 그가 무척 사랑했던 누이 팸필라는, 스탠턴이 가족을 부양하고, 병든 어머니를 다정하게 돌보았으며, 동생 다윈을 하버드 의과대학에 보냈다고 회고했다. 한편 뛰어난 자질과 능력을 보였던 그는 법조계에서 빠르게 성공했다.

스탠턴은 메리 램슨과 사랑에 빠졌을 때 "인생에서 가장 행복한 시간"을 보냈다. 대단히 지혜로운 여인이었던 메리는 여성도 제대로 교육받기만 한다면 "세상을 개혁할 수" 있다고 생각하여, 스탠턴처럼 독서와 공부에 열심이었다. 결혼 후 딸 루시와 아들 에드윈 2세가 태어났을 때, 스탠턴은 행복에 겨워 어쩔 줄 몰랐다. 누이 팸필라는 당시 그가 대단히 밝고 명랑해보였다고 회상했다.

스탠턴은 메리를 인생의 동반자로 생각했다. 두 사람은 모두 역사와 문학, 시를 좋아했다. 그리고 언제나 함께 영국의 역사가 기번과 칼라일, 매콜리, 프랑스의 소설가 마담 드 스탈, 영국의 시인 새무얼 존슨, 밴크로프트, 바이런의 저작을 탐독했다. 스탠턴은 아이들이 태어난 후 아내에게 편지를 보냈다. "오래전에 우리는 연인이었소. 지금은 부부가 되었고, 아이들이 태어나면서 새로운 관계가 형성되었소. 우리는 이제 우리뿐 아니라 아이들의 미래까지 생각하고 있소. 예전에 나는 아름다운 외모에 매료되어 당신을 사랑하게 되었소. 지금은 당신의 훌륭한 정신이 내 사랑을 일깨우는 구려. 이 두 사랑은 서로의 부족함을 채워주며 내 안에서 공존한다오. 말로는 다 표현할 수 없을 만큼 열렬하게, 그리고 진심으로 당신을 사랑하오."

하지만 그의 행복은 오래 가지 못했다. 처음에는 딸 루시가 성홍열로 죽었고, 3년 후인 1844년 3월에는 사랑하는 아내가 치명적인 쓸개 이상증으로 스물아홉 살의 나이에 세상을 등졌다. 스탠턴은 너무나 슬퍼서 미칠 것만 같았다. 장례식이 끝난 후 몇 달 동안 그는 아무 일도 할 수가 없었다. 그가 오하이오 주 제퍼슨 카운티의 법정에서 이루어지는 거의 모든 소송과 관련되어 있었기 때문에, 그해 봄에는 아무런 재판도 열리지 않았다.

스탠턴은 가족에 대한 책임감 때문에 다시 변호사 업무에 복귀했지만, 슬픔을 없앨 수는 없었다. 그는 겨우 두 살이던 아들이 엄마를 잊지 않도록 저녁이면 아이에게 수백 장이 넘는 편지를 썼다. 그는 메리를 처음 만났을 때의 일부터 적어나가며, 오랫동안 주고받았던 편지를 발췌했다. 그는 "눈물이 앞을 가리고 가슴을 저미는 아픔을 주체할 수 없어” 가끔씩 의자에서 몸을 일으켜야 했지만, 계속해서 가녀리게 떨리는 손으로 편지를 썼다.

스탠턴의 슬픔은 하버드 의과대학 시절 내내 뒷바라지를 해주었던 동생 다윈이 열병을 앓다가 뇌손상을 입었을 때 더욱 깊어졌다. 뇌손상으로 정신이 심각하게 불안정해진 이 젊은 의사는 날카로운 작살로 자신의 머리와 목을 찔렀다. 다윈은 몇 분 동안 피를 흘리다가 죽었다. 그의 어머니는 피가 천장까지 솟구치는 모습을 보고도 아무런 손을 쓸 수 없었다. 보다 못한 이웃들이 스탠턴을 데리러 갔다. 그는 이 끔찍한 광경을 본 후 여러 번, 정신을 놓은 듯 모자나 외투도 없이 숲을 헤매었다고 한다.

이웃들은 스탠턴마저 자살할까봐 그를 교대로 감시했다. 이렇게 끔찍한 사건들이 잇달아 일어나자 스탠턴의 영혼은 피폐해졌다. 활기찼던 그의 모습은 사라졌다. 한 친구는 “전에는 누굴 만나든 따뜻하고 유쾌하게 인사를 건넸던 그가, 지금은 우울한 얼굴로 고개를 숙인 채 아무 말도 없이 돌아다닌다.”고 말했다. 아들에게 그는 여전히 다정한 아버지였고 누이동생들에게도 상냥했지만, 법정에서는 점점 공격적이 되어갔다. 증인들을 쓸데없이 위협하고 동료 변호사들을 적대시했으며 무례하고 조급한 행동으로 비난을 샀다.

스탠턴은 점점 높아지는 자신의 명성과 갈수록 늘어나는 재산에 대해서만 만족감을 느꼈다. 그는 아들과 홀어머니, 누이동생, 죽은 남동생의 아내와 아이들을 돌보는 데 부족함이 없을만큼 많은 재산을 모으고 싶어했기 때문이다. 수확기 소송은 그의 변호사 경력에서 가장 큰 사건이었다. 모든 일이 잘 된다면, 스탠턴은 일류 변호사로서의 명성을 얻게 될 것이었다.

문제는 소송에 대한 압박감만이 아니었다. 스탠턴은 스캔들에도 연루되어 있었다. 피츠버그의 부유한 사업가의 딸 엘런 허치슨은, 10여 년 전 아내가 사망한 후 처음으로 그의 관심을 끈 여인이었다. 스탠턴의 표현에 따르면, 키가 크고 금발에 푸른 눈을 가졌던 엘런은 미모와 지혜로 빛났다고 한다. 스탠턴은 엘런을 보자마자 홀딱 반했지만, 그녀는 그의 구애에 바로 응답하지 않고 시간을 끌었다. 그녀는 과거에 연인을 떠나보냈던 가슴 아픈 기억을 간직한 채 다시는 사랑을 할 수 없으리라고 생각하고 있었다.

스탠턴은 그녀에게 지나간 사랑의 고통이 "인생이라는 나무를 얼려 죽이는 서리처럼" 느껴진다는 것을 이해하지만, 그래도 인생은 새로운 꽃을 피울 수 있다고 말했다. 그가 열심히 격려했지만, 엘런은 스탠턴에 대한 다른 이들의 평가 때문에 난처해했다. 사람들은 그가 일 중독자이고 참을성이 없으며 무엇보다 다른 사람의 감정에 무관심하다는 큰 문제를 가지고 있다고 말했다. 스탠턴은 이러한 우려에 대해 "내게 까다롭고 냉정한 면"이 있는 건 사실이지만, 지난 10년 동안의 삶이 달랐더라면, "그리고 사랑으로 내 잘못을 다정하게 지적하고 고쳐주는 여인을 곁에 둘 수 있는 축복을 받았더라면, 그러한 점은 가지고 있지 않았을 것"이라고 말하며 그녀를 안심시켰다.

수확기 재판이 성공적으로 끝난 후, 엘런은 마침내 그의 아내가 되었다. 1856년 6월 25일의 일이었다. 스탠턴에게 다시 행복한 나날이 이어졌다. 이 소송은 신시내티 법원뿐 아니라 대법원에서도 승소했다. 스탠턴은 이 엄청난 승리를 등에 업고 워싱턴으로 이사하여 변호사 생활을 했고 대법원에서 벌어진 중요한 소송에서 변론을 하며 막대한 돈을 벌어들였다.

열망

링컨은 희망이 계속 좌절되자 다른 사람들, 특히 스피드의 상점 난롯가에서 자주 함께 토론했던 라이벌 스티븐 더글러스의 행보를 부러운 눈으로 바라보았다. 훗날 그의 서류 속에서 발견된 짧은 메모에 그는 이렇게 적어 넣었다. "더글러스와 나는 22년 전 처음 만났다. 당시 우리는 둘 다 젊었고 그는 나보다 조금 어렸다. 그때도 우리는 야망을 갖고 있었다. 내 야망도 그에 못지않았다. 하지만 나는 경쟁에서 패배했다. 완벽한 패배였다. 그는 화려한 성공을 거두었다. 그는 전국에 이름을 떨쳤고, 심지어 외국에까지 알려졌다. 나는 그러한 명성을 폄하할 생각은 없다. 그의 명성이 어찌나 높은지, 이 땅의 억압받은 사람들과 내 위신이 비슷할 정도다. 나는 제왕의 눈썹을 짓눌렀던 화려한 왕관을 쓰느니 그러한 명성을 기다리겠다."

이 시기에 링컨은, 찬란한 운명이 그를 기다리고 있다는 아내의 흔들림 없는 믿음에서 용기를 얻었다고 혹자는 주장했다. 그의 법률사무소 동업자였던 존 스튜어트는 "그녀에게는 열정과 의지력, 야망이 있었다."고 기억했다. 결혼 전 메리는, 부유한 늙은이와 결혼한 한 친구에게 말했다. "나는 재산을 가진 사람보다는 명예와 권력이 있는 자리에 오를 장래성 있는 남자와 결혼하겠어." 이후 그녀는 자신의 구혼자 중 한 사람이었던 스티븐 더글러스를 두고 "내 키 큰 켄터키 주민(링컨)에 비하면 그는 아주 작고도 작았다. 내 남편은 키만큼이나 지성도 더글러스보다 훨씬 높았다."라고 말했다. 간단히 말해 메리는 미국에는 남편에게 필적할 만한 사람이 없다고 생각했다.

메리 본인도 인정했듯, 정치에 관심을 갖는 건 '숙녀답지 못한 행동'이었던 시절임에도 그녀는 매 순간마다 남편의 정치적 야망을 열심히 후원했다. 그러나 이러한 후원이 없었다고 해도 절박하리만큼 사회적 명성과 영향력을 추구했던 링컨이 난관이 닥쳤다고 자신의 꿈을 버렸을 리는 없다.

정치계 분열과 공화당의 탄생

링컨이 또 한 번의 좌절을 맛보았던 이 시기에도 슈어드와 체이스의 전진은 계속되고 있었다. 캔자스-네브래스카 법안이 통과된 후 북부는 커다란 정치적 혼란에 휩싸였다. 두 당 즉, 휘그당과 민주당은 점점 격해지는 파벌 갈등으로 분열되기 시작했다. 클레이와 웹스터, 링컨, 슈어드, 베이츠가 속해 있던 당이 먼저 노예제를 지지하는 "목화 휘그당"과 노예제를 반대하는 "양심적인 휘그당"으로 분열되었다. 분열된 휘그당은 1852년 선거에서 참패했고, 그 덕에 민주당은 압도적인 승리를 거둘 수 있었다. 하지만 캔자스-네브래스카 법안이 통과되자 민주당에서도 탈당하는 이들이 속출했다. 노예제 확산에 반대했던 북부의 당원들이 남부 민주당원들에게 좌우되는 당을 버리고 새로운 당을 찾아 나섰기 때문이다.

이후 정치계는 '노우낫싱당'(Know Nothing Party, '난몰라당'으로 번역되기도 함)의 등장으로 더욱 복잡해졌다. 노우낫싱당은 1840년대와 1850년대 물밀 듯 몰려오는 이민자들에 대한 반발로 형성된 당이었다. 1845년, 미합중국의 국민은 2000만 명 정도였다. 그런데 그 후 10년 동안 거의 300만 명이 이민을 왔고, 그 대부분이 아일랜드와 독일 사람들이었다. 주로 가톨릭 신자였던 이 이민자들의 대이동은, 국민의 대다수를 차지하고 있던 독실한 신교도와 반가톨릭주의자들의 반감을 샀다. 노우낫싱당은 새로운 이민자들에게 시민권과 투표권을 부여하지 못하게 막으려 했다. 1850년대 초반, 그들은 여러 도시의 선거에서 이겼고 매사추세츠 주 전역을 휩쓸었으며 뉴욕 주에서도 놀라울 정도로 확실한 지지기반을 얻었다. 신문과 설교자들은 가톨릭을 공격했고, 북부의 여러 도시에서는 피로 물든 반가톨릭 폭동이 일어났다.

링컨은 노우낫싱당의 차별주의를 경멸할 뿐이었다. 그는 친구 조슈아 스피드에게 말했다. "흑인들의 억압을 싫어하는 사람이 어떻게 백인의 지위를 떨어뜨리는 당을 편들 수 있단 말인가? 내가 보기엔 우리의 퇴보가 상당히 빠르게 이루어지고 있네. 우리나라는 '모든 인간은 평등하게 태어났다'는 독립선언을 기반으로 건설됐지. 그런데 지금은 이것을 '흑인을 제외한 모든 인간은 평등하게 태어났다'고 해석하는군. 이제 노우낫싱당이 주도권을 잡으면 독립선언서는 '흑인과 외국인, 가톨릭교인을 제외한 모든 인간은 평등하게 태어났다'고 해석될 걸세. 그렇게 되면 나는 자유를 사랑한다고 위선을 떨지 않는 나라, 예를 들면 러시아 같은 곳으로 이민을 가겠네."

하지만 이 당 역시 곧 노예제 문제로 분열되었다. 노우낫싱당은 당시 이민 배척 정서를 바탕으로 똘똘 뭉쳐 있는 듯했다. 그러나 노예제라는 시대적인 문제 앞에서 당은 결국 북부파와 남부파로 분열되어 약화되었다. 그러나 노우낫싱당의 창당에 중요한 역할을 했던 이민자 배척 정서는 이 당이 붕괴되어 사라진 후에도 살아남아 정치풍토에 커다란 영향을 미쳤다.

몰락의 길을 걸었던 이 세 당의 당원들 중 노예제 확산에 반대했던 이들은 새로운 거처를 찾고자 했다. 이렇게 해서 "양심적인 휘그당"과 "독립적인 민주당", 노예제를 반대하는 노우낫싱당원들로 이루어진 새로운 당, 공화당이 탄생했다. 여러 주에서 연합당, 국민당, 반 (캔자스-)네브래스카당 등 저마다 다른 이름을 내걸고 일련의 통합 작업이 이루어졌다. 그러다 위스콘신 주 리폰에서 열린 1854년 노예제 폐지론자들의 집회에서 '공화당' 이라는 명칭이 제안되었고, 다른 주 전당대회에서도 이를 따랐다.

일리노이 주에 있던 링컨은 휘그당이 반노예제 당이 될 수 있기를 바라며 주저하고 있었다. 뉴욕에 있던 슈어드도 30년 넘게 쌓아온 우정과 인간관계를 끊기 힘들었기에 결단을 내리지 못하고 있었다. 하지만 체이스는 과거에 연연하지 않았다. 그는 공화당의 기치 아래 신당을 조직하는 일에 전력을 쏟을 준비가 되어 있었다. 그는 새로운 정치 상황이 자신과 대의에 풍요로운 미래를 약속할 때면 언제든 방향을 바꾸었다. 휘그당원으로 시작한 그는 자유당에 입당했다. 그 후에는 자유토지당을 저버리고 독립적인 민주당원으로 상원에 진입했다. 그리고 상원의원 임기가 끝나가는 이 무렵 민주당에서 다시 상원의원으로 지목될 가능성이 희박해지자, 기꺼이 공화당에 가담했다.

이 새로운 운동은, 뉴욕과 일리노이 주에서 그랬던 것처럼 오하이오 주에서도 강력한 이민 배척 정서 때문에 복잡해졌다. 미묘한 균형을 지키기 위해서는, 노예제에 대한 반감이 심했던 독일계 이민자 단체의 지지를 유지하면서도 과거의 노우낫싱당원들을 끌어들여야 했다. 체이스는 노우낫싱당의 입장을 지지하지 않은 채 공화당 강령으로 주지사에 출마하면서, 주요 직책의 공천 후보에 노우낫싱당 출신을 여덟 명이나 포함시킴으로써 이 난제를 해결했다.

이는 힘겨운 작업이었다. 그러나 지칠 줄 모르는 체이스는 기차와 말, 철로 보수용 수동차, 카누, 짐수레를 타고 거의 모든 지역을 돌며 연설했다. 체이스의 노력은 보답을 받았다. 중요한 주에서 최초의 공화당 주지사가 되었던 것이다. 섬너는 보스턴에서 편지를 보냈다. "지난 며칠 동안 불안했는데 이제야 끝났군. 드디어 편안하게 숨을 쉴 수 있게 되었네!" 아침식사 중에 전보로 이 소식을 들은 이 매사추세츠 주 상원의원은 흥분을 감추지 못하면서 친구의 당선은 노예제 반대 운동에 더 없이 좋은 일이 될 것이라고 기뻐했다.

뉴욕의 슈어드는 노우낫싱당을 달래느라 체이스보다 더 큰 고생을 하고 있었다. 노우낫싱당이 가톨릭 학교에 기금을 마련해주자고 주장했던 슈어드를 용서하지 않았던 것이다. 실제로 그들은 1855년 슈어드가 상원의원으로 재선되는 것을 막으려고 했다. 노우낫싱당과 노예제를 옹호했던 "목화 휘그당" 모두에게 미움을 산 그는 아직 검증되지 않은 신당으로 옮겨가는 모험을 할 수 없다는 결론을 내렸다.

슈어드는 사이가 좋지 않은 여러 세력 사이에서도 노예제에 반대하는 사람들을 결집시킬 수 있는 위드에게 희망을 걸었다. 주 의회가 소집되기 전 몇 주 동안, 위드는 의원들을 차례로 접대하며 가능한 모든 표를 끌어 모았다. 그 의원 중에는 반가톨릭 정서보다 반노예제 원칙을 중요시하는 소수의 노우낫싱당원들도 있었다.

쉴 새 없이 노력한 위드는 슈어드가 상원에 재선되는 데 충분한 표를 모았다. 슈어드는 그에게 편지를 보냈다. "이제야 겨우 편지 쓸 틈을 내었습니다. 당신에게 전보다 더 깊은 감사를 드립니다. 하지만 그보다는 당신이 부서진 우리 배를 이끌고 그 엄청난 위험을 헤치고 나왔다는 데 대한 놀라움이 더욱 큽니다."

이제 6년 더 상원의원으로 봉직할 수 있게 된 슈어드는 위드와 함께 홀가분한 마음으로 공화당에 입당했다. 휘그당과 공화당이 한 번씩 개최했던 두 번의 당 대회가 1855년 9월 말에 시라쿠스에서 소집되었다. 한 친구가 참석을 권유하자, 슈어드는 그러겠노라 대답했다. 그는 먼저 휘그당 대의원들이 모여 있는 곳으로 가서 강력한 반노예제 강령을 채택했다. 그 후 슈어드는 위드의 안내로 옆에 있는 집회장으로 갔다. 그곳에서 공화당원들이 뜨거운 박수로 그들을 맞이했다. 뉴욕 주에 새로운 공화당이 탄생했다.

"자네와 내가 마침내 똑같은 강령을 지지하고, 똑같은 정치적 위치에 있게 되어 몹시 기쁘네."라고 섬너는 슈어드에게 말했다. 그해 10월, 슈어드는 공화당에 충성을 맹세하는 연설을 했다. 그 연설에서 슈어드는 노예소유주들이 새로운 노예주를 차지하여 의회에서 권력 균형을 확보하려 했던 지난 역사를 개괄하며, 노예제 지지 세력의 성장 과정을 추적했다. "그렇다면 이제 무엇이 필요하겠습니까?"라고 그는 물었다. 그리고 결론지었다. "조직 외엔 아무것도 없습니다." 새로 탄생한 공화당에게 주어진 과제는 의회를 장악해 준주로의 노예제 확산을 막을 수 있을 때까지 그 힘을 키우는 것이었다.

피 흘리는 캔자스

1856년 초, 링컨은 일리노이 주에서도 뉴욕과 오하이오 주를 따라 여러 반 캔자스-네브래스카 세력을 규합해 새로운 공화당을 조직해야 한다고 생각했다. 그의 노력으로 1856년 5월 29일에 반 캔자스-네브래스카 주 전당대회가 소집되었다. 링컨은 몇 주 동안 신중하게 전당대회를 준비했다. 공통점이 없는 캔자스-네브래스카 법안 반대자들을 하나의 통합된 당으로 묶어내는 것이 얼마나 힘든 일인지 잘 알고 있었기 때문이다. 링컨은 이 전당대회 소집이 급진적인 사람들만 끌어들여 신당이 지나치게 협소한 기반을 가지게 되지 않을까 걱정했다.

이때 캔자스에서 일어난 극적인 사건이 링컨의 운동에 도움을 주었다. 북부 이민자와 소위 '변경의 무법자'들 사이에 게릴라전이 벌어졌던 것이다.

북부 이민자들은 캔자스-네브래스카 법안의 '주권재민' 단서조항에 기초해 캔자스를 자유주로 만들고자 했고, 미주리 주에서 강을 건너온 변경의 무법자들은 캔자스를 노예주로 만들기 위해 부정 투표를 저질렀다.

이 법안을 둘러싸고 논란이 이어지는 동안, 슈어드는 노예주들에게 "북부는 캔자스라는 처녀지를 차지하기 위한 경쟁에 뛰어들 것이고 하나님은 정의의 편에 승리를 안겨주실 것"라고 말했다. 남부의 〈찰스턴 머큐리〉는 이에 대해 "북부가 파벌 문제를 제기하고 전쟁을 제안한다면, 반드시 무시무시한 적군이 쉽게 거두게 될 승리의 결과를 감수해야 할 것이다."라고 응답했다. 충돌이 갈수록 심해지자 "피 흘리는 캔자스"는 노예제 반대 세력의 새로운 표어가 되었다.

캔자스는 단순히 이주민들 간의 싸움터가 아니라 남과 북의 전쟁터가 되었다. 전당대회가 열리기 전 주, 온건한 반노예제 정서는 워싱턴에서 일어난 충격적인 사건이 일리노이 신문에 실렸을 때 크게 자극받았다. 상원 의사당에서 찰스 섬너가 선동적인 반노예제 연설을 한 후, 그의 연설 내용에 앙심을 품은 사우스캐롤라이나 주의 프레스턴 브룩스가, 그를 잔인하게 폭행했던 것이다.

섬너는 문학과 역사를 인용해 캔자스는 노예주가 되어서는 안 된다는 익숙한 주장을 하며, 무난하게 연설을 시작했다. 하지만 그는 곧 동료 상원의원인 일리노이의 스티븐 더글러스와 사우스캐롤라이나의 앤드루 버틀러를 향해 독설을 퍼붓기 시작했고, 의사당 분위기는 순식간에 바뀌었다. 그는 버틀러를 늙고 힘없는 돈키호테에 비유하면서, 버틀러가 스스로를 "다른 사람에게는 추하지만 늘 자신에겐 사랑스러운 음탕한 노예제"에게 온 마음을 다 바친 "용감한 기사"로 착각하고 있다고 말했다. 그리고 버틀러를 따라다니는 더글러스는 "온갖 궂은일을 하려고 대기하는 노예제의 하인, 바로 그 산초 판자"라고 비아냥거렸다.

연설을 마쳤을 때 미시간의 루이스 캐스 상원의원은 "그 연설은 이 고귀한 의원들의 귀를 더럽힌, 가장 비애국적인 연설이며, 다시는 어느 곳에서도 듣지 않게 되기를 바란다."고 말했다. 이틀 후, 버틀러의 젊은 사촌인 프레스턴 브룩스 의원이 육중한 지팡이로 무장하고 의사당에 들어섰다. 그리고 책상에서 글을 쓰고 있던 섬너에게 다가가 "당신이 사우스캐롤라이나와 내 사촌을 비방했지. 그래서 벌을 주러 왔소."라고 말했다. 섬너가 미처 대답을 하기도 전에 브룩스는 지팡이로 그의 머리를 내리치고는 계속해서 휘둘렀다. 섬너는 책상에서 일어나려고 했지만 소용이 없었다. 그는 결국 피범벅이 되어 의식을 잃은 채 실려 나갔다.

섬너가 폭행을 당해 머리와 척추에 중상을 입었다는 소식은 —그는 이 때문에 3년 동안 의정활동을 하지 못했다— 북부의 반노예제 정서를 자극했다. 길모퉁이마다 사람들이 옹기종기 모여서 브룩스의 행동이 "미국 상원의원과 언론의 자유에 대한 폭행"이라고 주장했다고 〈보스턴 데일리 이브닝 트랜스크립트〉는 보도했다. 온건한 캔자스-네브래스카 법안 지지자들조차 큰 분노를 나타냈다.

이 폭력 사건에 항의하기 위해 여러 도시와 마을에서 공개 집회가 소집되었다. 집회에는 너무나 많은 사람들이 몰려들어 수천 명이 입장조차 하지 못했다. 섬너의 한 지지자는 "북부는 의회에서 희생된 북부의 가장 훌륭한 사람을 본 후에야 노예제에 대한 부당한 공격을 제대로 인식했다."고 적었다. "다른 노예제 폐지론자들도 물론 공격을 받긴 했지만, 의사당 책상에서 글을 쓰고 있던 미국 상원의원이 정신을 잃을 때까지 몽둥이로 얻어맞는 장면은 남부 정서의 잔인한 소설 속 삽화에나 나올 법하다."라고 〈뉴욕 트리뷴〉은 논평했다. 이 폭행 사건은 정치에는 전혀 관심 없었던 사람들의 가슴까지 뒤흔들었다고 역사가 윌리엄 지냅은 주장했다. 그 일은 "온건파와 보수파를 모두 공화당으로 향하게 한 강력한 기폭제"가 되었다.

섬너가 북부에서 영웅으로 대접받는 동안, 남부는 브룩스를 똑같이 추어올렸다. 신문들은 입을 모아 그의 폭력 행사에 찬사를 보냈다. 〈리치먼드 인콰이어러〉는 그 행동은 "생각해서 좋고, 실천해서 더 좋고, 그 결과는 더없이 좋다."고 보도했다. 사방에서 경축행사가 열렸고, 사우스캐롤라이나 주의 컬럼비아에서는 주지사가 훌륭한 행동에 경의를 표한다며 브룩스에게 은 술잔과 지팡이를 증정했다.

파벌 문제에 대한 극단주의를 공공연히 반대했던 〈리치먼드 휘그〉의 반응은 더욱 거침이 없었다. 신문은 "우리는 이 일에 기뻐한다. 단 하나, 브룩스가 자신을 비방하는 사람의 등에 지팡이 대신 말채찍이나 소채찍을 휘두르지 않았다는 점은 유감이다."라는 기사를 실었다. 〈피터스버그 인텔리젠서〉도 비슷한 반응을 보였다. "폭력이 노예제 폐지론자의 비열한 행동을 통제하는 유일한 치료약이라면, 슈어드의 배짱에 약효가 나타날 때까지 최소 이틀에 한 번씩 약을 두 배로 늘려주는 것이 좋을 것이다. 그의 교묘한 선동과 가증스러운 원칙은 거짓말을 한 섬너의 야비한 악당 짓보다 이 나라에 훨씬 더 위험하다."

일리노이 주에서는 "다양한 스펙트럼의 반노예제 견해"를 지닌 이들, 즉 "보수적인 휘그당원, 탈당한 민주당원, 자유토지당원, 노우낫싱당원, 그리고 노예제 폐지론자들"이 점점 격앙되는 감정을 안고 블루밍턴 전당대회에 모여들었다. 링컨의 걱정은 사라졌다. 공통점이 없는 파벌들이 노예제 확산 저지라는 대명제 아래 단결했다. 이곳에서 링컨은 "열정과 기백, 힘이 넘치는" 감동적인 연설을 했다. 삐걱거리는 파벌들이 연합전선을 펼치도록 더욱 노력해야 한다는 내용이었다.

주정부 감사원인 제시 뒤부아는 "그건 일리노이 사상 최고의 연설이었고, 링컨을 대통령직으로 향하는 길 위에 올려놓았다."고 말했다. 청중석의 기자들도 자신의 의무를 잊고 연설에 빠져들었다. 그렇게 해서 기록되지 못한 이 연설은 '잃어버린 연설'로 널리 알려졌다. 링컨은 일리노리 공화당의 지도자로 명성을 얻었다.

윤곽이 드러나다

1856년 늦은 봄 무렵, 공화당의 지구당은 최소 스물두 개 주와 컬럼비아 특별지구에서 조직되었다. 신당으로서는 주목할 만한 시작이었다. 이를 본 당시 당 지도자들은 이제 휘그당은 거의 해체되었고 민주당은 둘로 나뉜 상황이니 이번에는 대통령 선거에서 확실하게 승리할 수 있다는 희망을 품었다. 6월 17일, 정력적으로 활동하던 공화당원들은 최초의 전국 당 대회를 위해 필라델피아에 집결했다. 슈어드와 체이스 모두 이 당 대회에서 공천받기를 간절히 원하고 있었다.

공화당에서 체이스는 주지사 선거로 엄청난 명성을 얻었기 때문에 자신이 대통령 후보가 될 것이라고 확신하고 있었다. 오하이오 주에서 당선된 지 겨우 열흘 후 친구에게 보낸 편지에서 체이스는, 자신이 자유 이민 배척주의자와 반노예제 독일계 미국인을 결합시키는 데 성공했다는 점은 앞으로 공화당의 승리를 보장하는 열쇠가 될 것이라고 주장했다. 그는 자신에게 공화당 대통령 후보로 공천받을 자격이 있다고 여겼다.

지난해 12월, 체이스는 전국 공화당 대회를 준비하고자 소집된 역사적인 '크리스마스 비밀회의'에 참석하기 위해 메릴랜드 주에 있는 프랜시스 프레스턴 블레어의 별장을 방문했다. 프랜시스 블레어는 과거 민주당과의 연줄과 새로운 반노예제 견해를 무기로, 정당 정치에서 엄청난 권력을 휘둘렀다. 체이스가 도착했을 때 그 자리에는 섬너와 그의 오랜 친구이자 반노예주의자인 〈내셔널 이어러〉의 편집자 개메일리얼 베일리, 뉴욕 하원의원인 프레스턴 킹, 매사추세츠 정치가 너대니얼 뱅크스가 참석해 있었다. 슈어드도 초대를 받았지만, 자세한 상황을 알지 못했던 그는 블레어에게 "귀하의 행동은 지지하지만, 초대는 거절합니다."메모를 보냈다. 아이러니컬하게도 이들은 블레어의 노예들이 시중을 드는 화려한 만찬이 끝난 후, 둘러앉아 공화당의 미래를 토론했다.

체이스의 제안에 따라 이들은 다음 달 피츠버그에서 대규모 집회를 여는데 합의했다. 화제는 차기 대통령 선거의 후보자에 대한 이야기로 바뀌었다. 거의 모두가 블레어가 추천한 존 찰스 프레몽을 지목하는 데 합의했다. 프레몽은 멕시코 전쟁 때 캘리포니아 점령에 중요한 역할을 했던 유명한 탐험가였다. 체이스는 당연히 이 대화를 듣고 실망했다. 그는 7월 19일 필라델피아 전당대회에서 프레몽이 지목되는 순간까지도 "사람들의 소박한 소망"이 압도적이라면 자신이 뽑힐 것이라고 믿었던 것이다.

그러나 이러한 체이스의 확신도, 전당대회에서 각 세력을 규합해 그의 입후보를 지지하도록 만들기엔 역부족이었다. 그는 1차 투표에서 자기 주를 단결시키는 데에도 실패했다. 8년 전 상원의원 자리를 차지하기 위해 그가 맺었던 의심스러운 거래가, 그의 출신주에 영원한 적을 만들었던 것이다. 체이스의 친구 하이럼 바니는 "오하이오의 표가 존 맥린과 프레몽, 그리고 자네에게 분산되지 않고 자네에게 몰렸다면, 자네가 지목받는 건 당연한 일이었겠지."라고 말했다.

전당대회가 열리기 전, 슈어드가 공천에 기대를 걸었던 데에는 체이스보다 더 합당한 이유가 있었다. 그는 공화당 대의원과 정치가들이 가장 선호하는 인물이었던 것이다. 하지만 위드는 아직은 당이 전국 선거에서 승리할 수 있을 만큼 정비되지 않았다고 주장하면서 그의 출마를 막았다. 실패로 오점을 남기느니 4년 더 기다리는 게 낫다는 것이었다.

공화당 전당대회가 진행되는 동안, 링컨은 일리노이 주 어배나에서 재판을 맡아 아메리칸 여관에 묵고 있었다. 그는 기분이 좋아서 평소처럼 짓궂은 장난을 치고 있었다고 헨리 휘트니는 회고했다. 그는 다른 투숙객들에게 저녁식사 시간을 알리는 종을 숨겼다. 사람들이 종이 사라졌다는 것을 막 눈치챘을 때 식당에 들어섰던 휘트니는, 링컨이 "우스꽝스럽고 미안하다는 듯한 표정을 지으며 늘 그렇듯 의자에 어색하게 비스듬히 앉아 있었다."고 회상했다. 데이비스 판사가 종을 제자리에 가져다놓으라고 하자, 링컨은 "한 번에 두 칸씩 계단을 뛰어올라가" 숨겨놓았던 종을 가져왔다.

며칠 뒤, 이 장난꾸러기는 부통령 후보 투표에서 자신이 110표를 얻었다는 소식을 들었다. 나중에 지명이 확정된 뉴저지의 윌리엄 데이턴의 득표수에 버금가는 숫자였다. "데이비스와 나는 몹시 흥분했다."고 휘트니는 떠올렸다. 링컨은 처음에는 그 소식을 믿지 않고 그저 "매사추세츠에도 링컨이라는 이름을 가진 훌륭한 사람이 있는데, 아마 그 사람일 것"이라고 받아넘겼다. 그러나 이 예기치 못한 사건은 고위 공직에 대한 링컨의 야심을 남몰래 자극했을 것이다.

1856년의 슈어드와 체이스 그리고 링컨과 달리, 에드워드 베이츠는 분열되어 세력이 약해진 휘그당을 저버리지 않았다. 그는 캔자스-네브래스카 법안과 신성한 미주리 타협 폐지에 대한 맹렬한 반감 때문에 공화당을 지지했지만, 노예제에 대한 공화당의 관심 때문에 북부와 남부가 돌이킬 수 없을 만큼 분열될까봐 두려워했다. 몇 번 주저한 끝에 그는 1856년, 크게 약화되어 있었던 휘그당의 전국 당 대회에서 의장을 맡기로 했다. 휘그당원들은 볼티모어에 모여 밀러드 필모어를 대통령으로 지지하기로 결정했다. 필모어는 아메리카당(구 노우낫싱당의 좀더 순화된 명칭)의 일원으로 출마했다. 아메리카당은 나라의 평화를 위험에 빠뜨리면서까지 노예제 문제를 선동한다며 공화당과 민주당 모두를 비난했다.

베이츠는 광적인 이민 배척주의자는 아니었지만, 노예제보다는 다른 문제를 강조하고 전국에 지지 세력을 갖고 있는 아메리카당이 연방을 보호할 수 있을 것이라고 생각했다. 그는 전당대회에서 이렇게 말했다. "저는 북부도 남부도 아닙니다. 저는 정치 지리학을 거부합니다. …… 법을 존중하며, 그 법이 제 마음에 들든 안 들든 시행되어야 한다고 믿는 사람입니다. 그 법 때문에 도망 노예를 붙잡아 주인에게 돌려주거나 혼란에 빠진 지역의 폭도를 진압해야 한다 해도 말입니다."

선거에서 공화당의 프레몽, 남부 성향의 민주당 제임스 뷰캐넌, 아메리카당 후보 밀러드 필모어가 대통령직을 두고 경쟁을 벌이게 되었다. 개표가 이루어졌을 때 슈어드에게 건넨 위드의 충고가 정확했다는 사실이 드러났다. 처음으로 전국 선거를 치른 공화당은 북부 전역의 11개 주에서 승리하며 상당한 저력을 보여주었지만, 남부는 민주당의 제임스 뷰캐넌을 지지했고 결국 그가 승리를 거두었다. 뷰캐넌은 남부의 압도적인 지지세력 외에도 1860년 선거에서 격전지가 될 북부의 네 개 주, 즉 일리노이, 인디애나, 펜실베이니아, 뉴저지를 석권했다. 필모어와 아메리카당은 조그만 메릴랜드 주만 가질 수 있었다.

드레드 스콧 사건

뷰캐넌의 취임식이 다가올 무렵, 대법원은 11년 전 미주리 주에서 시작된 드레드 스콧 대 스탠포드 소송의 판결을 준비하고 있었다. 노예인 스콧은 노예 주인 미주리 주로 돌아가기 전까지 군의관이었던 주인을 따라 자유주인 일리노이와 위스콘신 준주에서 살았다는 점을 근거로, 자유를 달라는 소송을 제기했다. 이 소송은 주 법원과 연방법원을 거쳐 대법원까지 올라갔다. 이 소송에서 프랜시스 블레어의 아들 몽고메리는 드레드 스콧을 변호했고, 메릴랜드 출신의 유명한 변호사 리버디 존슨은 스콧의 주인을 변호했다. 대법관 로저 태니는 "남부와 노예제의 확고한 지지자이자 공화당과 노예제 반대 운동의 무자비한 적"이었다.

슈어드는 1857년 3월 4일 국회의사당에 운집한 수천 명의 시민들 틈에서 제임스 뷰캐넌의 취임식을 지켜보고 있었다. 뷰캐넌은 취임연설에서 준주로의 노예제 확산 문제에 대해 "의견 차이"가 있음을 인정했다. 하지만 그는 공화당 창당에도 큰 역할을 했던 이 중요한 문제는 정치 문제가 아니라 "미국 대법원이 관할하는 사법 문제"라고 주장했다. 바로 이 문제와 관련된 드레드 스콧 사건의 판결은 미결 상태였다. 뷰캐넌은 "어떤 판결이 나오든 기꺼이 받아들일 것"이라고 맹세했다. 이 모든 정황을 보면, 뷰캐넌은 이미 판결 내용을 알고 있었던 게 분명하다.

이틀 후인 3월 6일, 유서 깊은 대법원 법정에서 일흔아홉 살의 태니는 역사적인 판결문을 읽었다. 7대 2로 결정된 판결은 그 범위와 결과로 볼 때 놀라운 것이었다. "흑인은 헌법상 '시민'에 포함되지 않으며 포함시키려 한 적도 없었다."라는 내용의 판결이었다. 따라서 스콧은 연방법원에 소송을 제기할 자격이 없다는 것이었다. 이로써 판결이 끝났는데도, 태니는 더 나아가 독립선언서도, 헌법도 흑인에게 적용된 적은 없었다고 말을 이었다. 그는 흑인은 "지극히 열등해서 백인이 누릴 권리를 갖지 못한다."고 주장했다. 대법관은 여기서 멈추지 않았다. 그는 미주리 타협 같은 법으로 준주에서 노예제를 금지한 것은 의회의 월권행위라고 주장했다. 그의 관점에서 노예는 헌법의 보호를 받는 개인 재산이었기 때문이다. 다시 말해 미주리 타협은 위헌이라는 것이다. 그는 그 법은 이미 캔자스-네브래스카 법안으로 무효화되었으며, 그건 지금 법원이 다룰 가치가 없는 문제를 판결하고 있다는 뜻이라고 말했다. 이후 한 판사는 "태니는 의회에 노예제를 금지할 헌법상의 권리가 없다고 단언함으로써, 준주의 노예제 문제에 대한 모든 논란을 종식시키는 것이 법원에 이익이라고 확신했다."고 말했다. 하지만 당시 치열한 파벌 갈등을 일으켰던 이 문제는 대법원의 결정만으로는 해결될 수 없었다. 드레드 스콧 소송은 "법원이 자초한 가장 큰 불행 중 하나"라고 이후 대법원 판사 펠릭스 프랭크퍼터는 말했다.

그 판결은 처음에는 남부에게 압도적인 승리를 가져다주는 듯했다. 10년 넘게 노예제 반대 세력은 준주의 노예제 문제를 결정할 권한을 연방정부가 행사하도록 하기 위해 노력했다고 〈리치먼드 인콰이어러〉는 보도했다. 신문은 "의사당에서 양측이 서로 차지하기 위해 싸웠던 준주의 전리품은 마침내 정당한 심판에 의해 마땅히 받아야 할 사람들에게 주어졌다."고 이야기했다.

이어서 신문은 "공식적으로 헌법을 해석하고 여러 주의 의견 차이를 조정하는" 대법원의 판결은 "남부의 제도에 정면으로 도전했던 이들의 이론적 근거"를 무너뜨렸다고 논평했다.

공화당은 "완전한 신성모독"이라는 반응을 보였다. 판결에 대해 "워싱턴 술집에 모인 자들이 다수결로 내린 판결만큼이나 도덕적으로 형편없다."고 일축했다. 〈뉴욕 트리뷴〉은 대법원이 "공명정대한 재판 기관"이라는 위상을 잃었다고 주장하면서, 지난 대통령 선거에서 거의 승리할 뻔했던 공화당을 좌절시키려는 대법원의 시도는 실패할 것이라고 예언했다. 프레더릭 더글러스는 "태니 판사는 많은 일을 할 수 있지만, 악을 선으로, 선을 악으로 만들어 사물의 본성을 바꿀 수는 없다."고 말했다. 프랜시스 슈어드는 이 비윤리적인 판결이 북부 국민의 의지를 자극하기를 바랐다. 그녀는 "그 판결은 많은 이들을 노예제 지지 세력의 횡포에 눈뜨게 했습니다."라고 섬너에게 전했다.

북부와 남부 모두를 대변해주었던 대법원이 파벌 갈등에 관여함으로써 일어난 분노는 연방을 묶고 있던 또 다른 끈을 끊었다. 드레드 스콧은 테일러 블로우에게 팔렸고, 그는 스콧을 사자마자 해방시켜주었다. 자유인이 된 스콧은 1년 후 죽었지만, 그의 이름은 그를 노예라 경멸했던 판사들보다 미국 역사에 더 깊이 각인되었다.

링컨은 스프링필드의 한 연설에서 정확하게 논리적 오류를 짚어내는 특유의 방식으로 판결을 공격했다. 그는 "대법관은 흑인이 독립선언서나 헌법을 제정한 국민이 아니라고 장황하게 주장한다. 하지만 최소 다섯 개 주의 흑인 유권자들이 헌법 비준을 위해 의결했으며 흑인도 헌법을 제정한 '우리 국민'이었다."고 말했다. 또한 그는 "건국의 아버지들은 만인이 '모든 면에서' 평등하다고 선언하지는 않았다. 모든 이가 피부색, 키, 지성이나 도덕적 발달, 사회적 능력 면에서 똑같다고 말할 의도는 아니었다."고 덧붙였다. 그리고 "하지만 건국의 아버지들은 만인이 '생명, 자유, 행복 추구라는 양도할 수 없는 권리'에서 평등하다고 선언했다. 그들은 권리를 선언하려 했을 뿐이었지

만, 그 권리는 상황이 허락하는 한 되도록 빨리 이행될 것이다."라고 연설을
마무리했다.

억누를 수 없는 갈등

슈어드 역시 상원의사당 연설에서 정부가 대법원의 더러운 음모에 참여했다
면서 드레드 스콧 판결을 비난했다. "취임식에 모인 순박한 군중은 대통령과
대법관 사이에 오고간 귓속말의 의미를 알지 못했습니다." 대법관과 상원의
원들이 말없이 지켜보는 가운데, 뷰캐넌 대통령이 헌법을 들어 흑인의 지위
를 판결하는 대법원을 전적으로 지지하겠노라 공언했다고 슈어드는 말했다.
그는 이어 "화려한 행사가 끝나자 판사들은 비단옷을 신하의 옷으로 갈아입
지도 않고 행정 관저에서 대통령에게 인사했습니다. 분명 대통령은 찰스 1세
가 그의 재판 때 영국 자유의 조각상을 파괴한 판사들에게 그랬던 것처럼 우
아하게 그들의 인사를 받았을 것입니다."라고 경멸을 담아 외쳤다. 슈어드의
비난은 북부 전역에서 큰 갈채를 받았지만, 남부와 정부측의 격한 반발을 불
러 일으켰다.
　뷰캐넌 대통령은 음모설에 몹시 분개해 슈어드의 백악관 출입을 금지시켰
다. 대법관 태니는 더욱 격분하여, 슈어드가 1861년에 대통령이 되면 자신은
"그에게 취임선서 하는 것을 거부하여, 그런 놈에게는 충성하지 않으리라는
사실을 온 나라에 증명하겠다."고 말했다.
　6개월 후, 슈어드는 다시 한 번 '도덕률' 연설처럼 영원히 그의 이름을 후
세에 남길 인상적인 연설을 했다. 슈어드는 뉴욕 주 로체스터의 코린티언 홀
에 가득 모인 열성파 공화당원 앞에서 거침없이 주장을 쏟아냈다. 그는 미국
이 '화합할 수 없는' 두 정치경제 체제로 나뉘어, 서로 다른 문화와 가치관을
발전시켰다고 말했다. 그리고 자유인 노동 체제는, 최근 교통과 상업의 발전

으로 "더욱 가까워질" 때까지는 노예 노동과 거북하게 공존했다고 주장했다. 비극적인 "충돌"은 당연했다. 그는 청중들에게 물었다. "이 충돌의 의미가 무엇인지 말씀드릴까요? 이것은 반대 세력과 찬성 세력 간의 '억누를 수 없는 갈등'입니다. 이는 미국이 조만간 완전한 노예 소유 국가가 되거나 완전한 자유인 노동 국가가 되는 것 중 하나를 택해야 하고, 또 그렇게 될 것이라는 뜻입니다."

프랜시스 슈어드는 남편의 연설에 감동했고, 남부가 갈수록 공격적인 성향을 보이는 만큼 그의 과격한 어투는 당연하다고 생각했다. 실제로 "억누를 수 없는 갈등"이라는 말은 노예제에 맞서 싸우는 모든 이들에게 막강한 표어가 되었다. 슈어드는 파벌 갈등이 정치적 목적으로 의견충돌을 확대시키려는 극단주의자들의 음모가 아니라, 근본적 견해 차이에서 기인한다고 주장했다. "슈어드는 당대 정치가뿐 아니라 이후 미국 역사가들을 괴롭혔던 문제, 즉 남북전쟁을 낳은 그 갈등을 억누를 수 있었는가, 아닌가라는 문제에 대해 자신의 입장을 명확히 했다."고 케네스 스탬프는 주장했다.

그 연설은 반대파 신문들의 큰 논란을 가져왔다. 〈올버니 아틀러스 앤 아르거스〉는 슈어드가 더 이상 노예제를 현재 지역에 제한시키는 데 만족하지 않고, 사우스캐롤라이나와 조지아 주의 노예제까지 폐지시키려 한다고 주장했다. 〈뉴욕 헤럴드〉는 슈어드가 이번 연설로 가면을 벗고 "비처나 개리슨, 혹은 매사추세츠의 시어도어 파커 목사보다 더 위험하기 때문에 더 혐오스러운 노예제 폐지론자"의 얼굴을 드러냈다고 주장했다.

그러나 사실 슈어드는 노예제 폐지론자가 아니었다. 그는 오래전부터 기존의 노예주에는 노예제를 제한하는 국가의 권한이 미치지 않는다고 주장했다. 노예제가 없는 나라에 대한 그의 이야기는 기나긴 역사의 힘으로 도시화되고 산업화된 사회를 이룩했을 때 얻게 될, 필연적인 승리를 가리키는 것이었다. 하지만 남부인의 눈에는 슈어드가 노예제를 강제로 없애고 남부를 영원히 정복하려는 사람으로 보였다. "슈어드는 자기 연설의 영향력을 완벽하게 이해하지 못했다."라고 사학자 윌리엄 지냅은 평가했다. 그는 '도덕률'과 '억누를 수 없는 갈등'과 같은 과격한 표현이 그가 보이려 했던 온건적 이미지에 미칠 영향을 예상하지 못했다. 오랜 시간이 지난 후, 슈어드는 "하늘이 공격적인 두 가지 표현을 연결한 자신을 용서한다면, 다시는 그런 말을 하지 않을 것"이라고 털어놓았다.

슈어드는 그 과격한 표현으로 노예제를 반대하는 북부에서 갈채를 받았지만, 근본적으로 부드러운 성격이었던 그는 자신의 카리스마와 온화한 정책으로 나라를 통합하고 파벌 위기를 평화롭게 해결하고자 했다. 정계에 처음 진출했을 때부터 그는 정적과 1대 1로 협상할 수 있는 한, 자신의 따뜻한 성품으로 어떤 의견 차이도 극복할 수 있다고 믿었다. 그가 상원의원에 당선된 것에 대해 남부 전역이 "충격과 우려"를 나타냈을 때에도, 그는 한결같이 평온했다. 이민과 공교육, 보호 관세, 국내 개선, 그리고 무엇보다 노예제에 대한 입장 때문에 북부에 대한 남부의 혐오감을 나타내는 상징이 되었을 때도, 슈어드의 자신감은 흔들리지 않았다. "전반적인 인상은 그저 재미있을 뿐이다. 내가 '한여름 밤의 꿈(셰익스피어의 희곡)' 속에서 공작 앞에서 사자 연기를 한 사람처럼, 결국 다정하다는 사실이 증명되리라 생각하기 때문이다."라고 그는 기록했다.

그는 그저 자신의 생각을 충실히 실천했다. 어떤 이는 "그에게 인신공격을 한 사람들은 아무리 계속해도 그가 화를 내지 않자 불안해했다."고 회상했다. 슈어드에게 "이단자에 반역자"라고 외치며 독설을 퍼부었던 남부의 한 상원의원과의 일화는 지금까지 전해진다. 그 상원의원이 "분노로 얼굴이 벌겋게 달아올라 부들부들 떨면서" 자리에 앉았을 때, 슈어드는 그에게 다가가 다정하게 코담배를 내밀었다고 한다.

워싱턴 사교계에서 남부인과 북부인 모두가 참석했던 슈어드의 화려한 만찬은 전설처럼 기억된다. 그 편안한 분위기 속에서는 아무리 사이가 나쁜 정치가들도 마음이 누그러져서 예민하게 굴지 않았다. 1850년대 슈어드는 이

196

같은 만찬을 통해 미시시피의 제퍼슨 데이비스와 켄터키의 존 크리텐, 찰스 섬너와 매사추세츠의 찰스 프랜시스 애덤스에 이르기까지, 모든 이들과 친분을 유지했다. 슈어드는 온화한 성품으로 사람의 마음을 편안하게 해주는 탁월한 능력이 있었다.

그의 파티에 참석했던 한 여성은 저녁만찬에 바다거북 스프를 시작으로 열일곱 가지 요리가 나왔다고 회고했다. 식사가 끝난 후 여인들은 응접실에서 커피를 마셨고, 남자들은 서재에 모여 술과 특별 주문한 쿠바산 시가를 즐겼다. 이 즐거운 파티 내내 슈어드는 손님들을 즐겁게 해주고, 북부인과 남부인이 스스럼없이 어울릴 수 있도록 노력했다. 한 기자는 "한 싸움꾼이 이 위대한 뉴요커의 집에 초대를 받고는 포도주로 벌겋게 달아오른 얼굴로 즐거워하며 집으로 돌아갔다는 이상한 루머가 워싱턴에서 자주 흘러나와 사람들을 깜짝 놀라게 했다."고 전하기도 했다.

슈어드는 의회가 열리지 않을 때도 사교활동을 소홀히 하지 않았다. 드레드 스콧 판결이 끝난 다음해 여름, 그는 프랜시스 블레어와 그의 아내 엘리자에게 캐나다로 같이 여행을 가자고 초대했다. 슈어드의 아들 프레더릭과 그의 아내 애너도 함께했다. 그는 블레어 부부가 자신보다 훨씬 보수적이라는 사실을 잘 알았지만, 자신의 매력이 1860년 공천 때 그들의 지지를 이끌어내리라 확신했다.

블레어는 나이아가라 폭포와 토론토, 사우전드 아일랜드를 지나 래브라도 해안까지 둘러보았던 이 여행을 이후 "발견의 여행"이라고 회고했다. 블레어 부부는 여행 내내 몹시 즐거워했다. 블레어는 슈어드가 타고난 이야기 솜씨로 가는 곳마다 "두 배는 더 재미있게" 해주었을 뿐 아니라 안전한 숙소와 훌륭한 식사를 마련해준 "최고의 여행 친구"라면서 감사의 편지를 보냈다. 하지만 힘겨운 결정의 시기가 되자, 블레어 가족은 그들의 정치적 견해와 좀더 가까운 사람, 즉 에드워드 베이츠를 지지했다.

체이스의 사교활동

슈어드가 사교활동의 귀재였던 반면, 사교성 없는 주지사 체이스는 자신의 정치적 야망을 이루기 위해 다양한 사교 행사를 치러야 할 때마다 무척 힘겨워했다. 그의 가장 큰 안식처는 집안의 안주인 역할을 했던 열일곱 살의 케이트였다. "대부분의 소녀가 수줍어하며 숨어 있을 나이에, 그녀는 이 나라의 뛰어난 지식인들과 논쟁을 벌일 수 있는 교양 있는 젊은 여인으로 세상에 발을 내디뎠다."고 〈신시내티 인콰이어러〉는 말했다. 훌륭한 교육을 받은 그녀는 콜럼버스로 돌아갈 무렵, 여러 개의 언어를 유창하게 구사했으며 그 누구와도 대화를 나눌 수 있는 지식과 재치를 가지고 있었다. 한 전기 작가는 그녀가 "그 어떤 여자보다도 더 많은, 그리고 몇몇 남자는 능가할 수 없을 정도의 정치 지식"을 갖고 있었다고 말했다.

케이트가 콜럼버스로 돌아오자 아버지는 집을 장만해야만 했다. 세 아내를 잃고 힘겨워했던 체이스는 집을 사서 가꾸는 데 무관심했고, 전셋집과 하숙집, 호텔을 전전하며 지냈다. 케이트와 네티가 함께 살게 되자, 그는 6번가에 웅장한 고딕식 저택을 샀고 집안 장식을 케이트에게 맡겼다. 그는 케이트를 신시내티에 보내 벽지와 카펫, 커튼, 찬장 등을 사오도록 했다. "나는 열일곱 살 소녀의 판단력을 어느 정도 신뢰할 수 있다고 생각한단다. 더욱이 네 판단이라면 조금도 의심할 이유가 없을게다. 네겐 잘 해낼 능력이 있고, 실제로 잘할 게다."

오하이오 주지사의 안주인 역할을 맡은 케이트는 초대장을 쓰고 수많은 만찬과 파티를 손색없이 치러냈다. 이후 그녀는 회고했다. "나는 그 시대 훌륭한 사람들을 모두 알고 있었다. 아주 어린 나이에 나는 귀한 재산을 얻었다." 당시 콜럼버스에서 수습기자로 일하고 있던 윌리엄 딘 하웰스는 주지사 저택에서 열린 화려한 추수감사절 파티를 잊지 못했다.

이후 케이트는 아버지의 내조자로서 1860년 대선을 준비하는 체이스의 곁을 지켰다. 슈어드와 링컨처럼 체이스는 드레드 스콧 판결이 자유를 위협하는 음모의 일부라 여겼으며, 공화당의 승리만이 이 음모를 막을 수 있다고 생각했다. 그는 스콧의 변호인에게 도움을 주겠다고 약속했지만, 결국 그 사건에 가담하지 않았다. 그는 자신이 백악관에 갔을 때 나라에 진정한 공헌을 할 수 있다고 생각했다. 체이스는 1857년 11월에 친구 찰스 클리블랜드에게 이런 편지를 보냈다. "많은 사람들이 1860년 선거에 대해 이야기하기 시작했고 적지 않은 사람들이 다시금 내 이름에 관심을 나타낸다는 것을 알게 되었네. …… 어떤 사람들은 내가 이 나라의 그 어느 누구보다 더 많은 능력을 갖고 있다고 생각하네."

흔들리는 집

슈어드와 체이스가 대통령직에 욕심내기 시작했을 때, 링컨은 다시 한번 미 상원의원에 도전할 준비를 하고 있었다. 일리노이 주 공화당의 주요 기획자였던 링컨은 1858년 스티븐 더글러스에게 정면으로 맞서는 첫 번째 주장을 했다. 3년 전 트럼벌의 당선을 위해 링컨이 희생했음을 알고 있던 수백 명의 당원들은, 링컨이 이번에는 꿈을 실현할 수 있도록 무슨 일이든 도우려 했다. 1855년에 그를 도왔던 데이비드 데이비스, 레너드 스웨트, 윌리엄 헌돈 외에도, 트럼벌을 배신하지 않겠다고 고집하여 자신에게 패배를 맛보게 했던 노먼 저드에게도 링컨은 의지할 수 있었다.

　그러나 운명은 다시 그의 기회를 빼앗을 계획을 세우고 있는 듯했다. 캔자스 주에서 일어난 여러 사건들이 불길한 방향 전환을 가져왔다. 당시 캔자스 이주민 중 압도적인 다수는 노예제에 반대하고 자유주로 연방에 편입되기를 원하고 있었다. 그런데 소수의 노예제 찬성 세력이 르컴프턴에 모여 노예제 지지 법안을 작성하고, 준주에서 주로 승격시켜줄 것을 요청했다. 뷰캐넌 행정부는 민주당의 남부 세력을 달랠 요량으로 르컴프턴 법안을 승인하고는, 의회에 캔자스를 노예주로 인정하도록 요구했다. 그러자 새로운 분노의 물결이 북부를 휩쓸었다.

이 중대한 시기에 스티븐 더글러스는 동료 민주당원들과 결별하여 정계를 놀라게 했다. 뷰캐넌과의 회의에서 그는 르컴프턴 법안을 지지할 수 없다고 말했다. 캔자스-네브래스카 법안을 지지하는 민주당의 싸움을 주도했던 사람이, 이제는 공화당 편에 서서 자기가 세운 정부를 공개적으로 반대하고 있었다. "내가 르컴프턴 법안을 반대한 이유는, 캔자스가 노예주가 되는 것을 염려했기 때문이 아니다."라고 이후 그는 설명했다. 그는 주민들이 노예제를 찬성하든 반대하든 신경 쓰지 않았다. 문제는 그 법안이 캔자스 시민의 행동이 아니고 그들의 의지를 나타내지도 않는다는 것이었다. 더글러스에게 뷰캐넌 행정부와의 충돌은 불가피한 일이었다. 더글러스는 르컴프턴 법안을 지지하면, '주권재민'이라는 자신의 원칙을 저버리게 되고 상원의원으로 재선될 가능성도 크게 줄어들 것이라고 생각했다.

공화당원들은 더글러스가 자기네 편을 들자 캔자스가 노예주로 연방에 편입되지 못하도록 막을 기회가 생겼다며 흥분했다. "뜻밖의 정치적 급변과 맞먹는 게 뭐겠소?" 슈어드는 더글러스가 이 극적인 선언을 한 다음날 아내에게 물었다. 그는 "노예제 반대 입장의 승리는 서부의 대표인 스티븐 더글러스의 가담이 없었다면 일어날 수 없었을 거요."라고 설명하면서, 그의 변절은 "자유와 정의를 위한 위대한 결정"이라며 기뻐했다. 동부의 공화당원들이 더글러스를 노예제 반대 투쟁의 동지로 크게 환영하면서 과거의 적개심은 잊어버렸다. 호러스 그릴리는 〈뉴욕 트리뷴〉을 통해, 당파를 초월하여 더글러스를 이번 선거에서 상원의원으로 밀자고 일리노이 공화당원들에게 촉구했다.

링컨은 자신의 정치적 미래가 위태롭다는 것을 직감했다. 그는 더글러스와 행정부의 '결별'은 캔자스의 상황을 둘러싼 일시적 싸움일 뿐이라고 판단했다. 캔자스 문제가 해결되면 더글러스는 다시 노예제를 찬성하는 민주당과

링컨은 스티븐 더글러스를 상대로 한 논쟁을 통해 전국적인 관심을 받았다.

손을 잡을 것이 분명했다. 그 사이에 속아 넘어간 공화당 유권자들은 더글러스를 재선시켜 일리노이의 공화당을 파괴하고, 상원에서의 발언권을 노예제 찬성론자인 정치가에게 넘겨주게 될 것이었다.

링컨은 가는 곳마다 더글러스의 연설문을 읽었느냐고 묻는 친구들에게 둘러싸였다고 탄식했다. "사람들은 매번 호기심 어린 눈초리로 '이젠 더글러스를 지지할 수 없겠나?' 라는 식의 질문을 퍼부었다. 새덫을 놓은 어린아이들처럼 그들은 새가 미끼를 물어 덫에 걸리는지 지켜보고 있었다."

"〈뉴욕 트리뷴〉이 계속해서 더글러스를 칭찬하고 찬양하는데 그게 무슨 뜻이오? 공화당의 대의가 여기 일리노이 사람들을 희생해야 달성된다는 결론을 내린 것이오?"라고 링컨은 트럼벌에게 말했다. 하지만 링컨은 아무리 힘든 상황에서도 늘 그래왔듯이 그릴리에게 악의가 있다고 생각하지는 않았다.

그는 그릴리를 "부패할 수 없는" 사람이라 여겼다. 그는 그릴리가 "다른 공화당원을 제치고 더글러스가 재선되리라" 여긴다는 사실을 알았지만, 그것이 그릴리가 더글러스와 공모했기 때문은 아닐 것이라고 생각했다. 링컨은 그릴리가 단지 더글러스의 우월한 지위와 경험, 그리고 능력으로 부족한 공화당 내에서의 입지를 상쇄한다고 생각했기 때문이라고 여겼다. 링컨은 더글러스의 행동에 열광하는 슈어드에 대해서도 똑같이 생각했다. 그 때문에 자신의 당선 가능성이 현저히 줄어드는데도 말이다.

그런데 급히 소집된 주 전당대회에서는 "에이브러햄 링컨은 미 상원에 보낼 일리노이 공화당의 첫 번째이자 유일한 선택이다."라고 선언하는 결의안이 통과되었다. 최종 결정은 그해 가을에 당선된 주 의회가 내릴 예정이었지만, 6월 스프링필드에서 열린 일리노이 주 공화당 전당대회는 링컨을 공식적인 상원의원 후보로 지목했다. 돈 페렌바처는 "상대적으로 이름이 덜 알려진 링컨이 대통령 후보로 공천받은 날이 중대한 날짜였던 것만큼, 스프링필드에서 열린 전당대회가 링컨을 '미 상원의원 후보가 될 첫 번째이자 유일한 선택'으로 열광적으로 지지한 1858년 6월 16일도 중대한 날로 기억될 것"이라고 주장했다.

링컨은 마가와 마태의 복음 중에서 "한 집안도 갈라져서 서로 싸우면 망하는 법이다."라는 말을 인용하며 저 유명한 스프링필드 수락 연설을 시작했다. 그는 연방을, 노예제 문제라는 집요한 압력으로 인해 붕괴 위기에 처한 집에 비유했다. "저는 이 나라가 국민의 절반은 노예이고 절반은 자유인인 상태로 영원히 지속될 수는 없다고 믿습니다. 그러나 저는 집이 갈라질 것이라고 생각하지도 않습니다. 붕괴를 막을 수 있을 것이라고 진심으로 믿고 있습니다."

지지자와 반대자 모두 링컨의 "국민의 절반은 노예고 절반은 자유인인 상태로 영원히 지속될 수 없다."는 말을, 4년 전 피오리아 연설에서 보여주었던 온건한 태도를 버리고 좀더 전투적으로 행동하겠다는 뜻이라고 해석했다. 하지만 그의 주장이 본질적으로 바뀐 것은 아니었다. 노예제는 캔자스-네브래스카 법안 통과가 새로운 상황을 몰고왔을 때까지는 점차 소멸되어가는 것 같았다. 그는 예전처럼 과격한 행동이 필요하다고 생각하지는 않았다. 그것은 단지 노예제의 "확산"을 막아야 하며, 헌법 입안자들의 의도대로 노예제가 "궁극적인 소멸의 길로 되돌아갈 것"이라는 믿음을 반영하는 연설이었을 뿐이다.

피오리아 연설 이후, 진짜 변화는 링컨의 입장이 아니라 노예제를 옹호하는 민주당의 계획 때문에 일어났다. 드레드 스콧 판결 이후 링컨은 민주당이 건국의 아버지들이 세운 '민주주의의 집'을 파괴하기 위해, 교활하게도 노예제 찬성이라는 새 건물을 세웠다고 비난했다. 링컨은 슈어드처럼 헌법의 전복을 시도했던 이들의 계획을 날카롭게 비판했다. 슈어드가 이를 위해 영국 왕 찰스 1세의 행동을 인용했던 반면, 링컨은 친근한 은유를 통해 음모를 표현했다. "각기 다른 목수들이 저마다 다른 시간, 다른 장소에서 목재를 모았다고 합시다. 그 목수들을 스티븐, 프랭클린, 로저, 제임스라고 합시다. 그런데 이 제각각의 목재들을 짜 맞춘다면 정확하게 집의 뼈대가 이루어질 것처럼 보였습니다. …… 나무토막들의 크기와 길이가 제자리에 딱딱 들어맞습니다. …… 그러니 스티븐과 프랭클린, 로저와 제임스 모두가 처음부터 서로의 의중을 정확히 알고, 공동의 계획이나 설계도에 따라 일을 꾸민 게 아니라고 어찌 믿을 수 있겠습니까."

링컨은 이 목재들을 제자리에 놓고 보니 "딱 하나 좋은 틈새"를 찾을 수 있었다며 말을 이었다. 그는 틈새가 "또 다른 대법원 판결로 채워질 것"이라고 경고했는데, 이 판결은 사유재산에 대한 헌법상의 보호로 인해 준주를 포함한 모든 주에서 노예제의 폐지를 막을 것이었다. 그렇게 되면 단번에 노예제를 금지하는 북부 여러 주의 모든 법이 무효화된다.

"오늘날에는 고심해서 만들어낸 이 정교한 은유의 핵심을 정확히 이해하기가 어렵지만, 링컨의 청중들은 그가 무슨 말을 하는지 정확히 알고 있었다."고 역사가 제임스 맥퍼슨은 말한다. 공모한 네 목수는 네브래스카 법의 기획자이자 드레드 스콧 판결을 지지했던 스티븐 더글러스, 대법원이 드레스 스콧 사건의 심의가 끝나기 전부터 법원 판결의 '무게와 권위'를 강조하기 위해 마지막 연두교서를 이용한 퇴임 대통령 프랭클린 피어스, 판결문을 작성한 대법관 로저 태니, 그리고 판결문이 공개되기 꼭 이틀 전에 대법원 판결에 따르라고 강력히 촉구한 신임 대통령 제임스 뷰캐넌이었다. 이 네 명은 합심하여 노예제를 "새 주뿐 아니라 옛 주까지, 남부뿐 아니라 북부까지 나라 전역에서 합법적으로 통하도록" 만들어놓았다.

링컨은, 더글러스가 민주당이 노예제를 전국에 확산시키려고 시도할 때마다 앞장서는 목수였음을 청중에게 상기시키면서 공화당의 대의는 "진정한 친구", 즉 건국의 아버지들이 처음 세운 토대를 지탱하기 위해 "온 마음을 쏟고 손이 자유로운" 사람들에 의해 이루어져야 한다"고 설득했다. 그는 더글러스가 "대단히 훌륭한 사람"이고 "우리 중 대다수는 보잘것없는 사람들"이라 하더라도, 공화당 안에서 대의가 완성될 수 있다고 말했다. 링컨은 더글러스가 그동안 노예제 자체에 대해 도덕적인 무관심을 보였으며, 노예제에 관한 한 지속적으로 헌법 입안자들의 의도를 왜곡하는 데 자신의 영향력을 발휘했다고 주장했다. "분명 그는 현재 우리 편이 아닙니다. 그는 우리 편인 척하지도 않습니다. 언젠가는 우리 편이 되겠노라 약속하지도 않습니다."라고 링컨은 말했다.

토대를 잃을 위험에 처한 흔들리는 집으로 미국을 비유한 것은 상당히 효과적이었다. 이 비유는 공화당 청중에게 공모한 목수들을 퇴출하고, 민주당을 낙선시키며, '나라의 기초'를 다잡아야겠다는 강한 의욕을 주었기 때문이다. 나라의 기초란 노예제 확산을 금지했던 바로 그 법을 뜻하는 것이었다. 노예제가 다시 영원한 소멸의 길로 접어들 때 비로소 나라의 모든 시민들은 조상들이 세운 거대한 자유의 집에서 평화롭게 더불어 살아갈 수 있을 것이라고 링컨은 주장했다.

더글러스는 이후의 선거 운동에서 자신은 드레드 스콧 판결이 이루어지기 전에 태니나 뷰캐넌과 공모한 적이 없다고 강하게 부인했다. 이에 대해 링컨은 "더글러스가 태니 대법관이나 뷰캐넌 대통령과 이야기한 적이 없었다면, 그건 더글러스가 공모자들에게 이용당했으며 그들의 리더가 아니었다는 점을 나타낼 뿐이다."라고 응수했다. 이 말은 그가 슈어드와 체이스처럼, 뚜렷한 공모가 있었든 아니든 노예제를 확산시키려는 세력의 공동계획이 있었다고 생각했음을 나타낸다. 에드워드 베이츠 역시 남부 급진파들이 연방정부의 통제권을 쥐고 노예제를 전국에 확산시키려고 계획했다며 두려워했다.

링컨 대 더글러스의 논쟁

그렇게 해서 엄청난 싸움, 미국 역사상 가장 흥미진진한 논쟁의 무대가 상원에 마련되었다. 링컨은 이 격돌로 전국적인 명성을 얻으며 대통령직을 향해 성큼 다가섰다. 반면 더글러스는 남부의 지지 세력을 잃었고, 더 나아가 민주당은 붕괴의 위기를 맞게 되었다.

도전자 링컨은 더글러스에게 여러 논점에 대해 토론할 수 있도록 자신과 같이 선거 운동을 하자고 청했다. 전국적인 명성과 충분한 자금력을 자랑하던 현직의원 더글러스는 링컨과 논쟁을 해봤자 얻을 것이 거의 없었기 때문에 처음에는 도전을 거절했다. 그러나 결국에는 일곱 차례에 걸친 토론에 참여할 수밖에 없었다. 이 토론은 역사에 '링컨 대 더글러스 논쟁'으로 기록되었다.

유세 과정에서 두 사람은 모두 일리노이 주 안에서 1만 4000마일을 넘게 돌아다니면서 수백 차례에 걸쳐 연설했다. 일리노이 주 북쪽은 공화당 표밭이었다. 그러나 남부 이주민들이 주로 정착했던 남쪽에서는 노예제에 찬성하는 정서가 지배적이었다. 따라서 승부는 일리노이 주 중부의 표심에 따라 결정될 것이었다. 그곳은 곧 선거 유세의 중심지가 되었다. 유세는 악단과 퍼레이드, 불꽃, 현수막, 깃발, 간단한 식사와 함께 축제처럼 진행되었다. 그리고 그곳에서 벌어진 논쟁은 "수세대 후의 미국인들이 스포츠에 쏟는 것과 맞먹을 만큼 큰 관심"을 불러일으켰다고 한 역사가는 말했다.

퀸시에서 이 논쟁을 지켜본 젊은 공화당 당수 칼 슈르츠는 주민들이 이 엄청난 결투를 보기 위해 무리를 지어 시내로 밀려들기 시작했다고 전했다. 그 광경은 대의를 위해 싸우는 두 명장의 대결을 묘사한 고대 서사시를 연상케 했다. 그 논쟁은 "이곳의 청중이 아니라 온 나라 앞에서 공연된 연극이었다." 라고 링컨은 말했다.

"전반적으로 민주당의 무대는 공화당보다 훨씬 섬세하고 화려했다. 더글러스는 그런 일에 쓸 수 있는 돈이 많았다. 그는 비서와 하인, 조금 시끄러운 호위대를 여럿 거느리고 이 행사를 위해 특별히 장식한 기차로 이동했다. 지나칠 정도로 간소했던 링컨 일행과 큰 대조를 이루었다."고 슈르츠는 회상했다.

모든 논쟁은 일정한 규칙에 따라 이루어졌다. 첫 번째 토론자가 한 시간 동안 연설을 한 후, 한 시간 반 동안의 질의응답 시간이 이어졌고 연설자는 다시 30분 동안 반박연설을 했다. 엄청난 인파는 꼬박 세 시간 동안 토론에 집중하면서, 가끔은 연설에 끼어들기도 하고 자기편 투사를 응원하거나 상대편의 반론에 불만을 터뜨리기도 했다. 신문사 속기사들은 토론 내용을 한 마디도 놓치지 않고 받아적기 위해 부지런히 펜을 굴렸고 그 사본은 전국에 빠르게 배포되었다.

"연단에 모습을 나타낸 두 사람보다 더 대조적인 모습은 상상할 수 없을 것이다. 링컨은 키가 크고 호리호리하며 볼품없었는데, 키는 작지만 어깨와 가슴이 떡 벌어진 더글러스는 힘과 호전성, 저력의 화신 같았다."

당파성이 강한 신문들은 대중의 반응과 결과에 대해 엇갈리는 보도를 했다. 첫 번째 논쟁이 끝나자 공화당 편의 〈시카고 프레스 앤 트리뷴〉은 이렇게 보도했다. "군중은 연단에서 내려온 링컨을 붙잡아 어깨에 떠메고는 함성을 지르는 5000명의 공화당원 사이로 데려갔다." 이 똑같은 행사에 대해 민주당 편의 〈시카고 타임스〉는 "링컨에 대한 더글러스의 신랄한 비난이 너무나 명쾌하고 성공적이어서, 토론이 끝났을 때 공화당원들은 수치심에 고개를 들지 못했다.”라고 주장했다.

일리노이 주민들은 당시 거의 25년 동안 주 의회와 국회의 선거 과정에서 대립해온, 두 당을 대표하고 있는 더글러스와 링컨의 행보를 주시했다. 오타와에서 열린 첫 번째 토론에서 더글러스는 링컨과 처음 만났던 때를 회상했다. 더글러스는 “그때는 둘 다 젊었고, 둘 다 낯선 땅에서 가난과 싸우고 있었으며, 링컨은 지금처럼 이야기를 재미있게 잘했다.”고 말을 시작했다. 그는 “링컨은 레슬링과 달리기 등 운동을 무척 잘했으며, 마을 청년의 주량을 모두 합친 것보다 더 많은 양의 술을 마실 수 있었고, 경마나 주먹싸움의 심판을 할 때면 위엄과 공정함으로 모두의 존경을 샀을 뿐 아니라 ‘정직한 에이브’라는 평생의 별명을 얻었다.”라고 말을 이었다.

그러면서 더글러스는 온화한 목소리로 은근슬쩍 링컨을 폄하했다. 그는 링컨이 “잘 나가는 상점”에서(링컨이 폭음을 했다는 의미인데, 술고래로 악명 높았던 더글러스가 그렇게 비난하는 것은 앞뒤가 맞지 않았다) 주 의회로 출세한 후, 다시 “오랫동안 잠적했다가” 국회에 진입했는데 상원에는 친구도 동료도 없어서 “내 친구들의 환영을” 받아야만 했다고 말했다. 더글러스는 계속해서 “그는 자기 조국을 공격하는 적을 편들면서 멕시코 전쟁을 반대하여 유명해졌습니다. 어딜 가나 사람들의 분노를 샀고, 다시 일반인의 생활로 복귀해서, 아니 복귀할 수밖에 없어서 옛 친구들의 뇌리에서 잊혀졌습니다. 그는 1854년에 다시 나타나 기딩스, 러브조이, 체이스, 그리고 프레더릭 더글러스와 함께 공화당이 주장하는 노예제 폐지 강령, 아니 흑인 공화당 강령을 만들었습니다.”라고 비꼬았다. 이 말에 군중은 폭소를 터뜨리며 소리쳤다. “그를 계속 공격하시오!”

링컨은 흔쾌히 더글러스가 자신보다 훨씬 유명하다는 점을 인정했다. 링컨은 스프링필드의 청중에게 말했다. “더글러스 당의 불안한 정치가들은 모두 그가 조만간 미국 대통령이 될 것이라고 확신했습니다. 그들은 더글러스의 둥글고 튼실한 얼굴에서 우체국장과 토지관리국장, 보안관, 장관, 공사, 외교관 자리를 보았습니다. 그 얼굴에서 엄청나게 터져나올 직책들을 그들의 욕심 많은 손으로 붙잡을 준비를 하면서 말입니다.” 이 우스꽝스러운 묘사로 터져나왔던 박수와 폭소가 잠잠해질 무렵 링컨은 다시 말을 이었다. “제가 대통령이 되리라 기대하는 사람은 아무도 없습니다. 사람들은 제 불쌍하고 깡마른 얼굴에서 배추 하나 돋아나는 것도 기대하지 않습니다. 아무리 봐도 공화당에게는 불리하지요. 우리는 원칙, 오로지 원칙으로 싸워야 합니다.”

논쟁 내내 링컨은 작은 공책을 가지고 다녔다. 공책에는 법률사무소 동업자 윌리엄 헌돈이 보내준, 그날의 논제와 관련된 신문기사와 함께 그의 ‘흔들리는 집’ 연설의 서두, 그리고 “모든 인간은 평등하게 태어났고, 조물주에게서 다른 이에게 양도할 수 없는 권리를 부여받았으며, 그 권리 중에는 생명과 자유, 행복 추구가 있다.”라는 독립선언서의 두 번째 문단이 담겨 있었다.

독립선언서의 의미를 둘러싸고 전쟁이 다시 시작됐다. 링컨이 수많은 토론장에서 거듭 말한 것처럼, 노예제는 건국의 아버지들이 작성한 독립선언서 중 “하늘의 섭리에 대한 장엄한 해석”을 위반하는 것이었다. 노예제가 이미 존재하기는 했지만 건국의 아버지들은 그것이 소멸의 길을 걷도록 했기 때문이다. 지금은 실현되지 않았지만, 평등에 대한 독립선언서의 약속은 “살아 있는 전 인류”뿐 아니라 “그들의 자손과 그 자손의 자손, 그리고 이후 지상에서 살아갈 무수한 이들을 안내해주는 등대”였다.

더글러스의 논지는 자치권, 즉 각 준주와 각 주의 시민들이 노예제를 채택할지 배척할지를 스스로 결정해야 한다는 원칙에 기반하고 있었다. “나는 기독교를 믿는 모든 흑인보다는 자치, 즉 시민의 통치권이라는 위대한 원칙에 더 관심이 많습니다.”

링컨은 “자치주의는 옳습니다. 절대적이며 영원히 옳습니다.”라고 동의했지만, “노예제 문제에는 적용되지 않습니다.”라고 주장했다. “백인이 스스로를 통치하면 자치지만, 자신뿐 아니라 그에 동의하지 않는 다른 사람까지 통치하면 그건 자치가 아니라 폭정입니다. 흑인이 인간이 아니라고 공언할 수 있습니까? 내 오랜 신념은 내게 '모든 인간은 평등하게 태어났다'고, 인간이 다른 사람을 노예로 만드는 것과 관련된 도덕적 권리는 있을 수 없다고 가르쳤습니다."

캔자스 시민들이 어떤 결정을 내리든 그들에게 결정권이 있는 한 더글러스에게는 아무 문제도 되지 않았지만, 링컨에게는 어떤 결정이 나오느냐가 중요했다. "이 논쟁의 주요 쟁점에 대한 공화당과 민주당의 차이는, 공화당은 노예제를 도덕적, 사회적, 정치적 범죄라고 생각하지만 민주당은 노예제를 도덕적, 사회적, 정치적 범죄로 여기지 않는다는 데서 비롯됩니다. 각 당의 행동은 각자의 관점과 일치합니다."라고 링컨은 단언했다.

인종 평등에 관한 문제

더글러스는 처음부터 링컨을 인종 간의 모든 차이를 거부하는 급진주의자로 보이게 만드는 일을, 자기 입장을 주장하거나 규정하는 것보다 중요하게 생각했다. 근대적 의미에서의 '흑인 평등'이라는 문제는 일리노이 주뿐 아니라 나라 전체에서, 쟁점이 되는 주제가 아니었다. 거의 모든 백인, 심지어 대다수 노예제 폐지론자들도 이 평등의 관점에는 동의하지 않았다. 더글러스는 흑인과 백인이 사회적, 정치적으로 평등하다고 단언하는 후보는 일리노이에서 당선될 수 없다고 확신했다. 일리노이는 흑인법을 제정하여 오랫동안 흑인의 투표 참여와 공직 진출, 백인에 대한 증언, 배심 자격을 금지하고 있었다.

이에 주목한 더글러스는 공개 토론 때마다 링컨을, 흑인의 편에 서서 백인 사회를 위협하는 정치 선동가로 묘사했다. 더글러스는 백인들에게 미끼를 던졌다. "여러분이 흑인에게 시민권을 주기를 원하신다면, 그리고 흑인이 여러분들과 평등하게 투표하고, 관직에 진출하고, 배심원이 되어서 여러분의 행

1856년경 미합중국의 정치 지도

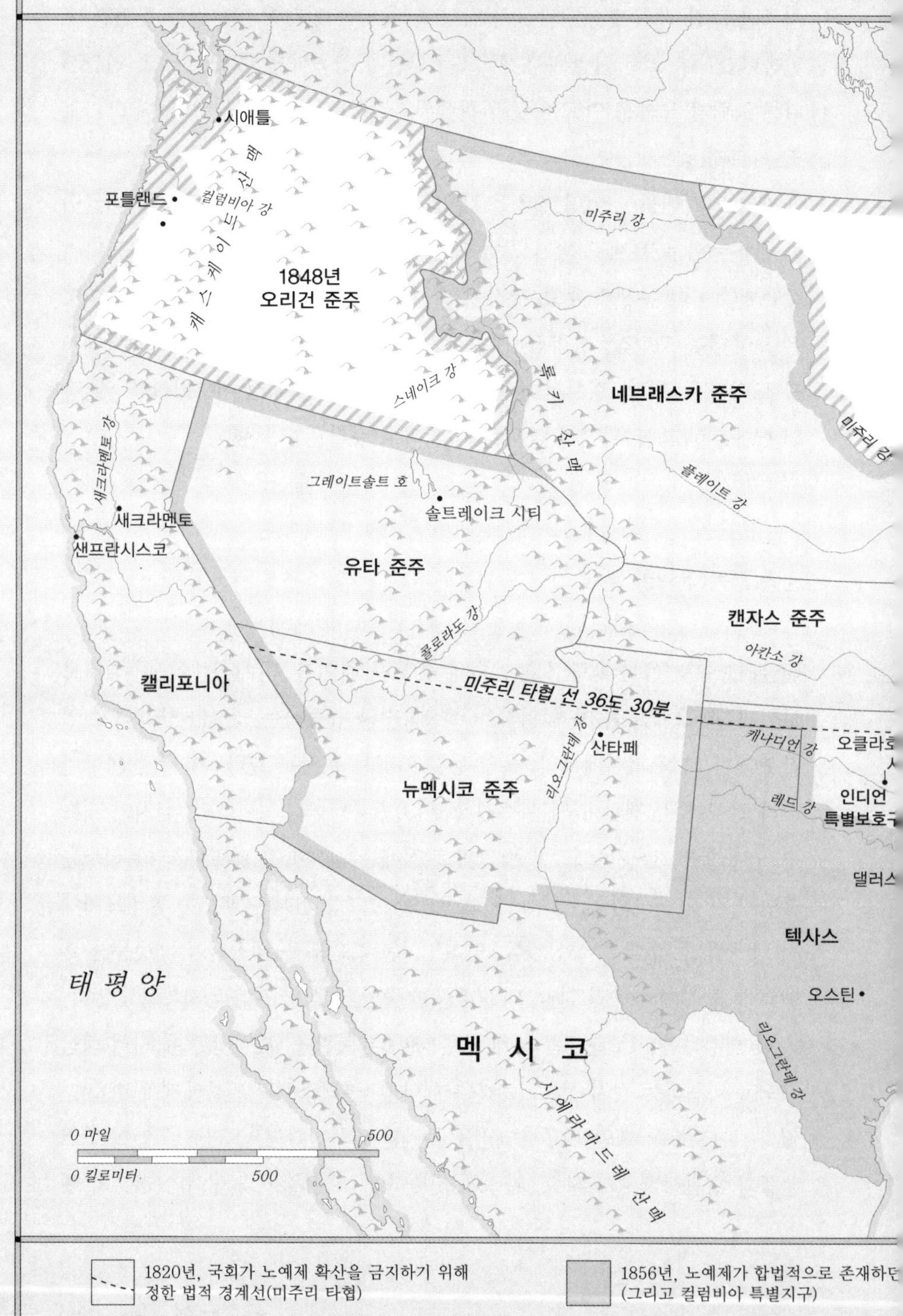

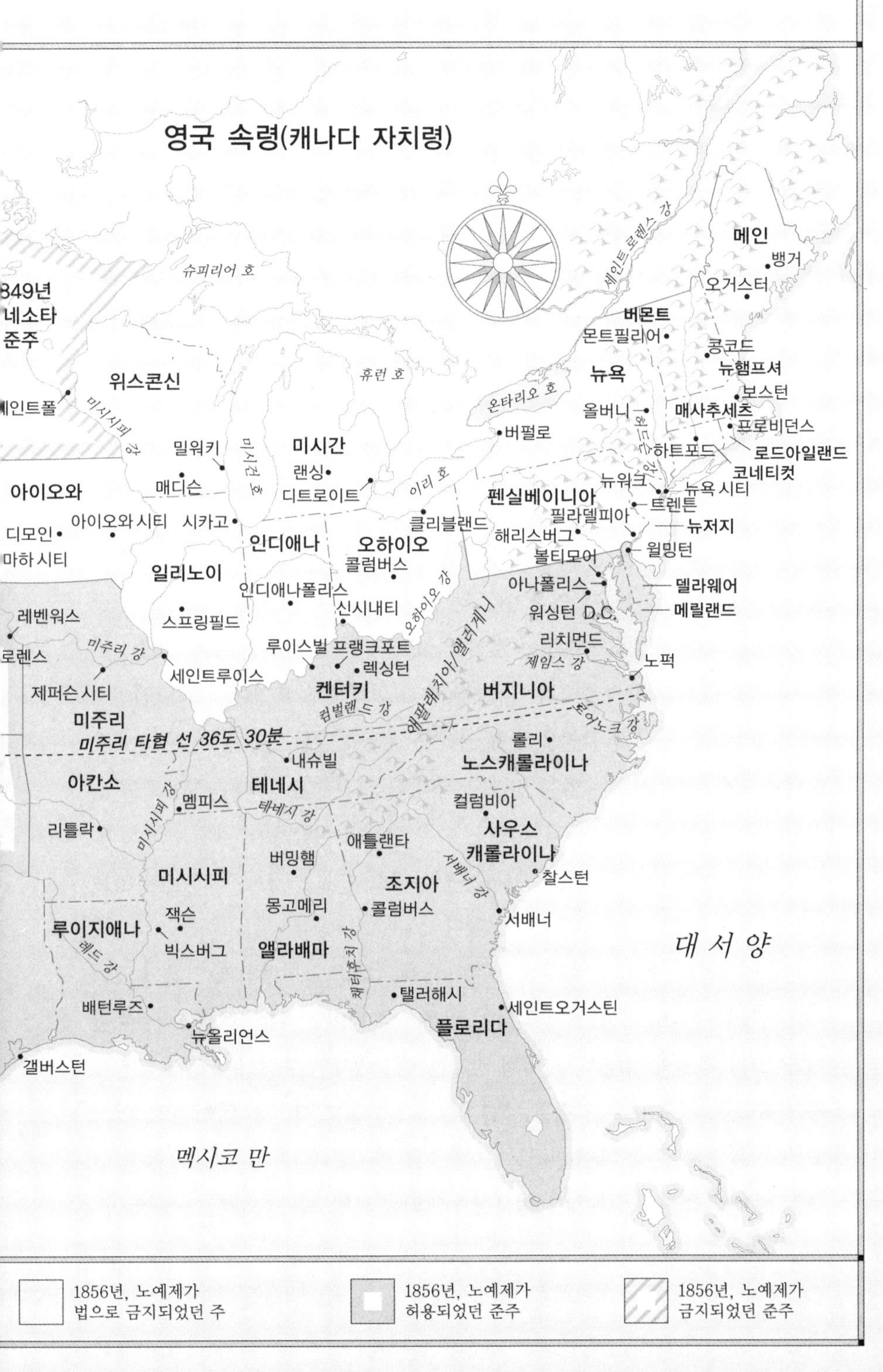

영국 속령(캐나다 자치령)
슈피리어 호
세인트 로렌스 강
메인
뱅거
오거스터
1849년
미네소타
준주
버몬트
몬트필리어
콩코드
뉴햄프셔
위스콘신
휴런 호
뉴욕
보스턴
세인트폴
온타리오 호
올버니
매사추세츠
밀워키
버펄로
프로비던스
미시간
이리 호
하트포드
로드아일랜드
아이오와
랜싱
디트로이트
코네티컷
매디슨
뉴어크
뉴욕 시티
디모인
아이오와 시티
시카고
클리블랜드
펜실베이니아
트렌튼
오마하 시티
인디애나
오하이오
필라델피아
뉴저지
일리노이
콜럼버스
해리스버그
윌밍턴
인디애나폴리스
볼티모어
레벤워스
스프링필드
신시내티
아나폴리스
델라웨어
오하이오 강
워싱턴 D.C.
메릴랜드
로렌스
미주리 강
세인트루이스
루이스빌
프랭크포트
리치먼드
제퍼슨 시티
렉싱턴
제임스 강
노퍽
미주리
켄터키
버지니아
컴벌랜드 강
애팔래치아/앨러게니
미주리 타협 선 36도 30분
로어노크 강
아칸소
내슈빌
롤리
아칸소 강
테네시
노스캐롤라이나
멤피스
테네시 강
컬럼비아
리틀락
애틀랜타
사우스
캐롤라이나
미시시피
버밍햄
조지아
찰스턴
잭슨
몽고메리
콜럼버스
서배너 강
서배너
루이지애나
빅스버그
앨라배마
레드 강
채터후치 강
배턴루즈
탤러해시
세인트오거스틴
뉴올리언스
플로리다
대 서 양
갤버스턴
멕시코 만

1856년, 노예제가
법으로 금지되었던 주

1856년, 노예제가
허용되었던 준주

1856년, 노예제가
금지되었던 준주

동에 판결을 내리도록 만들고자 하신다면, 링컨 씨와 흑인 공화당을 지지하십시오.” 청중은 더글러스가 노렸던 반응을 보여주었다. “절대 아닙니다!” 관중의 환호성 소리에 그의 목소리가 거의 파묻힐 듯했다. “독립선언서에 서명한 이들은 모든 인간이 평등하게 태어났다고 선언할 때 흑인에 대해서는 전혀 언급하지 않았습니다. 선언서가 말한 ‘인간’은 흑인이나 야만적인 인디언, 피지 섬 주민, 그 밖의 다른 미개한 인종을 뜻한 것이 아닙니다. 그들은 백인에 대해 이야기했습니다. 저는 이 정부가 백인과 그 후손을 위해 건립되었으며, 그 누구도 아닌 백인에 의해 운영되어야 한다고 믿습니다.” 요란한 박수소리가 이어졌고, 흥분한 관중은 “그것이 진리!”라고 외쳤다.

이에 대한 답변에서 링컨은 “흑인과 백인의 완전한 정치적, 사회적 평등을 도입하려는 의도는 없다.”고 단언했다. 그는 “흑인을 투표자나 배심원으로 만들거나, 그들에게 공직에 오를 자격을 주거나, 흑인과 백인의 결혼을 찬성한 적은 없었다.” 그는 “흑인과 백인의 신체적 차이” 때문에 “완벽하게 평등한 관계로 더불어 살아가지 못할 것”이라고 인정했다. 하지만 그는 드레드 스콧 사건의 대법원 판결을 직접 겨냥하여 “그렇더라도 흑인에게 독립선언서에 열거된 모든 천부적 인권을 누릴 권리가 없다고 말할 근거는 이 세상에 없습니다. …… 더글러스는 많은 면에서 저와 다릅니다. 분명 피부색과 도덕성, 지성에서 그와 저는 다릅니다. 하지만 다른 사람의 허락 없이 자기 손으로 일해서 구한 빵을 먹을 권리에 있어서는 더글러스와 제가 평등하고, 살아 있는 모든 사람이 평등합니다.”라고 주장했다.

링컨이 백인의 우월성에 대해 처음이자 유일하고도 명백하게 언급한 것이 ‘피부색’을 근거로 하고 있지 않다는 점은 교훈적이다. 이는 분명 다른 주장이다. 그가 흑인의 정치적, 사회적 평등을 주장했다면 틀림없이 선거에서 졌을 것이다. 일리노이 주 의회는 차별적인 흑인법을 지지했을 뿐 아니라, 일리노이는 주 경계 안에 “자유인이든 노예든 몸 안에 흑인의 피 4분의 1을 지닌 사람”을 데리고 들어가는 것은 형사상 범죄라는 특별법을 통과시킨 곳이었다.

그렇긴 하지만 흑인법에 대한 링컨의 암묵적 지지는 슈어드와 체이스의 대담한 입장과 뚜렷한 대조를 이루고 있다. 체이스는 오래전부터 인종에 대해 일반 대중보다 훨씬 진보적이고 자유로운 입장을 취했고, 오하이오 주의 차별적인 흑인법을 전부는 아니지만 어느 정도는 없애는 데 기여했다. 슈어드 역시 흑인법을 격렬히 비난했고, 흑인 선거권을 찬성했다.

하지만 슈어드나 체이스도 흑인의 완벽한 사회적, 정치적 평등을 주장하지는 않았다. 슈어드에 대해 연구했던 한 학자는 "슈어드는 미국의 흑인이 백인과 평등하다거나 아일랜드와 독일 이민자들처럼 백인 사회에 동화될 수 있다고 생각하지 않았다. 하지만 흑인은 인간이며, 따라서 백인이 누리는 모든 권리를 누릴 자격이 있고 또 그래야 한다고 생각했다."라고 말했다. 체이스도 두 인종이 더불어 살아갈 수 있다고 생각하지 않았다. 그는 프레더릭 더글러스에게 "분리가 모두에게 최선일 것"이라고 말했다. 그는 흑인은 "다른 땅에 살 때 더 행복할 것"이라 생각했다. 하지만 흑인이 이곳에 있는 한, 차별을 없애야 한다는 믿음은 변함이 없었다.

노예제 폐지 운동의 지도자였던 슈어드와 체이스의 이러한 견해는, 백인의 우월함을 믿는 인종차별이 당시 사회에 뿌리 깊이 자리 잡고 있었음을 드러낸다. 링컨과 그의 동시대 사람들의 견해는 바로 이러한 맥락에서 평가되어야 할 것이다.

20여 년 전, 노예제를 적극적으로 반대하고 노예해방이 필연적이라고 생각했던 알렉시스 드 토크빌은 "미합중국의 미래를 위협하는 가장 무시무시한 악마가 그 땅에 노예가 존재하는 데에서 비롯된다."라고 했다. 노예제가 근절되고 흑인에게 선거권이 주어진 나라에서도 흑인은 여전히 불리했다. "흑인이 투표를 하러 가려면 죽음을 무릅써야 한다. 흑인이 고소할 수는 있지만 판사들은 모두 백인이다. …… 흑인의 아들은 유럽인의 후손이 공부하는 학교에 다니지 못한다. 극장에서는 아무리 큰 돈을 주어도 주인이었던 사람 옆에 앉을 표를 사지 못한다. 병원 침상도 분리되어 있다. 흑인은 백인과 똑같은 하나님께 기도할 수 있지만, 같은 제단에 서지는 못한다. 흑인에게는 흑인만의 목사와 교회가 있다. 천국으로 가는 문은 흑인에게도 열려 있으나, 차별은 그 문 앞에서도 중단되지 않는다. 흑인이 세상을 뜨면, 그의 뼈는 한쪽에 내던져진다. 평등하게 찾아오는 죽음도 그 조건에 따라 다른 대접을 받는다." 토크빌은 "결국 노예제도가 폐지되었을 때도 미국인들은 노예제보다 훨씬 막연하고 집요한 세 가지 편견, 즉 주인의 편견, 인종의 편견, 마지막으로 백인의 편견을 없애야 할 것이다."라고 경고했다.

노예해방 지지자들이 당면한 딜레마는 미국 사회에서 자유인 흑인의 지위였다. 거의 모두가 동화 정책에는 반대했다. 많은 자유주가 그 경계 내에 자유인 흑인의 출입을 금지했다. 헨리 클레이는 그러한 장벽에 맞서 "인류애의 이름으로 그들에게 무슨 일이 일어나는가? 그들은 어디로 가는가?"라고 물었다.

링컨은 "예전에 나는 모든 노예를 해방시켜 리베리아로, 그들의 고국으로 보내고자 했다."라고 말했다. 그는 오래전부터 노예의 주인에게 보상을 하고 자유인이 된 노예들을 그들의 고향으로 돌려보내자는 에드워드 베이츠와 헨리 클레이의 실행하기 어려운 계획을 지지했다. '식민지 개척자들'은 그러한 계획 없이는 남부 백인들이 해방이라는 개념을 받아들이지 못할 것이라고 주장했다. "그 다음에는 무엇입니까? 노예를 모두 해방시키고 하인으로서 우리 가운데 둡니까? 이러면 그들의 처지가 더 나아지는 게 확실합니까? 해방된 그들을 정치적으로, 그리고 사회적으로 우리와 평등해지도록 할 수 있습니까? 제 감정은 그걸 인정하지 않습니다. 만약 제 마음이 그걸 받아들인다 해도, 아시다시피 대다수 백인들의 마음은 그렇지 않을 것입니다. 이 감정이 정의와 일치하느냐 아니냐의 여부는 중요하지 않습니다. 근거가 있든 없든, 보편적 정서를 전적으로 무시해서는 안 됩니다."

링컨은 민주주의 사회의 리더에게 가장 힘든 과제가 여론을 선도하는 일이라는 사실을 알고 있었다. "민심과 함께하면 실패할 일이 없습니다. 그러나 민심 없이는 아무 일도 제대로 할 수 없습니다. 때문에 여론을 형성하려는 리더는, 행정 업무를 집행하거나 판결을 내리는 리더보다 더 많은 것을 고려해야 합니다." 이 주장은 스티븐 더글러스와 링컨의 견해 차이를 핵심적으로 드러낸다. 메리가 "작은 거인"이라고 말했을 만큼 영향력 있는 지도자 더글러스는, 흑인은 독립선언서가 말한 '인간'에 포함되지 않았다고 주장하면서 잘못된 방향으로 여론을 이끌고 역사를 왜곡했다. 링컨은 자신의 영웅 헨리 클레이의 말을 빌려, "그는 우리 가슴의 도덕적 불씨를 꺼버렸습니다. 우리 미국 시민이 가졌던 이성의 불꽃과 자유에 대한 사랑을 없애버렸습니다."라고 더글러스를 비판했다.

링컨의 목적은 바로 그 불씨에 다시 불을 지펴 독립선언서의 혁명적인 약속을 계승하는 것이었다. "독립선언서의 입안자들은, 평등에 대해 말하면서 모든 이가 실제로 그러한 평등을 누리고 있다는 명백한 거짓을 주장한 것이 아닙니다. 그들은 모든 이에게 익숙해지고 사랑받아야 할 자유사회의 표준 원리를 세우려 했습니다. 우리는 이 원리가 완벽하게 달성되는 그날까지 노력을 계속해서, 이 세상 모든 사람이 피부색에 구애받지 않고 행복하고 가치 있는 삶을 누릴 수 있도록 해야 합니다."라고 링컨은 주장했다.

링컨은 "이 사람과 저 사람, 이 인종과 저 인종을 나누고 차별하는 이 모든 억지 주장"이 사라지고 모든 미국인이 "한마음으로 단결할" 때까지, "모든 사람은 평등하게 태어났다."는 문장의 진정한 의미를 널리 알리기를 원했다. 토론이 진행되는 내내 인종차별에 대해 링컨이 한 말을 살펴보면, 그가 현재에 대한 현실적인 평가와 미래의 진보를 향한 신중한 견해 사이에서 균형을 유지하기 위해 고심했다는 것을 알 수 있다.

역사는 링컨과 동시대 사람들이 미국 내 인종적 편견의 깊이를 과대평가했던 것이 아님을 보여준다. 합법적이었던 인종차별 정책이 남부에서 무효화되기까지, 흑인과 백인의 학교 분리가 위헌으로 판결되기까지, 그리고 마침내 흑인의 투표권이 보장되기까지 100년이라는 시간이 더 필요했다. 더욱이 이 모든 단계를 거칠 때마다 백인들의 격렬한 저항에 부딪혔고, 대부분의 승리는 적대적이거나 무관심했던 백인이 아니라 흑인 스스로의 투쟁을 통해서만 가능했다.

인종차별에 대해서 링컨이 개인적으로 어떤 생각을 갖고 있었는지를 꿰뚫어볼 방법은 없다. 하지만 링컨의 생애를 세심하게 연구한 학자들은 그가 인종차별적인 행동을 했다는 흔적을 단 하나도 찾아내지 못했다. 더욱이 링컨이 대통령으로 재직하던 당시 공개적으로 자주 그를 비판했던 프레더릭 더글러스조차 "링컨은 미국에서 내가 허심탄회하게 대화를 주고받은 최초의 거물이었다. 그는 단 한 번도 그와 나의 차이, 즉 피부색의 차이를 떠올리게 만들지 않았다."고 말했다.

패배에도 불구하고

일곱 번째이자 마지막으로 벌어졌던 토론은 일리노이 주 남서부의 미시시피 강변 도시인 앨턴에서 있었다. 그날 정오가 되자 온 도시가 엄청난 인파로 활기를 띠었다. 독일계 미국인들의 리더인 구스타프 쾨르너도 행사를 보러 온 군중 속에 있었다. 1000명이 넘는 더글러스 지지자들이 '앨턴 토론'에 참석하기 위해 배를 빌렸다. 반면 링컨은 그날 아침 아내와 함께 조용히 도착했다. 그는 곧 공화당원들에게 둘러싸였지만, 큰 소란은 없었다. 반면 더글러스는 정오 무렵 화려하게 앨턴에 도착했고, 곧이어 세인트루이스에서 출발한 배가 예포, 군악대의 예고와 함께 부두에 정박했다. 호텔에 도착한 쾨르너는 로비에 앉아 있는 링컨을 보았다. 인사를 나누자마자 링컨은 "같이 메리를 보러 가자"고 제안했다. 메리가 자신의 성공 가능성이 희박하다고 "다소 풀이 죽어 있으니" 아내의 기운을 좀 북돋아 달라는 것이었다. 쾨르너는 메리에게 "공화당이 직접투표에서 다수표를 얻을 것"이며 주 의회에서 과반수를 얻으리라 확신한다고 말히며 그녀를 격려했다.

앨턴에서 벌어진 논쟁에서는 그다지 새로운 내용이 없었다. 그러나 쾨르너는 링컨의 연설에 "지금까지 그가 연설에서 했던 말 중 최고의 명언"이 포함되어 있다고 생각했다. "진짜 문제, 즉 '더글러스와 내가 침묵을 지킨' 후에도 오랫동안 계속될 문제는 바로 옳고 그름의 영원한 투쟁이다."라고 링컨이 주장했던 것이다.

"인간의 공통적 권리는 '신수왕권(神授王權)'과 반대된다. 신수왕권은 '너는 열심히 일하여 빵을 얻어라. 그러면 내가 먹을 것이다' 라고 말하는 것과 같다. 이것은 자기 나라 백성을 지배하여 그들 노동의 열매로 살아가려는 왕의 입에서 나온 말이든, 다른 인종을 노예로 만들려는 어떤 인종의 입에서 나온 말이든, 어떤 형태로나 똑같이 포악한 원리다." 이 말과 함께 링컨은 자리에 앉았고, 더글러스는 최종 연설을 했으며 대논쟁은 끝을 맺었다.

다른 모든 선거 때 그랬던 것처럼 이번 선거전에서도 링컨은 자신의 선거 책임자였다. 그는 주의 모든 선거구를 조사하고, 다른 쪽을 지지한다고 여겨지는 사람과 "우리 편인" 사람, "우리 편으로 만들기 위해 노력해야 할" 사람들의 명단을 구별해 작성하면서 자세한 선거 운동 계획을 세웠다. 그리고 연설이 없을 때면 주요 지지자들에게 지시사항을 전달할 편지 초안을 마련했다. 이를테면 이런 식이었다. "우리는 매디슨에서 대단히 위험한 상태입니다. 아메리카당원 절반이 더글러스를 지지하려 한다는 이야기가 있습니다. 방치해두어서는 안 됩니다. 다른 곳에서는 일이 꽤 잘 돌아가는 듯합니다. 부디 제게 편지를 보내주십시오."

동부 공화당원들은 선거전에 참여하지 않았지만, 체이스는 공화당 공천 후보자를 적극적으로 지지하기 위해 일리노이에 도착했다. 그는 링컨이 반노예제 문제에 대해 믿을 만한 사람이라 생각했고, 동시에 이 초원의 변호사가 다음 대통령 후보를 뽑기 위한 전당대회 때 자신에게 도움이 될 수 있을 것이라고 생각했다. 체이스는 처음부터 더글러스가 진심으로 노예제 반대 세력을 지지하지 않는다는 것을 슈어드나 그릴리보다 더 명확하게 인식하고 있었다. 체이스는 8일 동안 시카고와 갈레나, 워런, 록포드, 멘도타를 여행하며 수천 명의 군중 앞에서 링컨과 일리노이 공화당의 후보들을 지지했다. 이렇게 열정적으로 그를 도왔던 체이스를 링컨은 잊지 못했다.

1858년 11월 2일, 일리노이 주 유권자들은 투표소로 향했다. 투표용지에 링컨과 더글러스의 이름은 없었다. 새로 당선된 주 의회가 차기 상원의원을 택할 것이었기 때문이다. 그날 밤, 링컨은 친구들과 함께 전신국으로 가서 초조하게 소식을 기다렸다. 실망스러운 소식이 들려왔다. 직접투표에서는 공화당이 승리했지만, 주 의회를 민주당이 장악했기 때문에 더글러스의 재선이 확실시되었다. 실망하고 분노한 링컨의 지지자들은 불공평한 의석수 할당 제도를 비난했다. 쾨르너는 "민주당이 주 선거구를 자기 당에 유리하도록 조정해, 민주당의 700표가 공화당의 1000표와 똑같이 되도록 만들었다."고 비난했다. 일리노이의 공화당원들은 동부 공화당원들의 지지가 부족했다는 점을 애석하게 여기면서, 휘그당의 존경받는 지도자이자 켄터키 주 상원의원인 존 크리텐든의 막판 중재를 맹렬히 비난했다. 그가 일리노이의 옛 휘그당원과 아메리카당 지지자들에게 더글러스에게 투표하라고 촉구하는 공개편지를 대대적으로 보냈던 것이다. "수천 명의 휘그당원이 크리텐든의 영향으로 선거 전날 밤에 우리에게서 등을 돌렸다."고 헌돈은 불평했다.

이틀 후, 패배로 괴로워하던 링컨은 크리텐든에게 편지를 보냈다. 예전에 그릴리, 트럼벌과 저드에게 그랬던 것처럼, 그는 화를 내는 게 당연한데도 꾹 참았다. 정계에서는 보기 드물게 관대한 행동이었다. 링컨은 크리텐든에게 말했다. "그저 개인적인 욕망 이상의 의미가 있다고 생각했던 싸움이었던지라, 패배감이 전보다 훨씬 큽니다. 그리고 당신의 명성이 이번 패배에 크게 작용하기는 했지만, 전 당신이 비열했다고는 생각하지 않습니다."

하지만 이번 패배로 인한 링컨의 실망감은 4년 전보다는 훨씬 덜했다. 그는 많은 사람들의 지지를 받았던 것이다. 스물세 살 첫 연설에서 말했던, 시민들의 존경을 받는 훌륭한 사람이 되겠다는 야망은 실현되었다. 그는 11월 19일 스프링필드 친구인 앤슨 헨리 박사에게 편지를 썼다. "지난 번 선거에 나는 몹시 만족하네. 그 선거를 통해 이 시대의 중요하고 영원한 문제에 대해 발언할 기회를 얻었다네. 그 선거가 아니었더라면 그럴 기회는 없었을 걸세. 시민의 자유에 대해 내가 한 말은 내가 죽고 오랜 시간이 지난 후에도 계속 남아 있을 걸세." 그는 헨리 애쉬버리에게 노예제 반대 운동은 "한 번이 아니라 백 번을 진 후에도 포기해서는 안 될 대의"라고 말했다. 링컨은 또 자신의 패배 때문에 계속 수심에 잠겨 있던 또 다른 친구 찰스 레이 박사에게 실망할 이유가 없다고 위로했다. "자네 기분은 곧 나아질 걸세. 또 다른 '폭발'이 일어날 걸세. 그러면 우리는 다시 웃을 수 있을 거야."

7장

중도주의의 힘

대통령 후보 공천 초읽기

1859년이 시작될 무렵, 상원의원 선거를 실속 있게 치렀고 자신의 이름을 널리 알렸다고 확신한 링컨은 미래를 낙천적으로 바라보았다. 그는 자신이 1860년 대통령 후보로 공천받을 가능성이 희박하다는 사실을 잘 알았지만 전국적인 명성을 쌓기 위해 노력했다.

그러나 그는 늘 신중하게 자신의 야망을 감추었다. 얼마 남지 않은 선거에 대한 질문을 받을 때마다 마음을 잘 조절하여 다른 후보에 대해 공명정대하게 말했다. 하지만 그의 모든 행동에는 공천을 향한, 치밀하고도 정치적인 계산이 깔려 있었다. 대통령이 되기 전, 바로 이때만큼 정치가로서 그의 완숙한 면모를 더 잘 보여주는 시기는 없다.

슈어드와 달리 링컨은 자신을 이끌어줄 선거 운동 책임자를 둔 적이 없었다. 그는 혼자서 모든 일을 처리해야 했다. 한 달 전, 공화당 전국위원회 간사인 제시 펠은 링컨에게 편지를 보내, 더글러스와 벌인 맹렬한 싸움이 그에게 전국적인 발판을 마련해주었다고 말했다. 그는 링컨의 진실한 성품과 "노예제 문제에 대한 노력"을 사람들 앞에 충분히 보여주기만 한다면, "설령 대통령 후보가 되지 못한다 해도 만만치 않은 사람으로 사람들의 뇌리에 각인될 수 있을 것"이라고 말했다. 회의적이었던 링컨은 슈어드와 체이스, 그 외의 다른 사람들이 훨씬 유명하다고 지적했다. 그러면서 애매한 어투로 말했다. "정확히 따지자면, 이 운동이 이렇게나마 진척될 수 있었던 건 맹렬한 반대와 인신공격, 온갖 비난을 무릅쓰고 헌신했던 그분들 덕분 아닙니까? 전 진심으로 그렇게 생각합니다." 선거 운동용 자서전에 대해서는 짤막하게 대답했다. "제 초년 시절에는 사람들의 관심을 끌 만한 일이 없었습니다."

그는 듣기 좋은 칭찬과 사실을 혼동하지 않으려 했지만, 펠의 주장에 설득력이 있음을 알고 있었다. 링컨의 전략은 '두 번째'를 노리는 것이었다. 당시 세 라이벌 모두 상당히 많은 대의원들의 지지를 받고 있었다. 하지만 이 라이벌들을 지지하는 모든 이들의 '두 번째 선택'을 받을 수 있다면, 가장 유력한 후보 한두 명의 지지 세력이 약화되었을 때 표를 끌어 모을 수 있을 것이었다.

이를 위해서는 자신의 의도를 너무 일찍 드러내지 않는 것이 중요했다. 그래야 반대세력이 형성될 가능성을 최소화할 수 있기 때문이다. 1859년 4월 16일, 공화당원이었던 〈락 아일랜드 리지스터〉의 편집장이 다른 편집장들에게 링컨을 "대통령 후보로 동시에 공표하도록" 촉구하겠다고 제안했다. 그러자 링컨은 "일부 친한 친구들이 저를 그렇게 생각해주신다니 기분 좋고 감사합니다만, 당신의 제안과 같은 시도는 하지 않는 게 우리의 대의에 가장 좋다고 생각합니다."라고 대답했다. 그리고 "솔직히 저는 제가 대통령직에 적당한 사람이 아니라고 생각한다는 말씀을 드려야겠군요."라고 덧붙였다. 자신감을 갖고 있던 링컨은 "적당한"이라는 표현을 통해, 자신은 능력이 부족한 게 아니라 그 직책에 적합한 자격이나 경험을 가지고 있지 않음을 암시했을 뿐이다. 적당한 때가 되기 전까지는 신중하게 몸을 낮출 필요가 있었다. 그리고 대통령 재직 기간 동안 증명된 것처럼, 링컨은 적절한 때를 기다릴 줄 아는 사람이었다.

간절한 욕망

링컨이 한 걸음씩 신중하게 움직인 반면, 슈어드와 체이스, 심지어 베이츠까지도 대통령 후보 공천을 너무나 간절히 원한 나머지 마지막 순간까지 큰 손실이 따르는 잘못을 많이 저질렀다.

후보 지목이 있기 전 중요한 몇 달 동안, 흔치 않은 위드의 '잘못된 제안'으로 슈어드는 장기간 미국을 떠나 유럽을 여행했다. 슈어드가 당의 온건파를 자극할 만한 급진적 발언을 삼가는 한, 반드시 그가 지목될 것이라고 확신했던 위드는 슈어드에게 8개월 동안 해외에 머물며 점차 논란이 분분해지는 토론에서 물러나 있으라고 충고했다.

슈어드는 유럽에서 그를 차기 대통령으로 여기는 정치가와 왕족들의 환대를 받았다. 그는 빅토리아 여왕과 영국의 정치가 팔머스턴 경, 영국 자유당의 윌리엄 글래드스톤, 이탈리아의 왕 빅토르 엠마누엘, 벨기에의 왕 레오폴드 1세, 교황 피오 9세를 만났다. 연이어 화려한 행사에 참석한 슈어드는 몹시 흥분했다. 집으로 보낸 그의 편지에는 이집트와 성지 여행의 즐거움이 고스란히 묻어 있다. 하지만 대통령 후보 지목이 초읽기에 들어간 그때, 8개월간이나 자리를 비운 것은 그에게 치명적이었다.

1860년 새 국회 회기를 위해 워싱턴으로 돌아간 슈어드는 위드의 충고를 받아들여 중요한 연설을 준비했다. 1860년 2월 29일, 그는 상원의사당 연설에서 북부의 보수주의자와 남부의 온건파들에게 자신이 연방을 단결시킬 수 있는 사람이라고 장담했다. 헨리 스탠턴 기자는 슈어드가 그 연설문을 미리 보여주면서 〈뉴욕 트리뷴〉에 자신의 연설에 대한 기사를 써 달라고 부탁했다고 전했다. 스탠턴은 "대단히 고심해서 작성된 연설문이었다. 그가 상원의사당에서 연설을 시작하기도 전에 그 연설문은 단 한 문장도 빠짐없이 뉴욕으로 전해졌다."고 말했다. 슈어드는 스탠턴에게 이번 연설로 자신과 그의 이름이 "함께 대대손손 후세에 전해질 것"이라고 호기롭게 장담했다.

모두들 이번 연설이 공화당의 대통령 후보 지목에 막대한 영향을 주리라는 점을 알고 있었다. 슈어드는 영원한 국가적 계약을 연설 주제로 삼았다. 그는 노예제 반대 입장을 고수하면서도, 전보다는 부드러운 논조로 노예주는 "자본의 주"이며 자유주는 "노동의 주"가 되었다고 말했다. 그의 연설은 끝까지 차분했고, 예전 그의 연설의 특징이었던 선동적인 문구는 그 흔적을 찾아볼 수 없었다. 한 역사가는 "노예제와 자유 사이의 '억누를 수 없는 갈등'이 어느 정도는 억누를 수 있는 정치인의 갈등으로" 밀려난 것 같았다고 말했다.

로체스터 연설의 대담한 주장에서 벗어난 슈어드는 이번엔 남북의 갈등에 대해 "우리의 의견차는, 심지어 노예제에 대해서도, 사회적 차이나 개인적 차이가 아니라 정치적 차이입니다. 우리들 중에는 분리주의자도 배신자도 없습니다. …… 북부인들은 여전히, 자유를 위한 전쟁터에서 함께 싸웠던 시절처럼 남부인들의 적이 아니라 충실하고 진실한 친구이자 형제입니다."라고 주장했다.

그는 "북부의 공화당은 남부에게 우리의 체제를 강요하거나 간섭할 생각이 전혀 없습니다."라고 맹세했다. 그리고는 "여러분은 여러분 경계 안의 노예제 문제에 대해 독자적인 권리를 갖고 계십니다."라고 덧붙였다. 논쟁은 미래의 새로운 주로의 노예제 확산 문제를 중심으로 이루어졌다. 초기 연설에서는 미국이 북아메리카 전체를 지배할 운명이라고 주장했던 그는, 이제 공화당원들이 앞으로 나라 전체에 "흑인 평등을 도입"하려 시도하지 않을 것이라고 약속했다.

슈어드의 논점은 연방에 대한 감동적인 옹호였다. "나라는 분열될 수 없습니다. 왜냐하면 나라는 단순히 글로 쓰인 계약이나 교역과 사회관계를 용이하게 하는 도로, 철로, 항로, 전선의 연결로만 묶여 있는 것이 아니기 때문입니다." 슈어드는 "행복한 수백만 명의 수백만 심장조직"처럼, 민주 정부, 즉 "국민의 욕망에 한결같은 관심을 갖는 유일한 정부"에 대한 애정과 희망으로 연방을 결속시키는 가장 튼튼한 끈을 생각하라고 청중에게 촉구했다.

이 연설은 청중석의 열렬한 환호와 언론의 찬사를 이끌어냈다. 연설 내용은 소책자 형태로 인쇄되어 전국에 50만 부 이상 배포되었다. 물론 몇몇 사람들은 슈어드의 논조가 지나치게 타협적이며, 예전 연설에서 보여주었던 열정이나 신념이 사라졌다고 비판했다. 노예제 폐지론자인 카시우스 M. 클레이는 "그 연설이 슈어드와 나를 영원히 죽였다."라고 한탄했다. 찰스 섬너는 슈어드의 연설이 "지적 노력"으로서는 "가장 훌륭한" 것이었지만, "한 구절"(흑인 평등을 위한 모든 시도를 거부하는 부분을 가리키는 듯하다)에 대해서는 몹시 유감스러웠다고 한 친구에게 편지를 보냈다.

그렇지만 슈어드의 목적은 충실한 사람들을 단결시키는 것이 아니라 반대파의 분노를 가라앉히고 불안한 중도파를 달래는 것이었다. 프레더릭 더글러스는 자신의 월간지에서 다음과 같이 논평했다. "급진적 노예제 폐지론의 관점에서는 그의 연설을 비난하기 쉽지만, 그것은 분명 훌륭하고 당당한 노력이다. 연설의 침착하고 보수적인 태도는 최근 그에 대한 반대 여론으로 불안해했던 당의 소심한 이들을 안심시킬 것이다. …… 우리는 이 연설이 널리 배포됨으로써 시카고에서 슈어드 씨가 지목 받을 가능성이 높아졌다고 생각한다." 그리고 그는 슈어드가 "그 당에서 가장 유능한 사람"이며 그가 공천받는 것이 당연하다는 말로 글을 마무리했다.

한 매사추세츠 주 대의원은 위드에게 말했다. "보스턴의 급진적인 옛 휘그 당원들이 최근 연설을 듣고 슈어드 씨에게 끌렸다는 말을 들었습니다. 코네티컷 주를 제외한 모든 뉴잉글랜드 대의원들도 마찬가지로 만족할 것입니다." 오하이오 주의 체이스도 "지금은 많은 이들이 슈어드를 지지하는 듯하다."고 인정했다. 슈어드 본인도 그 연설이 대성공을 거두었으며, 대통령직을 향한 긴 여정의 끝이 보인다고 생각했다.

이렇듯 들뜬 분위기 속에서 위드는 전당대회에서의 승리를 위한 모든 일이 잘 돌아가고 있다고 슈어드에게 장담했다. 위드는 도시 철로 건설에 대한 입법부의 허가권과 선거 운동 기부금을 맞바꾸어, 어떤 사람의 표현에 따르면 "돈 바다", 즉 수십만 달러에 달하는 선거자금까지 마련해놓고 있었다.

전당대회가 가까워질수록 슈어드 진영에는 지나친 자신감이 넘쳐흘렀고, 잘못된 판단이 시작되었다. 위드는 평소 예리한 정치적 직관력을 가지고 있었지만, 호러스 그릴리와의 불화 때문에 슈어드가 입게 될 피해는 예상하지 못했다. 그릴리는 오랫동안 공직이 주는 금전적 보상과 공직이 약속하는 명성을 갈망했다. 훗날 그릴리는 이 욕망에 대해 슈어드와 위드에게 여러 번에 걸쳐 분명하게 밝혔다고 주장했다. 하지만 슈어드와 위드는 그릴리의 정치적 열망을 심각하게 여기지 않았고, 그가 정치나 공직생활이 아니라 집필에 더 많은 재능이 있다고 생각했다.

그릴리는 1854년 가을, 슈어드에게 푸념하는 편지를 보냈다. 그 편지에서 그는 이러저러한 불만을 잔뜩 늘어놓고는 슈어드와 위드, 그릴리의 정치적 결속관계가 해체되었다고 선언했다. 그는 슈어드의 첫 번째 주지사 당선을 위해 자신이 한 일을 상기시키면서, "매년 당신들의 친구와 동료를 위해 3000달러에서 2만 달러에 달하는 돈을 쓰고 났더니 내겐 다락방과 빵 조각, 채무 관계 밖에는 남지 않았소."라고 말했다. 그릴리는 단 한 번의 국회 임기를 제외하고는 위드가 자신에게 공직에 추천될 기회를 전혀 주지 않았다고 비난했다. 최근 주지사로 출마하겠다고 수백 번 제안했는데도, 위드는 그가 출마할 경우 슈어드가 상원의원에 당선될 가능성이 줄어든다며 지지하지 않았다. 하지만 가장 치욕스러웠던 순간은 위드가 그해에 〈뉴욕 트리뷴〉의 최대 라이벌인 〈뉴욕 타임스〉 편집장 헨리 레이먼드를 부지사로 지목했을 때였다고 그릴리는 말했다.

슈어드는 "날카로운 가시로 가득한" 그릴리의 편지를 읽고 괴로워했지만,

그저 어린아이가 서커스나 무도회에 가지 못해 화를 냈을 때처럼 그의 분노도 금세 누그러지리라 착각했다. 그는 편지를 아내에게 보여준 후 이내 잊어버렸다. 그러나 프랜시스는 남편보다 훨씬 정확하게 그릴리의 속내를 읽었다. 그릴리가 받은 "엄청난 모욕감"을 이해한 그녀는 편지를 간직해두었다. 이 편지는 1860년에 그릴리가 가장 오랜 친구를 저버리고, 잘 모르던 에드워드 베이츠를 지지할 수밖에 없었던 복잡한 감정의 기록이다.

그릴리는 몇 주에 걸쳐 〈뉴욕 트리뷴〉에 칼럼을 연재하며 베이츠의 공천을 위한 기틀을 마련했다. 그가 교묘하게 슈어드의 선거 운동을 방해하기 시작하자 슈어드의 지지자들은 분노했다. 헨리 레이먼드는 그릴리에 대해 "그는 슈어드에 대한 편견과 앙심을 은근히 과장한다. 슈어드와 공화당 조직에 적대적인 여러 사람들을 반드시 화해시켜 그들의 지지를 확보해야 한다고 말하고 싶은 것이다. 또한 그는 공천과 관련된 사안에서, 노예주를 고려함으로써 전국적인 지지를 받는 당을 만들고자 하는 새로운 욕망을 이야기한다."라고 말했다. 그러나 어쨌든 〈뉴욕 트리뷴〉은 상당한 영향력을 행사했고, 베이츠의 공천에 대한 의욕은 날로 높아졌다.

그해 봄 어느 날 그릴리와 오랫동안 이야기를 나눈 후, 위드는 그릴리가 논설을 통해 베이츠를 지지하긴 하지만 전당대회에서 그리 중요한 역할은 하지 못할 것이라는 잘못된 확신을 가졌다. 위드는 일단 전당대회가 시작되면 오랫동안 우정을 맺어왔던 그릴리가 슈어드를 적극적으로 반대하지는 못할 것이라고 여겼다.

또한 위드는 지나친 자신감 때문에 전당대회가 열리기 전에 펜실베이니아주의 유력한 당수 사이먼 캐머런을 만나지 않는 실수를 저질렀다. 3월 중순, 캐머런은 아무 때나 좋으니 위드가 편한 시간에 워싱턴이나 필라델피아에서 만나고 싶다고 슈어드에게 말했다. 슈어드는 그 소식을 스승에게 전했다. 하지만 위드는 캐머런이 약속대로 2차 투표까지 펜실베이니아의 표를 슈어드에게 몰아주리라 확신했기 때문에 굳이 여행을 하려 하지 않았다.

위드가 캐머런을 철석같이 믿었던 이유는 펜실베이니아 주 해리스버그 근처에 있는 캐머런 사유지에 특별 방문했던 슈어드의 이야기를 들었기 때문이기도 했다. 유럽으로 떠나기 직전, 캐머런과 하루를 보낸 슈어드는 캐머런이 자신의 공천을 지지할 것이라는 확신을 안고 돌아왔다. "그는 저에게 모든 일이 순조롭다고 말했습니다. 그는 제 편이며, 펜실베이니아 주도 그러할 것이라고 말입니다. …… 그는 양 당의 주 의원들을 초대해 저와의 만남을 주선했습니다. 이 훌륭한 만찬에서 그들은 허물없이 저를 안아주었습니다." 이 만찬 소식을 들은 기자와 정치가들은 모두 모종의 거래가 이루어졌다고 확신했다.

이후 몇 달 동안, 캐머런이 대의원단을 좌우하지 못한다는 소문이 나돌았지만 위드는 걱정하지 않았다. 그는 여러 모로 자신과 비슷한 이 펜실베이니아의 거물이, 자신의 맹세를 지키기 위해 그 주의 표를 끌어 모으는 데 필요한 일은 무엇이든 하리라 믿었다. 어쨌거나 캐머런은 "정직한 정치가는 한번 마음먹으면 끝까지 해낸다."라는 인기 있는 인용구의 장본인이었으니 말이다.

캐머런은 위드보다 빨리 자신의 정치적 지위를 돈벌이가 될만한 일에 활용했다. 그는 운하 건설회사와 철도회사, 은행과의 계약을 통해 대단히 많은 돈을 벌었다. 선거를 통해 공직에 나가느라 돈을 쓰지 않았다면 "펜실베이니아에서 가장 큰 부자"가 되었을 것이라고 그는 훗날 자랑삼아 말하곤 했다. 정치계 전면에는 나서지 않았던 위드와 달리, 캐머런은 1844년과 1855년에 상원의원을 지냈다. 그는 민주당원으로 정치생활을 시작했지만, 노예제와 특히 자신의 "법률적 소산"인 관세에 대한 민주당의 입장에 좌절했다. 1855년 그는 처음에는 국민당이라 했던 펜실베이니아 주의 공화당 창당에 크게 기여했다.

1860년 펜실베이니아 국민당 대회에서 캐머런은 대통령 후보로 거론되며 큰 지지를 얻었지만, 주지사 후보에는 매력적인 젊은 정치가 앤드루 커틴이 지목되었다. 캐머런은 전당대회에서 다수표를 받았지만, 상당수의 선거구 대의원이 선택을 미루면서 결국 캐머런과 커틴 세력 간에 분열이 일어났다. 커틴은 1860년 공화당 전당대회가 열렸을 때 어느 후보의 편도 아니었지만, 슈어드의 당선 가능성에 의심을 품고 있었다고 한다. 더욱이 슈어드를 지지하게 되면 자신의 입지가 위축될 수 있었다. 여전히 펜실베이니아 주에서 상당한 영향력을 행사하던 반가톨릭계 노우낫싱당이, 이민자에 대한 진보적 성향을 가진데다 가톨릭 부속학교 설립을 지원하려 했던 그를 용서하지 않았던 것이다. 전당대회 전에 위드와 함께 이 문제를 논의했더라면, 거물인 캐머런은 이러한 장애물을 뛰어넘을 방법을 찾을 수 있었을 것이다. 그러나 만남은 이루어지지 않았고, 위드는 그의 도움 없이 펜실베이니아 주 대의원의 대항세력을 상대할 수밖에 없었다.

승리를 자신하다

슈어드가 한가롭게 해외여행을 즐기는 동안 체이스에게는 적극적으로 자신의 공천을 도울 지지자를 확보할 기회가 주어졌다. 체이스는 이상하게도 자신의 가능성을 높이는 데 1859년의 소중한 몇 달을 거의 이용하지 않았다. 1856년 선거 때처럼 자기 지지층의 힘과 깊이를 확신한 그는 자신의 공천이 수월하게 이루어지리라 생각했다. 친한 친구 개메일리얼 베일리가 그렇지 않다는 소식을 보냈을 때조차 체이스는 깊이 생각지하도 않은 채 자신에게 불리한 이야기를 잊어버렸다.

베일리는 〈박애주의자〉를 발행하고 있을 때 신시내티에서 체이스를 만나게 되었다. 이후 베일리가 〈내셔널 이어러〉의 발행인이 되어 가족들과 워싱턴으로 이사했을 때, 그는 외로운 체이스를 따뜻하게 집으로 맞이했다. 의회가 개회 중일 때면 체이스는 한 번에 몇 달씩 베일리의 집에 머물며 그의 아내 마가렛을 비롯해 온 가족과 우정을 쌓았다.

베일리는 체이스에게 늘 솔직하고 충실한 우정을 보여주었다. 1856년 베일리는 체이스가 "가증스러운" 노우낫싱당과 영합하자 그를 혹독하게 비난했다. 그럼에도 불구하고 베일리는 언제나 옛 친구와의 의리를 지켰고, 그를 지지하면서 "대통령직에 오른" 그를 보게 되리라 확신했다. 하지만 1859년 초, 많은 사람들과 대화를 나누고 "시대의 징후와 여론의 추이를 관찰한" 베일리는 체이스에게 보낸 장문의 편지에서 "1860년에는 슈어드를 지지하는 게 나을 듯하다"고 솔직한 마음을 터놓았다. 그는 4년 후 체이스에게 다시 때가 찾아올 것이라고 생각했다.

베일리는 1859년 1월 16일, 체이스에게 편지를 썼다. "그와 자네는 당의 가장 훌륭한 대표네. 하지만 그는 자네보다 연장자일세. 그의 친구들은 지금이 슈어드에게는 절호의 기회라 생각하네. 이번에 성공하지 않으면 그에겐 영원히 기회가 없을 걸세. …… 자네는 지금 한창 혈기왕성하고 계속해서 능력을 쌓을 것이네. 아직까지는 완전한 위업이나 지위를 차지하지 못했지만 1864년에는 1860년보다 더 큰 기회를 가지게 될 걸세. 그러나 지금 슈어드의 수많은 친구들에게 반감을 산다면, 불쾌하고 불리한 알력다툼이 벌어질 것이고 그로 인해 자네의 지위가 약화될 것이네." 베일리는 체이스가 자신의 의견에 반대할 것이라고 생각하면서도 "자네가 내 성실함이나 우정을 의심하지는 않으리라 생각하네."라며 편지를 마무리했다.

체이스는 퉁명스레 대답했다. "자네의 우정을 의심하지는 않네. 하지만 우리의 처지가 반대였다면 난 다른 식으로 우리 우정을 보여주었을 걸세. 슈어드에게 절호의 기회라는 표현은 유치하군. 어찌나 우스꽝스러운지. 간단히 말해, 내 입장을 바꿀 수 없다고 해야겠군. 내겐 그럴 권리가 없네. 공화당 공천 후보로 나 아닌 다른 사람에게는 절대 표를 던지지 않을 상당수 사람들을 포함해서 엄청나게 많은 사람들이 내가 1860년에 입후보하기를 원하는 듯하네. 내가 아는 한, 나나 내 친한 친구들이 억지로 사람들에게 그런 감정을 심어준 적은 없었네. 모두 자발적으로 생긴 감정인 듯하더군."

베일리는 다시 편지를 썼다. "잘못되고 근거가 없을지도 모르지만 충분히 생각해볼 만하네. 나이나 건강뿐 아니라 다른 문제와도 관계가 있네. 슈어드 주지사는 1860년 5월이면 쉰아홉이 될 걸세. 다른 사람이 지명되어 당선된다면, 주지사는 8년을 기다려야 할 걸세. 그러면 일흔을 눈앞에 둔 예순일곱 살이 되네. 하지만 자네는 아직도 한창이고(당시 체이스는 막 쉰한 살이 되었다), 여전히 명성을 쌓고 있네. 앞으로 4년 후면 자네가 대통령 후보로 지목받아 당선될 가능성은 지금보다 훨씬 높아질 걸세."

베일리는 "내가 자네를 반대하려 한다고 여기지는 말게나. 난 그저 친구로서 자네를 정확히 판단하고 싶을 뿐이니까."라는 말로 체이스를 안심시켰다. 이 말에 마음이 누그러진 체이스는 뉴욕의 하이럼 바니의 비현실적인 예측을 듣고는 더욱 기운이 좋아졌다. 그는 뉴욕 주에서 체이스의 세력이 급격히 늘어나 1차 투표에서 뉴욕의 표를 얻을 수 있으리라 여겼다. 체이스는 확신을 갖지 못한 지지자들이 일단 반노예제 전통의 옹호자이자 공화당 창당에 중요한 역할을 했던 자신의 본모습을 알게 된다면, 자기편으로 몰려들 것이라고 생각했다.

그러나 또 다시 선거 책임자를 지목하는 일을 게을리 한 체이스는 자신을 위해 흥정하고 행동을 취할 사람, 선거 운동의 대가로 각료직을 약속할 사람을 두지 못했다. 그는 주 조직을 만들겠다는 뉴햄프셔 주 지지자들의 제안을 거절했다. 또한 유력한 〈시카고 프레스 트리뷴〉 편집장인 조지프 메딜의 초기 지지를 활용하지도 않았다. 그는 자신의 지지자들이 슈어드를 제외한 다른 후보를 위한 공개토론 형태로 기획한 쿠퍼 유니언 대학 강연 초청을 거절했다. 1차 투표에서 자신의 출신주는 당연히 자신에게 만장일치로 지지표를 던지리라 생각했던 그는 전당대회의 대의원으로 임명된 이들의 의중을 확인하지도 않았다. 실제로 그가 자신의 선거 운동에서 한 일이라고는 전국의 여러 지지자와 기자들에게 자신이 대통령에 적임자라는 사실을 상기시키는 편지를 몇 번 보낸 것뿐이었다.

실망한 지지자들은 그가 좀더 조직적으로 행동하도록 자극하려 했다. 체이스의 충실한 후원자였던 제임스 애슐리는 이렇게 경고했다. "슈어드가 메릴랜드 주 대의원의 표를 차지할까봐 걱정되기 시작했네. 그와 그의 친구들은 노력하고 또 노력하네. 친구들뿐 아니라 슈어드 역시 노력하네." 그러나 고집 센 체이스는 대의원들이 그들의 양심에 따라 표를 던진다면 결국엔 자신이 승리하리라고 확신하면서 골치 아픈 징후를 못 본 척했다.

체이스는 신시내티의 대의원인 벤저민 이글스턴에게 으스댔다. "나는 시카고에서 그 누구에게도 나를 지지하도록 강요할 생각이 없습니다. 오하이오 주의 공화당을 충실하게 대변할 대의원단은 제외하고 말이지요." 실제로 오하이오 주 대의원 대부분이 체이스를 지지했지만, 벤 웨이드 상원의원도 열성적인 지지자를 거느리고 있었다. "오하이오 대의원은 아직까지 확실한 결정을 내리지 못한 듯하다."고 대의원 에래스터스 홉킨스는 경고했다. 그러나 체이스는 이에 크게 관심을 기울이지 않으며 자신이 오하이오 주를 위해 희생하고 공헌했던 모든 업적을 생각할 때, 오하이오 대의원 모두 자신을 지지하리라고 낙관했다.

전당대회 한 달 전, 케이트는 아버지에게 워싱턴을 여행하면 여러 상하원의원의 지지도가 높아질 것이라고 설득했다. 그들은 윌라드 호텔에 머물면서 여러 연회와 만찬에 참여했다. 슈어드가 그들에게 대단히 친절했다고, 체이스는 친구 제임스 브릭스에게 말했다. 온화한 뉴욕 시민 슈어드는 이들을 주빈으로 하여 화려하고 즐거운 만찬을 열었다. 다음날 밤, 오하이오 국회의원을 지냈던 존 걸리도 오하이오의 새 주지사 윌리엄 데니슨과 체이스를 위한 파티를 열었다.

워싱턴에서의 마지막 밤 체이스는, 블레어 가족이 마련한 화려한 파티에 참석하기 위해 실버스프링에 있는 시골별장을 방문했다. 체이스는 많은 사람들이 케이트에게 큰 관심을 보이고 자신에게도 친절해서 얼마나 즐거웠는지 모른다고, 막내 딸 네티에게 편지를 보냈다. 그는 이 여행으로 상당히 많은 성과를 거두었다고 확신하며 집으로 돌아갔다. 그는 "모두가 나를 좋아하고 신뢰하는 것 같았다."라고 신시내티의 한 친구에게 말했다. 호의와 깊은 충성을 혼동한 그는 한 지지자에게 "내가 워싱턴에 있는 동안 사람들의 마음에 커다란 변화가 일어난 것 같았다."라고 전했다.

정치적 감각을 잃은 베이츠

대통령 선거가 있기 일 년 전까지만 해도, 에드워드 베이츠 자신보다는 그의 지지자들이 그의 공천에 더욱 적극적이었다. 베이츠도 점차 대통령 후보 공천에 열의를 품게 되었지만, 전에는 정계 진출에 대해 꺼림칙하게 생각했다. 정계에 막강한 영향력을 행사했던 블레어 가문의 설득이 없었다면, 그는 입후보하지 않았을 것이다. 출마를 결심한 그는 정치적 딜레마에 빠졌다. 그의 주요 지지 세력은 접경주의 이민 배척주의자와 옛 휘그당원, 그리고 북부와 북서부의 보수주의자들이었다. 그러나 공천되기 위해서는 자신이 온건적인 공화당의 마음에도 드는 사람임을 입증해야 했다.

만약 공천 전 몇 달 동안 일리노이와 인디애나, 매사추세츠, 코네티컷, 혹은 메릴랜드 등 다른 주를 둘러보았다면, 베이츠는 이 새로운 당을 구성했던 폭넓은 견해를 알게 되었을 것이다. 하지만 그는 자기 주를 떠난 적이 없었고, 그저 자신을 방문하는 동료와 지지자들에게서 받은 정보에만 의지했다. 그는 미주리 주를 떠나지 않았을 뿐 아니라, 사랑하는 집 밖으로 나간 적도 거의 없었다. 그는 세인트루이스에서 하룻밤을 보내야 했을 때, "거의 2년 만에 처음으로 시내에서 잔 날"이라고 일기에 적었다.

집에만 틀어박혀 있던 베이츠는 어떤 세력과 힘을 합쳐야 하는지 정확히 파악하지 못했다. 이로 인해 그는 불리한 입장에 처하게 되었다. 50년대의 치열한 논쟁에서 거리를 둔 것이 오히려 그의 입후보에 이득인 면이 있었지만,

정치계에서 너무 오랫동안 떨어져 있었기 때문에 그는 노예제 문제로 인한 격렬한 대립에 익숙하지 않았다.

1859년 2월 말, 그는 "정치에 대한 견해"를 들려 달라는 뉴욕 휘그당 위원회의 요청에 응했다. 뉴욕 휘그당원들은 논란이 분분한 "깜둥이 문제"의 종식을 촉구하는 결의안을 통과시켰다. 그래야 나라를 결속시킬 경제발전과 국내 개선 등 "사회 전반적으로 중요한 문제"에 집중할 수 있다는 것이었다. 베이츠는 전국에 출판된 편지에서, 자신은 언제나 "깜둥이 문제"를 "해로운 문제, 즉 어느 당이나 당파, 혹은 계층에 좋았던 적도 없고 좋을 수도 없는 논란"으로 여겼다고 말했다. 그는 "지난 몇 년간 유감스러운 경험을 하고도" 계속해서 이 문제에 매달리는 이들은 "개인적 야망이나 파벌적인 편견"에 자극받은 게 틀림없다고 주장했다.

이 편지는 휘그당과 이민 배척주의자들에게 칭송받았지만, 공화당에서는 비난을 받았다. 베이츠를 대통령으로 밀었던 슈일러 콜팩스도 "깜둥이 문제의 논란을 비난하는" 그의 언사는 "공화당에 대한 공공연한 비난"처럼 들리기 때문에, "많은 이들이 그에게 반감을 품게 될 것"이라고 경고했다. 그러나 베이츠는 그렇게 생각하지 않았다. 그는 "내 편지가 공화당의 마음에 들었다면, 그 사실만으로도 두 변경 노예주인 미주리와 메릴랜드의 지지는 사라졌을 것이다. 그렇게 되면 나는 공화당을 제외한 다른 지지 세력을 찾을 수 없을 것이다."라고 말했다. 그는 공화당 내에서는 슈어드와 체이스가 훨씬 유리한 입장에 있다는 사실을 알고 있었던 것이다. 아메리카당의 영향력 있는 당원인 메릴랜드 주 출신의 국회의원 헨리 윈터 데이비스는 의회에서 베이츠의 견해를 지지하면서, 그에게 다수의 지지를 확보해야 하는 입장이니 더 이상 견해를 밝히려 하지 말라고 충고했다. "더 이상 공개서한을 쓰지 마십시오. 괜히 긁어 부스럼을 만들지 않도록 말입니다."

새해가 되자, 베이츠는 자신의 공천 가능성이 "하루가 다르게" 높아진다고 생각했다. 중요한 격전지인 인디애나와 펜실베이니아 주의 지지자들은 시카고 전당대회 대의원 중 상당수가 베이츠를 지지한다며 그를 안심시켰다. 일리노이의 한 방문객은, 자신의 주 남쪽에서는 그에게 "호감"을 갖는 이들이 많지만, (주의 자존심 때문에) 처음에는 링컨을 지지해야 한다고 말했다. 베이츠가 대통령 후보로 링컨을 인식하게 된 것은 그때가 처음이었다. 하지만 일리노이 주에서 링컨은 베이츠를 예민하게 계속 주시하고 있었다. 링컨은 한 편지에서, 베이츠는 "우리 주의 남쪽에서는 최고의 지지를 받지만, 북부에서는 최악의 지지를 받는" 반면, 슈어드는 "일리노이의 북쪽에서는 최고지만, 남쪽에서는 최악의 후보"라고 말했다. 링컨은 베이츠도, 슈어드도 일리노이에서 과반수를 확보하지 못할 것이라고 확신했다.

1860년 2월 마지막 날, 즉 의회에서 슈어드가 타협 연설을 했던 바로 그날, 옛 휘그당원과 아메리카당원들이 개최한 대규모 야당 전당대회가 미주리 주 제퍼슨 시에서 열렸고 "열광적으로" 베이츠를 대통령으로 추천했다. 2주 후, 베이츠는 세인트루이스 공화당 대회에서 두 번째 추천을 받았다. 하지만 미주리 주 공화당원들은 불만스러워하는 분위기였고, 특히 독일계 미국인 대표단은 1856년 이민 배척주의 당을 공개적으로 지지했던 베이츠를 여전히 비난하며 추천을 방해하겠다고 협박했다. 프랭크 블레어는 적대적인 입장을 취하는 공화당원과 독일계 미국인 집단을 달래는 데, 독일계 미국인 언론이 작성한 질의서를 이용하자고 베이츠에게 제안했다.

질의서는 베이츠에게 어려운 문제를 제시했다. 그는 시카고의 조지프 메딜 편집장처럼 "연방의 구원자와 함께 이겨서 위험한 상태에 빠지기"보다는 공화당 강령에 충실한 국회의원과 함께 "패배하는 게 더 낫다고" 생각하는, 공화당원들의 의혹을 달래주어야 했다. 그렇지만 공화당원을 만족시키기 위해 지나치게 멀리 가면, 옛 휘그당원과 아메리카당원들이 대부분인 자신의 지지 기반을 잃을 위험이 있었다. 더없이 재치 있게 처신해야 하는 상황이었지만, 베이츠는 그 결과를 신중하게 계산하지 않고 답변했다.

준주로의 노예제 확산에 대한 의견을 달라고 하자, 그는 의회에는 드레드 스콧 판결에 정면으로 반대하여 그 문제를 결정할 권한이 있다고 대답했다. 나아가 그는 "정부의 정신과 정책은 노예제 확산에 반대해야 한다."라고 말했다. 그는 "정부는 모든 시민이 어디서나 똑같은 권리를 누릴 수 있도록 보호"해야 한다면서, 토착민과 귀화인 가릴 것 없이 모든 시민이 헌법상 평등하다고 주장했다. 이 외에도 그는 노예의 아프리카 및 중앙아메리카 이주, 공유지 불하법, 태평양 철도, 캔자스를 자유주로 편입하는 것을 지지했다.

그의 주장은 북동부와 북서부의 전통적 공화당 세력에게는 지지를 받았지만, 그에게 호의적이었던 접경주를 크게 자극하는 결과를 낳았다. 〈렉싱턴 익스프레스〉는 답변서가 "맑은 하늘의 날벼락" 같았다면서, 베이츠가 너무나 노골적으로 흑인 공화당 진영에 편승했기 때문에 더 이상 그가 보수적인 접경주의 지지를 기대할 수 없을 것이라고 단언했다.

〈루이스빌 저널〉은 "베이츠가 공화당 강령의 모든 조항을 지지함으로써 슈어드나 체이스, 링컨처럼 그저 좋거나 나쁜 공화당원이 되었다. …… 그는 그와 남부의 보수파들을 연결했던 믿음의 끈을 단칼에 잘라냈다."라며 불만을 터뜨렸다. 〈멤피스 불레틴〉은 "겨우 4년 전, 흑인 공화당원을 선동가라고 비난하면서 평화로운 연방의 위험한 적이라 지칭했던 베이츠가 이번엔 그 위험한 선동가 중 한 사람이 되었다."고 보도했다. 베이츠는 자기 편지가 일으킨 격렬한 반발을 깨닫고는 접경주의 "수많은 신문이 한꺼번에 나를 저버렸다."며 탄식했다.

이 사건으로 인해 베이츠의 지지 기반은 크게 줄어들었다. 베이츠는 희망을 잃지는 않았지만, 일기에 다음과 같이 털어놓았다. "인기의 변덕스러움과 중대한 사건이 자잘한 일에 좌우된다는 사실을 알게 되었으니, 겉만 번드르르한 싸구려 물건에 마음을 빼앗기거나 실패에 굴욕감을 느끼지 않도록 조심해야겠다."

중도를 지키다

라이벌들이 위기를 자초하는 동안, 에이브러햄 링컨은 차근차근 공천을 준비하고 있었다. 슈어드와 베이츠는 마지막 몇 달 동안 당의 중심을 향해 나아가야 한다고 생각했지만, 링컨은 자신의 기본적인 입장을 바꾸지 않았다. 돈 페렌바처는 링컨이 그가 늘 있었던 곳, "보수파도, 급진파도 아니되 정중앙에 가장 가까운 곳"에 머물러 있었다고 말했다. 캔자스-네브래스카 법안 이후 처음으로 준주로의 노예제 확산에 반대하는 연설을 했을 때부터 링컨은 노예제 확산은 "확실하게 막아야" 하지만, 이미 노예제가 존재하는 주에는 간섭할 생각이 없다고 주장했다. 계속해서 견제받는 한, 노예제는 결국 "소멸의 길"을 걸을 것이라고 링컨은 생각했다. 이러한 입장은 공화당에서 다수를 차지했던 중도파의 견해와 완벽하게 일치했다.

공천받으리라는 확실한 보장은 없었지만, 출마는 더 이상 불가능한 꿈이 아니었다. 링컨은 서서히, 그리고 착실하게 공천 가능성을 높이기 시작했다. 그와 더글러스의 논쟁 내용을 담은 소책자가 많은 공화당원들의 관심을 끌었다. 이 논쟁을 보도했던 신문기사 덕분에 그의 이름이 널리 알려지자 공화당 집회에서 연설을 해 달라는 요청이 쇄도했다. 1859년 8월부터 12월까지 넉 달 동안, 링컨은 아이오와, 오하이오, 위스콘신, 인디애나, 캔자스 주를 돌며 거의 20회 정도 연설했다.

슈어드가 유럽과 중동을 여행하는 동안, 링컨은 수십만 명의 중서부 사람들에게 자신을 알리고 있었다. 링컨은 이 시기를 잘 이용했다. 링컨은 가는 곳마다 자신을 환영하는 인파에 둘러싸였고, 인파는 갈수록 늘어났다. 대부분의 청중이 링컨의 얼굴을 처음 보았지만, 그는 늘 잊을 수 없는 인상을 남겼다. 〈페인스빌 가제트〉는 그가 말을 하기 시작하면 "그의 고매한 지성"은 청중에게 깊은 인상을 남겼으며, 이들은 "오랜 나날" 동안 "그의 논점과 풍자"를 잊지 못할 것이라고 보도했다.

공화당 지지자로서 링컨은 연설에서 민주당, 그중에서도 많은 지역에서 인기몰이를 하고 있던 스티븐 더글러스를 신랄하게 공격했다. 그는 체이스에게 "더글러스가 지금으로선 유일하게 공화당의 빠르고 완벽한 성공을 방해하고 있습니다."라는 편지를 보냈다.

링컨에게 가장 큰 보람을 느끼게 해주었던 곳은 굴욕적인 수확기 재판 후 다시는 찾지 않겠다고 맹세했던 신시내티였을 것이다. 그는 "예포와 행진곡, 수많은 시민들의 즐거운 박수소리"로 환영받았다. 버넷 호텔에 도착한 그는 "왕자처럼" 머물면서, 신시내티의 유명인사들이 앞 다투어 "떠오르는 별"을 만나려 한다는 사실을 알고 몹시 기뻐했다.

링컨은 공화당 후보가 대통령으로 당선되면 연방이 분열될 것이라는 남부인들의 주장에 대해 연설했다. 이 연설은 자신의 연설을 듣기 위해 오하이오 강을 건너온 수많은 켄터키 주 사람들을 겨냥한 것이었다. "여러분은 우리를 상대로 전쟁을 일으켜 우리를 모두 죽이려 합니까? 신사 여러분, 저는 여러분이 살아 있는 이들 중 가장 훌륭하고 용감하며, 대의를 위해 용감하게 싸울 수 있다고 생각합니다. …… 하지만 여러분 한 사람 한 사람은 '우리'보다 더 훌륭하지 않으며 '우리'보다 더 훌륭한 개인은 많지 않습니다. 여러분은 저희를 패배시킬 사람을 많이 모으지 못할 것입니다. 우리가 여러분보다 수적으로 적다면, 여러분이 우리를 이길 수 있을 것입니다. 우리의 숫자가 여러분과 똑같다면, 팽팽한 전투가 될 것입니다. 하지만 수적으로 열세인 여러분이 우리를 정복하려 한들 무슨 소용이 있겠습니까?" 다음날 〈신시내티 가제트〉는 그의 연설을 "명쾌한 표현과 설득력 있는 주장, 풍부한 상식으로 가득한 역작"이라고 묘사하면서, "그 어느 정치가의 연설보다 더 훌륭하며, 가장 유능한 변호사들에게도 깊은 인상을 심어줄 만큼 위엄 있고 강렬하다."라고 보도했다.

링컨은 바쁜 일정 때문에 켄터키 주로 오라는 오랜 친구 조슈아 스피드의 초대에 응하지 못했다. 하지만 서부 공화당원 사이에서 그의 위상은 크게 높아졌다. 국회의원을 지낸 바 있던 새무얼 골웨이는 "당신의 오하이오 방문은 당신에게 큰 이득이 되었습니다. 우린 지금까지 여러 논란으로 식상해지지 않은 후보를 택해야 합니다. 당신의 이름이 계속해서 언급되고 있습니다. 솔직히 전 당신을 지지합니다."라고 말했다.

갓 창당된 공화당에서 빠르게 성장한 링컨은 여전히 위태로운 연합의 단결을 지키고자 했다. 그는 슈일러 콜팩스에게 "공화당 일반 당원의 분열을 방지해야 한다"고 말했다. "매사추세츠 주의 반이민자 운동은 외국인에 대한 싸움이 북부와 서부 전역의 우리를 위협하리라는 점을 인식하지 못했습니다. 도망 노예법의 시행을 막으려는 오하이오와 뉴햄프셔 주의 시도는 헌법에 대한 논란으로 일리노이 주를 질식시킬 것입니다. …… 다시 말해, 어느 곳에서든 우리는 미래를 내다보아야 합니다. 최소한, 의견이 다를 수도 있다는 점에 대해서는 아무 말도 하지 말아야 합니다."

콜팩스는 공화당의 대의가 "보수주의자부터 급진주의자에 이르기까지 다양한 견해를 지닌 사람들"의 지지를 받아야 한다고 강조하는 링컨의 "정성 어리고 시의 적절한 편지"를 높이 평가했다. 링컨은 "1860년에 승리를 거두기 위해서는 급진파를 멀리하지 말고, 동시에 보수적 정서를 배려하며, 우리의 기치 아래 북부 사람들과 보수파 휘그당원이라 불리는 사람들을 묶어세워야 합니다. 그렇지 않고 그들을 배제하면 경쟁에서 질 것입니다."라고 편지에 적었다. 콜팩스는 "귀하의 충고는 대단히 큰 영향력을 갖고 있습니다. …… 당신의 정치 서한 중 연방에 두루 복사되지 않은 것이 없습니다."라고 말했다. 분열을 회복해야 한다는 링컨의 견해는 그의 선거 운동에 대단히 중요한 역할을 했다.

1859년 10월 16일, 링컨이 캔자스 여행을 준비하고 있을 무렵, 간신히 유지되고 있던 연방의 결속은 거의 붕괴될 지경에 이르렀다. 스티븐 빈센트 브네의 표현을 빌려 말하자면, 백인 노예제 폐지론자인 존 브라운은 "어리석은 창을 들고서 태양을 가리려는 무모한 사내들을 데리고" 버지니아 주로 향했다. 이들은 대담하긴 하나 결과는 그리 좋지 않을 계획을 품고 있었다. 브라운과 열세 명의 백인, 그리고 다섯 명의 흑인은 하퍼스 페리에 있는 연방 무기고를 점령하고 흑인 폭동을 일으켰다. 그러나 무기고는 재빨리 탈환되었고, 브라운은 J. E. B. 스튜어트 중위와 로버트 E. 리 대령의 지휘 하에 있는 연방군에 체포되어 감옥에 갇혔다.

재판에 회부된 브라운은 사형을 선고받은 후 가족에게 편지를 보냈다. "나는 대단히 평화롭고 즐거운 마음으로 공개 '살인'의 시간을 기다리고 있습니다. 내가 하나님과 인류의 대의를 진척시키는 데 이렇게 말고는 달리 쓰이지 못할 것이라는 확신을 가지고 있습니다." 사형이 집행되기 전 몇 달 동안, 존 브라운은 위엄 있고 용기 있는 행동과 수려한 진술, 그리고 여러 통의 감동적인 편지로 노예제를 반대하는 많은 북부인들에게 순교자이자 영웅이 되었다.

그가 사형을 당하자 북부 여러 주에서는 그의 죽음을 애도하는 대중 집회가 열렸다. 역사가 데이비드 포터는 "교회에선 조종 소리가 울려 퍼졌고, 검은 깃발이 나부꼈다. 1분마다 애도의 뜻으로 대포가 발사되었고, 사람들은 모여서 기도했다."고 전했다.

수세대에 걸쳐 많은 역사가와 시인, 소설가들이 브라운의 동기와 심리, 전략을 연구했다. 남부의 "모든 백인 남녀와 아이들을 깊은 두려움에 떨게 했던" 대담한 습격의 여파는 즉각적이면서도 확실했다. 북부의 노예제 반대 운동은 더욱 격렬해졌고, 남부의 결속과 분노는 광적인 수준에 이르렀다. 〈리치먼드 인콰이어러〉는 "하퍼스 페리 사건은 이를 지지하는 북부 정서와 결합되어 연방의 결속력을 뒤흔들었다. 머지않아 붕괴의 날이 올 것이라고 확신하지 않는 사람은 거의 없다."고 보도했다. 신문은 이어 "하퍼스 페리 사건은, 무시무시한 섬광 속에 그 심연의 너비와 깊이를 드러내며 나라를 둘로 가르는 거대한 유성과 같았다."고 평했다. 《백경》의 저자 허먼 멜빌은 〈전조〉라는 시에서 이 은유를 이용해, 존 브라운을 "불길한 존 브라운 / 전쟁의 유성"이라고 표현하면서 그의 긴 수염 끝자락이 사형집행인의 모자 밑으로 흘러넘쳤다고 묘사했다.

남부 전역은 노예 반란에 대한 두려움에 사로잡혔다. 반노예제에 관한 말은 감히 입에 올릴 수도 없었다. 찰스턴의 영국 영사는 "현재 남부의 상태가 공포 시대와 같다는 내 말은 과장이 아니다. 우체국에서는 편지를 검열하고, 온갖 비난과 추방을 감수할 자만이 노예제에 대한 토론을 시도할 수 있다. …… 엄청난 숫자의 북부 상인과 여행자들이 이곳을 떠나고 있다."고 적었다. 〈세인트루이스 뉴스〉는 버지니아 주의 노펔에서 대배심이 "존 브라운이 훌륭한 대의를 위해 싸운 위인이라는 선동적인 말"을 했다는 이유로 한 상인을 기소했다고 보도했다.

남부의 유력한 정치가들은 즉시 공화당을, 더 나아가 북부 전체를 비난했다. 테네시 주 의회는 "하퍼스 페리의 침략자들은, 흑인 공화당의 우두머리가 주장하고 그 부하들이 앵무새처럼 반복한 반역적인 '억누를 수 없는 갈등' 주의의 산물"이라고 비난했다. "백 명의 신사"를 대표한다고 자처한 한 사람은, "슈어드의 목"에는 5만 달러의 현상금을, 섬너와 그릴리, 기딩스, 콜팩스 등이 포함된 수많은 "반역자"들의 목에는 고작 25달러를 내건 전단지를 발행했다. 이 반역자 명단에 링컨은 포함되지 않았다.

북부의 민주당계 신문들도 유독 슈어드를 비난의 표적으로 삼았다. 〈뉴욕 헤럴드〉는 "선동가 슈어드가 꾸민 국가적 분열의 대하드라마가 첫 회를 하퍼스 페리에서 막 끝냈다. 이성이 있는 사람이라면 슈어드의 잔인하고 피비린내 나는 야만적인 선언(1년 전의 '억누를 수 없는 갈등' 연설)과 포토맥 강과 쉐넌도어 강의 합류지점에서 이루어진 폭력과 약탈, 죽음의 끔찍한 광경 사이의 인과관계를 밝혀낼 수 있을 것이다."라고 비난했다.

당연히 공화당은 이 사건에 자기네 당을 연루시키려는 민주당의 시도에 대항했다. 슈어드는 브라운에게 공감하긴 하지만, 그의 처형은 "불가피하고 정당하다"고 말했다. 위드의 〈올버니 이브닝 저널〉 역시 브라운 일당은 "평화로운 사회를 노예 폭동의 공포로 몰아넣으려 했기에" 비난받아 마땅하다고 보도하며, 이 헛된 습격에 대해 확고한 입장을 취했다.

미주리 주의 베이츠는 그 "터무니없는 계획과 끔찍한 행동"은 브라운이 "미친 사람"이라는 증거라고 단정했다. 그는 이 사건에 대해 젊은 친구, J. E. B. 스튜어트 중위와 오랫동안 대화를 나누었다. 스튜어트는 아내 플로라와 아이, 그리고 두 자유인 흑인 하인과 함께 그레이프 힐에 머물고 있었다. "그는 내게 '늙은 브라운'에 대해 많은 이야기를 해주었다. 그는 브라운의 체포 현장에 있었고, 그에게 적의를 품고 있었다."라고 베이츠는 일기에 적었다.

체이스에게 이 상황은 특별한 문제를 일으켰다. 공식적으로 그는 브라운이 법과 질서를 위반했다고 비난했지만, 그의 어린 딸 네티는 이후 "섬너와 개리슨, 웬델, 필립스, 휘티어, 롱펠로우 같은 사람들을 가족의 친구로 존경했던 집안 사람들로서는, 다른 사람을 위해 죽음을 무릅쓴 착한 노인"을 동정하지 않을 수 없었다고 증언했다. 그녀와 친구들은 온실에 작은 성채를 만들어 '자유 만세, 노예제 반대'라고 쓴 깃발을 세웠다. 친구들이 체이스에게 브라운에 대한 그 같은 공개적 지지를 묵과할 수 없다고 경고하자, 그는 딸에게 "크나큰 잘못은, 불쌍하고 늙은 존 브라운이 시도한 방식으로는" 바로잡을 수 없다고 설명해야 했다. 작은 성채는 해체되었다.

1859년 12월 2일, 브라운의 사형집행이 있던 날, 링컨은 선거 운동을 하면서 캔자스 주 리벤워스의 청중들에게 "존 브라운 사건과 공화당을 동일시하려는 시도는 선거 운동을 위한 계략이다."라고 말했다. 그는 현명하게 급진파 공화당원과 보수파 공화당원의 주장 사이에서 중간노선을 추구했다. 에머슨 같은 급진파 공화당원들은 브라운의 처형이 "교수대를 십자가처럼 영광스럽게 만들 것"이라고 믿었고, 보수파 공화당원들은 반역죄에 해당하는 미친 계획을 세웠다며 브라운을 비난했다. 링컨은 "브라운은 엄청난 용기와 이타정신을 보여주었으며, 우리처럼 노예제를 부당하다고 생각했다."고 말했다. 그러면서 "그렇긴 하지만 그걸로 폭력과 유혈 참사, 반역의 죄를 덮을 수는 없다. 그가 자신을 정당하다고 여긴다 해도 아무 소용이 없다."고 주장했다.

남몰래 시작된 선거 운동

선거유세를 마치고 돌아온 링컨은 1859년 12월 21일에 뉴욕의 애스터 하우스에서 열릴 전국 공화당 위원회의 회의 준비에 집중했다. 자유주 출신의 위원회 위원들이 1860년 공화당 전당대회를 어디서 개최할지 결정하기 위해 애스터 하우스로 모여들었다. 슈어드와 체이스, 베이츠의 지지자들은 차례로 전당대회를 뉴욕, 오하이오, 미주리 주에서 개최해야 한다고 주장했다. 링컨은 아직까지 경선 출마 의사를 공식적으로 밝히지 않았지만, 위원회의 한 위원인 노먼 저드에게 일리노이의 주장을 관철시키라는 내용의 편지를 보냈다.

저드는 참을성 있게 버펄로와 클리블랜드, 신시내티, 세인트루이스, 인디애나폴리스, 그리고 해리스버그에서 전당대회를 열자는 제각각의 주장들이 다 끝나기를 기다렸다. 끝내 합의가 이루어지지 않자, 그는 재빨리 시카고가 "누구나 평등한 기회를 가질 수 있는 좋은 중립지"라고 주장했다. 당시에는 대부분의 위원이 링컨을 알고 있었지만, 누구도 그를 대통령 후보로 진지하게 생각하지 않았다. "저드는 신중하게 '늙은 에이브'를 숨겼고, 대의원들은 회합 장소와 관련된 인물이 지목될 것이라는 사실을 알지 못했다."라고 헨리 휘트니는 말했다. 마침내 후보지가 세인트루이스와 시카고로 좁혀졌다. 저드는 "모든 관계자들을 쾌적하게 접대하고 많은 군중이 숙박하는 데" 충분한 시설과 물자가 준비될 것이며, "토론을 위한 홀은 무료로 제공될 것"이라고 약속했다. 결국 시카고가 한 표차로 세인트루이스를 누르고 낙점되었다.

일단 시카고로 전당대회 장소가 결정되자, 철도 전문 변호사였던 저드는 철도 회사에 전당대회를 전후해 주 전역의 기차 요금을 인하해 달라고 설득했다. 자금 부족 때문에 링컨 지지자들이 전당대회에 참석하지 못하는 일이 없도록 하기 위해서였다. 링컨은 라이벌들의 눈에 띄지 않게 공천을 위해 필요한 조치들을 하나하나 취해나갔다.

슈어드의 지지자들은 그의 공천을 확신하고 있었기 때문에, 시카고가 선택된 것을 문제라고 여기지 않았다. 당시 슈어드의 뉴욕 선거 책임자 존 비글로는 슈어드에게 편지를 보냈다. "전 그곳이 마음에 듭니다. 그보다 더 좋은 곳도 없을 테고, 그 선택에 이의를 제기할 이유도 없습니다." 하지만 베이츠의 친구이자 지지자인 찰스 깁슨은 그리 낙천적으로 생각하지 않았다. 그는 시카고가 선택된 것이 베이츠의 입후보에 타격이 되리라는 것을 깨달았다. 깁슨은 훗날 "전당대회가 세인트루이스에서 열렸다면, 링컨은 공천받지 못했을 것이다."라고 기록했다.

자신의 입후보가 현실화될 가능성이 높아지자, 링컨은 1년 전 짧은 자서전을 출판하자고 했던 제시 펠의 제안을 받아들였다. 그는 펠에게 자신은 보잘 것없는 사람이라 '대단한 내용'은 없다고 경고한 후, "당시까지만 해도 숲 속에 있던 온갖 야생 동물들과 함께 황량한 지방"에서 자라났던 어린 시절을 담담한 어조로 자세히 이야기했다. 링컨은 펠에게 말했다. "이 이야기로 무언가를 만든다면, 겸손하기를 바랍니다. 물론 제 손으로 쓴 것처럼 보여서는 안 됩니다." 이 간단한 기록은 이후 대통령 선거 때 공화당이 링컨의 미천한 시작을 낭만적으로 그리는 데 이용되었다.

유명세를 타기 시작한 링컨

서부 바깥 지역에서도 유명해지고 싶다는 링컨의 소망은, 체이스의 지지자 제임스 브릭스가 1860년 2월 27일 뉴욕 시에서 열릴 연속 강연에 그를 초청했을 때 실현되었다. 체이스는 강연 기획자들이 슈어드를 대신할 사람을 찾고 있다는 이야기를 듣고도 그 자리에서 강연을 거절했다.

링컨은 뉴욕에 도착하자마자 이 행사를 주최하는 데 도움을 주었던 반노예제 성향의 잡지 〈뉴욕 인디펜던트〉의 편집장 헨리 보웬을 찾았다. 보웬은 훗날 회상했다. "그의 옷은 여행으로 더러워져 있었고, 그는 피곤하고 슬퍼

보였다. 강연에 초대한 엄청난 군중이 실망하고 질겁할지도 모르겠다는 생각이 들었다.” 하지만 링컨이 긴 여행 때문에 지쳤다고 인정하면서 “괜찮으시다면 여기 이 안락의자에 누워 월요일 밤 행사에 대해 듣겠습니다.”라고 말하자 링컨에 대한 보웬의 첫인상은 어느 정도 누그러졌다.

거의 1500명에 이르는 사람들이 쌀쌀한 밤공기에도 아랑곳하지 않고 “이 서부 사내”의 강연을 듣기 위해 쿠퍼 유니언 대강당에 모여들었다. 그가 이 행사를 위해 새로 산 검은 양복은 여행 탓에 심하게 구겨져 있었다. 한 청중은 “그의 한쪽 바지자락은 신발에서 약 10센티미터 가량 위로 올라가 있었고, 그의 머리카락은 수탉의 깃털처럼 흐트러지고 삐죽 나와 있었다. 외투는 그의 몸집보다 너무 컸지만 팔은 소맷자락보다 훨씬 길었다.”고 전했다. 사람들은 처음에는 그를 의아한 눈으로 바라보았다. 그러나 일단 그가 연설을 시작하자 그의 열정적이고 힘찬 연설에 순식간에 매료되었다.

링컨은 수 주 동안 이 연설을 준비하며 노예제에 대한 ‘건국의 아버지들’의 입장을 폭넓게 조사했다. 그는 상원의원 더글러스가 노예제에 대해 말한 연설을 강연 주제로 삼았다. “건국의 아버지들은 지금 우리가 살고 있는 정부를 세웠을 때 이 문제를 지금 우리만큼, 아니 우리보다 더 잘 이해하고 있었습니다.” 링컨은 이어 건국의 아버지들이 어떠한 믿음을 가지고 행동했는지 자세히 고찰한 후, 그들이 노예제를 “확장되어서는 안 되는, 하지만 우리 가운데 노예제가 실제로 존재했기 때문에 이미 존재하는 곳에서만 묵인되고 보호되는 악”으로 표현했다고 주장했다.

6년 전 유명한 피오리아 연설 때처럼, 링컨은 쿠퍼 유니언에서도 남부 사람들을 향해 직접 말을 건넴으로써 극렬한 파벌 싸움으로 인한 적개심을 없애고자 했다. 이 무렵 남부의 반응에 대한 그의 믿음은 심각할 정도로 회의적이었다. 하지만 공화당원들이 원하는 것은 “건국 아버지들의 정책”으로 돌아가 “과거의 평화”를 다시 이루는 것뿐이라는 사실을 노예소유주들이 알게 되면, 그들의 분노가 진정되리라는 희망을 품고 있었다. 링컨은 파벌주의를 비난하지 않고, 그저 공화당원들은 "과거의 것을 고집하고 아직 시험해보지 않은 새로운 것을 반대하는" 진정한 보수파라고 말했다.

그리고 동료 공화당원들을 향해서는 "성급하게 움직이지 맙시다. 남부 사람들이 우리의 말에 귀를 기울이지 않는다 해도, 그들의 요구에 대해 침착하게 생각하고 우리 임무와 신중하게 견주어보아 가능하다면 그 요구를 들어줍시다."라고 호소했다. 그의 주장은 전체적으로 대단히 온건했다. 하지만 동시에 '노예제가 전국의 준주와 자유주에 확산되도록 할 수 없다'는 공화당의 원칙을 열정적이고 확고하게 호소했기 때문에, 가장 급진적인 공화당원들조차 그의 말에 매료되었다. 그가 끝으로 "정의가 이긴다는 믿음을 가집시다. 그리고 그 믿음으로 끝까지 우리에게 주어진 임무를 실천하도록 합시다!"라는 인상적인 발언을 했을 때, 청중석에서 우레와 같은 박수가 터져나왔다.

링컨이 연설한 후 행사 기획자 여러 명이 단상에 올랐다. 체이스의 지지자인 제임스 브릭스는 "세 신사 중 한 분이 우리의 탁월한 하인이 될 것"이라고 예견했다. 즉, 윌리엄 헨리 슈어드나 새먼 P. 체이스, "일리노이에서 자란 켄터키의 훌륭한 아들이자 오늘 연설을 한 사람" 중에서 말이다. 링컨의 출마는 아직까지 공식화되지 않았지만, 그는 승리를 향해 또 한 걸음 나아갔다.

이 연설이 각종 신문에 보도된 후, 링컨은 뉴잉글랜드 전역에서 연설 초청을 받았다. 그는 최대한 빠르게 움직여 뉴햄프셔와 로드아일랜드, 코네티컷 주 등지를 숨 가쁘게 다니며 쿠퍼 유니언 연설의 주장을 재차 이야기했다. 그는 뉴잉글랜드 바깥 지역의 초대는 할 수 없이 거절하면서도 가을 선거 전에 뉴저지와 펜실베이니아 주는 방문하고자 했다.

아들 로버트가 하버드 대학에 진학하기 전 입시 준비를 하던 뉴햄프셔 주의 엑세터 학원을 방문한 링컨은, 메리에게 편지를 보냈다. "쿠퍼 유니언 연설은 계획했던 대로 무난하게 이루어졌고, 아무 문제없이 마무리되었소. 이미 내 모든 생각을 글로 읽은 청중 앞에서 할 아홉 번의 다른 연설문을 작성하는 일이 힘들었을 뿐이오."

링컨은 3월 5일, 코네티컷 주 하트포드에서 〈하트포드 이브닝 프레스〉의 논설위원인 기디언 웰스를 처음 만났다. 오후에 이곳에 도착한 링컨은 그날 밤 연설까지 몇 시간 정도 여유가 있었다. 그는 애쉴럼 가를 지나 '브라운 앤 그로스 서점'에 갔다가 쉰여덟 살의 웰스와 마주쳤다. 풍성한 흰 수염을 가진 웰스는 남보다 머리가 크고 곱슬곱슬한 가발을 얹은 독특한 외모의 소유자였다. 그는 노위치 대학에 다니면서 법학을 공부했지만, 스물넷의 나이에 법조계를 떠나 민주당 계열의 〈하트포드 타임스〉를 맡아 집필에 몰두했다. 앤드루 잭슨의 확고한 지지자였던 웰스는 8년 동안 자기 도시인 글래스턴베리를 대표해 주 의회에서 활동했다. 그는 50년대 중반까지는 충실한 민주당원이었다가, 노예제 문제에 대한 입장 차이로 당과의 관계가 불편해졌다. 그는 여전히 민주당의 경제 정책을 고수하고 있었지만, 노예제를 반대했던 많은 민주당원들처럼 공화당에 입당했다.

전당대회를 두 달 앞둔 시점에서 웰스는 4년 전 신시내티에서 만난 체이스를 지지하기로 결심했다. 노예제에 대한 그의 견해는 체이스처럼 급진적이지 않았지만, 정부 지출과 주 권리에 대해서는 체이스와 비슷한 생각을 가지고 있었다. 반면, 슈어드는 웰스를 섬뜩하게 만들었다. 옛 휘그당원과 옛 민주당원이었던 둘은 오랫동안 정부 지출에 대해 논쟁을 벌였다. 웰스는 슈어드가 "대단히 사치스러운 뉴욕의 통치자 군단"에 속해 있다고 확신했다. 더욱이 웰스는 헌법보다 더 높다는 "도덕률"에 대한 슈어드의 주장과 "억누를 수 없는 갈등"이라는 발언에 질겁했다. 슈어드가 공화당 내에서 가장 많은 지지를 받고 있었지만, 웰스는 슈어드만 아니라면 그 어느 후보라도 지지할 듯했다.

그날 오후, 링컨과 웰스는 서점 앞 벤치에서 몇 시간 동안 대화를 나누었다. 웰스는 링컨과 더글러스 논쟁에 대한 기사를 읽었고 쿠퍼 유니언 연설에 대한 수많은 호평을 전해 들었다. 그날 이들이 나눈 대화는 기록으로 남아 있지 않지만, 링컨은 웰스에게 깊은 인상을 심어주었고 웰스는 그날 밤 두 시간 동안 시청을 가득 메운 군중 틈에서 링컨의 연설을 지켜보았다.

링컨은 쿠퍼 유니언 연설의 내용을 그대로 간직했지만, '노예제 확산을 막기 위해 가능한 모든 노력을 하는 한편 기존의 노예주에서는 노예제를 인정해야 하는 이유'를 설득력 있게 주장하기 위해 새로운 은유를 만들어냈다.

"길거리를 기어가는 독사를 보았다고 합시다. 제가 막대기로 그 뱀을 죽이면 사람들은 잘했다고 하겠지요. 하지만 제 아이들이 자는 침대에서 뱀을 보았다면, 그건 또 다른 문제가 됩니다. 뱀을 쫓으려는 막대기에 아이들이 다칠 수도 있고, 뱀이 아이들을 물 수 있으니까요. 하지만 아이들을 재우기 위해 새로 정리한 침대에, 새끼 뱀들을 아이들과 같이 넣으라는 제안을 받았을 때 제가 어떤 결정을 내릴지 의심할 사람은 없을 것입니다! …… 새로운 준주는 우리 아이들을 재우기 위해 새로 정리한 침대이고, 뱀을 아이들과 함께 둘 것인지 아닌지를 결정하는 게 나라의 역할입니다."

뱀에 대한 은유는, 독을 품은 노예제 확산으로부터 미래의 세대를 안전하게 보호하는 방법이 부모와 같은 본능을 발휘하면서도 기존의 노예주에서는 노예제에 대한 헌법적 보호를 인정하는 것이라는 점을 잘 설명한다. 준주를 아이들의 침대에 비유한 이 친숙한 은유는 "링컨은 사람들이 '자신의 생각을 큰 소리로 듣는 것처럼 느끼도록' 말할 줄 안다."고 제임스 러셀 로웰이 평가했던 링컨의 연설 능력을 잘 보여준다. 슈어드는 이 똑같은 위험을 격양된 어조로 표현했는데, 노예제가 캔자스 주에 허용될 경우 새로운 준주에 "트로이의 목마를 끌어들이는" 결과를 초래할 것이라고 경고했다. 정식 교육을 받은 동료 상원의원들은 그가 무슨 말을 하는지 바로 이해했을지 몰라도, 트로이의 목마 은유는 링컨의 침대 속 뱀 이야기처럼 일반 대중이 쉽게 이해하지도 못했고 그리 신선하지도 않았다.

시청에서 연설을 한 다음날 아침, 링컨은 〈하트포드 이브닝 프레스〉의 사무실에서 다시 웰스를 만났다. 한 시간 동안 이야기를 나눈 후 웰스는 링컨에게 좋은 인상을 받고 헤어졌다. 그는 다음 호 신문에 이렇게 썼다. "이 웅변가 겸 변호사는 역설적인 면모를 가졌다. 그는 아폴로(그리스 신화에 등장하는 태양신)도 아니고, 캘리번(셰익스피어 작 《폭풍우》에서 밀라노의 영주였던 프로스페로를 섬기는 반인반수 노예)도 아니다. 그의 얼굴은 지성과 관대함, 선한 성품, 예리한 판단력을 보여준다. …… 그는 진지하고 강하며, 정직하고 소박할 뿐 아니라 수정처럼 투명한 논리를 가지고 있는 유능한 웅변가다.”

링컨은 이 연설 여행에서 기대했던 것보다 훨씬 많은 성과를 거두었다. 동부에서 큰 명성을 얻은 그는 더 이상 먼 변경의 외톨이가 아니었다. 이제는 많은 사람들이 그의 출마 자격을 거론했다. 링컨은 그의 연설을 높이 칭송했던 예일 대학 교수에게 말했다. “서부에서의 성공에도 무척 놀랐습니다만, 동부에서 이렇게 크게 성공하리라고는 생각하지 못했습니다. 더욱이 고매한 학자들께 그러한 칭찬을 받으리라고는 상상도 못했지요.” 제임스 브릭스가 “당신이 차기 대통령이 될 확률은 이 나라 모든 사람과 똑같다고 생각합니다.”라고 말하자, 링컨은 “동부에 갔을 때 여러 신사들이 지금 당신과 똑같은 말을 했습니다. 그들은 내가 대통령으로 당선될 확률이 최고의 후보가 대통령이 될 가능성과 똑같다고 생각했소이다.”라고 대답했다.

이제 본거지로 돌아가 다음 작업을 준비해야 했다. 일단 대통령 후보로 공천받기 위해서는 일리노이 대의원의 전폭적인 지지가 필요할 것이었기 때문이다. 이를 위해서는 공화당 내에 형성된 적대적인 파벌들을 중재해야 했다. 링컨이 자신의 풍부하고 섬세한 정치 능력을 십분 발휘할 수 있느냐 없느냐가 성패를 가름할 것이었다.

1859년 1월 말, 점점 인기가 높아지는 링컨이 상원의원 재선을 노릴까 걱정하고 있던 라이먼 트럼벌은, 그에게 공화당원인 시카고 시장 존 웬트워스 대령이 작성했다는 기사를 보여주었다. 그 기사는 예전에 휘그당이었던 공화당원과 민주당원이었던 공화당원을 이간질하려는 의도로 작성된 것이 분명했다. 그 기사는 1855년과, 링컨이 더글러스와 두 번째로 맞붙었던 1858년에 있었던 민주당 측의 부정행위에 대해, 노먼 저드와 트럼벌을 유독 부각시켜 다루고 있었다. 링컨은 트럼벌을 안심시켰다. “당신과 나 사이에 불화를 일으키려는 노력은 바람처럼 무의미합니다. 옛 민주당 출신의 공화당원들도 대부분 저처럼 지난번 싸움에서 제 성공을 간절히 원했습니다. …… 그리고 장담컨대 남들이 어떤 트집을 잡더라도, 앞으로도 당신은 지금처럼 더없이 잘할 것입니다. 제가 당신의 경쟁상대가 될 수 있다는 생각은 할 수도 없습니다."

링컨은 또 다른 편지에서 이렇게 말했다. "이 말은 특별히 당신을 위해 하는 말입니다. 저와 대립하고 있다는 오해를 살 만한 편지는 쓰지 않는 것이 좋습니다. 제 친구들이 당신에게 편견을 갖게 되기를 기대하는 사람들이 있습니다. 당신이 제 가장 좋은 친구라는 점을 조금도 의심하지 않지만, 전 이런 종류의 주장에 맞서 끊임없이 싸우고 있습니다."

노먼 저드와 존 웬트워스 사이의 불화를 없애는 데에는 더 많은 노력이 필요했다. 웬트워스는 공개 토론에서, 저드가 1855년에는 링컨을 패배시키기 위해 공모했고 링컨의 1858년 선거 운동을 망쳤으며, 이번엔 링컨을 희생시켜 트럼벌을 대통령 후보로 밀고 있다며 저드와 그의 옛 민주당 동료들을 계속해서 비난했다.

링컨은 주지사로 출마하고자 했던 저드에게 "작년에 당신이 나를 배반했다는 애매한 비난은 그릇되고 잘못된 것이라 생각합니다. 분명 1855년에 당신은 내가 아닌 트럼벌에게 표를 주었습니다. 그러나 저는 그 일이 부당하다고 생각하지 않았고, 수없이 그렇게 말했습니다. 그리고 그 후로 당신도 알다시피 저는 그 일을 다시 연상시키지 않도록 하기 위해 계속 노력했습니다."라고 말했다. 링컨은 "당신이 트럼벌과 내 사이를 갈라놓기 위해 음모를 꾸민다는 비난 역시 나는 믿지 않습니다."라고 말하며, 누군가 그런 비난을 하면 "반박하지 않고 그냥 넘어가는 일은 없을 것"이라고 약속했다.

저드가 웬트워스에 대해 명예훼손 소송을 제기하면서 논란이 공론화되었다. 저드는 링컨을 변호사로 고용하려고 하면서, "당신은 우리 모두와 친하게 지냅니다. 나는 싸움을 계속하는 데 관심이 많은 사람들이 아니라, 우리 둘 다 알고 지내는 친구들의 손에 나를 맡기고 싶습니다."라고 말했다. 물론 링컨은 논란이 분분한 이 소송에 연루될 생각은 없었지만, 싸움을 중재하기 위해 팔을 걷어붙였다. 분란은 법정 다툼 없이 해결되었다. 그 결과 웬트워스와 저드 모두 링컨의 친구가 되어, 그가 일리노이 대의원의 지지를 확보하는 일을 도와주었다.

옛 민주당원이었던 저드가 일리노이 주 북쪽을 장악하고 있는 〈시카고 프레스 앤 트리뷴〉에 영향력이 있음을 알고 있던 링컨은 그에게 편지를 보냈다. "내가 대선 후보로 공천받지 못할 만큼 크게 곤란한 입장은 아니지만, 일리노이 대의원을 장악하지 못한다면 일이 힘들어집니다. 이 문제에 대해 나를 조금 도와줄 수 있겠습니까?" 일주일 후 〈시카고 프레스 앤 트리뷴〉은 링컨의 출마를 지지하는 사설을 실었다. 저드는 링컨에게 말했다. "트리뷴이 귀하에 대해 쓴 기사를 보았겠지요. 만족하십니까?"

1860년 5월 10일, 일리노이 주 공화당원들은 디케이터에 모였다. 주 전당대회에서 열광적인 분위기 속에 그의 출마가 확정되었다. 그러나 링컨은 전국 전당대회 대의원으로 선발된 일부 의원이 슈어드나 베이츠에게 손을 들어줄 것이라고 생각했다. 혹시 모를 배신을 막기 위해 링컨의 친구들은 회의 둘째 날 결의안을 제출했다. "일리노이 공화당은 대통령 후보로 에이브러햄 링컨을 택했다. 이 주의 대의원은 시카고 전당대회에서 그가 공천받을 수 있도록 정당한 모든 수단을 동원하고 단결하며, 그에게 찬성표를 주어야 한다."

다음 주에 공화당 전국 전당대회가 열리자, 링컨은 자신이 그동안 시간을 잘 활용했다고 생각하며 안도했다. 그는 '예정된 일은 기도로 바꿀 수 없다'며 자신이 운명론자라고 주장하곤 했다. 하지만 전당대회 전 몇 달 동안 그는 부지런한 움직임과 치밀한 전략으로 운명처럼 보였던 '보잘것없는 위치'를 바꾸려 했고 성공했다. 이 지방 변호사 겸 정치가는 공화당에서 대통령 후보로 공천받기 위해, 그 어떤 라이벌보다도 열심히 자신의 운명에 대항했던 것이다.

8장

정의는 설득이다

시카고 최후의 결판

1860년 5월 중순, 공화당 전국 전당대회를 앞두고 4만 명에 이르는 인파가 시카고로 몰려들었다. 당시만 해도 경이로운 기계였던 기차 수십 대가 미국에서 가장 젊은 정당의 대의원과 그 지지자들을 미국에서 가장 빨리 성장하고 있던 도시로 실어 날았다. 기차는 나이아가라 폭포를 지나 웅장한 오하이오 강을 건너고 서부 변경을 가로질렀다. 기차가 들르는 역마다 만국기가 나부꼈고, 역에 몰려든 군중은 악단과 축포를 동원해 공화당에 대한 열광적인 지지를 표현했다. "골목길에도 사람들이 행사를 지지하기 위해 삼삼오오 모여 있었고, 농가에선 여인들이 머릿수건을, 들판에선 농부들이 모자를 흔들었다."라고 한 기자는 보도했다.

시카고에 도착한 기차 중, 뉴욕 주 버펄로의 현수교에서 출발해 열여섯 시간이라는 기록적인 시간 동안 달려 이 도시에 들어선 '괴물 기차'가 사람들의 큰 관심을 끌었다. 승객들은 하나같이 이 거대한 기차의 엄청난 속도에 놀라워했다고 한다. 한 기자는 "분속 1마일에 도달했을 때, 대범한 사람들도 숨을 죽였고 소심한 사람들은 다리를 벌벌 떨었다."라고 회고했다. 기차에는 대의원들 외에도 수십 명의 신문기자와 전문 박수부대, 정치 후원자, 관직을 구하는 사람들, 그리고 "무더운 시기에는 의견을 주고받다가 치고받는 사람들이 더러 있었기 때문에 평화를 유지하기 위해 고용된" 직업 권투선수들도 타고 있었다. "대의원의 대다수가 분명히 금주법(禁酒法) 반대자라는 결론을 내릴 수밖에 없는 가벼운 음료"도 화물칸을 차지하고 있었다고 한 기자는 보도했다. 긍지 높은 젊은 도시 시카고는 전당대회 동안 가장 좋은 면만을 세상에 보여주기로 결심했다. 지난 수십 년간 시카고의 성장 속도는 "거의 우스꽝스러울 정도"였다고 당대의 한 잡지는 주장했다. 실제로 한 영국인 방문객은 1830년대 여행 안내책자에 늑대가 밤거리를 배회하고 사람들이 겨울마다 마을의 안전한 요새에서 다함께 잠드는 "군 주둔지와 모피 사업소"로 묘사되었던 시카고를 보고, "한 마디로 성장이 지나치게 느렸다."며 놀라워했다. 하지만 30년 후, 시카고는 10만 명이 넘는 인구를 자랑했고, "러시아뿐 아니라 유럽을 포함해 세계에서 가장 큰 곡물 시장"이자, 흑해 연안 최대의 무역 도시 오데사를 능가하는 "세계 최초의 곡물 시장"으로 손꼽혔다.

시카고에는 또한 세인트루이스를 대신해 북서부 목초지에서 방목한 소를 사고파는 대규모 우시장과 "세계 최대의 목재 시장"도 들어섰다. 이 소란스러운 도시에 처음 도착한 사람들은 "선박들로 붐비는 부두와 줄줄이 늘어선 커다란 창고", 그리고 "활기차게 거래를 하며 바쁘게 움직이는 인파"에 압도되었다. 모든 건물과 도로를 미시간 호 수면의 3.6미터 위로 높이겠다는 대담한 결정에 따라 길거리가 진흙탕에서 벗어난 지 얼마 안 되었을 무렵이었다.

"우리 도시가 공화당의 거대한 깃발 아래 우리를 승리로 이끌 지도자를 지목하는 역사적 장소로 선택되었다!"라고 〈프레스 앤 트리뷴〉은 선포했다. 이곳으로 도착하는 기차를 환영하기 위해, 갖가지 방법이 준비되었다. 미시간 호 근방의 시민들에겐 집안에 불을 밝히라는 요청이 전달되었다. "대단히 효

과적이었다. 불빛은 호수 수면에 반사되어 한없이 반짝거렸다."고 한 기자는
전했다. 그는 또 "수천 명의 구경꾼이 호숫가에 줄지어 서 있다가 기차가 부
두를 따라 들어오자 환호했다. 시카고 경포(輕砲) 회사는 축포를 쏘았고, 잭슨
가 끝에서는 불꽃이 솟아올랐다. 그 자리에 있던 사람이라면 '우렁찬 축포와
날아오르는 불꽃, 수많은 집의 창문에서 흘러나온 불빛, 흥분한 군중으로 가
득한 거대한 기차역사'를 잊지 못할 것이다."라고 말했다. 호텔과 하숙집 주
인들은 몇 주에 걸쳐 시설을 정비했다. 시민들은 집을 개방해 달라는 요청을
받았고, 식당은 싼 값에 풍성한 식사를 제공했다. 이 도시에서 가장 인기 있
는 점심식사는 10센트에 먹을 수 있는 '에일 맥주 한 잔과 햄 샌드위치'였다.
만원 열차가 계속해서 사람들로 넘쳐나는 도시로 기세 좋게 밀려들었다.

전당대회가 열리기 하루 전날, 한 기자는 몹시 놀라워하며 보도했다. "나
는 어제 시카고가 혼잡하다고 생각했다. 하지만 오늘의 인파에 비하면, 어제
의 시카고는 작년에 신었던 신발처럼 편안하고 여유로운 것이었다. 지하에서
인구 폭발이라도 일어난 것처럼 호텔에선 엄청난 인파가 쏟아져 나왔다."

〈시카고 이브닝 저널〉은 "도시는 공화당원들로 북적였다. 메인 주의 숲과
뉴잉글랜드 전역의 푸른 계곡에서 온 공화당원, 골든게이트 해협과 오래된
농원에서 온 공화당원, 방방곡곡에서 온 공화당원이 가득했다. 싸움을 위한
집합이긴 하나 이 얼마나 화려한 축제인가! 이 축제 인파는 깃발을 높이 든
군대다!"라고 보도했다.

1860년, 공화당은 북부 정치를 주도하는 강력한 세력이 되었다. 급격히 성
장한 공화당은 그 여세를 몰아 휘그당과 노우낫싱당을 흡수했고 민주당을 분
열시켰다. 이 신당이 1856년 선거에서 패배했던 북부의 보수적인 네 주, 일
리노이, 인디애나, 펜실베이니아, 뉴저지 중 세 주의 지지를 받을 수 있다면,
대통령 선거에서 이길 수 있을 것이었다. 북부의 남쪽 경계에 놓여 있는 이
네 주는 모두 노예주들과 접해 있었다. 이 네 주가 대선 후보 선정에 결정적
인 역할을 할 것이었다.

시작된 전쟁

5월 16일 화요일 이른 아침, 전당대회를 위해 새로 지은 회관 주변 거리는 흥분한 시민으로 북새통을 이루었다. 그들은 문과 창문 주위에 몰려 있거나 다리 위를 빼곡히 메웠으며, 차도와 인도를 구분 짓는 돌 위에 앉아 있었다. 마침내 위그왬 — 이렇게 부르는 이유는 공화당 간부들이 그곳에서 만나기로 되어 있었기 때문이라고 한다 —의 육중한 문이 군중을 향해 열리자, 입장권을 가진 수천 명이 먼저 물밀 듯 밀려들어가 가운데 자리와 숙녀를 동반한 신사만 들어갈 수 있는 옆쪽 특별석에 앉았다.

정확히 낮 12시에, 공화당 전국 위원회의 위원장인 뉴욕 주지사 에드윈 모건이 의사봉을 두드리는 것을 신호로 전당대회가 시작되었다. 모건은 개회사에서 "지금 이 자리에서 제 목소리를 듣는 여러분보다 더 막중한 책임을 짊어진 이들은 없습니다. …… 대회가 진행되는 동안 화합의 정신으로 행동해주시기를 간곡히 부탁드립니다. 이 자리에서 보여주신 위엄과 지혜, 애국심으로 여러분은 국민의 지지와 믿음을 얻을 것이며, 그들의 믿음은 더욱 깊어질 것입니다."라고 말했다.

전당대회 일정이 시작되었다. 첫 이틀 동안에는 후보들의 자격 논란이 이루어졌고, 북부의 이해관계를 반영하는 포괄적 강령이 열광적인 환호 속에 채택되었다. 1856년처럼 여전히 노예제 확산 반대가 핵심이었지만, 1860년 강령은 공유지 불하법, 보호 관세, 태평양 연안행 철도, 귀화 시민 보호, 항구와 강 개선을 위한 정부 지지를 추가로 요구했다. 이들은 더 많은 지지 세력을 끌어들이기 위해 폭넓은 입장을 수용하고 있었다.

많은 논쟁 끝에 대의원은 공천을 확정하기 위해 3분의 2 이상의 표를 요구했던 단서조항을 삭제했다. 과반수만으로도 공천이 가능해지자 슈어드는 승리를 자신했다. 그는 이미 다수표를 확보한 상태였다. 제임스 파이크는 "전국의 열성파 공화당원들은 대부분 공화당의 기본 원칙을 위해 오랫동안 힘써

왔던 사람이 대통령직에 오르기를 원했다.”고 말했다.

슈어드가 격전지인 인디애나, 일리노이, 뉴저지, 펜실베이니아 주에서 승리하기 위해서는 노예제에 대해 지나치게 급진적이고 이민자에 대해 지나치게 관대하다며 그를 반대하는 세력을 반드시 끌어들여야 했다. 슈어드 측을 비롯한 각 진영의 대표들은 주요 네 주의 대표인단이 결성한 12인 위원회의 협의 결과에 촉각을 곤두세웠다. 그러나 투표가 시작되기 열두 시간 전인 저녁 10시까지도 어떠한 합의도 이루어지지 않았다.

자정 직전, 호러스 그릴리는 어떤 합의가 이루어졌는지 알아보러 위원회를 찾았다. 오리건 주의 대표를 대신해 전당대회에 참석해서 위드를 놀라게 했던 그릴리의 유일한 목적은, 베이츠를 밀고 슈어드를 패배시키는 것이었다. 아직 합의가 이루어지지 않았다는 사실을 알고 실망한 그릴리는 〈트리뷴〉으로 보내는 전보 끝에 “반대파가 어느 특정 후보에 몰표를 주지 못하기 때문에 슈어드가 공천받을 것”이라고 적었다. 〈신시내티 커머셜〉의 무라트 할스테드는 동시에 똑같은 소식을 전하면서 “시카고 전당대회에 참석한 4만 명 모두에게 목요일과 금요일 사이의 자정은 슈어드의 당선이 확실한 분위기였다고 증언할 것”이라고 주장했다. 뉴욕 대의원단이 쓰는 방에선 환호성이 들렸다. 그러나 여전히 초저녁이었고, 싸움은 이제 막 시작되었을 뿐이었다.

불리한 세 후보

시간이 흐를수록, 위드는 격전지인 보수적 주들의 정치가들 사이에서 논란이 커지고 있음을 감지했을 것이다. 그중 많은 이들이 슈어드의 출마를 지지하면 자신의 주 선거에서 당선 가능성이 줄어들 것이라고 우려하고 있었다. 하지만 위드는 자신의 전략을 바꾸지 않았다. 각 대의원 앞에서 그는 그저 슈어드가 이 위험한 시기를 돌파할 수 있는 유일한 지도자라고 주장할 뿐이었다. 30년 넘게 사귄 친구에 대한 사랑 때문에, 그는 자신 앞에 숱하게 놓인 불길한 징조를 알아채지 못했다. 이는 그가 이 선거를 승리로 이끌 능력을 상실했다는 것을 의미했다.

위드는 대의원들을 한 명씩 바라보며 말했다. "4년 전 우리는 후보를 지목하기 위해 필라델피아에 갔다가 변명의 여지가 없는 큰 실수를 저질렀습니다. 대통령이 될 자격이 없는 사람을 지목했던 것입니다. 당연히 패배했지요. 우리는 위기를 맞이했습니다. 우리 앞에는 힘겨운 시기가 놓여 있습니다. 이 나라는 향후 대통령이 될 사람으로 최고의 행정 능력과 정치가다운 자질, 전국적 명성과 풍부한 국정 경험을 갖춘 사람을 원합니다. 이 중대한 시기에 그만한 자격이 없는 사람을 생각해선 안 됩니다. 슈어드에게는 국가가 필요로 하는 그런 자질들이 있다고 생각합니다. 우리는 그를 공천하여 온 국민 앞에 용기와 자신감을 충분히 갖추고 나아가기를 기대합니다."

위드가 회의실을 나서자마자 호러스 그릴리가 그곳으로 들어가 대의원들에게 말했다. "저들은 슈어드가 우리 정당에서 가장 중요한 존재, 위대하고도 충실한 정치가, 낮에는 우리의 구름 기둥이요, 밤에는 불기둥이 될 것(출애굽기에 나오는 말로, 이스라엘 사람들이 이집트를 떠나 주야로 행군할 수 있도록 하나님이 낮에는 구름기둥으로 앞서가며 길을 인도하고 밤에는 불기둥으로 앞길을 비추어주었다는 내용을 인용한 표현이다)이라 말하고 있는 듯합니다. 하지만 저는 슈어드를 공천한다면 우리 당이 대통령 선거에서 패배할 것이라고 말씀드리고자 합니다. 여러분은 현재 우리가 파벌 정당이라는 사실을 기억해야 합니다. 북부 바깥에는 우리의 지지 기반이 없습니다. 때문에 승리하고 싶다면 북부 전체를 우리 편으로 끌어들여야 합니다. 슈어드는 뉴저지, 펜실베이니아, 인디애나, 아이오와 주의 지지를 이끌어낼 수 없습니다. 원하신다면, 제 말을 확인해줄 이 네 주의 대표들을 데려올 수도 있습니다." 그릴리는 실제로 아이오와의 주지사 새무얼 커크우드, 인디애나와 펜실베이니아의 주지사 후보인 앤드루 커틴과 헨리 레인을 데려와 증언을 요청했으며, 그들 모두 그릴리의 주장을 확인해주었다.

펜실베이니아의 헨리 레인은 "저는 우리 주 사람들을 잘 압니다. 우리 주 남쪽의 주민 상당수가 노예 출신입니다. 그들은 인디애나 주나 우리 자유 준주에서의 노예제 허용을 반대합니다. 하지만 기존의 노예주에서도 노예제를 폐지해야 한다고 주장하지는 않습니다. 오히려 슈어드가 동부의 과격한 노예제 반대 집단의 영향을 받아 노예주와 전쟁을 일으킬까봐 두려워하고 있습니다."

그릴리와 슈어드의 불화를 아는 사람은 거의 없었기 때문에, 슈어드 반대에 앞장선 그릴리의 행동은 더욱 믿을 만한 것이었다. 대의원들은 그릴리의 주장을 그저 슈어드가 자기네 당을 여당으로 만들지 못할까 우려하는 친구의 말로 받아들였다.

이후 한 기자는 이렇게 말했다. "슈어드 씨를 높이 평가하는 척했지만, 그릴리의 마음속엔 역사 속 위대한 정치가의 정적들이 품었던 앙심만큼이나 큰 증오가 담겨 있었다. 오랫동안 갇혀 있던 그 증오는 엄청난 위력으로 폭발할 때를 기다리고 있었다. 시카고에서 그 때가 찾아왔다. 성냥이 켜졌다. 불이 붙었고, 폭발이 일어났다. 호러스 그릴리는 복수했다."

슈어드만이 지난 밤 모임에서 표적이 된 것은 아니었다. 독일계 미국인들의 지도자인 구스타브 쾨르너는 1856년 필모어의 노우낫싱당을 지지했던 베이츠를 용서하지 않았다. 프랭크 블레어가 베이츠를 지지하는 감동적인 연설을 마쳤을 때 쾨르너가 발언을 시작했다. 그는 "솔직히 베이츠가 공천을 받는다면, 그가 본거지인 미주리 주에서 승리한다 해도 다른 주의 독일계 공화당원들의 표를 얻지는 못할 것입니다. 나 역시도 그럴 것이고 우리 주 주민들에게 똑같이 권할 것입니다."라고 말했다.

더욱이 베이츠는 당의 다수를 차지하고 있는 중도파의 입장에 선 적이 없었다는 약점도 있었다. 그는 자유주의 성향의 공화당원들이 보기엔 지나치게 보수적이었다. 공화당은 공식적으로 입대하지 않은 그에게 군대의 지휘권을 넘겨줄 수 없었다. 게다가 공화당원에게 그의 자격을 입증하기 위해 작성했던 질의서는 보수주의자와 옛 노우낫싱당원들의 의욕을 꺾었다.

체이스에게도 상황은 불리하게 돌아가고 있었다. 체이스는 슈어드와 함께 전국적으로 유명한 공화당 후보였다. 체이스는 슈어드보다 노예제 반대 운동에 더 적극적이었지만, 슈어드와 달리 급진주의자라고 평가받지는 않았다. 그의 주장은 노예제 반대 운동의 깃발이 되지 않았다. 슈어드는 돈을 물 쓰듯 하는 통 큰 후보로 유명했던 반면, 체이스는 절약정신이 투철한 보수주의자였다. 그리고 슈어드와 달리 그는 공개적으로 노우낫싱당을 공격한 적이 없었다. 처음에 그는 무척 유리한 입장을 가지고 있었다.

더욱이 전당대회에서 세 번째로 큰 대의원단을 자랑하는 오하이오 주는 막강한 권력을 휘두를 수 있었다. 할스테드는 "단결하기만 한다면 오하이오는 만만치 않은 영향력을 행사해 동부와 서부 사이의 세력 균형을 유지하면서 후보 결정을 좌우할 것이다."라고 말했다. 하지만 오하이오는 체이스를 위해 단결하지 않았고, 일부 대의원은 끝까지 벤 웨이드나 맥린을 지지했다. 체이스가 오랫동안 수없이 만들었던 정적들도 걸림돌이 되었다. 자신을 지지하도록 맥린을 설득할 수 있다는 희망은 1849년에 이미 사라졌다. 맥린은 체이스에 대해 "그 누구보다 이기적이다. 그리고 그가 상원의원 되기 위해 했던 뒷거래를 생각해보면, 그는 자기 이익을 위해서라면 어떤 거래도 할 수 있는 사람이다."라고 말했다. 체이스의 한 지지자는 훗날 "단결된 행동, 확고한 목표가 없었다. 시카고에서 오하이오 대의원단의 척추는 보기 불쌍할 만큼 약했다."라고 탄식했다. 다른 대의원은 체이스에게 확실히 마음을 굳히지 못한 오하이오는 결국 파멸했다고 말했다. "오하이오 대의원단이 충실했다면 자네가 지목되었을 걸세. 나는 자네를 두 번째로 지지할 각오가 되어 있던 많은 대의원과 허물없이 어울렸네. 오하이오의 뜻이 확실했다면 대의원들은 자네를 두 번째로 택했을 걸세."

체이스는 4년 전의 실수에서 교훈을 얻지도 못했다. 이번에도 그는 자신의 선거 운동을 관리하고, 반론을 제기하며, 결정을 굳히지 못한 대의원들을 끌어들이고, 지지자들이 의지를 굳히도록 만드는, 이 모든 일을 담당할 믿을 만한 선거 운동 책임자를 두지 못했다. 체이스의 한 친구는 그에게 말했다. "이곳엔 자네에게 호의를 가진 사람들이 많네. 하지만 자네를 위해 적극적으로 선거 운동을 할 사람은 없네. 내가 생각하는 가장 힘든 죽음은 우유부단하거나 열의 없는 친구들의 손에 죽는 걸세."

기회를 잡은 링컨

수많은 논란이 오고간 그 밤 내내 슈어드에 대한 반대 의견이 빠르게 확산됐다. 할스테드는 말했다. "옹기종기 모여선 사람들은 상상력을 동원해 중대한 정치적 비밀을 누설하는 데 나라의 운명이 달려 있기라도 한듯 숙덕거렸다."

소문은 시시각각 부풀려졌다. 엄청나게 많은 소문이 5분 간격으로 "확실한 일인 듯" 전해졌다. 슈어드가 공천받을 경우 "인디애나와 일리노이, 펜실베이니아 주의 공화당 주지사 후보들이 사퇴할 것"이라는 소문이 고의적으로 유포되었다. 그러나 그 누구도 슈어드의 능력을 문제 삼지 않았다. 그의 자격을 의심한 사람은 아무도 없었다. 그를 반대한 이유는 그저 슈어드가 공천되면 공화당의 미래와 지방 선거에서 공화당 후보들이 피해를 입으리라 여겼기 때문이다.

그 와중에 할스테드는 감탄하며 말했다. "이 모든 우려 속에서도 슈어드 지지자들은 자기네 투사를 굳게 믿었다. 그들은 '억누를 수 없는 노인네'라는 애칭을 가진 그를 끝까지 사랑할 것이다." 슈어드 반대 집단의 고민은, 슈어드 대신 세력을 집중할 다른 후보를 찾을 수 있을 것이냐, 아니면 내부 분열로 힘을 잃을 것이냐는 것이었다.

누구도 예측하지 못했던 이러한 사태에 대비해, 링컨은 많은 무기를 비축

해두었다. 그는 일리노이 외에, 다른 주 대의원들에게 만장일치로 지지받으리라고는 생각하지 않았다. 하지만 자신이 북부 전역에서 많은 이들의 존경을 받고 있다는 사실은 잘 알고 있었다. 그는 전당대회 2주 전 오하이오 주에서 한 친구에게 편지를 보냈다. "오하이오의 상황을 알겠지. 내가 첫 번째 선택이 아닌 건 분명하네. 하지만 누가 나를 확실하게 반대한다는 이야기도 들어보지 못했네. 일리노이, 어쩌면 인디애나도 제외하고, 모든 주가 나보다 다른 사람을 더 좋아하지만 나를 반대하지는 않네."

모든 사람의 두 번째 선택이 되겠다는 목표를 달성하기 위해 링컨은 다른 후보를 비난하지 않았다. 성격상 그러지도 못했다. 그의 헌신적인 동료들도 이 점을 알고 있었고 처음부터 그 누구도 적으로 삼지 않기로 결심했다. 또한 그럴 필요도 없었는데, 이들은 링컨의 능력을 다른 후보와 견주거나 이를 통해 그의 우월성을 주장하려고 하지 않았던 것이다. "그들은 당선 가능성과 유리한 정황을 바탕으로 호소했다. 대의원들에게 승리할 가능성이 있는 사람을 지목하라고 설득했다."

메인 주의 레너드 스웨트는 훗날 "우리처럼 열심히 노력한 이들은 없었다. 그곳에 머물렀던 일주일 내내 나는 하루에 두 시간도 채 자지 못했다."라고 말했다. 헨리 휘트니는 "링컨의 운동원 대부분이 그의 고매한 도덕성과 순수한 정치 윤리에 대해 애정을 품고 열심히 노력했다."고 말했다. "그만의 조직적인 방식으로" 일하던 데이비스는 팀의 모든 구성원에게 고유의 임무를 주었다. 스웨트는 메인 주 대의원단에게 영향력을 행사하라는 임무를 맡았다. 버몬트 토박이인 새무얼 파크스는 자기 주의 대의원을 만나러 떠났다. 뉴잉글랜드의 봄 선거에서 공화당원이 패배한 후, 링컨은 그 결과가 주지사 슈어드에게 불리하게 작용해 그의 라이벌 중 한 사람에게 기회가 돌아갈 것이라여겼다. 스티븐 로건과 리처드 예이츠는 켄터키를, 워드 라몬은 그의 고향 버지니아를 책임졌다. 각 주로 흩어진 링컨 지지자들은 슈어드가 1차 투표에서 승리하는 것을 막기 위해, 대의원들을 한 명씩 공략해 나갔다.

스웨트는 "모든 일이 기막힐 정도로 잘 돌아갔다. 제일 먼저 접근한 주는 인디애나였다."고 자랑스레 말했다. 전당대회가 열리기도 전에 링컨은 "인디애나의 몰표를 확보하기가 어렵지 않을 것"이며, 데이비스에게 인디애나 주에 집중하도록 설득했다는 전갈을 받았다. 인디애나 주에는 베이츠를 택할 가능성이 높은 2만여 명의 옛 노우낫싱당원이 있긴 하지만, 인디애나 정치가들은 베이츠가 슈어드를 상대할 만큼 유력하지 않다고 우려했다. 그리고 슈어드가 공천 후보 명단의 맨 앞을 차지할 경우, 그의 급진적 이미지에 대한 노우낫싱당원들의 반감 때문에 주 전체의 표가 위험에 빠질 것이라고 주지사 후보 헨리 레인은 계속해서 경고하고 있었다.

당시 데이비스가 인디애나의 표를 몰아주면 그 대가로 내각 진출을 보장하겠다고 약속하며, 인디애나 대의원장 캘럽 스미스와 거래했다고 주장하는 이들이 많았다. 하지만 그런 거래는 필요 없었다. 스미스는 국회에서 함께 활동했던 시절부터 링컨을 존경했고, 투표 전부터 링컨의 공천을 지지하겠노라 약속했었다. 1차 투표에서 링컨을 지지하겠다는 인디애나 대의원단의 결정은, 자기네 주의 이익을 위한 현실적인 결정이었다. 인디애나의 지지를 확보함으로써, 링컨 지지자들은 12인 위원회에서 확실하게 유리한 위치를 차지했다. 이들은 슈어드를 저지하기 위해 지지할 공통의 후보를 선정하지 못하고 자정까지 교착 상태에 빠져 있었다. 이 때문에 그릴리와 할스테드는 슈어드의 승리를 예상했다.

그런데 이른 아침까지 이야기가 계속되자, 누군가가 후보를 결정하기 위해 모의투표를 하자고 강력하게 제안했다. 이 즉석 투표에서 링컨은, 중요한 네 주 중 두 곳인 일리노이와 인디애나 대의원 전원의 지지를 확보하며 가장 유력한 후보로 부상했다. 한 위원회 회원은 "당시 뉴저지 주의 더들리 씨는 당의 공익을 위해, 1차 투표 후 펜실베이니아도 뉴저지처럼 현재 지지하는 후보를 포기해야 한다고 주장했다. 거의 모두가 이 제안에 동의했지만, 펜실베이니아는 또 다른 협상을 요구했다."

헨리 휘트니에 따르면, 데이비스는 캐머런에게 내각의 한 자리를 약속한다면 펜실베이니아 주를 확보할 수 있다고 링컨에게 전보를 보냈다고 한다. 링컨은 신문지 여백에 답변을 휘갈겨 적었다. "나를 구속할 계약은 하지 마시오." 전갈이 도착하자 말할 것도 없이 모두가 분노를 터뜨렸다. 이곳에서는 그를 최고의 직위에 올리기 위해 밤낮으로 노력하고 있는데, 그는 자기가 해야 할 일을 하지 않고 있다고 그들은 생각했다. 화가 난 뒤부아는 "망할 링컨!"이라고 말했다. 점잖은 스웨트는 나지막한 목소리로 "링컨은 그럴 수밖에 없다고 생각한 게 틀림없네."라고 말했다. 다혈질이었던 로건은 거칠게 침을 뱉으며 말했다. "링컨, 이 망할 ……." 하지만 데이비스가 다음의 말로 이 상황을 단번에 정리했다. "링컨은 이 자리에 없어서 우리 상황을 모릅니다. 전갈을 받지 못한 척하고 그냥 추진하면 그도 승인할 수밖에 없을 겁니다."

데이비스는 다른 후보들이 저마다 이 같은 거래를 하고 있음을 알고 있었다. 블레어 가문은 카시우스 M. 클레이에게, 베이츠를 지지할 경우 전쟁장관 직을 주겠다고 한 것이 틀림없었다. 위드는 공직뿐 아니라 그가 모아두었던 '막대한 자금' 분배도 약속했을 가능성이 높았다. 하지만 데이비스의 전기 작가는, 엄밀히 말해 캐머런과의 거래는 실제로 이루어지지 않았다고 주장한다. 데이비스는 그저 "일리노이 대의원 전원이 캐머런의 임명을 추천하도록" 하겠다고만 약속했는데, 캐머런 측이 이를 입각에 대한 확실한 약속으로 오해했다는 것이다.

명백한 거래가 이루어졌든 아니든, 링컨 측 운동원들이 펜실베이니아 주가 링컨을 지지하면 나중에 후한 대접을 받게 되리라는 확신을 캐머런에게 심어주기 위해 노력했던 것은 사실이다.

이후 스웨트는 '펜실베이니아가 처음에는 링컨을 지지하지 않았어도 원래 링컨의 친구였던 것처럼 똑같은 입장을 갖게 될 것이라고 설득했다'는 내용의 편지를 링컨에게 보냈다. "물론, 지금 나로선 이런 글을 쓰는 게 즐겁지는 않습니다. 당신이 이들을 부당하게 대하리라 걱정해본 적은 없습니다. 다만 제가 그들과 미묘한 상황에 놓여 있으니 되도록 그들과 가까이 지내도록 노력해 달라고 요청하는 겁니다."

일리노이의 표 외에도 아직 결정하지 못하고 있던 네 주 중 세 곳인 인디애나와 펜실베이니아, 뉴저지의 표를 더 확보함으로써, 데이비스와 스웨트는 많은 이들이 불가능하다고 여겼던 일을 실현시켰다. 에이브러햄 링컨의 공천을 가능하게 만들었던 것이다.

뜻밖의 결과

투표 날이 밝아오자 승리를 확신한 슈어드 지지자들이 전당대회 홀까지 축하 행진을 하기 위해 리치먼드 하우스에 모여들었다. 무라트 할스테드는 '화려한 옷에 반짝이는 어깨 장식을 한 장중한 밴드와 함께 행진하는 수천 명의 사람들' 속에 있었다. 위그왬에 이르렀을 때 그는 몇 명은 안으로 들어갈 수 없다는 것을 알고 당황했다. 링컨의 열성파 지지자들이 전날 밤 입장권을 확보하고는 문이 열리자마자 홀을 가득 메웠던 것이다.

그 어느 후보보다 '더 많은 지지자를 시카고로 끌어들여' 전당대회에서 과반수의 표를 얻는 것이 슈어드 측 계획의 일부임을 파악한 링컨의 선거 사무장들은, 주 전역에서 친구와 지지자들을 소집했다. 공천은 지지 세력에 대한 최초의 시험 무대였다. 뉴욕의 윌리엄 에바츠가 제일 먼저 일어나 전당대회에 슈어드를 지목하라고 청원했다. 그러자 "귀청이 터질 것 같은 고함소리"가 터져 나왔다. 지지자들이 계속해서 일어났고, 박수소리는 "크고 길었으며" 모두들 열광적으로 손수건을 흔들었다. 후에 링컨의 지지자인 레너드 스웨트는 그 열정적인 모습이 "우리를 조금은 두렵게" 했다고 전했다.

그럼에도 링컨의 대표단은 노먼 저드가 일리노이 대의원의 지지를 받는 후보자를 추천하는 순간을 고대하고 있었다. "슈어드의 이름이 우레와 같은 박수를 받았다고 말한다면, 링컨의 이름이 추천된 후의 그 열광적인 반응에 대해서는 뭐라 형언할 말을 찾을 수가 없다. …… 사납게 날뛰는 야생 망아지 처럼 청중은 흥분했다. 한편에서 질서를 외치는 가운데, 거듭해서 억누를 수 없는 박수가 터져나와 널리 울려 퍼졌다.”라고 한 기자는 전했다. 체이스와 베이츠 역시 큰 박수 소리 속에 추천받았지만, 슈어드와 링컨이 받은 환호에 비교하면 냉랭한 반응이었다.

재청 추천이 이어졌을 때 함성 소리는 더욱 높아졌다. 미시간 주의 오스 틴 블레어가 슈어드의 공천에 찬성하기 위해 일어서자, 싸움에서 승리하기로 결심한 슈어드의 지지자들은 다시 결집했다. 할스테드는 “함성은 열광적이 었다. 용맹한 인디언인 코만치 족이나 표범도 그보다 더 크게, 그보다 더 무 시무시하게 소리 지르지 못했을 것이다.”라고 전했다. 링컨 지지자들도 다시 금 인상적으로 대처했다. 레너드 스웨트는, “인디애나의 캘럽 스미스가 링컨 의 공천에 찬성하자, 5000명이 동시에 벌떡 일어섰다.”고 전했다. “수천 개의 기차 기적소리와 수만 개의 호텔 벨소리”가 그 자리에 눈에 띄지 않게 섞여 있었을 것이다. 군중 속에서 굉장한 소리가 터져나왔다. 링컨은 소리로 장악 했다. “투표를 하자!” 더 많은 지지자들을 얻기 위한 링컨 지지자들의 노력은 보답을 받았다. “이건 공천을 받는 데 가장 신중한 방법은 아니었지만, 중요 한 과정이었다.”고 스웨트는 이후 고백했다.

마침내 투표가 시작되었다. 233표를 받으면 공화당 대통령 후보가 될 것 이었다. 슈어드를 지지하는 이들이 않았던 뉴잉글랜드의 주들을 시작으로, 호명 투표가 시작되었다. 의외로 많은 표가 링컨에게 돌아갔고, 드문드문 체 이스를 지지하는 이들이 있었다. 링컨이 쿠퍼 유니언 연설 후 뉴잉글랜드를 여행하며 많은 수의 대의원을 끌어들인 것이 분명했다. 예상대로 뉴욕 주는 슈어드에게 70표 전체를 몰아주었다. 이로 인해 그는 큰 표차로 앞서갔다. 슈 어드 지지자들은 마음을 놓았다. 하지만 슈어드를 확실하게 지지할 거라 생 각했던 버지니아 주의 22표 중, 꽤 많은 표가 링컨에게 돌아갔다. 체이스는 오하이오 주가 46표를 모두 자신에게 주리라 생각했지만, 체이스에게 돌아간 것은 34표뿐이었다. 나머지 12표는 링컨과 맥린에게 주어졌다. 가장 의외의 결과를 보여준 주는 인디애나 주였다. 베이츠는 그곳이 자기 표밭이라고 생각했지만, 링컨이 26표 모두를 독차지했던 것이다. "이 만장일치 투표는 놀라운 사건이었고, 그때 헨리 레인의 작고 날카로운 눈이 반짝였다."

1차 투표 결과가 나왔다. 173.5표를 받은 슈어드의 뒤를 이어, 링컨이 102표, 체이스는 49표, 베이츠가 48표를 받았다. 사학자 마빈 케인은 베이츠 선거 운동원들이 중요한 주 중 단 한 곳도 베이츠를 지지하지 않았고, 아이오와와 켄터키, 미네소타, 오하이오 대의원단의 표를 모으지 못했다는 것 때문에 낙심했다고 말했다. 체이스 지지자들도 실망한 빛이 역력했다. 이들은 오하이오 주의 분열이 치명타라는 것을 정확히 알고 있었다. 링컨 진영은 기쁨을 감추지 못했다. 링컨이 총 102표를 받으며 슈어드의 확실한 대안으로 부상했던 것이다. 위드는 예상치 못한 부진에 당황했지만, 슈어드가 2차 투표에서 이기리라는 희망을 잃지 않았다. 캐머런이 약속한 대로 펜실베이니아 주가 48표를 주면 슈어드는 233표를 받아 공천이 확실해질 것이었다.

하지만 2차 투표는 오히려 링컨에게 유리한 상황을 가져왔다. 뉴잉글랜드에서 17표를 더 얻었고, 델라웨어 주의 6표가 베이츠에서 링컨에게로 돌아섰다. 그때 "거대한 회관을 뒤흔든" 놀라운 사건이 일어났다. 펜실베이니아 주가 44표를 링컨에게 던지면서 링컨의 지지표가 181표로 뛰어올랐던 것이다. 슈어드의 184.5표보다 겨우 3.5표 부족한 표차였다. 체이스와 베이츠 모두 2차 투표에서 지지표를 잃어 사실상 경쟁에서 밀려났다. 이제 슈어드와 링컨의 경합으로 좁혀졌다.

위그웸에는 긴장감이 감돌았다. 청중들은 의자 끝에 걸터앉아 3차 투표가 시작되는 것을 지켜보았다. 링컨은 매사추세츠와 펜실베이니아 주에서 각각 4표를, 오하이오 주에서 15표를 추가로 획득했다. 그는 총 231.5표를 얻어, 이제 과반수의 표를 얻기까지는 단 1.5표 모자란 상황이었다. 잠시 정적이 흘렀다. 그때 오하이오 주의 데이비드 K. 카터가 "약 10초 후" 자리에서 일어나 체이스에게 주었던 4표를 링컨에게 돌리겠다고 선언했다. 위그웸은 찬물을 끼얹은 듯 조용해졌다. 그리고 잠시 후 링컨 지지자들이 벌떡 일어나 "미친 듯 기뻐하며 박수를 쳤고, 여인들은 손수건을 흔들었으며, 남자들은 수천 개에 달하는 모자를 빙빙 돌리고 위로 던지며" 계속해서 환호했다. 슈어드 지지자들은 패배에 망연자실했다. "훌륭한 신사들이 어린아이처럼 눈물을 흘리며 창백한 얼굴을 일그러뜨렸다. 갑자기 10년은 더 늙은 듯했다."라고 한 뉴욕 시민은 전했다. 모두 서로우 위드를 바라보았지만, 그를 위로할 방법은 없었다. 평생의 노력이 실패로 끝난 지금 그 역시 눈물을 감추지 못했다. 훗날 위드는 친한 친구를 대통령으로 만들어 조국에 도움을 주지 못한 일이 "인생에서 가장 실망스러운 일"이었다고 회고했다.

회의장 여기저기서 주 대표들이 일어나 표를 돌리겠다고 소리쳤고, 링컨은 만장일치로 후보 지명을 받을 수 있었다. 하지만 여전히 슈어드는 많은 이들의 마음을 차지하고 있었다. 미시간 주가 링컨에게로 표를 돌리는 것을 목격한 오스틴 블레어는, 자신의 주가 "아파하고 전율하면서 사랑하는 첫 번째 미시간 주의 후보를" 버리고 있었지만 슈어드의 이야기는 "이날의 흥분이 사라지고 모든 대통령들이 잊혀졌을 때에도 적히고 읽히고 사랑받을 것"이라고 말했다. 그렇기에 슈어드의 명성이 손상되리라 걱정하지 않는다고 그는 덧붙였다. 위스콘신 주의 칼 슈르츠도 슈어드의 이름은 "가장 높은 자리에 오르지는 못했지만 가장 높은 공로를 올린 사람으로 역사에 길이 남을 것"이라고 공언했다.

뉴욕의 대의원장 윌리엄 에바츠가 일어섰을 때 가장 가슴 아픈 광경이 펼쳐졌다. "슬픈 표정으로 주먹을 꽉 쥐고 일어선" 그는 슈어드에게 감동적인 찬사의 말을 전했다. "신사 여러분, 우리들 대부분은 공화당의 신조와 공화당에 대한 애정을 바로 슈어드 주지사에게서 배웠습니다." 그리고 그는 뉴욕주 대의원에게 표를 링컨에게 돌리자고 요청했다. 한 기자는 "그의 연설이 너무나 감동적이어서, 청중은 그러한 친구를 가질 만한 사람이라면 실로 고결한 사람임이 틀림없다는 깊은 인상을 받았다."라고 전했다.

만장일치로 링컨이 지목되자 축하연이 시작되었다. 위그웸 지붕에 자리 잡고 있던 한 남자가 거리에서 기다리는 수천 군중에게, 링컨이 공천되었으며 메인 주의 한니발 햄린이 부통령 후보로 선정되었다는 소식을 소리쳐 전했다. 대포가 발사되었고 밖에 있던 3만 명 가량의 사람들이 일제히 함성을 질렀다. 축제는 밤새 계속되었다. 공화당원들은 링컨이 쪼갰다고 하는 울타리 가로장을 어깨에 둘러메고 악단의 음악소리에 맞춰 거리를 행진했다.

엇갈리는 반응

슈어드는 친구들과 함께 그가 좋아하는 오번의 정원에 앉아 있다가 패배 소식을 들었다. 날쌘 말을 탄 사람이 전신국에서 전보를 기다리고 있었다. 1차 투표 결과가 도착하자, 심부름꾼은 슈어드의 집을 향해 전속력으로 달려가 전보를 건넸다. 슈어드가 큰 표차로 앞섰다는 소식이 전해지자 큰 환호성이 일어났다. 2차 투표 결과가 도착했을 때도 슈어드는 여전히 평온했다. 슈어드는 자신이 다음 투표에서 지목될 것이라고 예견했고 엄청난 환호성이 거리까지 울려 퍼졌다. 길고 불안한 시간이 이어졌다. 마침내 3차 투표에서 링컨이 지목되었다는 반갑지 않은 소식이 도착했다. 슈어드의 얼굴은 창백해졌다. 슈어드는 지지자들처럼 "그것이 다음 선거에서 만회할 수 있는 평범한 패배가 아니라, 마지막이며 되돌릴 수 없는 패배임을" 즉시 깨달았다고 아들 프더릭은 회상했다. "슬픈 소식이 사람들에게 전해졌다. 깃발이 거두어졌고, 대포는 치워졌으며, 카유가 카운티는 슬픔에 잠겼다.라고 한 기자는 보도했다. 그날 밤 늦게, 워싱턴에서 일기를 쓰던 찰스 프랜시스 애덤스는 실패한 친구와 "그의 낙천적인 기대, 오랜 노고, 위대한 철학, 그리고 그의 큰 야망"

에 대한 생각을 멈출 수 없었다. "그 모두가 지금 깊은 절망의 나락으로 빠져들었다. 그러나 그는 그 나락에서 벗어날 수 있는 기질을 갖고 있다. 소수의 사람들만이 그럴 수 있다."

슈어드는 가족과 세상 앞에서 챔피언과 같은 용기를 내어 적극적으로 대처했다고 한 전기 작가는 말했다. 열여섯 살의 패니 슈어드는 일기에 "아버지는 어머니와 내게 담담히, 에이브러햄 링컨이 지목되었다고 말씀하셨다. 친구 분들은 몹시 슬퍼했지만 아버지는 미소를 지으며 침착하고 냉정하게 그 사실을 받아들였다."라고 기록했다. 지역 석간신문의 편집자가 비탄에 잠긴 이 도시에서 링컨과 햄린의 지목을 알리고 논평하려는 사람을 찾지 못했다는 소식을 듣고는, 슈어드가 인자하게 말했다. "연방에서 공천이라는 영광을 받은 훌륭하고 저명한 시민보다 더욱 확고하고 진실하게 공화당의 신조를 옹호할 자는 없다."

잠자리에 들기 전, 슈어드는 위드에게 편지를 썼다. "나를 위해 평생 노력해주신 것처럼 이 마지막 순간까지 노고를 베풀어주신 데 대해 무한한 감사를 드립니다. 당신의 실망감이 저만큼 가볍기를 바랍니다." 1주일 후 슈어드는 공개서한에서 자신에 대한 지지를 공화당 공천 후보에게 돌리라고 간청하며, 자신을 위해 "오랫동안 노력해주었던" 친구들이 "실망감에 빠져 대의의 진척을 방해하거나 지연시키기는 것을" 원하지 않는다고 말했다. 이렇듯 겉으로는 드러내지 않았지만 사실 슈어드는 화가 났고 자존심에 상처를 입었다.

체이스는 슬픔을 숨기지 않았고 만장일치로 자신을 지지하지 않은 오하이오 대의원에 대한 분노도 감추지 않았다. 체이스는 친구에게 말했다. "뉴욕이 슈어드를 위해, 일리노이가 링컨을 위해, 그리고 미주리가 베이츠를 위해 한 일을 생각해 볼 때, 내가 부당한 대접을 받았다는 것은 분명하네. 이 신사들 중 그 누구도 내가 오하이오에서 우리 당을 위해 노력한 만큼, 자기네 주를 위해 헌신하지 않았네. 시카고에서 오하이오 대의원들이 내게 한 행동은 다시 돌이켜보고 싶지도 않네."

오랫동안 체이스는 오하이오의 지지를 얻었다면 자신이 공천받았을 것이라는 생각으로 괴로워했다. 링컨에게 보내는 축하 편지에서도 그는 참지 못하고 자신의 상황을 언급했다. 체이스는 "일리노이 대의원의 전적인 지지"가 "공천 자체"보다 링컨에게 "더 큰 만족감"을 주었을 것이라고 하면서, 자기네 주 대의원의 배신을 견딜 수 없었다고 털어놓고는 링컨에게 불만을 터뜨렸다. "이 일에 당신이 개입한 게 분명하다고 확신합니다. 그 누가 되었든 자기네 주 전당대회가 분명히 선택한 사람을 무시하는 대의원의 행동을 당신이 비난하지 않는다면, 당신의 관대함에 대해 내가 단단히 오판한 것이겠지요." 그러나 링컨은 그의 분노에 휩쓸리지 않고 정중하게 답장을 보냈다.

칼 슈르츠는 공천 이후 우울해하며 고통을 겪고 있을 체이스를 염려했다. "링컨의 승리가 세상에 알려지는 동안, 나도 모르게 체이스를 떠올렸다. 어쩌면 그는 시카고에서 전해진 전보를 들고 콜럼버스의 조용한 사무실에 홀로 앉아 있지 않았을까. 자기 주조차 그를 만장일치로 지지하지 않았다. 분명 그는 요행을 바라고, 바라고, 또 바랐다. 그러나 비참하고 모멸적인 패배가 찾아왔다. 나는 내 앞에서 실망의 고통으로 글을 쓰는 위대한 남자를 보고 가슴 깊이 공감했다."

베이츠는 그의 성격답게 패배를 침착하게 받아들였다. 그는 그릴리에게 이런 편지를 보냈다. "나로선 시카고에서의 결과에 놀랐지만 순순히 받아들인다네. 조금도 화가 나지 않아. 나는 한 번도 공화당원이라고 주장한 적이 없었으니 그 당의 영광을 기대할 자격이 없네. 그 훌륭한 사람들이 내게 공천 후보라는 영광을 주었다는 데 감사하고, 그 기억을 고이 간직할 것이네. 그러니 나는 패배감이나 좌절감을 느끼기는커녕 즐겁고 기쁘다네. 훌륭한 몇몇 공화당원들의 좋은 의견에 따라 내가 아는 그 어느 평범한 시민보다 더 높은 명성을 얻었으니 말일세."

하지만 베이츠는 일기에 분노를 느꼈다고 털어놓았다. "전당대회에 참석했던 몇몇 친구들은 링컨 씨의 공천이 모든 사람을 깜짝 놀라게 만들었다고 분명히 내게 말했다. 그건 내 충실한 친구들이 내게 투표하지 못하게 만든 책략 때문에 일어난 일일 것이다. …… 모든 계획은 훌륭했고 대담하게 실천되었다. 몇몇 독일인, 가령 공격적일만큼 대담한 위스콘신 주의 슈르츠와 일리노이 주의 쾨르너는 인디애나 주의 겁쟁이들을 굴복시켰다. 쾨르너는 인디애나 대의원에게 가서 베이츠가 지목된다면 독일인들이 탈당할 것이라고 장담했다.” 베이츠는 이어서 이렇게 적었다. “공화당 강령은 배타적이고 도전적이어서 외부의 원조를 거부한다. 강령은 독립선언의 고매한 개론을 뜬금없이 들고나온다. 실용적인 목적은 없고, 쓸데없이 흑백 평등이라는 그럴싸한 책임을 당에 지운다. …… 조만간 그들은 중대한 잘못을 저질렀음을 알게 될 것이다. 그들은 자기네 당을 전국 규모로 확대시키지 못했고, 자유주에서는 세력이 약화되었으며, 노예주 변경에서는 그 희망찬 시작을 포기했다.”

오번과 콜럼버스, 세인트루이스의 거리가 우울하게 가라앉았다면, 스프링필드는 생기가 넘쳤다. 링컨이 자신의 공천 사실을 알게 된 그 역사적인 순간에 대해서는, 여러 가지 설이 분분하다. 몇몇 사람들은 링컨이 가게에서 메리가 부탁한 물건 몇 가지를 사고 있을 때 전신국에서 환호성이 터져나왔고, 인파를 헤치고 달려온 한 소년이 “링컨 씨, 링컨 씨, 당신이 지목받았습니다.”라고 소리쳤다고 주장한다. 다른 이들은 그가 〈일리노이 스테이트 저널〉의 사무실에서 친구들과 이야기를 나누다가 소식을 들었다고 주장한다. 이 주장에 따르면, 승전보가 적힌 종이를 전달받은 그는 “주위의 시끄러운 환호성에도 아랑곳하지 않고 오랫동안 조용히” 전보용지를 들여다보았다고 한다. 그리고는 〈일리노이 스테이트 저널〉의 사무실에서 나와 환호하는 군중을 향해 말했다. “친구 여러분, 축하인사를 받아 대단히 기쁩니다. 그런데 저기 8번가에 이 소식을 듣고 기뻐할 작은 여인이 있으니, 그녀에게 소식을 전할 때까지 잠시 실례하겠습니다.” 아이다 타벨은 “그가 집에 도착했을 때 메리는 이미 20년 동안 줄곧 믿어왔고 당연히 남편에게 돌아갈 것이라고 당당히 외쳤던 명예를, 마침내 그가 거머쥐었다는 것을 알고 있었다.”라고 전했다.

그날 밤 스프링필드의 소란에 대해, 젊은 기자이자 훗날 링컨의 보좌관이 된 존 헤이는 이렇게 보도했다. "기쁨에 들뜬 서부 사람들은 가장 소란스러운 형태로 기쁨을 표출했다. …… 조잡하게 장식된 갖가지 현수막이 서부의 세찬 바람 속에 펄럭였다." 수천 명의 사람들이 축하연을 위해 주 의회의사당의 둥근 홀에 모였다. 하지만 회합이 연기되자 이곳에 모여 있던 인파는 링컨의 집에 모여들었다. 링컨이 문 앞에 나서자 엄청난 환호성이 터져나왔다. 링컨은 겸손하게 말했다. "저는 일개 시민이 아닌 위대한 당의 대표로서 저를 위해 마련된 파티에 참석할 영광을 누릴 자격이 없습니다."

링컨이 승리한 이유

수 세기 동안 사람들은 링컨이 이 놀라운 승리를 쟁취할 수 있었던 요인들에 대해 고찰했다. 많은 이들이 "전당대회에서 가장 눈여겨보아야 할 사실은, 링컨의 공천이 아니라 슈어드의 패배다."라고 한 무라트 할스테드의 의견에 동의했다. 슈어드도 이와 비슷하게 생각했다. 몇 년이 지난 후 링컨이 이긴 이유가 무엇이겠냐는 질문에, 슈어드는 "우리나라 같은 곳의 정당 지도자는 너무 많이 노출되어 있어서 친구만큼 원수가 많아진다."고 대답했다. 그런데 에이브러햄 링컨은 "비교적 이름이 알려지지 않았기에, 대개 지도자를 겨냥하는 원한과 싸울" 필요가 없었다는 것이다.

이러한 주장이 틀린 것은 아니지만 그것이 링컨이 승리한 이유를 모두 설명해주지는 않는다. 왜 체이스나 베이츠가 아닌 링컨이 슈어드의 몰락으로 이득을 얻었느냐는 의문이 남기 때문이다. 어떤 사람들은 운과, 대통령 선거 때 격전이 예상되는 주에서 링컨이 지지받았다는 것, 전당대회가 시카고에서 열려서 그에게 유리했다는 것을 그 이유로 거론했다. 쾨르너는 전당대회가 다른 곳에서 열렸다면, 링컨은 지목되지 못했을 것이라고 말했다.

다른 이들은 그의 입장이 당의 중심에 완벽하게 자리잡고 있었기 때문이라고 주장했다. 그는 슈어드나 체이스보다 덜 진보적이었지만, 베이츠보다는 덜 보수적이었다. 그는 슈어드보다 노우낫싱당에 덜 공격적이었고, 베이츠보다는 독일계 미국인들에게 더 우호적이었다.

그 외에 링컨의 선거 운동원들이 치밀한 전략을 세우고 최고의 이익을 얻을 수 있는 방법을 현명하게 동원하여, 그 누구보다 정정당당하게 시합을 했기 때문이라는 주장도 있다. 의심의 여지없이 노련한 데이비드 데이비스의 지도 하에, 링컨 지지자들은 탁월하게 움직였다. 가능성과 상황, 체계적인 전략, 이 모두가 링컨의 승리에 중요한 역할을 했다.

그래도 링컨이 선거전에서 보여준 뛰어난 면모 — 탁월한 정치적 기술과 정서적·지적·도덕적 자질, 웅변 능력, 결단력과 적극적인 노력 — 를 생각해 보면 링컨 자신의 능력이 공천에 가장 크게 기여했다는 것을 인정하지 않을 수 없다. 세 명의 후보 중 가장 별 볼일 없었던 링컨은 스스로 모든 일을 꾸미는 데 더욱 익숙했다. 그는 선거 운동 전 과정을 스스로 이끌었다. 슈어드가 위드의 제안으로 알력다툼을 피하기 위해 8개월 동안 유럽과 중동을 여행하는 동안, 링컨은 정력적인 연설 여행으로 수만 명의 호의와 존경을 얻었고 중요한 중서부 다섯 개 주의 공화당원들에게 좋은 인상을 남겼다. 체이스는 어리석게도 쿠퍼 유니언 강연 초청을 거절했지만, 링컨은 슈어드의 본거지에 좋은 인상을 남기는 것이 대단히 중요하다는 사실을 인식하고 재빨리 초청을 수락했다. 게다가 체이스는 뉴잉글랜드를 여행하며 지지층을 늘리라는 초대를 거절했다. 체이스는 일기에 명성과 명예를 얻는 데 필요한 일은 무슨 일이든 하겠노라고 여러 번 맹세했으면서도 전당대회 전 몇 주 동안 결단력 있게 움직이지 못했다. 열성적인 공화당원들은, 링컨의 연설을 듣고 난 후 사랑하는 슈어드를 누르고 승리한 일리노이 주 출신의 이 설득력 있는 연설가가 믿을 수 있고 유능한 사람이며, 당의 근간이 되는 주요 논점 — 준주로의 노예제 확대 반대 — 을 고수할 사람임을 알게 되었다. 링컨은 슈어드나 체이스보다 뒤늦게 노예제 반대 운동에 뛰어들었지만, 그의 연설에는 비길 데 없는 힘과 확신이 담겨 있었다.

그는 자신의 입장을 일관되게 주장하며, 언어를 신중하고 정확하게 사용했기 때문에, 전당대회 전 몇 달 동안 이미지를 개선하려고 은근슬쩍 말을 바꾸었던 경쟁자들보다 훨씬 유리했다. 슈어드는 거친 연설을 점잖게 다듬으려 노력하다가 진보적인 공화당원들을 실망시켰다. 베이츠는 공개서한으로 보수주의자들을 분노케 했다. 그리고 체이스는 막판에 관세에 대한 입장을 바꾸려 했지만 아무도 속지 않았다. 또한 모든 극단적 견해를 회피하고 지켜낸 그의 중도적 입장은 〈시카고 프레스 앤 트리뷴〉이 지적한 것처럼, 단순히 "야망을 위해 말과 행동에 신중을 기한 결과"가 아니었다. 그것은 "평정을 잃지 않는 침착한 성격과 공정한 정신"이 만들어낸 당연한 결과였다.

일리노이 중부에서 선술집과 길모퉁이, 가게에서 사람들과 어울리면서 순회재판 여행을 하는 동안, 링컨은 사람들의 정서와 소망을 예리하게 파악했다. 슈어드는 여론을 감지하는 본능적 감각을 가지고 있었지만 워싱턴에서 너무 오랜 세월을 보냈기 때문에 그러한 본능이 무뎌졌다. 체이스도 링컨처럼 여러 달 동안 자기 주 전역을 돌아다녔지만, 거만한 마음가짐 때문에 그가 만났던 농부와 점원, 바텐더와 진실한 대화를 나누지 못했다. 베이츠는 오랫동안 소란스러운 정계에서 벗어나 있었기 때문에 한때 천부적이었던 정치적 감각이 떨어져 있었다.

전당대회가 시카고에서 열린 것도 민심의 동향을 정확하게 파악한 링컨의 전략 덕분이었다. 링컨이 자신의 출마 의지를 세상에 알리지 않았기 때문에 노먼 저드는 일리노이에 전당대회를 유치할 수 있었다. 오랫동안 자기 이름을 숨기고 "다른 사람들을 공격하지 않고서 그들이 첫사랑을 포기해야만 할 때 자신에게 올 수 있도록 하는 것"이 링컨의 전략이었다. 저드에게 시카고를 전당대회 개최지로 확보하는 일이 중요하다고 제일 먼저 제안한 사람도 링컨이었다. 또한 자신의 운동원들에게 인디애나 주의 지지를 확보할 수 있다고 제일 먼저 지적한 사람도 링컨이었다. 공천을 향한 모든 과정에서 그의 지도력과 결단력이 탁월하게 발휘되었다.

슈어드처럼 링컨도 자신의 공천을 위해 전력을 다할 평생의 친구가 있었다. 하지만 슈어드와 달리, 그는 적을 만들거나 미움과 질투를 사지 않았다. 슈어드처럼 그릴리와 같은 친구의 적개심이 오랫동안 쌓이도록 내버려두는 링컨을 상상하기란 힘들다. 그는 처음 상원의원에 출마했을 때 저드와 트럼벌에게 패배한 후에도 그들과 다시 신뢰를 쌓기 위해 노력했다. 링컨은 패배를 딛고 일어나 과거의 적과 우정을 맺을 수 있었지만, 체이스는 자신을 배신한 사람들을 용서하지 못했다. 그리고 베이츠는 세인트루이스에 좋은 친구들을 두었지만, 대부분 정치인이 아니었다. 전당대회에서 베이츠의 선거 운동은 그를 잘 모르는 사람들에 의해 이루어졌다. 불타는 충성심이 없던 그들은 그저 가능성 있는 후보로 베이츠를 택했을 뿐이었고, 그 길이 순탄치 않다는 사실이 드러나자 쉽게 그를 저버렸다.

결국 링컨의 깊고 고결한 야망, 페렌바처의 말을 빌리면 "편협함과 적개심, 탐심이 없는 야망"은 체이스의 관직에 대한 지나친 집착이나 슈어드의 편의주의적 성향, 베이츠를 공직에서 물러나게 했던 모순적 야망과는 거리가 멀었다. 링컨은 다른 라이벌만큼이나 강렬하게 출세를 바랐지만, 공직에 대한 야망 때문에 친절함과 관대함을 잃은 적이 없었다. 그는 지지자와 경쟁자를 똑같이 공정하게 대했으며, 노예제 반대 운동에 한결같이 적극적이었다. 시카고에서 에이브러햄 링컨을 지목한 이들은 이 모든 자질을 인식하지 못했을 수도 있지만, 어쨌든 나라를 뒤흔드는 크나큰 난제를 해결하는 데 더없이 적합한 인물을 선택했다.

9장

길, 없다면 만들어라

대통령 당선

링컨이 슈어드를 이겼다는 소식은 많은 이들, 특히 동부 공화당원들 사이에서 일대 충격을 불러일으켰다. "국회의사당의 많은 이들이 링컨의 공천 소식을 믿지 못했다. 하지만 여러 곳에서 똑같은 소식이 전달되는 것을 보면 그가 반 슈어드 세력을 단결시켜 성공한 것이 틀림없었다. 국회가 업무 마비 상태에 이를 만큼 혼란에 빠졌기 때문에 휴회가 결정됐다."라고 찰스 프랜시스 애덤스는 회상했다.

링컨은 승리를 가능하게 했던 자신의 능력을 의식하지 못하고 그저 슈어드 반대 세력 덕분에 자신이 지목된 것이라고 생각했다. 그는 여전히 알려지지 않은 인물이었기 때문에, 공화당을 지지하는 절반 이상의 신문사가 그의 이름을 '에이브러햄'이 아니라 '에이브럼'이라고 표기했다.

민주당 계열 신문들은 링컨에게 전국 규모의 정치 경험이 없다는 것을 빌미로 그의 이력을 신나게 조롱했다. 〈뉴욕 헤럴드〉는 링컨이 "3류 서부 변호사"라고 비웃으며, "이번 공천에서 보여준 공화당의 행동은 그들의 지성이 점점 더 낮아지고 있다는 뚜렷한 증거다. 그들은 유능한 정치가 슈어드와 체이스를 거부하고, 조잡하고 어색한 농담을 뒤섞어 무식하게 연설하는 4류 웅변가를 택했다."고 보도했다. 〈찰스턴 머큐리〉는 슈어드가 "떠밀린" 이유는 "남부를 진압하는 데 꼭 필요한 용기가 없었기" 때문이라고 주장했다. 그리고 링컨을 "냉혹하고 끈덕진 변경 깡패의 '전형'"이라고 폄하했다. 유력지 〈리치먼드 인콰이어러〉는 링컨은 "노예제에 대한 뿌리 깊은 증오로 흑인 평등만을 편애하는 무식한 유격대원"이라고 주장했다.

이 같은 악의적 공격은 남부 민주당원들의 알력다툼이 점점 심해지는 데 대한 우려가 반영된 것이었다. 링컨이 대선을 준비하고 있을 때, 그의 승산은 민주당의 분열로 상당히 높아졌다. 당시 민주당은 남과 북 모든 곳에 지지자가 있는 유일한 당이었다. 그러나 링컨이 지목되기 전, 사우스캐롤라이나 주 찰스턴에서 열린 민주당 전당대회는 엉망진창이었다. 스티븐 더글러스의 지지자로 이루어진 대다수 대의원은 노예제 문제를 얼버무리기 위해 고안한 정강을 제출했다. 하지만 더 이상 노예제 문제를 회피할 수 있는 시대는 지나가 버렸다. 드레드 스콧 판결과 존 브라운의 하퍼스 페리 습격으로 많은 남부 지도자들의 입장이 강경해졌던 것이다. '급진적인' 남부 정치인들은 예전에는 허용했던 온건한 태도를 이제는 적대시했고, 준주에 노예제를 도입할 수 있는 완전한 자유와 노예제에 대한 국회의 확실한 보호를 요구하면서 모든 타협적 입장을 비난했다. 그들은 한때 널리 받아들였던 '주권재민설'을 남부 원칙을 포기하는 주장이라며 내다버렸다.

전당대회가 온건한 더글러스 정강을 승인했지만 앨라배마 주 대표가 퇴장했고 미시시피 주와 또 다른 남부 여러 주 대표들이 그 뒤를 이어 대회장을 빠져나갔다. 미시시피 대의원단이 퇴장하려고 일어섰을 때 그중 한 대의원이 의자에 올라서서 분노에 찬 연설을 하며 "60일도 채 지나지 않아 남부 연맹이 결성될 것이다."라고 주장했다. 그러자 "사우스캐롤라이나 주 사람들이

크고 길게 환호성"을 질렀다. 각 주가 탈당할 때마다 박수소리는 더욱 높아졌
다. 할스테드는 그날 밤에 대해, "찰스턴은 독립기념일 같은 분위기였다.
…… 도시의 민심은 하나로 뭉쳐 있었다. 압도적이고 열광적으로 연방 탈퇴
를 지지했다."라고 기록했다.

어느 후보도 과반수를 얻지 못한 채 교착상태에 빠진 찰스턴 민주당 전당
대회는 볼티모어에서 다시 소집되었다. 그곳에서 더글러스는 오랫동안 원하
던 대로 공천을 받았다. 하지만 분열된 당을 다시 통합할 가능성은 없어 보였
다. 북부 민주당과 남부 민주당의 입장은 전면으로 충돌하고 있었다. 민주당
은 휘그당과 노우낫싱당을 파멸로 이끌었던 바로 그 길로 들어섰다.

민주당이 더글러스를 공천하자, 남부의 탈퇴자들은 그들끼리 다시 모여
준주의 노예제를 금지해서는 안 된다고 확신하는 켄터키 주의 존 C. 브리킨
리지를 자신들의 후보로 지목했다. 부통령 후보로는 노스캐롤라이나 주 출신
의 상원의원 헨리 레인을 지목했다. 상황은 더욱 복잡해졌다. 옛 휘그당원과
노우낫싱당원들이 헌법연방당을 창당하고 전당대회를 열어 노예 문제를 완
전히 외면하면 연방의 분열을 막을 수 있다는 망상에 근거해, 테네시 주의 존
벨과 매사추세츠 주의 에드워드 에버렛을 후보로 지목했다.

찰스 프랜시스 애덤스는 6월 23일 일기에 몹시 기뻐하며 이렇게 적었다.
"민주당이 마침내 분열하여 각 파벌들이 제각기 다른 후보를 지목했다." 2주
후, 링컨은 한 친구에게 "우리가 '통합된' 민주당을 이길 수 있는 가능성은
반반이라고 생각했네. 그런데 이렇게 분열되었으니 지금은 가능성이 더욱 높
아진 듯하네."라고 말했다.

민주당이 자멸의 길을 재촉하는 동안, 공화당의 위원회는 스프링필드에
가서 링컨에게 그의 공천을 공식적으로 통보했다. 또 다른 방문객인 서로우
위드는 링컨에게서 예상치 못했던 지성과 교양, 정치적 통찰력을 발견했다.
슈어드의 패배로 받은 상처를 달래고 있던 위드는 전당대회 직후 스웨트와
데이비스의 초대를 받아 스프링필드에 갔다. 이렇게 해서 만나게 된 두 정치

가는 선거의 "성공 가능성"을 분석하면서 "거의 모든 노예주에선 성공 가능성이 희박하다고 가정하고, 별 다른 노력을 하지 않아도 안전한 주와 관심을 가져야 하는 주, 격돌이 예상되는 주"를 가늠했다. 훗날 위드는 링컨이 "인간의 본성에 대한 직관력이 뛰어나고 각 정치가의 장단점을 너무나 잘 알고 있어서, 그의 임무에 적합한 사람"이라는 인상을 받았다고 기록했다.

위드와 링컨은 선거 전략을 세우면서, 이번 선거는 실질적으로 두 개의 선거를 치르는 것과 같으리라는 점을 인식했다. 자유주에서 링컨은 더글러스를 상대로 싸워야 할 것이었다. 남부 민주당의 브리킨리지는 노예주를 두고 접경주의 존 벨과 싸울 것이다. 한편 남부 원칙의 옹호자이자 악명 높은 캔자스-네브래스카 법안의 입안자였던 더글러스는, 1860년에는 무렵 남부 전역에서 반역자나 은밀한 노예제 폐지론자라는 비난을 받고 있었다. "링컨과 더글러스 중 누가 당선되든 무슨 차이가 있겠는가?"라고 한 남부 신문은 물었다. "똑같은 목적을 추구하는 그들 중 한 명을 택해야 하는 이유를 알 수 없다."

링컨이 당선되기 위해서는 선거인단의 표 중 최소 152표를 얻어야 했다. 과반수에서 조금이라도 모자라면 선거는 혼란스러운 하원의 손에 넘어갈 것이고, 그러면 결국 아무도 선출되지 못할 게 뻔했다. 부통령의 선택은 남부가 지배하는 상원에 맡겨질 것이고, 그들은 브리킨리지의 파트너인 조지프 레인을 선출해 비어 있는 부대통령직에 앉힐 것이었다. 따라서 링컨은 지난 선거에서 민주당 뷰캐넌에게 찬성표를 던진 주들을 포함해 북부 전역의 거의 모든 주에서 지지를 얻어야 했다.

'꼭 이겨야 하는' 주인 인디애나, 펜실베이니아, 오하이오에서 더글러스는 특히 남부 출신 이주민들이 주로 살았던 남쪽 지역의 상당한 세력을 갖고 있었다. 어느 곳에서나 노예제가 쟁점이었지만, 모든 주의 가장 중요한 관심사는 아니었다. 펜실베이니아 주 사람들은 관세에, 인디애나와 오하이오, 북서부의 다른 주들은 이주민을 위한 무상 토지 불하와 교역 확대를 위한 국내 개선에 더 많은 관심을 갖고 있었다. 게다가 이민을 반대하는 아메리카당의 잔존자들이 사방에 있었다. 노예제를 반대하는 쪽의 표는 분명히 공화당으로 가겠지만, 그것만으로는 다수의 표를 확보할 수 없었다. 링컨과 더글러스 모두 펜실베이니아와 인디애나 주에서 10월에 있을 주 선거가 공화당 세력의 가능성을 판가름하리라 생각했다.

라이벌들의 지지 선거 운동

링컨이 첫 번째로 해야할 일은 공천 때 자신과 경쟁했던 이들, 즉 체이스와 슈어드, 베이츠의 지지를 얻어 영향력을 확보하는 것이었다.

제일 먼저 체이스가 링컨을 위해 연설해 달라는 요청을 받았는데, 그 요청 형식이 '단순히 인쇄된 전단지'였다. 훗날 그는 "적잖이 기분이 나빴고 처음에는 전혀 응답하고 싶지 않았다."라고 털어놓았다. 그때 링컨이 직접 쓴 편지가 도착했다. 링컨은 "체이스가 에이브러햄 링컨처럼 세상에 알려지지 않은 사람이 공천된 데 몹시 분개하고 있다."는 신문 보도를 무시하며, 이를 자상하게 그를 도와주겠다는 뜻으로 해석하기로 했다. 링컨은 체이스에게 "저는 전당대회에 참석했던 사람들 중에서 가장 비천한 사람인지라 모든 분들의 도움이 필요합니다. 그리고 기꺼이 도와주시겠다는 귀하의 뜻을 접하니 몹시 기쁩니다."라고 편지를 보냈다.

이에 마음을 진정한 체이스는 이후 몇 주 동안 오하이오와 인디애나, 미시간 주에서 열린 수많은 공화당 모임에서 연설했다. 그는 오하이오 대의원을 향해 오랫동안 분노를 품긴 했지만, "공화당은 첫째, 필연적인 당이고, 둘째, 나라가 위기에 처한 상황 속에서 탄생되었으며, 셋째, 국민의 진정한 이익에 해가 될 안건은 제기하지 않는다."고 주장하면서 당이 대의를 이루게 될 것이라고 확언했다.

헌법연방당에는 에드워드 베이츠의 지지층이 대거 참여했다. 이 당에는 미주리 정치가 베이츠의 옛 휘그당 지지자들이 상당수 입당했고, 옛 노우낫싱당원도 많이 있었다. 링컨의 오랜 친구 오빌 브라우닝은 이 베테랑 정치가의 지지를 확보하기 위해 세인트루이스에 있는 베이츠의 집에 방문했다. 브라우닝은 베이츠를 설득하기에 가장 유리한 위치에 있었다. 왜냐하면 그는 링컨을 지지했던 일리노이 대의원이 되기 전까지 베이츠의 대통령 출마를 지지했기 때문이다. 대화를 나눈 후 베이츠는 "유세는 거절했지만" 링컨을 지지하는 공개서한을 쓰겠다고 약속했다. 물론 훗날 말한 것처럼, 그렇게 하면 "일부 헌법연방당원의 기분을 상하게 할 수 있다는" 사실을 알고 있었지만 말이다.

베이츠는 약속대로 브라우닝에게 편지를 건넸다. 이 편지에서 그는, 링컨을 후하게 칭찬하고, 그를 보수주의자라고 하였으며, 공화당 공천 후보자를 지지하겠다는 자신의 결심을 밝혔다. 베이츠는 이렇게 적었다. "나는 아낌없이 링컨 씨를 지지합니다. 링컨은 오직 정직과 용기, 공평함, 도덕, 능력으로 높은 명성과 신뢰를 얻었습니다. 그는, 어린 시절부터 좋은 환경과 기회를 가졌던 다른 이들보다 훨씬 더 우리의 존경을 받을 자격이 있습니다." 이후 선거 운동에서도 베이츠는 링컨에 대한 글을 썼다. "그는 온화함과 용기가 적절하게 결합된 성품을 가지고 있습니다. 저는 그가 필모어처럼 온화하면서도 잭슨과 같은 결단력을 갖추고 있다고 생각합니다."

링컨은 모든 경쟁자들의 협조를 구하기 위해 다각도로 노력했다. 그는 특히 슈어드의 적극적인 지지가 선거 운동에 결정적인 역할을 하리라는 것을 알고 있었다. 반향을 일으킨 그의 발언, "억누를 수 없는 갈등"과 "헌법보다 높은 도덕률"은 일부의 큰 분노를 불러일으키긴 했지만, 공화당 대의를 규정하는 데 기여했다. 더욱이 그의 본거지인 뉴욕 주의 35표가 승리의 열쇠일 것이었다. 그런데 슈어드의 지지자들은 전당대회 후, 링컨의 당선가능성을 의심하며 낙담해 있었다. 링컨에게는 좋은 징조가 아니었다.

캔자스의 대의원 애디슨 프록터는 "선거 운동은 힘겹게 시작되었다. 열의는 부족했고, 상황은 갈수록 절망적이었다."고 회상했다. 캔자스에 링컨을 위한 선거 운동 조직을 만들고자 했던 프록터는 그 주에서 가장 존경받는 공화당원을 찾아가 선거 운동 책임자가 되어 달라고 부탁했다. 하지만 그는 완강히 거부했다. "당신들은 이 나라가 무엇에 직면해왔는지 알고 있습니다. 또한 우리가 난국을 타개하기 위해서는 최선을 다해야 하리라는 것도 알고 있습니다. 지금은 그 무엇보다 '정치가'가 필요한데 여러분은 '울타리 가로장을 쪼갠 사람'을 우리에게 데려왔습니다. 아니오, 저는 책임자가 되거나 동참하지 않을 것입니다."

찰스 섬너는 "시카고의 결과에 대한 제 감정이 너무나 혼란스러워서 아직은 현실이라고 인정하지 못하겠습니다."라고 적었다. 미시간 주 공화당원인 조지 폼로이는 "저를 위로해줄 수 있는 것은 단 하나, 이번에 우리가 패배하더라도 64년에 당신이 지목될 확실한 가능성입니다."라고 슈어드에게 말했다. 재무부 사무관인 오하이오 주의 윌리엄 멜런은 프랜시스 슈어드에게, 어떻게 에이브러햄 링컨을 대통령 후보로 내세울 수 있는지 모르겠다고 말했다. "나무꾼 후보라니! 솔직히 그와 어리석은 전당대회를 비난하고 싶습니다."

슈어드는 공개서한에서 공화당 공천 후보자를 지지하겠노라 맹세하기는 했지만, 패배에 너무나 실망한 나머지 당장 상원의원직을 사퇴하고 싶었다. 그러면 국회의 귀찮은 용무에서 벗어나 사랑하는 가족과 위로해주는 친구들에게 둘러싸여 오번에 머무를 수 있을 것이었다.

결국 그는 5월 말, 상원의원 임기를 마치기 위해 워싱턴에 돌아가기로 결심했다. 하지만 프랜시스에게 보내는 장문의 편지에서 말했던 것처럼 "자기 당에 의해 해임된 지도자의 모습으로" 수도에 돌아가는 여행은 그에게 고통스러운 일이었다. "나는 화요일 밤에 여기 도착했소. 프리스턴 킹이 마차를 타고 기차역으로 나를 마중나와 집까지 데려다주었다오. 슬프고 우울한 기분이었소. …… 의사당에 있을 때는 훌륭한 신사들이 온종일 나를 만나러 왔다오. 그들의 눈에 눈물이 가득하더군요. 그들은 '설욕'의 날을 헛되이 기다리며 자기 위안을 했소. 하지만 그들은 아무런 감동도 주지 못했다오. 나의 유일한 위안은 내게서 책임감이 사라지고 매일 그 그림자가 짧아지고 있다는 현실이라오."

프랜시스는 3월에 남편의 상원의원 임기가 끝나면 오번으로 영원히 돌아오리란 생각에 기뻐하며 남편을 위로했다. "당신은 평화로운 노년을 지낼 권리를 얻었어요. 남자의 인생에서 35년이면 나라에 바치는 세월로 충분하답니다." 하지만 슈어드에게 지금은 흡족하게 공직생활에서 물러날 때가 아니었다. 링컨을 찾아갔던 위드의 전언이 슈어드의 결심을 자극했을 것이다. 이 싸움에서 물러난다는 것은 그의 정치적 야망과 공화당 대의에 대한 믿음을 저버리는 행위일 것이었다.

전당대회 이후 몇 주 동안 북부 전역의 수십 개 공화당 위원회로부터 연설 요청이 쇄도하자 슈어드는 어찌할 바를 몰랐다. 찰스 프랜시스 애덤스는 이렇게 편지를 보냈다. "당신의 노고는 지금 그 어느 때보다 대의를 이루는 데 꼭 필요합니다. 이 시련에 적절히 대처한다면, 당신의 명성은 더욱 높아지고 길이 남을 것입니다."

슈어드는 6월 말 위드에게 말했다. "정계가 내게 그만두라고 제안했을 때 기꺼이 떠날 수 있어 흡족합니다. 그러나 수백만 친구들의 주장을 모르지도 않거니와 인류의 운명에 무관심하지도 않습니다. 하지만 지금 당장 선거 운동에 뛰어드는 건 현명하지 않은 생각인 듯합니다. 또한 내가 잊혀질까 두려워할 필요도 없습니다. 선거 후반이면 내가 공익을 원한다는 것을 모두들 알게 될 겁니다." 하지만 선거 운동에 합류해 달라는 요청이 쇄도했고, 그는 계속해서 미루다가 결국 8월 말이 되어서야 아홉 개 주를 돌며 선거 운동에 참여했다. "슈어드가 연단에 올라 링컨을 위한 선거 운동을 시작하려 한다는 발표는 깊은 좌절 속으로 손을 내민 최초의 햇살이었다."고 애디슨 프록터는 회상했다.

침묵하는 공화당 후보자

슈어드가 순회 연설을 준비하는 동안, 링컨은 스프링필드에 남아 있었다. 그렇게 하는 것이 정치계의 전통을 존중하는 일이며, 더 이상의 연설은 선거에 해만 될 뿐이라는 판단 하에, 그는 연설 여행을 하지 않기로 결정했다. 그리고 지저분한 법률사무소가 수많은 방문객을 맞이하기에 적합하지 않다는 사실을 깨달은 링컨은 주 의회의사당에 있는 주지사의 응접실로 선거 운동 본부를 옮겼다.

링컨은 스물여덟 살의 독일계 미국인 이민자인 존 니콜라이를 첫 번째 조수로 발탁했다. 그는 3년 동안 주 청사의 서기로 일하던 사람이었다. 전당대회가 끝난 후, 링컨은 니콜라이에게 개인비서가 되어 달라고 부탁했다. 링컨은 니콜라이의 도움을 받아 편지에 답장을 보내고, 북부 전역에서 온 수백, 어쩌면 수천 명에 달하는 방문객을 맞이했으며, 정치인들과 대화를 나누고, 100만 부 넘게 팔린 짧은 선거 운동용 자서전을 작성했다. 주 청사의 임시 본부에서 링컨은 선거 운동을 관리했다. 전보는 치열한 싸움터와 비교적 빨리 연락을 취할 수 있게 해주었다. 기밀 전갈은 우편이나 밀사를 통해 보냈다. 이러한 과정 대부분은 역사에 전해지지 않지만, 남아 있는 기록을 살펴보면 링컨이 선거 전략을 세우고 이끄는 데 뛰어난 정치가임을 알 수 있다.

뉴욕 주 유티카의 한 통신원은 이렇게 보도했다. "그는 내 옆에 앉아 놀라울 정도로 해박한 지식을 동원해서 내 출신주의 정치적 사안에 대해 이야기하기 시작했다. 그가 생각보다 우리 당의 상황에 정통했음을 알 수 있었다." 미주리 주 출신의 한 기자는 "그는 우리 정부의 위대한 민주적 원칙을 훌륭하게 토론했을 뿐 아니라 동시에 배를 조종하는 법, 울타리를 쪼개는 법, 심지어 가죽을 무두질하는 법까지 말할 수 있었다."고 전했다.

민주당계 신문이 링컨을 학식도 없고 무지하며 못생기고 우스꽝스러운 익살꾼의 캐리커처로 묘사한 반면, 공화당계 신문사 기자들은 링컨과 교양 있는 아내 메리, 그리고 기품 있는 집에 대한 긍정적 이야기를 쓰도록 스프링필드에 파견되었다. 당시 유일한 언론 매체였던 신문은 대단히 당파성이 강한 매체였다. 예전에 슈어드를 지지했던 신문들은 재빨리 공화당의 새 리더에게 충성을 바쳤고, 기회만 되면 자기네 후보를 극찬하고 반대당을 공격했다.

링컨의 집에서 저녁시간을 보낸 〈유티카 모닝 헤럴드〉의 한 기자는 "조용하고 세련된 분위기가 그곳에 배어 있었다. 수수하게 집안을 관리하는 여인이 진정한 미국 여인임을 바로 알 수 있었다."고 보도했다. 링컨에 대해서는 "그는 꼼꼼하게 조사하고, 철저히 검토하고, 신중하게 결론을 내리고, 그 결론을 굽히지 않는 사람의 모든 특징을 갖고 있다."고 전했다.

〈시카고 프레스 앤 트리뷴〉은 이렇게 보도했다. "정직하고 늙은 에이브의 외모와 습관, 취미, 다른 특징에 대해 수많은 조사가 이루어질 것이다. 우리는 그중 몇 가지 사실을 예상할 수 있다. 그는 늘 깔끔하지만 유행을 따르지 않는다. 그는 자연스럽지만 지저분하지도 않다. 그는 어떤 종류의 술도 마시지 않는다. 그는 담배에 중독되지 않았다. 링컨 씨가 대통령으로 당선된다면, 백악관을 거의 장식하지 않을 것이다. 국민은 타고난 그의 성실함과 능력, 정직함을 받아들여야 한다. 그는 프랭클린 피어스만큼 정중하게 인사를 하지는 않겠지만, 의회에 또 다시 선동적인 노예제 문제를 일으키지 않을 것이다. 그는 '덕망 높은 공무원' 뷰캐넌 씨만큼 편안하고 우아하게 대통령 만찬을 주관하지는 못하겠지만, 국회가 행정부의 부패를 조사할 필요성을 느끼도록 하지 않을 것이다."

링컨의 집에 방문한 기자들은 한결같이 메리를 칭찬했다. "메리 부인은, 남편에게 존재하는 어색함을 하나도 가지고 있지 않다. 그녀는 우아하고 소탈하게 환담을 나누며 모든 예절에 정통하다."라고 〈뉴욕 이브닝 포스트〉는 보도했다. 신문에는 그녀의 유명한 켄터키 친지와 높은 교육 수준, 기품 있는 언행, 유창한 프랑스어, 아들의 하버드대 입학, 그녀의 신앙인 장로교가 자주 언급되었다.

기자들은 좋은 집안에서 자란 세련된 여인과 자수성가한 투박한 사내의 현격한 차이에 매료되었다. 당 지도자들은, 유세 내내 퍼뜨리고 다시 변형되어 오늘날까지 전해지는, 링컨에 관한 전설을 만들기 시작했다. 그는 '서민의 친구'로 묘사되었다. 이 호소력 있는 정치문구는 워싱턴부터 존 퀸시 애덤스까지 40년 동안 대통령직을 차지했던 동부 '엘리트들'을 처음으로 대신했던 시골뜨기 앤드루 잭슨 대통령 이래 알려진 것이었다.

통나무집은 20년 전 윌리엄 헨리 해리슨이 '통나무집 사과주스' 후보라고 불렸던 때부터, 가난한 집안 출신이며 정직하고 서민적인 고위공직자의 상징으로 통했다. 한 공화당원은 "링컨이 백악관을 차지한다고 생각하면 몹시 기쁘다. 한때 통나무집에 살았던 그가 응석받이에 천성적으로 나약한 아이였다면 그렇게 기쁘지 않았을 것이다."라고 말했다. 링컨이 '쓸모없는 사람'이라는 비난에 대해, 〈뉴욕 트리뷴〉은 "오직 타고난 재능과 노력만으로, 가난하고 교육 받지 못한 와바쉬 강의 너벅선 뱃사공에서 벗어나 지금 이 지위를 차지한 링컨 씨가 쓸모없는 사람일 리 없다."고 주장했다.

대초원에서 자란 서부인이라는 이 독특한 인상은 전당대회 때 링컨이 쪼갰다는 울타리를 공화당원들이 어깨에 둘러메고 행진한 후 더욱 짙어졌다. '정직한 에이브', 링컨은 자신이 쪼갠 울타리가 구체적으로 어떤 것인지 확신하지 못했지만, 한 인터뷰에서 울타리 가로장을 높이 들고 말했다. "이게 조시아 크로포드로부터 하루 이틀 전에 받은 나무토막입니다. 그는 이게 제가 1825년에 그를 위해 쪼갰던 울타리의 일부라고 편지에 썼더군요."

링컨은 '서민의 친구'가 된다는 것이, 특히 공화당 후보의 당선에 중요한 서부 여러 주에서 정치적으로 유리한 일임을 잘 알고 있었다. 서부는 당시, 아직 황무지로 둘러싸여서 성장을 요하는 지역이었다. 선거 운동 전에 그는 자신의 빈약한 정규 교육 수준과 가난의 세월, 육체노동을 묘사하여 이 정치적으로 유리한 이미지를 더욱 강조했다. 링컨에겐 이 일이 달갑지 않았지만, 자신이 가진 소중한 정치적 자산을 빈틈없이 활용했다.

그는 "지금 공식적인 입장을 밝히는 글을 쓰거나 연설을 하는 것은 경솔할 뿐 아니라 나에 대한 친구들의 합당한 기대에 어긋나는 일이기도 하다. 이미 발표된 내 연설에 내가 기꺼이 말할 수 있는 거의 모든 내용이 담겨 있다."고 말했다. 그는 당파적 목적을 가진 이들이 자신의 말을 한 마디도 놓치지 않고 철저히 파헤치리라는 사실을 알고 있었다. 인쇄된 기록과 조금만 달라도 정적뿐 아니라 친구들에 의해 왜곡될 것이었다. 링컨은 그저 자신이 지지하는 당 강령을 지적하기로 했다. 예전에 그가 저질렀던 몇 번의 실수를 돌이켜보면 이 같은 그의 두려움은 자연스러운 것이었다. 그는 "쟁점을 논의하기 위해 켄터키 주에 가고 싶어 하지만 폭력을 당할까봐 두려워한다."라고 한 민주당계 기자에게 농담 삼아 했던 말이 선거 운동에서 골치 아픈 논란을 일으켰던 일을 잊지 않았던 것이다.

이러한 자제 정책 뒤에는, 또 다른 중요한 정치적 이유가 있었다. 링컨은 공화당 내 옛 민주당원과 휘그당원, 이민 배척주의자인 아메리카당원들의 결속을 유지시켜야 했다. 링컨은 한 유대인 친구에게, 민주당원들이 비난한 것처럼 자신은 노우낫싱당 집회소에 들어가 본 적이 없다면서 "적들은 내가 이러한 혐의를 공개적으로 부정하면 아메리카당원들이 어느 정도 분개할 것이기 때문에 자기네가 유리해질 거라 생각하네. 그러니 내가 그 비난에 신경 쓰고 있다는 게 공개적으로 드러나선 안 되네."라고 주의시켰다. 링컨은 이민 배척주의를 찬성한 적이 없었고 독일계 신문에 투자까지 하고 있었다. 하지만, 많은 공화당원들이 이민자들에게 적대적이었고 그들의 지지는 꼭 필요했다.

링컨은 이번 선거가 한 가지 쟁점에만 좌우되지 않으리라고 생각했다. 노예제 확산 반대 여론이 공화당을 창당시켰고 전국적인 논란을 주도했지만, 많은 지역에서 다른 쟁점이 더 중요하게 다루어졌다. 북부인들은 전반적으로 노예제 확산을 반대했지만, 동시에 많은 이들이 그 문제에 무관심했다. 미국 제일의 철강 생산지인 펜실베이니아와 뉴저지 주에서는 노예제 반대보다는 보호 관세에 대한 요구가 더 컸다. 서부, 특히 이민자 단체는 1857년의 대공황으로 큰 타격을 입었던 이주민들에게 무상으로, 혹은 싼값에 땅을 주는 공유지 불하법을 원하고 있었다. 이들의 모토는 "토지 없는 사람에게 땅을"이었다. 이 사안들은 표심의 향방을 결정하는 대단히 중요한 문제였다. 실제로 유세가 한창일 때 뷰캐넌 대통령이 공유지 불하법을 거부하자, 인디애나와 서부 전역의 민심이 민주당에서 링컨에게로 돌아섰다. 이 모든 쟁점이 공화당 강령에서 신중하게 다루어졌다. 선거가 노예제라는 한 가지 쟁점에 좌우되었다면, 링컨은 선거에서 이기지 못했을 것이다.

본격적인 선거 운동

링컨이 스프링필드에서 전략적으로 침묵을 지키는 동안, 슈어드는 앞으로 나서서 다양한 쟁점에 대해 연설하며 선거 운동에 활기를 불어넣었다. 측근들(딸 패니와 그녀의 친구 엘런 페리, 찰스 프랜시스 애덤스와 아들 찰스 2세 등)과 함께 기차와 증기선, 마차로 여행한 슈어드는 미시간 주에서 순회 연설을 시작했다. 그곳에서부터 서쪽으로는 위스콘신과 미네소타, 남쪽으로는 아이오와와 캔자스, 그리고 동쪽으로는 일리노이와 오하이오 주를 향해 나아갔다.

슈어드의 연설을 듣기 위해 5만 명의 사람들이 디트로이트에 모여들었다. 수천 명의 시민이 칼라마주에 슈어드의 열차가 도착하기를 자정이 지나도록 기다렸고, 그가 기차에서 내리자 군중은 슈어드가 숙소에 들어갈 때까지 그의 뒤를 따라 행진했다. 다음날, 전날보다 두 배는 더 많은 군중이 마을 광장에 모여들었다. 연설 후에도 군중은 기차역으로 돌아가는 슈어드 일행을 따라갔다.

슈어드 일행은 미네소타 주 세인트폴에 도착했다. "우리 주의 정치 역사상 가장 인상적인 날이었다. 이른 아침부터 거리는 개척자들, 벽지 사람, 사냥꾼, 레드 강(텍사스와 오클라호마 두 주의 경계를 흘러 미시시피 강으로 합류하는 강)의 무역상들로 북적였다. …… 화려한 악단이 슈어드의 도착을 알렸고, 그는 주 의회의사당 현관 계단에서 거의 두 시간 동안 연설했다."라고 한 특파원은 전했다. 기자들은 "매번 신선하고 유려한 문장과 고매한 사상으로 청중들을 매료시키고, 거침없는 열정으로 엄청난 열광을 불러일으키는 슈어드의 연설 능력"에 경탄을 금치 못했다. 한 기자는 "주변 도시의 온 주민이 그를 환영하기 위해 몰려든 것 같았다."고 전했다. 미시시피 주로 가는 배에서 한 판사가 그에게 말했다. "슈어드 주지사님, 당신은 링컨의 당선을 위해 일하는 수백 명보다 더 많은 일을 하고 있군요." 슈어드는 대답했다. "마땅히 해야 하는 일이니까요."

전국의 많은 신문이 슈어드의 연설문을 발췌하고 순회 연설 여행을 보도했다. 메인 주에서 이스라엘 워쉬번은 연설의 "완벽함과 탁월함"에 놀랐다고 기록했다. 그는 디트로이트에서의 연설을 "가장 완벽하고 철학적"이라고 생각했다. "세인트폴에서의 연설은 대담했고, 뒤뷔에서의 연설은 따뜻했으며, 시카고에서의 연설은 가장 현실적이고 인상적이였다. 하지만 모든 연설 가운데 매디슨에서의 짧은 연설이 가장 마음에 든다. 그 연설은 내가 보기에 가장 포괄적이고 완벽하며 가장 훌륭하고 당당했다."

오번의 집에 있던 프랜시스 슈어드는 남편의 공로를 칭송하는 수십 통의 편지를 받았다. 슈어드의 오랜 친구 리처드 블래치포드는 다음과 같은 편지를 보냈다. "분명 대단히 기뻐하실 겁니다. 그는 내내 강한 힘과 용기, 유창한 화술, 진실한 마음을 보여주었습니다. 그를 잘 아는 우리도 적잖이 놀랄 정도였습니다." 섬너는 "연설문을 하나씩 읽을수록 점점 더 감탄할 수밖에 없습니다. 그 어느 미국인도 그 같은 연설문을 계속해서 작성하지는 못할 것입니다."라고 프랜시스에게 말했다. 프랜시스는 남편이 자랑스러웠지만, 그와 동시에 그 큰 성공 때문에 남편이 오번의 가족에게 돌아올 가능성이 사라질 수도 있음을 깨달았다. 그녀는 섬너에게 보내는 편지에서 이렇게 말했다. "그래요. 헨리는 대단히 명망이 높지요. 대중이 그를 독차지하고 있습니다. 전 결국 그의 사직을 포기해야겠지요."

10월 1일, 시카고로 가는 도중 슈어드의 기차가 잠시 스프링필드에 정차했다. 한 기자는 "슈어드 씨가 타고 있던 차창 밖이 소란스러워졌다."고 전했다. 링컨과 트럼벌이 군중과 함께 기다리고 있다가 기차에 올라 슈어드에게 인사를 전했다. 1848년 매사추세츠 주에서 함께 저녁시간을 보낸 이후, 링컨과 슈어드가 다시 만난 것은 이때가 처음이었다. 링컨은 노예제 폐지 운동을 언급하며 그에게 말했다. "12년 전 당신은 제게 이 운동이 성공할 것이라고 말씀하셨습니다. 그때부터 저는 그러리라 믿었습니다." 대화를 나누는 동안 링컨은 슈어드에게 얼마 남지 않은 시카고 연설에서 특정 쟁점을 다루어줄 의향이 있느냐고 물었다. 당시 시카고 시장이었던 존 웬트워스가 당이 회피하려는 주장, 즉 공화당이 승리할 경우 노예제가 종식되리라는 주장을 계속해서 언급하고 있었다. 슈어드가 웬트워스를 만나게 되리라는 것을 알고 있던 링컨은 "공화당이 기존에 존재하는 곳의 노예제에는 간섭하지 않을 것"이라고 청중을 안심시켜 달라고 슈어드에게 부탁했다. 슈어드는 선뜻 동의했고, 연설에서 공화당은 남부의 노예제를 공격하지 않을 것이며 준주의 자유를 보호하기 위해 남부와 싸울 필요는 없다고 분명히 밝혔다. 링컨의 선거 운동원들은 북부의 노예제 폐지론자들과 거리를 두었고, 남부를 달래기보다는 북부 보수주의자들을 안심시키는 데 더 심혈을 기울였다.

슈어드의 여행은 10월 6일 성공적으로 끝을 맺었다. 그가 탄 기차가 오번에 들어서자 "떠들썩한 인파"가 그를 따뜻하게 환영했다. "그는 모든 사람들과 인사를 나누며 걸어갔다." 그는 꾸밈없고 친절하게 말을 건넸다. 그의 고향은 "위대한 사람의 인품"을 목격하고 있었다.

링컨은 공식 발표를 하거나 연설을 하지는 않았지만, 선거 운동 전반을 지도하고 이끌었다. 그는 자신의 정치적 혜안에 대한 위드의 높은 평가가 옳았음을 완벽하게 입증했다. 그는 엇갈리는 이해관계를 숨기고 결집해 있는 상대 후보들을 분열시키려 하는 한편, 자신의 세력을 단결시키기 위해 노력했다. 지지자들에게는 선거 운동과 관련된 문제를 해결하고 분열을 막으라는 지시를 내리고 사절단을 보냈다. 그는 침묵의 맹세를 깨뜨리지 않고도 간접적으로나마 중요 쟁점에 대한 자신의 입장을 분명히 확인했다. 관직을 주겠다는 약속은 절대 하려 하지 않았다. 뉴욕에서 몇 가지 약속을 하는 것이 좋겠다는 트럼벌 상원의원의 제안에 대해 링컨은 이렇게 대답했다. "베드로가 예수를 부정하지 않겠노라고 맹세하고도 부정했음을 기억합니다. 어떤 약속도 하지 않겠다고는 맹세하지 못합니다. 하지만 저는 약속하지 않으리라고 생각합니다."

선거 운동을 위해 쉴 새 없이 노력하면서도, 지지자들의 수많은 편지에 다정하고 겸손한 답장을 보내기도 했다. 10월 중순에 그는 열한 살의 그레이스 베델에게 답장을 보냈다. 그 소녀는 링컨에게 "아저씨의 얼굴은 너무 깡말랐고, 아줌마들은 모두 구레나룻을 좋아하니 수염을 기르세요."라고 충고했다. 링컨은 자신에게 딸이 없다는 사실을 안타까워한 다음 소녀에게 말했다. "나는 한 번도 수염을 길러본 적이 없는데, 이제 와서 새삼 수염을 기르기 시작하면 사람들이 주책이라고 하지 않겠니?" 말은 그렇게 했지만 그는 구레나룻을 기르기 시작했다.

친구들로부터 받은 긍정적인 소식들이 상당수 한쪽으로 치우쳐진 견해라고 판단한 링컨은 지지자들에게 각 주에서 자신이 성공할 가능성을 솔직하게 이야기해 달라고 부탁했다. 그는 메인과 뉴욕 주, 시카고에서 들려온 소식에 걱정했고, 펜실베이니아 주에 대한 믿을 만한 정보가 부족하다는 것을 우려했다. 링컨은 예상득표 획득에 성공하기 위해서는, "실속 없고 지루한 노동"이라고 표현했던 선거 운동 조직의 구성이 중요하다는 사실을 잊은 적이 없었다. 하지만 그와 달리 대부분의 정치가들은 "퍼레이드 쇼와 규모가 큰 회합"을 좋아했다.

그는 독일계 미국인의 표를 얻기 위한 칼 슈르츠의 "탁월한 계획"을 적극적으로 지지하며, 슈르츠에게 말했다. "전당대회에서 당신이 슈어드 주지사를 지지했다는 사실을 저는 기억조차 못합니다. 제가 알고 있는 사람 중에,

당신만큼 저와 생각이 비슷한 사람은 없습니다." 독일계 미국인들의 표 대부분이 링컨에게 돌아가면 북서부에서의 승리에 도움이 될 것이었다.

링컨은 북부 모든 주의 선거 운동 과정에 관여했지만, 중요한 중서부에 대한 관심을 더욱 집중했다. 그는 캘럽 스미스에게 인디애나 주에서 전력을 다하도록 촉구했다. 10월의 주 선거 때 인디애나에서 승리하면, 일리노이의 11월 선거를 승리로 이끌 엄청난 힘을 얻게 될 것이라고 생각했기 때문이다.

공적인 문제에 대해 새로운 성명을 발표하지 않겠다고 맹세한 링컨은, 자신의 입장을 강조할 필요가 생기자 대리인들에게 예전 연설문의 내용을 발췌한 문서를 대신 제출하도록 했다. 링컨은 데이비스 판사를 통해 캐머런에게 자신이 1840년대에 했던 관세 찬성 연설의 발췌문을 보여준 다음 다음과 같은 편지를 보냈다. "이 편지가 당신에게 전달되기 전에 내 친한 친구 데이비스 판사가 당신을 방문해 발췌문을 보여주었을 것입니다. 이중 그 무엇도 신문에 실려선 안 됩니다." 편지는 링컨이 미출판된 13년 전의 이 연설문이 자신의 입장을 왜곡하는 데 쓰이는 것을 대단히 경계했음을 보여준다.

링컨은 다시 선거 운동이 고전을 겪고 있던 모든 주로 관심을 돌렸다. 메인 주의 9월 선거에서 공화당 두 석을 잃을 수도 있다고 전해들은 그는, 자신과 함께 공천된 부통령 후보 한니발 햄린에게 "그 때문에 우리가 내리막길로 접어들어 펜실베이니아와 인디애나의 주 선거에서 패배하고, 11월의 총선에서도 참패할까 걱정입니다. 그렇게 되도록 해서는 안 됩니다."라고 말했다. 8월, 로드아일랜드 주로부터 "더글러스가 돈 쓰는 법을 아는 그곳 유지들의 지지를 얻었으며 그로 인해 그 주가 위태롭게 되었다."는 편지를 받고 걱정에 빠진 링컨은 로드아일랜드의 상원의원 제임스 시먼스에게 힘을 써 달라고 부탁했다. 결국 뉴잉글랜드는 9월 선거에서 공화당의 손을 들어주었고, 당원들은 서부의 10월 경합을 준비하기 시작했다.

링컨만이 인디애나와 펜실베이니아의 10월 주 선거가 공화당의 운명에 중요한 역할을 할 것이라고 판단한 것은 아니었다. 주 선거 전날, 데이비스 판사는 아들에게 "내일은 카운티 역사상 가장 중요한 날이다."라고 말했다. 링컨 진영은 펜실베이니아와 인디애나 두 주에서 공화당이 성공하자, 한껏 고무되었다. 이 기쁜 소식을 들은 데이비스 판사가 "심리 중이던 중요한 범죄 사건을 서기의 책상에 내던지고 두 번 공중제비를 돌더니 대통령 선거가 끝날 때까지 재판을 연기하겠다고 말했다."고 워드 라몬은 링컨에게 전했다. 몸무게가 거의 140킬로그램에 육박하는 데이비스가 정말 그런 묘기를 부렸다면, 그건 링컨의 공천만큼이나 기적적인 일일 것이었다. 하지만 데이비스가 흥분했다는 데에는 의심의 여지가 없다. 그는 아내 세라에게 "우리는 승리의 소식에 몹시 기뻐하고 있소. 링컨 씨는 틀림없이 차기 대통령이 될 것이오."라는 편지를 보냈다. 그 주 토요일 밤, 데이비스는 링컨 가족과 트럼벌, 코윈 주지사와 축배를 들기 위해 스프링필드로 향했다.

메리는 새로 얻은 유명세를 한껏 즐겼다. 그녀는 집에 몰려드는 방문객과 남편의 초상화를 그리게 해 달라고 졸라대는 화가들, 대통령 후보와 대화할 기회를 기다리는 저명한 정치인들에게 둘러싸여 기쁨을 감추지 못했다. 그러면서도 메리는 최후의 승리를 붙잡는 데 실패할까봐 극도로 불안해했다. 그녀는 친구 해나 시어러에게 털어놓았다. "넌 내가 정치를 너무 우습게 본다고 걱정하곤 했지. 지금의 날 봤다면 그런 걱정은 하지 않았을 거야. 난 틈만 나면 내 마음을 편안하게 다스리기 위해 노력하고 있어. 패배하면 어떻게 견딜지 모르겠단다. 우리가 그런 시련을 겪지 않을 거라고 믿어."

스티븐 더글러스는 몇 주에 걸쳐 지방 유세를 했다. 그는 공천을 받자마자 관습을 무시하기로 결심했다. 그의 꼴사나운 행동이 "대통령이라는 관직의 높은 위엄을 카운티 사무직 수준으로" 떨어뜨린다는 비난을 무시한 채, 뉴잉글랜드에서 북서부까지, 여러 접경주에서 남부까지 전국을 다니며 연설했다. "직접 전국을 돌며 선거 운동을 한 대통령 후보"는 미국 역사상 그가 처음이었다.

더글러스는 아이오와 주의 시더 래피즈에 있을 때 인디애나와 펜실베이니아에서 공화당이 승리했다는 소식을 들었다. 그가 당선될 희망은 이제 산산이 부서졌다. 그는 "링컨 씨가 차기 대통령이다. 우리는 연방을 구하기 위해 노력해야 한다. 나는 남부로 갈 것이다."라고 선언했다. 앨런 네빈스는, 그것이 용기 있는 행동이며 당시 그가 할 수 있는 최선의 행동이었다고 말했다. 수 주 동안 쉴 새 없이 유세하느라 지쳐 있던 더글러스는, 최남부 지방으로 이동하는 동안 더욱더 적대적인 청중을 만났다. 대통령으로 당선될 가능성이 사라졌다고 여긴 그는 연방의 존립을 위해 유세했다. 앨라배마 주 몽고메리의 청중들에게 그는 이렇게 경고했다. "저는 연방을 파괴하기 위한 음모가 진행 중이라고 생각합니다. 그 계획을 저지하는 것은 모든 훌륭한 시민의 의무입니다. 링컨이 당선되면, 그가 이 의무를 책임감 있게 짊어져야 할 것입니다."

더글러스는 공화당이 몰랐던 것, 즉 링컨이 당선될 경우 연방에서 탈퇴하겠다는 남부인들의 협박이 진심이라는 점을 알고 있었다. "공화당의 기본적인 잘못은 임박한 탈퇴의 위험을 제대로 파악하여 신중하게 다루지 못한 점"이라고 네빈스는 말했다. 찰스 프랜시스 애덤스 2세는 훗날 "우리 모두 환상 속에 머물러 있었다."고 인정했다. 링컨이 한 기자 친구에게 말한 것처럼, 북부 공화당원들은 분명 남부 신문들의 협박조 사설을 보았으면서도 여전히 그 움직임이 그저 "북부를 겁주기 위해 정치인들이 부추긴 일종의 정치적 허세"일 뿐이라고 생각했다. 8월 중순, 링컨은 자신의 지지자인 존 프라이에게 "남부 시민은 정부의 파괴를 시도하기에는 지나치게 분별력 있고 선하다."라고 장담했다. 많은 남부인들 역시 회의적이긴 마찬가지였다. 훗날 한 테네시 편집자는 "탈퇴에 대한 요구가 어찌나 잦았던지, 선거 기간 동안 그 주장을 진지하게 받아들이는 사람은 거의 없었다. 분명 '북부의 파벌주의자'들도 단지 그것이 말에 지나지 않는다고 생각했던 것이 분명하다. 가장 지적인 남부인들도 그것이 '북부의 민심을 동요시키기 위한 엄포'라 여겼다."라고 말했다.

베이츠 역시 남부의 협박을 호전적인 정치가들의 자포자기라고 무시했다.

슈어드는 공공연히 탈퇴를 비웃었다. "그들은 연방을 산산조각 내겠다고 소리 높여 외칩니다. 누가 두려워합니까? 아무도 두려워하지 않습니다." 청중들은 그 말을 따라했다. "아무도!" 프랭크 블레어만이 링컨의 연설에 대한 남부 신문들의 왜곡과 공화당이 남부를 공격하려 한다는 극단주의자들의 '그릇된 설명'이, "사회적 불화에 불을 지필 거대하고 영향력 있는 세력을" 만들었음을 인식했다. 그러나 그는 이 극단주의자들은 성공하지 못할 것이며 "이 영광스러운 연방은 우리 당의 승리"로 분열의 위기에서 벗어날 것이라고 생각했다. 남부의 대변인으로 나섰던 브리킨리지조차 남부 극단주의자들과는 거리를 두려 했다. 그의 유일한 선거 운동을 위한 연설 내용은 자신이 연방을 분열시키려 한다는 비난에 대한 반박이었다.

"억누를 수 없는 갈등"이 단순한 과장이 아니라는 사실을 깨달았을 때는 이미 너무 늦었다. 갈라진 집은 실제로 붕괴의 위기를 맞았다. 슈어드가 사용했던 이 표현의 의미를 많은 남부인들이 자신의 살갗으로 느끼고 있었다. 이들은 이를 조만간 응답받게 될 위협으로 인식했다.

10월 선거와 함께 링컨 진영은 결정적인 힘을 얻었지만, 그걸로 끝이 아니었다. 링컨이 다수표를 얻으려면, 선거의 주축이 되는 뉴욕 선거인단의 35표를 확보해야 했다. 그는 서로우 위드에게 의지해 뉴욕의 선거 운동을 관리하면서, 계속해서 다른 의견과 정보를 수집했다. 링컨은 국회의원이었던 존 프티에게 말했다. "나는 뉴욕에서 많은 소식을 듣습니다만, 친구들이 들려주는 것이니 당연히 일방적입니다. 이점에 더해서는 제가 그 누구보다 확신할 수 있습니다. 하지만 망상일 수도 있지요."

뉴욕 주는 공화당에 많은 고민거리를 안겨주는 지역이었다. 미국에서 인구 밀도가 가장 높은 뉴욕에는 전통적으로 민주당계인 아일랜드 이민자들이 많았고, 이들은 노예제 반대 운동에 적대적이었다. 게다가 뉴욕의 영향력 있는 상인과 제조업자 계층은 공화당이 남부의 교역 관계를 위협한다고 생각했다. 이들이 단결하여 링컨을 반대한다면, 그리고 더글러스 측이 생각하는 것처럼 슈어드의 지지자들이 링컨을 반대한다면, 뉴욕에서 반드시 패배할 것이었다.

링컨은 일찌감치 이 복잡한 문제를 깨닫고는, 8월에 "뉴욕이 더글러스를 지지하기 위해 움직일 것"이라고 위드에게 경고했다. 링컨보다는 덜 걱정했지만 위드는 만전을 기했다. 그는 10월 말 뉴욕 시에 있는 애스터 하우스에서 슈어드에게 편지를 보냈다. "이 도시에서 연설을 해줄 수 있겠습니까? 상원에서 마지막으로 했던 것처럼 연방의 유지가 공화당의 임무임을 보여주며, 공화당 강령에 공격적인 항목이 없음을 나타내는 어조의 연설이면 모든 일이 잘 마무리될 것이라고 생각합니다." 슈어드는 당장 뉴욕에 가겠다고 전했다. 민주당의 본거지인 뉴욕에서조차 그의 연설은 엄청난 박수소리로 중단되었고, 연설이 끝나자 "온 청중이 엄청난 갈채"를 터뜨렸다.

대통령이 되다

1860년 11월 6일 선거 날, 스프링필드 시민들은 꼭두새벽에 포성과 활기찬 악단의 음악에 눈을 떴다. 링컨은 그날 아침 주 의회의사당에 있는 선거본부에서 방문객들을 맞이하고 환담을 나누며 아침시간을 보냈다. 〈뉴욕 타임스〉의 새무얼 위드는 그날 아침의 사무실 분위기를 오랫동안 기억했다. "링컨은 소풍 나온 사람처럼 서너 명의 친구들과 온화하고 조용하게 한담을 나누고 있었다. 안락의자를 뒤로 기울이고 장작 난로에 긴 다리를 걸친 그는 모든 지역 선거전의 상황을 속속들이 알고 싶어 했다."

다섯 시에 그는 메리와 아이들과 함께 저녁식사를 하기 위해 집에 들렀고, 일곱 시에 다시 데이비스 판사와 몇몇 친구들을 만나 함께 주 의회의사당으로 돌아갔다. 엄청난 군중이 그를 따라 주 의회의사당으로 들어갔다. 한 지지자는 그에게 친한 친구를 빼고 모두들 돌아가도록 하는 게 어떻겠느냐고 물었다. 링컨은 평생 그런 짓은 해본 적이 없고, 새삼 지금 그럴 생각도 없다고 대꾸했다.

투표가 끝나자, 급보가 전신국으로 밀려들기 시작했다. 〈미주리 데모크라트〉의 한 특파원은 "그날 밤 내내 링컨은 그 어느 때보다 차분하고 침착했지만, 전신국에서 온 심부름꾼이 들어섰을 때는 그의 얼굴에도 긴장한 기색이 역력했다. 겉으로는 냉정한 듯했지만 마음속의 불안감은 어쩔 수 없이 드러났다."고 전했다. 일리노이 주 디케이터에서 공화당이 대승했다는 첫 번째 전보에 군중은 기쁨의 함성으로 화답했다. 초반부 개표 보고를 통해 링컨은 각 선거 결과가 나라에 어떤 변화를 몰고올지 그 전반적인 양상을 짐작해보았다. 그 다음에는 앞선 선거와 비교해가면서 모든 개표 보고에 대해 논평했다. 9시 무렵, 멀리 떨어져 있는 주들의 소식이 늦어지자 링컨과 데이비스, 몇몇 친구들은 개표 보고를 바로 받을 수 있도록 전신국에 모였다. 링컨이 소파에 누워 있을 때, 전국 방방곡곡에서 희소식이 타전되었다. 뉴잉글랜드와 북서부 지역, 인디애나, 펜실베이니아서 모두 공화당이 승리했다. 하지만 뉴욕 주에서는 10시가 되도록 아무런 소식도 전해지지 않았고 초조해진 링컨은 지지자들에게 말했다. "좋은 소식이라면 빨리 올 테고, 나쁜 소식이라면 서둘러 보내진 않겠지요."

11시 30분에야 뉴욕에서 전갈이 도착했다. "나라 전역에서 꾸준히 득표수를 높여왔지만, 뉴욕의 개표 보고가 모든 결과에 확신을 줄 정도는 아닙니다. 물론 우리는 큰 승리를 거두었다고 낙관하고 있긴 하지만 말입니다." 전보는 엄청난 환호성을 낳았다. 몇 분 후, 라이먼 트럼벌이 뛰어들어왔다. "에이브, 당신이 차기 대통령입니다. 확실합니다." 그러나 링컨은 여전히 확신하지 못했다. 민주당이 뉴욕 시에서 다수표를 획득하면 뉴욕 주 다른 지역의 공화당 표가 상쇄될 수 있었기 때문이다. 그는 말했다. "친구 여러분, 너무 서두르지 맙시다. 아직 끝나지 않았으니 너무 서두르지 맙시다."

자정이 되자 링컨은 공화당 여인들이 준비한 "승리" 만찬에 참석했다. 다른 이들은 모두 승리를 확신하며 들떠 있었지만, 링컨은 뉴욕 주의 결과에 대해 계속 불안해하고 있었다. 꿈을 이루는 듯했다가도 항상 막판에 좌절했던 경험이 그를 안심하지 못하게 했다. 뉴욕 선거인단의 35표가 없다면, 그가 확보할 총 145표는 과반수에서 일곱 표가 모자랄 것이었다. 그러나 사실 링컨이 이에 대해 크게 걱정할 필요는 없었다. 서로우 위드의 더할 나위 없이 훌륭한 선거 운동 조직이 새벽부터 모든 선거구에서 공화당 유권자들을 모았던 것이다. "투표 마감 시간까지 기다리지 마십시오. 10시 전까지 투표하지 않는 사람은 누구나 '범법자'라고 생각하십시오."라고 위드는 선거 운동원들에게 말했다. 그는 운동원들에게 유권자들을 재촉하고, 강제하고, 필요할 경우 투표소로 직접 데려가는 데 많은 시간을 할애하라고 지시했다.

자정 직후 뉴욕 주와 브룩클린으로부터 개표 보고가 도착했다. 뉴욕 시에 대한 민주당의 장악력이 뉴욕 주 전역의 공화당 득표수를 능가할 정도는 아니라는 소식이었다. 링컨의 당선이 확실해졌기에 본격적인 축하 행사가 시작되었다.

교회 종이 울렸다. '늙은 에이브러햄'를 위한 건배 소리가 거리마다 울려 퍼졌다. 링컨은 몹시 기뻐하며 "전 정말 행복한 사람입니다. 이런 상황에서 안 그럴 사람이 있겠습니까?"라고 말했다. 마지막 전보용지를 주머니에 넣은 그는, 온종일 불안한 마음으로 결과를 기다리고 있던 메리에게 이 소식을 전하기 위해 집으로 향했다. 그는 소리쳤다. "메리, 메리, 우리가 당선됐소!"

10장

최고의 라이벌로 최선의 팀을 만들다

내각 구성

링컨이 잠자리에 든 시간은 새벽 두 시였다. 몹시 피곤했지만 잠이 오지 않았다. "선거 기간 내내 나를 잠들지 못하게 했던 흥분은 사라졌고, 그저 내게 주어진 책임감이라는 짐이 나를 짓누르고 있었다."라고 훗날 그는 회상했다. 그의 집 창밖에서는 스프링필드 시민들이 웃고 노래하고 행진하며 지칠 때까지 놀았다. 이들은 동이 트고 나서야 겨우 각자의 집으로 흩어졌다. 분명 링컨도 이웃 사람들처럼 의기양양했다. 처음 정치에 발을 들여놓았을 때부터 그는, 세상을 뜬 후에도 길이 남을 위업을 달성하고자 했다. 하지만 신생 공화당의 까다로운 속성과 남부의 불길한 협박을 예민하게 인식하고 있던 링컨은 조국이 가장 위험한 시대로 들어서고 있음을 느꼈다.

"나는 즉시 도움이 필요하다는 사실을 깨달았다. 나와 짐을 함께 질 다른 훌륭한 사람들이 필요했다."고 훗날 그는 말했다. 지친 시민들이 각자 집으로 돌아가고 도시가 평소처럼 고요해지자, 링컨은 행정부의 핵심인 내각을 구상하기 시작했다. "때는 화요일 아침이었고, 해가 지기 전에 나는 구상을 끝냈다. 이것은 이후 최종적으로 확정된 것과 거의 똑같았다."

링컨은 종이에 원하는 일곱 사람의 이름을 적었다. 목록에는 대통령 후보 공천 당시 그의 경쟁 상대였던 슈어드, 체이스, 그리고 베이츠의 이름이 적혀 있었다. 그 밖에, 옛 민주당원인 몽고메리 블레어, 기디언 웰스, 노먼 저드와 옛 휘그당원인 뉴저지 주의 윌리엄 데이턴이 목록에 포함되어 있었다. 내각 구성이 완료되기 전 몇 달간 사방에서 엄청난 압력을 받아야 했지만, 링컨은 그날 새로운 공화당의 모든 파벌, 즉 옛 휘그당과 자유토지당, 노예제를 반대 하는 민주당 출신 중에서 가장 유능한 사람들을 뽑기로 결심했다.

링컨이 이상적인 내각 구성에 대해 생각했던 이날의 고요는 폭풍 전야의 고요와도 같았다. 얼마 지나지 않아 먼저 낮은 직책들에 대한 "맹렬한 쟁탈 전"이 시작되었다. 주머니에는 추천장을, 가슴에는 열망을 지닌 공직 희망자 들이 스프링필드로 몰려들기 시작했다. 그중엔 "진흙투성이 부츠와 무명 셔 츠를 입고" 도착한 이들도 있었고, 최고급 리넨과 모직 옷을 빼입은 사람들도 있었다. 링컨은 모든 사람들을 따뜻하게 맞이했다. 그는 아침에 한 번, 늦은 오후에 또 한 번, 이렇게 하루 두 번 방문객을 접대하기로 했다. 접대는 주 의 회의사당에 있는 주지사 집무실에서 이루어졌다. 그 방은 링컨의 "맑은 목소 리와 자주 울려 퍼지는 웃음"의 안내를 받아 좁은 출입문으로 계속해서 밀려 드는 방문객을 맞이하기에는 너무 작았다. 〈뉴욕 트리뷴〉의 기자 헨리 빌라 드는 이 차기 대통령이 모든 손님들에게 놀라울 정도의 재치를 보여주었다고 전했다. "구직자들의 말을 참을성 있게 들은 링컨은 재치 있게 모든 이들의 성격과 특징을 파악했다. 그가 적절한 질문이나 대답을 찾지 못하는 일은 없 었다." 빌라드에게 가장 큰 인상을 심어준 것은 "말뜻을 설명하거나 핵심을 강조하기 위해" 재미있는 이야기나 적절한 일화를 활용하는 링컨의 놀라운 재주였다.

반대파 신문들은 링컨이 눈을 뜬 순간부터 식사를 할 때나 길에서, 사무실과 상점에서, 심지어 잠자리에서까지 계속해서 쓸데없는 소리를 지껄이는 것이 분명하다며 이야기를 좋아하는 그를 비웃었다. 하지만 통찰력 있었던 빌라드는 이 차기 대통령의 수많은 이야기가 상처받은 이들의 마음을 치유하고 실망감을 덜어주는 데 도움을 주었다고 생각했다. "링컨을 상대한 사람들은 모두 그가 대단히 선하고 다정한 사람이라는 데 공감했다. 그의 성품에서 좋은 인상을 받지 않은 채 그의 응접실을 떠난 사람은 거의 없을 것이다."라고 빌라드는 말했다.

너무 바빠진 링컨은 한 명의 조수를 더 뽑아야 했다. 니콜라이는 스물두 살의 존 헤이를 추천했다. 젊은 기자이자 브라운 대학 졸업생인 헤이는 링컨의 선거 운동에 적극적으로 참여했고 〈미주리 데모크라트〉에 링컨 지지 칼럼을 쓴 청년이었다. 니콜라이와는 사립학교에서 처음 만난 오랜 친구 사이였다. 니콜라이가 헤이에게 도와 달라고 부탁하자 이 사교적인 젊은이는 몹시 기뻐했다. 헤이는 사촌 밀턴 헤이의 변호사 사무실에서 변호사가 될 준비를 하고 있던, 문학청년이었다. 브라운 대학의 졸업기념 행사에서 그가 낭독한 시는 이후 오랫동안 기억되었다. 헤이는 졸업 후 시인으로 살기를 원했지만, 어쩔 수 없이 법조계로 들어서야 했다. 그는 백악관에서 일할 기회를 놓치지 않았다.

메리와 윌리엄, 토머스에게는 신나는 시기였다. 공식적인 손님 접대가 끝난 후 밤에는 방문객과 화가, 친구들이 집으로 몰려들었다. 메리가 여주인으로서의 역할을 다하는 동안 소년들은 재미있는 이야기와 웃음으로 손님들을 즐겁게 해주었다. 메리는 저명한 사람들의 열정적인 정치 토론을 들으면서, 분명 아버지가 켄터키 저택의 응접실에서 헨리 클레이 등의 국회의원들을 대접했던 어린 시절의 밤을 떠올렸을 것이다.

링컨은 각양각색의 손님을 대접하는 동안에도 내각 구성이라는 복잡한 임무를 잊은 적이 없었다. 내각은 남부의 가장 적당한 대표를 포함하면서도 북부 공화당의 완전함을 보존해야 했다. 그는 신중을 기하기 위해 차기 부통령인 한니발 햄린에게 시카고에서 만나자고 했다. 약속이 잡히자 링컨은 오랜 친구 조슈아 스피드에게 같이 가자고 청하며, 메리도 동행할 터이니 그의 아내 패니도 데려오라고 제안했다. 소수의 기자들과 함께 기차로 이동해 시카고에 도착한 링컨 일행은 6개월 전 공천을 위해 노력할 때 데이비스와 스웨트가 묵었던 트레몬트 하우스에 숙소를 잡았다.

링컨이 의회에 있을 때 햄린은 상원의원이었지만, 그들이 만난 것은 이때가 처음이었다. 햄린은 "재미있는 이야기와 날카로운 핵심"으로 모든 의원을 "포복졸도하게" 만들었던 링컨의 연설을 기억했다. 링컨과 같은 해에 메인 주에서 태어난 햄린은 키가 크고 건장했으며 얼굴이 가무잡잡한 사내였다. 젊은 나이에 잭슨 대통령을 지지하는 민주당원으로 정계에 진출해 처음에는 메인 주 의원이 되었다가, 다음에는 하원, 그리고 마침내 상원에서 봉직했다.

두 사람은 트레몬트 하우스에 잡아놓은 링컨의 방에서 이야기를 나누기 시작했지만, 그들이 만나고 있다는 소식이 전해지자 곧 많은 방문객이 몰려들었고 부득이 공식 만찬을 해야 했다. 그들의 대화는 다음날 한 친구의 집에서 은밀히 재개되었다. 링컨은 이 자리에서 과거의 경쟁자들을 "자신의 공적인 집안"으로 끌어들여 "탄탄한 조직"을 만들겠다는 결심을 분명히 밝혔다. 햄린은 이 생각에 동의했고, 대화는 뉴잉글랜드 대표 선발 문제로 접어들었다. 링컨이 처음 선택한 기디언 웰스와 함께 너대니얼 뱅크스와 찰스 프랜시스 애덤스 2세가 언급되었다. 햄린은 뱅크스를 반대했지만, 애덤스와 웰스의 가능성을 살펴보는 데에는 찬성했다.

집으로 돌아간 링컨은 수많은 정치가들과 편지를 주고받으면서 내각에 대한 그들의 제안에 찬찬히 귀를 기울였다. 하지만 결국에는, 훗날 니콜라이의 딸 헬렌이 "당 충성도와 노고, 적성, 지리적 위치, 수십 가지 다른 요소들을 고려하고 일치시켜야 하는 복잡한 십자낱말풀이"라고 묘사한 이 난해한 문제를 혼자서 풀어야 했다. 링컨은 처음부터 슈어드에게 "그의 능력과 성실성, 영향력을 고려하여" 높은 직책을 주기로 결정했다. 링컨은 이제는 대통령직에 오를 수 없게 된 슈어드가 그 다음으로 가장 높은 직책인 국무장관의 자격을 갖추고 있다는 데 의심을 품은 적이 없었다. 그는 공천 과정에서 가장 유력한 후보였을 뿐 아니라, 선거에서 링컨을 위해 정력적으로 선거 운동을 했으며 중요한 뉴욕 주를 링컨 편으로 만드는 데 기여했다.

찰스 프랜시스 애덤스는 슈어드에게 편지를 보냈다. "당연히 링컨 씨는 차기 내각의 최고 직책을 당신에게 제안할 것입니다. 그 제안을 거절할 생각은 하지 않으시겠지요. 아무도 그러리라 생각하지 않을 것입니다." 펜실베이니아 주의 사이먼 캐머런도 비슷한 예언을 했다. "당신은 며칠 내에 국무장관직을 제안받을 것입니다. 그 자리를 거절해선 안 됩니다. 지금 회피한다면 오랜 세월 동안 이룩한 모든 승리를 잃을 것입니다. 대통령직에 오른 당신을 보는 게 제 꿈입니다." 이들은 링컨의 의중을 꿰뚫어 보고 있었다.

하지만 슈어드는 좀더 복잡한 야망을 품었다. 링컨이 공화당의 다양한 파벌을 아우르는 내각을 원했던 반면, 슈어드는 옛 휘그당원들이 내각을 주도해야 한다고 생각했다. 휘그당은 링컨의 총 득표수 중 거의 3분의 2를 주었다. 낮은 직책은 다른 파벌의 대표들에게 줄 수 있겠지만, 고위직은 옛 휘그당원들에게 돌아가야 한다고 슈어드는 생각했다. 나아가 위드의 도움을 받아 새 행정부에서 링컨보다 더 큰 지휘권을 휘두를 수 있는 위치를 확보해서 남은 각료 임명에 관여할 요량이었다.

이 일을 추진하고자 했던 서로우 위드는 선거 직후, 링컨에게 오번에 있는 슈어드의 집에 같이 가서 내각에 대해 검토해보자고 했다. 우선 그는 1841년에 차기 대통령으로 당선된 윌리엄 해리슨이 맞수인 헨리 클레이와 협상하기 위해 켄터키 주 렉싱턴에 갔던 일을 꺼내며, 그를 설득했다. 링컨은 현명하게 이를 거절했다. 위드가 좀더 중립적인 곳에서 만나자고 제안했을 때도 링컨은 거절했다. 링컨은 내각 구성에 대해 기꺼이 위드나 슈어드에게 자문을 구하면서도, 최종 결정은 스프링필드에서 이루어져야 하며 자기 혼자만의 몫이라는 점을 분명히 하고자 했다.

하지만 그 거절이, 슈어드를 국무장관에 선임하는 것을 주저한다는 뜻은 아니었다. 오히려 "슈어드나 카시우스 M. 클레이처럼 비난받아 마땅한 사람들을 내각에 선임한다면 켄터키 주 주민들은 사우스캐롤라이나 주의 뒤를 이어 연방 탈퇴 집회를 열어야 한다고 생각할 것"이라는 보수적인 켄터키 판사의 경고에 퉁명스럽게 대응했다. 링컨은 "슈어드나 다른 저명한 공화당원이 연설에서 남부를 위협한 적이 있었습니까?"라고 물었다. 문제는 공화당원들의 말이나 생각이 아니라, "자기들이 가진 것을 빼앗아갈 것이라는 오해 때문에 모든 북부인들을 지속적으로 모욕하고 비난하는" 남부인들의 태도였다고 그는 말했다.

여러 신문이 슈어드는 입각에 관심이 없으며 링컨도 그에게 입각을 제안하려 하지 않는다고 보도하자 링컨은 재빠르게 행동을 취하기로 결심했다. 12월 초, 그는 햄린에게 슈어드의 심중을 확인해보라고 지시했다. 햄린이 슈어드의 친구 프레스턴 킹에게 접근했을 때, 킹은 차기 부통령에게 슈어드와 직접 이야기하라고 권했다. 그게 "공식적인 직책 제안"과 같다는 사실을 알고 있던 햄린은 다시 이 문제를 링컨과 의논했다.

링컨은 공식적으로 제안할 시간이 되었다는 결론을 내렸다. 그는 햄린에게 답장을 보내면서, 워싱턴의 트럼벌과 상의한 후 슈어드에게 "한꺼번에" 보내라고 지시하며 두 통의 편지를 동봉했다. 12월 10일 오후 상원이 휴회한 후, 햄린은 거리에서 슈어드를 따라갔다. 그가 3번가와 펜실베이니아 가 모퉁이의 워싱턴 하우스에 이르렀을 때, 차기 부통령은 슈어드에게 이야기를 나누자고 했다. 정말로 국무장관직을 거절할 것이냐고 묻자 슈어드는 말을 아꼈다. "햄린 씨, 그 이야기를 하러 오신 것이라면 여기서 중단하는 것이 좋겠습니다. 나는 그 자리를 원하지 않습니다. 만약 원한다 해도 그 자리를 차지하지 못하는 이유를 알고 있소이다. 그러니 그 문제에 대해서는 더 이상 이야기하지 말도록 합시다."

햄린은 말했다. "알겠습니다. 하지만 제게 말씀하신 것처럼 분명하게 다른 이들에게도 말씀하시기 전에, 링컨 씨가 보낸 이 편지를 드려야겠습니다."
공식 초대장이 담겨 있는 12월 8일 자의 첫 번째 편지를 꺼낼 때 슈어드는
"떨리고 불안해" 보였다. 편지에는 "적절한 시간에 당신을 미국의 국무장관
으로 상원에 비준받도록 추천하겠습니다. 되도록 빨리 답변을 주십시오."라
고 적혀 있었다.

　슈어드는 처음에는 아무 말도 하지 않았다. 아마도 그는 그것이 여러 신문
들이 예언한 것처럼 형식적 제안이라 의심했을 것이다. 잠시 후 그는 극비라
고 표시되어 있던 두 번째 편지를 펼쳤다. 슈어드의 자존심을 세워주기 위해
화려하게 디자인된 편지였다. "위에서 거론된 직책이 형식적으로 당신에게
제안될 것이고 당신이 이 제안을 거절할 것이라는 소문이 신문에 실렸습니
다. 하지만 저는 그런 소문이 나도록 만드는 말을 한 적이 없음을 믿어주십시
오. 오히려 시카고에서 공천받았던 그날부터 행정부의 이 자리를 당신에게
드릴 생각이었습니다. 이제 당신에게 이 자리를 제안합니다. 부디 받아들여
주시기를 바라며, 널리 알려진 당신의 지위와 정직함, 능력, 학식, 폭넓은 경
험, 그 모두가 이 직책에 더없이 잘 어울릴 것이라 믿습니다."

　"흥분으로 얼굴이 창백해진" 슈어드는 햄린의 손을 잡았다. "햄린 씨, 대
단히 놀랍군요. 이 일을 고려해보겠습니다. 그리고 링컨 씨가 부탁한 대로 가
능한 한 빠른 시일 내에 제 결정을 전하겠소." 3일 후인 12월 13일, 슈어드는
링컨에게 정중한 편지를 보내면서 제안을 받았다는 것은 영광이지만, 자신에
게 "장관의 자격과 기질이 있는지, 공직을 계속할 경우 친구들이 자신의 행동
을 좋아할지" 생각해 볼 "약간의 시간"이 필요하다고 설명했다. 그러면서 이
문제에 대해 링컨과 직접 의논하고 싶긴 하지만, 그러한 만남이 "지금 상황에
서 현명한지" 모르겠다고 말했다. 슈어드가 국무장관직을 원했다는 데에는
의심의 여지가 없었지만, 그래도 마음이 맞는(슈어드를 지지하는) 동료를 선
택하는 데 자신이 영향력을 행사할 수 있는지 가늠해보아야 했다.

드러나는 윤곽

슈어드에게 제안을 한 후, 링컨은 베이츠에게 관심을 돌렸다. 프랭크 블레어가 이 두 사람의 만남을 주선했다. 베이츠가 링컨을 방문하기 위해 12월 15일에 스프링필드에 오기로 했다. 약속 전날 밤에 도착한 베이츠는 체너리 하우스에 숙소를 잡았다. 아침식사를 마친 베이츠는 주 의회의사당에 있는 링컨의 사무실로 향했다. 링컨이 아직 도착하지 않았기 때문에, 비서 존 니콜라이는 베이츠에게 조간신문을 주고는 서둘러 베이츠가 기다리고 있다는 전갈을 링컨의 집에 보냈다. 잠시 후 두 옛 휘그당원은, 베이츠의 표현에 따르면 "북적이는 방문객에게 방해받을 때까지 편안한 대화"에 몰두했다. 은밀한 이야기를 나누기 위해 링컨은 베이츠의 호텔 방으로 자리를 옮기자고 제안했고, 그곳에서 두 사람은 오후 내내 대화를 나누었다.

링컨이 "공천될 때부터 대통령으로 당선될 경우 그를 내각에 끌어들이기로 결심했다."고 말하며 베이츠를 설득했다. 베이츠가 일기에 자랑스럽게 적었듯, 링컨은 "완벽한 성공을 위해서는 차기 행정부에 당신이 반드시 참여해야 한다고 생각합니다."라고 말했다. 링컨은 베이츠가 국무장관에 손색없는 자질과 명성을 가진 것이 분명하지만, "당과 슈어드, 그리고 절친한 친구들에 대한 의무와 자신의 개인적 성향을 고려해" 그 자리는 슈어드 씨에게 제안하기로 결심했다고 말했다. 그리고 "아직 슈어드와 이야기를 나누지 않았으며, 미리 수락에 대해 약간의 회의적인 반응을 나타냈던 만큼" 그가 임용을 받아들일지는 모르겠다고 말했다. 링컨은 베이츠에게 국무장관이라는 최고 직책을 제안할 수는 없지만, "그의 성향과 가장 잘 맞는다고 여기는 자리, 그래서 모든 면에서 그가 확실한 자격을 갖춘 직책"이라 생각되는 법무장관직을 제안할 수 있다고 설명했다.

베이츠는 링컨에게 "나라에 평화와 질서가 자리잡혀 있다면" 1850년 필모어 대통령 시절 전쟁장관직을 거절했던 것처럼 이 영광을 거절했을 것이라고 말했다. 그는 단 두 달 전, "모두들 링컨 씨가 내게 내각의 한 직책을 제안하리라 예상한다."라고 일기에 쓰면서 그 자리를 거절하겠노라 맹세했다. "나의 (거의 빈약한) 재정 상태와 확립된 가풍 때문에 나로선 낮은 봉급의 고위직에 가는 것은 바람직하지 않다. 나와 같은 상황에 처한 사람은 분수에 넘치는 생활을 하고 싶다는 크나큰 유혹을 받고 부정을 저지르기 쉽다. 검소하게 살 용기가 있다고 해도, 그의 가족은 조롱거리가 된다."

하지만 베이츠는 "나라가 혼란스럽고 위험하기 때문에 개인적 상황을 희생하고, 가능하다면 조국의 평화를 되살려 보존하는 데 공헌해야 한다는"의무감을 느낀다고 말했다. 링컨은 베이츠를 미국 법무장관으로 확보했다는 것을 알았다. 그리고 슈어드가 입각을 거절할 경우에는 국무장관직을 맡아줄 것이었다. 며칠 후 베이츠가 자신의 입각 소식이 "민심, 특히 접경주와 노예주의 민심을 안정시키는 데 긍정적으로 작용할 것"이라고 말했을 때 링컨은 그의 말에 동감했다. 링컨은 베이츠에게 "정확한 직책은 확정되지 않았지만" 그가 입각을 수락했음을 드러내는 짧은 사설을 미주리 민주당보에 싣자는 편지를 보냈다. 베이츠의 입각 소식은 거의 모든 지역에서 긍정적인 반응을 불러일으켰다.

링컨의 제안을 받은 후, 슈어드는 중요한 순간이면 늘 그랬던 것처럼 위드와 의논했다. 위드는 이미 레너드 스웨트와 확고한 업무 관계를 맺고 있었고, 스웨트는 선거 후 "우리 모두 뉴욕과 슈어드의 친구들이 훌륭하게 행동했다고 생각합니다. 당신의 희망과 의견을 알게 되고, 어떤 식으로든 당신에게 도움이 될 수 있다면 몹시 기쁠 것입니다."라고 위드에게 말한 바 있었다. 위드는 스웨트에게 연락해 내각 구성에 대한 슈어드의 생각을 링컨과 의논하고 싶다고 했다. 스웨트는 12월 10일에 위드에게 전했다. "링컨 씨는 당신을 만나면 대단히 기뻐할 것입니다. 당신에게 그렇게 전해 달라고 하더군요. 링컨 씨는 내각과 행정부의 전반적 정책에 대해 당신이 조언해주기를 원합니다."

12월 20일, 위드가 스프링필드에 도착했다. 몇 주 동안 뉴욕 신문사 기자들은 스프링필드 호텔들의 숙박부를 뒤지며 이 뉴욕 주민의 서명을 찾았다. 로체스터의 한 신문은 체너리 하우스의 숙박부에서 서로우 위드의 이름을 발견하고는, "올버니 압력단체의 실력자, 정치적 성공 제조자이자 파괴자, 무적의 당수, 전능한 위드가 떠오르는 태양을 향해 이동했다!"라고 보도했다.

링컨과 위드는 링컨의 응접실에서 서로를 마주보고 앉았다. 스웨트와 데이비스도 그 자리에 참석했다. 스웨트는 "두 사람 모두 헝클어지고 강한 외모에 눈에 띄게 키가 크고 인상이 독특했다."고 전했다. 그는 "똑같이 비천한 집안에서 태어나 나라의 지도자로 자수성가한" 이들이 "서로를 꼭 껴안았던" 모습을 잊지 못했다.

내각 구성에 대한 링컨의 결심은 분명 자신과 슈어드가 내각 구성에 중요한 역할을 하리라 생각했던 위드를 실망시켰다. 위드는 링컨이 베이츠를 임용하는 것을 반대하지 않았다. 인디애나 주의 캘럽 스미스와 사이먼 캐머런에 대한 논의로 접어들었을 때도 불평하지 않았다. 캐머런이 옛 민주당원이긴 했지만, 위드는 펜실베이니아가 임용될 만한 자격이 있다고 생각했다. 게다가 캐머런은 노련한 정치가였다. 하지만 새먼 체이스와 기디언 웰스, 몽고메리 블레어 — 모두 슈어드에게 적대적인 옛 민주당원 — 가 언급되자 위드는 강하게 반대했다.

위드는 체이스가 노예제 폐지론자라고 주장했다. 더욱이 웰스와 그의 코네티컷 주 민주당 동료들은 오랫동안 위드와 슈어드의 골칫거리였다. 웰스에 대해서는 "그는 시카고에서 슈어드를 패배하게 만드는 데 가장 큰 역할을 했다."고 말했다. 웰스가 코네티컷 대의원단이 "만장일치로 슈어드에게 반대하도록 조종했고" 뉴잉글랜드의 다른 주들에도 비슷한 분위기를 조성했다는 것이다. 위드는 웰스보다는 찰스 프랜시스 애덤스나 조지 애쉬먼이 훨씬 낫다고 말했다. 둘 다 옛 휘그당원이고 슈어드와 위드의 친한 친구들이었다. 링컨은 다소 의뭉스럽게 차기 부통령 햄린이 선박이 대단히 많은 뉴잉글랜드 출신이기 때문에 뉴잉글랜드 대표를 해군장관에 임용하려 한다고 거짓말을 했다. 링컨은 햄린이 웰스를 택했으니 "한 가지 문제는 웰스가 적임자냐 아니냐" 하는 것이라고 말했다.

사실 햄린과 링컨은 그 직책을 누구에게 맡길지 고민하면서, 웰스를 포함해 여러 사람을 후보에 올렸었다. 햄린은 찰스 프랜시스 애덤스를 추천했지만, 링컨은 내각이 어느 한 당파에 지나치게 치우치지 않고 균형 있게 구성되는 데 옛 민주당원인 웰스가 도움이 될 것이라고 생각했다. 내각에는 아무래도 휘그당 출신이 많이 들어오게 될 것이었기 때문이다. 몇 년 후 링컨은 웰스와 대화를 나눌 때 처음부터 그를 염두에 두고 있었다고 말했다. 링컨은 "나의 선택을 햄린과 다른 이들에게 '승인' 받아야 했지만, 선택은 그들이 아니라 내가 했다."라고 회상했다.

링컨이 웰스에게서 마음을 돌리지 않으리라는 것을 파악한 위드는 장난스럽게 해군장관에 대한 기발한 대안을 제안했다. 차기 부통령이 "정교한 가발과 무성한 수염으로 장식된 재미있는 이물장식을 구입해서 그걸 뱃머리가 아니라 해군성 입구에 놓으면, 그게 장관으로도 더 쓸모 있고 돈도 덜 들 것"이라고 말한 것이다. 링컨은 이내 가발과 수염이 덥수룩한 이물장식, 이후 웰스에게 붙여준 별명인 '아버지 넵튠'(로마 신화에 나오는 바다의 신으로 그리스 신화의 포세이돈에 해당한다)에 대한 위드의 재미있는 비유를 알아차렸다. 하지만 그는 "살아 있는 해군장관"이 필요하다고 응수했다.

그 다음, 링컨은 몽고메리 블레어의 이름을 거론했다. 위드는 "그의 아버지 프랜시스 블레어 경을 제외하고 누가 그를 추천하던가요?"라고 비웃었다. 이에 링컨은 블레어가 자신의 선택임을 위드에게 분명히 밝히는 재미난 일화를 이야기했다. 그러나 위드는 링컨이 나중에 그의 임용을 후회할 것이라고 주장했다.

그러자 링컨은 접경주 출신의 대표가 필요하다고 설명했다. 몽고메리를 임명하면 메릴랜드 주에서, 그리고 그의 형제 프랭크를 통해 미주리 주에서도 확실한 지지를 얻어낼 수 있었다. 위드는 몽고메리 대신 연방에 충실한 노스캐롤라이나 주의 존 길머를 제안했다. 링컨은 길머를 알고 있었고 그를 좋아했지만, 남부인인 그가 그 직책을 받아들일지 의심스러웠다. 그렇긴 해도, 링컨은 "길머가 수락한다면, 그리고 그의 충성이 확실하다면, 그를 지명하겠습니다."라고 말하며 위드의 뜻에 따르기로 했다.

대화가 마무리될 무렵, 위드는 슈어드와 베이츠, 스미스와 함께 체이스와 캐머런, 웰스, 블레어를 내각에 영입하게 되면 민주당이 다수가 되어 공화당 내에서 다수를 차지하고 있는 옛 휘그당원들이 모욕감을 느낄 것이라고 지적했다. 링컨은 대답했다. "저 역시 그곳에 있게 되리란 사실을 잊으셨나 봅니다. 저도 그중에 한 명으로 치면, 내각이 얼마나 적절하게 균형 잡히고 안정될지 아시겠지요." 위드는 링컨이 "가장 큰 의미"에서 유능하다는 확신을 갖고 올버니로 돌아갔다. 그는 〈올버니 이브닝 저널〉에 다음과 같은 글을 기고했다. "그의 정신은 이성적이면서도 현실적이다. 그는 자신을 찾아오는 모든 사람을 만나고, 그들이 하는 말에 귀를 기울이고, 모든 이들과 솔직하게 대화를 나누고, 받은 편지는 뭐든지 다 읽는다. 하지만 스스로 생각하고 행동한다."

위드는 공식적으로는 링컨의 독립심을 칭송하면서도, 실제로는 내각 구성 상황에 너무나 분개해서 슈어드가 제안을 받아들여야 할지 더 이상 확신할 수 없었다. 위드는 크리스마스에 슈어드에게 보낸 편지에서, 웰스를 염두에 두고 "어떤 면에서는 모두 절망적인데," 블레어를 가리키듯 "다른 쪽은 어느 정도 구할 수 있을지 모르겠네."라고 전했다. 다음날 밤, 슈어드는 찰스 프랜시스 애덤스에게 아침에 방문해 달라는 전갈을 보냈다. 슈어드는 실망스런 어조로 링컨이 내각의 최고 공직을 제안했을 때 같이 활동할 동료를 선택하는 문제를 의논해올 것이라고 생각했지만 위드가 스프링필드에서 빈손으로 돌아왔다고 말했다. 그는 애덤스가 재무장관직을 받기를 원했지만, 뉴잉글랜드 지역에서 웰스가 입각하게 되면 애덤스의 자리는 없어질 것이었다. 슈어드는 애덤스에게 털어놓았다. "그런 내각을 원하지 않았기에 어찌해야 할지 모르겠습니다." 애덤스는 "대단히 힘들고 위험한 이 순간, 수락 외에 다른 대안은 없습니다."라고 대답했다. 이 대답은 아마 슈어드가 친구 애덤스를 데려갈 수 없다는 것을 고통스럽게 표현하면서, 그로부터 가장 듣고 싶었던 말이었을 것이다.

다음날, 슈어드는 "충분히 생각해본 후, 자신은 없지만 내가 상원의 천거를 받아야 한다면 수락받기 위해 노력하는 것이 내 임무일 것이라고 결정했습니다."라고 링컨에게 편지를 보냈다. 그날 밤에는 아내에게 편지를 썼다. "링컨 씨에게 거절하지 않겠다고 전했소. 어쩔 수 없다오. 나는 자유와 나라를 구하기 위해 노력할 거요."

재무장관직을 둘러싼 갈등

슈어드와 베이츠의 수락을 받은 링컨은 세 번째 라이벌 체이스에게 관심을 돌렸다. 체이스가 낮은 직책은 받아들이지 않으리라 생각한 링컨은 그에게 재무장관직을 제안하기로 했다. 슈어드의 서면 동의를 받자마자, 링컨은 체이스에게 편지를 보냈다. "이 혼란한 시기에 대해 당신과 상의하고 싶습니다. 즉시 이곳을 방문해 주십시오." 퍼즐 조각이 맞춰지기 시작했다.

하지만 체이스를 입각시키려는 링컨의 계획은 펜실베이니아 주의 사이먼 캐머런을 재무장관으로 임명하라는 거센 압력 때문에 잠시 중단되었다. 전당대회 때 2차 투표에서 스웨트와 데이비스가, 링컨에게 표를 몰아주는 대가로 캐머런 측에 무엇을 약속했는지는 기록되어 있지 않다. 하지만 링컨에게 보낸 스웨트의 편지를 통해 그가 캐머런 측에 "원래 친구였던 것처럼 같은 지위에 오르게 될 것"이라고 약속했음을 알 수 있다.

링컨이 당선된 지 며칠 안 되었을 무렵, "대단히 유력한 뜻밖의 곳"에서 쏟아진 편지들과 함께 캐머런을 위한 로비가 시작되었다. 링컨은 처음부터 펜실베이니아 주를 만족시키는 일이 무척 중요하다는 것을 알고 있었다. 처음에 그는 펜실베이니아가 캐머런처럼 충실한 보호무역주의자인 뉴저지 주의 윌리엄 데이턴의 입각에 동의하리라 기대했다. 하지만 캐머런에 대한 추천장이 쏟아졌고, 링컨은 스웨트를 해리스버그에 보내 캐머런을 스프링필드에 초대하도록 했다. "캐머런의 예기치 못한 도착은 특파원뿐 아니라 스프링필드의 대다수 정치가와 책략가들에게도 굉장한 사건이었다."고 헨리 빌라드는 기록했다. 링컨이 얼마나 정직한 사람인지 알고 있던 빌라드는 '정직한 에이브'가 캐머런의 좋지 않은 명성으로 자신의 내각을 더럽힐 리 없다고 생각했다. 그동안 위네바고 인디언 부족과의 부당 거래와 뇌물수죄 혐의가 계속해서 캐머런을 따라다녔던 것이다. 하지만 펜실베이니아를 위한 운동은 대단히 기술적이고 효과적으로 조직되었다.

캐머런은 12월 30일 체너리 하우스에 도착하자마자 링컨에게 전갈을 보냈다. "제게 당신을 방문할 수 있는 영광을 주시겠습니까? 아니면 이리로 방문해주시겠습니까?" 링컨은 자신의 사무실로 와 달라고 했다. 두 사람은 몇 시간 동안 이야기를 나누었다. 대화는 그날 저녁 체너리 하우스에서 계속되었다. 캐머런에 반대하는 사람들도 인정하는 그의 매력적인 성품과 정치에 대한 예리한 안목이 유감없이 드러나는 즐거운 대화였다. 면담이 끝난 후, 링컨은 캐머런에게 그를 재무장관이나 전쟁장관으로 내각에 임명하겠노라고 말했다. 약삭빠른 캐머런은 링컨에게 다소 충동적으로 이루어진 그 제안을, 기밀로 한다는 약속 하에 서면으로 확인해 달라고 요청했다. 그러나 어리석게도 캐머런은 집으로 돌아가 "열의 넘치는 학생"처럼 친구들에게 이를 자랑했다.

임용이 거의 확실하다는 소문이 새어나가자 반대 의견이 속출했다. 트럼벌은 캐머런이 떠난 직후 스프링필드에 도착했다고 추측되는 한 편지에서 "캐머런의 악평이 당신 내각에 해가 될 것입니다. 내가 이야기해본 상원의원 중 그 임명을 좋게 생각하는 상원의원은 한 명도 없었소이다."라고 경고했다. 그 후 1861년 1월 3일에 펜실베이니아 주의 캐머런 반대파를 대표하는 알렉산더 맥클루어는 캐머런의 도덕적 결함, 특히 재무장관직에 부적합하다는 것을 폭로하는 문서를 들고 스프링필드에 도착했다. 자신이 너무 성급하게 행동했음을 깨달은 링컨은 1월 3일 캐머런에게 사적인 편지를 보냈다. "귀하를 만난 후 당신을 입각시키기가 불가능하게 되었습니다. 이게 맥클루어와의 면담 때문이라고 생각하시겠지요. 어느 정도는 사실이지만, 꼭 그 때문만은 아닙니다. 좀더 큰 문제는 전적으로 펜실베이니아 외부에 있습니다." 링컨은 체면을 지키기 위해 캐머런에게 임명을 거절해 달라고 부탁했다.

링컨은 캐머런이 협조해주기를 바라하면서, 체이스와의 만남을 고대했다. 그는 1월 4일 금요일, "이틀 간 컬럼비아에서부터 비좁고 숨 막히는 기차를 네 번이나 갈아타며 지친 몸을 이끌고" 스프링필드에 도착했다. 체이스는 외모에 신경을 많이 쓰는 편이었지만, 이번에는 시간이 없어서 거의 씻지도 못한 채 체너리 하우스 로비에서 링컨을 맞아야 했다.

자리를 잡은 뒤 링컨은 바로 이야기의 본론을 꺼냈다. "나는 다른 사람과는 감히 시도해보지도 못했을 일을 당신과 해냈습니다. 재무장관으로 임용되는 것을 받아들이실지 여쭙기 위해 초청했지만, 사실 이에 대한 준비를 완벽히 갖추지 못한 상태입니다." 링컨은 펜실베이니아 주가 체이스의 임명을 승인해야 하는데, 어쩌면 해결되지 않은 캐머런 상황과 예전에 펜실베이니아를 격분시켰던 체이스의 자유 무역 지지 때문에 상황이 복잡해질지도 모르겠다고 설명했다. 체이스는 링컨의 솔직한 말에 화가 나기는 했지만, 깊은 인상을 받았다. 그리고 자신은 어떤 직책도 원하지 않으며, 낮은 직책이라면 더욱 수락하고 싶지 않다고 솔직하게 말했다. 하지만 상원의원으로서 기꺼이 그의 행정부를 있는 힘껏 도와주겠노라고 약속했다.

하지만 면담이 계속되면서 체이스의 마음이 조금씩 풀리기 시작했다. 링컨은 슈어드가 국무장관직을 거절했다면 "주저 없이" 그 자리를 체이스에게 제안했을 것이며, 슈어드와 체이스 모두 자신의 내각에서 주요 직책을 맡을 만한 사람이라 확신한다고 설명했다. 체면이 회복되자 체이스는 재무장관직 수락 문제를 "친구들의 조언을 받은 후" 고려해보겠다고 약속했다. 그는 링컨과 토요일에도 만나 계속해서 대화를 나누었고, 일요일에는 링컨 가족과 함께 교회 예배에 참석했다.

이 기나긴 면담 후, 링컨은 반드시 체이스를 입각시켜야겠다고 생각했다. 하지만 장관직 제안을 아직 거절하지 않은 캐머런을 어떻게 해야 한단 말인가? 그 다음 일요일, 링컨이 아침 일찍 체너리 하우스에 갔을 때, 구스타브 쾨르너는 아직 잠을 자고 있었다. 링컨은 저드에게 들렀다가, 그와 함께 쾨르너의 방으로 돌아갔다. 링컨은 흥분한 목소리로 말했다. "어떻게 해야 할지 모르겠습니다. 펜실베이니아는 입각할 자격이 있습니다. '캐머런, 캐머런!'을 외치는 수백 통의 편지를 받았습니다. 펜실베이니아 주민들은 '캐머런을 외면하면, 당신은 그를 모욕하는 셈입니다.' 라고 말합니다." 쾨르너와 저드는 캐머런을 강력히 반대한다는 의사를 표시하기는 했지만, 링컨의 고민을 해결해주지는 못했다.

월요일 아침에 체이스가 콜럼버스로 떠날 무렵, 링컨은 임시 해결책을 찾아냈다. 캐머런에게 재무장관직을 다시 제안하지는 않겠지만, 다른 직책에 대한 가능성을 열어두기로 했다. 그날 링컨은 트럼벌에게 털어놓았다. "능력과 확고한 결의, 청렴함, 교양에 비추어볼 때 체이스는 재무부의 수장으로 손색이 없는 사람입니다. 반드시 그가 재무장관이 되어야 합니다." 링컨이 이렇게 단언한 이유는, 체이스만이 오랫동안 슈어드와 대립했던 뉴욕의 상인 계층을 만족시킬 수 있기 때문이었다. 하지만 그렇게 되면 펜실베이니아 보호무역주의자들의 거센 반발을 불러올 위험이 있었다. 링컨은 말했다. "이 난국을 돌파하기 위해 캐머런은 반드시 협조해야 합니다." 이 복잡한 상황을 해결할 방법은 전쟁장관이라는 보다 낮은 직책을 맡도록 캐머런을 설득하는 것이었다.

링컨은 신중하게 움직이기 시작했다. 그는 먼저 캐머런에게 타협의 편지를 보냈다. 처음 보낸 편지는 "극도로 불안한 상태에서" 쓴 것이라면서, 불쾌하게 할 의도는 없었으니 이해해 달라고 했다. 워싱턴에 도착하기 전에 펜실베이니아 출신을 내각에 임명한다면 먼저 캐머런에게 말할 것이며, "당신의 견해와 요청을 중시할 것"이라고 약속했다.

링컨의 복잡한 계획을 확실히 알지 못했던 체이스는 약간 주저하며 스프링필드를 떠났다. 그는 링컨과의 대화가 편안하고 솔직했다고 말하긴 했지만, 상원에 남는 게 더 낫겠다는 그를 만류하는 확실한 제안을 받지 못했다는 것이 영 불안했다. 오하이오로 가는 기차에서 그는 몇몇 친구들에게 링컨을 방문해 자신을 도와 달라고 설득하는 편지를 썼다. 그는 하이럼 바니에게 "훌륭한 친구들이 스프링필드로 보내는 대표단을 구성하여 신속하고 현명하게 도와줄 것이라 믿네."라고 말했다.

체이스의 친구들은 링컨에게 항의했지만, 링컨은 캐머런에게 충동적으로 보낸 편지로 일어난 문제가 해결되지 않는다면, 2월 말 워싱턴에 도착할 때까지 더 이상 공직을 제안하지 않겠노라 결심했다고 말했다. 상황이 불확실하자 체이스는 점점 더 초조해졌다. 그는 엘리자베스 파이크에게 편지를 보냈다. "내 이름을 '고려 대상'이 되게 하고 내가 원치 않는 직책의 후보로 여러 사람의 입과 언론에 오르내리게 허락한 것으로, 친구들이 합리적으로 내게 부탁할 수 있는 일은 모두 했다고 생각합니다. 이번 주 안에 링컨 씨에게 더 이상 나를 고려하지 말라는 편지를 보낼 작정입니다." 그러나 체이스는 링컨에게 자기 이름을 내각 고려 명단에서 빼 달라고 요청하는 편지를 보내지 않았다. 관직과 명예에 대한 크나큰 욕망 때문에, 체이스는 임명에 대한 모든 결정권이 링컨에게 넘어가는 것을 보고만 있었다.

연방 탈퇴의 움직임

링컨이 내각 구성에 열중해 있는 동안, 나라는 심각한 분열의 위기를 맞고 있었다. 링컨이 서로우 위드와 만남을 가졌던 1860년 12월 20일, 공화당의 승리를 유감스럽게 지켜보았던 사우스캐롤라이나 주는, 주 전당대회를 열어 연방에서 탈퇴하기 위한 조례를 만장일치로 통과시켰다. 최남부 지방 전역에서는 이 결정을 대대적으로 환영했다. 이후 다음 6주 동안 미시시피, 루이지애나, 플로리다, 앨라배마, 조지아, 텍사스 등 여섯 개의 주가 추가로 그 뒤를 따랐다. 〈찰스턴 커리어〉의 특파원은 링컨의 승리가 남부 급진주의자들에게, "충실한 남부인, 즉 남부 연맹 모두가 간절히 원했던" 목표를 달성할 기회를 주었다고 말했다. 대통령 선거가 끝난 날 밤, 찰스턴 주민들은 "에이브러햄 링컨, 최초의 북부 연맹 대통령"이라고 적힌 플래카드와 링컨의 인형을 들고는 횃불 의식을 하러 몰려갔다. 두 노예가 링컨 인형을 교수대로 끌어올렸고, 불을 붙였다. 교수대는 "군중의 환호성 속에서" 빠르게 타올랐다.

그러나 사실 "흑인 공화당원"의 당선은 북부에 대한 남부의 수많은 불만을 쏟아내게 한 마지막 방점에 지나지 않았다. 남부의 연방 탈퇴 조례에는 노예 소유주를 새로운 준주에서 추방하려는 시도, 도망 노예법의 시행 실패, 남부인들을 비웃었던 지속적인 노예 문제 선동, 그리고 존 브라운 습격으로 야기된 폭동의 두려움 등이 열거되어 있었다.

남부 신문들이 이미 오래전부터 공화당 후보인 링컨이 당선되면 연방을 탈퇴하겠다고 협박하기는 했지만, 탈퇴 운동의 맹위와 그 엄청난 속도는 뷰캐넌 대통령을 포함한 북부의 많은 이들을 충격에 빠뜨렸다. 미혼이었던 대통령은 젊은 친구의 결혼 피로연에 참석했다가 사우스캐롤라이나 주의 탈퇴 소식을 듣게 되었다. 웅성대는 사람들 속에서, 사우스캐롤라이나 하원의원 로렌스 키트가 자기 주의 탈퇴 조례를 높이 들고 흔들면서 소리쳤다. "감사합니다! 하나님, 감사합니다! 학교에서 풀려난 소년 같은 기분입니다!" 이 말을 들은 뷰캐넌은 "어안이 벙벙한 듯, 뒤로 쓰러지면서" 의자 팔걸이를 붙잡았다. 더 이상 피로연을 즐길 수 없었던 그는 즉시 자리를 떠났다.

다음해 3월 4일에야 취임할 예정이었던 링컨에게는 불안과 좌절감이 고조되는 시간이었다. 그는 신문을 열심히 읽고 "다양한 전례와 권위 있는 책 등을 성실하게 연구하며" 국정 전반을 완벽하게 파악하기 위해 노력하고 있었지만, 조국이 붕괴되는 모습을 손 놓고 보고 있다는 자책감이 그를 힘들게 했다. 그는 당선과 취임 사이의 불안한 몇 달을 없앨 수만 있다면, 그 기간에 해당하는 "몇 년"의 수명을 기꺼이 줄이겠노라고 말하기도 했다.

뭔가 화해의 말을 해 달라는 부탁을 받은 링컨은 "공화당 후보의 당선에 대한 일종의 사죄로 여겨질 만한 입장은 남부에게" 취하지 않겠다고 거절했다. 그는 자신의 입장을 누그러뜨리는 것은 북부의 지지자들을 실망시킬 뿐이며 남부에서도 환영받지 못하리라 생각하며 굽힘 없이 공화당 강령을 지지하기로 결심했다. 미주리 주의 민주당계 신문 편집자가 미주리의 연방 탈퇴를 막기 위한 유화적인 공개 성명을 부탁하자, 링컨은 이렇게 대답했다. "제 입장이 아닌 말은 할 수 없습니다. 그리고 대중에게 '인쇄된 말'로 제 입장을 전하고 싶지도 않습니다. 귀사처럼 지금까지 제 말을 왜곡하고 와전했던 신문들이, 이제부터 독자들 앞에 제 말을 완벽하고 정확하게 전한다면 더 이상은 오해가 없으리라는 제 충고를 용서해주십시오. 저는 제 입장을 바꿀 자유가 없습니다. 이점에 대해선 논란의 여지가 없습니다. 탈퇴만으로 저를 놀라게 했다고 생각하는 탈퇴론자들은 더 크게 소리쳐야 할 것입니다."

연방 붕괴에 대한 공포가 북부의 경제와 주식시장에 악영향을 주기 시작하자, 링컨은 어쩔 수 없이 예정되어 있던 시카고 트럼벌 연설에서 공식적인 입장을 일부 표명하는 데 찬성했다. 하지만 그는 그저 자신이 권력을 장악하면 "모든 주는 그 어느 때보다 확실하게 자신들의 정책을 통제할 것이며, 그로써 재산권 보호는 물론이고 평화와 질서 유지를 위한 수단을 스스로 선택하고 이용하는 완벽한 자유를 누릴 것"이라고만 말했다.

하지만 링컨의 예상처럼, 연설은 긍정적인 반응을 얻지 못했다. 그는 〈뉴욕 타임스〉의 헨리 레이먼드에게 편지를 보냈다. "〈보스턴 커리어〉와 그 부류는 내 연설이 차기 행정부가 공화당의 입장을 저버릴 것을 암시한다며 북부를 자극하려 합니다. 한편 〈워싱턴 컨스티튜션〉과 그 부류는 똑같은 연설을 두고 남부에 대한 공식적 전쟁 선포라며 그들을 자극하려 합니다." 그는 남부가 지금 눈이 있으나 보지 못하고 귀가 있으나 듣지 못한다고 주장했다.

링컨은 자기 입장에 대한 언론의 왜곡에 분개했지만, 사적인 편지에서만 분노를 토로했다. 링컨은 헨리 레이먼드가 보낸 편지를 통해, 그 신문의 기고가인 윌리엄 스메데스라는 부유한 미시시피 신사가 링컨이 노예제 폐지를 맹세하고 흑백 평등을 외치며 온 국민을 비도덕적이고 야만적이라고 비난했다고 주장하며 자기 주의 탈퇴가 정당하다고 말했다는 소식을 들었을 때, 이렇게 대답했다. "당신 신문의 기고가 스메데스는 단단히 미친 사람이군요. '링컨 씨'는 노예제의 궁극적 폐지를 주장하지 않았습니다. 그리고 스메데스 씨가 말한 것처럼 흑인이 백인과 평등해야 한다고 주장하지도 않았습니다. 또한 백인을 비도덕적이고 야만적이라고 비난한 적도 없습니다."

스메데스는 자신의 주장에 대한 근거를 제시하기 위해, 신시내티의 자유 흑인들이 체이스에게 은주전자를 선물했던 그 행사에서의 연설을 링컨이 했다고 날조했다. 그리고 "그 악명 높은 연설 때문에, 링컨 씨가 번개를 맞더라도 그걸 죽음이 아니라 합당한 벌이라 여길 것이다."라고 단언했다. 격분한 링컨은 "내 평생 흑인 집회에 참석한 적도 없고, 누가 누구에게 선물한 주전자를 본 적도 없다."고 반박했다. 링컨이 이 "철저한 날조"에 대해 분노한 건 당연한 일이었지만, 그의 답변은 인종 문제에 대한 그와 체이스의 차이를 드러낸다. 링컨의 관점이 대다수 북부인의 입장을 반영하기는 했지만, 체이스는 그 행사에 참석했던 때를 인생에서 가장 자랑스러운 순간으로 생각했다.

어떻게 분열을 막을 것인가

자신의 입장에 대한 남부의 악의적 왜곡에 분노하고 있던 링컨은 공화당이 분열 조짐을 보이자 더욱 괴로워했다. 한편에서는 적당한 타협을 하면 남은 여덟 개의 노예주를 연방에 잡아둘 수 있다고 주장하면서 탈퇴 운동이 더 이상 확산되지 않기를 기대했다. 그러나 일부 강경파들은 타협이 남부를 더욱 대담하게 만들 것이라고 주장했고, 더욱 극단적인 이들은 무력만이 남부를 연방으로 되돌릴 방법이라 여겼다. 대통령 당선자로서 공화당의 두 대립 세력을 화합시켜야 할 책임이 막중했지만, 워싱턴에서 700마일 이상 떨어진 스프링필드에 머물고 있던 링컨은 이 문제에 적극적으로 개입하지 못했다.

하지만 링컨은 복잡하고 치밀한 몇 가지 방법을 통해, 탈퇴 바람이 거세게 불던 겨울 동안 가까스로 공화당을 지켜냈다. 링컨은 노예제 확대 문제에 대해 타협은 없어야 한다고 트럼벌에게 말했다. "타협이 있다면 우리의 모든 노력은 사라지게 될 것이다. 단호해야 한다. 치열한 노력이 이루어져야 한다." 새로운 준주에 노예제가 도입되면, 남부가 결국 쿠바를 합병하거나 멕시코를 침략하려 할 것이라 확신했던 링컨은, 그로 인해 기나긴 싸움이 다시 시작될 까봐 두려워했다.

링컨은 준주의 노예제 문제에 대해 확고하긴 했지만, "도망 노예와 노예무역 문제, 그리고 노예제가 존재하기 때문에 발생되는 모든 요구"에 대해서는 기꺼이 타협하겠노라고 슈어드에게 말했다. 상하 양원의 유사한 성격을 가진 두 위원회가 탈퇴 문제를 다루려 한다는 소식을 접한 링컨은 문제를 해결하기 위해 세 가지 방안을 세웠다는 밀서를 슈어드에게 보냈다. 그는 스프링필드에서 작성되었다는 사실을 알리지 말고 13인의 상원위원회에 이 제안을 발표하라고 슈어드에게 지시했다. 첫 번째 방안은 "기존 노예주의 노예제를 폐지하거나 간섭할 권한을 의회가 갖기 위해 헌법을 바꾸려 해서는 안 된다."라는 것이었다. 두 번째는 도망 노예가 배심 재판을 받을 수 있도록 도망 노예법을 수정하라는 것이었다. 세 번째로는 도망 노예법과 대립되는 모든 주의 인신 자유법을 폐지할 것을 권했다.

슈어드는 이 제안으로는 탈퇴 운동을 막을 수 없다고 생각하면서도, 출처를 밝히지 않고 링컨의 해결 방안을 발표하는 데 동의했다. 그는 연방에 속한 접경주의 탈퇴를 막는 것이 급선무라고 링컨에게 말했다. 물론 그는 켄터키주의 존 크리텐든이 작성한 몇 가지 제안을 채택하지 않는다면, 그 어떤 방법으로도 확실하게 접경주를 말릴 수 없을 것이라고 우려하긴 했지만 말이다. 크리텐든 타협안은 태평양까지 미주리 타협의 경계를 늘려 준주로 노예제를 확대할 것을 제안하고 있었다.

링컨은 노예제를 확대시켜서는 안 된다는 확고한 믿음을 가지고, 동요하는 슈어드와 다른 공화당원들이 크리텐든 타협안을 지지하는 것을 막았다. 남부 주가 연이어 연방에서 탈퇴하자, 슈어드는 회유가 연방을 구할 수 있는 유일한 방법이라고 믿었다. 하지만 이 문제에 대한 링컨의 입장이 너무나 확고했기 때문에 공화당이 타협안을 채택할 확률은 "조금도" 없었다. 그래도 슈어드는 그 특유의 낙천성을 잃지 않고, 시간이 지나면 선동은 점차 약해지고 충성심은 강해질 것이라고 링컨에게 장담했다.

시간이 탈퇴 위기를 평화롭게 해결해주리라는 빈약한 희망은 이후 일어난 여러 사건 때문에 이내 무색해졌다. 사우스캐롤라이나 주에는 세 개의 요새가 있었다. 로버트 앤더슨 소령이 지휘하는 모울트리 요새, 섬터 요새, 핀크니 성이 그곳이다. 사우스캐롤라이나는 이 세 곳 모두가 자기 주의 영역이라고 주장하며, 새 '공화국'의 세 사령관에게 이 문제를 뷰캐넌 정부와 협의하도록 했다. 존 니콜라이는 이렇게 말했다. "캐롤라이나 사람들은 처음부터 이 요새들을 차지할 의도였던 게 분명하다. 이것이 연방정부에 대항할 수 있는 유일한 수단이었기 때문이다."

12월 말, 뷰캐넌 대통령이 앤더슨 소령에게, 모울트리 요새가 공격당하면 항복하라고 지시했다는 소문이 스프링필드에 나돌았다. 링컨은 그 소문을 듣고, "그게 사실이라면 그를 사형시켜야지!"라고 니콜라이에게 말했다. 그는 곧장 친구 워쉬번 의원을 통해 윈필드 스콧 장군에게, 자신의 취임 때까지 상황에 따라 요새를 점유하거나 되찾기 위한 방안을 준비하라는 전갈을 보냈다.

줄곧 동요하고 있던 뷰캐넌은 이 문제에 대해 쉽게 결정을 내지리 못했다.

이 문제는 이미 위태로운 상황이었던 그의 내각을 더욱 분열시켰다. 재무장관이었던 조지아 주의 하웰 콥은 사직하고 고향으로 떠났고, 몇몇 탈퇴주의자들은 충실한 연방주의자인 국무장관 제러마이어 블랙, 우정장관 조지프 홀트와 "뷰캐넌의 귀를 차지하기 위해 경쟁하며" 남아 있었다. 내각이 위기에 빠진 가운데, 블랙은 워싱턴에서 변호사 생활을 하던 친한 친구 에드윈 스탠턴에게 법무장관직을 제안하라고 뷰캐넌을 설득했다. 뷰캐넌이 모호한 입장을 취하고 있는 동안, 위험한 움직임을 감지한 앤더슨은 1860년 12월 26일 밤 부대를 모울트리 요새에서 상대적으로 덜 취약한 섬터 요새로 이동시켰다. 다음날, 사우스캐롤라이나는 방치된 모울트리 요새와 핀크니 성을 점령했다.

블랙과 홀트, 스탠턴의 설득을 받은 뷰캐넌은 섬터의 앤더슨에게 증원부대를 보내기로 결정했다. 1월 초 스프링필드에서 링컨이 체이스를 만난 바로 그날, '서부의 별'이라는 비무장 상선이 군대와 보급품을 싣고 찰스턴 항으로 향했다. 그러나 찰스턴 항에 도착했을 때 배는 해안 포병중대의 사격을 받았다. 서부의 별은 즉시 뱃머리를 돌려 북부로 돌아갔다.

이 극적인 사건은 슈어드가 '워싱턴의 열광'이라고 표현한 엄청난 반향을 불러일으켰다. 뷰캐넌 내각의 신참 에드윈 스탠턴보다 더 걱정이 많은 사람은 없었다. 연방에 충실하고 천성적으로 의심이 많으며 흥분을 잘했던 그는 탈퇴주의자들이 나라의 수도를 점령하여 링컨의 취임을 막으려는 계획을 세웠다고 확신했다. 스탠턴은 워싱턴의 모든 부서에 배신자와 스파이가 있을까봐 두려워했다. 이것저것 조사하던 그는 군대가 광범위한 지역에 배치되었으며, 배신한 장교들이 북부의 무기고에서 무기를 빼돌려 남부의 여러 지역으로 옮겼다는 것을 알게 되었다. 스탠턴은 메릴랜드와 버지니아 주마저 탈퇴 열풍에 휩쓸린다면, 탈퇴주의자들이 워싱턴을 차지하게 될 것이라고 생각했다. 이렇게 되면 그들은 "정부와 옥새, 육군과 해군을 통제할 자금과 명백한 권리"를 갖게 될 것이었다. 스탠턴은 취임 전 링컨 암살 기도를 포함하는 "이 위험한 상황"에 대한 자신의 정보와 우려를 뷰캐넌 대통령이 좀처럼 믿지 않자 화가 났다.

이 중요한 시기에 스탠턴은 "중대한 결정"을 내렸다고 그의 전기 작가들은 말한다. "그는 당의 충성과 내각 비밀엄수에 대한 맹세에 개의치 않고 대통령 몰래 일하겠다고 결심했다." 백악관이 마비되고 민주당이 분열하자, 그는 "국회와 공화당 지도자들이 마지막 희망이며 그가 기댈 최후의 보루"라고 단정했다. 스탠턴은 자신이 정보 제공자가 되면 취임 선서에 위배되겠지만, 헌법을 지지하겠다는 맹세가 가장 중요하다는 결론을 내렸다.

확실한 정보통을 찾던 스탠턴은 슈어드를 택했다. 구석구석에 잠복해 있던 탈퇴주의자들이 신문에 밀고할지 몰라서 슈어드와 공개적으로 이야기를 나눌 수 없었던 스탠턴은 피터 왓슨을 설득했다. 거의 매일 밤 왓슨은 슈어드의 집에 들러 스탠턴의 말이나 메모를 전했고, 그에 대한 답변을 가지고 돌아갔다.

슈어드와 스탠턴은 12월 29일에 처음 만났던 것으로 추정된다. 슈어드가 그날 밤늦게 보낸 비밀 편지로 급작스럽게 만들어진 자리였다. 슈어드는 링컨에게 편지를 보냈다. "오랫동안 나는 대통령 자문기관에서 이루어지는 일을 볼 수 있었습니다. 사태가 생각보다 심각해지는 것을 보는 것은 내게 고통입니다. 3월 4일 경에 수도를 점령하려는 계획이 세워지고 있습니다. 지금 제가 무슨 말을 쓰는지 알고 있다고 믿으십시오. 사실상 당신의 내각에 대한 책임은 때가 되기 전에 시작되어야 합니다. 따라서 예정보다 빨리 와주십사 다시 제안합니다. 지금쯤이면 신중하지 못해 서명을 빠뜨린 이 편지를 누가 썼는지 아시리라 믿습니다." 그날 밤, 슈어드는 프랜시스에게 "배신은 우리 도처에 있소."라고 털어놓았고, 위드에게는 정부를 점령하려는 계획이 "대통령 근처에서 사주되고 있다."고 경고했다.

슈어드는 스탠턴이 자신과만 연락을 주고받고 있다고 생각했다. 하지만 사실 교활한 스탠턴은 찰스 섬너, 새먼 체이스, 상원의원 헨리 도우스를 포함해 여러 다른 공화당원들에게도 은밀히 위험이 다가오고 있다는 소식을 퍼뜨렸다. 도우스에 따르면 스탠턴은 "빠른 정보 공개로" 국가의 적에게 물자와 무기를 넘겨주려는 몇몇 장교들의 시도를 방해할 수 있었다고 한다. 점점 두려워진 스탠턴은 섬너를 자신의 사무실에 초대했다가 이야기하기에 안전하다고 느껴지는 곳을 찾아 방을 여섯 번이나 옮겼다. "은밀한 곳에서 만나 늦은 밤 가로등 불빛으로 읽은 다음, 다시 정해진 사람만 아는 곳에 돌려놓은" 문서들에 대한 합의가 이들 사이에서 이루어졌다.

스탠턴이 다른 이들과도 연락하고 있다는 것을 눈치 채지 못한 슈어드는 자신의 어깨 위에 연방을 구할 무거운 책임이 놓여 있으며, 자신만이 문제를 해결할 수 있는 열쇠를 가지고 있다고 생각했다. 1861년 1월 10일, 그의 국무장관 임명이 공식적으로 발표된 후, "갓 출범한 내각과 공화당을 대표하는 인물로 부각되자" 슈어드의 압박감은 엄청나게 커졌다. "모두가 그를 주시했고, 그는 연방을 구하기 위해 어떤 일이라도 하라는 사람들의 탄원에 압도되었다."라고 훗날 헨리 애덤스는 적었다. 의원와 각료, 불안한 시민 수백 명이 그에게 "기도와 눈물로" 호소했다. 슈어드는 "나라의 실질적인 최고 지도자"가 되었다. 아니, 그는 그렇게 생각했다.

나라에 공화당의 강한 목소리가 필요하다고 생각한 슈어드는 1월 12일 상원에서 중요한 연설을 하겠노라 선언했다. "미국 의회 역사상 슈어드 씨의 연설 때만큼, 많은 인파가 간절한 마음으로 연설을 듣고자 모여든 적은 없었다."고 〈시카고 프레스 앤 트리뷴〉의 기자는 보도했다. "거의 모든 상원의원과 각료들의 가족이 참석했다."고 다른 기자는 보도했다.

슈어드가 연설을 시작하자 복도 양쪽에 서 있던 상원의원들은 재빨리 집중하며 자리에 앉았다. 그중 미시시피 주의 제퍼슨 데이비스는 남부 연맹의 대통령이 되기 위해 곧 상원을 사직할 계획이었다. "아무도 평소처럼 편지를 쓰는 데 열중하지 않았고, 아무도 사환을 부르지 않았으며, 아무도 전갈에 응답하지 않았다. 수많은 청중은 빠짐없이 그의 말을 한 마디도 놓치지 않기 위해 귀를 기울였다."

슈어드의 가장 큰 목적은 국민에게 연방의 필요성과 연방이 파괴되었을 때 일어날 수 있는 엄청난 재난을 알리는 것이었다. 그는 분열이 "영원한 내전" 상태를 초래할 것이라고 경고했다. 그 어느 쪽도 권력이나 힘의 불균형을 묵인하지 못할 것이기 때문이다. 그렇게 되면 외세가 기회를 틈타 분열된 나라를 약탈하며 침입해올 것이라고 그는 주장했다. "수호천사가 날아가면, 모든 것을 잃게 될 것입니다."

발 디딜 틈 없는 청중석에서 그의 연설을 듣고 있던 한 보스턴 기자는 "눈물을 참을 수 없었다. 나라의 위대한 사람들이 이제는 죽었다는 슈어드의 암시, 그리고 분열과 내전이 불러올 재난에 대한 그 생생한 묘사를 듣고, 슈어드 바로 앞에 앉았던 덕망 높은 크리텐든 상원의원이 눈물을 흘리다가 감정을 주체하지 못해 얼굴을 손수건으로 덮는 모습을 보았다."고 전했다.

연설이 두 시간째로 접어들었을 때, 슈어드는 탈퇴 흐름을 막을 것이라 기대했던 타협안을 제안했다. 그는 "편견은 화해로, 부당한 요구는 원칙을 저버리지 않는 양보, 폭력은 평화로 대처하기 위해" 노력했다. 그는 미래의 의회가 기존에 존재하는 주의 노예제에 간섭하지 못하게 하는 헌법 수정을 요구하고, 도망 노예법과 대립되는 모든 인신 자유법 폐지를 제안하는 링컨의 해결 방안을 먼저 제시했다. 그리고 "탈퇴와 분열이라는 괴상한 운동이 끝났을 때" 헌법 제정회의가 그 밖의 헌법 수정을 고려할 가능성을 포함하는 자신의 몇 가지 해결책을 덧붙였다. 거의 두 시간이 지난 후 그가 감동적인 말로 연설을 끝맺었을 때, 청중석에서는 우레와 같은 박수가 터져나왔다.

슈어드가 예상했던 것처럼, 그의 연설은 최남부 지방의 일곱 개 주에는 별다른 영향을 주지 못했다. 그곳에서는 탈퇴 운동이 계속되었다. 다음주, 의원직을 사퇴한 후 남부로 돌아가기로 결정했던 제퍼슨 데이비스를 포함한 다섯 명의 남부 상원의원들은 동료들에게 작별 연설을 하기 위해 일어났다. 제퍼슨 데이비스는 가장 고통스러워 하며 작별 연설을 했다고 한다. 며칠 동안 잠들지 못했던 그는 "이루 말할 수 없이 슬프고" 몹시 마음 아프며, "절망에 가까운 심정"인 듯했다.

"북부 출신 상원의원 여러분, 저는 여러분에게 조금도 적개심을 느끼지 않습니다. 우리 사이에 어떤 논란이 있었다 해도, 여러분 중에 신 앞에서 안녕을 빌지 못할 분은 없습니다." 오랫동안 쌓아온 우정을 쉽게 버릴 수는 없었다. 슈어드는 몇 년 전 데이비스가 실명을 할 위험이 있는 고통스러운 질병에 시달릴 때 매일 그를 방문했었다. 상원의원들의 가족들도 남부인들이 출발을 준비할 때 힘들어했다. 탈퇴한 주 출신의 상원의원들이 고향으로 돌아가기 위해 짐을 꾸리자, '워싱턴의 통치'는 끝났다는 게 확실해졌다. 남부 상류층의 저택은 폐쇄되었고, 그들의 생활을 아름답게 장식했던 옷과 증권, 도자기, 융단, 세간은 커다란 트렁크와 상자 속에 담겨 남부의 농장까지 증기선으로 이송될 것이었다.

슈어드는 최남단 지역의 상황을 이해했다. 그해 겨울 그의 시선은 접경주를 향해 있었다. "그의 크나큰 희망은 접경주의 연방주의자들이 집에 가서 분리주의자들의 비난을 부정할 수 있는 시간을 버는 것이었다."고 젊은 헨리 애덤스는 말했다. 이런 면에서 그의 연설은 성공한 것 같았다.

〈뉴욕 타임스〉의 한 사설은 다음과 같이 끝을 맺었다. "링컨 내각이 수행할 용기의 표시로, 연설은 모든 이들에게 연방의 영속이 가장 중요하며 모든 계층의 이익과 원칙, 정서를 세심하게 고려할 것이라는 확신을 주었다. 그 어떤 양보도 탈퇴한 주를 연방으로 돌려놓지는 못하겠지만, 많은 이들이 탈퇴의 거센 물결이 곧 진정되리라는 희망에 차 있었다."

1860년 11월 링컨이 당선되었을 때부터 1861년 3월 취임할 때까지 혼돈의 시기에 슈어드는 "경이로운 정치적 수완으로 역사에 길이 남을 투쟁"을 하고 있었다고 헨리 애덤스는 판단했다. 이후 몇 주 동안, 남부의 연방당원들은 새로운 용기를 냈다. 중요한 버지니아 주에서는 연방당이 우세했다. 그 당원들은 큰 차이로 탈퇴론자들을 이겼고, 워싱턴에 평화 전당대회를 제안하면서 전당대회가 끝날 때까지 더 이상의 행동을 취하지 않겠다고 넌지시 약속했다. 며칠 후, 테네시와 미주리 주가 그 뒤를 따랐다. 뉴욕의 일기 작가 조지 템플턴 스트롱은 "탈퇴는 자연히 소멸했다."라고 기쁜 듯 적으면서 북부 전역의 그릇된 낙관주의를 드러냈다.

연설을 성공적으로 마쳤다고 생각한 슈어드는 자신이 원칙을 저버리지 않고도 "새 내각을 구성하고 걱정을 가라앉힐" 시간을 벌었다고 믿었다. 그러나 불행히도 강경파들은 슈어드의 연설을 다르게 해석했다. 찰스 섬너와 태디어스 스티븐스, 새먼 체이스는 반역이라 여겼던 탈퇴주의 행동에 대한 슈어드의 회유적인 어조에 격분했다. 급진파 공화당원들은 슈어드에게 분노했고, 이 적대감은 남은 평생 그를 따라다니며 괴롭혔다. 섬너는 한 친구에게 편지를 보냈다. "슈어드의 연설을 듣고 개탄을 금치 못하겠네. 그는 연설을 하기 나흘 전에 내게 내용을 읽어주었네. 그가 자신의 제안을 이야기했을 때 나는 진심으로 이의를 제기했네. 우리의 대의와 그의 명성을 위해, 그에게 그런 말은 하지 말라고 간청했네." 펜실베이니아 출신의 열성파 노예제 폐지론자인 태디어스 스티븐스도 몹시 흥분했다. 스티븐스는 이미 어떠한 타협안도 반대한다고 공표했던 체이스에게 편지를 보내, 링컨이 "슈어드를 따라 양보로 평화를 사려고 강령을 무시한다면, 나는 또 다른 7년(혹은 30년) 전쟁을 치르기에는 너무 늙었으니 싸움을 포기하겠소이다."라고 경고했다.

또한 이 연설은 칼 슈르츠처럼 오랫동안 슈어드를 위대한 노예제 반대 운동의 지도자로 여겼던 이들에게 실망을 안겨주었다. "슈어드를 어떻게 생각하오?" 슈르츠는 아내에게 물었다. "강자는 타락했소. 그는 노예제 세력 앞에 굴복했다오. 타협과 양보의 길을 택했소. 그가 왜 이렇게 포기하게 되었는지 모르겠소. 너무나 힘든 일이오. 우리는 그를 확고하게 믿었고, 너무나 큰 애정을 갖고 있었다오. 지금은 지도자를 시험하는 혼란한 때이고, 아마 많은 이들이 지도자가 사라졌음을 알게 될 것이오."

워싱턴의 격한 분위기 속에서 당원들의 신뢰를 잃었다는 사실을 알게 된 슈어드는 급격히 노쇠했다. 워싱턴에 방문한 찰스 프랜시스 애덤스 2세는 지난 9월 유세 여행 이후 너무나 크게 달라진 슈어드의 모습에 경악했다. "이 혹독한 시기가 그에게 큰 영향을 미치고 있는 게 틀림없었다. 지나칠 정도로 야위고 지쳐 보이는 데다 오번에서 헤어졌을 때보다 10년은 더 나이 들어 보였으니 말이다."

슈어드는 화해 연설 때문에 오랜 지지자들의 존경을 잃었지만, 그래도 내전을 막기 위해 평화의 손을 내민 것은 옳은 판단이었다고 생각했다. 그러나 그의 아내 프랜시스의 생각은 전혀 달랐다. 그녀는 연설이 끝나고 몇 시간이 지난 후 오번에서 전보로 연설문을 받았다. 그녀는 남편을 신랄하게 비판하는 편지를 보냈다. 그녀는 "감동적인 당신 연설은 당신을 가장 사랑하는 이들의 전폭적인 지지를 받는 데에는 실패했습니다."라고 운을 뗐다. "당신은 10년 전 대니얼 웹스터를 치욕스러운 파멸로 이끌었던 길로 접어들지 모르는 위험에 처해 있습니다. 연방을 보호하는 것이 400만 명의 자유보다 더 중요하다는 생각에서 비롯된 타협은 옳지 않습니다. 노예제를 영속시키기 위한 헌법 수정, 고통받는 도망 노예를 다시 붙잡기 위한 법의 시행과 같은 타협은 신에게 인정받거나 선량한 사람들의 지지를 받을 수 없습니다." 그녀는 계속해서 말했다. "저보다 더 전쟁을 두려워하는 사람은 없을 것입니다. 16년 동안 전 우리 아들이 동포에게 총부리를 겨누는 불행을 피할 수 있게 해 달라고 간절히 기도했습니다. 하지만 지금 전쟁을 막기 위해 노예제의 영속이나 확대를 찬성할 생각은 없습니다. 매정하게 말하려는 것은 아닙니다. 하지만 당신에게 위험을 경고하라는 내 양심의 충고를 따를 수밖에 없습니다."

슈어드는 아내의 비판에 몹시 괴로워하면서 "당신이 내 연설의 '양보'를 좋아하지 않는다는 것이 그리 놀랍진 않소. 그러나 얼마 지나지 않아 그건 타협이 아니라, 연방의 적으로 하여금 그들의 가장 큰 무기를 빼앗기 위한 시도였음을 알게 될 것이오."라고 설명했다.

그러나 가장 오랜 친구인 서로우 위드는 슈어드의 고통스러운 입장을 이해해주었다. 위드는 그 연설을 좋아했다. 그렇지만 슈어드가 지속적인 공격에 스스로를 노출시켰다고 생각했다. "밤새 마차에서 자네가 견뎌야 할 시련을 생각하고 있었네. 그건 지혜와 인내를 시험하는 거대한 시련일세. 지혜에 있어서 자넨 지지 않을 걸세. 하지만 인내에 관한 한, 60대인 우리는 확신하지 못하지. 자넨 이미 둘 다 갖고 있고, 그로 인해 강해졌네. 그러나 질투와 시샘, 원한으로 둘러싸여 꼼짝도 못하는 지금, 자네에게 지혜와 인내가 얼마나 더 많이 필요할지."

슈어드는 자신이 제안한 타협안 몇 개는 링컨이 은밀히 제안한 것이니 만큼, 그가 자신의 행동을 지지할 뿐 아니라 암암리에 조정했다고 믿었다. 이 믿음은 시련 속에서도 그가 평정을 잃지 않도록 해주는 버팀목이었다. 링컨은 편지를 보내 그에게 용기를 주었다. "당신의 최근 연설을 이곳에서 잘 받아보았습니다. 온 나라에 좋은 일을 하셨다고 생각합니다." 연설 몇 주 후, 워싱턴에서 찰스 프랜시스 애덤스와 만난 슈어드는 "링컨으로부터, 슈어드의 방침을 지지하긴 하지만 스프링필드에서 너무나 많은 괴롭힘을 당해 지금으로선 중립을 지켜야 할 것 같다는 이야기를 전해 들었다."고 털어놓았다.

대통령 당선자는 슈어드가 알고 있던 것보다 더 복잡한 정치적 게임에 착수했다. 슈어드의 회유적인 어조가 접경주를 조용하게 하는 효과를 거두었다는 것은 분명 기쁜 일이었지만, 링컨은 자신이 직접 타협을 주장할 경우 공화당의 중요한 지지층을 잃게 되리란 사실을 알고 있었다. 그는 슈어드가 회유의 장점을 증명하기 위해 무던히도 애쓰는 동안 확고하게 침묵을 유지했다.

링컨의 역할이 당시에는 완전히 드러나지 않았지만, 그는 내각이 출범하기도 전에 공공연한 불화로 분열될 위기에 처해 있던 까다로운 당을 단결시킨 장본인이었다. 개인적으로는 슈어드의 타협 정신을 지지하면서도 대외적으로는 단호한 태도를 나타냄으로써, 대통령 당선자 링컨은 혼란이 가중되어 결국엔 자멸할 수도 있는 상황을 놀라울 정도로 훌륭하게 통제했다.

11장

비전을 향하여

정치의 중심 워싱턴으로

탈퇴로 인한 혼란과 동요가 워싱턴을 휩쓸고 있을 때, 링컨 가족은 스프링필드를 떠날 준비를 하고 있었다. 링컨 가족은 가구 중 몇 점은 팔고 나머지는 창고로 옮긴 다음 집을 세놓기로 했다. 이삿짐을 싸기 전, 이들은 집안 응접실에서 작별 행사를 열었다. 메리는 700명에 이르는 스프링필드 친구들을 우아하게 대접했다. 빌라드는 "이곳에서 보았던 행사 중 가장 화려한 행사였다."고 말했다. 메리는 관심을 한몸에 받아 흥분했고 공직을 구하는 사람들의 값비싼 선물에 즐거워했다. 그렇지만 점차 남편이 걱정스러워졌다. 뉴욕으로 떠나기 직전, 그녀는 사우스캐롤라이나 주에서 보내온 달갑지 않은 선물을 받았던 것이다. 그것은 "목에 밧줄이 둘러져 있고 발은 사슬로 묶였으며 몸은 타르와 깃털로 장식된" 링컨을 그린 그림이었다. 천둥번개를 무서워하고 병으로 인한 죽음을 두려워했던 메리에게 그 섬뜩한 그림은 불길한 예감을 불러일으켰다.

스프링필드를 떠나기 직전 링컨은 몸이 두 개라도 모자랄 지경이었다. 공직을 구하는 사람들의 끝없는 방문을 받고 힘들게 이삿짐을 싸느라 그 무엇보다 가장 중요한 일, 즉 취임연설문을 작성할 시간과 공간이 너무 부족했다. 집이나 주지사 사무실에서 집중할 수 없었던 그는 아무런 방해도 받지 않고 혼자 있을 만한 곳을 찾았다. 그는 매일 아침 소중한 몇 시간 동안, 통합주의자들과 비타협자들 모두 초조하게 기다리는 연설문을 쓰고 문장을 다듬었다.

떠날 시간이 가까워지자 링컨은 지난 30년 동안 정들었던 이 도시와 항상 함께 기뻐하고 슬퍼했던 오래되고 믿음직한 친구들과 헤어지게 된다는 생각에 슬퍼져서, 평소와 달리 우울한 기분에 젖어들었다. 그는 사랑하는 의붓어머니에게 작별인사를 하고 아버지의 무덤에 가보기 위해 파밍턴으로 여행을 떠났다. 다시 집에 돌아온 그는 16년 동안 변호사 사무소 동업자였던 빌리 헌돈을 만났다. 링컨은 자신이 대통령에 당선되어서 동업관계가 잠시 중단되었을 뿐이라고 헌돈에게 말했다. "언젠가 이곳에 돌아오게 되면, 아무 일도 없었던 것처럼 다시 변호사 생활을 함께하세."

2월 11일, 링컨이 친구들과 함께 기차역으로 향하던 그날, 날씨는 습하고 몹시 추웠다. 수도 워싱턴으로 에둘러가는 12일 동안 링컨은 수십만 명의 시민들과 만날 것이었다. 그는 자기 트렁크를 밧줄로 묶은 다음 간단하게 적었다. "A. 링컨, 워싱턴 D.C., 백악관." 장남 로버트는 아버지와 함께 출발했다. 메리와 어린 두 아들은 다음날 합류할 예정이었다.

기차역에 도착한 링컨은 작별인사를 하기 위해 몰려든 천여 명의 시민을 보았다. 그는 대기실에 서서 친구들과 한 명씩 악수를 나누었다. 오전 8시가 가까워오자, 링컨은 전용 객차의 승강장으로 향했다. 많은 사람들이 그를 배웅하기 위해 뒤를 따랐다. 그는 모자를 벗고 연설을 시작했다. "친구 여러분, 지금 제 처지에 서보지 않은 분은 이 이별의 순간 제가 느끼고 있는 슬픔을 짐작하지 못하실 것입니다. 이 고장과 여기 살고 계시는 친절한 여러분에게 저는 많은 빚을 지고 있습니다. 25년 전에 이곳을 찾아왔던 젊은이는 이제 늙은이가 되었습니다. 이곳에서 제 아이들이 태어났고 한 아이는 묻혔습니다. 오늘 저는 떠납니다. 언제 돌아올지, 혹은 돌아올 수는 있을지 아무것도 알 수 없습니다. 제 앞에는 그동안 워싱턴의 대통령들에게 주어졌던 것보다 더 막중한 임무가 놓여있습니다. …… 저를 위해 기도해주십시오. 애정을 담아 여러분께 작별을 고합니다."

짧지만 애정 어린 인사를 전할 때, 링컨을 포함해 많은 사람들의 눈에 눈물이 고였다. 〈뉴욕 헤럴드〉는 "그가 몸을 돌려 객차로 들어가자 만세삼창이 있었고, 몇 초 후 기차는 서서히 침묵하는 군중의 시야에서 사라지기 시작했다."고 보도했다. 화려한 대통령 객차도, 객차 밖에서 나부끼는 색색가지 깃발과 장식리본도 대통령 당선자의 우울한 기분을 회복시켜주지 못했다. "첫 번째 정류장인 인디애나폴리스로 가는 동안 링컨은 전용 객차에 혼자 앉아 평소의 유쾌한 원기를 잃고 침울해했다."고 기자들은 전했다. 링컨은 조국이 위기, 어쩌면 역사상 가장 큰 위험에 처해 있음을 알고 있었다.

같은 날 아침, 제퍼슨 데이비스는 그만의 여행을 시작했다. 그는 아내와 자녀들, 노예들에게 작별인사를 하고 앨라배마 주 몽고메리에 있는 남부 연맹의 새 수도로 향했다. 그는 수천 명의 환호성과 프랑스 국가 '라마르세예즈'의 선율 속에서 새 연맹의 대통령으로 취임할 예정이었다. 국회 시절부터 링컨의 오랜 친구였던 알렉산더 스티븐스는 부통령으로 선서할 것이었다.

링컨의 기분은 여행 내내 줄지어 서 있던 호의적인 군중의 "환호성과 축포, 열렬한 환영 인사"에 점차 나아지기 시작했다. 인디애나폴리스에 도착했을 때 서른네 발의 예포가 울려 퍼졌고, 기차에서 내린 그는 2만 명이 넘는 인파의 거대한 환호성을 들었다. 사람들은 거리마다 줄지어 서서 베이츠의 집으로 향하는 링컨에게 깃발을 흔들었다. 그날 링컨은 베이츠의 집에 묵을 예정이었다.

링컨은 베이츠의 저택 발코니에 서서 당선 후 첫 번째 연설을 시작했다. 긴 여행 동안 그가 한 몇 번의 주요 연설 중 하나였다. 그는 먼저 '강제력'이라는 단어를 설명했다. "시민의 동의 없이 사우스캐롤라이나 주로 군대가 진격한다면, 그것은 분명 '강압'일 것입니다. 하지만 정부가 자국의 요새를 지키거나 빼앗긴 요새를 재탈환하고자 하는 것도 강압이라고 할 수 있습니까?" 그의 표현은 큰 환호성과 끊이지 않는 박수를 자아냈다. 연설은 성공적이었다.

다음날 기차가 신시내티로 들어섰을 때, "링컨은 여행 첫째 날 보였던 우울함을 모두 떨쳐냈다. 지금 그는 평소의 모습을 되찾았다."고 존 헤이는 기록했다.

그리고 다음날 오하이오 주 콜럼버스의 주 의회의사당에서 열린 환영 행사에 참석했을 때, 링컨은 선거인단이 개표를 하고 그의 당선을 공식적으로 발표하기 위해 워싱턴에 모였다는 전보를 받았다. 지난 몇 주 동안, 슈어드와 스탠턴은 탈퇴주의자들이 선거인단의 집회를 막기 위해 이날 수도를 공격할까 봐 걱정하고 있었다. 슈어드의 아들 프레더릭은 아내 애너에게 전했다. "표를 셌고, 수도는 공격받지 않았소. 스콧 장군은 부대에 무장하도록 지시했소. 병사들은 총을 손질하고 탄약을 장전하고 말에 마구를 채우며 전쟁에 대비했다오. 하지만 적군은 없었소."

슈어드는 "13일이 안전하게 지나갔다는 데" 몹시 안도했다. 그리고 "하루하루 지날 때마다 사람들은 점점 침착해지고 심지어 내가 제안했던 정책을 긍정적으로 바라보기 시작했소. …… 마침내 나는 무거운 책임감에서 벗어났소. 나는 모래사장에서 배를 끌어내 바다에 띄웠고, 사람들이 뽑은 선장의 손에 조타석을 넘겨줄 준비를 다 했다오."라고 집으로 편지를 보냈다.

공식적인 당선 발표 후 콜럼버스에서는 성대한 축하연이 열렸다. 늦은 오후에 링컨은 주 의회 의원들을 위한 파티가 개최되었던 주지사 데니슨의 집으로 "예복을 완벽하게 갖춰 입고" 참석했다.

남은 여행 동안 기차가 펜실베이니아와 뉴욕, 뉴저지 주를 거쳐갔지만 링컨은 자신의 입장을 정리하기 위해 말을 아꼈다. 여행을 하는 동안 그는 기차가 새로운 역에 도착할 때마다 연설을 해야 했다. 그는 취임연설의 내용을 누설하거나, 나라에 엄습해오는 불길한 기운에 대해 언급해서 불안하게 유지되던 평화를 뒤흔들지 않기로 결심했다. 그래서 심각한 상황과 반대되는 낙천적인 분위기를 풍기면서 이야기하거나 아예 한 마디 말도 하지 않았다. 링컨은 청중에게 "'인위적인 것'을 제외하면 사실 위기는 없습니다! 거듭 말씀드립니다. 뱃속 검은 정치가들이 언제든 일으킬 수 있는 위기를 제외하면 위기는 없습니다. 그런 상황이 되면 냉정을 유지해주십시오. 위대한 미합중국 국민이 양측 모두에 대해 화를 참기만 한다면, 분쟁은 끝날 것입니다."라고 장담했다.

링컨은 여행 내내 자신이 정식으로 취임하기 전에 국민을 자극하거나 불안하게 만들 수 있는 모든 언행을 피하기 위해 노력했다. 그저 탁월한 유머 감각을 발휘해 심각한 정치적 논쟁을 회피하며 군중의 환호에 답할 뿐이었다. 펜실베이니아 주 웨스트필드에서는 수염을 기르라고 권했던 소녀 그레이스 베델에게 입을 맞추었다.

차기 내각의 의도를 조금이라도 알까 싶어 열심히 귀를 기울였던 사람들에게 그의 연설은 큰 실망을 안겨주었다. 찰스 프랜시스 애덤스는 "링컨의 연설은 지금껏 높게 쌓아 올린 평판을 빠르게 깎아내렸다."라고 일기에 적었다.

하지만 링컨은 언제 발밑에 펼쳐질지 모르는 실패와 절망의 나락을 잊은 적이 없었다. "그는 말을 조심하고 공식적인 발언을 자제했지만, 신중하게 선택한 문장의 미묘한 의미 차이를 해석해보면 자신이 직면하게 될 시련과 위험을 얼마나 예리하게 파악하고 있었는지 알 수 있다."고 존 니콜라이는 말했다. 예를 들어, 트렌튼에서 링컨은 "나보다 더 평화를 원하는 사람은 없다."라고 주장하면서도, "반드시 단호한 행동을 취해야 할 것"이라고 인정했다. 그때 링컨은 "가볍게 발을 들었다가 빠르되 거칠지 않은 몸짓으로 바닥에 내려놓았다."고 헤이는 말했다. 청중의 열광적인 박수소리가 잦아들지 않아 몇 분 동안 그는 연설을 잇지 못했다.

링컨은 뉴욕 시 애스터 호텔에서의 짧은 연설을 통해 다시금 의지를 드러냈다. 그는 "연방의 파괴에 찬성"하지 않겠다고 약속하는 유화적인 어조로 연설을 시작했다. 이틀 후, 필라델피아의 독립기념관에서 앞서 한 연설의 의미를 정확하게 설명했다. 독립선언서가 채택되었던 기념관에서 연설하게 되었다는 데 감동하며, 그는 이렇게 말했다. "저는 독립선언서의 정신에서 비롯되지 않은 정치의식을 가져본 적이 없습니다. …… 독립선언서의 취지는 본국과 식민지의 분리라는 단순한 문제에 국한되지 않습니다. 그것은 앞으로 영원토록 전 세계에 희망을 줄 그 무엇입니다. 독립선언서는 언젠가 때가 되면 모든 사람들의 어깨에서 짐이 벗겨질 것이고 모두가 평등한 기회를 갖게 될 것이라는 중대한 약속입니다." 그는 "연방을 그러한 정신 위에서 구할 수 있다면 저는 이 세상에서 가장 행복한 사람일 것이지만, 그러한 원칙을 포기하지 않고는 구할 수 없다면, 포기하느니 차라리 이 자리에서 암살당하는 게 낫습니다."라고 주장했다.

링컨이 '암살'이라는 불길한 표현을 쓴 이유는, 그가 남부 지지자들이 많이 사는 볼티모어에 머물 동안 그를 살해하려는 움직임이 있다는 소식이 연설 전날 전해졌기 때문이다. 링컨은 다음날 볼티모어를 방문하기로 되어 있었다. 링컨은 여행 중 그의 경호를 담당한 탐정 앨런 핀커튼을 통해 암살 계획을 들었다. 핀커튼은 링컨에게 즉시 필라델피아를 떠나 예정보다 일찍 밤 기차로 볼티모어를 통과해서 음모자들을 혼란에 빠뜨려야 한다고 충고했다. 당시 링컨과 동행했던 워드 라몬은 "링컨은 딱 잘라 거절했다. 그는 그날 아침, 독립기념관에서 국기를 게양하고 오후에는 해리스버그에서 연설하기로 사람들과 약속했다고 말했다."라고 그때의 상황을 전했다.

같은 날 오후, 슈어드의 아들 프레더릭이 의사당 청중석에 앉아 있을 때, 한 사환이 그의 아버지가 그를 급히 찾는다고 전했다. 로비에서 그를 기다리고 있던 슈어드는 프레더릭에게 볼티모어의 문제와 비슷한 사태를 경고하는 윈필드 스콧 장군의 메모를 건넸다. "네가 첫 번째 기차로 가면 좋겠구나. 링컨 씨를 찾아보렴. 아무도 모르게 하거라." 프레더릭은 즉시 기차에 올라 그날 밤 10시가 넘어 링컨이 머물고 있던 필라델피아의 콘티넨털 호텔에 도착했다.

"체스트넛 가는 사람들로 북적였고, 환하게 밝혀진 가로등 아래 음악과 만세 소리가 울려 퍼지고 있었다."고 프레더릭은 회상했다. 링컨이 사람들에게 둘러싸여 있었기 때문에, 프레더릭은 전갈을 전하기 위해 몇 시간이나 기다려야 했다. "링컨은 친근한 인사말 몇 마디와 함께 아버지의 안부와 워싱턴 정황에 대해 물어보고는 탁자 옆 가스등 아래 앉아 내가 가져간 편지를 읽었다."고 프레더릭은 전했다. 얼마 후 링컨은 말했다. "서로 무슨 일을 하는지 모르는 사람들이 각자 어떤 단서를 찾아 똑같은 결과를 내놓는다면, 확실히 뭔가 있다는 증거겠지. 하지만 똑같은 이야기가 두 개의 경로를 지나 내게 두 가지로 전달되었다면, 확실한 건 아니겠지. 그렇지 않은가?" 링컨의 자신의 반응에 실망스러워하는 기색이 역력한 프레더릭에게 "내가 이 이야기를 심각하게 여기지 않는다고 생각하진 말게. 찬찬히 생각해보고, 즉시 결정하도록 노력하겠네. 아침에 알려주지."라고 친절하게 말했다.

다음날 아침, 링컨은 해리스버그에서의 약속을 지키자마자 밤 기차를 타고 워싱턴으로 떠나는 데 동의했다. 메리의 판단과 달리, 핀커튼은 그녀와 아이들은 뒤에 남았다가 예정대로 오후에 워싱턴으로 출발해야 한다고 고집했다. 링컨은 익숙한 실크해트 대신 중절모를 쓰고서 워드 라몬과 핀커튼만 동행한 채 은밀히 야간기차의 특별 객차에 올랐다. 링컨의 기차가 지나갈 때까지 다른 기차들은 모두 다른 선로로 이동되었다. 링컨이 수도에 도착한 게 확실해질 때까지 해리스버그와 워싱턴 사이의 모든 전신은 차단되었다. 새벽 3시 30분, 기차는 무사히 볼티모어를 지나쳐 곧장 워싱턴으로 향했다.

신임 대통령으로서는 명예롭지 못한 출발이었다. 안전하게 도착하기는 했지만, 에드윈 스탠턴을 포함한 비평가들은 링컨이 워싱턴에 몰래 잠입했다는 둥 악의적인 말을 남발했다. 링컨이 스코틀랜드 격자무늬 모자와 퀼트 스커트, 긴 군복 코트를 걸치고 기차에 탔다는 야비한 소문도 나돌았다. "흠 잡히지 않으려면 음모설이 증명되기를 바란다. 음모가 명백하고 확실하게 증명되지 않으면, 밤 구름 아래 일어난 대통령 당선자의 야반 수도 밀입성은 그의 도덕성을 훼손하고 그의 내각을 조롱거리로 만들 것"이라고 조지 템플턴 스트롱은 일기에 적었다. 링컨은 스콧 장군과 핀커튼의 말에 귀를 기울였던 것을 두고두고 후회했다.

취임식까지 열흘 동안 링컨이 워싱턴 어디에서 지내느냐 하는 문제가 몇 주 동안 논의되었다. 12월 초, 몽고메리 블레어는 펜실베이니아 가의 블레어 저택에서 머물라는 초대장을 링컨 가족에게 보냈다. "잭슨 장군이 백악관을 떠난 후 머물렀던" 바로 그 방을 제안하면서 블레어 가족은 "당신이 그가 떠난 곳에서 시작하면 기쁠 것"이라고 고집했다. 한편 트럼벌 상원의원과 워쉬번 하원의원은 백악관에서 몇 블록 떨어진 곳에 링컨 가족이 지낼 개인 주택을 빌려놓았다. 하지만 링컨이 올버니를 지날 때, 위드는 이 모두를 강력히 반대했다. 그는 링컨에게 "이제 공인이니, 취임할 때까지 사람들이 쉽게 다가갈 수 있는 곳에 있어야 한다."고 충고했다. 링컨은 동의했다. "사실, 저는 이제 공인이라 생각합니다. 그리고 호텔은 사람들이 저를 쉽게 만날 수 있는 곳입니다." 이렇게 해서 14번 가와 펜실베이니아 거리 모퉁이에 있어 백악관이 잘 보이는 윌라드 호텔 스위트룸이 예약되었다.

새 내각의 탄생

슈어드와 일리노이 하원의원 워쉬번이 기차역에서 링컨을 맞이해 윌라드 호텔까지 데려다주기로 했다. 슈어드는 대통령 당선자를 "거들먹거리며" 맞이했고 그의 일거수일투족을 좌지우지하려 하면서 비교적 풋내기인 링컨에게 자신을 꼭 필요한 사람으로 인식시키려 했다. 두 사람은 윌라드 호텔에서 그날 함께 아침식사를 들었다. 식사 후 슈어드와 링컨은 뷰캐넌 대통령과 그의 내각을 만나기 위해 백악관으로 향했다.

백악관에서 나와서는 슈어드가 링컨을 스콧 장군에게 안내했다. 링컨보다 키는 4센티미터 더 크고 몸무게는 두 배가 더 나가는 이 멕시코 전쟁 영웅은 이제 연로해서 잘 걷지도 못했다. 스콧과 얼마간 대화를 나눈 후, 슈어드와 링컨은 함께 한 시간 동안 마차를 타고 워싱턴 거리를 둘러보았다. 이제는, 아직 미완성된 내각 등 다급한 문제에 관심을 쏟아야 했다. 몇 달 전, 링컨은 노스캐롤라이나 주의 존 길머가 직책을 수락할 경우, 내각의 한 자리를 제안하겠노라고 위드와 슈어드에게 약속했었다. 슈어드는 연방주의자인 그 남부인을 포섭하면 접경주들의 탈퇴를 막을 수 있다고 생각했고, 링컨 역시 "남부의 강력한 입장"을 고려했을 때 길머가 최상의 선택이 될 것이라고 생각했다. 하지만 길머는 스프링필드에서 만나자는 링컨의 초대에 응하지 않았고, 슈어드는 확답을 받지 못했다.

사이먼 캐머런은 여전히 '슈어드가 내각에 꼭 필요하다고 여긴 사람'으로만 남아 있었다. 5주 전, 슈어드는 링컨에게 "캐머런을 무시하면서 동시에 비참하게 하면 몹시 난처한 일이 벌어질 거요. 앙심을 품은 캐머런의 친구들이 무슨 짓을 할지 두렵소이다."라고 경고했다. 사실 힘겹게 심사숙고한 후 링컨은 캐머런에게 관직을 제안하기로 결심하고 있었다. 기차 여행 중 펜실베이니아 주를 지날 때, 그는 커틴 주지사와 알렉산더 맥클루어를 대변할 권한을 위임받았다는 캐머런 지지자 대표단과 만났었다. 그들은, 캐머런 입각 반대는 철회되었으며 주는 이제 그를 강력히 지지한다고 링컨에게 말했다. 펜실베이니아 주가 내각에 주 대표를 둘 수 없을지도 모른다는 두려움 때문에 적대적이었던 파벌들이 캐머런을 지지하기로 합심한 게 분명했다. 그 자리에서 링컨은 "그 이야기를 들으니 몹시 안심이 됩니다."라고 말했지만, 워싱턴에 도착할 때까지 결정을 내리려 하지 않았다. 문제는 캐머런이 여전히 재무장관을 고집하고 있다는 점이었는데, 그 자리를 체이스에게 주겠다는 링컨의 결심은 흔들리지 않았다. 이후 캐머런은 자신이 원하는 것을 요구할 입장이 아니라는 사실을 깨닫고 나서야 마지못해 전쟁장관직을 받아들였다.

슈어드와의 마차 여행을 마치고 한 시간 동안 호텔에서 휴식을 취한 링컨은, 2시 30분경에 오랜 정적이었던 스티븐 더글러스를 대접했다. 그 후 슈어드가 메리 일행을 맞이하기 위해 기차역에 갔을 때, 링컨은 프랜시스 블레어 경과 몽고메리 블레어를 대접했다. 블레어 가족은 "그들은 희귀할 정도의 씨족 정신을 가지고 있다. 그들의 가족은 폐쇄 사회다. …… 그들은 어떤 일을 하든 똘똘 뭉쳐 돌파할 방법을 찾아낸다."라는 식의 평을 받고 있었다. 링컨도 이를 알고 있었지만 노년의 프랜시스 블레어를 좋아하고 신뢰했으며, 슈어드를 견제할 수 있는 옛 민주당원 겸 강경파가 필요하다는 사실도 자각하고 있었다.

블레어 가족은 슈어드의 회유적인 연설에 질겁했다. 블레어 경은 링컨에게 슈어드의 타협이 뷰캐넌의 접근 방법과 비슷하며 남부로부터 더 많은 공격을 받을 것이라고 경고했다. 블레어 가족은 자기네 강경파 입장을 너무나 격하게 내세운 나머지 사실상 전쟁을 주장하고 있었다. 몽고메리는 남부인들이 계속해서 '남부인 한 명이 북부인 여섯 명'과 같다고 믿는 한, 전쟁터에서의 "결정적인 패배" 없이는 조금도 물러서지 않을 것이라고 주장했다. 그는 "남부인들이 선동가로부터 경멸하라고 배웠던 사람들의 본질을 철저히 오해하고 있음을 전쟁은 가르쳐줄 것이다."라고 말했다. 또한 프랜시스 블레어 경은 슈어드가 링컨에게 영원한 골칫거리가 될 것이라고 경고했다. "당신의 내각에서 그의 자만심과 야망은 해악만 일으킬 것이오. 그는 당신의 라이벌을 자처하고 대권 계승을 꿈꾸는 모든 이들을 대변하며 영향력을 행사할 것이오."

링컨은 프랜시스 블레어를 좋아했고 대개는 그의 의견을 존중했지만, 오래전부터 내각의 가장 높은 자리에 슈어드가 필요하다고 생각했던 터라 자신의 생각을 바꿀 마음은 없었다. 그는 몽고메리 블레어도 입각시키기를 원했다. 진짜 남부인을 끌어들인다면 접경주의 블레어를 위한 자리는 없을 것이었지만, 길머를 영입하기 위한 시도가 실패로 끝날 것이었다. 링컨은 몽고메리에게 한 자리를 제안할 준비를 했고, 그 자리는 아마도 우정장관일 것이었다.

링컨이 블레어 가족과 이야기를 나누는 동안, 슈어드는 기차역의 엄청난 인파를 헤치고 나아가고 있었다. 링컨이 하루 전날 도착했다는 사실을 모르는 시민들은 4시 특별기차로 도착할 링컨을 환영하기 위해 몰려들었다. "마침내 기차가 도착하자, 네 개의 마차가 뒤쪽 객차로 다가갔다. 그곳에서 잠시 후 슈어드 씨가 링컨 부인과 아들들과 함께 모습을 드러냈다."고 한 기자는 보도했다. 대통령 당선자가 기차에 타고 있지 않다는 게 알려지자, 몰려든 시민들은 실망감을 나타냈다. "비가 억수같이 쏟아지는데 피할 곳이 없었다. 군중은 한두 마디 농담과 낮은 휘파람, 상당한 욕설을 퍼부었다." 이건 메리가 기대했던 환영인사가 아니었다.

링컨은, 3월 4일 국회가 폐회하기 전에 타협을 시도하기 위해 버지니아 주에 모였던 평화 전당대회 회원들을 환영하기 위한 연회가 예정되어 있었기 때문에, 9시에 윌라드 호텔로 갔다. 남부와 북부의 회원들이 모두 모였기 때문에, 버몬트를 대표하는 대의원 루시어스 치텐든이 링컨의 스위트룸에 들러 집회 활동에 대해 간단히 보고했다. 치텐든은 많은 남부 대표들이 그저 '장작 패는 사람'을 비웃거나 경멸하기 위해 왔다는 사실을 알고 있었다. 그는 "생명을 위협하는 음모에서 막 빠져나온" 링컨이 공공연하게 적개심을 나타내는 사람들이 많은 모임에서 어떻게 처신할지 상상할 수 없었다. 하지만 치텐든은 "링컨은 부드럽고 쾌활한 행동으로 모든 이를 놀라게 했다."고 감탄했다.

오하이오 주 대표는 스프링필드에서 만난 후 그간 소식을 전하지 못했던 새먼 체이스였다. 입각에 대해 여전히 확신하지 못했던 체이스는 링컨을 대의원들에게 소개해야 하는 책임을 께름칙하게 받아들였다. "링컨은 모든 이에게 적절한 인사말을 건넸다."고 치텐든은 회상했다. 소개가 끝나고, 활발한 토론이 이어졌다.

평화 전당대회는 국회에서 과반수를 점할 수 있는 안건을 내놓지 못했다.

이는 타협할 수 있는 시기가 지나갔음을 가리켰다. 그러나 어찌되었든 그날 밤, 대의원단은 대통령 당선자를 제대로 파악하게 되었다. 버지니아 주의 윌리엄 리브스는 말했다. "남부 사람들은 그동안 그를 잘못 판단하고 오해했다. 남부인들은 그를, 무식해서 혼자선 판단하지 못하고, 편견이 가득하며, 더 유능한 사람에게 기꺼이 이용당할 사람으로 여기고 있었다. 그러나 그건 잘못된 판단이었다. 그는 내각의 우두머리가 될 것이며, 스스로 판단을 내릴 것이다." 노스캐롤라이나 주의 토머스 러핀 판사는 준주 문제를 양보하지 않으려는 링컨의 태도를 크나큰 "불행"이라고 생각했지만, 헌법에 대한 그의 열렬한 지지에 안심했다.

"화창하지만 거센 바람이 도시를 휩쓸었던" 다음날 아침, 슈어드는 링컨을 데리고 세인트존의 성공회 교회에 가서 예배를 보았다. 그 후 슈어드의 집으로 돌아간 두 사람은 두 시간 동안 대화를 나누었다. 링컨은 말했다. "슈어드 주지사님, 제 임무 중 일부를 당신에게 맡겨야겠습니다. 외교에 대해서는 제가 잘 모르니 대신 처리해주십시오. 그 문제에 대해서는 당신이 잘 아시리라 생각합니다." 그리고 나서 슈어드에게 취임연설문 초안을 보여주면서 의견을 들려 달라고 했다.

다음날, 슈어드와 링컨은 상하원의사당을 비공식적으로 방문했다. 모든 상원의원들이 모여들어 그들을 맞이했다. 새 대통령을 인정하지 않았던 골칫거리 남부인들조차 호기심을 나타냈다. "버지니아 주의 제임스 메이슨은 관심 없는 듯 편지를 쓰는 척했지만, 참지 못하고 가끔씩 곁눈질을 했다. 그가 쓴 글자를 제대로 읽을 수나 있을지 의심스러웠다."고 한 기자는 전했다.

〈뉴욕 타임스〉는 "그의 비공식 방문은 전례 없는 일이었다."고 보도했다. "그 직책의 저명한 전임자들은 정부와 협조하는 부서에 방문하는 것은 대통령의 위엄에 어울리지 않는 일이라 여겼다. 그러나 이 장작 패는 사람은 자기 감정에 따라 자기 지위의 예절을 다르게 해석했다."

며칠 전, 링컨은 내각의 또 다른 두 자리를 결정했다. 그는 슈일러 콜팩스가 전반적인 지지를 받긴 하지만, 콜팩스 대신 옛 휘그당 동료인 캘럽 스미스를 내무부 장관으로 택했다. 콜팩스에게 보내는 다정한 편지에서 그는 이렇게 설명했다. "나는 당신의 이름이 거론되기 전에 스미스 씨를 선임하기로 어느 정도 결심을 굳혔습니다. 물론 확정적이지는 않았지요. 당신을 추천받았을 때, 저는 '콜팩스는 젊고, 이미 적당한 위치에 있습니다. 또 화려한 경력을 자랑하고 있고, 어떻게 되든 그의 미래는 분명 밝을 것입니다. 스미스씨에게는 지금이야말로 더없는 기회입니다' 라고 말했습니다. 저는 둘 다 대단히 유능하다고 생각하지만, 앞서 이야기한 것에 근거해서 스미스 씨를 선택하기로 결심했습니다." 더불어 링컨은 상원의원 선거에서 더글러스와 경쟁하고 있을 때 콜팩스가 자신을 지지하지 않았던 것을 언급하며 "제가 당신에 대해 악의적인 기억을 가지고 있다고 절대 오해하지 마십시오."라고 부탁했다.

원래 노먼 저드도 입각 고려 대상이었지만, 링컨의 일리노이 선거사무장 데이비드 데이비스와 그 밖에 많은 이들이 심하게 반대했다. 메리 링컨도 데이비스에게 보내는 편지에서, 저드를 반대하는 입장을 나타내며 "저드는 문제와 분란을 일으킬 것입니다. 그리고 월스트리트의 증명이 맞다면, 그의 사업상 거래는 한 번도 감사에 합격한 적이 없었습니다."라고 비난했다. 메리는 남편과 달리 1855년 트럼벌이 링컨을 이기는 데 큰 역할을 했던 저드를 용서할 수 없었다. 결국 링컨은 그를 입각시키지 않기로 했다. 그 대신 저드에게 베를린 대사직을 제안했고, 저드의 아내 애들린은 이 자리를 무척 만족스러워했다.

몇 주 동안 신문들은 기디언 웰스가 뉴잉글랜드 출신의 가장 적당한 입각 후보라고 보도하고 있었다. 슈어드와 위드의 반대가 극심했지만, 웰스는 강경파들의 전폭적인 신뢰를 받고 있었다. 웰스는 하트포드에서 긍정적인 소식이 도착하기를 기다렸다. 그는 2월 마지막 주 내내 마음을 졸이고 있었다. 아들 에드거가 예일에서 아버지와 함께 대통령의 취임식에 참석하고 싶다고 편지를 보냈을 때, 웰스는 "아들아, 결단코 나는 혼자 갈 것이다. 링컨에게서 초대받지 못한다면, 가지 않을 거란다."라고 답장을 보냈다. 3월 1일, 웰스는 마침내 부통령 당선자 한니발 햄린으로부터 전보를 받았다. "즉시 워싱턴으로 와주시기 바랍니다." 링컨은 그에게 해군장관을 제안했다.

캐머런, 베이츠와 균형을 맞추기 위해 강경파인 블레어와 웰스를 내각에 영입했지만, 여전히 링컨에겐 어려운 문제가 남아 있었다. 그는 처음부터 슈어드와 체이스 모두 입각시키겠다고 결심했지만, 취임 날짜가 다가오면서 양측 지지자들이 서로의 임명을 격렬히 반대했던 것이다. "내각 구성을 둘러싼 싸움이 시시각각 치열해졌다."고 3월 1일 〈이브닝 스타〉는 보도했다. 3월 2일 슈어드의 대표단은 링컨을 만나 체이스의 입각은 슈어드로서는 도저히 받아들일 수 없다고 주장했다. 그러나 그들은, 링컨이 여전히 내각에 두 사람을 모두 입각시키고 싶긴 하지만 슈어드의 뜻이 정 그러하다면 대신 윌리엄 데이턴에게 국무장관직을, 슈어드에게는 영국 대사직을 제안할까 한다며 그들에게 맞서자 당황했다.

친구들에게서 이 소식을 듣고 자신을 반대하는 세력에 둘러싸인 슈어드는 국무장관직 수락을 철회하겠다는 메모를 링컨에게 보냈다. 링컨은 이틀 동안 기다린 후 답변을 보냈다. "슈어드에게 선수를 빼앗길 수는 없다."고 그는 니콜라이에게 말했다. 그렇지만 그는 공손한 태도로 다시금 골치 아픈 상황을 진정시켰다. 링컨은 답장에 이렇게 적었다. "이 일은 제게 가장 고통스러운 걱정거리입니다. 철회 요청을 취소해주십사 부탁합니다. 공익을 위해선 당신이 꼭 필요하며, 개인적으로도 똑같은 입장입니다."

단지 체이스를 떼어버리라고 링컨에게 압력을 넣고 싶었을 뿐, 사실은 입각을 철회하고 싶지 않았던 슈어드는 링컨의 제안을 받아들였다. 링컨에게 남은 일은 체이스의 수락을 받는 것이었다. 링컨은 체이스가 워싱턴에 도착한 후에도 임용에 대해 한 마디도 나누지 않았었다. 링컨은 이 도도한 오하이오 사람과 의논하지 않은 채 상원에 체이스를 재무장관으로 추천했다. 체이스가 상원에 갔을 때 많은 동료들이 다가와 축하인사를 건넸다. "늘 거드름을 피우고 절차에 대단히 민감했던" 그는 즉시 대통령을 찾아가 화를 내며 임용을 거절하겠노라고 했다. 하지만 링컨이 침착하게 설득하자, 체이스는 그 문제를 좀더 생각해보겠노라 약속했고, 링컨의 희망대로 결국 승낙했다. 링컨은 체이스의 성격을 정확하게 읽었고 슈어드의 엄포에 과감하게 도전했다. 링컨은 수많은 반대와 압력을 이겨내고 마침내 처음부터 원했던 내각, 즉 옛 휘그당과 민주당, 통합주의자와 강경파가 결합된 연합 내각 구성에 성공했다. 그는 미국 역사상 가장 독특한 내각의 주인이 되었다.

링컨의 반대파는 그가 이 첫 번째 리더십 시험에서 실패하리라 확신했다. 그의 라이벌들은 저마다 "얼토당토않은 사람이 선출되었다."고 느끼고 있었다. 자신감 없는 사람이었다면 자신의 권위에 의문을 제기하지 않는 지지자들만 곁에 두려 했을 것이다. 가령 제임스 뷰캐넌 대통령은 자신과 비슷하게 생각하는 사람들을 택했다. 하지만 링컨은 라이벌들로 이루어진 자신의 내각이 서로를 파멸시킬 수도 있지만, 반란의 위험을 극복하기 위해서는 파벌 싸움의 위험을 감수해야 한다고 생각했다.

훗날 〈시카고 트리뷴〉의 조지프 메딜은 링컨에게 왜 정적과 적수로 구성된 내각을 택했느냐고 질문했다. 특히 공화당 공천 과정에서 가장 큰 라이벌이었고 여전히 이전 패배에 분노하고 있던 세 사람을 선발한 이유에 대해 물었다.

링컨의 대답은 간단하고 솔직하며 날카로웠다. "내각에는 당에서 가장 유능한 사람들이 필요합니다. 우리들은 단결해야 합니다. 당을 잘 살펴본 나는 이들이 바로 그 유능한 사람들이라는 결론에 이르렀습니다. 그렇다면 그들이 나라에 공헌할 수 있는 기회를 내가 빼앗을 권리는 없습니다." 슈어드, 체이스, 베이츠 — 실로 그들은 유능한 사람들이었다. 하지만 그중에서도 가장 유능한 사람으로 드러난 사람은 스프링필드 출신의 대초원 변호사였다.

2부

역사가 된 링컨, 화해와 통합의 리더십

링컨의 백악관 2층

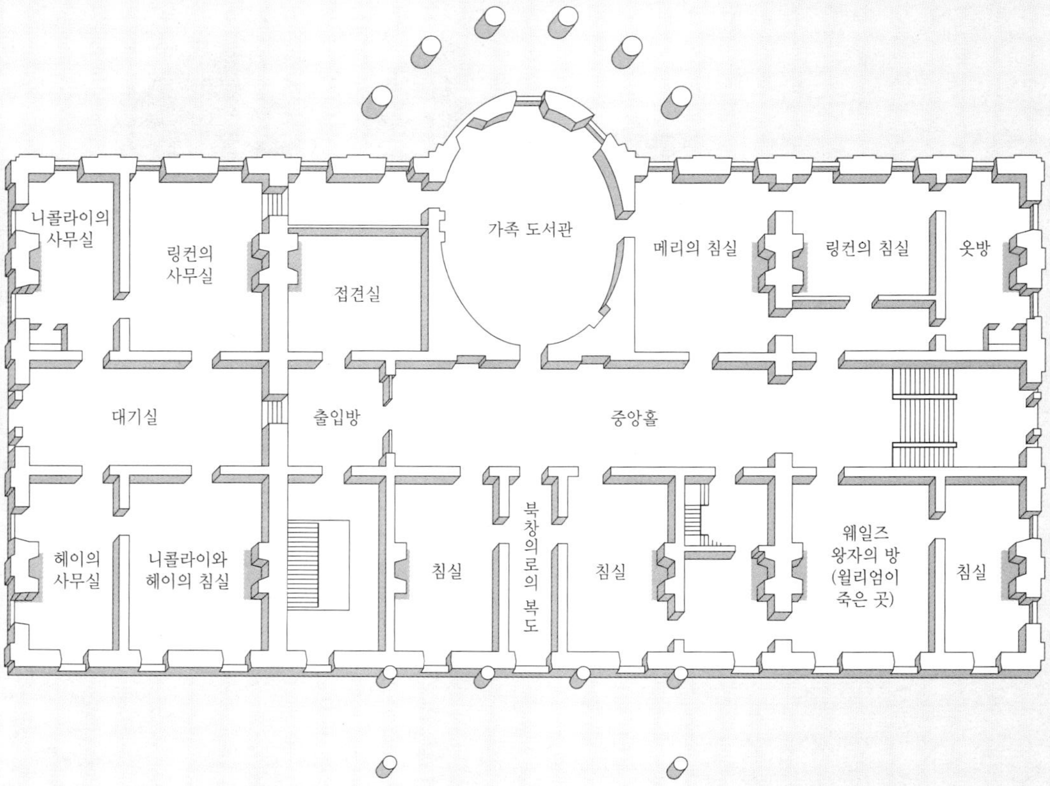

니콜라이의 사무실
링컨의 사무실
접견실
가족 도서관
메리의 침실
링컨의 침실
옷방
대기실
출입방
중앙홀
헤이의 사무실
니콜라이와 헤이의 침실
침실
북창의 로의 복도
침실
웨일즈 왕자의 방 (윌리엄이 죽은 곳)
침실

12장

의무 앞에서 정직하리라

남북전쟁 발발

3월 4일 남편의 취임식 전날 밤, 메리 링컨은 쉽게 잠들 수 없었다. 그녀는 윌라드 호텔 창가에 서서 어두운 거리에 몰려든 이방인들을 내려다보았다. 큰 호텔마다 응접실과 휴게실, 로비 등 조금이라도 공간이 있으면 어디든 매트리스와 간이침대를 마련했지만, 그래도 잠자리를 찾지 못하고 거리를 헤매며 큰 행사일의 새벽이 밝아오기를 기다리는 사람들이 족히 수천 명은 되었다.

링컨은 동이 트기 전에 일어나 그만의 독특한 방법으로 작성한 취임연설문을 확인하고 있었다. 그는 이전에 이미 연설문의 복잡한 내용을 몇 개의 문단으로 줄였고, 다시 읽으면서 "논점을 다듬고 마무리 짓기 위해" 퇴고를 거듭했었다. 슈어드나 체이스가 주장을 설득력 있게 만들고자 고대사부터 현대사에 이르기까지 수많은 책을 인용했다면, 링컨은 단 네 개의 문서, 즉 헌법과 앤드루 잭슨의 '연방법 실시 거부 선언문', 대니얼 웹스터의 기념비적인 '자유와 연방은 영원하라' 연설, 1850년 타협을 지지하는 클레이의 상원의사당 연설을 토대로 취임연설을 작성했다.

링컨은 이 대망의 연설, 즉 새 정부의 정책과 노선을 드러낼 취임연설을 준비하며 두 가지 문제에 부딪혔다. 그는 연설을 통해 연방을 보호하는 대통령으로서의 의무를 수행하겠다는 확고한 결심을 전하는 동시에, 남부 여러 주의 불안감을 덜어주어야 했다. 무력과 화해 사이에서 균형을 잡기가 쉽지 않았던 듯, 이 연설문의 초안은 강압적인 쪽으로 기울어져 있었다.

초안을 미리 본 사람들 중 한 명은 오빌 브라우닝이었다. 브라우닝은 스프링필드에서 워싱턴까지 링컨과 동행하려 했지만, "그를 둘러싼 엄청난 군중"을 보고는 인디애나폴리스에서 여행을 중단하기로 했다. 브라우닝이 기차에서 내리기 전, 링컨은 그에게 초안 사본을 건넸다. 브라우닝은 경솔한 문장 하나를 지적하면서, 그 말이 남부에서는 직접적인 "위협이나 협박"으로 여겨질 것이고 접경주에서도 분노를 일으킬지 모른다고 우려했다. 그가 문제 삼았던 것은 "빼앗긴 공공재산과 영토를 되찾고, 정부가 소유한 모든 공공재산과 영토를 유지, 점유, 소유하는 데 전력을 다할 것입니다."라는 구절이었다. 브라우닝은 모울트리 요새나 핀크니 성처럼 이미 함락된 지역을 되찾겠다는 약속은 삭제하고, 아직 연방이 소유하고 있는 재산을 "유지, 점유, 소유하는 데"에만 제한하라고 권했다. 그는 "정부와 탈퇴한 여러 주 사이에 일어날 모든 갈등에서 매국노의 자리는 침략자가 차지할 것이며 그들이 명백히 잘못을 저지른 것이라는 점을 강조하는 게 중요하다."고 말했다. 링컨은 브라우닝의 주장을 받아들여 탈퇴한 주들이 이미 차지한 영토를 되찾겠다는 내용은 삭제했다.

초안을 읽은 사람들 중에서 링컨의 취임연설에 가장 큰 영향을 준 이는 슈어드였다. 슈어드는 무거운 마음으로 초안을 읽었다. 그는 연방의 영속에 대한 링컨의 주장이 강하고 단호하다고 생각했다. 그러나 호전적인 어조 때문에 탈퇴 운동의 확대를 막기 위해 온갖 비난과 위험을 무릅썼던 지난 몇 주 동안의 노고가 허사로 돌아갈지도 모른다고 생각했다. 아끼는 회전의자에 앉아 몇 시간 동안 초안을 읽던 슈어드는 초안의 어투를 전반적으로 부드럽게 하여 남부에게 좀더 호의적인 연설문을 만들자고 제안했다.

링컨의 연설 초안은 "자신의 입장을 마음대로 바꿀 수 없으며" 시카고 강령을 준수하기 위해 "정직이라는 가장 소박한 근거에서 …… 의무를 다하겠노라" 맹세하는, 공격적인 문장으로 시작되고 있었다. 많은 탈퇴자들이 시카고 강령을 연방 탈퇴의 근거로 여겼기 때문에, 이는 명백하게 도발적인 시작이었다. 베이츠조차 시카고 강령에 대해 "배타적이고 도전적이어서 쓸데없이 당이 흑백 평등을 지지한다는 비난을 받게 만든다."라고 비난했다. 슈어드는 링컨이 강령을 엄수하겠다는 맹세를 삭제하지 않으면 "버지니아와 메릴랜드 주를 탈퇴시키려는 분리주의자들에게 크나큰 명분을 주게 될 것이고, 90일이나 60일 내에 수도를 두고 남부와 싸워야 할 것"이라고 말했다. 그렇게 되면 "공화당 내각이 취임한 그날부터 공화당의 분열이 시작될 것"이라고 주장했다. 링컨은 그 문장을 완전히 삭제하는 데 찬성했다. 슈어드 역시 함락된 공공재산을 되찾고 아직 정부가 소유하고 있는 재산을 지키겠노라는 링컨의 맹세를 비판했다. 슈어드는 연설문에서 "권력 행사"에 대해 좀더 "애매하게" 언급해야 한다고 말했다. 링컨은 이미 브라우닝의 충고대로 연설문을 수정할 계획이었기 때문에 지나치게 타협적인 이 제안은 받아들여지지 않았다. 링컨은 섬터 요새를 포함해 아직 연방정부에 속한 공공재산을 "유지, 점유, 소유하겠노라는" 맹세는 삭제하지 않았다.

슈어드는 거의 모든 문단을 꼼꼼히 지적했다. 어떤 부분은 적절한 표현으로 바꾸고, 거친 표현은 없앴다. 링컨이 남부 여러 주들의 탈퇴 조례와 폭력 행위를 "반역과도 같은" 일이라고 언급한 부분을, 슈어드는 비난하는 어투가 덜하도록 손질했다. 연설문에서 링컨은 드레드 스콧 판결을 염두에 두고 "정부를 법원의 소수 몇 사람이 지배하는 독재 체제에 넘겨주게 될 것"이라고 경고했다. 이 부분에 대해 슈어드는 "독재 체제"라는 단어를 삭제하고, 대법원을 "숭고한 법정"으로 더욱 높여 불러야 한다고 주장했다.

링컨은 의회가 기존에 존재하는 주의 노예제에 대해 간섭할 수 없다고 보장하는 헌법 개정안을 비난하며, "그보다는 낡은 배와 늙은 조종사의 해도(海圖)를 지지하겠다."라고 연설문에 적어 넣었다. 슈어드는 이러한 링컨의 태도가 자신을 난처한 입장에 빠뜨릴 거라고 생각했다. 슈어드가 이전에 링컨의 요청에 따라 헌법 개정을 요구하는 결의안을 제출해 논란을 일으켰기 때문이다. 그런데 이제 와서 링컨이 이렇게 주장한다면 슈어드는 웃음거리가 될 것이 뻔했다. 슈어드는 링컨에게 개정안을 둘러싼 다양한 의견을 인정하라고 제안하면서, 그의 관점은 그저 "논란을 악화시킬 뿐"이라고 신중하게 말했다. 이후 링컨은 슈어드의 제안보다 한발 더 나아갔다. 취임 전날 밤, 마지막 회기였던 의회는 "연방정부는 주의 자체 제도를 간섭해선 안 된다는" 개정안을 통과시켰다. 이러한 조치를 감안하여, 링컨은 다시 입장을 바꾸었다. 그는 의회가 개정안을 제출했고 자신은 "그러한 법 조항이 이제는 헌법의 보호를 받는다고" 생각하기 때문에 이에 반대할 의도가 없다고 말했다.

슈어드가 취임연설의 어조와 내용에 대해 가장 크게 공헌한 곳은 결론 부분이었다. 연설문은 남부에 대한 도전의 말로 마무리되어 있었다. "'평화냐, 아니면 칼이냐' 라는 중대한 문제는 여러분에게 달려 있지 저에게 달린 것이 아니지 않습니까?" 슈어드는 "남부의 편견과 분노, 그리고 동부의 좌절감과 공포를 없애기 위해서는 차분하고 정감 있으면서도 당당한 자신감을 드러내는" 전혀 다른 결론이 필요하다고 말했다. 그는 두 가지 대안을 제시했고, 링컨은 둘 중 후자를 이용해 영원히 기억될 만한 결론을 만들었다.

슈어드는 이렇게 제안했다. "이제 연설을 마칩니다. 우리는 서로 이방인이나 원수가 되어서는 안 됩니다. 우리는 동포이자 형제입니다. 분노가 우리 애정의 결속 관계를 몹시 힘들게 하고 있지만, 저는 이 관계가 끊어지지 않으리라 확신합니다. 많은 전쟁터와 애국자들의 무덤으로부터 이 넓은 우리 대륙에서 모든 이들의 가슴으로 퍼져나갈 신비한 화음을 이 나라의 수호천사가 노래할 때, 우리는 그 오래된 음악 속에서 다시 조화를 이룰 것입니다."

링컨은 이러한 슈어드의 애국적인 정서를 간결하고 감동적인 시로 다듬었다. "이 연설을 끝맺고 싶지 않습니다. 우리는 원수가 아니라 친구입니다. 원수가 되어서는 안 됩니다. 분노가 일어날 수도 있지만, 그 때문에 우리의 애정의 끈이 끊어져서는 안 됩니다. 모든 전쟁터와 애국자들의 무덤으로부터 이 넓은 대륙에서 살아 있는 모든 이의 가슴으로 퍼져나간 신비한 기억의 화음이 다시금 우리 본성에 자리한 더 선량한 천사들의 손길을 받을 때 연방의 합창이 높이 울려 퍼지리라 믿습니다."

의미심장하게도, 슈어드의 "수호천사"는 하늘에서 땅을 향해 노래를 부르지만, 링컨의 "더 선량한 천사"는 인간인 우리 본성에 내재되어 있다.

취임식

링컨은 마지막으로 원고를 다듬은 후 가족에게 읽어주었다. 그 다음, 혼자 있게 해 달라고 했다. 몇 블록 떨어진 곳에서 조간신문을 다 읽은 슈어드가 국회의사당에 갈 준비를 마쳤을 때 바깥에서 합창 소리가 들렸다. 충실한 수백 명의 지지자가 그의 집 앞에 모여 있었다. 세레나데와도 같은 합창에 담긴 충성심에 감동받은 슈어드는 감격에 찬 목소리로 군중에게 말했다. "저는 12년 동안 상원에서 제 고향 뉴욕 주를 대표했습니다. 지위가 높거나 낮은 사람, 부유한 자나 가난한 자, 노예나 자유인을 막론하고 제가 의무를 다하지 않았다고 제 얼굴을 똑바로 바라보고 말할 수 있는 사람은 없습니다." 슈어드는 아마 이러한 민중의 지지를 보면서 야망의 좌절로 얻게 된 고통을 잊을 수 있었을 것이다.

시계가 정오를 가리키자, 뷰캐넌 대통령은 대통령 당선자를 취임식장으로 데려가기 위해 윌라드 호텔로 왔다. 그들이 팔짱을 끼고 무개마차(無蓋馬車)로 향하자 해군 군악대는 '대통령 찬가'를 연주했다. 마차가 펜실베이니아 가를 지나는 동안 환호하는 군중과 수백 명의 고위급 인사들이, 혹시 모를 암살 기도에 대비해 스콧 장군이 배치한 수백 명의 병사들과 뒤엉켜 있었다. 저격병들은 높은 건물의 창문과 지붕에서 아래를 주시하고 있었다. 기병대는 취임식장으로 가는 길 전체에 전략적으로 배치되어 있었다.

국회의사당의 동편 주랑(柱廊)의 연단에 링컨이 모습을 드러내자 3만 명이 넘는 청중 속에서 환호성이 터져나왔다. 메리는 남편 뒤에 앉아 있었고, 그녀 옆에는 세 아들이 자리 잡았다. 제일 앞줄에는 링컨과 함께 뷰캐넌 대통령과 더글러스 상원의원, 태니 대법원장이 앉아 있었다. 이들은 링컨이 '흔들리는 집' 연설에서 건국의 아버지들이 설계하고 지은 집을 파괴하려고 공모한 목수들로 묘사했던 넷 중 세 명이었다.

드디어 연설이 시작되었다. 서부 여러 주의 야외 재판소에서 단련된 그의 청아하고 높은 목소리는 먼 곳의 군중들에게도 분명히 들렸다. 연설문에서 시카고 강령에 엄격히 충성하겠다는 맹세를 삭제했던 링컨은 곧장 남부 사람들의 불안감을 달래기 위한 이야기를 꺼냈다. 먼저 그는, "직접적으로든 간접적으로든 기존에 존재하는 주의 노예제에 대해서는 간섭할 의도가 없습니다. 내게는 그럴 법적 권한도 없고 그럴 생각도 없습니다."라고 약속했던 예전 연설문을 인용해 자신의 뜻을 전했다. 그 다음 논란이 분분한 도망 노예법으로 화제를 바꾸었다. 그는 자유인을 불법으로 체포하지 못하도록 하는 '보호 조항' 마련을 촉구하는 한편, "노역이나 노동을 의무 지우는 노예주의 요청에 따라 도망 노예를 인도해야 한다."고 명시한 미합중국 헌법 조항을 존중해야 한다는 주장을 반복했다. 그는 도망 노예법이 북부 많은 사람들의 "도덕성"에 위배된다는 사실을 이해하긴 하지만, 헌법을 존중한다면 그 법을 실시할 수밖에 없다고 말했다.

링컨은 계속해서 헌법과 기타 법률에 의거해, 연방정부의 지속적 권위를 강력히 옹호했다. 그는 "유혈 사태는 없어야 하지만, 정부에 속한 재산과 영토를 유지, 점유, 소유하며 세금과 관세를 모으기 위해" 법을 집행할 것이라고 말했다. "하지만 이런 목적이 아니고서는 그 어떤 침해도 없을 것이며, 시민에게 무력을 행사하는 일 또한 절대 없을 것입니다." 그리고 링컨은 예언하듯 덧붙였다. "물리적으로 우리는 갈라질 수 없습니다. 여러분이 전쟁에 나선다 해도 영원히 싸우고 있을 수는 없습니다. 쌍방이 많은 손실을 입고 어느 쪽도 얻은 것 없이 전쟁이 중단되면, 더 큰 증오심만 남게 될 것입니다. …… 불만을 품은 동포 여러분, 내전(內戰)이라는 중대한 문제는 제가 아닌 여러분의 손에 달려 있습니다. 정부는 여러분을 공격하지 않을 것입니다. 여러분이 공격하지 않는 한, 전쟁은 없을 것입니다." 그는 "신비한 기억의 화음이 다시금 우리 본성에 자리한 더 선량한 천사들의 손길을 받을 때 연방의 합창이 높이 울려 퍼지리라 믿습니다."라는 감상적인 장담으로 연설을 끝맺었다.

연설이 끝나자, 대법원장 태니는 탁자로 천천히 다가갔다. 성경이 펼쳐졌고, 에이브러햄 링컨은 미국의 제16대 대통령으로 선서했다.

상반된 의견

링컨 가족은 새집에 도착했다. 메리의 사촌 엘리자베스 그림슬리는 이렇게 회상했다. "저택은 완벽한 준비를 갖춘 상태였다. 실력 있는 해리엇 레인의 지시 하에 유능한 요리사와 집사, 웨이터는 훌륭한 저녁 만찬을 준비했다." 서둘러 짐을 푼 링컨 가족은 대통령 취임 축하연을 위해 옷을 차려입었다. 무도회는 "푸른 주름으로 장식된 하얀색 커튼이 풍성하게 드리워져 있어" 알라딘의 이슬람 궁전이라고 불리는 방에서 열렸다. 다섯 개의 커다란 샹들리에로 환히 밝혀진 무도회장은 풍성한 드레스 차림의 여인들이 상당한 공간을 차지했는데도 2000명을 수용했다. 이날 밤, 메리는 가장 밝은 별처럼 빛을 발했다. "온통 파란색으로 차려입고 금과 진주로 된 목걸이와 팔찌를 한" 그녀는 오랜 친구인 스티븐 더글러스와 춤을 추었고 지친 남편이 자리를 뜬 후에도 몇 시간 동안 무도회장에 남아 있었다.

　유쾌한 파티가 이어지는 동안, 링컨의 취임연설은 전국으로 퍼져나갔다. 수십 개의 석간신문이 일제히 그의 연설에 대해 보도했고, 수천 통의 전보가 연설 내용을 재빠르게 실어 날랐다. 전신이 닿지 않는 미주리 주 세인트조지프 서쪽에서는 수십 명의 우편배달부가 조랑말을 타고 교대로 이동하며 태평양 연안으로 연설문을 전했다. "7일하고도 17시간"이라는 기록적인 시간이 지난 후에야 링컨의 연설문은 캘리포니아 주 새크라멘토로 전해졌다.

　링컨의 연설에 대한 반응은 평론가의 정치 성향에 따라 대단히 다양했다. 공화당계 신문들은 "모든 면에서 인상적이고 훌륭하다.", "설득력 있는 주장이며, 문체는 간결하고 박력 있다."라고 찬사를 보냈다. 〈필라델피아 불레틴〉은 연설 내용이 "대단히 회유적"이라고 전하면서 "헌법 하에 온 나라와 모든 주의 권리를 보장하겠다는 대통령의 용단"이라며 극찬했다. 북부 민주당계 신문들의 어조는 꽤나 거칠었다. "불쌍할 만큼 형편없고 정치가답지 못한 연설"이라고 〈하트포드 타임스〉는 평했다. 올버니의 〈아틀러스 앤 아르거스〉는 "그는 모든 것을 무효로 만들고 다수의 의지에 도전했다. 바로 그가 내전을 일으켰다."며 분통을 터뜨렸다. 당연히 남부의 반응은 더욱 부정적이었다. 〈리치먼드 인콰이어러〉는 "냉철하고 침착한 언어로 전해진 미치광이의 주장은 내전의 공포를 불러일으키고 광신적 행동을 조장하여 정부를 분열시키려고 한다."라고 주장했다. 노스캐롤라이 주의 〈윌밍턴 헤럴드〉는 "미합중국의 시민들은 전쟁이 불가피하다는 엄연한 사실에 깜짝 놀랄 것"이라고 경고했다.

　사학자 벤저민 토머스에 따르면, 그의 연설은 대다수 남부 신문들로부터 험악한 평가를 받았지만, 버지니아와 노스캐롤라이나 등 "연방에 충실한 주요 노예주에서는 호평을 받았다."고 한다. 슈어드가 링컨에게 연설투를 부드럽게 고치라고 말하며 염두에 두었던 대상이 바로 이들이다. 슈어드는 자신의 의견이 링컨의 연설문에 상당 부분 반영되었을 뿐 아니라 링컨의 회유적인 자세 덕에 국회에서 자신이 더 이상 비판받지 않게 되었기 때문에 크게 안도했다. 찰스 프랜시스 애덤스 또한 링컨이 '의회가 노예제에 간섭하지 못하도록 하는' 말 많은 개정안을 받아들인 것을 긍정적으로 평가했다. 의회에서 개정안을 지지해 강경파를 당황하게 했던 애덤스는 "이제 나라 앞에서 공화당뿐 아니라 나라의 우두머리로부터 내 정당성을 입증받았다. 이렇게 해서 우리 역사상 가장 고통스러운 시기는 끝났다. …… 지금 내 정치 경력을 끝낼 수 있어 다행이다. 나는 얻을 수 있는 모든 것을 가졌고, 내가 조국에 이로운 일을 할 만한 기회는 또 없을 것이다."라고 말했다.

그러나 공화당의 급진파와 노예제 폐지론자들은 연설의 회유적인 어조에 크게 실망했다. 흑인이자 노예제 폐지론자인 프레더릭 더글러스는, 처음 링컨의 당선 소식을 들었을 때 자신의 간절한 바람을 이룰 희망이 생겼다고 생각했다. 예전에는 노예였다가 지금은 훌륭한 연설가 겸 작가가 된 프레더릭 더글러스의 파란만장한 인생은 북부에서는 널리 알려져 있었다. 그는 잔인한 주인을 여럿 겪었지만, 두 번째 주인의 친절한 부인에게 읽는 법을 배울 수 있었다. 이 사실을 알게 된 주인은 당장 교육을 금지시키라고 아내에게 경고했다. "노예에게 글을 가르치는 건 불법이고 위험한 일이오. 그를 계속 붙들어두지 못할 것이오. 글을 알게 되면 그는 불만을 품고 불행해질 거요." 이 말은 사실이었다. "글을 배운 것은 축복이 아닌 저주였다. 그로 인해 나는 내 비참한 상황을 알게 되었지만, 뭘 어떻게 할 수는 없었다." 젊은 더글러스는 죽거나 동물 같은 것이 되거나, "생각을 떨쳐낼 수 있다면 뭐든지" 되고 싶었다. 언젠가는 노예 신분에서 벗어나 자유의 몸이 될지 모른다는 아득한 희망만이 그를 살아 있게 했다. 그는 그 기회가 올 때까지 기다리며 6년 동안 남몰래 쓰는 법을 배웠다.

스무 살이 된 더글러스는 메릴랜드 주에서 뉴욕 주로 탈출했고, 마침내 윌리엄 로이드 개리슨이 회장을 맡고 있는 매사추세츠 반노예제 협회의 강연자가 되었다. 그는 자서전을 출판해 노예제를 반대하던 이들 사이에서 유명인사가 되었다. 그 덕에 그는 뉴욕 주 로체스터에서 월간지 편집자가 될 수 있었다. 더글러스는 공화당 대통령의 당선이 노예소유주 세력의 몰락을 불러올 것이라고 믿었다. "이것은 북부의 힘과 남부의 나약함을 증명한다. 무엇보다, 노예제 폐지론자는 아니라 해도 최소한 '노예제를 반대하는 유명인사'가 대통령으로 당선될 수 있다는 가능성을 보여주었다." 하지만 더글러스는 자신에겐 "여러 주의 노예제에 대해 간섭할 법적 권한이 없으며" 더욱이 그럴 "의도"도 없다는 선언으로 시작된 링컨의 취임연설을 읽고, 낙천적으로 생각할 만한 근거가 없음을 알게 되었다. 더 참을 수 없는 것은 도망 노예를 붙잡을 것이고, "그들이 주인에 맞서 봉기할 경우 발포할 것이며, 연방정부가 그들의 해방에 간섭하지 못하도록 하겠다."는 링컨의 의향이었다. 더글러스는 링컨이 "악취를 풍기며 사라져가는 노예제의 저주 앞에" 비굴하게 엎드렸다고 주장했다. "우리는 링컨 씨가 영국의 정치가 올리버 크롬웰과 같은 용기와 결단력을 갖고 있다고 믿었다. 하지만 결과를 보니, 우리에겐 그저 피어스와 뷰캐넌 세력의 후계자가 있을 뿐이다."

새로운 생활

당시 백악관의 가족 처소는 2층의 서쪽 부분으로 한정되어 있었다. 링컨은 서남쪽의 작은 침실을 골랐다. 메리는 남편 방 바로 옆의 좀더 넓은 방을 택했고, 윌리엄과 토머스는 복도 맞은편 침실에서 지냈다. 침실을 제외한 공간은 단 하나, 책장으로 가득한 타원형 방이었는데 메리는 이곳을 가족의 거실로 꾸몄다. 니콜라이와 헤이는 같은 층 동쪽 끝 방을 함께 쓰고 있었고, 이들의 작은 사무실은 대통령의 검소한 집무실과 연결되어 있었다. 나머지 관저는 대부분 일반 대중에게 개방되었다. 새 주인을 맞은 백악관의 정원과 복도, 계단에는 추천장을 흔들며 필사적으로 일자리를 구하려는 사람들이 몇 주 동안이나 늘어서 있었다고 슈어드는 아내에게 전했다.

열 살인 윌리엄과 여덟 살 생일을 앞두고 있던 토머스에게 백악관의 생활은 온통 즐거운 모험이었다. 그들은 층층마다 뛰어다니며 빠짐없이 방문을 열어보았다. 그렇게 돌아다니다가 "문지기인 에드워드, 심부름꾼인 스택폴부터 하녀와 접시닦이에 이르기까지" 누구든 마주치기만 하면 붙잡아 세워놓고 재잘거렸다. "윌리엄은 잘생겼다는 점만 빼고는 자기 아버지를 쏙 빼닮아서 똑똑하고 기억력이 좋았으며, 예의바르고 솔직하며 사랑스러운 아이였다."고 엘리자베스 그림슬리는 회상했다. 또한 책 욕심이 많은 작가지망생이었고 사람들에게 상냥했다.

윌리엄이 몹시 사랑했던 토머스는 엄마와 닮은 데가 많았다. 건강하고 씩씩했으며 불같이 화를 내다가도 이내 누그러졌다. 애교가 많고 규율을 싫어해서 아버지가 회의를 할 때도 서슴없이 뛰어들어가 방해하곤 했던 토머스는 "집안의 말썽쟁이이자 귀한 보물"이었다. 언어장애 때문에 가족이 아닌 사람들은 그 아이의 말을 알아듣기 힘들었지만, 쉴 새 없이 재잘거리는 아이를 막을 수는 없었다. "토머스는 책과 공부를 좋아하지 않았다."고 존 헤이는 회상했다. 아이들은 복도를 뛰어다니고, 괴로워하는 구직자들의 대변인 노릇을 하고, 다락방에서 자잘한 장난을 꾸미고, 하인들의 종을 한꺼번에 울리면서 대통령 관저의 직원들을 괴롭혔다. 아들들이 세상과 단절되어 외롭게 자랄까봐 걱정했던 메리는 '버드'라는 별명을 가진 열두 살 된 호라티오 넬슨 태프트와 '홀리'라는 별명을 가진 여덟 살짜리 동생 핼시 태프트를 자주 초대했다. 태프트 형제는, 훗날 백악관에서의 모험담을 기록한 큰 누나 줄리아와 함께 백악관을 찾아와 윌리엄, 토머스와 금세 친해졌다. "그 당시 백악관의 좌우명이나 표어가 있었다면, 그건 '아이들을 즐겁게 만들어주자'였을 것이다."라고 줄리아는 회상했다.

메리 역시 처음에는 취임식 후에도 몇 주 동안 함께 머물렀던 친구와 친척들에게 둘러싸여 행복한 시간을 보냈다. 백악관으로 이사한 후 첫 번째 저녁 접견회가 성공리에 끝나자 영부인 노릇을 잘 해낼 수 있다는 그녀의 자신감은 더욱 커졌다. 슈어드는 먼저 자신의 저택에서 접견회를 열자고 제안했지만, 메리는 반대했다. 메리 역시 남편처럼 "슈어드에게 선수를 빼앗기고 싶지" 않았던 것이다. 그녀는 새 내각의 첫 번째 공식 연회는 백악관에서 열어야 한다고 고집했다. 준비할 시간이 많지 않았는데도 그녀는 더 없이 훌륭하게 행사를 치렀다. 니콜라이는 약혼녀 데레나에게 보내는 편지에서 "문이 미어터지도록 사람들이 밀려들었고, 창문으로 넘어오는 이들도 많았다오."라고 말했다. 대통령과 영부인은 "한껏 멋을 부리고 점잖게 행동하는" 내빈 5000명과 악수를 나누었다. 메리는, 명문가 출신의 찰스 프랜시스 애덤스조차 깊은 인상을 받았을 만큼 우아하고 세련된 몸가짐을 보여주었다. 그러나 링컨은 공식적인 "사교 예절"을 전혀 모른다는 사실을 숨길 수 없었다. 그럼에도 "백악관의 '가장 오래된 주민들' 모두 이 접견회를 가장 성공적인 행사로 손꼽았다."고 니콜라이는 말했다.

섬터 요새의 위기

"깊이 잠들지 못하고 자주 깨곤 하던" 링컨은 평소 아침 일찍 일어났다. 그는 아침식사를 하기 전에는 넓은 백악관 정원을 산책하기를 좋아했다. 달걀 하나와 커피 한 잔으로 간단히 아침식사를 마친 후에는 복도를 따라 집무실로 내려갔다. 그의 책상은 남쪽 잔디밭을 향해 난 두 개의 큰 창문 사이에 놓여 있어서 미완성된 워싱턴 기념비와 빨간 지붕의 스미스소니언 박물관, 포토맥 강이 한 눈에 보였다.

각료 회의실보다 두 배나 넓은 집무실 가운데는 긴 오크 나무 탁자가 있었다. 각료들은 탁자 주위에 서열 순으로 앉았다. 벽에는 낡은 지도가, 벽난로 위에는 앤드루 잭슨 장군의 초상화가 걸려 있었다. 별다른 장식이나 가구 없이 단출했던 방은 전임 대통령과 신임 국무장관이 즐겼던 독한 시가 냄새가 배어 있던 탓에 전통적인 남성 클럽 분위기를 풍겼다.

링컨이 집무실에서 일을 시작한 첫날 아침, 안 좋은 소식이 전달되었다. 책상 위에 놓여 있던 문서들 중 "가장 먼저 그의 눈에 띈 것"은 섬터 요새에서 앤더슨 소령이 보내온 편지였다. "응원군이 파견되어 한시름 놓기 전에 군량이 바닥날 것"이라는 내용이었다. 윈필드 스콧 장군도 이렇게 상황을 설명했다. "항복하는 수밖에 다른 방도가 없습니다."

이 긴박한 소식을 접한 링컨은 고민에 휩싸였다. 수정한 그의 취임연설에서 링컨은 아직 연방의 수중에 있는 모든 재산을 유지, 점유, 소유하겠다고 분명히 맹세한 바 있었다. 연방 영토의 상징으로 섬터 요새보다 더 중요한 곳은 없었다. 앤더슨 소령은 12월 26일 한밤중에 부대를 은밀히 모울트리 요새에서 좀더 방어에 용이한 섬터 요새로 이동시킨 후, 북부의 영웅이 되었다. 그런 그의 항복은 치욕일 것이었다. 그러나 또한 대통령은 "불만을 가진 동포 여러분"에게 "정부는 여러분을 공격하지 않을 것입니다. 여러분이 공격하지 않는 한, 전쟁은 없을 것입니다."라고 했던 맹세를 지켜야 한다고 생각했다. 대통령에게는 생각할 시간이 필요했다.

하지만 그는 한없이 밀려드는 구직자들 틈에서 식사를 하거나 잠잘 시간도 없을 지경이었다. 백악관의 문이 열리기 무섭게 수천 명의 사람들이 몰려들었다. 링컨이 점심식사를 하기 위해 집무실을 나와 식당으로 이동할 때면, "말 그대로 위험을 무릅쓰고 인파를 헤치고" 나가야 했다. 관직을 꿈꾸는 이들에겐 저마다 사연이 있었다. 워싱턴에서 직장을 얻거나 자기 지역 우체국 혹은 세관에서 일자리를 얻어야만 식구들을 먹여 살릴 수 있었다. 링컨은 이들의 이야기를 듣느라 힘을 낭비했다. 매사추세츠의 상원의원 헨리 윌슨이 "그러다간 금방 지칠 거요."라고 경고하자, 링컨은 대답했다. "그들은 많은 걸 바라는 게 아닌데, 얻어가는 것도 별로 없습니다. 그러니 전 그 사람들을 만나야 합니다."

다른 많은 이들에게 링컨의 이런 모습은 우유부단함, 아니 더 나아가 지독한 무능으로 보였다. 섬너가 "그는 자기가 무슨 일을 해야 하는지 모른다."고

하자, 애덤스 역시 "그는 무지해서 도움을 받아야 한다."고 맞장구를 치면서 슈어드가 유일한 희망이라고 말했다. 〈뉴욕 타임스〉는 "대통령 링컨은 공직 희망자들의 애원을 들으며 소중한 시간을 낭비하는 것보다, 나라에 더 큰 의무를 지고 있다."고 여러 번 링컨을 비난했다. 슈어드도 비판적이었다. 그는 집으로 보내는 편지에서 "대통령은 모든 일을 하기로 작정했나보오. 물론 그에게 가장 많은 사람들이 매달리는 일을 제일 먼저 시작했소."라고 말했다.

링컨은 이 혼잡함 속에서도 용케 섬터의 위기에 집중했다. 섬터에서 군대를 철수해야 할지도 모른다는 스콧의 말을 인정하고 싶지 않았던 링컨은 장군에게 좀더 상세한 소식을 알려 달라고 요청했다. "앤더슨 소령은 정확히 얼마나 오래 버틸 수 있습니까? 그에게 추가로 군량을 보내고 섬터에 증원(增援)하려면 무엇이 필요합니까?" 스콧의 답변은 실로 암담했다. 현재 사우스캐롤라이나 주가 증원을 막고 있으니 앤더슨이 버틸 수 있는 시간은 단 26일뿐이라고 스콧은 추정했다. 그런데 요새에 군량을 보급하고 증원하는 데 필요한 "해군 선단과 수송 선박, 5000명의 추가 정규군과 2만 명의 자원군"을 모으려면 "6개월에서 8개월"이 필요했다.

섬터가 곧 함락될지도 모른다는 소문이 무성했다. 그러나 웰스에 따르면 링컨은 성급하게 행동하려 하지 않았고, 내각이 안정되어 자신의 정책이 이해받게 되기를 원했다. 그는 여러 번 각료들을 불러들여 상황을 논의했다. 그는 프랜시스 블레어 경을 만났다. 블레어는 아들 몽고메리처럼 섬터의 항복은 "연방을 넘겨주는 것과 다름없으니, 불가항력이 아닌 한 이 같은 타협은 정부에 대한 반역"이라고 확고하게 주장했다. 링컨은 몽고메리 블레어의 제안으로 그의 처남 구스타부스 폭스와 만났다. 전직 해군 대령이었던 폭스는 바닷길로 원조물자를 보내자는 독창적인 계획을 세웠다. 식량과 보급품을 두 대의 튼튼한 예인선에 싣고, 예인선이 공격받을 경우에 대비해 발포 부대가 배치된 거대한 증기선으로 예인선을 엄호하자는 계획이었다. 링컨은 폭스에게 계획을 자세히 이야기해보라고 했다.

다음날인 3월 15일, 내각은 긴 탁자에 모여 전략을 의논했다. 링컨은 좀처럼 자리에 앉지 못한 채 서성거리며 회의를 주재했다. 회의가 끝나자 각료 전원에게 메모를 보내 다음과 같은 질문에 서면으로 답해 달라고 했다. "모든 상황을 고려하여 답해주십시오. 지금 섬터 요새에 군량을 보낼 수 있다면, 그걸 시도하는 게 현명한 일입니까?"

지난 몇 달 동안 아직 연방에 남은 노예주를 달래기 위해 노력했던 슈어드는 섬터에 군량을 보내 사우스캐롤라이나 주의 반감을 사는 것은 말도 안 된다고 생각했다. 국무부 사무실에 돌아온 슈어드는 지체없이 답변을 작성했다. 대통령에게 보내는 장문의 답장에서, 슈어드는 남부 연방주의자들의 마음을 진정시켰던 회유 조치가 없었다면 버지니아와 노스캐롤라이나, 아칸소 등 접경주들이 탈퇴에 가담했을 것이라고 그간의 상황을 상기시켰다. 슈어드는 이러한 상황에서 연방정부가 섬터 요새에 군량을 보내고 병력을 파견하려 한다면 분명히 남아 있는 노예주들이 연방을 탈퇴하고 내전이 일어날 것이라고 주장했다. 그는 그것을 "가장 비참하고 불행한 국가적 재앙"이라고 강조하며, 그보다는 방어적인 입장을 취해야 한다고 충고했다.

체이스는 다음날까지 답변을 미루었다. 그의 답변은 강경파였던 체이스의 의견이라고 하기엔 좀 애매모호한 구석이 있었다. "그렇게 해서 내전이 일어나 당장 군대를 모집하고 수백만 달러의 비용을 써야 한다면 권할 수 없습니다." 그는 그보다는 "탈퇴한 일곱 주의 정부 조직을 '완성된 혁명'으로 여기고 연맹이 그 시험을 하도록 내버려두는 게 낫다."고 이후 설명했다. 하지만 그때 링컨에게 보내는 답변에서는 "전쟁이 일어날 가능성이 극히 희박해 보입니다. 따라서 긍정적인 답변을 보냅니다."라고 말했을 뿐이다.

블레어를 제외한 모든 각료들이 모두 섬터 요새 증원을 반대했다. 베이츠는 "전 세계에 내전의 시작으로 보일 만한 행동"이 될 것이라며 특히 싫어했다. 캐머런은 폭스의 계획이 성공할 리 없다고 생각했고, 또 설혹 성공한다 해도 요새의 포기는 피할 수 없다고 주장했다. 17번 가의 해군성 2층에서 답변을 작성한 웰스는 "적대감을 일으킬 노선"을 따르면 더 큰 피해만 입을 뿐이라고 말했다. 그리고 성공하지 못한다면, "재앙이 닥칠 것"이라고 주장했다. 내무부 장관 캘럽 스미스도 계획이 성공할 수도 있겠지만 "어떠한 경우에도 현명한 일이 아니다."라고 단정했다.

몽고메리 블레어만이 무조건 찬성하면서 "반란군이 승리를 거둔다면, 독립국으로 인정해 달라는 그들의 주장이 더욱 힘을 얻을 것이다."라고 주장했다. 반란군이 북부인에겐 정부를 유지할 힘과 용기가 부족하다고 생각하는 한, 탈퇴 여세는 계속될 것이었다. 잭슨 대통령이 1833년에 처벌이 뒤따를 것이라고 경고함으로써 사우스캐롤라이나 주의 탈퇴 기도를 막았던 것처럼, 링컨도 이번에 "정부의 힘과 결단력을 존중하게 할 만한 조치"를 취해야 한다는 것이 그의 생각이었다.

증원을 주저하는 링컨

내각 투표 이후 며칠 동안 링컨은 주저하는 듯했다. 슈어드는 플로리다의 피큰스 요새가 연방의 소유로 남아 있는 한, 섬터의 철수는 별 문제가 아니라고 주장했다. 피큰스는 충분한 군량을 공급받았고, 펜서콜라 만에 위치해 섬터보다 수비하기가 수월했다. 그러나 링컨은 섬터 포기는 "철저한 파멸을 초래할 것이며, 국내의 동지들에게 실망을 주고, 적에게 용기를 주며, 해외가 적을 독립국으로 인정하게 만들 것"이라 생각하고 있었다.

좀더 많은 정보를 원했던 링컨은 폭스를 앤더슨 소령에게 보내 정확히 얼마나 오래 버틸 수 있는지 파악하도록 했다. 폭스는 사우스캐롤라이나 주지사와 친하게 지냈던 옛 친구의 중재로 출입허가를 받았다. 앤더슨은 대원들이 식량을 반만 먹는다면 4월 15일까지는 버틸 수 있다고 폭스에게 말했다. 동시에 링컨은 스티븐 헐버트를 찰스턴으로 보냈다. 헐버트는 찰스턴에서 성장했고, 그의 누이는 여전히 그곳에 살고 있었다. 그는 고향 친구들과 은밀히 이야기를 나누며, 정부가 도발적인 행동이나 공격을 자제한다면 남부에서 연방주의적 정서가 강화될 것이라는 슈어드의 주장이 타당한지 확인해 보았다. 워싱턴으로 돌아간 그는 "도시와 주 모든 곳에서 연방주의적 정서는 사라졌으며, 국민 정서가 분열되었다는 게 기정사실이다."라고 주저 없이 보고했다.

링컨이 자세한 상황을 파악하고 있는 동안, 각료들은 자잘한 다툼을 벌이고 있었다. 체이스는 스미스를 '별 볼일 없는 놈'으로, 베이츠를 '따분한 변호사'로 생각하고 있었다. 슈어드는 체이스와 베이츠가 자기 선거구의 두 관직 임명권을 양보하지 않겠다고 고집했을 때, 몹시 분개하면서 "모욕적"이라고 말했다. 체이스는 백악관이 내려다보이는 재무부 사무실에서, 슈어드가 자신에게 보일 수 있는 "딱 하나의 호의를 계속해서 거부하면 좋을 일이 없을 것"이라며 링컨에게 불만을 터뜨렸다. 블레어 경은 아들과 똑같이, 가장 좋은 외국 사절 자리가 슈어드의 옛 휘그당 동료들에게 돌아갔다며 체이스에게 불평했다.

각료들은 임명권을 놓고 실랑이를 벌이면서도, 슈어드에 대해 불평할 때는 합심했다. 그들은 각료 중 슈어드만이 내각회의를 소집할 수 있다는 데 화를 냈고, 그가 링컨과 많은 시간을 보내는 것을 질투했다. 결국 이들은 체이스를 '대변인'으로 내세워 내각회의 시간을 일정하게 정하자고 요구했다. 링컨은 요청을 받아들여 화요일과 금요일 정오를 회의시간으로 정했다.

그래도 슈어드는 여전히 대통령이 자문을 구하는 위치에 있었다. 〈런던 타임스〉의 윌리엄 러셀은 처음 워싱턴에 도착했을 때 이러한 관계를 이용했다. 당시 마흔한 살이었던 러셀은 안경을 썼고 활발하며 통통하게 살찐 영국인으로, 크림전쟁에 대한 생생한 기사로 런던의 유명인사가 되어 있었다. 3월 26일 저녁 만찬에서 그는 "교활하고 영리한 권력자이자, 정계 소식에 정통한" 슈어드에게 매료되었다. 다음날, 슈어드는 러셀이 이탈리아 사절을 위한 백악관 만찬에 참석할 수 있도록 주선해주었다. 러셀은 링컨이 대단히 친근하게 손을 내밀어 "러셀 씨, 만나서 반갑습니다. 우리나라에 오신 것을 환영합니다. 〈런던 타임스〉는 이 세상에서 가장 영향력 있는 신문사 중 하나지요. 그보다 더 큰 권력을 가진 신문사가 있을지 모르겠습니다. 미시시피 주에서는 빼고 말입니다."라고 말했다고 회상했다. 만찬에 참석한 러셀은, 각료 전원과 여러 손님들과 인사를 나눈 후 체이스가 "참석자 중에서 가장 지적이고 기품 있는 사람"이라고 생각했다.

공식 만찬에서는 왁자지껄하게 자잘한 한담이 쏟아졌다. 링컨이 재미있는 이야기보따리를 술술 풀어놓고 있을 때, 스콧 장군으로부터 그 누구도 예상하지 못했던 충격적인 소식이 전달되었다. 스콧은 서면으로 "남부에 대한 최근 정보에 따르면, 이제 섬터 요새 철수만으로는 연방에 계속 남을지 탈퇴할지를 두고 주저하던 주들에게 영향을 줄 수 없을 것 같다."고 전했다. "연방에 남아 있는 여덟 개 노예주에 신뢰를 주기 위해서는" 피큰스 요새 역시 넘겨주어야 하는 상황이 되었다고 스콧은 주장했다.

만찬이 끝나기 직전, 링컨은 각료들을 따로 불러냈다. 몽고메리 블레어는 스콧의 보고 내용을 공개할 때 흥분했던 링컨의 모습을 오랫동안 잊지 못했다. "몹시 답답한 침묵이 이어졌다." 침묵을 깬 사람은 블레어였다. 그는 스콧에 대한 슈어드의 영향력을 가리키며 스콧이 "장군이 아닌 정치가" 행세를 하고 있다고 화를 냈다. 아버지 블레어 경은 아들처럼 링컨이 취임 당시 섬터의 증원을 발표했어야 한다고 오래전부터 생각했고 링컨의 "우유부단하고 기회주의적인 정책"과 이에 영향을 준 슈어드를 비난했다.

뒤죽박죽이 된 증원 계획

그날 밤 링컨은 한숨도 자지 못했다. 더 이상 고민하고 있을 시간이 없었다. 요새를 포기해서 북부의 명예를 더럽힐 것인지, 증원을 해서 내전을 일으킬 것인지를 결정해야 했다. 훗날 그는 브라우닝에게 털어놓았다. "여기 온 후 내가 겪은 모든 시련 중에서 전쟁 발발이냐, 섬터 요새 포기냐를 두고 겪었던 시련에 비길 만한 것은 없었습니다. 예상치 못할 정도로 너무나 혹독한 시련이었던지라 극복할 수 있으리란 생각도 할 수 없었습니다."

다음날 정오에 내각회의가 소집되었다. 링컨은 앤더슨 소령의 상황에 대한 폭스의 보고와 사우스캐롤라이나 주에서는 연방주의가 본질적으로 사라졌다는 헐버트의 결론 등, 그동안 모았던 모든 정보를 보여주고는 각료들에게 다시 한 번 각자의 의견을 서면으로 제출해 달라고 했다. 이번에는 링컨의 설명과 스콧 장군의 메모에 확신을 품은 다수의 각료가 섬터와 피큰스에 군량을 보내고 증원해야 한다고 주장했다. 슈어드와 스미스만이 끝까지 반대했다.

여러 증거 자료를 살펴보면, 링컨은 내각회의를 소집하기 전에 결심을 굳힌 상태였다는 것을 알 수 있다. 그는 이미 폭스에게 "증원에 필요한 선박과 부대, 보급품" 목록을 보내도록 지시했던 것이다.

섬터에 증원하겠다는 링컨의 결정은 슈어드에게 크나 큰 충격을 주었다. 3월 29일 밤, 재무부 차관보 조지 해링턴은 슈어드의 집을 방문했다. 해링턴은 자신이 백악관을 막 나설 무렵 웰스와 블레어, 폭스가 링컨을 만났으며 "마침내 섬터 요새에 증원해도 좋다는 대통령의 승인이 이루어졌다."고 전했다. 처음에는 이 소식을 믿지 않던 슈어드는 이내 분통을 터뜨렸다. "난 다시 정부가 패배하기를 원치 않소. 우린 아직 전쟁을 치를 처지가 아니란 말입니다."슈어드는 취임연설의 논조를 부드럽게 만들도록 링컨을 설득했던 일과 섬터에서 철수하라는 자신의 충고가 분명히 반영되었던 3월 15일 내각 투표에 비추어, 자신이 나약한 대통령을 뒤에서 조종하고 있다는 그릇된 확신을 갖고 있었다.

남부에서 보내오는 아첨의 편지들도 슈어드의 이 그릇된 확신에 영향을 미쳤다. 노스캐롤라이나 주의 프레더릭 로버츠는 모두들 슈어드가 "난국을 평화롭게 수습해줄 것"으로 믿는다고 말했다. 더 나아가 노스캐롤라이나 주에서는 링컨을 "3류"로 여기는 반면, 슈어드에 대해서는 "내각의 헥토르(트로이의 명장)이며, 아틀러스(그리스 신화에서 지구를 어깨에 짊어지고 있는 거인)일뿐 아니라 북부를 통틀어 가장 위대한 지식인"으로 여긴다고 전했다. 또 다른 숭배자는 "연방주의자는 당신, 오직 당신만을 나라를 구할 수 있는 각료로 우러러봅니다."라고 말했다. 슈어드는 이러한 판단에 진심으로 공감했다. 그는 링컨이 "자잘한 일에만 열중할 뿐, 정작 큰일에는 전념하지 않는다."고 애덤스에게 말했다. 애덤스도 수긍했다. 영국 사절 임용을 수락하긴 했지만, 그는 여전히 링컨을 부정적으로 보고 있었다. 그는 "링컨은 이 시대를 감당할 만한 사람이 못 된다."라고 일기에 적었다. 그저 국무장관이 대통령에게 미치는 영향력에만 기대를 품을 뿐이었다.

슈어드는 몇 주 동안 "두 가지 크나큰 환상" 속에서 움직였다. 첫째는 자신이 나라의 실질적인 지도자라는 것이었고, 두 번째는 섬터를 포기하면 남부인들이 화를 풀고 연방으로 돌아오리라는 것이었다. 슈어드는 링컨이 자신의 충고에 따라 섬터를 포기할 것이라는 확신 때문에 높은 명성을 잃을 위기에 처했다. 이전에 남부 연맹은 여러 문제, 특히 요새 문제를 협상하기 위해 워싱턴으로 세 위원을 보냈다. 하지만 링컨은 그들과 직접 대화를 나누면 탈퇴한 주들을 합법으로 인정하는 셈이라며 협상에 응하지 않았다. 답답했던 슈어드는 앨라배마 주의 존 캠벨을 통해 간접적인 대화를 시도했다. 캠벨은 자기 주가 탈퇴했는데도 대법원에 남아 있던 사람이었다. 3월 15일 내각회의 후 슈어드가 보낸 메시지를 캠벨은 세 위원들에게 전했다. 이 내용을 확인한 위원들은 다시 당시 앨라배마 주 몽고메리에 위치해 있던 남부 연맹의 수도로 "섬터의 부대가 앞으로 5일 안에 철수될 것"이라고 보고했다.

내각이 뚜렷한 입장을 세우지 못하는 사이, 자신의 명예를 지키고 내전을 막기 위해 필사적이었던 슈어드는 4월 1일, 앞으로 엄청난 비난과 논란의 원인이 될 특별 메모를 작성했다. 슈어드는 프레더릭에게 자신의 글씨는 알아보기 힘드니 새로 베껴 쓰되 문장은 다듬지 말고, 다 쓴 후에는 링컨에게 반드시 직접 전달하라고 말했다.

메모는 "내각이 출범한 지 한 달이 지났는데도 아직 국내외 정책이 없습니다."라는 말로 시작된다. 이 메모에서 슈어드는 섬터 요새를 포기하라고 거듭 강조하면서도 피큰스 요새에는 증원하자는 새로운 주장을 펼쳤다. 섬터 요새를 포기하고 피큰스 요새에 전념하면 남부를 자극하지 않으면서도 "연방 당국의 상징"을 간직할 수 있다고 주장했다. 여기에서 슈어드의 잘못은 훗날 몇몇 비평가들이 비난했던 것처럼 극악무도한 음모가 아니라, 그릇된 상황 판단과 링컨에 대한 심각한 오해였다. 슈어드는 이어 링컨더러 국내 문제에서 관심을 돌리라고 충고했다. 그는 링컨이 스페인과 프랑스에게는 서반구에 간섭하는 이유를, 영국과 캐나다, 러시아에게는 미국의 위기에 개입하겠다고 협박하는 이유를 해명하라고 요구해야 한다고 주장했다. 이들 나라가 만족스러운 설명을 하지 못하면, 전쟁을 선포해야 한다고 했다. 사실 해명을 요구하라는 주장은 문제될 것이 없었다. 이후 실제로 미국은 해명을 요구했고, 유럽 지도자들이 미국 상황에 대해 신중하게 대처하고 있음을 확인했다. 많은 전기 작가와 사학자들에게서 격렬한 비판을 받은 부분은, 필요할 경우 선전포고를 해야 한다는 슈어드의 엉뚱한 제안이었다.

슈어드의 과잉반응은 여기서 그치지 않았다. 지난 2월, 슈어드는 독일 외교관에게 "선거로 당선된 미국의 대통령과 세습 군주 사이에는 별 차이가 없습니다."라고 말했다. 둘 다 실질적으로는 나라를 운영하지 않으며, 공적인 업무는 사실상 여당 당수가 지휘한다는 것이었다. 슈어드는 자신이 수상(首相)이고, 링컨은 명목상의 대표일 뿐이라고 생각했다. 슈어드는 이 주제넘은 생각에 따라 "어떤 정책을 채택하든 강력하게 실시해야 합니다. …… 대통령이 직접 하거나 내각의 각료에게 위임해야 합니다. 이것이 제 본분은 아닙니다. 하지만 저는 책임을 회피하지도, 자처하지도 않겠습니다."라는 말로 메모를 마무리했다. 이후 니콜라이가 기록한 것처럼, 링컨이 시기심이 강하거나 화를 잘 내는 사람이었다면, 라이벌을 굴복시키기에 이보다 더 좋은 기회는 없었을 것이다. 링컨은 슈어드의 오만한 행동을 그 자리에서 무시할 수도 있었다. 하지만 자주 그랬던 것처럼 링컨은 이번에도 "비범한 재능"이었던 "사리사욕 없는 관대함"을 보여주었다.

대통령은 즉시 슈어드에게 답장을 써내려갔다. 하지만 이것을 보내지는 않았는데, 아마 직접 만나 대답하고 싶어서였을 것이다. 링컨의 여러 서류에 묻혀 있던 이 문서는 수십 년 후 니콜라이와 헤이가 링컨의 전기를 집필할 때에야 발견되었다. 링컨의 답변은 짧지만 예리했다. 링컨은 먼저 내각에 정책이 없다는 주장에 대해서, "정부 소유의 공공재산과 영토를 유지, 점유, 소유하는 데 최선을 다할 것"이라던 취임 맹세를 슈어드에게 상기시켰다. 이는 슈어드가 요구한 "바로 그 국내 정책"이며, 이를 근거로 섬터 요새를 포기하지 않겠다고 말했다. 또한 내각에 대외 정책이 없다는 비난에 대해서는 "우리는 외국 사절들에게 보낼 회람장과 지령을 준비하고 있습니다. 이건 우리에게 대외 정책이 있다는 뜻입니다."라고 응수했다. 나라를 재통일하기 위해 외국과 전쟁을 벌이자는 주장은 대답할 가치도 없었다.

링컨은 대통령에게 정책이 없을 경우 국무장관이 대신 강력한 정책을 세우고 실시해야 한다는 슈어드의 제안에 대해서는 단호하게 답변했다. 링컨은 단언했다. "이 일을 해야 한다면, 그 누구도 아닌 내가 할 것입니다."

슈어드는 이에도 끄떡없이 피큰스 요새에 증원하기 위한 계획을 완성하기 위해 맹렬히 노력했다. 그러면서 폭스 원정대가 섬터 요새로 출발하기 전에 링컨이 마음을 바꾸리라는 희망을 버리지 않았다. 원정대가 떠나기 전날, 그는 몽고메리 메이그스 대령을 황급히 집으로 불러들였다. 시간이 없다는 사실을 깨달은 슈어드는 메이그스에게 피큰스 요새를 보유하고 증원하기 위한 계획서를 작성해 오후 네 시 전에 대통령에게 제출하라고 요구했다. 링컨은 속으로 피큰스 증원이 두 요새 중 하나를 선택한다는 의미는 아니라고 생각하면서, 육군 대령의 보고서를 받고 몹시 기뻐했다. 대통령은 말했다. "스콧에게 이 일을 반드시 수행하고 실패하지 않기를 바란다고 전하십시오. 신사 여러분들께서 이 일을 완수하도록 도와주십시오.”

링컨은 슈어드로부터 많은 해군들이 공공연히 연방에 반대하고 있으니 피큰스로 보낼 원정대를 해군 당국에 맡겨서는 안 된다는 경고를 받았다. 링컨은 4월 1일 브루클린의 해군 공창(工廠) 지휘관 앤드루 푸트에게, 데이비드 포터 대위의 지휘 하에 펜서콜라 행 밀사를 보낼 수 있도록 포와탄 함을 지체 없이 준비하라고 전하는 명령서에 사인했다. 포와탄은 미 해군에서 가장 힘이 센 전함이었다. 명령서에는 어떤 일이 있어도 그 함선을 보내려한다는 사실을 해군성에 밝히지 말라는 단서가 달려 있었다.

포와탄으로 섬터에 증원할 계획이던 해군장관 웰스와 폭스 대령은 둘 다 이 비밀 지령을 모르고 있었다. 포와탄은 섬터 요새에 보급품을 나르는 예인선을 지원하는 중요한 역할을 할 예정이었다.

링컨은 부주의하게도 포와탄을 동시에 두 임무에 동원했다는 사실을 인식하지 못했다. 취임 후 첫 몇 주 동안의 혼란스러운 상황을 생각하면, 링컨이 슈어드가 제출한 문서를 읽어보지도 않고 서명한 것은 그리 이상한 일이 아니다. 이후 프레더릭 슈어드는 사인을 받기 위해 백악관에 문서를 가져갔을 때 링컨은 “아버지가 다 괜찮다고 하셨겠지요, 안 그렇소? 그랬을 겁니다. 어디다 사인을 하면 되오?”라고 말하곤 했다고 회상했다.

그러나 뒤죽박죽인 상황을 몰랐던 웰스는 당시 포와탄의 지휘자였던 새무얼 머서에게 “포와탄을 타고 뉴욕을 떠나 찰스턴 방책에 11일 아침까지 도착하도록 하라.”고 지시하는 서신을 보냈다. 보급 수송선이 섬터 항구에 정박해도 좋다는 허가를 받으면 포와탄은 즉시 뉴욕으로 돌아갈 것이었다. 입항이 거절되면, “길을 트는 데” 포와탄과 보조 함정을 이용해야 했다. “평화로운” 증원 임무가 실패한다면, 필요할 경우 “요새 증원”은 “무력을 동원해서” 시도될 예정이었다. 대통령은 같은 날 웰스가 머서에게 보낸 명령을 읽고 허가했다.

다음날 링컨은 사우스캐롤라이나 주지사에게 캐머런의 이름으로 보낼 편지를 작성했다. "나는 미합중국 대통령으로부터 섬터에 군량만 보내려는 시도가 이루어질 것이라고 통보하라는 지시를 받았습니다. 남부 측에서 이 시도를 저지하지 않는다면, 다른 통보 없이 군대나 무기, 탄약을 보내지는 않을 것입니다." 링컨은 전쟁을 막기 위한 마지막 시도로 보급 작전과 논란이 분분한 증원 문제를 분리하려 했던 것이다.

링컨의 전략은 독창적이었지만, 불행히도 그 실행 과정이 엉망진창이었다. 피큰스 원정대가 "모순 되는 해군장관의 명령"에 당황하고 있다는 소식을 접한 메이그스 장군은 슈어드에게 설명을 부탁하는 전보를 보냈다. 난처한 입장에 처한 슈어드는 웰스에게 피큰스 기밀 작전을 털어놓아야겠다고 생각했다. 밤 11시가 넘은 시각에 슈어드와 프레더릭은 웰스와 이야기를 나누기 위해 윌라드 호텔로 향했다. 그날 초저녁에 포와탄과 다른 선박들이 섬터로 출발했다고 생각한 웰스는 짧은 시간에 많은 일을 해냈다며 자축하고 있었다.

슈어드는 웰스에게 전보를 보여주면서 현재 포와탄은 데이비드 포터가 지휘하고 있으며 펜서콜라로 향하고 있다고 전했다. 웰스는 이 말을 믿을 수가 없었다. 포와탄은 섬터 임무를 성공적으로 수행하는 데 "가장 중요한 배"였다. 그들은 당장 대통령과 상의하기로 했다. 자정이 다 된 시각이었지만 링컨은 아직 깨어 있었다. 이 상황을 전해들은 링컨은 그제야 착오가 있었다는 것을 알게 되었다. 문제를 확인한 링컨은 슈어드에게 "섬터 원정대가 출발할 수 있도록 지체 없이 포와탄을 머서에게 돌려보낼 것"을 명령하는 전보를 포터에게 보내라고 말했다. 슈어드는 피큰스 원정대를 옹호하려 했지만, 링컨은 "단호하게" 그날 밤 전보를 보내라고 지시했다.

웰스는, 자신이 부주의하고 경솔했다고 인정하며 좀더 세심한 주의를 기울였어야 했다고 자책하는 링컨의 모습을 보고 몹시 놀랐다. 그러나 그것은 그리 새삼스러운 행동이 아니었다. 사실 링컨은 어떤 문제가 일어났을 때, 각료들을 탓할 수 있음에도 자기 잘못이라고 말하는 경우가 많았다. 슈어드는 하는 수 없이 전보를 보냈다. 하지만 포터는 이미 플로리다 주로 출항한 상황이었다. 포와탄을 따라잡도록 쾌속선을 보냈지만, 포터는 대통령이 아니라 슈어드의 서명이 담긴 전보를 읽고는, 대통령이 서명한 첫 번째 명령이 우선한다고 판단하여 계속 플로리다로 향했다.

구스타부스 폭스는 찰스턴에 도착해서 몇 시간이나 포와탄을 찾았지만 헛수고였다. 배가 엉뚱한 길로 향하고 있다는 단서도 없었다. 또한 남부 연맹 당국이 그의 계획을 알아내어 찰스턴 지휘관인 피에르 보우리가드에게 포와탄과 연방 호위선이 도착하기 전에 섬터 요새를 공격하라고 명령했다는 사실도 알지 못했다.

4월 12일 새벽 3시 30분, 보우리가드는 앤더슨에게 한 시간 뒤에 사격을 개시할 것이라는 전갈을 보냈다. 60명밖에 안 되는 앤더슨의 소규모 수비대는 발포에 맞섰지만, 9000명이나 되는 남부 연맹의 군사력에 순식간에 압도되었다. 훗날 폭스는 포와탄의 군대와 대포, 전함 없이는 승산이 없었다고 탄식했다. 앤더슨의 부하였던 앱너 더블데이는 "큰 화재가 끔찍한 재앙을 일으켰다. 요새의 5분의 1이 불탔고, 바람이 우리가 대피한 곳으로 자욱한 연기를 몰고왔다."고 회상했다.

전투가 시작된 지 34시간 후, 앤더슨 소령은 항복했다. 모든 대원을 한데 모아 놓고 찢어진 미합중국 국기를 향해 엄숙하게 50발의 예포를 발사한 후 기를 내리고 요새를 떠났다. 이 행동으로 앤더슨은 북부에서 영원히 사랑받았다. 놀랍게도 요새에 있던 연방 군인 중 사망자는 단 한 명밖에 없었는데, 그것도 국기를 향해 예포를 쏘던 중 발생한 화약 폭발 사고 때문이었다. 웨스트포인트 사관학교에서 앤더슨을 가르쳤고 그를 높이 평가했던 보우리가드는 앤더슨이 떠날 때까지 기다렸다가 요새로 들어갔다. "친구의 굴복을 지켜보는 것은 명예롭지 못한 일"이었기 때문이다.

폭스 대령은 슬픔에 잠겼다. 포와탄을 놓치지 않았다면 임무가 성공했을 것이라고 여긴 그는 자기 잘못 때문에 작전이 실패한 게 아닌데도 명예를 잃었다고 생각했다. 이번에도 링컨은 이 모든 사태는 자기 탓이고 "우연히 일어난 일"이라며 그를 안심시켰다. "결코 당신에겐 책임이 없소, 어느 정도는 내 책임입니다. 당신은 이 계획에서 대단히 중요하다고 여겼던 전함과 대원을 빼앗겼으니까요. 이 일이 실패했다고 해서 당신의 명예가 실추될 리는 없다고 자신 있게 말씀드릴 수 있습니다. 오히려 이 일에서 당신이 보여준 뛰어난 능력을 통해 나는 당신을 더욱 높이 평가하게 되었습니다." 링컨은 계속해서 말했다. "당신과 나 둘 다, 비록 실패한다 해도 섬터 요새에 증원하려는 시도를 통해 조국의 대의가 전진할 것이라고 예상했습니다. 우리의 예상이 결과적으로는 정당화되었으니 이 얼마나 큰 위로입니까."

훗날 비평가들은 링컨이 남부를 자극해 상황을 전쟁으로 몰고갔다고 주장했다. 하지만 그는 정부에 속한 재산을 "유지"하겠지만, "필요 이상의 공격은 없을 것이며 무력을 사용하지 않겠다."는 취임연설에 충실했을 뿐이다. 섬터 요새는 식량과 보급품 없이는 사수할 수 없었다. 링컨이 요새를 포기하기로 결정했다면, 북부에 대한 맹세를 저버리는 셈이 된다. 정부 재산을 "유지"하기 위해 다른 방식으로 무력을 사용했다면, 이는 남부에 대한 약속을 깨뜨리는 것이었다. 남부 연맹이 먼저 발포했다. 그 누구도 4년 넘게 이어지고 60만 명 이상의 목숨을 앗아가리라고 상상하지 못했던 전쟁은 이렇게 시작되었다.

13장

먼저 자신을 다스리다

불 런 전투의 참패

그 주 주말, 북부 전역에 남부 연맹이 섬터 요새를 공격했다는 소식이 전해졌다. 월트 휘트먼은 토요일 밤 14번가에서 오페라를 관람한 후 브로드웨이를 걸어가고 있을 때, 신문팔이 소년의 고함 소리를 들었다고 회상했다. 메트로폴리탄 호텔에서는 황급히 몰려든 30~40명의 사람들에게 뉴스를 큰 소리로 읽어주었다.

"국기에 대한 발포"는 북부의 "폭발적인 대변동"을 낳았고, "이는 단박에 분리의 문제를 해결"했다고 휘트먼은 말했다. 〈내셔널 인텔리젠서〉는 "우리 국민은 이제 누구나 다 정부를 지지하기로 결의하며 분리주의자들이 개시한 전쟁에 적극적으로 뛰어들기를 요구한다. 그들과의 교감은 모두 사라졌다." 라고 보도했다.

남부 역시 북부만큼 격한 반응을 보였다. "행동은 개시되었다!"라는 말로 사우스캐롤라이나 주 찰스턴의 급보는 시작되었다. "사회의 흥분은 형언할 수 없을 정도다. 첫 번째 포성과 함께 수천 명의 시민들이 침실에서 뛰어나와 최전선으로 달려가 전투 광경을 바라보았다."

일요일, 링컨은 교회에서 돌아오자마자 내각회의를 소집했다. 그는 민병대를 모집하고 의회 재소집 시기를 정하는 선언서를 북부에 발표하기로 결심했다. 필요한 지원군의 숫자에 대한 논란이 있었다. 10만 명이 필요하다는 사람이 있는가 하면, 5만 명이면 충분하다는 사람도 있었다. 링컨은 7만 5000명으로 결정했다.

국회의 개회 시기 역시 어려운 문제였다. 링컨은 병사 모집과 지출을 국회가 허가해주기를 원했지만, "'많은 생각을 가진 많은 사람들' 이 전쟁 정책을 세우길 기다린다면 화를 초래할 것"이라는 충고를 받아들였다. 결국 링컨과 내각은 "대통령이 개회 날짜 이전에 취한 전쟁 조치를 승인해줄 애국심"을 기대하며 7월 4일 독립기념일을 국회 재소집일로 정했다.

존 니콜라이는 대통령의 선언서 사본을 만들어 국무장관에게 전달했고, 장관은 국새를 찍어 다음날 공표하도록 보냈다. 그날 오후 링컨은 한때 경쟁자였던 스티븐 더글러스를 맞이하여 몇 시간 동안 은밀하게 대화를 나누었다. 더글러스는 건강이 좋지 않았다. 술과 정력적인 활동 때문에 건강이 악화되었던 것이다. 그는 결국 두 달 후 사망했다.

그는 이날 링컨을 적극적으로 지지하겠다고 했으며, 그 후 "연방을 보호하고 정부를 유지하기 위해 대통령이 헌법상의 권한을 행사하는 것을 기꺼이 지지하겠다."는 입장을 공식적으로 밝혔다. 그의 주장은 민주당의 지지를 받는 데 큰 도움을 주었다. "이 시련의 시기에는 대통령을 지지하는 것이 애국심을 가진 모든 시민의 의무다."라고, 어느 더글러스 파 신문은 보도했다. 또 다른 신문은 "모두가 사소한 적대감을 잊고 몸과 마음을 다해 반역자를 처단해야 한다."고 촉구했다.

연방을 지지하는 지원병들이 행진을 하는 가운데 엄청난 규모의 집회가 열렸다. 북부 신문들은 "성명서에 대한 북부의 반응은 예상 밖이었다. 자유주의 모든 주지사가 자신들의 주에 할당된 모병 인원을 채우겠다고 약속했다. 열광적인 애국심으로 시골과 도시에서 일어난 '북부의 봉기'는 전보로 빠르게 확산되었다."라고 전했다. 모든 파벌이 사라진 듯했다. 조지 템플턴 스트롱은 "우리는 하나로 뭉친 북부처럼 보이기 시작했다."고 일기에 기록하면서, 민주당계의 〈뉴욕 헤럴드〉가 머지않아 "일주일 전에 링컨을 비난했던 것처럼 제퍼슨 데이비스를 비난할 것"이라고 말했다.

열광적으로 단결한 북부는 위험하게도 남부의 저력을 과소평가했다. 슈어드는 전쟁이 60일 안에 끝날 것이라고 예상했다. 존 헤이도 "안됐지만, 피비린내 나는 전투는 짧은 시간 안에 끝날 것이다. 그들은 나약하고 무지하며 자금도 없다. 그들의 군대는 굶주린 대(大) 폭도다. …… 그들 앞에는 패배와 빈곤, 분열, 폭동, 폐허만이 있을 뿐이다."라고 자신했다.

얼마 지나지 않아 남부로부터 불길한 소식이 전달되면서 이 경솔한 예측은 무너지기 시작했다. 노스캐롤라이나와 테네시, 켄터키 주가 "남부의 자매주들을 진압하려는 사악한 목적을 위해서는" 군대를 보낼 수 없다고 반발했다. 4월 17일에는 중요한 버지니아 주가 대통령의 민병대 동원령을 비난하며 연방에서 탈퇴했다. 버지니아의 결정이 전해지자 남부 전역은 일제히 환호했다. 뉴올리언스의 〈데일리 피케이윤〉은 "어제 오후, 마침내 버지니아가 탈퇴했다는 기쁜 소식이 삽시간에 퍼져나갔다. 그때처럼 주민들이 흥분한 적은 처음이었다. 거리의 시민들은 기쁨을 감추지 못한 채 이리저리 뛰어다녔고 호기롭게 만세를 외쳤다."고 전했다.

흥분한 남부인들 역시 북부의 의지를 과소평가하고 자기네 승산을 과장하며 북부와 똑같이 그릇된 판단을 내렸다. 〈데일리 피케이윤〉은 "현재 아군은 여덟 개의 주를 가졌다!"라고 기뻐하면서 남은 노예주들이 모두 버지니아의 뒤를 따르면 조만간 열다섯 주가 될 것이라고 예견했다. 그러나 버지니아의 행동에 자극받아 연맹에 가입한 주는 단 세 곳, 노스캐롤라이나, 아칸소, 테네시뿐이었다.

버지니아가 탈퇴한 다음날, 프랜시스 블레어 경은 로버트 E. 리 장군을 펜실베이니아 가에 있는 자신의 노란 집에 초대했다. 웨스트포인트 사관학교를 졸업한 쉰네 살의 리 장군은 멕시코 전쟁에 참전했고 웨스트포인트의 교육감을 지냈으며 하퍼스 페리에서 존 브라운을 체포했던 군대를 지휘했다. 스콧 장군은 그를 "당대 최고의 군인"으로 여겼다. 링컨은 블레어에게, 대통령의 권한으로 임명할 수 있는 가장 높은 계급을 리 장군에게 제안하라고 지시했다. "링컨 대통령이 귀관께서 연방군의 지휘를 맡으실 수 있는지 저더러 여쭈어보라 했습니다."

블레어가 입을 열자 로버트 리 장군은 "솔직하고 정중하게" 대답했다. "나는 탈퇴를 정치사회적 혼란으로 여깁니다. 내가 남부에 있는 400만 노예의 주인이라면 그들 모두를 연방에 바치겠습니다. 하지만 어떻게 제가 고향인 버지니아를 향해 칼을 뽑을 수 있겠습니까?"

블레어와 헤어진 후, 리 장군은 스콧 노장을 방문해 이 곤란한 상황에 대해 더 의논했다. 그 다음 알링턴에 있는 집에 돌아가 생각에 잠겼다. 이틀 후, 그는 퇴역하겠다고 스콧에게 연락했다. 리 장군은 말했다. "제 인생에서 가장 행복했던 시절을 보내고 제 능력을 바쳤던 곳에서 떠난다는 것은 몹시 힘든 일입니다. 30년이 넘는 세월 동안 저는 상관들의 친절과 동료들의 따뜻한 우정을 경험했습니다. …… 무덤까지 여러분들의 친절한 배려와 이름, 명예를 소중히 품고 가겠습니다."

같은 날, 마음이 뒤숭숭했던 리 장군은 누이에게 편지를 썼다. "현재 우리는 그 무엇도 포기할 수 없는 전쟁 상태에 있습니다. …… 내 친척과 아이들, 고향을 공격할 수는 없습니다. 그래서 퇴역했습니다. 내 고향주를 지키는 일을 제외하고, (내 미약한 복무가 필요한 일이 없기를 진심으로 바라며) 다시는 전쟁에 소환되지 않기를 바랍니다." 그 직후, 리는 버지니아 주 군대의 사령관으로 임명되었다.

리 장군이 힘겨운 결정 때문에 혼자서 괴로워하고 있던 그때, 링컨의 동서 벤저민 하딘 헬름 역시 고통스러운 결정을 내려야 했다. 켄터키 주에서 태어나 웨스트포인트를 졸업한 헬름은 1856년에 메리의 배다른 동생 에밀리와 결혼했고 스프링필드에서 사업을 하며 링컨의 집에 머물렀다. 그의 딸 캐서린에 따르면, 그와 링컨은 형제 이상으로 친하게 지냈다고 한다. 섬터 전투 2주 후, 링컨은 "충직한 남부 민주당원"인 헬름을 집무실로 불러들여 그의 손에 봉인된 봉투를 건넸다. "벤, 자네 걸세. 잘 생각해보고 어떻게 할지 알려주게." 편지는 헬름에게 소령 계급과 연방군의 높은 직책인 경리관을 제안하고 있었다. 그날 오후, 헬름은 리 장군을 우연히 만났는데, 그의 얼굴에는 불안감이 고스란히 드러나 있었다. "괜찮으십니까?" 헬름이 묻자 리는 대답했다. "몸은 괜찮은데 마음이 불편하군. 한때 내 모든 희망과 기대를 걸었던 군대에서 퇴역했으니 말이네." 헬름은 리에게 링컨의 제안서를 보여주고 조언을 부탁하며 말했다. "대통령의 호의를 의심하진 않습니다. 하지만 그는 군대를 지휘하지 못합니다. 큰 전쟁이 일어날 것입니다." 누군가에게 충고를 하기에는 "너무나 불안한 상태였던" 리 장군은 헬름에게 "자네의 양심과 도의에 따르게."라고 말했다.

밤을 꼬박 새우며 고민한 그는 다음날 다시 백악관에 가서 링컨에게 말했다. "전 고향으로 돌아가겠습니다. 거기서 답변을 드리도록 하겠습니다. 제게 제안하신 직책은 꿈조차 꿀 수 없을 만큼 높은 것이었습니다. 링컨 씨, 그동안 당신은 제게 너무나 잘해주셨습니다. 나는 당신의 입후보를 반대했고 당신의 당선을 막기 위해 온갖 일을 다 했으니 무언가를 요구할 수 없습니다. 아직 이 제안을 공표하지 마십시오. 며칠 내에 답장을 보내겠습니다."

헬름은 켄터키로 돌아가 사이먼 볼리바르 버크너 장군과 친구들을 찾아가 상의한 후, 링컨의 제안을 거절하고 고향인 남부와 운명을 같이하겠다고 결심했다. 링컨에게 답장을 쓰는 내내 그의 마음은 더할 수 없이 고통스러웠다. 얼마 후 그는 연맹군의 임관을 받아들여 준장이 되었다.

고립된 워싱턴

링컨이 분열된 연방을 안정시키기 위해 고군분투하는 동안 위험한 일들이 끊임없이 일어나고 있었다. 논란이 분분한 내각회의에서 슈어드는 즉시 남부의 항구들을 봉쇄해야 한다고 주장했다. 국제법으로 인정받은 봉쇄령을 내리면 연방은 선박을 수색하고 나포할 수 있었다. 기디언 웰스는 봉쇄령을 선포하면 연방이 남부와 전쟁을 한다는 사실을 인정하는 것이 되어서 외세가 연맹을 지지할 것이라고 주장했다. 그저 폭도가 들어오지 못하도록 항구를 폐쇄하고 국내법의 치안권을 이용해 들고나는 배를 나포하는 게 낫다는 것이었다. 내각의 의견은 반반으로 나뉘었다. 체이스와 블레어, 베이츠는 웰스를 지지했고, 스미스와 캐머런은 슈어드를 편들었다. 링컨은 슈어드의 의견이 옳다는 결론을 내리고, 4월 19일에 공식적으로 봉쇄령를 선포했다. 웰스는 처음에는 주저했지만, 봉쇄령을 실시하는 데 최선을 다했다.

전쟁이 발발하자 웰스와 해군성은 심각한 상황에 빠졌다. 그동안 해군 장교의 대다수를 이루었던 남부인들이 대거 퇴역했던 것이다. 반역이 성행했다. 4월 초, 링컨은 인자하게도 수도 워싱턴의 해군 공창 사령관인 프랭크 뷰캐넌 장군의 딸을 위한 결혼 피로연에 참석했다. 하지만 2주 후, 뷰캐넌은 "오늘부터 이 공창을 수비하지 않겠다."고 맹세하며 사임했다.

한편, 버지니아 주의 탈퇴는 노퍽 해군 공창을 위험에 빠뜨렸다. 이곳은 전략적으로 매우 중요한 곳에 위치해 있었다. 엄청나게 큰 건선거(乾船渠), 막대한 양의 대포와 총, 막강한 선박 메리맥을 보유한 노퍽 공창은 남부와 북부 모두에게 꼭 필요한 곳이었다. 웰스는 링컨에게 섬터가 함락되기 전 공창에 증원하라고 주장했지만, 링컨은 버지니아 주를 자극할 조치를 취할 수는 없다고 했었다. 이 결정은 연방의 해군 군사력에 심각한 타격을 주었다. 웰스가 노퍽으로 군대를 보내라는 지시를 받았을 때는 너무 늦은 시기였다. 이미 연맹이 해군 공창 관리권을 장악한 후였다.

봉쇄령이 선포된 1861년 4월 19일, 최초의 사상자가 발생했다. 워싱턴을 방어하기 위해 기차를 타고 이동하던 매사추세츠 제6연대가 볼티모어에 이르렀을 때, 탈퇴주의자들로 이루어진 폭도의 공격을 받았다. "현장은 형언할 수 없을 만큼 끔찍했다."라고 〈볼티모어 선〉은 보도했다. 분노한 패거리가 부대를 "흑인 강도"라고 부르면서 칼과 권총으로 공격했다. 군인 네 명과 아홉 명의 민간인이 사망했다. 조지 템플턴 스트롱은 일기에 "독립전쟁의 시발점이 되었던 렉싱턴과 콩코드 전투 기념일에, 매사추세츠 사람들이 이 큰 전쟁의 첫 번째 피를 흘렸다는 것은 주목할 만한 우연이다."라고 적었다.

대통령은 즉시 볼티모어 시장과 메릴랜드 주지사를 백악관으로 불러들였다. 메릴랜드가 연방에 남기를 원했던 링컨은, 또 다른 부대가 탈퇴주의자들이 많은 볼티모어를 가로질러 가지 않도록 하겠다고 말했다. 하지만 "볼티모어 경계 밖으로 돌아서 가는 것"은 허락해 달라고 고집했다. 자정 직후, 분노한 볼티모어 대표단이 링컨을 만나기 위해 백악관에 도착했다. 대표단은 부대가 볼티모어뿐 아니라 메릴랜드 주 다른 지역에도 발을 들여놓아선 안 된다고 주장했다. 링컨은 이 주장을 단호히 거부했다. "나는 수도를 방어해야 하오. 그러기 위해서는 군대를 불러들일 수밖에 없소. 그런데 수도는 메릴랜드 땅에 둘러싸여 있소. 우리 군대가 두더지가 아니니 땅을 팔 수도 없고, 새가 아니니 하늘을 날지도 못하오. 행군 말고는 방법이 없소."

전쟁이 최초의 사상자를 낳은 그날은 또한 "전신국 사상 처음으로 언론 검열이 실시된" 날이었다고 한 베테랑 기자는 회상했다. "기자들이 매사추세츠 제6연대의 사상자 명단을 전보로 보내려 하자, 국립 총기협회 단원들이 사무실을 점령하고 전송을 막았다." 분개한 기자들은 슈어드의 집으로 몰려가 항의했다. 국무장관은 "사상자 기사를 보내면 민심이 동요되어 화해를 방해할 뿐"이라고 주장했다. 논란이 계속되고 있을 때, 탈퇴주의자들이 볼티모어의 모든 전선을 끊고 도시 주변의 철교를 파괴했다는 소식이 들려왔다. 더 이상의 논란은 무의미했다. 워싱턴은 완전히 고립되었다.

전신이 단절되고 우편배달마저 중단되자, 워싱턴 주민들의 불안은 극에 달했다. 방문객들은 호텔에서 빠져나갔고 가게들은 문을 닫았다. 창문과 문에는 바리케이드를 쳤다. 불안에 떨던 시민들은 매일같이 기차역에 몰려들어 도시를 보호하러 올 북군을 기다렸다. 흉흉한 소문이 빠르게 번져나갔다. 포토맥 강 건너편에는 연맹군의 모닥불이 보였다. 금방이라도 워싱턴을 포위할 태세였다. 전쟁장관 캐머런은 공격에 대비하며 사무실에서 잠들었다. 니콜라이는 약혼녀에게 보내는 편지에 "이 도시에는 모든 공공건물과 재산, 기록보관소를 지킬 사람이 겨우 2000명밖에 없군요."라고 적었다.

북부의 다른 곳도 불안하기는 마찬가지였다. "워싱턴으로부터 특보는 없었다. 사람들은 우리 증원 부대가 도착하기 전에 워싱턴이 공격받았다며 숙덕거렸고, 모두들 링컨과 슈어드, 그 외 모든 각료가 포로로 붙잡혔다는 소식을 들어도 놀라지 말라고 우리에게 말했다."라고 스트롱은 전했다.

케이트와 네티 체이스는 아버지의 부유한 친구인 하이럼 바니를 방문하느라 뉴욕 주에 머물고 있었다. 바니는 케이트와 네티에게 수도가 위험에서 벗어날 때까지 뉴욕에 있으라고 했다. 아버지를 몹시 사랑했던 케이트는 아버지를 걱정하며 불안감을 감추지 못했다. 케이트는 결국 섬너 요새에서 뉴욕으로 왔다가 대통령을 만나기 위해 다시 워싱턴으로 향하던 로버트 앤더슨 소령과 동행할 기회를 놓치지 않았다.

일행은 일단 필라델피아로 갔다가 이동을 계속해 페리빌에서 아나폴리스까지 가는 증기선에 올랐다. 하지만 이 배는 경고 사격을 하는 적군의 선박을 만났다. 앤더슨 소령이 배에 타고 있다는 정보를 입수한 연맹군이 그를 체포할까봐 두려웠던 선장은 대포를 배치하고 증기를 뿜으며 속도를 올렸다. 케이트와 네티가 폐쇄된 갑판 아래에 숨어 있는 동안, 증기선은 전속력으로 돌진했다. 마침내 적군은 "해적기를 올리고 경로를 바꾸어" 시야에서 사라졌다. 이들은 무사히 아버지와 재회했다.

오번의 슈어드 가족에게도 "끔찍할 정도로 초조한" 나날이 계속되고 있었

다. 당시 스물두 살이던 윌리엄 슈어드는 아버지의 소식을 기다리며 밤마다
전신국에 갔지만 아무런 소식도 들을 수 없었다. 프랜시스 슈어드는 곁에 있
게 해 달라며 하루도 빠짐없이 남편에게 편지를 보냈다. "당신의 목숨이 위험
한 이 시기에 이렇게 멀리 떨어져 지내다니, 너무 힘이 듭니다." 하지만 아무
런 답장도 오지 않았다. 링컨은 겉으로는 냉정을 유지했지만, 정부가 갈수록
위태로워지자 점점 불안해졌다. "걱정으로 가득했던 하루"가 지난 어느 늦은
밤, 뉴욕과 로드아일랜드, 펜실베이니아 등 북부의 여러 주가 약속했던 군대
를 헛되이 기다리며 창밖을 내다보던 링컨의 모습이 존 헤이의 눈에 들어왔
다. "왜 안 오는가! 왜 안 온단 말인가!" 다음날, 매사추세츠 제6연대의 부상
병을 방문한 링컨은 "북군이 정말 있는지 모르겠습니다. 뉴욕의 제7연대는
신화 속에나 있고, 로드아일랜드는 이제 우리나라 지도에 없나 봅니다. 여러
분(매사추세츠 사람들)만 북부에 실재합니다."라고 말했다.

볼티모어의 폭동은 며칠 동안 계속되었다. 메릴랜드 주 의회가 탈퇴 투표
를 하기 위해 아나폴리스에 소집되었다는 소식에 두려움은 배가되었다. 내각
은 "그 대의원들을 체포하거나 해산시키기 위해" 군대를 보내는 문제에 대해
의논했다. 링컨은 그것은 정당한 일이 아니라며 반대했다. 이는 현명한 판단
이었다. 탈퇴주의자들이 몇 주 동안 메릴랜드의 평화를 어지럽히긴 했지만,
결국 메릴랜드는 남부 연맹에 가입하지 않았고, 링컨의 말처럼 "최초로 속죄
받은 주"가 되었기 때문이다.

지원군이 포위된 수도에 진입하는 것을 막기 위해, 폭도가 아나폴리스와
필라델피아를 잇는 철로를 파괴하려 한다는 소문이 들렸다. 이 소식을 접한
링컨은 많은 논란을 낳은 결정을 내렸다. 링컨은 워싱턴과 필라델피아 사이
의 군사 경계선을 따라 일어나는 저항 때문에 "공공의 안전을 위해 인신보호
영장을 유보할 수밖에 없다면", 그렇게 하라고 스콧 장군에게 권한을 주었
다. 스콧 장군은 공공의 안전에 위해를 가할 소지가 있다고 간주되는 사람은
영장과 법적 절차 없이도 체포, 감금할 수 있다고 공표했다. 슈어드는 훗날,

자신이 머뭇거리는 링컨에게 "더 이상 꾸물거리면 반드시 파멸할 것"이라면서 이 조치를 취하도록 설득했다고 주장했다. 슈어드가 처음 이 절차를 실시했으니 그의 말은 사실일 수도 있다.

그러나 링컨은 전면적인 명령을 내린 게 아니라, 이 조치를 한 지역에만 국한했다. 하지만 임의 체포를 막는 헌법상의 기본적 보호권을 무효화하는 이 조치는, 당시 메릴랜드 주에서 순회재판을 담당하고 있던 태니 대법관의 분노를 샀다. 링컨을 비난하면서 의회만이 영장을 유보할 수 있다고 주장했다.

법무장관 베이츠는 태니에게 반대하는 것이 편치는 않았지만 링컨의 입장을 지지했다. 몇 주에 걸쳐 그는 스물여섯 장에 달하는 의견서를 작성했다. 그는 "지금처럼 나라의 존립이 위태로운 시기에는, 대통령이 폭도와 관련되어 있다고 알려진 사람을 체포하고 구금할 수 있는 법적 재량권을 갖는다."고 주장했다. "의회만이 영장 발행에 대한 권한을 폐지할 수 있다. 하지만 지금은 '폭동이나 침략 등 공공의 안전이 위협받는, 필요한 때가 아닌 한, 인신보호 영장이라는 기본권을 유보해선 안 된다' 는 법 조항에 제시된 바로 그 '필요한 때'이다." 링컨은 이후 의회에 보내는 첫 번째 교서에서 자신의 결정을 변호했다. 그는 대통령으로서 "법이 공정하게 집행되도록" 보장할 책임이 있다고 말했다. "거의 3분의 1에 달하는 주에서 일어난 폭동이 모든 법을 바꾸었다. …… 하나의 법을 위반하지 않기 위해 그 법 하나만 제외한 모든 법을 집행하지 않은 채 정부 자체가 분열되어야 하는가?"

일주일 후, 마침내 뉴욕의 제7연대가 워싱턴에 도착했다. 〈뉴욕 타임스〉는 "호텔의 계단과 발코니, 개인 주택의 창문, 가게 출입구, 건물의 지붕조차 손수건과 깃발을 흔들며 함성을 지르는 사람들로 가득 찼다."고 보도했다. 이후 며칠 동안 또 다른 부대가 속속 도착했다. 군대가 도착하자 링컨의 기분은 눈에 띄게 좋아졌다. 그는 쾌활한 목소리로 수도의 안전을 확신하며, "찰스턴에 가서 우리가 진 조그만 빚을 갚아야겠다."라고 존 헤이에게 말했다.

프랜시스 슈어드는 워싱턴에 8000명이 넘는 군인들이 있다는 남편의 편지를 받고 안심했다. 하지만 슈어드는 남편에게 가고 싶다는 그녀의 요청을 거절했다. 아마 슈어드는 이 부산한 환경이 아내를 힘들게 할지도 모르니, 오번의 조용한 집에 머무는 게 아내에게 더 좋다고 여긴 듯하다.

더욱이 그는 전쟁의 목적에 대해 아내와 언쟁이 벌어지리라는 사실을 알고 있었다. 남편과 달리, 프랜시스는 전쟁의 기본 목적은 노예제 종식이라고 생각했다. 그녀는 전쟁이 몇 년 동안 이어져 엄청나게 많은 사람들의 목숨이 희생되겠지만, 노예제 근절이 그 모든 것을 정당화하리라 여겼다. 그녀는 남편에게 편지를 보냈다. "진실하고 강하며 영광스러운 북부가 마침내 깨어났습니다. 지위가 높거나 낮거나, 부유하거나 가난하거나, 모든 열정적인 이들이 드디어 인권 운동에 적극적으로 참여했습니다. 어떤 양보도 지금 이 급류를 막지 못할 것입니다. 노예제와의 그 어떠한 타협도 이루어지지 않을 것입니다. 하나님은 박해받은 이들의 기도를 들으셨고, 박해자들은 끔찍한 천벌을 받을 것입니다."

프랜시스의 이상적인 전쟁관은 남편뿐 아니라 대다수 각료의 의견과 대립되는 입장이었다. 여전히 전쟁이 빨리 끝나고 쉽게 화해가 이루어지리라 확신했던 슈어드는 한 친구에게 "끔찍한 전쟁은 절대 일어나지 않을 걸세. 남부는 와해되고 모든 일이 제대로 자리잡을 거야."라고 말했다. 베이츠는 남부의 노예소유주를 포함해 국민의 생활이 되도록 덜 혼란스럽도록, 전쟁이 빨리 끝나기를 원했다. 블레어도 같은 생각이었다.

링컨도 헌법이 허용하고 있는 노예제를 인정하고 있었기 때문에, 노예제 종식을 전쟁의 진정한 목표로 생각하지 않았다. 링컨은 5월 초 헤이에게 말했다. "난 이 전쟁의 목적은 민주주의가 부조리하지 않다는 것을 입증하는 것이라고 생각하네. 우리는 이 문제를 당장 해결해야 하네. 자유 정부에서는 사람들이 언제든 자기가 택한 정부를 전복할 권리를 갖고 있다 해도 말일세. 우리가 패배하면, 국민이 스스로 통치할 수 없다고 증명될 걸세." 철학자 존 스튜어트 밀도 링컨처럼 남부의 승리는 "문명세계 전역에 있는 민주주의 지지자들의 사기를 떨어뜨릴 것"이라고 주장했다. 한 영국 귀족은 정반대의 관점에서 "연방의 분열"과 더불어 사람들은 "미국에 확립된 귀족 정치를 보게 될 것"이라는 희망을 표현했다.

조지 워싱턴은 고별사에서 연방의 개념을 탁월하게 이야기했다. "국민 모두의 행복을 위한 국가적 화합의 엄청난 가치를 제대로 평가해야 합니다. 그리고 연방에 대한 진실한 애정을 확고히 간직하고, 버릇처럼 연방을 정치적 안정과 번영의 수호신으로 생각하고 말해야 합니다." 더불어 분쟁의 가능성을 예견한 워싱턴은 "나라의 어느 부분을 양도하거나 여러 지역을 결합시키는 성스러운 유대관계를 약화시키려는 모든 시도"를 경계하라고 충고했다.

링컨으로 하여금 건국의 아버지들이 세운 신성한 연방을 방어하기 위해 봉기할 수만 명의 군인을 모집하도록 한 것은, 바로 이 민주주의와 연방의 개념에 대한 확고한 믿음이었다.

워싱턴의 여인들

군대가 도착하기 전 며칠 동안, 백악관이 공격의 표적이 될 것이라는 소문이 나돌았다. 어느 늦은 밤, 흥분한 한 방문객이 도착해서 도시가 내려다보이는 버지니아 고지에 포병 부대가 배치되었다고 대통령에게 전달했다. 존 헤이는 일기에 "암살 음모에 대해 전해들은 링컨 부인의 불안을 가라앉히기 위해 몇 가지 그럴싸한 거짓말을 해야 했다."고 기록했다. 군대가 완전 무장을 하고 있을 때만 그녀는 편히 쉴 수 있었다. 그녀는 "군인 수천 명이 우리를 지키고 있어. 숫자가 많은 편이 안전하다고 한다면, 안전은 확실히 보장할 수 있어." 라고 스프링필드의 한 친구에게 편지를 보냈다.

도시를 위협하는 위험에 대해 잘 알지 못했던 윌리엄과 토머스는 워싱턴이 고립된 이 상황을 재미있어했다. 토머스는 주일 학교에서, "깡패"(볼티모어의 난폭한 탈퇴주의자를 지칭했던 표현)를 무서워하지 않는다고 자랑했다. "우리가 지붕에 만든 요새를 너희들이 봐야 하는데. 깡패들더러 오라고 해. 윌리엄과 내가 그 녀석들이 쳐들어올 때를 대비해 두었거든." 그 대비라는 게 대포를 상징하는 "작은 통나무"와 못 쓰는 권총 몇 자루를 가리키는 것이었지만, 링컨의 아들들은 지붕에서 백악관을 지키기 위해 꽤 공을 들여 계획을 세웠다. 그들은 백악관의 동쪽 방과 국회의사당에 머무르고 있던 군인들에게 가보기를 좋아했다. 헤이는 "전에는 국회의사당에 백발의 고위급 인사들이 많았는데, 그때는 젊은 군인들이 책상과 의자, 방청석 여기저기에 흩어져 있었고, 몇 명은 이리저리 돌아다녔으며, 다른 이들은 쟁기질 때문에 못 박힌 손으로 천천히 편지를 쓰고 있었다."고 말했다.

메리는 처음에는 백악관에서 살게 되었다는 데 흥분했지만, 얼마 지나지 않아 친형제 한 명과 세 명의 배다른 오빠, 사촌 셋이 연맹군에 가담하는 치욕스러운 상황에 처했다. 그녀는 북부의 신뢰를 얻지 못했다. 또한 남부로부터는 링컨 대통령의 아내라는 이유로 비난받았다. 또한 서부인이었기 때문에 동부 사회의 기준에도 미치지 못했다.

사방에서 압박감을 느낀 그녀는 남들에게 교양 있고 세련된 여인, 간단히 말해 워싱턴에서 가장 우아하고 존경받는 부인으로 보여야겠다고 결심했다. 메리 링컨은 사교계에서 주목받고 싶다는 욕망에 사로잡혀, 자신의 이미지를 바꾸고 새집인 백악관을 개조하는 데 골몰했다. 오랫동안 방치되었던 백악관은 "낡고 별 볼 일 없는 호텔" 같았다. 닳아빠지고 얼룩진 깔개와 찢어진 커튼, 의자가 부러진 접견실 역시 형편없긴 마찬가지였다. 그녀는 국민의 집이 남편과 연방의 힘을 상징할 수 있도록, 예전처럼 우아하게 꾸미고자 했다. 이러한 생각은 다른 때였다면 칭송을 받았겠지만, 내전이 한창이던 시절이라 경박한 행동으로 여겨졌다.

5월 중순 메리는 사촌 엘리자베스 그림슬리, 공공건물 책임자인 윌리엄 우드와 함께 필라델피아와 뉴욕으로 쇼핑을 하러 갔다. 대통령에게 백악관 유지비로 2만 달러가 지급된다는 사실을 알게 된 그녀는 새 가구와 고급 커튼, 값비싼 카펫을 사들여 접견실을 새로 꾸몄다. 국빈 전용실에 놓을, "이국적인 새와 포도넝쿨, 포도송이들"이 조각된 자단나무 침대도 사들였다. 이 침대는 훗날 "링컨 침대"로 알려졌다. 그녀는 이밖에도 커튼 재료와 장식 구입에 7500달러, 새 마차는 사는 데 9000달러를 지출했다. 그러나 이 대대적인 백악관 개조 작업은 이제 시작일 뿐이었다.

케이트 체이스도 뉴욕에 있는 아버지의 새 집을 꾸미느라 열심이었다. 재무장관은 끊임없이 돈 걱정을 하면서도, 상하원의원과 외교관, 군사령관들을 대접할 수 있도록 집안 응접실이 넓어야 한다고 생각했다. 그는 차기 대선을 내다보며 언제라도 그를 지지할 친구들을 모을 작정이었다. 1년어치 집세는 1200달러였고, 설비비가 추가되자 체이스는 빚을 져야 했다. 당시 오하이오 주의 부동산 시장 침체로 그는 신시내티와 콜럼버스의 재산을 처분하지 못했고, 결국 오랜 친구 하이럼 바니에게서 1만 달러를 빌려야 했다. 돈 빌리기를 끔찍하게 싫어했던 그로서는 몹시 힘들고 고통스러운 일이었을 것이다. 하지만 체이스는 자신처럼 사회에 많은 공헌을 했고 높은 직책에 있는 사람은 품위 있는 집에서 살아도 된다고 자위했다.

케이트도 메리 링컨처럼 카펫과 커튼, 가구를 사기 위해 뉴욕과 필라델피아를 돌아다녔다. 그녀는 집안을 즐거운 시간을 보내기에 더없이 완벽한 공간으로 꾸몄다. 하지만 이후 체이스는 라파예트 광장에 있는 슈어드의 새 사택에 비해 자신의 집이 백악관과 멀리 떨어져 있어서, 슈어드만큼 대통령과 친하게 지내지 못한다고 불만을 터뜨렸다. 체이스는 링컨이 슈어드를 그저 유쾌하고 다정한 친구로 여긴다고는 생각하지 않았다.

엘머 엘스워스의 사망과 더불어 링컨 집안에도 전쟁의 비극이 그림자를 드리우기 시작했다. 젊은 엘스워스는 링컨의 법률사무소에서 일하며 법을 공부했으며 링컨 가족과 함께 스프링필드에서 워싱턴까지 여행할 정도로 가깝게 지낸 사이였다.

엘스워스는 뉴욕의 소방대원들을 주아브(원래 알제리 사람으로 편성된 아라비아 복장을 입었던 프랑스 보병인데, 남북전쟁 때 이들의 복장을 모방한 군복을 입었던 의용병을 주아브라 한다) 부대로 조직하여 전투에 가담했다. 버지니아 주가 연방에서 탈퇴한 후, 엘스워스의 주아브 부대는 포토맥 강을 건너 알렉산드리아에 진입한 최초의 부대 중 하나였다. 알렉산드리아는 마셜 하우스의 소유주를 포함해 적극적인 탈퇴론자들이 많이 사는 도시였다. 호텔 위에 휘날리는 연맹기를 발견한 엘스워스는 깃발을 끌어내리기 위해 곧장 지붕으로 달려갔다. 연맹기를 손에 들고 계단을 내려가던 엘스워스는 무장한 호텔 매니저이자 탈퇴주의자인 제임스 잭슨과 마주쳤다. 잭슨은 그 자리에서 엘스워스를 쏘아 죽였고, 그 또한 엘스워스의 대원에게 총을 맞고 쓰러졌다.

엘스워스의 죽음은 전국에 보도되어 온 국민의 추모를 받았다. 가족과도 같았던 친구를 잃은 대통령은 엘스워스의 부모에게 직접 조문 편지를 쓰면서 이 젊은이를 찬양했다. 니콜라이는 "엘스워스를 생각할 때마다 치솟는 눈물을 참을 수 없었다."고 털어놓았다. 장례식이 끝난 후, 메리는 엘스워스가 목숨을 바친 피범벅이 된 깃발을 선물받았다. 하지만 겁에 질린 영부인은 그 슬픈 일을 기억하고 싶지 않아 재빨리 상자에 넣어 치워두었다.

복잡한 외교 문제

링컨은 국내 문제만으로도 주체할 수 없을 만큼 힘들었지만, 해외의 복잡한 문제들을 해결해야 했다. 영국의 한 의원이 자국 정부에 남북의 교전 상태를 인정하라고 촉구하는 결의안을 제출했다. 이 결의안이 통과될 경우, 남부 연맹 선박은 연방의 배가 드나드는 중립 항구에서 똑같은 권리를 누릴 것이었다. 영국의 경제는 남부의 농장에서 제공되던 목화에 의존하고 있었다. 영국이 연방의 봉쇄령을 깨뜨리지 않으면, 목화의 공급이 중단되어 맨체스터와 리드의 대규모 섬유공장은 손해를 보거나 가동이 중단될 게 틀림없었다. 상인들은 망하고 수천 명의 노동자가 일자리를 잃을 것이었다.

슈어드는 영국이 자국의 공장에 원료를 공급하기 위해 남부를 지지할까봐 걱정했다. 그는 영국의 청년층은 자유를 지지하겠지만, 윤리보다 경제에 더 관심이 많은 귀족들은 "반역자의 편"에 설 것이라고 아내에게 말했다. 그는 이 문제에 대해 대담하게 대응하고자 했다. 그는 연맹을 인정하려는 시도를 막는 것은 물론이고, 영국이 연방의 봉쇄령을 존중하고, 연맹 측에서 협상을 위해 런던에 파견한 사절단과의 만남을 거부하길 바랐다. 이 목적을 달성하기 위해 슈어드는 전쟁도 불사할 생각이었다. "망할 녀석들, 본때를 보여주겠네." 그는 섬녀에게 이렇게 말하며 허공에 발차기를 했다.

5월 21일, 슈어드는 찰스 프랜시스 애덤스가 영국의 외무부 장관 존 러셀 경에게 읽히도록 작성된 편지 초안을 링컨에게 가져갔다. 링컨은 그 편지가 외교 문서라 하기엔 지나치게 어투가 거칠다는 사실을 깨달았다. 영국이 어떤 형태로든 공공연히 남부를 지지하지 못하도록 저지해야 하지만, 링컨은 두 개의 전쟁을 동시에 치를 생각이 없었다. 그는 편지의 거친 논조를 부드럽게 바꾸었다. 남부 사절단과의 비공식적 만남에 대해 영국 정부가 아무런 이의를 제기하지 않았는데, 슈어드가 "대통령이 놀라워하고 애석해했다."고 적었던 부분을, 링컨은 "대통령이 유감스러워했다."로 바꿨다. 가장 중요한 부분은 이 편지를 곧장 영국 외무부 장관에게 읽어주어야 한다는 슈어드의 지시를 적은 부분이었다. 링컨은 이 부분은 그저 애덤스에게 지시하는 내용일 뿐이며 그 누구에게 읽어주거나 보여주어선 안 된다고 주장했다. 그래도 링컹은 핵심적인 내용은 남겨두었다. 그것은 "이 문제가 해결되지 않고 영국이 우리 국내 문제에 간섭하기로 결정할 경우, 우리의 행동이 아니라 대영제국의 조치로 인해 미국과 영국 간에 전쟁이 일어날 수도 있다."는 경고의 메시지였다.

연방을 동시에 두 개의 전쟁에 휩쓸리게 할 수 있었던 이 격한 메시지는, 링컨의 손을 거쳐 연맹을 인정하려는 영국의 의도를 효과적으로 저지했던 강경 정책의 근간이 되었다. 프랑스도 영국의 뒤를 따라 입장을 바꾸었다. 이로 인해 연맹에 합법성을 부여하고 북부의 사기를 꺾으며 "남부 채권 유통"을 허용할 수 있었던, 외국의 '연맹 인정'을 막을 수 있었다.

훗날 역사는 영국과 프랑스가 전쟁에 간섭하지 못하도록 막는 데 중요한 역할을 했던 국무장관 슈어드에게 높은 점수를 주었다. 일각에서는 그를 "금세기 가장 유능한 미국 외교관"으로 여긴다. 하지만 여러 번 그랬듯, 이번에도 링컨의 보이지 않는 손이 중요한 역할을 했다. 3개월 전, 이 변경의 변호사는 슈어드에게 자신은 외교 문제에 대해선 거의 아는 바가 없다고 털어놓았다. 하지만 이러한 공문 수정 작업에서 그는 노련한 정치가의 세련된 솜씨를 보여주었다. 그는 복잡한 상황을 설명하여 조국의 입장을 뚜렷하게 밝히면서도 잠재적인 적을 무력화시키는, 가장 온화하고 효과적인 방법을 찾아냈다.

슈어드는 다소 시간이 걸리긴 했지만 어쩔 수 없이 링컨의 뛰어난 능력을 인정하게 되었다. 5월 중순에 그는 "대통령의 관대함은 거의 신에 가깝다고 말할 수밖에 없구려. 그리고 그의 자신감과 동정심은 나날이 늘어난다오."라고 아내에게 말했다. 링컨이 자신감을 갖기 시작하자, 슈어드는 더욱 그를 신뢰하게 되었다. 6월 초, 그는 다시 프랜시스에게 말했다. "행정 능력과 정력은 대단히 훌륭한 능력이오. 대통령은 우리 중에서 가장 뛰어난 능력을 갖고 있소. 하지만 지속적이고 세심한 협력을 필요로 한다오." 공격적인 이 뉴요커는 그 후로도 계속해서 링컨과 수많은 문제를 두고 논쟁을 벌이기는 했지만, 링컨이 그에게 원했던 것처럼 내각에서 가장 충실한 동료가 되었다. 니콜라이와 헤이는 그가 "대통령에게 진실하고 깊은 애정을 갖고" 헌신했다고 말했다.

1860년에 당에서 공천되지 못했을 때 받았던 굴욕감이 완전하게 해소되지는 않았지만, 슈어드는 더 이상 자신의 고통을 달래기 위해 링컨을 무시하려 하지 않았다. 그는 국무장관이라는 직책을 받아들였고 다시 낙천적이고 사교적인 성격으로 돌아갔다. 다시금 그의 세련된 파티와 만찬은 워싱턴의 화젯거리가 되었다.

전쟁 준비

링컨은 정부가 막대한 빚을 지고 있는 시기에 전쟁 자금을 어떻게 조달해야 할지 조언을 구하기 위해 체이스를 만났다. 1857년 경제 공황과 뷰캐넌 정부의 부패, 연방의 축소는 국고에 막대한 손실을 입혔다. 새 관세와 세금 책정을 허가할 의회가 폐회 중이었기 때문에, 체이스는 전쟁 비용을 감당하기 위해선 국채에 의존하는 수밖에 없다고 생각했다. 은행은 처음에는 주저하며 정부가 지불할 수 있는 것보다 더 높은 금리를 요구했지만, 체이스는 이를 무마하고 의회가 소집될 때까지 수지를 맞추는 데 충분한 재원을 가까스로 확보했다.

체이스는 훗날 전쟁 초기에 링컨이 일반적인 전쟁부 책임 업무를 자신에게 의지해서 수행했다고 자랑스레 말했다. 이 재무장관은 켄터키와 미주리, 테네시 등 중요한 접경주가 탈퇴주의자들의 수중에 들어가지 못하도록 막는 일을 자신의 "가장 큰 임무"로 여겼다. 그는 켄터키 출신의 충실한 상원의원에게 20개 부대를 소집하도록 했다. 그리고 유일한 연맹주 출신 상원의원 앤드루 존슨이 연방을 위해 "테네시의 의용군 모집"에 협력하도록 설득했다. 그는 링컨을 심각할 만큼 과소평가하면서 자신이 켄터키와 미주리 주를 연방에 붙잡아두는 데 공헌하고 있다고 생각했다.

체이스는 링컨을 계속해서 얕잡아 보았고, 자기보다 열등하다고 생각했던 사람에게 대통령직을 빼앗겼다는 것을 끝까지 분하게 여겼다. 4월 말, 그는 뻔뻔스럽게도 내각을 몹시 경멸하는 〈뉴욕 타임스〉 기사를 링컨에게 보냈다. 신문은 "대통령과 내각은 국민들보다 훨씬 뒤쳐진다. 그들은 막 잠에서 깨어나 반쯤 몽롱한 상태다."라고 주장했다. 체이스는 링컨에게 "이러한 비난이 상당 부분 사실이다."라고 말했다. 링컨은 대통령직에 대한 체이스의 억누를 수 없는 열망을 잘 알고 있었기 때문에 대답하지 않았다. 그에겐 이 오하이오 사람의 뛰어난 재능과 협조가 필요했던 것이다.

한편 캐머런은 전쟁부 운영을 힘겨워했다. 엄청난 업무량을 소화하지 못한 그는 슈어드와 체이스에게 도움을 청했다. 캐머런은 훗날 이렇게 회상했다. "아, 정말 끔찍한 시간이었다. 우린 전쟁에 전혀 대비하지 못했다. 그때는 전쟁을 치를 가장 간단한 도구조차 없었다. 총도 없었다. 있다 한들 별 소용이 없었을 것이다. 총 안에 넣을 화약도, 총알도, 그 무엇도 없었다." 전쟁 초기 전쟁부가 확보해야 하는 물자는 실로 막대했다. 무기도 부족했을 뿐 아니라 군복, 담요, 말, 의료장비, 식량 등 워싱턴에 매일 도착하는 엄청난 숫자의 의용군을 위한 물자를 확보해야 했다. 당시 보급부와 군수품부, 기술부, 의료부, 경리부 등의 여러 업무를 제대로 감당하려면 아마도 수천 명의 직원이 필요했을 것이다. 하지만 1861년 전쟁부 직원은 사무원과 사환, 경비원까지 모두 포함해 200명도 채 되지 않았다. 캐머런은 탄식했다. "나는 분명 아무도 부러워하지 않는 자리에 앉았다."

링컨은 이후 모든 부서에 "불성실한 사람들이 너무 많아서", 정부가 군대 유지에 필요한 무기와 보급품 제조 관련 계약을 하는 일을 관료들에게 맡길 수 없다고 설명했다. 만장일치로 내각의 허락을 얻은 그는 군대에 물품을 공급하기 위해 협상하고, 수백만 달러를 지급하는 계약을 체결하는 일을 체이스 등에게 맡겼다. 이 일을 수행한 이들 중 대부분은 "보상 없이" 일하면서도 항상 최선을 다했다. 캐머런의 부관인 알렉산더 커밍스를 포함한 몇몇 사람은 전쟁부 직원들보다 훨씬 뛰어났다.

노예해방이라는 칼

봄이 지나가고 워싱턴에 숨 막힐 듯한 여름이 찾아왔다. 이 무렵 링컨은 7월 4일에 임시 소집될 국회에서 발표할 교서를 작성하고 있었다. 생각할 시간이 필요했던 그는 구직자들이 백악관에 발을 들이지 못하게 했다. 그가 조용하게 일하고 있을 때 상하 양원의원들은 윌라드 호텔과 브라운 호텔에 모여 인사를 나누고 안부를 주고받았다.

링컨은 단어를 바꾸고, 문장을 간결하게 다듬고, 불필요한 문장을 삭제하며 교서를 작성하는 데 많은 시간을 보냈다. 일리노이 출신의 오랜 친구인 상원의원 오빌 브라우닝이 찾아갔을 때 비서는 "대통령께서는 누구도 만날 시간이 없으십니다."라고 이야기했다. 하지만 브라우닝의 목소리를 들은 링컨은 그를 불러들였다. 때는 7월 3일 저녁 9시가 넘은 시간이었고, 막 교서 작성을 마친 순간이었다. "링컨이 교서를 읽어보라고 권하기에 그렇게 했다. 대단히 재기 넘치는 공문이었고, 나라의 기대에 완벽하게 부응하고 있었다." 고 브라우닝은 일기에 적었다.

링컨은 국회의사당에서 직접 연설하지 않았다. 토머스 제퍼슨 대통령은 의회 앞에 대통령이 나서서는 안 된다고 주장했다. 그것은 왕들이 직접 의회 회기를 열었던 영국 군주제의 잔재로 여겼기 때문이다. 제퍼슨 때부터 후대 대통령들은 서면으로 교서를 작성하고 서기가 대신 읽었다. 이렇게 극적인 요소 없이 연설문을 단조롭게 낭독했는데도, 탈퇴에 반대하고 폭동의 와중에 결단력 있는 행동이 필요하다는 링컨의 주장은 잊지 못할 감동을 주었다. 그는 의회에 "이 싸움을 빨리 끝낼 수 있도록 과단성 있는 합법적 수단을 달라"고 촉구했다.

그는 "최소 40만 명의 병사와 4억 달러, 즉 혁명의 빚보다 1인당 액수가 적은 합계"를 요구했다. 링컨은 "지금 이 순간의 올바른 결정은 열 배 많은 사람 그리고 열 배 많은 돈보다 이 세상에 더 가치 있는 일이 될 것"이라고 의회를 설득했다. "이 문제는 단순히 미합중국의 운명과만 관련된 것이 아닙니다. 이는 모든 이들에게 공화국과 민주 정치 즉, 국민에 의한 국민의 정부가 국내의 적으로부터 국토를 온전하게 지킬 수 있느냐 없느냐 하는 문제를 제기합니다. …… 이는 본질적으로 국민의 투쟁입니다. 연방 측에서 볼 때는 정부의 형태와 본질을 지키기 위한 투쟁입니다. 이 정부의 가장 큰 목적은 인간의 조건을 개선하고, 모든 이의 어깨에서 불합리한 짐을 덜어주며, 모두가 열심히 살아갈 길을 마련해주고, 인생이라는 경주에서 누구나 굴레 없이 출발할 수 있도록 공정한 기회를 가지게 만들어주는 것입니다.”

일부 신문의 의견은 달랐지만, 대부분의 북부 신문들은 교서를 칭송했다. 〈뉴욕 타임스〉는 이렇게 보도했다. “문체에 분명한 흠이 있기는 하지만, 이로 인해 대통령의 인기가 더욱 높아질 것이라고 감히 말하겠다. 이 교서는 정직하고 두뇌가 명석하며 솔직한 사람의 작품이 분명하다. 많은 이들이 설득력 있는 논리와 적절한 설명이 담긴 이 교서를 대단히 기쁜 마음으로 읽을 것이다.” 의회는 민첩하게 대응했다. 의원들은 대통령이 요구한 것보다 더 많은 군자금과 더 많은 군인 모집을 승인했다. 그뿐 아니라, 의회가 소집되기 전에 취한 링컨의 행정 조치에 대해서도 대부분 소급 인준했다. 단, 인신보호법의 유보에 대해서는 침묵을 지켰다.

그러나 노예제 폐지론자와 진보적 공화당원들은 교서에 실망했다. 프레더릭 더글러스는 “노예제에 대해서는 한 마디도 없다. 미합중국에 대한 사전지식 없이 그 문서를 읽은 이들은 우리 정부가 노예 문제 때문에 전쟁을 치르고 있다는 사실을 꿈에도 생각하지 못할 것이다. 여기 있는 모두가 ‘그것’이 반란의 가장 중요한 동기라는 사실을 알고 있는데 말이다.”라고 탄식했다.

급진주의자들은 링컨이 노예제의 역할을 강조하지 않은 데 대해 슈어드를 비난했다. 〈반노예론자〉 편집 발행인인 웬델 필립스는 7월 4일 환호하는 군중 앞에서 이렇게 주장했다. “우리에겐 정직한 대통령이 있습니다. 하지만 대통령은 그를 지지하는 민심의 힘을 믿지 않고 슈어드의 말에 지나치게 귀를 기울이고 있습니다.” 필립스와 태디어스 스티븐스, 찰스 섬너 같은 사람들은 한때 슈어드가 그리도 당당하게 내걸었던 반노예제 기치를 포기하는 것에 대해 강하게 비난하고 있었다. 하지만 슈어드는 비난에 익숙했고, 자신의 입장을 굳건히 지켰다.

한편 전쟁은 아무도 생각지 못한 방식으로 질서를 다시 잡아가기 시작했다. 버지니아 반도 끝 먼로 요새에 있던 벤저민 버틀러 장군의 대담한 결정은 앞으로 일어날 일의 신호탄이었다. 어느 날 밤, 주인의 명령을 받고 연맹의 포병부대에서 훈련을 돕고 있던 세 명의 노예가 탈출해 버틀러의 요새에 도착했다. 노예 주인의 대리인이 반환을 요구하자 버틀러는 거절했다. 반란군이 전쟁터에서 군대를 지원하는 데 노예들을 이용하고 있다고 버틀러는 주장했다.

매사추세츠 주의 보수적인 민주당원이자 1860년에 주지사로 출마한 바 있었던 버틀러의 결정은, 이전에는 버틀러의 높은 직책을 반대했던 공화당원들을 기쁘게 했다. 버틀러 본인도 얼마 후 자신을 준장으로 만들어준 링컨의 관대함에 기뻐했다. 버틀러는 감사하는 마음으로 링컨에게 말했다. "임명을 받아들이겠습니다. 다만 우리가 서로 잘 모르는 사이인 만큼 꼭 말씀드릴 것이 하나 있습니다. 민주당원으로서 저는 각하의 당선에 반대했으며 귀하의 적수를 위해 할 수 있는 모든 일을 했습니다. 그러나 저는 지금 어떤 정치적 행동도 하지 않을 것이며 내각에 충성을 다할 것입니다. 그리고 제가 지지할 수 없는 어떤 움직임이 보이면, 즉시 퇴역할 것입니다."

링컨은 대답했다. "그것 참 솔직하고 공평하군요. 하지만 한 가지 덧붙이고 싶습니다. 내가 나라를 위해서 해서는 안 되는 일을 하면 즉시 내게 그렇다고, 또 왜 그렇게 생각하는지 말해주십시오. 그렇다면 아마 귀관이 퇴역하실 일은 없을 것입니다." 버틀러가 링컨과 알고 지낸 사이였다면 아마 그토록 놀라진 않았을 것이다. 대통령은 내각을 조직할 때 보여주었던 것과 똑같이 장교들에게 협조를 구하며 그들을 임관했다.

버틀러의 명령은 링컨과 캐머런 모두의 승인을 받았고, 의회는 연맹군을 지원하는 데 이용되는 도망 노예에 대한 주인들의 권리를 빼앗기 위해 사유재산 몰수법을 통과시켰다. 보수적인 몽고메리 블레어조차 버틀러를 칭송했다. 그는 동료 민주당원이었던 버틀러에게 말했다. "탈퇴주의자들의 노예를 전시 금제품(禁制品)으로 선포한 것은 잘한 일입니다. 탈퇴주의자들은 노예들을 자기네 군사력 강화에 이용했습니다."

그러나 블레어가 버틀러의 조치를 인정했다고 해서 그가 노예해방을 찬성했다는 뜻은 아니다. 반대로 그는 버틀러에게 일하지 못하는 노예에 대한 책임은 탈퇴주의자들에게 맡기고 일할 수 있는 노예에게만 법을 적용해야 한다고 충고했다. "연방은 전쟁터에서 반란군을 지원했던 건장한 체격의 노예들에게만 피난 장소를 제공해주어야 한다. 여자와 아이들, 그 밖에 '비생산적인 노예들'은 남부 주인들 밑에서 먹고 자게 해야 한다."

링컨은 서서히 노예제 문제에 대한 자신의 입장을 형성하고 있었다. 그는 블레어에게 "버틀러의 조치는 대단히 중요한 문제를 제기했습니다. 이 새로운 원칙에 따라 우리가 확보할 만한 흑인의 숫자를 고려해, 노예 문제를 생각해보아야 합니다."라고 말했다. 이후 몇 주 동안 용기 있는 수백 명의 노예가 연방으로 향했다. 링컨은 이 상황을 우려했다. 그는 여전히 보상을 조건으로 한 노예해방과 고향 아프리카로 돌아가기를 원하는 흑인들은 보내주도록 하는 자발적 이주를 찬성하고 있었다. 더욱이 전면적인 노예해방의 기미가 조금이라도 나타나면, 접경주들과 사이가 벌어질 수 있으며 (접경주의 충성심은 승리하는 데 꼭 필요했다) 북부 민주당원과 공화당원들의 불안한 협력 관계가 깨질 수 있음을 알고 있었다.

링컨은 이 시기 노예해방에 대해 대다수의 북부 사람과 공화당, 의회, 내각 전체와 같은 소극적인 입장을 취하고 있었다. 회기 2주 만에 상하 양원은 전쟁의 목적이 노예제 폐지가 아닌 "연방의 보호"라고 선포하는 결의안을 통과시켰다. 각료 중 가장 적극적으로 노예제 폐지를 주장했던 체이스조차 당시에는 전면적 노예제 폐지라는 "칼"은 "칼집"에 남겨두어야 한다는 데 동의했다. 그러나 갈등이 길어지면, 그리고 예상했던 것보다 갈등을 해소하기가 훨씬 힘들고 수많은 피와 자금이 든다는 것이 명확해지면, 그때는 칼을 뽑아야 한다고, 링컨은 역사가 존 모틀리에게 말했다. "우리는 이런 사태를 바라지 않으며 몹시 우려하고 있다. 이후에 이어질 방대한 사유재산 몰수와 노예들의 폭동 때문이다. 우리는 지혜로운 모든 주가 노예제를 완화하거나 폐지하는 게 좋다고 인정하는 시기가 될 때까지, 헌법과 연방이 기존의 노예제를 주 자치 제도로 존재하게 두기를 바란다. 하지만 '미합중국의 종말이냐, 노예제의 폐지냐' 하는 문제가 분명하게 드러나면, 노예제는 반드시 폐지되어야 한다."

불 런 전투

7월 중순, 반란군에 대해 의미 있는 행동을 요구하는 북부의 강력한 여론이 열광적인 수준에 이르렀다. 〈뉴욕 트리뷴〉은 1면에 "리치먼드를 향하여!"라고 외치는 기사를 실었다. 트럼벌 상원의원은 "부대의 즉각적인 행동과 7월 20일 전 리치먼드 점령"을 촉구하는 결의안을 제출했다. 그날은 연맹 의회가 소집되는 때였다. 스콧 장군은 군대가 아직 대공세를 펼치기엔 역부족이라고 생각하며 주저했다. 하지만 링컨은 군사행동이 없으면 부대와 일반 시민 모두의 사기가 떨어질지 모른다고 우려했다. 유럽 지도자들은 연방의 결단력이 부족해서 북부가 아무런 움직임을 보이지 않는다고 해석했다.

오하이오 출신의 준장 어윈 맥도웰은 워싱턴에서 서북쪽으로 26마일 떨어진 매나서스에서 보우리가드 장군의 지휘 하에 있던 반란군과 교전할 계획을 세웠다. 많은 북부인들은 매나서스를 워싱턴 수도 공격을 준비하는, "수십만 명의 잔인한 전사들이 득실거리는 끔찍한 그 무엇"으로 여기고 있었다. 베이츠는 한 친구에게 "외국인들은 우리가 왜 수도가 보이는 곳에 적군이 머물러 있게 내버려두는지 이해하지 못하네."라고 말했다. 3만 명의 연방 군인을 거느린 맥도웰은, 버지니아 주 윈체스터에 있던 조지프 존스턴 휘하 9000명의 연맹 병력이 보우리가드와 합세하는 것을 연방군 장군 로버트 패터슨이 막아준다면, 보우리가드의 부대를 격파할 수 있다고 여겼다. 6월 29일, 링컨과 내각은 맥도웰의 계획을 승인했다.

이후 북부에 '불 런 전투'로 알려진 이 전투는 7월 21일 일요일 이른 아침에 시작됐다. "대포의 함성이 백악관에 닿았을 때 흥분이 점점 높아졌다."라고 엘리자베스 크림슬리는 회상했다. 전쟁터의 병사들이 끔찍한 대학살을 저지르는 동안, 워싱턴 시민들은 황급히 빵과 와인이 가득한 소풍 바구니를 준비했다. 그들은 북부가 가볍게 승리하리라 여기며 전투를 구경하기 위해 센트레빌의 언덕과 들판으로 달려갔다. 상하 양원의원과 정부 직원, 그 가족들은 오페라글라스로 전쟁터를 지켜보았다. 영국 기자 윌리엄 러셀은 "엄청난 발포" 후 한 여자의 고함소리를 들었다. "정말 장관이네요. 세상에! 정말 대단하지 않나요? 내일이면 우리가 리치먼드에 가 있을 것 같은데요."

링컨이 교회에서 예배를 보는 동안 연방군은 계속 전진하면서 반란군을 서쪽 숲으로 몰아붙였다. 정오에 연방의 완벽한 승리인 듯하다는 소식이 전쟁부 전신국에 있던 링컨과 각료들에게 전달됐다. 전신국 교환원들은 급보가 도착할 때마다 공개적으로 게시하고, 윌라드 호텔 정문으로 모여든 수백 명의 사람들에게 큰 소리로 읽어주었다. "군중은 기쁨에 겨워 크게 환호성을 질렀고 행복감에 도취된 듯했다."

하지만 전투는 이제 막 시작했을 뿐이었다. 연맹군은 항복하지 않았고, 토머스 잭슨 장군의 지휘 하에 똘똘 뭉쳐 있었다. 바너드 비 장군은 "잭슨과 버지니아 사람들이 돌벽처럼 서 있을 뿐이다!"고 외치며 군사들을 격려했다고 한다. 이후 연맹과 연방의 군인들은 잭슨을 '돌벽장군'이라는 별명으로 불렀다. 전선은 전진과 후퇴를 거듭했다. 오후 3시, 링컨은 전신국에서 벽에 걸린 지도를 들여다보면서 15분 간격으로 전달되는 새로운 소식을 초조하게 기다렸다. 전신선은 페어팩스 군청 청사까지만 연결되어 있었다. 말을 탄 급사들이 전선에서 들려오는 소식을 전했다. 강철왕 앤드루 카네기가 청년 시절 결성한 이 전보배달원들은 당시 미군 전신 부대와 같이 일하고 있었다. 전쟁터 상황 보고에 혼선이 있음을 눈치 챈 링컨은 스콧 장군의 본부로 건너갔다. "조그만 3층짜리 벽돌건물"이었던 본부에는 장교와 서기들로 발 디딜 틈이 없었다. 링컨은 낮잠을 즐기고 있던 스콧 장군을 깨워 자신의 우려를 이야기했다. "스콧은 성공적인 결과를 장담하고는 대통령이 돌아가자 다시 낮잠을 청했다."고 니콜라이는 전했다.

잇단 전보는 한결같이 연맹군이 격파되었다는 내용을 전하고 있었다. 4시 30분 경, 전신국은 연방군이 "눈부신 승리"를 거두었다고 공표했다. 링컨은 토머스와 윌리엄, 베이츠 장관과 함께 평소처럼 마차 여행을 즐기기로 결심했다. 링컨이 좋아하던 해군 장교 존 A. 달그렌을 만나기 위해 일행이 해군 공창으로 향했다.

링컨이 베이츠와 함께 마차에서 편히 쉬고 있을 때, 전투의 흐름이 연방군에게 불리하게 바뀌었다. 존스턴 연맹군 장군의 병력이 패터슨 장군의 손아귀에서 벗어났고, 정오 무렵이 되자 9000명의 연맹군이 보우리가드를 돕기 위해 도착했다. 맥도웰에겐 예비 병력이 없었다. 에드문드 스테드먼은 "연맹의 기병부대가 아군을 급습. 숲에서 튀어나온 그들 뒤로 보병이 쏟아져나왔음."이라고 보고했다.

지칠 대로 지친 연방 보병부대의 대열이 흐트러졌다. 이들은 무질서하게 워싱턴을 향해 후퇴하기 시작했다. 게다가 겁에 질린 구경꾼들이 병사들의 뒤를 따라 도주하면서 혼란은 더욱 가중되었다. 스테드먼은 혼란의 현장을 보고 소름이 돋았다. "군용 마차와 종군 매점 상인들, 개인 마차들이 가득한 먼지 속에서 서로 부딪히고 넘어지면서 역겨운 광경과 소리를 만들어내고 있었다." 머스킷총과 소형무기들은 사방에 버려졌다. 부상병들은 도와 달라고 애원했다.

이 충격적인 소식이 워싱턴에 도착했을 때 링컨은 부재중이었다. 급전에는 이렇게 적혀 있었다. "맥도웰 장군의 부대는 총 퇴각했음. 전투는 패배했음. 워싱턴과 남은 군대를 구해야 함." 슈어드는 전보를 움켜쥐고 백악관으로 달려갔다. 그는 "겁에 질리고 흥분한 표정으로" 니콜라이에게 백악관에 접수된 가장 최근 소식이 무엇이냐고 물었다. 링컨의 비서는 승리를 장담하는 지난 전보를 읽어주었다. 슈어드는 말했다. "그렇지 않네. 아군이 졌네. 대통령을 찾아 즉각 스콧 장군에게 오시라고 전하게."

링컨이 돌아왔을 때, 젊은 보좌관들은 슈어드의 말을 전했다. 훗날 그들은 "링컨은 아무런 표정 변화 없이 조용히 귀를 기울이고는 참모본부로 향했다."고 전했다. 링컨은 그곳에서 패배를 확인하는 맥도웰의 전보가 도착할 때까지 각료들과 남아 있었다. 수도를 방어하기 위해 즉각 증원 부대가 소집되었다.

엘리자베스 블레어는 "오늘만큼 길고 고통스러운 안식일이 있을까요!"라고 남편에게 말했다. 사이먼 캐머런의 고통은 더욱 심했다. 사망한 900여 명의 병사 명단 가운데 윌리엄 셔먼 대령의 여단에서 복무하던 형제 제임스가 있었던 것이다.

슈어드는 자정이 지나도록 잠들지 못한 채 프랜시스에게 편지를 썼다. "스콧은 좌절에 빠져 애통해하고 있다오. 출정했던 군대는 혼란에 빠진 폭도처럼 다시 워싱턴으로 돌아왔소. 그들은 용감하게 잘 싸웠고 분명 전투에서 이기고 있었는데, 이해할 수 없는 불안감 때문에 후퇴가 시작됐구려. 그러나 장교들의 경험이 풍부하니, 병사들이 제대로 훈련받는다면 다시 전쟁터로 당당히 행진할 수 있을 거요."

비가 퍼부었던 다음날 아침 스콧 장군이 백악관을 찾아와, 워싱턴의 안전을 확신할 수 있을 때까지 아이들과 북부에 가 있으라고 메리에게 말했다. 엘리자베스 그림슬리는 메리가 링컨과 나누었던 대화를 회상했다. "당신도 우리와 같이 가나요?" 아내의 물음에 링컨은 "분명히 말하지만, 난 이 중대한 시기에 수도를 떠나지 않을 것이오."라고 대답했다. "그렇다면 저 역시 이 중대한 시기에 당신을 떠나지 않겠어요."라고 그녀는 단호하게 대답했다.

링컨은 그날 밤, 한숨도 자지 못했다. 그는 불 런 전투의 쓰라린 충고를 거울삼아, 일관성 있는 군사 전략 기안을 작성하기 시작했다. 새로 조직된 군대의 무질서가 완패의 요인이었음을 깨달은 그는 군대를 "지속적으로 교육하고 훈련시키도록" 했다. 그리고 3개월의 복무기간을 마치고 전역을 앞두고 있던 병사들이 후퇴를 주도했음을 확인하고, "장기 복무를 하지 않겠다고 응답한" 단기 병사 전원을 "가능한 빨리 놓아주자"고 제안했다. 또한 패배에 대한 유럽의 반응을 우려하면서 봉쇄 정책을 서둘러 실시하기로 결심했다. 그리고 그날 밤 버지니아 서부의 조지 맥클렐런 장군에게 전보를 보내 워싱턴에 와서 포토맥 군대를 지휘하도록 지시했다. 그 후 링컨은 세 가지 진격 전략을 세웠다. 매너서스를 향한 2차 진격과 멤피스를 향한 진격, 그리고 신시내티에서 테네시 주 동부를 향한 진격이 그것이다.

비난이 쏟아졌다. 민주당 계열의 〈뉴욕 타임스〉는 "나약하고 무능한 내각"에 책임을 물었다. 패터슨 장군도 존스턴 부대가 보우리가드 부대와 합류하는 걸 막지 못했다고 비난을 받았다. 체이스는 한 친구에게 불만을 터뜨렸다. "2주 전 나는 이 사령부에 프레몽을 보내라고 촉구했네. 그랬다면 우린 지금 엄청난 승리에 기뻐하고 있었을 걸세."

"태양이 떠오르지도 빛나지도 않는다."라고 시인 월트 휘트먼은 패배 이후의 우울한 나날에 대해 썼다. 패전 부대가 워싱턴으로 밀려드는 동안 계속 비가 내렸다. 러셀은 윌라드 호텔 창문 너머로 비에 흠뻑 젖은 병사들을 바라보았다. "외투도 신발도 없이 걸어가는 병사도 있었고, 담요를 덮은 병사도 있었다." 각 병원에 부상병들이 넘쳐나자 체이스는 10여 명의 부상자들에게 자신의 넓은 집을 내주었다. 마침 오하이오 주에서 찾아온 체이스의 친구 맥일베인 주교가 병자들을 간호했다.

스탠턴은 불 런 전투가 끝난 지 5일이 지난 후 뷰캐넌 전(前) 대통령에게 편지를 보냈다. 그는 "일요일의 끔찍한 재앙에 대해 말을 꺼내는 사람은 거의 없습니다. 이번 내각의 무능함이 결국 그 같은 참사를 낳았습니다."라고 아첨하듯 말했다. "지금으로선 워싱턴 점령이 불가피한 듯합니다. 월요일과 화요일에 아무런 저항 없이 점령될지도 모릅니다. …… 지금도 연맹군의 진입을 제대로 막을 수 있을지 의심스럽습니다."

역사가들은 왜 연맹군이 불 런 전투 후 승리의 여세를 몰아 워싱턴을 공격하지 않았는지 고민했다. 훗날 제퍼슨 데이비스는 첫 승리 후의 "지나친 자신감" 때문에 연맹군이 우유부단한 결정을 내렸다고 주장했다. 존스턴 장군이 전투가 다 끝나기도 전에 승전의 기쁨에 취해, "전장에서 주은 전리품을 자랑하러" 집으로 돌아갔다는 것이다. 다른 병사들은 부상당한 전우를 멀리 떨어진 병원으로 데려가려고 뿔뿔이 흩어졌다. 그러나 어쩌면 연맹군이 퇴각하는 연방군을 뒤쫓아 워싱턴으로 진격하지 않았던 이유는, 낸시 베이츠가 어린 조카에게 들려준 소박한 이야기로 간단하게 설명될지 모른다. "아군은 일요일 내내 잘 싸웠단다. 하지만 너무 지쳐서 매너서스에서 벗어나야 했지. 적군도 몹시 지쳤을 거야. 안 그랬으면 연맹군이 아군을 쫓아왔겠지."

링컨은 깊은 수심에 잠겼다. 그러나 겉으로는 침착하게 보이려고 애썼다. 그는 호러스 그릴리가 일주일 내내 잠들지 못한 후 "암담한 절망" 속에서 쓴 신랄한 편지에 답장을 보내지 않았다. 그릴리는 "당신을 위대한 사람으로 여길 수 없습니다."라고 비난하면서 "연맹을 패배시킬 수 없다면 나라를 위해 스스로 희생하기를 두려워하지 마십시오."라고 덧붙였다. 이와 비슷한 비난이 쇄도했지만, 링컨은 패배의 원인에 대한 보고에 참을성 있게 귀를 기울였다. 그리고 슈어드와 함께 많은 부대를 방문하여 괴로워하는 병사들의 사기를 북돋아주었다.

포토맥 강의 버지니아 쪽에 위치한 코코란 요새에 있던 윌리엄 T. 셔먼 대령에게, 링컨은 여러 부대 앞에서 연설을 하게 해 달라고 부탁했다. 셔먼은 몹시 기뻐하면서도 낙천적인 이야기는 자제해 달라고 부탁했다. 그는 "불 런 전투 이전의 호언장담이 허위로 돌아간 지금, 우리에겐 냉정하고 사려 깊으며 맹렬히 싸우는 병사들이 필요합니다. 더 이상 허풍을 치지 않는 병사들 말입니다."라고 설명했다. 링컨도 이 의견에 동감했다. 링컨은 패배한 전투에 대해 언급하면서도, "여전히 우리에게 남아 있는 고귀한 임무와 앞으로 펼쳐질 찬란한 나날"을 강조했다. 여기저기서 병사들이 환호하기 시작했다.

대통령은 부대에 필요한 것을 모두 지급하겠노라고 약속하고 "문제가 있을 경우 개인적으로 연락을 취해도 좋다.”고 격려하며 연설을 마무리했다. 화가 나 있던 한 장교는 그의 말을 곧이곧대로 믿고는, 3개월의 복무를 마친 후 집으로 돌아가려 하자 셔먼이 총살시키겠다고 협박했다는 이야기를 털어놓았다. 링컨은 “속삭이면서도 남들이 들을 수 있을 만큼 큰 소리”로 그 장교에게 충고했다. “음, 나라면 셔먼 대령이 그렇게 협박했을 때 그 말을 믿지 않았을 거요. 그 말이 진심이었다면 대령은 이미 쏘았을 테니 말이오.” 이 말에 셔먼과 부대원들은 함께 폭소를 터뜨렸다.

북부의 민심은 링컨의 확고한 결심을 지지했다. 전국의 공화당계 신문들은 애국심이 부활해 수천 명이 3년 복무를 자원했다고 보도했다. 〈시카고 트리뷴〉은 “충성스러운 애국자들이 패전 때문에 용기를 잃게 해서는 안 된다. 땅에 메쳐졌을 때 대지에서 더 강한 힘을 얻어 다시 싸웠던 거인 안타이오스처럼, 자유의 아들들도 그래야 한다. 이번 전투의 패배는 이들에게 더 큰 용기를 줄 것이다.”라고 주장했다. 여러 신문들은 불 런 전투의 참패를, 독립전쟁 초반에 여러 번의 패배를 겪었으나 결국 요크타운에서 승리를 거두었던 조지 워싱턴의 시련에 비유했다.

하지만 불 런에서의 당황스러운 반전과 패주로 인해 전쟁에서 쉽게 승리하리라는 북부의 환상은 깨졌다. 〈뉴욕 타임스〉는 이렇게 논평했다. “우리는 분명 적군의 세력과 물자, 용기를 과소평가했다. 더욱이 우리는 전쟁에서 맞붙을 지역의 특성과 놀라운 방어 체제를 전혀 이해하지 못했다.” 사람들은 불 런에서의 혹독한 패배 이후, ‘북부가 최악의 상황’을 이미 겪으니 여기에서 위안을 얻자는 잘못된 생각을 가지게 되었다. 아무도 남북전쟁의 혼란 속에서 더 끔찍한 일이 벌어지리라고는 상상하지 못했다.

14장

이타적 가슴으로 무장하다

프레몽 장군의 선포문

1861년 7월 26일, 조지 B. 맥클렐런이 포토맥 부대를 지휘하기 위해 워싱턴에 도착했다. 그는 서른네 살로 연방에서 가장 젊은 장교 중 하나였다. 잘생긴 얼굴과 건장한 체구를 가진 맥클렐런은 큰 기대에 부응할 만한 인물인 듯했다. 그는 저명한 필라델피아 가문의 자손이었다. 아버지는 예일 대학과 펜실베이니아 의대를 졸업했으며, 어머니는 우아하고 품위 있는 여인이었다. 웨스트포인트를 포함해 국내 유수의 학교를 졸업한 맥클렐런은 멕시코 전쟁 당시 스코트 장군의 참모로 활약하기도 했다. 게다가 그는 얼마 전 버지니아 서부의 게릴라를 격파해, 북부에 작지만 유일한 승리를 안겨준 인물이었다.

워싱턴 시민은 맥클렐런이 무질서한 연방군대를 잘 훈련시켜 적군을 패퇴시킬 지도자라고 여겼다. 그가 도착한 후 워싱턴은 "훨씬 군사적인 모습"을 갖추었다고 한 일지 담당자는 기록했다. 호텔 바는 더 이상 술 취한 군인들로 붐비지 않았고, 밤늦게 숙소를 찾아 거리를 배회하는 부대도 없었다. 이 젊은 장교에게는 사기가 저하된 부대에 자신감을 불어넣어주고 미래에 대한 희망을 되살릴 능력이 있는 것 같았다. 맥클렐런은 "내가 다가갈 때면 대원들의 표정이 얼마나 환해지는지 모를 거요. 모두들 눈을 반짝거린다오."라고 아내 메리 엘런에게 보내는 편지에서 자랑스럽게 말했다.

링컨은 경험이 풍부한 명장 스콧의 지혜, 그리고 젊은 맥클렐런의 정력과 지휘력을 통해 강력하고 유능한 군대를 갖게 되리라 기대했다. 하지만 군대를 독자적으로 지휘하고 싶었던 맥클렐런은 스콧에게 간섭받아야 하는 상황이 불만스러웠다. 포토맥 군대를 지휘하기 시작한 지 2주도 채 안 되어, 그는 워싱턴으로 증원된 부대가 수도를 방어했다는 스콧의 믿음에 의문을 제기했다. 그는 "적군에겐 최소 10만의 병력이 있기" 때문에 자기 부대는 "응급상황에 대처하기에" 전적으로 부족하다고 주장하는 편지를 스콧에게 보냈고, 대통령에게도 이 편지의 사본을 보냈다. 스콧은 자신의 판단에 의문을 제기했다는 데 분개하면서 맥클렐런이 적군의 병력을 지나치게 과장했다고 주장했다. 맞는 말이었다. 그리고 오만한 장군의 판단착오는 이것이 끝이 아니었다.

두 장군의 불화는 계속 깊어졌다. 스콧은 곳곳에 산재한 폭도를 공격해 적들에게 압박을 가하고자 했다. 그러나 맥클렐런은 버지니아에 집합한 자기 휘하의 막대한 병력으로 단번에 전쟁을 끝낼 수 있다고 주장했다. 그는 그 밖의 다른 충돌은 "한 번의 강력한 군사작전으로 폭도를 전멸시키는 데" 필요한 물자를 분산시킬 뿐이라고 생각했다.

맥클렐런은 아내에게 보낸 편지에서, 스콧과 자신의 의견 차이 때문에 그가 자신에게 앙심을 품게 된 것을 깨달았다고 말했다. 스콧이 자신을 방해한다고 생각한 그는 스콧을 용서할 수 없다며 분개했다. "하나님이 내게 사명을 주었고, 국민은 내게 나라를 구해 달라고 부탁했소. 나는 반드시 나라를 구해야 하고, 그 일을 방해하는 것은 무엇이든 묵과할 수 없소." 그는 또 대통령으로 취임하거나 절대 권력자가 되어 달라고 부탁하는 수많은 편지를 받았다고 아내에게 말했다. 그리고 대통령직은 사양하겠지만, "권력자 자리는 기꺼이 받아들여 나라를 구하기 위해 목숨을 거는 데 동의할 것”이라 전했다.

병사와 물자를 더 확보해 달라고 계속해서 요청했는데도 스콧이 이에 응하지 않자 두 사람의 싸움이 격해졌고, 맥클렐런은 명령 계통을 무시하고 상관인 스콧과의 대화를 거부하기로 결심했다. 스콧은 분개했다. “체포와 군사재판만이 이 죄악을 치유할 것”이라고 스콧은 전쟁장관에게 말했다 하지만 동시에 이 공공연한 갈등이 “적군의 사기를 높이고 연방 지지자들을 실망시킬까봐” 두려워했다. 그래서 그는 “다리의 부기와 허리 통증 때문에 말을 타거나 걸을 수 없으니” 대통령이 후임자를 찾기만 하면 자신은 즉시 퇴역하겠노라고 제안했다.

링컨은 두 달 동안 두 사람의 관계를 회복시키려고 노력했다. 그는 스콧 장군의 본부에서 많은 시간을 보내면서 노전사의 이야기에 귀를 기울이고 마음을 달래주었다. 또한 슈어드의 새집과 가까운 라파예트 광장 모퉁이에 자리한 맥클렐런의 참모본부에도 자주 방문했다. 위층 방들은 맥클렐런이 개인 용도로 쓰고 있었고, 통신부가 차지한 아래층 응접실에는 십여 명의 참모들이 머물렀다. 맥클렐런은 링컨의 방문을 대개 시간낭비라고 느꼈다. “특별한 용건이 없는 대통령과 슈어드 장관의 방문 때문에 일이 방해된다.” 맥클렐런이 링컨을 자신의 참모들이 머무는 아래층 방에서 기다리게 하는 경우가 잦았다고 여러 사람들이 경악하며 전했다. 그렇지만 군대에 대한 맥클렐런의 긍정적 영향을 믿고 있던 링컨은 그 무례한 행동을 모두 참아냈다.

시민들은 첫 번째 가을 낙엽이 떨어질 무렵부터 서서히 맥클렐런의 행동에 불만을 터뜨리기 시작했다. 워싱턴 시민들은 수백 발의 예포에 맞춰 5만 명 이상의 군사가 “조금의 흐트러짐도 없이” 일사분란하게 행진하는 광경에 환호했지만, 점차 진격하지 않는 그의 부대에 부정적인 시선을 보내기 시작했다. 맥클렐런은 이에 굴하지 않고 적과 대결할 준비를 완벽하게 갖추기 전까지는 어떤한 행동도 취하지 않겠다고 아내에게 말했다.

처음엔 맥클렐런의 임용에 찬성했던 진보적 공화당원들도 그가 지휘관들에게 도망 노예를 주인에게 돌려보내라는 "노예사냥 명령"을 내렸다는 사실을 알게 된 후 그에게서 등을 돌리기 시작했다. 맥클렐런은 거듭해서 자신이 "연방의 보전을 위해 싸우고" 있으며, 위기에 처한 이 나라는 노예 문제를 제기할 여력이 없다고 강조했다. 공격받던 그는 민주당 친구들로부터 보호를 받고자 했다. 그는 "흑인을 피할 수 있도록 날 도와주게. 우린 흑인 문제에 관여하고 싶지 않네."라고 뉴욕의 새무얼 바로우에게 간청했다.

처음 비난을 받았을 때 맥클렐런은 다른 사람을 탓했다. 그는 필요한 전쟁물자를 확보하지 못한 스콧과 무능한 내각에게 책임을 돌리면서, "생전 처음 보는 엄청난 얼간이들! 욥(구약성경 《욥기》의 주인공으로 가혹한 시련을 견뎌내고 믿음을 굳게 지킨 인물)의 인내심을 시험하기에 충분하다."고 비난했다. 그는 슈어드는 "참견이 많고 주제넘게 나서는 무능한 강아지"로, 웰스는 "군말만 지껄이는 노파보다 더 힘없는 사람"으로, 베이츠는 "늙은 바보"로 여겼다. "캐머런의 파렴치한 행동"에는 넌덜머리를 냈고, 몽고메리 블레어의 용기를 칭찬했으면서도 "조금도 마음에 들지 않는다!"고 말했다. 체이스만이 그의 비난을 피했다. 아마도 맥클렐런이 워싱턴으로 소환되기 전에 체이스가 편지를 보냈을 때 자신이 그를 육군소장으로 승진시킨 장본인이라고 주장했기 때문일 것이다.

맥클렐런에 대한 비난 여론은 그의 한 사단이 1861년 10월 21일 소규모 전투에서 패배하자 더욱 고조되었다. 남부군이 버지니아 주 리스버그에서 부대 일부를 후퇴시켰음을 알게 된 맥클렐런은 찰스 P. 스톤 장군에게 "그들을 완전히 이동시키기" 위해 "약간의 군사적 행동"을 보이도록 지시했다. 스톤은 가까운 사단의 도움을 받으리라 생각했는데, 맥클렐런은 스톤에게 아무런 통보 없이 그 사단을 워싱턴으로 돌려보냈다. 일리노이 주 시절부터 링컨과 가깝게 지냈던 에드워드 베이커는 연맹군의 함정에 빠져 볼스 블러프 강가에서 49명의 대원과 함께 전사했다. 많은 병사가 중상을 입었고, 그중 젊은 올리버 웬델 홈스 2세는 치료를 위해 체이스의 집으로 이송되었다.

맥클렐런 참모본부의 통신부 담당자 토머스 에케르트 대위는 베이커의 사망 소식과 볼스 블러프에서의 패전 소식을 전달받고 지휘관을 찾았다. 그는 백악관에서 링컨과 대화 중인 맥클렐런을 찾아 전보를 건넨 후 돌아왔다. 맥클렐런은 대통령에게 그 내용을 알려주지 않기로 결심했다. 그 후 링컨은 전선의 상황을 알아보기 위해 전신국에 들렀다가 전보를 발견했다. 바깥쪽 방에 앉아 있던 한 기자가 링컨을 보았다. "고개를 숙인 채 걸어가는 그의 주름 깊은 뺨에선 눈물이 흘러내렸으며, 그의 얼굴은 핏기 하나 없이 창백했다. 그는 북받쳐 오르는 감정을 억누르기 힘들어하는 것 같았다. 그는 비틀거리며 방을 지나갔고, 거리에 발을 내디딜 때는 거의 쓰러질 것 같았다." 훗날 링컨은 노아 브룩스 기자에게 "사랑하는 베이커의 죽음은 사막의 회오리바람처럼 나를 뒤흔들었다."고 말했다.

메리 역시 괴로워했다. 그녀는 에드워드 베이커에게 경의를 표하기 위해 차남에게 에드워드라고 이름을 지어주었었다. 그런데 이제 그녀는 아들과 아들에게 이름을 준 사람을 모두 잃었다. 마찬가지로 베이커를 좋아했던 윌리엄과 토머스도 몹시 슬퍼했다. 윌리엄은 베이커의 애국적인 삶과 뛰어난 연설 능력을 회고하면서 짧은 시를 지었다. 이 시는 이후 〈내셔널 리퍼블리컨〉에 실렸다.

> 그의 가슴에 까다로운 개념은 없었네.
> 바로 연방이 그의 주제.
> 그는 항복과 타협은 없다고
> 낮에도 생각하고 밤에는 꿈꾸었네.
> 그의 조국은 그가 남긴 이들.
> 그의 홀어미와 모든 아이들에 대해
> 해야 할 역할이 있네.
> 나라는 언제까지나 잊지 말아야 하네.

열 살 난 윌리엄의 시는 두 번째 취임연설에서 "전쟁을 치른 이들과 그 홀어미와 아비 잃은 아이들을 보살펴야 한다."고 촉구했던 아버지의 인상적인 연설문과 일맥상통한다.

맥클렐런은 볼스 블러프의 패배에 대한 책임을 회피하면서 특이하게도 전선의 지휘관들이 저지른 과실 때문에 참사가 일어났다고 주장했다. 그는 아내에게 "모든 일은 내 지시 없이 나 모르는 사이에 40마일 밖에서 일어났소. 내게 승인받지도 않았으니 절대 내 책임이 아니오."라고 말했다. 그는 "전적으로 비난받을" 사람은 스톤 대장의 명령을 어기고 강을 건넜던 베이커 대령이라고 주장했다. 그 후 스톤이 군사재판에 회부될 것이라는 소문이 나돌기 시작했다. 오랜 친구 베이커를 잃고 절망에 빠져 있던 수많은 의원들이 볼스 블러프의 패배와 연방군의 전반적인 복지부동(伏地不動) 상태를 비난했다. 그러나 대통령은 맥클렐런을 옹호했다. 의원들의 방문을 받은 맥클렐런은 스콧이 사사건건 자신을 방해한다고 불평했다. 의회 대표단은 스콧을 해임시키겠노라 맹세한 후 돌아갔다. 맥클렐런은 "신문에서 스콧 장군과 나 사이의 자잘한 불화에 대해 들었을 거요. 하지만 대중은 확실히 내 편이오. 장교와 병사들은 모두 '우리 맥클렐런' 아래서만 싸우겠노라고 선언했소."라고 아내에게 편지를 보냈다.

11월 1일, 링컨은 내키지는 않지만 노장 스콧의 퇴역 요청을 수락했다. 신문들은 스콧 장군의 사직서와 함께 링컨의 진심 어린 답장을 공개했다. 대통령은 스콧의 눈부신 활약과 공로를 칭송하면서 미합중국 사람들은 그의 퇴임 소식을 몹시 슬퍼할 것이라고 말했다. 동시에 링컨은 연방군의 총사령관이었던 스콧의 후임으로 맥클렐런을 지명했다.

이틀 후, 목적을 달성한 맥클렐런은 워싱턴을 떠나는 스콧과 함께 기차역으로 향할 때 서글픈 생각이 들었다고 아내에게 전했다. 신문들은 기차 출발 시간이 새벽 5시인데다 폭우가 쏟아지는데도 역에는 수많은 인파가 몰렸다고 보도했다. 맥클렐런의 참모들, 기병 호위대와 함께 스콧의 참모 전원이 그곳에 있었다. 체이스와 캐머런 장관은 스콧과 동행하기 위해 함께 해리스버그행 열차에 올랐다. 엄청난 숫자의 시민들이 노 장군에게 경의를 표하기 위해 몰려들었다.

겨울이 가까워지도록 연방군이 아무런 움직임을 보이지 않자, 시민들의 불만은 더욱 깊어졌다. 신임 총사령관은 아내에게 보내는 편지에 "나는 희생양이 될 생각은 없소."라고 적었다. 맥클렐런은 더 이상 스콧을 탓할 수 없게 되자, 이번엔 비난의 화살을 링컨에게 돌렸다. 버지니아 주에 주둔하고 있는 연맹군의 숫자가 자기 병력보다 최소 세 배는 많았는데 그들과 대적할 방법을 링컨이 주지 않았다고 주장했다.

11월 13일 화요일 밤, 링컨은 슈어드와 헤이를 대동하고 맥클렐런의 집에 갔다. 장군이 결혼식에 참석했다는 이야기를 들은 세 사람은 한 시간 동안 응접실에서 기다렸다. 맥클렐런이 집에 도착하자 집사가 그에게 대통령이 기다리고 있다고 전했다. 하지만, 그는 응접실을 그대로 지나쳐 위층으로 올라갔다. 30분이 흐른 후, 링컨은 아직도 기다리고 있다는 전갈을 한 번 더 보냈는데, 장군이 이미 잠자리에 들었다는 말을 들어야 했다. 젊은 존 헤이는 분개했다. 그는 일기에 이 용서할 수 없는 "오만방자한 태도"를 자세히 기록했다. 그러나 링컨은 놀랍게도 대수롭지 않다는 듯, 지금은 예절이나 개인적 체면은 따지지 않는 게 좋겠다고 말했다. 그는 전쟁에서 승리를 거둘 수만 있다면 맥클렐런의 말고삐를 잡는 사람이라도 되겠다고 말했다.

슈어드와의 우정

메리는 남편의 기분을 풀어주려고 노력했다. 옛 친구들이 워싱턴에 오기만 하면, 그들을 초대해 아침식사를 대접하면서 그 모임에 참석하라고 대통령 집무실에 전갈을 보내곤 했다. 메리는 또한 매일 해질녘마다 둘이, 혹은 아이들과 함께 한 시간 동안 마차를 타고 "그에게 꼭 필요한 상쾌한 공기"를 마시자고 했다. 메리는 예전 영부인들보다 더 많은 오락을 즐겼다. 남편이 늦게까지 집무실에서 일하는 동안, 영부인 메리는 파란 방에서 주로 남자 손님들과 야회를 열었다. 또한 메리는 품위 있고 침착하게 일반인들을 위한 전통적 백악관 접견회를 주관하여 많은 존경을 얻었다. 그녀는 이러한 모임이 의욕을 잃지 않는 데 도움이 된다고 생각했다.

메리 링컨이 그 넘치는 정력을 사교활동에만 쏟았던 것은 아니었다. 프랑스 문학에 열중하던 그녀는 얼마 후 한 국정문제에 대해 남편에게 압력을 가했다. 그것은 사형을 앞두고 있던 윌리엄 스콧에 관한 문제였다. 버몬트 출신의 병사 스콧은 보초를 서다가 잠이 들었다. 이틀 내리 잠을 못 자고 보초를 서다가 벌어진 일이었다. 그는 전날 밤 아픈 친구 대신 보초를 서겠다고 자원했고, 다음날 밤 원래 자신의 임무대로 경계를 서러 나갔던 것이다. 메리와 아들 토머스는 그 가엾은 병사에 대한 처벌이 너무 가혹하다고 생각했다. 토머스는 "싸움이 끝난 후 지칠 대로 지친 몸으로 온종일 행군을 해서 아무리 노력해도 깨어 있을 수 없었던 사람이 아버지의 아들이라고 생각해보세요."라고 간청했다. 메리도 끼어들어 젊은 군인에게 자비를 베풀라고 졸랐다. 하지만 링컨에게는 그리 단순한 문제가 아니였다. 그 병사가 잘못을 저지를 수밖에 없었던 상황을 이해하긴 했지만, 자신이 간섭하면 군대의 규율이 무너질 것이라고 생각했다. 하지만 결국 메리의 주장에 흔들린 게 분명했다.

예정된 사형 집행일 하루 전날, 링컨은 맥클렐런의 본부에 가서 사면을 부탁했다. 마찬가지로 스콧의 편에서 중재했던 버몬트 상원의원 루시어스 치텐든은 "사병을 위해" 개입해 달라는 것은 "대통령에게 지나친 요구"였다고 인정하면서 강요에 대해 사과했다. 링컨은 "스콧의 목숨은 이 나라 모든 이의 목숨처럼 그에게 소중합니다. 참수된 귀족의 머리를 두고 '이건 머리 하나라는 사소한 문제지만, 불쌍한 그에게는 하나뿐이기 때문에 소중하다'라고 했던 스코틀랜드 사람의 말을 기억합니다."라고 말하며 치텐든을 안심시켰다.

메리는 1861년 여름과 가을 내내 백악관과 주변을 손보느라 바빴다. 그녀는 한 친구에게 "제일 예쁜 꽃과 정원, 좋은 친구와 자극"을 갖고 있다고 열심히 자랑했다. 하지만 시간이 갈수록, 전쟁 때문에 골머리를 앓고 있던 남편과 보내는 시간은 점점 줄어들었다. 링컨은 여전히 아내의 권유대로 오후에는 마차를 타고 신선한 공기를 쐬었지만, 자주 슈어드를 초대해 대화를 나누었다. 8월 말, 슈어드의 아내와 딸이 몇 주 동안 워싱턴에서 지냈을 때 링컨은 거의 매일 오후 그들과 같이 마차를 탔다. 프랜시스는 금세 대통령이 좋아져서 그를 "전쟁만큼이나 농작물"에 대해서도 편안하게 이야기할 수 있는 "겸손하고 소박한 농부"라고 묘사했다. 그녀는 일기에 "그가 대단히 마음에 든다."고 썼다.

슈어드 가족과 이렇게 즐거운 시간을 보낼 때면, 링컨은 워싱턴 주변의 여러 야영지에 들르곤 했다. 그와 슈어드는 마차를 세우고 병사들과 대화를 나누었다. 잭슨 대통령 이래 모든 대통령을 취재했던 한 기자는 링컨이 "대통령이라는 신분을 잊은 채 밧줄을 타고 오르는 선원처럼 양손으로 번갈아 병사들의 손을 쥐며 악수했다."고 보도했다. 상냥한 슈어드도 커다란 환호로 자신을 환대하는 젊은 병사들에게 늘 따뜻하고 정답게 인사를 건네고 이들의 노고를 치하했다.

메리는 링컨이 저녁에 자신과 집에 있기보다는 라파예트 광장에 있는 슈어드의 집에서 지내는 날이 많아지자 몹시 분노했다. 슈어드의 집에 머물 때면, 링컨은 슈어드의 벽난로와 사교적인 성격 덕에 몸이 훈훈해지고 마음이 편해지는 것을 느낄 수 있었다. 그는 술을 마시거나 담배를 피우지 않았지만, 하바나 시가에 불을 붙이고 브랜디를 따르는 슈어드의 모습을 즐겁게 바라보았다. 그리고 링컨은 거의 욕을 하지 않았지만, 슈어드의 다채로운 욕설을 재미있어 했다. 언젠가 링컨과 슈어드가 군대를 시찰하러 가던 중의 일이었다. 말들이 말을 안 듣자 마부가 신나게 욕설을 퍼붓기 시작했다. 그러자 링컨이 그에게 "이보게, 자네 감독교도인가?"라고 물었다. 그는 감리교도라고 대답했다. 링컨은 웃으며 말했다. "아, 미안하네. 자네가 슈어드 장관처럼 욕을 하기에 감독교인일 거라 생각했네. 그가 교구 감독이거든!"

존 헤이도 이들과 함께했던 어느 날 밤, 또 다른 손님이 시카고 전당대회 이야기를 꺼냈다. 헤이가 슈어드가 패배의 기억을 떠올릴까 걱정하던 찰나, 링컨이 1860년의 일과 관련된 재미있는 이야기를 꺼내며 주의를 돌렸다. 링컨은 시카고 시장인 존 웬트워스가 자신이 일리노이의 여론을 바꾸는 일에 몰두하지 않는다며 걱정했다고 말했다. 당시 웬트워스는 서로우 위드를 언급하며 충고했다. "실은 말입니다, 슈어드처럼 하셔야 합니다. 당신을 쥐고 흔들 사람을 두란 말입니다." 링컨과 슈어드 모두 그 이야기를 "대단히 재미있어했다."

링컨의 유쾌했던 기분은 약 한 시간 후, 토머스 W. 셔먼 장군의 전갈을 받은 후 급격히 저하되었다. 셔먼 장군은 사우스캐롤라이나 주의 로열 요새로 진격하기 전에 증원이 필요하다고 요청했다. 장군들마다 거듭 증원을 요구하는 데 좌절감을 느낀 그는 셔먼 장군의 요청을 거절하고 '그의 원정대에 많은 희망을 갖고 있지 않다'는 전보를 보내려 한다고 슈어드에게 말했다. 링컨이 저 유명한 5월 21일 전보에서 슈어드의 어투를 부드럽게 만든 것처럼, 이번엔 슈어드가 대통령의 거친 답변을 누그러뜨릴 차례였다. 슈어드는 대답했다. "그래선 안 됩니다. 목숨을 걸고 출정하는 사람에게 용기를 꺾는 말을 해선 안 됩니다." 결국 링컨은 더 많은 부대를 보내 달라는 셔먼의 청을 거절했지만, 군사작전에 대한 비관적인 생각은 표현하지 않았다.

유쾌한 손님들이 드나드는 슈어드의 집에서 우정을 나누던 수많은 밤은, 아마도 링컨이 동료 변호사들과 장작불 앞에 둘러앉아 술 마시며 이야기를 주고받았던 순회재판 시절의 즐거운 기억을 떠올리게 했을 것이다. 취임 첫해 링컨은 가족을 포함한 그 누구보다도 슈어드와 더 많은 시간을 보냈다. 소유욕이 강한 메리가 슈어드와 그의 가족, 사교계에 적개심을 느낀 것은 어쩌면 당연한 일이었는지도 모른다.

프레몽 논란

링컨은 서부의 새로운 움직임에 촉각을 곤두세웠다. 서부에는 미주리 주의 탈퇴주의자와 연방주의자들 간의 대립이 점점 극렬해지는 가운데 일촉즉발의 김장감이 감돌고 있었다. 주민 대부분은 연방을 지지하고 있었지만, 새 주지사 클레이본 잭슨이 그 주를 연맹에 가입시키려고 상당수의 탈퇴주의자를 결집시켰다.

처음에는, 국회를 떠나 대령이 된 프랭크 블레어와 그의 친구 너대니얼 라이언 장군의 활약으로 미주리의 남부군 게릴라들을 진압하는 데 성공했다. 이들은 남부군이 세인트루이스 무기고를 습격하지 못하도록 막았고, 기지를 발휘해 연맹군의 참모본부가 있던 잭슨 요새를 차지했다. 라이언은 정찰 임무를 수행하기 위해, 세인트루이스에서 널리 존경받던 프랭크의 장모로 위장해서 반란군 막사에 들어갔다. 그는 드레스와 숄을 걸치고 붉은 턱수염을 가리기 위해 "두꺼운 베일로 덮인 차광모자"를 썼다. 그리고 정체가 발각될 경우를 대비해 달걀 바구니에 소총을 숨겼다. 막사의 상황과 7000명 병력의 배치 상태를 파악한 라이언은 다음날, 이 요새를 공략해 전승을 올렸다. 그러나 승전의 기쁨도 잠시, 얼마 지나지 않아 반란군은 대담하게 반격해서 다리와 도로, 건물을 파괴했고 미주리 주를 혼란에 빠뜨렸다.

링컨은 이 위험한 상황을 책임지고 서부의 사령부를 총괄할 임무를 존 C. 프레몽 장군에게 맡겼다. 그는 1847년에 멕시코로부터 캘리포니아를 해방시킨 공로를 인정받아 1856년 공화당에서 대통령으로 추천된 영웅이었다. 프레몽은 처음에는 열렬한 환영을 받았다. 존 헤이는 "그는 서부인들이 목숨을 걸고 위험을 헤쳐나갈 때 존경심을 품고 따를 만한 인물이다. 정직하고 용감하며, 박식하고 대단히 경험이 풍부하다."라고 말했다. 프레몽의 확고한 노예제 폐지 원칙은 세인트루이스 인구의 다수를 차지하는 독일계 미국인들 사이에서도 호평을 얻었다. 구스타브 쾨르너는 "그의 주위에는 신비한 후광 같은 것이 있다.”고 회상했다. 그 이름 하나만으로도 “신비한 영향력”이 있어서, 서부 여러 주에서 수천 명의 젊은이들이 연방군에 입대하겠노라 자원했다.

하지만 프레몽이 미주리에 도착하고 몇 주가 지난 후, “무분별한 지출”이 이루어지고 있다는 소문이 워싱턴에 흘러들었다. 프레몽 가족이 6000달러짜리 저택을 지었고, 경호원들이 연방주의자인 미주리 전 주지사이자 에드워드 베이츠의 매형인 해밀턴 갬블 등 원치 않은 방문객은 집에 들이지 않는다는 소문이 나돌았다. 몇몇 사람들은 프레몽이 맥클렐런처럼 군대를 전쟁터에 보내지 않고 군사작전을 준비한다는 구실로 도시에만 머물러 있기로 작정한 것이 아니냐고 우려했다. 이 불안한 소문에 이어 8월 10일, 윌슨즈 크리크에서 일어난 전투에서 라이언 장군이 사망했다는 충격적인 소식이 전해졌다. 몇 주 후, 연방군은 또 다시 패배해 반란군에게 렉싱턴을 내주어야 했다.

8월 말, 더 이상 상황이 악화되기 전에 무슨 조치를 취해야겠다고 결심한 프레몽은 과감한 선포문을 발표했다. 그는 링컨과 상의도 없이, 군대에 재판권과 함께 연방군 경계 내의 무장한 반란군을 임의로 사살할 수 있는 권한을 주는 계엄령을 주 전역에 선포했다. 연방군는 “전쟁터에서 적군에게 적극적으로 가담했다는 사실이 드러난” 사람들의 노예와 전 재산을 몰수하라는 지시를 받았다. 프레몽은 “이 노예들은 이로써 자유인이 된다.”고 일방적으로 선포했다. 프레몽의 정책은 그달 초 의회에서 통과된 ‘재산 몰수법’, 즉 연맹군을 돕는 데 이용됐던 노예에만 적용되고 그들의 미래 신분에 대해선 정확하게 규정하지 않았던 법령을 넘어서는 것이었다.

링컨은 다른 사람들처럼 신문 기사를 보고나서야 프레몽의 선포문에 대해 알게 되었다. 프레몽은 이 선포문을 통해 연방을 보호하기 위한 투쟁을 노예제 종식을 위한 전쟁으로 바꾸어놓고 있었다. 대통령은 이렇게 되면 켄터키 주와 접경주들이 연맹에 가담하게 되리라 우려했다. 링컨은 프레몽에게 편지를 보내 두 가지 문제점에 대해 지적했다. “먼저, 선포문에 따라 일반 시민을 총살하면 연맹군도 그 보복으로 자기네 손아귀에 있는 우리 선량한 시민들을 총살할 것입니다. 그렇게 되면 복수가 되풀이되어 엄청난 살육이 벌어질 것입니다." 그는 또 "반역을 저지른 노예소유주들의 노예를 무작정 해방시키는 일은 더욱 위험합니다."라고 말했다. 링컨은 "그러한 조치는 남부에 있는 연방 지지자들의 반감을 살 것이며, 결국 그들이 우리에게서 등을 돌리도록 만들 것입니다. 그렇게 되면 켄터키 주가 연방에 남아 있기를 바라는 우리의 기대가 무너질 수 있습니다. 부디 의회의 재산 몰수법이 존중되도록 그 문단을 수정해주시길 바랍니다."라고 전했다. 링컨은 프레몽을 공식적으로 문책하게 되는 일이 없도록 그가 스스로 선포문을 수정하기를 간절히 원했다. 링컨은 논란이 공식화되면 급진적 공화당원들이 자신보다는 프레몽 편에 설 것이라는 사실을 알고 있었다. 하지만 그들의 충성은 연방을 통솔하는 데 꼭 필요했다.

링컨이 이후 오빌 브라우닝에게 설명한 것처럼, 재산 몰수와 노예해방에 대한 프레몽의 선포문은 순전히 정치적인 데다 군법의 범위를 넘어서는 과도한 조치였다. 최고 군사령관인 링컨은 전장의 일개 장군이 '노예의 미래'를 결정하도록 허락할 수 없었다. 슈어드는 정책뿐 아니라 원칙에 대해서도 링컨을 전폭적으로 지지했다. 이후 그는 "프레몽의 문제는 그가 대통령의 승인 없이 행동했다는 점이다. 대통령은 그만의 책임을 아랫사람이 지도록 허락할 수 없었다."고 주장했다.

프레몽 선포문과 접경주의 반응에 대한 링컨의 우려는 당연한 것이었다. 흥분한 켄터키 연방주의자들의 편지가 잇달아 워싱턴에 도착했다. 조슈아 스피드는 링컨에게 편지를 보내, "프레몽의 선포문을 보고 먹지도 자지도 못했습니다. 그 선포문은 미주리 주의 연방당을 철저히 파괴할 것입니다. 나와 몇몇 사람들만이 남을 것입니다."라고 말했다. 그는 오랜 친구에게 켄터키 주에는 "1만 8000명에서 20만 명"의 노예들이 있고, 그중 2만 명만이 반란군을 돕고 있다고 상기시켰다. 그리고 "이 주의 여론은 흑인을 해방시키는 것을 확고하게 반대하기 때문에, 그러한 원칙을 적용한다는 것은 북부에서 신앙의 자유나 아이에게 읽기를 가르칠 부모의 권리를 침해하는 것과 같습니다."라고 덧붙였다.

상황이 점점 급박해지는 가운데, 미주리 주의 상황이 이상하게 돌아가기 시작했다. 프레몽이 선포문을 발포한 바로 그날인 9월 1일, 프랭크 블레어 대령이 2주 후에 자신을 체포당하게 만들 장문의 편지를 형 몽고메리에게 보냈다. 그는 "형과 제가 둘 다 프레몽의 임명에 약간의 책임이 있다고 인정하지만, 그를 해임시켜야 한다는 것이 제 확고한 의견입니다."라고 전했다. 블레어는 동시대 사람들과 역사가들의 짐작처럼 선포문에 반대하지는 않았다. 오히려 습격을 일삼는 반란 게릴라 일당이 아무런 처벌도 받지 않으리라는 환상을 품고 있는 상황에서, 노예해방 등의 엄격한 조치는 그런 환상을 없애는 데 꼭 필요하다면서 선포문을 지지했다. 또한 선포문이 좀더 일찍, 즉 프레몽이 "그걸 실시할 힘이 있고 적군에게는 그에 보복할 힘이 없었을" 때 발표되었다면 좋았을 것이라고 애석해했다.

하지만 프레몽이 지휘를 맡은 후, 미주리의 상황이 갈수록 절망적으로 돌아간다고 프랭크는 형에게 전했다. 프레몽의 "중대하고 용서할 수 없는 과실" 때문에 반란군이 엄청난 지지자를 확보했다는 것이었다. 그는 프레몽이 라이언에게 증원하지 않아 라이언이 사망했다고 덧붙이면서 그의 죽음을 애도했다. 더욱이 세인트루이스 주변의 야영지에는 불 런의 패배를 불러왔던 무질서가 만연하고, 훈련이 절대적으로 부족하다고 비판했다. "형이 프레몽의 죄를 벗겨줄 정보를 갖고 있다면, 그리고 정부가 저보다 프레몽의 계획에 대해 더 많은 것을 알고 있다면, 형은 이 편지를 태우고 제가 민심을 동요시키는 사람이라고 비난해야 합니다."라고 프랭크는 말했다.

몽고메리 블레어는 동생의 솔직한 편지와 자신의 편지를 링컨에게 보여주었다. 그러면서 그는 내키지는 않지만 프레몽을 해임시켜야 한다는 결론에 이르렀다고 말했다. 그는 처음에는 프레몽을 지지했지만, 지금은 자신의 잘못을 솔직하게 인정하고 있으니 하루 속히 바로잡아 달라고 말했다. 프랭크처럼 그 역시 선포문에는 이의를 제기하지 않았다. 그는 단지 프레몽의 해임이 "공익을 위해" 필요하다고 말했을 뿐이다.

미주리 주의 다른 정보통으로부터 비슷한 이야기를 들었던 링컨은, 9월 10일 메이그스 대장과 몽고메리 블레어에게 프레몽과 이야기를 나누고 정황을 살펴보라고 지시했다. 당시 대통령은 자신이 요청한 대로 선포문을 수정할 것이라는 확답을 프레몽에게서 받지 못한 상태였다.

그날 밤, 프레몽의 기세등등한 아내이자 토머스 벤턴 상원의원의 딸인 제시가 워싱턴에 도착해 프레몽의 뒤늦은 답변을 링컨에게 직접 전달했다. 이후 그녀가 전한 바에 따르면, 대통령은 그녀가 방에 들어섰을 때 "살짝 고개를 숙였지만" 아무 말도 하지 않았다고 한다. 그녀에게 의자를 권하지도 않았다. 제시는 링컨에게 남편의 편지를 건넸고, 링컨은 선 채로 읽었다. 링컨은 프레몽의 답장에 분노했다. 프레몽은 대통령에게 선포문을 수정하라고 개인적으로 부탁하지 말고 공식적으로 명령하라며 반발했다. 프레몽은 "자발적으로 선포문을 철회한다면, 그건 스스로 선포문이 잘못되었다고 인정하는 것이 됩니다. 그것은 내가 중대한 사안을 고려하지 않은 채 행동했음을 가리키는데, 난 그러지 않았소이다."라고 주장했다.

링컨이 프레몽은 분명 어떻게 해야 하는지 알고 있을 것이라고 말하자, 제시는 링컨이 미주리 주의 복잡한 상황을 이해하지 못하고 있다고 넌지시 내비쳤다. 또한 전쟁이 노예해방을 위한 것으로 되지 않는 한, 유럽의 열강들이 곧 연맹을 인정하리라는 사실을 링컨이 모르고 있다고 말했다.

다음날 아침, 링컨은 답변을 작성했다. 이번엔 프레몽에게 재산 몰수법에 위배되지 않도록 선포문을 수정하라고 '공식적으로 명령' 했다. 그리고 제시에게 전달하도록 하지 않고 우편으로 보냈다. 프레몽의 전략처럼, 링컨 역시 프레몽이 답변을 받기 전에 이 명령을 공개했다.

한편 메이그스와 몽고메리 블레어는 미주리 주의 상황을 파악한 후 집으로 향하고 있었다. 메이그스는 프레몽이 서부 사령부를 지휘하는 데 걸맞지 않다는 판단을 내렸다. 그는 보고서에 "남부군은 미주리 주 전역에서 연방군을 공격하고 학살할 것이다. 불안감이 만연하고 있다. 세인트루이스의 인사들은 프레몽을 만날 수 없다고 불평한다. 그는 방어할 연대를 조직하도록 사람들에게 용기를 북돋아주지 않는다."라고 적었다. 몽고메리 블레어도 같은 생각이었다. 그는 프레몽과 이야기를 나눈 후, 장군이 "지각을 잃었고 거의 무의식 상태인 듯하며" 아무 일도 하지 않는다고 주장했다. 프레몽이 아편중독자라는 소문도 있었다. 지체할 시간도 없고 굳이 사람들에게 의견을 물어볼 필요도 없다고 블레어는 단정했다.

몽고메리 블레어와 메이그스가 워싱턴으로 출발한 다음날, 프레몽은 프랭크 블레어가 9월 1일 형에게 편지를 쓴 것이 반역 행위라고 주장하면서 그를 감옥에 가두었다. 프랭크가 상관을 "해임시킬 목적으로" 비난했기 때문에 "장교로서 걸맞지 않은" 행동을 했다는 점에서 유죄라는 것이었다.

프레몽과 제시는 블레어 가문에게 배신당했다고 생각했다. 그러나 몽고메리가 프레몽에게 회유적인 편지를 보내 중재한 덕에 프랭크는 석방되었다. 하지만 프랭크는 계속해서 죄목을 부정하며 맞서 싸웠고, 다시 체포되었다. 미주리의 여론 역시 서로 못 잡아먹어 안달인 프랭크 블레어와 프레몽 장군 편으로 각각 나뉘었다. 결국 스콧 장군이 개입해 프랭크를 석방하고 재판을 연기하라고 지시했다. 재판은 없었지만, 이 싸움은 이후 오랜 시간에 걸쳐 심각한 문제를 낳았다.

링컨이 프레몽의 선포문을 공개적으로 폐지하자 접경주들은 안도의 한숨을 내쉬었지만, 급진적 공화당원과 노예제 폐지론자들은 크게 실망했다. 며칠 전만 해도 프랜시스 슈어드는 유쾌한 듯 "프레몽의 선포문이 마음에 들지 않아?"라고 자매에게 물었었다. 그런데 링컨이 그녀의 희망을 꺾었다. 시카고의 조지프 메딜은 "링컨의 편지가 애국심이 강한 우리 도시에 장례식과 같은 슬픔을 주었다. 우리에게 그것은 수확을 코앞에 둔 작물에 내린 치명적인 6월의 서리와 같다. 그건 후퇴다."라고 비판했다. 벤 웨이드 상원의원은 링컨이 "남부의 가난한 백인" 출신이기 때문에 말도 안 되는 결정을 내렸다고 비난했고, 프레더릭 더글러스는 "이번 전쟁에서 정부는 많은 잘못을 저질렀지만, 이번 것은 그중에서도 가장 큰 실수다."라고 말하며 절망감을 표시했다.

전쟁의 목적을 노예해방으로 삼고자 했던 급진주의자들은 프레몽을 지지했지만, 그의 노예제 반대 입장이 서부 사령부에서의 명백한 직무 태만을 덮어줄 수는 없었다. 9월 18일, 몽고메리 블레어와 메이그스는 내각에 프레몽에 대한 부정적인 보고서를 제출했다. 그러나 링컨은 여전히 주저하고 있었다. "대통령은 프레몽에게 기회를 한 번 더 주기로 결정했다."라고 절망에 빠진 우정장관 몽고메리 블레어가 아버지 프랜시스 블레어에게 말했다.

베이츠 역시 대통령의 우유부단한 태도에 분개했다. 아직도 미주리 주에 많은 가족이 있었기 때문에 베이츠는 그 주의 문제에 촉각을 곤두세우고 있었다. 그는 프레몽이 "적군의 유능한 장교 여섯 명보다" 연방의 대의에 더 큰 피해를 입히고 있다고 확신했다. 고향 미주리 주의 연방주의자 친구들에게 프레몽의 해임이 머지않았다고 장담했던 베이츠는 아무 조치를 취하지 않는 대통령 때문에 괴롭고 화가 났다.

프랭크 블레어는 링컨과 그의 내각을 더욱 혹독하게 비난했다. 그는 형 몽고메리에게 보내는 편지에서 이렇게 말했다. "하나님이 이 나라를 망하게 하려고 작정하셨나 봅니다. 나라를 구하는 유일한 방법은 내각을 구성한 노인들을 바다로 차버리는 것입니다. 늙은 에이브러햄이 그토록 많은 겁쟁이와 원숭이들을 내각에 불러 모으는 데 성공하리라고는 상상도 못했습니다." 그의 분노는 슈어드와 캐머런에게 집중되었지만, 당연히 링컨을 향한 것이기도 했다.

사실 링컨은 이미 사이먼 캐머런과 그의 부관 로렌조 토머스를 세인트루이스에 보내 다시 한 번 상황을 조사하고, 상황에 따라 "프레몽에게 지휘권을 바로 아래 계급의 장교에게 넘기라고 지시하는 편지"를 전달하도록 한 상태였다. 캐머런은 세인트루이스에 도착해 새무얼 R. 커티스 준장과 이야기를 나누었다. 그는 "프레몽의 자질과 행동에 대해 거침없이" 증언했고, 전쟁장관에게 프레몽을 해임해야만 미주리 주의 안전을 보장할 수 있다고 경고했다. 해임 편지를 받은 프레몽은 몹시 분노했다. 그는 캐머런에게 "나는 지금 내 손아귀에 있다고 생각하는 적을 맹렬히 추격하고 있습니다. 이 중대한 시기에 나를 해임하는 것은 나를 파멸시킬 뿐 아니라 지금까지의 모든 노력을 무용지물로 만들 것이오!"라고 말했다. 동요된 캐머런은 대통령과 다시 이야기를 나눌 때까지 명령을 보류하기로 했다.

이 무렵, 링컨은 프레몽을 해임해야 한다는 확신을 거의 굳힌 상태였다. 메이그스와 몽고메리 블레어, 캐머런 외에도 많은 이들이 똑같은 의견을 표명하고 있었다. 토머스 부관은 "프레몽의 나약한 군대와 형편없는 무기, 혼란과 무능, 수송기관의 부족"을 상세히 열거하면서, 그 지휘관이 군대를 제대로 관리할 수 없다는 결론을 내릴 수밖에 없다고 보고했다. 하지만 링컨은 여전히 결정을 미루고 있었다. 대통령이 며칠 더 머뭇거리자 화가 난 베이츠는 슈어드를 탓했다. "대통령은 아직도 바보같이 의심을 품고 있다. 계속 이렇게 우유부단한 태도를 보인다면, 우리도 그와 운명을 함께할 것이다. 게다가 더 끔찍한 것은 그게 자업자득이라는 점이다."

그러나 링컨이 결정을 미룬 데에는 베이츠가 생각했던 것보다 훨씬 합리적인 이유가 있었다. 이틀 후, 링컨은 프레몽에게 해임 명령을 전달하기 위해 친구 레너드 스웨트를 보냈다. 그리고 스웨트가 세인트루이스에 당도하기 전에 전쟁부는 토머스 부관의 신랄한 보고서를 언론에 공개했다. 〈뉴욕 타임스〉는 10월 31일 이 보고서를 자세히 개제하며 "전쟁이 발발한 이래 공개된 것 중 가장 놀라운 문서"라고 논평했다. 신문은 이어서, 프레몽에 대한 진실이 그토록 선명하게 드러나는데도 왜 링컨 행정부가 이 보고서의 공개를 허락했는지 의아하다고 말했다.

사실 보고서 공개는 계획적이면서도 신중하게 이루어진 것이었다. 해임 통보가 프레몽에게 전달될 무렵이면, 대중은 그의 해임 이유를 알고 있을 것이었다. 링컨이 좀더 빨리 행동했다면, 사람들은 프레몽이 블레어 가문 때문

에 희생되었다거나 노예를 해방시키겠다는 선포문 때문에 파면되었다고 단
정했을지도 모른다. 하지만 보고서의 사실 자료를 공개함으로써, 링컨은 여
론이 자신의 결정에 동조하도록 만들었다.

미주리에 도착한 스웨트는 프레몽이 자신을 경계하며 막사에 들여보내지
않으리라고 예상했다. 그 예상은 적중했다. 이에 스웨트는 한 지휘관을 농부
로 위장시켜 해임 명령서를 전달하도록 했다. 서류를 외투 안감에 바느질로
붙인 그 지휘관은 11월 1일 이른 아침, 직접 프레몽을 찾아갔다. 스콧 장군의
사임이 발표된 바로 그날이었다. "프레몽은 명령서를 뜯어보고는 이마를 찌
푸리더니 책상에 서류를 내던지며 '어떻게 내 부대에 들어올 수 있었던 거
요?' 라고 소리쳤다."고 지휘관은 회상했다.

11월 2일, 해임 소식이 공개되자 시민들은 대체로 링컨이 "합당한 결정"을
내렸다는 반응을 나타냈다. 워싱턴에 프레몽을 "옹호하거나 변명해줄 사람"
은 더 이상 없다고 〈뉴욕 타임스〉의 특파원은 말했다. "그가 지휘관으로 적합
하지 않다는 증거가 이곳 군 참모본부에 너무 많이 확보되어 있어서 그를 옹
호하기란 불가능하다." 〈필라델피아 인콰이어러〉도 마찬가지 반응이었다.
"내키지는 않지만 프레몽 장군이 서부 사령부의 총지휘관 자격이 없다고 인
정할 수밖에 없다. 오늘 아침 공개된 토머스 부관의 보고서는 모든 의문을 말
끔히 해소시켰다." 링컨 정부를 지지하는 일은 좀처럼 없는 민주당 계열의
〈뉴욕 헤럴드〉도 사설에서 "링컨은 어느 공무원에게도 부당하거나 잔인하게
대하는 사람이 아니지만, 프레몽 해임은 국민의 요구에 따른 것이기 때문에
대통령으로서 더 이상 이를 외면할 수 없었다." 라고 말했다.

체이스조차 링컨이 복잡한 상황에 훌륭하게 대처했다고 인정할 수밖에 없
었다. 그는 한 친구에게 보내는 편지에 이렇게 적었다. "나는 프레몽 장군에
대한 대통령의 모든 행동은 진정한 의미의 사회적 의무에 따른 것이라고 확
신한다네."

스콧 장군이 사임하고 프레몽 장군이 해임된 지 1주일이 지난 후, 내각은 또 다른 문제에 부딪혔다. 슈어드는 연맹이 국제사회에서 공식적으로 인정받기 위해 제임스 메이슨과 존 슬라이델을 영국에 파견했다는 소식을 들었다. 그들은 찰스턴에서 연방의 봉쇄망을 뚫고 쿠바에 가서 영국 우편함인 트렌트 호에 탑승했다. 11월 8일, 무장한 군함을 지휘하던 연방군 선장 찰스 월크스는 트렌트 호를 발견했다. 그는 공식 명령 없이 대포로 뱃머리를 공격한 다음 우편함을 수색했다. 그는 결국 메이슨과 슬라이델을 찾아냈고, 이들을 연방군의 군함 산 제이신토 호로 정중하게 호송해 보스턴 워런 요새의 감옥에 가두었다. 영국 배는 항해를 계속하도록 허락했다.

월크스 선장은 희소식을 기다리던 북부에서 국민적 영웅이 되었다. "미합중국 사람들의 심장이 슬라이델과 메이슨의 체포 소식이 들렸던 어제보다 더 진심 어린 기쁨으로 감격한 적이 있었는지 모르겠다."라고 〈뉴욕 타임스〉는 보도했다. 월크스는 자신을 위해 보스턴의 파뉴일 홀에서 개최된 축하연에 참석했다. 캐머런은 행복에 겨워하는 워싱턴 군중 앞에 서서 "월스크 선장을 위한 만세삼창"을 주도했다. 베이츠는 일기에 "대단히 흡족하다."고 기록했다. 체이스도 기뻐하기는 했지만, 선장이 한발 더 나아가 영국 배를 나포하지 않았다는 점은 유감스럽다고 토를 달았다.

링컨 역시 처음에는 기뻐했다. 에드워드 에버렛에게 보내는 편지에서 그는 로열 요새에서의 첫 번째 승리와 "그 후 메이슨과 슬라이델의 체포"를 알리는 "지난주의 소식"에 무척 기뻤다고 말했다. 하지만 그 사건에 대해 영국이 분노를 나타내자 기쁨은 이내 불안감으로 변했다.

메이슨과 슬라이델 의 체포 소식이 런던에 전달되는 데에는 거의 3주가 걸렸지만, 그 후 놀라울 만큼 빠르게 번져나갔다. 이 사건은 "영국 기에 대한 모욕, 남부 사절단이 무력으로 영국 우편함에서 체포되다."라는 말로 요약되었다. 런던의 언론은 이를 명백한 국제법 위반이라고 주장하면서 "보상금과 사과"를 요구했다. 게다가 남부 사절단을 거칠게 끌어냈다는 날조된 각종 정황이 유포되었다.

이 국제법 위반 당사자를 찾던 영국 언론은 슈어드를 지목했다. 국무장관은 영국 관리들에게 윌크스가 정부로부터 어떠한 지시도 받지 않고 움직였다고 은밀히 말하긴 했지만, 그 사안에 대해 공식적으로 이야기하지 않기로 결심했다. 첫 번째 공식적 반응은 영국 정부에서 나와야 한다고 슈어드는 주장했다. 슈어드의 침묵은 그가 비공식 대표로 유럽에 보냈던 서로우 위드를 곤란한 입장에 빠뜨렸다. 하루도 빼먹지 않고 워싱턴으로 편지를 보내던 위드는 한 편지에서 "영국 기의 보호 하에 있던 반란군의 체포가 시도되었고 그걸 수용하라고 주장한다면, 그건 곧 전쟁을 의미하네."라고 오랜 친구에게 경고했다. 영국 신문들은 모든 조선소의 증기선이 군대와 보급품을 갖추고 있으며, 정부의 명령이 떨어지면 언제든 출동할 수 있는 준비를 마쳤다고 보도했다. 언론은 계속해서 "한 달이면 영국은 미합중국 해군의 바다를 깨끗이 청소하고, 남부 연맹을 인정하고 봉쇄를 깨뜨려 면화가 영국 공장에 다시 공급되도록 할 수 있다."며 격앙된 민심을 부채질했다.

위드는 "슈어드가 캐나다를 차지하기 위해 영국과 전쟁을 일으키려 한다."는 말이 나돌고 있다고 말하며 불안을 감추지 못했다. 위드는 이어서 광범위하게 퍼져 있는 슈어드에 대한 적개심을 거론하며, "그게 어떻게, 왜 형성되었는지 모르겠네. 교묘하게 일이 벌어지고 있다네. 어제도 이야기했지만, 대통령에게 자네의 해임을 요구하는 편지를 써야 하겠네."라고 말했다.

악담을 퍼붓는 영국 언론의 공격에 분개한 슈어드는 12월 15일 일요일 오후 링컨의 집무실로 달려들어갔다. 그때 대통령과 차를 마시고 있던 오빌 브라우닝은 영국이 '전쟁 선포' 같은 "바보 짓"은 하지 않을 것이라고 주장하며 슈어드의 걱정을 달래주려고 했다. 하지만 링컨은 그만한 확신이 없었다. 그는 고향의 사나운 불독을 떠올렸다. 이웃들은 무서워할 이유가 없다고 확신했지만, 한 현명한 사내가 말했다. "불독이 물지 않으리라는 걸 우리 모두 알고 있습니다. 하지만 불독도 자기가 물지 않으리라는 것을 알까요?"

미국 언론은 슈어드에게 이번 사태에 대해 질문하며 집요하게 파고들었지만, 그와 워싱턴의 영국 대사인 라이언스 경 모두 영국의 공식적인 반응을 기다리며 침묵을 지켰다. 첫 사건 후 거의 6주가 지난 12월 19일, 영국 정부는 마침내 영국 배에서 사절을 체포한 것은 "국가의 명예에 대한 모독"이며 죄수들이 석방되어 "영국의 보호" 아래로 돌아갈 때에만 양국의 관계가 회복될 수 있다고 선언했다. 게다가 영국은 "침략에 대한 적절한 사과"까지 요구했다. 미합중국이 이틀 내에 동의하지 않으면, 라이언스와 영국 대표 전원은 짐을 싸서 영국으로 돌아갈 예정이었다. 라이언스는 국무장관 사무실에 문서를 가져갔고, 그곳에서 슈어드와 이 긴급한 상황을 의논했다. 라이언스 경은 영국의 전 외교사절에게 "슈어드 씨가 평화의 편을 든 것을 보고 놀라실 것입니다."라는 편지를 보냈다.

프레더릭 슈어드는 아버지가 방문객을 전혀 만나지 않고 답변을 작성하기 위해 온종일을 쏟아 부었다고 회상했다. 국무장관은 이 딜레마를 완벽하게 이해하고 있었다. 실질적으로 미합중국은 영국과 전쟁을 벌일 능력이 없었다. "영국이 반란군 편에 서면 우리는 '궤멸' 된다."라고 위드는 경고했다. 정부는 죄수를 풀어주어야만 할 것이었다. 그러나 반란군 체포에 대한 북부 시민의 압도적인 지지 역시 고려해야 했다. 한 신문은 "그들을 포기할 수 없다. 국민은 그런 양도를 주장하는 사람을 용서할 수 없다."고 주장했다. 링컨은 영국과의 전쟁을 피하기로 결심했지만, 많은 이들이 굴욕적이라 여기는 영국의 요구에 따르는 것은 불만스러워했다.

슈어드는 윌크스 선장이 트렌트 호를 수색할 때 합법적으로 행동하기는 했지만, 죄수 체포의 합법성은 미합중국 해상 포획물 심판소가 결정했어야 했다는 독특한 주장을 펼쳤다. 그는 이것이 "조국에 반하여 영국 쪽 입장"을 취하는 듯하지만, 사실은 "영국의 이익뿐 아니라 명예롭고 소중한 미합중국의 대의" 역시 옹호하고 있다고 주장했다. 이러한 논란을 법의 심판에 회부하는 원칙은, 60여 년 전 영국이 이와 비슷하게 미국 배에서 밀수품을 압류했을 때 제임스 매디슨 국무장관이 세운 것이었다. 슈어드는 크리스마스 아침, 임시 내각회의에서 주장을 펼쳤다. "현재 영국이 주장하는 '불공평한 처사'는 예전의 여러 논란에서 미합중국이 자랑스레 주장했던 이론적 근거를 파괴하고 영원히 저버릴 것이다. 따라서 '명백하게 미국적인 원칙'을 지키기 위해 정부는 기꺼이 죄수를 석방하고 라이언스 경에게 인도할 것이다."

토론은 네 시간 동안 이어졌다. 베이츠에 의하면 몇몇 각료와 대통령은 슈어드의 의견을 받아들이기를 꺼려했다고 한다. "그들은 우리가 영국의 힘에 소심하게 굽실거렸다는 국민의 비난을 받을까봐 두려워했다." 특히 체이스에게 죄수의 소환 가능성은 "몸서리나도록 싫은" 일이었다. 그는 "이 사람들의 석방에 찬성하느니 내 전 재산을 바치겠다."고 말했다. 철저한 현실주의자였던 몽고메리 블레어만이 슈어드를 지지했다. 링컨의 초대로 찰스 섬너가 내각회의에 합류했다. 외교위원회 의장인 그는 위기 상황 동안 링컨과 자주 의논하며 정부는 영국과 전쟁을 해서는 안 된다고 주장했었다. 섬너는 링컨과 슈어드에게 저명한 두 영국 공무원의 편지를 읽어주었다. 편지에는 "영국은 전쟁을 원치 않으며, 현재의 논란이 우호적으로 해결되면 북부의 문제에 더 이상 간섭하지 않겠다."라고 적혀 있었다. 슈어드와 섬너의 발표는 일부 지지를 받았다. 하지만 결론에 이르지 못한 내각은 다음날 다시 만나 슈어드의 수정안을 듣기로 했다.

회의가 끝났을 때 링컨은 국무장관을 돌아보았다. "물론 돌아가셔서 답변을 준비하시겠지요. 죄수들을 석방해야만 하는 이유를 정확히 제시하십시오. 나는 그들을 석방해서는 안 되는 이유를 적어볼 생각입니다. 각각의 이유들을 비교해봅시다." 슈어드는 그날 밤 스물여섯 장짜리 공문서를 작성했고, 다음날 아침 내각이 소집되기 전 집에서 체이스에게 읽어주었다. 밤새 생각에 잠겼던 체이스는 슈어드가 옳다는 결론을 내렸다.

다음날 아침, 슈어드는 최종안을 제출했다. 죄수 인도 가능성 때문에 동요하기는 했지만, 각료들은 사과의 뜻을 나타내지 않고 정부가 큰 이익을 얻을 수 있다는 데 안도했다. 만장일치로 공문이 채택되었다. 회의가 끝난 후 슈어드는 링컨에게 "왜 반대 의견을 제출하지 않으셨습니까?"라고 물었다. 링컨은 미소를 지으며 대답했다. "마음에 드는 주장을 찾을 수 없었습니다. 장관님의 근거가 다 옳은 것이더군요."

다음날 밤, 슈어드는 만찬을 열어 크리텐든 상원의원, 콘클링 내외, 오빌 브라우닝, 찰스 섬너, 프레스턴 킹, 그리고 영국 소설가 앤서니 트롤로프를 초대했다. 식사를 마친 후 슈어드는 남자들을 휴게실로 데려가 자신의 '트렌트' 공문을 읽어주었다. "격렬하게 비난한" 크리텐든을 제외하고 다른 사람들은 대체로 슈어드의 위기 대처능력을 칭찬했다. 그러면서도 모두들 일반 대중이 그 결정에 분노할 것이고 "슈어드의 인기가 떨어질 것"이라고 여겼다.

링컨은 결국 죄수를 석방해야 할 필요성과 외교 논리를 인정했다. 그리고 이 경우 국무장관이 올바른 조치를 취했다고 말했다. '프레더릭 슈어드가 높이 평가했던' 링컨의 전형적인 반응이었다. "대통령과 왕들은 자기 주장에서 흠을 보지 못하는 경향이 있다. 하지만 이 중대한 시기, 연방에는 다행히 논리적인 사고력과 이타적인 가슴을 모두 가진 대통령이 있다."고 그는 적었다.

돈 걱정

겨울 회기를 위해 의원들이 돌아오자 워싱턴 사교계는 빠르게 잠에서 깨어났다. "겨울의 즐거움을 위해 집이 단장되었고 곳곳에서 풍성한 드레스와 미소 짓는 얼굴이 지나갔다."라고 〈아이오와 스테이트 리지스터〉의 칼럼니스트 카라 카슨 부인은 전했다. 정차관의 아내였던 그녀는 '미리엄'이라는 필명으로 글을 썼다.

그해 겨울 백악관 접견회에 참석한 이들은 메리 링컨의 지칠 줄 모르는 노력으로 새롭게 단장된 저택을 보았다. 곳곳이 벗겨져 있던 벽은 우아한 파리의 벽지로 새 모습을 찾았다. 새 도자기 세트가 탁자를 장식했으며, 너덜거리던 깔개 대신 훌륭한 새 깔개가 깔려 있었다. 한 캘리포니아 기자는 이 변화를 높이 칭송했다. "대통령 관저는 편안하고 아름다운 모습을 다시금 되찾았다."

하지만 청구서가 도착하자 메리는 허용치 2만 달러보다 6800달러를 더 소비했음을 알게 되었다. 남편에게 알리기 두려웠던 그녀는 백악관 정원사인 존 와트에게 그의 경비를 부풀리고 차액을 자신에게 넘겨 달라고 꼬드겼다. 그녀는 공공건물 관리국장이 비료 구입 내역을 위조해 화려한 백악관 만찬 비용을 충당해주지 않자 그를 해고했다. 또한 청구액을 충당하기 위해 후원금을 줄였고, 부유한 이들에게서 선물을 받았다. 언젠가는 존 헤이에게 백악관 사무용품 비용을 유용할 수 있게 해 달라고 부탁했고, 그 다음에는 자신을 백악관 집사로 위조해 봉급을 달라고 했다. 헤이는 농담조로 니콜라이에게 말했다. "그녀에게 웃기지 말라고 했네. 잘한 일이지?" 메리는 헤이가 요구를 거절하자 화를 냈다. 그녀는 헤이를 해고하려고 노력했다가, 영영 그의 신용을 잃었다. "분노한 악마는 저 밖에 있는데, 그의 딸 지옥괭이는 집사의 봉급을 가슴에 품고 있군."이라고 그는 니콜라이에게 말했다.

이렇게 온갖 술수를 다 부렸는데도 새해 직전, 메리는 곤경에 처했다. 청구서가 계속해서 도착했지만 수중에 돈이 남아 있지 않았다. 어쩔 수 없이 남편에게 사정을 설명하고 추가 비용을 부탁하는 수밖에 없었다. 그녀는 신임 공공건물 관리국장인 벤저민 프렌치에게 남편에게 잘 이야기해 달라고 부탁했다. 프렌치는 상원에서 열린 에드워드 베이커를 위한 추도회에 참석했다가 집으로 돌아온 대통령과 이 문제를 의논했다. 먼저 떠나보낸 오랜 친구를 위한 가슴 아픈 송덕문을 들은 직후, 백악관 장식비용에 관한 불쾌한 이야기를 들은 링컨은 평소와 달리 분통을 터뜨렸다.

대통령은 '냉정' 했다고 프렌치는 회상했다. "그는 불쌍한 군인들이 담요

하나 받지 못하고 벌벌 떠는 판국에 대통령이 집을 꾸미라고 받은 돈 2만 달러를 초과해 썼다는 것을 알면 국민이 펄펄 뛸 것이라면서, 이 망할 놈의 낡은 집을 꾸미자고 쓴 의안은 승인하지 않겠다고 맹세했다." 그렇지만 프렌치는 메리를 돕기로 결심했다. "그녀는 훌륭한 여인이라 생각한다. 하나부터 열까지 숙녀답게 행동했다. 남들이 그녀를 두고 뭐라 하든 나는 그녀를 감싸겠다." 프렌치는 친한 국회의원을 설득해, 복잡한 군비 목록을 이용해 결손 비용을 충당하도록 했다. 메리의 계속된 지출이 또 다른 청구서를 불러들일 때까지 위기는 최소한 잠깐 동안은 물러났다.

돈 걱정을 한 사람은 메리만이 아니었다. 1861년 가을, 케이트는 필라델피아와 뉴욕에서 몇 주 동안 지내며 아버지의 저택을 꾸미기 위한 새 비품을 사들이고 있었다. 상인들은 메리에게 그랬던 것처럼 케이트에게도 기꺼이 외상 기한을 늘려주었다. 체이스의 마음 속엔 불안감이 쌓여갔다. 그는 딸에게 "내 씀씀이보다 수입이 더 커지기 전에 혹시라도 내가 사직해야 할지도 모르니 과소비는 하지 말도록 하거라. 지난 12년 동안 나처럼 중요한 일을 많이 한 사람이 그 많은 경비를 내야 하다니, 너무 힘들구나."라고 말했다.

체이스는 공직생활을 하면서 부당한 대접을 받고 있다는 느낌 때문에 부유한 필라델피아 은행가 제이 쿡과 미심쩍은 관계를 맺었다. 쿡은 재무부와 국채 판매와 관련해 이윤 높은 계약을 맺었다. 체이스의 재정적 부담과 손상된 자존심을 눈치 챈 쿡은 체이스의 집에 케이트를 위한 화려한 무개마차와 응접실에 둘 책장 등, 값비싼 선물을 보내기 시작했다. 점점 친해지자 체이스는 쿡에게서 돈을 빌렸고, 쿡은 체이스 대신 투자를 해주겠다고 제안했다. 체이스는 모든 일이 잘되면 벌어들인 수익이 체이스의 봉급과 지출 사이의 "결손액"을 보충해주리라 여겼다. "지금처럼 '빚을 진 채' 일하는 것은 수치스러운 일일 테니까요."라고 말하는 언변 좋은 필라델피아 은행가에게서 체이스는 메리 링컨이 찾아내지 못한 것을 발견했다. 제이 쿡은 전쟁 중인 워싱턴 사회의 지도자에게 큰 돈을 투자해주는 자금줄이었다.

풀려난 노예의 운명

1861년 말, 링컨은 사이먼 캐머런을 전쟁장관으로 둔 게 큰 잘못이었음을 깨달았다. 수십 년 동안 캐머런은 임명권을 교묘하게 이용해서 충성한 사람에게는 보상하고 적수에게는 벌을 내리는 방법으로 펜실베이니아 주에서 세력 기반을 유지해왔다. 하지만 불행히도 이 교활한 당수는 전쟁이 한창이던 시절 전쟁부의 어마어마한 업무를 감당하지 못했다. 3월에 1만 6000명에서 12월에 67만 명으로 늘어난 민병대를 관리하기 위해서는 전략을 짜고 보급품을 제공하며 치밀한 훈련 계획을 세워야 했다. 또한 소총과 대포, 말, 군복, 식량, 담요 등을 확보하기 위해 수백만 달러를 지출하는 계약 협상을 위해서는 꼼꼼한 기록 보관이 필수적이었다. 그러나 링컨이 니콜라이에게 털어놓은 것처럼, 캐머런에게는 세부적인 일을 기획하거나 전체적인 계획을 세울 능력이 없었다. 그는 주로 갈겨쓴 메모로 서류를 만들고 부주의하게 관리했다.

전쟁부의 부패와 무능력에 대한 상세한 지적이 신문에 보도되기 시작했을 때는 전쟁이 시작된 지 두 달도 채 지나지 않은 시점이었다. 의회는 7월, 중간상인들이 망가진 피스톨과 카빈총, 눈먼 말, 비가 오면 찢어지는 배낭을 군대에 공급해 엄청난 이익을 남겼다는 혐의에 대한 조사 위원회를 구성했다. 캐머런이 이 돈을 착복했다는 증거는 없었지만, 정계에 있던 그의 친구 몇몇이 부자가 되었고 막대한 공금이 낭비되었으며 연방 군인들의 생명이 위태로워졌다는 사실은 명백했다. 의혹이 점점 커지자 신문들은 내각 전체가 스캔들에 휘말리지 않으려면 캐머런을 해임해야 한다고 주장하기 시작했다.

직책을 지켜야겠다고 결심한 캐머런은 의회에서 점점 유력해지는 급진파 공화당원들에게 환심을 사려 했다. 이 급진파는 찰스 섬너와 오하이오 주의 벤 웨이드, 인디애나 주의 조지 줄리언, 메인 주의 윌리엄 페센든 등이 이끌고 있었다. 캐머런은 노예제 문제에 대해 보수적인 입장을 가지고 있었지만, 전쟁의 주 목적이 노예제 종식이어야 한다는 급진파의 주장을 어느 정도 인정하기 시작했다. 처음에는 슈어드 편에 섰던 그는 서서히 체이스에게로 돌아섰다. 체이스는 당시 내각에서 유일하게 도망 노예를 연방의 경계 내에 머무르도록 하는 것과 그들의 군 입대를 찬성하는 각료였다.

캐머런은 노예를 붙잡아 군대에 이용하도록 했던 어느 육군 대령의 조치에 대해, "반란군의 궤멸을 위한 극단적 조치" 중 하나라며 공식적으로 지지했다. 내각회의와 사적인 만찬에서 캐머런은 자신의 입장을 맹렬히 공격한 베이츠, 블레어, 스미스와 설전을 벌였다. 캐머런은 흑인 병사들이 승리에 꼭 필요한 무기를 더해줄 것이라고 주장했다. 블레어는 캐머런이 정치적 이익을 위해 "깜둥이 목마"에 올랐다고 분노했다.

12월 초가 되자 상황은 극도로 악화됐다. 각 부서는 관례적으로, 대통령이 연두 교서를 준비하는 동안 연간 보고서를 제출했다. 전쟁장관은 보고서를 작성하면서, 연방의 경계 내에 들어온 노예를 무장시키는 것을 공식적으로 지지하기로 결심했다. 자신이 논란을 일으키리라는 것을 잘 알고 있던 캐머런은 여러 친구들에게 보고서 초안을 읽어주었고, 친구들 대부분이 논란이 분분한 노예 무장 문제에 대해 침묵을 지키라고 충고했다.

캐머런은 "나는 다른 의논 상대를 찾았다. 식견이 높고 용기 있으며 가장 진지한 사람, 그는 바로 에드윈 스탠턴이었다."고 이 시기를 회상했다. 캐머런은 여름과 가을 계약에 대한 법적 자문을 구하기 위해 스탠턴을 자주 만났었다. 하지만 이 사안은 훨씬 복잡했다. 캐머런의 보고서를 본 스탠턴은 도발적인 논리로 노예 무장을 지지했다. "적으로부터 화약을 빼앗는 것처럼, 필요하다면 노예를 무장시키는 건 정부의 권리가 분명하다."

스탠턴이 전쟁장관으로 하여금 링컨을 공공연히 무시하도록 부추겨서, 캐머런이 해임된 후 대신 그 자리에 들어앉기 위해 일부러 선동적인 충고를 했는지는 확실치 않다. 단순히 자신의 솔직한 확신을 드러낸 것인지도 모른다. 어쨌든 그는 어릴 적 아버지에게 죽는 날까지 노예제와 싸우겠노라 맹세했고, 오하이오 주에서 체이스와 우정을 꽃피울 무렵에도 비슷한 뜻을 표현한 바 있었다. 하지만 이 시기 스탠턴은 맥클렐런과 예전 내각 동료 등 민주당 친구들과 이야기를 나눌 때는 노예제 문제에 대해 좀더 보수적인 견해를 표현하곤 했었다. 스탠턴의 목적이 무엇이었든, 그의 동의는 보고서를 대통령에게 제출하기 전에 수많은 신문사에 보고서 견본을 보냈던 캐머런에게 용기를 주었다.

정부 인쇄공이 대통령에게 전쟁부 보고서를 가져가 승인을 요청했을 때, 링컨은 선동적인 문단을 발견했다. "절대 승인해줄 수 없소! 캐머런 장관이 그런 책임을 져선 안 되오. 그건 전적으로 내 문제란 말이오!" 링컨은 그 문단을 삭제하고 모든 사본을 압수하라고 지시했다. 링컨은 연방의 수중에 들어온 노예들을 위해 "어떤 식으로든" 준비해야 한다는 점을 알고 있었지만, 자신에게 그들을 해방시키고 무장시킬 법적 권한이 있다고는 생각지 않았다. 그는 이러한 조치는 "나라의 보전", "헌법의 보전"을 위해 "필수불가결"하다고 여겨질 때만 가능하다고 생각했다. 그는 이 시기가 체포된 노예의 무장이 "절대적으로" 필요한 때인지 확신하지 못했다.

링컨은 다음 내각회의에서 캐머런에게 자신의 생각을 전달하면서 노예제의 미래에 관한 모든 결정권은 대통령에게 있다고 강조했다. 캐머런은 즉시 인정하고 해당 문장을 삭제하겠다고 했지만, 그 부분은 웰스가 연간 보고서에서 제시했던 제안과 다를 바 없다고 불평했다. 전쟁장관처럼 해군장관 역시 "우리 배로 피난한" 도망 노예를 위해 준비해야 한다고 생각했다. 이 경우 해군이나 육군이 노예를 "보호하고 고용해야" 하고 공공사업에서 노예의 일자리를 찾을 수 없을 경우, "아무런 제지 없이 자유롭게 생계를 꾸릴 수 있도록" 허용해야 한다고 웰스는 주장했다.

자신 역시 보고서 수정 명령을 받으리라 확신한 웰스는 그렇게 되면 사임하리라 결심했다. 하지만 링컨은 그의 보고서를 수정하지 않고 인쇄하도록 허락했다. 링컨은 예리하게 두 의견의 정치적 차이를 파악했다. 육군은 접경주의 영토를 점유하고 있지만, 해군은 그렇지 않았다. 노예가 해군함이나 해안의 항구에서 직장을 찾도록 허용하는 것은, 노예주인 켄터키나 미주리의 노예들에게 무기를 주는 것과는 근본적으로 달랐다. 링컨은 후자의 조치가 이 두 주의 충성스러운 시민들을 연맹으로 몰아붙일 것이라고 생각했다.

사실 대통령은 점점 숫자가 늘어나는 도망 노예에 대한 그만의 정책을 세워두었다. 의원들이 겨울 회기를 위해 국회의사당에 모이자, 그는 연두교서를 통해 자신의 생각을 대략적으로 설명했다. 그는 사유재산 몰수법을 기초로 "주인에 의해 반란에 이용된 노예를" 지역 연방군이 획득했을 때는 노예 소유주의 법적 권리를 "박탈"하며 그렇게 해서 해방된 노예를 위한 대비를 어떤 식으로든 해야 한다고 주장했다. 그는 충성스러운 접경주가 "비슷한 법 조항을 통과시키기를" 기대했다. 그러한 조치가 이루어진 후에는 해방된 모든 노예에 대해 주가 보상하도록 국회에 권고했다.

링컨은 여전히 해방된 노예가 자발적으로 "기후가 그들에게 맞는 어느 지역"으로 이주해야 한다고 생각했다. 링컨은 갈등이 "폭력적이고 무자비한 투쟁으로 퇴보하기" 전에 연방을 복원하기 위해, 노예제에 대한 "과격하고 극단적인 조치"를 용납하려 하지 않았다. 그러면서도 그는, 민주주의 사회에서 노예제가 지속될 수 없을 것이라는 주장으로 연두교서를 마무리했다. 그는 "민주주의의 본질은 모든 이에게 길을 열어주고, 희망을 주며, 모든 이의 조건을 개선하는 것입니다. 이 공평하고 관대하며 번영하는 체제에서는 노동이 자본에 우선합니다."라고 설명했다. 그는 자신의 파란만장한 삶을 회상하며, "무일푼의 초보자는 한동안 품삯을 벌기 위해 일을 하고 약간의 돈을 마련해서는 도구를 사거나 자기 땅을 장만합니다. 그 다음 또 다시 한동안 일을 해서 마침내 다른 초보자를 고용해 그를 도와줍니다."라고 덧붙였다. 분명 이 상승을 향한 움직임, 미국 사상의 중심인 자기실현 가능성은 자유인이 되지 않는 한 노예에게는 닫혀 있었다.

노예제 폐지론자들은 링컨의 교서를 비난했다. 노예제 폐지론자 워팅턴 G. 스네던은 체이스에게 "이 중대한 시기에 이주라는 정치가답지 못한 계획은 집어치워야 합니다! 칼을 들어 400만 흑인의 나라를 자유로 만들고 그들을 백인처럼 자유인으로 만드십시오!"라는 편지를 보냈다. 프레더릭 더글러스는 해방된 노예를 이주시킨다는 개념과 흑인 병사를 거부하는 대통령의 입장에 어찌나 화가 났던지, 링컨에 대한 신뢰를 완전히 잃을 지경이었다. "대통령은, 흑인이 다른 곳에 살기를 원치 않는 미국 시민이며 자기 출생지에 대한 흑인의 애정이 강철보다 더 강하다는 점을 이해하지 못했다. 그는 해방된 노예의 운명에 대해 왜 그토록 두려워하는가?" 더글러스는 "흑인에게 노동에 대한 대가를 주고, 일하지 않는다면 굶주리든 말든 내버려두라. 흑인은 일을 두려워하지 않는다. 흑인의 손은 이미 노동으로 단련되었고, 고된 노동 외에 다른 수단으로 먹고살 생각은 꿈에도 하지 않는다."라고 주장했다.

전쟁이 시작된 이후, 더글러스는 예전에 노예였던 수많은 이들이 연방군의 편에 서서 무기를 휘두른다는 상상만큼 남부를 두렵게 만드는 것은 없다고 계속해서 주장했다. "그러한 전쟁에서는 흑인 연대 하나가 백인 연대 둘과 똑같다. 이 경우 유색인이라는 사실 그 하나가 군대와 포탄보다 더 무시무시할 것이다."

그는 이 "가벼운 전쟁"은 "길어질 것이며, 따라서 최악의 전쟁이 될 것"이라고 예언하면서, 국가의 존속은 "노예와 자유 유색인"의 육군 입대에 달려 있다고 주장했다. 그는 필라델피아의 한 연설에서 선언했다. "우리는 흑인의 강철 같은 손으로 반란군을 공격해야 할 때, 부드러운 백인의 손으로 공격하고 있습니다. 우리는 노예를 무장시키지 않고 붙잡았습니다. …… 우리는 충성스러운 북부의 그 어느 제안보다, 절반은 반란군의 편에 선 켄터키 주의 충고에 더 많은 관심을 기울이고 있습니다."

급진적인 언론은 링컨의 교서를 비판한 반면, 온건적이고 보수적인 공화당원들은 그의 재치에 박수를 보냈다. "링컨의 교서는 국민의 분노나 조급한 열망이 아니라 확고한 신념, 그 냉철한 판단력에 호소하고 있다."라고 〈뉴욕 타임스〉는 단언하면서 "국민 대다수가 온건파인 만큼, 이 교서는 틀림없이 높은 지지를 받을 것이다."라고 말했다. 평소에는 비판적인 〈뉴욕 트리뷴〉조차 "나라와 전 세계가 링컨 교서의 관대함과 제퍼슨 데이비스의 공격적인 최근 연설 사이의 현격한 차이를 분명히 알 수 있을 것"이라고 말했다. "제퍼슨 데이비스가 일반적으로 두 정치가 중 더 유능하다고 여겨지고 분명히 더 뛰어난 문장가이긴 하지만, 연맹 대통령의 연설은 오만하고 가혹한 반면, 링컨의 그것은 극단적인 충동을 나타내지 않고 도전적인 비난이 없다."

15장

그래도 행복하라

아들의 죽음

링컨 가족은 1862년 새해 첫날을 기념하며 전통적인 새해 접견회를 열었다. "그날은 더없이 청명했다. 마치 5월처럼 하늘이 맑고 화창했으며 날씨는 따뜻하고 온화했다."라고 〈뉴욕 타임스〉는 보도했다. 연휴를 남편과 함께 보내기 위해 워싱턴에 온 프랜시스 슈어드는 축제 분위기에 들떠 있었다. 베이츠역시 상쾌한 날씨 덕에 기분이 좋아졌다. 정오에 백악관의 문이 열리자 수천명의 시민이 물밀 듯 밀려들었다. 시민들이 대통령, 영부인과 악수를 나누는가운데 해군 군악대가 음악을 연주했다. 그중엔 대법원 판사들과 상원의원, 하원의원, 각국 대사, 군 장교, 각료들도 있었다.

링컨은 모든 손님을 따뜻하게 맞이했지만, 속으로는 어마어마한 부담감에시달리고 있었다. 전쟁이 9개월째로 접어든 지금, 전쟁부의 부패와 방만한경영에 대한 이야기가 난무한데다 전쟁터에서 진군이 이루어지지 않았고 재무부는 필요한 전쟁 자금을 마련하지 못했다. 국민의 초조함이 고조되자, 링컨은 물통의 밑바닥이 빠졌다며 두려워했다. 시민들은 여러 군인과 각료를 집중 비난했지만, 대통령은 궁극적으로 자신이 책임자라는 사실을 잘 알고 있었다. "새해에도 1861년의 잘못과 오류, 무능력을 반복한다면 최악의 상황이 일어날 것"이라고 일기 작가 카운트 구로스키는 경고했다.

캐머런이 허술한 군수 물자 관리와 미심쩍은 계약으로 비난받았던 여름과 가을 내내 링컨이 너무 말을 아꼈기 때문에, 슈어드는 대통령이 이 불미스러운 상황에 충분한 관심을 기울이고 있는지 의심스러웠다. 그러던 1월 어느 날 밤, 그는 대통령의 급작스런 방문을 받았다. "대통령이 들어와 소파에 앉았고 갑자기 전쟁부의 상태에 대해 말을 꺼냈다. 그가 계속해서 전쟁부를 주시하고 있었다는 게 분명했다. 그는 이미 마음을 굳히고, 내게 캐머런의 후임자에 대해 상의하러 온 것이었다."

캐머런의 후임자 결정은 중요한 일이었다. 링컨은 처음에는 뷰캐넌 재임 기간에 전쟁장관을 지냈고 탈퇴 위기 내내 연방을 적극적으로 지지했던 조지프 홀트나 웨스트포인트 사관학교를 졸업한 (우정장관) 몽고메리 블레어를 염두에 두고 있었다. 블레어는 내각회의 때 뛰어난 지성과 군대에 관한 지식, 현명함과 올바른 판단력을 보여주었다. 그러나 링컨은 이 두 사람 대신 에드윈 스탠턴을 선택했다. 6년 전 신시내티에서 링컨을 모욕했고, 그의 통솔력을 깔보는 말로 유명해진 바로 그 무뚝뚝한 변호사를 말이다.

워싱턴의 소식통들은 슈어드와 체이스의 입김으로 이러한 결정이 이루어졌다고 말했다. 정책이나 원칙에 동의하는 일이 드물었던 이 두 경쟁자가 함께 스탠턴을 지지한 데에는 저마다 그럴 만한 이유가 있었다. 슈어드는 뷰캐넌 재임 마지막 몇 주 동안 정보를 제공해주었던 스탠턴의 공을 잊은 적이 없었다. 스탠턴이 제공해준 정보는 배신자들을 색출해 워싱턴을 안전하게 지키는 데 도움을 주었다. 체이스와 스탠턴의 우정은 이미 오하이오 시절부터 깊게 쌓은 것이었다. 더욱이 체이스는 스탠턴이 노예해방 투쟁의 확실한 지지자가 되어줄 것이라고 믿었다. 링컨은 스탠턴에 대해 완전히 부정적이지만은 않은 그만의 기억을 가지고 있었다. 그는 밀 수확기 재판 때 일하는 스탠턴을 보았고, 논리적인 스탠턴의 주장과 열정적인 변론, 그 사건에 쏟았던 엄청난 노력에 깊은 인상을 받았다. 전쟁부가 활기를 띠게 하는 데에는 그러한 정력과 기백이 절실하게 필요했고, 스탠턴은 그 점에서 적임자였다.

1월 11일 토요일, 대통령은 평소 그답지 않게 캐머런에게 퉁명스러운 편지를 보냈다. "전쟁장관이 예전에 직책을 바꾸고 싶다는 희망을 표현한 걸로 알고 있습니다. 이는 공익에 대한 내 판단과 일치되니 이제 그 청을 들어줄 수 있겠소이다. 다음주 상원에 귀하를 러시아 대사로 추천하겠소." 일요일에 그 편지를 받은 캐머런은 눈물을 흘렸다고 한다. 그는 "이건 정치적인 문제가 아니라 개인적으로 나를 파면시키려는 뜻"이라고 주장했다.

그날 밤 저녁식사 후 캐머런은 체이스를 만나러 갔다. 그들은 이 곤란한 상황에 대해 이야기를 나눈 후 슈어드에게 도움을 부탁하기로 결심했다. 체이스는 캐머런을 일단 윌라드 호텔로 돌려보내고 혼자 슈어드의 집으로 향했다. 체이스와 계획한 대로 캐머런은 잠시 후 슈어드를 찾아가 대통령의 편지를 펄럭이며 들어가, 그 편지는 "해임시키려는 의도이고 무례한 처사"라고 말했다. 캐머런은, 아침까지 편지를 가지고 있다가 대통령을 만나러 가는 게 좋겠다는 슈어드의 말에 동의했다.

다음날 슈어드와 체이스에게 간단한 보고를 받은 링컨은 무뚝뚝한 편지를 취소하고, 캐머런이 먼저 사임을 제안했음을 암시하는 다정한 메모로 바꾸었다. 메모는 상트페테르부르크의 좋은 자리가 공석이기 때문에, 대통령이 캐머런의 소망을 기꺼이 "들어줄" 것이라는 내용을 담고 있었다. "그 자리를 받아들이시면, 당신에 대한 내 신뢰가 줄어들지 않았고 당신을 높이 평가하고 있으며 당신이 고국에서 했던 것만큼이나 조국을 위해 중요한 일을 할 수 있다고 내가 확신하고 있음을 알게 될 것입니다." 그는 또한 캐머런에게 후임자를 추천해 달라고 부탁했다. 캐머런은 펜실베이니아의 동료 스탠턴이 그 일의 적임자라고 적극 추천했다. 사실 링컨은 이미 그렇게 결정한 상태였지만,

캐머런으로 하여금 자신이 스탠턴을 선발하도록 만들었다고 믿게 했다. 슈어드와 체이스, 캐머런, 이 세 사람 모두 자신이 새 전쟁장관 임명에 영향을 끼쳤다고 생각했다.

링컨은 캐머런 문제를 해결한 후, 특허청장 조지 하딩에게 그의 옛 법률사무소 동업자였던 스탠턴을 백악관으로 데려와 달라고 부탁했다. 당시 마흔일곱 살이던 스탠턴은 잿빛이 도는 갈색 머리카락과 수염, 그리고 반짝이는 갈색 눈동자를 가리는 안경 때문에 더 나이가 들어 보였다. 하딩은 수확기 소송 때의 불쾌한 기억 때문에 그 자리의 분위기가 좋지 않을까봐 걱정했다. 하지만 링컨과 스탠턴 모두 과거를 잊은 듯했고, "쩔쩔맨" 사람은 하딩뿐이었다.

긴박한 상황인지라 스탠턴에겐 오래 생각할 시간이 없었다. 그는 아내 엘런에게 의논했지만 그녀는 수락을 반대했다. 그녀는 전쟁장관이 되면 변호사 활동으로 연간 5만 달러 넘게 벌어들였던 수익이 8000달러로 대폭 줄어들어 생활이 힘들어질 것이라고 말했다. 파산에 대한 두려움 때문에 평생을 괴로워했던 스탠턴 또한 엄청나게 줄어들 수입을 걱정했을 것이다. 하지만 내전 상황에서 전쟁장관직을 거절할 수는 없었다. 그는 수확기 재판 때 그의 조수로 일했던 옛 친구 피터 왓슨을 고용한다는 조건으로 장관직을 수락했다. 그는 전쟁부에서 처리해야 하는 수많은 계약 문제를 잘 정리하려면 왓슨의 도움이 반드시 필요하다고 생각했다.

캐머런의 사임과 스탠턴의 지목이 발표되자 사람들은 무척 뜻밖이라는 반응을 보였다. 각료들은 바로 전주까지도 아무런 조짐도 느끼지 못했기 때문에 더욱 놀라워했다. 더욱이 웰스는 스탠턴을 만나본 적도 없었다. 스탠턴의 추천은 국회의사당의 급진적 공화당원들을 당혹스럽게 만들었다. 민주당원이었던 스탠턴이 노예제와 남부에 대해 유화 정책을 펼칠까 우려했던 윌리엄 페센든은, 스탠턴의 입장을 정확히 파악할 때까지 상원의 비준을 지연시키려고 했다. 그는 체이스와 의논했고, 체이스는 페센든에게 "체이스 장관"이 스탠턴을 선발했다고 안심시켰다. 이 선발에 대한 슈어드의 역할은 알려지지 않았기 때문에 급진주의자들은 자신들의 편인 체이스가 추천에 주된 역할을 했다고 짐작했다. 페센든은 스탠턴과 오랜 대화를 나눈 후, 체이스에게 스탠턴이 "우리가 원하던 바로 그 사람"임을 확인했다고 말했다. 상원은 다음날 스탠턴의 임명을 승인했다.

캐머런 대신 스탠턴이 전쟁장관으로 임명된 것에 대해 일반 시민들은 대체로 긍정적으로 생각했다. 모두들 캐머런이 자발적으로 사임했다고 여겼다. 이때까지는 캐머런의 명예가 지켜졌다. 하지만, 1862년 2월 상하원 계약위원회가 전쟁부에 만연한 부패를 자세히 나열하는 1100장의 보고서를 발행하자 상황은 달라졌다. 부패한 전쟁부는 제대로 작동하지 않는 무기와 병든 말, 썩은 음식을 구입했다. 위원회는 "부정을 저질러 군인에게 상해를 입힌 자는 사형에 처한다는 법안을 만들도록 정부에 충고하겠노라" 결의했다. 위원회는 캐머런을 직접 비난하지는 않았지만, 그가 공익에 심각한 해를 입혔다는 것은 간접적으로 인정했다.

캐머런은 명예를 회복할 수 없으리라 생각하며 망연자실했다. 하지만 링컨은 그의 고통과 굴욕감을 달래는 데 심혈을 기울였다. 링컨은 섬터 요새의 직접적인 여파로 정부가 직면한 위기 상황 때문에 불행한 계약이 이루어졌다고 설명하는 장문의 서한을 의회에 보냈다. 그리고 자신과 내각 전체가 "모든 잘못이나 실수, 오류에 대해" 캐머런과 마찬가지로 똑같은 책임이 있다고 사과했다.

캐머런은 이 관대한 행동을 잊지 못했다. 감사와 존경으로 가슴이 벅찬 그는 "링컨의 가장 친하고 헌신적인 친구"가 되었다고 니콜라이와 헤이는 말했다. 캐머런은 모두가 자신에게 등을 돌린 상황에서 비난을 함께 짊어지는 게 링컨에게는 큰 용기였을 것이라며 고마워했다. 링컨과 같은 상황이었다면 대부분의 사람들은 "책임을 지기보다는 무고한 사람이 고통받든 말든 나 몰라라 했을 것"이라고 캐머런은 기록했다. 링컨은 그런 많은 사람들과 달랐고, 신임 전쟁장관을 포함해 모든 각료가 이 사실을 깨달았다.

취임 첫날, 정력적이고 성실한 스탠턴은 전쟁부에 "전적으로 새로운 체제"를 도입했다. 캐머런이 재직할 당시 전쟁부에는 구직자들과 정치가들이 너무 많이 몰려들어서 업무가 마비될 지경이었다. 직원들에겐 편지를 보내거나 받은 전보를 정리할 시간도 거의 없었다. 그 때문에 군 보급품에 대한 요청이 몇 주씩 지연되곤 했다. 그러자 스탠턴은 수령된 "편지와 전보에 응답하는 일이 그 외의 업무보다 우선한다."고 선언했다. 캐머런은 일요일을 제외하고는 언제나 상하원의원들을 환영했지만, 스탠턴은 전쟁부는 화요일부터 금요일까지 군사 문제와 무관한 업무를 다루지 않겠다고 선포했다. 그리고 상하원의원은 토요일에, 일반 시민은 월요일에 만나겠다고 했다.

스탠턴은 재빨리 캐머런의 측근 대부분을 해임하고 자신처럼 열정적이고 헌신적인 사람들을 주위에 포진시켰다. 그는 아무리 사소한 직책이라도 부당한 요청은 용납하지 않겠다고 선언했다. 취임 다음날, 스탠턴은 본능적으로 "반은 건달이고 반은 신사"라고 판단했던 한 사내를 만났다. 그는 "자신을 경찰국장으로 임명해 달라고 부탁하는 링컨 부인의 추천장"을 가지고 있었다. 스탠턴은 분개하며 추천장을 찢고는 그 사내를 쫓아냈다. 바로 다음날, 그 사내는 메리의 공식 요청서를 들고 돌아왔다. 스탠턴은 또 다시 그 구직자를 쫓아냈다. 그날 오후, 스탠턴은 링컨 부인에게 들렀다. 그는 "국가의 존립이 달린 큰 전쟁 한가운데서 내 첫 번째 임무는 국민을 위해 일하는 것이며, 당신의 남편과 당신의 체면을 지키는 것은 그 다음에 할 일이오."라고 말했다. 그는 자신이 호의에 보답하기 위해 자격도 없는 사람들을 임명한다면, 그건 "모든 이의 신뢰를 뿌리째 뒤흔들 것"이라고 말했다. 메리는 그의 주장을 충분히 이해했다. "스탠턴 씨, 귀하의 말씀이 맞습니다. 다시는 무언가를 부탁드리지 않겠습니다."

스탠턴 체제 하에서 전쟁부는 아침 일찍 일을 시작했고 가스등은 밤늦은 시간까지 꺼질 줄 몰랐다. 그의 한 사무관은 이렇게 회상했다. "그의 마차가 펜실베이니아 가에서 17번가로 들어서면 당번인 문지기는 고개를 안으로 들이밀고서 낮은 목소리로 '장관님!'이라고 외쳤다. 그 말이 온 건물을 뒤흔들었고, 1~2분 동안 사방에서 빈둥거리던 사람들이 제자리로 돌아가는 잰 발소리와 문을 여닫는 소리가 울려 퍼졌다." 수도의 한 특파원은 "먼 곳에 있는 사람들은 워싱턴에서 전쟁장관의 교체로 어떤 혁명이 일어났는지 잘 모를 것이다. 도시와 거리, 호텔, 국회의사당은 변화의 분위기에 휩싸여 있다."라고 보도했다. 링컨은 스탠턴이 내각에 진정 필요한 인물임을 알게 되었다.

그랜트 장군의 승리

1862년 2월 초, 메리 링컨은 새로운 형태의 연회를 기획했다. 아무나 드나들 수 있는 전통적인 환영회나 소수 몇몇 사람들만을 위한 사치스러운 만찬과는 전혀 다른 독특한 형태였다. 메리는 2월 5일 백악관에서 열릴 저녁 무도회에 500명을 선발해 초대했다. 이 파티는 일반인에게는 공개되지 않았기 때문에 이 초대장을 받은 사람은 사교계에서 명망 높은 사람이라는 표시가 되었다. 초대 명단에 없는 사람은 초대장을 받으려고 애걸할 정도였다.

한편 윌리엄과 토머스는 즐거운 나날을 보내고 있었다. 아침이면 가정교사와 공부했고, 공부가 끝나면 태프트 형제와 놀았다. 태프트 판사는 링컨의 두 아들을 무척 사랑했다. 그는 윌리엄이 그동안 만난 그 나이 또래의 어떤 소년보다 생각이 깊다고 생각했다. 네 소년은 저택의 평편한 지붕에 오두막집을 지었고, 그 주위에 "높은 돌담"을 쌓았다. 아이들은 이 임시 요새를 "조국"이라고 불렀고, 작은 망원경을 설치해 포토맥 강의 배와 해안 부대의 움직임을 바라보았다.

1월 중순, 하버드 대학에서 공부하던 로버트가 방학을 맞아 집으로 돌아오자 온 가족이 한 자리에 모였다. 그런데 메리의 성대한 파티가 열리기 며칠 전, 윌리엄의 몸에서 열이 났다. 그해 1월 폭설에 이은 진눈깨비와 비로 인해, 악취 나는 진흙이 땅을 뒤덮었고 워싱턴에 질병이 유행했다. 천연두와 장티푸스가 많은 이의 목숨을 앗아갔다.

메리는 윌리엄이 병을 앓고 있으니 파티를 취소하는 게 좋겠다고 생각했지만, 링컨은 이미 초대장을 발송했기 때문에 주저했다. 그는 워싱턴에서 최고의 의사로 손꼽히는 로버트 스톤 박사에게 왕진을 부탁했다. 윌리엄을 진찰한 명망 높은 의사는 "급박한 상황"은 아니며, 빠르게 회복될 것으로 보인다고 진단했다. 진단 결과에 안도한 링컨은 무도회를 열기로 결정했다.

저녁 9시 경 마차들이 화려하게 불을 밝힌 백악관에 도착하기 시작했다. 각료 내외, 장군과 참모들, 외교 사절단, 상하원의원, 변호사와 사업가 등 모든 워싱턴 명사들이 참석했다. 예복 차림의 맥클렐런은 신임 전쟁장관 못지않게 많은 이들의 눈길을 끌었다. 링컨 가족이 손님들을 맞이하는 동쪽 방과 함께 녹색, 빨간색, 파란색 거실이 공개됐다. 사교계 기자들은 링컨 부인의 지시로 새로 수리된 백악관의 모습과 여인들의 화려한 의상에 대해 자세히 보도했다. 자정이 되자 사람들은 식당으로 이동하기 시작했다. 문이 열리자 값비싼 와인과 샴페인 등 진수성찬이 펼쳐졌다. 그러나 "화려한 광경도 링컨 부인의 얼굴에 드리워져 있던 슬픔을 없애지 못했다."라고 재봉사 엘리자베스 켁클리는 회상했다. "저녁 내내 그녀는 몇 번씩 위층으로 올라가 앓아누운 소년의 침대 맡에 서 있었다."

메리는 수심에 차 있었지만, 무도회는 성황리에 치러졌다. "여기 온 사람들은 다른 이들이 갖지 못한 것을 얻었다는 허영심으로 언제까지나 즐거워할 것"이라고 니콜라이는 약혼녀에게 말했다. 수많은 병사들이 병들고 고통스러워하는 마당에 천박하게 웃고 즐겼다는 비난도 있었지만, 대부분의 평은 호의적이었다. 워싱턴의 〈이브닝 스타〉는 그 행사를 "대단한 장관"이었다고 보도했다. 〈레슬리의 일러스트레이티드 뉴스페이퍼〉는 메리를 "아름다운 흰색 공단 드레스"를 입고 "그 당당함과 완벽하게 어울리는" 흑백 머리장식을 한 매력적인 "공화당 여왕"으로 묘사했다.

이어 기쁜 소식이 들려왔다. 연방군은 테네시 강의 헨리 요새를 점령한 데 이어 컴벌랜드의 도넬슨 요새까지 손에 넣었다. 한꺼번에 거둔 두 승리로 그동안 방어적이었던 서부에서의 싸움이 공격적으로 바뀌었고, 율리시스 S. 그랜트 장군은 국가적 영웅으로 부상했다. 원래 육군이었던 웨스트포인트 출신의 그랜트는 술을 너무 좋아한 나머지 8년 전 전역하게 되었다. 그런데 그가 일리노이 주 갈레나에서 가죽 판매원으로 일하고 있을 때 남북전쟁이 시작되었다. 그는 즉시 군에 자원했고 미주리 주의 연대를 지휘하는 임무를 맡았다. 그랜트는 부대를 미주리에서 남부로 이동해야 한다고 생각했지만, 프레몽의 후임인 헨리 핼렉 장군이 이동을 허락하도록 설득하지는 못했다. 깔끔하지 못한 그랜트가 여전히 술을 많이 마신다는 소문을 들은 핼렉은 그를 믿고 중요한 임무를 맡기려 하지 않았다. 결국 2월 1일, 앤드루 푸트 해군 제독이 육해군 합동 원정대에 참여하는 데 동의한 후에야 핼렉은 그랜트에게 헨리 요새를 점령하라는 진격 명령을 내렸다.

그랜트와 푸트는 즉시 출발했다. 해군 포함은 맹렬한 공격을 시작했고 2500명의 남부군은 12마일 거리의 좀더 안전한 도넬슨 요새로 후퇴할 수밖에 없었다. 남은 부대는 항복했다. "헨리 요새는 우리 차지입니다."라고 그랜트는 그 특유의 무뚝뚝하고 직설적인 어투로 핼렉에게 전보를 보냈다. "도넬슨 요새를 점령해 파괴해야겠습니다." 엄청난 폭풍우 때문에 도넬슨을 향한 행군이 지연되었지만, 그랜트는 자신만만했다.

그는 누이에게 "그동안은 별 볼 일 없는 오빠였지만, 이 임무를 못해낼 것이라고 생각할 이유는 없다."라고 말했다. 그는 이것이 자랑이 아니라 "예감"이라고 했으며, 이 예감은 며칠 후 도넬슨 요새의 반란군을 포위하고 공격했을 때 맞아떨어졌다. 많은 병사들이 희생된 후 연맹군 지휘관인 켄터키 출신의 사이먼 버크너는 사격을 중지하고 "항복 조건을 정할 사절단 임명"을 제안했다. 2월 16일, 그랜트는 역사적인 전보를 보냈다. "무조건 항복이라는 조건 외에는 받아들일 수 없음." 버크너와 1만 5000명의 연맹군이 포로로 잡혔다. 양측에서 1000명 이상의 군인이 사망했고, 그 세 배가 넘는 군인이 부상당했다. 도넬슨 요새의 점령은 연방에게 남부를 공략할 전략적 발판을 마련해주었다. 1862년 4월 샤일로에서 벌어진 참혹한 전투가 양측에 2000명의 사상자를 남긴 후, 연방은 멤피스와 테네시 주 전체를 확보하기 위해 진군했다. 이들은 뉴올리언스까지 점령했다.

도넬슨 요새에서 그랜트가 승리를 거둔 다음날, 대통령은 그에게 육군 소장 직책을 맡기는 서류에 서명했다. 링컨은 지난 가을에 그랜트가 켄터키 주 파두카로 행군했을 때 발표했던 공손한 성명서를 읽은 후, 이 서부 장군에게 관심을 갖게 되었다. 그는 켄터키 사람들에게 "전 적이 아니라 여러분의 친구이자 같은 시민으로 여러분 가운데 왔습니다."라고 말했다. '그랜트가 여분의 셔츠 한 장과 빗, 칫솔만 가지고 출전했다'는 보고는 어쩔 수 없이 "서부인의 용기"와 맥클렐런과 같은 "동부인의 사치"를 비교하게 만들었다. 맥클렐런의 문 앞에 "네 필의 말이 끄는 거대한 마차 여섯 대"가 그의 옷가지와 다른 물품을 전선으로 옮기기 위해 도착했던 일은 너무도 유명했다.

북부는 도넬슨 요새에서 그랜트가 승리했다는 소식을 듣고 기쁨에 휩싸였다. 남북전쟁 발발 이래 연방이 처음으로 중요한 전쟁터에서 승리를 거둔 것이었다. 곳곳에서 수백 발의 축하 예포가 발포되었다. 수도는 흥분 그 자체였다. 상원에서는 방청인들이 일제히 일어나 열광적으로 만세삼창을 외쳤다. 두 번의 승리와 조지 워싱턴의 생일을 함께 축하하기 위해 수도의 공공건물에 불을 밝힐 준비가 이루어졌다.

윌리엄의 죽음

나라가 기쁨에 들떠 있던 이때, 백악관은 슬픔에 젖었다. 백악관 무도회 이후 윌리엄의 상태가 점점 악화되었고 토머스도 병을 앓고 있었다. 어릴 적 앓은 성홍열로 몸이 허약했던 윌리엄은 토머스보다 더 심각한 박테리아에 감염된 듯했다. 고열, 설사, 고통스러운 경련, 체내 출혈, 구토, 극심한 피로, 일시적인 정신착란 등이 계속되었고 윌리엄은 점점 약해지면서 마치 유령처럼 변했다.

두 아들을 간호하던 메리 역시 지칠 대로 지쳐 있었다. 그녀는 관례적인 토요일 접견을 취소했다. 링컨에게도 고통스러운 시기였다. 대통령은 아들들이 무척 걱정되었지만, 전쟁 수행 업무를 피할 수는 없었다. 의식을 잃었다 깨어날 때면 윌리엄은 밤낮으로 침대 맡을 지켰던 친구 버드 태프트를 불렀다. 어느 날 밤늦게 아들 옆에 있던 버드를 본 링컨은 버드의 어깨에 팔을 두르고 윌리엄의 머리카락을 쓰다듬었다. 그리고 버드에게 "애야, 자러 가야지."라고 조용히 말했다. 하지만 아이는 가지 않겠다면서, "윌리엄이 절 찾을 거예요."라고 말했다. 나중에 돌아온 링컨은 잠든 버드를 안아 올려 조심스레 침대로 옮겨 눕혔다. 윌리엄의 심각한 상태가 워싱턴에 알려지자, 대부분의 축하행사가 취소되었다. 백악관 집무실에서는 업무가 계속되었지만, 직원들은 "아무 소리도 내고 싶지 않은 듯" 천천히 걸어다녔다.

2월 20일 화요일 저녁 5시, 윌리엄이 세상을 떠났다. 몇 분 후 링컨은 니콜라이의 사무실로 달려들어가서 말했다. "니콜라이, 내 아들이 죽었네. 정말 죽었어!" 그는 흐느껴 울기 시작했다. 엘리자베스 켁클리에 따르면, 링컨은 아들의 시신을 씻기고 옷을 입힌 후 방으로 돌아와서는 손에 얼굴을 묻었고 그 큰 몸이 감정에 북받친 듯 격하게 흔들렸다고 한다. 켁클리는 "그 누구보다 링컨을 가까이에서 지켜봤지만, 그토록 가슴 아파하는 모습은 처음이었다."고 전했다. "메리 링컨을 위로할 방법은 없었다."라고 켁클리는 기록했다. 죽은 아들의 창백한 얼굴을 본 그녀는 경련을 일으켰다. 그녀는 침대에 누웠지만 잠을 자지도, 슬픔을 달래지도 못했다.

한편 토머스도 위험한 상태였다. 아들을 간호하기에는 메리의 몸 상태가 너무 좋지 않았기 때문에 링컨은 도움을 청했다. 브라우닝은 링컨이 보낸 마차에 올라 급히 백악관으로 가서 토머스를 밤새 간호했다. 그는 기디언 웰스의 젊은 아내 메리 제인에게 소년의 곁을 지켜 달라고 부탁했다. 병을 앓고 회복된 줄리아 베이츠도 토머스를 보살폈다. 하지만 토머스에겐 24시간 내내 전문가의 손길이 필요했다. 링컨에게 간호사를 추천해 달라는 부탁을 받은 간호사감 도로시아 딕스는 워싱턴 병원 두 곳의 장티푸스 병동에서 일했던 젊은 홀어미 레베카 폼로이를 추천했다. 딕스는 폼로이 간호사를 링컨에게 소개하면서 나이가 많은 그 어떤 간호사보다 더 믿을 만한 여인이라며 그를 안심시켰다. 링컨은 폼로이의 손을 잡고 미소 지으며 말했다. "그저 당장 간호를 시작해 달라고 말하고 싶을 뿐입니다." 메리가 진정제를 맞고 침대에 누워 있는 동안, 폼로이가 아이를 간호했다.

대통령은 틈만 나면 일거리를 들고 토머스의 방에 가서 "장티푸스와 씨름하는" 아들 곁에 앉았다. 다른 사람의 삶에 늘 호기심이 많고 인정이 많았던 링컨은 새 간호사에게 가족에 대해 물었다. 폼로이는 자신은 홀어미이고 두 아이를 잃었다고 말했다. 하나 남은 아이는 군대에 있었다. 그녀의 가슴 아픈 이야기를 들은 링컨은 그녀와 자신의 상처받은 가족을 위해 눈물을 흘렸다. "이건 내 인생에서 가장 힘든 시련이에요. 왜죠? 대체 왜죠?" 긴긴 밤 내내 아들은 여러 번 깨어나 아버지를 찾았다. 토머스의 목소리가 들리기만 하면 대통령은 잠옷도 갈아입지 않고 다급히 아들의 곁으로 달려갔다.

일요일에 링컨은 브라우닝과 함께 아들 윌리엄의 시신이 스프링필드에 묻힐 때까지 임시로 안치될 지하 납골소를 살펴보기 위해 조지타운의 오크 힐 공동묘지를 찾아갔다. 장례식은 다음날 오후 2시에 열리기로 예정되어 있었다. 메리는 태프트 부인에게 장례식에 올 때 "아이들을 집에 두고 와 달라"고 부탁했다. "그 아이들을 보면 더 힘들어질 것 같습니다." 괴로워하는 아내 모르게 링컨은 "윌리엄을 관에 넣기 전에 작별인사를 하도록" 버드를 데려 오라고 했다. 정오가 되자 대통령과 영부인, 로버트는 녹색 방에 들어가 관이 닫히기 전에 윌리엄에게 작별인사를 했다.

국회가 휴회 중이었기 때문에 의원들은 장례식에 참석할 수 있었다. 참석자 대부분은 부통령과 각료, 외교사절단, 맥클렐런 장군과 참모 등 19일 전 무도회에 참석했던 이들이었다. 조문객들이 도착했을 때 지독한 폭풍우가 몰아쳤다. 엄청난 비와 강한 바람에 나무뿌리가 뽑혔고 많은 건물의 지붕이 날아갔다. 장례식이 끝난 후 긴 마차 행렬이 폭풍을 뚫고 공동묘지 예배당으로 향했다. 윌리엄은 잠시 그곳 지하 납골소에 안치됐다. 폭우가 첫사랑 앤 러틀리지의 무덤에 쏟아질 때마다 괴로워했던 링컨은 이번엔 아들의 시신이 비와 무시무시한 바람을 피할 수 있다는 데 어느 정도 위안을 얻었을 것이다.

이후 몇 주 동안 링컨은 몸져누운 메리를 걱정했다. 토머스가 마침내 회복되긴 했지만, 메리는 아이 곁에 있기를 몹시 힘들어했다. 토머스가 곁에 있으면 윌리엄이 이 세상에 없다는 사실이 더 절절하게 느껴졌던 것이다. 태프트 형제를 만나는 것도 참을 수가 없었다. 상황을 이해한 대통령은 아들을 항상 자기 곁에 두고, 밤이면 자신의 침대에 데려가곤 했다. 메리는 레베카 폼로이, 메리 제인 웰스와 대화를 나누면서 약간의 위안을 얻었다. 토머스의 침대 맡에서 밤새 간호하곤 했던 메리 제인도 다섯 명의 아이를 잃은 여인이었다. 폼로이 부인과 이야기를 나누던 메리는 그 홀어미가 가족들을 잃고도 어떻게 낯선 사람의 아이들을 간호할 수 있는지 이해해보려고 노력했다. 메리는 하나님의 의지에 복종해야 한다고 생각하면서도 그럴 수가 없었다. 윌리엄이 세상을 뜬 지 석 달이 지난 후, 그녀는 친구에게 편지를 보냈다. "우리 집은 정말 아름답고 세상은 여전히 웃으며 경의를 표하지만 모든 게 다 가짜 같아. 아름다웠던 사람이 우리와 함께 있지 않으니까 말이야."

그동안 메리가 그토록 열망했던 사치와 허영이 지금은 그녀를 비웃는 것 같았다. 그녀는 점점 더 깊은 죄책감과 슬픔에 빠져들었다. 그녀는 남편의 높은 신분 기대어 자신이 교만하게 굴자 하나님이 그 벌로 윌리엄을 데려갔다며 괴로워했다.

슬픔으로 무기력해진 메리는 강신술(降神術)에서 위안을 찾으려고 했다.

그녀는 엘리자베스 켁클리를 통해 유명한 영매(靈媒)를 소개받았다. 영매가 "사랑했으나 세상을 떠난 이와 우리를 가르는 장막"을 뚫고 넘어갈 수 있도록 도와주었다고 메리는 말했다. 메리는 백악관에서 열린 여러 번의 강신술 모임에서 윌리엄을 몇 번 만났다고 믿었다. 강신술은 남북전쟁 때 크게 유행했는데, 아마 엄청난 사상자가 발생했기 때문일 것이다. 영매들은 죽은 자의 영혼은 보이지 않지만 지상을 떠나지 않고 우리 가운데 남아 있다고 장담하면서 유족들을 위로했다.

그러나 강신술을 통해 가끔씩만 만날 수 있는 윌리엄은 메리에게 일시적인 위로만 줄 뿐이었다. 아들의 죽음으로 메리는 "전혀 다른 사람"이 되었다고 켁클리는 말했다. "윌리엄의 이름만 들어도 감정이 격해졌고, 윌리엄을 떠올리게 하는 사소한 유품만 봐도 눈물을 터뜨렸다." 메리는 윌리엄의 사진을 볼 수가 없었다. 그녀는 아들의 장난감과 옷을 모두 없앴다. 윌리엄이 죽었던 손님용 침실이나 아이를 입관했던 녹색 방에는 들어가려 하지도 않았다.

대통령은 겉으로만 보면 아내보다는 윌리엄의 죽음에 더 잘 대처하는 듯했다. 그에겐 온종일 처리해야 할 중요한 일들이 있었다. 링컨은 항상 계획을 세우고, 결정을 하고, 이야기를 나누기 위해 그를 필요로 하는 수십 명의 관료에게 둘러싸여 있었다. 하지만 끊임없이 일하면서도 그는 극심한 상실감에 시달렸다. 아들이 세상을 뜬 후 목요일만 되면 그는 녹색 방에 혼자 들어가 문을 잠그고 깊은 슬픔에 잠겼다. "충격에 어찌할 바를 몰랐습니다. 그 일로 전에는 한 번도 느껴본 적 없는 내 나약함을 알게 되었지요."라고 링컨은 한 백악관 방문객에게 말했다.

윌리엄이 죽은 지 3개월이 지난 후, 셰익스피어의 《존 왕》에서 콘스턴스가 아들의 죽음을 비통해 하는 구절을 큰 소리로 읽던 중 링컨은 잠시 말을 멈추고 곁에 있던 한 장교를 돌아보며 말했다. "죽은 친구를 꿈속에서 만나 그와 다정한 이야기를 나누면서, 그게 현실이 아니라고 의식한 적이 있습니까? 전 바로 그렇게 세상을 떠난 윌리엄의 꿈을 꾸었답니다."

비탄에 잠긴 메리가 윌리엄을 떠올리게 하는 물건을 모두 치우려고 했던 반면, 링컨은 아들의 유품을 소중히 간직했다. 링컨은 윌리엄이 그린 그림을 벽난로 위에 두고 손님들에게 보여주며 사랑했던 아들에 대해 이야기를 나누었다. 교회에서 돌아온 어느 일요일에는 브라우닝을 서재에 초대해 윌리엄이 여러 전쟁과 중요한 행사를 기록해둔 스크랩북을 보여주었다. 죽은 아이에 대한 기억을 생생히 간직하는 것은, 망자가 산 자의 마음속에서만 계속 살아 있을 수 있다고 믿는 사람에게는 중요한 일이었다. 10개월 후, 링컨은 전쟁터에서 아버지를 잃은 패니 매컬로우에게 편지를 보내면서 "언젠가는 사랑하는 아버지에 대한 네 기억이 네 가슴 속에 숭고한 감정으로 남을 것이다."라고 말했다. 링컨은 전쟁에서 사랑하는 사람을 잃은 가족들의 슬픔을 깊이 그 어느 때보다 공감할 수 있었다.

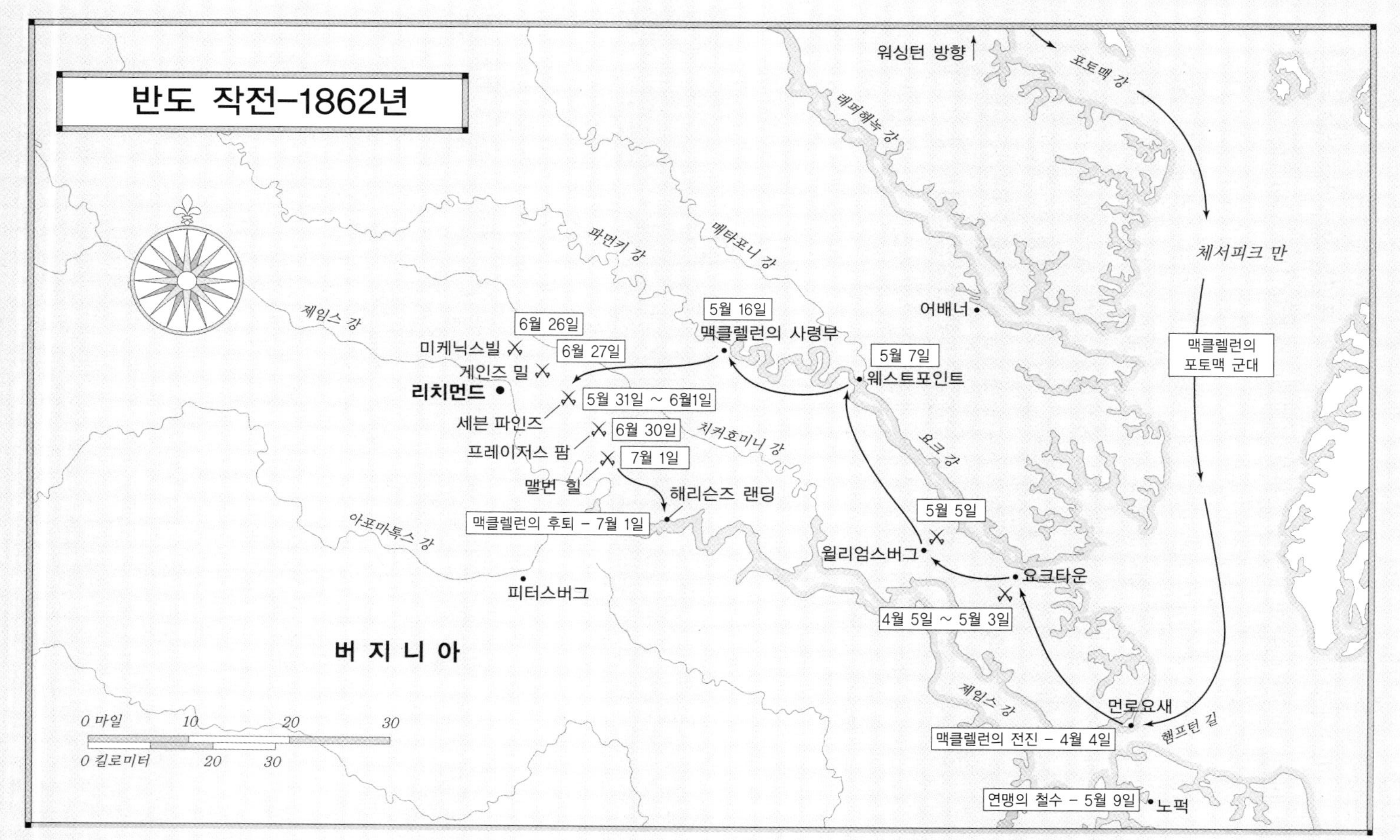

반도 작전-1862년
워싱턴 방향
포토맥 강
레퍼헤녹 강
체서피크 만
파먼키 강
메타포니 강
제임스 강
어배너
맥클렐런의 포토맥 군대
5월 16일
맥클렐런의 사령부
5월 7일
웨스트포인트
6월 26일
6월 27일
미케닉스빌
게인즈 밀
리치먼드
5월 31일 ~ 6월1일
세븐 파인즈
6월 30일
치커호미니 강
프레이저스 팜
7월 1일
요크 강
맬번 힐
해리슨즈 랜딩
맥클렐런의 후퇴 - 7월 1일
아포마톡스 강
5월 5일
윌리엄스버그
요크타운
피터스버그
4월 5일 ~ 5월 3일
버 지 니 아
제임스 강
먼로요새
햄프턴 길
맥클렐런의 전진 - 4월 4일
연맹의 철수 - 5월 9일
노퍽
0 마일   10   20   30
0 킬로미터   20   30

16장

운명 공동체 앞에 서서

반도 작전 실패

윌리엄이 세상을 뜬 지 이틀이 지난 후, 맥클렐런 장군은 링컨 가족에게 닥친 "참혹한 일"에 대해 진심 어린 애도를 표하는 편지를 보냈다. "당신은 내 진정한 친구였습니다. 당신은 내가 힘들어할 때 힘을 실어주셨습니다."라고 장군은 대통령에게 말했다. 그 다음 서부의 헨리 요새와 도넬슨 요새 점령을 동부 진격의 "상서로운 출발"이라 언급하며, 링컨이 "군사(軍事) 때문에 조금도 힘들어하지 않기를" 바란다고 말했다.

진격에 대한 맥클렐런의 확신은 링컨에게 별 다른 위안을 주지 못했다. 장군은 지난 몇 개월 동안 비슷한 약속을 했지만, 포토맥 군단은 여전히 꿈쩍도 하지 않았다. 전에는 신문만 장군을 비판했지만, 이제는 새로 구성된 상하 합동 전사위원회에서도 그를 강력히 비난하고 있었다. 벤 웨이드와 미시간 주의 재커라이어 챈들러, 인디애나 주의 조지 줄리언 등 상하 양원의 급진주의자들이 주도한 전사위원회는, 전쟁을 강력하게 수행하지 못하고 노예제에 보수적인 관점을 갖고 있다는 점을 들어 맥클렐런을 비난했다. 12월 말부터 1월 중순까지 맥클렐런은 장티푸스에 걸렸다며 병석에 누워 있었다. 장군이 병을 핑계로 진격하지 않는다고 의심했던 전사위원회는, 링컨과 내각에 진격 문제에 관해 회의를 열자고 제안했다. 국회의원 줄리언은 "회의 동안 대통령도, 조언자들도 맥클렐런 장군의 계획에 대한 구체적인 정보를 가지고 있지 않은 듯했다. …… 놀랍게도 링컨은 자신이 군인이 아니기 때문에 맥클렐런에게 결정을 맡기는 것이 자신의 의무라고 말했다."고 전했다. 베이츠는 링컨의 이러한 생각을 강력히 비판하며 "그만의 참모를 조직하고", "지휘관을 지휘할" 의무가 있는 총사령관으로서의 역할을 다하라고 촉구했다. 이 의견은 링컨에게 깊은 인상을 주었다. 그는 국회도서관에서 군사전략에 대한 핼렉 장군의 책을 빌렸고 며칠 후 브라우닝에게 "직접 전쟁터에서 연설할 생각이다."라고 말했다.

링컨은 일단 군사행동을 서둘러 개시해야 한다고 생각했다. 그는 재정 상황에 대해 메이그스 장군에게 털어놓았다. 링컨은 거의 파산 상태에 다다른 재무부는 더 이상 움직이지 않는 수십만 명의 군사들에게 식량과 의복, 수용 시설을 제공하기 위한 어마어마한 비용을 감당할 수 없다고 전했다. 체이스는 대통령에게, 진격 없이는 불만을 품은 시민에게서 추가 기금을 모을 수 없다고 말했다. 메이그스는 군사회의를 소집해 과단성 있는 행동 방침을 세우라고 링컨에게 제안했다. 이 소식을 들은 맥클렐런은 갑자기 몸이 회복되어 다음날 회의에 참석할 수 있었다. 맥클렐런은 여전히 계획에 대해 함구하며 메이그스에게 "대통령은 비밀을 지키지 못할 것"이라고 말했다.

결국 링컨은 그가 자랑하던 참을성을 잃었다. 1862년 1월 27일, 그는 일반 전시명령 1호를 발표하여 2월 22일을 "미합중국 육·해군이 반란군에 맞서 일제히 진격하는 날"로 정했다. 링컨은 북부의 병력이 수적으로 우세한 것을 고려할 때 동시에 여러 반란 지역을 공격해야 한다고 생각했다. 이 명령이 발표되자 맥클렐런은 즉시 자신의 계획을 제출할 수밖에 없었다. 군대를 우선

포토맥 강을 따라 체서피크 만까지 배로 이동시키고, 그곳에서 래퍼해녹 강의 남쪽 해안을 따라 어배너에 진입시킨 다음, 다시 남서부의 리치먼드로 행군한다는 계획이었다.

링컨은 스탠턴과 맥도웰 등 여러 장군들과 협의하여 다른 전략을 세웠다. 매나서스를 지나 육로로 행군하여 반란군을 "우세한 병력으로 궤멸하면서" 리치먼드 쪽으로 계속 후퇴시킨다는 계획이었다. 이렇게 하면 수도와 연맹군 사이에 계속 연방군을 두고 워싱턴을 보호할 수 있었다. 에둘러가는 맥클렐런의 계획을 따르면, 연맹군이 워싱턴을 점령하기 위해 리치먼드를 내놓을 수도 있었다. 연맹이 연방의 수도를 차지하면, 국제사회는 틀림없이 연맹을 인정할 것이었다. 이후 링컨은 마지못해 맥클렐런의 반도 작전에 동의했지만, 그 전에 수도를 안전하게 방어할 충분한 병력을 남겨두라고 요구하는 서면 명령을 내렸다.

진격이 예정되어 있던 2월 22일, 링컨은 윌리엄의 죽음과 토머스의 중병 때문에 정신이 없었다. 낙담한 스탠턴은 "포토맥은 3개월 전에 비해 별로 달라진 것이 없다."고 말했다. 스탠턴은 처음 입각했을 때만 해도 맥클렐런 장군의 "진실하고 헌신적인 친구"였지만, 몇 달 지나지 않아 환멸을 느끼게 되었다고 훗날 설명했다. 전쟁장관이 된 후 그는 "서부에서 대원들이 고귀하게 싸우고 있는 이때, 포토맥의 샴페인과 굴은 중단되어야 할 것이다."라고 한 친구에게 말했다. 이 말은, 밤마다 남부 성향을 지닌 워싱턴의 유명인사들을 초대했던 맥클렐런의 사치스런 만찬을 비난하는 것이었다.

스탠턴은 맥클렐런이 여러 번 자신을 기다리게 했을 때 더욱 기분이 상했다. 자존심이 강했던 전쟁장관은 링컨과 달리 맥클렐런의 오만한 행동을 묵과할 수가 없었다. 전쟁부로 가던 도중 맥클렐런의 본부에 들렀다가 한 시간 동안이나 기다려야 했던 스탠턴은 분통을 터뜨리며 "맥클렐런 장군이 나나 대통령을 푸대접하는 건 이번이 마지막일 것입니다."라고 말했다. 몇 주 후, 스탠턴은 전신국을 맥클렐런의 본부에서 전쟁부의 자기 집무실 옆방으로 옮기라는 명령을 내렸다. 맥클렐런은 더 이상 워싱턴과 북부 전역의 군 관료, 막사, 요새를 연결하는 획기적인 새 통신망으로 전달되는 전보를 독점할 수 없었다. 맥클렐런은 이를 "모욕적인 처사"라며 분개했다. 전신국을 차지한 스탠턴은 모든 군사 연락을 통제할 수 있게 되었다. 링컨은 이제 총사령관이 아닌 전쟁장관을 찾아가 몇 시간씩 시간을 보냈고, 이 때문에 맥클렐런은 영향력을 잃었다.

그러나 맥클렐런에겐 여전히 몽고메리 블레어를 포함한 정계에 든든한 동지들이 있었다. 민주당계 언론은 그랜트가 맥클렐런의 꼭두각시라도 되는 듯, 헨리 요새와 도넬슨 요새에서의 승리를 "젊은 나폴레옹"의 공으로 돌렸다. 스탠턴은 "맥클렐런이 전신국에 앉아 그랜트와 스미스의 요새 점령을 지휘"한 것처럼 묘사한 신문의 그림은 "인형극에나 어울리는 그림"이라고 냉소적으로 말했다.

결과적으로 서부의 승리는 맥클렐런에게 군사행동에 대한 부담감을 더욱 가중시켰다. 그리고 3월 8일, 마침내 포토맥 군단은 야영지에서 진군할 준비를 했다. 이들의 이동을 예상한 연맹군은 매나서스에서 래퍼해녹 강기슭으로 포병중대를 후퇴시키기 시작했다. 후퇴 보고를 받은 맥클렐런은 남은 부대를 격파하기 위해 군대를 이끌고 급습했다. 그러나 연맹군은 이미 막사와 보급품, 무기를 가지고 떠난 뒤였다. 게다가 어이없게도 몇 달 동안 난공불락이라 여겨 공격하지 못했던 방어시설은 그저 대포 비슷하게 검은색으로 칠한 통나무일 뿐이었다. 맥클렐런이 좀 더 일찍 공격했더라면, 엄청난 전과를 올릴 수 있었을 것이었다.

"가짜 대포" 사건은 급진주의자들의 분노를 불러일으켰다. 페센든 상원의원은 아내에게 다음과 같은 편지를 보냈다. "우린 세상의 웃음거리가 될 거요. 맥클렐런 장군이 그 직책에 조금도 어울리지 않는 사람인 건 의심의 여지가 없다오. 그런데도 대통령은 계속 그에게 지휘권을 맡기고 있소." 그는 난감한 상황이 일어날 게 틀림없다며 탄식했다. 페센든과 마찬가지로, 전사위원회도 맥클렐런의 사임을 요구했다. 링컨이 맥클렐런의 후임으로 누구를 제안하느냐고 묻자, 한 위원이 투덜거리며 "아무나 좋소이다!"라고 대답했다. 그러자 링컨이 말했다. "당신에게는 아무나 괜찮을지 모르지만, 나는 아닙니다. 내겐 적임자가 필요합니다."

링컨은 조치를 취해야 한다고 확신했다. 3월 11일, 링컨은 맥클렐런을 총사령관에서 해임했다. 그리고 그에게 포토맥 군을 담당하라는 전시 명령을 내렸다. 그는 핼렉에게 미시시피 군관구 지휘권을 주었고, 새로 형성된 마운틴 군관구를 담당하도록 프레몽을 복직시켰다. 총사령관 자리는 비어 있었다. 때문에 전반적인 전략 수립은 링컨과 스탠턴의 몫이었다. 맥클렐런은 "신문을 통해 내가 해임됐다는 사실을 알게 되었다."고 훗날 회상했다. 그는 "요직에 있는 그 누구도 내게 불만을 표현한 적이 없었다."며 분개했다. 링컨은 오하이오의 주지사 윌리엄 데니슨을 그의 야영지에 보내 이 조치는 강등이 아니라고 납득시키도록 했다. 대통령은 그저 포토맥 군의 군사행동이 전쟁의 결과를 결정할 테니 맥클렐런 장군이 가장 중요한 그 군대에 전념하기를 원한다고 데니슨은 설명했다.

링컨은 우정장관인 몽고메리 블레어가 맥클렐런의 해임을 강력하게 반대하리라 예상했다. 보수적인 블레어 가족은 맥클렐런의 충실한 지지자였다. 아버지 프랜시스 블레어는 맥클렐런을 과격하게 비방하는 사람을 언급하면서, "자신의 피가 아닌 다른 이의 피를 희생하는 국회의 실전 경험 없는 군인들이" 장군을 몰아붙이거나 괴롭혀서는 안 된다고 경고했다. 워싱턴에서는 몽고메리 블레어가, 맥클렐런을 지지하지 않는다는 이유로 스탠턴을 공공연히 비난하고 있다는 소문이 나돌았다. 보수주의자들이 스탠턴을 헐뜯는 동안, 급진주의자들은 블레어 가족이 복지부동인 맥클렐런을 보호하기 위해 스탠턴을 희생시키려 한다며 그들을 "노예제의 수호자"라고 신랄하게 비난했다.

맥클렐런이 중앙 통제력을 상실하자 곤란해진 블레어 가족은 프레몽을 지휘관으로 복직시키겠다는 링컨의 결정에 분개했다. 몽고메리 블레어는 이 일을 불쾌하게 여기면서, 특히 체포와 감금으로 모욕당했던 프랭크에게 굴욕적인 일이 아닐 수 없다고 말했다. 나흘 전, 민주당원과 보수파 공화당원들의 지지 속에 프랭크 블레어는 국회에서 프레몽을 신랄하게 비판했다. 프레몽은 전사위원회의 요청으로 워싱턴에 도착했다. 위원회의 급진주의자들은 몇 주 동안 "해방자"(그들은 프레몽을 이렇게 불렀다)에게 기회를 한 번 더 주라며 압력을 넣었다. 슈일러 콜팩스 의원은 프랭크 블레어 바로 다음에 일어나 블레어의 연설을 조목조목 따지며 급진주의자들의 입장을 옹호했다.

블레어 가족과 프레몽 간에 일어난 격렬한 싸움 때문에 링컨은 프레몽의 복직을 선뜻 진행시킬 수가 없었다. 프레몽을 임명하면 급진주의자들은 좋아하겠지만, 블레어 가족의 지지를 잃게 될 것이었다. 이와 함께 아슬아슬하게 균형을 유지하며 뭉쳐 있던 보수파와 급진파 사이에 다시 큰 균열이 일어나게 될 게 불을 보듯 뻔했다. 이때도 언제나 그랬듯이 링컨의 관대한 행동이 복잡한 상황을 해결하는 데 중요한 역할을 했다.

5월 5일, 몽고메리 블레어는 몹시 괴로워하며 백악관에 들어섰다. 〈뉴욕 트리뷴〉이 이들의 불화가 시작되기 전인 지난여름에 블레어가 프레몽에게 개인적으로 보낸 편지를 공개했던 것이다. 이 편지는 프레몽이 블레어를 곤경에 빠뜨리기 위해 언론에 흘린 것이었다. 우정장관은 편지에서 "링컨이 과거의 당파 관계 때문에 휘그당 세력의 설득력 없는 정책을 받아들이고, 그 무능력한 조언자들을 신뢰하고 있습니다. 이 때문에 나의 많은 노력이 수포로 돌아갔습니다."라고 불평했다. 몽고메리 블레어는 대통령에게 그 편지를 가져가 읽어보라고 내밀었다. 링컨은 분란을 만들 생각으로 공개된 편지를 읽을 생각은 없다고 거절했다. 몽고메리는 "어리석은 편지였습니다."라고 깊이 후회하면서 "저를 해임해서 문제를 바로 잡는 일은 대통령 각하의 몫입니다. 어떠한 결정이든 따를 테니 원하시는 대로 하십시오."라고 대통령에게 말했다. 앙갚음을 하거나 블레어를 해임할 생각이 전혀 없었던 링컨은 이렇게 말했다. "그 일은 잊고, 다시는 그 이야기를 꺼내거나 생각하지 마십시오."

이를 고맙게 생각한 몽고메리 블레어는 즉시 프레몽 임명에 대해 링컨을 옹호하는 입장으로 돌아섰다. 그 결정을 가족들이 프랭크에 대한 심한 모욕이라 여긴다는 사실을 알면서도, 그는 "이 시점에서 나라의 파벌 싸움이 확산되는 것을 저지하고 분열을 막아야 할" 링컨의 의무를 이해한다고 아버지에게 말했다. 그리고 바로 그 때문에 프레몽의 복직에 동의한다고 했다. 보수적인 〈뉴욕 타임스〉도 프레몽의 임명은 "단결을 위해 꼭 필요한 양보"라며 찬성했다. 또한 링컨이 전쟁을 수행하며 북부의 "여론과 행동을 완벽하게 단결시켜야 한다는 것"을 "고집스럽게" 믿었다고 평했다.

슈어드는 내각과 나라 전반에 걸쳐 파벌 간의 균형을 잡는 링컨의 탁월한 능력을 그 어느 각료보다 잘 알고 있었다. 대통령직에 대한 야망을 접은 슈어드는 이 무렵 링컨의 가장 가까운 정치적 동료가 되었다. 급진주의자들은 슈어드가 대통령에게 보수적인 입김을 불어넣는다고 생각했지만, 사실 그와 링컨은 두 극단주의자들 사이에서 중립적인 입장을 찾아야 한다는 똑같은 생각을 가지고 있었다. 두 극단주의자들이란 노예해방이 전쟁의 주된 목적이어야 한다고 여기는 급진적 공화당원들과, 노예제 문제는 건드리지 않고 오로지 연방의 회복을 위해서만 싸워야 한다고 주장하는 보수적 민주당원들이었다. 슈어드는 위드에게 "누군가는 달래고 진정시키는 입장에 서야 합니다. 그게 대통령과 제 의무입니다."라고 말했다. 오랜 친구에게 보내는 또 다른 편지에서, 슈어드는 링컨에 대한 크나큰 믿음을 나타냈다. "대통령은 현명하고 현실적이네." 슈어드는 링컨을 전적으로 신뢰했기 때문에 연방의 대의가 결국 성공하리라 확신했다.

하지만 급진주의자들은 슈어드가 링컨에게 악영향을 끼친다고 여겼다. 카운트 구로스키는 슈어드가 맥클렐런과 블레어, 그들의 보수적인 지지자들과 같은 입장이라고 여기며 절망했다. 그는 슈어드에게 "오! 슈어드 씨, 슈어드 씨. 왜 당신의 이름이 가장 열렬한 맥클렐런 지지자 명단에 올려져 있습니까?"라고 물었다. 사실 3월 중순에 슈어드는 이미 맥클렐런에 대한 믿음을 잃었고, 왜 링컨이 그를 총사령관의 자리에서 물러나게 하지 않는지 의아하게 여겼다. 한 친구와의 사적인 대화에서 슈어드는 적의 병력을 과대평가하는 맥클렐런을 비웃으면서 뉴욕 주의 연방군 숫자만 해도 버지니아 북부의 연맹군을 다 합친 숫자보다 많을 것이라고 주장했다. 하지만 그는 공개적으로는 이러한 생각을 드러내지 않았다.

"가짜 대포" 사건 때문에 맥클렐런에 대한 링컨의 신뢰 역시 줄어들었다. 장군이 뛰어난 "공학자"라는 사실은 인정하면서도, 링컨은 "그에겐 '꿈쩍도 않는' 기계를 만드는 데 특별한 재능이 있는 것 같다."고 익살스럽게 비판했다. 장군을 관찰하면서, "출정 시간이 다가올수록 그가 점점 더 초초해하고 중압감을 느끼면서 위기에 적극적으로 대처하기를 주저하고" 있다는 것을 깨닫게 됐다고 링컨은 브라우닝에게 털어놓았다. 이 때문에 링컨은 단호한 진군 명령을 내렸다. 결국 링컨이 결정한 출정 예정일 하루 전에, 약 25만 명에 달하는 맥클렐런의 군대는 워싱턴 외곽의 주둔 기지를 떠나 포토맥 강으로 향했다. 포토맥 강에는 400척이 넘는 배가 버지니아 주 햄프턴 로즈의 먼로 요새로 이들을 이송하기 위해 모여 있었다. 연맹군의 매나서스 철수로 인해 맥클렐런은 전투 계획을 바꿀 수밖에 없었다. 군대가 출정하기 전, 맥클렐런은 감동적인 연설을 했다. 그는 사랑하는 대원들에게 말했다. "나는 여러분을 반란군과 마주하도록 할 것입니다. 그러나 내 운명이 여러분의 운명과 연결되어 있음을 잊지 않고 부모가 자식을 돌보듯 여러분을 돌볼 것입니다. 여러분은 이 장군이 마음 깊이 여러분을 사랑하고 있음을 느끼게 될 것입니다."

대부분의 병력이 먼로 요새에 도착했을 때, "워싱턴을 완벽하게 방어해야 한다는 링컨의 분명한 명령"이 있었는데도 "수도를 방어할 병력이 충분히 남아 있지 않다는" 정보가 전쟁장관에게 전달되었다. 스탠턴은 고급 부관인 로렌조 토머스에게 상황을 확인해보라고 지시했다. 상황을 조사한 토머스는 대통령의 명령이 분명 준수되지 않았다는 결론을 내렸다. 맥클렐런은 "탄탄한 여단 하나 없이 2만 명도 안 되는 신병들"만 워싱턴에 남겨놓았던 것이다. 이 숫자는 긴급한 상황에서 워싱턴을 방어하기에는 턱없이 부족한 병력이었다. 분개한 스탠턴은 대통령에게 꼼짝 못할 증거가 갖추어진 보고서를 전했다. 링컨은 즉시 맥클렐런의 휘하에 있던 맥도웰 장군의 제1군단을 철수시켜 워싱턴을 방어하도록 했다. "그 철수는 맥클렐런과 그 친구들의 분노를 샀다."고 스탠턴은 훗날 회상했다.

그러나 여전히 막대한 병력을 거느린 맥클렐런은 먼로 요새을 떠나 리치먼드와 약 50마일 떨어진 요크타운의 변두리로 진격했다. 하지만 또 다시 반란군의 숫자가 자기 병력보다 많다고 잘못 판단한 맥클렐런은 부대를 계속 기다리게 했다. 그의 공병(工兵)들은 몇 주를 토목공사를 하며 보냈다. 그것은 보병의 급습 전에 대포로 반란군의 방어시설을 무너뜨릴 수 있는 시간이었다. 4월 6일, 링컨은 맥클렐런에게 전보를 보냈다. "귀관에겐 10만 명이 넘는 대원이 있습니다. …… 즉시 요크타운을 출발해 적진을 돌파하는 게 좋다고 생각합니다. 적군도 귀관만큼 시간을 유리하게 이용할 것입니다." 다음날, 맥클렐런은 대통령의 경고를 비웃으면서, 링컨이 적진을 돌파하고자 한다면 "그가 와서 직접 하는 게 나을 것"이라고 아내에게 말했다.

여전히 맥클렐런은 이해할 수 없는 복지부동 상태를 고집했다. 그는 스탠턴에게 예상보다 적의 포병중대가 훨씬 강하다고 통보했다. 스탠턴은 노발대발했다. 그는 "귀관은 강한 포병중대를 격파하라고 파견되었소."라고 맥클렐런에게 상기시켰다. 그날 늦게 링컨은 장군에게 전보를 보내, 계속 움직이지 않으면 적은 다른 전선에서 증원부대를 소집할 것이라고 경고했다. 링컨은 4월 9일 그에게 충고했다. "귀관께서는 반드시 공격해야만 합니다. 나라는 지금, 참호로 둘러싼 적을 공격하지 않는 건 매나서스의 과오를 반복할 뿐임을 간과하지 않을 것입니다. 단언컨대 지금보다 더 큰 애정을 갖고 귀관에게 편지를 쓰거나 말한 적은 없습니다. 하지만 반드시 움직여야 합니다."

그러나 아무런 움직임 없이 또 다시 2주가 흘렀다. "이곳이 복지부동 상태라고 오해하지 마십시오. 하루도, 단 한 시간도 헛되이 흘려보내지 않았습니다. 거대하다고 할 만한 공사가 이루어졌습니다. 진흙탕과 험난한 계곡을 뚫고 길을 만들었고, 물자를 가져왔으며, 포대를 설치했습니다."라고 맥클렐런은 링컨에게 전보를 보냈다. 아내에게 보내는 또 다른 편지에서는 적이 요크타운에서 더 많은 부대를 소집할수록 "더 결정적인 결과가 일어날 것"이라는 모호한 주장으로 지체하는 이유를 합리화했다. 며칠 후, 맥클렐런은 워싱턴을 방어하기 위해 제1군단을 빼앗겼기 때문에 계획을 바꿀 수밖에 없었다고 주장하면서 군사작전을 미루는 또 다른 핑계를 찾아냈다. 그 때문에 자신의 병력이 "예기치 못하게 약해졌는데", 자신앞에는 탄탄한 참호로 둘러싸인 강한 적군이 있다며, 자신에겐 "승리의 지연에 책임이" 없다고 변명을 늘어놓았다.

때마침 적은 병력으로 맥클렐런의 공격을 한 달 동안이나 막고 있던 연맹군 장교 조 존스턴이 5월 초에 반도에서 12마일 위에 위치한 리치먼드를 향해 철수하기로 결심했다. 퇴각이 진행 중이라는 소식을 들은 맥클렐런은 결국 요크타운으로 진격했지만 매나서스에서처럼 반란군이 모두 가버렸음을 알게 되었다. 그는 이것이 유혈 참사 없는 대승리라고 주장하려 했지만, 일반 대중은 납득할 수 없었고 '왜 그가 한 달 동안 빈둥거렸는가?'라는 의문만 가지게 되었다. 그가 대군을 이끌고 요크타운으로 이동했다면, 반란군에게 심각한 타격을 입힐 수 있었을 것이었다. 결국 링컨의 예견처럼 오랫동안 지체한 덕에 반란군은 여러 지역에서 추가 병력을 불러들일 수 있었고, 반도에서는 존스턴 장군의 지휘 하에 반격이 준비되고 있었다.

봄날의 연회

임박한 전쟁에 대한 불안감도 워싱턴의 봄철 사교 활동을 위축시키지는 못했다. 오히려 워싱턴 시민들이 가정방문과 무도회, 야회 등을 통해 기분을 전환하려 했기 때문에 사교 활동은 더없이 활발해졌다.

하지만 메리는 여전히 윌리엄을 잃은 슬픔에서 헤어나지 못한 상태였다. 백악관의 전통적 춘계 접견과 잔디밭에서의 해군 악단 콘서트는 취소되었다. 메리 대신 케이트 체이스가 워싱턴의 사교 활동을 주도하며 아버지에게 더없이 귀한 시간을 만들어 주었다. 그녀와 아버지는 손님들을 위해 정기적으로 아침식사를 대접했다. 이 아침식사 외에도, 케이트는 "내각 소집일"이라는 주 1회 만찬을 주관했다. 월요일 아침이면 각료의 부인들은 친구들의 방문을 받았다. 늦은 아침부터 이른 오후까지, 워싱턴 부인들은 모든 각료의 집을 차례로 방문했다. 케이트는 또한 화요일 밤마다 열리는 유명한 촛불 만찬도 심혈을 기울여 준비했다. 세심하게 손님 명단을 작성하고 메뉴를 준비했으며 자리를 정했다. 아버지를 식탁의 상석에 앉힌 케이트는 반대쪽 탁자 끝에 앉아 즐겁고 유쾌한 대화가 이어지도록 도왔다. 저녁식사 후에는 무도회가 이어졌다. 한 기자는 "외교관과 정치가들은 그녀의 초대를 영광으로 생각했고, 문필가들은 그녀의 대화 상대가 되기 위해 기지를 한껏 발휘해야 했다."라고 보도했다.

시간이 흐르면서 체이스의 집은 점점 링컨 내각을 비판하는 이들의 공개 토론장으로 변했다. 만찬의 편안한 분위기 속에서 윌리엄 페센든은 노예해방 문제를 적극적으로 다루지 않는 링컨을 마음껏 비난할 수 있었다. 전사위원회 위원들은 맥클렐런 장군을 공개 발언 때보다 좀더 신랄하게 비난했다. 여인들은 응접실에서 커피와 디저트를 들면서 메리 링컨을 비하하는 소문을 퍼뜨렸다. 케이트는 "응접실 정치"가 동맹 관계를 공고히 하고 아버지의 정치적 야망을 실현하는 데 도움이 된다는 사실을 잘 알고 있었다. 그녀는 아버지를 위해 자신의 집을 "백악관에 필적한 만한 궁전"으로 만들기로 결심했다. 1862년 봄, 그녀는 사교계의 대권을 장악했다.

그 온화한 봄날, 체이스의 응접실에서 오갔던 대화 중 가장 재미있었던 것은 링컨의 오랜 친구 데이비드 헌터 장군의 성명서에 관한 것이었다. 헌터는 사우스캐롤라이나와 조지아, 플로리다 주 등 남부 군관부를 지휘하고 있었다. 5월 초, 헌터는 백악관의 승인 없이 자신의 관할 하에 있는 세 주의 모든 노예를 '영원히' 해방시킨다고 선언하는 성명서를 발표했다. 체이스의 친구들은 환호했다. 헌터의 선언은 지난 8월 프레몽의 시도보다 훨씬 진보적인 것이었다. 체이스는 링컨에게 보내는 편지에서 이렇게 말했다. "이 명령은 취소되어서는 안 됩니다. 행정부의 존립을 위해 당신이 의지해야 하는 사람들 모두 이 명령을 진심으로 환영할 것입니다." 이에 링컨은 퉁명스러운 답장을 보냈다. "내 휘하의 어느 군단장도 내게 상의 없이 그런 짓을 해선 안 됩니다."

링컨은 헌터의 성명서를 거부함으로써 자신이 많은 이들에게 불만을 사리란 사실을 알고 있었다. 그들의 지지를 잃으면 큰 손실을 입을 터였다. 하지만 그는 그러한 성명은 일개 장군이 아니라 총사령관이 내려야 한다고 생각했다. 링컨은 헌터의 명령을 공식적으로 거부했다. 슈어드와 스탠턴은 링컨의 결정을 지지했지만, 체이스는 공식적으로 반대했다. 그러면서 체이스는 급진적인 공화당원들이 링컨의 "소심함"을 비난하도록 부채질했다. 〈뉴욕 트리뷴〉은 체이스의 도전적인 행동에 갈채를 보냈다. 이 논란이 내각에 불화를 일으켰고 체이스가 사임하게 되리라는 소문이 퍼지기 시작했다. 그러나 링컨은 체이스가 재무부에 꼭 필요하다고 믿는 한, 그에게 사임을 요청할 생각이 없었다.

노퍽을 점령하다

5월 첫째 주, 링컨은 먼로 요새를 은밀히 방문해 맥클렐런과의 불협화음을 끝내기로 결심했다. 스탠턴은 대통령의 방문이 맥클렐런으로 하여금 군사행동을 취하도록 하는 자극제가 될 것이라고 믿었다. 5월 5일 월요일 밤, 해군 공창에 도착한 대통령은 스탠턴과 체이스, 에그버트 비엘 장군을 대동하고 대포 다섯 정으로 무장한 재무부 소속 군함 마이애미 호에 올랐다.

체이스와 스탠턴은 남겨두고 온 업무를 걱정하며 27시간 동안의 여행을 시작했다. 하지만 링컨의 활기찬 이야기를 들으면서 마음이 점차 편안해지기 시작했다. 비엘 장군은 링컨이 셰익스피어의 구절과 바이런의 장편 시 등을 암송하면서 몇 시간 동안이나 사람들을 집중시켰다며 놀라워했다. 낮 동안 링컨은 자신의 "바닥없는 창고"에서 수많은 이야기와 일화를 꺼내 사람들에게 들려주었다. 늘 그렇듯, 모든 이야기가 대화의 주제에 꼭 들어맞는 것이었다. 하지만 몇몇 이야기는 단순한 농담이었고, 링컨은 다른 사람들의 웃음소리를 모두 합친 것보다 더 크게 웃었다. 그가 제일 좋아하는 일화 중 하나는 선생님이 혼내려고 불러들인 학생에 대한 이야기였다. "'손 내밀어!' 그러자 학생은 너무 더러워서 뭐라 형언할 수도 없는 손을 내밀었답니다. 교사는 기가 막혀서 '이 방에 이보다 더 더러운 게 있다면 널 돌려보내주겠다!'고 말했다오. 학생은 꼼짝도 않고 '있어요!' 라고 말하면서 등 뒤에 있던 다른 쪽 손을 내밀었답니다."

화요일 점심식사를 마친 후, 대통령과 고문들은 지도를 열심히 들여다보며 버지니아 안팎의 군대 위치를 분석했다. 먼로 요새의 연방 병력은 체서피크 만과 세 강을 연결하는 햄프턴 로즈의 북쪽 연안에 주둔해 있었다. 남쪽 연안의 연맹군은 여전히 노퍽과 해군 공창을 점유하고 있었다. 두 달 전, 반란군은 이 전략적 요충지를 유리하게 이용해서 대포 아홉 정을 보유하고 있는 막강한 메리맥 함정을 보냈고, 철판으로 뒤덮인 이 함정 때문에 연방군은 수차례 전투에서 패배했다. 이 철갑함은 다섯 시간 간격으로 배 세 척과 연방의 두 프리깃함을 침몰시키거나 나포하고 무력화시켰다.

이 소식을 들은 정부 관료들은 무적의 메리맥 함이 포토맥 강을 거슬러 올라가 워싱턴을 공격하거나 뉴욕으로 진격할지도 모른다고 두려워했다. "반란군이 물자 부족에도 불구하고 우리가 대항할 수 없는 선박을 만들었다는 사실은 나라의 수치"라고 메이그스 장군은 투덜거렸다. 긴급 소집된 내각회의에서 스탠턴은 이러한 사태가 벌어지게 된 것이 모두 해군장관 웰스의 잘못이라며 비난을 퍼부었다.

여러모로 곤란한 입장이 된 해군성은 메리맥 함의 공격을 효과적으로 격퇴할 수 있는 방법이 무엇일지 고심했다. 바로 다음날, 마치 "뗏목 위의 치즈 상자"처럼 생긴 철갑함 모니터 호가 메리맥 함과 교전을 벌였다. 모니터 호는 메리맥 함에 비하면 거인 앞의 난쟁이처럼 작았다. 하지만 기동력만은 타의 추종을 불허했다. 모니터 호를 지휘하고 있던 존 L. 워든 중위는 빠른 속도로 적을 교란시키며 과감하게 공격했다. 결국 연맹군의 전함은 항구로 후퇴할 수밖에 없었다. 워든이 이 전투로 한쪽 눈을 영영 잃을지도 모른다는 소식을 알게 된 스탠턴은 "그렇게 되면 우리가 다이아몬드를 그 눈에 심어주겠소!"라고 말했다.

먼로 요새와 노퍽, 주변 지역의 지도를 살펴보던 대통령과 고문들은 왜 맥클렐런이 요크타운 점령 직후 노퍽을 공격하지 않았는지 이해할 수가 없었다. 반도로 연맹군이 퇴각했기 때문에 그 도시와 해군 공창은 취약한 상태였다. 이번엔 모니터 호가 메리맥 함을 상태로 승리를 거두었지만, 또 다시 승리할 수 있을 지는 미지수였다. 만약 미리 노퍽을 공격해 점령했더라면 메리맥은 연합군의 전함이 되었을 것이었다. 맥클렐런과 그 부대는 겨우 20마일 밖에 있었다. 링컨과 그의 고문단은 그들끼리 노퍽을 공격할 계획을 세웠다. 먼로 요새의 지휘관인 존 F. 울 장군 휘하에 충분한 병력이 있다면, 노퍽에 대한 즉각적인 공격을 할 수 있을 것이었다. 이 계획을 듣고 당황한 일흔여덟 살의 울 장군은 루이스 골드보로우 준장과 의논해보아야 한다고 고집했다. 해군 전함이 연맹의 포병중대를 무력화시키지 않으면 군대가 안전하게 상륙하는 것이 불가능했기 때문이다.

캄캄한 밤, 마이애미 호에 올라탄 대통령 일행은 골드보로우의 기함인 미네소타 함의 좌현으로 다가갔다. 골든보로우를 만나러 가는 길이었다. "갑판으로 향하는 계단은 매우 좁았고 어둠 속에서 안내용 밧줄을 더듬어 잡고 올라가야 했다. 내가 보기엔 너무나 높은 듯해서 조금 무서웠다. 예의상 대통령이 앞장을 서야 했다. 대통령 다음으로는 재무장관이 가야 했다."라고 체이스는 이때를 회상했다. 체이스의 뒤를 바싹 따르고 있었던 스탠턴은 더 큰 두려움을 극복해야 했다. 어렸을 때 사고로 왼쪽 다리가 불구가 되었고 자주 현기증을 느꼈기 때문이다. 다행히 모두들 무사히 배에 올랐다.

골드보로우는 원칙적으로는 공격을 찬성했지만, 메리맥 함이 여전히 막강한 만큼 바다로 부대를 이동시키는 것은 너무 위험하다고 우려했다. 링컨은 의견이 달랐다. 결국 연맹의 포병중대를 향해 포격을 시작하라는 명령이 내려졌다. "머지않아 숲 위로 연기가 솟아올랐고, 모두가 '메리맥이 온다.'고 속삭였다. 틀림없이 메리맥이었다."고 체이스는 회상했다. 이 강력한 전함은 모니터 호 쪽으로 다가오는 듯했지만 잠시 머뭇거리다 돌아갔다. 다음날 링컨과 체이스, 스탠턴은 제각기 해안선을 시찰한 후 공격부대가 상륙할 지점을 결정했다. 보름달 아래서 링컨은 노 젓는 보트를 타고 조용히 해변에 도착했다. 그는 적의 영토를 잠시 거닐다가 마이애미 호로 돌아갔다. 최적지가 결정되자 체이스는 맥클렐런이 나타나 공격을 지연시키지 않을까 우려하며 즉각적인 공격을 촉구했다. 다음날 밤, 호송선은 해안으로 향했다.

그들이 공격을 시작한 직후 반란군은 메리맥을 가라앉히고 노퍽에서 철수하기로 결정했다. 연방군은 아무런 제지 없이 도시로 들어섰다. 비엘 장군 일행과 동행해도 된다고 허락받은 체이스는 계속해서 환호하는 병사들의 고함소리를 들었다. 도시 한복판에서 그들은 노퍽을 공식적으로 비엘 장군에게 양도할 민간인 당국자들과 마주쳤다. 비엘 장군은 그 지역 군정장관 자격으로 시청에 머물렀다.

비엘 장군을 도시에 남겨두고 일행이 마이애미 호로 돌아갔을 때는 이미 자정이 지난 후였다. 그들의 귀환을 초조하게 기다리던 링컨과 스탠턴이 막 각자의 방으로 돌아간 직후였다. "그날 밤은 아주 따뜻했고, 달빛이 밝았다. 나는 너무 불안해서 잠들지 못하고 한동안 탁자 옆에 앉아 책을 읽었다."고 링컨은 회상했다. 그때 누군가 바로 옆 스탠턴의 방문을 두드리는 소리를 들은 그는 마침내 노퍽에 갔던 "실종자"들이 돌아왔다고 짐작했다. 잠시 후, 체이스와 울 장군이 링컨의 방으로 건너갔다. 울은 유쾌하게 외쳤다. "노퍽이 우리 차지가 됐습니다!" 스탠턴은 이 소식에 몹시 기뻐하며 장군에게 달려가 그의 몸이 허공에 들릴 만큼 꽉 껴안아 올렸다. 그야말로 흥분의 도가니였다. 노퍽을 점령한데다 무시무시한 메리맥도 파괴되었으니 이제 워싱턴과 반도를 잇는 군 수송 보급로가 확보될 것이었다. 전세는 극적으로 유리해졌다. 역사가 셸비 푸트는 이 승리를 "미국 군 역사상 가장 이상한 소규모 전투 중 하나"라고 말했다.

평소와 달리 낙천적이 된 체이스는 전에 없이 대통령에 대한 존경심을 표현했다. 집으로 보내는 편지에서 그는 "이렇게 해서 이번 주 대통령의 화려한 군사행동은 끝났다. 그가 내려가지 않았다면 노퍽은 아직도 적의 수중에 있었을 테고, 그 무시무시했던 메리맥도 여전했을 것이다. 하지만 이제 모든 해안은 우리의 것이다."라고 전했다. 그리 놀랄 것도 없이 맥클렐런은 대통령의 공을 전혀 인정하지 않고 딱 잘라 아내에게 말했다. "노퍽은 내 군사행동 덕에 우리 수중에 들어왔소."

지겨운 맥클렐런의 변명

링컨이 당당하게 돌아온 다음날, 해군장관 웰스는 슈어드와 베이츠, 그리고 그들의 가족에게 자기 부부와 함께 6일 동안, 이제 반란군도 없고 위험한 메리맥 함정도 없는 버지니아 연안을 따라 여행을 하자고 제안했다. 무장한 해군 증기선에 오른 그들을 노퍽과 고스포트 해군 공창에 가서 메리맥의 잔해를 보았다. 그 다음 그들은 계속해서 요크 강을 거슬러 올라가 리치먼드에서 30마일 떨어진 웨스트포인트에 주둔해 있던 맥클렐런의 본부까지 갔다. 일행은 여러 개의 강을 거슬러 올라가며 즐거운 시간을 만끽했다. 슈어드는 베이츠의 넥타이와 양말을 갉아먹는 쥐를 보고는 그 일을 기념하겠다며 재미있는 시를 짓고 거기에 그림까지 곁들였다.

낮에는 연방군이 차지한 연안 마을을 거닐었다. "전쟁으로 버지니아 주는 큰 슬픔을 겪고 있소. 사회 전체가 무너지고 있는 모습을 보니 가슴이 아프구려. 노예들은 주인이 맡긴 집을 버리고 남부군에 가담하거나 도망가고 있소. 어딜 가나 우울한 모습이라오." 슈어드는 늘 전쟁의 참상에 민감하게 반응했다. 연방의 승리에 기뻐했지만, 황량한 풍경을 보자 마음이 불편해졌다. "우린 전쟁을 보았소. 황량하고 무시무시한 전쟁이었소. 전쟁 이전에는 두려움이, 전쟁 후에는 폐허가 이곳을 집어삼켰소!"

증기선은 5월 13일 오후 3시 경 맥클렐런의 야영지에 도착했다. 해안으로 접근하던 프레더릭 슈어드는 "삼림 개척지가 맥클렐런과 그의 부대의 등장으로 느닷없이 수십만 시민들이 사는 대도시로 바뀐 것을 보고" 깜짝 놀랐다. 일행은 맥클렐런의 호위를 받으며 부대를 시찰하고 장군의 계획에 대해 의논했다. 맥클렐런은 적절한 증원을 받는다면 자신이 앞으로 벌어지게 될 결정적인 전투에서 반드시 승리할 것이라고 방문객들에게 장담했다. 사기가 높고 훈련이 잘된 맥클렐런의 대원과 그의 대규모 군사작전 계획은 일행에게 깊은 인상을 주었다.

맥클렐런과 만난 후, 슈어드는 링컨에게 전보를 보내 맥도웰의 병력을 가능한 한 빨리 요크 강으로 이동시켜 맥클렐런의 부대를 증원해야 한다고 충고했다. 링컨과 스탠턴도 같은 생각이었다. 맥도웰은 워싱턴에 있던 그의 전 병력을 반도로 이동시키라는 명령을 받았다. 맥클렐런의 지지자들은 그동안, 근거 없는 두려움 때문에 맥도웰의 병력을 워싱턴에 붙잡아두고 있다며 대통령과 전쟁장관을 비난하고 있었다. 하지만 요구사항을 들어주자 맥클렐런은 자신에게 부대에 대한 전권이 주어진 것이 아니라면 맥도웰의 군대를 받아들이지 않겠다고 말했다. 맥클렐런은 맥도웰이 노예제 문제에 급진적인 사람으로 여겼고 아내에게 보내는 편지에서는 그를 짐승이라 부르며 깔보았다. 링컨은 맥클렐런에게 전보를 보내 그에게 지휘권이 있다고 확인시켜 주었다.

링컨은 맥도웰에게 남쪽으로 이동할 준비를 하라고 명령한 다음날, 스탠턴과 달그렌을 대동하고 프레더릭스버스에 있는 맥도웰의 본부를 찾아갔다. 갑작스러운 여행이었기 때문에 달그렌 대위는 그들을 태우고 갈 증기선에 식량이나 침구류를 미처 준비하지 못했다. 그래서 급하게 임시 숙박시설을 정돈했지만, 링컨은 잠자리에 들 생각이 없어 보였다. 그날 밤 링컨은 터키와의 전쟁에서 사망한 그리스 영웅을 찬양하는 장시(長詩) 〈마르코 보자리스〉를 읽으며 쉬기로 했다. 그는 역사에 길이 남을 위업을 그린 시인의 해석에 매료되었다.

그대는 자유이자 명예이니,

죽기 위해 태어나지 않은

몇 안 되는 불멸의 이름 중 하나로다.

배는 동이 튼 직후 아퀴아 만에 도착했다. 링컨 일행은 곧 맥도웰의 야영지로 안내받았다. 맥도웰은 링컨 일행에게 워싱턴과 프레더릭스버그를 직접 연결하는 다리를 재건설하고 전선을 보수한 군대의 업적을 보여주고 싶어 안달이었다. 장군은 특히 깊은 골짜기와 만을 연결하는 100피트 높이의 새 육교를 자랑스러워했다. 그 폭이 널빤지 하나 겨우 놓을 수 있을 정도였지만 링컨은 걸어가보자고 제안했다. 그래서 대통령과 맥도웰, 그리고 그 높이를 두려워하던 가없은 스탠턴, 마지막으로 달그렌이 이 위험한 여행을 시작했다. "중간쯤에서 스탠턴은 현기증을 일으키면서 떨어질까봐 무섭다고 말했다. 그는 멈춰 서서 더 나아가지 못했다. 나는 그의 옆에 가서 손을 잡고 데려가려 했지만, 사실 아찔한 높이 때문에 내 머리도 조금 어지러웠다."라고 달그렌은 회상했다. 아침식사 후, 대통령과 맥도웰은 말에 올라 부대를 시찰했다.

링컨은 대원들의 큰 환영을 받았다. 대통령 일행은 간단한 식사 후 아퀴아 만으로 돌아가 워싱턴으로 향하는 배에 몸을 실었다.

다음날 흉흉한 소식이 워싱턴에 도착했다. 리 장군이 남부로 이동하는 맥도웰을 저지하기 위해, '돌벽장군' 토머스 잭슨을 보내 셰넌도어 계곡의 연방군을 공격할 것이라는 소식이었다. 리 장군은 성공했다. 잭슨이 프론트 로열을 공격했고 뱅크스 장군이 북쪽의 윈체스터로 황급히 퇴각했다. 대통령은 맥클렐런에게 전보를 보냈다. "맥도웰 장군의 이동을 중단시켜야만 하겠소." 링컨은 이어서 잭슨이 계속해서 뱅크스를 추격하며 북쪽으로 진군하고 있기 때문에 또 다시 워싱턴이 위험에 처했다고 설명하는 전보를 보냈다. "지금 워싱턴을 지키려면 하퍼스 페리의 포토맥 강이나 그 위로 적이 넘어오지 못하도록 막는 수밖에 없소. 맥도웰의 병력이 없다면 우린 그야말로 속수무책일 거요." 그러면서도 링컨은 잭슨과 그 군대가 북쪽으로 향하면 리치먼드가 취약해질 게 틀림없다고 판단했다. "귀관이 리치먼드를 공격할 때가 가까워졌다고 생각합니다. 즉시 답변을 보내주십시오." 맥클렐런은 오후 5시에 답변을 보냈다. "이 일과 무관하게 제가 리치먼드를 공격해야 할 때가 얼마 남지 않았습니다."

제임스 맥퍼슨은 "맥도웰의 부대를 맥클렐런에게 보내지 않은 것은 링컨의 전략적 오류였다. 맥클렐런의 생각대로 큰 실책일지 모른다."라고 단정했다. 링컨이 연방군을 리치먼드로 이동시키자마자 잭슨이 남쪽으로 돌아가 연맹 수도를 방어하는 데 합류했기 때문이다. 그러면서도 맥퍼슨은 "맥도웰의 부대가 예정대로 맥클렐런과 합류했다 해도, 맥클렐런의 그간 행적을 보면 그가 리치먼드를 점령하기 위해 빠르고 대담하게 움직였을 거라고는 생각되지 않는다."라고 덧붙였다.

맥클렐런은 5월 말 리치먼드에서 겨우 4마일 떨어진 곳까지 진격했지만 여전히 선제공격을 하려 하지 않았다. 오히려 그의 부대는 페어 오크스에 대한 연맹의 공격에 당황했다. 전투는 결론에 이르지 않았고 연맹군보다 손실은 적었지만, 거의 5만 명에 이르는 사상자가 발생했다. 맥클렐런은 망연자실했다. "맥클렐런은 곧 리치먼드를 공격하겠다는 전보를 계속 보내고 있지만, 매일 새로운 핑계를 대고 있다."고 스탠턴의 처남이자 전쟁부 차관보인 크리스토퍼 윌콧은 전했다. "6월 1일부터 10일까지는 폭우 때문이라는 핑계를 댈 수 있었지만, 비는 닷새 전에 그쳤다. 그런데도 그는 움직이지 않았다."

맥클렐런은 한없이 불만을 터뜨리고 걱정했다. 공격하기 전에 다리를 세워야 했고, 도로 사정은 나쁘고, 연대는 개편해야 했다. 마침내 링컨이 그를 증원하라고 맥도웰에게 명령했을 때는 "내가 맥도웰의 부대를 완전히 지휘할 수 없다면, 한 명도 원치 않습니다. 내가 가진 대원을 데리고 싸우더라도 그 결과는 다른 이들이 책임지는 게 좋겠습니다."라고 항의했다. 그는 "극도로 신중해야 한다"고 아내에게 털어놓았다. "쓸데없이 내 목숨을 위태롭게 할 수 없소. 부대의 운명이 내게 달려 있으니 말이오."

맥클렐런이 상습적으로 군사행동을 미루는 바람에 리 장군은 다시금 선제공격을 할 기회를 잡았다. 6월 마지막 주에 연맹군은 연방군을 가차없이 공격했다. 이 공격은 '7일 전투'로 알려졌다. 치커호미니 강을 둘러싼 초원과 늪, 숲에서 벌어진 수차례의 전투로 1734명의 연방군이 사망했고, 8066명이 부상당했으며, 6055명이 실종되거나 포로로 잡혔다. 첫날의 전투가 끝났을 때 맥클렐런은 스탠턴에게 자신이 "엄청난 대군"에 맞서고 있다는 전보를 보냈다. 그는 연맹군이 20만 병력을 보유하고 있다고 추정했다. 하지만, 사실 연맹군의 병력은 그 절반도 안 됐다. 그는 여러 번 증원을 요청했지만 끝내 증원을 받지 못했다고 화를 냈다. 그러면서 전투를 계속하겠지만, 수적 열세 때문에 "대참사가 일어나면, 그 책임은 자신이 아니라 다른 사람이 져야 할 것"이라고 말했다. 지겨워진 링컨은 이렇게 말했다. "책임에 대한 말이 나를 몹시 고통스럽게 합니다. 난 귀관에게 줄 수 있는 건 다 주었습니다. 당신은 옹졸하게도 내가 계속해서 더 많은 걸 줄 수 있다고 여기는 것 같지만 말입니다."

이후 며칠 동안 전투는 더욱 격렬해졌다. 맥클렐런도 링컨도 잠들 수 없었다. 처음 이틀 동안에는 승패가 교차했다. 그 다음 6월 27일, 연맹군은 게인즈 밀에서 결정적인 승리를 거두었고 맥클렐런은 퇴각해야 했다. "나는 그날의 모든 일을 알고 있습니다."라고 맥클렐런은 스탠턴에게 전보를 보냈다. "병력이 너무나 부족해서 이번 전투에서 패배했습니다. 다시 말하지만 난 이일에 책임이 없습니다. 병력이 지나치게 약하다고 말했을 때 날더러 옹졸하다고 말한 대통령이 틀렸습니다. 난 사실을 이야기했을 뿐이고, 오늘 그 사실이 분명히 드러났습니다." 마지막으로 그는 앙심을 품은 듯 덧붙였다. "내가지금 이 군대를 구제한다면, 이에 대해 당신이나 워싱턴의 그 누구에게도 신세를 지지 않았다고 말할 겁니다. 귀하는 이 군대를 희생시키려고 최선을 다하셨으니 말입니다." 전쟁부의 전보 관리자는 이 전보를 읽고 오만한 어투와정부에 대한 비난에 질겁해서 마지막 문장을 지운 다음 스탠턴에게 전하라고부하에게 지시했다.

이후로도 오랫동안 맥클렐런과 그 지지자들은 정부가 맥클렐런에게 증원만 해줬더라면 승전할 수 있었을 것이라고 비난했다. 하지만 게인즈 밀 패배후에도 맥클렐런의 부대는 여전히 강했고 금세 힘을 회복할 수 있었다. 며칠후 그들은 열심히 잘 싸웠고, 맬번 힐의 전투에서는 아군의 별 피해 없이 연맹군 병력에 큰 타격을 주었다. 사실 맥클렐런은 심리적으로 패배한 것이었다. 크리스토퍼 월콧은 "그는 그저 술책만 부렸을 뿐이다."라고 단정했다. 맥클렐런은 반격을 가하는 대신 그저 지칠 대로 지친 부대를 이끌고 제임스 강을 따라 8마일 아래 안전한 해리슨즈 랜딩에 도착할 때까지 계속해서 퇴각했다. 그러던 중 물자가 고갈된 리 장군의 부대가 리치먼드로 돌아갔고 반도 전투는 종결되었다. 연맹군은 그들의 수도를 안전하게 지켰고 중요한 전략적승리를 거두었다. 연방군이 다시 리치먼드에 가까이 가는 데에는 3년이 넘는세월이 필요했다. 그때는 이미 수십만 명의 소중한 목숨이 희생된 후였다.

17장

고통 앞에 무릎 꿇지 않겠다

노예제 폐지를 위한 노력

반도에서의 패배는 북부의 사기를 크게 떨어뜨렸다. 1862년 7월 14일, 조지 템플턴 스트롱은 "지금 우리는 다 같이 우울한 생각에 빠져 있다."고 말했다. 워싱턴의 칼럼니스트 카라 카슨은 모든 이의 얼굴에서, 불 런 전투에서 패배했을 때보다 더 큰 불안감과 좌절감을 엿볼 수 있다고 말했다. 구로스키 백작도 그해 독립기념일이 "공화국 탄생 이래 가장 우울한 공휴일"이라면서 일찍이 나라가 이토록 침울한 적은 없었다고 말했다. 평소에는 감정을 잘 표현하지 않는 존 니콜라이조차 약혼녀 데레나에게 "지난주에는 몹시 우울했습니다. 전쟁이 시작된 후 이보다 더 암울한 소식은 들어본 적이 없습니다."라고 말하며 착잡한 심경을 드러냈다.

리치먼드 점령으로 머지않아 전쟁이 끝나게 될 것이라 생각했던 슈어드에게 이 사태는 엄청난 충격으로 다가왔다. 그는 오번에 머물고 있던 딸 패니에게 "슬픔과 분노, 괴로움을 한꺼번에 느끼는 사람들을 보노라니 가슴이 아프구나."라고 전했다. 그러면서 전쟁이나 패배에 대한 이야기 말고 자잘한 즐거움이 가득한 일상생활 이야기를 자세히 적어 답장해 달라고 부탁했다. 그는 "그런 이야기는 불안감이나 항의, 비난, 불평을 담고 있지 않으니 말이다. 평소처럼 내게 우리 아들딸들과 강아지와 말, 노래하는 새, 빛나되 울지 않는 별에 대해 즐거운 편지를 써주렴. 그런 편지만이 내 마음 속의 불안을 잠재워 줄 수 있을 게다."라고 말했다.

체이스 역시 냉정을 잃고 낙심했다. 그는 한 친구에게 "이토록 슬픈 적은 없었네. 우린 승리를 거두고 리치먼드를 점령했어야 했네!"라고 토로했다. 게다가 케이트마저 할머니를 만나러 오하이오에 가 있어서 곁에서 그를 위로해 줄 사람이 없었다. 그는 케이트에게 수시로 편지를 보내 그해 여름에 일어났던 일들에 대해 이야기했다. 그는 딸에게 말에서 떨어져 정신을 잃은 맥도웰 장군을 만나러 갔던 일이나, 슈어드의 집에서 스탠턴과 웰스 가족과 가졌던 즐거운 저녁 식사, 맥일바니 주교의 방문에 대해 자세히 들려주었다. 그는 딸이 전쟁 과정을 선하게 떠올릴 수 있도록 반도 교전에 대한 기밀 군사 정보를 전하기도 했다.

1862년 여름, 에드윈 스탠턴은 체이스나 슈어드보다 더 곤란한 상황에 처해 있었다. "불행한 사건 이후에 사회는 희생양을 절실히 요구한다. 만인의 죄를 덮어씌우고 광야로 보낼 사람을 찾아, 위안을 얻으려고 한다."라고 〈뉴욕 타임스〉는 말했다. 불만에 가득 찬 북부인들은 전쟁장관을 희생양으로 삼고자 했다. "모든 언론은 즉각 그의 해임을 요구했다."고 〈뉴욕 타임스〉는 보도했다.

처음 이 주장을 한 사람은 맥클렐런이었다. 그는 사람들을 붙잡고 스탠턴 때문에 반도에서 패배했다고 말하고 다녔다. 그는 7월 부인 메리 엘런에게 "내가 그를 어떻게 생각하는지 알고 싶소? 그는 악당이라고 생각하오. 그가 예수 시대에 살았다면 유다는 존경받는 복음서 저자로 길이 남았을 것이고, 대신 우리는 스탠턴의 반역과 비열함을 기억했을 거요."라는 편지를 보냈다.

1주일 후, 맥클렐런은 "스탠턴이 자신의 모든 개인적 전보를 읽었다는 증거"를 갖고 있다고 편지에 썼다. 그는 스탠턴을 "가장 비열한 배신자이자 악당"이라 여기며 옛 친구에 대한 험담을 그치지 않았다.

맥클렐런 지지자였던 민주당원들은 스탠턴을 적극적으로 공격했다. 블레어 가문을 앞세운 보수주의자들은 스탠턴이 자신의 민주당 혈통과 맥클렐런과의 우정을 한꺼번에 저버렸다고 비난했다. 엘리자베스 블레어의 남편 필립 리와 대화를 나눈 두 해군 장교는 리치먼드에서 패배한 것은, 스탠턴이 맥클렐런에 대한 사적인 원한으로 작전을 방해했기 때문이라고 주장했다. 민주당원인 존 애스터는 스탠턴의 이름만 들어도 거침없이 욕을 퍼부었다. "애스터는 맥클렐런이 중요한 승리를 거두어 정치적으로 주요 인사가 될까봐 의도적으로 스탠턴이 증원을 방해했다고 생각했다."고 스트롱은 전했다. 〈뉴욕 타임스〉는 스탠턴에 대한 "격렬한 숙청 운동"에 참여하지 않겠다고 약속했지만, 대통령에게 "우리는 전쟁이 무엇인지, 어떻게 전쟁을 치러야 하는지를 아는 새 지휘관이 필요하다. 스탠턴을 해임하고 맥클렐런 장군을 그의 후계자로 세우면, 온 국민이 안심할 것이다. 전쟁터에서 그의 지도력을 흠잡는 사람들조차 전술에 대한 그의 지식에는 의문을 품지 않는다."라고 압력을 넣었다.

자신을 해임하라는 요구가 점점 거세지자, 스탠턴은 링컨이 얼마나 오랫동안 자신을 신임할 수 있을지 의문을 품었다. 스탠턴을 더욱 괴롭게 만든 것은 매일 반도에서 사상자를 실어오던 긴 구급차 행렬이었다. 스탠턴은 평생 죽음 앞에선 힘을 잃었다. 당시 그는 죽음에 둘러싸여 있었다. 가끔씩 그는 전사자의 가족들에게 불행한 소식을 전하러 가기도 했다. 멤피스에서 치명상을 입은 찰스 엘렛 대령의 딸 메리 엘렛 캐벌은, 스탠턴이 조지타운에 있는 자신의 집을 방문해 엘렛의 영웅적인 행동을 전하던 때를 오래 잊지 못했다. "나는 이 강인한 전쟁장관이 냉정하고 무자비하다는 소문을 들었다. 하지만 눈물을 머금고 비보를 전하던 그의 다정한 모습을 잊을 수 없다."

스탠턴의 가족에게도 죽음이 찾아왔다. 7월 초, 막내아들 제임스가 6개월 전 걸린 천연두로 위독했다. 7월 5일, 한 심부름꾼이 전쟁부에 있던 스탠턴에게 아이가 죽어가고 있다는 소식을 전했다. 그는 당장 그해 여름에 가족들이 머물고 있던 별장으로 달려갔다. 힘겹게 숨을 이어가고 있던 아이는 7월 10일, 결국 세상을 떠났다. 아이들을 몹시 사랑했던 스탠턴에게 그 죽음은 큰 충격이었다. 게다가 막대한 업무량 때문에 그동안 가족과 함께 지내지 못했기 때문에 더욱 죄책감이 느껴졌다. 이 모든 비극이 무겁게 그를 짓눌렀다. 스탠턴의 건강도 악화되기 시작했다.

기운을 차리다

반도 패배의 여파로 내각이 동요하는 동안, 링컨은 최고 책임자로서 자신이 모든 책임을 져야 한다고 생각했다. 링컨은 패배에 좌절하지 않았다. 그는 자신과 연방을 패배감에서 벗어나게 하겠다고 결심했다. 전쟁이 계속되는 동안, 그는 시간을 내어 웨스트포인트의 젊은 사관생도이자 메리의 사촌인 앤 토드 캠벨의 아들에게 편지를 보냈다. 그의 어머니는 사관학교에서 고생하는 아들 때문에 몹시 걱정하고 있었다. "자네가 처음의 결심을 잊지 않는다면 틀림없이 금세 기분이 나아지고 행복해질 걸세. 자네의 목표를 고수하게. 그러면 기운이 솟고 뭐든 잘 해낼 수 있을 걸세. 반대로 용기가 꺾여 포기한다면 어떤 결심도 지킬 수 없을 만큼 힘을 잃고 평생 후회할 걸세." 소년은 웨스트포인트에 남았고 1866년에 졸업했다.

반도에서 패배한 후 국민의 불만과 줄어드는 차관 문제, 영국이 연맹을 인정할 수도 있다는 새로운 위협이 연방을 흔들고 있었다. 그러나 링컨은 자신의 의지가 변함이 없음을 분명히 밝혔다. 그는 병력 충원을 요구하기로 결심했다. 두 달 전, 승리를 목전에 두고 있다고 여긴 스탠턴은 군인 모집소를 폐쇄하는 큰 실수를 저질렀다. 그런데 패배에 이어 더 많은 군사를 모집하면 민심이 동요할 수도 있었다. 하지만 충원은 반드시 필요했다. 슈어드는 기막힌 해결 방법을 생각해냈다. 그는 연방 주지사들의 회의가 열리는 뉴욕에 가서 주지사들과 은밀히 논의하고 그들의 동의를 받은 후, 주지사들이 30만 명의 군사를 추가로 모집할 것을 대통령에게 '요청'한다는 의견서를 작성했다.

슈어드는 애스터 호텔에 머물며 자잘한 일을 해결하는 한편, 링컨과 전보를 교환하며 군 상황을 계속 주시했다. 충분한 숫자의 군인이 모집되지 않을 것이라고 우려했던 그는 신병들에게 25달러의 선금을 약속하도록 허락해 달라고 스탠턴에게 전보를 보냈다. 슈어드는 전보에 "그 돈은 대단히 중요합니다. 그게 없으면 실패할 것입니다."라고 적었다. 스탠턴은 주저하며 "현행법은 선금을 인정하지 않습니다."라고 답장을 보냈다. 하지만 결국 슈어드의 판단을 믿고 독단으로 배당액을 마련했다.

그해 여름, 슈어드는 연방군 모집을 돕기 위해 북부 전역을 돌아다녔다. 그는 자기 부서의 열여덟 살에서 마흔다섯 살 사이의 직원들에게 전투에서 돌아오면 좋은 직책을 주겠다고 약속하며 전원 자원하도록 부탁했다. 대다수가 슈어드의 요청에 응했다. 오번에 있던 슈어드의 스무 살 된 아들 윌리엄 슈어드는 뉴욕 북부에서 부대를 모집하는 전쟁위원회 간사로 임명되었다. 주요 도시마다 징병을 지지하는 집회가 열렸다. 시민들은 열렬하게 반응했다. 윌리엄 슈어드는 훗날 "신병들은 호텔과 수많은 하숙집을 가득 메웠다."고 회상했다. "사람들은 걷거나 마차를 타고 왔다. 그 광경은 너무나 진기하고 고무적이어서 시민들은 그들이 지나갈 때 우레와 같은 박수를 보내고 축포를 터뜨렸다. 군사들의 행렬이 지나가는 길가의 집들에는 깃발이 달려 있었다." 윌리엄 슈어드는 자신이 자원하지 않으면서 다른 사람들을 병사로 모집할 생각이 없었다. 그의 입대 결정은 슈어드 가족을 당황하게 했다. 그의 아내 제니가 9월에 첫아이를 낳을 예정이었기 때문이다. 제니는 남편에게 "문제를 잘 헤쳐 나갈 수 있을 것"이라고 말했지만, 그가 떠나고 나면 병약한 시어머니의 건강이 더 악화될까 걱정했다. 하지만 프랜시스는 워싱턴의 군 경리관이 된 아들 오거스터스가 멕시코 전쟁에 참전했을 때는 가슴 아파했지만, 이번에는 어머니로서의 걱정보다 노예제 문제에 대한 열정이 훨씬 컸다. 프랜시스는 "남자들이 모두 필요한 게 분명한 만큼, 난 반대하지 않겠다."라고 프레더릭에게 말했다.

신병 모집이 이루어지는 동안, 링컨은 반도에서 힘겨운 전투를 하느라 지친 병사들의 사기를 높이기 위해 직접 부대를 방문하기로 결심했다. 그는 전쟁부 차관보 피터 왓슨과 프랭크 블레어 의원을 대동하고 1862년 7월 8일 아침, 에이리얼 호에 탑승했다. 일행은 워싱턴을 떠나 제임스 강의 해리슨즈 랜딩에 있는 맥클렐런의 새 본부로 향했다. 한 군사 특파원은 "그날은 몹시 더웠다."고 전했다. 기온은 37도에 육박했다. 하지만 오후 6시, 맥클렐런 장군과 부하가 해리슨즈 랜딩에서 대통령 일행을 만났을 때는 해가 져서 시원한 바람이 불고 있었다.

대통령이 도착했다는 소식은 빠르게 번져나갔다. 근처의 병사들은 그를 볼 때마다 환호성을 터뜨렸다. 하지만 링컨의 조용한 얼굴 뒤에는 맥클렐런과 전쟁의 진행에 대한 분노가 억눌러져 있었다.

패전으로 괴로워하던 맥클렐런은 링컨이 도착하기 전, 전쟁에서 승리하기 위해서는 어떠한 변화가 필요한지 의견을 제안하는 "대단히 솔직한" 편지를 썼다. 맥클렐런은 편지를 링컨에게 건넸고, 두 사람은 함께 갑판에 앉아 편지를 읽었다. 역사에 "해리슨즈 랜딩 편지"라고 알려진 이 문서에서 맥클렐런은 오만하게도 전쟁의 목적과 정책이 어떠해야 하는지 대통령에게 충고했다. "정부가 전쟁에 관한 입장을 정책을 통해 표명할 때가 되었다."라고 맥클렐런은 뻔뻔스럽게 이야기하며 전쟁의 본질을 규정하는 뚜렷한 입장 표명 없이는 연방의 대의가 실패할 것이라고 경고했다. 이 주제넘은 편지에서 그는 이 전쟁이 "시민에 대한 전쟁이어서는 안 됩니다!"라고 주장하면서 연방이 "사유재산과 무장하지 않은 사람들"을 보호하기 위해 전력을 기울어야 한다고 강조했다. 요컨대 노예는 사유재산으로 존중되어야 하는데, 노예제에 대한 급진적인 입장을 채택할 경우 "지금의 군대는 빠르게 붕괴할 것"이라는 말이었다. 그는 이 보수적인 정책을 수행하기 위해서는, 대통령에게 "믿을 만한 군 총사령관"이 필요할 것이라고 덧붙였다. 맥클렐런은 그 자리를 달리고 요청하지는 않았지만, 기꺼이 다시 총지휘권을 맡겠노라고 밝혔다.

그러나 링컨은 그저 "그 일에 대해서는 일이 정리되면 부탁하겠다."는 말 외에는 별 다른 이야기를 하지 않았다. 대통령이 장군의 제안에 담긴 정치적 의미를 몰라서 침묵을 지켰던 것은 아니었다. 며칠 후, 그의 행동은 장군의 정치적 충고에 대한 깊은 거부감을 드러낸다. 하지만 링컨은 지금 장군과 정책 토론을 하려고 이곳에 온 것이 아니었다. 그는 자신의 원래 목적인 부대 시찰과 병사들을 격려하는 일에 집중하고자 했다.

세 시간 동안 대통령은 차례로 여러 사단을 둘러보았고, 말에 올라 환호하는 병사들의 긴 행렬을 따라 천천히 움직였다. 그는 피비린내 나는 일주일 간의 전투로 1734명의 전우를 잃고 8066명이 부상당했음에도 여전히 사기가 높은 부대를 보고 크게 안심했다. "링컨은 맥클렐런의 오른쪽에서 말을 타고 갔으며, 한 손에는 고삐를 쥐고, 다른 손으로는 커다란 실크해트를 들었다 내렸다 하면서 군인들의 환호성에 화답했다."고 한 군사 특파원은 전했다. "말고삐를 조종하면서 동시에 모자를 들었다 내렸다 하는 것은 쉬운 일이 아니었다. 그의 다리는 말 다리와 뒤엉켰고, 그의 팔도 비슷한 사고를 당할 뻔했다." 한 병사는 집으로 보내는 편지에서 "그 우스꽝스러운 모습"을 보고는 솟아오르는 웃음을 감추기 위해 모자를 내려 얼굴을 가려야 했다고 털어놓았다. 그래도 병사들은 링컨을 좋아했다고 그는 덧붙였다. "링컨의 온화한 미소는 그의 정직하고 다정한 마음을 그대로 보여주었습니다. 사실 부대에서 그의 인기는 대단했습니다." 링컨이 사단에 다가갈 때마다 예포가 그의 출현을 알렸고, 마침내 그의 모습이 시야에 들어오면 우레와 같은 박수가 쏟아졌다. 대통령의 갑작스런 방문은 기운 빠진 연대에 활력을 불어넣었다.

증기선으로 돌아간 링컨은 다시 맥클렐런과 이야기를 나누었다. 그러나 그는 주머니에 넣어둔 편지에 대해서는 아무 말도 꺼내지 않은 채 다음날 아침 워싱턴으로 출항했다. 링컨을 수행한 사람들은 모두 이번 방문으로 기운을 되찾았다. 프랭크 블레어의 누이 엘리자베스는 "프랭크는 출발할 때까지만 해도 몹시 풀 죽은 모습이었는데, 돌아왔을 때는 기운이 넘치는 듯했다."고 말했다.

링컨은 병사들의 용기에서 힘을 얻었지만, 맥클렐런 장군에 대한 평가는 조금도 나아지지 않았다. 돌아온 지 48시간도 채 지나지 않아 그는 핼렉 장군을 워싱턴으로 불러들여 맥클렐런이 원했던 총사령관직을 맡겼다. 핼렉은 그랜트의 도움을 받아 서부에서 승리를 거두었기 때문에 그 직책을 맡기기에 적합했다. 더욱이 "노학자"로 알려진 그는 군사 전략에 대한 여러 권의 책을 써서 많은 이들의 존경을 받고 있었다.

맥클렐런은 이 소식을 듣기 전에 이미 형세가 달갑지 않게 돌아간다고 생각하고 있었다. 링컨이 방문한 다음날, 그는 아내에게 편지를 보냈다. "내각이 다음에 무슨 술수를 부릴지 모르겠소. 대통령의 태도가 마음에 들지 않았소. 그는 대단히 수치스러운 일을 하려는 사람 같았소. 며칠이 지나면 알게 되겠지만, 무슨 결과가 나오든 개의치 않겠소. 난 이미 내가 진정한 장군이라는 사실을 증명하는 데 충분한 공을 세웠다고 생각하오."

핼렉의 임용에 대해서는 많은 이들이 찬성했지만, 또 다른 요구들이 끊임없이 이어졌다. 급진주의자들은 맥클렐런의 해임을 요구했고, 보수주의자들은 계속해서 스탠턴을 공격했다. 양측의 논란은 점점 격해졌다. 그렇지만 링컨은 브라우닝의 충고대로 "사람들의 말에 농락당하지 않고" 자신의 의견을 굳게 지키기로 결심했다.

사실 전쟁장관 스탠턴에 대한 맹렬한 공격이 이어지는 동안 스탠턴에 대한 링컨의 믿음은 여러 번 흔들렸다. 그러나 매일 몇 시간 동안 전신국에서 전선의 소식을 기다리면서 링컨은 예민하고 성미 급한 전쟁장관에 대해 나름의 결론을 내렸다. 그는 스탠턴의 정력은 이 시기에 꼭 필요하다고 생각했다.

그리고 늘 그렇듯, 대통령은 자신의 결정에 대한 책임을 부하에게 전가할 생각이 없었다. 그는 브라우닝에게 "군에 관련해 스탠턴이 한 일은 모두 대통령의 승인을 받은 것"이라고 말했다.

3주 후, 링컨은 수많은 사람들이 모여 국회의사당 앞에서 연 연방 집회에서 공격받던 스탠턴을 옹호했다. 모든 정부 부서가 1시에 일을 마쳤기 때문에 각료 전원이 참석할 수 있었다. 프렌치 관리국장은 "대통령 취임식 날을 제외하고 국회의사당 앞에 그토록 많은 사람들이 모인 것은 처음이었다."고 기억했다. 링컨은 체이스와 블레어, 베이츠를 포함한 각료들과 함께 국기를 게양한 연단에 앉아 있었다. 재무부 서기 루시우스 치텐든의 연설이 끝난 후, 링컨은 옆에 앉아 있던 체이스에게 몸을 돌렸다. "멋지군요! 내가 몇 마디 하는 게 낫지 않겠습니까?" 그는 연단으로 나갔다.

"제가 이런 행사에서 여러분 앞에 선 적은 없는 듯합니다."라고 그는 상냥하게 입을 열었다. 청중에게 링컨은 해야 할 말이 있으며, 그 이야기는 자신이 한 일에 대해 "몇몇 사람들이 비난했던 사안"이기 때문에 다른 사람이 말하는 건 좋지 않다고 운을 뗐다. 그는 스탠턴이 맥클렐런에게 부대를 보내지 않았다는 비난에 대해 언급하며, 보낼 수 있는 모든 군인을 장군에게 보냈다고 설명했다. "보내줄 부대가 없었던 전쟁장관에게 부대를 보내지 않았다고 비난해서는 안 됩니다." 박수소리가 터져나오기 시작하자 링컨은 계속해서 말했다. "저는 그가 용감하고 유능한 사람이라고 믿습니다. 저는 정의에 따라 전쟁장관에 대한 비난을 책임지기 위해 이 자리에 섰습니다."

프렌치는 링컨의 연설에 깊이 감동받았다. 그는 "링컨은 하나님이 창조한 가장 훌륭한 사람 중 하나다."라고 주장했다. 체이스 역시 "독창적이고 현명한" 연설에 깊은 인상을 받았다. 공격받는 장관에 대한 링컨의 옹호는 모든 신문에 자세히 보도되었고 스탠턴 해임 운동은 끝이 났다.

회복되는 상처

여름이 깊어가면서 링컨과 그의 가족은 잔인한 봄 내내 끝날 것 같지 않았던 불행에서 잠시 벗어날 수 있었다. 마침내 메리가 깊은 우울증에서 벗어나기 시작했다. 프렌치 관리국장은 메리가 워싱턴에서 북쪽으로 3마일 떨어진 곳에 있는 40만 평 규모의 군인 거주지역에서 여름을 지낼 준비를 하며 무척 즐거워했다고 전했다. 1850년대에 상이군인들을 위해 건설된 이곳은 150명을 수용할 수 있는 회관과 병원, 식당, 행정관청으로 이루어져 있었다. 또한 구내에는 링컨 가족이 머물 2층짜리 벽돌 건물을 포함해 별장도 많이 있었다. 앤더슨 별장으로 알려진 이 벽돌 건물은 연방정부가 이 토지를 매입하기 전에는 릭스 은행의 설립자였던 조지 릭스의 별장이었다.

이곳의 시원한 바람은 도시의 답답한 열기에서 벗어나 휴식을 취할 수 있게 해주었다. 수많은 꽃과 각종 나무로 둘러싸여 마치 "지상 낙원"처럼 평온하고 아름다웠다. 일반인들에게 개방된 아름다운 자갈 산책로와 구불거리는 마찻길은 워싱턴 사람들이 주말에 즐겨 찾는 곳이었다. 1862년 여름 이곳을 찾은 한 방문객은 이곳보다 더 아름다운 휴양지는 본 적이 없다고 말했다. "이곳에서는 도시가 한눈에 다 보였다. 미완성된 국회의사당의 둥근 지붕과 알렉산드리아와 알링턴, 조지타운, 언덕을 따라 20마일에 걸쳐 빽빽하게 놓인 요새와 그 곁을 흐르는 포토맥 강이 한눈에 들어왔다."

메리의 권유에 따라 링컨은 여름 동안 가족과 함께 이 군인 거주지역에 머물기로 했다. 링컨은 아침에 말을 타고 백악관에 갔다가 밤이면 이곳으로 돌아왔다. "우리 모두 이곳을 아주 좋아한단다. 주변의 마찻길과 산책로도 예쁘고, 아침마다 다정한 방문객들도 찾아와. 게다가 하버드에서 집으로 돌아온 로버트도 우리랑 같이 지내. 너도 그 아이를 기억하겠지. 우린 로버트의 방학을 '가장 즐거운 시간'이라고 여긴단다. 아이가 돌아가야 할 때가 되면 무서울 것 같아."라고 메리는 친구 패니 임즈에게 편지를 보냈다. 형이 죽고 태프트 형제도 만나지 못해 외로웠던 토머스에게 군인 거주지역에 머물게 된 것은 큰 축복이었다. 아버지를 호위하던 이곳의 군인들은 명랑한 토머스를 사랑했다. 그들은 아이를 "준위"라고 부르면서 낮에는 훈련에, 밤에는 모닥불가의 식사에 끼워주었다.

저녁이면 링컨 가족은 넓은 현관에서 구내를 내려다보거나 가스등으로 불을 밝힌 응접실에서 손님들을 대접했다. 편안하게 슬리퍼를 신은 링컨은 시를 암송하거나 좋아하는 작가들의 글을 읽어주는 것을 좋아했다. 간간이 이어지는 대포 소리가 저 멀리 들렸지만, 아름다운 휴양지에서 링컨 가족은 오랜만에 평화롭고 행복한 시간을 보낼 수 있었다.

메리가 한 신문의 표현대로 "군인 거주지역의 병원에 매일 가는 습관"을 갖게 된 것은 이 여름의 일이었다. 병원은 그녀에게 얼마간 혼자만의 슬픔에서 잠시 벗어날 수 있는 피난처가 되어주었다. 큰 부상을 입고, 마취제도 없이 절단 수술을 받으며, 가족이나 친구들의 위로 없이 죽어가던 수백 명의 젊은이를 매일 보살피다보니 자신의 불행이 예전과 다르게 느껴졌다.

반도 전투 며칠 후, 도시로 몰려오는 병사와 부상자들는 "대군을 이루는 데" 충분한 숫자였다고 〈뉴욕 데일리 트리뷴〉은 보도했다. 아침마다 증기선들은 "끔찍하게 부상당한" 병사 수백 명을 싣고서 6번 가 부두에 도착했다. 지친 병사들이 배에서 내렸고 그중 일부는 들것으로 이송되었으며, 또 다른 이들은 조잡하게 만든 목발을 짚고 비틀비틀 걸었다. 구급 마차는 그들을 수도 곳곳의 병원으로 이송하기 위해 대기 중이었다.

병원이 갑자기 많이 필요해지자, 연방정부는 호텔과 교회, 클럽, 학교, 개인 주택을 야전병원으로 바꾸기 위한 대규모 계획에 착수했다. 예전 행정부 때 상하원의원들이 투숙했던 구(舊) 유니언 호텔은 유니언 호텔 병원이 되었다. 한 방문객은 "옛 정치가들이 앉아 와인을 홀짝거렸던 방"이 이제는 침상에 누운 환자들로 붐빈다고 전했다. 루이자 메이 올콧(《작은 아씨들》의 저자)도 그곳에서 간호원으로 일했다. 조지 워싱턴 장군이 참모회의를 열었다고 알려진 브래드독 하우스 역시 야전병원으로 이용되었다.

특허청의 2층 방들도 내무부 장관 캘럽 스미스의 아내 엘리자베스의 주도 하에 수백 명의 환자를 수용할 수 있는 병동으로 바뀌었다. 그곳에는 "병들고 몸이 불편한 환자와 죽어가는 병사들"이 "갖가지 발명품 모형이 가득 들어 있는 길고 육중한 유리 상자" 사이에 누워 있었다고 시인 월트 휘트먼은 말했 다. 복도에도 수많은 병상이 열을 지어 자리 잡았다.

6월 중순, 20번 가의 감리교회는 교회를 병원으로 바꾸도록 내놓았다. 5일 후, 정부 소속 목수와 기계공들이 공사에 착수해 교회를 훌륭한 임시 병원으 로 개조했다. 이 임시 병원들은 3000명 이상의 환자를 수용했지만, 앞으로 몇 달이나 몇 년 후에 필요한 침상 숫자에 비하면 턱도 없이 모자란 숫자였다.

병원 방문을 준비할 때면 메리는 마차에 과일과 음식, 싱싱한 꽃바구니를 가득 넣었다. 그녀는 백악관 정원의 딸기를 남김없이 땄다. 그리고 봉사활동 을 하는 그녀의 "조용하고 소박한 행동"에 감동받은 부유한 상인으로부터 괴 혈병 예방을 위해 필요한 300달러 상당의 레몬과 오렌지를 기부받았다. 병원 을 방문한 그녀는 몇 시간 동안 과일과 맛있는 음식을 나누어주었고, 부상자 가 악취에 시달리지 않도록 그들의 베개 곁에 싱싱한 꽃을 놓아주었다. 그녀 는 외로운 병사 옆에 앉아 그들이 겪은 일에 대해 이야기를 나누었고, 책을 읽 어주었으며, 가족들에게 편지 쓰는 것을 도와주었다. 한 부상병은 편지가 영 부인의 서명과 함께 집에 도착한 후에야, 그가 몹시 아팠지만 회복되는 중이 라고 어머니에게 편지를 써준 친절한 여인이 누구인지 알게 되었다.

병사들에게는 살고 싶다는 욕구만큼 가족과 이야기하고 싶다는 욕구가 강 했다. 어느 날 루이자 메이 올콧은 존이라는 이름을 가진 풍채 좋고 잘 생긴 씩씩한 병사를 만났다. 그는 왼쪽 폐를 관통한 총알 때문에 거의 숨도 못 쉴 지경이었다. 의사들은 그의 상태가 절망적이라고 여겼지만, 그는 집에서 소 식이 오기를 간절히 기다리며 고통을 견디고 있었다. 그는 아무런 불평도 하 지 않고 자신에게 일어나는 일을 조용히 지켜보았다. 그가 세상을 떠나자, 병원 직원과 동료 병사들은 깊은 감동을 주었던 그의 조용한 용기에 경의를 표하기 위해 그를 보러갔다. 올콧이 그의 침대 곁에 서 있을 때, 병동 관리자가 "그토록 간절히 기다리던 이를 기쁘게 하기에는 꼭 한 시간 늦게" 도착한 존의 모친의 편지를 건네주었다.

올콧의 가슴 아픈 이야기를 생각해보면, 병원 일을 하는 데 얼마나 큰 정신력이 필요했는지 알 수 있다. 올콧처럼 병원에서 환자들을 돌보았던 시인 휘트먼은 어머니에게 낮에는 냉정을 유지할 수 있었지만, 죽음과 수술, 구더기로 가득한 상처와 병원 구내의 나무 아래 놓인 "팔과 다리 무더기"가 생각나는 밤에는 몸이 아프고 부들부들 떨렸다고 전했다. 올콧은 "팔이나 다리를 잃거나 심각한 부상을 입은 병사들"이 실린 들것이 병원으로 밀려드는 모습을 볼 때면 눈물을 참기 힘들었다고 고백했다. 더욱이 병원에는 장티푸스에 걸린 병사가 폐렴이나 디프테리아로 죽어가는 환자와 나란히 누워 있었다. 이 때문에 직원과 방문객들 역시 감염에 노출되어 있었다. 서른 살의 올콧은 급성 장티푸스에 걸려 매사추세츠 주 콩코드에 있는 집으로 돌아가야 했다.

하지만 병원에도 삶과 유머, 사랑의 승리가 존재했다. 몸이 화약 폭발로 너무나 검게 그을려서 누군가 "그 몸에 쓸만한 게 별로 없다."고 말했던 한 병사는 살아야겠다는 확고한 집념을 보였고, 결국 회복했다. 한쪽 다리를 잃고 또 얼마 후 한 팔을 잃은 또 다른 젊은이는 "심판의 날에 늙은 우리가 무덤에서 나와 서로 팔다리를 빼앗으려 쟁탈전"을 벌이는 것을 상상해보라며 자기 상태에 대한 농담을 해서 주위 사람들을 놀라게 했다. 부상에서 회복된 이들은 동료 부상병을 음악과 노래로 즐겁게 해주기 위해 즉석 악단을 조직하기도 했다.

정기적으로 병원을 방문하기 위해 출발하는 메리를 지켜보던 링컨의 비서 윌리엄 스토더드는 왜 그녀가 이러한 수고를 광고하지 않는지 의아해했다. "그녀가 처세에 능했다면, 병원에 갈 때마다 기자들을 데리고 가서 그녀가 부상병에게 한 말이나 부상병이 그녀에게 한 말을 받아 적게 했을 것이다."라고 그는 말했다. 그러면 영부인의 환영회와 백악관 개조 계획을 줄곧 비웃었던 "많은 신문의 비난 수위"가 누그러졌을 것이었다. 〈뉴욕 인디펜던트〉는 특히 메리를 집요하게 공격했다. "다른 이들은 붕대를 감고 안대를 바느질하며 간호사 모자를 썼지만, 대통령의 아내는 워싱턴과 뉴욕을 오가며 자신과 백악관을 위해 사치품을 사들이느라 시간을 보냈다."

아마 메리는 의사들이 방문객에게 화를 내곤 한다는 사실을 알고 있기 때문에 광고하지 않고 병원을 드나들었을 것이다. 몇몇 의사는 안 그래도 정신없는 상황에서 더 이상 방해받지 않으려 했고, 어떤 의사들은 숙녀가 거의 발가벗은 상태로 누워 있는 병사들과 만나는 게 부적절하다고 생각했다. 이런 상황에서 메리는 신중하게 처신하기로 결심했던 것이다.

신문들은 캘럽 스미스 부인을 "대단히 관대한 후원자"로, 자신의 저택을 병원으로 바꾼 스티븐 더글러스의 부인은 "자비의 천사"로 추켜세웠지만, 메리 링컨은 부상자들을 위로하기 위해 꾸준히 노력하고도 별다른 칭송을 듣지 못했다. 그러나 대신 그녀는 칭송받는 것보다 더 소중한 경험을 했다. 병사들과 시간을 보내면서 메리는 연방과 남편인 대통령에 대한 그들의 확고한 믿음을 느꼈다. 그러한 믿음은 내각이나 의회, 언론, 도시의 사교 모임 등 다른 곳에서는 쉽게 찾아볼 수 없는 것이었다.

승리를 기다리는 노예해방 선언서

워싱턴이 길고 무더운 여름에 지쳐 있을 때, 링컨은 대통령직과 남북전쟁의 미래를 결정할 노예해방 문제에 대해 중대한 결정을 내렸다.

노예제 문제를 둘러싸고 국회의사당에서는 수개월에 걸쳐 격렬한 논란이 이어졌다. 의회에 보낸 교서에서 예고한 것처럼, 3월 링컨은 입법부에, 점진적인 노예제 폐지 결의안을 채택하는 모든 주를 정부가 원조하겠다는 결의안을 채택하도록 요청했다. 결의안에서는 일정한 나이나 날짜를 기준으로, 경계 내의 모든 노예를 해방시킬 것이라고 명시하고 있었다. 링컨은 "이 전쟁에서 반나절 동안 쓰이는 비용의 반도 안 되는 돈"만 있어도, 1인 당 400달러씩 책정된 모든 델라웨어 노예의 몸값을 보상할 수 있을 것이라고 여겼다. 또한 87일간의 전쟁 비용이면 다른 모든 접경주들의 노예를 모두 살 수 있을 것이라고 계산했다. 그는 접경주들이 노예제로 얻고 있는 이익을 공정한 조건 하에 포기한다면, 보다 빨리 전쟁이 끝나게 될 것이라고 생각했다. 이 주들이 연맹에 가입하리라는 희망이 사라지면 반란군은 이 끔찍한 전쟁을 계속할 용기를 잃을 것이었다.

링컨은 접경주 대표들의 승인을 기다렸다. 하지만 보상을 조건으로 한 노예해방과 이주를 지지했던 프랭크 블레어만 빼고는, 모든 대표들이 이 제안을 거부했다. 7월 12일, 링컨이 개인적으로 대표들을 만나 다시 청원했을 때도 그들은, 어떤 형태를 취하든 노예해방 정책은 전쟁을 오히려 연장시킬 것이라고 주장했다. 탈퇴주들의 반발은 더욱 커지고, 연방에 충성하는 접경주의 노예소유주들까지 탈퇴 운동에 참여하게 될 거라는 것이었다. 또한 이는 연방에 충성하는 사람들에게 노예를 포기하도록 희생을 강요하며, 연방정부가 지불할 수 있는 경비보다 훨씬 많은 돈이 들 것이라고 주장했다.

한편 남부 출신들이 대거 귀향한 상황에서 남은 공화당원들은 노예제에 대한 그들의 정책을 국회에서 강력히 밀고나가기 시작했다. 4월이 되자 의회는 컬럼비아 특별지구(미국 연방정부 소재지로 일반적으로는 워싱턴 D.C.라고 함)에서 보상을 조건으로 노예를 해방시키는 법안을 통과시켰다. 이 법안은 링컨의 전폭적인 지지를 받았다. 링컨은 국회에, 연방정부의 관할 하에 있는 지역의 노예제를 폐기할 수 있는 헌법적 권한이 있다고 생각했다. 또한 링컨은 14년 전 국회에 있을 때 컬럼비아 특별지구의 노예를 해방시키자는 안건을 제출한 적도 있었다. 프레더릭 더글러스는 기쁨에 넘쳤다. 그는 찰스 섬너에게 이러한 편지를 보냈다. "나는 꿈을 꾸고 있는 게 아니라고 믿습니다. 하지만 그저 이 모든 일이 꿈처럼 느껴집니다!" 워싱턴의 노예가 자유를 얻은 후, 근처의 메릴랜드와 버지니아 주 북부의 노예소유주들은 자기네 노예들을 점점 다루기 힘들어질까 두려워 남쪽의 소유주들에게 노예를 팔기 시작했다.

이미 자신의 노예들에게 원하면 언제든 떠나도 좋다고 약속했던 아버지 프랜시스 블레어는 "한 명만 제외하고는 그 특혜를 거절했으며" 남부 농장의 노예들처럼 하인으로 남는 것을 선택했다고 자랑스레 말했다.

국회의 급진파들이 헌법의 보호를 받는 기존 노예주들의 노예제를 다루기 시작하자 상황이 좀더 복잡해졌다. 오빌 브라우닝을 포함한 민주당원과 보수적 공화당원들은 국회가 헌법적 권한 없이 행동하고 있다고 비판했다. 그럼에도 불구하고 급진주의자들은 국회에서 '새 사유재산 몰수 법안'을 통과시켰다. 지난해 통과된 법안에서는 연방정부가 반란군이 전쟁을 위해 고용했던 도망 노예만 몰수하고 해방시킬 수 있다고 명시했지만, 새 법안에서는 군사행동과 관계없이 반란에 관계한 모든 사람의 노예를 해방시킨다고 명시했다. 그러나 이들은 연방의 경계 안에 거주하지 않은 노예소유주가 실제로 반란에 개입했는지 확인할 수 있는 방법을 제시하지 못했다. 역사가 마크 닐리는 "이건 처음부터 효력이 없는 법령이다."라고 주장했다. 그렇긴 해도 이 법안은 노예제가 존재하는 한 이 나라는 계속해서 위협받을 것이라고 믿었던 찰스 섬너 같은 사람들을 동요시키기에는 충분한 힘을 가지고 있었다.

워싱턴에서는 링컨이 이 법안을 거부할 것이라는 소문이 나돌았다. 브라우닝은 법안이 통과되자마자 백악관에 사본을 가져가 링컨에게 거부권을 행사하라고 간청했다. 그는 이 법안에 동의하면 접경주의 연방 지지자들이 더 이상 자신의 주에서 활동할 수 없을 것이라고 경고했다.

그러나 체이스는 링컨이 이 법안에 거부권을 행사하면 "그는 파멸할 것"이라고 주장했다. 그는 국회의 공화당원 대다수가 이 법안을 지지하고 있기 때문에, 링컨이 거부권을 행사할 경우 국회의 공격을 면하기 어려울 것이라고 여겼다. 자신도 대통령의 거부권 행사로 피해를 입을까 우려했던 체이스는 자신은 의견을 제시한 적이 없으며 그가 아는 한 "내각의 그 누구도" 이와 무관하다는 소문을 퍼뜨렸다. 체이스는 재무장관으로서의 자기 행동에 대해서는 기꺼이 책임졌지만 "다른 사람의 잘못이나 정책적 오류"에 대한 책임까지 질 생각은 없었다.

그러나 링컨이 법안을 거부할 것이라는 소문은 잘못된 것으로 드러났다. 다음날 아침, 브라우닝은 서재에서 일하는 대통령을 보았다. "그는 피곤하고 불안해 보였으며, 목소리에서는 깊은 근심이 느껴졌다."고 브라우닝은 전했다. 대통령은 결정을 내렸고, 그 결정이 친구를 괴롭히리라는 사실을 알고 있었다. 그렇긴 하지만 링컨은 '제2차 사유재산 몰수법'으로 알려지게 될 이 법안에 서명했고, 헌법의 기준에 맞는 개정안을 마련했다.

회기 마지막 날의 관례대로 대통령은 국회의사당에 가서 며칠 동안 쌓여 있던 수많은 법안에 서명했다. 제37대 국회는 대단히 생산적인 회기를 마친 상태였다. 남부 세력의 반발에서 벗어난 공화당원들은 수년 동안 주장했던 세 가지 법안을 통과시킬 수 있었다. 첫째는 공유지 불하법으로, 이는 5년 이상 토지에 거주하는 데 동의한 정착자들에게 주로 서부에 있는 공유지 160에 이커를 무상으로 주겠다고 약속하는 것이었다. 둘째는 대학 설립을 위해 주에 공유지를 무상으로 제공하는 모릴법이었으며, 셋째로는 대륙 횡단 철도 건설을 가능하게 하는 태평양 철도법이었다. 국회는 또한 '그린백(미국 정부가 발행하는 법정 지폐로 뒷면이 초록색인 데서 이 명칭이 유래했다)'이라고 하는 지폐를 발행하는 법정 화폐법을 제정하여 전쟁을 위한 경제적 토대를 마련했다. 포괄적인 세제 법안 역시 제정되었다. 재무부에 내국세국이 설립되었고 미국 역사상 처음으로 연방 소득세를 징수하게 되었다.

그러나 당시 양측 모두가 열중했던 노예제 논란 때문에 국내 법안들은 별다른 주의를 끌지 못했다. 공화당 충성당원들이 노예제 문제에 무수한 시간을 허비한다고 생각했던 슈어드는 외국의 외교관들과 저녁식사를 하며 농담조로 "크롬웰(청교도혁명 당시 국왕 찰스 1세에 맞선 의회 진영의 장군)의 진가"를 뒤늦게 깨닫기 시작했다면서 가끔은 "우리 국회에 쿠데타"가 일어나기를 간절히 바란다고 말했다. 여름이 깊어갈수록 국회에 대한 그의 불만은 점점 커졌다. 그는 "국회에 징병을 허가해 달라고 요구했소. 그런데 그들은 다시 노예를 해방시키고 일하게 하는 문제에 대해 격론을 벌이기 시작했다오. 매일 헛되이 시간이 흘러가고, 헛되이 보낸 날들은 온 나라를 위험에 빠뜨리고 있소."라고 프랜시스에게 불만을 터뜨렸다.

국회뿐 아니라 내각 내부에서도 노예제 문제에 대한 논란이 모든 토론에 영향을 미쳤다. 슈어드에 따르면 논란이 "너무나 신랄해져서" 각료들 사이의 개인적 관계나 공적 관계마저 단절되었고 각료회의가 오랫동안 중단되었다고 한다. 화요일과 금요일이 회의를 여는 날로 정해져 있었지만, 장관들은 회의가 열릴 것이라는 확실한 전갈이 없으면 각자 자기 부서에 남아 있었다.

슈어드는 내각에서 노예제에 대한 토론이 벌어질 때면, 링컨이 열심히 귀를 기울이기는 해도 적극적으로 참여하지는 않았다고 회상했다. 링컨에게 노예제는 추상적인 문제가 아니었다. 그는 노예제가 "도덕적, 사회적, 정치적 과오"라는 열성파 노예제 폐지론자들과 같은 생각이었지만, 대통령으로서 기존에 존재하는 곳의 노예제에 대한 헌법의 보호를 폐지할 수 없었다.

그런데 반도에서의 충격적인 패배 이후, 링컨은 연방을 구하기 위해서는 노예제에 대한 뭔가 특별한 조치가 필요하다는 사실을 깨달았다. 노예제 문제에 대해 실용적인 측면에서 다시 고민해볼 필요가 있었다. 전장에서 매일 전달되는 보고를 살펴보면 연맹이 노예를 수많은 방법으로 전쟁에 이용하고 있다는 사실을 알 수 있었다. 노예들은 군대를 위해 참호를 파고 방비 시설을 세웠다. 연맹군은 노예를 야영지에 데려가 마부와 요리사, 병원의 잡일꾼으로 부렸기 때문에 전쟁에서 다른 일에 시달리지 않고 마음껏 싸울 수 있었다. 또한 후방에 남은 노예들이 곡식을 기르고 면화를 땄기 때문에, 주인들은 자신이 참전해 있는 동안 가족들이 배를 곯을까 걱정할 필요도 없었다. 이 같은 상황에서 반란군에게서 노예를 빼앗고 해방된 노예가 연방군에 가담한다면,

북부는 엄청난 이익을 얻을 것이었다. 이러한 관점에서 보면, '군사적 필요성에 의해 비상시 대통령에게 주어지는 헌법상의 권한'으로 남부 여러 주의 노예를 해방시킬 수도 있는 문제였다. 더욱이 접경주는 보상을 조건으로 한 노예해방은 노예주에서 먼저 시작되어야 한다고 주장하고 있었다. 링컨은 역사적인 결정을 마음속에 구체화하기 시작했다.

링컨은 7월 13일 일요일 이른 시간에 슈어드와 웰스에게 이 계획에 대해 이야기했다. 함께 마차를 타고 스탠턴의 어린 아들 장례식에 가는 길이었다. 스탠턴의 아이가 묻힐 오크 힐 묘지로 향하는 동안, 링컨은 윌리엄에 대한 가슴 아픈 추억을 떠올렸을 것이다. 윌리엄의 시신은 그곳의 납골당에서 스프링필드에 묻히기를 기다리고 있었다. 이렇듯 속으로는 고통스러웠지만, 링컨은 나라의 위기 상황에 전념해야 했다.

링컨은 이들에게, 연맹군이 끝까지 전쟁을 고수할 경우 선언서를 통해 노예를 해방시킬까 고려 중이라고 일행에게 말했다. 그는 이 문제를 곰곰이 생각한 결과, 노예해방은 전쟁의 승리를 위해 군사적으로 꼭 필요한 일이라는 결론을 내렸다고 말했다. 웰스는 이렇게 회상했다. "이는 대통령으로서는 새로운 시도였다. 이전까지는 노예 문제에 대해 어떠한 방식으로도 관여하지 않으려 했었기 때문이다." 슈어드는 그 말이 합당하다고 생각하지만, 너무나 중대한 문제이기 때문에 확실한 대답을 하기 전에 심사숙고했으면 한다고 말했다.

그래서 이 사안에 대한 논의는 일단 중단되었다. 그리고 7월 21일 월요일 아침 링컨은 오전 10시에 임시 내각회의를 소집했다. 그날 체이스는 집에서 카운트 구로스키와 아침식사를 같이 했다. 구로스키는 몇 달 전부터 노예해방에 대한 링컨의 우유부단한 태도에 불만을 감추지 못하고 있었다. 구로스키가 생각하기에, 슈어드는 진보의 가장 큰 걸림돌이었고 체이스는 링컨의 행동을 이끌어낼 수 있는 유일한 희망이었다. 구로스키는 체이스에게 슈어드가 크롬웰에 빗대 국회에 대해 한 말을 전하면서 그 이야기는 그 자리에 있던 외교관들의 비난을 받았다고 주장했다.

내각이 소집되었을 때, 우정장관을 제외한 모든 각료가 참석했다. 우정장관 몽고메리 블레어는 메릴랜드 주에 있었다. 이 임시회의는 대통령 집무실이 아닌 2층 서재에서 열렸다. 대통령은 "현 사태에 깊이 우려하며 군사행동과 노예제에 관해 결정적인 조치를 취하기로 결심했다."라고 입을 열었다. 각료들은 링컨이 몇 가지 명령이 담긴 문서를 읽는 동안 조용히 귀를 기울였다. 연맹 지역의 전쟁터에서 연방 장군이 활동하는 데 필요한 모든 재산을 사용할 수 있도록 허용하는 명령이 있는가 하면, 군대에 고용되는 흑인들의 임금 지급을 허용하는 것도 있었다. 전체적으로 보면, 이 명령들은 링컨의 보다 강력한 전쟁 수행 의지를 담고 있었다. 내각의 의견은 쉽게 모아지지 않았다. 흑인 병사 모집에 대해 스탠턴과 체이스는 찬성했다. 그러나 각료들은 저마다 다른 입장을 표명했다.

토론이 길어지자, 링컨은 다음날인 7월 22일에 한 번 더 내각회의 일정을 잡았다. 이 두 번째 회의는 프랜시스 카펜터의 유명한 그림 '해방 선언서의 최초 낭독'에 묘사된 것처럼 링컨의 집무실에서 열렸을 가능성이 높다. 벽과 바닥 등 여기저기에 놓인 전쟁터 지도와 계속 확대되는 전쟁의 증거가 가득한 그곳에서 토론이 이어졌다.

한창 토론이 이어지고 있을 때, 링컨이 갑자기 끼어들어 오늘은 단지 해방 선언서의 초안을 읽기 위해 회의를 소집한 것이라고 선언하자 산만하던 대화가 중단되었다. 그는 노예제 문제에 대한 각료들의 의견 차이를 이해하고 어떠한 제안도 환영하지만, 자신이 이미 이 조치를 취할 것을 결심했다는 것을 알아 달라고 말했다. 그 다음 그는 코에 안경을 걸치고 '모든 부대의 총사령관으로서, 대통령의 권한에 의거한 노예해방의 법적 개요'를 읽기 시작했다. 그는 선언서에서 1863년 1월 1일을 기하여, 그때까지도 연방에 대항하는 주의 모든 노예는 "영구적으로" 자유의 신분이 될 것이라고 선언했다. 복잡한 시행 절차는 필요 없었다. 이 선언서는 연방에 충성한 접경주에 거주하는 약

42만 5000명 노예에게는 적용되지 않는 것이었지만, 전국적으로 큰 충격을 주었다. 이 선언은 70년 이상 열한 개 주의 정책을 좌우했던 노예제와 재산권에 대한 법률을 단번에 무효화했다. 수 세대에 걸쳐 노예로 살았던 350만 명의 흑인들이 자유를 약속받았다. 이는 "지금 당장뿐 아니라 앞으로도 인간의 선견지명으로는 알 수 없을 만큼 막대한 영향력을 갖는" 대담한 조치였다고 훗날 웰스는 회상했다.

각료들은 말없이 귀를 기울였다. 대통령이 지난주에 미리 언질을 주었던 슈어드와 웰스를 제외한 각료들은 링컨의 이 대담한 선언서에 너무나 놀랐다. 스탠턴, 그리고 놀랍게도 베이츠만이 "그 즉각적인 공표"를 찬성한다고 말했다. 스탠턴은 재빨리 선포문의 군사적 가치를 파악했다. 동료 중 그 누구보다도 군대가 직면한 문제에 대해 많이 고민했던 그는 노예라는 엄청난 병력을 연맹에서 연방으로 돌릴 경우 얻게 될 막대한 이익을 알고 있었던 것이다. 게다가 그 역시 이전부터 노예해방을 지지하고 있었다.

훨씬 보수적인 각료였던 베이츠도 선언서를 적극적으로 지지하여 동료들을 놀라게 했다. 그는 군대가 시도했던 보다 제한적인 해방 조치를 반대했고 사유재산 몰수법에 대해서도 불만을 표현한 바 있었다. 그런데 훨씬 극단적인 이 선언서를 그가 갑작스레 지지한 것은, 어쩌면 전쟁이 그의 가족에게 안겨준 끔찍한 분란 때문일지도 모른다. 분열된 수많은 접경주의 가정에서 흔히 그렇듯, 베이츠 가 형제들도 연방과 연맹 양측에 각각 합류했다. 스물여덟 살의 플레밍 베이츠는 연맹군에 입대해 스털링 프라이스 소장 밑에서 복무하는 중이었다. 플레밍은 자신의 네 형제 중 한 명과 맞붙어 싸우게 될 것이었다. 외과의사인 큰형 줄리언은 미주리 주 민병대 대령이었고, 동생 콜터는 포토맥 군단에 입대해 이후 앤티텀, 프레더릭스버그, 챈슬러스빌, 게티즈버그에서 싸웠다. 아버지의 서기관으로 근무하던 리처드는 곧 연방의 해군에 입대했고, 막내 찰스 우드슨은 웨스트포인트의 사관생도가 되었다. 그 무엇보다도 가족을 소중히 여겼던 베이츠에게, 아들들이 전쟁터에서 서로에게 총부리를 겨누게 된 이 상황보다 더 가슴 아픈 일은 없었을 것이다. 그는 오래전부터 점진적인 노예해방에 찬성했지만, 대통령의 선포문이 전쟁을 좀더 빨리 끝내는 데 도움이 된다면 언제든 "단호하게 찬성"할 준비가 되어 있었다.

하지만 베이츠의 찬성에는 한 가지 단서가 달려 있었다. 그는 해방된 노예를 중앙아메리카나 아프리카의 어딘가로 이주시켜야 한다고 생각했다. 노예 이주는 자발적으로 이루어져야 한다고 주장했던 링컨과 달리, 베이츠는 강제적이어야 한다고 생각했다. "베이츠는 두 인종이 한 사회 안에 살면서 번영할 수는 없다고 확신했다."고 훗날 웰스는 회상했다. 그는 인종 간의 융화와 동화 없이는 평화로운 공존이 불가능하며, 이러한 동화는 필연적으로 "백인의 타락"을 가져올 것이라고 믿었다. 그는 "오래전부터 자유인이었던 유색 시민들 중에 지적이고 뛰어난 이들이 많다."고 인정하면서도, 남부의 농장에서 막 해방된 노예가 "문명의 건전한 특혜를 입지 못하고 학문적으로 무지하면서" 백인과 대등하게 살아갈 수 있을 것이라고는 생각하지 않았다. 그보다는 해방된 노예를 받아들이고 정착시키겠다는 해외 정부에 무상 원조를 약속하는 것이 모두에게 훨씬 좋은 일이라고 생각했다. 그는 그러한 약속이 노예에게 "정당하고 인간적인 대우를 보장해줄 것"이라며 기대에 부풀어 있었다.

기디언 웰스는 링컨이 선언서를 읽은 후, 침묵을 지켰다. 훗날 그는 노예해방이 모든 노예주에 엄청난 혼란과 사회적 변화를 가져올 것이기에, 그 문제에 대한 심한 압박감을 느꼈다고 고백했다. 그는 노예해방이 전쟁을 단축시키기는커녕 노예소유주들을 좌절시켜 전쟁이 격화될까 우려했다. 하지만 웰스는 말을 아꼈고 이후 링컨을 충실하게 지지했다.

뒤늦게 도착한 블레어는 링컨의 계획을 강력히 반대했다. 그는 이주와 함께 보상을 조건으로 한 점진적 노예해방을 지지하기는 하지만, 대통령의 급진적 선언서가 보수주의자와 민주당원들의 강력한 반발을 낳을 것이며, 그로 인해 가을 선거에서 공화당이 패배하게 될지 모른다고 우려했다. 또한 그는 이 소식이 전달되자마자 그 선언에 해당되는 주들이 탈퇴주의자들에게 넘어갈 위험도 무시할 수 없다고 주장했다.

가장 의외의 반응을 보인 것은 체이스였다. 각료 중 그보다 더 적극적으로 노예해방을 지지하고 노예제 폐지 운동에 헌신적이었던 사람은 없었다. 하지만 체이스는 대통령의 선언서가 도를 넘었다고 주장했다. 체이스는 이 선언서를 발표하는 것은 대단히 위험한 조치이며, 전 세계적인 혼란을 불러일으킬 것이라고 말했다. 그는 남부 전역이 무질서에 빠져 "한쪽에서는 약탈과 대량 학살이, 또 다른 쪽에서는 반란에 대한 지지"가 일어날 것이라고 우려했다. 체이스는 "장군들이 자신의 재량에 따라 노예를 조직하고 무장시킬 수 있도록 허용하고, 이것이 군관구 지휘관에게 실질적으로 가능해지는 즉시 관구 내에서 노예해방을 선포하도록 지시하는" 좀더 점진적인 접근 방법을 추천했다. 군대가 노예해방의 속도를 통제하는 게 낫다는 것이었다. 하지만 아무런 조치가 없는 것보다는 선언서가 낫다고 여기는 만큼 일단은 반대하지 않겠다고 말했다.

체이스가 내세운 주장이 틀린 것은 아니지만, 그가 대통령의 선언서를 진심으로 지지하지 않은 것은 다른 개인적인 이유가 있었기 때문이다. 체이스는 1856년과 1860년에 좌절을 겪은 이후에도 대통령직에 대한 야망을 버리지 못하고 있었다. 그런데 현재 앤드루 잭슨 이래 재선된 대통령은 한 명도 없었고, 다음 선거는 2년 뒤였다. 체이스는 1864년 공천 경쟁에서 링컨을 이길 수 있다고 믿었다. 노예제 문제에 대한 링컨의 느린 움직임에 실망한 급진적 공화당원들이 자신을 적극적으로 지지했기 때문이다. 그런데 이 대담한 선언서는 그의 차기 대통령 당선 가능성을 위협하고 있었다. 웰스가 약삭빠르게 알아차렸던 것처럼, 체이스는 자신의 '전공분야'인 노예제 문제에서 대통령이 그를 앞지르는 것을 두려워했던 것이다.

스탠턴은 체이스의 주장 때문에 링컨이 선언서를 발표하지 않고 "전면적인 노예해방을 이룰 수 있는 절호의 기회"를 놓칠까봐 걱정하기 시작했다. 하지만 당시 링컨에게는 체이스의 의견이 중요한 것이 아니었다. 그는 결심을 굳히기 전에 슈어드의 의견을 듣고 싶어했다.

슈어드는 선언서에 대해 평소처럼 복잡하게 반응했다. 그는 선언서 때문에 인종 전쟁이 일어나 목화 산업이 파괴되면, 영국과 프랑스의 지배층이 자기네 경제적 이익을 보호하기 위해 이 문제에 개입할 것이라고 우려했다. 슈어드는 국무장관으로서 유독 유럽의 위협에 민감하게 반응했다. 그러나 외국에 대한 많은 정보를 입수하고 있었던 그도, 링컨이 직관적으로 파악했던 것을 보지 못했다. 연방이 노예해방에 전념하면, 노예제를 근절해야 할 죄악으로 여기는 유럽 일반 대중의 전폭적인 지지를 얻을 것이고, 이를 이용해 유럽 열강들이 남부를 지지하지 않도록 교묘히 조종할 수 있을 것이었다.

슈어드는 또한 선언서의 효력에 대해 의문을 제기했다. 그는 이 선언서가 강제력 없는 한갓 종이 쪼가리에 지나지 않는다고 여겼다. 그는 "민심은, 위안을 얻기 위해 계획을 빨리 수용하지만 그 계획을 실질적으로 실행하는 데에는 느리다오." 라고 노예제에 대한 대통령의 선포문을 오랫동안 기다렸던 프랜시스에게 말했다. 사실 슈어드의 입장은 거의 체이스와 비슷했다. 그는 "남부를 정복하자마자 노예를 포함해 반란군의 모든 재산을 몰수하는 방법이 더 나을 것"이라고 주장했다. 슈어드는 실용적인 부분에만 몰두한 나머지, 노예해방을 전쟁의 목적으로 내세워 북부의 윤리적 열정을 분출시키고 공화당을 단결시킬 수 있는 선언서의 힘을 과소평가했다.

슈어드는 선언서의 효과를 의심하기는 했지만 어쨌든 반대할 생각은 없었다. 하지만 발표 시기에 대해서만은 반대 입장을 분명히 했다. "대통령님, 전 선언서에 찬성하지만 이 시기에 발표하는 게 좋을지는 의심스럽습니다. 전투에서의 계속된 패배로 민심의 실망감이 너무나 커서, 이 선언서가 전쟁에 지친 정부의 마지막 수단, 즉 구조 요청이자 최후의 발악으로 비쳐질까 걱정입니다." 그는 "승리의 독수리가 날아오를 때까지" 발표를 늦추는 것이 낫다며, 군사적 성공에 희망을 걸고 "선언서는 잠시 목에 걸어두라"고 제안했다. 그날 늦게 워싱턴으로 링컨을 만나러 온 서로우 위드도 슈어드와 비슷한 조언을 했다. 훗날 링컨은 화가 프랜시스 카펜터에게 말했다. "국무장관의 현명한 견해는 내게 깊은 인상을 주었습니다. 그 사안에 대해 생각하면서 제가 간과했던 점을 지적해주었습니다. 그래서 당신이 밑그림을 치워두는 것처럼 저는 선언서 초안을 한쪽에 밀어두고 승리를 기다렸습니다."

흑인 대표단과의 만남

하지만 7월에서 8월로 넘어가는 동안에도 링컨은 선언서에 대한 생각을 멈출 수 없었다. 최초의 군사적 성공이 이루어졌을 때 이를 공표하기로 결심한 그는, 전선의 상황을 불안하게 지켜보면서 선언서를 여러 번 수정했다. 그리고 선언서가 자연스럽게 받아들여질 수 있도록 미리 여론을 조성하는 일에 몰두했다. 링컨은 오래전부터 정계의 모든 일이 민심을 얻지 못하면 성공할 수 없다고 믿었다. 그는 노예해방의 가장 큰 장애물 중 하나가 두 인종이 자유 사회에서 평화롭게 공존할 수 없을 것이라는, 모든 백인들의 공포임을 알고 있었다. 그래서 그는 해방된 노예의 자발적 이주 계획을 앞세우기로 했다. 이렇게 하면 백인들이 두려움을 누그러뜨려, 자신의 선포문이 더욱 폭넓게 수용될 수 있을 것이라 여겼다.

8월 14일, 링컨은 백악관에 해방된 노예 대표단을 초대했다. 흑인들에게 이주의 혜택을 설파하는 데 그들이 협조해주었으면 하는 마음에서였다. "여러분과 우리는 다른 인종입니다. 우리 사이에는 대부분의 다른 인종보다 더 큰 차이가 있습니다."라고 그는 운을 떼었다. 링컨은 먼저 "노예제로 인해 흑인들이 그 어느 인종보다 더 큰 피해를 입었습니다."라고 인정했다. 그리고 "여러분은 더 이상 노예가 아니지만 백인과 조금도 평등한 위치에 있지 못하며, 다른 인종이 누리는 많은 혜택을 누리지 못합니다. 인간의 염원은 자유인이 되었을 때 최상의 평등을 누리는 것이지만, 이 대륙에서는 여러분의 인종

가운데 단 한 사람도 우리 인종과 평등하지 않습니다."라고 주장했다. 링컨은 이어 "따라서 우리가 서로 떨어져 사는 것이 양쪽 모두에게 훨씬 좋습니다. 중앙아메리카 어딘가에 거주지를 세우는 데 도움이 되도록 국회가 예산지출을 승인했으며 현재 내 임의대로 집행할 수 있습니다."라고 자신의 의도를 설명했다.

그는 흑인들의 이주 가능성을 높이는 데, 지금 참석한 이들처럼 똑똑하고 교육받은 흑인들이 큰 도움을 줄 것이라고 생각했다. 토론이 이어졌고 회의는 끝이 났다. 대표단의 생각은 링컨과 달랐다. 대표단장은 이틀 후 링컨에게 편지를 보내 "우리는 모든 이익이 확실히 드러날 때까지 그 계획을 전적으로 반대한다."는 입장을 밝혔다. 그리고 필라델피아와 뉴욕, 보스턴의 저명한 흑인들과 이 문제를 의논하겠노라고 약속했다. 흑인 지도자들은 빠르게 대답했지만, 링컨이 원했던 것과 달리 이 제안에 많은 반감을 드러냈다. 〈리버레이터〉는 한 사설에서 이렇게 말했다. "이 나라의 400만 노예는 박해자들처럼 이 나라의 주인이다. 그들은 여기서 태어났고, 이 나라에서 살 자격이 있다. 그들에게는 당연히 이곳이 죽어서 묻힐 곳이다. 물론 누군가는, 나이아가라 강을 그 수원으로 거슬러 올라가게 하거나 앨러게니 산맥을 바다에 내던지려고 시도하는 것처럼, 그들을 나라에서 몰아내거나 나가라고 부추길 수도 있다. 그러나 지구의 모든 인구를 수용할 수 있을 만큼 넓은 나라, 모든 나라의 학대받는 이들의 피난처임을 당당하게 자랑하는 나라의 대통령이 그들을 먼 해안으로 추방할 생각을 하다니, 얼마나 슬픈 일인가!"

프레더릭 더글러스도 흑인 대표단과 링컨의 대화에 대한 기사를 보고 대통령을 신랄하게 공격했다. 그는 흑인이 백악관에 초대받은 것은 이번이 처음이며, 이것이 무척 고무적인 일이라는 것은 인정했다. 하지만 그는 링컨이 "인종과 혈통에 대한 우월감"과 "흑인에 대한 경멸감"을 드러내는 "우스꽝스러운" 발언을 했다고 비난했다. 더글러스는 "피부색에 대한 백인들의 편견은 해결할 수 없는 근본적인 차이에서 비롯된 문제가 아니며, 단지 모든 범죄와

악의 뿌리, 즉 노예제의 부산물일 뿐이라는 점을 대통령은 알아야 한다. 유색인이 납치당해 억지로 미합중국에 끌려와서 재산으로 취급되지 않았다면, 독일인이나 아일랜드 사람들처럼 자유 이민자로 왔다면, 혐오와 끔찍한 학대의 대상이 되지 않았을 것이다.”라고 주장했다.

링컨은 평소 다른 이들의 입장을 깊이 공감할 줄 알았지만, 이 당시 자신의 노예해방에 대한 관점을 흑인 사회가 어떻게 받아들일지에 대해서는 알지 못했다. 그는 나름대로 흑인의 입장에 서서 그들에게 가장 좋다고 생각되는 것을 제안한 것이었다. 그러나 흑인 사회와 접촉해본 적이 없었기 때문에, 그는 나라에 대한 흑인들의 깊은 애정과 이주 제안에 대한 분노를 알지 못했다. 링컨이 프레더릭 더글러스를 만난 것이 바로 이 무렵이었다. 그와 우정이 싹트고, 자유를 위해 기꺼이 목숨을 바치려는 흑인 병사들과 만나게 되면서, 링컨은 비로소 흑인 동포를 좀더 깊이 이해하게 되었다. 그 이후 해방 노예의 이주에 대한 생각은 그에게서 영원히 잊혀지게 된다.

그해 8월 흑인 대표단과 대화를 나눈 후에도, 링컨은 이주가 가장 좋은 선택인지 확신하지는 못한 상태였다. 하지만 계획을 제안하는 것만으로도 노예해방의 가능성을 좀더 감칠맛 나게 하는 “꿀 한 방울”이 될 수 있음을 알고 있었다. 그러나 체이스는 이에 동의하지 않았다. 그는 링컨의 이주 토론에 대한 기사를 읽은 후 “색깔 편견에 저항하는 것은 얼마나 훌륭한 일인가! 자유인이 미국 땅에 집을 짓도록 해주는 것은 얼마나 현명한 노력인가!”라고 일기에 적었다. 카운트 구로스키는 링컨을 더 신랄하게 비난하면서, 두 인종이 같이 살 수 없다는 링컨의 말은 싸구려 “허풍”이고, 부끄럽게도 무지나 어리석음 혹은 둘 다를 드러낸다고 말했다.

가장 놀라운 비판을 한 사람은 호러스 그릴리였다. 그는 8월 20일자 〈뉴욕 트리뷴〉에 “2000만의 기도”라는 제목으로 대통령에게 보내는 공개서한을 발표했다. 그는 수많은 독자들에게 링컨은 정책을 세울 때 접경주 출신의 선배 정치가들의 영향을 지나치게 많이 받아, 반란군을 궤멸하는 동시에 그들이 옹호하는 노예제를 지지하려는 시도가 모순되고 무익하다는 점을 깨닫지 못했다고 비난했다.

링컨은 그릴리의 편지에 답장을 보내기로 결심했다. 그는 노예해방과 군사적 필요성 사이의 중요한 연관 관계를 시민에게 알릴 기회를 놓치지 않았다. 링컨은 "당신 말대로 내가 추진하려는 정책에 대해서 나는 누구에게도 의심의 여지를 남길 의도가 없다."고 운을 떼었다. "이 투쟁에서 내 최고 목표는 연방을 구하는 것이지 노예제를 존속시키거나 폐지하려는 것이 아닙니다. 노예를 해방시키지 않고 연방을 구할 수 있다면 그렇게 할 것입니다. 모든 노예를 해방시켜야 연방을 구할 수 있다면 또 그렇게 할 것입니다. 일부 노예는 해방시키고 일부는 그대로 두어야 연방을 구할 수 있다면 그래도 그렇게 할 것입니다. 본인은 연방을 구하는 데 도움이 되기 때문에 노예제나 유색인종에 대해 노력하는 것입니다. 내가 어떤 일을 하지 않는 것은 그게 연방을 구하는 데 도움이 안 된다고 여기기 때문입니다. 내 행동이 대의에 도움이 되지 않는다면 그 일을 하지 않을 것이고, 대의에 도움이 된다고 생각하면 그보다 '더 많은 일'을 할 것입니다."

링컨이 그 '더 많은 일'을 하려고 결심했다는 사실을 몰랐던 노예제 폐지론자들은 그의 반응에 분노했다. "그릴리에 대한 대통령의 답변이 무척 실망스럽습니다."라고 프랜시스는 남편에게 불만을 터뜨렸다. "그는 그저 많은 주를 단결시키는 것이 인간의 자유보다 더 중요하다고 생각하는 듯하군요."

슈어드는 몇 개월 동안 열정적인 아내와 이 문제로 논쟁을 벌였다. 6월에 집에 있던 그는 공화주의의 보존이 즉각적인 노예제 폐지보다 더 중요한 과제라고 주장했다. 그는 평생 동안 노예제와 싸웠지만, 노예제 폐지를 향한 성급한 움직임이 공화국 자체를 파멸시킬 수도 있다는 생각이 들 경우에는 한 발 물러서곤 했다. 그러나 그는 노예제가 결국엔 소멸되리라는 것을 믿어 의심치 않았다. 사실 그는 문명의 발전으로 노예제의 미래는 오래전에 사라졌다고 믿었다. 그러면서도 그는 "하지만 어느 순간 공화국이 파멸한다고 가정해보라. 이는 어느 한 인종의 운명뿐만이 아니라 모든 인류의 원대한 희망과 밀접한 관계가 있다. 공화국의 멸망과 함께 자유의 시계는 빠르게 뒤로 돌려질 것이다. 그러한 불행이 어떤 결과를 가져올지 우리는 예상할 수 없다. 나라의 구원은 노예제 폐지보다 훨씬 더 중요하다."라고 주장했다.

프랜시스는 남편의 말에 전적으로 반대하면서, 노예제를 그대로 간직한 채로는 진정한 "공화정"을 세울 수 없다고 주장했다. "둘은 양립할 수 없습니다." 그녀는 남편에게 보내는 편지에서 이렇게 말했다. "이 문제에 대한 대통령의 결정이 무엇이든, 당신은 자신과 아이들, 나라, 하나님께 이 결정의 당위성을 분명히 설명할 수 있어야 할 것입니다. 대통령이 노예제에 대해 아무런 조치도 취하지 않는다면, 그러한 윤리적 죄악을 계속 지지하는 것처럼 보이느니 차라리 내일 당장 그 직책을 사임하는 게 낫습니다."

프랜시스는 당시 노예해방과 공화정의 관계에 대한 링컨의 관점이 남편의 생각보다 더 진보적일 것이라고는 생각하지 못했다.

링컨은 이렇듯 자신을 향한 비난이 빗발치는 속에서도, 승리가 적당한 시기를 알려줄 때까지 선언서를 감춰두었다. 모든 것은 연방군의 승리에 달려 있었다.

18장

불평불만이 부른 재앙

내각의 위기

링컨은 새로 결집한 존 포프 장군 휘하의 버지니아 군에 노예해방 선언서를 발표할 희망을 걸고 있었다. 서부에서 포프는 맥클렐런에겐 없었던 적극성을 보여주었다. 1862년 8월 초, 핼렉 장군은 맥클렐런에게 전군을 아퀴아 만과 알렉산드리아로 철수시켜 반도 전투를 끝내라고 명령했다. 그곳에서 맥클렐런은 포프와 합류할 예정이었다. 포프는 링컨이 처음 제안했던 내륙의 경로를 따라 매나서스에서 리치먼드로 나아갔다. 두 부대가 합류하면 리 장군의 병력을 수적으로 압도할 것이었다. 그런데 합병된 군대의 지휘관에 포프가 임명될까봐 두려워한 맥클렐런이 이리저리 핑계를 대며 이동을 늦추기 시작했다. 그는 이동을 맹렬히 반대하면서 이러한 전술로 나가면 패배할 것이라고 핼렉에게 경고했다. 그리고 불충분한 군 수송선을 핑계로 열흘간 시간을 끌다가, 8월 14일이 되어서야 철수를 시작했다. 당연히 그의 부대는 8월 24일까지도 아퀴아 만에 도착하지 않았다.

　연방 측 두 부대가 결집하면 자신이 패배하리라는 사실을 알았던 리 장군은, 맥클렐런이 도착하기 전에 포프와 교전하기 위해 리치먼드에서 북쪽으로 이동했다. 그리고 8월 18일, 돌벽장군 잭슨과 제임스 롱스트리트 장군 휘하의 연맹군이 포프 부대의 주둔지와 아주 가까운 곳까지 진출했다. 워싱턴과 리치먼드 사이에 있는 래퍼해녹 강만이 두 군대를 갈라놓고 있었다. 북쪽 강둑에 자리를 잡고 있던 포프는, 모두가 원하는 대공세를 위해 맥클렐런의 부대가 증원해줄 것이라 여기며 기다렸다. 그러나 리 장군은 맥클렐런이 지체하는 시간을 현명하게 이용했다. 그는 포프 앞에는 롱스트리트의 병력을 남겨두고 잭슨을 포프의 배후로 보내 매나서스에 있는 연방의 보급기지를 점령한 다음, 지난 불 런 전투지 근처 숲에 집합하도록 했다. 혼란에 빠진 포프는 래퍼해녹을 떠나 북쪽으로 향했고, 그곳에서 연합한 리와 롱스트리트, 잭슨의 병력을 만났다. 양측 부대가 전투의 시작을 기다리는 동안, 북쪽 하늘에 혜성이 나타났다. 셰익스피어에 익숙한 링컨은 분명 시저에게 했던 칼푸르니아의 불길한 경고를 떠올렸을 것이다. "거지들이 죽으면 혜성은 보이지 않습니다. / 왕자들이 죽을 때는 하늘이 불타오릅니다."

　맥클렐런은 포프에게 두 군단을 보내는 데 동의했지만, 자신의 지위가 총사령관임을 확인시켜주는 전갈을 기다리면서 계속 시간을 끌고 있었다. 그는 자신의 부대가 포프의 부대로 흡수되면 "휴가를 요청할 것"이라고 8월 24일 아내에게 말했다. 하지만 "포프가 패배하면 모든 사태가 바뀔 것이며, 그들은 다시 내게 워싱턴을 구해 달라고 애원할 것"이라고 말했다.

　그리고 8월 29일 금요일, 불 런에서의 두 번째 전투가 본격적으로 시작되었다. 사람들은 길모퉁이와 호텔에 삼삼오오 모여 있었다. 전방에서는 믿을 만한 소식이 전해지지 않았고 그저 소문만 무성했다. 한번은 신문 파는 아이가 "돌벽장군 잭슨이 1만 6000명의 대원과 함께 붙잡혔다!"라고 외쳤다. 그리고 몇 분 후에는 잭슨이 포프 부대를 전멸시키고 워싱턴을 점령하기 위해 북쪽으로 향하고 있다고 전했다. 공존할 수 없는 승리와 패배의 소식이 번갈아 전해지고 있었다.

대통령은 더없이 불안한 시간을 보내고 있었다. 전쟁부 전신국 담당자는 "링컨은 사람들로 북적이는 2층 방에서 몇 시간이고 머물며 전선의 소식을 기다렸으며, 필요하다면 밤이라도 새울 작정인 듯했다."고 회상했다. 그는 알렉산드리아에 본부를 둔 맥클렐런 등 여러 장군에게 전보를 보내 매나서스의 소식을 요청했다. 맥클렐런은 즉시, 정보가 아닌 충고의 답장을 보냈다. 대통령에겐 현재 두 가지 선택밖에 없다고 그는 조언했다. "모든 병력을 포프에게 집중시키거나, 포프가 알아서 곤경에서 빠져나가도록 내버려두고 즉시 수도를 완벽하게 방어할 모든 방법을 강구하십시오."

토요일 아침, 존 헤이는 군인 거주지역에서 대통령을 만나 함께 마차를 타고 백악관으로 향했다. 가는 도중, 링컨은 헤이에게 "맥클렐런은 포프가 패배하기를 원하는 것 같다."고 말하며 맥클렐런에 대한 불만을 솔직하게 털어놓았다. 특히 "포프가 알아서 곤경에서 빠져나가도록 내버려두라."는 맥클렐런의 충고에 몹시 분노했다고 링컨은 말했다.

하지만 노발대발한 스탠턴에 비하면 링컨의 비난은 가벼운 것이었다. 그는 이제 맥클렐런을 반역자로 여기고 있었다. 그는 맥클렐런이 포프에게 부대를 보내지 않은 것을 공식적으로 보고하기 위해 상황 전반을 파악해야 했다. 그는 핼렉 장군을 만나 어떻게 된 일인지 물어보기로 했다. 먼저 그는 맥클렐런이 철군 명령을 받은 날짜가 정확히 언제인지 확인했다. 그리고 핼렉이 맥클렐런에게 국가적 안전에 비추어 그 명령에 시급히 따라야 할지에 대해 어떤 의견을 나타낸 적이 있는지 물었다. 핼렉은 자신의 8월 3일 명령이 생각만큼 신속하게 이행되지 않았다고 대답했다.

핼렉의 증언을 확보한 스탠턴은 체이스에게 이를 털어놓았다. 두 옛 친구는 맥클렐런을 즉시 해임시켜야 하며 링컨에게 해임을 강요해야겠다고 결심했다. 하지만 링컨과 언쟁하는 것이 밑 빠진 독에 물을 붓는 것과 같다고 생각한 이들은 좀더 명확하게 서면으로 주장해야겠다고 생각했다. 스탠턴은 맥클랠런에 대한 진정서를 작성했다. 그리고 가능하면 대다수 각료들의 서명을 받아야겠다고 생각했다. 그들은 맥클렐런 장군이 계속해서 지휘할 경우 일부 각료는 사임할 것이며 나아가 내각이 해산될 수도 있다는 의견을 담은 진정서를 링컨에게 제출하기로 했다. 스탠턴과 체이스는 그가 자신들의 의견을 지지해주기를 기대하며 F가에 있는 베이츠의 집으로 향했다. 그가 외출 중이라는 이야기를 들은 그들은 다음날 아침 체이스의 사무실로 방문해 달라는 전갈을 남겨두고 떠났다.

베이츠는 토요일 아침 일찍 재무부 사무실에 들렀다. 긴 대화 끝에 베이츠 역시 맥클렐런 문제에 대해 그들과 전적으로 같은 생각이라는 사실을 알게 된 체이스는 몹시 기뻐했다. "이만큼 훌륭한 군인들로 이루어진 대군도 없었는데, 지휘가 형편없소이다!"라고 베이츠는 불만을 터뜨렸다. 그리고 그는 체이스나 스탠턴과 마찬가지로 "당장 더 나은 변화가 일어나지 않는다면 내각은 업신여김을 당하게 될 것"이라고 주장했다.

베이츠가 맥클렐런 해임 운동의 든든한 동료임을 확신한 체이스는 전쟁부로 건너갔다. 그곳에서 스탠턴은 문서의 초안을 완성했다. 옆으로 누운 듯한 스탠턴 특유의 필체로 여러 번의 퇴고 끝에 작성된 냉정한 문서에서 서명자들은 "조지 B. 맥클렐런이 계속해서 지휘권을 갖고 있었기 때문에 일어난 '자원 낭비와 전쟁의 연장, 군의 와해, 연방의 위기'를 방조하는 것을 거부한다."고 선언했다. 또한 맥클렐런은 "상관의 명령에 의도적으로 불복종하여 포프 장군이 지휘하는 군대를 위험에 빠뜨렸다."고 비난했다. 체이스는 여러 번 수정을 제안했고, 스탠턴의 이름 위에 서명했으며, 그 서류를 베이츠와 스미스, 웰스에게 가져가겠노라 약속했다.

오래전에 맥클렐런에 대한 신뢰를 잃은 스미스는 그 자리에서 서명하는 데 합의했다. 그날 늦은 오후에 비좁은 계단을 지나 해군성 2층으로 올라간 체이스는 퇴근 준비 중이던 웰스를 만났다. 성명서를 읽은 웰스는 체이스에게 "맥클렐런에게서 모든 지휘권을 박탈해야 한다고" 생각하긴 하지만, 서류가 주장하는 것처럼 "그를 무능하다고 비난하거나 배신자라고 공표"할 생각은 없다고 못 박았다. 맥클렐런이 증원을 미루어 포프를 위기에 빠뜨렸다는 것은 분명한 사실이라고 체이스가 거듭 강조했는데도 웰스는 주저했다. 그는 블레어가 그 서류를 보았느냐며 날카롭게 질문했다. 체이스는 아직 이야기하지 않았다고 대답했다. 이런 대화가 오가고 있을 때 블레어가 사무실에 들어섰다. 체이스의 당황한 기색을 눈치 챈 웰스는 몇 분 후 블레어가 돌아갈 때까지 서류를 가슴팍에 붙이고 있었다. 체이스는 블레어나 다른 사람에게 그 서류에 대해 이야기하지 말아 달라고 부탁했다.

체이스가 이 음모를 충실히 진행하고 있는 동안, 스탠턴은 링컨과 헤이를 K가에 있는 자신의 집으로 갑작스럽게 초대했다. 유쾌하고 소박한 저녁식사가 이어졌다. 식사를 하며 이들은 전선의 상황에 대해 이야기를 나누었다. 처음에는 포프가 유리한 입장이라는 보고가 들어왔지만, 이후의 진행 상황에 대한 정확한 정보가 아직 도착하지 않은 상태였다. 스탠턴은 링컨과 대화를 나누면서 맥클렐런이 비열한 행동을 계속한다면 연방이 이 전쟁에서 패배할 것이라고 맥클렐런을 가차없이 비난했다.

식사를 마친 후 대통령과 헤이는 군사 본부로 향했다. 핼렉 장군은 "금세기 가장 큰 전쟁"의 추이를 다소 자신 있는 태도로 이야기했다. 그는 큰 걱정 없이 평온해 보였다. 그 후 스탠턴의 집무실로 향한 두 사람은 스탠턴이 병자와 부상병 치료가 신속히 이루어지도록 "방대한 숫자의 간호 지원병"을 전쟁터에 파견했음을 알게 되었다. 모든 일이 순조로운 듯했고, 그들은 희소식을 기대하며 침대로 향했다. 하지만 스탠턴에게는 그날 밤 많은 일이 기다리고 있었다. 포프가 맥클렐런의 지원 없이 승리한다면 젊은 나폴레옹의 추방을 둘러싼 논란은 더욱 격해질 것이었다. 웰스가 전선의 최근 소식을 듣기 위해 들렀을 때, 스탠턴은 스미스와 같이 있었다. 스탠턴은 겨울의 활동 부진부터 "가짜 대포" 사건, 반도에서의 큰 실수 등을 언급하며 맥클렐런을 한참 동안 비난했다. 스미스가 자리를 뜨자, 스탠턴은 웰스에게 진정서에 대해 속삭이

듯 이야기했다. 그는 체이스를 통해 웰스가 진정서에 서명하는 것을 거절했다는 사실을 이미 알고 있었다. 웰스는 맥클렐런을 해임시켜야 한다는 데 동의하긴 하지만, 그 방식과 태도가 마음에 들지 않는다고 설명했다. 웰스의 생각에 그건 "대통령을 무시하는 처사"인 듯했다. 웰스는 "대통령은 중요한 문제를 함께 상의하고 조언을 구하는 친구로 우리를 곁에 불러들였지, 힘을 합쳐 그에게 도전하라는 것은 아니었습니다."라고 말했다.

흥분한 스탠턴은 대통령을 위해 자신이 해야 할 당연한 의무를 알고 있지만, 대통령은 맥클렐런을 부적당한 직책에 임명했으며, 계속해서 그를 난처하게 만드는 그 지휘관 때문에 할 일이 너무나 많아졌다고 주장했다. 그는 이런 사태가 계속되는 걸 묵과할 수 없고, 있다고 해도 그렇게 하지 않겠다고 말했다.

다음날 아침, 전날의 낙관적인 보고와 달리 전쟁터에서 암울한 소식이 전달되었다. 포프의 부대는 전멸했다. 존 헤이는 "여덟 시쯤 내가 옷을 갈아입고 있을 때 대통령이 내 방에 들어와서 '존, 또 우리가 궤멸당했네. 무서운 일이네!' 라고 말했다."고 일기에 적었다. 다시금 불 런에서 벌어진 첫 번째 전투 때처럼 워싱턴은 공격에 대비해야 했다. 잭슨이 조지타운에서 포토맥 강을 건넜다는 소문이 퍼지자, 겁에 질린 수천 명의 시민들이 도시를 빠져나가기 시작했다. 사기가 꺾인 부대가 포프 휘하에서 싸우려 하지 않는다는 소문이 들려왔다. 군인들은 전선을 떠나 사방으로 흩어졌다. 피해는 엄청났다. 6만 5000명의 연방군 중에서 1만 6000명의 사상자가 발생했다. 이제 상황은 연맹군에게 유리해졌다.

압도적인 패배로 인해 대통령은 곤란한 상황에 처했다. 포프에게 부대를 보내지 않고 꾸물거린 맥클렐런에 대해 생각하면 할수록 화가 났다. 하지만 워싱턴이 위협받는 상황에서 화만 내고 있을 시간이 없었다. 그저 최고의 병력이 필요할 뿐이었다. 그는 여전히 사기가 저하된 부대를 재편성하는 데에는 맥클렐런이 적임자라고 여겼다. 먼로 요새와 해리슨즈 랜딩을 시찰하면서 링컨은 이 지휘관에 대한 병사들의 깊은 충성심을 목격했던 것이다. "이러한 방어시설을 세우고 그의 반만큼이라도 우리 부대를 반듯하게 만들 만한 사람은 군대에 없다."고 링컨은 생각했다. 링컨의 입장은 이랬다. "분명 맥클렐런은 불성실하게 행동했다. 그는 포프가 패배하기를 원했다. 그건 용서할 수 없다. 하지만 당장은 절실하게 필요한 그를 희생시킬 수 없다." 핼렉이 버지니아와 포토맥 군단 전체의 지휘권을 다시 맥클렐런에게 맡기라고 충고하자 링컨도 동의했다.

링컨의 깊은 생각을 몰랐던 각료들은 맥클렐런을 몰아내기 위한 음모를 적극적으로 진행하고 있었다. 베이츠는 진정서의 논조를 부드럽게 하기 위해 문서를 수정했다. 스탠턴과 체이스, 스미스, 베이츠는 새 진정서에 서명했다. 체이스는 이를 다시 9월 1일 월요일에 웰스에게 보여주었다. 웰스는 새 성명서가 "훨씬 낫다"고 하면서도, 여전히 "대통령에게 영향력을 행사하거나 그의 결정을 좌우하기 위해" 모의하는 것은 싫다고 말했다. 체이스는 진행 과정이 "유별난 것"은 사실이지만, 그건 "사건 자체가 워낙 유별나기 때문"이라고 설명했다. 그들은 링컨에게 맥클렐런이 해임되지 않으면 내각이 해체될 것이라는 위기감을 심어주어야 했다. 체이스는 "맥클렐런은 파면되어야 하고, 자신이 대통령이라면 당장 그를 징계했을 것"이라고 웰스에게 말했다. 웰스는 맥클렐런이 "전투에 적합한 장군이 아니며, 최근에는 직무태만으로 중대한 위기를 초래했다고" 인정했다. 그는 체이스에게 성명서에 서명하지는 않겠지만, 다음날 내각회의 때 자신도 맥클렐런을 해임하는 데 동의한다고 링컨에게 말하겠다고 약속했다. 때문에 스탠턴과 체이스는 다음날까지 링컨과의 만남을 미루기로 했다.

슈어드만 빼고 각료 전원이 9월 2일 화요일 정오에 모였다. 국무장관은 전주에 오랫동안 기다렸던 휴가를 받아 오번으로 떠나고 없었다. 계속 슈어드를 못미더워했던 웰스는 그가 맥클렐런에 대한 성가신 논란을 피하기 위해 의도적으로 워싱턴을 떠났다고 생각했다. 하지만 사실 슈어드는 피치 못할 개인 사정 때문에 그 시기에 휴가를 떠난 것이었다. 제니가 조만간 그의 첫 손자를 낳을 예정이었다. 아들 윌리엄은 아기가 태어나자마자 가족을 남겨두고 입대할 계획이었다. 게다가 프랜시스가 제일 좋아하던 이모 클라라가 세상을 떠났기 때문에 아내를 위로해주어야 했다. 하지만 포프의 패배 소식을 듣고 그는 휴가를 단축시켰다. 내각회의가 소집됐을 때 그는 워싱턴으로 돌아오는 길이었다.

회의가 시작되자마자 대통령은 잠시 휴식을 요청했다. 링컨이 자리를 비운 사이 스탠턴이 입을 열었다. 그는 흥분으로 떨리는 목소리를 억누르며, 맥클렐런이 워싱턴의 병력을 지휘하라는 명령을 받았다고 동료들에게 전했다. 각료들은 어이가 없었다. 잠시 후 돌아온 링컨은 그날 아침 7시에 맥클렐런에게 전달한 자신의 결정을 설명했다. 링컨은 맥클렐런이 이 지역의 지형을 잘 알고 있기 때문에 믿고 수비를 맡길 수 있다고 말했다. 또한 맥클렐런에게 문제가 있음을 너무나 잘 알지만 "그보다 더 훌륭한 조직자"는 없다고 주장했다. 링컨은 자신의 판단이 옳았다는 것이 결국 증명될 것이라고 생각했다.

"이어진 토론은 그 어떤 내각회의 때보다 더 불안하고 우울했다."라고 웰스는 일기에 기록했다. 링컨은 스탠턴과 체이스만큼이나 심하게 괴로워했다. 체이스는 "국가적 참사가 일어날 것"이라고 예상했고, 성명서가 쓸모없어졌음을 깨달은 스탠턴은 "늘어진 나뭇잎처럼" 전쟁부로 돌아갔다. 이 일로 스탠턴은 얼마 동안 링컨을 적대시했다.

링컨은 이 중요한 문제에 대해 내각이 자신의 뜻을 반대했다는 것을 몹시 괴로워했다. 베이츠는 이렇게 회상했다. "그는 깊은 고민으로 지친 듯, 스스로 목을 매달고 싶은 기분이라고 말했다." 맥클렐런과 포프의 패배, 계속되는 끔찍한 전쟁과 관련된 내각의 분열이 링컨을 엄청난 무게로 짓눌렀다. 그는 이렇게 기록했다. "큰 전쟁에서 양쪽 모두 하나님의 뜻대로 움직인다고 주장한다. 양측 모두 틀렸거나 어느 한 쪽은 분명히 잘못 생각하는 게 분명하다. 지금 이 내전에서 하나님의 의지는 어느 한 쪽의 목표와는 다른 그 무엇일 것이고, 하나님은 이 전쟁을 끝내도록 아직 의지하지 않으셨다.”

절망에 빠졌던 링컨은 워싱턴으로 돌아온 슈어드 덕에 어느 정도 안정을 찾았다. 링컨은 그 어느 각료보다 더 솔직하게 그와 이야기할 수 있었다. 9월 3일 밤 수도에 도착한 슈어드는 즉시 링컨을 만나러 갔지만 불행히 방문객들이 너무 많아 내밀한 대화를 할 수가 없었다. 링컨은 “잠시 나랑 같이 마차를 탑시다.”라고 제안했다. 몇 시간 동안 두 친구는 구불거리는 마찻길 위에 있었다. 슈어드는 북부에서 보았던 것을 자세히 전했고, 링컨은 군대에서 일어난 일과 자신을 괴롭게 만들었던 내각회의에 대해 이야기했다.

슈어드는 괴로워하는 링컨에게 말했다. “나이 드는 게 왜 좋은지 아십니까? 아무리 늦은 듯해도 알아두면 좋을 세상물정을 배울 수 있다는 점입니다.” 불 런의 패배를 낳은 맥클렐런과 포프 사이의 적개심 이야기를 꺼낸 슈어드는 “군인들의 질투가 무엇인지 이제야 알게 되었습니다. 질투가 이 장군들로 하여금 명예와 애국심에 반하는 일을 하게 했다고는 생각하지 못했습니다.”라고 말했다. 노련한 정치가였던 그는 “그럴 수 있다는 것을 알았어야 했는데 말입니다.”라고 반성했다.

슈어드는 불 런의 정황에 잠깐은 낙심했지만, 북군이 결국엔 승리할 것이라는 자신감을 잃지 않았다. 링컨은 그의 태도에 기운이 솟았다. 암담한 상황이 목전까지 위협해올 때마다 슈어드는 역사를 되돌아보며 위안을 얻고 가르침을 받았다. 언젠가 그는 독립전쟁을 떠올리기만 해도 희망을 간직할 수 있었다고 말했다. 더욱이 다른 내각의 동료와 달리, 슈어드는 링컨이 “혼란의 바다에서 나라를 안전하게 구할” 분별력과 지혜, 관대함을 갖고 있다는 데 의심을 품지 않았다. 링컨은 자신의 난처한 입장을 이해해주었던 슈어드 덕에 큰 위안을 얻었을 것이다. 슈어드는 대통령이란 사람은 자신이 쓸 수 있는 도구를 최대한 이용해서 일해야 한다는 점을 분명히 알고 있었다. 그리고 바로 지금은 맥클렐런이 바로 그러한 도구였다.

한편 맥클렐런은 잘난 체하며 슈어드의 집 바로 옆 모퉁이에 있는 자신의 옛 본부로 돌아갔다. 그는 아내에게 보낸 편지에서 이렇게 말했다. "또 다시 나는 나라를 구하기 위해 소환되었소. 내 뛰어난 포토맥 군단이 처참하게 와해된 모습을 보니 가슴이 아프다오. 불쌍한 병사들! 그들이 지금도 나를 얼마나 사랑하는지, 내 가슴이 찢어질 듯합니다. 그들은 내가 말을 타고 지나갈 때면 '조지, 우리를 저버리지 마십시오! 다시는 그들이 우리에게서 당신을 빼앗아가서는 안 됩니다!' 라고 외친다오."

맥클렐런이 복직되고 겨우 이틀이 지났을 때, 반도와 불 런 전투에서 용기를 얻은 리 장군이 포토맥 강을 건너 메릴랜드 주를 침공해왔다. 연맹군 지휘관은 이 노예주 시민들이 자신의 군대를 지지하기 위해 봉기하리라 오해했다. 하지만 메릴랜드 주민들은 연맹군을 경멸했고, 리 장군과 교전하기 위해 행군하는 맥클렐런의 북군을 열렬히 환영했다. 두 군대가 만났을 때, 맥클렐런에게는 또 하나의 확실한 이점이 있었다. 부주의한 밀사가 흘린, 담배 세 개로 감싼 리 장군의 전투 계획을 발견했던 것이다.

9월 17일, 앤티텀 전투가 시작되었다. 맥클렐런은 아내에게 "우리는 가장 끔찍한 '세기의 전쟁' 속에 있소."라고 전투가 치열해지던 그날 오후에 편지를 보냈다. 전투가 끝났을 때, 양측 병사 6000명이 죽었고 1만 7000명이 부상당했다. 이는 제2차 세계대전의 공격 개시일에 목숨을 잃은 미국인 숫자의 네 배에 달하는 수치였다. 그러나 결국 연방군은 승리했고, 리 장군은 퇴각했다. 맥클렐런은 기뻐하며 보고했다. "우리는 승리했습니다. 패배하고 사기가 저하된 부대로 리 장군을 완벽하게 패퇴시키고 북부를 이토록 완벽하게 구했다는 사실이 조금은 자랑스럽습니다."

링컨은 리의 부대가 괴멸당했다는 초기의 보고에 흥분했다. 하지만 이어지는 전보를 보면, 맥클렐런은 승리에 들떠 퇴각하던 반란군을 쫓는 데 실패했고 그 덕에 리 장군은 포토맥 강을 건너 버지니아로 돌아가 부대를 재편성하고 물자를 다시 공급받을 수 있었다. 그러나 사기가 저하된 북부로서는 승리가 절박한 상황이었다. "마침내 전쟁터의 우리 장군들이 엄청난 국가적 위기를 타개하기 위해 봉기한 듯하다. 1862년 9월 17일은 반란의 몰락이 시작된 날로 기록될 것이다."라고 〈뉴욕 타임스〉는 보도했다.

이 말은 현실로 드러났다. 이 승리는 오랫동안 기다린 사건이었고, 이로 인해 링컨은 다음해 1월 노예해방 선언서를 발표하겠다는 계획을 선포할 수 있었다. 9월 22일 그는 자신의 결정을 알리기 위해 내각회의를 소집했다. 체이스와 스탠턴이 오른쪽에, 다른 이들이 왼쪽에 앉자 링컨은 메인 주의 유머 작가 찰스 파라 브라운의 글로 분위기를 띄우려 했다. 슈어드만이 기분전환을 하려는 링컨의 의도를 이해하고 링컨과 함께 큰 소리로 웃었다. 체이스는 억지 미소를 지었고, 스탠턴의 얼굴에는 조바심과 짜증이 드러났다.

재미있는 이야기를 마친 링컨은 "낮은 목소리로" 동료들에게 전에 읽어주었던 노예해방 선언서를 상기시켰다. 그리고 리의 부대가 메릴랜드에 있을 때 그 주에서 그들을 "몰아내자마자" 선언서를 발표하겠노라 결심했다고 말했다. "아무에게도 말하지 않았지만 나 자신과 (잠시 주저하며) 하나님께 약속했습니다." 기디언 웰스는 "링컨은 신앙의 영향이나 종교적 믿음을 인정한 적이 거의 없었지만, 앞으로의 일이 어떻게 될지 불확실할 때는 신에게 모든 것을 맡기고 하나님의 뜻을 따랐다."고 말했다. 대통령은 결정을 내리기 전에 이미 그들과 의견을 나누었기에 "주요 사안에 대한 충고"를 구하는 건 아니지만, 제안이 있으면 얼마든지 해도 좋다고 말했다. 그리고 링컨은 최근 몇 주 동안 노예해방의 군사적 필요성에 대한 이론적 해석을 보강하기 위해 약간 수정한 문서를 읽기 시작했다.

스탠턴은 적극적으로 지지했고, 블레어는 반대하지는 않았지만 접경주와 가을 선거에 대한 우려를 되풀이했다. 슈어드만 본질적인 변화를 제안했다. 그는 정부가 해방된 노예의 자유를 인정할 뿐 아니라 "유지"하겠노라 약속하고, "현 대통령의 재임 기간에 이를 뒷받침할 행동을 취할 것이라고 언급하면" 더 설득력 있지 않겠느냐고 제안했다. 링컨은 "그 점에 대해 생각해보았지만 내가 할 수 있다고 확신하지 못하는 일을 약속할 수는 없다."고 대답했

다. 하지만 슈어드가 이러한 입장을 취해야 한다고 고집하자 링컨은 현 내각
에 대해 언급하는 데 동의했다.

　다음날 예비 선포문이 발표되자 많은 군중이 백악관에 몰려들어 환호했
다. 반란주에게 연방으로 돌아올 마지막 기회를 주기 위해 1863년 1월 1일에
최종 선언서를 발표할 때까지는 효력이 없었지만, 이 선언서는 전쟁의 흐름
을 바꾸었다. "제가 잘못을 저지르지 않았는지는 하나님만이 아실 것입니다.
이제 나라와 전 세계가 판단할 것입니다!"라고 링컨은 지지자들에게 말했다.
그 다음 전쟁터의 용감한 군인들에게 주의를 돌렸다. 링컨은 "우리가 수많은
난관에 둘러싸여 있긴 하지만, 전쟁터에서 피와 목숨으로 미래의 행복과 나
라의 번영을 위해 노력하는 이들의 난관만큼 힘겨운 것은 아닙니다. 그들을
잊지 맙시다."라고 말했다.

　환호하는 인파는 6번가와 E가에 있는 체이스의 집에서 그의 연설을 "기쁜
마음으로" 들었다. 이후 베이츠와 "몇몇 노인" 등은 집안에 남아 와인을 마셨
다. 존 헤이는 이렇게 회상했다. "그들은 모두 새롭고 유쾌한 인생을 즐기는
듯했다. 흥겹고 유쾌하게 서로를 폐지론자라고 불렀고 그 이름이 가져다주는
신선한 느낌을 즐기는 듯했다."

　그러나 카운트 구로스키와 윌리엄 페센든 등 많은 급진주의자들은 여전히
링컨을 경계했다. 구로스키는 선언서가 "삭막하고 무미건조한 문체로 작성
되었고, 한마디도 전율을 일으키지 않는다."고 불평했고, 페센든은 "그 선언
서는 어느 노예의 신분에도 영향을 미치지 못할 것이다."라고 말했다. 링컨
을 무자비하게 비판했던 프레더릭 더글러스는 선언서의 엄청난 영향력을 이
해했다. 〈먼슬리〉에 실린 글에서 그는 "살아서 이 정당한 법령을 기록하게 되
어 기쁨의 환성이 저절로 터져나온다!"고 말했다. 선언서가 극심한 반발을 받
으리라 예상한 그는 "반발이 있다고 해서 대통령이 재고하고 철회할 것인
가?"라고 묻고는 "아니다. 에이브러햄 링컨은 뒤로 물러서지 않을 것이다."
라고 단정했다. 개인적인 친분은 없었지만 직관적으로 링컨의 성격을 파악한

더글러스는 "에이브러햄 링컨은 느릴지 모르지만, 자신의 공식 서명 하에 엄숙하게 선포한 약속과 결심을 철회하고 부정할 사람이 아니다. 그는 자신의 삶을 통해 그의 약속은 믿을 수 있다는 것을 보여주었다."라고 말했다. 링컨이 매사추세츠 주 국회의원 조지 부트웰에게 "저는 국민에게 약속했고, 그 약속을 취소할 수 없습니다."라고 말했을 때 더글러스의 주장은 확인되었다.

그러나 보수주의자들은 선언서로 인해 "두 진영에 영원한 분열이 일어날 것"이라고 우려했다. 민주당은 군대의 사기를 저하시키게 될 것이라 예상했다. 〈리치먼드 인콰이어러〉는 링컨의 선언서가 노예들을 선동하여 결국 냇 터너(노예 폭동 지도자로 주인 일가를 살해하고 주위 노예를 선동해 미국 역사상 가장 큰 규모의 노예 반란을 이끌었다)처럼 노예를 "사나운 짐승"으로 만들고, 사람들은 노예들을 추격해 죽이게 될 것이라고 비난했다. "그는 노예들의 암살을 기도하고 있다!" 하지만 링컨은 조금도 놀라워하지 않았다. 그는 다양한 편집자들의 의견을 분석한 후, "오랫동안 그 사안에 대해 연구했으니 나는 그들보다 더 많은 것을 알고 있다."고 말했다. 부통령 한니발 햄린이 선언서가 열광적인 지지를 받았으며 "이 시대의 가장 위대한 행동으로 역사에 남을 것"이라고 편지를 보냈을 때, 링컨은 "허영심 많은 사람은 그저 신문과 유명인사들의 칭찬에 기뻐하겠지만, 그동안 채권 매입은 줄어들었고 그 어느 때보다 지원병이 줄어들고 있습니다. 저는 그리 만족스럽지 못합니다."라는 답장을 보냈다.

떠나는 맥클렐런

맥클렐런은 앤티텀 근처에서 부대를 쉬게 하면서 자신이 처한 상황에 대해 생각했다. 최근 큰 승리를 거둔 후 자신의 명성이 완전히 회복되었다고 확신한 그는, 스탠턴에게 사직을 요구하고, 핼렉에게 자신의 복직(총사령관직)을 주장해야겠다고 생각했다. 이 두 가지 요구가 받아들여지지 않으면 지휘관에서 사직하겠다고 그는 아내에게 말했다. 게다가 노예해방 선언서라는 "그 빌어먹을 원칙"을 위해 싸운다고 생각하니 참을 수 없었다. 분개한 맥클렐런은 선언서에 반대한다는 항의 서안을 작성했다. 하지만 몽고메리 블레어와 그의 아버지를 포함한 오랜 친구들이 대통령의 정책에 따르지 않으면 파멸을 불러올 것이라고 경고하자, 그는 결국 편지를 보내지 않기로 했다.

맥클렐런은 자신의 입지를 과대평가했다. 그러나 링컨은 이제까지처럼 맥클렐런이 리 장군을 추격하는 데 군대를 동원하지 않는다면 그의 직위를 해제해야겠다고 결심했다. 링컨은 그를 직접 방문해 출정을 독려하기로 했다. 링컨은 10월 초 기차를 타고 맥클렌런의 본부로 향했다. 위험하다며 핼렉이 반대했지만, 링컨은 "몰래 빠져나가 연방의 병사들을 보기로" 결심했다. 늘 그렇듯, 그는 장병들과의 만남에서 힘을 얻었다. 연대가 북소리에 맞추어 총을 받드는 동안, 맥클렐런과 동행한 대통령은 천천히 말을 타고 가면서 모자를 들어 인사했다. "사열은 화려했다. 오랜 행군과 힘든 전투에도 불구하고 부대는 당당한 모습을 자랑했다. 대통령은 재미있는 이야기를 수없이 들려주었고 병사들은 크게 웃었다."라고 한 통신원은 전했다.

맥클렐런의 본부에서 식사를 함께하고 밤에는 옆 텐트에서 머물던 링컨은 장군에게 조용하지만 강경하게 "지나친 신중함"을 버리고 앞으로의 군사행동 계획을 세우라고 촉구했다. 맥클렐린은 아내에게 보내는 편지에서 링컨이 상냥하고 인간적이라고 인정하면서도, "그가 방문한 진짜 목적은 부대를 때이르게 버지니아로 진격시키려는 것"이라고 정확히 추측했다. 링컨은 기세등등한 부대의 모습에 용기를 얻어 기분 좋게 워싱턴으로 돌아갔다. 기차가 도중에 프레더릭이라는 작은 마을에 정차했을 때 군중은 링컨에게 연방에 대한 메릴랜드 주의 충성심을 열렬히 나타내며 환호했다. 연설을 부탁받은 링컨은 "평소 같으면 여러분에게 30분도 넘게 재미있는 이야기를 하겠지만," 대통령으로서 "무슨 말을 해도 자세히 기록되기 때문에 사소한" 이야기는 피

앤티텀에서 병사들과 함께한 링컨

해야겠다고 대답했다. 그렇지만 기차가 출발하기 전, 그는 연방의 대의에 대한 충성심을 보여준 부대와 시민들 모두에게 감사하면서 객차 승강 계단에서 짧고 멋진 연설을 했다. 연설을 마치면서는 그는 이렇게 말했다. "우리 아이들과 이후 모든 세대의 아이들이, 건국의 아버지들이 우리에게 남겨준 이 영광스러운 제도 하에서 기뻐할 수 있기를 바랍니다."

링컨은 다시 자신의 뜻을 강력하게 전하기 위해 "다음 월요일에 대통령이, 포토맥 강을 건너 적군과 전투를 하거나 남부로 몰아내라고 지시했습니다. 길이 좋은 지금 당장 부대를 이동시키십시오."라는 전보를 핼렉을 시켜 맥클렌런에게 보냈다. 하지만 맥클렐런은 또 다시 온갖 핑계를 대며 움직일 수 없다고 말했다. 물자와 신발이 부족하며 말이 지쳤다는 것이었다. 이 마지막 핑계에 링컨은 더 이상 짜증을 감출 수가 없었다. "앤티텀 전투 이후 당신 부대의 말이 무슨 일을 했기에 지쳤는지 물어봐도 되겠소이까?"

10월 23일, 좌절한 조지 템플턴 스트롱은 이렇게 한탄했다. "전쟁에서 우리의 힘은 약하기 그지없다. 맥클렐런의 복지부동은 분명 당당하지만, 웅크린 사자가 너무 오랫동안 움직이지 않으면 사람들은 박제가 아닌지 의심하기 시작할 것이다." 군대의 복지부동과 노예해방 선언서에 대한 보수주의자들의 불만은 11월의 중간 선거에 악영향을 미쳤다. 슈어드는 이것을 '불만의 재난'이라 칭했다. 공화당이 의회에서 과반수가 약간 넘는 의석을 차지하긴 했지만 노예제를 옹호했던 소위 '평화 민주당'이 일리노이와 뉴욕, 펜실베이니아, 오하이오, 인디애나 주에서 주요 공직을 휩쓸었다. 공화당의 패배에 대해 어떻게 생각하느냐는 질문을 받자 링컨은 말했다. "애인을 만나기 위해 달려가다가 넘어진 켄터키 청년 같은 마음입니다. 그 청년은 자신이 울음을 터뜨리기에는 너무 컸고 그렇다고 웃기에는 너무 아프다고 생각했지요."

다음날, 링컨은 맥클렐런을 포토맥 군단의 지휘관에서 해임시켰다. 젊은 나폴레옹은 결국 포토맥 강을 건넜지만, 또 다시 교묘한 핑계를 대며 시간을 끌고 있었다. 링컨은 헤이에게 말했다. "그가 부정한 짓을 저지르고 있을까 두려워지기 시작했네. 그는 적을 해치기 싫은 듯하더군. 그가 리치먼드로 가는 적군을 어떻게 막는지 살펴보기로 했네. 그리고 그가 적군을 도망치도록 내버려두면 그를 해임시켜야겠다고 생각했네. 그는 그렇게 했고, 나는 그를 해임시켰네."

맥클렐런은 밤 11시에 막사에서 전보를 받았다. 링컨이 그의 후임으로 결정한 앰브로즈 번사이드 장군이 전보를 건넸다. 호전적인 장군으로 알려진 번사이드는 반도와 앤디텀에서 맥클렐런 휘하의 군단을 지휘한 바 있었다. 맥클렐런은 아내에게 "불쌍한 번사이드는 잔뜩 겁에 질려 있었소. 솔직히 나도 놀랐지만, 나는 침착하게 행동했소."라고 말했다.

"맥클렐런 장군이 참모와 대원들에게 작별인사를 할 때 10만 명이 넘는 병사가 비통해했다."고 〈내셔널 인텔리젠서〉의 통신원은 보도했다. 막사 앞의 큰 모닥불 주위에 모여든 장교들과 함께 그는 와인잔을 들었다. "포토맥 군단을 위하여!" 그러자 한 장교가 덧붙였다. "그리고 옛 지휘관을 위하여!" 마지막으로 건배한 후, 말에 오른 맥클렐런이 대원들을 뒤로 하고 떠나자 대원들은 눈물을 흘렸다. 장군은 대원들에게 말했다. "여러분을 떠나는 지금, 제가 여러분에게 품은 애정과 감사를 다 표현할 수는 없습니다. 이 부대는 제 밑에서 성장했습니다. 여러분이 얻은 영광, 우리가 함께 나눈 위험과 노고, 전사하거나 병사한 동지들의 무덤, 부상과 병으로 불구가 된 사람들, 그 모두가 우리를 떼려야 뗄 수 없는 하나로 묶고 있습니다."

링컨이 맥클렐런의 후임으로 번사이드를 지목한 것은 부적절한 선택이었다. 그는 카리스마 있고 성실하고 정직했지만, 대군을 이끌 만한 자신감과 지혜가 부족했다. 사람들은 그의 머리가 "심장의 10분의 1"이라고들 했다. 12월 13일, 번사이드는 링컨의 충고를 무시한 채, 12만 2000명의 병사들을 이끌고 래퍼해녹 강을 건너 리 장군이 고지에 진을 치고 기다리던 프레더릭스버그로 갔다. 함정에 빠진 연방군은 연맹군의 두 배 이상인 1만 3000명의 사상자를 냈고 치욕스럽게 퇴각해야 했다. 링컨은 부대에 공식 성명을 전달해 패배의 충격을 누그러뜨리려 했다. "여러분이 적과의 싸움에서 보여준 용기는, 나라와 민주정부에 승리를 안겨줄 훌륭한 군대의 모든 조건을 갖추었음을 말해줍니다." 링컨은 아무리 패배하더라도 포기하지 않고 계속해서 진군하다면 결국 리 장군을 무력화시킬 수 있을 것이라고 말했다.

엉뚱한 희생자

프레더릭스버그 완패 이후 계속된 비난과 논란은 내각에 위기를 몰고왔다. 링컨은 인생의 그 어느 때보다 더 괴로워했다. 국회의사당의 급진적 공화당원들은 전쟁을 좀더 적극적으로 수행해야 한다고 링컨을 압박했다. 그러지 않으면, 타협으로 평화를 유지하자는 보수주의자들의 요구가 다시 힘을 얻게 될 것이라고 주장했다. 그리고 중간 선거가 현재 군사행동에 대한 국민의 불만을 증명했다며, 이는 명백한 재앙의 징조라고 주장했다.

12월 16일 화요일 오후, 공화당 상원의원 전원은 이 불길한 상황에 대처할 방법을 모색하기 위해 상원의원 접견실에서 회의를 열었다. 그들은 내각의 전면적인 변화가 없었기 때문에 '나라가 몰락하고 대의가 실패했다'는 데 동의했다. 그러나 전쟁 중에 대통령을 공개적으로 공격하는 것을 주저했던 그들은, 대신 대통령을 뒤에서 조종하는 악의적인 권력자라고 여기던 사람, 즉 윌리엄 헨리 슈어드에게 분노를 퍼부었다. 몇 달 동안 체이스는 "대통령을 좌우하고 내각의 모든 결정을 뒤집는 악의적인 세력이 있다."고 주장했다. 바로 슈어드를 가리키는 말이었다. 체이스는 한 편지에서, 링컨이 "나라의 주요 문제에 대해" 내각과 상의하지 않았다고 불평하면서, 그렇지 않았다면 각료들이 나라와 당에 닥친 불행을 막을 수 있었음을 암시했다.

공화당원들 사이에서는, 슈어드가 군대에 대한 대통령의 영향력을 무력화시켰다는 소문이 나돌았다. 그가 "사실상의 대통령"이고 그 때문에 맥클렐런의 해임이 오랫동안 지체되어 전쟁에서 패배하게 되었다는 말도 있었다. 또한 그가 전쟁의 목적을 노예해방으로 만들겠다는 링컨의 의도를 방해했으며, 선거에서 보수당이 높은 성과를 올린 것도 그의 탓이라고들 수군거렸다. 요약하자면, 슈어드라는 음흉한 존재는 "에이브 아저씨의 코를 막는, 클로로포름에 젖은 스펀지"라는 것이었다.

그날 오후 접견실에 모였던 공화당원들이 생각하기에, 이러한 소문은 사실인 듯했다. 상원의원들이 한 명씩 일어나 "대통령에게 영향력을 행사하는" 슈어드에 대해 이야기했다. 벤 웨이드는 "힘을 합쳐 대통령에게 슈어드 씨의 해임을 요구해야 한다."고 주장했다. 윌리엄 페센든은 "내각을 단결시키고 전쟁에 대한 우리의 견해를 반대하는 사람을 내각에서 배제시키기 위해" 헌법상의 권한을 행사하는 것이 그들의 의무라고 공언했다. 논의가 더욱 격해지자, 아이오와의 제임스 W. 그림스 상원의원은 "국무장관 불신임"을 선언하고, 그를 내각에서 몰아내야 한다고 주장하는 결의안을 제출했다. 페센든은 서른한 명의 상원의원 중 압도적인 다수가 찬성할 게 뻔한 투표를 요청했다. 슈어드의 친구인 뉴욕 상원의원 프레스턴 킹은 결의안이 "경솔하고 무분별"할 뿐 아니라 "단순한 소문에 입각한 것이니만큼" 부당하다며 반대했다. 여러 사람이 이에 동의했다. 오빌 브라우닝도 비난이 사실이라는 증거가 없다면서, 결의안에 찬성할 수 없다고 주장했다. 더욱이 이는 "적합한 절차가 아니며, 의회와 대통령 사이에 불화를 일으킬 가능성이 높고, 불화는 연방의 대의에 큰 피해를 입힐 것"이라고 말했다. 페센든은 "만장일치로 통과되지 않으면 결의안이 영향력을 갖지 못하고 분란만 일으킬 것"이라고 생각했다. 의견이 일치되지 않자 이들은 다음날 다시 논의하기로 결정했다.

프레스턴 킹은 슈어드에게 상황을 알려야 한다고 생각했다. 그날 밤 그는 슈어드의 집에 찾아갔다. 서재에서 오랜 친구를 만난 그는 슈어드 옆에 앉아 국회에서 일어난 일을 자세히 이야기했다. 슈어드는 조용히 귀를 기울이다가 "그들이 원하는 대로 하라지. 하지만 나 때문에 대통령을 곤란한 입장에 처하게 해서는 안 되네."라고 말했다. 종이와 펜을 달라고 한 그는 사직서를 써서 아들 프레더릭과 킹에게 백악관에 전해 달라고 부탁했다.

링컨은 "괴로움과 놀라움이 가득한 얼굴로" 사직서를 훑어보고는 "이게 무슨 뜻입니까?"라고 말했다. 킹으로부터 자세한 이야기를 들은 후, 링컨은 슈어드의 집으로 향했다. 두 사람 모두에게 그 만남은 고통스러웠다. 고통을 숨긴 슈어드는 "공직에서 해방되어 마음이 편합니다."라고 말했다. 그러자 링컨은 "주지사 님, 그러면 당신에게는 좋은 일이겠지요. 하지만 로렌스 스턴 소설의 찌르레기처럼 '빠져나갈' 수는 없을 것이오."라고 대답했다. 링컨은 급진주의자들의 분노가 자신을 향해 있다는 것을 알고 있었다. 링컨은 "그들은 나를 제거하기를 원하는데 가끔은 그렇게 내버려두고 싶소이다."라고 이틀 후 브라우닝에게 털어놓았다. 그는 슈어드가 자신을 좌우한다는 소문은

"터무니없는 거짓말"이라고 말했다. 슈어드는 링컨이 내각에서 전적으로 신뢰했던 한 사람, 유일하게 친한 친구라고 할 수 있는 사람이었다. 그렇긴 하지만 통치에 필수적인 공화당 상원의원들의 반감을 살 수는 없었다. 그는 여러 가지 가능성을 고려해보아야 했다.

웰스는 "슈어드는 대통령이 자신의 사직서를 즉시 거절하지 않아서 실망한 것 같았다. 더욱이 국회의사당에서 오랫동안 함께 일했던 동료들의 공격은 그에게 큰 상처를 주었다. 그는 굴욕감을 느꼈으며 분노했다."라고 전했다.

공화당 상원의원들은 화요일 오후에 다시 모였다. 뉴욕의 아이라 해리스는 또 다른 결의안을 제안했고 이것은 만장일치로 통과되었다. 결의안은 슈어드를 직접적으로 가리키는 대신, 그저 "내각을 개편하면 현 내각에 대한 국민의 신뢰가 높아질 것"이라고만 언급했다. 누군가 체이스도 면직될지도 모른다고 우려하자 결의안은 "내각의 부분적인 개편"으로 수정되었다. 오하이오 주의 존 셔먼 상원의원은 링컨에게는 "품위도, 결단력도 없는데" 내각의 변화가 효과적이겠느냐는 의문을 나타냈다. 하지만 행동을 취해야 한다고 생각했던 간부회의는 대통령에게 결의안을 제출할 9인 위원회를 선발했다. 회합은 12월 18일 화요일 저녁 7시로 결정되었다. 오빌 브라우닝은 회합이 시작되기 직전 링컨을 만나기 위해 백악관을 찾았다. "링컨은 고통스러워하고 있었다. 어느 때보다 더한 고통이 그를 짓누르고 있었다."고 그는 일기에 적었다. "이 사람들이 원하는 게 뭐요?"라고 링컨이 물었을 때, 브라우닝은 퉁명스럽게 그들은 내각을 엄청나게 비난하고 있으며, 채택된 결의안은 그중 가장 점잖은 비난이라고 대답했다. 그리고 그들이 슈어드에게 특별히 더 적대적이긴 하지만 대통령에게도 대단히 냉혹하게 군다고 말했다. 링컨은 "실낱 같은 희망도 보이지 않소이다."라고 털어놓았다.

링컨은 고민을 감추고 9인 위원회를 정중하게 맞이했다. 이들은 세 시간 동안 흉금 없이 대화를 나누었다. 먼저 버몬트의 제이콥 콜래머가 "대통령의 내각이 원리 원칙을 지지해야 하며, 지혜와 숙고를 통해 공공의 이익에 가장 중요한 조치와 임명이 이루어져야 한다.”는 그들의 기본적 주장을 이야기했다. 현 상황은 그렇지 않기 때문에 “국가적 대의와 행동의 단결을 보장하기 위해” 내각을 개편해야 한다는 것이었다. 이어진 대화에서 상원의원들은 전쟁이 지나치게 오랫동안 맥클렐런과 핼렉 같은 “적대적인 민주당원들의 손에” 맡겨졌고, 프레몽과 헌터 같은 노예제에 반대하는 장군들은 억울하게 파면되었다고 주장했다. 그리고 이러한 사태는 슈어드가 정책을 장악하고 “전쟁을 미온적으로 수행했기” 때문이라고 말했다.

링컨은 분노와 흥분을 가라앉히려고 노력했다. 링컨은 슈어드에 대한 움직임이 충격적이고 가슴 아프다고 말하면서 “내각이 특정 문제에 대해서 언쟁을 벌이기도 했지만 심각한 의견 차이는 없었다.”고 주장했다. 그는 슈어드가 다른 각료와 불화를 일으켰다는 소문은 사실이 아니라면서, 오히려 내각은 대부분의 문제에 대해 합심했다고 호소했다. 대화가 계속되는 동안, 링컨은 위원회가 악의적으로 화를 내는 것이 아니라, 진지하게 작금의 상황을 비통해한다고 느끼게 되었다. 그는 준비된 서류를 신중하게 살펴보겠노라 약속했다.

링컨은 이 문제를 다른 사람과 의논하지 않고 혼자 처리해야 한다고 생각했다. 그는 신중하게 상황을 따져보았다. 그리고 아침이 되자 행동 계획을 세웠다. 슈어드를 제외한 각료 전원에게 오전 10시 30분까지 모이라는 전갈을 보냈다. 모두가 친숙한 오크나무 탁자 주위에 자리를 잡자, 링컨은 앞으로 할 이야기에 대해 비밀을 지켜 달라고 부탁했다. 슈어드의 사직서와 9인 위원회와의 회견에 대해 이야기하며, 위원회가 전달한 결의안을 읽어주었다. 그는 위원회에게도 말한 것처럼, 각료들이 초당적으로 합심했으며 나라가 위기에 처했을 때 자신이 그들의 충성심과 호의에 의지했다고 강조했다. 그는 “어느 누구도 잃을 수 없으며 오랜 친구들을 저버린 채 계속 일할 수는 없다.”고 단언했다.

링컨은 그날 저녁 9인 위원회와 집단 토론을 하자고 제안했다. 링컨은 이를 통해 내각이 분열되어 있다는 상원의원들의 생각을 바로잡을 수 있을 것이라 여겼다. 체이스는 연석회의를 한다는 말에 기겁했다. 그간 자신이 상원의원들에게 내각이 분열되어 있다는 이야기를 흘렸기 때문이다. 체이스는 연석회의를 강력히 반대했지만, 다른 각료들이 모두 찬성하자 그도 동의할 수밖에 없었다. 12월 19일 밤, 9인 위원회가 백악관에 도착했다. 링컨은 상원의원들의 결의안을 읽고 제기된 사안에 대해 솔직한 토론을 나누자는 말로 회의를 시작했다. 링컨은 시간에 쫓겨서 내각회의가 정기적으로 열리지는 못했다고 인정했다. 그렇지만 대부분의 중요한 문제에 대해서는 충분한 논의가 이루어졌고, 일단 결정되면 모두가 이에 따랐다고 주장했다. 슈어드가 결정에 부당하게 간섭했고 열심히 전쟁을 치르지 않았다는 위원회의 비난에 대해서는 슈어드를 옹호했다. 특히 노예해방 선언서에 대한 슈어드의 적극적인 협조를 강조했다.

상원의원들은 "각료 전원이 나라의 중요한 문제에 대해 토의하고 결정해야 하며" 어느 한 사람이 모든 행동을 지시해서는 안 된다고 주장했다. 그들은 존 퀸시 애덤스는 내각과 입장이 달랐을 때도 내각 대다수의 의견에 충실했다고 지적했다. 마찬가지로 그들은 지혜를 모으고 정력적으로 행동하는 화합된 고문단을 원한다고 말했다.

블레어는 대통령을 지지했다. 그는 자신이 슈어드와 많은 점에서 의견을 달리하지만, 슈어드는 어느 누구보다 전쟁에 열심이며 그를 내각에서 배제하는 것은 공익에 해롭다고 주장했다. 또한 상원이 그런 문제에 간섭하는 것도 바람직하지 않다고 덧붙였다. 베이츠와 웰스 역시 이에 진심으로 동의했다. 웰스는 자신 역시 여러 번 슈어드와 의견을 달리하긴 했지만 슈어드의 잘못은 "경미"하다는 사실을 깨달았다고 말했다. 그리고 그는 "그 어느 당이나 파벌도 내각에 대해 대통령을 간섭해서는 안 된다."고 주장했다.

대화는 체이스의 입장을 몹시 난처하게 했다. 그는 "위원회 앞에서 비난받을 줄 알았다면 오지 않았을 것"이라고 불만을 터뜨렸지만, 링컨과 동료들을 지지할 수밖에 없었다. 내각이 모든 조치를 충분히 고려하기를 원한다고 애매모호하게 말한 체이스는 대부분의 사안에 대해 화합했다는 대통령의 말에 동의했다. 그러면서 "일단 결정이 이루어진 사안에 대해서는 그 어느 각료도 반대하지 않았다."고 마지못해 인정했다. 노예해방 선언서에 대해서는 슈어드가 수정안을 제안해 설득력이 상당히 높아졌다고 시인했다. 스탠턴이나 스미스는 한마디도 하지 않았다.

거의 다섯 시간 동안 토론한 후, 일이 진척되었다고 느낀 링컨은 상원의원들에게 한 명씩 아직도 슈어드가 물러나기를 바라느냐고 물었다. 라이먼 트럼벌을 포함한 네 명은 원래 입장을 고수했지만, 다른 이들은 마음을 바꾸었다. 새벽 1시에 회합이 끝났을 때, 상원의원들은 개각이 이루어지지 않으리라고 생각하게 되었다.

실망한 상원의원들은 그 자리에서 그들의 입장을 지지하지 않은 체이스에게 분노의 화살을 돌렸다. 체이스가 회합 때 어찌 그리 다른 얼굴을 보일 수 있었겠느냐는 질문에, 제이콥 콜래머는 "거짓말쟁이니까요!"라고 딱 잘라 대답했다. 그날 밤은 아니었지만, 이후 링컨도 체이스가 솔직하지 못했다는 것을 알게 되었다. 그러나 슈어드와 내각에 대해 헛소문이 퍼진 지 몇 달 후, 결국 체이스는 자신의 이중적인 행동을 털어놓아야 했다. 링컨은 정치적 기교로 위기를 잠재우고 재무장관의 음모를 밝혀냈다.

다음날, 웰스는 아침 일찍 대통령을 방문했다. 그는 전날 밤의 일에 대해 곰곰이 생각해보았고 슈어드의 사직을 받아들이는 것은 링컨의 중대한 실책이라는 결론을 내렸다고 말했다. 슈어드에 대한 상원의원들의 추측은 타당하지 않다는 것이었다. 그는 "행정부의 권위와 독립성을 유지"하기 위해서는 링컨이 내각의 내부 문제에 간섭하려는 의원들의 시도를 거부해야 한다고 주장했다. 웰스는 슈어드가 자신의 사직서를 수리하라고 링컨에게 요청하지 않았으면 한다고 말했다. 링컨은 이 말에 기뻐하며 슈어드와 이야기해 달라고 부탁했다. 웰스는 즉시 슈어드의 집에 가서 대통령이 그의 사직을 만류했다고 전했다. 그간의 상황에 괴로워하던 슈어드는 이 말을 듣고 몹시 기뻐했다.

얼마 후 또 다른 이가 슈어드의 집 문을 두드렸다. 몽고메리 블레어였다 그역시 슈어드의 사임을 반대한다고 말했다. 이렇게 링컨은 내각을 다시 단결시켰다. 이들은 집안에서는 서로 싸우더라도 외부의 비난에는 합심해서 대항하는 가족처럼 행동했다. 각료들은 링컨과의 친분을 질투해 슈어드를 미워했지만, 외부의 간섭은 단호하게 거부했다.

그렇지만 링컨의 근심은 이걸로 끝난 게 아니었다. 슈어드의 사임 소식은 많은 소문을 낳았다. 특히 급진주의자들은 그가 사임하면 보수주의자의 영향력을 배재하고 개각할 수 있으리라 생각했다. 슈어드의 사직서를 거부한 것은 급진파에 대한 모욕으로 여겨질 것이었다. 또한 링컨이 내각을 통해 유지하고자 했던 세력 균형이 어긋날 수도 있었다.

역설적으로 새먼 체이스가 링컨에게 좋은 해결책을 주었다. 웰스가 슈어드와 이야기를 나눈 후 링컨의 집무실로 돌아왔을 때, 체이스와 스탠턴은 대통령을 만나기 위해 대기 중이었다. 전날 밤 자존심이 상했던 체이스는 사직서를 내기로 결심했다. 그가 "내각을 차지하기 위한 목적으로" 슈어드를 제거하려 했다는 소문이 나돌았던 것이다. 슈어드가 사직한 후 체이스가 내각에 남아 있다면, 슈어드의 친구들은 그를 적대시할 것이었다. 하지만 슈어드와 함께 사직을 청하면 링컨이 사임을 만류할 것이고, 그렇게 되면 난처한 상황에서 벗어날 수 있을 것"이라고 체이스는 생각했다.

체이스와 스탠턴, 웰스를 집무실에서 만난 링컨은 난롯불 앞에 같이 앉자고 청했다. 체이스는 어젯밤 회합이 몹시 괴로웠다고 말하면서 사직서를 썼다고 전했다. 링컨은 순간적으로 눈을 반짝이며 "어디 있소?"라고 물었다. 체이스가 사직서를 가져왔다고 하자, 링컨은 몸을 일으켜 마뜩하지 않은 듯 내미는 체이스의 사직서를 낚아챘다. 링컨은 만족스러운 표정으로 "이제야 골치 아픈 일이 해결되었군요."라고 말했다. 링컨은 사직서를 읽으며 "힘들지 않게 문제가 해결되었소이다."라고 덧붙였다.

체이스는 웰스에게 "당황한 듯한" 표정을 지었다. 그가 이 난처한 상황을 목격했다는 사실이 기분 나쁘다는 뜻이었다. 바로 그때 스탠턴 역시 사직서를 내밀었다. 링컨은 "귀하의 사직서는 원하지 않습니다."라고 대답했다. 그러곤 체이스의 사직서를 가리키며 "이걸로 됐습니다. 이제 안심이 됩니다. 골치 아픈 문제는 이제 끝났습니다. 더 이상 두 분을 붙잡지 않겠습니다."라고 말했다.

이들이 돌아가자 링컨은 슈어드와 체이스에게 사직서를 받기는 했지만 곰곰이 생각한 끝에 "공익"을 위해선 둘 다 내각에 남는 게 좋겠다는 결정을 내렸다는 편지를 썼다. "따라서 두 분 모두 각 부서의 임무를 그대로 맡아주시길 바랍니다."라고 편지를 마무리했다. 웰스는 왜 링컨이 두 경쟁자를 가까이 두는지 간파했다. "슈어드는 그에게 위로를 주었고, 체이스는 꼭 필요한 사람이라 여겼다." 링컨은 두 사람을 모두 잃지 않음으로써 내각의 균형을 유지했다.

슈어드는 "대통령님의 명에 따라 기꺼이 이 부서를 다시 맡겠습니다."라고 재빨리 답변을 보냈다. 한편 체이스는 뭐라고 대답해야 할지 망설이고 있었다. 처음에는 링컨의 요청을 거절하려고 했지만, 슈어드가 국무장관 업무를 계속하기로 했다는 메모를 전달받고는 그 역시 따라야 한다고 생각했다. 그는 링컨에게 사임 의사가 변함없다고 말하면서도, 링컨의 권유에 따라 재무부로 돌아가겠다고 약속했다.

다음 내각회의 때 슈어드는 대단히 기분이 좋아 보였지만 체이스는 몇 주 동안 아팠다는 그의 말이 사실인 듯 매우 창백했다. 슈어드는 크리스마스 전날 저녁식사에 체이스를 초대했다. 자신을 몰아내려 했던 사람들을 굴복시킨 슈어드는 이번엔 체이스와 화해하고자 했다. 체이스는 초대를 거절하면서 "호의를 받아들이기엔 너무 아파서" 어쩔 수 없이 참석하지 못하겠노라고 용서를 구하는 편지를 보냈다.

위기는 물러가고 문제는 순조롭게 마무리되었다. 링컨은 상원의원들을 존중하면서도 내각을 온전하게 지켜냈다. 그는 내각을 개편하려는 입법부의 압력에 맞서 내각을 보호했다. 또한 자신을 향한 공격 때문에 부당하게 희생될 뻔한 친구 슈어드를 구했고, 두 세력으로 분열된 내각을 하나의 끈으로 묶는 실질적인 지휘자가 자신이라는 것을 분명히 보여주었다.

메리 링컨은 남편처럼 그 결과에 만족하지 않았다. 그녀는 엘리자베스 블레어에게 "내분이 원만히 해결된 게 유감스럽다. 몽고메리 블레어만 빼고 남편과 나라를 괴롭히지 않은 각료는 없었다."고 말했다. 링컨은 메리의 걱정하는 말을 참을성 있게 들었지만, 자신이 정적들로 이루어진 팀의 균형을 바로잡았고 통솔력을 얻었음을 알고 있었다. 그는 헤이에게 말했다. "지금 생각해도 그때보다 더 잘할 수 있으리라 생각하지 않네. 내가 옳았다고 확신하네. 내가 그 소동에 휩쓸려 슈어드를 해임했다면, 모든 게 엉망이 되고 지지 세력은 남아 있지 않았을 게야. 체이스가 사직서를 냈을 때 내가 주도권을 갖고 있다는 걸 알았고 그래서 그대로 밀고 나간 걸세."

19장

사랑은 옳음을 보고 기뻐한다

노예해방 선언서 서명

1863년 1월 첫날이 다가오자, 시민들은 링컨이 새해 첫날 노예해방 선언서를 발표하겠노라는 9월의 맹세를 지킬 수 있을 것인지 의심했다. 회의적이었던 조지 템플턴 스트롱은 이렇게 말했다. "링컨이 해낼 것인가? 그것은 아무도 모른다."

그러나 회의적이던 사람들이 틀렸다. 선언서의 발표가 연방의 대의에 해로운 결과를 가져올 것이라는 주장이 이어졌지만, 링컨은 자신의 맹세를 취소할 생각이 전혀 없었다. 프레더릭 더글러스가 예측한 것처럼, 대통령은 일단 결정한 사안에 대해서는 입장을 바꾸지 않았다. 최종 선언서는 한 가지 중요한 면에서 초안과 달랐다. 최종 선언서는 "반란을 일으킨 주에서 노예로 억류된 모든 사람은 앞으로 자유인이 될 것이다."라고 선언한 데서 한발 더 나아가 흑인의 무장까지 공식 허가했다. 이는 스탠턴과 체이스가 그동안 꾸준히 주장해 온 문제였지만, 링컨은 그렇게 하면 연방 정부에 심각한 불만이 제기될 것이라고 생각하며 주저하고 있었다. 그러나 이제 민심이 장기전을 치르기 위해서는 대규모 병력 동원이 필요하다는 사실을 인정하기 시작했고, 링컨은 적당한 때가 되었다고 생각했다. 각료들이 몇몇 부분을 수정하자고 제안했고 링컨은 흔쾌히 받아들였다. 그중에서 가장 특이한 것은 "이 법안에 대한 인류의 사려 깊은 판단과 전능한 하나님의 자비로운 지지"를 호소하는 미사여구로 선언서를 마무리하자는 제안이었다.

역사적인 선언서를 발표하기로 한 날 아침, 밤새 뒤척이던 링컨은 일찍 잠자리에서 일어났다. 그는 선언서를 최종 점검하기 위해 집무실로 갔다. 그리고 국무부로 보내 완성된 선언서를 법령 양식으로 바꾸게 했다. 그 다음 링컨은 번사이드 장군을 만났다. 그는 "래퍼해녹 강을 따라 진군하며 반란군에 맞서는 또 다른 원정"을 하기 위해 부대를 준비시키고 있었다. 이 원정은 링컨이 여러 번에 걸쳐 강력하게 반대한 계획이었다. 자신이 장교들의 신뢰를 잃었다는 사실을 괴로워하던 번사이드는 사임을 제안했다. 링컨은 잠시 고민했지만, 결국 이를 수락하기로 했다. 그리고 3주 후 번사이드 후임으로 "호전적"이라고 평가받는 조 후커를 지목했다. 그는 웨스트포인트 졸업생이었고 멕시코 전쟁에 참여한 후 반도와 앤티텀 전투에서는 맥클렐런 휘하에서 싸웠다.

오전 11시쯤 슈어드는 정식으로 베껴 쓴 선언서를 들고 링컨을 찾아왔다. 링컨은 선언서에 서명할 준비를 하다가 형식적인 부분에 문제가 있음을 깨달았다. 그는 문서를 다시 국무부로 돌려보내 수정하도록 했다. 전통적인 새해 환영회가 시작될 참이었기 때문에 서명은 오후로 미뤄야 했다.

링컨은 환영회에서 외교관과 상원의원, 국회의원, 판사, 고급 장교들을 만나기로 되어 있었다. 각료 전원과 그 가족들도 참석했는데, 얼마 전 내무부에서 사임하고 인디애나 지방법원 판사가 된 캘럽 스미스만 없었다. 이제 열여덟 살이 된 패니 슈어드는 이날이 '사교계 정식 데뷔' 일이었기 때문에 불안하게 행사를 기다리고 있었다. 하얀 모자에 파란 비단 옷을 입고 아이보리 색 부채를 든 패니는 대통령과 영부인이 자신을 기억한다고 하자 무척 감격했다. 환영회는 성대하게 치러졌다.

　정오가 되자 각료들은 저마다 환영회를 준비하러 돌아갔고 백악관은 일반 시민에게 공개되었다. 헤아릴 수 없이 많은 군중이 옷자락이 찢기고 모자를 잃으면서도 무질서하게 밀려들었다. 노아 브룩스 기자는 푸른 방에 도착해서야 안도의 한숨을 내쉴 수 있었는데, 그곳에서는 사람들이 대통령과 악수하기 위해 일렬로 서 있었다. 그는 "스프링필드 변호사의 행복해 보였던 얼굴이 요즘에는 얼마나 구슬프게 바뀌었는지 모른다."고 전했다. "머리카락은 잿빛이고 더욱 구부정하게 걸었으며, 안색은 흙색으로 바뀌었다. 큰 눈은 더욱 움푹 꺼져 있었다." 그러나 대통령은 모든 방문객에게 미소를 지으며 다정하게 인사를 건넸다. 공식 환영회 자리에서 메리 옆에 서 있던 벤저민 프렌치는 그녀가 수심에 잠겨 있다는 것을 눈치 챘다. 이날은 아들 윌리엄이 세상을 떠난 후 처음 맞는 새해 환영회였다. 아들에 대한 그리움으로 가득 찬 메리는 행사가 끝날 때까지 슬픔을 견디기 위해 노력해야 했다.

　오후 2시, 환영회를 마친 링컨은 다시 집무실로 돌아갔다. 슈어드와 프레더릭이 얼마 후 수정한 선언서를 들고 링컨을 찾아왔다. 더 이상 지체되는 것을 원치 않았던 링컨은 서명을 시작했다. 양피지 사본을 펼친 그는 펜을 들어 잉크에 담갔다가 서명란으로 손을 옮겼지만, 손이 떨려서 펜을 내려놓아야 했다. 그리고 "내 평생 이 선언서에 서명하는 것보다 더 옳은 일을 한 적은 없습니다."라고 말했다. 그런데 세 시간 동안 악수를 했더니 팔이 저린다면서, "이 일로 나의 이름과 영혼이 역사에 길이 새겨질 텐데, 선언서에 서명할 때 손이 떨리면 앞으로 이 서류를 본 사람들이 내가 주저했다고 말할 지도 모르지요."라고 말했다. 대통령은 잠시 기다렸다가 다시 펜을 들어 "조심스레" 자신의 이름을 적었다. "그 서명은 보기 드물게 대담하고 뚜렷하며 확고했다."라고 프레더릭 슈어드는 회상했다. 국무장관은 선언서에 자신의 서명을 덧붙인 다음 국무부로 돌아갔고, 그곳에서 미합중국 국새를 찍은 후 사본을 언론에 보냈다.

　북부 전역의 사람들이 링컨의 선언서를 초조하게 기다리고 있었다. 카운트 구로스키는 선언서가 발표되었다는 소식이 전해지지 않자 실망감을 감추지 못하고 있었다. "링컨이 인류를 배반했단 말인가?" 보스턴의 트레몬트 예배당에서는 3000여 명의 군중이 아침 일찍부터 선언서 발표를 기다리며 모여 있었다. 프레더릭 더글러스도 노예제 반대 운동의 지도자인 존 S. 락, 애너 디킨슨과 함께 그곳에 있었다. 근처 음악당에는 헨리 워즈워스 롱펠로우, 랄프 왈도 에머슨, 존 그린리프 휘티어, 해리엇 비처 스토, 올리버 웬델 홈스 등 저명한 작가들과 또 다른 군중이 모여 있었다. "시간이 갈 때마다 희망이 꺾였고 갈수록 두려워졌다."고 더글러스는 회상했다. 심부름꾼들이 전신국과 트레몬트 예배당의 토론장을 분주히 오가고 있었다. 이렇다 할 소식 없이 10시가 가까워 오자 군중은 동요하기 시작했다.

일부는 링컨이 마지막 순간에 마음을 바꾸었을 것이라고 생각했다. "노예소유주 집안 출신의" 메리 링컨이 "노예소유주에게 또 한 번의 기회를 주자"고 남편을 설득했을 것이라는 소문이 나돌았다. "전혀 근거 없는" 이러한 억측은 메리에게 깊은 상처를 주었다고 그녀의 조카 캐서린은 말했다. 사실 메리는 섬너의 노예제 폐지론자 친구인 하버드 대학 학장 조사이어 퀸시에게, 이 즐거운 행사를 위해 "1월 1일까지 도착하기를" 바란다며 남편의 구상에 대해 황급히 전했었다.

오전 10시 경 트레몬트 예배당의 불안감이 "고통으로 바뀌었을 때" 한 사내가 인파를 헤치고 달려왔다. "도착했다! 전보가 왔다!" 더글러스는 이 때의 열광적인 반응과 기쁨의 함성, 흐느끼는 소리와 눈물을 오랫동안 잊지 못했다. 군중은 행복에 겨워 노래를 부르며 축하했고, 새벽이 되어서야 뿔뿔이 흩어졌다. 음악당에서도 비슷한 함성이 쏟아졌다. 퀸시의 딸 엘리자는 메리에게 "감동적인 순간이었습니다. 링컨 대통령의 약속으로 행복과 자유를 보장받게 될 수백만 명을 생각해보십시오. 부인과 대통령이 여기서 우리와 함께 이 행사를 볼 수 있었다면 얼마나 좋았을까요."라는 편지를 보냈다.

워싱턴에서는 수많은 인파가 백악관으로 모여들어 링컨의 조치에 찬사를 보냈다. 대통령은 창가에서 조용히 군중을 향해 인사했다. 선언서는 반란주의 노예에게만 적용되기 때문에 곧바로 효력을 발휘하지는 못할 것이었지만, 정부와 노예제의 관계를 영원히 바꾸어놓았다는 중대한 의의를 가지고 있었다. 정부의 보호를 받았던 노예제가 이제는 "금지"되었다. 도망 노예를 잡아들였던 무장 병력은 이제 그들의 자유를 보호할 것이었다. 〈보스턴 데일리 이브닝 트랜스크립트〉는 "그 과정에서 어떤 부분적인 후퇴가 일어날 수도 있지만, 선언서가 정식으로 발표된 지금 이 시간부터 노예제는 이 나라에 발을 붙이지 못할 것이며, 이 정의로운 혁명은 다시 후퇴하지 않을 것이다."라고 논평했다. 오하이오 국회의원 당선자로 여전히 링컨을 경멸했던 제임스 가필드도 이에 동의했다. "일리노이의 이류 변호사가 미래의 모든 세대에 기억될 만한 말을 하는 신의 도구로 쓰이다니, 이는 세계 역사상 가장 뜻밖의 사건이네!"

링컨도 선언서가 가지는 역사적 가치에 대해 잘 알고 있었다. 그는 12월의 연두교서에서 말했다. "시민 여러분, 우리는 역사에서 벗어날 수 없습니다. 이 의회와 행정부는 분명히 기억될 것입니다. 우리가 통과하는 불의 심판은 명예롭든 불명예스럽든 마지막까지 우리를 판단할 것입니다." 조슈아 스피드가 방문했을 때 링컨은 20년 전 우울증 때문에 자살을 시도했던 일과, 자신이 이 세상에 살아 있었다고 기억될 만한 의미 있는 일을 하지 않아서 아직은 죽고 싶지 않다고 했던 옛이야기를 꺼냈다. 그리고 노예해방 선언서를 가리키며 "이로 인해 자신이 간절히 원했던 그 희망이 실현될 것"이라고 말했다.

결의와 신념

그러나 아직 중대한 문제가 남아 있었다. '혁신적인 포고령을 발표하는 데 적절한 순간을 택했는가? 이것이 연방의 대의에 도움이 될 것인가, 방해가 될 것인가?' 하는 문제였다. 공화당 신문들조차 선언서가 "북부에서는 의견 충돌을, 남부에서는 의견 일치를" 낳을 것이며, 국민들이 "애국심"을 잃고 "반란"에 가담하도록 만들 것이라고 우려했다. 링컨의 가장 친한 조언자인 슈어드는 "이 상황에서 나라를 멸망에서 구하기 위해서는 단결하고 화합해야 한다."고 여러 번 강조했다.

링컨은 평생 여론을 대단히 중요하게 여겼다. 정치가로서 그는 입장을 견지할 때와 기다릴 때, 선두에 서서 이끌 때를 직관적으로 파악하곤 했다. 링컨은 훗날 "선언서를 이보다 6개월 먼저 발표했더라면 민심의 지지를 받지 못했을 것이 확실하다."라고 말했다. '노예제 폐지와 전쟁'과 '노예제 유지와 평화'의 문제가 섬터 요새를 두고 갈등을 빚던 시기에 국민들의 투표로 결정되었다면, 대다수 북부 주들과 대도시에서 '노예제 유지와 평화'가 승리를 거두었을 것이라고 월트 휘트먼은 말했다. 링컨은 이를 알고 있었고, 노예제에 대한 모든 공격은 민심의 변화를 기다려야 한다고 믿었다.

흑인의 무장을 허용하자는 제안을 하기 위해서도 비슷한 준비 기간이 필요했다. 링컨은 이 기다림에 대해 이렇게 설명했다. "한 사람이 과일이 익기를 초조하게 기다리며 매일 배나무를 들여다보았다. 그가 억지로 과일을 익게 만들려고 불을 들이댄다면 과일과 나무 모두 상할 것이다. 하지만 느긋하게 기다리면 결국엔 잘 익은 배가 무릎에 떨어질 것이다!" 그는 "느리지만 확실하게 전진하는 민심의 위대한 혁명"에 주목했다. 신문 사설에서, 북부 전역 사람들과의 대화에서, 그리고 전쟁터를 시찰하는 동안 병사들이 들려준 이야기에서 그는 이 같은 점진적인 변화를 목격했다. 또한 링컨은 내각 동료들, 심지어 훨씬 보수적인 관점을 나타냈던 이들의 의견에 나타난 미묘한 변화를 짚어냈다. 그는 여전히 맹렬한 반발이 있으리라는 것을 알았지만, 그것이 더 이상 "목표를 무산시킬 만큼" 강하지 않다고 판단했다.

선언서 발표 후, 우려할 만한 여러 가지 움직임이 일어났다. 발표 몇 주 후 전쟁을 지지했던 민주당원과 공화당원 사이의 불안한 연합이 분열 조짐을 보이고 있었다. 뉴욕 주에서 갓 당선된 민주당 주지사 호라티오 시모어는 취임

연설에서 노예해방 선언서를 비난했다. 켄터키 주지사 제임스 로빈슨은 주 의회가 선언서를 거부한다고 전했다. 민주당이 주도하는 일리노이와 인디애나의 주 의회는 노예제 폐지를 지지하는 뉴잉글랜드(미국 동북부의 6개 주, 즉 코네티컷, 메사추세츠, 로드아일랜드, 버몬트, 뉴햄프셔, 메인을 총칭하는 말)와의 관계를 끊고, 노예제를 보존한 채 전쟁을 끝내기 위해 미시시피 강 하류의 주들과 동맹을 맺겠다고 협박했다. 인디애나 주지사 올리버 모턴은 "인디애나의 모든 민주당계 신문이 온통 뉴잉글랜드를 비난하고 있습니다. 그들은 뉴잉글랜드가 노예제 폐지를 위한 전쟁에 우리를 끌어들였다고 주장합니다."라고 스탠턴에게 경고했다. 이 같은 소문이 백악관으로 흘러들자 존 니콜라이는 "민주당의 일부 세력이 노예해방 선언서를 반대하며 전쟁을 방해하기 위한 움직임을 보이고 있다."고 우려했다.

링컨의 표현대로 이 "후방의 공격"은 군사행동이 중지되자 더욱 거세졌다. 1월의 폭우에 이어 3월까지 계속된 눈보라 때문에 포토맥 군단은 래퍼해녹 강 북쪽의 월동지로 이동해야 했다. 눈보라는 테네시 주에 있는 그랜트의 부대에도 피해를 입혔다. 2월과 3월 사이에 빅스버그를 점령하려던 네 번의 군사 작전이 실패하면서 연방은 미시시피 강을 차지하지 못하고 있었다. 의회에서 코퍼헤드(남부 입장을 가진 북부인)로 널리 알려진 평화 민주당원들은 전쟁이 반란을 진압하고 연방을 복원하는 길에서 벗어났다고 주장하며, 전쟁을 위해 은행 체계를 개혁하고 노예를 해방하려는 주 의회의 움직임에 거세게 반대했다. 특히 모든 하원의원 선거구의 사령관에게 스무 살부터 마흔다섯 살 사이의 남자들을 3년간 병적에 올릴 수 있는 권한을 부여하는 모병법을 맹렬히 비난했다. 휴회일인 3월 4일이 다가오는 동안, 그들은 갖은 술책을 다 동원해서 이 모든 주요 조치에 대한 투표를 방해했다. 정족수를 확인할 때는 의회의사당의 로비나 휴게실로 숨었고, 각 법안에 대해 받아들일 수 없는 수정안을 계속해서 제출했으며, 밤낮을 가리지 않고 사람을 보내 의사진행을 방해했다.

남북전쟁 당시 전투지
아이오와
일리노이
인디애나
오하이오
펜실베이니아
인디애나폴리스
콜럼버스
신시내티
피츠버그
휠링
해리스버그
필라델피아
볼티모어
뉴저지
도버
아나폴리스
워싱턴 D. C.
델라웨어
메릴랜드
프레더릭스버그
웨스트 버지니아 (1863)
셰넌도어 강
오하이오 강
앨러게니 산맥
블루리지 산맥
리치몬드
체사피크 만
피터스버그
아포마톡스 법원
버지니아
노퍽
아래 상세도
캔자스
미주리
미주리 강
세인트루이스
제퍼슨 시티
스프링필드
윌슨 크리크
루이스빌
프랭크포트
켄터키
아칸소
아칸소 강
리틀락
오하이오 강
도넬슨 요새
내슈빌
테네시
멤피스
샤일로
미시시피 강
채터누가
롤리
노스캐롤라이나
윌밍턴
컬럼비아
사우스 캐롤라이나
찰스턴
섬터 요새
서배너
애틀랜타
인디언 특별보호구
텍사스
루이지애나
미시시피
빅스버그
잭슨
나체즈
배턴 루즈
뉴올리언스
앨라배마
몽고메리
모빌
모빌 만
피큰스 요새
탤러해시
조지아
플로리다
멕시코 만
대 서 양
0 마일   100   200
0 킬로미터   200
펜실베이니아
필라델피아
해리스버그
게티즈버그
뉴저지
앤티텀
볼티모어
도버
델라웨어
아나폴리스
워싱턴 D.C.
메릴랜드
불런
챈슬러스빌
포토맥 강
더 와일더니스
스팟실베이니아
프레더릭스버그
리치먼드
요크 강
7일 전투
먼로 요새
피터스버그
제임스 강
햄프턴 로즈
아포마톡스 법원
버지니아
노퍽

국회의사당에서는 코퍼헤드이자 오하이오 주의 낙선한 국회의원 클레멘트 밸런디검이 "후방의 공격"을 주도했다. 그는 격렬한 반전(反戰) 연설로 유명해졌다. "연설을 하는 동안 흥분한 그의 얼굴은 무섭게 바뀌었고, 다정했던 미소는 소름 끼치는 웃음으로 변했다. 그의 부드러운 목소리는 찢어질 듯 날카로운 비명이 될 때까지 점점 더 높아져 국회의사당에 메아리쳤다."라고 노아 브룩스는 전했다. 밸런디검은 전쟁이 연방을 보호하기 위해 벌어졌다고 하지만 지금은 "흑인을 위한 전쟁"이 되었다고 하면서, "이 전쟁을 계속해야 합니까?"라고 큰 소리로 외치며 자문자답했다. "아니오. 단 하루도, 단 한 시간도 계속되어서는 안 됩니다. 양측 모두의 병사들이 집으로 돌아갈 때가 되었습니다. 북서부와 남부는 화해해야 합니다. 뉴잉글랜드가 '노예제를 그대로 둔 채 연방에 남는 것'을 거부하겠다면, 가게 내버려둡시다!"

상원에서 델라웨어 주의 윌라드 솔스버리는 인신보호법의 유보를 지지하는 투표를 막았다. 그는 술에 취해 똑바로 서지도 못한 채 대통령이 "천하의 바보이자, 고위 공직에 있던 이들 중 가장 모자라는 사람"이라며 입에 담지 못할 욕설을 퍼부었다. 부통령 햄린의 경고를 받고도 그는 자리에 앉지 않았다. 경호원이 체포하러 다가가자 솔스버리는 권총을 꺼내들고는 경호원의 머리에 겨누며 말했다. "망할 놈들, 내 몸에 손가락 하나만 대면 쏘아버리겠다!" 소란이 잠시 계속되었지만 솔스버리는 결국 의사당에서 쫓겨났다.

국회의사당에서 일어난 소동보다, 링컨을 더 괴롭혔던 것은 점점 커지는 군대의 불만이었다. 푸트 장군은 노예해방 선언서가 병사들의 열정을 꺾고 "오직 흑인을 위해서만 싸운다는 생각에" 불만을 품게 할 것이며 결국 부대에 "파멸"을 가져올 것이라고 주장했다. 선언서를 치명적인 과오라 여겼던 오빌 브라우닝은 신병 모집은 거의 불가능하며 "만약 징병을 시도한다면 국민들이 정부에 저항할 빌미를 제공할 것"이라고 링컨에게 경고했다. 브라우닝은 전선에서 돌아온 친구들에 따르면, 많은 병사들이 "나라를 위해 싸우겠다고 자원했지, 흑인을 위한 전쟁인 줄 알았다면 입대하지 않았을 것"이라며 분통을 터뜨리고 있다고 전했다. 브라우닝은 곧 복무기간이 끝날 20만 명 중 재입대할 사람은 한 명도 없을 것이라고 장담했다.

링컨은 참을성 있게 브라우닝과 다른 이들의 비판을 견뎌냈다. 그는 시카고 전당대회에서 자신의 공천에 일조했고 얼마 전 대법원 판사가 된 데이비스가 "심상치 않은 사태"에 대해 경고했을 때도 신중하게 귀를 기울였다. 하지만 데이비스가 "나라를 구하기 위한 유일한 방법으로" 노예해방 정책을 바꾸라고 말하자, 링컨은 자신의 입장은 변함이 없다고 말했다. 브라우닝이 "민주당은 머지않아 타협을 요구할 것"이라고 과장해서 말하자, 링컨은 계속해서 양보하면 "국민은 그들을 저버릴 것"이라고 응수했다. 불화가 계속되는 힘겨운 나날 속에서도 링컨은 국민의 의지와 용기에 대한 믿음을 잃은 적이 없었다. 그는 국민이 전 세계에 자유의 등대로 우뚝 선 위대한 공화국을 보존하기 위해 무슨 일이든 하리라 믿었다. 그는 노예해방을 축하하는 런던의 노동자들에게 보내는 편지에서 "미합중국 국민은 위대한 자원과 장점, 힘을 가지고 있습니다. 그렇기 때문에 이 위대한 책임을 훌륭히 수행할 수 있었습니다. '인간의 자유'라는 원칙으로 수립된 정부가 유지될 수 있느냐 하는 것은 이들의 손에 달려 있습니다."라고 말했다.

친구들은 국회의사당에서의 적대적 논란만을 주시하며 불안해했지만, 링컨은 3월 4일 국회가 휴회하기 전, 국민의 대표들이 전쟁과 관련된 정부 법안을 모두 통과시켰다는 데 주목했다. 그들은 전쟁의 재정적 토대가 될 중요한 은행과 통화 법령뿐 아니라 모병 법안까지 지지했다. 더욱이 북부 전역의 수많은 도시에서 코퍼헤드의 패배주의에 반대하고 전쟁에 대한 시민의 지지를 알리기 위한 대규모 집회가 조직되고 있었다. "뉴욕에서는 이 도시에서 열린 그 어느 집회보다 더 많은 인파가 매디슨 광장에 모여 스콧 장군의 연설을 들었고, 저마다 자유의 땅과 용감한 자의 집에 대한 충성을 진심 어린 목소리로 외쳤다!"고 〈뉴욕 타임스〉는 보도했다. 링컨과 내각은 국회의사당에서 열린 대규모 연방 집회에 참석했다.

코네티컷과 로드아일랜드, 뉴햄프셔 주에서는 4월 초, 국회와 주 의회의 선거가 열릴 예정이었다. 선거 결과는 북부 민심의 향방을 알려줄 것이었다. 링컨은 뉴욕의 애스터 호텔에 있던 서로우 위드에게 전보를 보내 워싱턴행 첫 기차를 타고 와 달라고 부탁했다. 다음날 아침 위드는 워싱턴에 도착해 백악관으로 링컨을 만나러 갔다. "위드 씨, 우린 궁지에 몰려 있습니다. 정당한 목적을 위한 돈이 당장 필요합니다. 하지만 합법적으로 쓸 만한 정부 지출금이 없습니다. 그 돈을 어떻게 마련해야 할지 몰라서 당신에게 전보를 보냈습니다." 필요한 금액은 1만 5000달러였다. 위드는 다음 기차를 타고 뉴욕으로 돌아갔다. 밤이 지나기 전에 위드는 열다섯 명의 뉴욕 친구들에게 각각 1000달러씩 기부해 달라고 설득했다. 이후 위드는 비자금의 용도를 몰랐다고 주장했지만, 웰스의 추측대로 그는 "뉴햄프셔와 코네티컷 선거에 영향을 미치기 위한 슈어드와 링컨의 계획"을 알고 자금을 조달했을 것이다.

자금은 제대로 쓰였다. 두 주의 유권자들은 큰 표차로 코퍼헤드 후보자를 떨어뜨렸다. 이제 차기 하원은 전쟁을 지지할 게 분명했다. 이 결과는 "코퍼헤드에게 큰 충격"이었다고 〈뉴욕 타임스〉는 보도했다. "놀라운 승리로 인해 내각은 안전하게 암초를 돌아 끝까지 고요한 바다를 항해할 수 있게 되었다." 존 헤이는 이 선거가, 지긋지긋한 전쟁에 지친 유권자들의 정서가 연방에서 돌아서기를 기대했던 남부와 그 지지자들을 두렵게 하고 실망시켰다며 몹시 기뻐했다. 스탠턴은 코네티컷의 한 내각 지지자에게 "이 위대한 승리에 말할 수 없이 기쁩니다. 이번 선거는 전쟁이 시작된 후 가장 중요한 선거였다고 생각합니다."라고 말했다.

"민심은 갈수록 희망적으로 변하고 있습니다. 어디서나 코퍼헤드에 대한 반감을 분명히 느낄 수 있습니다."라고 니콜라이는 약혼녀에게 말했다. 노아 브룩스도 비슷한 변화를 감지했다. "연방의 교활한 적들이 잠시 북부 시민에게 걸었던 마법이 풀리고 있다."고 그는 말했다. "타협과 평화를 주장하는 코퍼헤드들은, 자신들이 지나치게 빠르고 성급했으며 스스로 공화당과 충성스런 민주당원들의 비난을 초래했음을 알게 되었다."

링컨은 1월의 암울했던 시절에 바로 이런 상황을 예상했으며, "국민"은 어떤 형태로도 코퍼헤드들의 요구를 지지하지 않을 것이라고 브라우닝에게 말했다. 그는 패배주의적 제안에 대한 반발심이 더욱 커지도록 내버려두었고, 새로이 연방의 정신을 높이려 노력했다. 당시 그는 아무도 보지 못했던, 국민의 깊은 결의와 신념을 정확히 읽어냈다.

마음을 다잡는 방법

국회의 논란과 반목, 외국의 계속되는 간섭 위협, 궁지에 몰린 전쟁의 와중에서도 링컨은 놀라울 정도로 침착했고 강한 자제심을 보였다. 체이스는 계속 불안감을 나타냈고 스탠턴은 수차례 피로를 호소했지만, 링컨은 기운을 잃지 않기 위해 최선을 다했다. 아무리 바빠도 어떻게든 짬을 내어 슈어드의 집에 들렀고, 즐거운 대화를 나누며 절실히 필요했던 휴식을 취했다.

슈어드는 링컨의 독창성과 위트를 높이 평가했다. 패니는 응접실에서 링컨과 함께 즐거운 대화를 나누었던 저녁시간을 오래 기억했다. 그는 1812년 전쟁 때 전장으로 떠나는 연인에게 주기 위해 허리띠에 표어를 새겼던 젊은 여인에 대한 이야기를 들려주었다. 한 여인이 "자유 아니면 죽음을!"이라는 표어를 제안하자 그녀의 연인이었던 병사는 그 문구가 다소 거칠다고 타박했다. 그러자 여인이 대신 "자유 아니면 불구를!"이라고 하면 어떨까요?" 라고 대답했다. 슈어드는 링컨과 함께 큰 소리로 웃었지만, 체이스나 진지한 스탠턴은 재미있어 하지 않았다. 또한 그들은 리치먼드행 통행권을 받기 위해 몇 주 동안이나 기다렸던 신사에게, 링컨이 했던 말에도 불만을 나타냈다. 링컨은 "내 통행권이 인정받는다면야 기꺼이 드리겠소만, 사실 지난 2년 동안 2만 5000명에게 리치먼드행 통행권을 발급했는데도 거기 간 사람은 한 명도 없없소이다.”라고 말했다.

슈어드도 링컨처럼 비난과 논란이 곧 가라앉을 것이라고 생각하며 자신감을 잃지 않았다. 노아 브룩스는 “슈어드는 쉴 새 없이 시가를 태웠고, 늘 유쾌했으며, 화를 내거나 흥분하는 일은 좀처럼 없었다. 농담을 눈치 빠르게 알아차렸고, 좋은 일에는 감사하고, 맛있는 음식을 좋아했다.”고 전했다. 기자들은 그의 이야기를 좋아했고 그도 기자들과 대화하는 것을 좋아했다. 어느 저녁식사 때는 5시 30분부터 11시까지 이야기가 끊이지 않고 이어지기도 했다. 하지만 사람들에게 더 깊은 인상을 남긴 것은 링컨에 대한 슈어드의 무조건적인 애정이었다. 그는 링컨이 “자신이 아는 사람 중 가장 훌륭하고 현명한 사람”이라며 “무한히” 칭송했다.

링컨은 슈어드의 집에서 시간을 보내지 않을 때는 종종 기분 전환을 위해 전신국에 들르기도 했다. 그는 언제나 책상 위에 발을 올려놓고 다리를 길게 뻗은 채 젊은 전신 기사들과 한담을 나누었다. 그곳에서는 늘 함께 재미난 이야기를 주고받았던 달그렌 지휘관과 폭스 지휘관을 만날 수 있었다. 달그렌은 폭스의 방에서 즐거운 시간을 보냈던 저녁에 대해 이야기했다. “링컨은 유쾌한 표정이었다. 그는 돌아가면서 ‘이젠 집으로 돌아가야겠습니다. 여기선 일이 없으니까요. 하지만 변호사 말대로 다른 곳에도 일은 없소이다!’ 라고 말했다.”

가끔씩 링컨은 밤늦게 존 헤이를 깨웠다. 그는 이 젊은 조수의 침대 곁에 앉거나 그를 집무실로 불러들여서는, 셰익스피어나 유머 작가 토머스 후드 등의 작품에서 좋아하는 구절을 골라 큰 소리로 읽어주곤 했다.

링컨은 윌리엄의 죽음으로 인해 생긴 메리의 우울증 때문에 집에서 마음 편히 쉴 수 없었기 때문에, 밤 산책을 통해 안식처를 찾으려 했는지도 모른다. “가족의 죽음을 겪어본 사람들만이 그게 얼마나 가슴 아픈 일인지 알 수 있다.”고 메리는 메리 제인 웰스에게 털어놓았다. 하지만 슬픔에 괴로워하면서도 메리는 영부인으로서 의무를 다했고, 벤저민 프렌치에게 온 세상에 대한 책임감을 느끼고 슬픔을 극복하기 위해 노력하고 있다고 말했다. 프렌치는 시민에게 보여주었던 영부인의 "상냥하고 명랑한" 태도에 감탄했다. 윌리엄의 기일이 다가오자 로버트는 하버드에서 돌아와 몇 주 동안 가족과 함께 지냈다.

죽은 아들을 위해 얼마간의 추모 기간을 보낸 링컨 부부는 다시 공식 접견회를 시작했다. 계속되는 악수에 지치기도 했지만, 이들은 즐거운 시간을 보냈다. 메리는 토머스를 간호했던 레베카 폼로이에 대한 감사의 표시로 폼로이가 다니는 병원의 모든 간호사와 병사, 장교를 3월 초 성대한 백악관 접견회에 초대했다. 폼로이 부인은 병사들에게 깨끗하고 하얀 장갑을 끼고 제일 좋은 옷을 입으라고 지시했다. 그날 밤 백악관은 불이 환하게 밝혀졌고 수많은 꽃들이 등불 아래에서 화사한 자태를 뽐냈다. 폼로이는 병사들이 이날 밤을 영원히 기억하리라 확신하면서, 그들이 전쟁에서 살아남으면 백악관에서의 황홀한 밤을 자식들에게 이야기할 것이라고 생각했다.

노예제 폐지론자인 제인 그레이 스위스헬름은 처음에 이 토요일 접견회에 가기를 꺼려했다. 그녀는 영부인이 연맹에 동조한다는 소문을 들은 후부터 메리 링컨을 만나고 싶어하지 않았다. 하지만 실제로 메리와 인사를 나눈 후 그녀는, 그 소문이 중상모략임을 깨달았다. "처음 인사를 나누었을 때, 링컨 부인은 내 이름을 알아듣지 못했고 다시 말해 달라고 했다. 내가 이름을 다시 말하자 갑자기 그녀의 얼굴이 밝아지더니 손을 내밀며 나를 만나서 몹시 기쁘다고 말했다. 나는 내 지저분한 장갑 때문에 그녀의 하얀 장갑이 더러워질까봐 악수를 못하겠다고 이야기했다. 그러자 그녀는 '그러면 이 기쁜 순간을 기억하기 위해 이 장갑을 간직하겠어요. 오래전부터 정말 뵙고 싶었거든요' 라고 말했다." 시간이 흐르면서 두 여인 사이에 우정이 싹트기 시작했다. 스위스헬름은 메리가 반란과 노예제를 남편보다 훨씬 적극적으로 반대한다고 믿게 되었다.

2월 어느 날 메리는, 링컨이 유명한 영매 네티 콜번이 여는 조지타운의 강신술 모임에 참석하겠다고 갑작스럽게 말했을 때 무척 놀랐다. 이 모임에는 조슈아 스피드 등 많은 유명 인사들이 참석했다. 스피드는 네티와 또 다른 영매를 두고 "대단히 훌륭한 사람들입니다. 상냥한 두 여인을 만나면 잠시 기분을 전환할 수 있을 겁니다."라고 말했다. 대통령과 영부인이 도착하자 네티는 "링컨 씨, 어서 오십시오. 오실 줄 알고 있었습니다."라고 말했다. 링컨은 갑자기 멈춰 섰다. "알고 있었다고요? 난 내가 여기 오리란 걸 겨우 5분 전에 알게 됐는데요!"라고 말했다. 손님들은 의자에 앉았다.

링컨은 강신술을 신봉하지는 않았지만 그날 밤 무척 즐거워했다. 뛰어난 연기자였던 네티는 대니얼 웹스터의 쩌렁쩌렁한 바리톤 목소리나 인디언 처녀의 가느다란 목소리를 흉내 냈다. 한 시간 동안 여러 가지 목소리를 넘나들며, 아메리카 대륙에 첫발을 내디뎠던 영국 청교도 이야기부터 최근의 역사에 이르기까지 여러 가지 사건을 이야기했다. 영혼들이 그녀를 떠나자, 네티는 도착했을 때처럼 느닷없이 돌아갔다. 한동안 침묵이 이어졌다. 잠시 후 링컨은 의자에 몸을 파묻고 "놀랍지 않소?"라고 외쳤다. 그는 기분을 전환하러 극장에 온 사람처럼, 즐겁게 네티의 공연을 보았던 듯했다.

관대한 성품

링컨과 달리 체이스는 잡담이나 가벼운 오락을 즐기지 못했다. 그는 이런저런 일로 늘 골머리를 앓았고 모든 사건이 자신에게 미칠 영향을 쉴 새 없이 계산했다. 내각의 위기가 해결된 지 몇 주 후, 그는 계속 내각에 남아 있는 것에 대해 회의적으로 생각하기 시작했다. 그는 "내 직책을 좋아하지도 않고, 그저 나의 두 가지 행동을 크게 후회할 뿐입니다. 하나는 내가 그 일을 맡았다는 것이고, 또 하나는 계속해야 한다는 이들의 충고를 따른 것입니다."라고 호러스 그릴리에게 말했다.

체이스는 국회의사당에서 전쟁 자금 마련을 위해 제출한 자신의 은행 법안이 거친 논란을 거치는 동안 병에 걸렸다. 그러나 법안이 통과되고 새 그린백 발행을 준비하고 있을 때, 그는 전쟁 발발 이후 처음으로 재무부가 풍족하다는 사실을 깨닫고 잠시 기쁨에 넘쳤다. 또한 자신의 잘생긴 얼굴이 지폐의 왼쪽 귀퉁이에 새겨지게 된 것도 무척 마음에 들었다. 그는 더 많은 시민이 자신의 얼굴을 볼 수 있도록 가장 흔히 유통되는 1달러짜리 지폐에 자신의 얼굴을 인쇄하도록 했다. 하지만 자신의 힘겨운 재정 상태에 대해 생각하자 금세 우울해졌고, 제이 쿠크 형제와의 개인적인 투자가 오해를 받을까 두려워했다. 이들은 전쟁 공채를 일반 시민에게 판매하는 데 성공했지만, 국채 사업을 실질적으로 독점하고 있다는 언론의 비판을 받기 시작했던 것이다.

성미 급하고 화를 잘 내던 전쟁장관 스탠턴은 끊임없는 업무에 몰두하느라 제대로 쉬거나 기분 전환을 하지 못했다. 스탠턴의 사무관인 찰스 벤저민은 "스탠턴은 말 한마디나 몸짓 하나만 거슬려도 길길이 날뛰곤 했다. 얼굴 근육이 씰룩거렸고 목소리는 떨렸으며 목소리는 격앙되었다."고 회상했다. 그러나 "폭풍은 시작되었을 때만큼 빠르게 지나갔고" 스탠턴은 화를 낸 사람에게 이내 사과하곤 했다. 전쟁부 직원들은 스탠턴을 몹시 존경하면서도 그에게 인간적인 애정을 품지는 않았다.

또한 스탠턴은 링컨과 달리 적대감이 생기면 그것을 감추지 못했다. 군대의 위생 상태를 개선하는 데 크게 기여한 위생국을 왜 그리 싫어하느냐는 질문을 받았을 때, 스탠턴은 위생국이 대통령을 설득해 자신이 반대하는 사람을 위생국장으로 앉혔기 때문이라고 대답했다. "난 져본 적도 없고, 지는 걸 좋아하지도 않소이다. 그래서 위생국을 싫어하지요." 스탠턴과 같이 일했던 사람들은 그의 "신경과민"이 과도한 업무와 건강 악화 때문이라고 말했다. 이따금씩 그는 천식이 심해져서 발작을 일으키며 쓰러지곤 했다. 그런데도 그는 쉬지 않았다. 의사들이 휴식을 취하라고 권하자, 스탠턴은 그저 전쟁이 끝날 때까지 살아 있고 싶을 뿐이며 전쟁이 끝나면 그때 쉬겠다고 고집했다.

즐거운 대화를 좋아했고 재미있는 사람들을 초대하기 위해 큰 집을 지었으면서도 그는 밤낮없이 전쟁부에만 머물러 있었다. 때문에 그는 다른 각료들처럼 유쾌한 저녁시간을 즐긴 적이 거의 없었다. 그는 소설을 좋아했고 특히 디킨스를 즐겨 읽었지만, 마음 편히 소설을 읽지도 못했다. 대신 휴식이 필요할 때면 문을 잠그고 소파에 누워, 전쟁에 대한 영국의 입장을 더 잘 이해하기 위해 연방의 대의에 공감하는 영국 잡지를 읽었다고 그의 한 사무관은 회상했다.

슈어드는 프레더릭을 국무부로 불러들여 업무적으로나 개인적으로 아들의 도움을 받았지만, 스탠턴은 가족이나 친한 친구를 곁에 두지 않았다. 처남인 크리스토퍼 월콧을 전쟁부 차관보로 임명한 일을 제외하면, 그는 그 어떤 친지도 자기 부서에 불러들이지 않았다. 벤 웨이드 상원의원이 스탠턴의 유능한 사촌 윌리엄의 임용을 추천하자, 전쟁장관은 자신이 그 직책에 있는 한 어느 공직에도 사촌을 앉히는 일이 없을 것이라고 말했다. 스탠턴의 아들 에드윈 2세가 케년 대학을 졸업한 후 아버지의 개인 비서로 일하고 싶어했을 때도 스탠턴은 반대했다. 에드윈은 결국 무보수로 몇 달 동안 보조 비서 일을 한다는 조건을 걸고서야 그의 곁에서 일할 수 있었다.

링컨은 힘든 업무에 짓눌려 있으면서도 관대하고 온화한 성품을 잃지 않았다. 그는 사소한 불만과 다툼에 자극받지 않았으며, 적대감이나 질투심에 마음을 내주지 않고 공익을 위해 움직였다. 링컨은 타고난 친절과 동정심, 이야기를 재미있게 하는 재주, 유쾌한 기질 덕에 그 어떤 신분을 가진 사람들과도 긴장을 풀고 스스럼없이 어울릴 수 있었다.

하지만 링컨의 이 관대한 성품도 여러 번 시련을 겪었다. 전쟁부가 기상학자 프랜시스 캐펀을 초빙했는데, 캐펀의 예견이 모두 빗나가자 링컨은 몹시 화를 냈다. 그는 캐펀이 5~6일 동안 비가 내리지 않을 거라고 장담한 지 3일 후, "캐펀 씨는 기상에 대해 아는 게 없는 것 같다. 지금 10시간 동안 계속해서 비가 내리고 있다. 더 이상 캐펀에게 시간 낭비를 할 수 없다."고 기록했다. 미주리 주의 적대적인 파벌들이 서로 화해하라는 자신의 요청을 거부했을 때 그는 더욱 화를 냈다. 링컨은 그들에게, 계속되는 다툼 때문에 몹시 힘들다고 전했다. "몇 달 동안이나 참을 수 없을 만큼 양쪽 모두 그 일로 저를 괴롭혔습니다. 어느 쪽도 분별 있게 행동해 달라는 내 호소에 조금도 관심을 보이지 않았지요. 이젠 어쩔 수 없이 내가 이 일을 처리해야겠소."

하지만 링컨은 자신에 향한 원망이 곪아 터지도록 내버려두지는 않았다. 프란츠 시겔 장군에게 보냈던 '황급히 갈겨쓴 메모' 때문에 장군이 분개했다는 사실을 알게 된 그는, 재빨리 편지를 보냈다. "난 그때 시련을 겪고 있었습니다. 용서를 빕니다. 내가 화를 냈다면 그건 상황이 급박하게 돌아가서 마음이 조급했기 때문이오." 링컨의 이러한 행동은 영원한 앙심으로 발전할 수도 있는 감정적 상처를 회복시켰다. 군인 거주지역으로 링컨을 찾아갔던 한 육군 대령과의 일화는 링컨의 이러한 성품을 잘 말해준다. 당시 대령은 증기선 사고로 죽은 아내의 시신을 수습하는 데 링컨의 도움을 받고자 했다. 짧은 휴식 시간을 방해받은 링컨은 짜증이 났다. "나는 쉬지도 못하오? 끊임없는 요구에서 벗어날 시간이나 장소는 없단 말이오? 이런 일로 여기까지 나를 쫓아와 야했소?" 대령은 상심해서 자신이 머물고 있던 호텔로 돌아갔다. 다음날 아침, 링컨은 그의 방에 찾아가 "어젯밤에는 내가 심했소."라고 사과하고는 가능하다면 어떤 식으로든 대령을 도와주겠다고 약속했다.

공화당 골수당원인 칼 슈르츠는 처음에는 그들의 우정을 위협하는 듯했던 불쾌한 편지 교환 이후의 놀라운 만남에 대해 이야기했다. 전쟁이 잘 진행되지 않아 실망한 슈르츠는 전쟁에 별 뜻이 없는 민주당원들을 전쟁터의 최고 직책에 임명한 건 링컨의 잘못이라고 비난했다. 그러자 링컨은 자신은 그저 "전쟁을 잘 수행할 수 있는" 사람들을 원했다고 퉁명스레 대답했다. "내가 내 판단을 버리고 당신 판단에 따라야 한다면, 다른 사람들의 판단에도 따라야 합니다. 내가 모두의 충고를 거부한다면, 내겐 아무도 남지 않을 겁니다. 공화당원도, 다른 누구도, 심지어 당신도 말입니다." 당시 버지니아 주 센트레빌에서 11군단의 제3사단을 지휘하던 슈르츠는 링컨의 긴 답장에서 평소의 그와 다른 "초조함과 짜증의 기미"를 눈치 챘다. 슈르츠는 대통령이 자신에게 허물없이 편지를 쓰라고 했지만, 자신의 편지가 도를 넘은 건 아닌지 두려워했다.

그런데 며칠 후 한 심부름꾼이 슈르츠의 야영지에 도착해 "시간이 나는 대로 만나러 와주시오."라는 링컨의 메모를 건넸다. 당장 휴가를 받은 슈르츠는 다음날 아침 7시에 백악관에 도착했다. 링컨은 2층의 안락의자에 있었다. 슈르츠는 그때의 상황을 이렇게 기록했다. "그는 예전처럼 친절하게 나를 맞이하고는 의자를 가져와 옆에 앉으라고 권했다. 그 다음 큰 손으로 내 무릎을 두드리더니 미소를 지으며 말했다. '젊은 양반, 당신이 편지에 쓴 것처럼 정말 나를 불쌍하다고 생각하는지 말해주겠소?' 나는 공격적인 편지를 쓴 이유를 조심스럽게 설명했다. 링컨은 참을성 있게 귀를 기울인 다음, 자신의 상황을 설명하면서 퉁명스럽게 답장한 건 자신에게 쏟아지던 비난 공세 때문이었다고 말했다. 그리고 다시 내 무릎을 툭툭 두드린 그는 호탕한 웃음을 터뜨리며 말했다. '내 편지가 쌀쌀맞았소, 안 그렇소? 하지만 상처를 주진 않았지요, 아닙니까? 난 그럴 생각이 아니었고 그래서 당신이 빨리 와주기를 바랐던 거요.' 우리는 한 시간 동안 이야기를 나누었다. 대화를 마무리하면서 나는 앞으로도 내 편지를 환영하느냐고 물었다. 링컨은 '물론이지요. 원한다면 언제든 내게 편지를 보내십시오!' 라고 대답했다. 우리는 전보다 더 친한 친구가 되어 헤어졌다."

날이 개기 전

4월 4일 토요일 토머스의 열 번째 생일을 맞아, 메리 링컨은 온 가족이 버지니아 주 팰머스의 포토맥 군단 본부로 여행을 떠나자고 했다. 워싱턴에서 벗어날 기회가 생겨 기분이 좋아진 링컨은 오랜 일리노이 친구인 앤슨 헨리 박사, 노아 브룩스, 그리고 에드워드 베이츠 등 함께 여행할 사람들을 모았다. 베이츠를 추천한 것은 헨리였다. 헨리 박사는 오랫동안 베이츠와 우정을 나누었고 그를 "세상에서 가장 순수하고 훌륭한 사람"으로 여겼다. 베이츠는 후커 부대와 함께 있던 아들 콜터를 만나고 싶다는 생각에 여행 제안에 동의했다. 하지만 마침 콜터는 예정된 봄 전쟁이 시작되기 전에 워싱턴의 가족들을 만나기 위해 부대를 떠난 상태였다.

일행은 심한 눈보라 속에서 백악관을 출발했다. 해질녘 이들이 증기선 '캐리 마틴' 호에 올랐을 때는 광풍 때문에 사방에서 먼지와 눈발이 흩날리고 있었다. 배가 알렉산드리아와 버넌 산을 지날 때 이들은 관습에 따라 조지 워싱턴에게 경의를 표하는 종을 울렸다. 증기선은 그날 밤 아퀴아 만의 군 보급품 저장소에 도착하기로 되어 있었지만, 눈보라가 더욱 거세지자 도중에 안전한 곳을 찾아 닻을 내려야 했다. 모두들 쏟아지는 눈발과 광풍을 피해 따뜻하고 편안한 선실로 들어갔다. 하지만 토머스는 저녁식사거리를 준비하겠다며 낚싯대를 들고 혼자 갑판에 남아 있었다. 입질이 올 때마다 부모에게 달려가 알리던 아이는 마침내 작은 물고기를 낚았고, 저녁 식탁에 그 물고기가 오르자 몹시 기뻐했다. 브룩스는 "이 강대국의 대통령"이 "하인이나 호위대도 없이 가족, 친구들과 편히 쉬면서 스스럼없이 대화를 나누는" 소박한 광경에 놀라움을 금치 못했다. 반란군이 이들의 소재를 알았더라면 "총 한 번 쏘지 않고도 모두 잡아들일 수 있었을 것"이라고 브룩스는 생각했다.

캐리 마틴 호가 아퀴아 만의 번잡한 부두에 진입했을 때 눈보라는 "절정"에 이르렀다. 부활절 아침 부두에 도착한 대통령 일행은, 다시 팰머스행 특별 기차에 올랐다. 앞이 보이지 않을 만큼 거센 눈발과 비명을 지르며 맹렬하게 언덕을 휩쓰는 바람을 뚫고 일행은 야영지를 하나씩 지나쳤다. 30마일에 걸쳐 있던 야영지에는 막사와 요새, 방책으로 둘러싸인 수백 개의 모닥불이 있었다. 팰머스 역에 하차한 링컨 일행은 마차를 타고 반마일 떨어져 있는 후커 본부로 향했다. 래퍼해녹 강에서 약 3마일 거리에 있는 본부는 13만 3000명

544

이 넘는 병사를 위한 전신국과 인쇄 시설, 빵집, 우체국, 숙박시설이 완벽하게 갖추어져서 하나의 소도시처럼 보였다.

키가 크고 어깨가 넓은 후커 장군은 텐트 앞에서 링컨 일행을 기다렸다. 큰길 끝에 있는 그의 텐트 양쪽에는 장교들의 텐트가 늘어서 있었다. 장군은 링컨 일행을 맞이해 자신의 숙소로 안내했다. 숙소에는 커다란 난로와 침대 두 개, 일행을 위한 의자, 서류와 책으로 뒤덮인 긴 탁자가 있었다.

링컨은 후커를 좋아하고 존경했다. 링컨은 10주 전 그에게 포토맥 군단을 지휘해 달라고 요청하면서 대단히 훌륭한 조언의 편지도 같이 보냈다. "전 귀하가 용감하고 유능한 장군이라 생각합니다."라는 말로 편지는 시작됐다. "당신은 당신 자신을 믿습니다. 꼭 필요한 자질은 아니더라도 가치 있는 것입니다. 당신은 합당한 범위 내에서 이로운 야망을 갖고 있습니다. 하지만 번사이드 장군이 군을 지휘하던 시절, 당신은 그 야망에 사로잡혀 갖은 수단을 동원해 그를 방해했습니다. 당신은 나라에, 그리고 훌륭한 동료 장교에게 큰 잘못을 저질렀습니다." 링컨은 계속해서 "군대와 정부 모두"를 지휘할 독재자가 필요하다는 후커의 최근 발언에 대해 경고했다. 그는 "그 때문이 아니라 그럼에도 불구하고 나는 당신에게 지휘권을 주었습니다. 성공한 장군만이 독재자가 될 수 있습니다. 지금 나는 당신에게 군사적 성공을 부탁합니다. 나는 독재를 각오하겠습니다." 대통령은 진심 어린 지도의 말로 편지를 끝맺었다. "경솔한 행동을 조심하십시오. 하지만 열심히, 잠을 자지 말고 전진하여 우리에게 승리를 주십시오." 후커는 충고를 받아들였다. 그는 다정한 어조의 편지에 깊이 감동해 며칠 후 노아 브룩스와 헨리 박사 등 여러 사람들에게 이것을 큰 소리로 읽어주었다. 이들은 그 편지를 금문자로 인쇄해야 한다고 생각했다. 흥분한 후커는 텐트 안 난롯가에 나란히 앉아 있던 브룩스에게 말했다. "정말 훌륭한 편지입니다. 그가 내게 좀 가혹하다고 생각하긴 하지만, 나는 이 편지를 쓴 사람을 사랑한다고 말하겠습니다."

험한 날씨 때문에 군대 사열이 일요일에서 월요일 오후로 미루어졌다. 그 덕에 대통령과 영부인은 후커의 참모들과 오랫동안 이야기를 나눌 수 있었다. 한편 호기심을 억누르지 못한 토머스는 구내의 모든 시설을 둘러보며 정신없이 뛰어다녔다. 다음날 정오, 대포 소리가 기병대 사열의 시작을 알렸다. 후커 장군과 나란히 선 링컨은 완만한 언덕 너머로 몇 마일에 걸쳐 길게 뻗은 부대를 따라 말을 타고 지나갔다. 병사들은 대통령이 보이자 환호성을 질렀고, 링컨에게서 떨어지지 않으려고 "훌륭한 병사처럼 망아지 안장을 꼭 붙잡고 있는" 토머스를 보자 더욱 크게 환호했다. 토머스의 회색 외투는 깃발처럼 나부꼈다.

소년의 짧은 다리는 곧게 뻗어 있었고 길이 갑자기 구부러질 때는 말에서 떨어질 뻔하기도 했다. 다행히 토머스는 "꿋꿋하게" 버텼고, 한 젊은 당번병이 말을 타고 가는 아이의 곁을 충성스럽게 지키고 있었다. "여기엔 사연이 있다."고 〈뉴욕 헤럴드〉 기자는 전했다. 그 당번병은 구스타브 슈먼이라는 이름을 가진 열세 살 난 소년으로, 전쟁이 시작되었을 때 뉴저지 여단과 함께 집을 떠났다. 필립 커니 장군은 그를 나팔수로 임명했다. 소년은 반도 전투 내내 대열의 선두에 있었다. 1862년 여름 커니 장군이 사망한 후 새 지휘관이 된 대니얼 시클스도 소년을 그대로 나팔수로 두었다. 대통령의 아들보다 나이가 별로 많지 않은 구스타브는 충동적인 토머스를 잘 다스렸다. 기자들은 첫 번째 사열이 끝난 후 두 소년이 떼려야 뗄 수 없는 사이가 되어 형제처럼 야영지를 여기저기 뛰어다녔다고 전했다.

이후 몇 시간 동안 수만 명의 대원이 대통령과 영부인 앞을 "바다의 파도처럼" 지나갔다. 링컨이 머물렀던 작은 언덕 꼭대기에서는 장관이 내려다보였다. "햇살이 소총과 총검 위에서 눈부신 춤을 췄고 깃발은 당당하게 나부꼈다."고 한 기자는 보도했다. 보병과 포병을 사열할 때, 화가들은 6만 명의 병사와 "그들이 시야에서 사라지면서 저 멀리 반짝이는 무기와 숲처럼 빛나는 총검"이 만들어내는 장관을 스케치했다.

링컨은 건강하고 사기 높은 병사들과 어울리는 게 너무 즐거워서 방문 일정을 금요일까지 연장했다. 사열 후, 누군가가 정규병과 자원병을 쉽게 구분할 수 있었다면서, "정규병들은 대통령이 말을 타고 지나갈 때 제자리에 꼿꼿이 서서 고개를 조금도 움직이지 않는데, 자원병들은 그를 보기 위해 하나같이 고개를 돌렸다."고 말했다. 링컨은 재빨리 자원병을 옹호하면서 "내 병사들이 등을 돌리고 도망가지 않는 한, 나는 그들의 고개가 얼마나 돌아가는지 따위엔 신경 쓰지 않습니다."라고 대답했다.

사열을 마치고 쉬는 동안, 노아 브룩스 등 대통령의 일행 몇몇은 강 건너 반란군 야영지를 보기 위해 래퍼해녹 강으로 내려갔다. 맨눈으로도 프레더릭스버그의 집과 뾰족탑이 보였다. 나무가 우거진 언덕과 12월 전투에서 "무수한 병사들의 도살장"이 되어 유명해진 벌판 역시 잘 보였다. 망원경으로 살피면 무덤이 파헤쳐진 산등성이도 눈에 들어왔다. 산등성이 너머로는 흙으로 만든 보루와 반란군 야영지에서 피어오르는 연기, 그리고 가지런히 늘어선 하얀 텐트와 남부 연맹기가 보였다. 해안에서는 연방군 경계병이, 좁은 강 너머 반란군 보초들과 마찬가지로 순찰을 돌고 있었다. 이들은 보초병들끼리는 총을 쏘지 않는다는 암묵적 약속을 존중하면서 강 너머로 친구처럼 다정하게 이야기를 나누었다. "어느 지점에서 한 연맹군 병사가 물가로 내려왔다. 에이브러햄이 우리 중에 있는지 살펴보려는 게 틀림없었다. 링컨을 발견하지 못한 병사는 정중히 인사를 하고는 되돌아갔다."고 브룩스는 말했다.

양측 모두 날씨가 개자마자 치열한 전투가 재개되리라는 사실을 알고 있었다. 브룩스는 인상적인 사열 후 "이렇게 심장이 높이 뛰는 당당한 청년들이 얼마 지나지 않아 죽을 수도 있다고 생각하면 몹시 슬프다."고 말했다. 하지만 큰 싸움이 머지않았음을 알면서도 모두들 "현재를 즐기며 때가 될 때까지 전쟁에 대한 두려움을 미루었다." 링컨은 떠나기 전 후커와 부사령관 다리우스 카우치에게 마지막 지시를 내렸다. "여러분, 다음 전투 때 모든 병력을 투입하십시오."

잘 정비된 무기와 부대의 높은 사기, 병사들의 환영으로 용기를 얻은 링컨은 금요일 해질녘 워싱턴으로 돌아가기 위해 캐리 마틴 호에 올랐다. 〈뉴욕 헤럴드〉는 "그는 항구의 모든 선박과 해안의 기관차에서 만드는 기적 소리와 종소리, 그리고 깃발로 환송을 받았다."고 보도했다.

대립하는 각료들

링컨이 백악관으로 돌아가보니, 블레어가 스탠턴에게 화가 잔뜩 난 상태였다. 웰스는 슈어드와 싸우고 있었으며, 체이스는 또 다시 사직하겠다고 협박했다. 블레어 부자는 메릴랜드 출신의 연방군으로, 연맹의 존 키와 관련된 제임스 S. 플레전츠를 옹호하고 있었다. 키는 플레전츠의 집에 피신해 있었다. 충성스러운 플레전츠였지만 마지못해 키를 집에 머물게 했던 것이다. 스탠턴은 그런 반역 행위는 교수형에 처해 마땅하다고 주장했다. "충돌이 격렬하고 오랫동안 이어졌다."고 엘리자베스 블레어는 남편에게 말했다. 하지만 대통령은 금고형을 내렸다. 게다가 링컨은 그 사내의 건강이 안 좋다는 사실을 알고는 블레어의 청대로 그의 형량을 줄이는 데 찬성했다. 이 모든 조치가 스탠턴을 몹시 화나게 했다.

슈어드와 웰스의 싸움은 연방 해안을 봉쇄하고 있던 해군이 중립 해역에서 나포한 영국 배와 관련되어 있었다. 그 배에 실린 화물이 연맹군에게 보낼 물자라고 추측한 연방군은 뉴욕으로 '피터호프' 호를 보내 포획물 심판소에 처분을 맡겼다. 오랜 전통에 따르면 미심쩍은 선박과 화물의 진짜 목적지를 확인하려 할 때는, 법원의 승인을 받은 후 배의 우편물을 열어보도록 되어 있기 때문이었다. 영국은 신성한 우편물을 뜯어보아서는 안 된다며 강력하게 이의를 제기했다. 어떻게 해서든 영국의 간섭을 피하고자 했던 슈어드는 편지를 개봉하지 않은 채 인도한다는 데 동의했다. 이에 분노한 웰스는 이건 국제법 위반이며 좋지 않은 전례가 될 것이라고 주장했다. 더욱이 재판권은 해군성에 있었기 때문에 슈어드는 이 문제에 대해 간섭할 권한이 없었다.

이 문제 때문에 영국과 전쟁이 일어날지도 모른다는 소문이 나돌자, 두 사람은 링컨 앞에서 설전을 벌였다. 그들은 각기 자기 입장을 설명하는 편지로 무장한 채 밤늦게 링컨을 방문했고, 내각회의 때 토론했으며, 서로 자기편을 들어 달라고 애원했다. 섬너는 이 싸움에서 웰스를 지지하면서 영국이 이 문제로 전쟁을 일으키지는 않을 것이라고 주장했다. 하지만 대통령은 이 중요한 시기에 영국과 좋은 관계를 유지하는 것이 편지를 둘러싼 법적 문제보다 더 중요하다는 점에서 슈어드의 의견에 동의했다. 기분이 상한 섬너는 링컨이 이러한 사건과 관련된 관례에 대해 무지하다고 생각했다. 웰스도 같은 생각이었다. 그는 또한 슈어드가 "영국과 전쟁을 할 경우 닥치게 될 재앙에 대해 매일매일 링컨의 귀에 속삭이면서" 진짜 문제에서 대통령의 주의를 돌리고 있다며 비난했다. 몽고메리 블레어 역시 웰스를 지지하면서 "슈어드는 공법(公法)과 내각의 의무에 대해 아는 바가 거의 없다."고 웰스에게 말했다. 그러나 결국 슈어드가 충고한 것처럼 대통령은 우편물을 개봉하지 않은 채 영국에 돌려주기로 결정했다.

그해 봄, 체이스 역시 링컨에게 불만이 많았다. 그는 다섯 달 동안 무려 세 번이나 재무장관직에서 물러나겠다고 링컨을 협박했다. 내각 위기 때 처음 꺼냈던 사직 이야기는 3월에 다시 터져나왔다. 링컨이 코네티컷 상원의원의 압력에 굴복해, 체이스가 하트포드의 내국세 세무관리로 임명했던 사람을 승인하지 않겠다고 결정했을 때였다. 체이스는 노발대발하며 자신의 임명권에 대한 권위가 서지 않는 한 계속 내각에 있을 수 없다고 대통령에게 말했다. "지금 같은 상황이라면 본인은 대통령님에게나 나라에 쓸모 있는 사람이 되지 못할 것 같습니다." 링컨은 체이스를 달랬지만, 얼마 지나지 않아 세 번째 협박을 받았다. 이번엔 체이스가 퓨젯 사운드 지역 관리로 임명한 사람이 땅 투기 혐의로 고소당하자, 링컨이 그를 해임시켰기 때문이었다. 대통령이 자신과 상의도 없이 일을 처리했다며 분개한 체이스는 "자신의 동의 없이" 이 같은 결정이 이루어지면 재무부를 제대로 관리할 수 없다고 주장했다. 체이스는 대통령에게 "제 권한을 존중해주지 않는다면, 본인은 주저없이 사직서를 제출하여 제 문제로 더 이상 귀찮게 하지 않겠습니다."라는 편지를 보냈다.

체이스의 감정이 상했다는 사실을 알고 있던 링컨은 다시 그의 손상된 자존심을 달래주기 위해 노력했다. 그날 밤, 링컨은 사직서를 들고 체이스의 집을 방문했다. 그는 자신의 긴 팔을 체이스의 어깨에 두르고 사직서를 내밀며 "체이스 씨, 난 이 서류와 무관하길 바랍니다. 다시 가져가십시오."라고 말했다. 그리고 그 일이 체이스가 워싱턴에 없었을 때 일어났기 때문에, 혼자서 결정을 내릴 수밖에 없었다고 설명했다. 마지막으로 링컨은 해임된 사람의 후임을 선택할 권한은 전적으로 그에게 있다고 약속하며, 이 예민한 재무장관을 달랬다. "나는 한참이나 그에게 빌어야 했지만, 결국엔 성공했다."고 링컨은 흡족한 듯 기록했다.

링컨은 오만하지만 근본적으로는 불안정한 체이스의 성격에 짜증을 내면서도, 재무장관의 비길 데 없는 업적을 인정했다. 국회가 휴회한 지 두 달 후, 체이스는 4500만 달러가 넘는 국채를 팔았고 국채 수요는 꾸준히 증가하고 있었다. "큰 전쟁이 한창일 때 그 어느 나라의 재무부도 우리의 재무부만큼 훌륭하게 일한 적은 없었다."고 〈뉴욕 타임스〉는 말했다. 하지만 링컨은 체이스에게 경의를 표하면서도, 앞으로 참고하기 위해 재무장관의 가시 돋친 세 번째 사직서를 보관해두었다.

한편 몽고메리 블레어는 체이스를 괘씸하게 생각했고 다른 동료들에 대해서도 그리 존중심을 보이지 않았다. 블레어는 슈어드를 "파렴치한 거짓말쟁이"로, 스탠턴은 "한심한 악당"으로 생각했다. 사실 블레어는 웰스만 빼고 각료를 모두 바꾸어야 하고 "미합중국에서 가장 유능하고 가장 견문이 넓은 정치가"인 아버지가 링컨의 "개인 조언자"가 되어야 한다고 생각했다. 그는 어쩌면 베이츠도 웰스와 함께 교체 명단에서 제외해도 좋겠다고 생각했지만,

베이츠를 충실한 동료로 여기지는 않았다. 이렇게 자잘한 싸움이 계속 이어졌기 때문에 대통령의 업무는 대단히 복잡해졌다.

하지만 대립하는 각료들에 대한 링컨의 걱정은 얼마 남지 않은 포토맥 군단의 움직임에 대한 걱정에 비하면 아무것도 아니었다. 1863년 4월 13일, 링컨이 여행에서 돌아온 지 3일 후, 후커는 챈슬러스빌 전투를 위한 첫 번째 조치를 취했다. 그는 조지 스톤먼 장군 휘하의 1만 기병대를 남쪽으로 보내 리의 부대와 리치먼드 사이로 진격하도록 했다. 후커는 리치먼드로 가는 연맹군 보급선을 차단하고 래퍼해녹 강을 건너 프레더릭스버그에서 적군을 몰아낸 다음, 본격적인 전투를 치를 생각이었다. 폭우와 끊어진 도로 때문에 진군이 지체되긴 했지만, 4월 마지막 주, 후커 부대는 강을 건너기 시작했다.

링컨과 내각은 이 움직임을 불안한 마음으로 지켜보고 있었다. 5월 4일 월요일 니콜라이는 약혼녀에게 편지를 보냈다. "여기 우리들은 몹시 마음을 졸이고 있어요." 싸움이 시작되었지만 전투 과정에 대한 "확실한 정보"는 전해지지 않았다. 웰스는 링컨과 함께 전쟁부에서 소식을 기다렸지만 아무 소식도 들을 수 없었다. 베이츠는 아들 콜터가 후커와 함께 이 위험한 전투에 투입되었다는 것을 알고 있었기 때문에 유독 긴장했다. 링컨은 프랜시스 블레어 경에게 일이 어떻게 돌아가는지 아무도 모르는 것 같다고 말했다. 웰스는 "믿을 만한 정보가 안 오는 게" 이상하다고 여기면서 불길한 징조라고 생각했다. 그는 "대통령은 애써 다른 사람들을 격려했지만, 아무리 숨기려 해도 그 역시 불안해하고 있다는 걸 나는 알 수 있었다."라고 기록했다.

링컨은 전투가 시작되었을 무렵, "나는 몹시 불안합니다. 그러나 부디 내게 참을성이 없다고 여기지 마시고, 잠시라도 내 생각 때문에 시간을 낭비하지 마십시오. 당신을 방해할 생각은 없소이다."라고 후커에게 편지를 보냈다. 불길한 소문이 들려올 때도 링컨은 후커에게 압력을 넣지 않았다. 5월 6일 아침, 링컨은 "귀관과 대원 모두 하나님의 축복 아래 있기를 바랍니다. 여러분은 최선을 다할 것입니다."라고 장군에게 전보를 보냈다. "우리의 호기심을 채우기 위해 전보를 보내느라 쓸데없이 시간을 낭비하지 마십시오.”

그날 오후 3시, 후커의 참모총장이 보낸 달갑지 않은 전보와 함께 이 불안했던 시간은 막을 내렸다. 연방군이 패배했다. 군대는 래퍼해녹 강 북쪽의 원래 위치에서 퇴각했고 1만 7000명의 연방군 병사가 사상하거나 실종됐다. 후커의 부사령관인 다리우스 카우치 장군은 이후, 후커가 리 장군의 “술책에 빠졌을 뿐”이라고 주장했다. 리가 “전투를 시작하지 않고 후퇴할 것”이라고 방심했던 후커는, 연맹군의 맹렬한 공격에 기가 죽었다. 링컨이 지시한 대로 그가 전 대원을 투입했다면 전투의 흐름은 바뀌었을 것이다. 하지만 그는 맹렬한 공격에 얼이 빠져 방어 자세를 취했고, 리에게 주도권을 넘겨주었으며 다시는 재기하지 못했다. 전쟁터에서 입은 부상으로 후커의 직관력은 더욱 무뎌졌다. 부하들은 공격을 강행하기를 원했지만, 그는 퇴각 명령을 내렸다.

소식이 도착했을 때 노아 브룩스는 링컨과 함께 있었다. 대통령의 “핏기 없는” 얼굴을 본 브룩스는 그 얼굴 색이 방안의 회색 벽지와 “거의 똑같다”고 생각했다. “뒷짐을 진 링컨은 방안을 서성이며 ‘오, 하나님! 오, 하나님! 국민이 무어라 할 것인가! 국민이 무어라 할 것인가!’ 라고 말했다.”

소식은 빠르게 퍼져나갔다. 대통령은 이 소식을 섬너 상원의원에게 전했고, 그는 웰스에게 달려갔다. “끝났소, 끝났소, 다 끝났소!” 섬너는 해군성 집무실로 들어갈 때 두 손을 들고 소리쳤다. 웰스가 전쟁부에 가보니 슈어드가 스탠턴과 같이 있었다. “스탠턴에게 후커가 어디 있는지 아느냐고 물었다. 그는 퉁명스럽게 모른다고 대답했다. 나는 그를 사납게 노려보았고 조금은 의심스러워했다. 잠시 후 후커가 강 이쪽 편에 있지만 정확한 위치는 모른다고 그가 말했기 때문이다.” 해가 기울고 사상자 명단이 끝도 없이 전달되기 시작하자 스탠턴은 더 이상 절망감을 감출 수 없었다. “오늘은 이 전쟁에서 가장 슬픈 날이다!”라고 그는 탄식했다. 탈퇴주의자들이 윌라드 호텔에서 갑자기 “새 생명을 얻은 듯 미소를 지으며” 뛰쳐나와 기쁨을 감추지 못하고 수심에 잠긴 인파를 헤치고 달려갔다고 브룩스는 전했다.

한 시간 후, 링컨은 마차에 올라 해군 공창으로 데려다 달라고 했다. 핼렉 장군을 대동한 그는 후커의 본부로 가는 증기선에 올랐다. 즐거웠던 지난 방문과 달리 우울한 여행길이었다. 링컨은 이 여행을 통해 다시금 군대에 대해 확고한 결심을 세웠다.

"래퍼해녹의 부대가 지난 번 피비린내 나는 전투에서 빠져나왔다는 것은 사실이다. …… 많은 병사를 잃고 전쟁터의 공포에서 막 벗어나 지칠 대로 지쳐 있었지만, 그들은 여전히 두려워하지 않고 우뚝 서서 마음을 가다듬었다. 그들은 당장 다시 진격할 준비를 갖추고 지휘관을 따라 전쟁터로 향했다."라고 군 본부에서 한 기자는 전했다.

연맹군은 4000명이 안 되는 병사를 잃었지만, 총병력이 1만 3000명이라는 것을 감안하면 그들의 피해도 만만치 않았다는 것을 알 수 있다. 거기다 연맹은 이 전투에서 가장 훌륭한 장군 중 한 명인 '돌벽장군' 토머스 잭슨을 잃었다. 정찰 임무를 마치고 돌아가던 잭슨은 적으로 오인받아 자기 병사들이 쏜 총에 맞았다. 그는 가까운 야전 병원으로 후송되어 왼팔을 절단했고 8일 후, 폐렴으로 사망했다. 남부는 비탄에 잠겼다. "워싱턴 장군이 사망한 이래 잭슨의 사망만큼 버지니아 주민들을 그토록 깊은 슬픔에 빠뜨린 사건은 없었다."고 〈리치먼드 휘그〉는 보도했다.

링컨은 몇 시간 동안 군사본부에 머물렀다. 그는 떠나기 전 후커에게 앞으로의 전투에 대한 자신감을 나타내는 편지를 건넸다. "가능한 빨리 또 다른 군사행동이 이루어진다면 몹시 기쁠 것입니다. 적군의 통신수단이 파괴된 지금은 우리에게 유리한 때이니 말입니다. 하지만 어떤 이유로든 자포자기하는 마음을 가지거나 경솔하게 행동을 취하지는 마십시오." 전에도 여러 번 그랬던 것처럼, 링컨은 어떻게 해도 벗어날 수 없을 것처럼 보이는 고통스러운 순간을 미래에 대한 희망으로 바꾸며 패배의 폭풍을 견뎌내고 있었다.

20장

관대함으로 충성을 끌어내다

게티즈버그와 빅스버그 대승

링컨은 5월 7일 부대 시찰에서 돌아오자마자, 전 오하이오 주 하원의원인 클레멘트 밸런디검이 반역죄로 체포 및 구금되는 엄청난 정치적 사건에 직면했다.

밸런디검의 체포를 명령한 사람은 번사이드 장군으로, 그는 후커의 후임으로 오하이오 군관구를 지휘하고 있었다. 번사이드는 연방군의 참패를 공개적으로 비판하는 소란스러운 평화 시위가 벌어지자, "오하이오 군관구에서 적에게 조금이라도 동조하는 행동은 금지한다."는 내용의 군령(軍令) 38호를 공포했다. "명시적이든 암묵적이든" 반역을 저지르는 사람은 지위의 고하를 막론하고 누구든 체포하여 군사 재판에 회부한다는 것이 군령의 골자였다. 밸런디검은 의도적으로 이 군령을 무시하고, 전쟁의 패배에 대해 신랄하게 비판하며 군중을 선동했다. 그는 병사들이 일제히 퇴역하고 국민이 "링컨 왕을 왕좌에서 몰아내야" 전쟁이 끝날 것이라고 주장했다.

밸런디검의 연설 사본을 읽은 번사이드는 한밤중에 군인들을 보내 그를 체포했다. 한 지방지 기자는 "군인들이 들어가려 했지만 문은 쉽게 열리지 않았다. 밸런디검은 창문 곁에서 권총을 두세 발 쏘았다."라고 보도했다. 하지만 군인들은 옆문으로 진입해 그를 채포했다. 군법재판소는 재빨리 그에게 유죄를 선고하고 남은 전쟁 기간 동안 감금하라는 판결을 내렸다. 인신보호영장은 기각됐다. 〈시카고 타임스〉가 이 사건을 대대적으로 보도하여 논란을 격화시키자, 번사이드는 독단적으로 신문을 폐간했다.

조간신문에서 이 사건을 읽은 링컨은 무척 난감했다. 훗날 그는 신문기사 때문에 고통스러웠지만, 번사이드를 지지해야 한다는 강박관념에 시달렸다고 털어놓았다. 하지만 이로 인해 발생할 부정적인 정치 여파를 고려해야 했다. 코퍼헤드와 민주당뿐 아니라 충성스러운 공화당에서도 비판의 목소리가 쏟아져나왔다. 서로우 위드는 체포를 비난했다. 트럼벌 상원의원은 "이처럼 독단적인 체포가 계속된다면, 군법 재판이 민간 법정보다 우위에 서게 될 것이며 정부는 전복될 것이다."라고 브라우닝에게 경고했다. 슈어드의 한 친구는 "정직한 시민 대다수가" 이번 체포를 "언론의 자유라는 대원칙에 대한 도전"으로 여기고 있으며, 충성스러운 주에서 시민전이 일어날 게 틀림없다고 경고했다. 슈어드도 같은 생각이었다. 그동안 거의 의견일치를 보지 못했던 내각이 밸런디검의 체포를 반대하는 데에는 만장일치로 단결했다.

절충안을 찾던 링컨은 공식적으로는 밸런디검의 체포를 지지했지만, 구금 대신 연맹 쪽으로 추방하라고 명령했다. 이 조치 이후 남부에 동조하는 밸런디검의 몸이 "진작부터 마음이 가 있던 곳"으로 갈 수 있게 되었다는 농담조의 이야기가 회자되었다. 〈뉴욕 타임스〉는 이 해결책에 일반 시민들이 만족해한다고 전하며, "악행을 저지를 수 있는 밸런디검의 힘을 효과적으로 빼앗으면서도, 동시에 그를 순교자로 만드는 것은 피해야 하는데, 어려운 사건을 잘 풀어낸 적절한 조치였다."고 보도했다. 휴전 백기를 든 연방 기병대는 밸런디검을 호송해 테네시 주로 추방했다. 이로 인해 명예가 실추된 밸런디검은 재빨리 캐나다로 탈출해 전쟁 내내 그곳에 머물렀다. 한편, 스탠턴은 번사이드가 〈시카고 타임스〉에 내린 폐간 명령을 무효화하고, 지역 공무원들에게 신문사를 억압해서는 안 된다고 통보했다.

이렇게 해서 링컨은 전쟁으로 인한 시민의 자유가 침해받는 것을 최소화하면서도 번사이드 장군을 계속 지지할 수 있었다. 수개월 후 한 급진주의자가 "악명 높은" 〈시카고 타임스〉를 폐간하자고 주장하자, 링컨은 이렇게 말했다 "아무래도 부인께서는 시민의 자유를 빼앗는 것이 얼마나 위험한 일인지 모르시는 것 같군요. 아주 불가피한 상황이 아니라면 시민의 자유를 빼앗을 수 없습니다. 민주 정부는 시민의 보편적 권리를 간섭하거나 위험에 빠뜨리는 행동을 해서는 안 됩니다. 오히려 시민의 자유를 철저히 보호해야 합니다."

밸런디검 문제를 해결한 후, 링컨의 다음 과제는 번사이드의 마음을 달래는 것이었다. 내각 전체가 자신의 조치에 반대했다는 이야기를 전해 들은 장군은 사임하겠다고 통보했다. 링컨은 사직을 거부하면서, "내각은 체포의 필요성에 유감을 표했지만, 일단 체포가 이루어진 후에는 모두 귀관이 그 상황을 잘 헤쳐나가길 기대했습니다."라고 주장했다.

이 사건으로 국민에 대한 내각의 조치를 궁극적으로 심판하는 건 대중이라는 사실을 알게 된 링컨은 군사 체포라는 복잡한 문제에 대한 자신의 입장을 문서로 정리하기 시작했다. "이에 대해 수시로 좋은 생각이 떠오르는데, 내가 보기엔 그 생각이 설득력 있고 완벽한 대답인 듯합니다."라고 링컨은 이후 어느 방문객에게 말했다. "그런 생각을 하나도 잊지 않도록 수시로 쪽지에 적어놓지요." 이제는 그동안 적은 쪽지를 모아 국민들이 받아들일 수 있는 설득력 있는 주장으로 고쳐야 할 때였다. 그리고 링컨에겐 자신의 생각을 밝힐 적당한 토론장이 필요했다.

5월 말, 뉴욕 민주당원들이 군사 체포가 위헌이라고 선포하는 일련의 결의안을 통과시켰을 때 기회가 찾아왔다. 링컨은 "이미 이 사안을 모든 면에서 살펴보았기" 때문에 "그 어느 때보다 빠른 시간 안에" 장문의 답변을 작성할 수 있었다. 6월 초, 대통령은 각료들에게 초안을 읽어주었다. "박력 있고 뛰어난 글이다."라고 웰스는 기뻐하며 말했다. 블레어는 "연방이 민주 정치를 파괴하려는 음모에 맞서 싸우고 있음"을 강조하라고 대통령에게 조언했다. 블레어는 링컨이 이러한 논지를 자주 이야기했음을 알고 있었지만, 토머스 하트 벤턴의 말처럼 "반복"은 "설득의 가장 좋은 방법"이었다.

뉴욕 주 민주당원인 에래스터스 코닝에게 보낸 링컨의 답변서가 6월 12일 자 〈뉴욕 트리뷴〉에 실렸다. 링컨은 먼저 평상시에는 군사 체포가 위헌이라고 인정했다. 그러나 "반란이나 침략의 경우" 인신보호 영장을 유보할 수 있다고 헌법에 구체적으로 명시되어 있다는 사실도 비평가들한테 상기시켰다. 나아가 밸런디검은 현 정부를 비판해서가 아니라, "사실상 모병을 막고, 군인들의 탈영을 조장했으며, 반란을 저지하지 않고 내버려두라고 주장했기에" 체포되었다고 말했다. 링컨은 "오랜 경험을 통해, 탈영을 사형 같은 엄격한 처벌로 다스리지 않으면 군대를 유지하기 어렵다는 점을 알고 있다."고 지적하며 곳곳의 지지자들이 되풀이했던 질문을 던졌다. "탈영을 부추긴 교활한 선동가는 머리카락 하나 건드리지 않으면서, 순진한 탈영병에게는 총을 쏘아야만 할까요? 어린 병사에게 그가 옳지 않은 대의를 위해서 싸우고 있다고, 그가 탈영했을 때 체포해서 처벌하지도 못할 만큼 나약하고 한심한 정부를 위해 싸우고 있다고 설득하는 것만큼 그건 옳지 않은 일입니다."

대통령의 편지는 북부 전역에서 엄청난 호응을 얻었다. "인상적이고, 공정하며, 명확하고 결정적이다."라고 〈뉴욕 타임스〉는 지지했다. 민주당원들조차 깊은 감동을 받았다. 에드워드 에버렛은 밸런디검의 체포를 옹호하지는 않지만, 대통령의 답변은 완벽하다고 말했다. 지지자들은 감격했다. "조금의 허례허식도 없이 단호하고 담백하되, 귀를 기울인 위대한 국민이 그를 통치자로 추앙할 만한 명문이다. 이 글을 모든 북부 신문에 실어 모든 시민이 읽게 해야 한다."라고 스토더드는 말했다. 실제로 링컨은 자신의 말이 전파되고 지지를 얻을 수 있도록 모든 조치를 취했다. 수많은 형태로 인쇄된 그의 서한은 모든 도시와 고립된 농장에 있는 천만 시민의 집과 일터로 전해졌

다. 미합중국 시민이 링컨의 논리적인 주장을 받아들이면서 여론은 바뀌기
시작했다.

충성심은 어디에서 나오는가

여름이 다가오자 각료들은 참을성이 바닥났는지 다시 서로를 헐뜯기 시작했
다. 웰스는 스탠턴이 내각회의에 겨우 반만 참석했고, 설혹 참석한다 해도 거
의 발언하지 않았다며 비난했다. "그는 수시로 회의실 구석에서 대통령과,
혹은 도서관에서 슈어드와 사적인 이야기를 나누었다."고 불평을 늘어놓았
다. 슈어드 역시 회의가 시작할 때 나타나서 대통령과 따로 이야기를 나눈
뒤, 자기 부서 대표로 아들 프레더릭 슈어드를 남겨두고는 사라졌다. 이에 스
탠턴은 "보좌관이 참석했을 때는 어떠한 중요 질의도" 하지 않겠다고 주장하
며 격분했다. 슈어드와 스탠턴이 늘 우선적으로 대통령을 접견하자 화가 났
던 블레어는 링컨과 사적인 대화를 할 기대를 품고서 내각회의가 끝난 후에
도 남아 있곤 했다.

　"이런 시기일수록, 서로의 견해를 흉금 없이 나눠야 할 것입니다."라고 웰
스는 분개했다. 베이츠도 불만이 많았다. 그는 "현재 각료들 사이에는 믿음
이 없습니다. 그리고 실질적으로 내각회의 같은 것도 없습니다. 슈어드와 체
이스, 스탠턴처럼 지배권을 차지하기 위해 야망을 불태우는 이들은 절대 내
각회의에서 계획을 털어놓지 않았고, 먼저 대통령에게 이야기하고 난 후에야
각료들의 동의를 받습니다."라고 불평했다. 체이스는 함께 머리를 맞대고 생
각하지 않는 걸 수치스러워했다. "군사(軍事)에 관해 억측이나 하고 있다니,
이 얼마나 한심한 노릇인지 모르겠소이다!"라고 데이비드 더들리 필드에게
불평했다. "대통령은 전쟁 수행에 대해 스탠턴과 핼렉에게만 조언을 구하고
있습니다. 나는 한 발짝 떨어져서 그저 수단을 제공할 뿐입니다." 블레어는

체이스보다 더 강력하게, "슈어드와 스탠턴의 모략으로 인해" 내각회의가 제대로 이루어지지 않는다고 비난했다. 또한 자신이 경멸하던 핼렉을 링컨이 사령관 자리에 앉히고, 맥클렐런을 복귀시키는 데 슈어드와 스탠턴의 입김이 크게 작용했다고 생각했다. 블레어가 보기에, 슈어드와 스탠턴 모두 "출세를 위해 음모를 꾸미고 있었고, 스탠턴은 할 수만 있다면 대통령의 목을 자를 위인"이었다.

스탠턴에 대한 블레어의 분노가 어찌나 심했던지, 군에 대한 정보의 원천지였음에도 불구하고 전쟁부에 발을 들여놓으려고 하지 않았다. 어느 날 밤 병참기지에서 웰스와 대화를 나누던 블레어는 링컨의 행동 때문에 곤혹스럽다고 말했다. "뛰어난 능력을 지닌 대통령이 스탠턴과 슈어드에게 그토록 정신없이 빠져들다니, 정말 이상하고 또 이상한 일입니다." 링컨이 각료들의 분열을 염두에 두지 않았던 것은 아니다. 하지만 지금까지 각료들이 저마다의 임무를 잘 수행해온 만큼 별다른 변화가 필요하다고 생각하지 않았다. 더욱이 전술 문제에 대해서는 이론이 분분한 내각회의보다는 믿을 만한 슈어드와 스탠턴에게 조언을 구하는 게 낫다고 여기고 있었다. 그러면서도 그는 소외된 각료들이 어떤 기분일지 이해하고 있었다. 그는 소소하되 관대한 행동으로 불만을 품은 동료들의 마음을 달래주었고, 존경과 애정을 회복할 수 있었다.

링컨은 좀더 개인적인 영향력을 행사하고 싶어하는 몽고메리 블레어의 마음을 눈치 채고 몽고메리와 그의 아버지에게 늘 문을 열어놓았다. 몽고메리 블레어는 언제나 충성을 다했고 우정장관으로서 훌륭한 업적을 이루었다. 그는 우편배달부나 길거리의 우체통이 없고 무료 배달도 없던 원시적인 우편 체제를 완전히 바꾸었다. 우편 업무의 근대화는 특히 집에서 오는 편지와 신문, 잡지로 위로받는 군인들의 사기를 높이는 데 대단히 중요했다. 블레어는 군대 안에 우체국장과 우표 발행인이 상주하는 특별 군(軍) 우체국 체제를 만들었다. 이 새로운 제도로 인해 병사들은 수취인이 편지 한 통 당 3센트를 지

불하기만 하면 우편 요금을 내지 않고도 편지를 보낼 수 있었다. 궂은 날씨와 진창길 때문에 군부대로 우편을 배달하는 것이 거의 불가능할 때조차도, 새로운 체제로 인해 편지가 무사히 목적지에 도착할 수 있었다.

링컨은 또한 웰스와 사적인 대화를 나눌 시간을 마련하는 일에도 신경을 썼다. 그는 백악관에서 전쟁부로 가는 길에 "넵튠"에게 들르거나, 전신국에서 소식을 기다리면서 그를 한쪽으로 불러내기도 했다. 대통령은 편지에서도 마찬가지로 사려 깊었다. 중립 항구의 해군장교에게 보낼 지시사항과 관련해 웰스에게 명령을 내려야 할 때면, 링컨은 "귀하가 해군성의 고되고 막중한 업무에 태만했다고는 생각하지 않습니다. 오히려 장관께서 주어진 업무를 대단히 잘 수행하셨음을 확인하게 되어 대단히 기쁩니다."라고 그를 안심시켰다.

결국 반목하던 각료들은 그들의 경쟁심과 분노에도 아랑곳하지 않고 정중하고 다정하게 대응하며 자신들의 긴장을 유머로 달래준 대통령에게 끝까지 충성을 다했다. 한번은 몽고메리 블레어와 체이스 사이에 격한 논쟁이 벌어진 적이 있었다. 블레어가 도망 노예법을 충성스러운 주에도 적용시켜 도망 노예를 주인에게 돌려보내어 복무시켜야 한다고 반기를 들었다. 링컨은 논쟁을 중재하며 자신도 바로 그 문제로 오랫동안 고심했다고 두 사람에게 말했다. 웰스는 일기에 다음과 같이 기록했다. "이 논쟁은 대통령으로 하여금 빚을 지고서 집요한 채권자에게 시달리던 일리노이 주의 한 남자를 떠올리게 했다. 빚을 진 남자는 채권자가 빚 이야기를 꺼낼 때마다 미친 척을 했다. 나는 대통령에게 이 문제로 극단주의자들에게 시달릴 때, 이 미친 사람처럼 행동하라고 몇 번 말했었다."

또 한번 긴장감이 감돌았던 회의 때 링컨은 자신과 각료들을 풍자하는 유머 작가 오르피어스 커의 작품을 인용했다. "이번에 웰스 씨나 체이스 씨를 겨냥한 풍자를 무척 재미있게 읽었습니다. 하지만 아마도 제가 그 풍자를 읽고 웃을 때 두 분께선 싫어하시겠지요. 그러나 저에 대한 풍자 글을 보면 그 반대일 겁니다."

싸우는 장군들

링컨은 각료들을 달래느라 신경을 쓰는 동시에, 장군들 사이의 쉴 새 없는 다툼도 진정시켜야 했다. 내슈빌에 본부를 둔 사령관 윌리엄 로즈크랜스가 지난 번 자신의 편지에 분개했다는 사실을 알게 된 링컨은 즉시 답장을 썼다. "본인은 결코 귀관을 책망하거나 귀관의 능력을 의심할 생각이 없었습니다. 나 역시 급하게 많은 일을 하다보면 자주 실수를 저지른답니다." 그는 그저 어느 대령에 대한 로즈크랜스의 조치에 우려를 표현하려 했을 뿐이라고 말했다. 그리고 새무얼 커티스 장군을 미주리 주 사령관직에서 해임해야 한다고 생각했을 때, 이번 해임이 갬블 주지사와 커티스가 분열하여 싸우고 있는 "미주리 주의 현 사태를 어느 정도 타파"하기 위해 필요한 일일 뿐이라고 링컨은 강조했다. "귀관을 문책하거나 귀관에 대한 다른 사람들의 비난을 인정할 뜻은 없습니다. 귀관이 정직하고, 유능하며, 애국심이 깊다는 본인의 신념에는 변함이 없습니다."라고 링컨은 말했다.

이후 링컨이 열심히 중재했지만 미주리 주에서의 다툼은 계속되었다. 갬블 주지사는 링컨의 공개서한이 자신에게 대단히 모욕적이라고 불만을 터뜨렸다. 헤이가 링컨에게 갬블이 보낸 편지를 건네자 링컨은 "저리 치워두게."라고 말했다. 링컨은 "최대한 자극이 될 만한 것들을 피해서 냉정을 잃지 않으려고 노력하는 중"이었던 터라 비서가 "언짢은" 편지라고 한 글을 읽지 않기로 결심했던 것이다. 링컨은 자신의 주장을 관철시키며 상처받은 갬블에게 말했다. "본인이 귀하에게 적대감이나 무례한 행동을 보이거나 귀하를 모욕할 만한 표현을 했는지 전혀 몰랐습니다."

그러나 링컨의 참을성에도 한계가 있었다. 로버트 H. 밀로이 소령이 핼렉의 "까닭 모를 증오" 때문에 자신이 정직처분을 받았다며 불평하자 링컨은 단호하게 답장을 보냈다. "지금껏 상관에 대한 귀관의 비난이 들어 있지 않은 편지는 본 적이 없소이다. 귀관은 웨스트포인트 출신이 아니라서 괴롭힘을 당한다는 의견을 계속해서 피력했고 최근 편지들에서도 그 주장을 반복했소. 그러나 친애하는 소령, 안 됐지만 이건 귀관의 잘못으로 일어난 일입니다." 또한 높은 직책을 확보하기 위해 임관 날짜를 앞당겨 달라는 자신의 요청을 링컨이 거부한다고 로즈크랜스가 불만을 터뜨렸을 때도 링컨은 냉정하게 말했다. "솔직히 말해, 본인은 귀관들과 달리 서류상의 계급 문제가 그리 중요하다고 생각하지 않습니다. 세상은 귀관이 '스톤 강 전투'에서 싸웠던 사실을 잊지 않을 것이고, 서류상의 귀관이 그랜트 장군보다 계급이 높든 낮든 본인은 조금도 개의치 않을 것입니다."

거의 모든 전선에서 반목하는 장군들의 문제를 해결해야 했던 링컨이 율리시스 S. 그랜트 장군을 존경하고 칭송하게 된 것은 당연한 일이었다. 그랜트는 아무 불평 없이 착실하게 연맹군의 요새였던 빅스버그로 진격했다. 그곳을 점령하면 연방군이 미시시피 강의 주도권을 얻고 연맹군을 분열시킬 수 있을 것이었다. 그랜트의 부대는 다섯 번의 연승을 거두며 진격했고, 5월 중순이 되었을 무렵에는 빅스버그와 아주 가까운 곳에 이르렀다. 그리고 5월 19일과 22일 존 펨버턴의 병력을 맹공격했으나 실패하자, 그는 남부군을 식량 부족으로 항복시키기 위해 포위 공격을 감행했다.

"그랜트 장군이 빅스버그를 함락하든 못하든 이달 초부터 22일까지 그가 수행한 군사행동은 이 세상에서 가장 훌륭한 것이었네."라고 링컨은 5월 26일 친구에게 보낸 편지에서 말했다. 후커의 부대가 동부에서 몇 주간 고전하는 동안, 서부에서 들려온 그랜트 부대의 소식은 링컨에게 힘을 주었다. 3월에 스탠턴은 훗날 전쟁부 차관보가 되는 신문기자 찰스 데이나를 보내, 그랜트 장군을 지켜보며 그의 움직임을 보고하도록 지시했다. 이후 데이나는 그랜트 장군을 존경하게 되었는데, 그 이유는 그의 길고 상세한 특보에 아주 잘 나타나 있다. 성격과 행동 모두 강직한 장군에 대한 기사를 보면서 링컨은 장군을 점점 높이 평가하게 되었다. 그랜트는 미시시피 강을 향한 마지막 공격에서 뱅크스 장군에게 협조를 요청하면서 뱅크스에게 "원하신다면 공동의 대의를 위해 기꺼이 장군을 상관으로 모시고 싸우거나 협력하겠소."라고 공언했다.

그랜트에 대한 존경심이 높아지긴 했지만, 링컨이 이 뛰어난 장군을 간섭할 수밖에 없는 경우도 있었다. 그랜트 장군은 연방군이 침투한 지역에서 상인들이 목화로 부당 이득을 취하고 있다는 잘못된 정보를 입수해, 자신의 군관구에서 "유대인들을 전원" 추방하라는 명령을 내렸다. 아무런 근거 없는 이 차별적인 명령 때문에 모든 유대인들이 24시간 안에 말과 마차, 그 밖의 귀중품을 모두 남겨두고 떠나야 했다.

유대인 대표단이 방문했을 때, 링컨은 이 사안에 대해 전달받지 못한 상태였다. 그들의 상황에 대해 전해 들은 링컨은 성경에 빗대어 물었다. "그렇게 해서 이스라엘의 자식들이 행복의 땅인 가나안에서 추방되었단 말입니까?" 대표단장은 다음과 같이 답했다. "그렇습니다. 그리고 바로 그 때문에 우리가 아버지 아브라함(영어식으로 발음하면 에이브러햄이다)의 품으로 보호를 구하러 오게 되었습니다." 링컨은 재빨리 답했다. "즉시 보호를 받을 것입니다." 그는 펜을 들어 명령을 취소하라는 내용의 편지를 핼렉에게 썼다.

핼렉은 어쩔 수 없이 명령에 따르면서, 그전에 그랜트에게 "내 짐작에 귀관이 반역자와 유대인 상인들을 추방하는 것을 대통령이 반대하는 건 아니오. 하지만 그 명령으로 우리 편에서 싸우는 종교인들까지 추방하게 되었기 때문에, 대통령은 그 명령을 철회해야 한다고 여겼소이다."라고 납득시켰다.

링컨은 또한 그랜트의 과도한 음주벽이 다시 도졌다는 소문에도 맞닥뜨렸다. 음주벽에 대한 이야기는 그랜트에게만 해당되는 것이 아니었다. 엘리자베스 블레어는 챈슬러스빌 전투 기간 동안 후커가 항상 취해 있었다는 이야기를 들었고, 베이츠는 "핼렉 장군이 아편중독자"이며 이 때문에 항상 그의 눈에 눈물이 어려 있고 몸이 비대해졌다는 이야기를 들었다. 링컨은 금욕적인 체이스를 통해 그랜트에 대한 소문을 들었다. 체이스가 저명한 기자 무라트 할스테드로부터 "그랜트는 반쯤 취해 있는 경우가 많았고, 정신을 못 차릴 정도로 취한 경우는 훨씬 많았다."고 경고하는 편지를 받았던 것이다.

사실 링컨과 스탠턴은 이미 비슷한 불평을 들어온 터였다. 하지만 그랜트 장군의 행동을 살펴보도록 조사관을 파견한 후, 이들은 그랜트 장군의 음주가 전쟁을 계획하고 작전을 수행하며 승전하는 능력에 아무런 영향을 미치지 않는다는 결론을 내렸다. 이후 그랜트의 음주에 대해 또 다른 소문을 전해 들은 링컨은, 그랜트 장군이 애용하는 위스키 상표를 알아낼 수 있으면 당장 다른 모든 장군들에게 그 위스키를 보내겠다고 선언했다.

임박한 전투

서부에서 빅스버그 포위 공격이 진행되는 동안, 래퍼해녹 강에서는 믿을 수 없는 침묵이 흐르고 있었다. 5월 중순 후커의 본부를 방문한 뒤, 웨이드와 챈들러 상원의원은 링컨에게 "강 양쪽에 위치한 경계병들이 예전처럼 심심풀이 삼아 재미있는 이야기를 주고받았다."고 전했다. "남군이 '후커는 지금 어디에서 싸우고 있소?' 라고 소리치자 북군이 '돌벽장군 잭슨의 장례식에 갔소이다!' 라고 대답하더군요."

동부 전선이 조용한 시기를 틈타, 슈어드는 프랜시스와 패니를 데리고 여름을 보내기 위해 오번으로 돌아갔다. 이 소중한 며칠 동안 그는 옛 친구들을 대접하고 책을 읽었으며 몹시 그리워했던 아름다운 정원을 돌보며 휴식을 취했다. 6월 1일, 슈어드가 수도로 돌아가는 기차에 몸을 실었을 때 패니는 아버지가 없는 집이 "몹시 쓸쓸해" 보인다고 편지를 보냈다.

슈어드가 프랜시스와 패니의 곁을 떠난 직후, 리 장군이 워싱턴과 메릴랜드, 펜실베이니아 주를 침략하려 한다는 흉흉한 소문이 들려왔다. 패니는 아버지가 걱정스러워 편지를 보냈다. 슈어드는 딸을 안심시키며 오번에 머무는 동안 그 역시 온갖 소문 때문에 계속 불안했지만 수도로 돌아와보니 헛소문이었노라고 전했다. "여기 사람들은 워싱턴이 공격받으리란 생각은 전혀 하지 않는단다.”

6월 8일 월요일, 메리와 토머스는 필라델피아에서 2주간 휴가를 보내기 위해 워싱턴을 떠났다. 그들이 출발한 후 웰스는 메리에 대한 “민감한” 사안을 링컨에게 이야기했다. 지난해 윌리엄이 사망한 후 그녀는 백악관 잔디밭에서 매주 한 번씩 열렸던 해군 군악대의 여름 콘서트를 취소했다. 웰스는 이번 여름에도 국민에게 여흥을 베풀지 않으면 지난여름의 “불평과 불만”이 더욱 깊어질 것이라고 경고했다. 링컨은 주저했다. “윌리엄은 축제와 주간 콘서트를 소풍처럼 좋아했지만, 링컨 부인은 분명 독립기념일 전에는 공연을 허락하지 않을 것입니다.”라며 웰스가 고집을 꺾지 않자, 링컨은 결국 이를 허락했다.

이후 며칠간, 리의 군대가 메릴랜드와 펜실베이니아 주를 공격하기 위해 세넌도어 계곡을 지나 북쪽으로 향하고 있다는 보고가 계속 들어왔다. 슈어드는 걱정하는 프랜시스에게 편지를 보내 아내의 마음을 달래주고자 했다. 그는 지금 리가 군대를 이끌고 래퍼해녹 강을 건넌 게 확실한 듯하지만, “그 때문에 양쪽 중 누가 더 위험해졌다고 추측하지 말라.”면서 “우리와 가까운 곳에서 전쟁이 일어나면 오히려 적에겐 불리하고 아군이 유리해질 것”이라고 말했다.

링컨도 슈어드처럼 북부 신문이 “메릴랜드와 펜실베이니아에 반란군이 침략하다!”라는 제목으로 침략 소식을 대서특필했을 때, 메리를 안심시키려 노력했다. 그는 “집에 올지 안 올지는 당신이 선택할 문제요. 내 생각엔 펜실베이니아 습격이 성공하지 못할 것 같소.”라고 아내에게 말했다. 하지만 연맹군이 더 가까이 진격했다는 소식이 들려오자 메리는 남편 곁으로 돌아가기로 결심했다. “현재 전국은 격앙된 상태다.”라고 벤저민 프렌치는 6월 18일 기록했다. “일부 남부군은 벌써 펜실베이니아 주 위쪽으로 진입했고, 북부는 뜬눈으로 밤을 새우고 있다.” 하지만 링컨은 본거지에서 싸우는 연방군이 승리를 거둘 것이라고 말없이 자신하고 있었다. 그는 침략으로 고무된 강렬한 애국심을 이용하여 펜실베이니아와 메릴랜드, 오하이오, 신생주인 웨스트버지니아에서 10만 명의 민병대를 모집했다.

프렌치는 링컨에게 "지금처럼 계속해서 악착같이 일하다간 죽고 말 것"이라고 걱정했다. 하지만 회복이 빠른 대통령은 "최상의 기분"인 듯했다. 링컨의 확고한 믿음에 용기를 얻은 프렌치는 "그를 보면 볼수록, 그의 더할 나위 없는 덕과 진실, 애국심을 확신하게 된다."고 말했다. 긴장된 분위기 속에서 독립기념일 행사를 계획하던 준비위원회는 준비를 중단할까 고려했다. 메리 링컨은 "중단하지 마세요!"라고 백악관 비서관인 윌리엄 스토더드에게 지시하며, 성공적인 기념행사가 되도록 도와주겠노라고 약속했다. 그녀는 자신감 있게 스토더드에게 "위기가 닥쳤지만 승산은 우리에게 있다. 리는 화를 자초하고 있다."라는 링컨의 확신을 전달했다.

링컨은 후커가 또 다시 리의 술책에 빠질까봐 무척 걱정스러웠다. 6월 마지막 주에 그의 불안감은 최고조에 달했다. "앤티텀 전투 이후, 후커에게서 맥클렐런과 똑같은 단점을 목격했다. 명령에 복종하지 않고, 다른 지역에서 끌어 모을 수도 없고 모아서도 안 되는 부대를 욕심 사납게 요구한다." 후커가 지휘관에서 사임하겠노라는 성가신 전보를 보내자, 링컨과 스탠턴은 그 대신 조지 미드 장군을 사령관으로 임명했다. 그는 반도 전투와 제2차 불 런 전투, 챈슬러스빌 전투에 참가한 장군이었다.

승전보

3일 후, 펜실베이니아 주 게티즈버그에서 전투가 시작되었다. 만일 리가 게티즈버그에서 승리를 거둔다면, 그 다음엔 필라델피아와 볼티모어, 워싱턴까지 이동할 수 있었다. 일각에서는 무적불패와도 같은 리의 기운으로 인해 영국과 프랑스가 연맹의 독립을 인정할지도 모른다고 우려했다.

전신기사인 데이비드 베이츠에 의하면 전방에서 전달되는 전보는 불충분하고 일관성이 없었다고 한다. 링컨은 전신국에 붙박이처럼 머물며 소파에서 휴식을 취했고, 스탠턴과 슈어드, 웰스, 섬너와 챈들러 상원의원도 수시로 전신국을 드나들었다. 챈들러 상원의원은 "나라의 운명이 불투명했던 그 며칠간의 고통스러운 불안감은 결코 잊지 못할 것이다. 링컨 역시 쉴 새 없이 방안을 서성거리며 전보를 읽거나 벽에 걸린 지도를 손끝으로 더듬어보았다." 지도에 표시되어 있던 제임스 롱스트리트, 조지 피켓, 윈필드 행콕과 조슈아 챔버레인 등의 장군들과 리틀 라운드 탑, 세머테리 리즈 같은 지역은 훗날 역사에 길이 남게 된다.

첫째 날의 전투가 끝난 후, 7월 2일 목요일 밤 미드는 상황을 보고하기 위해 전보를 보냈다. "이 전쟁에서 가장 격렬한 전투 후, 연맹군은 모든 지역에서 격퇴당했습니다." 하지만 최근 몇 번에 걸쳐 전쟁의 결과가 반전되었고 오랫동안 상황이 불확실했던 터라 모두들 여전히 숨을 죽이고 있었다. 다음날 저녁 9시에 〈뉴욕 타임스〉는 "펜실베이니아 전쟁터에서 확실한 정보는 전달되지 않았다. 모두들 이 시기를 전쟁의 가장 큰 위기로 여기고 있다. 깊은 불안감이 감돌고 있다."고 보도했다. 자정에 한 심부름꾼이 웰스에게, 바잉턴이라는 코네티컷 편집자가 보낸 전보를 건넸다. 몇 시간 전에 전쟁터에서 떠난 바잉턴의 전보에는 "모든 일이 희망적임."이라고 적혀 있었다. 웰스는 링컨에게 바잉턴이 "믿을 만한 사람"이라고 장담했지만, 불안감은 가시지 않았다. 7월 4일 이른 아침, 마침내 미드로부터 승전했다는 보고가 전달되었다. 연맹군은 막대한 피해를 입은 채 퇴각하고 있었다. 이후 집계된 연맹군 사상자는 2만 8000명으로, 이는 리의 대원 중 3분의 1에 해당하는 숫자였다.

앱너 더블데이 장군은 연방군 2만 3000명의 목숨을 앗아간 이 치열한 전투를 "이 세상에서 일어난 일 중 가장 절망적인 사건"이라고 묘사했다. "그 무엇으로도 폐허가 된 게티즈버그의 공포를 그려낼 수는 없다. 집과 교회, 헛간에는 양측의 부상병이 가득했다. 병사들의 시신이 땅을 뒤덮고 있었다."

독립기념일 아침, 링컨은 전승 축하 보도자료를 발행했다. 오번에서 초조하게 전선의 소식을 기다리던 패니 슈어드는 그날이 그녀의 인생에서 "가장 우울한 독립기념일"인 것만 같았다. "대중 집회는 커녕, 종소리 하나 없다." 하지만 늦은 오후에 승전보가 전해지자 상황은 단숨에 역전되었다. 나라의 독립과 오래도록 기다렸던 승리를 한꺼번에 기념하기 위한 불꽃이 터졌다.

뉴욕 시에서 조지 템플턴 스트롱은 리의 퇴각을 보도하는 생생한 신문 기사를 읽고 뛸 듯이 기뻐했다. "이번 승전은 더없이 소중하다. 정부는 국내외에서 네 배 이상 유리해졌다. 코퍼헤드들은 최소한 지금 당장은 꼼짝도 못하고 아무 말도 하지 못했다."

게티즈버그에 이어 빅스버그에서도 승전보가 날아들었다. 64일간 지속된 그랜트의 포위 때문에, 결국 펨버턴은 굶주린 군대와 함께 항복할 수밖에 없었다. 웰스는 데이비드 포터 제독의 전보를 통해 빅스버그가 그랜트에게 넘어갔다는 것을 알게 되었다. 웰스는 전보를 쥐고 서둘러 백악관으로 달려갔다. 링컨이 체이스를 비롯해 다른 몇 사람과 대화를 나누고 있던 방에 도착한 웰스는 "기쁜 소식을 갖고 있다는 표시로 춤을 추듯 걸어가며 모자를 던져 올렸다." 링컨은 "웰스 장관이 그때만큼 기뻐하는 것을 본 적이 없었다."고 단언했다. 링컨의 기쁨도 물론 그에 못지않았다. 승전 소식을 듣고 "희색이 만면에 가득한 대통령은 내 손을 잡고서 나를 껴안으며 소리쳤다. '이 영광스러운 소식을 들고온 해군장관을 위해 우리가 뭘 해드릴 수 있을까요! 늘 우리에게 좋은 소식만 가져다주는 이분을 위해 말입니다. 말로는 도저히 내 기쁨을 다 표현할 수가 없군요. 웰스 씨, 정말 굉장합니다!'"

데이나는 다음날 스탠턴에게 전보를 보내 항복의 정황을 자세히 보고했다. "연맹군은 이곳을 빠져나가기 위해 행군을 하며 보루 앞에 무기를 쌓았습니다. 그 사이 펨버턴 장군은 참모들과 함께 잠시 중앙 초소의 흉벽에 모습을 보였습니다. 밖에 남은 부대는 전혀 없고, 사방이 조용했습니다. 그랜트 장군은 11시 정각에 도시에 진입했고, 펨버턴은 그를 정중하고 공손하게 맞이했습니다." 데이나는 식량을 배급받은 포로의 숫자가 약 1만 3000명에 달했다고 추정했다. 링컨은 기쁨에 넘쳐 그랜트에게 감사의 마음을 담은 편지를 보냈다. "귀관이 나라를 위해 세운 어마어마한 공에 대해 깊은 감사의 표시로 지금 이 편지를 씁니다."라는 말로 그의 편지는 시작된다. 그는 기나긴 전투 내내 그랜트 장군의 전략 대부분에 찬성했지만, 뱅크스 장군과 합류하는 대신 "빅 블랙의 동북부로" 진격 방향을 돌리겠다던 그의 결정이 불안하게 느껴졌다고 털어놓았다. "하지만 지금은 귀관이 옳았고 내가 틀렸다는 사실에 대해 개인적으로 감사하고 싶습니다."

빅스버그 함락 소식에 북부 전역은 열광의 도가니에 빠져들었다. 워싱턴에서는 대규모 인파가 내셔널 호텔에 모여, 매사추세츠 제34연대 군악대의 연주에 맞춰 백악관까지 축하 행진을 했다. 환호하는 대중 앞에 모습을 드러낸 링컨은 후일 역사적인 게티즈버그 연설에 반영될 자신의 사상을 드러냈다. "세계 역사상 최초의 독립기념일에, 한 나라의 대표들이 모여 '모든 인간은 평등하게 창조되었다'는 자명한 진리를 언명한 이래 80여 년이라는 긴 세월이 흘렀습니다." 그는 나아가 국가의 탄생기념일에 벌어진 중요한 사건들을 상기시켰다. 7월 4일, 토머스 제퍼슨과 존 애덤스 두 전 대통령의 죽음에서부터 게티즈버그와 빅스버그에서 거머쥔 연방군의 승리까지 이야기는 이어졌다. 링컨은 "여러분, 이 자리는 영광스러운 자리이며 연설을 하기 좋은 행사입니다. 하지만 저는 이 행사에 어울릴 만한 연설을 준비하지 못했습니다."라고 말했다. 그리고 그 대신 연방의 대의를 위해 싸운 여러 용감한 장교와 군인을 칭송했다.

군악대가 애국적인 음악을 연주하자 군중은 전쟁부에 몰려들었다. 사람들은 행복에 취해 있었다. 라파예트 광장으로 행진한 이들은 슈어드의 집 앞에서 또 다른 인파와 합류해 장관에게 모습을 드러내라며 환호했다. 슈어드는 기꺼이 그 청을 받아들여 길고 기운 찬 연설을 했다.

다음날, 정부의 여러 사무실에서는 업무가 거의 이루어지지 않았다. "사람들은 건물마다 붙어 있는 공식 게시판을 읽고 또 읽었으며, 공무원과 서기들도 모두 기뻐하며 환호했다."고 노아 브룩스는 전했다. "거리의 연방 군인들은 아주 오랜만에 만난 친구처럼 마주치기만 하면 악수를 나누었다. 하지만 코퍼헤드들은 해가 뜰 때의 사악한 짐승들처럼 굴로 숨어들었다."

그러나 기쁨도 잠시, 게티즈버그 전투 두 번째 날 링컨 가족은 심각한 마차 사고를 당했다. 레베카 폼로이가 전한 바에 따르면, 링컨 가족은 군인 수용시설에서 백악관으로 돌아가던 길이었다. 링컨은 말을 타고 있었고, 메리는 마차에 올라 뒤따라가고 있었다. 대통령을 목표로 삼은 듯한 한 정체불명의 습격자가 전날 밤 마부석과 차체를 조이는 나사를 제거했다. 마차가 구불거리는 언덕을 내려가기 시작했을 때, 좌석이 헐거워지면서 마부가 떨어졌다. 도망가는 말을 제지할 수 없었던 메리는 마차에서 뛰어내리려 했다. 마차에서 떨어진 그녀는 날카로운 돌에 머리를 부딪쳤다. 그녀는 인근 병원에서 상처를 치료했지만, 위험한 감염 때문에 몇 주 동안 꼼짝도 할 수 없었다. 게티즈버그 전투가 한창인 상황이라 메리 곁에 머무를 수 없었던 링컨은, 군인 수용시설에 있던 폼로이 부인을 불러서 종일 아내를 간호하도록 했다.

뉴욕 폭동

게티즈버그와 빅스버그에서 승리를 거두자, 링컨은 반란이 빨리 끝나리라 예상했다. 이후 며칠 동안 핼렉과 링컨은 미드에게 리를 추격해 버지니아로 도주하기 전에 그의 부대를 붙잡으라고 촉구했다. 이후 로버트 링컨은 아버지가 미드에게 즉시 전 병력을 동원해 리의 군대를 공격하라고 지시하는 명령서를 보내면서, "만일 공격에 성공하거든 명령서를 태우고, 실패하거든 나중에 비난에 대한 해명으로 간직하라."는 지시를 내렸다고 전했다.

명령서는 현재까지 발견되지 않았다. 미드가 명령서를 받았는지는 모르겠지만, 여하튼 그는 리를 추격하는 데 실패했다. 시일이 지나자 링컨은 "점점 불안하고 초조해지기" 시작했다.

링컨의 우려는 7월 14일에 현실로 드러났다. 이날 미드는 리의 군대가 자신의 손아귀에서 벗어나 윌리엄스포트에서 포토맥 강을 건너 버지니아로 돌아갔다는 소식을 전했다. 내각회의에서, 스탠턴은 이 소식을 알리고 싶어하지 않았지만 그의 얼굴에는 "당혹스러워하는 기색이" 고스란히 드러나 있었다. "리가 도망쳤느냐는 질문을 하자 스탠턴은 퉁명스럽고 무뚝뚝하게 자신은 리의 도강(渡江)에 대해 아는 바가 없다고 대답했다. 그때 대통령이 '나는 알고 있소!' 라고 스탠턴을 힐난하는 듯한 표정으로 단호하게 말했다."고 웰스는 기록했다. 링컨은 자신이 입수한 정보를 알려주며 내각회의를 연기하자고 제안했다. "그 누구도 토의할 기분이 아닌 듯했다."고 웰스는 적었다.

링컨은 해군장관인 웰스와 함께 자리에서 일어나 잔디밭으로 걸어갔다. "대통령이 그토록 낙심해 풀 죽은 모습을 보인 것은 처음이었다."고 웰스는 기록했다. 링컨은 "아군은 전쟁을 손아귀에 넣고 있었는데 끝내지 못했소. 우리는 땅을 경작하고 엄청나게 많은 농작물을 심느라 그렇게 고생을 하고도, 정작 잘 익었을 때 수확을 하지 못했소."라고 말했다. 그날 오후, 링컨은 미드 장군에게 솔직한 편지를 썼다. 링컨은 게티즈버그에서의 "눈부신 성공"에 깊은 감사를 표현하면서도, "리의 도주 때문에 헤아릴 수 없을 만큼 슬픕니다."라고 토로했다. "리는 장군의 손바닥 안에 있었습니다. 아군이 최근 승전을 거듭하며 전세를 좌우하고 있었던 만큼, 그를 잡았다면 전쟁을 끝낼 수 있었습니다. 하지만 리를 놓쳤으니 전쟁은 무한정 길어질 것입니다." 미드 장군을 상심하게 만들 게 분명한 이 편지를 보내기 전, 링컨은 잠시 망설였다. 그는 얼마간 감정이 가라앉기를 기다렸다. 결국 그는 "미드 장군에게 절대 보내지 말 것"이라고 적은 봉투에 편지를 넣었다.

후일 링컨은 코네티컷 하원의원인 헨리 C. 데밍에게 게티즈버그 전투 이후 미드 장군이 리를 사로잡는 데 실패한 것은, "장군의 지휘 능력이 더 뛰어났다면 전쟁을 끝냈을 수도 있었던" 세 가지 결정적 사건 중 하나라고 말했다. 다른 두 경우는 반도 전투 때 맥클렐런 때문에, 그리고 첸슬러스빌 전투 때 후커 때문에 일어났다고 했다. "하지만 제가 만일 그들의 입장이었다면 어땠을까요? 대포가 눈앞에 떨어지고 총소리가 귓전에 울려 퍼질 때 용감한 결단을 내리는 것은 무척 어려운 일일 겁니다. 저는 아마 도망쳤을 테지요."

얼마 후 뉴욕 시에서 일어난 폭동 소식이 전국을 강타했다. 몇 주 동안 당국은 7월 11일에 폭동이 일어날지 모른다고 걱정하고 있었다. 그날 당국은 징병에 적합한 모든 성인 남자의 이름을 커다란 회전판에 적어, 정해진 할당량이 채워질 때까지 무작위로 신병을 뽑을 예정이었다. 이 유례 없는 조치를 두고 논란이 분분했다. 강제 징병이 이루어지는 것에 대해 반발하는 시민들이 늘어나자, 코퍼헤드 정치인들은 여론을 등에 업고 정부를 공격했다. 시모어 주지사는 7월 4일 연설에서, 연방정부가 헌법의 권한을 넘어 흑인을 위한 "추잡한 전쟁"에 남자들을 강제로 투입하고 있다고 외쳤다. 아일랜드 출신 노동자 계층이 주로 읽는, 공화당에 적대적인 〈데일리 뉴스〉는 징병의 목적이 "민주당 몰살"이라고 주장했다.

더욱이 징병 대상자가 300달러를 내거나 대리인을 보내면 징병을 피할 수 있다는 조항은 사람들의 불만을 더욱 고조시켰다. 스탠턴과 링컨 모두 이 단서 조항을 반대했으나, 의회는 계속 이를 고집했다. 징병 반대자들은 "부자들이 일으킨 전쟁에 가난한 자들이 싸운다."며 공격의 날을 세웠다. 징병 첫날은 평화롭게 지나갔다. 그러나 뉴욕 시는 둘째 날 회전판이 돌아갈 때 일어날 폭동에 대비하지 못했다. "24명의 이름이 막 호명되었을 때 약 500명에 이르는 군중이 곤봉과 돌, 벽돌 조각, 그 외의 무기를 들고" 건물로 돌진했다고 〈뉴욕 타임스〉는 보도했다. 깨진 창문으로 난입한 그들은 징병 담당자에게 돌을 던지고, 회전판을 부쉈으며, 명단과 기록을 찢어버린 다음 건물에 불을 질렀다.

주로 가난한 아일랜드 출신 이민자였던 폭도는 거리로 나와 무고한 행인들에게 분노를 표출하기 시작했다. "아무런 이유 없이 무조건 흑인을 공격하자고 암묵적으로 합의한 듯했다. 흑인은 마차나 전차, 혹은 길에서 눈에 띄기만 하면 그 즉시 폭도의 공격을 받았다."고 〈뉴욕 타임스〉 기자는 전했다. 폭도가 가엾은 흑인들을 때려죽이고 그 시체를 나무에 매달자 공포가 온 도시를 뒤덮었다. 흑인 아이를 위한 고아원은 잿더미로 변했고, 수백 개의 가게가 약탈당했으며, 수십 명의 경찰이 목숨을 잃었다. 이 사건으로 인해 1000명 이상이 사망하거나 부상을 입었다. 폭도는 5일 동안 계속해서 난동을 부렸다. 폭도의 난동은 펜실베이니아 주에서 돌아온 군대가 뉴욕 시에 진입하며 종결되었다. 몇몇 사람들이 링컨에게 징병을 무기한 연기하라고 충고했지만, 그는 계속 진행해야 한다고 주장했다.

뉴욕 시의 참상을 지켜본 북부의 다른 도시들은 징병을 시작하기 전 폭동이 일어날 것에 대비해 만반의 준비를 갖추기 시작했다. 7월 23일 오번의 징병일을 앞두고, 프랜시스 슈어드는 "매일 폭도에 대한 걱정을 품고" 지냈다. 남편에게 보낸 편지에서 그녀는 노예제를 반대했던 슈어드를 비난하는 "악의적인 이야기"를 코퍼헤드들이 퍼트리고 있다고 전했다. 몇몇 아일랜드인들이 흑인과 싸운 뒤 체포에 저항하면서 슈어드의 집을 파괴하겠다고 협박하자 긴장감은 더욱 고조되었다. 어느 날 아침, 잠에서 깬 프랜시스는 평소에 책을 읽던 방에 커다란 돌이 던져진 것을 발견했다. 그녀는 며느리에게 귀중하다고 여기는 것들을 모두 치우라고 말했다

워싱턴에서 슈어드는 아내를 진정시키려고 노력했다. "집에 대해 너무 걱정하지 마시오. 당신에게 해를 입히려는 사람도 없을 것이고, 설사 이 예사롭지 않은 소요 사태로 인해 우리 집이 파괴된다 해도 그건 나라를 위한 조그만 희생에 불과하오. 그건 무의미한 일이 아닐 거요." 프랜시스는 몇 년 전 윌리엄 프리먼 재판 때처럼 평정을 유지하며 이 힘겨운 시기를 버텼다. 그녀는 남편에게 "내가 다치는 것보다도 가난한 유색인종들이 더욱 걱정됩니다. 그들은 폭도로부터 자신을 보호할 수도 없을 뿐더러, 그들을 도와주려는 사람들

도 없으니까요."라고 말했다.

오번의 징병 날 아침, 프랜시스는 아들 프레더릭에게 자신을 위해 시민들이 자원 경찰대를 조직했기 때문에 훨씬 안전한 느낌이 든다고 말했다. 〈뉴욕 타임스〉는 그들의 노력이 성공적인 결과를 거두었다고 보도했다. "징병을 보기 위해 모인 2000명의 시민들은 더 없이 훌륭하게 질서를 유지했고 사기가 높았다." 한 지역 공무원이 군중에게 애국적인 연설을 하자, 징병된 사람들은 "연방", "늙은 에이브", "징병", "우리의 승리"를 위해 만세를 불렀다.

이 같은 희소식이 전해지기 전부터 링컨처럼 국민을 믿었던 슈어드는, 뉴욕에서 일어난 폭동은 "우레를 동반한 소나기"와 같아서, 코퍼헤드들이 "일으켰던 폭풍우 치는 정치계의 하늘을 화창하게 할 것"이라고 예상했다. 그의 말은 실제로 맞아떨어졌다. 뉴욕의 폭동이 진압된 후 인명 및 재산 손실이 파악되자 여론이 시모어 주지사에게서 등을 돌렸던 것이다. 많은 이들이 그의 선동적인 독립기념일 연설이 시민을 자극해 정부에 저항하도록 했다고 비난했다. 워싱턴을 방문한 한 뉴욕 시민은 존 헤이에게, 시모어가 "폭동의 끔찍한 결과"와 그가 이런 상황을 만들었다는 여론의 격렬한 비난으로 인해 "극심한 신경과민 상태"에 있다고 전했다. 시모어가 지지 세력을 잃었다는 소식에 링컨 내각은 크게 흡족해했다. 다시 뉴욕 시에서 징병이 시작되었을 때는 모든 일이 순조롭게 진행되었다. "이 나라는 위대하고 용감하며 관대하다오." 슈어드는 프랜시스에게 자신 있게 말했다. "모든 일이 잘 될 것이오. 우리는 모든 어려움을 잘 헤쳐나가서 정당하고 공평한 목적을 달성할 것이오. 1850년부터 1860년까지의 위기에 비하면 얼마나 달라졌는지!" 슈어드가 높이 평가한 이 차이는 에이브러햄 링컨의 리더십에서 비롯되었다. 계속된 패배 앞에서도 흔들리지 않았던 그의 신념과 결단력이 동료와 장군, 그리고 연방 전체를 바꾸어놓았던 것이다.

단 하루 동안 대통령은 리의 도주와 명예롭지 못한 뉴욕의 폭동 사태에 대한 소식을 모두 들었다. 그렇지만 며칠 뒤 그는 다시 우울한 기분을 떨쳐낼 수 있었다. 7월 19일 일요일 아침, 헤이는 "대통령의 기분이 대단히 좋았다."
고 기록했다. 링컨은 "필-델(필라델피아-델라웨어)을 약탈하기" 위해 리와 함
께 왔던 "당당한 대군"을 비웃으며 익살맞은 시를 썼다. 그는 리의 도주가 어
떤 결과를 가져올지 분명히 알고 있었지만, 자신의 우려를 애써 긍정적인 생
각으로 돌리려 했다.

그는 미드의 한 군단장에게 장담했다. "며칠이 지난 지금 난 성공에 대해
서 깊이 감사하며 실패에 대해서 비난하지 않소이다. 미드 장군이 용감하고
유능한 장교이며, 진정한 사나이라고 믿습니다." 이상한 일이지만, 그 일요
일 아침 링컨의 기분이 좋았던 이유는 전날 여섯 시간 동안 100건의 군사법
원 판결을 헤이와 함께 재검토했기 때문이다. 링컨은 사면권을 행사하면서
위안을 얻고 기력을 회복했다. 링컨과 함께 사건을 검토하던 헤이는 "유죄 선
고를 받은 군인의 목숨을 살리기 위해 온갖 증거를 찾느라 열심인 대통령의
모습"이 놀랍기만 했다.

비겁했다는 이유로 사형을 선고받은 군인의 사례를 발견하면 링컨은 으레
히 구금이나 중노동으로 형을 감량시켰다. "그들에게 총을 쏘는 건 가엾은 자
에게 끔찍한 일을 저지르는 걸세."라고 그는 말했다. 한 사건은 탈영했다는
죄목으로 총살형을 선고받은 사병에 대한 것이었다. 링컨은 그저 "그를 총살
하는 대신 전쟁터에 나가 싸우게 하십시오."라고 제안했다. 링컨은 존 이튼
장군에게, 자신이 사면권을 지나치게 많이 행사해 "군대의 사기를 저하시키
고 훈련을 방해한다는 일부 장교들의 생각을 알고 있다고 말했다. 장교들은
오직 군사 훈련에 대해서만 생각했지만, 링컨은 병사 개개인의 입장에서 상
황을 이해하려 했다. 너무나 지친 나머지 "저도 모르게 잠들어 버린" 전초병,
가족과 오랫동안 떨어져 지낸 가장, "의지보다 물리적인 두려움에 압도된"
소년의 입장에서 말이다. 그는, 한 병사가 왜 탈영했냐고 묻는 상관에게 "대
위님, 그건 제 잘못이 아닙니다. 전 시저만큼 용감한 가슴을 가졌지만, 전투
가 시작되면 제 다리가 절 데리고 도망가는 걸 어쩝니까."라고 대답했다는 이

야기를 즐겨 인용했다. 링컨은 오히려 자신이 사면권을 지나치게 아끼는 것은 아닌지 걱정했다. 그러나 "비열하고 잔인한 행동이 나타나는 경우에 대해서는" 관용을 베풀지 않았다.

워싱턴의 무더위

1863년 워싱턴의 여름은 유례 없이 무더웠다. 헤이는 "사람과 말이 매일 거리에서 급사하고 있습니다."라고 로키 산맥으로 피서를 떠난 니콜라이에게 전했다. 스탠턴은 평생 겪은 여름 중 "가장 덥고, 맥빠지는 불쾌한 날씨"라고 말했다. "낮에는 종일 뜨겁고, 밤에는 후덥지근하다." 노아 브룩스는 "휴양을 떠날 수 없는 불쌍한 이들을 제외하고 거의 모든 사람들이 해변이나 시골로 떠났다."고 기록했다. 메리 역시, 여행을 할 수 있을 만큼 건강이 회복되자 토머스와 로버트를 데리고 수도를 떠났다. 뉴욕과 필라델피아, 화이트 산맥과 그린 산맥에서 두 달간 여행을 즐길 예정이었다. 뉴햄프셔와 버몬트 주의 선선한 미풍은 몸이 허약한 토머스에게 도움이 되었고, 로버트는 휴양 호텔의 매력에 빠져 즐거운 시간을 만끽했다. 워싱턴 산에서 그녀의 기분이 "절정"일 때 만난 기자는, 메리가 "편안하고 상냥하게" 이야기했고, 그녀의 표정은 밝고 생기가 넘쳤다고 전했다.

그해 여름 링컨 가족들이 주고받은 전보는 겨우 12개 정도만 남아 있다. 이 짧은 전보에서 링컨은 더위와 켄터키 선거 소식을 전하고, "사랑하는 토머스"에게 그 아이의 암염소가 도망치는 바람에 "애비가 고민중"이라는 이야기를 전해 달라고 했다. 메리가 돌아올 때가 얼마 남지 않은 9월 중순이 되어서야 아내가 그리워진 링컨은 두 통의 전보를 보내, 아내와 아들을 빨리 다시 만나고 싶다고 거듭 전했다. 메리는 그가 "편지를 쓸 수 없었다는 것"을 이해했고, 남편이 건강하기만 하다면 아무 상관도 없었다.

감정을 잘 드러내지 않는 링컨 가족의 전보는 그해 여름 내내 가족과 전쟁, 나라에 관해 솔직한 대화를 주고받았던 슈어드 가족의 편지와 대조적이다. 프랜시스는 남편에게 게티즈버그와 빅스버그의 승리에 온 나라가 기뻐했지만, "부상자와 사상자 명단을 읽었을 때" 자신은 절망했다고 솔직히 털어놓았다. 슈어드도 게티즈버그의 참상을 전해듣고 가슴이 혼란스러웠다고 털어놓았다. 강건한 슈어드는 오직 프랜시스에게만 자신의 고민과 혼란, 지친 마음을 드러냈다.

링컨은 장군들과 정치인들을 안정시키기 위해 편지를 쓰느라 많은 시간을 보냈지만, 슈어드와 체이스가 가족들과 장문의 편지를 주고받으며 얻었던 위안은 얻지 못했던 게 분명하다. 아내와 아이들 모두 자주 편지를 쓰지 않았다. 학습 속도가 느렸던 토머스는 아직 편지를 쓸 정도로 글에 익숙하지 않았을 것이다. 그러나 당시 하버드 대학 3학년이었던 로버트는 분명 화이트 산맥에서의 생활을 묘사할 수 있었다. 하지만 기질적으로 전혀 달랐던 링컨과 장남은 친하게 지낸 적이 없는 듯하다. 로버트가 어릴 적, 링컨은 정치와 순회 재판 때문에 한 번에 몇 달씩 집을 비우곤 했다. 로버트는 열여섯 살에 뉴햄프셔 주의 기숙학교에 들어갔고 하버드에 진학했을 때 그의 아버지는 대통령이 되었다. 로버트는 슬픈 듯 기록했다. "그때부터 아버지와 나는 친해질 수 없었다. 아버지는 업무에만 몰두하셨기 때문에 나와 10분 동안 조용히 이야기할 틈도 없었다."

텅빈 워싱턴

케이트 체이스에게 1863년 여름은 기록적인 무더위보다는 그해 초 미국 상원의원으로 당선된 윌리엄 스프레이그와 불타오른 연애로 더욱 기억될 것이다. 케이트보다 열한 살이 많은 이 젊은 백만장자는 로드아일랜드에서 가장 큰 회사 경영자로 1만 명이 넘는 직원을 거느렸고, 정치에도 막강한 영향력을 행사했다. 약혼 후 몇 달 동안 그가 엄청나게 쓴 편지를 살펴보면 케이트를 향한 스프레이그의 애정이 어떠했는지 잘 알 수 있다. "내 시간과 관심, 심장, 내 모든 것을 다 빼앗아간 젊은 여인이 이제 내 모든 맥박까지 뒤엉키게 만들었으니, 예전의 나는 모두 사라져버렸소." 그는 그녀 없는 삶은 "황무지, 텅 빈 백지"인 듯하다고 고백했다.

하지만 케이트는 스프레이그를 아무리 사랑한다 해도 곧바로 아버지를 떠날 수 없었다. 체이스 역시 말과는 달리 딸을 떠나보낼 준비가 되어 있지 않았다. 결혼식이 다가오면서 이 젊은 부부가 어디서 살지에 대해 온갖 추측이 난무했다. 아직도 링컨과 가까이 있으면 더 큰 영향력을 행사할 수 있으리라는 공허한 희망에 매달려 있던 체이스는 케이트와 스프레이그에게 "너희가 이 집에서 살면, 나는 대통령과 더 가까이 살 만한 집을 찾아 나가겠다."고 제안했다. 그는 스프레이그에게 자신은 절대 "딸을 곁에 두고서 남편보다 더 큰 사랑과 존경을 받으려는" 아버지가 아니라고 말했다.

하지만 케이트는 아버지의 사교생활을 조율하는 자신의 일상적인 헌신과 배려가 없다면, 아버지가 힘들어질 것이라고 생각했다. 그녀의 지휘 하에 개최된 체이스 가문의 파티는 전설적이었다. "미국 역사상 어떤 여인도 케이트만큼 사교적으로 성공한 여인은 없을 것"이라고 한 저널리스트는 말했다.

체이스의 꿈을 지탱해주는 자신의 역할을 포기하고 싶지 않았던 케이트는 스프레이그에게 아버지와 함께 살자고 설득했다. 그리고 아버지에게 가서 스프레이그와 자신 모두 같이 살기를 원한다고 주장했다. 이는 바로 그가 원하던 결론이었지만, 체이스는 딸 부부의 소원을 들어주기 위해 "백악관과 가까운 곳에 셋방을 얻어 살겠다는" 생각을 마지못해 버리는 것처럼 말했다. "인생은 짧고 불확실하기 때문에 조금이라도 내 아이들을 슬프게 하는 일은 하고 싶지 않다. 그래서 나는 양보하기로 했다."라고 그는 편지를 보냈다. 그들은 체이스가 계속해서 집세와 하인의 급료를 대고 스프레이그는 고정 지출비의 반에 해당하는 식비와 연회비를 대기로 합의했다.

"아버지와 딸을 오래도록 결합시켰던 미묘한 유대감"을 알아챈 스프레이그는 현명하게 그들의 관계를 존중하기로 결심했다. 그는 "아버지에 대한 딸의 깊은 애정이 반려자로 맞이할 자신을 무시하는 처사라고 생각하지 않소. 아버지를 향한 애정이 더 영원한 사랑이라는 것을 이해하지 못할 정도로 바보는 아니랍니다."라고 케이트에게 편지를 보냈다.

체이스에게는, 되도록 재정적인 부담을 모두 지겠다는 스프레이그의 제안은 시기적절한 것이었다. 딸의 약혼으로 체이스는 오랫동안 빚을 지고 신세를 져야 했던 쿠크 형제에게서 벗어날 수 있었다. 최근 몇 달간 쿠크 형제가 독점적으로 재무부 채권을 판매해서 막대한 이득을 얻고 있다는 비난이 거세지고 있었다. 때문에 이 일과 무관하지 않았던 체이스의 부담감은 클 수밖에 없었다. 하지만 6월 1일, 그는 제이 쿠크에게 채권 판매 배상금이 앞으로는 줄어들 것이라고 통보했다. 다음날 그는 자신이 지불하지 않았던 주식의 판매 이윤으로 쿠크에게서 받은 4200달러 수표를 돌려주었다. 체이스는 "나라에 가장 큰 봉사를 하기 위해서는 올바른 사람이 되어야 합니다. 사람들에게 올바르게 보여야 하고, 올바르게 보일 수 있도록 올바른 행동을 해야만 합니다." 라고 독실한 신자인 척 편지를 보냈다.

더위는 워싱턴에 있던 이들의 기운을 빼앗아갔지만, 링컨은 오히려 일을 방해하는 가족이나 구직자들이 없었기에 오랫동안 많은 일을 할 수 있었다. "대통령이 최상의 상태에 있다."고 존 헤이는 8월 7일 기록했다. 링컨은 그 어느 때보다 바쁘게 움직이며 전쟁과 징병, 외교 문제를 처리했고 나아가 연방의 재건까지 계획하고 있었다. "이제까지 그가 얼마나 내각을 꽉 휘어잡고 있는지 몰랐다. 그런데 지금 대통령이 결정을 내리면 아무도 트집 잡지 않는다. 갈수록 이 나라를 위해서는 모든 위기가 끝날 때까지 링컨이 대통령직에 있어야 한다는 확신이 든다. 이 나라에 그만큼 현명하고 온화하며 강한 사람은 없다. 하나님이 그를 그가 있어야 할 곳에 두리라 믿는다."

메리가 휴가를 떠나 있는 동안, 링컨은 존 헤이와 친구처럼 허물없이 어울렸다. 똑똑하고 정력적이며 재미있는 25세의 청년 헤이는 대통령과 그의 장남보다 더 친하게 지냈다. 이들의 대화는 언어학에서 연방의 재건, 셰익스피어와 아티머 워드(찰스 파라 브라운의 필명)를 넘나들었다. 헤이는 유머감각이 뛰어났으며, "그 나이 또래의 청년들보다 훨씬 재치 있는" 이야기꾼이었다. 오랜 후 윌리엄 스토더드는 헤이의 익살스러운 이야기에 자신과 니콜라이가 폭소를 터뜨렸던 때를 회상했다. 웃음소리를 들은 링컨이 그들이 있던 방으로 불쑥 들어왔다. 젊은 비서들은 일을 방해했다는 꾸중을 들을까봐 걱정했지만, 그건 기우였다. "링컨은 의자에 앉아 헤이에게 그 이야기를 자기에게도 들려 달라고 했다. 이야기가 끝났을 때, 대통령은 무릎에 걸쳐두었던 발을 바닥에 떨어뜨리더니 복도가 떠나가도록 발을 굴렀다."

8월 9일 일요일, 헤이는 대통령과 함께 7번 가와 D가 모퉁이에 있는 알렉산더 가드너의 사진관으로 갔다. 그날 찍은 사진은 헤이가 최상의 상태라고 했던 대통령의 "좋은 기분"을 제대로 담아내지 못했다. 링컨은 한 손엔 책을 들고 다른 한 손은 허리에 얹은 뻣뻣한 자세로 기나긴 은판 사진 과정을 모두 견뎌야만 했다. 이 과정은 늘 엄격하고 미소라고는 찾아볼 수 없는 사진을 만들어냈다. 피사체는 사진사가 렌즈를 상에 노출시키기 위해 덮개를 제거하는 동안 꿈쩍도 않고 그대로 있어야만 했다. 사진을 찍히는 사람은 늘 "꼼짝도 하지 마십시오!"라는 말을 들었다. 근육이 아주 조금만 움직여도 상이 번졌기 때문이다. 더욱이 "사람들은 아직 사진을 찍을 때 웃는 것에 익숙하지 않았기 때문에", 링컨의 사진처럼 대부분의 사진 속 얼굴들은 딱딱하고 우울한 표정을 하고 있었다.

링컨은 여름 내내 기분이 좋았고 연맹군의 전력이 마침내 무너지기 시작했다는 생각에 기운이 솟아났다. 링컨은 종종 헤이와 함께 저녁 산책을 즐겼다. 가끔은 천문대를 방문해 새로 설치한 망원경으로 하늘을 올려다보거나 군인 수용시설까지 함께 가서 셰익스피어를 읽었다.

군인 수용시설을 오갈 때면 링컨은 월트 휘트먼이 머무르던 버몬트 가를 지나야 했다. 휘트먼은 이렇게 적었다. "나는 거의 매일 대통령을 본다. 그 어떤 화가도 이 남자의 얼굴에서 드러나는 깊고 미묘한 표정을 포착하지 못했다. 그 얼굴엔 무언가 다른 것이 있다. 200~300년 전의 위대한 초상화가가 필요하다." 또한 휘트먼은 "우리는 만나면 진심 어린 인사를 주고받았다. 대통령은 가끔씩 4인용 포장마차를 타고 오고갔다. 기병대가 항상 검을 들고 그를 수행했다. 저녁에 나가거나 일찍 돌아오는 아침이면, 그는 종종 K가의 아름다운 전쟁장관의 저택에 잠시 멈추었다."고 기록했다.

그 여름, 스탠턴은 링컨과 함께 펜실베이니아의 산맥으로 휴가를 떠나고 싶어했다. 그는 아내에게 보내는 편지에 이렇게 적었다. "대통령과 함께 베드포드로 여행할 계획을 세웠소. 하지만 늘 일이 생겨서 워싱턴을 떠날 수 없었다오. 하지만 그가 휴가를 간절히 원하고 있으니, 이 여름이 다 지나기 전에 꼭 갈 수 있을 것 같구려." 그러나 그의 바람은 이루어지지 않았다. 스탠턴은 9월 첫 주에 아내가 있는 곳으로 휴가를 떠났지만, 링컨은 여름 내내 어디로도 가지 않았다.

그렇지만 대통령이 외로웠던 적은 거의 없었다. 그는 워싱턴에서 헤이와 스탠턴, 슈어드 등과 우정을 나누며 즐거운 시간을 보냈다. 존 헤이는 8월 13일, 최근에 국회의사당 북쪽의 부속건물 근처에 세워진 '문명의 진보'라는 조각품을 보러 가면서 그들이 나눈 폭 넓은 대화를 기록했다. 이들은 노예제에 관해 이야기를 나누다가 메이슨과 반(反)메이슨 시대로 거슬러 올라가고는 다시 멕시코 전쟁을 이야기하기도 했다.

다음날 슈어드는 영국과 프랑스, 스페인, 독일, 러시아 등지에서 온 외국 사절과 함께 뉴욕 북부지방으로 2주간의 여행을 떠났다. 슈어드는 이 여행을 통해 길어진 전쟁이 북부의 자원을 고갈시키고 있다는 외국의 생각을 바꾸기 위해 노력했다. 안내자 역할을 맡은 슈어드와 함께 외교단은 허드슨 강을 거슬러 올라가며 올버니와 스케넥터디, 쿠퍼스타운에 머물렀다. 그리고 핑거

호수를 지나, 나이아가라 폭포를 방문했고 오번에 있는 슈어드의 저택에 머물며 우정을 나누었다.

이 여행을 통해 외교 사절들은 북부의 풍부한 자원을 볼 수 있었다. "바쁘게 돌아가는 수백 개의 공장들, 수천 에이커의 황금 들판, 화물을 잔뜩 실은 기차들, 강과 호수, 운하 위의 상선들", 이 모두가 연방의 승리를 예고하는 듯 보였다. 연방의 세력이 이렇듯 강력하다는 것이 알려지자 영국과 프랑스와의 갈등은 평화롭게 해결되었다. 지난 가을 이후, 내각은 연맹이, 연방이 보유한 군함보다 훨씬 강한 철갑 군함을 건조하기 위해 유럽의 조선 회사와 계약을 맺었다는 사실을 우려해왔다. 그리고 외교 순방이 마치고 몇 주가 지난 9월이 될 때까지도, 슈어드는 프랑스와 영국 정부로부터 군함을 보내지 않겠다는 확답을 받지 못했었다.

슈어드가 뉴욕 북부에, 스탠턴이 펜실베이니아의 산맥에, 니콜라이는 서부에, 헤이는 일주일 휴가로 뉴저지 주의 롱브랜치에 머무는 동안 링컨은 고독하게 워싱턴에 남아 있었다. 스토더드는 이렇게 회상했다. "백악관은 텅 비어 있었다. 공무원 가운데 무엇에도 굴하지 않고 혼자서 늘 자리를 지키는 충성스러운 사람은 대통령밖에 없었다. 그렇지만 그는 마치 이 나라를 위해서만 사는 사람처럼, 지난봄에 비하면 덜 지치고 덜 쇠약해 보였다. 그는 나라의 힘이 회복되는 속도에 맞춰 원기를 찾는 것 같았다."

21장

시대가 요청하는 진리를 파악하라

스탠턴의 대담한 작전

1863년 여름은 연방의 전력에 중요한 변화가 일어났던 시점이다. 이 시기에 흑인 연대가 조직되었으며, 군인의 숫자는 18만 명으로 늘어났다. 이는 징병에 적합한 연령층의 흑인 남자들이 상당수 입대했기 때문에 가능했던 수치다. 흑인 신병을 받아들일 것이냐 하는 논쟁은, 링컨의 노예해방 선언서가 단호하게 "흑인을 미합중국의 병역에 받아들인다."라고 선언함으로써 종결되었다. 스탠턴은 매사추세츠 주지사 존 앤드루에게 흑인으로 구성된 두 개의 연대를 구성하도록 했다. 매사추세츠에는 흑인이 많지 않았기 때문에, 앤드루는 조지 L. 스턴스에게 뉴욕과 다른 북부 여러 주에서 신병을 모집해 달라고 부탁했다. 스턴스는 다시 프레더릭 더글러스에게 도움을 청했다.

더글러스는 기뻐했다. 그는 오래전부터 북부가 "반란군을 진압하기 위해 흑인 병력을 이용"하지 않는 한 결코 전쟁에서 이길 수 없다고 생각했다. 그는 자신이 발행하는 〈먼슬리〉에 감동적인 호소문을 싣고 북부 전역을 여행했다. 그는 올버니, 시러큐스, 버펄로, 필라델피아, 그 외 많은 도시의 대규모 집회에 참석해 연설하고 수많은 질문에 답했다. "왜 유색인이 입대해야 합니까?"라는 질문에, 그는 '평등한 시민 자격을' 이보다 더 합법적으로 인정해주는 것은 없다고 장담했다. "여러분은 더욱 꼿꼿이 서서 당당하게 걸을 것입니다. 모욕감을 느낄 일 또한 전보다 줄어들 것입니다. 미합중국의 전쟁에서 싸우는 사람은 미합중국을 자기 나라로 주장할 수 있으며, 그 주장은 존중받을 것입니다."

더글러스의 소집에 처음 응한 흑인들은 유명한 매사추세츠 제54연대에 소속되었다. 이 북부 최초의 흑인 연대는 부유한 보스턴 출신 노예제 폐지론자의 아들인 로버트 굴드 쇼가 지휘했다. 대원들 중에는 프레더릭 더글러스의 아들인 찰스와 루이스도 있었다. 5월 28일, 수천 명의 보스턴 시민들이 거리로 쏟아져나와 이 연대가 주 의회의사당을 지나 행군하는 모습을 환호성을 지르며 지켜보았다. 이들은 연병장에 서서 주지사와 여러 고급 장교들 앞에서 사열했다. "연대 하나가 이토록 많은 군중을 불러 모은 적은 없었다."라고 〈보스턴 데일리 이브닝 트랜스크립트〉는 보도했다. "여인들은 발코니와 창문에 줄지어 서서" 군악대의 뒤를 이어 연병장으로 당당하게 행진하는 이들에게 손수건을 흔들었다.

프레더릭 더글러스도 행사에 참석했다. 그는 자신이 모집하기 위해 애썼던 병사들의 "남자다운 태도"와 "감탄할 만한 행군"을 자랑스레 격찬했다. 두 아들과 작별을 고한 후 돌아간 그는 더욱 의지를 불태우며 다시 신병을 모집하기 시작했다.

링컨은 흑인 연대 구성에 전적으로 찬성했다. 처음에는 흑인을 무장시키자는 제안에 반대했지만, 이제는 그 누구보다 적극적으로 지지하고 있었다. 그는 뱅크스와 헌터, 그랜트에게 징병을 서두르라고 촉구하고, 테네시의 앤드루 존슨 주지사에게 흑인 병사를 모집하라고 간청했다. "흑인 병사는 연방을 재건하기 위한 전쟁에 큰 힘을 더해줄 것입니다. 적들이 미시시피 강기슭에서 5만 명의 잘 훈련된 흑인 병사를 맨눈으로 본다면 그 즉시 반란은 끝날 것입니다." 각료 중 그 누구보다 흑인의 무장을 강력히 주장했던 체이스는 링컨이 최근에 보여준 적극적 행동에 크게 만족했다. 그는 "대통령은 이 일에 대단히 적극적이네. 그리고 2년 전의 나처럼 이 일을 중요하게 여기고 있네." 라고 한 친구에게 편지를 보냈다.

흑인 병사를 모집하느라 동분서주하던 더글러스는 흑인과 백인을 차별하는 여러 상황 때문에 난관에 부딪혔다. 흑인 병사는 백인 병사보다 적은 급료를 받았고, 입대 보조금도 받지 못했으며, 장교로 임관되지도 못했다. 더글러스는 "주저할 시간이 없습니다!"라고 주장했다. 필라델피아의 수많은 군중 앞에서 그는 이렇게 말했다. "일단 흑인을 미군의 장교로 임관하고 독수리 단추를 주며 어깨에는 머스킷 총을 메어주고 주머니엔 총알을 넣어주십시오. 지상이나 지하나 그 어디에도 흑인이 미합중국의 시민권을 획득했다는 사실을 부정할 세력은 없습니다. 다시 말하지만, 이건 우리의 기회이고 이 기회를 잡지 못하면 큰 재앙이 닥칠 것입니다."

새로 조직된 흑인 부대는 허드슨 항과 밀리켄 만곡, 와그너 요새에서 벌어진 전투에 참전했을 때 보여준 "용기와 끈기"로, 백인 병사와 시민들에게 큰 존경을 받았다. 하지만 생포될 경우 이들은 자유나 목숨을 잃을 위험을 안고 있었다. 연맹 국회가 "무장한 모든 흑인과 흑인 부대를 지휘한 모든 장교는 사형시키거나 노예로 만든다."라는 법령을 통과시켰기 때문이다.

흑인 사회에 그들이 처한 위험에 대한 소문이 퍼지자, 입대하는 흑인의 숫자뿐 아니라 더글러스의 연설을 들으러 오는 청중의 규모와 열정도 급격히 줄어들었다. 더글러스는 링컨이 연맹의 법령에 대한 반대연설을 하지 않는다며 비난했다. 그는 대통령에게 인내심을 보일 시간은 이제 끝났다고 주장했다. "링컨이 흑인 병사에 대한 이 극악무도한 암살을 저지하기 위해 힘을 행사하지 않고 침묵을 지킨다면, 문명 세계는 제퍼슨 데이비스와 마찬가지로 그에게도 책임을 물을 것입니다."

그러나 링컨이 여전히 흑인 병사들을 보호하기 위한 어떠한 조치도 취하지 않자, 더글러스는 더 이상 흑인들에게 입대하라고 떳떳하게 말할 수 없다고 생각했다. 그는 스턴스에게 설명했다. "저는 어떤 조건도 붙이지 말고 그저 진실한 애국심으로 입대하라고 간청하고 싶습니다. 하지만 지금은 그럴 수가 없습니다. 유색인이 워싱턴에 있는 우리 지도자들의 정의감과 관대함을 지나치게 과대평가했다는 인상을 지울 수 없습니다."

그러나 링컨은 이미 답변을 작성한 상태였다. 그는 1863년 7월 마지막 주에 핼렉에게 보복 명령을 준비하라고 지시했고, 이는 7월 30일에 선포되었다. 이 명령은 "국제법과 문명화된 정권에 의해 수행된 전쟁법 및 관습법은 전쟁 포로를 처우하는 데 있어 그 피부색에 차별을 두지 않는다."는 것을 명백히 밝히고 있다. "연맹의 명령은 문명의 퇴보를 의미하며, 연방은 이에 대해 조치를 취해야 한다. 이에 따라 연맹군이 정당한 전쟁법을 위반하고 처형한 연방군의 숫자만큼 연맹군도 사형에 처할 것이며, 적군에 의해 노예가 되거나 노예로 팔린 연방군의 숫자만큼 연맹군도 중노동형에 처해질 것이다."

적대적이었던 카운트 구로스키도 이 명령이 훌륭하다고 인정했다. 그러면서도 그는 "하지만 링컨의 다른 모든 조치처럼, 이 역시 너무 늦게 이루어졌다. 불쌍한 대통령은 여러 사건으로 궁지에 몰려 술책을 부리거나 도망치지 못할 상황이 되어서야 겨우 행동을 보인다."라고 비판했다. 더글러스도 이에 동의했지만, "실천하는 사람"인 대통령은 아마도 "행동해야 할 때"를 기다렸을 것이라고 이해했다. 보복 명령으로 인해 한 가지 큰 걱정은 가셨지만, 더글러스는 흑인 입대자에게 "공평한 대우"를 하지 않으면 신병 모집이 힘들어질 것이라 우려했다. 스턴스 소령은 더글러스에게 워싱턴에 가서 대통령에게 상황을 설명하는 게 어떻겠느냐고 제안했다. 나라의 수도에 한 번도 가본 적이 없었던 더글러스는 백악관에 들어서던 순간에 형언할 수 없는 "감정의 동요"를 경험했다. "내가 어떤 대접을 받을지는 알 수 없었다. 쓸데없이 참견하지 말고 집으로 돌아가라는 이야기를 들을지도 몰랐다. 혹은 대통령을 아예 만날 수 없을지도 몰랐다."

복도의 인파를 본 더글러스는 대통령을 만나려면 몇 시간은 기다려야 하리라 예상했다. 하지만 그는 명함을 건넨 지 몇 분 지나지 않아, 집무실로 안내받았다. "어떤 유명인사 앞에서보다도 에이브러햄 링컨 앞에서 더 빨리, 그리고 더 완벽하게 편안해졌다."라고 그는 훗날 회상했다. 더글러스가 집무실에 들어섰을 때, 대통령은 의자에 앉아 발과 다리를 앞으로 죽 뻗은 채 수많은 책과 서류에 둘러싸여 있었다.

더글러스가 다가가자 링컨은 천천히 길게 뻗었던 다리를 끌어당겨 자리에서 일어났다. 링컨이 손을 내밀며 환영하자, 더글러스는 머뭇거리며 자기소개를 했다. 그때 링컨이 말했다. "귀하께서 어떤 분이신지 알고 있습니다, 더글러스 씨. 슈어드 장관이 귀하에 대해 모두 말해주었습니다. 앉으십시오. 만나서 반갑습니다." 링컨은 스티븐 더글러스와의 논쟁에서 프레더릭 더글러스가 저도 모르게 했던 역할을 기억했던 게 틀림없다. 논쟁 당시 그의 존재는 두 인종의 융합에 대한 링컨의 주장을 증명하는 사람으로 인용되었다. 더글러스는 링컨의 온화한 태도에 곧 편안해졌다. 링컨을 만난 후 그는 대통령의 자질에 대해 말할 때 사람들이 왜 에이브러햄 링컨의 이름 앞에 '정직한'이라는 표현을 붙이는지 알 수 있었다.

더글러스는 대통령에게 차별 대우 때문에 신병 모집이 힘들다고 설명했다. 그는 "링컨 씨는 집중해서 귀를 기울이며 내 말에 공감했다."고 회상했다. "내가 이야기를 마치자 그는 진지하고 유창하게 대화를 이어갔다. 그가 그렇게 말을 잘하리라고는 예상하지 못했다." 링컨은 우선 흑인에게 똑같은 급료를 지불해야 한다는 요구가 지극히 정당하다고 인정했다. 그는 의회가 흑인 병사에 대한 법안을 통과시킬 때 입법 과정을 원만하게 진행하기 위해 어쩔 수 없이 차별 규정을 둔 것 같다고 설명하면서, "결국에는 흑인도 백인 군인과 똑같은 급료를 받게 될 것"이라고 약속했다. 흑인 장교가 없다는 지적에 대해서는 "전쟁장관이 유색인을 추천해주면 기꺼이 임관할 것"이라고 장담했다. 더글러스는 여론이 마음의 준비를 갖출 때까지 보복 명령을 연기한데 대한 링컨의 해명에 깊은 인상을 받았다. 링컨은 만일 "흑인 병사들이 용맹하게 싸워 훌륭한 성과를 올린" 최근의 전투 이전에 조치를 취했다면, 대중의 편견으로 인해 반발이 컸을 것이라고 설명했다. '아! 이렇게 될 줄 알았어. 흑인 때문에 백인이 죽게 되었구나!' 라는 불만이 터져나왔으리라는 것이다. 그러면서 링컨은 자신의 깊은 걱정을 토로했다. 그는 "만일 흑인 포로를 죽인 바로 그 연맹군을 잡으면 쉽게 보복할 수 있겠지만, 다른 이가 저지른 죄 때문에 사형을 당하는 사람을 생각하면 구역질이 날 것 같다."고 말했다. 더글러스는 이 말에 동의하지는 않았지만, 링컨의 우려에 담긴 지극한 "박애 정신"은 높게 평가했다.

헤어지기 전, 링컨은 더글러스에게 얼마 전 "미합중국 대통령의 굼뜨고 머무적대며 우유부단한 정책에 대해" 맹렬히 비판하는 연설문을 읽었다고 말했다. 그는 중요한 문제에 대해 지나칠 정도로 심사숙고했다는 지적은 인정했지만, 우유부단하다는 비난에 대해서는 이의를 제기했다. "일단 어떤 입장을 취하고 나면, 양보하는 모습을 보여서는 안 된다고 생각합니다." 더글러스는 자신이 "그의 어깨에 손을 올려놓을 수 있을 것 같다."고 느꼈던 그 첫 만남을 잊지 못했다.

같은 날 오후, 더글러스는 스탠턴을 만났다. "태도가 이보다 더 판이하게 다른 두 사람은 없을 것이다. 스탠턴는 '그래, 나한테 원하는 게 뭐요? 당신이나 그 누구에게도 허비할 시간이 없소!' 라고 말하는 듯한 첫인상을 풍겼다." 그렇지만 더글러스가 대통령에게 이야기했던 것과 똑같은 문제에 대해 대략적으로 설명하자 그의 얼굴에서 퉁명스러운 기색이 사라졌다. 스탠턴 역시 "결국에는 정의가 이루어질 것"이라고 약속했다. 사실 스탠턴은 이미 의회에 급료 차별과 보조금 조항을 없애자고 탄원한 상태였고, 이후 의회는 이 탄원을 받아들였다. 더글러스에게서 깊은 인상을 받은 스탠턴은, 그를 미시시피 계곡에서 흑인 병사 모집을 담당하던 로렌조 토머스의 부장교로 임명하겠다고 약속했다. 전쟁부는 그에게 생활비와 교통수단뿐 아니라 매달 100달러의 월급을 주겠다고 제안했지만, 장교 임관에 대해서는 언급하지 않았다. 더글러스는 이 제안을 거절했다. "나는 뚜렷한 계급도 없이 복무하기에는 병영생활과 견장의 의미를 너무 많이 알고 있습니다."

더글러스와 링컨은 당시에는 몰랐지만 서로에게 무척 중요한 관계를 맺었다. 이후 연설에서 더글러스는 백악관에서 받았던 정중한 대접에 대해 자주 이야기했다. "여러분들은 미합중국 대통령이 백악관에 들어선 흑인을 어떻게 접대하는지 알고 싶어하실 것입니다. 그가 저를 어떻게 대접했는지 말씀드리겠습니다. 한 신사가 다른 신사를 대하는 것과 똑같은 대우를 받았습니다." 관중이 "큰 박수"를 보내자, 그는 이어서 말했다. "저는 그곳에서 거물인 듯한 기분이 들었습니다!"

공개서한

링컨은 이후 비교적으로 평온한 상태에서 또 다른 공개서한을 작성하는 데 열중했다. 이 서신은 스프링필드의 오랜 친구이자 1860년 공화당 전당대회 때 함께 시카고의 소식을 초조히 기다렸던 제임스 콘클링에게 보내는 것이었다. 유력한 일리노이 주 공화당원이었던 콘클링은 링컨을 9월 3일 스프링필드에서 열리는 대중 집회에 초대했다.

이 집회는 여전히 북서부 지역에서 세력을 떨치고 있는 코퍼헤드의 영향력에 맞서, 충성스러운 연방주의자들의 단합된 힘을 보여주기 위해 조직된 것이었다. 게티즈버그와 빅스버그에서 거둔 연방의 승리는 평화가 바로 눈앞에 있다는 착각을 낳게 했다. 그리고 링컨이 몇 가지 확실한 평화 제안을 받았으나 거절했다는 근거 없는 소문이 나돌았다. 이 소문을 무마시키고 서둘러 코퍼헤드의 여세를 막아야 했다. 물론 고향에 가면 링컨은 열렬한 환영을 받겠지만, 그는 대신 워싱턴에 남아 콘클링에게 대독(代讀)하게 한 후 인쇄해서 널리 배포할 편지를 작성하기로 결심했다.

이 편지는 그가 평화 제안을 비밀리에 거절했다는 "허황되고 근거 없는" 소문을 저지하기 위해 작성되었다. 링컨은 만일 합당한 제안을 받는다면, 국민을 섬기도록 자신을 선출해준 사람들 모르게 그 사실을 감추지 않겠다고 맹세했다. "하지만, 솔직히 말해 여러분은 흑인과 관련해 제게 불만을 갖고 계십니다. 여러분은 노예해방 선언서를 싫어하십니다. 그리고 아마도 그것을 철회하고 싶어하실 겁니다." 링컨은 양보할 수 없었다. "그러나 죽은 자를 되살릴 수 없듯, 이 선언은 철회할 수 없습니다. 한번 한 약속은 반드시 지켜야 합니다." 이어 그는 흑인 병사들이 전쟁에서 꼭 필요한 존재가 되었다고 강조했다. "전쟁터에서 우리에게 가장 중요한 승리를 안겨준 사령관 중 일부는 해방 정책을 믿으며, 유색인 부대를 기용함으로써 연맹에 지금껏 하지 못했던 가장 강력한 공격을 펼칠 수 있다고 믿습니다."

"평화는 생각만큼 그렇게 멀리 있지 않습니다."라고 링컨은 연설문을 마무리했다. "평화가 이루어지고 나면 사람들은 흑인들이 꾹 다문 입과 확고한 눈빛, 준비 태세를 갖춘 총검으로 이 위대한 성과를 거두기 위해 인류를 도왔음을 기억할 것입니다. 반면 적의에 찬 마음과 기만하는 말로 자신들이 그 성과를 방해하려 했음을 잊지 못할 백인도 있을까 저어됩니다."

링컨은 그 후로도 10일 넘게 업무를 보는 틈틈이 시간을 내어 편지를 수정했다. 그리고 콘클링에게 개인적인 메모를 첨부해 편지를 보냈다. "자네는 최고의 낭독자 중 한 명이지. 한 가지만 부탁함세. 이 편지를 아주 천천히 읽어주게나." 그는 이미 전쟁터에 나간 병사들 뒤에 "언제든 국가가 부르면 입대할 태세를 갖춘 수십만 명이" 버티고 있음을 코퍼헤드들에게 증명해줄 거대한 인파가 "농장과 일터 사무실에서" 몰려들 것이라 생각했다.

최종 원고에 만족한 링컨은 이 연설문이 낭독될 9월 3일, 시민들의 긍정적인 반응이 있을 것이고 다음날 연설문이 신문에 실릴 것이라고 예상했다. 실제로 편지의 전문이 발표되자 격찬이 쏟아졌다. "흥정가의 술책과 정치가의 잔꾀, 수사학의 멋을 거부한 그는 논하고자 하는 바를 명쾌하게 말하고 있다."라고 〈뉴욕 데일리 트리뷴〉은 칭송했다. "가장 뛰어난 웅변가도 이보다 더 적절한 언어를 쓰지 못할 것이다. 그러면서도 이 편지는 무식한 시골뜨기도 알 만한 단어로 쓰여졌다."라고 〈뉴욕 타임스〉는 말했다. 이 신문은 이어서 "명문장"은 대개 "상류 문화"를 떠올리게 하지만, 링컨은 "독자적인 방식으로" 그만의 "명문장"을 완성했다고 평했다. 〈필라델피아 인콰이어러〉는 그동안 링컨의 공개서한 작성 습관이 관습에서 어긋나 있다고 비판했지만, 이번 서신을 포함한 최근의 서한에 대해서는 "그간의 의심을 없앴다. 그가 앞으로도 이런 명문을 쓴다면, 계속 써주기를 바란다."고 호평했다.

〈뉴욕 타임스〉는 편지에 대해 지나칠 정도로 찬사를 보내면서, 링컨의 취임연설과 국회 전사위원회가 공개한 맥클렐런에게 보낸 편지, 그릴리와 코닝에게 보낸 편지 등, 링컨의 수많은 다른 글도 칭송했다. "이 뛰어난 문서로 인해 링컨은 공화국에서 가장 인기 있는 사람이 되었다. 국민에게서 그에 대한 믿음을 앗아가려는 모든 비난과 선동가의 술수는 아무 소용이 없다."

대담한 작전

1863년 9월 중순, 링컨 내각의 각료 전원이 여름휴가를 마치고 돌아왔다. 슈어드는 외교단과 함께 여행한 후 부쩍 원기 왕성한 모습을 보였다. 스탠턴 역시 펜실베이니아 산맥에서 그토록 갈망했던 휴가를 가족과 함께 즐기며 기운을 회복했다. 일흔 살 생일을 며칠 앞두고 미주리에서 돌아온 베이츠는 기나긴 생을 살아오면서 수많은 축복을 받고 비교적 적은 시련을 겪었다는 것을 감사하게 여겼다.

체이스는 독특하게 일에서 거의 손을 떼지 않은 채, 해변에 두고 온 딸들이 어서 돌아오기만을 심통 사납게 기다렸다. 열흘 간 해군 공창에 갔다가 돌아온 웰스는 "동료들 모두 나를 보고 반가워했는데, 그중에서도 대통령은 진심으로 날 환영해주었다. 내가 다른 각료들에 비해 자리를 비운 경우가 적었던 만큼, 훨씬 그리웠나보다."라고 일기에 적었다. 링컨은 여전히 군인 수용시설에서 한가롭게 밤을 즐기며 메리가 어서 그린 산맥에서 돌아오기를 기다리고 있었다.

이처럼 모두들 모처럼 평화로운 시간을 보내고 있을 때 테네시 주에서 불길한 소식이 들려왔다. 게티즈버그와 빅스버그에서 승전한 후, 링컨과 스탠턴은 내심 로즈크랜스 장군이 컴벌랜드의 부대를 이끌고 "반란군에 결정타"를 가하기를 기대했다. 장군은 조지아 주로 진격해 채터누가와 녹스빌, 테네시에서 적군을 몰아내기 위해 준비하고 있었다. 하지만 군대가 진격하기 전에 적군이 도시를 빠져나갔고, 로즈크랜스는 "채터누가에서 무혈의 대승리"를 거두었다. 그런데 연맹군이 다시 전열을 가다듬고 채터누가의 남쪽 둑으로 느닷없이 진격해왔다. 9월 19일 토요일, 무시무시한 전투가 벌어졌다. 36시간 후 전쟁터에서 전달된 전보는, 연맹군의 압승을 알리고 있었다. 연방군 측 사상자는 1만 6000명에 달했다.

군인 수용시설에서 막 잠이 들었을 때 전보를 받고 심란해진 링컨은 더 이상 잠을 잘 수 없어 시내로 다시 돌아가 뜬눈으로 밤을 새웠다. 대통령은 새벽에 헤이의 방에 가서 침대에 걸터앉아 이 불행한 소식을 전했다. "아무래도 내가 우려하던 대로 로즈크랜스가 완전히 당한 것 같네. 며칠 동안 걱정이 되더니만." 이날 오후, 가족을 만나면 기운이 나리라 기대하며 링컨은 메리에게 전보를 보냈다. "날씨가 청명하고 선선하니 당신이 돌아오면 좋겠소. 특별한 일은 없지만, 당신과 토머스를 보고 싶다오." 메리는 즉시 답장을 보내 자신도 "집에 돌아가고 싶었고" 이미 그럴 계획이었다고 말했다.

또 다른 보고가 전달된 후, 체이스는 전투 결과가 우려했던 만큼 심각하지 않다며 안도했다. 조지 토머스 장군의 군단은 한 치도 물러나지 않았다. 더욱이 반란군은 연방보다 더 많은 병력을 잃었다. "채터누가는 여전히 우리 수중에 있습니다."라고 찰스 데이나는 스탠턴에게 전보를 보냈다. "15일에서 20일 안에" 2만에서 3만 명이 증원되면 이 부대가 채터누가를 지킬 수 있을 것이었다. 하지만 증원이 이루어지지 않으면, 수적으로 압도된 연방군은 채터누가를 포기하거나 또 다른 끔찍한 전투를 치러야 할 것이었다. 모든 것은 응원군이 제 시간에 테네시에 도착하느냐에 달려 있었다. 스탠턴은 대통령의 승인이 필요한 대담한 작전을 떠올렸다.

시간을 낭비하고 싶지 않았던 스탠턴은 그날 밤 곧장 링컨과 핼렉, 슈어드, 체이스에게 심부름꾼을 보내 자신의 사무실에서 비밀회의를 하자고 요청했다. 심부름꾼이 초인종을 눌렀을 때 체이스는 막 잠자리에 든 상태였다. 심부름꾼은 "전쟁장관께서 즉시 전쟁부에 와주십사 마차를 보내셨습니다."라고 말했다. 체이스는 "서둘러 일어나 옷을 입으며" 적군이 로즈크랜스 장군과 그의 부대를 전멸시킨 것은 아닌지 두려워했다. 존 헤이는 체이스처럼 이미 잠자리에 든 링컨을 깨우러 군인 수용시설로 달려갔다. 잠자리에서 일어난 링컨은 "스탠턴이 사람을 보내긴 처음이군."이라고 말하며 몹시 불안해했다. 링컨과 헤이는 달빛의 안내를 받으며 서둘러 전쟁부로 향했다.

다섯 사람이 탁자에 둘러앉자 스탠턴이 엄숙하게 말했다. "제가 이 회의를 소집한 이유는 무슨 일이든 당장 해야 한다고 확신하기 때문입니다." 그는 포토맥 강가에 있는 미드 장군의 부대에서 2만 명을 차출해, 후커 장군이 있는 내슈빌과 채터누가로 보내자는 대담한 제안을 설명했다. 핼렉과 링컨 모두 그 계획이 위험하고 비현실적이라며 반대했다. 핼렉은 부대가 테네시에 도달하기 위해선 적어도 40일은 걸릴 것이라고 항의했다. 부대는 너무 늦게 도착할 것이고, 미드 장군은 래퍼해녹 강에 무방비 상태로 남겨질 것이었다. 대통령 역시 이 의견에 동의했다. "내슈빌로 보낼 시간에 군단을 워싱턴으로 보내는 게 어떻겠습니까?"라고 링컨이 농담조로 말했다. 요점을 설명하기 위해 링컨이 재미있는 일화를 꺼내자, 스탠턴은 농담을 하기에는 사태가 심각하다고 몹시 불쾌해하며 말했다. 그는 "실현가능성을 충분히 고려했고" 확신이 없었다면 말을 꺼내지도 않았을 것이라고 말했다.

계속해서 토론한 후, 체이스는 스탠턴이 준비한 다과를 들며 잠시 휴식을 취하자고 제안했다. 휴식을 취하고 돌아온 슈어드는 스탠턴의 제안이 훌륭한 주장이라고 지지했다. 체이스는 슈어드의 지지가 도움이 되었다고 생각했다. 자신이 유리하다고 생각한 스탠턴은 곧바로 육군 철도부의 D. C. 맥컬럼 대령을 찾으라고 전령을 보냈다. 스탠턴은 이미 그날 저녁에 맥컬럼에게 자신의 생각을 간략히 설명하고는, 임의로 쓸 수 있는 기차가 있을 경우 철도로 부대를 이동시키는 데 걸리는 시간을 계산하라고 지시한 상태였다. 맥컬럼이 회의실에 들어서자 링컨은 스탠턴의 계획을 설명했고 목적을 달성하는 데 시간이 얼마나 걸리겠느냐고 물었다. 맥컬럼은 미리 이 사안을 검토하라는 지시를 받았다는 사실은 전혀 내색하지 않은 채, "몇 가지 계산할" 시간을 달라고 말했다. 그가 일정표를 펴놓은 책상 앞에 앉아 계산을 하는 동안 다른 이들은 침묵을 지키고 있었다. 마침내 맥컬럼은 자리에서 일어나 말했다. "7일이면 완수할 수 있습니다."

"좋소!" 스탠턴은 핼렉을 얕잡아보듯 몸을 돌리며 외쳤다. "내가 말했지요! 가능하다고 했지요! 40일이라고요? 나라의 존립이 위태로운 마당에 40일이라니요!" 그는 맥컬럼에게 지시했다. "당장 가서 착수하십시오!" 이때 링컨이 끼어들었다. 그는 "난 아직 동의하지 않았소."라고 전쟁장관에게 일깨워주고는 "맥컬럼 대령, 정말 확신하시오?"라고 물었다. "절대로 실수가 있어서는 안 됩니다." 맥컬럼이 목숨을 걸고 7일 안에 이 일을 달성할 수 있다고 맹세하자 링컨은 흡족해하며 말했다. "전쟁장관님, 귀하가 지휘하시오. 필요한 명령을 내리면 그것을 승인하겠습니다."

스탠턴은 집요하게 48시간 내리 일하며 군용 기차를 징발하고, 철도 담당자에게 전보를 보냈으며, 다양한 철로 너비를 통일했다. 그는 한시도 쉬지 않고 군인과 병마가 앨러게니 산맥을 넘어 테네시 주 동부로 가는 데 필요한 모든 준비를 마쳤다.

첫 번째 기차가 9월 25일 오후 5시에 워싱턴을 출발했다. 2만 3000명의 군인과 1100마리의 말, 9개의 포병 중대, 수백 대의 마차, 텐트, 군용물자가 채터누가를 방어하던 로즈크랜스 장군과 합류하기 위해 테네시에 도착했다. 스탠턴은 모든 역에서 전달되는 운송 상황 보고를 확인하며 집에도 가지 않았다. 피로를 이기지 못할 때면 소파에 쓰러져 화장수를 적신 손수건을 이마에 대고서 몇 시간 동안 눈을 붙이곤 했다. 약속된 7일 안에 무사히 모든 이동이 끝난 것을 확인하고서야 스탠턴은 자리를 떴다. 제임스 맥퍼슨은 "이는 병참술의 뛰어난 업적이었다. 20세기 전에, 이만한 대부대가 이토록 빠르게 그 긴 거리를 이동한 적은 없었다."고 기록했다.

당장의 위험은 지나갔지만, 이후 몇 주간 데이나는 연맹군이 채터누가로 이어지는 보급로를 차단했고 부대원들이 더 이상 로즈크랜스 장군을 신뢰하지 않는다고 보고했다. 링컨과 스탠턴은 지휘자를 바꿀 때가 되었다고 생각했다. 스탠턴은 그랜트에게 일리노이 주 카이로를 떠나 켄터키 주 루이스빌로 가서, '전쟁부 관리'에게 새로운 지시를 받으라고 전보를 보냈다. 그랜트가 인디애나폴리스에 도착했을 때, 그는 '전쟁부 관리'가 바로 스탠턴이라는 사실을 알게 되었다. 이게 두 사람 사이의 첫 만남이었다.

스탠턴은 그랜트에게 두 가지 명령 중 하나를 택하라고 말했다. 두 명령 모두 그에게 컴벌랜드와 오하이오, 테네시 군관구를 통합하는 새 "미시시피 사단"의 지휘권을 제안했다. 첫 번째는 현재와 같이 각 군관구 사령관을 그대로 남겨두는 것이었다. 그랜트는 로즈크랜스를 토머스로 교체하는 두 번째 명령을 선택했다. 스탠턴은 그랜트와 하루 동안 전반적인 군 상황을 의논한 후 장군을 채터누가로 보냈다. 그곳에서 그랜트의 지휘를 받은 연방군은 룩아웃 산에서 놀라운 승리를 거둔 후, 연맹군을 테네시에서 몰아냈다. 그랜트는 회고록에서 채터누가를 구하는 데 스탠턴이 중요한 역할을 했다고 공을 돌렸다. 전례없이 신속하게 이루어진 대규모 부대 이동이 "끔찍한 재앙이 될 수 있었던" 후퇴를 막아주었다고 그랜트는 인정했다. 체이스 역시 스탠턴을 칭송했다. "에드윈 M. 스탠턴에게 얼마나 큰 빚을 졌는지 이 나라는 모르고 있다."

링컨이 몇 년 전 신시내티에서 스탠턴에게 굴욕을 당했을 때의 분노를 털어낼 수 있었던 것도 바로 이 굴하지 않는 추진력 때문이었다. 처음 만났을 때 링컨을 무뚝뚝하게 외면했던 스탠턴의 우직함과 한결같은 강직함은 대통령이 높이 평가한 전쟁장관의 자질이었다. 대통령은 애정을 담아 스탠턴을 "마르스(그리스 신화에서 군신)"라고 불렀다.

전신국 옆 작은 방에 함께 있는 이 두 사람의 특이한 관계를 관찰한 이들은, 그들이 "존중과 애정"으로 뭉쳐 있다고 생각했다. 서기인 찰스 벤저민은 "링컨 대통령은 긴 다리를 꼬고 앉아 고개를 살짝 든 채 생기 있는 표정으로 이야기를 하거나 들었고, 스탠턴 장관은 그 옆에 서서 한없이 안경을 닦는 사이사이에 한 손을 링컨의 의자 등받이에 얹었는데 이 모습은 재미있고 보기 좋은 광경이었다."라고 회상했다.

스탠턴의 개인 비서 A. E. 존슨은 "이토록 철저하게 다른 두 사람은 없을 것"이라고 말했다. "대통령은 조금도 과묵할 수 없었지만, 스탠턴 장관은 과묵하기로 유명했다. 장관은 동정심을 느끼지 못했지만, 대통령은 온몸에서 동정심이 넘쳐흘렀다. 대통령은 자신의 실수를 바로잡기 위해 일곱 번의 기회가 있으면 일흔 번씩 고치곤 했지만, 장관은 더 이상 야단법석을 떨지 않고 상황에 따르거나 사직하는 걸 좋아했다. 링컨은 심각한 위기의 순간에도 여름 바다처럼 고요하고 평온했으나, 스탠턴은 몹시 흥분했다. 스탠턴은 어려운 일이 생기면 불만을 터뜨렸지만, 링컨은 그 상황에 맞는 재미있는 이야기를 떠올렸다. 스탠턴이 엄격함 그 자체였다면 링컨은 소박함과 친절 그 자체였다. 하지만 이들보다 더 잘 협력할 수 있는 사람은 없을 것이다. 그들은 서로의 성격을 보완했으며, 서로에게 필요한 존재라는 사실을 정확히 알고 있었다."

존슨은 "대중을 대할 때 링컨은 이성보다 감성에 더 의지했고, 스탠턴은 감성보다 이성에 더 많이 의지했다."라고 말했다. 두 사람의 대조적인 스타일은 한 하원의원의 일화에서 잘 드러난다. 그 의원은 한 프로젝트를 수행하며 전쟁부의 원조를 받기 위해 링컨의 승인을 받았다. 그런데 스탠턴이 명령 이행을 거부했다. 실망한 의원은 링컨에게 돌아가서 스탠턴이 명령을 거부했을 뿐 아니라 그 명령을 내린 대통령을 두고 지독한 바보라고 했다고 전했다. "스탠턴이 날 그런 바보라고 했다고요?"라고 링컨이 물었다. "그렇습니다, 각하. 그것도 여러 번 말했습니다."라고 하원의원은 대답했다. 대통령은 미소를 지으며 말했다. "스탠턴이 나에 대해 그렇게 말했다면, 난 지독한 바보가 맞을 거요. 스탠턴은 대부분 옳고, 대개 진심을 말하는 사람이니 말이오. 가서 그를 좀 만나봐야겠군요."

스탠턴이 링컨을 알고 이해하게 되면서, 처음에 가졌던 경멸감은 존경으로 바뀌었다. 밀 수확기 사건 때 함께 일했던 조지 하딩이 링컨의 교서 중 "뛰어난 구절"은 스탠턴이 썼을 것이라고 추측하자, 스탠턴은 오해를 바로잡았다. "한 글자도 빠짐없이 링컨이 썼소. 하딩, 대통령은 대단히 유능한 사람이고, 신시내티에서 우리가 했던 것처럼 남을 배신할 사람이 아니요."

"스탠턴 장관이 링컨 대통령에게 품은 것만큼, 왕이나 대통령에게 진정한 인간적 애정과 존경심을 품은 전쟁장관은 없었을 것이다."라고 당대의 한 사람은 말했다. 두 사람 모두 사랑하는 사람을 잃은 깊은 상처를 갖고 있었으며 언젠가는 죽을 수밖에 없는 인간의 운명과 죽음에 대한 생각으로 평생을 괴로워했다.

링컨은 '죽음'이라는 인간의 피할 수 없는 운명에 대해 언제나 민감했다. 그가 좋아했던 그 많은 시들은 모두 '죽음'을 주제로 하고 있다. 하나같이 인생의 덧없음을 노래하는 그 시들은, 자신이 그토록 고통스러워했던 죽음의 상처를 대신 노래해주는 듯했다. 링컨은 특히 윌리엄 녹스의 〈죽음을 피할 수 없는 운명〉이라는 시를 좋아했고 스탠턴에게 직접 베껴 써주기도 했다.

오! 죽음을 피할 수 없는 인간의 영혼은 왜 그토록 오만한가.

순식간에 떨어지는 별똥별, 빠르게 지나가는 구름,

번개의 번쩍임, 부서지는 파도처럼

인간은 생명을 잃고 무덤에서 잠든다.

하지만 대통령과 전쟁장관이 죽음을 낭만적이고 철학적인 시선으로만 바라보고 있었던 것은 아니다. 두 사람 모두 자신의 선택으로 인해 수십만 명의 젊은이들이 세상을 떠났다는 사실에 괴로워했다. 스탠턴은 퀘이커 교도였기 때문에 더욱 중압감을 견디기 힘들었다.

스탠턴은 젊은시절 전쟁을 찬양하는 사회를 격렬히 비난하는 글을 쓰기도 했다. "어째서 군 장교들을 범죄자로 처벌하지 않고 오히려 칭송하고 존경하는가?"라고 그는 물었다. "결국 전쟁은 미망인과 고아를 낳고, 마을과 도시, 살아있는 모든 것을 파괴하여 온 세상을 살육의 땅으로 만든다. 정부는 어떤 목적을 달성하기 위해 전쟁이 필요하다고 주장하지만, 다른 수단을 통해 목적을 이룬다면 더 낫지 않겠는가? 장군들이 학살자처럼 행동하는데, 그렇다면 유능한 학살자 또한 존경해야 한다고 말하겠는가?" 청년 시절의 이러한 평화주의와 현재의 고통스러운 업무를 화해시키기란 실로 어려운 일이었을 것이다.

젊은 평화주의자였던 스탠턴은 30년 후, 200만 명이 넘는 군인을 책임지고 있었다. 그는 "내가 시간을 뛰어넘어 영원히 칭송받는 축복을 기대할 수 없는 일을 하고 있음을 알게 되는 것보다 더 화가 나는 일은 없을 것"이라고 말했다. 링컨 역시 짐작할 수 없을 만큼 끔찍한 중압감에 시달리고 있었다. "닭 모가지도 비틀지 못하고 피를 보면 메슥거리는 내가 사방에 피가 튀는 큰 전쟁의 한복판에 내동댕이쳐졌다니, 끔찍한 일 아니오?"

하지만 스탠턴처럼 대통령 역시 남북전쟁이 인류에 대한 신의 의지를 나타낸다고 생각하며 마음을 달래려 노력했다. 전해에, 링컨은 엘리자 거니를 포함한 퀘이커 교도들의 접견을 허락했다. 그 접견 때 링컨은 이렇게 말했다. "만일 내 뜻대로 할 수 있었다면 이 전쟁은 시작되지 않았을 겁니다. 만일 제 방식대로 할 수 있었다면, 이 전쟁은 벌써 끝났을 겁니다. 하지만 전쟁은 지금도 계속되고 있지요. 우리는 하나님이 당신의 지혜로운 목적을 위해 이 전쟁을 허락하셨노라 믿어야 합니다. 우리의 부족한 지혜로는 하나님의 뜻을 이해하지 못하겠지만, 이 세상을 만드신 하나님이 여전히 이 세상을 지배하고 계신다는 사실을 믿을 수밖에 없습니다."

그는 퀘이커 교도들이 겪는 혹독한 갈등을 알고 있다고, 이후 거니 부인에게 보낸 편지에서 말했다. "원칙과 믿음이 전쟁과 억압 모두를 반대할 때, 현실적으로는 그저 전쟁을 통해 억압을 반대할 수밖에 없습니다." 링컨은 "우리는 하나님께서 주신 빛 속에서 진심으로 일해야 합니다. 이렇게 일하면 하나님이 계획하신 위대한 목적에 이바지하리라 믿으면서 말입니다. 하나님께서는 분명 이 거대한 격동 뒤에 대단히 좋은 일을 예비하고 계십니다. 인간은 이룰 수도 없고, 막을 수도 없는 좋은 일을 말입니다."라고 말했다. 링컨은 거대한 시련을 감당해야 했던 시절에 보여준 그들의 지지와 기도는 결코 잊지 못할 것이라고 생각했다.

체이스의 음모

스탠턴과 링컨의 우정이 깊어질수록, 스탠턴과 가장 친밀한 동료였던 체이스는 내각에서 영향력을 잃어가는 듯 보였다. 하지만 체이스는 여전히 전쟁장관과 돈독한 관계를 유지하고 있었고, 스탠턴은 정감 어린 편지를 보냈다. 스탠턴은 지난겨울 체이스에게 보낸 편지에 이렇게 적었다. "어찌 된 일인지 내 주머니에 들어있는 자네 칼을 발견하고 돌려보내네. 덧붙이자면, 내가 자네를 사랑하듯 자네도 날 사랑한다면, 어떠한 칼도 우리의 애정을 갈라놓지 못할 것이네." 1년 후 스탠턴은 새로 태어난 아이의 대부가 되어 달라고 체이스에게 부탁했다. 하지만 이들의 관계는 전과는 많이 달라진 상태였다. 스탠턴은 이제 네 아이를 가진 행복한 유부남이었다. 게다가 일에 치여 사느라 더이상 체이스가 자신과 많은 시간을 보내지 않는다고 불평하지 않았다. 반대로 이제는 체이스가 스탠턴에게 애정을 갈구했다. 중요한 군사 결정권이 없었던 체이스는 최신 정보를 얻기 위해 전쟁장관에게 의존할 수밖에 없었다. 한때는 스탠턴이 체이스의 서재에서 저녁 내내 있기를 원했지만, 이제는 체이스가 하루 일과를 마친 후 전신국에 들렀고, 정신없이 돌아가는 그곳에서 운이 좋아야 옛 친구와 잠시 사적인 대화를 나눌 수 있는 처지가 되었다.

체이스는 그저 찬란한 미래를 꿈꾸며, 자신의 처지에 대한 좌절감을 달랬다. 그는 링컨이 아닌 바로 자신이 1864년 공화당의 대통령 공천 후보가 되리라는 희망을 잃지 않았다. 현직 대통령이 재선된 전례가 거의 없었기 때문에, 그는 급진적인 공화당원들에게 가장 중요한 화제였던 남부 재통합 문제를 자신이 주도할 수 있다면 링컨을 가볍게 재치고 자신이 대통령 후보로 지목되리라 믿었다. 게티즈버그와 빅스버그에서 승리를 거둔 이후, 북부인들은 전쟁의 종식이 코앞에 있다는 환상을 품었다. 반란을 일으킨 남부 주들을 어떻게 연방에 돌려놓을 것이냐는 문제가 국회의 회관과 저녁 모임, 신문 사설, 담배 연기로 가득한 윌라드 호텔 바의 주된 화젯거리였다.

이 문제를 둘러싸고 공화당은 급격히 분열되기 시작했다. 급진파는 연맹에 전혀 동조하지 않았던 이들에게만 재통합된 주에서 투표권을 주어야 한다고 주장했다. 그들은 또한 충실한 연방주의자가 아니었던 변호사와 교사는 다시 일할 수 없도록 막고, 노예제는 보상 없이 즉각 폐지해야 하며, 새로 자유의 몸이 된 흑인에게도 경우에 따라 투표권을 주어야 한다고 주장했다. 보수적인 공화당원들은 보상을 조건으로 한 노예해방을 지지했고, 더 관대한 기준을 적용해서 연맹에 협력했던 사람들에게도 투표권을 주어야 한다고 주장했다. 이들은 노예를 소유하지 않은 많은 남부민들이 부유한 농장주들 때문에 강제로 탈퇴를 지지한 것이라고 주장했다. "연방과 노예해방을 지지한다고 맹세하는데도 이들을 새로운 질서에서 배제하는 것은 부당한 처사일 것이다."

정계에서는 링컨을 "보수파의 기수(旗手)"로, 체이스는 "급진파의 투사"로 여겼다. 가을의 주 선거는 대선의 개막전일 것이었다. 모두들 체이스가 가을 선거에서 급진파 동료들을 적극적으로 밀어주면, 그 보답으로 다음해 대선에서 지지받을 것이라고 예상했다.

체이스는 대선에 출마하겠다는 의사를 숨기고, 지지자들을 확보한다는 전략을 세우고 있었다. 그는 밤이면 서재에서 지방 관료들과 국회의원, 장군, 기자들에게 링컨 내각의 문제점을 지적하는 편지를 수백 통 썼다. 체이스는 먼저 링컨의 지도력에 대한 단점을 자세히 나열한 뒤, 자기가 대통령이 될 경우 어떻게 달라질지 암시했다. 그는 대통령 자리를 탐내는 것은 아니지만, 국민이 원한다면 언제든 그 짐을 지겠다고 말했다. 그는 "사실 제 개인적인 감정에 따른다면, 링컨 씨가 재임(再任)하기를 원합니다."라고 설명하면서도 "저는 앞으로의 4년을 위해서는 지금의 대통령과 다른 자질을 가진 인물이 필요하다고 생각합니다. 제가 그런 인물로 여겨지길 바라는 것은 아닙니다만, 그러한 인물이 필요하다고 똑같이 생각하시는 분들이 이 문제를 잘 결정해주시리라 생각합니다."

체이스는 공약을 제시하기엔 아직 시기상조라는 사실을 알지 못한 채 언론계와 친분을 맺기 위해 노력했다. 9월 말, 체이스는 호러스 그릴리로부터 어떠한 인물도 "당신보다 더 대통령직에 적합한 사람은 없으며, 당신만큼 제가 진심으로 지지하는 사람도 없을 것입니다."라는 편지를 받고 감격했다. 체이스는 6개월 후 사태가 다른 후보에게 유리하게 돌아갈지도 모른다는 그릴리의 마지막 경고를 흘려들었던 게 틀림없다. 뉴욕 세관장인 하이럼 바니도 체이스에게 "그를 대통령으로 제일 먼저 지지할 것"이라고 장담했다. 하지만 최종 결정은 "그를 대통령을 맡아야 할 사람이 귀하인지 다른 사람일지"를 결정해야 할 때가 되면 그때 하겠다고 말했다.

링컨은 체이스의 음모를 잘 알고 있었다. 데니슨 주지사는 체이스가 "비버처럼" 일을 진행하고 있다고 말했고, 슈어드 역시 일부 단체가 체이스를 지지할 대표를 임명하고 있다고 전했다. 오하이오 하원의원인 새무얼 콕스는 체이스가 "뉴잉글랜드 주의 거의 모든 세력을" 결집시켰다고 백악관에 경고했다. 한 펜실베이니아의 정치가는 체이스가 지지를 받으려고 어찌나 선거 운동에 열심인지, 그의 두 눈에 "이글거리는 대통령 자리"가 보일 정도라고 알려왔다.

존 헤이는 체이스가 뉴욕 기자인 시어도어 틸튼에게, 영향력 있는 '무소속파'를 자기편으로 끌어들이도록 도와 달라고 여름 내내 요청했다는 것을 알게 되었다. 링컨에게 충성하던 젊은 비서는 "체이스가 대통령직을 차지하기 위해 광적으로 몰입해 있다는 것"을 알고 분노했지만, 링컨은 재미있어했다. 그는 대통령 자리에 대한 체이스의 지칠 줄 모르는 야망을 보면서 "켄터키 농장에서 옥수수 농사를 짓던" 시절을 떠올렸다. 그때 게으른 말이 갑자기 속도를 높여 "고랑의 끝까지" 맹렬히 달려갔는데 농부가 쫓아가보니, 커다란 말파리가 말 등에 달라붙어 있었다. 늙은 말이 자신을 물어뜯는 말파리 때문에 달려갔다는 것을 안 농부는 말파리를 멀리 쫓아 보냈다. 그의 친구는 말파리 덕에 말이 움직인 것이니, 말파리를 날려 보낸 건 잘못이라고 말했다.

링컨은 "만일 체이스 씨에게 '대통령이 되고자 하는 야망' 이라는 말파리가 있어서 그를 물어뜯는다면, 난 굳이 그 말파리를 날려보내지 않을 생각이네. 그게 재무부를 움직이는 힘이라면 말이지."라고 말했다. 링컨은 친구들처럼 화가 나지는 않았지만, 체이스의 술책이 "대단히 치졸"하고, 유감스러운 행동이라는 데에는 동의했다. 링컨의 친구들은 어째서 대통령이, 그의 정책에 적대적인 것으로 유명한 체이스 지지자들의 임용을 계속 승인하는지 이해할 수가 없었다. 링컨은 체이스의 요구를 거절하여 그와 싸우느니, 차라리 비열한 책략을 부리게 그냥 두겠다고 말했다. 더욱이 연방군 지원에 필요한 막대한 물자를 모으기 위해 열심히 노력하는 체이스를 해고할 생각은 전혀 없었다.

체이스에 대한 링컨의 반응은 자연스럽거나 순수하지 않았다. 그의 오랜 친구 레너드 스웨트는 '링컨이 솔직하고, 순박하며, 술수를 모른다.'는 평가는 완전히 오판이라고 주장했다. "사실 그는 우리가 체스의 말을 옮기듯, 멀리 떨어져서 사람을 다루고 움직였다." 또한 체이스에 대한 링컨의 태도가 재임에 대한 욕망이 없음을 암시하는 것도 아니었다. 링컨이 재임을 첫 번째 대통령 당선 때보다 훨씬 더 열망하고 있다는 스웨트의 생각은 정확했다. 연방과 노예해방, 자신의 명성, 명예, 그리고 "그가 죽은 뒤 회자될 업적을 가질 기회"는 모두 현재 진행 중인 전쟁의 결과에 달려 있었다. 하지만 링컨은 체이스가 본격적인 전투를 시작하도록 하기보다는, 미심쩍은 동료로 내각에 두는 게 훨씬 안전하다는 사실을 알고 있었다. 체이스가 내각에 남아 있는 동안, 링컨은 한결같이 예우를 갖춰 그를 대했다.

체이스가 링컨의 친절한 태도에 당황했다는 것은 브라질에 미국 사절로 가 있는 제임스 왓슨 웹에게 보낸 편지에 잘 드러나 있다. 체이스는 링컨의 "체계 없는 내각"을 비난하고 은퇴 충동을 느낀다고 토로한 후, "대통령은 늘 내게 친절하게 대하고 공평함과 지조를 잃지 않습니다. 그래서 나는 완전히 신뢰를 내버리지 못합니다. 그래서 여전히 일하는 중입니다."라고 썼다.

링컨은 걱정하는 헤이에게 말했다. "나는 처음부터 대통령이 되려는 체이스의 계획을 알고 있었네. 내가 중요한 문제로 고민하다가 어쩔 수 없이 영향력 있는 누군가의 감정을 상하게 해서라도 그 문제를 해결해야겠다고 결심하면, 그는 늘 내게 반대하면서 자신이 전혀 다르게 그 문제를 해결하겠다고 그들을 설득했네. 프레몽 장군 때도 그랬고, 내가 헌터 장군의 성급한 선언을 무효화했을 때도 그랬고, 버틀러 장군을 뉴올리언스에서 소환했을 때도 그랬지." 이 말에 동감한 헤이는 링컨은 그저 그랜트의 요구에 따라 테네시 군관구에서 로즈크랜스를 해임했을 뿐이지만, 체이스가 이 "로즈크랜스 장군 건"

을 이용할 것이라고 말했다. 링컨은 농담처럼 답했다. "나도 그가 쉬파리마냥 썩은 데만 보면 무조건 알을 낳을 거라 생각하네."

9월 말, 미주리 주 공화당 내의 불화가 무력충돌로 번질 상황이 되자, 체이스는 분열을 더욱 확대시키려는 음모를 진행했다. 링컨은 급진파와 보수파를 화해시키기 위해 노력했다. 체이스는 과격파에 동조했다. 이들의 논쟁은 연방 재건 문제에 집중되어 있었다. 노예해방 선언서가 연방에 충성하는 접경주에는 해당되는 것이 아니었기 때문에, 미주리 주민들은 독자적으로 노예제의 운명을 결정해야 했다. 프랭크 블레어와 베이츠의 동서인 해밀턴 갬블 주지사가 이끄는 보수파는, 노예소유주를 보호하는 점진적인 노예해방을 지지했다. B. 그라츠 브라운, 찰스 드레이크, 헨리 블로우 같은 급진파 지도자들은 즉시 노예제를 소멸시키는 주 법 제정을 지지했다. 논쟁이 가열되자, 갬블 주지사는 급진파가 이러다가 주 정부를 전복하려 할까봐 우려하기 시작했다. 급진파는, 링컨이 중립적 인물로 여겼던 미주리 주 군사령관 존 M. 쇼필드 장군이 보수파로 변했다고 생각했다. 그들은 장군이 군사적 필요성을 가장해, 급진파를 체포하고 급진적인 신문을 억압하고 있다고 비난했다.

9월 30일, 찰스 드레이크가 이끄는 급진파 대표단은 워싱턴에 가서 쇼필드의 해임을 요구했다. 예정된 회합 전날 밤, 링컨은 헤이와 이 긴박한 상황에 대해 이야기했다. 그는 "급진파가 그 주를 장악하고 있으니 그들을 멀리하는 건 좋지 않을 것"이라는 헤이의 주장에 동의했다. 또한 그는 이 급진파들에게 의지해야 할 부분이 있음을 간과하지 않았다. "보수파는 투표를 통한 계획 실행을 추구하면서 입장이 불분명한 이들을 그들의 세력으로 흡수하려고 하는 반면, 급진파는 노예해방이라는 대의를 포기하지 않을 것이었다. 링컨은 "어느 한 쪽을 버리고 다른 쪽을 품어야만 한다면, 급진파를 택할 것"이라고 비서에게 말했다. 그는 "급진파가 나에게 적대적이긴 하지만, 그들의 생각과 감정은 보수파보다 훨씬 나와 비슷하네."라고 말했다. "그들이 세상에서 제일 악랄한 악마라 할지라도 그들의 얼굴은 천국을 향해 있네."

그러나 링컨은 어느 한 쪽을 택하려 하지 않았다. 링컨은 갬블과 프랭크 블레어, 보수파를 단순한 정적이 아닌 "코퍼헤드와 정부의 적으로" 간주해야 한다는 급진파의 요구에 분개했다. 링컨은 정치적 미래뿐 아니라 목숨까지도 위협당했던 시절부터 용감히 연방을 지지해온 이들을 비난한다는 건 "터무니없는 일"이라고 딱 잘라 말했다. 더욱이 이러한 주장을 하는 급진파 대표단장 찰스 드레이크는 원래 흑인 공화당원을 비난했던 남부 성향의 민주당원이었다.

링컨은 만일 급진파가 "쇼필드 장군이 어떤 잘못을 저질렀고 그들에게 불리하도록 연방 정치에 간섭했음을 증명할 수 있다면", 그들의 주장을 고려해보겠노라고 헤이에게 장담했다. 하지만 만일 쇼필드가 "그들의 편을 들지 않아 원한을 샀다면," 전혀 다른 문제일 것이라고 말했다. "이 영향력 있는 사람들을 만족시키겠다고 내 신념에 반대되는 행동을 할 수는 없네."

급진파 대표단은 윌라드 호텔에 도착하자마자 체이스로부터 저녁시간을 함께 보내자는 초대를 받았다. 그 초대에 대해 알게 된 베이츠는 불구대천의 원수라고 생각했던 이들에게 체이스가 손을 내밀었다는 데 "놀라고 분개했으며", 자신까지 그 자리에 초대했을 때는 경악을 금치 못했다고 갬블에게 말했다. 베이츠는 즉시 초대를 거절했다. "나는 나와 내 친구들을 배신자라고 비난하는 이들과 친하게 지낼 생각은 조금도 없네." 갬블은 베이츠에게 "체이스는 여기서 일어나는 모든 골칫거리의 주범"이니, "그 짐승 같은 놈들을" 대접하려는 체이스에게 충격받지 말라고 말했다. "대통령직을 향한 '한심한 야망' 때문에 체이스는 싸움을 일으켰다. 만일 그가 링컨에 맞서 출마한다면 그 주의 모든 급진 성향 신문은 틀림없이 그를 지지할 것이다."

대통령과 미주리 주민들은 2시간 넘게 이야기를 나누었다. "드레이크는 요구 사항 목록을 허풍이 아니라 진짜 대단한 문제라도 되는 양 거들먹거리며 읽었다."라고 헤이는 기록했다. 링컨은 비평가들이 불만을 털어놓는 동안 열심히 귀를 기울였다. 그는 다가오는 대선에서 이들이 큰 영향력을 행사할 것이라는 사실을 잘 알고 있었지만, 쇼필드를 해임하라는 이들의 요구는 잘못된 것이라고 생각했다. 링컨은 회합 후 작성한 편지에서 자신의 입장을 명확하고 침착하게 설명했다. 그는 대표단이 말하는 미주리의 혼란한 상황에 대해서는 인정했지만, 과연 그 모든 문제들이 쇼필드의 과실 때문에 발생한 것인지는 확신할 수 없다고 주장했다. 링컨은 쇼필드 장군이 특정 파벌을 억압하기 위해 자신의 권력을 이용했다는 확실한 증거를 받아 볼 때까지는 그를 해임할 수 없다고 말했다. 그리고 증거는 제출되지 않았다.

"대통령의 기분이 이보다 더 좋았던 적은 없었다."고 헤이는 자랑스럽게 일기에 기록했다. "그분은 대표단의 비합리적인 분노로 인해 당신에게 얼마나 큰 위험이 닥칠지 알고 있었지만, 그들 앞에서 조금도 움츠러들지 않았다. 그는 자신이 옳다고 믿는 입장을 지키며 편견 없는 논리로 그들을 제압했다." 링컨은 기분 좋게 회합을 마쳤다. 그와 이야기한 사람들 중 몇몇은 예상했던 것만큼 나쁘지 않았다. 그러나 미주리나 다른 곳의 사령관을 누구로 정할 것이냐는 "급진파나 보수파가 아니라" 자신의 권한이었다. 하지만 링컨은 선거에 중요한 역할을 할 이들을 내치지 않고, 진정시키기 위해 움직였다. 급진파대표단이 떠나던 날, 링컨은 쇼필드에게 편지를 보내, "개인을 체포하고 집회를 진압하거나 신문을 폐간할 수 있는" 그의 권한은 오직 "군에 명백하게 피해를 입힌" 대상에만 국한된다고 상기시켰다.

몇 달 뒤 쇼필드가 보수파를 옹호하기 위해 그 모든 일을 저질렀다는 것을 확신한 링컨은 그를 해임하고, 급진파의 지지를 받았던 로즈크랜스 장군을 그 자리에 앉혔다. 하지만 그때도 링컨은 쇼필드의 명예와 지휘관 교체 시기와 관할 구역을 결정하는 대통령의 권위를 모두 지킬 수 있도록 일을 처리했다.

이 중요한 시기에 군인이자 정치가인 프랭크 블레어는 심각한 문제를 불러일으켰다. 그해 10월, 빅스버그에서 그랜트, 셔먼과 함께 훌륭하게 임무를 마치고 미주리 주로 돌아온 그는 격정적인 연설로 당파 간의 불화를 확대시켰다. 세인트루이스의 무역 도서관 회관을 가득 메운 군중 앞에서, 그는 급진주의자들의 남부 재통합 입장에 대해 확고한 반대 의견을 제시했다. 프랭크 블레어는 미주리 주 노예를 즉각 해방시키자는 그들의 요구를 비난하면서, 전쟁에서 이길 때까지는 어떠한 조치도 취해서는 안 된다고 주장했다. 그는 노예제 문제보다는 연방의 보존 문제가 훨씬 시급한 사안이라고 말했다. 또한 급진주의자들이 주도권을 차지하면 "프랑스를 괴롭힌 것과 같은 대혁명이 일어나 사회 전체가 퇴보할 것"이라고 경고했다. "그들은 심판관과 증인, 사형 집행인을 모두 자처할 것이다. 전쟁터에서 우리를 위해 싸우다 온몸에 화약가루를 뒤집어쓴 채 돌아왔더라도, 남부 재통합에 대해서 그들과 의견을 달리하면 모두 단두대로 보낼 것이다."

그 다음 블레어는 분노의 화살을 체이스에게 돌렸다. 그는 재무장관 체이스가 급진파의 지지를 등에 업고 백악관에 입성하려 한다는 것을 잘 알고 있다고 말했다. 링컨에 대한 충성심과 체이스에 대한 증오로 뒤엉킨 그의 목소리는 점점 격렬해졌다. 블레어는 교활한 재무장관이 북부와 남부 간의 목화 무역에 관한 규정을 조작해 급진파 지지자들에게는 이익을 주고, "자진해서 군대에 의복을 지급하고 무장을 도왔던" 보수파 상인들이 목화를 구하는 것은 막았다며 비난했다. 청중이 소리 높여 환호하자, 블레어는 다시 체이스가 내각의 직책을 이용해 다음 대선에서 링컨을 낙선시킬 음모를 꾸미고 있다고 비난했다. 요컨대, 재무장관은 제퍼슨 데이비스와 전혀 다를 바 없는 반역자이자 악당이라는 것이었다.

블레어의 연설은 급진주의자들의 분노를 샀다. 이들은 즉각 그를 코퍼헤드이자 반역자라고 비난했다. 〈리버레이터〉는 "악의적인 언사로 가득 찬 그의 연설 방식은 명예롭지 못할 뿐 아니라 그가 주장하는 정책을 옹호해주지도 못할 것"이라고 평했다.

이 급작스런 사태에 당황한 링컨은 어찌할 바를 몰랐다. 그는 자신이 몹시 좋아했던 프랭크의 앞날이 위태로워졌음을 깨달았다. 그는 몽고메리 블레어에게 편지를 보내 프랭크에 대한 애정을 담아 충고했다. 그는 "오해"로 인해 프랭크가 진정으로 노예제를 반대하는 자들과 영원히 갈라설 위험에 처할지 모른다고 경고했다. "이러한 인신공격은 결국 자신이 지은 집에서 스스로를 추방시키는 결과를 낳을 수도 있습니다. 그는 아직 젊습니다. 재능도 많지요. 그 재능을 분노에 쏟지 않고도 평생 발휘할 만큼 재능이 많지요." 프랭크가 새 의회에서 다시 의석을 얻기를 원한다면, 이를 염두에 두어야 할 것이었다. 그렇지 않다면 군대로 돌아가 "나라와 자신에게 보다 유익하게 봉사하는 방법도 있었다. 얼마 전 그는 군단 지휘자로 승진하며, "지휘 능력이 뛰어난 유능한 사람"임을 입증했다.

프랭크에 대한 링컨의 충고는 또 다른 젊은이에게 보낸 편지에도 고스란히 반영되어 있다. 폭언 때문에 위험에 처한 한 젊은이를 질책하면서도 다정하게 달래는 편지였다. 제임스 커츠 2세라는 이름을 가진 이 대령은 상관을 부적절한 호칭으로 부르고 결투가 벌어질 때까지 상관을 헐뜯었다는 이유로 군사법원에 회부된 상태였다. 그는 스티븐 더글러스의 두 번째 부인인 아델 커츠의 남동생이었다. 링컨은 그의 형량을 면제하면서 충고의 편지를 썼다. "자네는 살아갈 날이 많고 장교로서 장래가 촉망되니, 자네의 미래를 쉽게 저버릴 수는 없네." 링컨은 자신에게 큰 도움이 되었던 신중한 견해를 가르쳐주기 위해 노력했다. "자신의 능력을 최대한 발휘하기로 결심한 사람에게는, 개인적인 싸움으로 허비할 시간이 없네. 분노를 터뜨리고 자제력을 잃어서 저지른 일에 책임질 시간도 없네. 동등한 권리가 있다면 자신의 것을 양보하고, 자네의 권리가 확실하다 해도 작은 것은 양보하게나. 권리를 위해 싸우느라 개에게 물리기보다는 길을 비켜주는 게 낫네. 개를 죽일 수 있다 해도 물린 상처는 지워지지 않으니 말일세."

미주리 주에서 프랭크 블레어가 체이스를 상대로 벌인 싸움은 몽고메리 블레어에 의해 메릴랜드 주로 전해졌고, 그곳에서도 남부 재통합에 대한 비슷한 논란이 일어났다. 체이스는 급진파인 헨리 윈터 데이비스에게 힘을 실어주며 다시 간섭하기 시작했다. 데이비스는 즉각적인 무상 노예해방을 지지했으며, 재통합된 주 주민의 투표 자격에 대해 엄격한 입장을 가지고 있었다. 몽고메리 블레어는 10월 초 락빌에서 이에 대한 반대의 목소리를 높이면서, 급진파의 계획을 비난하고 '극단적 노예해방주의자들'이 옛 노예제 지지단체만큼 횡포를 부린다고 주장했다. 그는 연방을 탈퇴하고 연맹에 가담한 남부 주들에게서 동등한 참정권을 몰수하자는 섬너의 제안을 맹비난했다. 그의 연설은 청중의 호응을 얻었지만, 국회에서는 적대감을 불러일으켰다. 50명의 의원이 몽고메리 블레어를 내각에서 해임하라고 요구하는 진정서에 서명했다.

다시금 링컨은 파벌의 균형을 맞춰야 했다. 많은 이들이 블레어가 백악관의 지지를 받고 있다고 착각하고 있었다. 사실 링컨은 메릴랜드 주에서 블레어가 입후보하는 것을 지지하지 않았다. 그는 한 연방 전당대회가 윈터 데이비스를 지목했으며 "이는 블레어에게 불리할 것"이라고 말했다. 그리고 링컨은 자신이 메릴랜드 주에서 얻고자 했던 것을, 선거를 통해 거머쥐었다. 코퍼헤드를 상대로 공화당이 극적인 승리를 거두어 옛 노예주가 연방의 대의를 확고하게 지지함을 증명했던 것이다. 노아 브룩스는 윈터 데이비스의 승리와 당선된 모든 공화당 후보를 축하하기 위해 모인 볼티모어의 대중 집회에 참석했다. "노예제는 죽었다!"라고 적힌 축제 현수막을 살펴보던 그는, 얼마 전만 해도 그 주가 노예제를 옹호하며 반란을 일으키려 했다는 것이 그저 아연하게 느껴질 뿐이었다. 열광적인 군중은 국민의 가슴과 정신에 "위대하고 중요한 혁명"이 발생했음을 알렸다. 브룩스는 "우리가 꿈을 꾸는 것인가? 아니면 진짜 우리 귀로 충성스러운 메릴랜드 주민들이 즉각적인 노예해방을 지지하고, 볼티모어 주민들이 가장 급진적인 의견에 적극 찬성하는 소리를 실제로 듣는 것인가!"라고 브룩스는 놀라워했다.

체이스는 이 축제의 주요 연사였다. 브룩스는 "메릴랜드의 자유를 위해 투쟁한 이들을 향한 그의 공감과 격려는 열광적인 반응을 받았다."고 기록했다. 노예해방론자들의 완전한 승리는 곧 몽고메리 블레어와 그의 "구시대적

이론"에 대한 호된 비난으로 해석되었다. 우쭐해진 체이스는 그릴리에게, 이 성과는 자신을 우두머리로 하여, "노예해방을 기본 원칙으로 내세우는 위대한 연방당"의 시대가 되었다는 사실을 암시한다고 말했다.

링컨의 정적들이 "급진분자"들과 영합해 링컨은 찍어 누를까 우려했던 레너드 스웨트는, 대통령에게 노예제를 폐지하는 헌법 수정을 요구하라고 권했다. "나는 대통령에게, 그런 조치를 취한다면 더 극단적인 조치를 강요할 사람 없이 대통령이 최고의 위치를 차지할 것이라고 말했다. 그리고 만약 그렇게 하지 않는다면 경쟁자들에게 자리를 내주어야 할 것이라고 경고했다."라고 스웨트는 회상했다. 링컨 역시 헌법 수정을 위한 "때가 오고 있음"을 예감했다. 하지만 그는 아직은 이 나라가 준비를 갖추지 못했다고 말했다. 위대한 연합의 "사이 나쁜 파벌"들은 전쟁의 승리를 위해 단결해야 했다. 링컨은 "나는 입신출세를 위해 공식적인 조치를 취한 적이 없고 이제 와서 새삼 그럴 생각도 없소."라고 말했다.

스웨트는 이 같은 태도에 링컨이 지닌 천부적인 지도력의 비결이 있다고 단언했다. "그는 사람들의 감정이나 모든 사소한 문제들은 무시한 채, 오로지 논리에 입각해 여러 사건의 추이와 그 사건들이 앞으로 미칠 영향에 대해 면밀하게 계산했다. 그것이 링컨이 대중을 이끄는 방법이었다." 〈워싱턴 데일리 크로니클〉의 존 포니도 링컨의 판단력과 시기 조절 능력에 대해 이렇게 평했다. "링컨은 이 시대의 가장 진보적인 인물이다. 그는 사건의 추이에 끌려 다니면서 불필요한 싸움을 하며 힘을 낭비하기보다는 언제나 가장 적절한 상황에 맞춰 움직인다."

22장

국민의, 국민에 의한, 국민을 위한

게티즈버그 연설

1863년 오하이오와 펜실베이니아 주의 (주지사를 뽑는) 중요한 가을 선거가 다가오자, 링컨은 눈에 띄게 초조해했다. 지난가을 중간 선거의 참패를 떠올린 그는 10월에 웰스에게 1860년 대선 때보다 더 불안하다고 털어놓았다.

전쟁을 반대하는 민주당이 지난해에 이어 이번에도 계속 지지를 얻는다면, 그것은 전쟁에 대한 북부의 지지가 흔들린다는 신호였다. 그러면 연방군의 사기는 떨어지고 대신 연맹군의 사기가 높아질 것이다. 최근 전쟁터에서 거둔 승리는 공화당에게는 길조였지만, 시민의 자유와 노예제, 남부 재통합 문제가 불러일으킨 논란으로 인해 여러 곳의 지지를 잃을 수 있었다. 징병을 계속하고, 인신보호를 유보하였으며, 계엄령을 선포했던 연맹에서도 시민의 자유는 논란거리였다.

연맹의 국무장관이었던 로버트 툼스는 "비열한 제퍼슨 데이비스"가 남부에 정의에 반하는 전제정치의 흐름을 가져왔다며, "위헌적인 방침"을 추구하는 것에 분개했다. 북부와 남부 사람들 모두 점점 흥분하고 있었다.

링컨은 특히 오하이오 주 선거에 관심이 많았는데, 이곳의 민주당원은 연방을 지지하는 존 브로우에 대항할 주지사 후보로 코퍼헤드인 클레멘트 밸런디검을 선택했다. 캐나다에서 망명생활을 하며 선거 운동을 하던 밸런디검은 전쟁은 실패했다고 비난하면서, "어떠한 대가를 치르더라도 평화를" 가져와야 한다고 주장했다. 심지어 노예제가 계속 유지되고 연방이 분리되더라도, 평화가 이루어져야 한다고 말했다. 링컨은 민주당이 "그들의 대표"로 "밸런디검 같은 사람"을 선발한 데 낙담했다. 그가 몇 표를 받든, 공선 자체가 나라의 망신이라고 여겼다.

펜실베이니아의 민주당은 공화당 주지사인 앤드루 커틴의 상대로 교활하고 보수적인 판사인 조지 우드워드를 내세웠다. 밸런디검만큼 선정적이지는 않았지만, 우드워드의 견해 역시 유명했다. 그는 언젠가 "노예제는 미합중국 국민들의 특별한 축복이다."라고 말한 적도 있었다. 맥클렐런은 자신이 펜실베이니아에서 투표할 수 있다면, 우드워드 판사에게 표를 주겠다며 그를 지지하는 편지를 보냈다.

전년도의 씁쓸한 선거에서 교훈을 얻은 링컨은, 더 나은 결과를 위해 조취를 취했다. 오하이오나 펜실베이니아 출신의 정부 직원 중 고향으로 돌아가서 투표하길 원하는 이들에게는 15일간의 휴가와 무료 기차표를 주었다. 또한 1862년 선거 때 공화당이 대패한 것이 군인들이 투표하지 못해서임을 깨달은 대통령은 전장의 병사들도 집으로 돌아가서 투표할 수 있도록 임시 휴가를 주었다.

선거 1주일 전, 체이스는 링컨에게 한 가지 제안을 했다. 재무부 직원들처럼 자신에게도 휴가를 준다면, 고향으로 돌아가서 연방 후보에게 투표하겠다는 내용이었다. 링컨은 체이스가 이번 여행을 이용해 차기 대선의 지지세력을 얻으려 한다고 확신했다. 그럼에도 링컨은 자신이 제임스 커츠 대령에게 했던 충고대로, 더 큰 목적을 위해 이 작은 것은 내놓기로 했다. 체이스가 오하이오 주로 가면 연방 후보에게 도움을 줄 수 있을 것이었다.

체이스는 확실한 자기선전을 위해 화이트로 리드라는 기자를 초대했다. 그는 함께 오하이오 주를 돌아다니며 〈신시내티 가제트〉와 연합 통신사에 정기적으로 속보를 보내도록 했다. 이들이 탄 기차는 새벽 2시에 콜럼버스에 도착했다. 엄청난 군중이 기차역에서 체이스를 맞이했다. 장관은 "길게 이어지는 환호성"과 "전 주지사 만세", "잘 지내셨습니까, 장관님! 다시 고향에 오신 걸 뵈니 기쁩니다." 같은 인사에 기뻐했다. 체이스는 "전혀 예상치 못한 환영"에 대해 감사의 마음을 표한 뒤, 전쟁이 속히 수행되지 않기는 하지만 대통령이 "정직하고 최선을 다하는 사람"이라고 표면적으로는 칭송하는 연설을 했다. 그러면서 다른 이가 대통령이었더라면 "몇몇 실수는 피할 수 있었을지도, 혹은 몇몇 불행은 막을 수 있었을지도 모른다."고 넌지시 덧붙였다.

체이스는 기차역에 도착할 때마다 어마어마하게 몰려든 지지자들을 만났다. 그는 "난 연설을 하러 온 게 아니라 투표하기 위해 왔습니다."라고 주장했지만, 곧이어 미묘하게 링컨을 헐뜯는 자기과시용 연설을 시작했다. 신시내티에서 그는 긴 행렬의 환호와 군대의 호위를 받으며 여섯 마리 백마가 끄는 마차에 올라 버넷 하우스로 향했다. 그곳은 수확기 재판 때 링컨이 스탠턴과 불쾌하게 마주쳤던 곳이었다. 그는 그날 밤 모차르트 홀에 운집한 청중에게 긴 연설을 했다. 노예제와 남부 재통합을 연설 주제로 삼은 그는 또 다시 대통령을 은근히 비난했다. 그는 노예해방 선언서가 "전쟁의 위대한 역작"이며 전쟁 없이는 나올 수 없었을 것이라고 인정했지만, "좀더 빨랐다면 더 좋았을 것이고 반대도 없었을 것"이라고 말했다.

그렇긴 하지만 링컨이 체이스에게 여행을 허용하면서 계산했던 것은 정확했다. 그의 여행은 기록적인 숫자의 연방 지지자들을 투표소로 끌어 모으는데 크게 기여했다. 모닥불과 횃불로 불을 밝힌 광장에서 체이스 전 주지사는 오하이오 주민들에게 이번 선거를 "우리 조국의 시험일"로 여겨 달라고 말했다. "모두가 오하이오를 주목하고 있습니다!" 투표 전날인 월요일에는 "내일이 1년 365일 중 가장 중요한 날임을 잊지 마십시오!"라고 말하며 투표에 참여할 것을 청중에게 간곡히 부탁했다.

선거 당일, 평소처럼 링컨은 북적이는 전신국에 앉아 있었다. 자정이 될 때까지 오하이오와 펜실베이니아 주에서 온 모든 전보는 좋은 결과가 있을 것임을 알려주고 있었다. 하지만 링컨은 확실해질 때까지 자리를 뜨지 않았다. 새벽 1시 20분, 체이스로부터 반가운 전보가 도착했다. "기대 이상의 완승을 거두었습니다." 체이스는 브로우가 밸런디검을 최소 5만 표 이상 앞지를 것이며 군인들의 표까지 계산하면 표차는 더 커질 것이라고 예측했다. 새벽 5시 경, 브로우는 10만 표까지 차이를 벌렸다.

링컨은 승리를 거둔 주지사 당선자에게 전보를 보냈다. "높은 곳에 계신 하나님께 영광을! 오하이오 주가 이 나라를 살렸소." 펜실베이니아 주에서도 커틴 주지사가 반전을 주장하는 상대 후보를 물리쳤다는 결과가 전해졌다. 전신국에서는 또 한 번 엄청난 함성이 터져나왔다. "펜실베이니아에 경의를!"이라고 스탠턴은 존 포니에게 전보를 보냈다. "7월에 펜실베이니아는 남부 침입자들을 그 땅에서 몰아냈고, 10월에는 다시 연방을 위해 단결하여 투표로 적을 압도했습니다!"

웰스가 축하 인사를 하기 위해 대통령에게 들렀을 때, 대통령은 무척 기분이 좋았다. 공화당이 중요한 두 주에서 코퍼헤드를 전멸시켰고, 이를 통해 다음달 국회의원 선거에서도 좋은 결과가 있을 것임을 예상할 수 있었다. 체이스는 이 승리에 크게 기여했다. 고향 방문으로 대통령직에 대한 장관의 열망 역시 더욱 높아졌다 해도 상관없었다. 링컨은 대통령직에 대한 체이스의 욕망을 이해했다. "원하는 것을 차지하지 못하면 얼마나 마음이 괴로운지 경험해보지 않은 사람은 모를 걸세."라고 그는 말했다.

링컨은 체이스가 자신의 역할을 훌륭하게 수행하는 한 그의 모략을 눈감아주었지만, 각료들의 참을성은 링컨에 미치지 못했다. "난 체이스 장관이 대통령직에 대한 갈망 때문에 머리가 돌아버릴까 걱정된다."라고 베이츠는 일기에 적었다. "많은 이들이 그의 서부 방문을 선거 운동으로 여기고 있다." 체이스의 연설에 대한 신문 기사를 읽던 법무장관은 키케로(로마의 웅변가 겸 정치가)가 "불멸의 신을 두고 말하건대 내가 이 나라를 구했다."라고 단언한 것처럼, 체이스 역시 자신의 훌륭한 재정 시스템이 나라를 구했다고 여긴다며 조소했다.

웰스 역시 체이스가 대통령직에 대한 욕망 때문에 판단력이 흐려져, "공화당 과격파의 지지를 얻기 위해" 남부 재통합 문제를 이용하고 분열을 일으킨다고 생각했다. 하지만 이러한 비판도 블레어 가족이 친구들에게 보낸 편지에서 쏟아부었던 맹비난에 비하면 온화한 편이었다.

체이스는 동료들의 분노를 미처 감지하지 못했다. 그는 여행에 대단히 만족해했다. 그는 "그렇게 엄청난 환영 인파가 나를 기다리고 있으리라고는 상상도 못했네. 어찌나 많은 이들이 나를 따뜻하게 환영하며 존경심을 표하던지, 몹시 감동했다네."라고 한 친구에게 자랑스레 말했다. 체이스는 그가 대표하고 있던 "대통령과 최근 빅스버그와 게티즈버그에서 이뤄낸 연방군의 승리" 덕에 자신이 엄청난 환영을 받았다고는 전혀 생각하지 못했다.

체이스는 급진파 언론으로부터도 엄청난 칭송을 받고 있었다. 〈리버레이터〉는 "대통령의 노예해방 선언서와, 극악무도한 노예제에 타격을 입힌 그 밖의 행정적 조치는 그 누구보다 체이스 장관에게 큰 빚을 지고 있다."고 주장했다. 신문은 이어 링컨이 국가 정책의 기획자가 아니라는 듯, 슈어드의 영향력을 체이스가 효과적으로 제압했기 때문에 마침내 노예해방 선언서를 발표할 수 있었다고 주장했다. 신문은 "만일 슈어드 내각이 한 달 동안만이라도 나라 전역의 노예제 폐지를 에이브러햄 링컨에게 촉구했더라면, 전쟁은 그로부터 6개월 내에 우리의 승리로 끝났을 것이다."라고 장담했다. "시민은 늙은 에이브에게 표를 던지면 슈어드가 또 다시 대통령 노릇을 하지는 않을 것인지 신중하게 고려해야만 한다."

11월 선거

슈어드가 대통령 행세를 한다는 주장이 얼마나 어리석은 말인지는 그 본인보다 더 잘 아는 사람이 없었다. 1863년 가을 무렵, 슈어드는 내각을 통제하는 링컨의 뛰어난 자질을 인정하고 그를 존경했으며, 둘의 관계는 더욱 가깝고 솔직해졌다고 프레더릭 슈어드는 말했다. "두 분은 정치적 견해가 대부분 일치했을 뿐 아니라 다른 공통점도 많았다. 가장 큰 공통점은 인간의 본성과 국가의 운명을 따뜻하고 현명하게 바라보는 두 분의 입장이었다." 이 같은 친밀한 협력은 두 사람뿐 아니라 나라 전체에 큰 이득이었다. "두 분이 난롯가나 마차에 함께 앉아 있을 때면, 어떻게 시작되었든 대화는 결국 늘 똑같은 주제, 즉 커다란 국가적 투쟁의 문제로 이어졌다. 두 분 모두 재미있는 이야기를 좋아했고, 아무리 진부한 주제를 맞닥뜨려도 링컨은 늘 자신이 겪은 서부 생활에서 독특한 예시사례를 찾아냈으며 동시에 아버지는 오랜 공직 생활 속에서 예를 찾아내어 새로운 시각을 제시했다."

링컨은 니콜라이에게 미주리 주 급진파를 만나기 전 슈어드와 주고받은 대화에 대해 이야기했다. 슈어드는 "그 문제에 대해선 단 한마디도" 하지 않은 채 대통령에게 답변을 준비했느냐고 물었다고 했다. 혹시라도 자신이 그 민감한 사안에 대해 대통령에게 영향을 미쳤다고 누군가 주장하지 못하도록 하기 위해서였다. 이렇게 조심했는데도 웬델 필립스는 백악관의 입장을 비난하며 "슈어드가 그 편지를 전부 다 썼다."고 비난하는 격앙된 연설을 했다고 링컨은 전했다.

11월 국회 선거가 다가오자, 두 사람 모두 북부가 압도적으로 내각과 연방 그리고 전쟁을 지지해주기를 간절히 바랐다. 그들은 이번 선거가 다음해에 있을 대선 승리의 초석이 될 것이라는 사실을 알고 있었다. 난롯가에서 대화를 나누던 슈어드는 대통령이 되고자 했던 자신의 소망은 이제 사라졌다고 링컨에게 말했다. 그는 그저 링컨이 "스스로의 후임자"가 되기를 바랄 뿐이

라고 전했다. "귀하를 대통령으로 만들겠다고 다시금 단언하는 국민을 반란
군이 보게 되면, 반란은 좌절될 것입니다."

11월 3일 선거 이틀 전, 슈어드는 오번으로 떠났다. 군대에서 장티푸스에
걸린 후 요양차 집에 돌아온 아들 윌리엄의 상태가 너무나 걱정이었다. 그는
고열과 심각한 위통으로 고생하고 있었다. 병이 깊어져 누가 도와주어야만
침대에서 일어날 수 있었다. 슈어드는 아들의 곁을 지키면서, 뉴욕 유권자들
의 지지를 끌어 모으기 위해 노력할 작정이었다. 링컨 역시 젊은 윌리엄을 걱
정했다. 링컨은 지난해 봄 이후로 그를 무척 좋아하고 존중하게 되었다. 당시
링컨은 특별 임무를 맡기기 위해 버지니아에서 군 생활을 하던 그를 백악관
으로 불러들였다. 훗날 윌리엄은 그날 수도로 가는 길이 엄청난 진창이었다
고 회상했다. 그는 진흙투성이가 되어 "군인이라기보다는 부랑자 같은" 모습
으로 백악관에 도착했다. 하지만 "이미 그를 잘 알고 있던 문지기"는 그를 곧
장 대통령의 서재로 안내했다. 링컨은 그를 다정하게 맞이하고는 루이지애나
주의 뱅크스 장군에게 전달할 비밀문서를 내밀었다. 링컨은 적들이 점령한
지방을 지나가야 할 테니, 위험을 무릅쓰고 혼자 가야 한다고 주의를 줬다.
그리고 그 문서가 대단히 중요하니 적의 손에 들어가서는 안 된다는 사실을 잊
지 말아야 한다고 했다. 윌리엄은 그날 밤 출발해서 무사히 문서를 전달했다.

집에 도착한 슈어드는 안정 상태에 접어든 윌리엄을 보았다. 선거 전날 밤
에 그는 오번의 시민들 앞에서 연설했다. 그는 반란 세력은 붕괴할 것이며 노
예제 역시 그와 함께 소멸할 것이라는 말로 연설을 시작했다. 슈어드는 "일부
사람들은 저의 낙관론을 비난하겠지만, 종교에서처럼 정치에서도 결국에는
산을 넘어 천국에 도달할 수 있다고 믿으십시오."라고 말했다. 그는 이러한
믿음이 이번 선거에서 연방주의자의 승리로 증명될 것이라고 자신했다. "이
번 선거의 목표는 전쟁의 목적과 같습니다. …… 북부에서와 마찬가지로 남
부에서도 에이브러햄 링컨을 사실상의 대통령으로 만드는 것이 바로 그 목적
입니다. 에이브러햄 링컨이 미합중국 모든 곳의 대통령이 될 때까지 평화는

있을 수 없습니다."라고 그는 말했다. 그러나 "저는 탕아가 돌아오리라 믿습니다. 제가 아는 한, 문은 언제나 탕아를 위해 열려 있을 것입니다."라는 말로 남부에 손을 내밀어 급진주의자의 분노를 샀다.

화요일에 유권자들이 투표소로 향하고 있을 때 링컨은 슈어드에게 전보를 보내 "아드님은 어떠십니까?"라고 물었다. "감사합니다. 한결 나아졌습니다."라고 슈어드가 답했다. "우리의 지지자는 이 주의 과반수인 2만 5000명에 이르는 듯합니다." 그러나 뉴욕 주는 전년도의 패배를 뒤집으며 내각에 3만 표를 안겨주었다. 슈어드는 "뉴저지를 제외한 모든 주에서 코퍼헤드의 정신은 보잘것없어졌습니다."라고 보고했다.

백만장자와의 결혼

선거 후 워싱턴 사교계가 10년 만의 큰 행사를 준비하면서, 수도는 축제 분위기에 휩싸였다. 케이트 체이스와 윌리엄 스프레이그의 결혼식이 있었던 것이다. 대통령, 각료 전원, 새로 당선된 국회의원, 장군들 등 50명의 하객이 11월 12일 목요일 밤 체이스 저택의 응접실에서 열린 결혼식에 초대받았다. 결혼식 직후에 열린 피로연에는 500명이 초대되었다. 신문들은 몇 주에 걸쳐 온통 결혼과 관련된 가십 기사로 도배되었다.

딸의 결혼을 눈앞에 둔 체이스는 만감이 교차했다. 결혼 13일 전 스프레이그에게 보낸 편지에서 그는 "케이트가 가고 나면 모든 일이 어찌 변할지 깨닫기 시작했다."고 말했다. 그의 삶은 오래전부터 "늘 사려 깊고, 애정이 넘치며, 지금 이 순간 그 어느 때보다도 더 소중한" 사랑스러운 딸의 "세심한 배려"로 가득 차 있었다. 결혼 후에도 이들과 함께 살겠지만, 체이스는 더 이상 케이트의 관심을 독차지할 수 없으리라는 사실을 알고 있었다. 스프레이그는 답장을 보내 자신은 체이스와 케이트의 "고귀하고 성스러운 관계"를 존중하며, "부녀 관계가 전처럼 계속 이어질 수 있도록 기꺼이 노력할 것"이라고 다시 확언했다.

무엇보다 돈이 절실히 필요한 때 신데렐라가 된 케이트를 두고, 많은 이들은 그녀가 백만장자 스프레이그의 재산을 얻기 위해서 결혼을 결심했다고 추측했다. 그 재산으로 평생의 열망이었던 아버지의 정치적 성공을 이루려고 한다는 것이다. 스프레이그와 결혼하면 아버지는 더 이상 경제적인 걱정을 할 필요가 없었고, 1864년에 있을 대선 때 넉넉한 선거자금을 마련할 수 있을 것이었다.

그러나 훗날 5주년 결혼기념일을 앞두고 케이트가 쓴 일기를 살펴보면, 이 결혼이 희생이라는 추측은 사실이 아니다. 결혼 전날 밤을 회상하던 그녀는 이렇게 기록했다. "5년 전 결혼을 하루 앞둔 조용한 달밤에 온갖 희망과 꿈을 꾸었던 기억이 난다. 당시 나는 큰 사회적 성공에 도취되어 있었고, 좋은 친구와 언제라도 아첨하고 경의를 표할 이들에게 둘러싸여 있었다. 나는 그 누구보다 성공하기를 원했고 또 그러리라는 기대를 한 몸에 받았다. 하지만 그때 나는 조금도 후회 없이 이 모든 것을 더욱 진실하고 열정적인 삶, 오랫동안 꿈꿔왔던 행복을 위해 사랑의 제단에 올려놓으려 했다."

결혼식 전 몇 시간 동안 수많은 인파가 체이스의 저택 주위에 몰려들어 하객의 행렬을 구경했다. 각료들이 속속 도착했다. 몽고메리 블레어만은 참석을 거절했지만, 팔순인 그의 아버지는 결혼식에 참석해 "파티의 주인공"인 것처럼 즐거워했다. 라이언스 경과 프랑스 공사인 헨리 머시어 백작은 핼렉과 맥도웰 장군, 로버트 C. 쉐릭 장군이 도착했을 때처럼 사람들의 이목을 끌었다. "링컨 대통령이 등장하자 긴장감이 감돌았다."라고 〈데일리 크로니클〉은 보도했다. 결혼식 예정 시간을 몇 분 앞둔 저녁 8시 30분, 링컨이 호위대도 없이, 영부인도 동행하지 않은 채 마차에서 내렸다. 이후 메리의 말에 따르면, 그녀는 링컨에게 "망할 체이스와 딸"에게 "예를 갖춰 인사하지 않겠다."고 말했다고 한다. 예상대로 메리의 결혼식 불참은 언론의 관심을 끌었

다. 노아 브룩스는 "링컨은 영부인이 참석하지 않았다는 '비난을 막기 위해'
2시간 30분 정도 머물렀다."라고 기록했다.

결혼식이 시작되자 모든 이의 시선이 길게 늘어진 하얀색 벨벳 드레스를
입고 풍성한 레이스 베일을 머리에 드리운 채 계단을 내려오는 눈부신 케이
트를 향했다. 베일 위에는 진주와 다이아몬드로 장식된 왕관이 얹혀져 있었
다. 신랑과 신부가 감독교회의 감독 앞으로 다가갈 때, 해군 군악대가 이 결
혼식을 위해 특별히 작곡한 곡을 연주했다. 혼인 서약이 끝난 후 "체이스는
갓 시집간 딸에게 입을 맞추었다." 다음날 젊은 부부는 뉴욕으로 떠났다.

결혼한 후에도 체이스 부녀는 평소처럼 많은 편지를 주고받았다. "다정한
이야기와 기분 좋은 생각이 가득 담긴 네 편지를 어제 받았구나. 네 편지가
얼마나 반가웠는지는 말 안해도 알겠지." 새로 맞이한 사위 역시 좋은 편지
친구였기에 체이스는 몹시 기뻤다. "내 마음은 자네와 내 딸에 대한 사랑으로
가득하네."라고 체이스는 스프레이그에게 답장을 보냈다. "게다가 자네 부부
앞에 행복이 활짝 펼쳐져 있다고 생각하니 얼마나 기쁜지 모르겠네. 내 딸과
자네가 서로를 신뢰하고 있으며 그 무엇보다 하나님의 축복과 가호 아래 있
음을 알게 되었다네."

체이스는 한 가지 걱정에 대해 이야기했다. "케이트가 내 정치적 미래에
대해 지나치게 염려할까봐 걱정일세. 내 딸이 그래서는 안 될 걸세." 그는 스
프레이그에게 "어느 누구도 정치적 미래를 확신할 수는 없네. 특히 그 정치가
의 미래가 이성만큼이나 감성에 근거한 대중의 선호도로 결정된다면 더욱 알
수 없지." 체이스는 새 사위에게 이 나라에는 링컨과는 다른 지도자가 필요하
다고 주장하면서도, 자신은 "링컨 대통령과 적대적인 입장"에 설 생각은 결
코 없다고 단언했다. "그는 나를 늘 정중하고 친절하게 대해주었네. 물론 내
가 원하는 것보다 다소 느리긴 했지만, 노예제 같이 커다란 문제에 대해서는
늘 나와 같은 의견이었지. 그의 성품은 존중과 애정이라는 말로 축약할 수 있다
네. 그가 인정하고 존중할 수 없는 일에 대해서는 나 역시 찬성할 수 없네."

게티즈버그 연설

케이트의 결혼식 직후 열린 화요일 내각회의에서 링컨은 1863년 11월 19일 목요일에 게티즈버그로 떠나겠다고 알렸다. 그는 지난 7월에 전투지와 병원 근처에 임시로 묻었던 시신을 제대로 매장하기 위해 마련된 묘지를 봉헌할 때 연설해 달라는 부탁을 받은 바 있었다. 하버드 대학의 총장을 역임했던 유명 연설가 에드워드 에버렛에 이어 링컨은 봉헌식에서 연설하기로 되어 있었다. 링컨은 각료들도 봉헌식에 동행하기를 바란다고 말했다. 슈어드와 블레어, 존 어셔는 그 자리에서 동의했지만, 다른 각료들은 맡은 일이 바빠 시간을 낼 수 없을 것 같다고 말했다. 2주 뒤 의회에 연간보고를 제출해야 했기 때문이다.

링컨은 여행을 앞두고 불안해했다. 그는 워드 라몬에게 "그동안 너무 바빠 연설문을 작성하는 데 필요한 혼자만의 시간을 가질 수 없었다"고 말했다. "그는 자신의 연설이 대중의 기대에 못 미칠까봐 몹시 걱정했다."

게티즈버그에 도착한 링컨은 봉헌 행사를 주관하고 있는 데이비드 윌스의 집으로 안내받아 앤드류 커틴 주지사, 에드워드 에버렛과 함께 저녁시간을 보냈다. 도시의 모든 호텔뿐 아니라 개인 주택까지 사람들로 가득했다. 나라 전역에서 사람들이 이 행사를 위해 몰려든 것 같았다. 링컨이 방에서 연설문 초안을 완성하는 동안 저녁식사를 마친 군중은 그가 머물고 있는 집 앞에 모여 세레나데를 불렀다. 그는 정문으로 나와 감사 인사를 했지만, "전 연설하지 않겠습니다. 저로선 어리석은 말을 하지 않는 게 다소 중요하니까요."라면서 연설하지 않는 이유를 간단하게 이야기했다. 그가 연설을 꺼리자 "그게 도움이 되겠습니까!"라는 비난이 터져나왔다. 링컨은 재빠른 답변으로 군중을 즐겁게 만들었다. "아무 말도 하지 않는 게 딱 한 가지 도움이 될 때가 많더군요."

방으로 돌아온 링컨은 하인을 아래층으로 보내 종이를 몇 장 더 가져오도록 했다. 마음이 한결 가벼워진 링컨은 연설문 작성에 집중할 수 있었다. 그는 한 줄 한 줄 살펴보며 아직 만족스럽지 못한 결론 부분을 고쳐나갔다.

군중은 다시 슈어드가 머물고 있던 로버트 하퍼 호텔로 몰려갔다. 슈어드는 세레나데에 진심 어린 연설로 화답했다. 그는 "이번 전쟁이 가장 풍요롭고 아름다우며 위대한 운명을 부여받은 이 나라에서 벌어지는 마지막 동족상잔이 되리라 믿으며" 이에 하나님께 감사드린다는 말로 연설을 마무리했다. 그 후 쾌활한 장관은 집안에서 몇 시간 동안 유쾌하게 모임을 주관했다.

밤 11시가 지났을 무렵, 링컨은 연설문 원고를 들고 아래층으로 내려갔다. 그는 슈어드와 대화를 나누고자 했다. 이는 그가 슈어드의 판단력을 무척 신뢰하고 있었기 때문이다. 링컨은 로버트 하퍼 호텔로 걸어가 한 시간 정도 슈어드와 같이 있다가 자기 방으로 돌아와서 눈을 붙였다. 하지만 광장의 떠들썩한 인파는 좀처럼 집으로 돌아가지 않았다. "그들은 노래하고 고함치며 환호했다."고 프렌치는 회상했다. 창 너머로 "우리는 30만 명 이상의 아버지 에이브러햄에게 가네."라는 후렴구의 합창 소리가 들렸다. 다음날 아침식사를 마친 링컨은 조심스레 연설문을 펼쳐 마지막으로 수정하고는 다시 코트 주머니에 넣었다. 그는 붉은 말에 올라 묘지로 가는 행렬에 동참했다. 아홉 명의 주지사와 국회의원, 외교 사절, 군 장교, 세 명의 각료가 링컨과 동행했다.

약 9000명의 청중이 연단을 중심으로 반원형으로 둘러앉았다. 링컨은 맨 앞 줄에 앉았고 양 옆에는 에버렛과 슈어드가 있었다. 에버렛은 두 시간 동안 연설하면서 3일 동안 일어났던 여러 극적인 전투에 대해 놀라울 정도로 자세히 이야기했다. 링컨은 이쪽저쪽으로 몸을 기울이고 다리를 꼬며 연설자에게 눈길을 주지 않았다.

프렌치는 "이를 능가하는 연설은 없을 것"이라고 생각하며 에버렛의 연설을 격찬했다. 그러나 〈필라델피아 에이지〉의 편집자는 "그렇게 길게 말하면서 그토록 적은 말을 한 사람은 없었다. 그는 수많은 말을 했지만 들을 말은 하나도 없었다. 그는 역사가나 백과사전 편집자, 혹은 수필가처럼 말했지만 연설가는 아니었다."라고 평했다. 에버렛이 자리로 돌아가자 링컨은 일어나 박수를 치고 다정하게 치하했다.

에버렛 다음으로 연단에 오른 링컨은 쇠테 안경을 쓰고 원고를 내려다보았다. 그에겐 연설을 준비할 시간이 조금밖에 없었지만, 거의 10년 동안 이 주제를 다루었기 때문에 이야기할 준비가 되어 있었다. 게리 윌스가 이 연설에 대한 권위 있는 저서에게 말한 것처럼, "그는 당대의 가장 민감한 문제들을 독립선언서의 최고 원칙과 관련시켜 파헤치면서 1850년대의 대부분을 보냈다."

스티븐 더글러스와 논쟁할 때도 그는 독립선언서에 담겨 있는 중요한 약속을 청중에게 거듭 상기시켰다. "언젠가 인종 간에 우열이 존재한다는 궤변이 사라지고 모든 인간은 평등하게 태어났다는 말이 진리임이 증명될 것이다." 노예해방을 선언하기 20개월 전, 대통령은 헤이에게 "이 투쟁의 핵심은 민주정치가 불합리하지 않다는 것을 증명하는 것이네."라고 말하면서, "만일 우리가 실패한다면, 국민에게 자치 능력이 없다는 편견을 증명하는 꼴이 될 걸세."라고 주장했다. 게티즈버그에서 그는 훨씬 간결하고 감동적인 언어로 이러한 확신을 표현했다.

"80 하고도 7년 전에," 그의 연설은 이렇게 시작되었다.

우리 조상들은 자유와 만인 평등이라는 대명제를 실현하기 위해 이 땅에 새로운 나라를 세웠습니다. 지금 우리는 그렇게 세워진 이 나라가 오래도록 존속할 수 있을지 판가름하는 큰 전쟁을 치르고 있습니다. 우리가 모인 이 자리가 바로 그 전쟁터입니다. 우리는 나라를 지키려고 목숨 바친 이들의 마지막 안식처로 그 땅의 일부를 봉헌하기 위해 이곳에 왔습니다. 마땅히 해야할 일입니다.

하지만 넓은 의미에서 보면 우리는 이 땅을 봉헌한다 해도 보다 신성하게 만들 수는 없습니다. 살아 있거나 죽었거나, 이곳에서 싸운 용사들이 이미

이 땅을 신성하게 만들었기 때문입니다. 우리의 미약한 힘으로는 더 이상 보탤 수도, 뺄 수도 없습니다. 이 자리에서 우리가 하는 말을 전 세계가 주목하거나 오래 기억하지는 않을 것입니다. 하지만 이곳에서 용사들이 한 일은 결코 잊혀지지 않을 것입니다. 우리는, 이곳에서 싸운 이들이 숭고하게 이끌었으나 아직 끝내지 못한 과업을 위해 우리를 봉헌해야 합니다. 우리 앞에 남아 있는 위대한 과업을 위해 우리 자신을 봉헌해야 합니다. 명예롭게 죽은 이들의 뜻을 받들어 그분들이 목숨까지 바쳐가며 이루고자 했던 그 대의에 더욱 헌신해야 합니다. 그분들의 죽음이 헛되지 않도록 굳게 다짐합시다. 하나님의 은총 아래 이 나라는 새로운 자유를 낳을 것입니다. 국민의, 국민에 의한, 국민을 위한 정부는 지상에서 멸망하지 않을 것입니다!

링컨이 연설을 마쳤을 때 "관중은 조금도 움직이지 않고 침묵을 지켰다."고 조지 깃은 전했다. "지극히 짧은 연설의 갑작스러운 종결에 놀란 청중은 꼼짝도 하지 못했다. 링컨이 몸을 돌려 자리로 향하지 않았다면, 관중은 몇 분 더 말없이 있었을 것이다. 마침내 박수 소리가 터져나왔다." 링컨은 처음에는 관중의 충격을 실망으로 해석했다. 연설을 마치자마자 그는 워드 라몬을 바라보았다. "라몬, 이 연설은 가래질이 안 됐어!(켄터키 지역 농부들이 밭을 제대로 갈지 못했다고 말할 때 쓰는 표현) 완전히 실패했네. 사람들이 실망하는군." 그러나 에드워드 에버렛은 그렇지 않다는 걸 알았고, 감탄과 존경을 표현했다. 그는 링컨에게 편지를 보냈다. "각하께서 2분 안에 했던 것처럼 제가 두 시간 동안 그 봉헌식의 중심 사상에 가까이 다가갔다면 얼마나 좋을까요." 링컨은 조국의 신념과 전쟁의 의미를 모든 미국인이 이해할 수 있는 말과 개념으로 바꾸었다. 아버지의 모험담을 누구나 이해할 수 있는 이야기로 개작하느라 잠들지 못했던 그 아이는, 언제까지나 학생들이 암송하게 될 나라의 과거와 현재, 미래의 이상을 굳게 세웠다.

남북 재통합을 위한 제안

게티즈버그에서 돌아온 링컨은 정계에 뛰어들기 전에 직물과 부동산으로 큰 재산을 모은 미시간 주의 급진파 상원의원 재커리 챈들러의 짜증나는 편지를 받았다. 챈들러는 끊임없이 링컨의 전쟁 수행 방식과 지연되는 노예해방에 대해 비난해왔다. 챈들러는 지난 9월 트럼벌에게 경고했다. "당신네 대통령은 물결처럼 불안정하네. 부디 곁에서 그를 통제하고 휘어잡을 사람을 그에게 보내게."

그는 이번엔 이미 초안을 작성하기 시작한 대통령의 다음 국회 교서를 한 줄도 보지 못했으면서도 분명 문제가 있을 것이라고 예상했다. 신문에서 서로우 위드와 뉴욕 주지사 에드윈 모건이 링컨에게 교서를 통해 "철저히 보수적인" 입장을 취해야 한다고 촉구했다는 기사를 읽은 챈들러는, 대통령에게 그 의견에 따를 경우 그간 얻은 모든 성과를 잃을 것이라고 경고했다. 챈들러는 오만하게도, 링컨이 위드와 슈어드, 블레어 같은 사람들의 영향력에 단호하게 맞설 수 있을 때만이 "사태에 적절히 대처할 수 있을 것"이라고 주장했다. "그들은 대통령님의 무거운 짐입니다. 그 짐을 내려놓으십시오. 그들은 정치적으로 완전히 끝났습니다. 급진파의 성공이 그걸 증명하고 있습니다. 보수주의자와 반역자들은 함께 무덤에 묻혔습니다. 부디 대통령님의 교서에서 그들의 해골을 파내지 마십시오."

평소 링컨은 화가 가라앉을 때까지 챈들러의 분통 터지는 편지를 한 쪽에 치워두곤 했다. 하지만 이번엔 화를 참지 않았다. 분명 링컨이 스스로를 모르고 있다고 암시하는 챈들러의 말이 그의 신경을 건드린 게 틀림없었다. 링컨은 많은 이들의 의견에 귀를 기울이긴 했지만, 언제나 나름대로 그만의 결론을 도출한다는 데 자긍심을 갖고 있었다. 슈어드와 위드, 블레어 같은 이들이 반역자라는 오명으로 무덤에 묻혔다는 챈들러의 중상모략도 마음에 들지 않았다. 링컨은 냉정한 답장을 보냈다. "난 모건 주지사와 서로우 위드를 지난

10일 동안 따로 만나긴 했지만 다같이 만난 적은 없소이다. 그리고 내가 기억하는 한, 둘 중 누구도 교서에 대해 언급하거나 교서를 떠올리게 하는 말을 하지 않았소. 그리고 나는 부패하거나 옳지 않은 영향을 받아, 좋은 결과를 막은 적이 없소. 나는 내가 후퇴하지 않을 만큼 '단호' 하되, 나라의 대의를 꺾을 만큼 너무 빨리 전진하지 않기를 원하오."

챈들러에 대한 링컨의 분노는 가벼운 천연두 감염 때문에 더욱 격해진 듯하다. 몇 주 동안 계속된 병 때문에 링컨은 자제력이 약해졌지만, 유머감각만은 여전했다. 그는 "그래요, 안 좋은 병이지요. 하지만 좋은 점도 있답니다. 대통령이 된 이래 처음으로 원하는 사람이면 누구에게나 줄 수 있는 무언가가 생겼으니 말입니다."라고 한 방문객에게 말했다. 병을 치료하느라 장기 요양을 한 덕에, 링컨은 조용히 교서를 완성할 수 있었다. 정신없이 바쁜 생활에서 벗어난 휴식은 골치 아픈 남부 재통합 문제에 대한 자신의 입장을 정리하기 위해 꼭 필요한 시간이었다. 링컨은 당시 이 문제를 "정치가에게 주어진 가장 큰 과제"로 여겼다.

사람들은 대부분 대통령이 보수주의자들의 주장대로 "남부 재통합을 완전히 무시하거나", 급진주의자들의 충고에 따라 "단호한 계획을 제시할 것"이라 여겼다고 노아 브룩스는 전했다. 그 누구도 분열된 양 진영을 현명하게 달래는 "독창적 교서"를 예상하지 않았다. 교서가 낭독되는 자리에 참석했던 존 헤이는 일기에 "공문서로 그같이 열광적인 반응이 일어나는 걸 본 적이 없었다. 챈들러는 기뻐했고, 섬너는 희색이 만연했으며, 그들의 반대세력인 제임스 딕슨과 리버디 존슨도 몹시 흡족하다고 말했다."고 기록했다.

'반역자들이 용서받거나 재산권을 회복하기 위해서는, 먼저 연방에 대한 충성을 맹세하고 노예해방을 인정해야 한다' 는 조항은 급진주의자들을 감격시켰다. 링컨은 노예의 자유를 약속하는 선언서와 법을 위반하는 것은 "끔찍하고 기가 막힌 배신"일 것이라고 말했다. "저는 지금의 제 입장을 고수할 것입니다. 노예해방 선언서를 취소하거나 수정하지 않을 것이며, 그 선언서의 조항과 국회의 의결로 자유가 된 사람을 다시 노예로 만들지도 않을 것입니다.”
이러한 주장에 섬너는 “대통령이 노예해방을 남부 재통합의 기초로 만들었
다.”며 감격했다. 급진적인 미주리의 헨리 블로우도 최근 링컨을 맹비난했었
지만, 이번엔 기뻐하며 동의했다. “하나님께서 늙은 에이브를 축복하시기를.
난 언제나 대통령을 믿었던 급진파 중 한 사람이었다.”

노예제에 관한 링컨의 확고한 입장에 대해 급진파가 품었던 의혹은 다시
금 근거가 없는 것으로 증명되었다. 8월 초, 그는 되찾은 루이지애나를 책임
지고 있던 너대니얼 뱅크스 장군에게 편지를 보내 남부 재통합과 노예해방에
대한 자신의 생각을 전했다. 링컨은 루이지애나 주에 명령을 내릴 생각은 없
지만, “노예해방 선언서를 인정하고 나서 선언이 적용되지 않는 그 주의 일부
지역에 노예해방을 채택하는 새 법을 만들면 기쁠 것”이라고 전했다. “루이
지애나가 열심이긴 하지만, 두 인종이 예전의 관계에서 벗어나 새로운 관계
속에서 살아갈 수 있는 실용적 방법을 채택한다면 더 좋은 결과가 있으리라
생각합니다. 흑인 아이들을 위한 교육도 계획에 포함되어야 합니다.”

링컨은 노예해방 없이는 반란주를 재통합할 수 없다는 급진파의 주장에는
공감했지만, 남부를 처단하고자 하는 이들의 시도는 묵과하지 않았다. 그는
연맹 정부나 연맹군의 높은 직책에 있었던 이들을 제외하고 새로이 연방에
충성을 맹세하는 모든 이의 전면 사면을 제안했다. “충성을 맹세한 이들의 숫
자가 1860년 선거 때 유권자의 10퍼센트에 이르면, 미합중국의 인정을 받은
주 정부를 재건할 수 있다. 주의 명칭과 경계는 예전처럼 유지할 것이다.”

보수주의자들은 10퍼센트 계획을 환영했다. 이로 인해 전쟁에서 패배한
주를 준주로 간주하며 국회가 원하는 대로 그 이름을 바꾸고 개편한다는 섬
너의 계획을 효과적으로 파괴할 수 있으리라 믿었다. 그런데도 섬너는 한 급
진파 동료에게 “링컨의 입장은 우리와 똑같다.”고 말했다. 왜냐하면 “명칭만
달랐을 뿐”, 그 역시 “전복된” 반란주가 연방에 재가입하기 전에 통합 작업을
거칠 것을 요구했기 때문이라고 했다.

링컨은 10퍼센트 계획을 제시하면서 결심을 굳히지 못한 의원들을 안심시켰다. 그는 이 계획이 진행될 때 그들의 생각에 귀를 기울이겠다고 약속했다. 링컨은 그저 남부 주에게 "세력을 되찾는 계기"를 마련해주어 "그 어느 때보다 빨리 행동을 취하게" 하고 싶을 뿐이었다. 그러면 연맹의 사기가 꺾여 남부 시민들이 연방에 대한 충성과 노예해방 지지를 선언하리라고 여겼다.

링컨의 주장을 만족스러워하는 '의견 일치'가 그리 오래 지속되지는 않았지만, 링컨은 일단 공화당을 통합시키는 데 성공했다. "블레어 가족과 섬너, 그리고 미주리 주 급진주의자들이 대통령의 교서를 받아들이는 데 한 목소리로 동의하자, 우리는 정계에 황금 시대가 도래했던지, 아니면 교서의 저자가 근대의 가장 현명한 사람이라고 기분 좋게 단정했다."고 브룩스는 말했다.

노먼 저드는 교서가 발표되던 날 밤 대통령에게 들렀다. 그는 문서의 급진적인 어조에 반발해 블레어와 베이츠가 "사퇴할 것"이라고 추측했다. 하지만 링컨은 "둘 다 이의 없이 동의했다."고 말했다. 각료 중에서 교서에 반대한 사람은 딱 한 명, 체이스뿐이었다. 체이스는 반란주들이 노예해방의 영속을 보장하는 법률을 제정하여 그들의 "진심"을 증명해야 한다고 완강히 요구했다. 체이스는 이렇게 링컨과 정면으로 맞서면서 급진파 사이에서 그의 입지를 굳히는 긍정적인 효과를 얻었다.

갈라져 싸우는 형제

링컨은 기분 좋게 크리스마스 시즌을 맞이했다. 연두교서에서 말한 것처럼 그는 노예해방 선언 뒤에 이어진 "암울하고 불확실한 시기"가 지나가고, 나라의 분위기가 희망적으로 바뀌었음을 감지했다. 가을 선거는 링컨 내각에 "대단히 큰 힘을 주었고", 반란군은 최근 전투에서 계속 패배했으며, 남부 재통합에 대한 첫 번째 논쟁은 무사히 끝났다.

12월 초, 링컨은 처제 에밀리 헬름을 백악관에 머물도록 초대하면서 용서와 화해에 대한 주장을 행동으로 옮겼다. 에밀리의 남편 벤저민은 전쟁 초기에 연방의 경리관직을 맡으라는 링컨의 제안을 거절하고 연맹군을 지휘하겠다고 하여 링컨을 실망시켰다. 헬름은 채터누가 전투 때 테네시에서 중상을 입었다. 데이비스 판사는 헬름의 사망 소식을 들은 직후 링컨을 만났다. "이제 서른두 살인 동서 벤저민 하딘 헬름이 사망했다는 소식을 듣고 링컨은 크게 동요했다. 그가 어찌나 슬퍼하던지 나는 문을 닫고 그가 혼자 있게 내버려두었다."고 데이비스는 말했다.

에밀리는 부상당한 남편이 애틀랜타로 이송되었다는 소식을 들었을 때 어린 딸과 함께 앨라배마 주 셀마에 있었다. 그녀는 너무 늦게 병원에 도착했다. 애틀랜타에 혼자 남은 그녀는 남편의 주둔지와 가까이 있기 위해 이사했던 셀마로 돌아가고 싶지 않았다. 대신 켄터키 주에 있는 어머니를 만날 수 있기만을 간절히 바랐다. 연맹 장군 브랙스턴 브래그는 그녀가 연방 측으로 건너갈 수 있도록, 그랜트를 통해 통행권을 얻으려 했지만 실패했다. 그러자 헬름의 아버지는 켄터키 주 렉싱턴에 있던 메리 링컨의 새어머니 엘리자베스 토드에게 편지를 보냈다. "무슨 말을 어떻게 시작해야 좋을지 모르겠습니다. 사돈이나 따님 중 한 분께서 며늘아기가 무사히 건너갈 수 있도록 링컨 부인께 편지를 보내주실 수 있겠습니까?"

4일 후, 링컨은 토드 부인이 남부로 가서 딸을 데리고 켄터키 주로 돌아올 수 있도록 허락하는 통행권을 직접 발행했다. 그런데 에밀리가 먼로 요새에 도착했을 때 공무원들이 그녀에게 미합중국에 충성을 맹세하라고 요구했다. 연맹의 대의를 위해 남편이 세상을 떠난 직후 그토록 중요한 일을 섣불리 결정할 수 없었던 그녀는 맹세를 거절했다. 공무원들은 전보를 보내 이 난감한 상황을 대통령에게 전했다. 그 즉시 지시가 내려졌다. "그녀를 내게 보내시오."

불안한 몇 주를 보낸 젊은 홀어미는 대통령 내외에게 "세상에서 가장 따뜻한" 환대를 받았다. "우리들은 너무 슬퍼서 아무 말도 할 수 없었다."고 에밀리는 일기에 기록했다. 링컨 가족은 윌리엄을 잃었고 에밀리는 남편을 잃었으며, 이 두 자매는 연맹군에 가담했던 세 형제를 잃었다. 샤일로에서는 샘 토드가, 빅스버그에서 입은 부상으로 데이비드 토드가, 그리고 배턴 루즈에서는 메리가 가장 좋아하던 동생 알렉산더 토드가 사망했다.

토드 가문이 대대로 살았던 켄터키나 미주리 같은 접경주에는 남북전쟁 발발 이후 각자의 신념에 따라 뿔뿔이 갈라져 흩어진 가족들이 헤아릴 수 없이 많았다. "형제와 형제가 싸우는" 현실은 나라의 분열에 대한 깊은 공포를 낳았다.

메리와 에밀리 단 둘이 저녁식사를 하던 날 밤, 그들은 서로 조심스러워하며 전쟁에 대한 언급을 피했다. 그 대신 추억이나 옛 친구들에 대해 이야기했다. 에밀리는 "위험한 주제를 다른 방향으로 재빨리 돌려놓는" 메리의 "뛰어난 재치"에 놀라워했다. 이후 며칠 동안 메리는 동생이 슬픔을 잊을 수 있도록 최선을 다했다. 그녀는 영국 황태자가 머물렀던 손님용 침실을 에밀리에게 주었고, 마차 여행을 함께했다. 또한 동생의 어린 딸이 재미있게 놀 수 있게 해주었으며, 밤에는 응접실의 따뜻한 난롯가에 같이 앉았다. 에밀리의 방문은 두 자매 모두에게 위안을 주었다.

유감스럽게도, 메리의 연맹 측 동생과의 화해는 곤혹스러운 결과를 낳았다. 링컨은 에밀리가 백악관에 머무는 것을 비밀에 부치려 했다. 북부인들이 적과 친하게 지내면 처벌을 받던 때라, 그 이야기가 퍼지면 맹비난을 받으리라는 사실을 알고 있었기 때문이다.

12월 14일, 링컨은 브라우닝에게 에밀리의 존재를 털어놓으면서 다른 이에겐 알리지 말라고 주의를 주었다. 그런데 어느 날 밤 메리는 두 친구 대니얼 시클스 장군과 아이라 해리스 상원의원이 찾아왔을 때 경계를 늦추고 에밀리도 같이 어울리도록 했다. 두 사람은 링컨에게 충성했고 메리의 응접실 모임에 정기적으로 찾아오는 이들이었다. 시클스가 게티즈버그에서 다리를 잃고 워싱턴에 돌아왔을 때 링컨은 그를 직접 간호하기도 했다. 당시 시클스는 몹시 고통스러워했지만, 링컨이 침대 맡을 지켜준 덕에 기운을 차릴 수 있었다. 또한 메리는 해리스의 호탕한 웃음이 응접실을 늘 환하게 만든다며 그를 특별한 친구로 여겼다.

하지만 시클스와 해리스 모두 대통령 관저에 반역자가 있다는 사실을 참을 수 없어 했다. 에밀리는 일기에 그날 밤의 사건을 기록했다. 에밀리가 응접실에 들어가자마자 해리스 상원의원은 그녀를 향해 의기양양하게 말했다. "부인, 우리가 채터누가에서 반란군을 쳐부쉈을 때 악당들은 겁먹은 토끼처럼 도망을 갔답니다." 에밀리는 말했다. "해리스 상원의원님, 귀하께서 불 런과 매나서스 전투에서 먼저 모범을 보여주셨지요." 서늘한 기운이 두 사람 사이를 비집고 들어왔다.

해리스 상원의원이 왜 로버트 링컨은 군에 입대하지 않았느냐고 묻자 메리의 얼굴은 죽은 사람처럼 창백해졌다. "그건 제 탓입니다. 제가 좀더 대학에 있어야 한다고 고집했거든요."라고 메리는 대답했다. 그녀는 또 다른 아들을 잃을지 모른다는 마음속의 두려움에 대해선 말하지 않았다. 해리스는 "제 외아들은 나라를 위해 싸우고 있답니다."라고 반박하고는 에밀리를 향해 말했다. "그리고 부인, 제게 아들이 스무 명 있었다면 모두 반란군과 싸우게 했을 겁니다."

에밀리는 차갑게 대답했다. "제게 아들이 스무 명 있었다면, 모두 여러분과 맞서 싸우도록 했을 겁니다." 이 말과 함께 그날 밤의 대화는 갑자기 끝났다. 에밀리는 방으로 황급히 돌아갔고 메리도 그 뒤를 따랐다. 두 자매는 부둥켜안고 눈물을 흘렸다. 성미 급한 시클스 장군은 곧장 링컨에게 가서 이 상황을 이야기해야 한다고 고집했다.

시클스는 노발대발하면서 탁자를 내리치며 크고 오만한 목소리로 "대통령님, 대통령 관저에 그런 반란군을 들여놓아선 안 됩니다!"라고 말했다. 그러자 링컨이 단호하게 대답했다. "시클스 장군, 실례지만 아내와 저는 손님을 고르는 습관이 있지요. 그 문제에 대해선 친구들의 충고나 도움을 바라지 않습니다."

붉은 방에서의 험악한 대립 후, 에밀리는 링컨과 메리의 만류를 뿌리치고 곧장 백악관을 떠났다. 메리는 한탄했다. "아, 에밀리, 우리가 언제쯤 이 끔찍한 악몽에서 깨어날 수 있을까?"

연휴

링컨은 불쾌한 일 때문에 좋은 기분을 망치고 싶지 않았다. 에밀리와 메리가 작별인사를 나눌 때, 그는 니콜라이와 헤이를 데리고 포드 극장에 가서 제임스 해케트가 팔스타프 역을 맡은 연극 '헨리 4세'를 관람했다. 이틀 후 링컨은 기분을 전환하기 위해 포드 극장에 다시 가서 '윈저 공의 즐거운 아낙네들'을 보았다. 그리고 다음날 저녁에는 베이야드 테일러 외교관이 러시아에 대해 강연하는 것을 듣기 위해 윌라드 호텔을 방문했다. 다음 주, 링컨은 기분 좋은 꿈을 꾸었다고 헤이에게 말했다. 꿈속에서 파티에 참석했는데 어느 손님이 "그는 아주 평범해 보이는 사람"이라고 자기 이야기를 하는 걸 엿들었다는 것이었다. 그는 꿈속에서 자신이 한 대답이 무척 마음에 들었다. "하나님은 평범해 보이는 사람을 좋아하지요. 그건 그분께서 많은 사람을 그렇게 만드셨기 때문입니다." 링컨은 다음날 다시 생각해봐도 그 대답을 떠올리면 기분이 좋아진다고 말했다.

연휴 동안 대부분의 각료들도 유쾌한 기분이었다. 슈어드는 평소처럼 내방 중인 러시아인들을 후하게 대접했다. 정식 만찬에서는 최고급 와인이 무제한 제공되었다. "여인들이 응접실에서 차를 마시는 동안, 남자들은 거실에 모였고 담배 연기 속에서 두어 시간 동안 대화를 이어나갔다."고 프레더릭 슈어드는 회상했다.

에드워드 베이츠에게도 즐거워할 이유가 있었다. 그는 여전히 아들 플레밍이 배신을 하고 연맹군에 가담한 데에는 낙심했지만, 다른 자식들은 잘하고 있었다. 콜터는 챈슬러스빌과 게티즈버그에서 싸웠고 미드 장군의 참모로 남아 있었다. 우드슨은 웨스트포인트 졸업을 앞두고 있었다. 바턴과 줄리언은 모두 미주리 주에 있었다. 바턴은 미주리 주 법원의 판사였고 줄리언은 미주리 민병대의 군의관이었다. 베이츠의 두 딸은 집에서 가족과 살고 있었다. 알코올중독에서 벗어나기 위해 고군분투 중인 골칫거리 여덟 번째 아들 딕 역시 점점 나아지는 듯했다.

게다가 아내가 발작에서 완전히 회복되자 베이츠는 더 할 수 없이 기뻤다. 결혼한 지 40년이 지난 후에도 그는 여전히 자신보다 더 축복받은 사람은 없다고 믿었다. 그는 아내 줄리아가 한 번도 자신에게 "나쁜 짓"을 저지르거나 험한 말을 한 적이 없었다고 자랑스레 말했다.

크리스마스 날 웰스는 케니언 대학에서 돌아온 아들 에드거를 보고 몹시 기뻐했지만, 축제 분위기는 자꾸 죽은 아이들의 추억을 떠올리게 만들었다. "'메리크리스마스!' 라고 외치며 집안을 즐겁게 만들어주었던 사랑스러운 아이들의 목소리와 기쁨에 겨운 얼굴은 오래전에 사라져 지금은 침묵만이 남아 있다." 하지만 나라의 정세가 점점 좋아지고 있다는 것을 생각하면, 마음이 좀 가벼워졌다. "흡족하게 한 해가 끝나고 있다. 나라의 심장은 더욱 건강하고 그 희망은 더 밝다."라고 그는 적었다. 대통령은 아직 "힘겨운 상황"에 처해 있지만, 그의 지도력은 "앞으로 더욱 높이 평가될 것"이라고 웰스는 예견했다.

스탠턴의 가정은 갓난 아들 제임스가 세상을 뜬 지 11개월 후 새로 태어난 딸 베시로 인해 점차 밝아졌다. 엘런이 세례식을 준비하는 동안, 스탠턴은 부상병을 방문하며 크리스마스를 보냈다. 그는 오랜 방황 후에 다시 되찾은 믿음을 병사들에게 들려주었다. "여러분이 지금 축하하는 크리스마스의 다음 번 기념일이 될 때면 전쟁이 끝나서 여러분은 가족에게 돌아가 있을 것입니다. 여러분이 돌아가면 조국의 귀빈으로 존경받을 것입니다."

링컨은 스탠턴과 함께 "강을 따라 내려가" 메릴랜드 주 포인트 룩아웃의 포로수용소로 향했다. 그는 대단히 많은 수의 반란군 포로들이 대통령의 전면 사면에 응하여, 기꺼이 미합중국에 대한 충성을 맹세하고 돌아가서 노예를 해방시키겠노라 말했다는 이야기를 전해 들었다. 수용소를 관리하던 장군은 링컨과 스탠턴이 도착했을 때 이 희망적인 정보가 사실이라고 확인해주었다. 스탠턴은 재빨리 링컨의 "10퍼센트 계획"을 최남부 지방에서 실시할 계획을 세웠다. 그러나 연맹의 근거지인 그곳에서 10퍼센트 계획은 큰 분노를 낳을 것이었다.

1863년이 막을 내릴 무렵, 독설을 퍼붓던 카운트 구로스키조차 연방의 처지가 나아졌다고 인정할 수밖에 없었다. "아, 저물어가는 한 해여! 그대는 미국 국민이 나라가 위험할수록 더 많이 희생을 치렀노라 기록할 것이다. 그 피와 시간, 비용이 반역을 진압하기 위해 투입되었다. 그리고 더 위대한 미래가 밝아오고 있다." 적대적이던 카운트는 개선된 상황에 대한 대통령의 기여를 인정하지 않으려 했지만, 다른 비난자들은 링컨을 재평가했다. 영국에 대사로 파견된 찰스 프랜시스 애덤스는 1861년 링컨과의 첫 만남에서 별 다른 인상을 받지 못했고, 그에 대해 "키가 크고 못 생겼으며 예의범절도 잘 모른다."라고 묘사했다. 몇 번의 어색한 만남 후, 거만한 애덤스는 링컨이 다른 워싱턴 관료들과 같은 "문명 세계"에 속한 사람이 아니라고 단정했다. 내각의 첫 6개월을 지켜본 후 이 부정적인 생각은 더욱 확고해졌다. 애덤스는 링컨에게 영웅의 자질이 조금도 없으며 중책에 어울리지 않는다고 확신했다.

그러나 1863년 말이 되자, 애덤스의 평가는 크게 달라졌다. 런던의 세인트제임스 궁에서 연방에 충성하는 미국인들을 위해 열린 명절 만찬에서 그는 감동적인 연설로 링컨의 지도력을 찬양했다. 그는 정부의 존립이 위태롭던 때 신임 대통령이 워싱턴에 도착해서 직면했던 상황을 청중에게 상기시켰다. "모든 부서에 부정부패가 만연했다. 재무부의 반역자들은 국가의 재정을 위태롭게 했고, 외무부는 탈퇴주의자들이 장악하고 있었으며, 형편없던 육군과 해군 모두 완전히 재건해야 하는 상황이었다. 당시 행정 경험이 거의 전무한 상태에서 대통령직에 오른 이 풋내기가 그 임무를 감당할 수 있으리라 믿는 사람은 거의 없었다. 하지만 지난 3년 동안 반역 행위는 정부에서 사라졌고, 유럽 국가들은 북부를 존중하게 되었으며, 재무부에는 자금이 풍족하다. 또한 군대는 50만 명으로 늘어났고 해군은 현재 전 세계 모든 지역의 바다에서 예우받는다. 이 모두가 가능했던 것은, 링컨에게 뛰어난 재주가 있어서가 아니라 자신이 연방의 대의를 위해 충실하고 정직하게 헌신하고 있다는 확신을 국민에게 심어주었기 때문이다."라고 애덤스는 말했다.

하버드 대학 교수 제임스 러셀 로웰은 링컨이 "미국의 일류 저술가"로서 자질을 드러냈다고 평가했다. 링컨이 좋아했던 〈북아메리카 리뷰〉에 게재된 장문의 기사에서 로웰은 링컨 내각의 발전 과정을 추적했다. "링컨에 대해 알려진 것이라고는 그가 연설 능력 때문에 공천받은 훌륭한 가두 연설가라는 것뿐이었다. 다시 말해 그는 보잘것없는 사람이었다." 경험 없는 대통령은 몇 달 동안 무력 충돌과 노예해방, 흑인 병사 모집에 지나치게 소극적인 듯했다고 로웰은 평했다.

그러나 서서히 에이브러햄 링컨이 "유능하고 출중한 인물"이라는 게 분명해졌다. "국민을 제대로 이해하지 못하면 결국엔 국민을 억압하게 되는 민주주의 국가에서 여론에 대한 깊은 이해는 가장 큰 정치적 능력이다."라고 로웰은 덧붙였다. "링컨은 여론과 완벽하게 교감했으며, 적절한 시기를 찾는 데 탁월한 능력을 보여주었다. 몇몇 사람들은 링컨이 노예해방에 대한 결정을 너무 지체한다고 생각했지만, 그는 분명 미국 국민을 이해했다. 그랬기 때문에 최초의 흑인 연대를 조직할 때, 많은 이들이 끔찍한 일이 일어나리라 우려했지만 그는 단호할 수 있었다."

"링컨은 부서진 뗏목 위에서 기회가 있을 때마다 산산이 흩어지려는 통나무를 붙잡으면서 급류를 지나야 하는 위험한 임무를 맡았다. 그가 자신의 임무는 모든 난관을 무릅쓰고 곧장 나아가는 게 아니라, 신중하게 주류가 지탱하는 돛대를 믿고 착실하게 나아가는 것이라고 생각했다는 것을 나라는 축하해야 한다."고 로웰은 말했다.

지난 3년간의 놀라운 변화에도 불구하고 뗏목이 "여전히 급류에" 있음을 로웰은 알고 있었다. 물론 링컨도 마찬가지였다. 링컨은 로웰의 글을 기디언 웰스에게 보여주면서 "그 글이 내각 정책에 대해 대단히 훌륭한 주장을 제시하지만 나를 과분하게 칭찬하는군."이라고 말했다.

23장

후퇴는 없다

링컨의 재공천

"1864년 새해 아침은 지독하리만큼 춥고 바람이 심했다. 조간신문 배달부와 우유배달부 모두 살을 에는 듯한 추위에 발을 재촉했다."라고 노아 브룩스는 기록했다. 그러나 얼마 후 밝은 태양이 구름을 뚫고나왔고 유쾌한 분위기가 도시를 감쌌다. 〈내셔널 리퍼블리칸〉은 "머프리스보로, 빅스버그, 모리스 섬, 게티즈버그, 허드슨 요새, 채터누가, 녹스빌" 등 연방군이 지난해에 승리를 거둔 격전지를 회상하며 자랑스럽게 보도했다. "역사상 그 어느 나라의 군대도 이보다 더 큰 승리를 거두진 못했을 것이다. 우리는 이 나라의 수도에서 즐거운 축제를 누릴 권리가 있다. 지금 우리에게 반란군이 있으며 정치적 지평도 여전히 막막하다는 사실을 그 누구도 부정할 수 없겠지만, 링컨이 조타를 잡은 이 나라의 낡고 당당한 배는 거센 파도를 헤쳐나가고 있다."

윌리엄 스토더드의 전보는 당시 사회의 이러한 정서를 그대로 반영하고 있다. "이성이 아닌 직감으로 위험한 사태가 완전히 끝났음을 알 수 있다."

오전 10시, 관료들은 전통적인 새해 축하연을 위해 백악관에 도착했다. 정오가 되어 일반 시민에게 문이 열리자 8000명의 시민이 물밀 듯 밀려 들어왔다. "외교관, 군인, 동부 여러 도시의 멋쟁이 신사들, 건장한 시골 사람, 청부업자, 사기꾼, 특허권자들"이 끊임없이 오고갔다. 링컨은 일반 시민들과의 만남을 "여론 수렴의 장"으로 여겼다. 링컨은 "시민들과의 만남을 통해 나를 낳은 대중을 더욱 생생하고 분명하게 알 수 있습니다. 그 만남이 늘 즐겁다고는 할 수 없지만, 대체로 그로 인해 책임감과 의무감을 새롭게 다잡게 됩니다."라고 한 방문객에게 말했다.

"유럽의 귀족이나 사절단, 여행객 등은 새해 아침에 벌어지는 미국의 이 유별난 관습을 경멸하지만, 유럽의 민주주의자들은 여기서 뚜렷한 만인 평등의 증거를 보고 말할 수 없이 부러워한다."고 스토더드는 적었다. 방문객들은 "링컨이 건강하고 기분 좋아 보였다. 그의 맑은 눈은 쾌활하게 반짝였고, 진심을 담아 힘 있게 악수했으며, 한두 마디 따뜻한 말을 건넸다."고 회상했다. 검은 상복을 벗고 화려한 자주색 벨벳 드레스를 입은 메리 링컨 역시 더없이 즐거워 보였다.

프레더릭 슈어드는 집으로 보내는 편지에서 이렇게 말했다. "이제 전쟁이 새로운 국면으로 접어든 것 같소. 작년 겨울에 우울한 기운이 워싱턴을 잠식했다면, 올 겨울에는 유쾌한 기운이 전염병처럼 번지고 있어요. 정치적 토론은 잠시 잠잠해졌고, 사람들은 그저 즐기고 싶어합니다. 사람들이 전에는 신경 쓰지 않았던 '사교'에 대해 이야기하고 있습니다."

겨울 사교 일정은 예정된 순서대로 이어지고 있었다. 대통령의 만찬은 매주 화요일 밤에, 영부인의 모임은 토요일 오후에, 하원의장의 만찬은 금요일 밤에 열렸다. 이런 행사에 초대장은 필요 없었다. 대통령과 하원의장은 국민의 뜻에 따라 일을 하는 이들이었기 때문에 그들의 집은 일반 대중에게 개방되었다. 하지만 각료들의 집에서 열리는 성대한 파티에 가려면 반드시 초대를 받아야 했고, 많은 이들이 이 초대장을 받고 싶어했다. 그중에서도 슈어드와 체이스의 거실에 들어갈 수 있는 초대장은 가장 큰 영광이었다.

사교계 칼럼니스트들은 국무장관의 파티가 유명했던 이유가 그의 상냥함과 재치 때문이었다고 전했다. 게다가 젊은 여인들에게는 외국의 귀족을 유혹할 수 있는 곳이기도 했다. 패션과 에티켓에 관심이 많은 이들은 외교관들의 기품 있고 화려한 의상에 넋을 잃었다. 외교관들의 화려한 리본과 양말대님은 미합중국과는 다른 신분 질서를 나타내고 있었다. "슈어드 장관의 집이 얼마나 즐거운 곳인지 경험해본 사람이나 그의 환대를 받은 사람 중에서 그가 언제까지나 국무장관이기를, 그래서 일주일에 한 번씩 그 집에 갈 수 있기를 바라지 않는 사람이 있을까."라고 한 칼럼니스트는 말했다.

한편 체이스 저택의 케이트는 여전히 "만인의 주목"을 받았다. 그녀는 정치에 대한 관심과 군사(軍事)에 대한 해박한 지식으로 상하원의원과 장군들에게 깊은 인상을 주었고, 현관에서 손님들을 한 사람 한 사람 정성스레 맞이했다.

워싱턴의 상류층 사람들은 백악관의 일반 접견회보다는 슈어드와 체이스의 저택에서 열리는 화려한 만찬을 더 좋아했다. 백악관 접견회는 너무 혼잡해서 모자가 찌그러지고 외투를 도둑맞는 일도 더러 있었기 때문이다. 그해 겨울, 메리는 값비싼 프랑스 카펫을 보호하기 위해 튼튼한 갈색 덮개가 필요하다고 생각했다. 대통령과 악수하려고 물밀 듯 몰려드는 인파의 신발은 온통 진흙투성이였다. 먼 길을 오느라 옷차림이 지저분한 방문객이 부지기수였고, 개중에는 여행가방을 들고 있는 이들도 있었다. 메리가 애지중지하던 고급 가구들은 엉망이 되었다. "레이스 커튼과 장식 등이 약탈자들의 손에 심하게 훼손되었다. 그들은 기념품을 집에 가져가려고 값비싼 물건을 조금씩 잘라갔다."고 브룩스는 적었다. 아예 갈색 덮개를 들추고 프랑스 카펫을 "손바닥 크기만큼" 잘라가는 이들도 있었다.

영부인이라는 위치를 자랑스러워했던 메리는 자기보다 슈어드가 먼저 상류층을 초대해서 파티를 열었다는 신문기사를 읽고 길길이 날뛰었다. 슈어드는 국립과학협회 회원과 "외교 사절단, 각료, 대법관, 상하원 의장, 외교 위원회 및 그 가족들"을 위해 성대한 파티를 열었다. 그러나 같은 주에 열린 백악관 접견회에는 "여느 때처럼 그리 많은 이들이 참석하지 않았다."고 〈뉴욕 헤럴드〉는 보도했다. 메리는 몹시 실망했다. 슈어드는 1864년 1월에 세 번 더 신년 맞이 파티를 열었다. 남작과 백작, 공작, 숙녀들, 휴가차 집에 온 젊은 로버트 링컨 등이 초대된 이 파티는 그해 겨울, "가장 성대하고, 화려하며, 우아한 행사"로 칭송받았다.

메리는 자존심이 상했고, 슈어드에 대한 적개심은 더욱 깊어졌다. 그녀는 슈어드와 남편의 우정도 질투했다. 저녁이면 남편이 자신보다 슈어드와 함께 시간을 보내는 날이 더 많았던 탓이었다.

이미 오래전부터 슈어드는 남편의 진실한 친구가 되어 있었지만, 메리는 여전히 의심을 떨치지 못했다. 그녀는 자신과 관련해 떠도는 "중상모략" 뒤에는 슈어드와 그 지지자들이 있다고 앤슨 헨리 박사에게 말했다. 그러자 헨리 박사는 그러한 추잡한 소문은 "재무부"에서 시작된 것 같다고 전했다. 그는 체이스의 친구와 지지자들이 "많은 소문의 진원지"라는 걸 알게 되었다며, 메리의 의심을 풀어주려고 노력했다. 실제로 1864년 초, 체이스의 야망은 정계에 널리 알려졌고 자주 논란의 대상이 되었다. 이후 체이스에 대한 메리의 증오심은 날로 커져갔다.

메리는 전통적으로 각료들과 대법관, 그리고 그 가족들을 초대하는 새해 첫 번째 공식 만찬을 직접 준비하기로 결심했다. 그녀는 존 니콜라이가 작성한 손님 명단을 살펴보고는 케이트 체이스와 윌리엄 스프레이그의 이름을 삭제했다. 이러한 "냉대"가 알려지면 링컨에게 누가 되리라 생각한 니콜라이는 대통령에게 스프레이그 부부의 이름을 다시 명단에 넣으라고 권했다. 그 말을 들은 링컨이 즉시 그렇게 하라고 하자 메리는 분통을 터뜨렸다.

"얼마 후 백악관에서는 전에 없는 광란이 일어났습니다."라고 니콜라이는 출타 중인 헤이에게 털어놓았다. "나는 또 다시 영부인 근처에는 얼씬도 하지 못하게 되었습니다. 이 일을 어떻게 해결해야 할지, 슐레스비히 홀스타인 문제(독일 북부에 있는 주로 19세기에 덴마크와 프로이센, 오스트리아 간에 이 주의 영유권을 둘러싼 분쟁이 끊임없이 일어났다)만큼이나 암담합니다." 메리는 니콜라이가 만찬 준비에 개입하지 못하게 했고 평소와 달리 도움을 받으려 하지 않았다. "만찬회가 열리는 날 오후가 될 때까지도 준비가 마무리되지 않자 영부인이 내게 사과를 하고, 행사 걱정을 하느라 며칠간 잠을 못 잤다면서 도와 달라고 부탁했습니다."라고 니콜라이는 전했다.

만찬은 "유쾌했다"고 웰스는 일기에 적었다. "몇몇 손님들은 (체이스를 가리키는 듯하다) 어색하고 거북해했지만, 전반적으로는 순조로웠다." 하지만 웰스는 다른 워싱턴 시민들처럼 파티와 만찬, 축제를 마음 편히 즐기지 못했다. 이 모든 일이 "장례식에서 열린 잔치처럼" 어울리지 않아 보인다고 그는 아들 에드거에게 보내는 편지에서 말했다.

그러나 모든 파티에서 사람들이 그저 실없이 오락만 즐긴 것은 아니었다. 파티를 주관하고 참석하고 사람들 모두 위험에 빠져 있는 병사들을 잊은 적이 없었다. 예전에는 "옛 탈퇴분자와 반(反)탈퇴분자들"이 워싱턴 사교계를 지배했지만, 이제는 어딜 가나 부상병이 인기를 몰고 다녔다. 달그렌 장군의 스물한 살 된 아들 울릭은 게티즈버그 전투에서 한쪽 다리를 잃었다. 그가 워싱턴에서 열린 한 파티에 모습을 드러내자 예쁜 여인들이 그를 둘러쌌다. 여인들은 춤을 잘 추기로 유명한 미남 대령들의 춤 신청도 마다한 채 밤새 그의 곁에서 떠날 줄을 몰랐다.

1월 말, 뉴욕의 코퍼헤드 하원의원인 페르난도 우드는 성대한 파티를 열며 동료 민주당원뿐 아니라 공화당원들도 초대했다. 우드는 내각과 전쟁을 맹렬히 비난했던 인물이었다. 사람들은 공화당원이 이 파티에 참석하지 않으리라고 생각했지만, 실제로는 공화당원뿐 아니라 "가장 과격한 노예제 폐지론자들"까지도 참석했다. 스토더드는 "정치적 원한"이 "사교생활"까지 이어지지 않는 건 "워싱턴생활의 재미있는 면"이라고 생각했다. 서로를 공공연하게 비난했던 이들이 "사적으로는 놀라울 정도로 솔직하고 친밀하게" 지냈다.

메리 링컨도 이러한 관례에 따라 우드 부인에게 꽃다발을 보냈다. 그런데 우드 부부는 이 관례적인 인사를 확대 해석해서, 꽃병마다 그 옆에 "A. 링컨 부인으로부터"라고 적힌 카드를 두어 모두 메리가 보낸 꽃처럼 보이게 만들었다. 신문들은 이 이야기를 인용하며, 그러한 사치스러운 과시는 메리의 남부 성향을 나타내는 증거라고 보도했다. 비판에 기분이 상한 메리는 친구인 시클스 장군에게 편지를 보냈다. "제가 결백하다고 당당히 말씀드릴 수 있어 기쁩니다. 두 번의 정치적 만찬회만 빼고, 우드 부부는 백악관에 발을 들여놓은 적도 없습니다. 제가 연방에 충성하지 않는 사람들을 얼마나 싫어하는지 잘 아는 제 친구들은 모두 그 소문을 믿지 않을 것입니다. 귀관도 저를 잘 아시니 그런 이야기를 믿지 않으시겠지요."

그런데도 반대파 신문들은 계속해서 대통령과 영부인을 비방했다. 남편이 세상을 떠난 후 12월에 에밀리 토드 헬름은 또 다른 자매 마르타 토드 화이트와 함께 연방을 방문했었다. 에밀리가 백악관을 떠난 후, 링컨은 마르타에게 연맹으로 돌아갈 수 있는 통행증을 발급해주었다. 이러한 통행증 발급이 드문 일은 아니었지만, 낭설이 문제였다. 링컨이 영부인의 요청에 따라 마르타가 가방 검사를 받지 않아도 되도록 특별 허가서를 내렸다는 근거 없는 소문이 퍼졌던 것이다. 일부 반대파 신문들은 마르타가 사실은 연맹의 첩자이고, 특혜를 이용해 몰래 전시 금제품을 운반했다고 주장했다. 나아가 그녀가 먼로 요새에 도착했을 때 트렁크를 열어보라는 명령을 받자, 버틀러 장군의 얼굴에 대통령의 허가증을 쿡쿡 찌르며 "여기 당신네 주인의 허가증이 있잖아요."라고 오만하게 굴었다는 소문도 퍼졌다.

평소 링컨은 말도 안 되는 헛소문에 별 신경을 쓰지 않았지만, 이번만큼은 니콜라이를 시켜 사실 여부를 확인해보도록 했다. 버틀러는 밀수 이야기가 사실이 아니라고 답변했다. 여느 때처럼 그녀의 가방을 수색했지만, 전시 금제품은 발견되지 않았다는 것이었다. 니콜라이는 버틀러의 편지를 근거로 거짓 소문에 대한 공개적인 반박문을 작성했다. 버틀러는 백악관이 그 "황당한" 주장에 굳이 반박하는 것을 의아하게 여겼다. 그러나 링컨은 우드 사건으로 아내의 충성심이 의심받은 후 이러한 종류의 헛소문을 애초에 근절시키고자 했다. 또한 연맹이 전시 금제품을 차지할 수 있도록 자신이 방치했다는 병사들의 오해도 받기 싫었다.

얼마 후 오랜 친구 오빌 브라우닝이 한 충성스러운 연방주의자를 위해 힘을 써 달라고 요청했을 때, 링컨이 참을성을 보이지 않은 것은 어쩌면 당연한 일이었다. 미시시피 주에 목화 농장을 소유한 그 연방주의자는 연방군이 집에 침입해 노예를 빼앗아가는 바람에 가난해지자, 농장에서 유급으로 일할 똑같은 숫자의 흑인을 보내줄 수 있느냐고 정부에 요청했다. 브라우닝에 따르면, 링컨은 "몹시 흥분해서 그런 짓을 하느니 차라리 목매달아 죽겠다."며 격분했다. 브라우닝이 그에게 잃어버린 재산에 대해 "일종의 보상"을 해주자고 주장하자, 링컨은 "그녀는 재산을 잃어버리지 않았소. 그녀의 노예는 연방군이 취했을 때 자유가 되었소."라고 반박했다. 링컨의 예민한 반응에 당황한 브라우닝은 "대단히 우울한 기분으로 집으로 돌아갔다."

드물기는 해도 화를 낸 경우에 늘 그랬듯, 링컨은 사실 이번에도 다른 일 때문에 신경이 예민해져서 격한 반응을 보였던 것이었다. 그날 오전 링컨은 "국회에서 가장 친한 친구"로 여겼던 일리노이 주 하원의원인 오웬 러브조이를 방문했다. 겨우 쉰다섯 살의 러브조이는 간 질환과 신장병으로 죽음을 눈앞에 두고 있었다. 링컨이 고통스러워하는 러브조이를 보고 어찌나 가슴 아파했던지, 친구가 아닌 자신이 죽음을 눈앞에 두고 있다고 여기는 것 같았다. 그는 러브조이에게 말했다. "전쟁이 내 목숨을 갉아먹고 있네. 내가 살아서 그 끝을 볼 것 같지 않군."

2월 10일 밤, 백악관에 화재 경보가 울렸다. 백악관과 재무부 건물 사이에 있던 대통령 전용 마구간에서 연기가 솟아올랐다. 링컨은 현장으로 달려갔다. "그는 마구간 담장 역할을 하는 회양목 울타리를 사슴처럼 뛰어넘었다."

고 경호원 로버트 맥브라이드는 전했다. 말들이 아직 안에 있다는 것을 알게 된 링컨은 마구간 문을 활짝 열어젖혔다. 그러나 방화범의 소행으로 일어난 불이 너무 빠르게 번져서 말들이 탈출하는 것은 거의 불가능해 보였다. "그런 데도 링컨은 불타는 마구간에 들어가려고 했다. 곁에 있던 사람들이 붙잡아 말리지 않았다면 틀림없이 뛰어들어갔을 것이다."

그날 밤 말 여섯 마리가 불타 죽었다. 맥브라이드가 백악관에 돌아가보니 링컨이 눈물을 흘리고 있었다. 토머스는 형 윌리엄이 생전 타고 다녔던 망아 지에 대해 말하며, 아버지의 감정을 설명했다. 방화는 그날 아침에 메리가 해 고한 마부의 소행인 것으로 밝혀졌다. 다음날, 링컨은 마음을 추스르고 일을 시작했다. 그는 집무실에 프렌치 청장을 불러 업자들과 의논하고 견적을 낸 다음, 바로 그날 의회에 그 사안을 제출해서 가능하면 당장 불탄 건물을 재건 축하라고 지시했다.

또다시 좌절된 체이스의 야망

1864년 겨울, 체이스의 대통령 출마 가능성이 드러나기 시작했을 때만큼 링 컨의 사람 관리 능력이 한껏 발휘된 적은 없었다. "체이스의 지지자들이 조급 하게 의도를 드러내는 동안, 링컨은 체이스에 대한 분노를 신중하게 감추고 유연하게 대처하며, 체이스를 유력한 경쟁자 자리에서 밀어내거나, 노련한 정치적 술수로 그를 재기불능의 정치가로 만들 때가 무르익기를 기다리고 있 었다."고 펜실베이니아의 정치인 알렉산더 맥클루어는 전했다.

1월 초, 제이와 헨리 쿠크 등 체이스의 지지자들은 필라델피아의 3류 잡지 〈아메리칸 익스체인지 앤 리뷰〉의 발행인에게 수천 달러를 기증한 후, 재무 장관을 돋보이게 하는 짧은 일대기를 싣도록 했다. 체이스의 친구 윌리엄 오 턴은 "그 일대기가 아무리 훌륭하고 정확한들, 돈을 내기만 하면 아무에게나

지면을 파는 것으로 악명 높은 잡지에 전기를 실은 건” 우스꽝스러운 정치적 계략으로 보일 것이라고 경고했다. 일주일 후, 체이스는 링컨에게 감정에 호소하는 장문의 글을 보내 이 사건을 해명했다. 대통령은 그와 쿠크 형제간의 뒷거래를 의심한 바 있었다.

체이스의 편지는 늘 그렇듯 자신의 행동은 순수한 의도에서 이루어졌다는 주장으로 시작되었다. 그는 잡지 발행인이 자신을 필두로 하는, 유명 인사의 일대기 연재를 기획했다는 이야기를 들었다고 했다. “제가 어떻게 반대할 수 있었겠습니까?” 그는 재무부 업무에 정신이 없어서 그 문제에 대해선 더 이상 신경 쓸 여력이 없었다고 변명했다. “헨리 쿠크가 그 부적절한 일대기와 관련해 한 일은 내게서 어떤 언질을 받아서가 아니라 자발적으로 한 것입니다.”라고 체이스는 주장했다. 그리고 쿠크 형제가 자신에게 동의를 구했다면 반대했을 것이라고 말했다. “일부러 안 좋은 일을 한 적은 없습니다만, 오해가 생겼군요. 제 솔직한 감정을 말씀드리면 용서하시겠지요. 허물을 들추어내는 질투나 악의적인 비난으로부터 벗어나기 위해 아무리 노력해도 그것이 소용없다는 걸 알게 될 때면 공직 생활에 혐오감이 듭니다.”

〈아메리칸 익스체인지 앤 리뷰〉에 실린 기사로 인해 난처한 상황에 처했는데도 체이스는, 그해 겨울 내내 보스턴 작가 존 트로우브릿지에게 스물다섯 통의 긴 편지를 보냈다. 이 편지는 그의 짧은 전기 《나룻배 소년과 재무관》의 토대를 마련하기 위한 것이었다. 그해 봄 〈아틀랜틱 먼슬리〉에 그 책의 발췌문이 실렸다. 하지만 이 같은 작업들은 링컨을 희생시켜 자신의 미덕을 찬양하는 대대적인 선거 운동의 일부분에 지나지 않았다. 체이스는 이른 아침부터 늦은 밤까지 친구 또는 지지자들과 계속해서 편지를 주고받았다. .

대통령 후보 공천을 받기 위한 체이스의 두 번째 노력은 그를 차기 대통령으로 만들기 위해 조직된 위원회의 공개 선언으로 시작되었다. 캔자스 상원의원인 새무얼 폼로이와 성공한 철도회사 대표인 제임스 윈첼이 이끄는 이 위원회는 제이 쿠크가 후원한 두 번째 작품이었다. 하지만 이때 가장 많은 자금을 내놓은 사람은 체이스의 사위 윌리엄 스프레이그였다. 폼로이와 윈첼는 적극적인 노예제 폐지론자로, 둘 다 체이스가 흑인의 권리를 가장 잘 보호해 주리라 여겼다. 더욱이 두 사람이 많은 주식을 갖고 있었던 캔자스-태평양 철도 건설을 위해 체이스가 자금을 풀어주면 금전적으로 큰 이익을 얻을 것이었기에 대단히 적극적이었다.

링컨의 오랜 친구 데이비드 데이비스 판사는 체이스가 "다른 사람의 빵을 얻어먹으면서 동시에 그를 찌르고 있다."며 분개했다. 그러나 체이스는 상황을 다르게 바라보았다. 그는 대통령의 단임은 관례가 되었기 때문에, 자신이 차기 대통령 후보로 나서는 게 정당하다고 여겼다. 위원회가 조직되는 동안, 체이스는 오하이오 주에서 지지 세력을 끌어 모으느라 분주했다. 1860년 고향주인 오하이오가 자신을 지지하지 않았을 때 느꼈던 굴욕감을 또 다시 겪지 않겠다고 결심했던 것이다.

링컨을 이길 수 있다고 낙관적으로 생각했던 체이스는 새로 조직된 폼로이 위원회와 자신의 입후보를 지지하는 지위 높은 사람들에 대해, 법률사무소 동업자였던 플래먼 볼에게 자랑했다. 그는 무척 만족스러워했다. 지지자 대부분이 사회 저명인사였던 것이다.

그러나 체이스는 오하이오가 다른 사람을 지지한다면, 출마를 포기하리라 결심했다. 때문에, 많은 일이 그 주의 선택에 달려 있었다. 체이스는 모든 일이 잘 돌아가서 자신이 링컨에 맞서 선전(善戰)할 수 있으리라 믿었다. "그가 온화한 성품과 분별력 외에도 강한 의지와 정력을 겸비한다면 더 바랄 게 없을 것이네. 하지만 지금으로 보아서는 재선되기보다 좀더 명예롭게 첫 번째 임기를 마칠 성 싶군."

체이스는 믿을 만한 친구들에게만 링컨을 비난한 게 아니었다. 2월 초에 기디언 웰스와 이야기를 나누던 그는 대통령에게 정력과 추진력이 부족해서 모든 일이 마비되었다고 탄식했다. 체이스는 웰스의 침묵에도 아랑곳없이 계속해서 대통령의 "우유부단함"이 나라를 망치고 있다고 주장했다. 체이스는 베이츠에게도 경솔하게 굴었다. 법무장관이 가끔은 대통령을 비판하긴 해도, 그 어느 후보보다 링컨을 지지한다는 사실을 몰랐던 것이다. 링컨은 여전히 선거를 둘러싼 음모에 동요하지 않았다.

2월, 폼로이 위원회는 북부 전역의 유력한 공화당원 100명에게 비밀 전단을 배포했다. 체이스의 지지 세력을 결집시키기 위한 이 전단은 "링컨 씨의 재선이 바람직하다 해도" 수많은 반대 세력을 생각할 때 실질적으로 그것이 불가능하다는 주장으로 시작되었다. 그리고 "안 그래도 링컨의 정책은 타협의 성향이 뚜렷한데, 재선되면 첫 번째 임기 때보다 더욱 뚜렷해질 것이다." 라고 주장했다. 링컨이 재선되면 그 성향이 "전쟁의 고통이 계속될 것이고 나라는 파산할 것이며, 국가의 위엄은 손상될 것이다. 전쟁에서 이기고 평화를 정착시키며 공화국의 영광을 유지하기 위해서는 차후 4년 동안 대통령에게 필요한 자질을 갖춘 단 한 사람, 새먼 P. 체이스를 공천해야 한다."

폼로이 전단이 언론사로 흘러들어가자 일대 분란이 일어났다. 링컨의 친구들은 분노했고, 민주당원들은 공화당의 내분을 즐거워하며 바라보았다. "정신이 똑바로 박힌 사람이라면 누구나 여기에 체이스가 연루되어 있다는 걸 알 걸세. 그들은 문서가 이렇게 공개되면 체이스가 내각에서 쫓겨날 거라고 예상하지 못했군."이라고 데이비스는 한 친구에게 말했다.

당황한 체이스는 링컨에게 편지를 보내, 2월 20일자 〈컨스티튜셔널 유니언〉에 게재될 때까지 자신은 그 전단에 대해 전혀 몰랐다고 주장했다. 체이스는 친구들이 차기 선거에 자신의 이름을 거론하겠다는 말을 듣기는 했지만, 폼로이 위원회의 조직에 대해서는 의논을 받은 적도 없고 그 위원들도 잘 모르는 사람들이라고 주장했다. 체이스는 "대통령님은 자신이 하지 않은 행동에 대해서는 책임지지 않으시지요. 그러니 제가 하지 않은 일이나 말에 대해 제게 책임을 묻지 않으실 거라고 생각합니다."라고 링컨에게 말했다.

링컨이 체이스의 결백하다는 주장을 믿었을 리 없다. 10년 뒤, 전단을 작성한 제임스 윈첼은 체이스가 모든 일을 다 알고 있었으며, "전단에서 내각에 대해 비난하는 부분은 그가 전적으로 지지한 것”이라고 증언했다. 그러나 링컨은 분노를 억누르고 상황을 냉정하게 바라보면서 신중하게 대처했다. 그는 정치적인 풍토를 잘 알고 있다고 베이츠에게 말했다. 당 내에 링컨을 공격할 불평분자들이 많았지만, 그 공격이 실패로 돌아가 ‘패배한 적’으로 그의 수하에 남게 될까봐 걱정하고들 있었다. 링컨은 자신이 대중의 지지를 받고 있다고 확신하는 한, 끝까지 게임을 할 수 있었다. 링컨은 체이스가 마음 졸이도록 내버려두었다가 그저 편지를 잘 받았다고 전하며, “나중에 좀더 자세한 답장을 보내겠다.”고 약속했다. 그리고 전단에 대한 국민의 반응을 지켜보며 수수방관했다.

반응은 그리 오래 걸리지 않았다. 전단이 공개된 날 아침, 웰스의 예상은 정확히 들어맞았다. 웰스는 “그 반동은 발사 때보다 훨씬 위험할 것이다. 다시 말해 링컨보다 체이스에게 더 큰 피해를 입힐 것이다.”라고 장담한 바 있었다. 체이스에게 우호적이었던 신문들도 이 문제에 관해서는 냉정했다. 〈뉴욕 타임스〉는 “이는 비열한 행동이다. 우리는 이러한 움직임에 반대한다.”고 말했다. 4일 후, 니콜라이는 그 결과가 전단 집필가들의 의도와는 반대로 되어간다고 약혼녀 데레나에게 전했다. 그는 “전단이 링컨의 지지자들을 적극적으로 행동하도록 자극해서” 체이스의 공천 가능성이 크게 줄어들었다고 전했다. 여러 주의 공화당원들이 차례로 회합을 갖고 만장일치로 링컨의 재공천을 지지하는 결의안을 통과시켰다. 폼로이의 고향주인 캔자스조차 체이스를 반대하고 링컨을 지지하기 위해 단결하자는 또 다른 전단이 공화당원들 사이에서 돌았다.

〈뉴욕 타임스〉는 링컨을 지지했던 수많은 주 의회를 언급하면서 이렇게 보도했다. “링컨의 재선을 지지하는 것은 이 시대의 보편적인 여론이 되었다. 국민은 링컨의 건전한 판단과 정직한 의도를 진심으로 믿고 있다. 그 무엇도 이러한 국민의 믿음을 꺾을 수 없다. 국민의 신뢰는 보기 드문 자질을 갖춘 사람만이 받을 수 있다. 미국 역사상 에이브러햄 링컨에 견줄 만한 자질을 갖춘 이는 거의 없다.” 〈하퍼스 위클리〉도 같은 입장이었다. 이 신문은 링컨의 재선을 지지하는 사설에서 “우리 역사가 시작된 이래 그 어떤 지도자도 링컨만큼 민심을 정확하게 이해하지 못했다.”고 주장했다. 링컨을 비판했던 카운트 구로스키조차 대통령에 대한 국민의 애정을 인정했다. “대중은 링컨의 담백함과 온화함, 어색함, 진부한 농담에 매혹되었고, 국민은 위대한 ‘조종자’가 열정적이고 정직하다고 믿는다.”

체이스의 선거 운동은 4년 전처럼 또 다시 오하이오 주에서 치명타를 입었다. “주 의회의 연방 간부회의에 있는 체이스의 친구들이 사전에 링컨의 재선을 지지하려는 움직임을 저지했지만, 폼로이 전단이 위기를 가져왔다. 그로 인해 결국 당에 큰 이변이 일어났다.”고 한 체이스 지지자는 말했다. 결국, 링컨을 지지한다는 결의안이 만장일치로 통과되었다. “그렇게 많은 주가 이미 링컨을 지지하겠노라고 천명한 마당에 싸움을 계속한다면, 결국에는 분열만 일어날 뿐 당에 이로울 게 없을 것”이라고 체이스의 친구이자 클리블랜드의 검사인 리처드 파슨스가 경고했다.

이러한 형세를 감지한 링컨은 체이스의 편지에 답변할 시기가 되었다고 판단했다. 그는 몇 주 전부터 “폼로이 위원회에 대해 알고 있었고” 그 “비밀 발행물”에 대해 알고 있었기 때문에 전단을 보고 놀라지 않았다고 체이스에게 전했다. 링컨은 체이스에게 책임을 물을 의도는 없었다. “우리의 권유 없이 친구들이 한 일에 대해 우리가 책임질 수 없다는 귀하의 의견에 전적으로 동의합니다. 귀하의 말대로, 나 역시 ‘귀하의 행동이나 말이 아닌 일’ 때문에 귀하를 비난하지 않을 것입니다.” 체이스가 재무장관으로 남아 있어야 하느냐는 문제에 대해서는 오로지 “공익에 대한 판단”에 따라 결정하겠다고 했다. 그리고 지금이 변화를 줄 시기라고 여기지 않는다고 말했다.

며칠 후 체이스는 대통령 출마를 철회했다. 영향력 있는 오하이오 주 상원의원에게 보낸 서한에서, 그는 고향주의 지지를 받지 못하면 대선 출마를 포기하겠노라는 자신의 결심을 오하이오의 동료들에게 상기시켰다. “주 의회가 링컨을 지지하는 만큼 더 이상 나를 후보로 고려하지 말아 주십사 부탁하는 게 내 의무입니다. 어쩌면 그건 의무라기보다 명예일 것입니다."

체이스는 딸 네티에게 이번에도 자신의 행동에는 사심이 없었다고 설명했다. "가장 훌륭하고 열정적인 사람들이" 자신을 대통령 후보로 만들려고 했는데도 물러난 이유는, 국민 앞에 자신의 이름이 계속 언급되면 "심각한 알력 싸움이 일어나 나라가 위험에 처할 수 있기 때문"이라고 말했다. 베이츠 법무장관은 애국심을 내세운 체이스와는 조금 다른 주장을 했다. "'지금' 링컨 씨의 당선 가능성이 너무 높아서 공개적으로 맞설 수 없을 뿐이다."

다시금 자제심과 날카로운 통찰력이 링컨을 승리를 향해 난 길 위에 올려놓았다. 전단에 대해 알게 되었을 때 링컨은 체이스에게 반격하고 싶다는 충동을 억누르고 감정을 조절함으로써, 친구들이 그의 출마를 전폭적으로 지지하고 단결할 시간을 만들었다. 링컨의 직접적인 개입 없이 체이스의 야망은 좌절되었다. 링컨은 재무장관이 결백하지 않다는 사실을 알고 있었지만, 체이스의 말을 믿는 듯 행동하여 재무장관의 체면을 지켜주었다. 그리고 그가 나라를 위해 내각에서 계속 일할 수 있도록 했다. 체이스가 떠나기에 적절한 시간을 결정한 사람은 다름 아닌 링컨이었다.

19세기의 극장

이 같은 상황에서도 링컨이 창조적으로 생각하고 감정을 자제할 수 있었던 것은, 예리한 자의식과 타인의 감정에 대한 깊은 이해, 걱정과 불안을 건설적으로 지울 수 있는 능력이 있었기 때문이다. 대통령으로 재직하면서 힘겨운 순간마다 링컨은 그로버 극장이나 포드 극장에서 연극에 몰입하며 휴식과 위안을 얻곤 했다. 레너드 그로버는 링컨이 재직 기간 동안 자신의 극장에 "백 번 이상" 온 것 같다고 말했다. 링컨과 가장 많이 동행한 사람은 슈어드로, 그 역시 링컨처럼 연극을 좋아했으며 그로버의 오랜 친구이기도 했다. 하지만 세 젊은 조수인 니콜라이와 헤이, 스토더드와 노아 브룩스, 메리, 토머스도 수시로 링컨과 함께 극장에 드나들었다. 가끔은 혼자 극장에 가기도 했다

"연극은 걱정과 근심이 필요 없는 즐거운 휴식, 그리고 구직자와 정치가들에게 방해를 받지 않는 자유를 그에게 주었다."고 브룩스는 말했다. 스토더드는 "생각을 다른 곳에 몰입시키는 연극은 링컨에게 가장 큰 휴식이었다."고 말했다. "그는 전쟁을 잊었다. 의회를 잊었다. 그는 정치에서 벗어났다. 그때 그는 연극의 주인공과 한 시대에 살고 있었다."

재미있는 이야기로 긴장감을 누그러뜨리곤 했던 링컨에게 극장이 기분을 전환하는 데 이상적인 장소였다는 건 당연한 일이다. 극장은 골치 아픈 일로부터 탈출할 수 있는 모든 요소를 갖추고 있었다. 생생한 드라마와 의상, 무대장치, 연출, 풍부한 미사여구는 링컨을 사로잡아 골치 아픈 일들과 멀리 떨어진 미지의 세계로 이끌어갔다. 19세기 중반, 가스등의 발달로 연극의 무대 효과가 획기적으로 개선되었다. 감독들은 가스를 분출구로 공급하는 밸브를 조작해 "조명을 밝히거나 어둡게 하는 법"을 익혔다. 램프에 "색유리 덮개"를 씌워 낙조나 보름달, 안개 낀 밤의 효과를 연출하기도 했다.

"19세기 극장 관객들을 정확하게 떠올려보고 싶다면 현대의 스포츠 경기장에 가보는 게 좋을 것이다. 이들은 경기장의 관중처럼 현장에 뛰어들어 적극적으로 참여한다. 긴박감을 느끼면서 가끔은 생각과 감정을 소리 높여 표현하기도 한다."라고 문화사가 로렌스 레바인은 주장했다. 계급에 따라 좌석의 위치가 다르긴 했지만 모든 관객이 친밀한 공간에 함께 있었다. 링컨은 대통령 특별석에 앉긴 했지만, 오래전 순회재판 여행 때처럼 많은 사람들과 함께 호흡하며 그들의 반응을 느낄 수 있었다.

남북전쟁 시기는 미국 연극의 황금기로 일컬어진다. 그 몇 년 동안 "미국의 극장은 기라성 같은 배우들로 축복받았다."고 한 역사가는 주장했다. 이 배우들로는 에드윈 포레스트, 존 맥컬로우, 에드윈 부스, 로라 커니, 샬럿 커

쉬먼 등이 있었다. 맥베스 부인 역할로 유럽과 미국에서 우상이 되었던 커쉬먼은 "단순한 여배우가 아니라, 위대한 여인"으로 추앙받았다. 시대를 앞서 나간 자유 여성이었던 그녀는 여러 연인을 두었지만 결혼은 하지 않았다. 그녀는 그 무엇보다 연기를 가장 사랑했다.

슈어드와 커쉬먼은 1850년대에 만나 친구가 되었다. 그녀는 워싱턴에 올 때면 늘 슈어드의 집에 머물렀다. 이 유명한 여배우는 그녀를 숭배했던 젊은 패니와도 친하게 지냈다. 커쉬먼은 힘차고 독립적인 삶을 살았고, 패니는 언젠가 작가가 되겠다는 꿈이 실현되면 그런 그녀를 따르겠노라 결심했다.

슈어드는 대스타인 손님에게 경의를 표하기 위해 여러 번의 만찬을 마련하여 외국 사절단과 내각의 동료들을 초대했다. 커쉬먼은 슈어드를 "이 나라가 낳은 정치가 중 가장 위대한 사람"으로 여겼다. 패니는 커쉬먼이 가족을 제외한 그 어떤 사람보다 자신의 고매한 아버지를 더 잘 이해한다고 생각했다.

슈어드는 1861년 여름에 커쉬먼을 대통령에게 소개시켜주었다. 그녀는 한 젊은 친구가 웨스트포인트에서 임용받을 수 있도록 링컨에게 부탁할 요량이 었는데, 그만 재미있는 대화에 푹 빠져서 방문 목적을 잊어버렸다. 링컨 역시 좋아하는 셰익스피어의 작품에 출현하는 유명 여배우에게 깊은 인상을 받았다.

청년 시절부터 극장에 드나들었던 슈어드와 달리, 링컨은 워싱턴에 오기 전까지는 연극을 본 적이 거의 없었다. 링컨은 어느 날 무대 위의 팔스타프를 처음 보고 몹시 흥분해서 배우 제임스 해케트에게 편지를 보냈다. "제가 드릴 수 있는 최고의 찬사는 다시 귀하의 연기를 볼 수 있기를 진심으로 갈망하고 있다는 말일 것입니다." 그는 셰익스피어의 희곡을 전부 다 읽지는 않았지만 몇몇 작품은 "직업 배우가 아닌 사람치고 그 누구보다 많이" 읽었다고 말했다. "《리어 왕》《리처드 3세》《헨리 8세》《햄릿》, 특히 《맥베스》는 수없이 읽었습니다. 그중 《맥베스》에 견줄 만한 것은 없다고 생각합니다. 대단히 훌륭합니다. 귀하 같은 직업 배우와 달리, 저는 '사느냐, 죽느냐'로 시작되는 독백보다 '아, 내 죄는 너무도 크구나!' 라고 시작되는 독백이 더 훌륭하다고 생각합니다. 이 보잘것없는 비판을 용서해주십시오." 해케트가 친구들에게 보여준 대통령의 편지는 불행히 반대파 신문에 유출되었다. 그 즉시 링컨은 연극 비평가 노릇까지 한다며 조롱받았다. 당황한 해케트는 링컨에게 사과했지만, 링컨은 "걱정하지 말라"고 전했다. "평생 별다른 악의도 없이 수많은 조롱을 받았기 때문에 신문의 논평에 충격받지 않습니다."

링컨이 가장 좋아했던 셰익스피어의 역사극과 비극은 내전의 와중에 지도자가 겪었던 고난과 영광을 주제로 다루었다. 그 속에는 정치적 음모와 권력의 부담, 야망의 속성, 지배자와 피지배자 간의 갈등 등이 모두 담겨 있었다. 연극은 국란의 끔찍한 결과, 질투와 배신으로 빚어진 불행, 아이의 죽음으로 인한 슬픔이나 애국심을 적나라하고도 아름답게 보여주었다.

펜실베이니아의 윌리엄 D. 켈리 하원의원은 폭풍우 치는 밤에 배우 존 맥도너를 백악관에 데려갔던 날을 회상했다. '리어 왕'에서 에드거 역을 맡았던 맥도너의 연기를 좋아했던 링컨은 그와의 만남을 기뻐했다. 하지만 맥도너는 대단히 충성스러운 민주당원이었고, 링컨이 어릿광대에 지나지 않는다는 억측을 믿고 있었다. 그러나 대통령과 네 시간에 걸쳐 셰익스피어에 대한 이야기를 나눈 후 그는 링컨의 지성과 매력을 인정하게 되었다.

이 황금기의 뛰어난 연극배우 중에서 에드윈 부스를 능가할 만한 사람은 없었다. 유명한 비극배우 주니우스 부스의 아들인 그는 이후 링컨을 암살하는 존 윌크스 부스의 형이었다. "에드윈 부스는 미합중국의 연극을 위해 그 누구보다 많은 일을 했다."고 1860년대의 한 연극비평가는 말했다. 감정이 풍부한 이 젊은 배우는 과장되고 틀에 박힌 구식 연기를 과감히 버리고, 자연스러운 연기와 친근한 어투로 관객의 마음을 사로잡았다.

1864년 2월 말과 3월 초, 에드윈 부스는 3주 계약으로 그로버 극장에서 공연을 했다. 링컨과 슈어드는 밤마다 극장에 가서 '햄릿'과 '리처드 3세'의 주인공을 연기하는 부스를 바라보았다.

3월 11일 금요일 밤, 부스는 슈어드의 집에서 저녁식사를 했다. 슈어드는 부스에게 연기에 대한 조언을 해도 되겠느냐고 주제넘게 물었다. 슈어드는 영국의 작가 리턴의 '리슐리외' 공연에 대해 이야기하면서, 교활한 추기경을 "지나치게 노쇠하게" 연기하는 듯하다고 말했다. 오랫동안 자신을 막후의 실력자로 여겼던 슈어드는 리슐리외를 좀더 젊고 기운차게 묘사해주기를 원했던 듯하다. 부스는 비판을 겸허하게 받아들이면서 자신도 그러한 단점을 느꼈다고 말했다. 슈어드가 부스의 샤일록(셰익스피어 작 《베니스의 상인》 중유대인 고리 대금업자) 연기는 완벽하다고 하자, 부스는 "무언가 부족한 듯해서 고통스럽습니다. 이런 고통은 몸이 와인을 갈망할 때의 그것에만 비유할 수 있습니다."라고 겸손하게 대답했다.

다른 각료들은 링컨과 슈어드처럼 자주 극장에 가지 않았다. 체이스와 베이츠는 연극 관람을 어리석은 시간 낭비, 심지어 '악마의 오락'이라고까지 생각했다. 스탠턴은 그로버 극장에 딱 한 번 갔는데, 그것도 긴급한 문제에 대해 링컨을 붙잡고 오랫동안 이야기하려는 속셈에서였다. 특별석에 링컨과 함께 앉아 있던 그로버는, 30분 늦게 도착해서는 링컨에게 가만가만 다가가 긴 대화를 나누는 스탠턴을 보고 깜짝 놀랐다. 링컨은 그의 말을 경청했지만 무대에서 눈을 떼지 않았다. 실망한 스탠턴은 링컨의 코트 깃을 잡고 천천히 그의 얼굴을 돌려 마주하게 한 다음 계속해서 말을 이어나갔다. 링컨은 이같이 무례한 행동에도 귀여운 어린아이를 대하듯 친절하게 미소를 지으며 대응했지만, 이내 무대로 눈을 돌렸다. 결국 스탠턴은 완전히 체념하고 몸을 일으켜 돌아갔다.

그로버에 따르면 토머스도 아버지만큼 연극을 좋아했다. 존 헤이는 토머스가 "이유는 잘 모르면서도 아버지의 눈이 반짝이는 걸 볼 때마다 크게" 웃음을 터뜨렸다고 전했다. 가정교사와 함께 자주 그로버 극장에 갔던 토머스는 제집인 양 혼자 극장 안을 돌아다니며 리허설을 정신없이 바라봤다. 무대 제작진들과 친해진 토머스는 제작진을 도와 무대 배경을 옮기기도 했고, 실제로 연극에 출연하기도 했다. 백악관 만찬회에 참석한 줄리아 태프트를 보고 윌리

엄, 태프트 형제들과의 행복했던 날들을 떠올리며 눈물을 흘렸던 외로운 소년
에게 극장 사람들과의 우정은 크나큰 위안을 주었을 것이다.

겸손한 개선장군

빅스버그와 채터누가의 영웅 율리시스 S. 그랜트는 연방군을 총지휘하기 위
해 1864년 3월 8일, 나라의 수도에 도착했다. 신이 난 국회는 조지 워싱턴 이
후 주어진 적 없었던 중장 계급을 부활시켰고, 링컨은 그 영광스러운 계급을
그랜트에게 수여하자고 제안했다. 핼렉은 그랜트의 추천으로 참모 본부장이
되었고 셔먼은 그랜트가 지휘하던 서부 군대를 맡았다.

　워싱턴에 도착한 그랜트의 모습은, 맥클렐런과는 정반대로, 대단히 겸손
한 사람이라는 이미지에 딱 들어맞았다. 그는 열 살 된 아들 프레더릭만 데리
고 해질 무렵 윌라드 호텔에 들어섰다. 그를 알아보지 못한 직원은 꼭대기 층
의 작은 방 말고는 빈 방이 없다고 말했다. 하지만 그가 숙박부에 '일리노이
주 걸리너, U. S. 그랜트와 아들' 이라고 서명하는 것을 보고는 당황해서 즉시
방을 바꿔주었다. 몸을 씻은 그랜트는 아들을 데리고 식당에 갔다. 그의 호리
호리한 체구와 "굽은 어깨, 온화한 푸른 눈, 그리고 밝은 갈색 머리카락과 구
레나룻"은 사람들의 눈길을 끌지 못했다. 그때 누군가 그의 탁자를 가리켰
다. 갑자기 식당에 있던 모든 이들이 큰 소리로 환영하며 만세를 외쳤다. 사
람들이 탁자를 계속해서 두드리자, 그랜트는 할 수 없이 몸을 일으켜 인사
를 했다.

　아들을 재운 후, 그랜트는 대통령의 주간 접견회를 위해 많은 인파가 모여
있던 백악관으로 향했다. 뒤에 그랜트의 부관이 되는 젊은 대령 호러스 포터
가 푸른 방에서 링컨 곁에 서 있는데, 방 입구 쪽에서 갑작스러운 소동이 일
어났다. 소동의 원인은 "인파에 묻혀 링컨을 향해 겸손하게 다가가던" 그랜

트 장군이었다. 그랜트를 처음 만난 링컨의 얼굴은 미소로 환히 빛났다. 대통령은 방문객이 자신에게 다가오기를 기다리지 않고 "빠르게 두세 걸음 걸어가" 그랜트의 손을 잡았다. "그랜트 장군이 오셨군요! 정말 반갑습니다!"

두 사람의 모습은 무척 대조적이었다. 유달리 키가 큰 대통령은 희색이 만면해서는 키 작은 그랜트를 "내려다보았다." 이 모습을 지켜보던 포터는 "링컨은 분명 신화 속 미소년 아도니스보다는 헤라클레스에 더 가까웠다."고 말했다. 하지만 반짝이는 링컨의 회색 눈과 다정한 목소리는 사람들을 더없이 편안하게 만들어주었다고 전했다. 그 자리에 참석했던 웰스는 함께 선 두 사람을 보면서 "어느 정도는 어색할 만큼" 군인답지 못한 그랜트의 모습에 조금 당황했다.

링컨은 그랜드와 이야기를 나눈 후 그를 슈어드에게 맡겼다. 그 사교적인 장관 말고는, 장군의 이름을 외치며 달려드는 숭배자들을 헤치고 데려나갈 사람은 없다고 생각했던 것이다. 극도로 흥분한 인파가 전쟁 영웅에게 몰려드는 바람에 레이스는 찢어지고 말총으로 만든 페티코트는 구겨졌으며 모든 게 뒤죽박죽이 되었다. 슈어드는 재빨리 그랜트를 동쪽 방으로 데려가 모두가 그의 얼굴을 볼 수 있도록 소파 위에 서 있으라고 했다. "그랜트는 소녀처럼 얼굴을 붉혔고, 연신 악수를 나누느라 그의 이마와 얼굴에는 땀방울이 맺혔다."고 〈뉴욕 헤럴드〉 기자는 보도했다.

대통령은 그랜트를 환영하는 사람들을 보고 기뻐했다. 그는 자신이 관례적으로 앉던 상석을 겸손한 장군에게 흔쾌히 양보했다. 포터의 표현에 따르면, 두 사람이 "나란히 걷기에" 충분할 만큼 승리를 향한 길이 넓어졌기 때문이었다. 그랜트가 대통령직을 두고 경쟁하려 한다고 링컨이 짐작했다면, 그랜트에 대한 링컨의 환영은 더욱 계획적으로 이루어졌을 것이다. 하지만 링컨은 믿을 만한 소식통으로부터, 그랜트는 전쟁 종식이라는 임무를 성공리에 완수하는 것 외에 바라는 게 없다는 사실을 확인했다. 그랜트는 링컨에게 "대통령직에 대한 욕심이 없을 뿐 아니라 링컨 씨를 대통령 의자에 계속 앉혀두는 걸 전적으로 지지한다."라고 단언하는 편지를 보냈었다. 이 편지를 전달한 사절 J. 러셀 존스에게 링컨은 말했다. "여보게, 이 편지가 날 얼마나 기쁘게 하는지 자넨 모를 걸세."

열광하는 군중 속에서 한 시간을 보낸 후, 지칠 줄 모르는 슈어드와 기진맥진한 장군은 접견실에서 스탠턴과 함께 기다리고 있던 링컨에게 돌아갔다. 그들은 그랜트가 위임장을 받게 될 다음날 예식에 관해 세부적인 내용을 이야기했다. 링컨은 장군을 돕기 위해 그랜트에 앞서 자신이 연설할 원고의 사본을 건네주었다. 윌라드 호텔로 돌아간 그랜트는 연필을 들고 종이 반 장을 채울 정도의 짧은 연설문을 썼다. 다음날 오후 연설할 시간이 되자, 그는 "몹시 당황했고 자신이 쓴 글도 읽기 힘들어하면서" 연설 내내 더듬거렸다고 니콜라이는 회상했다.

예식이 끝난 후, 링컨과 그랜트는 은밀히 대화를 나누기 위해 위층으로 올라갔다. 링컨은 예전에는 "지휘관들이 미적거리는" 바람에 백악관에서 군사 명령을 내릴 수밖에 없었지만, 그가 바라는 것은 "책임지고 행동할 사람"이 있어서 자신은 그저 군대에 필요한 물자를 공급하는 데 전력을 다하는 것이라고 말했다. 목요일에 그랜트는 기차로 포토맥 군 본부에 가서 미드 장군과 의논했다. 그가 워싱턴에 돌아왔을 때 링컨은 영부인이 장군을 위한 만찬을 계획 중이라고 알렸다. 그랜트가 가능한 한 빨리 전장으로 돌아가고 싶다며 이를 거절하자 링컨은 웃으며 말했다. "하지만 우린 귀관을 보내드릴 수 없소이다. 그건 햄릿 없는 '햄릿' 연극일 테니까 말입니다." 그런데도 장군은 고집을 부렸다. "대통령님, 무척 영광스럽습니다만, 지금으로선 시간이 너무도 귀해서 '연극'까지 볼 틈이 없을 것 같습니다."

워싱턴을 방문한 후 그랜트는 국민 중의 국민으로 칭송받았다. 하원의원 엘리후 워쉬번은 새로운 중장 계급을 마련하기 위한 법안이 워싱턴에서 논의되는 동안, 그랜트와 길에서 보낸 6일을 자세히 이야기했다. 그랜트는 "말도, 당번병도, 부하도, 야영 막사도, 외투도, 담요도, 심지어 깨끗한 셔츠도 없이

다녔다." 오직 칫솔 하나만 갖고 있던 그는 평범한 병사들처럼 식사하고 아무 것도 덮지 않고 땅바닥에서 잤다. 〈뉴욕 타임스〉는 그가 돼지고기와 콩을 좋아한다고 전하면서, 예전에 장교들의 "맛있는 식사"를 준비했던 요리사들은 "경악"했다고 덧붙였다. "그랜트가 예고 없이 도착했던 날부터 떠나던 날까지, 나흘 동안 워싱턴에 머물며 했던 모든 행동은 대단히 훌륭했다. 그는 겸손하고 조용하되 자신감 있었다. 그 이미지는 그의 남은 정치 경력 내내 지속되었고, 역사에 길이 남았다."고 역사가 윌리엄 맥필리는 말했다.

참혹한 전투

1864년 봄은 유난히 늦어졌다고 베이츠는 일기에 기록했다. 평소에는 4월 초에 꽃 피던 나무들이 그달 말이 될 때까지 잎을 틔우지 않았다. 봄 전투의 시작을 초조하게 기다리던 이들에겐, 며칠 동안 억수같이 비를 뿌리며 폭풍우가 몰아쳤던 험한 날씨가 피할 수 없는 유혈 사태를 막으려는 자연의 시도인 듯 느껴졌다. 스토더드는, 맥클렐런을 막고 번사이드를 방해했으며 게티즈버그 전투 후 리의 탈출을 도왔던 바로 그 "오랜 원수", 즉 "버지니아 주의 붉은 진창" 때문에 그랜트가 꼼짝도 못하고 있다고 추측했다.

링컨은 마침내 원하던 지휘관을 찾았다면서 율리시스 S. 그랜트를 굳게 믿고 있었다. 3월 말, 그해 "가장 심한 눈보라" 속에서 열린 백악관 접견회에서 벤저민 프렌치는 대통령이 무척 즐거운 모습이었다고 기록했다. 또 다시 폭풍이 몰아쳤던 3주 후 어느 날도, 링컨은 여전히 "유쾌하고 즐거운" 표정으로 토요일 접견회의 수많은 방문객을 기쁘게 해주었다. 그 다음 일요일, 링컨은 존 헤이의 방으로 어슬렁거리며 들어가 얼마 전 제퍼슨 데이비스에 대한 리치먼드 심사단의 비난을 읽어주었다. 그는 재미있어하면서 "온 세상이 나를 좋아하는 만큼 심사단이 그를 좋아하는 것 같군."이라고 말했다.

제퍼슨 데이비스가 연맹 내부에서 공격받은 건 당연한 일이었다. 1864년 봄, 제임스 랜달의 표현에 따르면 연맹은 "포위된 나라"였다. "재정은 불안하고 지폐는 휴지조각이 되었으며 대외적인 상황도 밝지 않았다." 반란군의 확신은 흔들림이 없었지만, 시민들은 고통받고 있었다. 외국으로 보내져야 할 연맹 어느 한 쪽의 편지가 〈뉴욕 타임스〉 기자의 수중에 들어갔다. 버지니아 출신의 발신인은 봉쇄와 날뛰는 물가가 생활을 가혹하게 만들고 있다고 전했다. "나폴레옹이 좋아했던 고급 포도주 샹베르탱을 마시고 고급 소고기와 양고기를 먹었던 세련되고 우아한 여인들이 이제는 차나 커피가 뭔지도 모른 채 싸구려 베이컨 한두 쪽으로 하루를 견디면서 감지덕지하는 지경에 이르렀다." 남부에는 "비참한 시민"이 기하급수적으로 늘어나 사회의 밑바닥으로 추락하고 있었다. 리치먼드와 애틀랜타에서는 식량 부족으로 폭동이 일어났고, 의복 공급이 줄어들어 옷 가게들이 약탈당하고 있었다.

제퍼슨 데이비스의 건강은 과로로 서서히 악화되었고, 선천적인 우울증이 점점 깊어졌다. 친구들은 그가 사람을 피한다는 것을 눈치 챘다. 그는 아내 배리나나 가족과 있을 때만 편안해했다. 1864년 4월 마지막 날, 데이비스의 집에 비극이 일어났다. 배리나 데이비스가 다섯 살배기 조지프와 일곱 살배기 제퍼슨 2세를 두고 남편에게 점심을 가져다주러 잠시 2층 사무실에 갔을 때였다. 발코니 난간으로 기어올라갔다가 중심을 잃은 어린 조지프가 벽돌로 포장된 길 위에 떨어져 머리를 부딪치고는 사망했다. 부모는 깊은 슬픔에 빠졌다. 데이비스가 위층에서 혼자 틀어박혀 있는 동안 배리나의 비명이 몇 시간 동안 계속해서 들렸다고 한다. 하지만 급박하게 돌아가는 전쟁 때문에 애도할 시간은 많지 않았다. 링컨처럼 데이비스 역시 봄 전투가 시작되는 건 시간문제라는 것을 알고 있었다.

5월 첫 주, 워싱턴은 "폭풍 전의 고요"처럼 무언가 일어날 것 같은 분위기에 사로잡혀 있었다. 마침내 나무가 꽃을 피웠고 "용기 있는 새 몇 마리"가 노래했지만, 시민들은 봄 햇살을 즐기거나 음악을 연주할 기분이 아니었다.

모두들 조만간 불길한 일이 일어나리라고 생각했다. 그랜트에 대한 신뢰는 여전히 높았지만, 지난 봄 전투에서 대부분 패배했기 때문에 많은 이들이 알 수 없는 불안감을 느끼기 시작했다고 니콜라이는 말했다.

그랜트 중장이 리에 대한 공격을 시작한 후 연락이 뜸해지자, 링컨은 헤이의 표현대로 "다정하면서도 위엄 있는" 편지를 보냈다. 링컨은 장군의 행동에 전적으로 만족한다면서 "무언가 부족한 게 있다면" 무엇이든 보내주겠다고 약속했다. 그랜트는 지금까지 요청한 것들이 모두 재빨리 공급되어 놀랐다며 온화하게 답장을 보냈다. 편지의 마지막 줄은 그와 맥클렐런의 성격이 얼마나 다른지를 구체적으로 보여준다. "제가 기원하는 만큼 성공하지 못한다 해도, 대통령님께서는 아무런 잘못이 없다는 점만은 분명히 말씀드릴 수 있습니다."

링컨은 한 번에 세 방향으로 이동하겠다는 그랜트의 계획에 전적으로 찬성했다. 포토맥 군단은 리를 정면에서 공격해 리치먼드로 퇴각시키고, 셔먼 부대는 애틀랜타 점령을 목적으로 조지아를 지나 동진하며, 버틀러의 부대는 제임스 강에서 리치먼드 북동쪽으로 이동한다는 계획이었다. 링컨은 헤이에게 이 작전은 "수적 우위를 이용해 작전을 펼치기를" 원했던 자신의 의견과 맞아떨어진다고 말했다. 그러나 전투 전날 밤까지도 링컨은 불안을 떨치지 못했다. 링컨은 그랜트를 신뢰하기는 하지만, "리가 공격 지점을 선점하고 유리한 입장을 차지할까봐" 두렵다고 브라우닝에게 말했다.

링컨의 두려움은 현실로 나타났다. 그랜트가 남쪽으로 이동하자, 리는 와일더니스라고 하는 프레더릭스버그 바로 옆 서쪽 지역에서 유리한 고지를 선점하고 그를 기다렸다. 그곳은 넝쿨과 가시 덤불로 빽빽한 미로 같은 바위 골짜기에 있는 미끄러운 소택지여서 까딱하면 목숨을 잃을 수 있는 곳이었다. 험난한 지세는 리의 부대를 감추어주고 그랜트의 무기를 무용지물로 만들었다. 그런데도 그랜트는 리를 집요하게 추격하면서 리치먼드 북동쪽에 있는 콜드 항 쪽으로 몰아붙였다. 양측 대원들은 여기 저기 쌓여 있는 사상자들을 타고 넘어야 했다. 그랜트의 전기 작가는 7주 동안 8만 6000명의 연방군과 연맹군 사상자를 낳은 이 전투를 "잔인한 악몽"이라고 불렀다. "이 세상에 그 토록 피비린내 나는 전투는 없었소. 다시는 이런 일이 일어나지 않기를 바란 다오."라고 그랜트는 전투가 시작된 지 9일 후 아내에게 말했다. 훗날 회고록 에서 그는 "콜드 항에서 이루어진 마지막 공격을 늘 후회했다."고 털어놓았다.

그랜트는 사망한 병사들을 땅에 묻고 수천 명에 이르는 부상병들은 워싱 턴으로 보냈다. 노아 브룩스는 만신창이가 된 용사들을 수송하는 증기선이 부두에 이르렀을 때의 가슴 아픈 광경을 기록했다. "길게 늘어선 구급 마차가 대기 중이었고 고통스러워하는 영웅들은 조심스럽게 들것에 실려나왔다. 그 중에는 아주 가벼운 손길에도 고통스러워하는 이들이 많았다." 증기선이 한 척씩 항구에 닿을 때마다 군중은 "전투에서 찌들고 불구가 된 사람들 중에서, 한때는 당당하고 용감했던" 남편이나 아들, 형제를 찾아낼 수 있을까 하고 배 를 에워쌌다.

워싱턴으로 달려간 엘리자베스 블레어는 "구급마차의 행렬 속에서 고통스 러워하는 사람들의 신음소리를 도저히 감당할 수 없었다."고 말했다. 낙천적 인 슈어드조차 "이 전투를 묘사하려면 결코 하고 싶지 않은 표현, 즉 '가장 끔찍한 전투'였다고 말해야 한다니, 그게 과장이었으면 좋겠다."라며 괴로워 했다. 각료들이 밤마다 모여 전투 소식을 기다렸던 전쟁부의 분위기는 이루 말할 수 없이 암담해서 일상적인 업무를 수행하기도 힘들 정도였다. 존 니콜 라이는 "지난 1년보다 이 몇 주 동안이 훨씬 초조하고 불안합니다."라고 데레 나에게 편지를 보냈다. 그러면서도 "내 마음이 이런한데, 온갖 불행을 감내 하며 길고 고단한 3년을 기다림으로 보냈던 대통령의 마음은 어떨지 모르겠 습니다."라고 덧붙였다.

링컨은 수많은 밤을 뜬눈으로 지새웠다. 끔찍한 상실감과 슬픔을 견디지 못할 것 같은 순간도 있었다. 하지만 내각의 지도자이자 한 나라의 대통령으 로서, 동료와 국민 앞에서 희망과 자신감을 잃지 않는 모습을 보여야 했다.

전쟁부에서 전선의 소식을 기다리는 불안한 시간 틈틈이 링컨은 시간을 내어 극장에 가고, 게티즈버그에 대한 공개 강연에 참석하고, 오페라를 관람했다. 그는 "사람들은 이상하다 여기겠지만, 나는 이 끔찍한 불안감에서 잠시 벗어나 휴식을 취해야 합니다. 그러지 못하면 죽고 말 거요."라고 말했다. 슈일러 콜팩스는 와일더니스 전투가 벌어지고 있던 어느 일요일에 링컨을 찾아갔다. "그는 뒷짐을 지고 집무실 안을 서성이고 있었다. 그가 고개를 들었을 때, 이전에는 한 번도 보지 못했던 슬픈 표정이 눈에 들어왔다." 하지만 그들을 발견하자 링컨은 "빠르게 회복했고" 갑자기 "희망이 가득한 얼굴로" 자신 있게 그랜트에 대해 이야기했다고 콜팩스는 덧붙였다.

링컨은 그랜트에 대한 신뢰를 잃은 적이 없었다. "다른 모든 장군"은 그토록 큰 손실을 입은 후에 언제나 퇴각했지만, 그랜트는 "끈덕진 고집"을 잃지 않았다. 그는, 백악관에 도착해 "후퇴는 없다."는 그랜트 장군의 말을 전한 젊은 기자를 껴안고 이마에 입을 맞추었다. 5월 11일 그랜트의 저 유명한 전보를 읽었을 때는 더욱 기운이 솟았다. "여름 내내 전투가 계속된다 해도 이 전선에서 끝까지 싸우겠습니다."

체이스와 블레어의 갈등

6월 초, 볼티모어에서 공화당 전당대회가 열리자 체이스는 점점 초조해졌다. 지난 3월에 대선 출마를 포기한다고 했으면서도 그는 여전히 상황이 자신에게 유리하게 변하리라는 희망을 간직하고 있었다. 서로우 위드는 체이스의 대선 출마 포기는 "전보다 더 많은 세력을 모아 다시 등장하기 위한 약삭빠른 속임수"일 뿐이라고 대통령에게 경고했다. 이 박식한 정계의 거물은 체이스의 선거 운동에 동참했던 수많은 재무부 직원의 명단을 작성하기도 했다. 어느날 위드는 부패한 재무부 관리가 군수품을 연맹의 목화와 맞바꾸었다는 이야기를 들었다. 이는 공식적인 허가 없이는 자유주와 노예주 사이의 모든 교역을 금지한다는 법을 위반하는 것이었다. 위드는 체이스의 사위 스프레이그가 이러한 음모로 이익을 얻었다고 생각했다. 그는 체이스를 해고하지 않는 링컨의 심중을 이해할 수 없었고, 대통령이 "그에게 묶인 이 무거운 짐을 지고 선거 운동을 하면 반드시 침몰할 것"이라고 주장했다.

한편에서는 체이스와 블레어 가족 간에 쌓이고 쌓인 갈등이 표면화되고 있었다. 막사에서 부대의 병사들과 함께 지내던 프랭크 블레어는 지난 1월 다시 국회로 돌아왔다. 그는 3월 애틀랜타 행군에 맞춰 셔먼의 사령부로 돌아갈 생각이었지만, 먼저 체이스에게 복수를 해야 했다. 한 체이스 지지자가, 블레어가 개인적으로 쓸 술과 담배의 선적 비용으로 8000달러를 청구하여 정부 자금을 사취했다면서 그를 공개적으로 비난했던 것이다. 블레어는 문제의 서류가 위조되었음을 알고 있었고, 그게 재무부 소행이라고 짐작했다. 그는 국회 위원회에 이 문제를 조사하도록 요청했다. 최종 보고는 블레어의 무고함을 입증했다. 문제의 서류는 재무부 중개인이 위조한 것이었다. 이 일에 체이스가 직접 관여했다는 증거는 없었지만, 단단히 벼르고 있던 블레어는 위원회 보고서가 배포되기를 기다렸다가 국회에서 발언했다.

셔먼의 부대로 출발하기 전날, 프랭크 블레어는 의사당을 가득 메운 청중을 향해 나지막이 조사 결과를 요약했다. 하지만 그는 순식간에 자제심을 잃고 체이스에게 분노를 터뜨렸다. "주인의 명령을 받고 개떼가 나를 공격했습니다. 저는 개들을 때려 개집으로 돌려보낸 후 저를 공격한 똥개가 아니라 그 주인에게 책임을 묻고자 합니다." 콜팩스 의장은 블레어에게 위원회 보고에 대해서만 이야기하라고 권고했지만, 블레어 지지자들은 그가 계속 이야기할 수 있게 해 달라고 요구했다. 그는 체이스의 부패와 링컨에 대한 기만, 애국심 결여, 대통령직에 대한 야비한 야망 등을 언급하며 비난을 퍼부었다.

방청석에 있던 엘리자베스 블레어는 그 연설이 당장은 "완벽한 승리"라고 여기면서도 과격한 논조를 우려했다. 그녀는 "분노는 가장 형편없는 변호사이고 복수는 자살행위다.”라고 생각했다. 그녀의 우려는 적중했다. 이 연설로 그간 계속되던 체이스와 블레어 간의 싸움은 더욱 격해졌고 결국엔 두 사람 모두에게 불리하게 작용했다. 체이스의 친구들은 즉시 재무장관에 대한 비난은 “말도 안 되는 중상모략”이라고 반발했다. 기디언 웰스는 블레어의 연설이 “무분별한 억지”라고 여겼고 대통령에게 누가 될까 우려했다. 현명한 해군장관은 체이스와 블레어 모두에게 책임이 있다고 생각하며 둘의 계속되는 불화에 실망했다. “체이스에게는 관용과 아량이 부족하다. 블레어 부자는 이 둘을 다 갖고 있지만, 적개심이 너무 강하다. 이들의 싸움은 공공연하고 도전적이며 냉혹하다.”

체이스는 그날 밤 볼티모어의 공중화장실 박람회에 가기 위해 기차에 오르다가 그 연설에 대해 들었다. 친구이자 하원의원인 앨버트 리들은 그의 전용 칸에 함께 탔다. “그는 엄청나게 분개했다. 넓은 차 칸이 그의 발밑에서 흔들리고 있었다.”고 리들은 회상했다. 체이스는 “연설을 포함한 이 모든 일이 대통령의 지지와 승인으로 이루어졌다.”고 확신했다. 오하이오 하원의원인 제임스 가필드도 이러한 생각에 동의했다. 그는 프랭크 블레어가 체이스의 명성을 해하려는 “특별한 목적”으로 백악관이 보낸 “앞잡이”라고 여기고 있었다. 이 목적을 달성한 링컨은 블레어를 다시 장교로 임관시켰고 이제 다시 전선으로 돌려보내 “국회에서 그가 한 모든 말과 행동을 승인”할 것이라고 가필드는 주장했다. 체이스는 링컨이 블레어와 인연을 끊지 않는 한, 또 다시 사표를 내야 할 것 같다고 리들에게 말했다.

리들과 체이스의 또 다른 친구 루푸스 스폴딩은 “지금 체이스가 갑작스레 사임하는 것은 사실상 그랜트 부대의 심각한 패배와 똑같은 영향을 미칠 것이다.”라고 경고했다. 그들은 링컨이 블레어의 연설 내용을 미리 알고 있었는지 알려 달라고 요구했다.

링컨은 이러한 만남에 대해 적절히 준비했다. 그는 체이스가 명예를 지키기 위해 사임하는 것을 바라지 않았다. 그렇게 되면 공화당 내 급진파와 보수파의 불화를 돌이킬 수 없게 될 것이었다. 그는 방문객들에게 평소처럼 귀를 기울였다. 리들의 회상에 따르면 "우리가 이야기를 마치자 링컨은 따뜻하게 우리의 손을 잡고 '찾아와주어서 대단히 기쁘다.'고 말했다." 그 다음, 체이스가 폼로이 전단 사건 이후 사직서를 제출했을 때, 자신이 체이스에게 보낸 편지를 본 사람이 있느냐고 물었다. 리들이 읽지 않았음을 확인한 링컨은, 편지를 꺼내 "우리의 선동이나 지지 없이 친구들이 한 일에 대해서는 책임질 수 없다."라는 체이스의 말에 자신이 동조했던 부분을 읽어주었다. 그는 프랭크 블레어를 대단히 존경하지만 연설 때문에 화가 나고 굴욕감을 느꼈다고 설명했다. 사실 링컨은 이전에 블레어에게 개인적인 싸움을 하지 말라고 경고한 바 있었다. 링컨은 블레어의 폭언을 듣자마자 "또 다른 벌집"이 뒤집어졌다는 것을 알았고 "그를 다시 장교로 임관한 것"을 철회할까 고려했지만, 셔먼 장군이 프랭크를 얼마나 높이 평가하는지 알게 된 후, 명령을 그대로 두기로 결심했다고 설명했다.

링컨이 "솔직하고 대단히 인상적으로" 상황을 설명했다고 리들은 회상했다. 리들과 스폴딩은 "크게 만족했고" 체이스 역시 그럴 것이라고 링컨에게 장담했다. 또 다시 링컨은 내각과 당의 분열 위기를 극복했다.

재공천

1864년 6월 7일 어느 따뜻한 날, 공화당원들은 대통령과 부통령 후보를 정하기 위해 볼티모어에 모였다. 노아 브룩스는 민주주의의 가장 소중한 권리이자 의무를 수행하기 위해 모여든 국민의 대표를 보고 감동했다. 민주당 역시 전장의 최근 흐름에 따라 그에 대응할 더 나은 기회를 갖기 위해 8월 말까지 전당대회를 미루긴 했지만, 그해 여름 회합을 가졌다.

스물다섯 개 주의 대표들이 '국립 연방당 전당대회'라고 개명한 공화당 전당대회로 몰려들었고, 링컨의 재공천이 확인됐다. 4년 전 링컨이 공천되는 데 크게 기여했던 데이비드 데이비스는 이 자리에 참석할 필요가 없다고 생각했다. "원래는 가려 했지만, 뉴욕과 오하이오 주 전당대회 이후 그럴 필요가 없어졌네. 난 자네가 만장일치로 공천받아야 할 주의 숫자를 세고 있었네. 조금이라도 반대가 있었다면 볼티모어에 갔을 걸세. 하지만 반대 의견이 다 사라졌으니 괜히 고생할 필요가 없더군." 링컨은 데이비스 판사 대신 존 니콜라이를 전당대회에 보냈다. 끝까지 다른 후보를 요구하던 호러스 그릴리조차 대통령이 미국 시민의 가슴에 명예로운 자리를 차지했음을 인정했다. 전당대회가 시작되기 오래전, 공천 위원회는 "민심은 분명히 링컨을 그 후보로 가리켰다."면서 전당대회는 그저 국민의 의지를 확인할 뿐이라고 했다. "워싱턴의 정치가들이 다른 후보를 염두에 두고 있을지도 모르지만, 사실 온 나라는 링컨 외에 다른 사람을 생각하지 않는다."라고 브룩스는 말했다.

물론 반대가 없었던 것은 아니다. 5월 말, 몇 백 명의 불만 세력이 클리블랜드에 모여 존 찰스 프레몽을 소수당의 대통령 후보로 공천했다. 프레몽은 1861년에 자신을 해임한 링컨을 용서하지 못했다. 그의 지지자들은 급진적인 노예제 폐지론자와 실망한 구직자 등이었다. 그들은 노예제를 종식시키는 헌법 수정을 요구하며 공화당을 분열시키고자 했다. 이들의 요구는 의회가 남부 재통합을 이끌고 반란 지역의 사유재산을 몰수해 병사들에게 분배하는 것이었다.

링컨은 프레몽 전당대회에 대한 소식을 기다리며 전신국에 있었다. 수천 명에 이르리라 예상했던 참석자가 겨우 400명에 그쳤다는 소식을 들은 그는 성경의 한 구절을 떠올렸다. 성경의 《사무엘상》 22장 2절을 펼친 그는 큰 소리로 읽었다. "환난 당한 모든 자와 빚진 모든 자와 마음이 원통한 자가 다 그에게로 모였고 그는 그들의 우두머리가 되었는데 그와 함께한 자가 400명 가량이었더라." 볼티모어 전당대회 전날 밤, 링컨은 노아 브룩스와 이야기를 나누었다. 브룩스가 "대통령님의 공천이 확실합니다."라고 말하자, 링컨은

"겸손한 척하지 않고 기분 좋게 인정했다." 링컨은 "전당대회가 노예제를 폐지하는 헌법 수정을 지지한다고 선포하기 바란다."고 말하면서 기자가 입수한 "자잘한 소식"을 하나도 빼놓지 말고 모두 보고해 달라고 부탁했다.

예상대로, 전당대회 초반에는 미주리 주의 대의원들이 대립했다. 블레어를 반대하는 급진파 대표단은 링컨에 대항해서 그랜트를 지지하겠노라 맹세했고, 블레어를 지지하는 보수파 대표단은 링컨을 지지하겠노라 맹세했다. 링컨은 언제나처럼 분열을 가장 우려했다. 링컨은 "고집쟁이, 위선자, 머리카락이 긴 남자, 머리카락이 짧은 여자를 포함한 공화당의 모든 이를" 통합하는 것이 중요하다는 사실을 알고 있었다. 급진파는 1차 투표 후에 링컨에게로 표를 돌려 대통령 공천을 만장일치로 정하는 데 암묵적으로 동의했다.

4년 전 전당대회 이후로 나라가 변했다는 사실은 공화당 강령의 세 번째 결의안을 열렬히 환영하는 우레와 같은 박수를 통해 실감할 수 있었다. "노예제 폐지가 대의다. 우리는 반란에 대항해 힘을 모으겠노라 결의한다. 공화국의 영토에서 노예제의 철저하고 완벽한 근절을 요구한다." 또한 결의안은 "이 거대한 죄악에 치명적인 타격을 입히는" 대통령의 선언서를 존중하면서, 더 나아가 미합중국에서 "노예제를 영원히 금지하기 위한" 헌법 수정을 지지했다. 이어서 "나라를 지키기 위해 목숨을 건" 육군과 해군에 감사하는 결의안에 대해서도 갈채가 쏟아졌다. 하지만 가장 큰 박수를 받은 것은 링컨의 지도력을 지지하는 결의안이었다. "대단한 열광이었다. 링컨의 이름이 나오자마자 그치지 않는 환호성이 터져나왔다."고 브룩스는 전했다. 유일한 반대 발언은 보수파 몽고메리 블레어를 겨냥한 것으로, 강령을 전적으로 지지하지 않는 각료의 "숙청"을 요구하는 과격한 내용이었다. 그러나 링컨을 추천한다는 발언으로 "조화는 회복"되었고, 청중은 일제히 일어났다. 그토록 열광적인 반응은 유례없는 것이었다. 남자들은 손과 모자를, 청중석의 여인들은 손수건을 흔들었고, 악단은 애국가를 연주했다.

그 다음 수순은 부통령 지명이었다. 서로우 위드는 대의원이 아니었지만,

그의 영향력은 부통령으로 앤드루 존슨이 선발되는 데 중요한 역할을 했다. 옛 친구 슈어드의 이익을 위해 늘 열심이던 위드는, 뉴욕의 대니얼 디킨슨이 부통령이 되면 슈어드가 계속 국무장관직을 맡을 수 없게 됨을 단번에 간파했다. 관습적 불문율에 따라, 중요한 직책 둘을 같은 주에 줄 수는 없었기 때문이었다. 위드는 처음에는 햄린을 지지했지만, 이내 디킨슨이나 존슨 쪽으로 여론이 기울어지리라는 것을 눈치 챘다. 결국 위드는 햄린 대신 승리를 거둘 만한 존슨을 지지했다.

전당대회의 결과는 전쟁부의 전신국을 통해 전달되었다. 한 비서는 "나라의 모든 일이 자신의 부서와 관련되어 있다는 것이 스탠턴의 이론"이었고, 이에 따라 "미합중국의 모든 전신"을 전쟁부에 집중시켰다고 말했다. 링컨은 늦은 오후에 한 직원으로부터 존슨의 지목을 알리는 전보를 건네받았다. 아직 자신의 공천 소식을 듣지 못한 링컨은 깜짝 놀랐다. "뭐라고! 대통령보다 부통령을 먼저 지목했단 말이오? 그건 말 앞에 마차를 두는 게 아닌가?" 당황한 전신기사는 대통령이 공천되었다는 전보는 몇 시간 전에 도착했는데, 그때 링컨이 점심식사 중이어서 전보를 곧장 백악관으로 보냈다고 설명했다.

다음날, 대의원들이 임명한 위원회가 백악관에 도착해서 링컨에게 공식적으로 공천 소식을 전달했다. 링컨은 이들의 칭송에 대해, 전당대회가 자신을 "이 나라에서 가장 훌륭한 사람"으로 여긴다고는 생각하지 않는다고 말했다. 그리고 "이와 관련해서 늙은 네덜란드 농부의 이야기가 떠오릅니다. 그는 한 친구에게 냇물을 건너는 동안에는 말을 바꿔 타지 않는 게 좋다고 했지요."라고 말했다. 그날 밤 늦게 오하이오 대표단이 축하하러 왔을 때, 링컨은 겸손하게 전쟁터의 군인들에게로 그들의 관심을 돌렸다. "지금 우리가 원하는 것은, 전당대회나 대통령 선거에서의 승리보다 그랜트 장군 부대의 승리입니다. 여러분께서 그랜트 장군과 그의 지휘 하에 있는 모든 장교와 병사들을 위해 만세 삼창으로 제 말을 마치도록 도와주십시오."

24장

가치 있는 목적을 위해 싸우라

재선 성공

1864년 여름이 다가오고 있을 무렵, 금세 승리를 거두리라는 연방의 희망은 점차 희미해져갔다. 그랜트는 "흔들리지 않는 용기"를 보여주는 리의 부대를 격퇴시키지 못한 채, 피터스버그에서 이들을 포위하기 위해 주둔했다. 한편 셔먼은 거센 저항을 받으며 조지아 주를 지나 진격하고 있었다.

버지니아와 조지아 주에서의 격전에 대해 매일 전달되는 보고는 슈어드와 블레어, 베이츠, 웰스 가족 모두를 불안에 빠뜨렸다. 이들 가족 모두 사랑하는 이들을 전선에 보낸 상태였다. 막내아들 윌리엄을 콜드 항 전투에서 잃을 뻔했던 슈어드의 가족은 밤마다 잠을 이루지 못했다. 프랜시스 슈어드는 큰 아들 오거스터스가 참전했던 멕시코 전쟁을 맹렬히 반대한 바 있었다. 하지만 그녀는 그때와는 달리 윌리엄이 "정당한" 전투에서 "신성한 대의를 위해" 싸우고 있다고 생각했다. 그러면서도 그녀는 "다른 이들처럼 네가 고통받고 있다고 생각하면 견딜 수가 없구나."라고 막내아들에게 말했다.

남편이 해군에 복무 중이고 오빠 프랭크가 셔먼 장군과 함께 애틀랜타로 이동 중이었던 엘리자베스 블레어는 너무나 불안해서 밤마다 몸을 떨었다. 평소에는 쾌활한 그녀의 아버지조차 프랭크가 포로로 잡히면 연맹군이 아들을 죽일 것이라는 생각에 하루도 마음 편할 날이 없었다. 베이츠는 미드 장군과 함께 포토맥 군단에 있는 스물한 살 된 아들 콜터를 걱정했다. 웰스는 열여덟 살인 아들 토머스가 "천진난만하게 스스로를 자랑스러워하며" 그랜트 장군 부대에 합류하기 위해 출발했을 때 형언할 수 없을 만큼 가슴이 아팠다. 그는 일기에 "우리가 다시 만날 수 있을지, 만난다 해도 그가 불구가 되지나 않을지 모르겠다."고 적었다. 불안했던 웰스는 슬픔에 빠져 아무 일도 할 수 없었다. 이들의 고통스러운 불안감은 전국의 수많은 가정이 겪고 있는 공포와 같았다.

링컨은 온 연방이 겪고 있는 슬픔과 불안에 공감하며 전쟁의 공포로 고통받는 이들을 위로했다. 그는 이 피비린내 나는 전쟁이 미국의 모든 도시와 가족들에게 상처를 입혔다는 것을 알고 있었다. 고통받는 국민을 위로하고 용기를 북돋아주어야 할 때였다. 6월 중순, 위생국에서 기획한 필라델피아 대박람회에 갔을 때, 공개 연설을 하기에 더 없이 좋은 기회가 찾아왔다. 수천명의 시민이 인근 지역에서 모여들어 3킬로미터의 광장을 뒤덮었고, "파우스트(괴테의 희곡《파우스트》의 주인공)가 마술의 세계를 여행하며 보았던 수많은 기적"을 되살린 듯한 그림과 조각, 꽃, 동물원, 각종 게임을 즐겼다.

6월 16일 아침 7시, 링컨과 메리, 토머스는 기차를 타고 필라델피아로 향했다. 이들이 여행한다는 소문이 퍼지자, 기차역마다 대통령 가족을 보려는 사람들이 몰려들었다. 정오쯤 역에 도착한 이들은 마차에 올라 호위를 받으며 브로드 가를 지나 콘티넨탈 호텔로 향했다. "거리에는 시민들이 늘어서 있었고, 여인들이 창밖으로 손수건을 흔들었다. 필라델피아에서 오랫동안 들어보지 못했던 엄청난 박수와 환호가 쏟아졌다."고 한 기자는 전했다. 링컨은 그날 오후 호텔이나 박람회장에서 연설하지 않고 그 대신 저녁식사 때까지 기다리기로 했다. 신중하게 작성한 연설이 만찬 때 좀더 정확하게 전달되리라고 그는 생각했다.

"전쟁은 언제나 끔찍하지만, 지금 치르는 전쟁은 그 규모나 지속 시간으로 볼 때 최악입니다."라고 그는 입을 열었다. "전쟁은 재산과 가정을 파괴하고 전례 없는 세금 부담을 낳았습니다. '하늘이 검게 물들었다'고 말할 수 있을 정도로 모든 가정에 슬픔을 안겨주었습니다." 그러면서도 링컨은 청중에게 상기시켰다. "우리는 목적, 바로 가치 있는 목적 때문이 이 전쟁을 인정했습니다. 전쟁은 그 목적이 이루어질 때 끝날 것입니다. 저는 그때가 될 때까지 전쟁이 끝나지 않기를 바랍니다." 그의 강력한 연설과 흔들리지 않는 의지는 청중에게 용기를 주었다.

며칠 후 링컨은 힘겹게 작전을 펼치고 있던 그랜트를 만나기 위해 시티 포인트 본부를 방문하기로 했다. 웰스는 링컨의 신변을 걱정하며 그를 만류했다. 웰스는 이번 여행이 링컨에게 얼마나 중요한지 이해하지 못했다. 링컨은 기운을 차리기 위해 부대와 만나야 했고, 주위 사람들의 사기를 북돋아주어야 했다.

링컨은 6월 20일 초저녁, 해군성 차관보 구스타부스 폭스를 대동하고 증기선 볼티모어 호에 올랐다. 아퀴아 만에서 남쪽으로 180마일 가량 배를 타고 가야 하는 시티 포인트는 도착하는 데 열여섯 시간이 넘게 걸렸다. 그랜트의 부관인 호러스 포터는 "증기선이 부두에 도착했을 때 링컨은 상갑판에서 내려와 길고 앙상한 팔을 뻗어 그랜트 장군의 손을 한동안 꽉 잡고는, 그랜트의 노고에 대해 깊은 사의를 표했다."고 회상했다. 그랜트의 참모들을 소개받은 대통령은 모두에게 다정하게 인사하고 상냥한 말을 건넸다. 친절한 목소리와 진심 어린 태도는 만나는 모든 이들의 마음을 사로잡았다.

"빅스버그의 영웅"이 먹을 만한 "소박하고 실속 있는" 점심식사를 하면서, 링컨은 유쾌한 이야기와 제일 재미있는 농담으로 장군을 즐겁게 만들어주었다. 식사를 마치자, 그랜트는 10마일 떨어진 전선까지 말을 타고 가자고 제안했다. 포터는 "말에 오른 링컨의 바지가 점점 발목 위로 올라가 우스꽝스러워보였다. 마치 나들이옷을 입고 시내로 가는 시골 농부 같았다. 하지만, 링컨을 만난 군사들은 그를 찬양해 마지않았다. 모든 부대에서 환호성이 터져나왔고, 사방에서 열광적인 함성과 다정한 인사말이 쏟아졌다."라고 전했다.

전선에 도착한 대통령은, 리의 부대가 튼튼한 방어막을 구축하고 주둔하고 있는 피터스버그를 오랫동안 "미련이 있는 듯" 바라보았다. 돌아오는 길에 링컨 일행은 흑인들로 이루어진 여단을 지나쳤는데, 병사들은 대통령을 환영하기 위해 달려와 열광하며 "해방자 만세! 대통령 만세!"라고 외쳤다. 이들의 "거침없이 터져나오는 사랑과 애정"에 감동받은 링컨은 눈물을 흘렸고 감격으로 목이 잠겨 대답조차 할 수 없었다.

다음날 링컨은 "더없이 좋은 기분으로" 그랜트와 함께 제임스 강을 거슬러 올라가 버틀러 장군과 엘리자베스 블레어의 남편인 새무얼 필립스 리 제독을 방문했다. 링컨은 버틀러와 그랜트에 대해 이야기를 나누면서 "그랜트는 일단 어느 지역을 점령하면, 그곳을 물려받기라도 한 듯 절대 놓치지 않는다."고 평했다. 점심식사를 마치자 워싱턴으로 갈 시간이 되었다. 작별인사를 할 때 그랜트 장군은 링컨을 한쪽으로 데려가 이렇게 말했다. "제가 리치먼드를 점령할 때까지는 제 소식을 더 이상 듣지 못할 것입니다. 저는 반드시 리치먼드로 진격할 것입니다. 얼마나 많은 시간이 걸리든 기필코 해내겠습니다."

6월 23일 아침, 존 헤이는 링컨이 "햇볕에 검게 그을리고 피곤한 기색이긴 했지만, 건강하고 사기 높은 군대를 보고 원기를 회복해서" 백악관으로 돌아왔다고 전했다. 다음날, 금요일 정기 내각회의에서 링컨의 여행을 만류했던 웰스도 전선으로의 여행이 "그의 몸에도 좋았고, 장군과 부대에 대해 자신감을 얻는 데에도 기여했다"며 긍정적으로 평가했다. 더욱이 링컨은 불안해하는 시민에게 새로 얻은 희망을 전할 수 있었다. 링컨은 한 기자에게 그랜트의 "탁월한 자질과 능력"을 높이 칭찬했고, 또 다른 기자에게는 "자신 있게 군대의 상황"에 대해 이야기했다.

자신이 처한 상황이 무엇을 필요로 하는지 정확히 인식했던 링컨은 부대를 시찰하는 데 가장 적절한 시기를 선택했다. 그랜트와의 대화와 병사들과의 만남은 앞으로 닥칠 힘겨운 시간을 이겨낼 힘을 주었다. 대니얼 골먼은 감성지능에 대한 연구에서 "희망을 갖는다는 것은 힘겨운 도전을 받거나 실패했을 때, 불안감에 압도되거나 좌절에 굴복하지 않는다는 뜻이다."라고 말했다. 희망은 "단순히 모든 일이 잘될 것이라는 긍정적인 생각이 아니라, 목적을 달성할 수 있는 의지와 방법이 있다는 믿음이다." 링컨은 전쟁이 끝날 때까지 수많은 역경을 겪으리라는 사실을 누구보다 더 잘 이해하고 있었다. 하지만 결국에는 북부가 이기리라고 확고하게 믿었다. 그해 6월 그는 노아 브룩스에게 말했다. "1년 반 전에 생각했던 것보다 오늘 우리는 더 전진하고 있습니다. 하나님의 뜻에 따라 우리가 1년 내에 버지니아 주에서 전투를 끝낸다면 저는 만족할 것입니다."

바닥난 인내심

6월 마지막 주, 야망을 품은 재무장관 체이스에게 링컨이 오랫동안 보여주었던 참을성이 마침내 한계를 드러냈다. 사건은 뉴욕 주의 재무부 차관보 존 시스코가 사임을 전했을 때 시작되었다. 시스코는 모든 파벌의 존경을 받던 관리였다. 때문에 링컨은 뉴욕 공화당의 급진파와 보수파를 모두 만족시킬 만한 후임자를 찾기 위해 고심했다. 몇 달 동안 대통령은 뉴욕 친구들의 불평에 시달렸다. 서로우 위드와 에드윈 모건 상원의원 등은 체이스가 세관의 모든 관직에 자기 지지자를 앉히고 있다고 불만을 터뜨렸다.

위드의 소식을 듣고 걱정이 된 링컨은 체이스에게 모건 상원의원과 후임자 문제를 의논하고, 그의 동의를 얻은 후 후임자를 추천하라고 말했다. 체이스는 이 문제에 대해 유력한 뉴욕의 상원의원과 이야기를 나누었지만, 모건의 강력한 반대에도 불구하고 링컨에게 몬셀 필드를 공식 추천했다. 필드는 당시 제3 재부무 차관으로 재직 중이었다. 이 자리는 필드가 체이스를 뉴욕 사교계의 중추 세력에 접근할 수 있게 해준 데 대한 보답으로 특별히 마련한 직책이었다. 재무부 서기 루시어스 치텐든은 그 임용이 기가 막힌 것이었다고 회상했다. 필드는 재무나 정치 분야의 경험이 전혀 없었고, 행정보다는 문학에 재능이 많은 사람이었기 때문이었다.

체이스는 자신의 봉직이 꼭 필요하기 때문에, 국가 재정이 위태로운 마당에 링컨이 성가신 싸움을 하기보다는 논란이 많더라도 추천을 승인하리라 여겼다. 백악관에 추천장을 보낸 다음날 아침, 그는 여느 때처럼 기분 좋게 성경을 읽었다. 하지만 사무실에 도착했을 때 책상 위에 대통령이 보낸 편지를 보고 마음이 편치 않았다. 링컨은 "이번 임명을 승인할 수 없소이다. 이건 모건 상원의원의 강력한 반대 때문입니다."라고 통보했다. 링컨은 체이스와 모건 상원의원이 추천인에 대해 합의해야만 한다고 전했다.

하지만 대통령의 마음을 바꿀 수 있다고 생각한 체이스는 즉시 면담을 요청했다. 링컨이 대답을 하지 않자, 체이스는 혼자 문제를 해결해야겠다고 결심했다. 그는 뉴욕의 시스코에게 전보를 보내 세 달 동안 자신과 함께 지내자고 했다. 시스코의 답변이 도착하기 전에, 그는 면담 요청에 대한 링컨의 답신을 받았다. 링컨은 "귀하와 내가 이야기해서 풀릴 일이 아닙니다."라고 적었다. 나아가 지난 몇 달간 뉴욕 주의 재무부 임용에 대해 비난을 받아왔으며 이 사안에서 모건의 판단을 무시한다면 반발이 일어날 것이라고 설명했다.

체이스는 시스코가 당장 자리에서 물러나 자신의 집에 머물겠다고 하면 문제는 끝날 것이라 여겼다. 하지만 링컨의 면담 거절에 화가 난 체이스는 자신의 임용 권한을 되살려야겠다고 생각했다. 그는 또 다시 거부될 게 확실한 네 번째 사직서로 대통령을 혼내주기로 했다. 사표를 철회하는 시스코의 전보를 동봉한 그의 편지는 "이로써 지금의 문제가 해결될 것입니다."라는 말로 시작되었다. 체이스는 "제 입장이 대통령님과 전혀 다르다고 느낍니다. 힘든 일과 고통스러운 책무가 너무 많아서 계속 이 자리에 있고 싶은 생각이 조금도 없습니다. 그래서 제 사직서를 동봉합니다."라고 적었다.

링컨은 집무실 책상에 앉아 있다가 재무장관의 편지를 받았다고 훗날 회상했다. "편지를 열어본 나는 첫 번째 문장을 확인하고 이 문제가 잘 조정되었다고 추측했다. 안심이 된 나는 편지를 봉투에 넣어 책상에 내려놓고 계속 업무를 보았다. 3시까지 한없이 사람들이 드나들었고 체이스의 편지에 대해선 까맣게 잊고 있었다. 혼자 탁자에 앉아 늦은 점심을 먹고 있을 때 체이스의 편지가 떠올랐고 위층에 올라가자마자 답장을 보내야겠다고 생각했다. 집무실에 돌아가서 펜과 종이를 들고 편지를 쓸 준비를 하다가 우선 편지를 다 읽어야겠다는 생각이 들었다. 그래서 편지를 꺼내 들었는데 봉투에서 또 다른 종이가 바닥에 떨어졌다. 그것을 주어서 읽은 나는 중얼거렸다. '이건 전혀 다른 이야기로군!' 그의 사직서였다.

나는 펜을 입에 물고 잘근잘근 씹었다. 오래 생각하지 않았다." 링컨은 재빨리 체이스의 말뜻을 알아차렸다. 체이스는 "귀하의 행동은 옳지 않습니다. 제게 미안하다고 말하고, 계속 남아있어 달라고 부탁하십시오. 제가 알아서 모든 일을 하되 대통령님께서 간섭하지 않겠다는 데 동의하지 않는 한, 아무리 부탁해도 사직할 것입니다!"라고 말하고 있었다. 링컨은 이 뻔뻔한 태도를 더는 참을 수 없었다. 그는 입에 물고 있던 펜을 쥐고 답장을 쓰기 시작했다.

링컨은 퉁명스럽게 서두를 꺼냈다. "재무장관의 사직서는 수리되었습니다. 귀하의 능력이나 충성심에 대해서는 지금도 의심하지 않습니다. 하지만 우리 둘 다 공적 관계에서 서로 곤란한 지경에 이르렀고, 이제는 극복할 수 없으며 공익을 위해 지속될 수도 없는 듯합니다." 다음날 아침 일찍, 링컨은 존 헤이를 집무실에 불러, 상원이 소집되자마자 체이스의 사직 소식과 함께 오하이오 주지사를 지냈던 데이비드 토드를 그 후계자로 추천한다는 소식을 전하라고 했다. "난 더 이상 참을 수 없다고 생각하네." 대통령이 중대한 잘못을 저지르는 게 아닐까 걱정했지만, 충성스러운 헤이는 목사가 개회 기도를 하고 있을 때 국회의사당에 도착했다.

아직 대통령의 편지에 대해 몰랐던 체이스는 일을 계속해 달라는 링컨의 사과 요청을 예상하며 업무를 시작했다. 그는 링컨이 직접 자기 사무실에 와서 얼싸안으며 또 다시 얼마나 자기가 필요한지 이야기하리라 생각했다. 아침식사를 마치고 사무실에 갔을 때 그는 즉시 국회의사당으로 와 달라는 메인 주 상원의원 페센든의 전갈을 받았다. 체이스를 만난 페센든은 괴로워하며 물었다. "자네, 사임했나? 난 상원에 호출되어 대통령이 자네 후임자의 추천서를 보냈다는 이야기를 들었네." 아연실색한 체이스는 사직서를 보낸 건 사실이지만 수락되었는지는 몰랐다고 설명했다.

즉시 재무부로 돌아간 체이스는 링컨의 편지를 발견했다. 링컨이 그들 관계가 "서로 곤란한 지경"에 이르렀다고 말하는 부분을 읽고, 그는 말문이 막혔다. 그날 밤 일기에 체이스는 이렇게 기록했다. "나는 대통령 때문에 곤란한 적이 숱하게 많았다. 하지만 그가 왜 나 때문에 곤란하다고 하는지 이해할 수 없다. 내가 파벌과 당파, 도당, 개개인의 주장에 따라 공직을 분배하지 않고 적임자를 공직에 앉힌 게 곤란하단 말인가." 니콜라이와 헤이의 표현에 따르면 "고매한 생각으로 완전무장"하고 독선에 눈 먼 체이스는 경험 없는 필드를 택할 때 대통령 아닌 자신이 능력보다는 파벌을 근거로 임용했음을 인정하지 않았다.

이 뜻밖의 소식은 빠르게 워싱턴에서 퍼져나갔다. "상원의원들은 놀라서 아무 말도 하지 못했다."고 노아 브룩스는 전했다. 상원 재정위원회 위원들은 긴급회의를 소집하고 단체로 백악관에 가서 강력하게 항의하기로 했다. 링컨은 이 혼란기에 체이스를 잃는 데 대한 그들의 걱정 어린 말과 토드의 후임자 자격에 대한 의심에 찬 소리에 참을성 있게 귀를 기울였다. 이들의 말이 다 끝나자 링컨은 체이스의 예전 사직서들과 매번 내각에 체이스를 붙잡아두었던 자신의 관대한 답장을 꺼내 큰 소리로 읽어주었다. 그리고 "체이스 씨에게 대통령이 되겠다는 야망을 품을 권리가 있다는 데 동의하지만, 경솔한 체이스의 친구들 때문에 문제가 너무 복잡해져서 우리는 서로 만나는 것을 꺼려했습니다."라고 덧붙였다. 실제로 최근 몇 주 동안 체이스는 정기 내각회의에도 거의 참석하지 않았다. 그리고 링컨은 상황이 "참을 수 없게" 되었고, 이번 논란은 그저 "인내의 한계를 넘는 것"이었다고 단호히 말했다. 위원회는 만족하지 못했지만 최소한 상황이 어떻게 돌아가고 있었는지를 파악하게 되었다.

체이스의 친구이자 매사추세츠 하원의원인 새무얼 후퍼는 그날 오후 늦게 대통령을 만나러 갔다. 그는 체이스의 사직으로 "대단히 불안하고 가슴 아프다"고 말했다. 루시어스 치텐든은 이 나라에 그를 대신할 만한 사람이 한 명도 없다면서, 체이스를 잃는다면 또 한 번의 불 런 패배보다 더 큰 손실을 입게 될 것이라고 말했다. "어떻게 된 일인지 말씀드리겠소이다. 나쁜 습관에 빠지는 건 쉬운 일이지요. 체이스는 두 가지 나쁜 버릇을 갖게 됐다오. 그는 자신이 나라에 없어서는 안 되는 존재라고 생각하고 있소. 게다가 자신이 대통령이 되어야 한다고 생각하오. 그 점을 의심하지 않는답니다." 이 두 나쁜 버릇 때문에 체이스는 성미가 급해지고 화를 잘 내게 되었고, 행복하지 못한 사람이 되었다고 링컨은 설명했다.

링컨은 잠시 말을 중단했다가 곧 이어 "하지만 체이스만큼 대법원장의 임무를 훌륭하게 수행할 사람은 연방에 없습니다. 기회가 있다면 난 그를 미합중국의 대법원장으로 만들 겁니다."라고 말했다. 링컨이 이처럼 자신에게 큰 고통을 안겨준 사람에게 조금도 복수심을 품지 않았다는 것은, 그가 자잘한 복수심보다는 더 숭고한 동기에서 영향을 받았다는 사실을 증명한다고 치텐든은 말했다.

하지만 링컨은 실제로 놀라울 정도로 관대한 영혼의 소유자면서도 동시에 영리한 정치가이기도 했다. 그가 치텐든에게 대법원장 이야기를 꺼낸 것은, 그렇게 하면 체이스의 사임에 대해서 국민의 반대가 줄어들 것이라는 걸 알고 있었기 때문이다. 링컨은 후퍼 하원의원에게도 비슷한 이야기를 했다. 링컨은 대화를 편안하게 이어가면서 장관에 대한 호의적인 견해를 전하고, 체이스와의 관계가 이렇게 어색하고 불편해진 것은 정말 안타까운 일이라고 말했다. 후퍼가 이 대화를 친구에게 전했을 때, 감동한 체이스는 "그러한 선의의 표현"이 사임 전에 이루어졌다면 달리 행동했을 것이라고 주장했다. 그러나 불행히 지금은 너무 늦었다.

전국은 체이스의 사임 소식에 당황하고 안타까워했다. 〈시카고 타임스〉는 그가 "재무의 귀재"이며 "그의 이름은 금세기 가장 훌륭한 재무 행정가로 역사에 길이 남을 것이다."라고 보도했다. 그릴리의 〈트리뷴〉은 더 나아가 "체이스 씨는 클레이와 웹스터, 컬훈 등이 세상을 떠난 이래 공직을 떠난 소수의 위대한 사람들 중 한 명"이라고 주장했다.

적당한 후임자를 찾는 일이 무엇보다 중요했다. 데이비드 토드가 그 직책을 맡을지는 확신할 수 없었다. 이 전직 주지사가 건강을 이유로 임명을 고사하자, 성급한 선택을 했을지 모른다며 걱정하던 링컨은 잠을 못 이루면서 고민하다가 더 없이 완벽한 해결책을 찾았다. 처음부터 고려했어야 하는 너무나 완벽한 후보는 바로 윌리엄 페센든이었다. 다음날 아침, 그는 헤이에게 말했다. "첫째, 그는 세상일에 통달하고, 상원의 재정위원회 의장이라 재무부 문제에 대해 체이스만큼 많이 아네. 둘째, 그는 전국적으로 유명하고 국민의 신뢰를 받고 있네. 셋째, 그는 급진적이네. 하지만 많은 급진주의자들처럼 오만하거나 악의적으로 화를 내지는 않네."

기분이 좋아진 링컨은 헤이에게 상원에 가져갈 페센든의 공식적인 추천장을 건넸다. 헤이로부터 페센든이 접견실에서 기다리고 있다는 이야기를 들었을 때, 링컨은 "그를 들어오시라 하고, 자넨 당장 상원에 가게."라고 말했다. 링컨은 페센든이 내켜하지 않을 수도 있다고 생각했다.

링컨은 페센든을 따뜻하게 맞이했고, 그가 재무장관직에 적합한 몇몇 후보를 제안하는 몇 분 동안 정중하게 귀를 기울였다. 그러나 결국 링컨은 미소를 지으며 말허리를 자르고는, 다른 이를 추천할 필요가 없다고 말했다. 그리고 자신은 적임자를 찾았으며 페센든을 지목하는 추천장이 이미 상원으로 가는 길이라고 전했다. 페센든은 벌떡 일어나 "철회하셔야 합니다. 전 수락할 수 없습니다!"라고 소리쳤다. 그는 건강이 좋지 않다고 설명하면서 새 직책을 맡으면 부담감 때문에 자신이 죽을지도 모른다고 말했다. 링컨은 "거절은 나중에 하십시오. 전 추천장을 취소하지 않을 테니까요."라고 대답했다. 페센든은 일단 좀더 생각해보겠다고 약속하고 돌아갔다.

상원으로 돌아간 페센든은 동료들이 그의 임명을 만장일치로 승인했음을 알게 되었다. 따뜻한 호의와 축하인사에 둘러싸인 그는 동요하기 시작했다. 그는 "나라를 위해 임용을 수락하라고 우기는 전보가 수없이 쏟아져 들어왔다."고 훗날 회상했다. 하지만 그는 여전히 재무장관직의 엄청난 업무로 인해 죽을지 모른다고 두려워하고 있었기 때문에, 그날은 그에게 가장 보람차면서도 가장 괴로운 날이었다. 늘 무뚝뚝한 스탠턴은 페센든에게 "나라를 구하기 위해 노력하다 죽는 일보다 더 좋은 일은 없소."라고 말했다.

하지만 다음날 아침 백악관으로 가는 페센든의 손에는 추천을 거절하는 편지가 들려 있었다. 대통령은 그의 마음을 바꾸기 위해 최선을 다해 설득했다. "이러한 위기에는 희생을 해야 하고 심지어 목숨도 바쳐야 한다고 링컨은 말했다. 하나님은 자신이나 나라를 버린 적이 없었고, 자신이 나를 선택한 것은 하나님이 그를 저버리지 않았다는 특별한 증거라고 말했다."고 페센든은 회상했다.

결국 페센든은 나라가 위험한 마당에 계속 거절할 수는 없다고 느꼈다. 모두가 페센든의 입각을 환영했다. 〈시카고 트리뷴〉은 많은 북부 신문들과 마찬가지로 "그는 확실한 재무 능력을 갖고 있으며 더할 나위 없이 정직한 사람이다."라고 평했다. 급진주의자들은 그가 자기네 편이라고 생각했고, 보수주의자들은 그의 지혜와 경험에 갈채를 보냈다. 엘리자베스 블레어는 남편에게 "그는 정직합니다. 그리고 제퍼슨 데이비스의 부인은 언젠가 그를 두고 공화당 상원의원 중에서 가장 유능한 사람이라고 했지요." 상원 재정위원회에서 일했던 그를 오래전부터 알고 있던 재계는 안도의 한숨을 쉬었다. 페센든은 장관직 수락 며칠 후 "나는 우리나라에서 가장 인기 있는 사람이다."라고 말했다. "그렇게 내 공직생활은 끝났다."고 체이스는 6월 마지막 날 일기에 기록했다. 그는 자신이 군부대 지원을 위한 재정을 확보할 수 있도록 많은 기초를 다져놓았다고 생각했지만, 아직 그 일이 마무리되지 않았음을 알고 있었다. 그리고 지금부터는 실질적으로 아무런 영향력도 행사하지 못할 것이었다.

체이스가 자신의 사임 때문에 각료들이 놀라워하고 유감스러워하기를 바랐다면, 실망뿐이었을 것이다. 그의 사직이 선포된 날 밤에 블레어와 베이츠는 웰스를 방문해 이 놀라운 사건에 대해 의논했다. 모두들 놀라긴 했지만, 그가 떠나는 것을 유감스러워하는 이는 없었다. "내겐 축복 같다."고 웰스는 말했다. 여러 번에 걸쳐 웰스는 체이스의 성품에 대한 의심을 일기에 기록하면서 그에겐 "잘못을 인정할 용기와 솔직함"이 부족하다고 했다. 베이츠도 체이스의 사임을 환영하면서, 체이스와 다른 각료들의 관계는 오래전부터 "진실하지" 못했다고 말했다. 온 가족과 함께 체이스를 불구대천의 원수라 여겼던 몽고메리 블레어는 감격했다. 다른 각료들과 달리 슈어드는 체이스의 사임을 환영한다는 표현은 하지 않았다. 그저 "내각의 위기"가 나라에 "심각한 충격"을 야기하지 않았다는 안도감을 프랜시스에게 전했을 뿐이었다. 지금의 대변동은 링컨이 자신의 충고에 따르지 않고 연합 내각을 만들었던 "내각 첫날"부터 시작되었다고 그는 생각했다.

체이스는 워싱턴을 떠날 준비를 하면서, "언제나 따뜻하고 다정했던" 스탠턴이 자신을 만나러 온 유일한 동료였다고 서글픈 듯 기록했다. "내가 사임한 이후 나를 만나러 온 장관은 한 명도 없었다." 비탄에 빠진 체이스는 링컨이 그토록 갑작스레 자신의 사표를 수락한 이유를 찾아보았다. 그가 찾아낸 이유를 보면, 그가 기가 막힐 정도로 자신의 잘못을 조금도 인정하지 않았다는 것을 알 수 있다. "그와는 다르게 내가 지나치게 진지하고, 적극적으로 노예제를 반대해서, 그러니까 너무나 급진적이어서 링컨이 나를 내각에 붙잡아두려 하지 않았다는 것 말고 다른 이유가 있는지 모르겠다." 점점 우울해지던 그는 또 다른 이유를 찾아냈다. 그건 자신이 독실한 신자로서 무뚝뚝하게 굴었기 때문이고, 그래서 늘 정치인으로서 성공하지 못했기 때문이라는 것이었다. 체이스는 "문제는 내 성격이 까다롭다는 것이네. 사실 나는 이번 전쟁에 대해 농담을 할 수 없었거든."이라고 친구 화이트로 리드에게 말했다.

체이스는 내러갠싯의 스프레이그 저택에서 지내고 있던 케이트에게 마음이 무거웠다고 털어놓았다. "내가 관직에 남아 있어야 한다고 주장했던 친구들의 뜻을 거슬렀지만, 그동안 내가 얼마나 많이 참아왔는지 너는 알겠지." 그러면서 그는 좀더 빨리, 즉 프랭크 블레어의 공격 직후에 사직했어야 했다고 후회했다. "보수파의 공경에 맞서 급진파를 용맹스럽게 옹호하다가 떠났을 수도 있었는데 이렇게 내 직책을 그만 두다니, 치욕스럽구나." 그리고 그는 "어깨를 짓누르던 짐에서 벗어나긴 했지만 시작한 일을 마치지 못해" 유감스럽다고 했다.

다시 위기에 처한 워싱턴

링컨이 페센든을 재무장관으로 임명하자 국회의 급진주의자들은 링컨에게 호의를 보였다. 하지만 1864년 7월 2일 의회에서 통과시킨 남부 재통합 법안에 그가 서명하지 않자, 그에 대한 신뢰는 빠르게 무너졌다. 벤 웨이드와 헨리 윈터 데이비스가 지지한 이 법안은, 탈퇴한 주를 다시 연방으로 돌려놓는데 엄격한 기준을 둘 것을 규정한 것이었다. 이 법안은 링컨이 지난 12월에 선포한 좀더 관대한 계획과는 크게 달랐다. 링컨은 개개 주를 가능한 빨리 복귀시키자고 제안했다. 이 주들이 연방에 돌아오면 남부의 사기가 떨어져 전쟁이 빨리 끝날 것이라고 생각했기 때문이다. 그러나 웨이드-데이비스 법안은 전쟁이 완전히 끝날 때까지 남부 재통합에 대한 모든 시도를 미루고 있었다. 이 법안은 남부 재통합이 시작되기 전에 10퍼센트가 아니라 주민의 과반수가 헌법에 대한 충성을 맹세하도록 요구하고 있었다. 게다가 연맹에서 공직이나 군직에 있던 사람과 타의로 무장했음을 증명하지 못한 사람은 투표권을 주지 않도록 했다. 결국 법안은 국회의 명령에 의한 노예해방을 강요했는데, 링컨은 그러한 조처가 헌법의 권한을 넘어선다고 생각하여 그 대신 노예제가 복구될 수 없도록 보장하는 헌법 수정을 제안했다.

링컨은 법안을 공식적으로 거부하지 않으면서 포켓 거부권이라 불리는 조항을 이용했다. 이 조항에 따르면 국회가 휴회했을 때 아직 서명되지 않은 채 대통령의 책상에 놓여 있는 법안은 효력을 갖지 못했다. 서면으로 쓰여진 성명서에서, 그는 개개 주가 법안의 계획을 받아들인다면 이에 이의를 제기하지는 않겠지만, 모든 주에 하나의 유연성 없는 체계를 적용하는 것은 현명한 일이라 할 수 없다고 설명했다. 노아 브룩스와 이야기하던 링컨은 프로크루스테스(고대 그리스의 강도로 여행자를 잡아 쇠 침대에 눕히고 침대 크기에 맞게 키 큰 사람의 다리는 자르고 작은 사람은 잡아 늘렸다고 한다)가 만든 저 악명 높은 침대에 웨이드-데이비스 법안을 비유했다.

링컨은 급진파들이 이 법안을 밀어붙이기로 결정한다면 자신이 정치적인 피해를 입으리란 사실을 알고 있었다. 하지만 그는 이렇게 말했다. "올바르게 정신을 유지해야 하네. 내 안에 원칙과 기준을 세워두어야 하지." 그는 웨이드와 데이비스가 자신을 신랄하게 비판하는 성명서를 발표하기 며칠 전부터 이러한 확신으로 마음을 다잡고 있었다. 그는 자신이 법안을 계류(繫留)한 것에 대한 그들의 분노에는 놀라지 않았지만, 도를 넘은 비난의 신랄한 어조에 가슴 아파했다. "친구들에게서 상처받는 것은 사람에게 일어날 수 있는 가장 큰 고통일 것입니다."라고 그는 브룩스에게 말했다. 이는 1855년 첫 번째 상원의원 선거에서 낙선했을 때 느꼈던 것과 똑같은 감정이었다. 게다가 이번에는 급진파의 반대가 공화당을 분열시켜서, 그가 대통령 임기 내내 유지하려고 노력했던 단결을 무너뜨릴지 모른다는 생각에 더욱 가슴이 죄여왔다.

7월 첫 주 동안, 그 규모를 짐작할 수 없는 반란 세력이 셰넌도어 계곡을 지나 워싱턴을 향해 북진하고 있다는 소문이 나돌았다. 이 소문을 들은 엘리자베스 블레어는 가슴이 덜컥 내려앉는 것 같았다. 그녀는 연맹군이 실버 스프링 강을 지나면 부모님의 집과 오빠 몽고메리의 집이 화를 입으리라고 두려워했다. 그녀는 아버지에게 경고했지만, 그의 마음은 다른 곳에 있었다. 그와 몽고메리는 몇 주 동안 펜실베이니아 산맥으로 사냥과 낚시 여행을 떠날 계획이었다. 일흔세 살의 블레어는 2주 간의 유쾌한 휴가를 기대하며, 7월 4일 아들 프랭크에게 보내는 편지에서 이 즐거운 소식을 전했다. 두 손자도 함께 갈 예정이었다. 한편 블레어 집안 여자들은 케이프 메이로 향했다.

몽고메리는 엘리자베스의 충고를 듣고 처음에는 걱정했지만, 연맹군이 하퍼스 페리에서 저지되었다는 전쟁부의 잘못된 정보를 들은 후 안심해도 되겠다고 생각했다. 결국 그와 아버지는 펜실베이니아 산맥으로 출발했다. 이들의 출발을 막지 못한 엘리자베스는 케이프 메이로 출발하기 전에 고향 집으로 은과 그 밖의 귀중품을 옮기라고 어머니를 설득했다. 하지만 어머니는 "집을 갈기갈기 찢지 않겠다."면서 이를 거절했다.

엘리자베스 블레어의 걱정은 괜한 것이 아니었다. 리치먼드 남쪽으로 이동해 후방에서 피터스버그를 공격하려는 그랜트의 움직임을 정탐한 리는, 이틈을 타 워싱턴을 불시에 점령하기 위해 주벌 얼리 장군과 15만 명의 부대를 북쪽으로 보냈다. 얼리 장군은 몇 주에 걸쳐 들키지 않고 대군을 이동시켰고, 7월 5일에는 포토맥 강을 건너 메릴랜드 주로 진입했다. 이때에는 훗날 《벤허》의 작가로 유명해진 류 월리스 장군 휘하의 잘 훈련되지 않은 부대만이 유일하게 수도로 가는 길을 지키고 있었다. 월리스는 얼리 병력의 반도 안 되는 군인들로는 적을 퇴각시키지 못하리라는 사실을 알았지만, 잠시라도 진격을 저지하여 워싱턴이 공격에 대비할 시간을 벌어야 한다고 생각했다. 양측은 7월 9일 모노커시 강에서 만났다. 당시 대령이었던 젊은 윌리엄 슈어드는 이 치열한 전투에 참전했다. 그는 "전투는 거의 온종일 지속되었고, 결국 우리 부대가 월등한 숫자에 제압될 때까지 쉴 새 없이 맹렬히 싸웠다."고 오랜 후 자랑스레 회상했다. 전투 중 윌리엄이 타고 있던 말이 총에 맞아 젊은 대령은 말에서 내동댕이쳐졌고 다리가 부러졌다. 낙마했을 때 연맹군에 둘러싸여 있던 윌리엄은 포로로 잡힐 게 틀림없었다.

슈어드 장관은 전쟁부에서 아들의 소식을 초조하게 기다렸다. 자정이 지나 막 집으로 돌아갔을 때, 스탠턴이 윌리스 장군이 전한 실망스러운 소식을 들고 나타났다. 윌리엄이 부상당했고 포로로 잡혔다는 소식이었다. "그날 밤 아무도 잠들지 못했다."고 프레더릭 슈어드는 회고했다. 아침이 되자 오거스터스는 상황을 조사하기 위해 볼티모어행 첫 기차를 탔다. 오후 3시, 오거스터스는 좀더 희망적인 전보를 보냈다. 윌리엄이 다친 건 사실이지만, 붙잡히지는 않았다는 내용이었다. "윌리엄은 한 부하의 도움으로 가까스로 숲으로 피했고, 노새에 올라 손수건을 고삐로 쓰면서 밤새 수 마일을 힘들게 나아가 부대와 다시 합류하는 데 성공했다."

모노커시 강에서의 승리로 연맹군은 워싱턴을 향해 막힘없이 진격할 수 있었다. 버지니아 주에서 데이비드 헌터 장군의 연방군이 그랬던 것처럼, 반란군은 마을을 헤집고 다니며 철로와 상점, 공장, 집을 파괴했다. 실버 스프링에 도착한 그들은 몽고메리의 포클랜드 저택을 습격했다. 몽고메리 블레어의 목수는 "부대가 곧장 문을 부수고 들어와, 온 집안을 샅샅이 뒤져 약탈했고 모든 걸 다 부수었습니다."라고 전했다. 다음날 밤, 연맹군은 이 집을 불태웠고 검게 변한 폐허만 남았다.

엘리자베스 블레어는 아버지의 집에도 적군들이 침입했고, 병사들 중 한 사내가 베티의 승마복을 입었으며, 또 다른 이는 조상들의 빨간 벨벳 실내복을 입었다는 이야기를 들었다. 다른 병사들은 코트와 유니폼을 입고 잔디밭에서 "까불거리며" 춤을 추었다. 엘리자베스가 비난했던 이 "완벽한 잔치"는 주벌 얼리와 존 브리킨리지 장군이 도착했을 때 바로 중단되었다. 브리킨리지는 약탈하는 병사들을 비난하며, 훔친 물건들을 돌려놓으라고 지시했다. 흐트러진 문서와 서류는 회수해 보관하도록 했다. 그는 얼리에게 나무와 포도원, 관목, 말, 작물을 보호하기 위해 구내에 보초를 세우도록 해 달라고 요청했다. 얼리가 "이 군사작전에서 우리가 그토록 많은 손실을 입었는데, 왜 고작 집 한 채에 안절부절 못하오?"라고 묻자, 브리킨리지는 이곳이 "산맥 이쪽에서 고향으로 느껴지는 딱 한 곳"이기 때문이라고 대답했다. 그는 몇 년 전 인생에서 가장 힘든 시간을 보내고 있을 때, 한 노신사가 자신을 이곳으로 데리고 와서 "피난처이자 쉴 곳"을 마련해주었다고 설명했다. 한 이웃은 아버지 블레어에게 브리킨리지가 그의 집과 재산을 지키느라 큰 소동을 벌였다고 전했다.

집에 돌아온 블레어 부자(父子)는 망토에서 메모 한 장을 발견했다. 연맹 장교가 쓴 메모에는 "이 집이 입은 피해에 대해 죄송하게 생각합니다. 특히 여인들의 물건에 폐를 끼쳐 유감입니다."라고 적혀 있었다. 엘리자베스는 "예전에 베푼 음덕이 우리에게 돌아왔다."며 놀라워했다.

연맹군이 모노커시와 실버 스프링 강에서 시간을 지체하는 사이, 워싱턴은 방어 체제를 갖추었다. 처음에 공황 상태에 빠졌던 스탠턴은 비서를 보내 전쟁부 금고에서 자신의 채권과 금을 꺼내 집의 매트리스 아래 두도록 했다. 하지만 그는 곧 링컨의 침착한 태도를 본받았고, 이후 두 사람은 위기를 극복하고자 한 몸처럼 협력했다. 이들은 유명한 제6군단을 데리고 수도를 향해 달려오던 그랜트에게 서둘러 달라고 전보를 보냈다. 그 다음에는 민병대를 소집했고, 머스킷 총을 정부 직원들에게 지급했으며, "요새와 참호를 지킬 수 있을 만큼 회복한 모든 부상 군인들"에게 군대로 복귀하라고 명령했다.

긴장된 시간 속에서도 링컨은 내내 유쾌하고 자신만만했다고 존 헤이는 전했다. 대통령은 "워싱턴의 안전에 대해 조금도 불안해하지 않았다. 그의 유일한 걱정은 전선에서 적군을 궤멸할 수 있느냐는 것뿐인 듯했다." 평소 흥분을 잘하던 스탠턴도 침착함을 유지했다. "스탠턴은 예전과 달리 조금도 불안해하거나 두려워하는 기색을 보이지 않았다.”고 웰스는 흡족한 듯 말했다. 연맹군이 지나는 길목에 살고 있던 농부들이 두려움에 떨며 워싱턴으로 몰려오자, 대통령과 전쟁장관은 함께 무개마차를 타고 거리로 나가 사람들에게 침착한 모습을 보여주었다. 정부가 침착하게 대응하자 혼란에 빠져 있던 워싱턴 시민들도 안정을 되찾을 수 있었다.

반란군은 국회의사당의 둥근 지붕이 눈에 들어오는 곳까지 진격했다. 그러나 공격할 기회는 사라졌다. “앞장선 사단의 제1여단이 정렬하기도 전에 워싱턴 쪽에서 일어난 먼지 속으로 그랜트의 증원부대가 보였다.”고 얼리 장군은 훗날 회상했다. “연방의 방어시설을 조사해보니 너무나 튼튼했고, 하단에서 엄청나게 많은 수의 총이 이쪽을 겨누고 있는 게 보였다. 끝 간 데 없이 뻗어 있는 토루는 난공불락인 듯했다.”

그러나 얼리는 철수하지 않았다. 그는 북군에게 자신이 얼마나 가까이 있는지 보여주기로 결심하고, 소규모 병력을 보내 스티븐스 요새에서 연방군과 싸우도록 했다. 며칠에 걸쳐 소규모 전투가 계속되었고, 그동안 링컨은 흉벽에서 전투를 지켜보았다. 한 번은 메리, 또 한 번은 슈어드, 웰스와 함께였다. 무수한 총알이 향하는 곳에 서 있는 키 큰 대통령의 모습은 그 자리에 있던 이들에게 깊은 인상을 주었다. “대통령은 대단히 침착하고 위험을 무시하는 듯했다.”고 호라티오 G. 라이트 장군은 회상했다. “그의 옆에 서 있던 한 군의관이 총에 맞았는데 그런데도 그가 자기 자리를 계속 지키고 있어서, 어서 피신하라고 그를 설득해야 했다.” 결국 링컨은 흉벽 위에 서는 대신 그 뒤에 앉아 있겠다고 타협했다. 그런데도 링컨은 가끔씩 일어섰다. 대통령의 안전이 걱정된 한 젊은 대위는 “앉아, 멍청한 자식아!”라고 외치기까지 했다.

상황이 여의치 않자 얼리는 목적을 달성하기 위해 진격했던 것만큼 빠르게 퇴각했다. 스탠턴의 측근 찰스 데이나는 그가 탈출하도록 내버려둔 것은 “터무니없는 실수”였다고 지적했다. 핼렉 장군에게 비난이 쏟아졌다.

폐허로 변한 자신의 집을 보고 신경이 날카로워진 몽고메리 블레어 또한 핼렉을 겨냥해 워싱턴의 명령 체계에 공공연한 분노를 터뜨렸다. 몽고메리 블레어의 비난 연설 소식을 들은 핼렉은 즉시 스탠턴에게 분노에 찬 편지를 보냈다. "존경하는 우정장관 블레어 씨께서 오늘 아침 메릴랜드의 집 화재에 대해 언급했습니다. 그리고 '워싱턴을 지휘하는 장교들은 겁쟁이다. 실버 스프링 거리에는 고작 500명이 안 되는 반란군이 있었고, 당시 아군은 100만 명이나 무장하고 있었는데 이런 일이 일어나다니 그야말로 불명예스럽다.'고 했다는 소식을 들었습니다." 핼렉은 "목숨을 걸고 싸우는 장교들을 대신해, 장관의 그 도매급으로 쏟아낸 비난이 미합중국 대통령의 승인을 받은 것인지를" 알고 싶다고 요구했다. "만약 그렇다면 비난받은 장교들의 이름을 군대 명부에서 빼십시오. 그렇지 않으실 거라면 그들의 명예를 위해 중상모략을 한 사람을 내각에서 해임해주십시오."

스탠턴에게서 편지를 전해 받은 링컨은, 그날 바로 답장을 보냈다. "그런 연설이 정말 있었는지 모르겠습니다. 게다가 당신에게 올바른 답변을 하기 위해 꼭 그 진위를 알아야하는지도 모르겠습니다. 그런 연설이 있었더라도, 아무튼 난 승인한 적이 없습니다. 또한 그로 인해 각료를 해고할 생각도 없습니다. 큰 피해를 입고 이성을 잃은 상태에서 한 말이 그토록 중대한 조치를 취해야 하는 잘못이라고는 생각하지 않습니다. 더욱이 각료 해임을 판단하는 것은 저의 일입니다." 그는 이 문제에 대한 자신의 권위를 강조하기 위해 각료들에게 짧은 편지를 보내, 누군가의 해임 시기를 결정할 수 있는 사람은 자신뿐이라고 말했다. "다른 각료를 해임시키기 위해 대중 앞에서 그를 비난하는 여러분을 보면, 나는 몹시 고통스럽습니다. 그런 시도는 나를, 더 나아가 나라를 해하는 일입니다. 이 문제에 대해 여기서나 저기서나, 지금이나 앞으로나 모두들 질문을 받지도, 발언을 하지도 말기를 바랍니다."

몽고메리 블레어는 자신의 집이 파괴된 충격에서 벗어나자 링컨처럼 침착하게 대응했다. 벤저민 버틀러가 포클랜드 화재에 대한 보복으로 한 연맹군 장교의 집에 불을 질렀음을 알게 된 몽고메리는 그에게 더 이상 그 같은 행동을 하지 말라고 경고했다. "군대가 전투를 위해 합당하다고 인정하는 지역 외에 다른 곳의 사적 재산권을 침해하는 것을 허용한다면, 어느 쪽에서도 시민의 안전을 확보할 수 없을 것입니다." 또 그는 친구들이 자신을 위해 재건축 자금을 모으겠다고 제안했을 때, 감사해하면서도 도움을 거절했다. "피해가 몹시 큰 것은 사실이지만 이 전쟁에서 수백만 국민이 입은 피해에 비할 바는 아닙니다. 내 이웃인 불쌍하고 늙은 대장장이가 걱정을 덜지 못하고 있는 마당에, 어떻게 제가 친구들의 도움으로 집을 다시 짓는 데 찬성할 수 있겠습니까?" 몽고메리 블레어는 그가 한 사람의 신사이자 책임감 있는 공인이라 여기는 링컨의 믿음에 부응하고자 했다. 그는 링컨이 자신을 내보낼 때까지는 그 직책을 충실히 지킬 생각이었다.

불운을 몰고 온 사절들

8월은 그다지 기분 좋게 시작되지 않았다. 피터스버그에서의 충격적인 완패, 워싱턴 공격, 주벌 얼리 부대의 생포 실패 등 사건이 계속 일어나면서 북부 전역에 실망의 기운이 감돌았다. 게다가 대통령이 7월 중순에 50만 명의 추가 자원병을 모집하겠다고 하자, 많은 공화당원들이 가을 선거 때 부정적인 영향을 미칠까 우려하며 반대했다. 링컨은 이 같은 우려를 인정하면서도, 병사들이 꼭 필요하다고 강조했다.

한편 그랜트는 피터스버그에 대한 포위 공격이 계속 궁지에 몰려 있다고 보고했다. 그는 석탄 광부 출신의 연대를 시켜 연맹의 토루 밑으로 땅굴을 판 뒤 적진을 파괴하겠다는 독창적인 시도를 했지만, 이 작전은 큰 비극으로 막을 내렸다. 큰 폭발 후 혼란 상태에서 연방군은 약 10미터 깊이의 포탄 구멍을 땅굴로 오해했다. 그리고 그 안으로 진격해 옴짝달싹 못하게 된 것이다. 겁먹은 양처럼 뒤엉킨 병사들을 학살하는 일은 그리 어렵지 않았다. 그날 그랜트는 약 4000명의 군사를 잃었다. "이 전쟁에서 봐왔던 일 중 가장 슬픈 일이 벌어졌소. 요새를 점령하기 위한 기회는 그때가 처음이었고 다시는 오지 않을 것이외다."라고 그랜트는 핼렉에게 전보를 보냈다.

이 끔찍한 사건에 대해 들은 기디언 웰스는 절망에 빠졌다. "끔찍한 결과 때문이기도 하지만, 그보다는 그랜트가 이 직책을 감당할 만한 사람이 아니라는 사실을 깨달았다. 이 일을 생각하면 검은 그림자처럼 암울한 슬픔이 엄습한다. 불길한 미래가 눈에 선하다." 에드워드 베이츠도 마찬가지로 좌절했다. 그는 아군 장군들의 계속된 실책을 생각하면 가슴이 아프다고 일기에 기록했다.

그러나 웰스나 베이츠와 달리, 링컨은 그랜트에 대한 믿음을 버리지 않았다. '포탄 구멍 전투'가 있던 다음날, 링컨은 먼로 요새에서 그랜트를 만나 용기를 북돋아주었다. 그날 그랜트는 얼리가 다시 포토맥 강을 건너 펜실베이니아 주 체임버즈버그를 약탈하고 있다는 소식을 들었다. 그러자 그는 유능한 지휘관인 필립 셰리던 장군에게 얼리를 끝까지 추격하라는 명령을 내리고 셰넌도어 계곡으로 보냈다. 링컨은 지체 없이 적과 전투를 벌여야 한다는 그랜트의 생각에 동의했다. 며칠 후 링컨은 프렌치 관리국장과 오랫동안 대화를 나누었다. "링컨은 우리 모두 인내심을 가져야 하고, 그러면 일이 잘 풀릴 것이라고 말했다. 하루만에 셔먼이 애틀랜타를 차지하거나 그랜트가 리치먼드로 진격할 것이라고는 기대하지 않는다면서, 때가 올 때까지 기다려줘야 한다고 말했다." 그러나 국민들은 링컨만큼 굳은 확신을 가지지 못했다. 서로우 위드는 슈어드에게, "국민은 평화를 갈망한다."고 경고했다.

호러스 그릴리는 링컨의 자문 역할을 자처하며 사사건건 링컨을 간섭하려고 들었다. 그릴리는 연맹의 두 사절이 제퍼슨 데이비스를 대신해서 평화 협상을 하기 위한 전권을 갖고 캐나다의 나이아가라 폭포에 왔다는 전갈을 받았다. 그는 즉시 대통령에게 그들을 만나라고 촉구했다. 그는 링컨에게 "피를 흘리고 파산했으며 거의 죽어가는 우리나라는 평화를 원합니다."라고 말했다. 그리고 "많은 국민들이 지금, 정부가 평화를 원치 않으며 평화를 이룰 수 있는 기회도 활용하지 않는다고 믿습니다. 이 같은 국민 정서는 큰 해가 될 것입니다."라고 말했다.

이에 링컨은 이번에 찾아온 '사절들'이 제퍼슨 데이비스의 허가를 받지 않았을 것이라고 확신하면서도, 슈어드와 이 문제에 대해 의논하고 그릴리에게는 나이아가라 폭포에 가보라고 부탁했다. 그리고 연맹 사절들이 평화를 위한 정당한 제안을 갖고 왔다면, 그들을 호위해 워싱턴으로 데려오라고 덧붙였다. 또 그릴리와 함께 존 헤이 또한 나이아가라 폭포로 보내면서 사절들에게 건넬 친필 기밀 편지를 썼다. "이 문제와 관련된 제위에게"라고 시작되는 이 편지에는 다음과 같이 적혀 있었다. "평화 회복과 연방의 보전, 노예제의 폐지를 아우르는 제안이 다른 기본적이고 부차원적인 문제에 대해서는 자유로운 조건으로 만족될 것입니다."

링컨의 짐작대로 두 사절은 그 어떤 신임장도 가지고 있지 않았으며, 제퍼슨 데이비스가 전쟁을 멈출 준비가 되었다는 확신도 주지 못했다. 링컨은 이일로 인해 자신이 평화를 막고 있다는 주장이 성립하지 못하리라 생각했다. 그러나 연맹 사절이 링컨의 친서를 신문사에 보내, 노예제 폐지라는 링컨의용납할 수 없는 요구가 협상을 결렬시켰다고 주장하면서 링컨의 의도는 좌절되었다. 민주당계 신문들은 이 이야기를 윤색해 "링컨이 노예해방이라는 목적만을 위해 전쟁을 지속시키고 있다."고 비난했다. 유력한 공화당원들 역시 대통령이 사절들에게 보낸 편지에 대해 분노했다. 한편 연방의 보전만을 원했던 서로우 위드는 "이제 국민들도 대통령이, 노예제를 포기한다는 조건의평화 조항에만 귀를 기울인다는 사실을 알게 되었다."며 불평했다. 깊이 낙담한 위드와 그 밖의 유력한 공화당원들은 11월 선거에서 공화당이 패배할것이라 확신하게 되었다. 위드는 8월 첫 주에 워싱턴으로 가서 링컨에게 "재선은 불가능할 것"이라고 말했다. 레너드 스웨트 역시 "전당대회를 통해 그를 저지하려는" 움직임이 커지고 있다는 이야기를 전했다. 새 전당대회는 신시내티에서 민주당 전당대회 3주 후인 9월 22일에 열리기로 예정되어 있었다. 스웨트는 링컨에게, 과거에는 그를 지지했던 이들이 심상치 않은 좌절감에 사로잡혀 있으며 그 흐름을 바꾸기 위한 조치가 이루어지지 않는 한 상황은 절망적이라고 경고했다.

내각 내부에도 불만이 가득했다. 기디언 웰스와 몽고메리 블레어 모두 "본질적으로 용납할 수 없는 조건을 강요하는" 링컨의 결정에 당황했다. 슈어드와 페센든이 링컨의 계획에 은밀히 관여했음을 알게 된 웰스는 "내각과 의논하지 않고 이런 유감스러운 태도를 취할 권리가" 과연 대통령에게 있는지 의문을 제기했다.

〈뉴욕 타임스〉의 편집장이자 전국 공화당 집행위원회 회장인 헨리 레이먼드의 전언도 링컨을 괴롭혔다. 8월 말, 레이먼드는 링컨에게 편지를 보냈다. "나는 모든 주에 있는 각하의 충실한 친구들과 많은 편지를 주고받았습니다. 그리고 그들에게서 들은 이야기는 단 하나, 형세가 각하에게 불리하게 돌아가고 있다는 것뿐이었습니다." 이어서 그는 지금 당장 선거가 시작된다면 링컨은 일리노이와 펜실베이니아, 인디애나 주에서 패배할 것이라고 덧붙였다. 레이먼드는 민심의 이 같은 반응에는 두 가지 원인이 있다고 했다. 하나는 "군사작전의 실패"였고, 또 다른 하나는 연맹이 노예제 폐지라는 절대적 요구 외에는 재통합과 평화를 위한 준비를 갖추었다는 생각이었다. 그는 이 같은 생각이 옳지 않다는 점을 인정하면서도, "즉시 관심을 끌만큼 대담한 당국의 조치가 있어야만 이를 일소할 수 있다."고 주장했다. 그리고 제퍼슨 데이비스에게 "헌법의 우위를 인정한다는 조건으로 명확하게 평화를 제안하고" 그 밖의 문제는 나중에 해결하도록 사절을 보내라고 충고했다.

이 엄청난 압력에 대한 링컨의 반응은 그의 성격을 명확히 드러낸다. 그는 그해 8월에 태디어스 스티븐스와 사이먼 캐머런에게 말했다. "솔직히 난 재선을 원합니다. 또한 여느 사람들처럼 내각이 내 지난 4년을 인정해주기를 바랍니다. 반란을 잠재우고 평화와 나라의 번영을 회복하려는 이 임무를 내

손으로 완수하고 싶습니다." 하지만 그는 패배 가능성에 대해 정면으로 맞서기로 했다. 남은 몇 달 동안 전쟁에서 이기는 한편, 새로 당선된 민주당 승리자가 영영 그 문을 닫기 전에 가능한 한 많은 노예를 연방 측에 데려오기로 결심한 것이다.

8월 셋째 주에 링컨은 각료 전원에게 각서 하나를 내밀며, 읽지 말고 무조건 서명해 달라고 부탁했다. 그것은 승전을 돕는 데 전력을 다하겠노라는 각서였다. 만약 민주당이 승리한다면, 즉각 타협해서 평화를 얻자는 엄청난 압력에 저항할 수 없을 것이었다. 그렇게 되면 남부에는 노예제가 존속될 것이었다. 각서는 이렇게 시작되었다. "이 내각은 재임이 불가능할 것이 거의 확실하다. 따라서 선거일와 취임식 사이에 연방을 구하기 위해 대통령 당선자와 협력하는 것이 내 의무가 될 것이다. 하지만 대통령 당선자는 결코 연방을 구할 수 없을 공약을 통해 당선될 것이 분명하다." 링컨은 노예의 자유를 보장하는 데 도움이 될 만한 수단을 모두 확보하고자 했다. 그는 연방군이 진격했을 때 수 천 명의 탈출 노예들과 마주쳤다는 사실을 알고 있었다. 또 남부에는 이들이 수십만 명이나 남아 있었다. 링컨은 존 이튼에게 프레더릭 더글러스와 이 노예들의 해방에 대해 의논하고 싶다고 말했다. 그러자 이튼은 더글러스가 얼마 전에 전쟁에서 붙잡힌 흑인 병사를 전쟁 포로로 대우하지 않은 연맹에 대해 내각의 보복이 불충분하다고 맹렬히 비난했다는 사실을 알렸다. 그러나 그는 더글러스가 링컨을 존경하기 때문에 도움을 줄 것이라고 확신했다.

8월 19일 링컨은 더글러스와 만났다. 편하게 대화를 이어가던 링컨은 평화에 대한 "광적인 요구"가 전쟁을 조급하게 끝내도록 만들어, "우리 측에 넘어오지 않은 흑인 모두가 노예 상태로 남게 될지도 모른다."는 우려를 솔직하게 털어놓았다. 그는 "노예해방 선언서가 그들을 남부에서 탈출하도록 자극할 텐데도, 기대했던 것만큼 많은 수가 빨리 우리에게 오고 있지는 않다."고 한탄했다. 이에 더글러스는 "대다수의 노예소유주들이 노예들의 눈과 귀를

막는 법을 잘 알기 때문에, 사실상 선언서를 아는 노예는 많지 않을 것"이라
고 주장했다. 이 말을 들은 링컨은 흑인들로 구성된 정찰병을 구성하는 건 어
떻겠느냐고 제안했다. "이들은 존 브라운의 원래 계획에 따라, 반란주에 들
어가서 해방 소식을 알리고 노예들이 연방의 경계 안으로 넘어오도록 설득하
는 임무를 맡게 될 것입니다." 더글러스는 그 계획의 성공 가능성을 흑인 사
회의 지도자들과 의논해보겠노라 약속했다.

링컨은 그와 의논하려 했던 또 다른 문제를 꺼냈다. 3일 전, 위스콘신 주지
사를 지냈던 알렉산더 랜달이 그 주의 민주당계 신문 편집자 찰스 로빈슨의
진심 어린 편지를 전달해왔다. "저는 전쟁을 지지하는 민주당원으로서 대통
령님의 내각을 지지해왔습니다. 우리는 노예해방이 건전한 전쟁 정책이며,
이를 통해 남부에서 그 노동력을 빼앗으면 반란군의 힘도 약화될 것이라 여
겼습니다. 많은 이들이 이 주장을 인정했습니다. 하지만 노예제도 폐지 없이
는 어떤 평화 조치도 없을 것이라는 나이아가라 폭포 선언을 들으니 우리가
더 이상 설 자리가 없는 것 같습니다. 지금 저는 흠을 찾기 위해서가 아니라,
대통령님이 우리 주전(主戰)파 민주당원의 설 자리를 만들어주고 그 해명을
제안해주시리라는 희망으로 이 편지를 씁니다."

링컨은 더글러스에게 답변의 초안을 보여주며 보내야 할지 말아야 할지
조언을 구했는데, 선언서에 포함된 자유의 약속을 철회한다면 파멸을 초래할
것이라고 강조했다. 그리고 반란군이 노예를 붙잡아두고 있는 상황에서 전쟁
을 중단하고 재통합하는 데 합의한다면, 노예제 폐지 정책은 후퇴할 것이라
고 우려했다.

더글러스는 링컨에게 답변을 보내지 말라고 강력하게 주장했다. "그 편지는
대통령님이 전달하고자 하는 바보다 더 큰 의미로 해석될 것입니다. 오히려 노
예해방 정책을 전면 포기하는 것으로 해석되어 큰 피해를 입을 것입니다."

그날 프레더릭 더글러스는 존 이튼과 다시 만났다. 그는 흥분을 억누르지
못하며 말했다. "그는 나를 한 사람으로 대해주었네. 잠시도 피부 색깔이 다

르다는 느낌을 주지 않았지. 대통령은 대단히 훌륭한 사람이라네. 그가 최선을 다하리라고 생각하니 만족스럽다네." 링컨도 더글러스를 칭송하며 이튼에게 이렇게 말했다. "더글러스가 일어서게 된 조건, 그가 차지한 위치를 생각해보면 그는 미국에서 가장 훌륭한 사람입니다." 이날 밤, 더글러스와 대화를 나누며 기운을 회복한 링컨은 랜달 주지사와 조지프 밀스 판사를 군인 수용시설로 초대해 로빈슨의 편지에 대해 의논했다.

링컨은 노예해방 정책을 폐기한다는 약속으로 남부를 달랜다는 민주당의 전략은 연방을 더 큰 위험에 빠트릴 것이라고 단언했다. 그는 현재 10만에서 20만 명 사이의 흑인이 연방군에 복무하고 있다고 지적하며, 해방에 대한 약속이 무효화되면 이들은 즉시 무기를 버릴 것이라고 말했다. "흑인들이 지금의 직책을 저버린다면, 그건 적에게 이 모든 이익을 내주는 결과를 가져올 것이며, 그러면 우리는 3주 안에 전쟁을 그만둘 수밖에 없을 것입니다."

말을 이어갈수록 링컨의 어조는 점점 격해졌다. "일부에서는 남부를 회유하기 위해 허드슨 요새와 올러스티의 흑인 전사들을 주인에게 돌려보내 다시 노예로 되돌려놓으라고 권합니다. 만일 그렇게 한다면 나는 영원히 저주받을 것입니다. 또한 노예제 폐지를 위해서만 이번 전쟁을 수행한다고 비난하는 이들이 있습니다. 하지만 노예해방이라는 수단을 쓰지 않고는 결코 이 반란을 진압할 수 없습니다. 노예해방 없이 연방을 복원할 수 있을지, 이 전쟁의 역사로 증명할 수 있으면 해보라고 하십시오."

처음에는 링컨을 신뢰하지 않았던 밀스는 "한눈에 알 수 있는 그의 정직함"과 확고한 신념에 깊은 인상을 받았다. "그의 입으로 직접 해명을 듣다보니, 그의 정신이 그 키만큼이나 크다는 것을 알게 되었다. 나는 이 시대의 위대한 지식인과 마주하고 있다고 느꼈다." 또한 정당한 연방의 대의를 강조하는 링컨의 자신감 앞에서 그 역시 자신감을 가지지 않을 수 없었다.

평화 타협에 대한 그의 일시적 동요는 결국 스스로의 논리로 해소되었다. 링컨은 로빈슨에게 답장을 보내지 않기로 했다. 또한 사절을 리치먼드에 보내 평화 협상에 대한 제퍼슨 데이비스의 의중을 떠보라는 레이먼드의 제안도 받아들이지 않았다. 그는 며칠 동안 그 의견을 곰곰이 생각해보았다. 그리고 레이먼드에게 "즉시 전쟁을 중단하고 노예제를 포함한 그 밖의 모든 문제를 평화로운 방법으로 조정하자."고 말할 권한을 주는 편지를 작성하기도 했다. 하지만 그는 이내 그 생각을 접었다. 로빈슨에게 보내려던 답장처럼 이 편지는 봉투 안에서 20년 넘게 "고요히 잠들어" 있다가, 링컨의 전기를 쓰던 니콜라이와 헤이에 의해 세상에 공개되었다.

니콜라이가 "일종의 정치적 불 런 전쟁"이라 표현했던 이 힘겨운 시절, 링컨은 늘 곁을 지켜주던 유쾌한 국무장관에게서 가장 큰 힘을 얻었다. 메리와 토머스는 무더위를 피해 맨체스터에서 지내고 있었다. 슈어드도 피서를 떠나고 싶어했지만, 힘겨운 일이 끝나기 무섭게 또 다른 일이 벌어지는 이 괴로운 시기에 대통령을 떠날 수는 없었다. 링컨은 슈어드가 곁에 있기만 해도 힘을 얻었다. 대의에 대한 시민들의 믿음이 새로 입대한 군인들의 숫자로 증명되었다고 믿은 슈어드는, 변함없이 희망적이었으며 링컨이 이 난관을 잘 헤쳐나가리라 확신했다.

스탠턴도 괴로운 대통령에게 든든한 버팀목이 되어주었다. 그렇게 링컨과 슈어드, 스탠턴의 관계는 해를 거듭할수록 돈독해졌다. 스탠턴은 천성적으로 상냥한 성격이 아니라 링컨과 슈어드처럼 친구가 많지 않았지만, 그에게는 연방과 연방을 위해 목숨을 내건 병사들에 대한 애정과 믿음이 있었다. 가끔씩 사소한 문제로 링컨과 논쟁을 벌이고 청탁하는 사람들을 매정하게 집무실에서 쫓아내기는 했지만, 부상당한 병사들을 보면 만사를 제치고 관심을 기울였다. 성미는 급하지만 훌륭하기 그지없는 이 인물의 마음에는, 남부의 항복 없는 평화는 있을 수 없었다.

8월 25일 링컨은 헨리 레이먼드를 백악관에 초대해, 어째서 리치먼드에 사절을 보내는 일이 "크나큰 파멸이 될 것"이라는 결론을 내렸는지 설명했다. 레이먼드는 워싱턴에서 전국 공화당 위원회의 회의를 주관하고 있었지만, 링컨의 당선 가능성을 의심한 나머지 아직까지 당을 결집시키는 일에 착수하지 않고 있었다. 존 니콜라이는 레이먼드 일행과 대통령의 만남이 "위기의 전환"이 될 것이라고 믿었다. 이들이 모인 날 아침, 니콜라이는 일리노이 주의 가족을 만나러 간 존 헤이에게 보내는 편지에, "대통령이 레이먼드와 위원회에게 인내와 용기를 불어넣을 수 있다면, 우린 구원받을 것입니다."라고 썼다. 위원회가 링컨과 이야기를 나누고도 요지부동이라면, 선거에 대한 희망은 사라질 것이 분명했다. 다행히 니콜라이는 링컨이 "내각의 강력한 반쪽"인 슈어드와 스탠턴, 페센든을 면담에 초대하는 모습을 보고 안도했다.

결과는 니콜라이의 기대 이상이었다. 같은 날 쓴 메모에서 니콜라이는 대통령과 각료들이 "리치먼드로 사절을 보내자는 계획은 대선에서 패배하는 것보다 나쁜 일이고, 더 나아가 미리 대선을 포기하는 일"임을 주장하여 레이먼드를 설득했다고 적었다.

니콜라이는 면담이 좋은 결과로 끝났다고 확신했다. 실제로 위원단은 대통령의 굳은 의지에 깊은 인상을 받았고, 선거 결과가 좋을 것이라는 새로운 희망 속에서 용기백배해서 돌아갔다. 이틀 후, 레이먼드의 〈뉴욕 타임스〉에 뜻 깊은 기사가 실렸다. 신문은 전국 공화당 위원회 위원들이 대통령 선거 운동 계획을 완수하기 위해 워싱턴에 하루 더 머물 예정이라고 보도하며, "모든 위원이 링컨의 재선을 믿고 있으며" 모든 상황이 연방당에게 대단히 희망적이고 만족스럽다고 전했다.

얼마 뒤 애틀랜타에서의 군사적 성공이 민심을 바꾸기 전에, 이처럼 링컨은 연방과 자유라는 두 가지 목표에 다시 전념함으로써 잃었던 용기를 되찾았다. 그는 8월 말 가족에게 돌아가는 오하이오 연대 대원들에게 감동적인 연설을 하여 이 같은 이상을 뚜렷이 밝혔다.

"저는 커다란 백악관에 잠시 살게 된 사람입니다. 저는 제 아버지의 자녀들이 그랬듯 여러분의 자녀들이 여기에 와서 보게 될 산증인입니다. 저라는 사람은 여러분이 이 자유 정부 속에서 공정한 기회와 평등한 권리를 누리고 있다는 것을 증명합니다. 우리의 타고난 권리를 잃지 않기 위해 이 투쟁은 계속되어야 합니다. 더할 나위 없이 귀한 보물을 지키기 위해서는 싸울 필요가 있습니다."

애틀랜타를 함락하다

1864년 8월 29일, 마침내 오래 지연되었던 민주당 전당대회가 열리면서 대통령 재선 운동도 탄력을 받았다. 민주당원들은 여름 내내 공화당 진영의 내분을 기분 좋게 이용했지만, 민주당 역시 재통일이 확실해질 때까지 전쟁을 지속해야 한다고 주장하는 주전파 민주당과 어떤 희생을 치르더라도 즉각 휴전해야 한다고 요구하는 주화(主和)파로 분열되었다. 〈뉴욕 헤럴드〉 편집자인 제임스 고든 베넷은 "민주당에는 주전파와 주화파가 있지만, 모두들 개구리 연못의 황새처럼 어느 쪽에 희망을 걸지 결정하지 못하고 있다."고 적었다. 노아 브룩스는 전당대회에서 주화파 민주당원들이 우세한 듯하다고 보도했다. "주화파의 주장은 큰 갈채를 받았으나, 그나마 거의 이루어지지 않았던 애국적인 발언은 아무런 호응도 얻지 못했다." 민주당원들은 '딕시(남북전쟁 때 남부에서 유행했던 노래)' 연주에는 환성을 질렀지만, 연방의 노래에는 침묵했다.

비록 전당대회 분위기는 주화파가 우세했지만, 대부분의 사람들은 공천을 주전파인 조지 맥클렐런이 받을 것이라고 여겼다. "그의 지지자들은 단결심이 강했고 자금이 많았다. 반면 반대하는 사람들은 그 입장에 따라 갈라졌다."고 브룩스는 말했다. 주화파는 뉴욕 주지사 호라티오 시모어와 하원의원 페르난도 우드, 그리고 캐나다 망명 생활을 접고 돌아온 전직 하원의원 클레멘트 밸런디검이 이끌고 있었다. 이들은 여러 명의 이름을 거론했지만, 합의에 이르지 못했다. 투표가 시작되자 예상대로 맥클렐런이 추천되었다. 이에 대해 조지 템플턴 스트롱은, 맥클렌런의 승리가 "예견된 것"이었던 반면, "강령의 기초는 예상 밖이었다."고 일기에 기록했다. "그 강령은 마치 제퍼슨 데이비스가 작성한 것 같았다. '반란'이라는 단어는 아예 포함되어 있지 않았다. 항복을 주장하는 굴욕적인 강령이었다." 결국 주화파의 강요에 따라 정해진 강령은 "연방을 복원하기 위한 4년간의 전쟁이 실패로 돌아간 지금, 즉각 휴전을 위해 노력할" 때가 되었다고 주장하고 있었다. 스트롱은 맥클렐런이 이 수치스러운 강령에 동의한다면, 그의 명예가 실추될 것이라고 예언했다. 실제로 맥클렐런이 그 같은 조건의 지목을 거절할 것이라는 소문이 나돌았다. 민주당원들이 그러한 강령을 밀어붙이기에는 시기가 그리 좋지 않았다.

사흘 후, 애틀랜타에서 충격적인 소식이 전해졌다. 9월 3일 셔먼으로부터 "완승으로 애틀랜타는 우리 차지가 되었다."는 전보가 도착한 것이다. 데이비드 패러거트 제독이 앨라배마 주 모빌 만을 점령했다는 소식에 이은 이 낭보에, 링컨은 워싱턴과 다른 12개 도시에서 승전을 기념하는 100발의 예포를 발사하도록 지시했다.

〈뉴욕 타임스〉는 이렇게 보도했다. "애틀랜타는 우리 차지가 되었다. 주물 공장과 용광로, 압연 공장, 기계 공장, 실험실, 철로 정비 공장, 대포와 소형 무기, 화약과 폭약, 뇌관, 포차, 구급마차, 마구, 신발과 옷 등 애틀랜타에 쌓여 있던 모든 것들이 이제 우리 차지가 되었다." 〈뉴욕 타임스〉는 연맹군이 퇴각하면서 "거의 모든 군수물자에" 불을 질렀다는 사실은 까맣게 모르고 있었다. 그러나 스트롱은 애틀랜타 함락이 얼마나 중요한지 잘 알고 있었다. 그는 "오늘 아침의 낭보는 정치적 위기 속에 일어난 가장 중요한 사건"이라며 기뻐했다.

슈어드는 오번의 서재에 있다가 이 소식을 들었다. 간신히 며칠 동안 시간을 내어 가족을 만나기 위해 오번을 찾았던 참이었다. 그가 스탠턴의 전보를 막 읽는 순간, 벌써 사람들이 축하하기 위해 그의 집 앞에 몰려들었다. 지역 기자는 "도시 전역에서 국기를 올렸다. 종소리가 사방에 울려 퍼졌고, 수백

발의 예포가 일제히 발사되었다.”고 보도했다. 소집 명령을 기다리는 수백 명의 자원군이 포함된 인파의 요청에 따라, 슈어드는 1시간 넘게 연설을 했다. 한 기자는 슈어드의 이 즉석 연설을 “가장 인상적이고 감동적인 연설”이라고 평했다.

슈어드는 이 두 번의 승전이 전쟁을 종식시키는 데 필요한 30만 명 이상 — 여러분이 원하신다면 지원병, 우리가 억지가 강요한다면 징병군 — 의 군 입대를 자극할 것이라고 평했다. 또한 육군과 해군뿐 아니라 “행정 당국의 지혜와 노고”에도 경의를 표하면서, “패러거트의 함대는 저절로 만들어지지 않았습니다. 그 함대는 해군성에서 준비한 것입니다. 그리고 이 전쟁의 역사를 기록한 자는 카르노(프랑스 혁명의 군사 조직가) 시대 이후 누구도 스탠턴처럼 유능하게 전쟁을 조직한 사람은 없었다고 기록할 것입니다.” 마지막으로 슈어드는 연방의 복원을 위해 링컨의 재선보다 중요한 일은 없다는 말로, 친구이자 대통령인 링컨에게 감동적인 찬사를 바치며 연설을 마쳤다.

기디언 웰스는 해군성을 칭찬한 슈어드의 연설을 읽고 대단히 기뻐했다. 그는 이 연설이 다음 선거 운동의 기본 방침이 될 만다고 생각했다. 또한 애틀랜타 점령이 그가 예전에 몸담았던 민주당의 계획을 무너뜨리라는 것도 알았다. “이 연설은 주화파 강령을 내세우고 전쟁을 실패로 규정한 열성 당원들을 좌절시킬 것이다. 전쟁 중에 타협을 통한 평화를 추구하는 강령에 따르면서 장군을 대통령 후보로 추천하다니 참으로 어리석은 짓이다.”

한편 맥클렐런은 뉴저지 주 오렌지의 집에 틀어박혀 있었다. 대통령 후보 지명에 대한 수락 편지를 작성하는 동안, 그는 분열된 두 당파로부터 엄청난 압력을 받고 있었다. 주전파 민주당원들은 그가 주화파의 강령을 부정하지 않으면 선거에서 패배할 것이라고 경고했다. 한편 주화파 민주당원들은 정전 제안을 주저하면 지지하지 않겠다고 위협했다. 그는 여섯 번이나 편지를 새로 작성하다가, 마침내 9월 8일 자정에 민주당 공천위원회에 편지를 보냈다.

그의 편지는 주화파의 주장에 찬성하는 말로 시작되었다. 그는 전쟁이 연방의 보전을 목적으로 했다면 "화해도 쉬웠을 것이고 육지와 바다에서 수많은 승리를 거두었을 것"이라고 주장했다. 또한 자신이 집권했다면, 평화를 위해 "모든 정치적 수단을 다 썼을 것"이라고 말했다. 이어서 그는 평화에 대한 요구를 거부한다면, 전쟁이 끝나지 않을 것이라고 단언했다.

애틀랜타 점령은 공화당의 분위기를 크게 바꾸었다. 링컨을 오랫동안 비판했던 시어도어 틸튼도 니콜라이에게 "우리가 대선에서 이길 것입니다."라는 편지를 보냈다. "모든 분열은 회복될 것입니다. 민주당의 강령 발표에 이은 애틀랜타 승리로 인해 모두들 단번에 만장일치로 링컨을 지지하게 되었습니다." 링컨의 재선을 지지해본 적이 없는 틸튼도 알고 지내는 모든 이에게 "링컨을 위해 단결하자."고 충고했다.

단 몇 주 전만 해도 링컨에게 재선이 불투명하다고 경고했던 레너드 스웨트도 하나님이 "큰 파도에 뒤집힐 뻔한 후에도 꿋꿋하게 폭풍 속을 나아가는 이 나라의 배를 바로 세우기 위해" 연방에 영광스러운 승리를 안겨주셨다며 기뻐했다. 서로우 위드도 안도하며 "군사적 성공으로 링컨을 쓰러뜨리려는 음모가 좌절되었다."고 슈어드에게 전했다.

새먼 체이스는 여론의 급격한 변화에 놀라워했다. 그는 여름 내내 뉴잉글랜드 곳곳을 다니며 노예제 폐지를 주장하는 친구들을 만났다. 이때 만난 사람들로는 랄프 왈도 에머슨과 매사추세츠 주지사인 존 앤드루, 작가 리처드 헨리 데이나 2세, 하원의원 새무얼 후퍼 등이 있었다. 또한 그는 링컨 아닌 다른 후보를 뽑으려고 새로운 전당대회를 계획했던 비밀회의 조직자들과도 계속해서 접촉했다. 기디언 웰스에 따르면, 그는 "개인적으로 뉴잉글랜드 사람들을 만나면서 불만을 토로했고, 대통령을 깎아내리며 그에 대한 신뢰를 약화시키려고" 갖은 노력을 다했다. 하지만 웰스는 체이스도 "사안이 이미 결정되었고, 다른 대통령 후보를 밀지 못하리라는 것을 깨달았으니 앞으로는 링컨을 지지할 것"이라고 생각했다.

모든 것을 포기하고 링컨의 선거 운동을 돕기 위해 워싱턴으로 돌아가기로 결심한 체이스는, 여행 중 뉴욕에 들러 한 신사와 심란한 대화를 나누었다. "그 신사는 링컨을 대단히 현명한 사람이라 생각했다. 링컨이 좀 더 급진적이었더라면 보수파의 분노를 샀을 것이며, 좀 더 보수적이었다면 급진파의 분노를 샀을 것이라고 말했다." 체이스는, "그렇다면 이건 역사의 선택인가?"라고 생각했다. 워싱턴에 도착한 체이스는 페센든을 방문했다가 대통령이 자신을 만나고자 한다는 이야기를 전해 들었다. 두 사람의 만남에 대한 소식은 빠르게 퍼져나갔다. 엘리자베스 블레어는 "체이스 씨가 북부 곳곳에서 대통령을 공격하더니, 어제는 대통령을 방문해 오랫동안 한담을 나누었답니다."라고 남편에게 말했다. 이틀 후, 체이스는 스탠턴과 함께 군인 수용시설로 가서 다시금 링컨과 이야기를 나누었다. "워싱턴에 돌아온 다음 대통령을 두 번 만났다. 그의 태도와 말은 모두 진실했다. 나는 그로부터 선한 의지를 느꼈다."

체이스는 자신의 아량을 자랑스러워하며 "내가 지지하는 대의와 공익이 링컨의 재선으로 높아질 것이라 확신"한다고 단언했고, "이를 위해 내 모든 친구들과 함께 노력하기로 결심했다."고 말했다. 이후 몇 주 동안 체이스는 약속을 지켰다. 기차와 배, 말을 타고 오하이오와 켄터키, 펜실베이니아, 미시간, 일리노이, 미주리 주를 여행하면서 수십 차례에 걸쳐 수많은 군중 앞에서 링컨의 재선을 지지하는 연설을 했다.

한편, 버몬트와 메인의 주 선거에서는 지난해보다 더 많은 연방 지지표가 확보되었다. 버몬트 선거 후, 니콜라이는 데레나에게 기분 좋은 편지를 보냈다. "3주 전, 전국의 우리 지지자들은 자포자기해서 선거를 포기할 지경에 이를 만큼 낙심해 있었습니다. 그런데 지금은 희망을 품고 열심히 노력하며 성공을 자신하고 있습니다."

9월 19일에는 더 희망적인 소식이 전달되었다. 필립 셰리던이 마침내 셰넌도어 계곡에서 주벌 얼리를 쫓아가 치열한 전투 끝내 얼리의 부대 중 4분의 1 이상을 쳐부수고 승전한 것이다. 소식이 전해지자 정부의 모든 부처에서 환호성이 들려왔다. "이는 연방을 사랑하는 모든 이에게 많은 용기를 줄 것"이라고 웰스는 일기에 기록했다.

저는 더이상 각료가 아닙니다

군사적 성공으로 링컨의 재선 가능성도 밝아졌다. 하지만 존 프레몽의 출마라는 심각한 장애물이 아직도 남아 있었다. 역사적으로 소수당 후보가 최종 결과를 조종하면, 분열된 당은 선거에서 패했다. 당을 단결시키기 위해 링컨은 급진파의 지지를 받아야 했다. 웨이드와 데이비스 같은 사람들의 불만 때문에 링컨의 업무는 더욱 힘겨워졌다.

게다가 급진파는 체이스의 사직서가 수락되자 몽고메리 블레어를 내각에서 쫓아내려고 했다. 블레어는 급진파들이 자신에게 분노의 화살을 돌리고 있음을 알고 있었다. 그리고 볼티모어 전당대회가 본질적으로는 자신의 해고를 요구하는 결의안을 통과시키는 것으로 마무리되자 블레어는 링컨에게 사직서를 제출했다.

그해 늦여름 그의 아버지 프랜시스 블레어가 군인 수용시설을 방문해 링컨에게 몽고메리의 제안을 한 번 더 이야기했다. 그는 당의 분열을 치유하는 데 도움이 된다면 몽고메리는 "블레어 가문을 못 잡아먹어 안달인 급진파의 격분이나 질투에 기꺼이 희생양이 될 것"이라고 말했다. 링컨은 "불합리한 주장 때문에 충실한 친구를 희생시키는 건 좋은 정책이 아니다."라면서 조치를 취하지 않으려 했다. 하지만 블레어를 해임하라는 압력은 점점 높아지고 있었다. 헨리 윌슨은 9월 초 링컨에게 "수많은 사람들이 블레어 가족 때문에 대통령님을 외면하거나 마지못해 표를 던질 것"이라고 경고했다.

블레어 가족과 급진파의 반목은 내각에도 악영향을 미쳤다. 몽고메리 블레어는 스탠턴을 증오했다. 그는 전쟁장관이 블레어 가족과 대통령 모두에 맞서서 웨이드, 데이비스와 결탁했다고 생각했다. 그는 스탠턴을 "거짓말쟁이" 또는 "강도"라고 공공연히 비난했다. 스탠턴은 이 소식을 듣고 블레어가 참석하는 내각회의에는 같이 앉아 있지 않겠다고 단언했다. 8월 중순, 웰스는 사이 나쁜 이 두 동료가 "몇 주 동안 말 한마디 나누지 않았다."고 기록했다.

링컨은 이 같은 불화를 참을 수 없었다. 그는 7월, 각료들에게 공공연히 서로를 비난하지 말라고 경고했다. 그리고 몽고메리 블레어의 사직서를 받아들이기로 했다. 미시간 주 상원의원 재커라이어 챈들러가 블레어를 해임시키면, 재선을 위해 웨이드와 데이비스의 지지를 이끌어낼 수 있다고 전했다. 또한 챈들러는 블레어를 해임시킬 경우 프레몽이 출마를 포기할 수 있다고 주장했다. 그러나 역사가들은 프레몽에 대한 챈들러의 영향력이 어느 정도인지를 두고 많은 논란을 벌였다.

9월이 되자, 프레몽은 어쨌든 자신이 당선될 희망이 없으며, 계속 선거전에 남으면 명예를 잃게 되리라는 사실을 깨달았다. 그리고 9월 22일, 출마 포기를 선언했다. 다음날인 9월 23일 아침, 링컨은 몽고메리의 사무실에 사직을 요구하는 편지를 보냈다. "귀하는 관대하게도 귀하의 사임이 내게 도움이 될 때, 내 뜻에 따르겠다고 말했습니다. 이제 때가 되었습니다. 이 절차는 개인적으로나 공식적으로 내가 귀하에게 어떤 불만이 있어서가 아님을 잘 아실 것입니다. 귀하의 한결같은 우정은 그 어떤 친구의 우정과도 비길 수 없습니다. 귀하가 우정성을 관리했던 3년 반 동안, 단 한 번도 불만을 느낀 적이 없었습니다." 블레어는 사직서를 제출하긴 했지만, 책상에 놓인 해임 편지를 보고 크게 놀랐다.

그날 아침, 블레어는 백악관에서 나오는 웰스와 베이츠를 우연히 만났다. "두 분 모두 제가 해임된 걸 아시겠지요. 전 이제 각료가 아닙니다." 웰스는 이 말에 너무 놀라 블레어에게 재차 물었다. 그러자 블레어는 주머니에서 편지를 꺼내 읽어주었다. 블레어는 "지금 나는 아무래도 대통령이 프레몽과 친구들에게 보내는 화해의 선물인 것 같다."고 말했다. 웰스는 블레어에게 "프레몽 지지자들을 달래려 했는지는 모르겠지만, 대통령은 지금껏 양보라는 걸 한 적이 없습니다."라고 말했다. 그러나 웰스는 블레어가 체이스 해임 후 흐트러진 내각의 균형을 회복하기 위한 희생양이라는 데 동의했다. 실제로 체이스의 지지자들은 자기들 기둥은 사라졌는데 그의 적이 여전히 남아 있다는 사실에 분노했다. 링컨은 블레어를 해임함으로써 모든 당파를 화해시키고 내각에서 다툼을 없앨 수 있었다.

링컨은 오하이오 주지사를 지냈던 윌리엄 데니슨을 블레어의 후임으로 선택했다. 웰스는 블레어의 해임으로 우울한 기분이었다. "대통령은 진정한 친구를 떠나보냈다. 그토록 유능하고 현명한 의논 상대는 다시 없을 것이다. 그는 정직하고 성실하며 진실한 사람으로, 늘 정확하게 판단했다."고 일기에 기록했다. 이후 며칠 동안, 웰스는 블레어의 해임이 내각의 가장 큰 불행이라고 생각했고, 베이츠 역시 괴로워했다. 블레어와 많이 친하지는 않았지만, 그는 이 직설적인 동료를 존경했다. 그리고 링컨이 웨이드와 데이비스를 상대하며 큰 잘못을 저질렀다고 생각했다. "링컨은 그들 없이도 당선될 수 있었다. 그렇게 되면, 나라는 그들의 악의적인 영향력 없이 통치됐을 것이다."

블레어는 해임으로 상처를 입었지만, 링컨의 선의를 믿으며 "두루두루 잘되기 위한 것"임을 확신한다고 아내에게 말했다. 그의 아버지도 진심으로 그 말에 동의했다. 그는 "결국엔 다 잘 될 것"이라고 말하며 혹시나 성미가 급한 아들이 후회할 만한 연설을 할까 걱정했다. 프랜시스 블레어는 이렇게 단정했다. "그렇게 해서 맥클렐런의 패배가 확실해진다면 좋은 일이다. 나는 이걸 공화국의 구원으로 여기는데, 너도 나와 같은 생각이면 좋겠구나. 나라를 위해서는 링컨이 재선되어야 한다." 프랭크는 형처럼 처음에는 "대통령과 '블레어 가문'의 원수들에게 승리가 주어진다면 다소 분할 것"이라고 생각했지만, 결국엔 아버지의 생각에 동의했다. "링컨의 재선 실패는 이 나라의 가장 큰 재앙일 것이다. 그러니 그 일을 막기 위해 받아들인 몽고메리의 희생은 하찮은 것이다."

존 헤이는 블레어가 사임하던 날 일리노이 주에서 돌아왔다. 그는 블레어가 당당하게 행동했고 링컨의 재선을 위해 최선을 다했다고 전했다. 실제로 몽고메리 블레어는 3년 전 프레몽에게 보냈던 자신의 편지가 공개되었을 때, 거기에 링컨을 비난하는 내용이 담겨 있었는데도 그를 편들어준 링컨을 잊지 못했다. 또 링컨은 블레어 부자가 사적인 면담을 요청했을 때 한 번도 거절하지 않았으며 누이 엘리자베스도 늘 백악관에서 환영받았다는 사실을 기억했다. 그리고 그의 가족들이 국회에서 급진파들과 싸우는 동안, 링컨이 프랭크에게 보내주었던 지지에도 언제나 감사했다.

이처럼 링컨의 자비롭고 친절한 행동은 블레어 가족과의 친분을 더욱 두텁게 만들었고, 몽고메리가 어쩔 수 없이 사임했을 때도 그 관계는 깨지지 않았다. 결국 링컨은 보수적이고 유력한 블레어 가문의 애정과 지지를 잃지 않고도, 프레몽의 출마 포기와 급진파의 지지를 얻어냈다.

선거 전야

공화당과 민주당 모두 10월 11일에 오하이오와 펜실베이니아, 인디애나 주에서 동시에 열리는 주 선거를 11월 대선의 전조로 여기는 분위기였다. 주 선거 결과는 민심을 반영하는 지표였고, 여기서 주지사 자리를 얻는 당이 그 지지자들을 위한 단결 지점을 가지게 되기 때문이었다. 그날 밤, 링컨은 전쟁부의 전신국을 방문해 계속해서 날아드는 전보를 확인했다. 그의 곁에는 스탠턴과 그의 차관보인 찰스 데이나, 전신국장 토머스 에커트가 있었다.

처음 신시내티와 필라델피아에서 전달된 보고는 희망적이었다. 그러나 그야말로 참을 수 없을 정도로 느리게 도착하는 통계를 기다리는 일은 고역이었다. 데이나에 의하면, 링컨은 긴장을 풀기 위해 주머니에서 유머 작가 페트롤리움 V. 내스비의 가장 최근 글이 담긴 얇은 책을 꺼내들었는데, 한 페이지를 읽다가는 잠시 새로운 선거 전보를 확인하느라 멈추었고, 그리고는 다시 책을 펼쳐들었다고 한다.

링컨을 수행했던 존 헤이는 그 유머집을 재미있어했고 스탠턴도 그럴 거라고 생각했다. 그런데 이 근엄한 전쟁장관은 링컨이 그 책을 읽다가 잠시 쉬는 동안 데이나를 옆방으로 불렀다. 그때 일을 데이나는 이렇게 회상한다. "스탠턴은 말도 안 되는 상황이라고 길길이 날뛰었습니다. 정말 그 모습을 잊을 수 없습니다." 스탠턴은 "공화국의 안전이 이렇게 위태로운 마당에, 지도자가 저런 허튼소리나 읽으면서 말도 안 되는 농담에 웃고 있다니" 도무지 이해할 수 없다고 화를 냈다. 아마 스탠턴은 링컨이 힘겨운 시기마다 용기를 잃지 않기 위해 '웃음'에 얼마나 크게 의지했는지 몰랐을 것이다.

늦은 밤 오하이오와 인디애나 주로부터 뜻밖의 희소식이 날아들었다. 오하이오는 공화당이 총 5만 표를 얻으며 주 의회에서 12석을 얻었고 인디애나에서도 공화당 주지사 후보 올리버 모턴이 큰 표차로 이김으로써, 공화당은 국회의 11석 중 8석을 차지하게 되었다.

그러나 펜실베이니아의 선거 결과는 그리 차이가 명확하지 못했다. 자정이 지날 무렵, 링컨이 사이먼 캐머런에게 전보를 보냈다. "전신국에서 집으로 돌아가려함. 현 상황은?" 캐머런에게서는 아무런 답변도 없었다. 헤이는 이를 불길하게 여겼다. 표차가 너무 근소해 승리를 확신할 수 없었기 때문이다. 공화당은 군인 부재자 투표수를 계산해본 후에야 자신들의 승리를 확인할 수 있었다. 웰스는 "슈어드는 선거 결과에 환호했다. 몹시 기뻐하며 의기양양해했다. 이번 내각은 이전의 그 어느 내각보다 현명하고 정력적이며, 충실하고 유능하다. 이 내각은 그 누구도 상상할 수 없는 시련을 이겨냈다."고 말했다. 반면 링컨은 침착함을 잃지 않으며 들떠 있는 동료들과 달리 신중한 모습을 보였다. 그는 오하이오와 인디애나 주의 승리를 기뻐하면서도 펜실베이니아 주의 아슬아슬한 표차에 대해서는 냉정한 시각을 유지했다.

주 선거 이틀 후, 링컨은 유난히 피곤해 보이는 모습으로 전쟁부 전신국으로 돌아가 11월 선거에서 자신의 재선 가능성을 계산해보았다. 일단 그는 전보용지를 두 단으로 나누어, 왼쪽에는 맥클렐런이 얻을 선거인단 투표수를 어림잡아 쓰고, 오른쪽에는 자신을 지지하리라 여겨지는 주 이름을 써서 표를 만들었다. 그는 뉴욕과 펜실베이니아 주에서는 패배할 것이라 예측했다. 잘해봐야 117대 114, 단 3표 차로 간신히 이길 것이라 생각했다. 링컨은 자신의 계산이 맞다면 "재선된다고 해도 완전한 공감을 얻지 못했기 때문에 전쟁을 수행하고 평화를 수립하기 위한 힘이 크게 약화될 것"이라고 한탄했다.

그러나 주 선거와 대통령 선거 사이의 불안한 4주 동안, 링컨은 용기를 북돋아주는 소식을 들었다. 메릴랜드 유권자들이 노예제를 공식적으로 없애겠다는 새 헌법을 비준했다는 소식이었다. 링컨은 이에 대해 "진심으로 여러분과 메릴랜드, 이 나라, 이 세상에 감사드립니다."라고 환호하는 군중에게 말했다. 그리고 노아 브룩스와의 대화 중에는 "대통령 선거를 생각하면 메릴랜드보다 두 배 큰 주를 차지하는 게 낫겠습니다만, 노예제 문제로 보면 메릴랜드를 차지하는 게 낫습니다. 이제 한 지역을 깨끗이 청소하게 되었으니 말입니다."라고 말했다. 당시 브룩스는 솔직하고 소박한 링컨의 단어 선택에 감탄하며 이렇게 회고했다. "썩은 뿌리와 그루터기를 없애며 한 지역을 '깨끗이 청소' 해야 하는 의무를 가진 사람은, 아마 메릴랜드에 대한 링컨의 이 소박한 비유를 높이 평가할 것이다. 그곳의 노예제는 이제 막 사라졌다."

민주당과 공화당 모두 대선에서 부재자 투표가 중요하리라는 것을 알았다. 민주당은 맥클렐런이 대원들에게 보여줬던 헌신에 기대를 건 나머지, 군인 부재자 투표에서 그가 압도적인 다수표를 받으리라 생각했다. 민주당계 신문사 편집자 맨튼 마블은 "맥클렐런 장군이 부재자 표 가운데 3분의 2를 얻으리라는 건 명약관화하다."라고 의기양양하게 단언했다. 그러나 링컨의 생각은 달랐다. 그는 여러 번 전선을 드나들며 병사들과 쌓아온 자신의 유대감을 믿었다.

그는 전투에서 질 때마다 병사들을 찾아가 사기를 높이고, 친근한 말을 건 넸다. 또 병원 텐트에서 부상병 곁에 앉아 그들의 손을 잡고 쾌유를 빌며 재미있는 이야기를 들려주었고, 그 이야기들은 병사들 사이에서 끊임없이 회자되곤 했다. 역사가 윌리엄 데이비스는 링컨이 25만 명 이상의 병사들을 직접 만났을 것이라고 추측했다. 또한 링컨은 보초를 서다가 잠들거나 전투 중에 두려움으로 인해 도망쳤던 병사들을 사면했으며, 이때 그가 한 말들은 군대에 널리 퍼져나갔다. 무엇보다도 링컨은 감동적인 연설과 공개편지로 이들의 목숨을 건 투쟁에 깊은 의미를 부여했다.

당시 총 13개 주에서 군인의 부재자 투표 제도를 도입했다. 또 다른 네 주는 군인들의 대리 투표를 허용했다. 봉인된 봉투에 투표용지를 넣어 고향의 대리인에게 보내는 것이었다. 하지만 주요 주 출신의 수많은 병사들은 투표를 하려면 반드시 고향에 가야 했다. 링컨은 10월 주 선거 전에 이 문제를 해결하기 위해 인디애나 주의 셔먼 장군에게 전보를 보냈다. "인디애나 부대는 전쟁터에서 투표를 할 수 없습니다. 귀관이 대원들을 안전하게 고향으로 보내 주 선거를 할 수 있도록 해야 합니다. 그러나 이건 명령이 아니라 요청일 뿐입니다.

스탠턴은 가능하면 임시 휴가증을 자유롭게 발급하도록 했다. 데이나의 말대로 전쟁부는 링컨의 재선을 위해 최선을 다했다. 서로우 위드는 미시시피 강에 있는 포대 대원 중에는 정부가 그들의 투표를 위해 증기선만 보내주면 언제든지 투표할 준비를 갖춘 수천 명의 뉴욕 주민이 포함되어 있음을 강조했다. 그리고 이 말을 들은 링컨은 웰스에게, 뉴욕 위원회가 임의로 쓸 수 있는 해군 함선을 그쪽으로 보내줄 것을 요청했다.

선거일이 가까워질 무렵, 링컨은 한 방문객에게 말했다. "군인 투표 없이 당선되느니, 군인 투표를 받고 패배하는 게 낫습니다." 맥클렐런도 링컨과 비슷한 감정이었던 듯하다. 이기고 지는 것을 떠나, 선거는 이 둘 중 누가 연방을 위해 싸우고 있는 85만 병사들의 마음을 사로잡았는지를 말해줄 것이었다.

링컨의 재선

1964년 11월 8일 선거 당일 〈뉴욕 타임스〉는 "사람의 힘이, 이 공화국의 운명이 행복인가 불행인가를 결정할 것"이라는 내용의 사설을 실었다. 기사 내용에 의하면, 링컨을 선택한다는 것은 "끔찍하고 잔인하지만 결국엔 국가의 안위와 영광으로 이어질 전쟁"을 택한다는 의미였다. 반면 맥클렐런을 택한다는 것은 "거짓된 평화를 선택하는 것이며, 이는 우리에게서 기득권을 빼앗아가고 후손에게는 분열된 연방과 끊임없는 투쟁을 남겨줄 것"임을 의미했다. 비가 오는 워싱턴의 하늘은 컴컴했다. 정오에 백악관에 도착한 노아 브룩스는 대통령이 혼자 있는 것을 보고 적잖이 놀랐다. 슈어드와 어셔뿐만 아니라 블레어의 후임인 윌리엄 데니슨도 투표를 하기 위해 고향으로 떠난 것이었다. 슈어드는 오번에서 열 번째 대통령 선거를 치르고 있었다. 페센든은 뉴욕에서 새 내각의 국채와 관련된 업무를 보고 있었고, 스탠턴은 몸이 좋지 않아 집에 있었다. 링컨은 그날, 투표를 할 수 없었다. 일리노이 주민은 해당 주 안에서만 투표를 할 수 있었기 때문이다. 링컨은 백악관을 찾은 브룩스에게 불안감을 감추지 않았다. "왠지 이번에는 확신할 수가 없군요. 확신할 수 있다면 얼마나 좋겠습니까."

그날 오후 내내 링컨의 곁을 지켰던 브룩스는 대통령이 일상적인 업무에 좀처럼 집중하지 못했다고 기억했다. 그가 잠시 기분을 전환할 때라고는 그저 토머스에 대해 이야기할 때뿐이었다. 토머스가 애완동물로 기르는 칠면조가 백악관 근처에 주둔해 있던 펜실베이니아 군인들 사이를 제멋대로 돌아다녔다는 이야기였다.

군인들의 부재자 투표날, 링컨은 상기된 얼굴로 아버지의 집무실로 뛰어들어온 아들과 함께 창 너머로 투표 모습을 지켜보고 있었다. 링컨은 장난기 어린 얼굴로 아들을 향해, 칠면조도 투표를 하려는 것이냐고 물었다. 그러자 토머스는 대답했다. "아뇨, 아빠. 토머스는 아직 그럴 나이가 안 됐어요." 링컨은 토머스의 귀여운 대답에 웃음을 터뜨리지 않을 수 없었다. 브룩스에 의하면 링컨은 그 후 며칠 동안이나 사랑하는 아들의 이 재치 있는 말솜씨에 대해 자랑스레 이야기했다고 한다.

7시가 되자 링컨은 존 헤이와 함께 전신국에 가서 밤을 새웠다. 수십 명의 당번병과 직원들로 가득한 전쟁부 건물의 불빛이 어두운 밤과 대조를 이루었다. 그날 밤 링컨은 토머스 에커트에게 자신이 오래전 진창길에서 미끄러져 넘어질 뻔했던 일에 대해 이야기해주었다.

"무척 잘 넘어지는 친구가 있었지. 1858년 어느 날 밤이 기억나는군. 더글러스와 나 중에 누가 상원의원이 될지 결정되는 날이었는데, 오늘처럼 어둡고 비가 내려 우울했네. 난 개표 보고서를 읽고는 패배를 확신하고 집으로 돌아가고 있었지. 역시나 길이 미끄럽더군. 발이 미끄러졌지만 곧 균형을 잡고 똑바로 섰다네. 그리고 중얼거렸지. '이건 미끄러진 거지, 넘어진 게 아니야.'라고 말일세." 그때 링컨은 패배는 단지 한 번의 위기일 뿐이며. 더 밝은 미래가 기다리고 있을 것이라 믿었다. 하지만 당시에는 6년 후 어느 적막한 밤에 자신이 두 번째 대통령에 당선되었다는 소식을 기다리며 긴 밤을 지새우게 되리라고는 상상하지 못했다.

초반부 개표 보고는 제법 좋았다. 주 선거 때보다 공화당의 표가 많았다. 펜실베이니아를 포함한 여러 주의 개표 보고들이 연이어 링컨의 당선 가능성을 보여주고 있었다. 단 전통적인 민주당계 아일랜드 이민자들이 다수인 뉴욕 주만은 불확실했다. 하지만 자정 무렵, 링컨의 승리가 확실해졌다. 뉴저지와 델라웨어, 켄터키를 제외한 모든 주에서 승리한 것이다. 선거인단은 맥클렐런에게 21표, 링컨에게 212표를 던짐으로써 그에게 압도적인 승리를 안겨주었다. 일반 투표에서 두 후보는 약 40만 표로 나뉘었다. 링컨의 예상보다 훨씬 좋은 결과였다. 공화당은 국회에서 37석을 얻었고 12명의 주지사를 당선시켰다. 또한 공화당은 차기 미 상원의원을 지목할 대부분의 주 의회를 장악했다.

링컨은 새벽 2시가 지나서야 전신국을 떠났다. 비는 그쳤고, 펜실베이니아 가에서는 수많은 인파가 소리 높여 "자유의 함성"을 노래하고 있었다. 그날 밤 링컨은 잠자리에 들면서 브룩스의 표현에 따르면, "국민의 심판은 너무나 완벽하고 명확해서 반박할 여지가 없다."고 생각했다. 결국 그는 자유와 연방이 안전해질 때까지 전쟁을 계속할 수 있는 기회를 얻었다.

또한 군인들이 보여준 압도적인 지지는 감동적이었다. 그는 서부 군대에서는 80퍼센트의 표를 얻었고, 포토맥에 주둔한 맥클렐런의 부대에서도 70퍼센트의 표를 얻었다. 사실 링컨에게 표를 던진 많은 이들은 여전히 맥클렐런을 존경했다. 하지만 그들은 패배적인 민주당 강령을 받아들일 수 없었다. 민주당의 패배에는 또 다른 원인이 있었다. 수년간 링컨은 사람들에게 신비할 정도로 헌신적인 사랑을 불러일으켰다. "병사들은 링컨을 존경과 사랑으로 우러러보았다. 그들에게 링컨은 말 그대로 진정한 아버지였다."라고 한 일리노이 상병은 말했다. 군인들은 링컨을 지지하면 전쟁이 연장되리라는 것을 알면서도, 그들이 사랑하는 대통령이 구현하고자 하는 대의에 진심으로 찬성 표를 던진 것이었다.

25장

사람이 꽃보다 아름답다

노예제의 종말

1864년 11월 10일 화요일 밤, 헤아릴 수 없이 많은 인파가 화려한 깃발과 환한 등불을 들고 대통령의 재선을 축하하기 위해 백악관 잔디밭에 모여들었다. 군악대의 음악과 사람들의 환호성, 대포 소리가 하늘을 흔들었다. 군중의 환호에 모습을 드러낸 링컨은 이층 창문 너머로 말했다. "최근의 선거 운동이 바람직하지 않은 투쟁으로 훼손된 것은 사실입니다. 하지만 우리는 국민의 정부가 큰 내전 속에서도 전국적인 선거를 훌륭하게 치를 수 있음을 증명했습니다. 지금까지 어느 나라도 이런 일이 가능하다고 생각지 못했을 겁니다."

링컨이 짧은 연설을 마치자, 기쁨에 들뜬 사람들이 이번에는 라파예트 광장에 있는 슈어드의 집으로 향했다. 당시 오번에서 막 돌아온 국무장관은 왠지 장난꾸러기가 된 기분이었다고 회상했다. 그는 "온 국민이 다시 화해하고 리치먼드에 성조기가 휘날리며, 분리주의자나 반란 지지자를 찾기 힘들어질 때"가 얼마 남지 않았다고 선언했다. 자신이 어린 소년이었던 1800년대 초에

는 미국 독립혁명기에 공화정을 반대했던 왕당파가 "엄청난 숫자였다."며
이야기를 들려주었다. 그리고 30년이 지난 지금 미합중국에는 단 한 명의 왕
당파도 없다고 외쳤다. 그의 유쾌한 기분이 군중에게도 전해졌는지 모두들
환호와 웃음으로 화답했다. 그는 이야기를 마치면서 아직 밤이 깊지 않았다
며, 이렇게 말했다. "여러분, 이제 가서 페센든 씨를 만나보십시오. 그가 낙심
하고 있다면 우리 모두 슬픔에 빠질 테니 말입니다. 또한 스탠턴 씨에게도 가
보십시오. 지난 며칠 동안 그가 큰 병을 앓았다고 들었습니다. 그리고 제 친
한 친구 기디언 웰스에게 가서 윌밍턴을 좀더 철저하게 봉쇄할 수 없는지 물
어봐주신다면 더없이 좋겠습니다. 제가 외교 관계로 골머리를 앓지 않도록
말입니다."

슈어드가 동료들에 대해 언급한 이 장난기 어린 말은, 당시 체이스와 블레
어가 해임되면서 한결 좋아진 내각 분위기를 반영하고 있었다. 이 두 사람은
급진파와 보수파 사이의 적개심을 상징했으며, 실제로 오랫동안 서로 반목했
다. 웰스는 슈어드와 스탠턴이 자신보다 대통령을 훨씬 자주 만난다는 것 때
문에 질투심을 품었는데, 블레어는 그런 마음을 더욱 부추기곤 했다. 마찬가
지로 체이스는 스탠턴이 사면이나 임용 문제로 링컨에게 화가 나 있을 때면
맞장구를 치며 그의 불평을 열심히 들어주었다. 하지만 이 골치 아픈 상황과
는 무관했던 페센든과 데니슨이 입각하자 불필요한 다툼과 갈등이 사라졌다.
분위기는 훨씬 부드러워졌고, 웰스조차 슈어드와 사이가 좋아졌으며 스탠턴
이 남부 재통합에 대해 덜 극단적이고 보다 합리적인 사람임을 인정했다.

소문내기를 좋아하는 사람들은 링컨이 내각을 전면 교체할 것이라고 추측
했다. 슈어드의 자리는 찰스 프랜시스 애덤스가 차지하고, 스탠턴은 버틀러
장군으로 대체될 것이며, 웰스와 베이츠도 곧 교체될 것이라는 것이있다. 일
각에서는 링컨이 좀더 조종하기 쉬운 각료들을 원할 것이라고 추측했다. 그
러나 나름의 가설들을 내놓았던 이들은 링컨이 이 유능한 동료들과의 원만한
관계를 깨뜨릴 마음이 전혀 없다는 사실을 알지 못했다.

링컨과 슈어드의 우정은 해를 거듭할수록 깊어졌다. 그해 가을 웰스는 자신의 일기에 "링컨은 슈어드를 깊이 신뢰한다. 슈어드는 거의 매일 대통령과 함께 시간을 보내고 있다."라고 적었다. 실제로 슈어드는 링컨이 중요한 문제를 결정할 때면 언제나 "유일한 상담자" 역할을 하곤 했다. 링컨은 언젠가 파산한 수많은 남부 신문의 주식을 사들여 남부의 여론을 장악하자는 계획을 들었을 때도 슈어드에게 조언을 구했다. 슈어드는 이를 "대단히 현명하고 지혜로운 방법인 듯합니다."라고 동의했다. 그렇게 하면 남부 사람들의 견해를 바꾸는 데 도움이 될 만한 공개 토론의 장이 생기리라는 의견이었다. 또 그는 당장 정부 자금이 부족하면 서로우 위드가 기부금을 마련해줄 수도 있다고 제안했다.

일부에서는 수다쟁이 슈어드가 여전히 막후의 실력자라고 떠들어댔지만, 슈어드는 링컨이 진정한 국가원수라는 사실을 인정하고 있었다. 슈어드는 "내각에서 결정을 내리는 사람은 딱 한 명뿐이고, 그 사람은 바로 대통령이다."라고 말한 바 있었다. 또 선거 이틀 후 그는 수많은 지지자들에게 이렇게 말했다. "앞으로 여러분과 제가 그를 보았던 것처럼 모든 사람들이 그를 보게 될 것입니다. 에이브러햄 링컨은 워싱턴과 프랭클린, 제퍼슨, 애덤스, 잭슨과 더불어 이 나라와 전 인류의 은인입니다."

스탠턴

아주 친밀하고 편안하다고까지는 할 수 없었지만, 링컨은 변덕스러운 전쟁장관과도 원만하게 지냈다. 1864년 가을, 스탠턴은 겨우 쉰 살이었는데도 원래 갈색이었던 머리카락과 수염이 회색으로 물들어 훨씬 나이 들어 보였다. 또 전쟁 업무와 가끔씩 질식 발작을 일으키는 천식 때문에 안 그래도 좋지 않았던 건강 상태가 더욱 악화되었다. 선거 전날 밤 그를 침대에 쓰러뜨린 병은 거의 3주나 계속되어 당분간 기력을 회복하지 못할 것처럼 보였다. 의사는 스탠턴에게 일에서 손을 떼고 휴가를 즐기라고 권했다. 하지만 스탠턴은 "이 반란이 끝날 때까지는 살게 해주시오. 그러고 나면 쉴 거요. 그것도 아주 오래 말이오."라고 답했다. 링컨의 재선 직후 체이스에게 보낸 편지에서 그는, 병사들을 평화롭게 집으로 돌려보낼 때까지는 무엇도 자신을 일에서 손떼게 만들지 못할 것이지만, 건강을 회복하려면 휴식이 절대적으로 필요하다고 토로했다. 그러나 그는 11월 말 무렵, 다시 하루에 15시간씩 일을 하기 시작했다.

대통령과 전쟁장관의 복잡한 관계는, 사실 이해하기가 쉽지 않다. 때로는 스탠턴이 대통령을 좌우했고, 또 어떤 때는 링컨이 우위에 있었다. 이 두 사람 사이에는 불문율이 있었다. 서로가 상대방의 행동에 반대할 수는 있었지만, 결정권은 전적으로 링컨에게 있었다. 하지만 링컨은 스탠턴의 말에 반대한 적이 거의 없었다. 한번은 이 때문에 문제가 벌어졌다. 두 하원의원이 링컨으로부터 한 장교에 대한 임명 승인을 받아낸 후 스탠턴에게 그 추천장을 가져갔다. 하지만 스탠턴은 링컨의 추천을 딱 잘라 거절했다. 그의 설명은 이러했다. "이는 대단히 중요한 직책입니다. 따라서 나는 그에 걸맞은 경험과 능력을 갖춘 사람을 염두에 두고 있습니다." 두 의원이 대통령의 추천장을 언급하자 스탠턴은 버럭 고함을 질렀다. "난 대통령이 뭘 원하든 관심 없소! 나라가 적임자를 원하고 있소. 난 어느 개인이 아니라 나라를 위해 일하고 있습니다!"

두 하원의원은 장관보다는 대통령의 결정이 우선이라고 생각했기에 이 문제로 링컨을 다시 찾았다. 하지만 링컨은 말했다. "난 그의 말에 따라야 합니다. 스탠턴을 더 성가시게 할 수는 없소. 그는 세상에서 가장 힘든 직책을 맡고 있습니다. 군대 내의 수천 명이 승진을 못했다며 그를 비난하고, 군대 밖에 있는 또 다른 수천 명이 임명되지 못했다며 그를 비난합니다. 스탠턴 장관이 받는 압박감은 헤아릴 수 없을 만큼 크고 한이 없지요. 우리나라를 해변에 비유해보면, 그는 이 해변에서 한없이 부서지는 파도를 온몸으로 막고 있는 바위라 할 수 있습니다. 스탠턴 장관은 이 나라를 지키기 위해 성난 파도와 맞서 싸우고 있습니다. 사실 그가 어떻게 이 시련을 극복하는지, 어떻게 아직도 갈가리 찢기지 않고 버티고 있는지 나로서도 잘 모르겠습니다. 그가 없으면 내가 죽을 것입니다. 그는 초인적으로 일을 해내고 있습니다. 그러니 이 문제는 잊으십시오. 스탠턴 장관이 옳고, 나는 그를 방해해선 안 됩니다."

동시에 링컨은 스탠턴 역시 자신이 겪고 있는 대통령으로서의 괴로움을 이해해주길 원했다. 링컨은 스탠턴에게 "연방군에 잡혀 있고 연방 경계 안에 집이 있으며 연방에 충성을 맹세한 후 석방을 원하는 전쟁 포로들"의 가족과 친척들에게 몇 주 동안이나 시달리고 있다고 전했다. 그는 스탠턴에게 편지를 보내 이렇게 설명했다. "그 맹세는 지금부터는 반란에 뛰어들지 않겠다는 명예로운 다짐이지만, 만일 다시 반란이 일어나면 그중 상당수가 또 반란에 가담할 것이오. 하지만 석방되는 사람들 수가 연방에 큰 타격을 입힐 만큼 많지 않으니, 양측이 다시 통합할 날을 내다보며 사회에 지나치게 많은 가시나무를 심고 기르지 않도록 해야 할 것 같소." 링컨은 이어서 "모든 사안을 염두에 두고 신중하게 작성한 명단의 사람들을 전쟁장관이 석방해 준다면 나도 견딜 수 없는 이 압박감에서 벗어날 것이오."라고 적었다. 스탠턴은 다음날 답장을 보냈다. "전쟁 포로를 석방시키라는 각하의 명령에 기꺼이, 그리고 즉시 따르겠습니다."

이들은 때때로 링컨의 사면권 행사 때문에 충돌하기도 했다. 스탠턴은 탈영이나 직무 태만에 대해 엄한 벌을 내려 군대의 기강을 지켜야 한다고 생각했지만, 링컨은 "한 사람의 목숨을 구하기 위해서라면 어떻게 해서든 좋은 핑계거리"를 찾아낼 준비가 되어 있었다. 링컨은 괜찮은 핑계거리를 찾아내면 "내 서명이 그와 그의 가족, 친구들을 얼마나 기쁘게 만들까 생각하며 행복한 기분으로 잠자리에 들었다."고 회고했다.

그러나 스탠턴은 그런 관용을 베풀려 하지 않았다. 한 서기는 자신의 사무실에서 스탠턴을 보았던 어느 날 밤을 회상했다. "탈영 때문에 총살형을 선고받은 한 병사의 어머니와 아내, 아이들이 스탠턴 앞에 무릎을 꿇고는 사랑하는 이의 목숨을 살려 달라며 애원하고 있었다. 그는 침묵을 지키며 그 가족들의 애절한 울음소리와 간청의 말을 듣다가 짤막한 한마디를 던졌다. '그 병사는 죽어야만 합니다.' 절망에 빠진 가족이 돌아간 후, 스탠턴은 냉정하게 몸을 돌려 집무실로 들어갔다." 이 서기는 당시에는 스탠턴을 냉혹한 폭군이라고 생각했지만, 잠시 후 "책상에 기대어 손에 얼굴을 묻은 채 눈물을 흘리는" 스탠턴을 보았다. 이에 대해 서기는 이런 기록을 남겼다. "스탠턴은 '하나님, 제가 본분을 다할 수 있도록 도와주십시오. 제가 임무를 다할 수 있도록 도와주십시오!' 라고 계속해서 고통스럽게 울부짖었다. 그의 큰 체구는 가냘프게 떨리고 있었다." 아마 스탠턴은 전례를 만들지 않기 위해서 스스로를 죄인으로 만드는 이런 순간마다, 사실 궁극적인 권한은 대통령에 있다고 생각하며 남몰래 위안을 얻었을지도 모른다.

하지만 스탠턴은 자신이 옳다고 생각하는 일에 대해서는 집요하게 목적을 이루는 사람이었다. 어느날 펜실베이니아의 정치인들이, 충성을 맹세하고 서부 인디언들과 싸우는 연방군에 입대하기로 한 자기네 지역의 전쟁 포로 일부를 석방시키고자 했다. 그들이 대통령의 승인을 받았지만 스탠턴은 딱 잘라서 그 명령을 이행하지 않겠다고 거부했다. 이 명령에 의하면 석방된 포로는 보상금을 받고 펜실베이니아의 징병 할당수를 대신하게 되며, 따라서 그만큼 그 주에 요구한 군인의 수가 줄어들 수밖에 없었다. 스탠턴은 "대통령님, 전 이 명령에 따를 수 없습니다. 이 명령은 부적절합니다."라고 주장했다. 하지만 링컨 역시 완강하게 대답했다. "스탠턴 장관, 반드시 이 명령에 따라야 합니다."

결국 이 일은 링컨의 뜻대로 이루어졌으나, 명령이 공표되자 스탠턴에게 비난이 쏟아졌다. 정부가 포로들에게 보상금을 준다는 것은 쓸데없는 낭비이고, 다른 모든 주처럼 펜실베이니아가 채워야 할 징병 할당 숫자에다가 석방된 포로를 포함하는 것은 말도 안 된다는 여론이었다. 링컨은 그랜트까지도 스탠턴을 비난했다는 사실을 알고, 즉시 그에게 "전쟁장관을 제대로 평가하도록 이 글을 보냅니다."라는 내용의 편지를 보냈다. 링컨은 이 사안에 응한 사람은 스탠턴이 아닌 본인이라고 해명했다. "이 모든 일은 전쟁장관 모르게 이루어졌습니다. 이번 사안은 반드시 완료되어야 하며, 이제 다른 일을 전쟁장관 모르게 승인하지는 않을 것입니다. 전쟁장관은 이 큰 잘못에 대해 어떤 책임도 없습니다."

물론 이 경우 스탠턴에게는 아무 잘못이 없었다. 하지만 스탠턴에게 쏟아지는 비난이 정당할 때도, 즉 "그의 굳은 결심이 가끔은 단순한 고집으로, 열정이 편협으로, 강한 의지가 오만함으로 변질되었을 때"조차 링컨은 변덕스러운 장관을 감싸려고 노력했다. 한번은 온화한 조지 템플턴 스트롱조차 "스탠턴이 각료로 있는 내각은 지지하기 힘들다. 그는 불한당이다."라고 말했다. 하지만 링컨은 그의 정직과 정력, 결단력을 대단히 소중히 여겼다. 한 방문객이 스탠턴의 무뚝뚝한 태도에 불만을 터뜨리자, 링컨은 냉정하게 그 말을 잘랐다. "집으로 돌아가 성경의 《잠언》 30장 10절을 찬찬히 읽어보십시오." 그 구절은 다음과 같다. "너는 종을 그의 상전에게 비방하지 말라. 그가 너를 저주하겠고 너는 죄책을 당할까 두려우니라." 사람들이 대통령 재선 후 내각 변동을 추측했을 때도, 링컨은 스탠턴이 떠나는 일은 없을 것이라고 못 박았다. "많은 이들이 여기 와서 이 나라에 스탠턴만큼 훌륭한 자질을 갖추었으되 그와 같은 단점은 없는 사람들이 많다고 말합니다. 하지만 난 그런 사람들을 만난 적이 없소. 난 그들을 모릅니다."

웰스와 베이츠

링컨은 자신의 '넵튠'인 기디언 웰스 역시 해임할 생각이 없었다. 선천적으로 내성적이었던 웰스는 슈어드와는 달리 링컨과 편안하게 우정을 나누지 못했다. 뉴잉글랜드 출신인 그는 신중한 성격이었던 탓에 링컨과 슈어드가 "몇몇 수다쟁이들"과 이야기를 나누고 "정치적인 가십"에 즐거워하는 모습을 못마땅하게 여겼다. 또 그는 링컨과 스탠턴의 기묘한 친분 관계에 대해서도 자주 화를 냈다. 하지만 그는 체이스와 달리 그런 불만을 일기장에만 털어놓았고, 지혜로운 링컨을 존경했으며 끝까지 충성을 다했다.

더욱이 링컨은 웰스가 대단히 어려운 업무를 훌륭하게 완수했다는 사실을 잘 알고 있었다. 웰스는 싸움과 불화로 마비상태에 있던 해군성을 대대적으로 개편하여 완벽한 조직으로 재탄생시켰다. 평소에는 비난을 일삼던 런던의 〈타임스〉조차 기디언 웰스의 지휘 하에서 미 해군이 크게 성장했음을 인정할 수밖에 없을 정도였다.

웰스가 처음 장관으로 취임했을 때 미국 국기를 게양한 배는 겨우 76척이었다. 그러나 4년 뒤에는 이런 배가 671척으로 늘어났다. 게다가 해병 숫자는 7600명에서 5만 1000명으로 늘어났다. 단 4년 만에 미 해군은 그야말로 최고의 군사력을 갖추게 된 것이다. 판단력이 뛰어났던 웰스는 정력적인 차관보 구스타부스 폭스와 성실한 해군 공창 지휘관 존 달그렌을 중심으로 최상의 팀을 조직했다. 웰스는 봉쇄를 반대했지만, 일단 이것이 결정되자 과감하고 훌륭하게 추진했다. 그는 웨스트버지니아의 주 승격과 인신 보호 영장 유보와 관련해 링컨과 맞섰지만, 반대 의견을 공식적으로 드러낸 적은 한 번도 없었다. 이처럼 슈어드와 스탠턴, 웰스는 확실하게 내각의 자리를 확보하고 있었다.

그러나 재선 후 베이츠가 퇴임함으로 인해 내각에 변화가 일어날 전조가 보이기 시작했다. 일흔한 살인 베이츠는 지난 겨울 내내 만성질환에 시달린 후 봄부터 사임을 생각했다. 5월에 그의 아들 바턴은 아버지에게 함께 세인트루이스로 돌아갈 것을 권했다. "아버지는 훌륭한 일을 더 많이 하실 수도 있지만, 지금 나라의 상황이 아버지의 건강까지 희생할 정도로 위태롭지는 않습니다. 어쨌든 아버지는 해야 할 몫의 일을 다 하셨습니다. 이제는 젊은이들이 아버지를 위해 일해야 할 때입니다. 줄리언과 제가 아버지와 어머니, 여동생들을 돌볼 것입니다. 아버지께서 저희에게 그렇게 해주셨듯이, 우리 역시 흔쾌히 그러리라는 걸 아버지도 아실 겁니다.”

베이츠는 고향에 있는 자녀와 손자들 곁에 갈 수 있다는 생각만으로도 몹시 즐거워졌다. 아내인 줄리아는 41년이나 함께했던 남편이 돌아오기를 학수고대하고 있었다. 5월 말 결혼기념일에 베이츠는 “우리의 애정은 결혼 첫째 주 때보다 더욱 깊어졌고 서로에 대한 믿음은 더욱 강해졌다. 이는 하나님의 축복이다.”라고 행복에 겨워 기록했다. 하지만 그는 애틀랜타가 함락되기 전 암울한 시기에는 업무에서 손을 뗄 수 없었다. 그리고 링컨의 재선이 확실해질 때까지는 떠날 생각도 없었다.

그러나 모든 상황이 잘 풀리자 그는 1864년 11월 24일, 링컨에게 “현 정국(政局)은 전보다 훨씬 밝아졌습니다. 그리고 내각의 수장이자 지도자인 대통령님께 우리가 그토록 원했던 모든 영광과 행운이 다가오고 있습니다. 상황이 이렇게 바뀌었으니 이제 제가 가정생활로 돌아갈 때가 된 듯합니다.”라고 편지를 보냈다. 그리고 “저를 임명하신 대통령님의 신임뿐 아니라 우리가 공직생활을 함께했던 내내 한결같았던 각하의 호의와 친절에 깊은 감사를 표합니다. 그러한 호의와 친절에 대한 추억은 살아 있는 한 제 가슴속에 남아 있을 것입니다.”라고 썼다.

베이츠는 자신의 조국뿐만 아니라 대통령을 위해서 일을 했던 사람이었다. 취임 초기에는 임의체포 문제로 태니 대법관과 대립하며 마음이 편치 않았지만, 그럼에도 링컨의 인신보호 영장 유보를 정당화하는 의견서를 공들여 작성했다. 또 맥클렐런이 1862년 초에 자신의 계획을 공유하지 않겠다고 했을 때는, 링컨에게 “대통령의 권한은 군사 문제에서도 장군들의 권한보다 우위”에 있다고 충고하며 지휘관들을 통제하라고 촉구했다. 그리고 1862년 7월, 대통령이 각료들에게 노예해방 선언서의 초안을 읽어주었을 때는 처음부터 호의를 표시했다.

베이츠는 어릴 시절 자신도 모르게 뇌리에 박힌 인종적 편견에서 완전히 자유로울 수 없었다. 실제로 그는 죽을 때까지 노예해방은 이주 정책과 함께 이루어져야 한다고 생각했다. 그럼에도 그는 대단히 진보적인 몇몇 조치를 지지할 정도로 변화했다. 1864년 논란이 분분했던 흑인 병사들의 불평등한 급여 문제에 대해 법적인 의견을 말해 달라는 부탁을 받자, 그는 전장에서 백인과 똑같은 임무를 수행하는 "유색인"은 "같은 급여와 보조금, 옷"을 받아야 한다고 주저 없이 단언했다.

이 답변은 흑인을 미합중국의 시민으로 선언하겠다는 그의 또다른 의견과 함께 노예제 폐지론자들의 열렬한 환호를 받았다. 어느 날 흑인이 선장이라는 이유로 한 무역선이 억류되었다. 그때 시민권 논란이 일어났다. '드레드 스콧' 판결에서는 흑인이 시민이 아니라고 선포했고, 해군법은 미국 국기를 달고 있는 배는 미국 시민이 지휘해야 한다고 규정하고 있었다. 이 사안에 대한 질문을 받은 베이츠는 그리스와 로마 시대로 거슬러 올라가 시민권의 정의를 연구했다. 고심한 끝에, 그는 피부색이 아니라 태어난 장소가 시민의 자격을 결정한다는 결론을 내렸다. 드레드 스콧 판결은 잘못이며, 자유인인 흑인은 미합중국의 시민이라는 것이었다.

사실 베이츠의 결정은 노예의 지위를 보호한다던지, 시민권을 가진 흑인이 투표권을 가지거나 배심원석에 앉을 권리까지 있다고 주장하는 것이 아니었다. 그러나 그의 사임 때 한 워싱턴 지방지가 지적했듯이, "베이츠는 현재 대다수의 동포보다는 보수파에게 더 많은 존경을 받고 있지만 시대에 뒤떨어지지 않았으며 앞으로의 헌법적 해석에 획기적인 전환점이 될 유색인의 지위와 관련하여 의견을 제시한 사람"이었다.

베이츠와 링컨은 처음 만났을 때부터 서로에게 다정하고 솔직했다. 베이츠는 이따금씩 링컨의 느슨한 관리 방식을 비판하며, 자신의 일기에 "내각에는 체계도, 결속도, 책임도, 복종도 없다."고 불만을 토로했다. 또 링컨이 슈어드와 스탠턴에게 지나치게 의존적이라고 생각했다. 그는 링컨이 그토록 불충한 체이스를 왜 그토록 오래 자리에 두는지, 노퍽에서 버틀러 장군의 임의 체포에 대한 불만이 일어났는데도 왜 그를 해임시키지 않는지 이해할 수 없었다. 베이츠는 "대통령의 착한 성품이 가장 두렵다."고 일기에 기록했다.

하지만 법무장관 재임 기간이 끝날 무렵이 되자 그는 대통령의 독특한 지도 방식을 좀더 폭넓게 이해하게 되었다. 처음에 그는 링컨의 "바닥나지 않는 일화"에 짜증을 냈지만, 어느 순간부터는 대통령이 대중과 소통할 때 이 이야기가 무척 중요한 역할을 한다는 사실을 깨닫게 되었다.

베이츠는 프랜시스 카펜터에게 말했다. "인간에 대한 내 이상에 따르면 링컨은 거의 완벽에 가까운 사람입니다. 그에게 부족한 것은 딱 하나, '의지'입니다. 가령 나는 가끔씩 그가 사면권을 맡기에 적당하지 않다고 이야기하곤 했습니다. 그는 가슴 아픈 사연을 가진 사람 앞에서 판단력이 흐려지니까 말입니다. 게다가 여자, 즉 누군가의 아내나 어머니, 혹은 누이가 무언가를 부탁한다면, 십중팔구 눈물만 흘려도 링컨에게서 원하는 것을 얻을 수 있을 것입니다."

베이츠가 워싱턴에서 떠날 준비를 하는 동안, 동료들이 한 명씩 작별인사를 하러 들렀다. 쓸쓸한 뒷모습을 보이며 떠났던 새먼 체이스와는 대조적이었다. 베이츠는 당시 스탠턴이 대단히 친절했다고 기록다. "그는 군대에 있는 내 아들들에게 그들이 원하는 것이 있다면 뭐든 해주겠다는 편지를 보냈다." 또 베이츠는 슈어드와 웰스, 어셔와 함께 대통령의 집무실에서 유쾌한 작별인사를 나누었다. 그리고 이 노장은 다시 한 번 대통령의 온화하고 친절한 태도에 감동을 받았다. 베이츠는 섭섭한 마음을 안고 동료들을 떠났지만, 자신의 인생이 언제까지나 조국의 역사와 연결되어 있다는 사실을 잘 알고 있었다. 링컨이 자신을 법무장관으로 선택했기에, "세상을 떠난다 해도 한때 이 세상에 살았음을 알릴 만한 흔적"을 남길 수 있었다.

한편 링컨은 베이츠의 후임자로 접경주 출신을 찾기로 했다. "내각이 북부에만 편중되어 있으니, 이제 남부 사람을 찾아야 합니다. 만일 (그리스도 시대가 아닌) 현재에 열두 사도를 선택한다면 여러 지방의 비명소리에 귀를 기울여야 할 겁니다." 그는 제일 먼저 조지프 홀트 법무감을 고려했다. 이 켄터키 토박이는 에드윈 스탠턴, 제러마이어 블랙과 함께 뷰캐넌의 '3인조' 각료 중 한 명으로, (이 3인조는 남부의 연방 탈퇴를 저지시키겠다는 뷰캐넌의 의지를 굳힌 이들이었다) 링컨은 군사 법원의 사건들에서 긴밀히 협조했던 홀트 법무감을 내심 좋아하고 존경했다.

하지만 홀트는 링컨의 제안을 거절하면서, 대신 링컨의 친한 친구 조슈아의 형이자 동향 사람인 제임스 스피드를 추천했다. 그는 이렇게 말했다. "'충성심이 확고한' 주에서 제임스 스피드만큼 직업적 자질이 뛰어나고 연방과 내각의 원칙에 헌신적이며 흠잡을 데 없는 성격을 가진 공인은 떠오르지 않는군요." 링컨은 홀트의 천거에 따라 그날 당장 스피드에게 전보를 보냈다. "귀하를 법무장관으로 임명합니다. 즉시 와주십시오." 제임스 스피드는 무척 놀랐지만, 제안을 감사히 수락하고, 다음날 워싱턴으로 출발하겠다는 답변을 보냈다.

제임스 스피드를 임용한 건 탁월한 선택이었다. 그는 오랜 시간에 걸쳐 노예제에 대해 급진적인 입장을 취했다. 지난 봄, 제임스와 그의 동생 조슈아는 보수적인 켄터키에 새 자유주의(自由主義) 정당인 절대 연방당을 창당하는 데 힘을 쏟았다. 이 당은 링컨의 재선과 노예해방을 지지했는데, 가을 선거 운동에서 제임스 스피드는 "저는 철저한 노예제 폐지론자입니다."라고 선언하기까지 했다. 이는 자신도 링컨과 함께 헌법의 비상 대권 하에서 노예제를 폐지하는 것을 동의하고, 모든 지역에서 영구히 노예제를 금지한다는 헌법 수정을 찬성한다는 뜻이었다. 사실상 링컨에게 유리하도록 켄터키 주의 여론을 바꾸는 일은 힘들었다. 그러나 절대 연방당원들은 결국 자신들이 켄터키의 미래를 바꾸리라는 희망을 잃지 않았다. 선거 뒤 제임스 스피드는 "지금은 우리의 힘이 적지만 진실합니다."라고 링컨에게 편지를 보냈다. 또한 링컨도 루이스빌 출신의 변호사인 제임스 스피드를 잘 모르는 이들에게 이렇게 설명하곤 했다. "스피드는 내가 잘 아는 사람입니다. 그의 동생 조슈아만큼은 아니지만, 조슈아는 4년 동안 저와 같이 '동침한' 사람이니 당연한 일이지요. 하지만 난 내가 제임스도 많이 알고 있다고 생각합니다." 이후 데이비드 도널드는 이 말에 링컨과 조슈아와의 관계에 의심을 품었으나, 그가 이토록 거리낌없이 이 사실을 말한 것이야말로 둘의 관계가 친구 이상은 아니었다는 명백한 증거다.

제임스 스피드가 워싱턴으로 출발할 무렵 링컨은 이렇게 단언했다. "여러분은 흔히 볼 수 없을 만큼 만반의 준비를 갖추고 이 중대한 직책에 더없이 잘 어울리는 사람을 보게 될 것입니다."

대법원장 자리를 둘러싼 싸움

법무장관 적임자는 쉽게 찾았지만, 10월 중순에 로저 태니가 사망하면서 공석이 된 대법원장 자리의 적임자를 찾는 것은 쉽지 않았다. 링컨은 새먼 체이스에게 그 직책을 제안할 계획이었지만, 가장 충직한 다른 3명의 각료(에드윈 스탠턴, 에드워드 베이츠, 그리고 몽고메리 블레어)가 그 명예직을 원한다는 사실을 알게 된 후에는 대법원장 지명을 선거 이후로 미루기로 결정했다. 아무리 봐도 이 자리에는 스탠턴이 적임자인 듯했다. 실제로 대법원장직은 스탠턴이 늘 원하던 유일한 자리였다고 한다. 법조계에서 화려한 경력을 자랑하던 스탠턴은 대법원의 수많은 재판에서 변론한 경험이 있었다. 또 대법원장은 종신 직책이었기 때문에 전쟁 동안 힘들어진 가족의 살림살이도 나아질 수 있었다. 게다가 전쟁부의 압박감에서 벗어나면 건강도 회복할 수 있을 게 분명했다. 스탠턴의 친구인 대법관 로버트 그리어는 스탠턴에게 이런 편지를 보냈다. "자네는 나라를 위해 일하느라 건강이 악화되었고 누구도 따를 수 없는 능력으로 고된 임무를 완수했네. 자네가 우리 판사석을 주관한다면 나는 대단히 기쁘고 흡족할 걸세. 대통령이 그 자리를 자네에게 제안할 것이라고 생각하네.”

스탠턴의 부인 엘런은 남편이 시티 포인트에 갔던 어느 일요일 밤, 오빌 브라우닝을 집으로 초대했다. 이는 분명 남편의 제안이었을 것이다. 브라우닝은 다음과 같이 일기에 기록했다. “그녀는 내게 남편이 대법원장으로 임명되기를 간절히 바란다고 말했다. 그러면서 그 문제와 관련해 대통령을 만나봐 달라고 부탁했다. 나는 체이스가 임명될까봐 불안한 심정이다. 나는 그런 사태를 막고 싶었다. 스탠턴은 유능한 변호사로서 법조계 경험도 풍부하고 그 일 자체를 대단히 좋아한다. 그는 정직하고 올곧으며 부패와는 거리가 먼 사람이다. 나는 그가 대법원장의 적임자라고 생각했다. 내일 대통령을 만나 이 사안에 대해 이야기할 것이다.”

감리교회 목사 매튜 심슨도 링컨에게, 스탠턴이 자격을 다 갖춘 사람이기도 할 뿐더러 그동안의 노고가 있으니 그에 대한 보상으로 그를 대법원장에 임명해 달라고 부탁했다. 링컨은 진심 어린 감정을 담아 대답했다. “저 역시 한마디 빠짐없이 목사님의 말씀에 동의 합니다. 하지만 스탠턴이 맡고 있는 직책을 대신할 만한 사람을 어디서 찾겠습니까? 말씀해주시면 그대로 따르겠습니다.” 그랜트 장군 역시 링컨과 마찬가지로 전쟁부에서 스탠턴이 부재한 상황을 우려하고 있었다. 당시 시티 포인트에 있던 그랜트는 스탠턴 장관을 다른 곳으로 옮기지 말아 달라고 거듭 간청했다. 결국 스탠턴은 긴박한 상황 때문에 그해 가을 계속해서 병을 앓았음에도 불구하고 한 친구를 통해 더 이상 자신을 대법원장 후보로 고려하지 말라고 링컨에게 전했다. 헨리 워드 비처의 진심 어린 편지 한 통은, 야망을 포기해야 했던 스탠턴이 실망감을 떨치는 데 큰 도움을 주었다. 이 저명한 목사는 이렇게 썼다. “나라는 지금의 직책에 계신 귀하를 절실히 원합니다. 그렇지만 않다면 저는 장관께서 태니의 직책에 올라 마셜(제4대 연방 대법원장을 지낸 법학자 겸 정치가) 시대의 영광과 신뢰를 회복하기를 바랐겠지요. 저는 이 중대한 시기에 어느 모로 보나 귀하가 더없이 훌륭하게 전쟁부를 운영하셨다고 여기고 있습니다. 귀하의 정력과 충성, 그리고 그 무엇보다 귀하의 ‘도덕성’ 이야말로 귀하의 이름에 명예와 영광을 안겨줄 것입니다. 귀하는 내일 당장 세상을 등진다 해도 이미 충분할 정도로 명성을 쌓으셨습니다.”

스탠턴은 이에 감동을 받아 답장을 썼다. “목사님께서는 암울한 시기마다 저를 찾아주셨습니다. 이 전쟁에서 저는 신의 섭리에 따라 이 직책에 앉았고, 저로서는 감당할 수 없을 만큼 막중한 임무를 맡게 되었습니다. 목사님을 몰랐을 때는 도움을 구할 사람이 없었습니다. 하지만 목사님께서 제게 말을 걸어주고 친구로서 손을 내밀어 주시는군요. 제 가슴은 새로이 힘을 얻고 또 다른 희망으로 부풀어 오르고 있습니다.”

한편 몽고메리 블레어는 스탠턴보다 더 적극적으로 대법원장 직책을 원했다. 일전에 그는 점잖게 링컨의 사임 요청을 받아들였지만, 이제는 더 높은 직책을 통해 그 앙금을 보상받을 수 있으리라 믿었다. 변호사로서의 그의 훌륭한 재능은 이미 분명히 인정받은 상황이었다. 태니 판사의 이름에 영원한 오점을 남긴 사건에서 노예 드레드 스콧을 위한 감동적인 변론을 해냈던 그였다. 또 그에게는 체이스보다 그를 지지하는 슈어드와 위드, 웰스 등이 있었다. 웰스는 링컨에게 블레어야말로 이러한 필요조건을 모두 충족한다면서 대통령이 그의 능력, 정직, 용기를 알 것이라 믿는다고 말했다.

링컨은 대법원장 임명이 몽고메리뿐 아니라, 아들의 어쩔 수 없는 사임을 인신공격으로 여기던 그의 아버지에게도 대단히 중요한 문제라는 사실을 알고 있었다. 태니가 세상을 떠난 일주일 후, 아버지 프랜시스 블레어는 링컨에게 열렬한 탄원의 글을 보냈다. “개인적인 일과 관련된 일이라 직접 뵙고 말하기는 부끄러우니 서면으로 잠시 의논드리겠습니다.” 그러면서 그는 블레어 가족이 지속적으로 연방과 대통령에게 보인 충성심을 이야기했다. “이번에는 연방 재건과 노예해방 선언서를 지지함으로써 각하의 정치 원리와 정책을 대법원에서 수행하려 합니다. 대통령님과 공화국을 위해 일할 수 있는 또 하나의 고귀한 기회를 고려해주시길 바랍니다. 대통령님의 내각을 확고하게 지지할 뿐 아니라 개인적으로 대통령님에게 애정을 지닌 몽고메리야말로 대법원에서 각하를 대표할 만한 사람이라고 생각합니다."

이 상황을 지켜보던 메리 링컨은 "체이스와 그 친구들이 대법원장 자리를 놓고 내 남편을 괴롭히고 있다."며 프랜시스 블레어에게 경고를 전했다. 그러자 프랜시스 블레어는 부끄러움을 무릅쓰고 링컨에게 개인 면담을 요청했다. 링컨은 친절하게 블레어의 말에 귀를 기울였다. 몽고메리의 아버지는 "몽고메리는 오랫동안 판사로서 노력해왔고, 서부에서 활동한 덕에 익힌 국내법과 스페인법뿐만 아니라 대학에서 관습법의 기초까지 단단히 다졌으니 이에 부족한 점이 없습니다. 또한 대법원에서 상법과 헌법에 대한 문제도 다룬 바 있습니다. 게다가 정치 문제 외에도 그는 모든 면에서 대통령을 지지했습니다. 체이스와 내각의 다른 모든 각료들이 섬터에서의 전쟁에 반대했을 때, 몽고메리는 각하를 지지했습니다."라고 말했다. 링컨은 몽고메리가 대법관으로서 훌륭하게 임무를 다하리라는 데 동의했지만, 그를 지목하면 국회에 있는 그의 수많은 적으로부터 불같은 비난이 쏟아지리라는 사실도 알고 있었다. 그는 인준 거부를 가결할 수 있는 충분한 힘을 가진 급진파들과 불필요한 불화를 일으키고 싶지 않았다. 또한 보수적인 몽고메리 블레어가 남부 재통합과 새로이 시민이 되는 흑인의 차별 폐지를 둘러싼 문제에 부정적인 입장을 취하리라는 사실도 알고 있었다.

에드워드 베이츠에게도 똑같은 반대 이유가 적용되었다. 대법원장 직책이야말로 최고의 명예직이라고 생각했던 베이츠는 링컨에게 개인적으로 부탁했다. 그러자 링컨은 베이츠에게 "다른 이들에게 짓눌리지 않을 경우에는 기꺼이 그러겠지만, 지금 체이스가 그 자리를 얻기 위해 백방으로 뛰어다니고 있을 뿐더러, 사방에서 다른 여러 후보를 권하고 있습니다."라고 말하며 양해를 구했다. 이 이야기를 들은 베이츠는 "제 마음은 지금 제 생활에 기울어져 있으니, 그 자리를 차지하지 못한다 해도 크게 실망하지 않을 것입니다."

라고 수긍했다.

결국 링컨은 처음 염두에 두었던 새먼 체이스를 다시 떠올릴 수밖에 없었다. 그는 체이스의 친구인 헨리 윌슨에게 "체이스의 능력과 전쟁의 일반적인 문제에 대한 건전한 판단력은 의심할 나위가 없습니다."라고 말한 뒤 이렇게 덧붙였다. "다만 그를 임명하려면 한 가지 문제가 있습니다. 그의 야망은 끝이 없습니다. 그는 평생 대통령이 되려고 노력했지요. 절대 그럴 수 없는데도 말입니다. 그런 그를 대법원장에 앉히면, 더 초조하고 불안해져서 자기 업무를 게을리하고 대통령이 되려고 획책할까 걱정입니다. 그가 대법원장이 됨으로써 그 야망을 포기하고 훌륭한 판사가 되리라고 확신할 수만 있다면 나는 주저하지 않을 것입니다."

링컨은 "체이스가 대법원에 남은 평생을 바칠 것"이라고 슈일러 콜팩스가 약속했을 때도 비슷한 이야기를 했다. 또, 다른 후보의 지지자들이 체이스가 행했던 링컨과 관련된 수많은 음모를 상기시키자, 링컨은 "전 그 누구보다 체이스 주지사의 비열한 면을 많이 알고 있습니다. 하지만 우리는 시련의 시기에 단결했습니다. 개인적인 불화 때문에 대법원장으로서의 그의 자격을 제대로 판단하지 못한다면 그건 부끄러운 일입니다."

체이스는 이 소동 내내 자신이 임명되리라 확신하며 오하이오 주에 남아 있었다. 스탠턴도 자신처럼 대법원장 자리를 원한다는 사실을 몰랐던 그는 태니가 세상을 뜨자 그 이틀 후 스탠턴에게 "지난 서너 달 동안 대법원장 자리가 공석이 될 경우 대통령이 내게 그 자리를 제안할 거라고 확신했습니다. 그 자리가 내게 제안되면 받아들여야 한다고 생각합니다. 전 정치적 삶과 업무에 지쳐 있습니다."라고 말했다. 하지만 몇 주가 흘러도 대통령으로부터 아무 전갈도 도착하지 않자 그는 초조함을 견디지 못하고 워싱턴에 가기로 결심했다. 선거가 끝나자마자 지명이 이루어질 것이라고 그를 안심시켰던 페센든과 섬너의 말과는 달리, 링컨은 12월 6일까지 대법원장의 후임 결정을 미루었다.

그리고 드디어 어느 날 아침, 체이스의 친구인 매사추세츠의 존 앨리가 백악관에 들렀을 때, 링컨이 "들으면 좋아하실 이야기가 있습니다."라고 말을 꺼냈다. "조금 전 체이스 씨에게 대법원장 임명 소식을 전했는데, 귀하가 이 이야기를 처음 듣게 되셨군요."

앨리는 환호성을 터뜨리며 답했다. "대통령님, 님께서는 어느 누구에게도 기대할 수 없을 만큼의 큰 아량과 애국심을 보여주셨습니다. 분명 그가 대통령님의 내각을 비난하는 걸 들으셨을 텐데도 그 중요한 자리를 주시다니요. 전혀 예상치 못한 일입니다!" 그러자 링컨은 "그렇게 하지 않는다면, 공화당과 나라에 대한 의무를 저버리는 일이 되었을 겁니다."라고 답했다. "그가 나에 대해 어떤 말을 했든 신경 쓰지 않습니다. 체이스는 대단히 유능하고 선한 인물입니다. 한 가지 '백악관 병'을 지독하게 앓고 있긴 하지만, 이번 일로 그가 치유되고 만족하기를 바랍니다."

이후 링컨은 윌리엄 E. 챈들러 상원의원에게 "체이스를 임명하느니 내 사슴뿔 의자를 삼켜버리고 싶었지만, 이 결정은 나라를 위해 옳은 일이었다."고 말했다. 데레나는 한 편지에서 "아마 이 세상 어디에도 그토록 오랫동안 부당한 음모를 꾸며온 라이벌을 용서하고 칭찬할 만큼 관대한 사람은 없을 것입니다. 하지만 이는 대통령님의 위대함을 보여주는 단 한 가지 예에 불과합니다."라고 썼다.

그날 밤 집에 도착한 체이스는 케이트로부터 공문을 건네받았다. 그는 즉시 자리를 잡고 대통령에게 편지를 썼다. "대통령님의 신임에 대해 감사의 말씀을 드리기 전에는 잠자리에 들 수가 없습니다. 임명이나 직책보다도 각하의 신임과 선한 의지에 더 큰 감사를 드립니다." 12월 15일, 대법원은 수많은 인파로 가득 찼다. 모두들 소박하지만 인상적인 공화국 대법원장의 취임 선서 예식을 보기 위해 모여든 이들이었다. 케이트와 동생 네티도 눈부시게 아름다운 옷을 입고 참석했다. 슈어드 역시 너대니얼 뱅크스, 벤 웨이드, 리버디 존슨, 찰스 섬너와 함께 참석했다.

법정 수위의 엄숙한 선언과 함께 법복을 입은 판사들이 들어서자 전원 기립했다. 원로 판사 제임스 W. 웨인이 선서를 권하자 체이스는 떨리는 목소리로 그 선서를 읽었다. 그는 선서를 마친 뒤 법정의 아름다운 둥근 천장을 올려다보고 감격한 듯 "하나님, 저를 도와주소서."라고 덧붙였다. 기디언 웰스는 "대통령이 자신의 선택에 후회하는 일이 없기를 바란다."고 말하며, 체이스가 "정치적으로 출세하는 데 이 자리를 이용해 법원의 신뢰를 위험에 빠뜨릴지도 모른다."고 우려했다. 하지만 링컨은 이 모험이 해볼 만한 가치가 있다고 생각했다. 그는 체이스가 자신이 평생 동안 주장해왔던 흑인의 권리 확보를 위해 최선을 다하리라 생각했다. 이런 점에서 체이스는 링컨의 믿음을 받을 만한 사람이었다.

체이스가 대법원장으로 취임하자, 매사추세츠의 흑인 변호사 존 락은 찰스 섬너에게 희망에 찬 편지를 보냈다. 락은 오랫동안 대법원에서 일하려 했지만 번번이 흑인이라는 이유로 거부를 당해왔다. 그는 편지에서 "이제 훌륭하고 선한 사람이 우리의 대법원장이 되었습니다. 그 사람이라면 제 피부색을 이유로 대법원 출입을 막지 않으리라 생각합니다."라고 적었다. 섬너는 즉시 체이스에게 연락을 취했고, 체이스는 흔쾌히 대법원에 최초의 흑인 변호사를 불러들이는 데 앞장섰다.

결국 6주 후, 섬너는 흑인 변호사 락의 보증인으로 대법원 앞에 서게 되었다. "판사 여러분, 부디 매사추세츠 주 1심 법원의 존 S. 락이 이 법원의 일원으로 일할 수 있도록 허락해주십시오." 드디어 락은 체이스의 동의 하에 연방의 최고 법원에서 일할 수 있게 되었다. 〈하퍼스 위클리〉는 "이 사건은" 드레드 스콧 판결의 "이례적인 번복"을 나타낸다고 평하며, 미래의 역사가들은 락의 대법원 입회를 "위대한 국민 정서의 계속되는 혁명을 보여주는 뚜렷한 증거로 여길 것"이라고 단언했다.

메리 링컨의 빚

링컨의 재선에 가장 기뻐하고 만족한 사람은 그의 아내 메리 링컨이었다. 그녀는 친구인 머시 콘클링에게 다음과 같은 편지를 보냈다. "백악관은 오늘날의 '메카'(이슬람의 성지로 순례자가 모이는 종교도시)란다. 우린 늘 많은 사람들에게 둘러싸여 있어. 도처에서 호감이 가득 담긴 다정한 축하편지를 한없이 받으니 얼마나 즐거운지 몰라." 메리는 남편의 승리에서 단순한 자부심만 느낀 것이 아니었다.

가을 선거 내내 그녀는, 남편이 낙선할 경우 뉴욕과 필라델피아 상인들이 몰려들어 외상값을 내놓으라고 할까봐 두려워했다. 메리는 엘리자베스 켁클리에게 이렇게 털어놓았다. "내가 진 빚이 총 2만 7000달러 정도예요. 남편은 여자의 옷값에 대해 별 개념이 없어요. 내 값비싼 드레스를 힐끗 보고는, 자기가 주는 몇 백 달러로 원하는 걸 다 살 수 있으리라 생각하며 만족해하죠. 하지만 난 비싼 옷을 입어야 해요. 온 국민이 내가 뭘 입는지 눈을 부릅뜨고 살펴보기 때문이에요. 난 서부 출신이라는 이유만으로 더 많은 주목을 받아요. 체면을 유지하려면 남편이 주는 것보다 더 많은 돈이 필요해요. 그는 너무 정직해서 봉급 외에는 한 푼도 더 벌지 못하죠. 그러니 내가 빚을 질 수밖에요."

새 사교 시즌이 되자 일반 만찬회 방문객들에게도 새로운 에티켓이 생겨났다. 방문객들은 모두 외투와 모자, 망토, 보닛, 숄 등을 안전 요원들이 지키는 대기실에 맡겨야 했다. 워싱턴 상류층은 이 새로운 규칙에 만족하여 그동안 기피했던 공개 만찬회에 다시 참석하기 시작했다. 〈내셔널 리퍼블리컨〉 기자는 "전반적으로 모든 손님들의 의복과 태도가 점잖았는데, 이는 아마도 대통령과 그 가족, 그리고 스스로에 대한 존경심이 훨씬 높아진 것을 의미하는 듯하다."고 보도했다. 메리는 격식을 차리지 않는 파란 방 만찬회 또한 매우 자랑스러워했는데, 이곳에는 저명인사들이 계속해서 모여들었다.

하지만 메리는 4년이나 더 영부인으로 지낼 수 있다는 기쁨과 명예를 얻고도, 윌리엄을 잃은 슬픔을 떨쳐내지 못했다. 윌리엄이 세상을 떠난 뒤, 메리는 맏아들인 로버트가 군대에서 목숨을 위태롭게 만들도록 허락하지 않겠다고 결심했다. 하지만 장성한 아들을 막을 수는 없었다. 1865년 1월, 링컨은 그랜트 장군에게 편지를 보냈다. "부디 친구로서 이 편지에 답장을 주십시오. 하버드를 졸업한 스물두 살 된 내 아들이 이 전쟁이 끝나기 전에 실상을 보고 싶어합니다. 나는 아들을 군대의 높은 직책에 앉히고 싶지 않습니다. 그런 직책에는 경험 많고 더 자격 있는 분들이 올라야 합니다. 귀관을 귀찮게 하지 않는다면, 제 아들을 보잘것없는 직책을 주고 데리고 있어주십시오. 그것이 힘들다면 조금도 주저하지 말고 말씀해주십시오. 귀관을 귀찮게 하고 싶지 않고, 그래서도 안 되니까요."

그랜트는 이틀 후 답장을 보냈다. "제 부대에 아드님을 맞이할 수 있다면 그것은 큰 기쁨이 될 것입니다." 그러면서 그랜트는 로버트에게 대위 직책이 가장 적합할 것 같다고 제안했다. 그렇게 해서 입대를 원하는 로버트의 소원이 이루어졌다. 호러스 포터는 "그랜트의 본부에 배치된 로버트는 얼마 지나지 않아 좋은 평판을 얻었다. 그는 언제든지 힘든 일을 할 태세였고, 대통령의 아들이라는 이유로 특별 대우를 기대하지도 않았다."고 회상했다.

연방군의 맹활약

1865년 활기차게 진행된 백악관 신년 하례식의 한 참석자는 이렇게 회상했다. "이번 새해와 지난 3~4년의 새해 첫날은 너무도 대조적이다. 예전에는 엄숙하고 조용했으며 모두들 마음속에 무거운 짐을 진 채 미래를 불안하게 생각했다. 2~3년 전에도 별로 나아지지 않았고 1년 전만 해도 아무런 희망도 볼 수 없었다. 하지만 오늘은 모두들 즐거워하고 있다."

셔먼은 바다로 진군해 놀라운 성공을 거두었고 결국 크리스마스에 조지아 주 서배너를 점령했다. 이 소식에 워싱턴은 기쁨의 물결이 넘실댔다. 당시 셔먼은 보급로를 버리고 진군하여 필요한 군수품을 현지에서 징발하겠다는 계획을 세웠는데, 링컨은 이 계획을 듣고 처음에는 불안해했다. 셔먼이 서배너를 점령한 다음날, 그에게 보낸 다정한 편지에서 링컨은 예전에 자신의 회의적인 태도를 회상하며 이렇게 말했다. "모든 영광을 귀관에게 돌립니다. 우리 중 그 누구도 그 이상 나아가지 못했을 테니 말입니다."

그러나 바다를 향한 셔먼의 진군은 많은 마을을 황폐하게 만들었다. 이 역사적인 행군에서 중요한 역할을 담당했던 프랭크 블레어는 아버지에게 보내는 편지에서 무차별 파괴를 이렇게 합리화했다. "우리는 약 400마일에 달하는 철로를 파괴시켜 연맹의 동쪽과 서쪽을 갈라놓았고, 연맹군이 해외에서 차관을 받아 무기와 전쟁 물자를 사들이는 유일한 수단이었던 수백만 달러 상당의 목화를 태웠습니다. 또한 리 장군의 부대를 6개월 동안 먹여 살릴 만한 식량을 먹어치웠습니다." 이처럼 연방군은 군사적 이익을 강조하며 파괴를 정당화했지만, 그로 인해 삶이 망가진 평범한 남부 시민들의 상처는 오늘날까지도 그 지역에 남아 있다.

한편 링컨은 셔먼에게 보내는 축하 편지에서 10일 전 내슈빌에서 후드의 병력을 섬멸한 조지 토머스 장군에게도 경의를 표했다. 링컨은 이 두 차례의 승전보는 "어둠 속에 앉아 있던 이들에게 찬란한 빛을" 가져왔다고 치하했다. 실제로 토머스의 승리를 알리는 전보는 한밤중에 스탠턴에게 전달되었는데, 당시 스탠턴은 "야호!"라고 외치고는 황급히 옷을 입고 전신국장 토머스 에커트와 함께 백악관으로 달려갔다. 에커트는 이 소식을 듣고 화색이 감돌던 링컨의 얼굴을 오랫동안 잊지 못했다.

뒤이어 셔먼은 1월 중순, 노스캐롤라이나 주 윌밍턴 항을 방어하던 피셔 요새를 함락시켰다. 모든 신문이 1면에 육군과 해군의 합동 작전으로 요새와 72대의 큰 대포를 차지했다고 외쳐댔다. 〈내셔널 리퍼블리컨〉은 "이 눈부신 작전이 윌밍턴 항과 함께 외국이 반란군에게 지원하던 보급품을 차단했다."
며 환호했고, 기쁨에 어쩔 줄 모르던 웰스는 그날 아침 내각회의의 분위기를
이렇게 기록했다. "슈어드는 이제 더 이상 해군이 할 일이 없다고 생각했다.
대통령은 몹시 흡족해 했다."

반대로 남부의 사기는 나날이 꺾였다. 연맹의 부통령 알렉산더 스티븐스
는 피셔 요새의 함락은 "빅스버그나 애틀랜타의 패배와 더불어, 전쟁 발발 후
우리에게 일어난 가장 큰 불행"이라고 말했다. 연방 해군의 봉쇄로 거의 모든
항구가 폐쇄된 상황에서, 윌밍턴 폐쇄는 "연맹과 외국간의 무역이 전면 차단
된다는 것"을 의미했다. 이로 인해 무기와 군수품 마련에 꼭 필요한 목화 교
역이 불가능해졌던 것이다.

스탠턴이 셔먼과의 협의를 위해 조지아 주 서배너에 머물고 있을 때, 드디
어 "피셔 요새의 연맹기가 전달되었다." 당시 스탠턴은 전쟁터를 직접 보고
자 하는 마음에 노스캐롤라이나 주로 가서 루푸스 색스턴 장군 부부와 밤을
보냈다. 이후 스탠턴은 셔먼과 만나기 위해 남부로 향했다. 그는 셔먼 장군이
자기 진영에 들어온 수천 명의 흑인 도망자들에게 적대적인 태도를 보이고
있다는 보고를 받고 걱정이 되었다. 들은 바로는 셔먼이 이 흑인들을 병사로
고용하는 데 반대하고, 그들이 굶주리는데도 야영지에서 쫓아냈으며, 더불어
그들에게 지독한 혐오감을 보이고 있다고 했다. 셔먼은 "떼 지어 우리 군대를
따라다니는 쓸데없는 흑인들이 부대 이동을 방해하고 있다. 그들은 내 길을
막고 우리 식량을 먹어치운다."고 반박했다. 그는 군사적 성공이 흑인에 대
한 처우보다 우선한다고 믿었다. 하지만 그는 스탠턴과 대화를 나눈 후, '특
별 전투 명령 15호'를 발행하는 데 동의했다. 이 명령은 해방 노예들이 조지
아 주 해안과 인근 섬에 정착할 수 있도록, 경작할 수 있는 40에이커 가량의
토지를 나누어준다는 임시 계획이었다. 스탠턴은 안심하며 집에 돌아갈 수
있었다. 몇 주 후, 의회는 자유민 관리국을 신설하여 땅을 나누어주고 남부
전역의 난민들에게 도움을 주기 시작했다.

노예제의 종말

1월 무렵 후방에 있던 링컨에게 가장 긴급한 사안은, 노예제 폐지를 명문화한 헌법 수정 조항 제13조를 통과시키는 것이었다. 그는 전쟁이 끝나면 자신의 노예해방 선언서가 폐기될지 모른다고 오래전부터 우려하고 있었다. "선언서가 법적으로 유효한가 하는 문제가 논의될 것이다. 거기에다 선언서가 우리 경계에 들어온 이들에게만 도움이 되느냐, 앞으로 태어날 노예의 아이들에게도 효력이 미치느냐 하는 문제가 추가될 것이다." 다시 말해 노예제를 전면 폐지하는 헌법 수정 조항의 통과만이 '만병통치약'이 될 수 있을 것이었다.

지난 봄, 이 헌법 수정 조항 제13조는 상원에서는 3분의 2 표결로 통과되었으나 하원에서는 필요한 3분의 2에 해당하는 표를 모으지 못했다. 하원에서는 당 노선에 따라 거의 몰표로, 공화당원은 찬성표를, 민주당원은 반대표를 던졌다. 링컨은 12월의 연두교서에서 국회에 이 수정안을 재고하라고 촉구했다. 사실 똑같은 국회에 똑같은 문제를 재론하라고 부탁한다는 게 무리인 줄 알면서도 선거로 인해 뒤바뀐 상황에 기대를 걸었던 것이다. 그는 11월에 공화당의 세력이 확대되었으니, 취임식을 하는 3월 4일 이후 임시회기를 소집하면 수정안이 통과될 것이라 여겼다. 링컨은 이번 국회가 이 일을 마무리하고 공화당원뿐만 아니라 민주당원도 초당적으로 이 수정안의 통과를 지지한다면 더없이 좋을 것이라 생각했다.

이에 오하이오 주 출신의 하원의원 제임스 M. 애슐리는 1865년 1월 6일, 다시금 수정안을 하원에 제출했다. 그리고 링컨은 온건파 민주당원과 접경주 연방주의자들의 표를 움직이기 위해 집무실에 하원의원들을 한 명씩 초대해서 정중하게 이야기를 나눴다. 그는 미주리 주의 제임스 롤린스에게 이렇게 말했다. "옛 휘그당 동료로서 이 수정안을 지지해주십사 귀하를 초대했습니다. 아주 근소한 차로 결정이 이루어질 것 같습니다." 그는 접경주가 더 이상 노예제를 지지하지 않는다는 신호를 남부에 보내는 일이 중요함을 강조하면서, 그럴 경우 "전쟁은 빨리 종결될 것"이라고 주장했다. 그리고 롤린스의 지지 약속을 받자 의자에서 벌떡 일어나 그의 손을 잡고 깊은 감사를 표했다.

그 다음 애슐리와 롤린스는 미주리 대의원단 위원들에 대해 의견을 나누며 어느 위원을 설득할 수 있을지 가늠해보았다. 링컨은 "그들에게 내가 수정안 통과에 대해 불안해한다고 전해주십시오. 그리고 접경주가 어떤 표를 던질지 알려주십시오."라고 말했다. 그리고 하원의 두 협조자에게 마음의 결정을 내리지 못한 다른 두 위원의 표를 확보해 달라고 부탁했다. 협조자들이 그 방법을 묻자 그는 "나는 막강한 권력을 쥔 미합중국의 대통령입니다. 헌법 조항에 따른 노예제 폐지는 지금 노예 상태인 수백만 명뿐 아니라 앞으로 태어날 또 다른 수백만 명의 운명을 결정할 것입니다. 이렇게 중요한 수정안이 그 두 표로 결정됩니다. 이 일의 향후를 여러분에게 맡깁니다. 하지만 내가 엄청난 권력을 지닌 미합중국의 대통령이며, 바로 여러분이 그 표를 확보하길 바라고 있음을 잊지 마십시오."

밀사들은 링컨의 권력이, 충직한 인물들과 그 친지들에 대한 임명과 사면, 선거자금, 정부 직책에까지 뻗어 있다는 걸 분명히 알고 있었다. 브루클린의 민주당원 모지스 F. 오델은 결국 표를 바꾸기로 동의한 뒤, 회기가 끝날 무렵 연봉이 높은 뉴욕의 해군 관리직을 수여받았다.

애슐리는 섬너 상원의원을 설득해 캠던 앤 앰보이 철도회사의 독점권 폐지 법안 제출을 미룰 수만 있다면, 뉴저지 민주당의 두 표를 확보할 수 있음을 알게 되었다. 그러나 섬너의 마음을 바꾸지 못한 애슐리는 링컨에게 중재를 부탁했다. 링컨은 "이 문제에 대해서만큼은 섬너를 어떻게 할 수 없으며", 만약 시도할 경우 섬너가 반발할까 두렵다고 난색을 표했다.

투표일이 가까워지면서 압박감은 더 커졌다. 반대 세력의 주도자는 지난 대선에서 맥클렐런의 부통령 후보자였던, 오하이오 주 민주당원 조지 펜들턴이었다. 상원의원 제임스 블레인은 "그는 낙선했음에도 불구하고, 자신의 지지자들 사이에서 더 높은 명망을 얻고 하원으로 돌아갔다.”고 말했다. 표를 바꾸는 것을 고려했던 민주당원들은 주(州)의 신성한 권리를 빼앗고 헌법의 근본적인 수정에 영향을 미치는 문제에 대해 당의 정책 노선을 유지하지 못하면 무시무시한 결과가 촉발될 수 있다는 사실을 이해하고 있었다.

양측은 결과가 아주 적은 표차로 결정되리라는 것을 알았다. 링컨은 말했다. “우리는 오랫동안 고래를 몰고 온 고래잡이와 같다. 마침내 거대한 고래에 작살을 꽂았지만, 이를 어떻게 끌고 갈지 고민해야 하며, 고래가 꼬리를 휘둘러 우리 모두를 몰살시키지는 않을지 걱정해야 한다.” 예정된 투표일 아침, 애슐리는 모든 노력이 수포로 돌아갈까봐 걱정에 휩싸였다. 연맹의 평화 사절단이 워싱턴으로 오는 길이거나 이미 도착했다는 소문이 돌았다. 애슐리는 링컨에게 황급히 편지를 보내 “그게 사실이면 법안이 통과되지 못할 것입니다.”라고 전했다. 민주당 당수는 수정안 때문에 사절단이 평화 협상을 중단할 것이라고 주장했다. 이에 위기감을 느낀 애슐리는 “저 주장이 사실이 아니라면 이에 반박할 권한을 제게 주십시오.”라고 링컨에게 청했고 링컨은 즉시 이렇게 답했다. “내가 아는 한, 수도에 평화 사절단이 와 있지도 않고, 올 것 같지도 않소.”

그러나 사실 링컨은 3명의 평화 사절이 먼로 요새로 가는 중이라는 소식을 전달받은 차였다. 다만 그는 사절단이 ‘수도 안’에는 없다고 에둘러 말한 것이었다. 이후 이 사실을 알게 된 애슐리는 그 같은 기지가 없었다면 수정안은 통과되지 못했을 것이라고 회상했다.

토론이 시작되자 애슐리는 폭주기관차처럼 맹렬하게 주장을 펼쳤다. 그는 “내 심장과 머리를 흥분시킨 생각과 감정을 입 밖으로 꺼내고 싶다는 욕망에 그토록 강렬하게 사로잡힌 적이 없었고, 다시는 그럴 일도 없을 것이다.”라고 적었다. 수정안 통과는 그가 “정치생활을 시작했을 때만 해도 살아서 그 끝을 보리라 생각하지 못했던 대의의 완전한 승리”였다. 애슐리는 “한 시간 전부터 방청석, 의원석 할 것 없이 발 디딜수 있는 곳에는 모두 사람들로 가득찼지만, 안에 들어오지 못한 채 밖에서 서성이는 사람도 수백 명이 넘었다."고 회상했다. 체이스 대법원장과 대법원 판사들, 내각을 대표하는 슈어드, 페센든, 데니슨도 모두 그 자리에 있었다. 수십 명의 상원의원들도 외국 사절들과 함께 역사적인 논쟁을 보기 위해 이곳을 찾았다.

당시 애슐리가 소수의 민주당원들에게 자신의 시간을 양보한 건 현명한 일이었다. 이들은 수정안을 지지하는 동시에 표를 바꿀 수밖에 없는 이유를 설명했다. 애슐리는 제일 먼저 아치볼드 맥알리스터를 지명했다. 이 펜실베이니아 하원의원은 평화를 위해서는 "남부 연맹의 초석"을 파괴해야 한다는 것을 깨닫고 마음을 바꾸었노라고 설명했다. 방청석에서 박수가 터져나왔다. 이어 서머싯 카운티 출신의 동료 하원의원 알렉산더 코프로스가 자리에서 일어나 "오늘 이 행동이 정계에서 제 무덤을 파는 것이라면, 저는 아무 불평 없이 그 무덤에 들어가겠습니다."라고 선언했다.

이처럼 발언을 원하는 모든 민주당원의 연설이 끝난 뒤 투표가 시작되었다. 처음에는 찬성표가 수정안이 통과되는 데 필요한 3분의 2보다 2~3표 모자란 것처럼 보였다. 콜팩스 하원의장이 최종 집계를 발표하기 위해 일어서자 의원석이 술렁이기 시작했다. 콜팩스는 떨리는 목소리로 입을 열었다. "미합중국 헌법을 수정하기 위한 상하 양원 합동 결의에서 찬성 119표, 반대 56표를 얻었습니다. 3분의 2가 찬성했습니다. 합동 결의가 통과되었습니다!"

노아 브룩스는 이 순간을 이렇게 기록했다. "잠시 정적이 흘렀다. 빼곡하게 모여든 청중은 격한 감정에 빠져 목이 메는 듯했다. 잠시 후 미합중국 국회에서 한번도 들어본 적 없는 커다란 환호성이 터져나왔다."

애슐리는 찬성표를 던진 사람들의 명단을 전쟁부로 가져갔다. 스탠턴은 천천히 명단의 이름을 큰 소리로 읽으며 "역사가 이들을 길이 기억할 것"이라고 외쳤다. 링컨의 친구들과 지지자들은 함께 기뻐하며 백악관으로 달려갔다. "결의안 통과 소식에 링컨의 가슴은 기쁨으로 벅차올랐다. 그는 이로 인해 자신의 위업인 노예해방 선언서가 완성되었다고 생각했다." 다음날 밤,

링컨은 백악관에 모인 사람들에게 말했다. "이번 일은 온 나라와 온 세계가 축하할 만한 일입니다. 하지만 아직 우리에겐 해야 할 일이 남아 있습니다. 의회가 신성하게 시작한 일을, 이제 주(州)의 비준으로 완성해야 합니다." 군중은 환호성으로 화답했다. 곧이어 "꼭 그렇게 할 것입니다! 그럴 것입니다!"라는 자신 있는 외침이 터져나왔다. 실제로 20개의 주 의회는 거의 즉시 이 일을 행동으로 옮겼다. 1865년이 채 지나기도 전에, 중요한 4분의 3의 주가 나라의 평화를 뒤흔들었던 노예제를 폐지하겠다고 선언했다.

비평가이자 선동적인 노예제 폐지론자였던 윌리엄 로이드 개리슨은 보스턴 음악당에 모여 환호하는 군중들에게 물었다. "이 중요한 헌법 수정안을 봅시다. 이 나라는 누구에게 가장 큰 은혜를 입었습니까? 저는 자신 있게 대답할 수 있습니다. 일리노이 주의 초라한 나무꾼, 수백만 명의 억압받는 이들을 위해 사슬을 끊은 대통령, 에이브러햄 링컨입니다!"

계속되는 전쟁

수정안 투표를 무산으로 만들 뻔했던 평화 사절단 이야기는 프랜시스 프레스턴 블레어로부터 비롯되었다. 그는 링컨의 재선이 평화에 대한 또 다른 시도를 이끌어낼 수 있으리라 믿고 평화 협상을 제안했다. 링컨은 이 중요한 시기에 평화 협상이 효과적이라고 생각하지 않았지만, 블레어에게 리치먼드로 가는 통행증을 승인해주었다. 다만 대통령의 권한 대행이 아닌 개인적으로 일을 진행한다는 조건을 걸었다.

링컨과 헤어진 블레어는 제퍼슨 데이비스에게 두 통의 편지를 보냈다. 일반 대중에게 공개하기로 예정된 첫 번째 편지에서는, 얼리 장군의 부대가 실버 스프링에 있는 자신의 집을 점령했을 때 잃어버린 서류를 찾기 위해 "리치먼드에 갈 수 있는 특혜"를 요청했다. 하지만 그의 진짜 목적이 조국의 사태를 의논하기 위한 것임이 두 번째 편지에 잘 드러나 있었다. 여기서 그는 좋은 결과를 기대하며 "숨기는 것 없이 솔직하게 속마음을 털어놓겠다."고 약속했다.

1865년 1월 11일, 리치먼드에 도착한 일흔세 살의 블레어는 수많은 옛 친구들의 따뜻한 환영을 받았다. 제퍼슨 데이비스의 아내 베리나는 허물없이 그를 얼싸안고 이렇게 말했다. "아, 우리 귀염둥이! 만나서 너무 반가워요!" 연맹의 백악관 서재에서 데이비스 대통령과 자리 잡은 블레어는 자신의 제안이 "늙은이의 꿈"일지도 모른다면서도, 데이비스의 "현실적인 분별력"과 "더없는 솔직함"을 믿는다고 말했다. 일단 그는 데이비스에게 남부에 대한 자신의 깊은 사랑을 상기시켰다. 데이비스 역시 자신의 가족에게 보여주었던 블레어 가족의 친절을 잊지 못할 것이며, "죽을 때도 그들을 기억할 것"이라고 다정하게 대답했다.

블레어는 제안서를 내밀었다. 제안 내용은 본질적으로 남과 북의 전쟁을 미루고, 그동안 멕시코를 침략해 먼로 독트린(중남미 여러 나라에 대한 유럽 제국의 간섭을 허용하지 않겠다는 먼로 대통령의 외교 방침)을 위반하고 괴뢰 정권을 세운 프랑스에 맞서 힘을 합치자는 것이었다. 데이비스 역시 "우리의 군대가 단결하여 외세에 맞서 싸우는 것을 보는 것보다 양측의 상처를 잘 치유해줄 수 있는 것은 없다."며 이에 동의했다. 사실 이 합의는 4년 전 슈어드의 제안을 연상시켰는데, 왠지 불가능할 듯한 계획이었다. 그러나 결국 데이비스는 "두 나라에 평화를 가져오기를 기원하며" 워싱턴에 평화 사절단을 보내는 데 합의했다.

블레어는 마차와 기차, 증기선을 타고 힘겹게 워싱턴으로 돌아왔지만 곧장 백악관으로 달려가 대통령에게 데이비스의 편지를 건넸다. 당시 스탠턴은 링컨이 이에 대해 의견을 구하자 예리하게 지적했다. "이 땅에 두 나라는 없습니다. 앞으로도 결코 두 나라는 없을 것입니다. 각하가 평화 교섭을 한다면, 데이비스에게 이건 오직 이 나라를 위해서일 것이라고 말씀하십시오. 다른 기준에서의 협상은 불가능하다고 말입니다." 링컨은 즉시 동의하고 블레어에게 지시했다. "데이비스에게 나는 언제나 그랬고, 지금도 그러며, 앞으로도 그렇겠지만, 우리 '한 나라'의 국민에게 평화를 가져다주기 위해서라면 어떠한 대리인도 받아들일 준비가 되어 있다고 말씀하십시오."

블레어는 곧장 링컨의 답변을 들고 리치먼드로 돌아갔다. 데이비스는 곧장 집에서 내각회의를 소집했다. 그의 고문들은 "두 나라"와 "한 나라"라는 개념으로 상징되는 타협할 수 없는 갈등을 인식했지만, 평화에 대한 집요한 요구에 따라 먼로 요새에 3명의 사절을 보내기로 했다. 부통령인 알렉산더 스티븐스, 미합중국 상원의원을 지냈던 R. M. T. 헌터, 전직 대법관 존 A. 캠벨이 그들이었다.

1월 29일 일요일, 피터즈버그에 휴전 깃발이 휘날리며 사절단이 도착했다. "만장일치로 모든 경계부대의 발사는 중단되었고, 축제 분위기가 감돌았다."고 〈뉴욕 헤럴드〉는 당시의 풍경을 보도했다. 평화의 전령으로 나타난 3명의 신사를 향해 양측 모두 오랫동안 열광적인 박수를 보냈다. 이는 전투를 끝내고 가족에게 돌아가고 싶어하는 병사들의 깊은 염원을 더없이 잘 보여주는 모습이었다. "남부와 북부의 군악대가 경쟁적으로 '딕시'와 '양키 두들 댄디'를 연주했을 때는 그저 서로 애국적인 분위기로 화답했지만, 군악대가 '즐거운 나의 집'을 연주하자 모두들 적개심을 버리고 하나가 되었다."

잠시 후 한 연방군 대령이 사절단을 시티 포인트에 있는 그랜트의 본부로 안내했다. 알렉산더 스티븐스는 훗날 이렇게 회상했다. "우리가 도착했을 때는 한밤중이었다. 그랜트의 곁에는 보초나 참모가 없었다. 나는 대단히 소박하고 자연스러운 그의 태도에 깊은 감동을 받았다. 그랜트에게선 그만한 위치의 사람이라면 흔히 보일 수 있는 허례허식 같은 게 전혀 없었다. 그는 통나무 오두막에 있는 조그만 책상에 앉아 등유 램프 옆에서 무언가를 바쁘게 쓰고 있었다. 그와의 대화는 무척 편안했다." 잠시 이야기를 나눈 뒤, 그랜트는 사절단을 증기선 메리 마틴 호로 호위했다. 이 귀한 방문객들을 위해 미리

"편안한 숙소"를 마련해놓았던 것이다. 그랜트는 평화 협상을 할 권한이 없었지만, 스티븐스는 그가 "조국의 평화와 조화의 회복"을 간절히 바란다는 인상을 받았다. 한편 슈어드는 링컨의 요청에 따라 사절과 만나기 위해 남부로 향했다. 링컨은 이렇게 말했다. "세 가지 점은 절대적이라고 말씀하십시오. 정부의 권위를 복원해야 하고, 노예제 문제에 대해 미합중국 행정수반은 양보가 없을 것이며, 정전이 아닌 임시 휴전은 없을 것입니다. 그리고 이 세 가지 조건이 받아들여진다면, 다른 모든 제안을 진심으로 관대하게 고려할 것입니다."

아나폴리스까지 기차를 타고 간 슈어드는 그랜트의 사령선 리버 퀸 호에 올라 먼로 요새로 향했다. 그런데 슈어드가 사절단과 만나기도 전에, 하나의 전언이 링컨에게 전해졌다. 연맹의 데이비스 대통령이 '두' 나라를 위해 평화 협상을 하도록 사절단에게 지시했다는 내용이었다. 그랜트는 복잡한 상황에 비추어볼 때 대통령이 사절단을 직접 만나보는 게 좋겠다고 생각했다. 결국 링컨은 슈어드와 그랜트에게 전보를 보냈다. "사절단에게 먼로 요새에서 직접 만나겠노라고 전해주십시오." 링컨은 하인 한 명과 작은 여행가방 하나만 들고 2시간 후 기차로 워싱턴을 떠나 아나폴리스로 향했다. 그곳에는 "세상에서 가장 빠르다고 알려진" 증기선 토머스 콜리어 호가 대통령을 먼로 요새로 데려가기 위해 대기 중이었다. 증기선은 그날 밤 10시가 넘어서 먼로 요새에 도착했고, 링컨은 리버 퀸 호에서 슈어드와 합류했다.

햄프턴 로즈 회담이라고 명명된 이 4시간의 만남은 리버 퀸 호의 객실에서 이루어졌다. 서로 인사를 마친 뒤, 스티븐스는 약 20년 전 링컨과 국회 동료로 지냈던 따뜻한 추억으로 대화를 시작했다. 링컨도 그때의 기억을 떠올리며 유쾌하고 다정하게 화답했다. 한동안 옛날이야기를 나누다가 스티븐스가 물었다. "대통령님, 현재의 문제를 끝내고 이 나라의 서로 다른 주와 당파 사이에서 우호관계와 조화를 회복할 방법은 없겠습니까?" 이어진 대화는 철저히 비공식으로 이루어졌다. "장관이나 서기, 그 밖의 증인은 한 명도 참석하지 않았다. 한마디 말도 기록되지 않았다."고 슈어드는 기록했다. 그 방에 들어간 사람은 오직 급사 한 명뿐으로, "그는 이따금씩 들어와 필요한 게 있는지 살펴보고 불과 담배, 그 밖의 다과를 가져왔다."

링컨은 스티븐스의 질문에 대답하면서 "자신이 알고 있는 길은 하나밖에 없으며, 그건 연방법을 무시하는 이들이 그 저항을 그만두는 것"이라고 강조했다. 이에 스티븐스는 "양측이 서로에 대한 분노가 가라앉을 때까지" 힘을 합쳐 프랑스에 맞서 싸우자는 임시 해결책을 원했으며, 링컨에게 반대의 뜻을 전했다. 그러자 링컨은 이렇게 대답했다. "귀하께서는 블레어 씨가 한 말을 더 선호하는 듯하군요. 애초부터 그가 무슨 말을 했든 그 사람만의 생각이라는 걸 말씀드려야겠습니다. 연방의 복원은 내게 필수 불가결한 일입니다." 저항이 끝나고 국가적 권위가 인정받을 때까지 휴전은 있을 수 없었다. 헌터는 링컨이 던진 그물에서 빠져나가기 위해 영국의 찰스 1세는 싸움이 계속되는 중에도 적들과 여러 번 협상했음을 상기시켰다. 그러자 링컨은 대답했다. "나는 역사를 잘 모릅니다. 그런 문제라면 슈어드와 이야기하십시오. 찰스 1세에 대해 분명히 떠오르는 것이라고는, 결국 그의 머리가 잘려나갔다는 것뿐입니다." 잠시 후 캠벨 판사가 "연맹의 주들이 동의한다고 가정할 때 어떻게 재통합을 하겠는가?"라는 질문으로 화제를 돌렸다. 이 질문을 시작으로 노예제에 대한 토의가 시작되었고, 슈어드는 "노예해방 선언서를 취소하거나 수정할 의도가 없으며 선언서에 따라 자유인이 된 사람을 다시 노예로 만들지도 않겠다."고 했던 링컨의 연두교서를 그대로 인용했다. 그리고 슈어드는 국회가 미합중국 전역에서 노예제를 금지한다는 헌법 수정안을 막 통과시켰다는 이야기를 전했다.

협상이 난관에 부딪쳤지만, 대화는 계속 우호적으로 이어졌다. 링컨은 "남부인들에게 그들의 노예에 대한 보상을 할 수 있도록 세금을 징수할 생각이 있다."고 말했다. 그리고 "북부에서도 이를 위해 4억 달러 상당의 예산을" 승인할 것이라고 확신했다. 그러나 임시 휴전 문제에 관한 한 링컨은 흔들림이 없었다. 회담은 어느 문제에서도 합의를 이루지 못한 채 끝났다.

비밀스럽게 이루어진 이 회담 결과가 공표되기 전까지, 급진파는 대통령이 "힘겨운 군사적 투쟁으로 얻은 정치적 결실을 포기하려 한다."며 분노했다. 링컨이 선언서를 저버릴까 두려워했던 태디어스 스티븐스는 하원에서 그를 맹렬히 비난했고, "전사위원회의 주요 회원들" 역시 상원에서 이 회담을 가차 없이 비난하며 "우리는 배신당할 것이고, 우리가 평화를 얻더라도 불명예스러울 것"이라고 주장했다. 상하원 양측은 회담에 대한 상세한 보고를 요구하는 결의안을 통과시켰다.

결국 이전에 주고받은 전보와 문서를 갖춘 링컨의 회담 보고가 전원이 착석한 국회회관의 숨 막힐 듯한 침묵 속에서 낭독되었다. 노아 브룩스는 "메시지와 서류를 읽어내려가는 동안 국회회관의 분위기는 확연히 바뀌었다. 침울한 분위기는 사라지고, 교활한 반란군 지도자의 정체를 폭로하는 링컨의 현명한 방식을 이해한 의원들은 서로 흐뭇한 눈길을 주고받았다."라고 기록했다. "낭독을 마치자, 놀랄 만큼 큰 박수소리가 쏟아졌다. 길고 지루한 가뭄 끝에 내리는 시원한 폭우 같았다." 의원들은 앞을 다투어 대통령을 칭송했다. 태디어스 스티븐스조차 "링컨 대통령의 지혜와 기지, 애국심을" 높이 찬미했다. 또한 〈하퍼스 위클리〉는 "이 나라에 대통령보다 전쟁에 대해 더 많이 아는 사람이 있는가? 있다면 그는 누구인가? 역사상 에이브러햄 링컨보다 이 나라의 난국에 맞서 싸울 만한 기질과 신념, 능력을 적절하게 겸비한 사람은 없다고 감히 말할 수 있을 것이다."라고 보도했다.

한편 제퍼슨 데이비스는 전쟁터에서 병사들을 고무하기 위해 이 실패한 회담을 실용적으로 이용하기로 했다. 그는 또 한 해가 지나기 전에 나라의 분할과 노예제를 그대로 둔 채 자기네 방식대로 평화를 확립할 것이라고 확언했다. "저는 양키(남북전쟁 당시 남부 사람이 북부 사람에게 붙인 경멸 또는 적의의 호칭)와 '한 나라'를 이룰 수 없습니다. 저는 연맹에 목숨을 바쳤습니다. 제가 어떤 상황에서는 연방 재건의 중개인이 될 수도 있다고 추측한다면, 그것은 제 천성을 완벽하게 오해한 것입니다!"

이 같은 단호한 반발에도 불구하고, 링컨은 수많은 젊은이들이 더 목숨을 잃기 전에 전쟁을 명예롭게 끝낼 수 있으리라는 희망을 버리지 않았다. 그는 보상을 조건으로 한 노예해방에 대한 햄프턴 로즈 제안에 이어, 남부 주들에게 "흑인 주민 숫자"에 따라 분배 지급할 "4억 달러"를 허락해줄 것을 국회에 요청하기로 했다. 4억 달러 중 반은 4월 1일까지 "국가의 권위에 대한 저항"이 끝나면 먼저 지불하는 것으로 하고, 나머지 반은 7월 1일까지 헌정 수정 조항 13호가 비준되면 지급하자는 것이었다. 다시 말해, "반란군의 무장해제와 함께 연방이 복원되고 노예제가 종식되면, 모든 정치적 과오는 사면받을 것이며, 노예를 제외하고는 전 재산을 지킬 수 있을 것이다."라는 내용이었다.

그러나 각료들은 이 제안에 대해 전원 만장일치로 반대를 표명했다. 그 자리에 슈어드는 없었다. 웰스는 이에 대해 "타협을 통해 평화를 얻고자 하는 대통령의 간절한 소망은 이해한다. 하지만 이 제안은 도를 넘어 불신과 적대감을 일으킨다."고 기록했다. 어서 또한 국회의 급진파들이 "이를 이용해 대통령을 무차별 공격할 것"이라고 생각했으며, 스탠턴은 노예해방 선언으로 자유인이 된 노예에 대한 보상은 쓸데없는 낭비라고 주장했다. 페센든은 "무력을 통해서만 전쟁을 효과적으로 종식시킬 수 있을 것"이라고 단언했다.

이에 대해 링컨은 자신이 제안한 보상금의 총 합계는 사실상 "잃게 될 목숨과 파괴 될 재산은 포함하지 않은" 채 100~200일 더 전쟁이 계속되었을 때의 비용에 불과하다고 지적했다. 그러나 내각은 완고했다. 링컨은 "여러분 모두 내게 반대하시는군요."라고 실망하며 말했다.

이에 대해 어서는 링컨은 온통 그 계획 생각뿐이어서, "각료 중 하나라도 자신을 지지했다면 적극적으로 추진했을 것"이라고 기록했다. "만약 슈어드가 그 자리에 있었더라면 링컨은 그 제안을 승인했을 것이다." 그러나 함께 회의 중인 동료들이 이 제안을 지지할 기미를 보이지 않자, 링컨은 어쩔 수 없이 포기해야 했다. 하지만 데이비스도 분명히 말했듯이, 어쨌든 이 제안은 연맹에도 받아들여지지 않을 것이 뻔했다. 이렇게 해서 남부가 항복할 때까지 전쟁은 계속되었다.

모든 이들에게 자비를

한편 전선에서는 계속 희소식이 들려오고 있었다. 서배너를 점령한 셔먼은 컬럼비아를 향해 북진해 2월 17일 사우스캐롤라이나의 주도에 도착했다. 그리고 곧 컬럼비아를 함락했다. 스탠턴은 "섬터 요새에 연방의 국기가 복귀된 것을 기념하여 미합중국 모든 기지의 무기고와 군사본부"에서 예포를 발사하라고 명령했다. 그날 밤 링컨은 유쾌한 기분으로 슈어드와 웰스, 후커 장군과 함께 집무실에서 편히 휴식을 취했다. 웰스는 그날 "후커 장군이 오늘이야말로 4년 만에 가장 화창한 날이라고 말했다."고 일기에 기록했다.

하지만 다음날, 브라우닝은 그 어느 때보다 우울해 보이는 링컨의 모습을 발견했다. 스파이 혐의로 재판에서 유죄 판결을 받은 연맹군 대위 존 예이츠 비올의 사형 집행이 얼마 남지 않았기 때문이었다. 1864년 가을, 캐나다에 근거지를 마련한 연맹군 스파이들이 징병을 방해하고 선거에 영향을 주기 위한 계획을 진행했다. 비올은 오하이오 주의 연맹 포로 석방을 위해 특공대를 이끌고 오대호에 있던 연방의 배를 나포하고 철로를 파괴하는 등 대담하고 섬세한 활동을 벌였다. 때문에 뉴욕 주의 군 지휘관 존 A. 딕스 장군은 본보기 삼아 비올을 사형에 처해야 한다는 뜻을 굽히지 않고 있었다.

그러나 비올은 저명한 버지니아 가문 출신이었고, 그 때문에 오빌 브라우닝과 몽고메리 블레어, 90여 명의 하원의원, 6명의 상원의원 등 많은 후원자들이 링컨에게 관대한 처분을 탄원했다. 그들은 비올이 연맹군의 장교로 행동했던 만큼 "강도, 약탈자, 해적"으로 취급해서는 안 된다고 주장했다. 링컨은 이 사건으로 몹시 괴로워했지만, 그럼에도 딕스 장군의 조치를 지지해야 한다고 생각했다. 몇 주 후 그는 한 지인에게 말했다. "나는 단호해야 합니다. 불쌍한 그의 누이가 그의 목숨을 구해 달라고 애걸했는데도, 나는 부탁을 외면한 채 비올을 처형해야 했습니다. 그렇게 해서 그는 처형되었고, 내 마음은 아직도 비탄에 빠져 있습니다."

링컨은 3월 4일의 두 번째 취임식 전주에 "각료를 제외하고는, 오후 3시부터 7시 사이에 방문객을 받지 않겠다."고 선언하고는 조용히 취임연설을 준비했다. 당시 〈내셔널 리퍼블리컨〉에 의하면 "연방의 미래가 희망적인 상황"에서 수천 명이 워싱턴을 방문했다. 그들은 취임 기념 파티 참석은 물론, 수도 곳곳에서 넘쳐나는 기쁨을 나누고 싶어했다. 실제로 너무 많은 사람이 몰려들어서 수도의 유명 호텔들의 로비는 하나같이 "밤새 침실을 기다리는 신사숙녀로 가득했다."

프레더릭 더글러스는 "전국 각지에서 수도로 모여드는 시민들의 장대한 행렬"에 참여하기로 결심했다. 예전만 해도 흑인들은 취임 축제에 참석하지 못했다. 그러나 "피를 섞은" 두 인종의 군인들을 생각할 때 "유색인도 다른 시민들처럼 대통령에게 축사 인사를 건네는 게 당연한 일인 듯"했다. 취임 전날 밤, 더글러스는 6번 가에 있는 체이스의 집을 방문했다. 그는 케이트를 도와 그녀의 아버지에게 새로 만든 법복을 입혀주었다. 체이스는 이 법복을 입고 재선된 대통령에게 선서를 할 예정이었다. 더글러스는 새 대법원장을 보며, 그와 처음 만났던 "초기에 노예제 반대 운동을 하던 시절"을 떠올렸다. 당시 체이스는 그를 자신의 집 식탁에 맞아들였는데, 그건 당시로서는 굉장히 드문 일이었다.

3월 4일 아침 내내 계속해서 비가 쏟아졌다. 하지만 취임식을 보기 위해 수도로 몰려든 약 5만 명 시민들은 흥분을 가라앉히지 못했다. 초대받은 손님들이 한니발 햄린 부통령의 고별 연설과 앤드루 존슨의 선서 등 취임식의 앞부분을 보기 위해 상원의사당으로 쏟아져 들어왔다. 정오 직전, 방청석이 동요하며 명사들의 도착을 알렸다. 장군들과 주지사들, 대법관들, 슈어드를 선두로 한 각료들, 그리고 마지막으로 대통령이 들어섰다. 대통령의 의자는 맨 앞줄 한가운데였고, 메리 링컨은 수많은 외국 사절단에 둘러싸여 외교관석에 앉아 있었다.

햄린의 수려한 고별 연설 뒤, 새 부통령 앤드루 존슨이 선서를 위해 일어섰다. 그의 얼굴은 유난히 빨갰고 몸의 균형을 잘 잡지 못했다. 아무래도 술에 취한 듯 보였다. 그는 20분 동안 평범한 환경에서 태어난 초라한 자신이 "국민의 선물로, 보잘것없는 군인에서 나라의 두 번째로 높은 위치로" 오를 수 있었다는 말을 횡설수설 늘어놓았다. 그리고 대법관들 쪽으로 고개를 돌려, 법관들 역시 국민으로부터 힘을 얻는다고 상기시킨 다음, 다시 각료들을 향해 그들 역시 "국민의 하인"이라고 주장했다. 이어 그는 슈어드와 스탠턴을 시작으로 지위 순서에 따라 각료들의 이름을 한 명씩 호명했는데, 웰스 차례가 되자 미처 그의 이름을 기억해내지 못했다. 당황한 그는 가까이 있던 사람에게 몸을 돌려 큰 소리로 물었다. "해군장관의 성함이 어떻게 되지요?" 그때 햄린이 "발언 시간이 지났습니다."라고 퉁명스럽게 말했다. 그러나 존슨은 그 말을 무시하고 계속 장광설을 늘어놓았다.

거북해진 관중이 술렁이기 시작했고 귀빈석에 앉은 사람들은 제각기 당혹감을 감추느라 노력했다. 당시 스탠턴은 돌처럼 굳은 얼굴이었고, 제임스 스피드는 웰스를 향해 "정말 품위 없는 일이로군요. 저 사람, 미친 게 틀림없소이다."라고 속삭였다. 그러자 웰스는 스피드에게 "지금 존슨이 술에 취한 게 아니라면 제정신이 아닌 겁니다."라고 역시 귓속말로 화답했다. 신임 우정장관 데니슨의 얼굴은 붉으락푸르락했고, 새무얼 넬슨 판사는 놀라움과 두려움에 입을 다물지 못했다. 오직 슈어드와 링컨만이 침착해 보였다. 슈어드는 마치 "여름처럼 차분했고", 지금 존슨이 저러는 건 "감정이 너무 벅차올랐기 때문"이라고 너그럽게 말했다. 링컨은 아무도 자신의 불편한 속내를 눈치 채지 못하도록 눈을 감은 채 장광설이 끝나기를 참을성 있게 기다렸다. 이후 그는 존슨에 대해 "큰 실수를 하긴 했지만, 주정뱅이는 아니니 걱정할 필요는 없

다.”고 말한 것으로 전해진다.

마침내 존슨의 이야기가 끝나자, 청중들은 취임식 본 행사를 위해 밖으로 나가 국회의사당 동쪽으로 향했다. 대통령이 단상에 오르자 온종일 보이지 않던 태양이 구름을 뚫고 나와 눈부신 빛을 발했다. 청동 자유상이 꼭대기에 위치한, 갓 완공된 국회의사당 둥근 지붕 위로 갑자기 얼굴을 드러낸 태양은 미신을 믿는 많은 이들에게 상서로운 징조로 느껴졌다. 곧 이어진 링컨의 연설은, 최근 연방의 승리를 칭송하는 활기찬 연설을 기대했던 일부 군중들에게는 틀림없이 실망스러웠을 것이다. 평생 링컨은 주어진 상황의 모든 면을 고려했해왔고, 마찬가지로 소외된 남부 국민들의 고통에 공감했다. 링컨은 그들을 이해하자고 말하며 메울 수 없는 간극은 없다고 주장했다. “남이나 북이나 모두 같은 성경을 읽고 같은 하나님에게 기도했으며, 상대측에 불리하도록 하나님의 도움을 구했습니다. 남이 땀을 흘려 만든 빵을 억지로 빼앗는 사람들이 어떻게 감히 하나님께 도움을 간청하는지 이해할 수 없지만, 우리가 심판받지 않기 위해서라도 남을 심판하지 말아야 합니다. 양쪽 모두의 기도가 응답받을 수는 없습니다. 지금까지 그 어느 쪽의 기도도 충분한 응답을 받지 못했습니다. 전능하신 하나님은 나름의 목적을 갖고 계십니다.”

10년 전 링컨은 스프링필드 연설에서, 자신도 해결 방법을 모르는 마당에 남부가 노예제를 종식시키지 못한다고 비난할 수는 없다고 주장한 바 있었다. 하지만 이번에는 하나님이 남북 모두의 죄악인 노예제에 대한 벌로 “끔찍한 전쟁”을 내리셨다고 주장했다. 그는 마치 예언자 같은 모습으로 다음과 같이 감동적으로 말했다. “우리는 모두 전쟁이라는 이 큰 벌이 빨리 지나가기를 간절히 기도하고 있습니다. 하지만 250년간 노예들의 보답 없는 노동으로 쌓아온 모든 부(富)가 소멸될 때까지, 그리고 칼을 든 가해자가 채찍을 맞아 흘린 모든 핏방울을 보상할 때까지 이 전쟁을 지속시키는 게 하나님의 의지라면, 3000년 전에 말해졌듯이 ‘주님의 심판은 전적으로 진실하고 마땅하다.’고 여겨야 합니다.” 링컨은 자신을 반대한 이들에게조차 보기 드문 관용을 베풀었고, 이번에도 동포에게 역사적 탄원을 시도했다. “그 누구에게도 원한을 품지 말고, 모든 이에게 자비를 베풉시다. 또한 하나님께서 보여주신 정의에 대한 굳은 확신으로 지금 우리에게 맡겨진 일을 끝내고, 이 나라의 상처를 꿰매며, 전쟁에서 싸운 이들과 그 미망인과 고아들을 돌보기 위해 노력합시다. 그리하여 우리들 가운데, 그리고 온 나라에 정의롭고 영원한 평화를 두기 위해 매진합시다.”

연설을 마친 대통령은 취임 선서를 준비하고 있는 체이스 대법원장에게 몸을 돌렸다. 관중은 소리 높여 환호했고, 축포가 터졌다. 악단이 연주를 시작했고, 취임식은 평화롭게 막을 내렸다. 대중 만찬회를 위해 백악관 문이 열렸던 그날 밤, “사상 최대의 군중이 그 자리에 참석했다.” 대통령은 더없이 행복한 표정으로 5000명의 사람들에게 지칠 줄 모르고 손을 흔들었다. 이에 군중들은 존경과 애정을 담아 열심히 박수갈채를 보냈다. 메리는 아침이 될 때까지 방문객들에게 한 명도 빠짐없이 인사를 건넸다. 프렌치 관리국장의 추정으로는 그날 링컨은 약 4분에 100명꼴로 악수를 했다.

그러나 프레더릭 더글러스에게는 그날 밤이 또 다른 기억으로 남았다. 그는 이렇게 술회했다. "백악관 문에 이르자 배치된 경찰 둘이 내 팔을 난폭하게 잡고 뒤로 물러서라고 명령했다. 그들은 나 같은 유색인종은 입장시키지 말라고 명령받았다고 했다." 그러자 더글러스는 경찰에게 이렇게 말했다. "착오가 있었나봅니다. 링컨 대통령이 그런 명령을 내렸을 리 없으니까요. 그리고 제가 왔다는 걸 알면 대통령께서는 제 입장을 허락하실 겁니다." 그건 사실이었다. "링컨뿐 아니라 그 누구도 그런 명령을 내린 바 없었다. 경찰들은 그저 오래된 관습에 따랐을 뿐이었다." 이 난감한 상황이 몇 분 계속되던 중, 더글러스는 안으로 입장하던 한 신사를 알아보고 대통령에게 자신의 상황을 전해 달라고 부탁했다. 몇 분 후, 더글러스를 들여보내라는 전갈이 돌아왔다.

백악관으로 들어간 더글러스는 쉽사리 링컨을 찾을 수 있었다. "그는 수수하고 소박한 모습으로 군중 사이에서 산 정상의 소나무처럼 우뚝 솟아 있었다. 내가 다가가기도 전에 나를 알아본 대통령이 모두가 들을 만큼 크게 소리쳤다. "내 친구 더글러스가 오셨군요!" 그는 내 손을 잡고 이렇게 말했다. '반갑습니다. 오늘 제 취임연설을 들으시던데, 어땠습니까?'" 더글러스는 악수를 기다리는 수천 명을 위해서라도 대통령을 붙잡아둘 수 없다고 했지만, 링컨은 고집을 부렸다. "더글러스 씨, 저는 누구보다 귀하의 의견을 중요하게 여깁니다. 어떻게 생각하시는지 알고 싶습니다." 수많은 사람들 중에 유독 눈에 띄는 두 사람은 그렇게 잠시 동안 함께 서 있었다.

링컨은 늘 그랬듯이 더글러스가 진심을 이야기하리라는 것을 알았다. 마침내 더글러스가 입을 열었다. "링컨 씨, 이번 연설은 성스러운 역작이었습니다." 링컨의 얼굴이 기쁨으로 환해졌다. "마음에 드신다니 정말 기쁩니다!" 며칠 후 링컨은 서로우 위드에게 이번 연설이야말로 자신의 그 어떤 연설보다 더 오래 기억될 것이라고 말했다. 그리고 이렇게 덧붙였다. "물론 당장은 인기를 끌지 못할 것입니다. 사람들은 전능한 신과 자신의 목적이 다르다는 사실을 좋아하지 않으니까요."

링컨의 짐작대로 그 연설은 여러 곳에서 비판을 받았다. 민주당계의 〈뉴욕월드〉는 "정치를 종교로 대신했다."며 링컨을 비난했고, 〈뉴욕 트리뷴〉은 엄격한 성경적 의미가 평화의 가능성을 방해한다고 비평했다. 하지만 그 밖의 많은 이들은 이 연설의 역사적 중요성을 깨닫고 있었다. 찰스 프랜시스 애덤스 2세는 런던에 있는 아버지에게 "이 나무꾼 변호사야말로 이 시대의 가장 훌륭한 사람"이라고 편지를 보냈다. 그는 "링컨의 취임연설은 대단히 명료하게 이 전쟁의 역사적 기본 방침을 가리키고 있다는 인상을 받았습니다."라고 적었다. 예전에는 링컨을 비난했던 런던의 〈스펙테이터〉도 젊은 애덤스와 같은 생각이었다. 신문은 링컨의 취임연설을 "모든 미합중국 대통령이 말한 것 중 가장 훌륭한 연설"이라고 평가했다. 연설에 대한 찬사는 링컨에 대한 찬사와도 함께 어우러졌다. 〈스펙테이터〉는 1860년에 공화당 전당대회가 슈어드가 아닌 "마을 변호사" 링컨을 선택한 것은 그것이 "신성한 영감이나 신의 섭리"였기 때문이라고 주장했다.

하원의원 아이작 아널드는 저명한 사절과 이름이 밝혀지지 않은 뉴욕 정치가(한 역사가는 이 사람이 슈어드일 것이라고 주장한다)의 대화를 엿들었다고 전했다. 그 사절이 "대통령의 취임연설은 역사상 가장 훌륭한 연설문"이라고 주장하자 뉴욕 정치가가 이렇게 대답했다. "맞습니다. 그리고 시간이 갈수록 워싱턴의 이름이 점점 빛나는 것처럼, 링컨의 이름도 그럴 것입니다. 오늘부터 1세기 동안 이 취임연설은 그 어떤 사람의 말보다도 숭고한 연설로 읽혀질 것입니다. 워싱턴은 독립 혁명 시대의 위대한 인물입니다. 링컨도 이 시대의 위대한 인물이지만, 앞으로 역사상에서 워싱턴보다 더 높은 위치에 오를 것입니다." 이 같은 링컨의 지도력에 대해 당대에서 가장 의외의 평가가 있다면, 바로 극단적인 분리주의 신문인 〈찰스턴 머큐리〉의 평가일 것이다. "이

나라에서 가장 유능하고 성실한 사람들이 링컨에게 조언을 구하고 있다. 그는 자신의 능력이나 지식, 경험, 정치적 수완에 부족한 면이 있으면 늘 그 부족한 면을 찾아내 메우려 노력한다. 그는 모든 주위 사람들에게서 힘과 에너지, 두뇌, 열정을 모았다. 그는 분명 통치자로서 우리의 존경을 받을 것이다."

만일 〈찰스턴 머큐리〉의 편집자들이 링컨의 지인들이 알아보았던 링컨의 진실성을 눈치 챘다면, 아마 그들은 더 놀라워했을 것이다. 링컨은 정치적 재능으로 나라에서 가장 뛰어난 인재를 모았을 뿐 아니라, 더 나아가 중요한 순간마다 자신의 목적과 직관, 결단으로 그들에게 깊은 인상을 남겼다. 찰스 데이나는 링컨의 내각에 대해 이렇게 말했다. "그는 늘 상사였고, 각료들은 늘 부하였다. 각료들은 계속해서 그의 의지에 따랐다. 그가 각료의 말을 따를 때는, 그들의 충고가 분별 있고 적절하다는 확신을 가졌기 때문이었다."

26장

링컨, 역사가 되다

링컨의 사망

두 번째 임기를 시작한 링컨은 1861년에 처음 선서했던 사람과는 전혀 다른 몸과 마음, 정신을 가진 사람으로 바뀐듯 보였다. 그는 처음과 다를 바 없이 친절하고 온화하며 다정했다. 하지만 해를 거듭할수록 호탕한 웃음은 줄어들고, 눈을 감은 채 중요한 문제에 대해 숙고하는 시간이 늘었으며, 갈수록 측근들에게 거리를 두고 무관심해졌다.

계속된 긴장 속에서 보낸 4년의 세월은 링컨의 마음은 물론 외모까지 바꾸어놓았다. 1865년 봄에 클라크 밀스가 제작한 그의 라이프 마스크(살아 있는 사람의 얼굴 석고상)는 5년 전 레너드 볼크가 만든 틀과 닮은 데가 거의 없을 정도였다. 1860년 그는 표정이 풍부한 그 큰 입으로 언제든 말하고 소리치고 웃을 태세였다. 그의 얼굴에는 정력과 생명력이 넘쳤다. 그러나 두 번째 마스크에 새겨진 그의 얼굴은 눈썹이 짙고 뺨이 움푹 파인 모습으로, 근심과 슬픔이 가득했다. "그의 얼굴에는 말할 수 없는 슬픔과 자부심이 함께 넘쳐흐르고 있었다." 그리고 이 내면의 힘은 남은 평생 동안 링컨을 지탱해주었다.

실제로 대통령으로 4년을 보내는 동안 그의 자신감은 이루 말할 수 없을 만큼 높아졌다. 취임 첫날부터 엄청난 압박감에 시달렸지만, 결코 그는 절망에 빠지거나 자신과 조국의 대의에 대한 믿음을 잃은 적이 없었다. 오히려 그는 주위 사람들에게 용기를 심어주었고, 쾌활한 기분과 정력, 한결같은 의지로 동료들을 온화하게 이끌었다. 그는 초창기의 실수에서 얻은 교훈으로 경쟁자들의 질투심을 달래주었으며, 해를 거듭할수록 사람과 사건에 대한 통찰력은 더욱 깊어갔다. 심신은 어떤 휴식으로도 회복할 수 없을 만큼 지쳤지만 앞으로 4년 더 정력적으로 일할 각오로 충만해 있었다.

취임식 후 일상적인 업무를 시작한 링컨은 또 다시 "이집트의 메뚜기떼처럼" 워싱턴으로 밀려드는 수많은 구직자들과 맞닥뜨렸다. 그는 "취임 첫해에 했던 그 일을 다시 해야 한다는 생각만으로도 온몸이 산산이 부서지는 것 같다."고 털어놓았다. 니콜라이와 헤이는 그가 보다 체계적으로 일할 수 있도록 오랫동안 외부인들의 출입을 막았다. 가끔씩 링컨은 예전처럼 "사람들은 그리 많은 걸 원하지 않는데, 실제로 얻는 것도 별로 없습니다. 나는 그 사람들을 만나야 합니다."라고 고집했다. 그러나 그는 경험을 통해 모든 업무의 우선순위를 정하고 전쟁과 재건이라는 내각이 직면한 중요 문제에 먼저 집중해야 한다는 것을 배웠다.

한편 링컨은 예술가와 불구가 된 퇴역군인에게만큼은 깊은 관심을 쏟았다. 링컨은 슈어드에게 돕고 싶은 한 시인이자 조각가를 언급하며 "조금이라도 예술가들에게 도움이 될 수 있게" 영사 자리를 주고 싶다고 말했다. 또한 공중 변호위원회와 일하던 스콧 장군에게는 상이군인들에게 공무원 직책을 마련해주어야 한다며, 위원회가 "언제나 병사들의 가장 큰 요구에 부응하려면 준비를 갖추고 있어야 한다."고 강조했다.

링컨은 내각에 대해서는 몹시 만족했다. 취임 후 유일한 변화라고는 재무장관이 윌리엄 페센든에서 은행가 휴 맥컬로흐로 교체된 것뿐이었다. 페센든은 지난 여름에 이 직책을 맡으면서, 일단 나라의 재정이 안정되면 퇴임하겠다고 선언했다. 1865년 봄이 되었을 무렵 재무부는 탄탄해졌다. 그는 메인 주에서 3월 4일에 임기가 시작되는 상원의원으로 뽑혔고, 편안하게 사임할 수 있었다. 그러나 링컨은 명석하고 열심이었던 이 장관을 잃는 것이 가슴 아팠다. 페센든 역시 대통령과 헤어지는 게 못내 서운했다. 그는 처음에는 링컨에게 비판적이었지만, 재직하는 동안 그에게 따뜻한 존경심을 품게 되었다. "대통령님께서 한결같이 보여주셨던 배려와 친절에 감사드립니다. 이제 가슴에 대통령님의 성품과 능력에 대한 더 큰 존경심을 품고 퇴임한다고 감히 말씀드립니다." 더불어 그는 "국가의 존속을 위해 지속된 투쟁"이 마침내 성공을 눈앞에 두었으며, "그 누구도 이 위대한 국민에게 선택받은 대통령보다 더 큰 공을 세웠노라 주장할 수 없을 것"이라고 확언했다.

페센든의 후임자 맥컬로흐는 통화 검사원장으로 일했던지라 재무부 업무에 익숙했다. 그러나 링컨이 처음 접촉했을 때 맥컬로흐는 직책 수락을 꺼려 했다. "제가 재무장관으로 필요한 능력을 갖고 있다면야 대통령님께서 원하시는 대로 하고 싶지요."라고 말하자 링컨은 유쾌하게 대답했다. "그 점에 대해서는 제가 책임지겠습니다. 그러면 이 문제는 해결된 걸로 생각하겠습니다." 결국 맥컬로흐는 4년 동안 재무장관으로 일했고, 링컨의 소원을 따른 것을 "한 번도 후회하지 않았다." 링컨이 예상한 그밖의 유일한 변동은 내무부였다. 이때 링컨은 몇 달 전부터 어셔를 아이오와 주의 제임스 할랜으로 교체할 생각을 품고 있었다.

또한 존 니콜라이와 존 헤이도 자리를 옮길 때가 된 듯했다. 이 두 비서는 그동안 링컨을 더없이 훌륭하게 보좌했고, 대통령의 방대한 편지를 체계적으로 정리하고 수많은 편지에 대한 답장의 초안을 작성했다. 또 대통령을 만나기 위해 백악관 2층의 작은 사무실에 한없이 몰려드는 상원의원과 하원의원, 장군, 외교관, 구직자들을 재치 있게 저지하며 문지기 노릇을 했다. 링컨은 해가 갈수록 그들에게 점점 더 많은 임무를 부여했다. 1864년, 니콜라이는 링컨 재선 운동의 비공식적 책임자 역할을 했고 미주리와 뉴욕 주의 긴장감 완화를 위한 밀사로 파견되기도 했다. 헤이는 그릴리와 함께 민감한 메시지를 캐나다와 국회의사당에 전달하는 역할을 맡았으며, 플로리다의 재건을 위한 링컨의 계획에 일조했다.

그러나 링컨에게 더 마음 깊이 남은 것은, 그들의 뛰어난 임무 수행 능력이 아니라 이 젊은 비서들이 보여준 우정과 충성, 애정이었다. 그들은 첫 임기, 링컨의 힘겨운 시절에 가족과 같은 존재가 되어주었다. 링컨이 잠들지 못하는 밤이면 둘 다 늦게까지 깨어 있었고, 아침에는 일찍 일어나 최신 뉴스를 전해주었다. 그들은 24시간 내내 외로운 대통령의 친구가 되어주었다. 헤이는 처음에는 대통령의 마구잡이식 행정 방식에 아연실색했다. 젊은 대학 졸업자로서 스스로를 학자로 생각했던 그는 독학으로 공부한 상사에게 약간 오만한 기색을 보였다. 하지만 막상 그와 가까이 지내게 되자 금세 생각이 바뀌었다. 링컨의 지혜와 재기에 매혹된 그는 1863년 무렵 "신의 손길"이 백악관의 대초원 변호사에게 닿아 있다고 믿게 되었다.

하지만 1865년 봄 무렵, 니콜라이와 헤이는 인생과 경력의 다음 단계를 준비해야 했다. 니콜라이는 데레나 베이츠와의 결혼을 앞두고 워싱턴이나 볼티모어의 신문사를 인수할 생각이었고, 헤이는 하루 14시간씩 하던 업무에서 벗어나 공부와 적극적인 사교 생활에 힘을 쏟고 싶어했다.

슈어드는 니콜라이와 헤이가 할 만한 일을 찾아 나섰다. 그리고 3월 파리에 미 대사관이 신설되자 대사직에 니콜라이를 추천했다. 대통령도 충성스러운 비서에게 좋은 기회라고 생각해 이에 동의했다. 〈내셔널 리퍼블리컨〉은 상원이 반대표 없이 니콜라이의 임명을 동의한 데 대해 "그토록 중요한 자리가 그렇게 젊은 사람에게 주어진 경우는 흔치 않다."고 보도했다. 니콜라이는 흥분했다. 대사의 연봉은 5000달러였고, 그 정도면 안정된 결혼생활을 시작할 수 있었던 것이다.

일단 니콜라이가 국회의 승인을 받자, 슈어드는 오래전부터 가깝게 지냈던 헤이에게 관심을 돌렸다. 헤이는 그간 많은 밤을 슈어드의 집에서 보내면서 훌륭한 식사와 재미있는 대화, 따뜻한 환대를 즐겼다. 그는 대통령과, 한때는 대통령의 라이벌이었던 슈어드의 독특한 우정을 누구보다 가까이서 지켜보았다. 훗날 헤이는 "그 어떤 질투나 의혹의 그림자도 그들의 신뢰를 방해하지 못했다."고 기록했다.

3월 중순, 슈어드는 헤이가 프랑스 파리의 대사관 사무관으로 임명받을 수 있도록 준비하기 시작했다. 이에 대해 헤이는 "청한 적도 없고, 예기치도 못한 일이었다."고 동생 찰스에게 말했다. 그리고 "지금의 직책에서 즐겁고 명예롭게 떠날 수 있어 기쁘다."고 토로했다. 사실 그는 일리노이 주 워소로 돌아갈까 생각하고 있었지만, 파리에 훨씬 마음이 끌렸다. 결국 헤이는 한 달 정도 더 백악관에 머물다가 노아 브룩스가 후임으로 확정되면, 니콜라이와 함께 유럽으로 건너가 새로운 모험을 시작하기로 했다. 니콜라이는 "우리 둘이 함께 가면 대단히 즐거울 겁니다."라고 말했다.

한편 윌리엄의 기일이 돌아오는 매년 2월이면 우울증을 앓던 메리도 봄이 되자 기운을 차렸다. 토머스 링컨 역시 어머니와 마찬가지로 "4월의 날씨처럼 예민해졌다." 어느 순간에는 웃음으로 사방을 환하게 했다가도 이내 가슴 아픈 듯 울음을 터뜨렸다. 그러나 존 헤이에 의하면 토머스는 대부분 "생기 있고 활달해서 기발한 장난으로 집안 분위기를 즐겁게 만들었다."고 한다. 토머스 덕에 사람들은 해가 뜰 때부터 질 때까지 "적막한 대통령 관저의 복도에 울려 퍼지는" 아이의 웃음소리를 들을 수 있었다. "대통령이 자정 무렵 지친 펜을 내려놓으면, 이 어린 요정은 책상 밑이나 난롯가 옆에서 잠들어 있었다. 그러면 키가 훤칠한 아버지가 이 꾸벅꾸벅 조는 작은 짐 뭉치를 어깨에 얹은 채 문 앞에서는 허리를 숙이고 샹들리에를 피해가며 침대로 터덜터덜 걸어갔다." 헤이는 "그 아이는 아첨꾼과 구직자들에게는 냉정하게 대했지만, 대기실에서 불쌍한 과부나 누더기를 걸친 군인을 보면 편을 들어주었다."며 놀라워했다. 아버지 링컨은 진심으로 "꼬마 요정"을 사랑했다.

18일간의 휴식

3월 말, 링컨 부부와 토머스는 그랜트 장군을 만나기 위해 시티 포인트로 향했다. 링컨에게 이 18일간의 여행은, 그야말로 4년 동안 간절히 원했던 휴식이었다. 그랜트는 "대통령의 지친 얼굴"을 계속해서 보도하는 신문기사를 읽고 가슴 아파하는 아내 줄리아의 제안을 받아들여 링컨에게 초청장을 보냈다. "하루 이틀 정도 시티 포인트에 오실 수 있습니까? 저도 대통령님을 간절히 뵙고 싶고, 대통령님께도 휴식이 필요할 듯합니다."

링컨은 그랜트의 제안에 기뻐하며 해군성에 자신을 남부로 데려다줄 배를 부탁했다. 폭스 차관보는 대통령이 위험을 자초한다고 생각하며 이 임무를 불만스러워했다. 그러나 결국은 위험을 최소화하겠다는 목표 하에 쾌속 포함 배트 호의 지휘관 존 반스에게 만반의 준비를 갖추도록 지시했다. 곧바로 배트 개조 작업이 이루어졌다. 폭스는 링컨에게 대접할 음식과 편의시설에 대해 논의하기 위해 반스를 백악관으로 불러들였다. 그러자 링컨은 반스에게 "수수하고 간단한 음식과 일반적인 편의시설만 원한다."고 밝혔다. 반스는 해군 공창으로 돌아가 개조 작업을 관할했다. 다음날 아침, 링컨은 반스를 다시 백악관으로 불렀다. 일꾼들이 개조 작업을 하느라 밤새 일하고 있음을 알았던 링컨은 다소 미안한 어조로 "아내가 시티 포인트까지 동행하기로 결정했는데 배트 호에 그녀와 하인들을 숙박시켜줄 수 있는지 알고 싶다."고 물었다. 반스는 몹시 당황했다. 험악한 포함은 "여성의 사생활과는 조금도 어울리지 않으며, 링컨 부인도 거기에 적응할 수 없을 것이다."고 생각했기 때문이다. 결국 그는 해군 공창으로 돌아가 배트의 개조를 중단시키고 리버 퀸 호를 빌렸다. 계획이 변경됐음을 안 폭스는 링컨 부인의 이기심 때문에 대통령이 타고 갈 배를 쉽게 공격당할 수도 있는 배로 바꾸어야 한다며 몹시 화를 냈다. 그는 반스에게 배트 호를 타고 링컨의 증기선을 따라가라고 지시했지만 그래도 불안감은 가시지 않았다. 링컨은 위험을 감지했지만 여전히 편안하고 쾌활했고, 바다에서 여자를 편안하게 대접하는 문제에 대해 "대단히 재미있게" 이야기하곤 했다.

찰스 B. 펜로즈 대위와 토머스, 메리 링컨, 메리의 하인, 링컨의 경호원 윌리엄 H. 크룩 등 대통령 일행이 드디어 3월 23일 오후 1시에 6번 가에 있는 무기고 항구를 출발했다. 며칠 동안 앓아누웠던 스탠턴은 엘런의 충고를 마다하고 링컨을 배웅하기 위해 마차를 타고 갔는데, 리버 퀸 호가 떠난 지 몇 분 후에야 도착할 수 있었다.

대통령의 안전을 걱정하던 스탠턴은 1시간 후 허리케인이 도시를 엄습하자 공포에 휩싸였다. 〈헤럴드〉의 워싱턴 특파원은 "천둥번개를 동반한 무시무시한 돌풍이 이곳에 막대한 피해를 입혔다."고 보도했다. "6번 가의 공장 지붕이 마구간으로 떨어져나가 말과 마부들이 크게 다쳤을 뿐 아니라, 인근에서는 나무가 쓰러지고 가옥이 파손되었으며, 강 위의 증기선과 각종 선박들도 격렬하게 흔들렸다."

걱정을 참다 못한 스탠턴은 다시 병상을 떠나 전쟁부로 가서 저녁 8시 45분에 링컨에게 전보를 보냈다. "대통령님께서 출발한 직후에 불어닥친 광풍을 뚫고 포인트 룩아웃에 무사히 도착하셨기를 빕니다. 도착하시면 제게 소식을 주십시오." 링컨은 이 무렵 한껏 휴가를 즐기고 있었다. 토머스가 배 안 여기저기를 뛰어다니며 구석구석 살펴보고 선원들과 친구가 되는 동안, 링컨은 갑판에서 더 이상 보이지 않을 때까지 워싱턴을 바라보았다. 또 배 안에 들어가서는 전쟁 초반에 적군의 전함을 추격했던 리버 퀸 호 선장의 모험담에 흥미롭게 귀를 기울였다.

그날 밤 늦게, 크룩은 거친 물살을 헤치고 가는 증기선의 흔들림 때문에 단잠에서 깼다. "마치 언덕 한쪽을 천천히 올라갔다가 반대편으로 황급히 떨어지는 듯한 기분이었다." 크룩은 다음날 아침까지 멀미에 시달렸다. 하지만 링컨은 느긋해보였고 "더할 나위 없이 기분 좋았으며" 아침식사로 나온 맛있는 생선에 만족해했다. 이후 메리는 시티 포인트로 향했던 이 마지막 여행에서 남편이 보여준 모습을 그리운 듯 회상했다. "전쟁이 거의 끝나가고 있다는 생각에 기운을 얻고 집무실에서의 격무에서 벗어난 링컨은 유쾌한 기분을 마음껏 발산했다. 천성 그대로 아무 근심 없이 사랑하는 사람들에게 둘러싸여 어린 소년처럼 명랑했다."

마침내 리버 퀸 호가 시티 포인트에 닿았다. 리버 퀸 호가 정박한 직후, 갓 대위가 된 로버트 링컨이 그랜트 장군 부부를 호위하고 대통령을 방문했다. 줄리아 그랜트는 "우리는 배다리에서 친절한 대통령을 만났다. 그는 장군에게 다정하게 인사하고는 내게 팔을 내밀어 링컨 부인이 기다리는 곳으로 우리를 안내했다."고 회고했다. 남자들은 두 여인을 남겨둔 채 잠시 논의를 하기 위해 대통령이 묵을 방으로 들어갔다. 대화를 나누던 중 링컨은 전쟁이 끝나가고 있다는 그랜트 장군의 의견에 용기를 얻고 몹시 즐거워했다. 링컨은 그랜트가 돌아간 후에도 대단히 기분이 좋아서 아내와 밤늦은 시간까지 이야기를 나누었다.

다음날 아침 링컨 부부가 아래 갑판에서 아침식사를 하고 있을 때, 로버트가 찾아왔다. 그날 아침에 예정되었던 사열을 연기해야겠다는 보고를 하기 위해서였다. 남부군이 겨우 8마일 밖에 떨어지지 않은 스테드먼 요새를 공격하기 시작했던 것이다. 리 장군은 그랜트와 셔먼이 포위망을 좁혀오자 피터즈버그를 포기하고 부대를 노스캐롤라이나 주로 이동시키기로 결심했다. 조지프 존스턴 장군과 합류해서 그랜트에게 가는 셔먼을 막기 위해서였다. 피터즈버그를 버린다는 것은 리치먼드를 잃는다는 뜻이었지만, 군대를 구하기 위해서는 어쩔 수 없는 결정이었을 것이다. 이 결정에 따라 탈주로를 확보하기 위해 이들이 스테드먼 요새를 공격하자, 연방군을 깜짝 놀랐다. 하지만 그랜트의 대원들은 몇 시간 내로 요새를 되찾고 원래 전선을 회복했다.

아침식사를 마친 링컨은 그랜트의 본부를 향해 언덕을 걸어 올라갔다. 전방에 가볼 생각이었다. 전투 현장을 보니, 처음 생각했던 것보다 전투가 더욱 치열했던 게 분명했다. "주위는 온통 사망병과 부상병들로 뒤덮여 있었다."

고 반스는 회상했다. 연맹군의 사상자는 5000명에 달했고, 연방군 사상자도 2000명이 넘었다. 응급마차가 부상병을 병원으로 이송했고, 한쪽에서는 의사들이 누워 있는 부상병들을 치료했다. 벌써 매장이 시작되고 있었다. 포로로 붙잡힌 연맹군 병사들의 긴 행렬이 지나가자, 링컨의 얼굴에는 고통스러워하는 이들에 대한 동정심이 드러났다. 이후 링컨은 여행에서 돌아오면서 "전쟁의 참상을 충분히 보았고, 이게 끝나는 지점의 시작이며 더 이상 유혈 참사가 없기를 바란다."고 말했다.

그날 링컨은 "저는 오늘 아침의 전투 현장에서 5마일 안에 있습니다. 내 눈으로 직접 포로들을 봤는데, 한 1600명은 되는 것 같더군요."라고 미드의 본부에서 스탠턴에게 전보를 보냈다. 스탠턴은 링컨이 전선 가까이 있다는 사실을 몹시 불안해했다. 그러나 링컨은 전쟁터의 병사들로부터 진심 어린 환대를 받으며 감동적인 시간을 보내고 있었다. 이 같은 환대는 병사들에게 그가 "승리의 기쁨과 함께 위험까지도 기꺼이 나누고자 하는" 전우로 받아들여졌음을 의미했다.

"그날 밤 모닥불 가에 앉아 있던 링컨은 무척 우울해 보였고 그 어느 때보다 심각한 말을 많이 했다."고 호러스 포터는 말했다. 죄 없이 죽어간 병사들의 모습을 쉽게 떨칠 수 없었던 게 분명했다. 밤이 깊자 대통령은 "총사령관과 여러 참모들을 불러 정치 문제를 재미있게 이야기하며 더없이 귀한 일화들을 들려주었다." 그랜트는 "대통령님, 우리의 대의가 실패할지도 모른다고 의심해본 적이 단 한번도 없으십니까?"라고 물었다. 링컨은 대답했다. "한순간도 없습니다." 그 후 그랜트는 트렌트 사건(국제사회에서 공식적으로 인정받기 위해 영국의 트렌드 호를 타고 가던 두 연맹인을 연방군이 체포한 사건)으로 화제를 돌렸다. 슈어드가 지난여름에 방문했을 때 들려주었던 이야기였다. 링컨은 말했다. "그렇습니다. 슈어드는 국제법에 대한 모든 글을 살펴보고 내각회의 때 그 문제를 입막음하러 왔었지요. 우리는 그 사안을 충분히 고려했지만, 전쟁의 중요한 시기였기에 결국 포로를 영국에 인도하기로 결정했습니다. 감수하기 힘든 일이긴 했지만, 그 문제에서 영국의 승리는 일시적이라고 생각했습니다. 우리가 승리하고 나면, 영국이 우리를 괴롭혔던 모든 문제에 대해 우리의 막강한 힘으로 책임을 물을 수 있을 것이라고 생각했습니다." 이어서 링컨은 말했다. "저는 마치 살 날이 얼마 남지 않았으니 원수와 화해하라는 말을 들은 일리노이의 병자 같은 기분이었습니다. 그는 옆 마을의 브라운이란 사내를 세상에서 제일 미워했습니다. 그래서 그는 브라운을 불렀지요. 그리고 모세처럼 온화한 목소리로 모든 사람과 화해한 후 죽고 싶으며, 악수를 나누고 모든 적개심을 묻을 수 있으면 좋겠다고 말했습니다. 이 상황이 가슴 아팠던 브라운은 손수건을 꺼내 눈물을 닦았습니다. 악감정을 누그러뜨리고 이별을 나눈 후 브라운이 방을 나서려 할 때, 병자는 몸을 일으켜 큰 소리로 그를 불렀습니다. '브라운, 그런데 말이오. 내 병이 나으면 예전의 원한이 여전할 거라는 걸 잊지 마시오!' 그래서 나도 이 나라가 회복되면 영국에 대한 예전의 원한을 다시 떠올릴지 모른다고 생각했소." 모두들 웃음을 터뜨렸고, 그렇게 기분 좋은 저녁이 막을 내렸다.

일요일 아침, 리버 퀸 호는 대통령 일행을 하류에 위치한 포터 제독의 함대로 데려갔다. "대기 중인 함대는 2열종대로 늘어서 있었으며 갑판 위의 선원들은 손을 흔들며 환호했다." 링컨은 선박이 한 척씩 지나갈 때마다 고향의 옛 친구에게 인사하듯 실크해트를 흔들었고, 어린 학생마냥 즐거워했다. 링컨 일행은 포터의 사령선에서 점심식사를 한 후, 다시 리버 퀸 호를 타고 에이컨 상륙장으로 향했다. 그곳에서 링컨은 예정대로 그랜트와 함께 말을 타고 4마일 떨어진 에드워드 오드 장군의 야영지를 찾았으며, 메리 링컨과 줄리아 그랜트는 응급 마차를 타고 그들을 뒤따랐다. "기분이 좋아진 링컨은 처음에는 그랜트 장군과, 그 다음에는 오드 장군과 웃고 한담을 나누면서 숲과 늪지대를 지나갔다"고 반스는 말했다. 링컨과 장군들이 먼저 연병장에 도착했다. 이들은 숙녀들의 도착을 기다리지 않고 사열을 하기로 결정했다. 부대가 점심도 거른 채 몇 시간이나 기다리고 있었기 때문이다.

이 무렵 셔먼 장군은 시티 포인트로 향하고 있었다. 그의 부대는 재보급을 위해 노스캐롤라이나 주 골즈버로에 잠시 체류했고, 그 덕에 며칠 동안 그랜트 장군을 방문해서 최종 공격을 의논할 수 있게 되었다. 셔먼이 도착했을 때 그와 그랜트는 서로를 열렬히 환영하면서 다정하게 손을 꼭 잡았다. 호러스 포터가 보기에, "이들의 모습은 비극적인 전쟁의 지휘관이라기보다는 방학이 끝난 후 다시 만난 두 어린 학생들 같았다." 1시간 동안 이야기를 나눈 그들은 부두로 가서 리버 퀸 호에 있던 대통령과 합류했다. 링컨은 셔먼을 따뜻하게 맞이했고, 유쾌한 대화를 시작으로 셔먼에게 부대의 행군 상황에 대해 열심히 물었다.

셔먼과 그랜트가 전쟁이 끝나기 전에 피비린내나는 또 한번의 전투가 있을 것이라고 입을 모아 말하자 분위기는 이내 어두워졌다. 이들은 리 장군이 이제는 노스캐롤라이나 주로 퇴각할 수밖에 없다고 생각했다. 리 장군이 그곳에서 존스턴 병력과 합류하면 다시 셔먼이나 그랜트에게 필사적인 공격을 가할 것이었다. 링컨은 물었다. "또 다시 피를 흘려야 한단 말입니까? 유혈전투를 피할 수는 없습니까?" 장군들은 그건 자신들이 좌우할 수 있는 문제가 아니며, 모든 것은 리 장군이 취하는 군사행동에 달려 있다고 설명했다.

다음날인 3월 28일, 셔먼과 그랜트는 포터 제독과 리버 퀸 호에 올라 링컨과 오랫동안 이야기를 나누었다. 전쟁에서의 승리를 예상하며 셔먼이 링컨에게 물었다. "패배한 연맹군을 어떻게 할까요? 제퍼슨 데이비스 같은 정계 인사들은 어떻게 해야 합니까?" 그러자 링컨은 자신이 원하는 것은 그저 "반군을 패퇴시키고 연맹군 병사들을 집과 농장의 일터, 상점으로 돌려보내는 것뿐"이라고 답했다. 그는 앙갚음이나 보복은 원하지 않았다. "그들에게 쟁기질할 말과, 원한다면 까마귀를 쏠 총을 주십시오. 나는 누구도 처벌하고 싶지 않습니다. 그들에게 관대하게 대하십시오. 우리는 그들이 다시 연방에 충성하고 헌법에 따르기를 바랍니다."

링컨은 제퍼슨 데이비스와 정계인사들에 대해 아무 말도 하지 않았지만,

개인적으로는 그들이 이 나라에서 도망치기를 원했다. 셔먼에 따르면, 늘 그렇듯 링컨은 일화를 통해 하고 싶은 말을 전했다고 한다. "한 사내가 절대 술을 마시지 않겠다고 맹세했습니다. 그런 그가 친구 집에 갔다가 술을 권유받았습니다. 하지만 금주 맹세를 이유로 거절했지요. 친구가 레모네이드를 권하자, 그건 마시겠다고 했습니다. 그 친구는 레모네이드를 만들다가 브랜디 병을 가리키면서 브랜디를 아주 조금만 넣으면 레모네이드가 훨씬 맛있을 거라고 말했습니다. 그러자 금주 맹세를 한 자기 모르게 한다면야 굳이 반대하지 않겠다고 말했답니다." 셔먼은 즉시 이야기의 핵심을 파악했다. "링컨은 데이비스가 '자신 모르게' 도망가기를 원했던 것이다."

평화를 안고 돌아가리라

그날 오후 늦게, 셔먼은 시티 포인트를 떠나 부대로 귀환해서 다가올 전투를 준비했다. 그는 대통령에게 작별인사를 했다. 셔먼은 링컨을 만난 후 그의 다정한 성품과 국민의 고통에 대한 깊은 공감, 군인들의 용기와 충성에 대한 믿음에 깊은 인상을 받았다. 10년이 지난 후에도 셔먼은 여전히 링컨의 비할 데 없는 지도력을 칭송했다. "그는 내가 만난 그 누구보다도 선하고 위대한 사람이었다." 링컨은 다음날 아침 일찍 기차역으로 걸어가 그랜트 장군에게 작별인사를 했다. 이제 곧 그랜트는 마지막이기를 바라는 전투를 위해 전선으로 향해야 하는 상황이었다. 목전에 둔 전투 생각으로 우울해진 링컨은 본부에 도착한 후 그 어느 때보다 더 심각해 보였다. "주름살은 더욱 깊었고, 눈 밑은 더욱 어두웠다." 기차가 역을 빠져나가자 그랜트와 그 일행이 모자를 들어 대통령에게 경의를 표했다. 링컨은 감정을 억누르지 못하고 갈라진 목소리로 말했다. "떠나시오. 하나님께서 여러분 모두를 축복하시길!"

　링컨은 워싱턴을 비운 지 두 주 동안 책상에 업무가 계속 쌓이고 있음을 알았지만, 아직 돌아가고 싶지 않았다. 그는 3월 30일에 스탠턴에게 전보를 보냈다. "왠지 돌아가야겠다는 생각이 듭니다. 하지만 그랜트 장군의 군사행동을 좀더 가까이서 지켜보지 않고는 떠나기가 싫습니다. 그는 어제 아침부터 모습을 보이지 않고 있습니다. 어제 저녁 10시 15분 달도 없이 어둡고 비 오는 밤에, 맹렬한 대포와 함께 엄청난 소총 사격 소리가 피터즈버그 부근에서 들리기 시작해서 2시간 동안이나 계속되었습니다. 크나큰 전투인 듯했습니다." 스탠턴은 즉시 답변을 보냈다. "끝까지, 아니 최소 며칠 정도 더 머물러 계시길 바랍니다. 대통령님의 존재가 군사행동을 유도하는 데 막대한 영향을 미치리라 믿습니다. 그에 비하면 다른 임무는 깃털만큼 가벼운 것입니다. 지금 군사행동이 중단되면 막대한 피해가 발생할 것입니다. 대통령님이 거기 계시면 군사행동은 중단되지 않을 것입니다. 여기 일은 다 잘 돌아가고 있습니다."

4월 1일 이날 내내 링컨은 시티 포인트의 전신국을 수시로 드나들며 초조하게 그랜트의 소식을 기다렸다. 리버 퀸 호로 돌아온 링컨은 피터즈버그 전투의 시작을 알리는 대포 불빛을 멀리서 볼 수 있었다. "대통령은 밤새 갑판을 거닐면서 이따금 멈춰 서서는 뭐가 보이는지 어둠 속을 바라보거나 귀를 기울였다. 그날 밤만큼 고통스러워하는 대통령의 얼굴은 본 적이 없었다."고 크룩은 회상했다.

전투는 격렬했지만, 이른 아침 무렵 연방군은 드디어 피터즈버그의 방어선을 뚫고 턴불 하우스에 위치한 리 장군의 본부 코앞까지 진격했다. 더 이상 버틸 수 없다고 생각한 리 장군은 부대에게 피터즈버그와 리치먼드에서 퇴각하라고 명령했다. 그날 밤, 링컨은 그랜트가 강 하류부터 상류까지 피터즈버그를 완전히 포위했으며 약 1만 2000명을 포로로 붙잡았다는 소식을 들었다.

다음날이 되자 그랜트는 피터즈버그로 대통령을 초대했다. 링컨은 그날 일찍 호화로운 리버 퀸 호에서 포터 제독의 사령선인 소형 맬번 호로 갈아탔다. 포터는 비좁은 방이 걱정돼 링컨에게 자신의 침대를 양보하려 했지만 링컨은 거절했다. 대신 대통령은 세로 1.8미터, 가로 1.3미터인 가장 작은 방을 선택했다. 그리고 다음날 그는 아주 잘 잤다고 하면서도 "작은 칼집에는 장검을 넣지 못한다."고 짓궂게 말했다. 이 말을 듣고 190센티미터가 넘는 대통령의 키에 비해 침대가 너무 작다는 것을 깨달은 포터는 목수들에게 벽을 허물고 방과 침대 크기를 넓히라고 지시했다. 다음날 아침에 눈을 뜬 링컨은 즐거워하며 소리쳤다. "어젯밤 굉장한 기적이 일어났소이다. 내 키가 15센티미터 줄어들고 몸통은 30센티미터나 줄어들지 않았겠소!"

한편 그랜트는 피터즈버그의 마켓 가에 정원 딸린 안락한 벽돌집에서 그들을 기다리고 있었다. 링컨은 그를 만나기 위해 죽고 다친 병사들이 여기저기 쓰러져 있는 전쟁터를 지나야 했다. 오랜 후 그의 경호원은 "이마에 총구멍이 난 사내와 두 팔을 잃은 사내를 보았는데, 그 광경을 바라보던 링컨의 얼굴에 짙은 슬픔이 드리워졌다."고 전했다. 그러나 링컨은 그랜트 장군이 있는 곳에 가까워지자 기운을 회복했다. 그랜트의 부관인 호러스 포터는 마차에서 내려 기쁨이 넘치는 얼굴로 정문으로 들어서는 링컨을 보았다. 그는 자신을 맞이하러 나온 그랜트 장군의 손을 잡고 한참이나 흔들었다.

호기심 많은 시민들이 눈길을 주며 지나가는 동안, 링컨과 장군은 집 앞의 광장에서 1시간 반 동안 이야기를 나누었다. 리치먼드에서는 아무런 소식이 없었지만, 그랜트는 피터즈버그가 함락되었으니 리 장군이 수도에서 철수해 댄빌 가를 따라 서쪽으로 이동할 수밖에 없었을 것이라 추측했다. 그리고 그랜트는 그렇게 해서 리가 만일 노스캐롤라이나 주로 탈출했다면, "그를 앞질러 가서 그의 목을 베겠다."고 말했다. 그랜트는 대통령 일행과 함께 있는 동안 리치먼드 함락 소식을 듣기를 원했지만, 아무런 전갈도 오지 않자 전쟁터의 부대로 돌아갔다.

링컨이 시티 포인트로 돌아왔을 때 드디어 와이첼 장군이 지휘하는 연방군이 리치먼드를 점령했다는 소식이 도착했다. 링컨은 포터 제독에게 "내가 살아서 이런 일을 보게 되다니, 하나님께 감사할 일이오! 4년 동안 무서운 꿈을 꾸다가 이제야 그 꿈에서 깨어난 것만 같소."라고 말했다.

한편 제퍼슨 데이비스와 연맹 정부에게는 악몽이 시작되었다. 24시간 전, 연맹 대통령 데이비스는 리의 철수 소식을 듣고 충격을 받았다. 그는 성 바울 교회의 일요일 예배에 참석했다가 "견뎌봐야 오늘 밤까지니, 곧 리치먼드를 떠나라고 경고하는 전보"를 받았다. 데이비스와 함께 예배에 참석했던 한 인물은 "데이비스가 그 자리에서 일어나 의아해 하는 신도들의 눈길을 받으며 황급히 교회를 빠져나갔다."고 전했다.

그는 내각을 긴급 소집하고 고위 관리와 중요한 정부 서류를 새 수도인 댄빌로 옮기기 위해 특별 열차를 준비하도록 했다. 부대가 철수한다는 소식이 퍼지자 시민들은 공포에 휩싸였고 대이동이 시작되었다. 이 같은 소란 속에서, 연방군이 도착하기 전에 담배 창고를 파괴하기 위해 일부러 놓은 작은 불이 걷잡을 수 없이 번져, "메인 가와 강 사이, 약 1마일 반경에 있는 거의 모든 것들이 불탔다." 세관 건물과 스포츠우드 호텔을 제외한 리치먼드의 모든 공공건물이 파괴되었다.

리치먼드 함락

1865년 4월 3일 정오, 리치먼드를 점령했다는 소식이 워싱턴의 전쟁부에 도착했다. "4년 만에 리치먼드에서 보내는 첫 희소식"이 도착한 순간, 전신 기사가 자리에서 벌떡 일어나 창밖을 향해 소리쳤다. "리치먼드가 함락됐다!"

이 소식은 수많은 사람들의 입을 통해 빠르게 퍼졌고 "거리에 넘쳐나는 사람들은 기쁨에 겨워 웃고 만세를 부르며 소리를 질렀다." 〈헤럴드〉의 한 기자는 많은 이들이 "아이처럼 눈물을 흘렸고, 모두들 길에서 서로 얼싸안고 입을 맞추었다. 오랫동안 종전을 소원했던 친구들은 악수를 나누며 우정을 되새김질했다." 전쟁부에 몰려든 인파는 며칠 동안 긴장감에 사로잡혀 있던 스탠턴의 이름을 불렀다. 스탠턴의 조수 A. E. 존슨은 "연설을 하기 위해 계단에 선 그의 몸은 나뭇잎처럼 바르르 떨렸고, 그 목소리에도 그 감정이 묻어났다."고 회상했다. 그는 제일 먼저 "나라를 구원해준 전능한 하나님"에게 감사를 표하고, 그 다음 "대통령과 육해군, 땅과 바다의 훌륭한 지휘관들, 전쟁터에서 목숨을 내걸고 피로 땅을 물들였던 용맹한 장교들과 병사들"에게 감사했다. 그의 연설이 끝나자 군중은 소리 높여 환호했다.

희색이 만연한 스탠턴이 국가 합창을 제안했다. 신문들은 앞을 다투어 특별 호를 발행했다. 〈스타〉는 "신문에의 수요는 끝을 모르는 듯하다. 빠르다고 자부하는 본지도 공급할 능력이 없을 정도다."라고 보도했다. 수백 명의 〈헤럴드〉 배달부들도 "엄청나게 빠르다고 자부하는 발과 숨 막힐 듯한 열정으로" 도시 곳곳으로 신문을 배포했다. 1면에는 "호외! 영광! 리치먼드 함락!"이라는 제목이 크게 실렸다. 미처 신문배달 소년들의 외침을 듣지 못한 사람들도 스탠턴의 명령으로 발사된 800발의 예포를 통해 승리를 분명히 깨달을 수 있었다.

거리에서는 악단이 음악을 연주했고 정부 청사의 창문에서는 촛불이 빛났다. 모든 집의 지붕에서 국기가 펄럭이던 그날 밤, 슈어드는 다른 손님들과 함께 스탠턴의 집에서 열린 만찬에 참석했다. 유쾌한 저녁이었지만, 스탠턴과 슈어드는 링컨의 안전에 대한 걱정으로 기분이 가라앉았다. 그날 일찍, 슈어드는 "암살 계획이 있다면 지금이 그때"라며 제임스 스피드와 이야기를 나누었다. 리치먼드의 함락으로 "남부 사람들은 세상이 무너진 듯한 기분일 것"이고 역사를 되돌아보면 그런 순간에 절망에 빠진 사람들이 극단적인 행동을 많이 하는데, 그러면 "연방의 기둥인 대통령이 공격받을 가능성이 높다."는 것이었다. 늘 대통령의 신변을 걱정해온 스탠턴도, 지금이 그 어느 때보다 더 위험한 순간이라는 사실을 누구보다도 잘 알고 있었다. 그는 링컨의 피터즈버그행을 막으려 했었다. 그는 링컨에게 "대통령님에게 불행한 사태가 벌어지면 이 나라에 어떤 결과가 일어날지 생각해 보십시오."라고 설득하

며, 장군들은 직무상 그런 위험을 감수해야만 하지만 정치 지도자는 그래서
는 안 된다고 지적했다. 그러나 스탠턴의 전보를 받았을 때 링컨은 이미 피터
즈버그에서 돌아온 상태였다. 그는 장관의 걱정에 사의를 표하면서 "몸조심
하겠다."고 약속했지만, 다음날 리치먼드로의 출발을 선언했다.

4월 4일 화요일 아침 오전 8시, 역사적인 리치먼드행이 시작되었다. 맬번
호가 리치먼드 해협에 도착해보니 "죽은 말과 파손된 대포, 배의 파편, 떠다
니는 어뢰" 등을 포함한 "갖가지 잔해" 때문에 진입이 불가능했다. 일행들은
할 수 없이 장군의 바지선으로 옮겨 타고 예인선과 줄로 배를 이어서 뒤를 따
랐다. 예인선이 돌아가자, 이제 대통령의 안전은 선원 12명의 조종 실력에 맡
겨졌다. 크룩은 이 상황에 두려움을 느꼈다. "우리 배가 얼마나 어뢰에 가까
이 지나갔던지 손을 내밀면 어뢰를 만질 수 있을 정도였다." 포터 제독은 "미
합중국 대통령의 지위에 어울리게 정복된 수도를 진입하길 바라며 돛대 꼭대
기마다 국기를 휘날리는 수많은 선박들과 함께 출발했음에도 불구하고 결국
우리는 고독한 배 위에 있었다."고 회상했다. 링컨은 조금도 동요하지 않았다.

잠시 후 해안에 상륙하자마자, 링컨은 "하나님을 찬미하라! 위대한 메시아
가 오셨다! 영광! 할렐루야!"라고 외치는 흑인 노동자들에게 둘러싸였다. 몇
몇 흑인들이 무릎을 꿇었다. 링컨은 감격한 목소리로 말했다. "내게 무릎 꿇
지 마십시오. 그건 옳지 않습니다. 하나님께만 무릎을 꿇고 지금부터 여러분
이 누릴 자유에 대해 하나님께 감사드리십시오." 흑인들은 몸을 일으켜 손을
맞잡고 찬송가를 부르기 시작했다. 텅 비어 있던 거리는 "언덕과 물가에서 공
중제비를 하고 소리치는 흑인 인파로 갑자기 활기를 띠었다."

링컨이 걷기 시작하자 점점 더 많은 사람들이 링컨의 뒤를 따랐다. 포터
장군은 당시의 상황을 이렇게 말했다. "정말로 따뜻한 날이었다. 그곳에 있
던 누구보다도 훤칠했던 링컨은 쉽게 눈에 띄었다. 2마일에 걸쳐 집집마다
창문 너머 수백 명의 하얀 얼굴이, 호기심 어린 눈으로 평소처럼 큰 보폭으로
걸으며 흥미로운 듯 사방을 둘러보는 이 키 큰 사람을 바라보았다."

마침내 와이첼 장군의 안전한 본부에 도착하고 나서야 링컨의 경호원은 안도할 수 있었다. 거리를 지나는 도중 연맹 군복을 입은 사람이 창 너머로 링컨에게 총을 겨눈 모습을 언뜻 본 것 같았기 때문이다. 와이첼 장군과 장교들은 고작 이틀 전 데이비스가 버리고 떠난 관저를 사용하고 있었다. 링컨은 연맹 대통령이 사용했던 "안락한 가구가 배치된" 사무실에 들어서자, 방을 가로질러 "편안한 의자에 주저앉았다." 그 자리에 있던 모든 이들에게 그건 상징적으로 "가장 중요한 순간"이었지만, 링컨에게서 도취감이나 승리감은 찾아볼 수 없었다. 그의 첫마디는 그저 물 한 잔을 달라는 것이었다. 여전히 자리를 지키고 있던 나이 많은 흑인 하인은, "데이비스 부인이 북군을 위해 집을 잘 관리하라고 지시했다."는 말을 전했다. 링컨은 모든 게 흥미로운 듯 관저를 둘러보았다.

그가 와이첼 장군의 참모를 만나고 있을 때, 연맹의 전쟁부 차관보 존 캠벨이 그를 찾아왔다. 링컨은 캠벨을 두 달 전 햄프턴 로즈 회담 때 만났던 것처럼 그를 환영했다. 이후의 자세한 대화 내용에 대해서는 논란의 여지가 많지만, 링컨은 리가 최후의 전투를 벌일까 우려했고 버지니아 주 의회를 소집하는 데 동의했다. 버지니아 주가 탈퇴 명령을 취소하고 주 병력을 전쟁에서 철수시키리라는 사실을 알고 있었기 때문이다.

그날 오후 무개마차를 타고 도시를 둘러보던 대통령과 측근들은 어지럽혀진 연맹의 주 의회의사당을 발견했다. "그들은 예기치 못하게 갑자기 도망친 듯했다. 탁자는 뒤집혀 있었고 중요한 공문들이 사방에 흩어져 있었다." 대통령 일행이 마침내 사령선으로 돌아가자 포터 제독과 크룩은 몹시 안도했다. 이후 크룩은 그날 온종일 링컨의 안전을 걱정했다고 말했다. "링컨의 목숨을 노리는 시도가 이루어지지 않았다는 건 거의 기적이었다. 그가 평화롭게 왔다 갈 수 있었던 것은 남부의 영원한 영광이다."

그날 밤 링컨이 맬번 호에서 휴식을 취하고 있을 때, 국무장관의 명령을 받고 워싱턴의 모든 공공건물이 불을 환히 밝혔다. "도시는 신호탄과 불꽃,

갖가지 조명 장식으로 빛을 발했고, 거리는 영광의 광휘 그 자체였다."고 노아 브룩스는 전했다. 워싱턴의 주민들이 거리로 쏟아져나와 승리의 기쁨을 나누었으며 수천 개의 촛불이 장관을 만들어냈다. 슈어드는 화려한 축하행사에 참여하면서도 여전히 안절부절 못하고 있었다. 다음날 그는 웰스에게 대통령이 즉시 봐야 할 주요 서류를 리치먼드에 가지고 가기 위한 배편으로 밀수 감시선을 확보했다고 말했다. 웰스는 "그는 단지 대통령을 만나기를 간절히 원하고 있었다. 이 모두가 구실일 뿐이었다."고 일기에 적었다.

웰스와 헤어진 몇 분 후, 슈어드는 마차 사고로 목숨을 잃을 뻔했다. 패니와 그 친구 메리 티투스의 관례적인 오후 마차 여행에 아버지인 슈어드와 오빠 프레더릭이 동행했을 때였다. 말이 버몬트 가를 지나갈 무렵, 마부가 마차를 세우고 마차 문의 걸쇠를 제대로 다시 채웠다. 그런데 마부가 자리로 돌아가기 직전 말이 갑자기 날뛰기 시작했고 마부는 "꼬리를 붙잡혀 흔들리는 고양이처럼 고삐에 매달려 나뒹굴었다." 프레더릭과 슈어드는 달아나는 말을 제지하려고 마차에서 뛰어내렸다. 프레더릭은 다치지 않았지만 슈어드는 뛰어내리다가 마차에 발뒤꿈치가 걸려 길바닥에 나동그라져 의식을 잃었다.

패니는 "말들은 쏜살같이 내달렸고, 우리는 내동댕이쳐졌다."고 일기에 기록했다. 그러다가 오솔길에서 "마차가 뒤집혔고, 나무를 스치고 지나면서" 곧장 어느 집 모퉁이로 돌진했다. 순간 그녀는 자신이 죽게 될 것이라고 생각했다. 다행히 지나가던 한 병사가 고삐를 잡아 말을 세웠다. 아버지가 떨어진 곳으로 황급히 달려간 패니는 입에서 피를 흘리며 쓰러져 있는 아버지를 발견했다. 슈어드는 집으로 이송된 뒤에도 두 시간 동안 의식을 회복하지 못했다. 의사가 도착했고, 패니는 침실 문 너머로 고통스러워하는 아버지의 비명 소리를 들었다. "면회를 허락받고 들어가보니 아버지의 몸이 상처투성이어서 예전의 모습을 찾아볼 수 없었다."

소식을 들은 스탠턴은 곧장 슈어드에게 달려갔다. 당시 스탠턴의 모습은 마치 "병실의 여인 같았다."고 패니는 회상했다. 그는 동료를 섬세하게 간호했다. 그는 피가 굳은 슈어드의 "입술을 닦아주고 다정하게 이야기를 건네면서" 몇 시간 동안 침대 곁을 지켰다. 그리고 전쟁부로 돌아와 시티 포인트의 링컨에게 전보를 보냈다. "슈어드가 마차에서 떨어져 어깨뼈가 부러지고 얼굴과 머리에 심한 타박상을 입었습니다. 제가 보기엔 중상인 듯합니다. 대통령님께서 와주셔야 할 듯합니다." 자정 직후 전보를 받은 링컨은 슈어드를 보기 위해 워싱턴으로 돌아가야겠다고 그랜트에게 알렸다.

한편 메리와 그녀가 초대한 제임스 스피드, 엘리자베스 켁클리, 찰스 섬너, 제임스 할랜 상원의원, 샹브링 후작 등 손님들은 증기선을 타고 시티 포인트를·향해 나아가고 있었다. 다음날 해뜰 무렵, 메리는 스탠턴에게 전보를 보냈다. "슈어드 씨의 부상이 아주 심한 게 아니라면 우리가 시티 포인트에 갈 때까지 대통령께서 머물러계시면 안 될까요?" 이 무렵 의사는 슈어드가 내상을 입지 않았다는 진단을 내렸다. 그래서 스탠턴은 메리에게 대통령이 시티 포인트에 머무는 걸 반대하지 않는다고 전보를 쳤다. 그리고 몇 시간 후 링컨에게 슈어드가 회복되는 중이라는 전갈을 보냈다. "그를 보살피는 동안 모든 소식을 들려주었습니다. 그도 지금은 정신이 맑고 기분도 좋은 듯합니다."

메리 일행이 4월 6일 정오에 시티 포인트에 도착하자, 링컨은 그들을 리버 퀸 호의 객실로 안내해 그랜트로부터 받은 최신 희소식을 전해주었다. 할랜 상원의원은 말했다. "그의 외모과 태도는 믿기 어려울 만큼 바뀌었다. 그는 변화했다. 그에게 철썩 달라붙어 있는 듯했던 그 크나큰 슬픔이 갑자기 형언할 수 없는 기쁨으로 바뀌었다. 그는 인생의 목적이 달성되었다고 생각하는 것 같았다." 방문객들이 리치먼드로 떠난 후, 링컨은 메리와 시티 포인트에 남아 그랜트로부터 또 다른 소식이 오기를 기다렸다. 곧이어 반가운 소식이 도착했다. 셰리던이 퇴각하는 리의 부대와 싸워서 승리했고 여섯 명의 장군을 포함해 수천 명의 포로를 잡았다는 전보를 보냈다. 이어서 셰리던은 "조금만 더 압박을 가하면 리가 항복할 것 같습니다."라고 전했다. 링컨은 기뻐하며 이렇게 답장을 보냈다. "그렇다면 압박을 가하십시오."

그날 밤 링컨의 옛 친구 엘리후 B. 워쉬번과 동행한 줄리아 그랜트가 리버 퀸 호에서 링컨의 일행과 합류했다. 이날 대화의 주제는 '제퍼슨 데이비스가 체포되면 그를 어떻게 처분할 것인가'였다. 누군가 "그가 법망을 피해가도록 해서는 안 됩니다. 반드시 처형해야 합니다."라고 말하자, 즉시 링컨이 끼어들었다. "우리가 심판받기를 원하지 않는다면 남을 심판하지 맙시다."

토요일 아침, 링컨과 손님들은 피터즈버그를 방문했다. 링컨은 어떤 곳에 이르자 갑자기 마차를 세우라고 했다. 지난 번 방문했을 때 좀 더 자세히 살펴보려고 점찍어둔 "대단히 키가 크고 아름다운" 오크 나무를 보기 위해서였다. "그는 나무의 굵은 줄기와 잘 자란 가지를 찬미했다." 링컨은 서부의 숲에 있던 "커다란 오크 나무"를 떠올렸다. 봄꽃으로 뒤덮인 들판에서 나무가 그늘을 드리운 "오래된 시골 묘지"를 지나갈 때, 그는 다시 마차를 세웠다. 링컨은 아내를 돌아보며 말했다. "메리, 당신은 나보다 나이가 적으니 나보다 오래 살겠지. 내가 이 세상을 떠나면 이렇게 조용한 곳에 묻어주시오." 시티 포인트로 돌아가는 기차에서 링컨은 "길가에서 따뜻한 햇볕을 쬐고 있는" 거북이를 보았다. 그는 기차를 세우고 그 거북이를 차 안에 들여 달라고 했다. "꼴사나운 그 조그만 동물의 움직임이 그를 즐겁게 만들어준 것 같았다."고 엘리자베스 켁클리는 회상했다. 링컨과 토머스는 부두로 돌아가는 내내 행복한 듯 웃음을 터뜨렸다.

그러나 이처럼 즐거운 휴식도 그날 오후의 괴로운 임무를 피하게 할 수는 없었다. 링컨은 그날 오후 시티 포인트에서 부상병들을 방문했다. 그는 부상병들에게 다정한 말을 건네거나 그들과 악수를 나누었다. 그는 한 침대 곁에 멈춰 서서 용맹함으로 표창을 받은 스물네 살의 대위에게 손을 내밀었다. "죽어가던 사내는 눈을 반쯤 뜬 채 희미한 미소를 지었다. 순간 그의 맥박이 멈추었다." 링컨은 다섯 시간 동안 부상병들을 둘러보다가 지친 상태로 증기선에 돌아갔다. 그리고 후작이 멕시코에 대한 프랑스와의 문제에 대해 묻자 이렇게 대답했다. "전쟁은 충분합니다. 내 재임 기간 동안 더 이상의 전쟁은 없을 것입니다.”

그날 밤 리버 퀸 호가 워싱턴으로 돌아갈 준비를 하는 동안, 그랜트의 장교와 참모들이 작별인사를 하러 왔다. 링컨은 리가 항복할 때까지 시티 포인트에 남아 있고 싶었지만, 슈어드에게 가봐야겠다고 생각했다. 엘리자베스 켁클리는 그 풍경을 “땅거미가 지자 등불이 켜졌고 배는 밝게 빛났다. 마치 물 위에 떠 있는 환상의 궁전 같았다.”고 회상했다. 군악대가 승선하자 링컨은 샹브렁 후작을 위해 ‘라 마르세예즈’를 연주해 달라고 부탁했다. 샹브렁의 회상에 의하면 일요일에 리버 퀸 호가 워싱턴으로 향할 무렵 배 안에서는 문학에 대한 대화가 오고 갔다고 한다. 한 손에 셰익스피어의 아름다운 4절 판본을 든 링컨은 《맥베스》의 여러 구절을 읽었다. 그중에는 살해당한 덩컨 왕에게 바치는 맥베스의 고통스러운 헌사도 있었다.

덩컨은 무덤에 있다네.

인생의 고해를 건너 편안히 잠자고 있네.

반역이 그를 파멸시켰도다.

창칼도 독약도

국내의 원한, 외국의 병사, 그 무엇도

더 이상 그를 건드릴 수 없네.

링컨은 “살인을 저지른 뒤 고통스러워하는 범인이 영원히 잠든 희생자를 부러워하는 듯한 이 묘사가 얼마나 사실적인지 모른다.”며, 이 구절을 여러 번 읽었다. 링컨이 불길한 구절을 읽자 제임스 스피드는 재빨리 그에게 닥친 위협에 대한 슈어드의 경고를 전했다. 스피드는 “링컨이 그 자리에서 내 말을 막고는, 두려워하며 사느니 죽는 게 낫다고 했다.”고 회상했다. 링컨은 “국민은 내가 그들 속에서 두려움이 없다는 것을 알아야 한다.”고 말했다.

그날 초저녁, 증기선이 버넌 산을 지날 때 샹브렁 후작은 링컨에게 말했다. "버넌 산과 스프링필드, 워싱턴과 대통령님의 기억, 독립전쟁과 남북전쟁의 기억, 이 모두를 언젠가 미합중국은 영광스럽게 기릴 것입니다." 이 말에 링컨의 얼굴에 꿈꾸는 듯한 미소가 떠올랐다. "스프링필드! 4년 후에 내가 평화롭게 그곳으로 돌아갈 수 있다면 얼마나 좋을까요." 오랜 시간이 흐른 후에도 샹브렁은 여전히 링컨의 독특한 성격에 흥미를 보였다. "링컨은 처음 만나는 사람에게 막막하고 깊은 슬픔의 인상을 남겼다. 하지만 재미있는 이야기를 하고 호탕하게 웃는 유쾌한 사람이기도 했다. 그러다가도 그는 갑자기 눈을 감은 채 생각에 잠겼고 그러면 이내 형언할 수 없이 슬프게 변했다. 그러나 곧 의지력을 발휘하는 듯 그의 얼굴은 중압감을 떨쳐내고 다시 관대하고 천진난만한 성격을 드러냈다."

링컨의 경호원인 윌리엄 크룩은 이 프랑스 귀족을 어리둥절하게 만들었던 링컨의 감정 변화를 이해했다. 그에 의하면 링컨은 전쟁의 참화를 내면으로 흡수한 사람이었다. 2주간의 여행에서 크룩은 "천둥 같은 대포 소리가 병사들이 잔디처럼 쓰러지고 있다는 것을 알릴 때, 피터즈버그 전쟁터에서 고통스럽게 죽거나 죽어가는 사람들을 보았을 때" 링컨의 얼굴에 떠오르는 고통을 보았다. 크룩은 "비참한 연맹군 포로들을 동정하고 몰락한 리치먼드 귀족들의 참상을 보고 괴로워하던" 대통령을 바로 곁에서 지켜본 사람이었다. 링컨은 부상병이나 포로, 패배한 남부인들을 볼 때마다 자기 일인 듯 가슴 아파했다. 평소에는 쾌활했던 그가 가끔씩 깊은 슬픔에 빠져 헤어나올 수 없었던 것은 그리 놀라운 일은 아니었다.

리의 항복

링컨은 워싱턴으로 돌아오자마자 곧장 슈어드를 찾아갔다. "저녁시간이었고, 가스 등불을 낮게 줄였으며, 집안은 조용했다. 모두들 조심스레 움직이며 소곤거렸다." 슈어드는 점점 악화되고 있었다. 고열이 계속되었고 지극한 간호에도 부상과 충격에서 회복되지 못했다. 오번에서 황급히 달려온 프랜시스는 생각보다 남편의 상태가 더 심각하다는 것을 깨달았다. 그의 얼굴은 "누군지 알아볼 수 없을 만큼 심하게 붓고 색도 변해 있었다. 목소리도 전과 달랐다. 턱뼈가 부서지고 혓바닥이 부풀어 올라 말도 제대로 할 수 없었다. 그 모습을 보니 가슴이 아팠다." 하지만 슈어드의 정신은 또렷했고, "참을성 있게 고통을 견디며 아무런 불평도 하지 않았다."

링컨은 슈어드가 누워 있는 방에 들어서자마자 침대로 성큼성큼 다가가 그의 가까이에 앉았다. 슈어드는 거의 들리지 않는 목소리로 더듬더듬 물었다. "리치먼드에서 돌아오시는 길입니까?" 링컨은 대답했다. "그렇습니다. 마침내 거의 끝까지 온 것 같습니다." 그리고 그는 좀 더 친밀한 대화를 계속하기 위해 침대에 길게 드러누웠다. 링컨은 오래전 매사추세츠 주에서 처음 만났을 때처럼 머리를 손으로 받힌 채 슈어드와 나란히 누웠다. 패니가 들어와 앉자, 링컨은 긴 팔을 뻗어 다정하게 악수를 했다. 당시 패니는 링컨이 "7000명과 열심히 악수했던 리치먼드 여행을 자세하게 들려주었는데" 그 일을 대단히 흡족해하는 듯했다고 기록했다.

슈어드가 깊은 잠에 빠지자 링컨은 조용히 몸을 일으켜 방에서 나왔다. 그는 중상을 입은 슈어드를 보고 침울해졌지만, 스탠턴이 그랜트의 전보를 들고 백악관에 들어서자 다시금 기운을 차렸다. "리 장군이 제가 제시한 조건으로 오늘 오후에 항복했습니다." 링컨은 기쁨에 겨워 그를 얼싸안은 뒤 바로 메리에게 가서 이 소식을 전했다. 밤 10시가 다 된 시간이었지만 스탠턴은 슈어드가 이 소식을 듣고 싶어하리라 생각하며 그를 찾았다. 슈어드는 스탠턴이 전보를 읽어주자 "하나님, 감사합니다."라고 말했다. 그 일요일은 스탠턴이 슈어드를 만나러 간 세 번째 날이었다. 스탠턴이 "힘드실 텐데 말하지 마십시오."라고 말하자, 슈어드는 울먹이며 대답했다. "귀하는 생전 처음으로 날 울게 만들었습니다."

은밀하게 시작된 음모

그랜트와 리 두 사람 모두 그날 오후 아포마톡스 군청 청사의 성대한 항복 의식에서 훌륭한 모습을 보여주었다. 역사가 제이 위니크는 "승리한 장군은 관대했고, 패배한 다른 장군은 정중하고 위엄 있었다."고 적었다. 이틀 전, 그랜트는 리에게 항복을 요청하는 편지를 보냈다. 그는 "지난주의 결과에 비추어 더 이상의 저항은 가망 없다는 점"을 이해하고 "또 다른 유혈 전쟁"을 막는 선택을 하기 바란다고 적었다. 리는 처음에는 자신의 대의가 무의미해졌음을 받아들이지 않고 벗어나려는 마지막 시도를 고려했다. 하지만 일요일 아침, 그의 부대가 거의 완전히 포위되자 그랜트에게 항복할 준비가 되었다는 전언을 보냈다.

이 저명한 은발의 장군은 역사적인 만남을 위해 옷을 입으며 "제일 화려한 검과 진홍색 실크 어깨띠를 찼다." 그는 이날이 채 저물기 전에 자신이 수감되리라 생각하며 윌리엄 펜틀턴에게 "가장 좋은 모습을 보이겠다."고 말한 것으로 전해진다. 하지만 그랜트는 링컨의 온건 노선을 따르기로 결심했으므로 사실 이는 불필요한 걱정이었다. 결국 연맹군은 항복 조항에 따라 무기를 버리고 다시는 연방에 대해 "무기를 들지" 않는다는 조건으로 미합중국 당국의 간섭 없이 집으로 돌아갈 수 있었다.

그랜트는 항복 조항을 작성하면서, "장교들은 그들에게는 중요하지만 우리에게는 소용없는 개인 말과 휴대무기를 갖고 있었다. 그 같은 무기를 압수하는 건 쓸데없는 모욕 행위라는 생각이 들었다."고 이후 회상했다. 그는 연맹의 장교들에게 휴대무기는 물론 개인 말과 짐을 가져가도 좋다고 허용하는 조항을 추가했다. 이러한 허용에 대해 리는 "군인들이 기뻐할 것"이라고 말했다. 두 사람이 헤어지기 전, 리는 자신의 부대가 식량 부족으로 힘들어하고 있다고 전했다. 그랜트는 즉시 식량을 보내겠다고 약속했다. 리가 자신의 본부로 돌아갔을 때 연맹의 항복 소식이 이미 퍼져 있었다. 리 장군은 연설을 하려 했지만 자꾸 눈물이 흘러, 그저 "제군 여러분, 우리는 함께 이 전쟁을 치렀고, 저는 여러분을 위해 최선을 다했습니다."라고 목멘 한마디를 할 수밖에 없었다.

리 장군이 슬픔과 자부심을 표현하기 힘들어했던 반면, 병사들은 자신들의 감정을 조금도 숨기지 않았다. 이들은 누가 시키지 않았는데도 길 양쪽에 줄지어 서서 지나가는 리에게 박수를 보내며 존경과 애정을 표했다. 리가 이들의 환호성에 눈물을 흘리자, 대원들 역시 흐느끼기 시작했다. 그때 한 병사가 모든 이를 대신해 외쳤다. "리 장군님, 영원히 사랑합니다!"

다음날 동틀 무렵, 노아 브룩스는 "거대한 굉음"을 들었다. 500발의 예포가 "워싱턴의 안개 낀 대기와 그 땅을 뒤흔들고 라파예트 광장 부근의 집 창문을 깨뜨린 것이다." 스탠턴 장관은 국민들에게 북부 버지니아 군대가 마침내 무기를 버렸다는 짧은 전언을 남겼다.

웰스는 "나라는 기쁨으로 어쩔 줄 모르는 듯 들썩였다."고 기록했다. "대포가 발사되고 종이 울렸으며 국기가 휘날렸다. 모두가 열광했다. 남부군의 위대한 장군과 가장 '무시무시하고 확고한 탈퇴주의자들로 이루어진 군대의 항복으로 반란은 끝이 났다." 모든 정부 부서가 임시 휴일을 선포했다. 직원들까지도 거리로 쏟아져나왔다. 수천 명의 군중이 백악관에 모여들었다. 〈내셔널 인텔리젠서〉는 "악단들이 음악을 연주하고 예포가 발사되었으며, 시민은 환호했다."고 보도했다.

링컨은, 소리 높여 연설을 요청하는 군중들 앞에서 망설였다. 이미 다음날 밤 연설을 계획 중이었으므로, 생각을 정리하기 전에 모든 걸 "다 꺼내는 것을" 꺼린 것이다. 그는 "여기서 말실수를 하면 그대로 인쇄될 것이 뻔합니다. 또 제 위치에 있는 사람은 실수를 저지르지 않도록 노력해야 합니다."라고 겸손하게 말했다. 그럼에도 군중이 끈질기게 고집하자 그는 결국 2층 창문에 모습을 드러냈다. 그것을 본 "남자들은 열광하며 모자와 우산을 흔들었고, 여인들은 손수건을 흔들었다."

사람들이 조용해지자 링컨은 미소를 지으며 이들의 기쁨에 화답했다. "여러분에게 기쁨을 주체할 수 없는 일이 일어나니, 저도 대단히 기쁩니다." 이 말에 더 큰 환호가 일었다. 링컨은 군악대에 특별히 '딕시'를 요청했다. "전 '딕시'가 제가 아는 것 중에 가장 좋은 노래라고 생각했습니다. 적들은 이 노래를 독차지하려 했지만, 어제 우리는 이를 전리품으로 빼앗았습니다." 이 말에 우레와 같은 박수가 터져나왔다.

"법무장관께 이 사안에 대해 물어보니, 이 노래가 합법적인 전리품이라는 법적 견해를 말씀해주시더군요. 그러니 군악대가 저를 위해 이 노래를 연주해주시면 감사하겠습니다." 링컨은 이 남부의 애국적인 노래를 연주함으로써, "남부 사람들에게 그들도 함께 그 노래를 마음껏 들을 수 있다는 걸 보여주고 싶다."고 생각했다. 군악대는 '딕시'에 이어 '양키 두들'을 연주했고, 군중들은 즐거움을 만끽했다.

메리는 리치먼드 점령 소식이 워싱턴에 도착한 뒤, "오늘은 지난 월요일보다 더 행복한 날"이라고 적었다. 다음날 아침 그녀는 섬너와 샹브렁 후작에게, 마차를 타고 도시의 점등을 둘러보면서 남편의 연설을 들으러 가자고 초대했다. 다시금 등을 밝힌 도시는 장관이었다. 모든 정부 청사의 창문이 밝게 빛났고, 갓 완공된 국회의사당의 둥근 천장 불빛은 몇 마일 밖에서도 보일 정도였다. 축하 행사 내내 도시 곳곳에서 모닥불이 불타올랐고 불꽃이 터졌다. 대통령의 공개 연설 계획을 알게 된 스탠턴은 직원들을 시켜 전쟁부 전면을 국기와 군단의 기장(旗章)과 상록수로 장식하도록 했다. 링컨이 백악관 북쪽의 2층 창문으로 나왔을 때, 그의 손에는 원고가 들려 있었다. 그는 노아 브룩스에게 이 원고는, "반란군이 꼬리를 감추고 달아났다." 같은 말에 찰스 섬너처럼 반발하는 이들을 자극할 만한 구어체 표현을 피한 조심스러운 원고라고 설명했다.

엄청난 수의 군중들이 대통령을 발견하고 열광적으로 박수를 치는 바람에, 링컨은 소리가 가라앉을 때까지 한동안 기다려야 했다. "연설은 많은 사람들이 예상했던 것보다 길고, 성격도 달랐다.”고 노아 브룩스는 평했다. 링컨은 마냥 승전을 축하하는 대신, 남부 주들의 연방 재통합에 관련된 국가적 논쟁에 대해 연설하고자 했다.

링컨은 여전히 이것을 “가장 중대한 문제”라고 생각했다. 그는 이미 재통합 과정이 시작된 루이지애나 주의 일각에서, 주의 새로운 법이 여전히 유색인들에게 불평등하다는 실망감이 번지고 있음을 알고 있었다. 그는 글을 읽고 쓸 줄 알며 “군인으로서 연방의 대의에 도움을 주었던” 흑인들에게도 당연히 투표권을 주어야 한다고 생각했다. 다행히 새로운 루이지애나 주 법에는 주목할 만한 조항이 다수 있었다. 주 내의 모든 노예를 해방하고 흑인과 백인에게 공평한 공교육 혜택을 주었던 것이다. 이미 헌법 수정 조항 제13조를 비준했던 루이지애나 주의 입법부는 “유색인에게 선거권을 부여하도록” 특별히 권한을 부여받았다. 이에 링컨은 “이미 얻은 힘든 노고를 벗어 던지겠느냐, 아니면 이를 완벽한 성공을 위한 과정의 시작이라고 믿겠느냐?”고 다소 과장되게 물었다. 또한 그는 복잡한 문제를 간단하고 소박한 이미지로 전달하기 위해, “달걀을 깨뜨리는 것보다는 부화시켜서 닭으로 키워야 하지 않겠느냐?”고 말했다.

그날 밤 군중 속에 존 윌크스 부스가 있었다. 그는 연맹에 동조하는 이로 링컨이 극찬했던 유명한 셰익스피어 배우 에드윈 부스의 동생이었으며, 역시 배우로 인기가 높았다. 하지만 연방을 지지했던 형과는 달리 “남부에서 대부분의 성장기를 보낸” 그는 연맹의 대의를 지지했다. 그는 지난 몇 개월 동안 북부를 혐오해왔다. 그는 몇몇 음모자들과 함께 지난여름부터, 링컨을 납치해서 리치먼드로 데려간 후 연맹의 전쟁포로들과 교환하겠다는 계획을 세웠다. 이 계획은 리치먼드가 점령되고 리가 항복하는 바람에 무산되었지만, 부스는 포기하지 않았다.

다른 두 음모자도 역시 인파 속에 있었다. 한 명은 약국 점원인 데이비드 헤럴드였고, 다른 한 명은 연맹군이었던 루이스 파월(혹은 루이스 페인이라고도 한다)이었다. 링컨이 흑인에게도 투표권을 주자고 말하자, 부스는 파월을 돌아보고는 "저건 깜둥이가 시민권을 갖게 된다는 뜻이로군. 이게 링컨의 마지막 연설이 될 걸세."라고 말했다. 부스는 지금 당장 링컨을 저격하라고 파월를 재촉했다. 그러나 파월은 반대했다. 부스는 "맹세코 내가 저 인간에게 총을 쏘겠네!"라고 단언했다.

오랜 친구 워드 라몬에 따르면, 링컨은 얼마 전 살해될 운명을 암시하는 꿈을 꾸었다고 한다. 링컨은 이렇게 말했다. "내 주위가 죽은 것처럼 조용했네. 그때 소리 죽여 흐느끼는 소리가 들렸지. 수많은 사람이 우는 것 같더군. 난 이 방 저 방을 둘러보았네. 살아 있는 사람은 보이지 않고 지나갈 때마다 계속해서 비탄에 잠겨 슬퍼하는 소리가 들렸네. 나는 대체 왜 이렇게 몽롱하고 충격적인 일이 일어났는지 알아보기로 결심했지. 그렇게 계속 가다가 동쪽 방에 이르렀네. 거기서 기가 막힌 광경을 목격했다네. 내 앞에 영구차가 있었는데, 그 위에 장례복을 입은 시체가 있지 뭔가. 그 주위에는 경호원 노릇을 하는 군인들이 있었고, 그 밖에도 사람들이 많았네. 어떤 사람들은 얼굴이 천으로 덮힌 시체를 애처롭게 바라보고, 또 어떤 사람들은 서럽게 울고 있더군. 한 병사에게 '백악관에서 누가 죽었소?' 라고 물었더니 '대통령께서 암살당하셨습니다!' 라지 뭔가."

링컨은 꿈 이야기 뒤에 라몬을 안심시키며 이렇게 말했다. "꿈에서 죽은 사람은 내가 아니라 다른 사람이었네. 음, 그러니 무시하게. 때가 되면 신께서 알아서 다 잘해주시겠지. 언제가 가장 좋은 때인지는 신만이 아시겠지." 역사가 돈 페렌바처는 이 이야기의 진실성에 의문을 제기했다. 하지만 가까운 사람들은 링컨이 종종 예지몽을 꾸고 주위 사람에게 이를 이야기하곤 했다고 라몬과 같은 주장을 펼쳤다.

섬너와 체이스 등의 급진파는 흑인에게 투표권을 주고, 반란 지도자들을 처벌하며, 연방정부가 탈퇴주들을 통치해야 한다고 생각했지만, 대다수 국민들은 링컨의 주장에 찬성했다. 노아 브룩스에 따르면 "당시 사람들은 재통합을 가장 우선시했다."고 한다. 링컨은 이후 루이지애나와 다른 지역에서 빠르게 조직은 됐으나 여전히 불완전했던 주 정부에 대해 지지를 표명했고, 이는 급진파들의 지지를 받았다. 링컨은 "법원과 법, 질서가 있어야 한다. 그렇지 않으면 사회가 파괴되거나 해산된 군대가 강도떼와 게릴라로 바뀔 것이다."라고 강조했다. 그는 리의 항복 닷새 전 리치먼드의 캠벨 판사와 만나, 버지니아 주민들이 탈퇴를 취소하고 버지니아 군대를 전쟁에서 철수시키도록 해 달라고 요청했다. 또한 "각 카운티의 저명하고 영향력 있는 사람들이 힘을 합쳐 그들이 한 일을 원상복구시키는 것"만이 진정 건전한 정책이라는 뜻을 전했다.

그러나 내각은 어떤 이유에서든 반란주 정부의 소집을 허용해서는 안 된다고 강하게 반대했다. 슈어드가 부재중이었으므로 스탠턴이 나서서 링컨에게 "버지니아 주 정부에 그만한 권력을 주는 것은 정복자의 권리를 포기하는 것과 같습니다. 이는 우리 군의 승리를 4년 전 '전쟁을 하자!' 고 공격해온 그 주 의회에 넘겨주는 일이며, 그들의 손에 우리 정부를 넘겨주는 일입니다. 이는 국회에 골칫거리를 가져올 겁니다."라고 말했다. 이어서 그는 "정부의 재조직은 연방의 권한 하에서 이루어져야 하며 반란 조직과 정부를 인정해서는 안 된다."고 주장했다. 법무장관 스피드는 회의 때는 스탠턴의 주장에 찬성했지만, 이후 개인적으로 링컨의 생각에 동조하게 되었다. 대통령은 웰스에게, 스피드와 스탠턴의 반대로 몹시 괴롭다고 털어놓았다. 그러나 웰스도 위안을 주지 못했다. 그 역시 링컨의 정책에 의혹을 품었고, "적대적인 그들이 또다시 음모를 꾸밀 것"이라고 생각했다. 그러나 링컨은 여전히 "저명한 버지니아 사람들"이 함께 모이면 "그들과 그 이웃도 훌륭한 연방 지지자가 될 수 있다."고 주장했다.

4월 12일 늦은 오후, 링컨은 전쟁부로 건너가 다시금 스탠턴과 논의를 시작했다. 스탠턴의 조수 A. E. 존슨은 그날 링컨이 소파에 앉아, 반란주의 의회 소집을 반대하는 스탠턴의 격한 논조를 열심히 들었다고 회상했다. 스탠턴은 그 소집이 허용되면 해방된 수백만 명의 운명이 믿을 수 없는 사람들의 손에 맡겨질 것이라고 경고했다. 결국 링컨은 몸을 일으켜 스탠턴의 책상으로 걸어갔고, 전쟁부에서 그의 이름으로는 마지막으로 보내게 될 전보를 작성했다. 그는 와이첼 장군에게 주 의회의 소집 허가를 취소하라고 지시했다. "주 의회 소집을 허용하지 마시오. 누군가가 나오면 그들이 집으로 안전하게 돌아가도록 조치하시오." 스탠턴은 이를 현명한 처사라고 생각하며 기쁨을 감추지 못했다.

4월 13일 화요일, 그랜트는 워싱턴으로 향했다. 스탠턴이 그를 위해 축하 행사를 계획한 것이다. 줄리아 그랜트가 윌라드 호텔에서 온종일 축하 방문객을 대접하는 동안, 그랜트 장군은 대통령을 만났다. 그날 오후 늦게, 줄리아와 엘런 스탠턴도 전쟁부에서 남편들과 합류했다. "스탠턴은 더없이 즐거워하면서 무기와 깃발 받침, 사방에 총알이 박힌 샤일로 전쟁터의 커다란 나무뿌리를 보여주었다."고 줄리아는 회상했다. 스탠턴은 그날 밤 자기 부서의 조명 계획을 들떠서 이야기하며, "해군성도 불을 밝힐 것입니다. 그도 그럴 것이, 제 부서에서 양초를 두세 상자 빌려갔거든요."라고 농담까지 건넸다.

아들 윌리엄이 세상을 떠난 후 처음으로 메리 링컨은 마음이 편한 듯 보였다. 그녀는 전날 남편으로부터 고작 몇 줄이긴 했지만, "하루 한 시간씩 그녀와 마차를 타겠다는" 장난기 어리고 다정한 편지를 받았다. 그녀는 활기가 넘치는 편지를 지인들에게 수없이 보냈다. 제임스 고든 베넷에게는 "위대하고 명예로운 승리를 기뻐하고 있습니다."라고 적었고, 에이브럼 웨이크먼에게는 시티 포인트에서의 "멋진 시간"을 자세하게 이야기했다. "당신도 우리와 함께 있었다면 얼마나 좋았을까요. 점잖고 위엄 있는 섬너 씨조차 자기가 열여섯 살짜리 소년이었으면 좋겠다고 말할 정도였답니다." 그녀는 섬너에게 시저에 관한 새 책이 도착했다며, 그날 밤 함께 그랜트 장군을 방문하자고 초대했다.

불길한 밤

1865년 4월 14일 화창한 금요일, 이날은 링컨에게 가장 행복한 날이었다. 링컨은 그날 하루를, 워싱턴에 막 도착한 아들 로버트와 아침식사를 하며 시작했다. "아들아, 전선에서 무사히 돌아왔구나. 이제 전쟁이 끝났으니 얼마 지나지 않아 우리와 싸웠던 용사들과 평화롭게 살게 될 게다." 그는 로버트에게 군복을 벗고 공부를 마치라고 권했다. "다정한 조언을 건네는 아버지의 얼굴은 오랫동안 봤던 그 어느 때보다 더 즐거워 보였다."고 엘리자베스 켁클리는 회상했다.

오전 11시, 그랜트는 금요일 정기 내각회의에 참여하기 위해 백악관에 도착했다. 그는 남아 있는 마지막 연맹 세력인 존스턴 부대가 셔먼에게 항복했다는 소식을 원했지만, 아직 아무 소식도 도착하지 않고 있었다.

그들의 대화는 주로 남부 주들의 복잡한 재건 법과 명령에 대한 것이었다. 며칠 전, 스탠턴은 민법이 부활할 때까지 버지니아와 노스캐롤라이나 주에 임시 군정을 세운다는 계획을 꾸몄다. 대부분의 각료들은 의견이 일치했지만, 웰스와 데니슨은 두 개의 서로 다른 주를 하나의 군관부로 합쳐 주 경계를 없앤다는 생각에 반대했다. 그리고 이러한 반대가 타당하다고 생각한 링컨은 스탠턴에게 두 주에 적용할 계획을 수정하라고 요청했다.

링컨은 이 큰 반란이 무산된 것은 신의 섭리라 생각한다고 말했다. 그리고 그는 "국회에는 동기는 좋지만 고집 센 사람들 그리고 함께할 수 없는 원한과 악의를 가진 이들이 있다."고 말하며, 전쟁이 끝난 후 박해나 학살이 일어나도록 내버려두어서는 안 된다고 주장했다. 링컨은 반란 지도자에 대해 말하며, 더 이상의 폭력은 지양해야 한다는 결심을 강조했다. "아무리 못된 사람이라 해도, 내가 그들을 사형시키리라 예상하지 마십시오. 이미 많은 목숨이 희생되었습니다. 화합과 일치를 원한다면 일단 우리의 적개심부터 없애야 합니다."

내각회의 후, 스탠턴과 스피드는 함께 계단을 내려갔다. "대통령께서 오늘 특히 당당해 보이지 않았습니까?"라고 스탠턴이 물었다. 스피드는 "평소 헝클어진 모습과 달리 단정한 옷을 입고 머리카락과 구레나룻을 깔끔하게 빗은 링컨의 모습"을 오래도록 기억했다. 훗날 스탠턴은 "국내외의 평화가 멀지 않았다는 생각"에 감격한 나머지 링컨이 그 어떤 내각회의 때보다 유쾌하고 기분 좋아 보였다고 적었다. 링컨은 토론 내내 "리 장군과 연맹의 다른 이들에 대해 다정하게 말하면서 놀라울 정도로 관대한 정신을" 보여주었다. 내각회의가 끝난 후, 링컨은 반란 지도자들에 대한 관대한 정책을 실행에 옮겼다.

어느 날 "유명한 탈퇴주의자" 제이콥 톰슨이 메인 주 포틀랜드로 가는 길이며, 증기선이 그를 영국으로 데려가기 위해 그곳에서 대기 중이라는 정보가 도착했다. 전보를 읽은 스탠턴은 잠시도 주저하지 않고 차관보 데이나에게 명령했다. "그를 체포하시오!" 톰슨은 캐나다에서 경계 너머로 골치 아픈 기습 공격을 계획했던 전력이 있었다. 때문에 스탠턴은 이 연맹 약탈자에게 동정심을 보이지 않았다. 하지만 데이나가 방을 나서는 순간 스탠턴이 그를 다시 불러들였다. "아니, 기다리십시오. 가서 대통령을 만나보시는 게 낫겠소." 그래서 데이나는 집무실에 있던 링컨을 찾아갔다. 링컨이 물었다. "데이나, 어서 오시오! 무슨 일입니까?" 데이나는 상황을 이야기하고, 스탠턴은 톰슨을 체포하고 싶어하지만 대통령에게 먼저 이 문제를 물어야 한다고 생각한다고 설명했다. 링컨은 대답했다. "음, 아니오, 난 그렇게 생각하지 않습니다. 코끼리의 뒷다리를 잡으면 소동을 피우기 마련이지요. 그럴 땐 가도록 내버려두는 게 좋지요."

그날 메리는 그토록 기분 좋은 남편의 모습은 본 적이 없었다고 프랜시스 카펜터에게 말했다. "그의 행동은 우스꽝스러워 보이기도 해요. 오후 3시에 같이 무개마차를 타고 나갈 때, 누가 같이 가냐고 물었더니 '아니오. 오늘은 우리끼리만 가는 게 좋겠소.' 라고 대답하더군요. 마차를 타는 내내 어찌나 즐거워했던지, 제가 웃으며 말했어요. '사랑하는 여보, 당신이 너무 즐거워해서 놀랄 정도예요.’ 그러자 그이는 이렇게 대답했어요. ‘메리, 정말 그렇다오. 전쟁이 오늘 끝난 것 같소. 전쟁이 일어나고 사랑하는 윌리엄이 죽은 뒤 슬퍼했으니, 우리 둘 다 앞으로는 더욱 즐거워해야 하오.’”

메리는 마차가 해군 공창으로 향할 무렵 그가 “스프링필드의 옛집과 어린 시절의 추억, 조그만 갈색 오두막집, 법률 사무소, 법정, 소송 사건 적요서와 법률 서류를 넣는 초록색 가방, 순회 재판 때의 모험을 이야기했다.”고 회상했다. 이들은 25년 전 스프링필드에서 처음 춤을 춘 이후, 상상할 수 없을 만큼 먼 길을 함께 여행했다. 그들은 오랫동안 서로를 돕고 때로는 서로를 괴롭혔으며, 가족과 정치, 시, 연극에 대한 애정을 함께 나누었다. 윌리엄의 죽음 후 점점 깊어진 메리의 우울증은 링컨을 몹시 힘들게 했고, 전쟁의 지독한 압박감이 이들의 관계를 더 악화시키기도 했다. 메리는 남편이 대통령으로서의 책임에 열중하는 동안 버림받은 기분에 분노했다. 그러나 전쟁이 끝나고 슬픔에서 벗어나자, 링컨 부부는 좀더 행복한 미래를 계획할 수 있었다. 이들은 유럽과 성지를 방문하고 로키 산맥을 건너 캘리포니아에 갔다가 인생을 함께 시작했던 일리노이를 여행하고 싶어했다.

그날 밤 링컨 부부는 포드 극장에서 로라 키니가 출연하는 ‘우리 미국인 사촌’이라는 연극을 관람할 계획이었기 때문에 평소보다 이른 저녁식사를 했다. 식사 후, 대통령은 노아 브룩스와 매사추세츠 하원의원인 조지 애쉬먼, 그리고 곧 캘리포니아로 떠날 준비를 하던 콜팩스 의장을 만났다. 링컨은 콜팩스에게 말했다. “같이 캘리포니아로 갈 수 있다면 얼마나 좋을까요. 하지만 나는 공무 때문에 여기 있을 수밖에 없으니 그저 부러울 따름입니다.” 대통령은 콜팩스에게 그날 밤 극장에 같이 갈 것을 권했지만, 콜팩스는 할 일이 너무 많았다.

콜팩스 의장은 그날 밤 극장에 가자는 링컨 부부의 초대를 거절한 몇 사람 중 하나였다. 〈내셔널 리퍼블리컨〉은 이날 그랜트 부부가 링컨 부부와 대통령 특별석에서 연극을 볼 것이라고 크게 보도했다. 그러나 그랜트는 줄리아가 뉴저지에 있는 아이들에게 가고 싶어한다며 이 약속을 취소했다. 스탠턴 부부 역시 링컨의 초대를 거절했다. 스탠턴은 체이스와 마찬가지로 연극 구경을 어리석은 오락이나 위험한 행동이라고 생각했던 것이다. 그는 몇 개월이나 대통령이 그런 공공장소에 가지 못하도록 만류했지만 허사였고, 자신이 가면 쓸데없이 더 위험해질 뿐이라고 생각했다. 그날 일찍 스탠턴은 전신국 국장 토머스 에커트에게 링컨의 초대를 거절하라고 시켰다. 대통령이 농담 삼아 "팔로 부지깽이를 꺾어버린" 에커트의 괴력이라면 든든한 경호를 하지 않겠냐고 했지만 스탠턴은 요지부동이었다.

링컨 부부가 마차에 올라 극장으로 향한 시간은 8시가 지나서였다. 링컨은 콜팩스에게 "더 있고 싶지만 이제 갈 시간인 것 같소."라고 말했다. 그는 대통령 재직 기간 동안 연극만큼 큰 위안을 준 것이 없으니, 이 행복한 밤 시간을 놓치고 싶지 않았다. 게다가 이미 약속까지 한 상태였다. 링컨은 그날 밤 휴무였던 경호원 크룩에게 "신문에서 우리가 거기 간다고 떠들어댔으니, 사람들을 실망시킬 수는 없소."라고 말했다. 잠시 후 메리의 친구인 상원의원 아이라 해리스의 딸 클라라 해리스와 그녀의 약혼자 헨리 래스본 대령이 링컨 부부와 함께 마차에 올랐다.

암살자들

링컨 부부가 10번 가의 포드 극장으로 향하고 있을 무렵, 존 윌크스 부스와 세 음모자들은 한 블록 떨어진 헌돈 호텔에 있었다. 부스는 링컨 대통령과 슈어드 국무장관, 존슨 부통령을 동시에 암살할 계획을 세워놓고 있었다. 그날 아침, 링컨이 극장에 갈 예정이라는 사실을 알게 된 부스는 이 밤이야말로 가장 좋은 기회라고 생각했다. 일단 체격이 좋았던 루이스 파월은, 데이비드 헤럴드와 함께 라파예트 광장에 있는 슈어드의 집에 잠입해 슈어드를 죽이라는 지시를 받았고, 마차 제조업자 조지 애처로트는 커크우드 호텔에 머물고 있는 부통령에게 방아쇠를 당기기로 했다. 그리고 무대 담당자들과 친하게 지내며 도주로를 확보한 부스는 바로 그 극장에서 대통령을 암살하기로 했다. 브루투스가 독재자 시저를 죽임으로써 존경을 받았듯, 부스는 자신이 "더 지독한 독재자"를 죽여 찬미받으리라 생각했다.

그러나 링컨을 암살하는 것만으로는 충분하지 않았다. 부스의 전기 작가는 "부스는 브루투스의 음모가 마르쿠스 안토니우스 때문에 저지되었다는 사실을 알고 있었다. 안토니우스의 유명한 연설이 시저의 암살자를 무법자로, 시저를 순교자로 만들었음을 기억한 것이다."라고 설명했다. 때문에 링컨의 안토니우스인 윌리엄 헨리 슈어드도 반드시 죽어야 했다. 또한 북부 전체를 혼란에 빠뜨린 부통령도 살아선 안 되었다. 이 세 건의 암살 실행 시각은 밤 10시 15분으로 결정되었다.

학살의 밤

여전히 몸져누워 있었지만, 슈어드는 9일 전의 마차 사고 이후 가장 행복한 날들을 즐기고 있었다. 패니 슈어드는 전날 밤 그가 푹 잤고 "처음으로 고형식을 먹었다."고 일기에 기록했다. 오후에 슈어드는 프레더릭이 아버지 대신 참석한 내각회의의 소식을 기쁜 표정으로 들었다. 그리고 늦은 오후에는 패니가 읽어주는 《이녹 아든》에 귀를 기울이며, 자신이 그 시를 얼마나 좋아하는지 모른다고 말했다.

3층짜리 집은 사람들로 가득했다. 윌리엄과 제니를 제외한 온 가족들, 프랜시스와 오거스터스, 프레더릭, 애너, 패니가 집에 있었다. 집안일을 하는 여섯 명의 하인과 3층에서 묵고 있는 국무부 심부름꾼, 스탠턴의 명령으로 두 명의 군인들도 함께 지내고 있었다. 초저녁에는 에드윈 스탠턴이 안부차

들렸다. 그는 잠시 다른 방문객들과 한담을 나누다가 군악대 음악이 들려오자, 그날 밤 전쟁부 직원들이 여섯 블록 떨어진 그의 집에서 소야곡을 연주해주기로 했다는 사실을 떠올렸다.

손님들이 다 돌아가자 조용한 밤이 시작되었다. 가족들은 슈어드가 혼자 있지 않도록 번갈아 그의 침대 맡을 지켰다. 패니가 11시까지 슈어드의 곁을 지키다가 오거스터스와 교대할 예정이었다. 스탠턴이 보낸 군인 조지 로빈슨도 함께였다. 밤 10시 직후, 패니는 아버지가 잠든 것을 보고 《샤를마뉴의 전설》을 덮고 가스등을 끈 다음 침대 맞은편에 앉았다.

잠시 후 초인종 소리가 울렸다. 이 일에 대해 프레더릭 슈어드는 훗날 "문 앞에 키 크고 좋은 옷을 입은 낯선 사내가 나타났을 때, 정말 평소와 조금도 다르지 않은 것처럼 느껴졌다."고 적었다. 문밖에 서 있던 암살자 파월은 초인종 소리를 듣고 나온 하인에게 슈어드의 약을 가져왔으며 의사에게서 직접 전하라는 말을 들었다고 했다. 하인은 이후 이렇게 증언했다. "전 그 사람에게 올라가선 안 된다고 말했습니다. 약을 제게 주면 슈어드 씨에게 어떻게 복용해야 하는지 전하겠다고 했죠." 그러나 하인은 파월이 고집을 꺾지 않자 물러설 수밖에 없었다. 그가 층계참에 이르렀을 때 프레더릭이 그를 막아섰다. "아버지께선 잠들어계십니다. 제게 약을 주고 지시사항을 말씀해주시면 아버지께 전하겠습니다."

파월은 꼭 직접 전해야 한다고 했지만 프레더릭은 거절했다. 프레더릭의 회상에 의하면, 이 침입자는 눈에 띄게 망설였다. "파월은 계단을 내려가다가 갑자기 몸을 돌려 해군 리볼버를 꺼내 들고 위쪽으로 뛰어올라왔다. 그리고는 내 머리에 총을 겨누고 저주의 말을 중얼거리다가 방아쇠를 당겼다."이것이 프레더릭의 그날 밤 마지막 기억이었다. 총은 불발되었지만, 파월이 총을 거칠게 휘두르는 바람에 프레더릭의 머리 두 곳이 찢어져 두개골이 드러났다. 프레더릭은 의식을 잃었다. 소란스러운 소리를 들은 로빈슨이 슈어드의 침상에 있다가 문을 박차고 나가는 순간, 파월이 고장 난 총과 커다란 칼을 양손에 하나씩 쥔 채 안으로 뛰어들었다. 그는 칼로 로빈슨의 이마를 베고 곧바로 슈어드에게 향했다. 패니가 파월에게 달려가 아버지를 죽이지 말라고 애원했다. 슈어드가 그 외침에 눈을 떠 "몸을 굽힌 암살자의 얼굴을 힐끗 본 순간" 커다란 사냥칼이 그의 목과 얼굴에 꽂혔다. 그의 뺨이 심하게 잘려나가 살점이 목까지 늘어졌다. 묘하게도 슈어드는 이후 파월이 아주 잘생겼고 옷 이 참 멋있었다는 인상만 받았다고 회상했다.

패니의 비명 소리를 듣고 오거스터스가 건너갔을 때, 파월은 상처를 입고 바닥에 쓰러진 슈어드에게 달려드는 중이었다. 오거스터스와 부상당한 로빈 슨이 파월을 붙잡았다. 그 와중에 로빈슨은 다시 공격을 받았고, 오거스터스 도 이마와 오른손에 자상을 입었다. 오거스터스가 총을 가지러 가자, 파월은 계단을 급히 내려가 젊은 국무부 심부름꾼인 에머릭 한셀을 칼로 찔렀다. 등 에 칼을 맞은 한셀은 황급히 도망쳤다. 온 집안에 비명이 울려 퍼졌다. 애너 는 황급히 하인에게 의사인 버디를 불러오라고 지시했다. 로빈슨은 이마와 어깨에 피를 흘리면서도, 슈어드를 침대에 눕히고 패니에게 천과 물로 지혈 하라고 지시했다. 프랜시스가 또 다른 암살자가 집에 숨어 있을까봐 불안해 하며 다락방을 둘러보는 동안, 패니는 아래층을 둘러보았다.

의사는 그날 밤 슈어드의 모습을 잊지 못했다. "그는 출혈과다로 사망한 시체 같았다. 가까이 다가가던 내 발도 온통 피에 젖었다. 깊이 파인 슈어드 의 뺨에서 피가 쏟아졌다." 상처가 너무 끔찍하고 출혈이 심한 것을 보고 버 디는 경정맥이 손상된 게 틀림없다고 생각했다. 그러나 기적적으로 그렇지는 않았다. 살펴보니, 부서진 턱을 고정시킨 금속 장치 덕에 칼이 빗나갔다는 사 실이 드러났다. 기이하게도 마차 사고가 그의 목숨을 구했다.

버디는 이렇게 회상했다. "내가 그의 얼굴에서 피를 닦고 늘어진 살점을 제자리에 붙이자마자 슈어드 부인이 나를 불러 프레더릭을 살펴 달라고 외쳤 다." 그는 무슨 소리인지 모르고 그저 옆방으로 건너갔다. 프레더릭의 머리 에서 피가 철철 흐르고 있었다. 그 모습은 그야말로 "오싹했고" 상처가 너무

커서 살 수 있을까 걱정됐지만, 찬물에 적신 거즈로 잠시나마 출혈을 막을 수 있었다.

프레더릭이 안정되자, 프랜시스는 이번에는 버디 박사를 같은 층의 또 다른 방으로 데려갔다. 당황하고 놀란 의사가 외쳤다. "슈어드 부인, 도대체 무슨 일이 일어난 겁니까!" 버디는 손과 이마에 자상을 입고 침대에 누워 있던 오거스터스를 치료하고 곧 회복될 것이라고 프랜시스를 안심시켰다. 프랜시스는 그 말을 듣자마자 이번에는 로빈슨 이병을 치료해 달라고 했다. "나는 더 이상 의아해하지도 않았다. 정신이 마비된 듯 기계적으로 그녀를 따라가 로빈슨을 살펴보았다. 그는 어깨에 네다섯 군데를 칼에 찔린 상황이었다."

버디는 더 이상의 학살은 없으리라 생각하면서 "더 있습니까?"라고 물었다. 그러자 프랜시스는 떨리는 목소리로 "네, 한 명 더 있어요."라고 답했다. 그리고 그를 침대에서 애처롭게 신음하는 한셀에게 데려갔다. 옷을 벗겨보니 "등허리 바로 위 척추 근처에 깊은 상처가 있었다." 버디는 생각했다. '이 모든 게 한 사람이 저지른 일이라니, 단 한 사람이!'

쓰러진 링컨

한편 조지 애처로트는 부통령 존슨이 묵고 있던 커크우드 호텔에 방을 잡았다. 10시 15분, 그는 68호의 초인종을 누르고 억지로 들어가 표적을 찾아 살해할 계획이었다. 그는 대통령을 납치하자는 원래 계획을 세 건의 암살로 바꾸자는 이야기를 처음 들었을 때 망설이며 주장했다. "난 못합니다. 대통령의 납치를 돕겠다고 했지, 살해하겠다고는 하지 않았습니다." 결국에는 계획에 동의했지만, 약속된 시간 15분 전 커크우드 호텔 바에 앉아 있던 그는 마음을 바꾸고 호텔을 벗어나 다시는 돌아오지 않았다.

반면 존 윌크스 부스는 대통령 암살 계획을 철저히 준비했다. 포드 극장

내부를 이미 잘 알았지만 하루 전날, 그는 링컨에게 총을 쏜 다음 극장 옆 골목으로 달아나는 계획을 예행 연습했다. 그날 아침 다시 극장으로 가서 우편물을 찾은 그는 정문 로비에서 극장 주인의 형제인 해리 포드와 다정하게 한담을 나누었다. 링컨 부부가 도착했을 때 부스는 이미 극장 안에서 자리를 잡고 있었다.

국기가 걸린 특별석에 대통령 일행이 들어서자 관객들이 일제히 일어나 열광적으로 박수를 치며 목을 길게 빼고 대통령을 바라보았다. 링컨은 미소를 지으며 허리 숙여 인사한 다음, 특별석 가운데에 놓인 편안한 안락의자에 앉았다. 메리도 남편과 나란히 앉았다. 클라라 해리스는 반대편에, 헨리 래스본은 그녀 옆의 작은 소파에 자리를 잡았다.

10시 12분 경, 나무랄 데 없이 말쑥하게 옷을 차려입은 존 윌크스 부스가 하인에게 명함을 보이고 특별석에 들어갔다. 그리고 그는 곧장 총을 꺼내 대통령의 뒷머리를 겨냥하고 방아쇠를 당겼다. 링컨이 앞으로 쓰러지자 헨리 래스본이 침입자를 잡으려 했다. 그러자 부스는 칼을 꺼내 래스본의 가슴을 난도질하고 특별석에서 4.5미터 아래 무대로 뛰어내렸다. 한 목격자는 "그는 몸을 날렸으나, 승마화의 박차가 특별석 앞에 드리워진 국기 주름에 걸려 손과 무릎으로 떨어졌다."고 회상했다. 또 다른 관객은 "그는 대단히 고통스러워하면서 필사적으로 몸을 일으켰다."고 말했다. 그리고 "다이아몬드처럼 빛을 반사하는 단검"을 휘두르던 그는 역사 속으로 사라진 버지니아 주의 모토 "Sic semper tyrannis(독재자들에게는 늘 이렇게)!"를 외치고 달려나갔다.

대통령 특별석에서 비명이 터질 때까지만 해도, 관중들은 이 극적인 순간이 연극의 일부라고 생각했다. 그때 메리 링컨이 미친 듯 손을 흔들며 소리쳤다. "대통령이 총에 맞았어요! 대통령이 총에 맞았어요!" 대통령 특별석 근처에 있던 젊은 의사 찰스 릴이 제일 먼저 달려갔다. 그는 "대통령은 거의 죽은 상태로 눈을 감고 있었다."고 회상했다. 처음에는 부상 부위를 찾지 못한 릴이 링컨의 외투를 벗겼고, 두개골을 살피다가 "총알이 뚫은 아주 매끈한 구멍"을 발견했다. 그는 다급히 손가락을 "탐침(探針) 삼아 머리카락과 단단하게 뭉친 핏덩어리"를 제거한 뒤, 피가 고여 뇌가 압력을 받지 않도록 조치했다. 곧이어 줄리아 태프트의 배다른 형제이자 역시 의사인 찰스 사빈 태프트가 도착했고, 대통령을 길 건너편에 있는 피터슨 하숙집으로 옮기기로 결정했다.

사람들이 거리로 몰려들기 시작했다. 링컨뿐 아니라 슈어드에게도 암살 공격이 있었다는 소식이 번졌다. 전쟁부의 젊은 서기 조지프 스털링은 스탠턴에게 이 참사를 전하기 위해 달려가다 룸메이트인 J. G. 존슨을 우연히 만나 함께 스탠턴 저택으로 달려갔다. "존슨과 내가 스탠턴의 저택에 도착했을 때, 나는 숨도 쉴 수 없을 정도였다. 스탠턴의 아들 에드윈 2세가 문을 열었을 때 결국 존슨이 대신 이 사실을 말해야 했다." 존슨은 "링컨 대통령께서 저격당하셨다는 사실을 귀하의 아버지께 말씀드리러 왔습니다."라고 말했다. 에드윈 스탠턴은 황급히, 잠자리에 들 준비를 하던 아버지에게 달려갔다. 전쟁장관은 정신없이 계단을 내려와 그 큰 목소리로 "스털링 씨, 이게 무슨 소리요?"라고 소리쳤다. 스털링은 링컨과 슈어드 모두 암살자에게 습격당했음을 알렸다. 스탠턴은 이 소식이 단순한 헛소문이기를 간절히 원했다. 그는 냉정을 유지하며 믿을 수 없다고 답했다. "그럴 리가 없소. 그럴 리가 없소!" 하지만 또 다른 서기가 도착해 슈어드의 집에서 벌어진 참사를 상세히 이야기하자, 그는 즉시 마차를 준비시켰다. 스탠턴은 그 역시 암살 표적이 될지 모른다며 만류하는 아내를 뿌리치고 라파예트 광장에 있는 슈어드의 집으로 향했다.

거의 동시에 기디언 웰스에게도 소식이 도착했다. 아내가 이미 잠자리에 든 그에게, 누군가 찾아왔다고 전했다. "일어나 창문을 열어보니, 심부름꾼 제임스가 있었다. 그는 링컨 대통령이 저격당했고 슈어드와 그 아들이 암살자의 공격을 받았다고 외쳤다." 웰스가 그 소식이 조리도 없고 말도 안 된다고 말하자 심부름꾼은 슈어드의 집에 가서 사실을 확인했다고 답했다. 웰스 역시 아내의 반대를 무시하고 밤안개를 뚫고 광장 반대편에 있는 슈어드의 집으로 출발했다.

슈어드의 집에 도착한 웰스와 스탠턴은 끔찍한 광경에 충격을 받았다. 현관의 백색 목재 조각, 계단, 여인들의 옷, 침실 바닥 할 것 없이 사방에 피가 낭자했다. "슈어드의 침대는 피로 완전히 젖어 있었고, 누워 있는 장관의 머리 위쪽은 눈까지 내려오는 천으로 덮여 있었다." 웰스는 버디 박사에게 귓속말로 상황을 물었지만, 스탠턴은 큰 목소리를 낮추지 못해 급기야 의사로부터 조용히 해 달라는 핀잔을 들었다. 의식을 찾지 못하는 프레더릭을 살펴본 두 사람은 함께 계단을 내려갔다. 그리고 아래층 현관 마루에서 링컨의 저격 소식에 대해 이야기를 나누었다. 웰스는 백악관으로 가야 한다고 했지만, 스탠턴은 링컨이 아직도 극장에 있으리라 확신했다. 군 병참감 몽고메리 메이그스가 막 도착해, 10번 가에는 수천 명의 사람들이 모여 있으니 제발 가지 말라고 간청했다. 그래도 두 사람이 고집을 부리자 메이그스도 함께 가기로 했다.

그로부터 열두 블록 떨어진 집에 있던 체이스 대법원장은 이미 잠들어 있었다. 그날 오후, 체이스는 네티와 마차를 타고 백악관에 들러 링컨에게, 왜 흑인과 백인 모두에게 투표권을 주지 않느냐고 항의할 생각이었다. 하지만 링컨이 어떻게 받아들일지 몰라 다음날까지 기다리기로 했었다.

체이스가 깊이 잠들어 있을 때, 하인이 침실 문을 두드렸다. 아래층에 한 신사가 찾아와 대통령이 저격당했다는 말을 했다는 것이었다. 찾아온 사람은 재무부 직원이었는데, 그는 저격을 직접 목격했다고 전했다. 체이스는 그가 잘못 봤기를 기대했지만, 그 후 세 명이 더 찾아와 같은 사실을 알렸다. 그들은 슈어드 역시 공격을 받았으며 음모가 광범위하게 이루어졌다는 추측에 모든 저명한 관리들의 집 주위에 경호원이 배치되었다고 전했다. "나는 당장 일어나 대통령에게 달려가고 싶었다. 하지만 내가 도울 수 있는 일도 없고 도움이 될 만한 사람들을 방해할지도 모른다는 생각에, 아침까지 또 다른 소식을 기다리기로 결심했다. 나 역시 희생양이 될까 생각한 듯 곧이어 경호원들이 달려왔다. 그들의 육중한 발소리가 밤새 내 방 창 밑에서 들려왔다. 공포의 밤이었다."

스탠턴과 웰스가 사람들로 빼곡한 피터슨 하숙집의 방에 도착했을 때, 링컨은 큰 키에는 너무 작은 침대에 비스듬히 누워 있었다. 의사들은 "다른 사람이라면 이 정도의 치명상을 입으면 즉사하거나 몇 분도 견디지 못했을 것이라며, 링컨의 체력이 워낙 좋아 죽음을 이겨내고 있다."고 말했다. 메리는 옆방에서 긴긴 밤 내내 눈물을 흘렸다. 여러 친구들이 그녀를 달래려 했지만 허사였다. "그녀는 거의 한 시간마다 죽어가는 남편의 침대맡에 가서 눈물을 흘리며 비탄에 잠겼다." 메리는 계속해서 "왜 그 사람이 날 안 쐈죠? 왜 내가 아니었죠?"라고 되물었다. 모두들 대통령이 곧 숨을 거두리라는 것을 알면서도 그녀가 정신을 잃을까봐 입을 다물고 있었다. 태프트 박사는 메리가 방에 올 때마다 베개의 핏자국을 깨끗한 냅킨으로 덮었다.

메리는 얼마 후, 그날 밤 존 헤이와 함께 백악관에 머무른 로버트에게 심부름꾼을 보냈다. 로버트는 잠들어 있었는데, 백악관 문지기 토머스 펜덜이 찾아와 이렇게 말했다. "대통령께 무슨 일이 생겼습니다. 극장에 가서 어찌 된 일인지 알아보시는 게 좋겠습니다." 로버트는 펜덜에게 헤이를 불러오도록 했다. 펜덜이 "링컨 대위께서 즉시 보고 싶어하십니다. 대통령께서 총에 맞으셨습니다."라고 전하자, 헤이는 사색이 되었다. 두 청년은 마차에 올라타 링컨에게 가던 도중 섬너 상원의원을 태웠다.

메리는 토머스를 불러오라며 눈물을 흘렸지만, 감수성이 풍부한 아이가 아버지의 상태를 보면 충격받을 것이라는 말에 아이를 그냥 두기로 했다. 토머스와 가정교사는 그날 밤 연극 '알라딘'을 보기 위해 그로버 극장에 가 있었다. 이 극장은 애국적인 상징으로 장식되어 있었고, 막간에는 섬터 요새 탈환에 대한 시가 낭독되었다. 한 관객은 "알라딘의 장관을 즐기고 있을 때 유령처럼 창백한 얼굴의" 극장 매니저가 앞으로 나왔다고 회상했다. 그는 어리둥절한 관객들에게, 대통령이 포드 극장에서 총에 맞았다고 말했다. 이 말이 끝나자마자 시작된 대혼란 속에서 토머스는 "어린 사슴처럼 고통스럽게 비명을 지르며 달려 나갔다."

펜덜은 가련한 어린 토머스가 눈물을 흘리며 백악관으로 돌아왔다고 회상했다. "아저씨! 아저씨!" 토머스는 울부짖었다. "아빠가 죽었대요. 아빠가 죽었대요!" 펜덜은 어린 소년을 링컨의 침실로 데려가 소년의 옷을 벗기고 재우려고 했다. "나는 아이에게 이불을 덮어주고 그 옆에 누워 아이가 깊이 잠들 때까지 이야기를 속삭였다." 자정 무렵 슈어드를 제외한 모든 각료들이 피터슨 하숙집의 작은 방에 모였다. 한 목격자는 "로버트 링컨은 확고한 태도로 하나님을 믿으라며, 슬퍼하는 어머니를 달래려고 노력했다."고 말했다. 하지만 용감하게 다른 이들을 위로하려고 노력했던 로버트도, 가끔 완전히 기운을 잃고 혼자 홀에 가서 비통한 심정을 쏟아냈다. 그날 밤 대통령의 아들인 그의 슬픔을 짐작할 사람은 없었겠지만, "그곳에 대통령을 사랑하지 않는 사람은 한 사람도 없었다."

스탠턴은 장군들을 대기시키고, 극장에서 목격자의 증언을 확보하고, 암살자 수색대를 조직하는 힘겨운 임무를 수행했다. A. F. 락웰 대령은 "그는 모두를 사로잡은 큰 충격에 동요하면서도 감정을 억누르고 모두를 확실하게 지휘했다. 모든 각료들이 어린아이가 아버지에게 그러하듯 본능적으로 그의 결정에 따랐다."고 말했다. 스탠턴은 밤새 수많은 급보를 받아 적도록 했으며, 이 전보들은 심부름꾼을 통해 전쟁부 전신국에 전달되었다.

첫 번째 전보는 그랜트 장군에게 즉시 워싱턴으로 와 달라고 전하는 내용이었다. "대통령이 오늘밤 10시 30분 포드 극장에서 저격당했음. 슈어드 장관과 그 아들 프레더릭도 집에서 공격받아 위험한 상태임." 이 전보는 블러드굿 호텔에서 저녁식사 중이던 그랜트에게 전달되었다. 호러스 포터에 의하면 그랜트는 전보를 읽은 후 한동안 고개를 숙인 채 아무 말도 하지 않았다고 한다. 남편의 얼굴이 몹시 창백해지는 것을 본 줄리아가 좋은 않은 소식이라 짐작하며 전보 내용을 읽어 달라고 했다. 그러자 그랜트는 "괴롭고 놀라운 소식이니 마음의 준비를 하시오."라고 경고했다. 그는 서둘러 워싱턴으로 갈 준비를 하면서 "친절하고 관대했던 대통령의 죽음은 남부에 돌이킬 수 없는 손실"이라고 줄리아에게 말했다.

새벽 1시, 스탠턴은 뉴욕의 경찰서장에게 전보를 보내 "최고로 일 잘하는 형사 3~4명을 즉시 데리고 오라."고 지시했다. 그리고 30분 후 딕스 장군에게 "상처가 치명적입니다. 대통령은 공격받은 후 의식이 없고 지금 죽어가고 있습니다."라고 전했다. 3시간 후, 그는 다시 딕스에게 말했다. "대통령께서 계속 의식불명이고 위독한 상태입니다." 스탠턴은 목격자들의 증언을 종합했는데, 그에 따르면 두 암살범이 끔찍한 범죄에 연루되어 있고, 그중 윌크스 부스가 대통령을 쏘았다.

해가 뜬 직후, 메리는 마지막으로 남편이 누운 방에 들어섰다. 웰스는 이렇게 기록했다. "사투가 시작되었다. 그녀는 방에 들어서서 사랑하는 사람의 얼굴이 얼마나 일그러져 있는지를 살펴보고는 정신을 잃고 쓰러졌다." 강장제를 복용한 메리는 부축을 받으며 응접실의 소파로 향했으며, 다시는 살아 있는 남편을 보지 못했다.

"수도의 시계가 일곱 시를 알렸을 때 대통령의 숨소리가 끊어질 듯 약해졌다. 이따금씩 죽었다 싶을 정도로 아예 숨소리가 멎기도 했지만, 그러다가도 이내 되살아났다." 잠시 후 9시간에 걸친 링컨의 힘겨운 사투가 끝에 이르렀다. 핀커스 D. 걸리 목사가 "기도합시다."라고 말하자 모두 무릎을 꿇었다. 1865년 4월 15일 아침 7시 22분, 에이브러햄 링컨은 사망 언도를 받았다. 당시 스탠턴의 비탄에 찬 말은 지금도 기억되고 있다. "이제 그 분은 역사 속으로 사라지셨습니다."

메리는 링컨의 사망 소식을 듣고 "왜 그가 죽을 거란 말을 하지 않았어요!"라고 애처롭게 울부짖었다. 비탄에 잠긴 그녀의 울음소리가 집 안 가득 울려 퍼졌다. 그녀는 로버트의 도움을 받아 길고 긴 밤 내내 그곳에서 대기 중이던

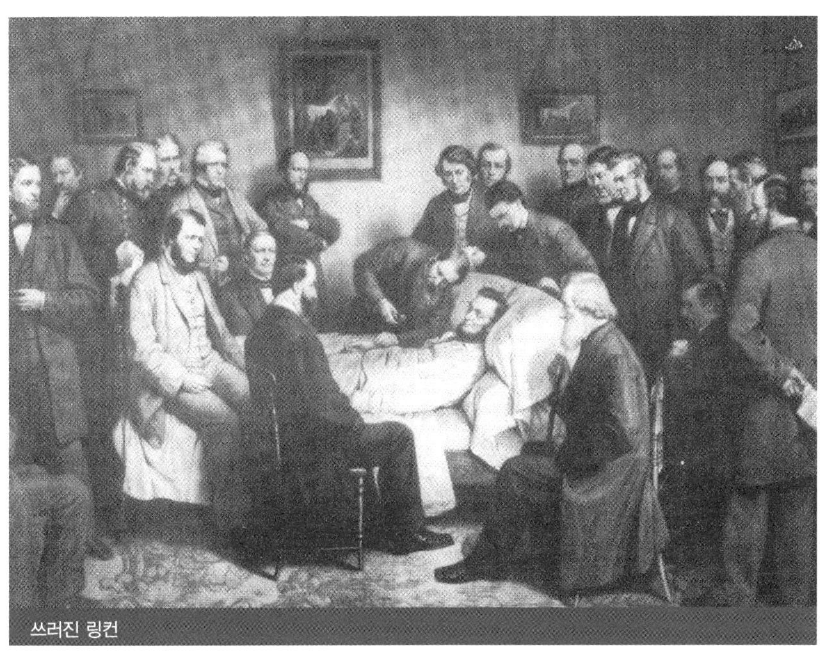

쓰러진 링컨

마차에 올랐다. 스탠턴은 링컨이 사망할 때까지 모두 놀라워할 정도로 "냉정하고 침착"했으나, 결국 볼을 타고 흘러내리는 눈물을 감출 수 없었다. 호러스 포터에 의하면 이후 그는 며칠 동안 지칠 줄 모르고 수도를 방어하고 음모자들을 체포하려고 노력하면서도 걷잡을 수 없이 슬퍼했고 누군가 링컨의 이름을 꺼내기만 해도 주저앉아 통곡했다고 한다. 그간 스탠턴에게서 무뚝뚝한 모습만 봐왔던 사람들은 이토록 슬퍼하는 그의 모습에 당황했지만, 존 헤이는 그 심정을 충분히 이해했다. 헤이는 스탠턴에게 "모두들 장관께서 이만큼이나 세상을 떠난 대통령과 가까웠는지, 대통령이 얼마나 장관을 사랑하고 신뢰했는지, 그 믿음과 신뢰를 뒤흔들려는 노력이 얼마나 무익했는지 모를 것입니다."라고 편지를 보냈다.

새벽에 자리에서 일어난 체이스는 동료들과 함께 링컨에게 갈 채비를 했다. 체이스가 10번 가에 이르렀을 때, 재무부 차관보인 몬셀 필드와 마주쳤다. "사망했습니까?" 체이스가 묻자, 필드가 대답했다. "예." 체이스의 눈이 충혈되고 얼굴은 일그러졌다. 대법원장은 너무 늦게 도착했다. 대통령은 이미 숨을 거두었으며, 동료들은 해산했다. 앞으로 뭘 해야 할지 혼란스러웠던 체이스는 결국 터벅터벅 슈어드의 집으로 걸어갔다. 정문을 지키던 경호원이 체이스의 얼굴을 알아보고 그를 거실로 안내했다. 거기서 체이스는 의사들로부터 슈어드가 조금 회복되었다는 이야기를 들었다. "아직 위독하긴 해도 목숨은 건질 것입니다. 하지만 프레더릭 슈어드는 가망이 없습니다."

얼마 후 체이스는, 이번에는 존슨에게 들르기 위해 커크우드 호텔로 향했다. 그리고 존슨의 방에서 예전의 정적이었던 몽고메리 블레어, 그리고 그 아버지와 마주쳤다. 체이스는 아버지 블레어의 손을 잡고 슬픈 눈으로 "블레어 씨, 오늘부터 우리 사이의 모든 분노와 고통이 사라지길 바랍니다."라고 말했다." 노신사도 따뜻하고 친절하게 응답했다. 이처럼 링컨은 죽어서도 오랜 상처를 치유하는 능력을 가진 사람이었다.

남부 출신인 블레어 가족은 링컨의 동료들 중 누구보다도 이번 암살이 남부에 큰 불행임을 알고 있었다. "남부의 지지자들은 이제 그 누구보다 적극적으로 자신들을 보호하고 지켜주던 친구를 잃었다는 사실을 알고 있습니다. 다시는 그런 사람을 찾지 못하겠지요. 그들도 우리만큼 진심으로 슬퍼하고 있습니다."라고 엘리자베스 블레어는 그날 늦게 남편에게 보내는 편지에서 말했다. 〈리치먼드 휘그〉도 "링컨의 죽음은 남부인들이 겪었던 일 중에서 가장 충격적인 일이다."라는 내용의 사설을 실었다.

에드워드 베이츠는 아들 바턴이 세인트루이스에 마련해준 넓은 정원과 안락한 서재가 딸린 새집에 있었다. 그는 이 비보를 듣고 크게 동요했다. 그는 일기에 이렇게 기록했다. "이 나라는 지금까지 견뎌온 그 어떤 재난보다도 링컨의 갑작스러운 죽음에 크게 흔들렸다. 나는 그와 함께 수없이 힘들고 고통스러운 상황을 극복하고 나라를 위해 봉사했으며, 언제나 서로 존경하고 우정을 나누었다. 조국과 나 자신 모두를 위해 그의 죽음을 애도한다."

누구도 슈어드에게는 링컨의 사망 소식을 알리지 않았다. 그가 충격을 감당할 수 없을까 우려했기 때문이다. 하지만 부활절에 창문 너머로 라파예트 공원을 바라보던 슈어드는 문득 전쟁부에 조기(弔旗)가 게양되어 있음을 알아차렸다. 그는 한동안 그걸 응시하다가 간호인에게 몸을 돌리고는 "대통령께서 서거하셨군."이라고 말했다. 간호인은 아니라고 했지만 그는 고개를 내저었다. "살아 있다면 제일 먼저 나를 찾아왔을 텐데, 여기 오지도 않고 내 상태가 어떤지 알아보러 사람을 보내지도 않은 데다, 저기 조기가 걸려 있지 않은가." 그는 다시 침대에 누웠다. "눈물이 상처가 깊은 뺨으로 하염없이 흘러내렸고, 잔인한 진실이 그의 가슴을 아프게 파고들었다." 지금 막 그는 친한 친구이자 상관이며, 지도자였던 이를 잃은 것이다.

추모

5월 마지막 주까지 미합중국의 수도에는 계속 반기(半旗)가 펄럭였다. 곧 해산해서 집으로 돌아갈 약 20만 연방 군인들의 고별 행군을 보기 위해 전국의 시민들이 워싱턴으로 몰려들었다. 이는 스탠턴이 앤티텀부터 프레더릭스버그, 게티즈버그, 빅스버그, 애틀랜타, 그리고 바다에까지 이르는 수많은 전쟁터에서 싸웠던 용사들에게 바치는 마지막 감사의 표시로 이틀간 마련한 행사였다. "워싱턴 역사상 그때만큼 많은 방문객은 없었다. 몇 주 동안 호텔과 하숙집에 수많은 투숙객이 몰려들어 구석구석을 다 차지했다."고 노아 브룩스는 전했다. 학교와 정부 청사는 이 행사를 위해 문을 닫았고, 국회의사당에서 백악관까지 펜실베이니아 전역에 걸쳐 사열대가 세워졌다. 대통령이 된 앤드루 존슨과 그랜트 장군, 여러 고위 인사들이 앉을 연단도 마련되었다.

이틀 내내 하늘은 청명했다. 햇빛은 눈부셨으며, 공기는 상쾌했다. 첫째

날은 포토맥 군단에 바쳐졌다. 기병대와 포병대, 보병대 등이 차례로 사열했다. 모두들 각자 특색 있는 제복과 배지를 걸친 당당한 모습이었다. 기디언 웰스는 이를 웅장하고 인상적인 장관이라고 기록했다. 이 자리에서 스탠턴은 "여러분은 이 부대에서 우리 공화국의 토대, 즉 우리 미래의 철도 책임자, 의원, 은행장, 상원의원, 제조업자, 판사, 주지사, 외교관, 그리고 최소 여섯 명의 대통령이 배출되는 것을 보게 될 것입니다."라고 예언했다. 그의 말은 거의 맞았다. 일곱 명의 차기 대통령 중 다섯 명이 남북전쟁의 명장 출신이었기 때문이다. 율리시스 S. 그랜트, 러더포드 B. 헤이스, 제임스 가필드, 벤저민 해리슨, 윌리엄 맥킨리가 바로 그들이다.

4반세기 전인 1838년, 젊은 에이브러햄 링컨은 그 무렵 대부분 세상을 떠난 독립전쟁의 명장들에 대한 열정적인 연설을 하고 있었다. 그는 "미합중국의 독립을 위한 대전에서 보여줬던 그들의 전설적인 모습이 시간이 갈수록 점점 희미해지고 있습니다. 그 전쟁에 이 땅의 모든 성인 남자들이 남편이나 아버지, 아들, 혹은 형제의 모습으로, 모든 가정이 '살아 있는 역사'를 가질 때까지 참여했습니다."라고 말했다.

그리고 이제 미합중국의 새로운 '살아 있는 역사'는, "국민의, 국민에 의한, 국민을 위한 정부가 지구상에서 멸망하지 않도록" 하기 위해 자유의 새로운 탄생을 외치며 싸웠던 300만 연방 군인들의 가족 속에 있었다. 그 따뜻한 봄날 펜실베이니아 가를 행진했던 군인들은 자신들이 역사를 영원히 바꿀 만한 일을 완수했음을 알고 있었다.

두 번째 날에는 서부 군단이 셔먼 장군 뒤에서 위엄 있게 행진했다. 거리에는 사열을 보러 온 사람들로 가득했다. 셔먼은 "재무부 청사에 이르러 뒤를 돌아보았을 때, 장관이 눈에 들어왔다. 대열은 빼곡했고, 반짝이는 머스킷 총은 규칙적으로 움직이는 단단한 강철 덩어리 같아 보였다."고 기록했다.

셔먼이 라파예트 광장 모퉁이에 이르렀을 때 누군가 벽돌집 이층 창문을 가리켰다. 그곳에는 혼자서는 걷지도 못할 만큼 허약해진 슈어드가 부축을 받으면서 행진을 바라보고 있었다. "나는 그쪽으로 가서 모자를 들어 슈어드 씨에게 인사했다. 그는 내 인사에 화답했고, 병사들은 칼로 경례를 하며 지나갔다."

기디언 웰스는 이 행사에 워싱턴에 살고 있는 모든 이들이 참석했다고 서글픈 듯 말했다. "하원의원, 상원의원, 판사, 외교관, 주지사, 장교, 각료, 아버지와 아들, 엄마와 딸 모두가 바로 그 자리에 있었다. 하지만 에이브러햄 링컨은 없었다. 모두가 그 사실을 느끼고 있었다." 누구보다 각료들이 링컨의 부재를 가장 뼈저리게 느꼈다. 링컨이 내각에 맞이한 이들은 사실상 라이벌들이었다. 이들은 서로 맹렬히 반대했고 가끔은 중요한 문제로 대통령과 싸웠지만, 나중에는 모든 문제를 합심해서 풀어나갔다. 링컨은 이들을 곁으로 끌어 모음으로써 그들의 재능을 한껏 발휘할 기회를 주었고, 분열을 종식시켰으며, 후대에 길이 기억될 투쟁의 영광을 함께 나누었다.

위대한 회상

율리시스 S. 그랜트는 "에이브러햄 링컨보다 그 이름이 역사에 밝게 빛나는 사람은 더 이상 없을 것이다. 또한 그는 전쟁 이후 가장 유명한 인물이 될 것이다. 내가 아는 한 링컨은 가장 위대한 지도자였다."고 단언했다. 시인 월트 휘트먼도 같은 생각이었다. 1888년 그는 이렇게 말했다. "에이브러햄 링컨은 19세기의 그 누구보다도 가장 위대한 사람이다." 휘트먼은 아마 새 세기가 시작될 무렵, 링컨이 남긴 수많은 '위대한 유산'을 발견하고 놀라워했을 것이다.

1908년, 당대 최고의 작가 톨스토이는 황량하고 먼 코카서스 산맥 북쪽 지역에서 문명과는 멀리 떨어진 부족 추장의 초대를 받았다. 추장은 가족과 이웃들을 모아놓고, 톨스토이에게 유명한 역사적 인물에 대한 이야기를 들려 달라고 했다. 톨스토이는 몇 시간 동안 알렉산더, 시저, 프레더릭 대왕, 나폴레옹에 대한 이야기를 들려주었다.

그가 이야기를 마치려 하자 추장은 자리에서 일어나서 이렇게 말했다. "아직 당신은 세상에서 가장 위대한 지도자에 대해서는 한마디도 하지 않으셨습니다. 우리는 그 사람에 대해 알고 싶습니다. 그는 영웅입니다. 그는 천둥 같은 목소리로 말했고, 해돋이처럼 웃었으며, 바위처럼 확고하게 행동했습니다. 그의 이름은 링컨이고, 그가 살았던 나라는 미합중국이라고 합니다. 그곳은 너무 멀어서, 젊은이가 걸어서 거기에 닿고 나면 노인이 되어 있을 것이라고 합니다. 그 사람에 대해 말씀해주십시오."

톨스토이는 회상했다. "나는 그들을 바라보았다. 모두들 흥분해서 얼굴이 달아올랐고, 눈은 이글거렸다. 나는 그들이 그 이름과 행동이 전설로 남은 링컨에 대해 진심으로 궁금해하고 있다는 걸 알 수 있었다." 톨스토이는 그들에게 링컨의 "가정생활과 청년 시절, 습관, 국민에 대한 헌신과 영향력, 체력" 등 알고 있는 모든 것을 이야기해주었다. 이야기를 마치자 부족 사람들은 감사해하며 톨스토이에게 훌륭한 아라비아 말을 선물했다.

다음날 아침, 톨스토이가 떠날 준비를 할 때, 부족 사람들이 링컨의 사진을 가져다줄 수 있느냐고 물었다. 이웃 마을 친구 집에서 그의 사진을 찾을 수 있으리라 생각한 톨스토이는 함께 갈 사람을 찾아 달라고 했다. 그리고 톨스토이는 친구로부터 커다란 링컨의 사진을 받을 수 있었다. 그것을 건네받는 부족민의 손이 파르르 떨렸다고 톨스토이는 회상했다. "그는 경건하게 기도하는 사람처럼 한참 동안 말없이 사진을 들여다보았다. 그의 눈에는 눈물이 가득했다."

톨스토이는 말했다. "이 작은 사건은 링컨이 전 세계에서 얼마나 널리 존경받고 있는지, 그가 얼마나 전설적인 인물인지를 증명한다. 어떻게 링컨은 다른 모든 영웅을 무색하게 만드는 위대함을 가질 수 있었단 말인가? 그는 나폴레옹이나 워싱턴처럼 위대한 장군도, 글래드스턴(1868년 이후 네 차례 수상을 지낸 영국의 정치가)이나 프레더릭 대왕처럼 능숙한 정치가도 아니었다. 하지만 그는 도덕성과 훌륭한 성품으로 최고의 지도자가 되었다. 워싱턴은 전형적인 미국인이었고, 나폴레옹은 전형적인 프랑스인이었다. 하지만 링컨은 전 세계 모든 인류의 박애주의자였다. 그는 그의 조국보다 위대하고, 모든 대통령을 다 합친 것보다 더 위대하다.

몇 백 년이 지난 후 우리 후손은 그가 우리 중 그 누구보다 위대한 사람이었음을 알게 될 것이다. 그의 재능은 탁월하고 확실해서 보통 사람들은 다가갈 수 없다. 태양이 우리에게 직접 그 빛을 비출 때는 너무 뜨거워 바라볼 수 없는 것처럼 말이다."

일리노이 주 의회에 처음 진출할 무렵, 스물세 살이었던 링컨은 "누구나 저마다의 고유한 야망을 갖고 있다고 합니다."라고 생가몬 카운티 주민들에게 말했다. "사실이든 아니든, 저는 동포들의 존경을 받을 만한 사람이 되는 것 외에 다른 야망은 갖고 있지 않습니다. 제가 이 야망을 이룰 수 있을지는 아직 알 수 없습니다." 그는 존경받을 만한 명성을 쌓아 죽은 후에도 자신의 이름이 회자되기를 열망했다. 때문에 그는 궁핍한 어린 시절을 극복하고 새로운 운명을 개척했고, 계속된 좌절을 이겨낼 수 있었다. 그의 꺾이지 않는 목적의식은 연방의 분열과 암울했던 전쟁 속에서 그를 지탱해주는 힘이 되었다. 그는 힘겨운 시절에도 한결같이 좌절에 빠진 동포에게 힘을 주었고, 장군들의 불화를 달랬으며, 반목하는 각료들을 중재했다.

링컨은 평생 친절하고 겸손한 태도를 잃지 않았고, 사람들의 기억에 자신을 각인시키고 싶다는 야망을 가졌다. 그랬기 때문에 그는 예전에는 적대적이었던 사람들에게서 우정과 협조를 이끌어냈고, 실패에서 교훈을 얻었으며, 더 중요한 문제를 위해 작은 것을 양보할 수 있었다.

조국이 '갈라설 수 없는 한 나라'라는 그의 확신은 "만인은 평등하게 태어났다는 명제와 자유를 위한 투쟁으로 표현되었으며," 노예제가 없는 새로운 연방의 재탄생을 낳았다. 또한 그는 이러한 확신을 명쾌하고 아름다운 불후의 언어로 나타냄으로써 정치적 천재성만큼이나 뛰어난 문화적 재능을 발휘했다. 링컨은 죽음을 통해, "누구도 미워하지 말고 모든 이에게 자비를"이라는 두 번째 취임연설문 한 구절의 화신이 되었다. 그가 원했던 불멸의 이름은 생가몬 카운티와 일리노이 주를 너머 미합중국 모든 이들의 가슴에 새겨졌으며, 스탠턴의 추측처럼 미합중국뿐 아니라 세계의 역사 속에서 언제까지나 존경받고 찬미받을 것이다.

역사가 요청하는 리더십

국무장관 윌리엄 슈어드와 그의 아들 프레더릭은 이후 끔찍한 부상에서 회복되었다. 그러나 그 "공포의 밤"은 슈어드의 아내 프랜시스의 목숨을 앗아갔다. 6주 후, 극도로 쇠약해진 프랜시스는 자신이 대신 고통받음으로써 사랑하는 이들의 불행을 자신이 가져가겠다고 말하며 세상을 떠났다. 오번에서 열린 프랜시스의 장례식에는 미국 여성의 장례식 중 가장 많은 조문객이 참석했다. 아버지 곁을 지키며 어머니의 빈자리를 메우려고 노력하던 패니는 몇 달 후 심각한 결핵에 걸려 스물두 번째 생일을 2달 남겨두고 세상을 떠났다. 슈어드는 깊은 슬픔에 잠겼다. 〈워싱턴 리퍼블리컨〉는 "암살범의 타격은 아버지와 아들을 빗겨나 그 아내와 딸에게 치명상을 입혔다."고 보도했다.

슈어드는 존슨 대통령의 임기 내내 계속 국무장관직을 맡았다. 그는 존슨 대통령과 국회 내 급진파 간의 격렬한 싸움을 중재하지 못하고 무력한 모습을 보였으나, 처음에만 해도 "바보짓"이라고 비난받았던 알래스카 매입에 대해 큰 자부심을 가졌다. 슈어드는 공직에서 은퇴한 후 여행을 하며 말년을 보냈다. 그는 알래스카, 캘리포니아, 멕시코 등지를 8달 동안 여행했고, 오번에 돌아온 후 다시 세계여행 계획을 세워 일본과 중국, 인도, 이집트, 그리스, 터키, 프랑스 등지를 여행했다. 그리고 1872년, 71세의 나이로 가족들이 지켜보는 가운데 평화로운 죽음을 맞이했다. 며느리 제니가 마지막으로 남길 말이 없냐고 묻자, 슈어드는 "서로 사랑하라."고만 이야기했다.

스탠턴의 남은 내각 시절은 순탄치 않았다. 그는 남부 재건 문제로 대통령과 공공연히 갈등을 일으켰고 결국 대통령은 그의 해임을 요청했다. 스탠턴은 해임 명령에 응하지 않고 자신의 집무실에서 숙식을 해결하며 몇 주간 시위를 벌였다. 그는 대통령이 관직보유법을 위반했다고 주장했다. 얼마 전 국회 급진파가 통과시킨 이 관직보유법은 대통령이라도 각료를 해임하기 위해서는 상원의 동의를 받아야 한다고 규정하고 있었다. 1868년 존슨 대통령의 탄핵 이유에는, 이같이 관직보유법을 무시했던 처사도 포함되었다. 그러나 탄핵이 상원에서 1표 차로 부결되자 스탠턴은 스스로 사표를 냈다.

그는 많은 시련을 거치며 지쳐 있었지만, 쉴 수가 없었다. 각료로 재임하는 동안 재산을 다 써버렸기 때문이다. 다시 법조계로 돌아간 스탠턴은 1869년 12월 그랜트 대통령으로부터 대법원장으로 지목받고 몹시 기뻐했다. 그 자리야말로 그가 간절히 원했던 "유일한 자리"였기 때문이다. 하지만 그의 행복은 그리 오래가지 못했다. 지명은 받은 3일 후 그는 크리스마스 연휴를 맞아 가족들이 모인 자리에서 심각한 천식 발작으로 의식을 잃었고, 곧 사망했다. 당시 그의 나이 겨우 55세였다.

에드워드 베이츠는 가족과 함께 여생을 보냈다. 전쟁이 끝나자, 연맹 부대를 떠나 집으로 돌아온 아들 플레밍과도 재회할 수 있었다. 베이츠가 1869년 76세의 나이로 세상을 떠났을 때, 세상 사람들은 그의 인품과 공적을 큰 목소리로 칭송했다. 누군가는 이런 말을 남겼다. "그의 인품은 사회적 관계보다는 가족 관계 속에서 더 큰 빛을 발했다. 그는 남편이자 아버지, 친구로서 사랑받았고, 이렇게 맺어진 사랑의 끈은 죽음도 끊어놓지 못했다."

존슨 대통령의 탄핵 심리를 주관한 새먼 체이스는, 링컨의 생전 우려대로 또다시 1868년 대통령 선거로 관심을 돌렸다. 그는 그랜트가 공화당 대통령 후보로 공천받자, 자신은 민주당 후보로 출마하겠다는 야심을 가졌다. 그는 케이트를 선거 운동 책임자로 두고 대의원에 자신의 이름을 올렸으나, 오하이오 주가 대선 후보로 뉴욕의 호러스 시모어를 내세우면서 입후보가 불가능해졌다. 그의 고향이 또다시 야망을 짓밟은 것이었다. 4년 후 여전히 대통령이 되겠다는 꿈을 버리지 못한 체이스는 자유 공화당으로 당적을 옮겼다. 하지만 이번에도 체이스가 아닌 호러스 그릴리가 공천되었다. 그 사이 심장마비와 발작으로 건강이 악화된 체이스는 우울증에 빠져, 한 친구에게 "난 지금 너무 병약해서 가끔 죽은 사람처럼 느껴진다네."라고 털어놓았다. 그리고 1873년 5월 7일, 체이스는 케이트와 네티가 지켜보는 가운데 숨을 거두었다. 그의 나이 65세였다.

블레어 가족은 민주당으로 돌아갔다. 프랭크 블레어는 1868년에 시모어의 부통령 후보로 선발되었다. 하지만 반대자들의 거센 반발로 인해 전도양양했던 그의 정치적 미래는 암흑기를 맞았다. 그는 1875년, 54세를 일기로 집에서 낙상해 사망했으며, 그 후 아버지 블레어는 몸과 마음도 건강하게 아들보다 1년을 더 살다가 85세에 사망했다.

몽고메리 블레어는 1876년의 논란 많던 선거에서 민주당 새무얼 틸든의 고문 역할을 했지만, 결국 공화당의 러더포드 B. 헤이스에게 패했다. 블레어는 1883년에 70세의 나이로 사망할 당시까지 앤드루 존슨의 전기를 썼다. 기디언 웰스는 탄핵 심리 때 앤드루 존슨을 지지했고 1868년까지 내각에 남아 있었다. 그 후에는 코네티컷 주로 돌아가 역사와 관련된 여러 편의 글을 썼고, 링컨을 "어려운 임무를 훌륭하게 처리한 비범한 인물"로 묘사한 최초의 저술가 중 하나가 되었다. 말년에 그가 편집한 일기는 링컨 내각의 역학관계에 대한 가장 귀한 자료로 남아 있다. 그리고 1878년, 그는 연쇄상 구균 감염으로 75세의 나이로 사망했다.

존 니콜라이와 존 헤이는 죽는 날까지 친구로 지내면서 당시 미출간된 링컨의 글을 바탕으로 10권에 달하는 방대한 링컨 연구서를 공동으로 저술했다. 니콜라이는 이 연구의 요약판을 집필하던 1901년에 69세의 나이로 사망했으며, 헤이는 윌리엄 맥킨리와 시어도어 루스벨트 대통령 시절에 국무장관을 지냈다. 그는 1905년 66세를 일기로 사망하기 직전, 이렇게 기록했다. "백악관으로 돌아가 대통령에게 보고를 하는 꿈을 꾸었다. 그 대통령은 바로 링컨이었다. 그는 친절하고 사려 깊게 내 병을 걱정해주었다. 그가 중요한 편지 두 통을 주며 답장을 보내라 했다. 나는 그 작은 지시를 받으며 기쁨을 느꼈다." 이때는 사랑하는 대통령이 암살된 지 40년이 흐른 뒤였다. 헤이는 그 꿈을 꾸고 "걷잡을 수 없는 슬픔"을 느끼며 잠에서 깨어났다.

메리 링컨은 남편의 죽음이 남긴 그림자에서 끝까지 벗어나지 못했다. 일리노이 주로 돌아간 그녀는 엘리자베스 블레어에게, "매일 아침 잠에서 깨어날 때마다, 또 하루를 살아야 한다는 게 힘들게 느껴진다."고 털어놓았다. 그녀는 아들의 가정교사에게 "귀하디귀한 토머스가 없었다면 기꺼이 죽음을 받아들였을 것"이라고 말했다고 한다. 실제로 어머니와 아들은 떼려야 뗄 수 없는 사이였다. 토머스는 어머니와 함께 유럽을 여행했고, 존 헤이는 그런 토머스가 "나이에 비해 무척 사려 깊고 다정했다."고 회상했다. 그러나 토머스는 미국으로 돌아온 뒤 병을 앓았다. 심장 압박증이었다. 그리고 2달 후 18세의 나이로 사망했다.

또다시 사랑하는 이를 떠나보내야 했던 메리의 고통은 금전 걱정으로 인해 더욱 악화되었다. 로버트는 아내가 될 메리 할랜에게 이렇게 털어놓았다. "한 가지만 빼고 모든 일에 분별 있는 사람을 대하는 건 몹시 힘든 일이오. 어떻게 그럴 수 있는지 모르겠지만, 내 어머니는 당신께서 지금 몹시 가난하고 내가 무슨 말을 해도 당신이 가난하지 않다고 설득하지 못할 거라는군." 메리가 갈수록 괴팍한 행동을 보이자, 결국 로버트는 어머니를 정신병원에 보냈다. 메리는 4개월 동안 정신병원에 있다가 스프링필드에 살고 있던 언니 엘리자베스에게 맡겨졌다. 유일하게 살아남은 아들과도 영영 소원해진 것이다. 마지막으로 유럽을 여행하고 돌아온 그녀는 에드워드 가문의 저택에서 조용히 여생을 보냈다. 그 집은 행복했던 시절, 에이브러햄 링컨과 만나 결혼했던 곳이었다. 그리고 1882년 63세가 되었을 때, 그동안 줄곧 원했던 죽음이 그녀를 찾아왔다.

이 책에는 고작해야 하원의원 생활을 딱 한 번 했을 뿐인 무명 변호사 링컨이 명성 높던 세 명의 라이벌을 제치고 대통령이 되는 과정을 통해 그의 정치적 재능을 조명하고 있다.

1860년 5월 18일, 윌리엄 H. 슈어드와 새먼 P. 체이스, 에드워드 베이츠, 그리고 에이브러햄 링컨은 각자의 집에서 시카고에서 열린 전국 공화당 전당대회 소식을 기다리고 있었다. 그리고 라이벌들은 링컨이 승자로 떠오르자 당황하고 분노했다. 이들은 격동의 1850년대 노예제에 대한 갈등이 탈퇴와 내전으로 치닫는 동안, 저마다 대통령이 되기 위해 적극적으로 노력했다. 링컨은 다른 라이벌들보다 더 재능이 있거나, 많은 혜택을 누리고 살아온 사람이 아니었다. 그러나 라이벌보다 더 치열한 인생을 살아왔고 동시에 천성적으로 고귀한 인품을 가진 사람이었다. 그 덕에 라이벌 중 가장 보잘것없었던 링컨이 대통령의 자리에 오르게 되었다. 그는 타인의 입장을 이해하고, 그들의 느낌을 공감하며, 그들의 동기와 욕망을 이해할 줄 아는 남다른 재능을 가졌기에 승리할 수 있었다. 그가 적수들을 한데 모으고, 역사상 가장 기이한 내각을 구성하고, 연방의 보전과 전쟁의 승리를 위해 그들의 재능을 결집할 수 있었던 것도 바로 그 능력들 덕분이었다.

링컨은 무능한 장군과 적대적인 의원들, 소란스러운 내각에 대처해 길고 무시무시한 싸움을 벌였다. 그는 결국 장애를 극복하고 경쟁자들의 존경을 받았고, 슈어드처럼 끝까지 곁을 지켜주는 충성스러운 친구를 만났다. 이 책은 링컨뿐만 아니라 그와 함께했던 여러 사람의 인생을 다루면서, 링컨이 어떻게 사람을 다스렸고, 어떻게 미국 역사상 가장 존경받는 대통령으로 길이 남을 수 있었는지를 보여주고자 집필되었다.

근 1년 가까운 세월 동안 늘 이 책 《권력의 조건》과 함께 내 곁에 있었던 것은 한 장의 그림이었다. 이 책의 표지를 장식한 프랜시스 빅널 카펜터의 '노예 해방 선언서의 최초 낭독(The First Reading of the Emancipation Proclamation)'이었다.

링컨이 노예 해방 선언서를 처음 낭독하는 장면이 담긴 이 그림에는 라이벌로 이루어진 독특한 링컨 내각의 각료들이 묘사되어 있다. 왼쪽부터 보면, 수염을 길게 기른 에드윈 M. 스탠턴, 팔짱을 낀 채 당당하게 서 있는 새먼 P. 체이스, 우리가 그 얼굴을 익히 알고 있는 에이브러햄 링컨, 하얀 수염의 기디언 웰스, 그 옆에 나란히 서 있는 캘럽 스미스와 몽고메리 블레어, 옆얼굴을 보인 채 앉아 있는 윌리엄 H. 슈어드, 그리고 에드워드 베이츠가 바로 그들이다. 한 사람 한 사람, 저마다의 개성과 성격을 보여주고 있는 듯하다.

한 사람의 개인사는 오로지 그 사람 하나의 행적만으로는 설명할 수 없다. 이 책을 읽는 독자들 모두 가족이나 지인들과 함께 어울려 살아가며 생을 이루듯, 링컨에게도 독서를 권해주고 늘 다정했던 새어머니뿐 아니라 아내와 아이들이 있었고, 이 모든 사람들이 링컨의 인생을 형성하고 있다. 가족 외에도 링컨에겐 서로 친분을 나누기도 했고 경쟁하기도 했던 수많은 친구들과 그의 정치 인생에 중요한 역할을 했던 각료들이 있었다. 그리고 또한 이들 각료들 역시 저마다의 가족, 친구들과 더불어 생을 살았다.

이 책은 이 모든 이들의 삶과 더불어 미국 역사상 키가 제일 큰 대통령 링컨의 호리호리한 외모 속에 숨어 있는 가장 큰 능력, 즉 적군까지도 아군으로 만들 수 있는 그의 리더십을 보여주고 있다. 퓰리처상을 수상한 바 있는 저자 도리스 컨스 굿윈은 이 책에서 할머니가 옛날이야기를 들려주듯, 링컨과 한때는 라이벌이었으나 함께 협력하는 동안 친구가 된 이들의 삶을 씨실과 날실처럼 엮어 이들의 삶과 내면을 영화처럼 자세히 들려준다.

실제로 스티븐 스필버그 감독이 출판 전에 이미 이 책의 판권을 매입했고, 이 책을 토대로 하여 '쉰들러 리스트'의 리암 니슨을 링컨 역으로 캐스팅해 영화로 제작한다고 한다. 스필버그가 전개되는 링컨의 이야기를 어떻게 스크린에 담아낼지 기대된다.

그 어느 책보다 긴 시간 동안 이 책을 우리말로 옮기는 동안 수많은 고어(古語)의 바다 속을 헤매는 등, 여러 가지 우여곡절을 많이 겪었다. 링컨을 보다 잘 알게 될 기회를 주었을 뿐 아니라 원고가 완성되기까지 인내심을 갖고 기다려주신 북이십일과 바른번역에 감사한다. 그리고 마지막에 이 책의 등장인물들이 하나 둘 세상을 떠날 적에 그동안 쌓인 그들에게 미운 정과 고운 정 때문에 눈물 흘리던 나를 곁에서 지켜봐주었던 내 반려에게도 감사의 말을 전한다.

옮긴이 이수연

닐리, 마크(Neely, Mark)

ㄷ

달그렌, 울릭(Dahlgren, Ulric)

달그렌, 존 A.(Dahlgren, John A.)

더글러스, 루이스(Douglass, Lewis)

더글러스, 스티븐(Stephen Douglass)

더글러스, 찰스(Douglass, Charles)

더글러스, 프레더릭(Douglass, Frederick)

더블데이, 앱너(Doubleday, Abner)

데니슨, 윌리엄(Dennison, William)

데밍, 헨리 C.(Deming, Henry C.)

데이나, 리처드 헨리, 2세(Dana, Richard

Henry, Jr.)

데이나, 찰스(Dana, Charles)

데이비스, 데이비드(Davis, David)

데이비스, 배리나(Davis, Varina)

데이비스, 세라(Davis, Sarah)

데이비스, 윌리엄(Davis, William)

데이비스, 제퍼슨(Davis, Jefferson)

데이비스, 제퍼슨, 2세(Davis, Jefferson, Jr.)

데이비스, 조지프(Davis, Joseph)

데이비스, 헨리 윈터(Davis, Henry Winter)

데이턴, 윌리엄(Dayton, William)

도널드, 데이비드(Donald, David)

도우스, 헨리(Dowes, Henry)

뒤부아, 제시 (Dubois, Jesse)

드레이크, 대니얼(Drake, Daniel)

드레이크, 찰스(Drake, Charles)

디커슨, 에드워드(Dickerson, Edward)

디키, T. 라일(Dickey, T. Lyle)

디킨스, 찰스(Dickens, Charles)

디킨슨, 대니얼(Dickinson, Daniel)

디킨슨, 애너(Dickinson, Anna)

디킨슨, 에밀리(Dickinson, Emily)

딕스, 도로시아(Dix, Dorothea)

딕스, 존 A.(Dix, John A.)

딕슨, 윌리엄(Dickson, William)

딕슨, 제임스(Dixon, James)

ㄹ

라몬, 워드(Lamon, Ward)

라이언, 너대니얼(Lyon, Nathaniel)

라이언스 경(Lyons, Lord)

라이트, 호라티오 G.(Wright, Horatio G.)

락, 존 S.(Rock, John S.)

락웰, A. F.(Rockwell, A. F.)

래스본, 헨리(Rathbone, Henry)

랜달, 루스(Randall, Ruth)

랜달, 알렉산더(Randall, Alexander)

랜달, 제임스(Randall, James)

랜돌프, 존(Randolph, John)

러브조이, 오웬(Lovejoy, Owen)

러셀, 윌리엄(Russell, William)

러셀, 존(Russell, John)

러틀리지, 앤(Rutledge, Ann)

러핀, 토머스(Ruffin, Thomas)

레바인, 로렌스(Levine, Lawrence)

레오폴드 1세(Leopold I)

레이, 찰스(Ray, Charles)

레이먼드, 헨리(Raymond, Henry)

레인, 조지프(Lane, Joseph)

레인, 해리엇(Lane, Harriet)

레인, 헨리(Lane, Henry)

레트, 로버트 반웰(Rhett, Robert Barnwell)

로건, 스티븐(Logan, Stephen)

로버츠, 프레더릭(Roberts, Frederick)

로빈슨, 제임스(Robinson, James)

로빈슨, 조지(Robinson, George)

로빈슨, 찰스(Robinson, Charles)

로웰, 제임스 러셀(Lowell, James Russell)

로즈크랜스, 윌리엄(Rosecrans, William)

롤린스, 제임스(Rollins, James)

롱스트리트, 제임스(Longstreet, James)

롱펠로우, 헨리 워즈워스(Longfellow, Henry
Wadsworth)

루스벨트, 시어도오(Roosevelt, Theodore)

르버링, 머시 앤(Levering, Mercy Ann)

리, 로버트 E.(Lee, Robert E.)

리, 새무얼 필립스(Lee, Samuel Phillips)

리, 엘리자베스 블레어(Lee, Elizabeth Blair)

리드, 화이트로(Reid, Whitelaw)

리들, 앨버트(Riddle, Albert)

리브스, 윌리엄(Rives, William)

릭스, 조지(Riggs, George)

릴, 찰스(Leale, Charles)

링컨, 낸시 행크스(Lincoln, Nancy Hanks)

링컨, 로버트(Lincoln, Robert)

링컨, 메리 토드(Lincoln, Mary Todd)

링컨, 세라 부시 존스턴(Lincoln, Sarah Bush
Johnston)

링컨, 세라(Lincoln, Sarah)

링컨, 에드워드(Lincoln, Edward)

링컨, 에이브러햄(Lincoln, Abraham)

링컨, 윌리엄 월리스(Lincoln, William Wallace)

링컨, 토머스(Lincoln, Thomas) ─ 링컨의 아들

링컨, 토머스(Lincoln, Thomas) - 링컨의아버지

ㅁ

마블, 맨튼(Marble, Manton)

마샬, 존(Marchall, John)

만, 토머스(Mann, Thomas)

매디슨, 돌리(Madison, Dolly)

매디슨, 제임스(Madison, James)

매스터스, 애드거 리(Masters, Edgar Lee)

매즐리쉬, 스티븐(Mazlish, Stephen)

매컬로우, 패니(McCullough, Fanny)

매트슨, 조엘(Matteson, Joel)

맥도너, 존(McDonough, John)

맥도웰, 어윈(McDowell, Irwin)

맥린, 존(McLean, John)

맥브라이드, 로버트(McBride, Robert)

맥알리스터, 아치볼드(McAllister, Archibald)

맥일베인 주교(McIlvaine, Bishop)

맥컬럼, D. C.(McCallum, D. C.)

맥컬로우, 존(McCullough, John)

맥컬로흐, 휴(McCulloch, Hugh)

맥코믹, 사이러스(McCormick, Cyrus)

맥클렐런, 메리 엘런(McClellan, Mary Ellen)

맥클렐런, 조지 B.(McClellan, George B.)

맥클루어, 알렉산더(McClure, Alexander)

맥킨리, 윌리엄(McKinley, William)

맥퍼슨, 제임스(McPherson, James)

맥필리, 윌리엄(McFeely, William)

머서, 새무얼 (Mercer, Samuel)

머시어, 헨리(Mercier, Henri)

먼로, 제임스(Monroe, James)

메더리, 새무얼(Medary, Samuel)

메딜, 조지프(Medill, Joseph)

메리먼, 존(Merryman, John)

메이그스, 몽고메리(Meigs, Montgomery)

메이슨, 제임스(Mason, James)

멜런, 윌리엄(Mellen, William)

멜빌, 허먼(Melville, Herman)

모건, 에드윈(Morgan, Edwin)

모스, 존 F.(Morse, John F.)

모턴, 올리버(Morton, Oliver)

모틀리, 존(Motley, John)

미드, 조지(Meade, George)

미첼, 매기(Mitchell, Maggie)

밀, 존 스튜어트(Mill, John Stuart)

밀러, 라제트(Miller, Lazette)

밀러, 엘리야(Miller, Elijah)

밀로이, 로버트 H.(Milroy, Robert H.)

밀스, 조지프(Mills, Joseph)

밀스, 클라크(Mills, Clark)

ㅂ

바니, 하이럼(Barney, Hiram)

바로우, 새무얼(Barlow, Samuel)

바이런, 조지 고든(Byron, George Gordon)

바턴, 데이비드(Barton, David)

바턴, 조슈아(Barton, Joshua)

반스, 존(Barnes, John)

밴 네스트, 존(Van Nest, John)

밴 듀센, 글린던 (Van Deusen, Glyndon)

밴 뷰런, 마틴(Van Buren, Martin)

밴 잔트, 존(Van Zandt, John)

밴크로포트, 조지(Bancroft, George)

밸런디검, 클레멘트(Vallandigham, Clement)

밸리언트, 조지(Valliant, George)

뱅크스, 너대니얼(Banks, Nathaniel)

버니, 제임스 G.(Birney, James G.)

버니언, 존(Bunyan, John)

버크너, 사이먼 볼리바(Buckner, Simon

Bolivar)

버틀러, 벤저민 (Butler, Benjamin)

버틀러, 앤드루(Butler, Andrew)

번사이드, 앰브로즈 E.(Burnside, Ambrose E.)

번스, 로버트(Burns, Robert)

베넷, 제임스 고든(Bennett, James Gordon)

베델, 그레이스 (Bedell, Grace)

베이츠, 낸시(Bates, Nancy)

베이츠, 데레나(Bates, Therena)

베이츠, 데이비드(Bates, David)

베이츠, 딕(Bates, Dick)

베이츠, 리처드(Bates, Richard)

베이츠, 마가렛(Bates, Margaret)

베이츠, 바턴(Bates, Barton)

베이츠, 벤저민(Bates, Benjamin)

베이츠, 에드워드(Bates, Edward)

베이츠, 우드슨(Bates, Woodson)

베이츠, 조슈아 바턴(Bates, Joshua Barton)

베이츠, 줄리아 콜터(Bates, Julia Coalter)

베이츠, 줄리언(Bates, Julian)

베이츠, 찰스 우드슨(Bates, Charles Woodson)

베이츠, 캐롤라인 우드슨(Bates, Caroline

Woodson)

베이츠, 탈레턴(Bates, Tarleton)

베이츠, 토머스 플레밍(Bates, Thomas

Fleming)

베이츠, 프레더릭(Bates, Frederick)

베이츠, 플레밍(Bates, Fleming)

베이커, 에드워드(Baker, Edward)

베이커, 제임스(Baker, James)

베일리, 개메일리얼(Bailey, Gamaliel)

베일리, 마가렛(Bailey, Margaret)

벤저민, 월터(Benjamin, Walter)

벤저민, 찰스(Benjamin, Charles)

벤턴, 토머스 하트(Benton, Thomas Hart)

벨, 제인(Bell, Jane)

벨, 존(Bell, John)

보리트, 가버(Boritt, Gabor)

보우리가드, 피에르(Beauregard, Pierre)

보웬, 헨리(Bowen, Henry)

볼, 플래먼(Ball, Flamen)

볼크, 레너드(Volk, Leonard)

부스, 에드윈(Booth, Edwin)

부스, 존 윌크스(Booth, John Wilkes)

부스, 주니우스(Booth, Junius)

부시, 새무얼(Busey, Samuel)

부트웰, 조지(Boutwell, George)

뷰캐넌, 제임스(Buchanan, James)

뷰캐넌, 프랭크(Buchanan, Frank)

브네, 스티븐 빈센트(Benét, Stephen Vincent)

브라우닝, 엘리자(Browning, Eliza)

브라우닝, 오빌(Browning, Orville)

브라운, 존(Brown, John)

브라운, 찰스 파라(Browne, Charles Farrar)

브라운, B. 그라츠(Brown, B. Gratz)

브래그, 브랙스턴(Bragg, Braxton)

브래그, 토머스(Bragg, Thomas)

브래디, 매튜(Brady, Matthew)

브레이먼, 메이슨(Brayman, Mason)

브로우, 존(Brough, John)

브루스, 로버트(Bruce, Robert)

브룩스, 노아(Brooks, Noah)

브룩스, 프레스턴(Brooks, Preston)

브리킨리지, 존 C.(Brekinridge, John C.)

브릭스, 제임스(Briggs, James)

블라이트, 데이비드(Blight, David)

블래치포드, 리처드(Blatchford, Richard)

블랙, 제러마이어(Black, Jeremiah)

블레어, 몽고메리(Blair, Montgomery)

블레어, 미너(Blair, Minna)

블레어, 오스틴(Blair, Austin)

블레어, 제임스(Blair, James)

블레어, 프랜시스 프레스턴(Blair, Francis Preston)

블레어, 프랭크, 2세(Blair, Frank, Jr.)

블레인, 제임스(Blaine, James)

블로우, 테일러(Blow, Taylor)

블로우, 헨리(Blow, Henry)

비, 바너드(Bee, Barnard)

비글로, 존(Bigelow, John)

비엘, 에그버트(Viele, Egbert)

비올, 존 예이츠(Beall, John Yates)

비처, 헨리 워드(Beecher, Henry Ward)

빅토리아 여왕(Victoria, Queen)

빌라드, 헨리(Villard, Henry)

ㅅ

색스턴, 루푸스(Saxton, Rufus)

샤퍼, 존(Shaffer, John)

샹브렁 후작(Chambrun, Marquis de)

섬너, 찰스(Sumner, Charles)

셔먼, 윌리엄 T.(Sherman, William T.)

셔먼, 존(Sherman, John)

셔먼, 토머스 W.(Sherman, Thomas W.)

셰리던, 필립(Sheridan, Philip)

솔스버리, 윌라드(Saulsbury, Willard)

쇼, 로버트 굴드(Shaw, Robert Gould)

쇼필드, 존 M.(Schofield, John M.)

쉐릭, 로버트 C.(Sherick, Robert C.)

쉴즈, 제임스(Shields, James)

슈먼, 구스타브(Shuman, Gustave)

슈어드, 메리 제닝스(Seward, Mary Jennings)

슈어드, 새무얼(Seward, Samuel)

슈어드, 애너(Seward, Anna)

슈어드, 애너(Seward, Anna)

슈어드, 오거스터스(Seward, Augustus)

슈어드, 윌리엄 헨리(Seward, William Henry)

슈어드, 윌리엄, 2세(Seward, William, Jr.)

슈어드, 제니(Seward, Jenny)

슈어드, 코넬리아(Seward, Cornelia)

슈어드, 패니(Seward, Fanny)

슈어드, 프랜시스 밀러(Seward, Frances Miller)

슈어드, 프레더릭(Seward, Frederick)

스네던, 워팅턴 G.(Snethen, Worthington G.)

스메데스, 윌리엄(Smedes, William)

스미스, 게리트(Smith, Gerrit)

스미스, 애덤(Smith, Adam)

스미스, 제임스(Smith, James)

스미스, 캘럽(Smith, Caleb)

스미스, 해밀턴(Smith, Hamilton)

스웨트, 레너드(Swett, Leonard)

스위스헬름, 제인 그레이(Swisshelm, Jane Grey)

스콧, 드레드(Scott, Dred)

스콧, 월터(Scott, Walter)

스콧, 윈필드(Scott, Winfield)

스콧, 윌리엄(Scott, William)

스크립스, 존 록스(Scripps, John Locks)

스탠턴, 다윈(Stanton, Darwin)

스탠턴, 루시(Stanton, Lucy)

스탠턴, 메리 램슨(Stanton, Mary Lamson)

스탠턴, 베시(Stanton, Bessie)

스탠턴, 에드윈 M.(Stanton, Edwin M.)

스탠턴, 에드윈, 2세(Stanton, Edwin, Junior),

스탠턴, 엘런 허치슨(Stanton, Ellen Hutchison)

스탠턴, 제임스(Stanton, James)

스탠턴, 팸필라(Stanton, Pamphila)

스탠턴, 헨리(Stanton, Henry)

스탬프, 케네스(Stampp, Kenneth)

스턴스, 조지 L.(Stearns, George L.)

스털링, 조지프(Sterling, Joseph)

스테드먼, 에드먼드(Stedman, Edmund)

스토, 해리엇 비처(Stowe, Harriet Beecher)

스토더드, 윌리엄(Stoddard, William)

스토리, 조지프(Story, Joseph)

스톤, 로버트(Stone, Robert)

스톤, 찰스 P.(Stone, Charles P.)

스톤먼, 조지(Stoneman, George)

스튜어트, 존(Stuart, John)

스튜어트, 플로라(Stuart, Flora)

스튜어트, J. E. B.(Stuart, J. E. B.)

스트롱, 조지 템플턴(Strong, George

Templeton)

스티븐스, 알렉산더(Stephens, Alexander)

스티븐스, 태디어스(Stevens, Thaddeus)

스패로우, 엘리자베스(Sparrow, Elizabeth)

스패로우, 토머스(Sparrow, Thomas)

스폴딩, 루푸스(Spalding, Rufus)

스폴딩, 엘드리지(Spaulding, Eldridge)

스프레이그, 아마사(Sprague, Amasa)

스프레이그, 윌리엄(Sprague, William)

스피드, 제임스(Speed, James)

스피드, 조슈아(Speed, Joshua)

스피드, 패니(Speed, Fanny)

슬라이델, 존(Slidell, John)

시겔, 프란츠(Sigel, Franz)

시먼스, 제임스(Simmons, James)

시모어, 호라티오(Seymour, Horatio)

시모어, 호러스(Seymour, Horace)

시스코, 존(Cisco, John)

시어러, 해나(Shearer, Hannah)

와트, 존(Watt, John)

왈라스, 류(Walace, Lew)

왓슨, 피터(Watson, Peter)

우드, 윌리엄(Wood, William)

우드, 페르난도(Wood, Fernando)

우드워드, 조지(Woodward, George)

울, 존 F.(Wool, John F.)

워드, 아티머스(Ward, Artemus)

워든, 로버트(Warden, Robert)

워든, 존 L.(Worden, John L.)

워쉬번, 엘리후 B.(Washburne, Elihu B.)

워쉬번, 이스라엘(Washburne, Israel)

워싱턴, 조지(Washington, George)

워커, 수전(Walker, Susan)

워트, 윌리엄(Wirt, William)

월콧, 크리스토퍼(Wolcott, Christopher)

웨이드, 벤(Wade, Ben)

웨이크먼, 에이브럼(Wakeman, Abram)

웨인, 제임스 W.(Wayne, James W.)

웬트워스, 존(Wentworth, John)

웰스, 기디언(Welles, Gideon)

웰스, 메리 제인(Welles, Mary Jane)

웰스, 에드거(Welles, Edgar)

웰스, 토머스(Welles, Thomas)

웹, 에드윈(Webb, Edwin)

웹, 제임스 왓슨(Webb, James Watson)

웹스터, 대니얼(Webster, Daniel)

위니크, 제이(Winik, Jay)

위드, 새무얼(Weed, Samuel)

위드, 서로우(Weed, Thurlow)

위드, 캐서린(Weed, Catherine)

위드, 해리엇(Weed, Harriet)

위비, 로버트(Wiebe, Robert)

위코프, 헨리(Wikoff, Henry)

윈첼, 제임스(Winchell, James)

윌리스, 너대니얼 파커(Willice, Nathaniel Parker)

윌모트, 데이비드(Wilmot, David)

윌스, 게리(Wills, Garry)

윌스, 데이비드(Wills, David)

윌슨, 더글러스(Wilson, Douglas)

윌슨, 로버트(Wilson, Robert)

윌슨, 헨리(Wilson, Henry)

윌크스, 찰스(Wilkes, Charles)

윔스, 파슨(Weems, Parson)

이글스턴, 벤저민(Eggleston, Benjamin)

이스턴, 루푸스(Easton, Rufus)

이스트먼, 샬럿(Eastman, Charlotte)

Garniss)

치텐든, 루시어스(Chittenden, Lucius)

ㅋ

카네기, 앤드루 (Carnegie, Andrew)

카슨, 카라(Kasson, Cara)

카우치, 다리우스(Couch, Darius)

카터, 데이비드 K.(Carter, David K.)

카펜터, 프랜시스 빅넬(Carpenter, Francis

Bicknell)

슈르츠, 칼(Schurz, Carl)

캐머런, 사이먼 (Cameron, Simon)

캐머런, 제임스(Cameron, James)

캐벌, 메리 엘렛(Cabell, Mary Ellet)

캐스, 루이스(Cass, Lewis)

캐펀, 프랜시스(Capen, Francis)

캠벨, 앤 토드(Campbell, Ann Todd)

캠벨, 존 A.(Campbell, John A.)

커, 오르피어스(Kerr, Orpheus)

커니, 필립(Kearny, Philip)

커밍스, 알렉산더(Cummings, Alexander)

커쉬먼, 샬럿(Cushman, Charlotte)

커츠, 아델(Cutts, Adele)

커츠, 제임스, 2세(Cutts, James, Jr.)

커크우드, 새무얼(Kirkwood, Samuel)

커티스, 새무얼 R.(Curtis, Samuel R.)

커티스, 새무얼(Curtis, Samuel)

커틴, 앤드루(Curtin, Andrew)

컬훈, 존(Calhoun, John)

케이스, S. P.(Kase, S. P.)

케이시, 조지프(Casey, Joseph)

케인, 마빈(Cain, Marvin)

켁클리, 엘리자베스(Keckley, Elizabeth)

켈리, 윌리엄 D.(Kelly, William D.)

코그달, 아이작(Cogdal, Isaac)

코넌트, 재스퍼(Conant, Jasper)

코닝, 이래스터스(Corning, Erastus)

코윈, 톰(Corwin, Tom)

코크런, 헨리 클레이(Cochrane, Henry Clay)

코프로스, 알렉산더(Coffroth, Alexander)

콕스, 새무얼(Cox, Samuel)

콘클링, 로스코(Conkling, Roscoe)

콘클링, 머시(Conckling, Mercy)

콘클링, 제임스(Conkling, James)

콜래머, 제이콥(Collamar, Jacob)

콜번, 네티(Colburn, Nettie)

콜체스터 경(Colchester, Lord)

콜팩스, 슈일러(Colfax, Schuyler)

툼스, 로버트(Tombs, Robert)

트럼벌, 라이먼(Trumbull, Lyman)

트럼벌, 줄리아 제인(Trumbull, Julia Jayne)

트레이시, 앨버트 할러(Tracy, Albert Haller)

트레이시, 해리엇(Tracy, Harriet)

트로우브릿지, 존(Trowbridge, John)

트롤로프, 앤서니(Trollope, Anthony)

트롤로프, 프랜시스(Trollope, Frances)

티투스, 메리(Titus, Mary)

틸든, 새무얼(Tilden, Samuel)

틸튼, 시어도어(Tilton, Theodore)

ㅍ

파슨스, 리처드(Parsons, Richard)

파월, 루이스(Powell, Lewis)

파이어스 9세 교황(Pius IX, Pope)

파이크, 엘리자베스(Pike, Elizabeth)

파이크, 제임스(Pike, James)

파커, 시어도오(Parker, Theodore)

파커, 엘리자(Parker, Eliza)

파크스, 새무얼(Parks, Samuel)

팔머스턴 경(Palmerston, Lord)

패러거트, 데이비드(Farragut, David)

패터슨, 로버트(Patterson, Robert)

페렌바처, 돈(Fehrenbacher, Don)

페리, 엘런(Perry, Ellen)

페리, 하퍼스(Ferry, Harpers)

페센든, 윌리엄(Fessenden, William)

펜덜, 토머스(Pendel, Thomas)

펜들턴, 윌리엄(Pendleton, William)

펜들턴, 조지(Pendleton, George)

펜로즈, 찰스 B.(Penrose, Charles B.)

펠, 제시(Fell, Jesse)

펨버턴, 존(Pemberton, John)

포니, 존(Forney, John)

포드, 해리(Ford, Harry)

포레스트, 에드윈(Forrest, Edwin)

포크, 제임스(Polk, James)

포터, 데이비드(Potter, David)

포터, 호러스(Porter, Horace)

포프, 존(Pope, John)

폭스, 구스타부스(Fox, Gustavus)

폼로이, 레베카(Pomeroy, Rebecca)

폼로이, 새무얼(Pomeroy, Samuel)

폼로이, 조지(Pomeroy, George)

푸트, 쉘비(Foote, Shelby)

푸트, 앤드루(Foote, Andrew)

푸트, 헨리(Foote, Henry)

프라이, 존(Fry, John)

프라이스, 스털링(Price, Sterling)

프랭크퍼터, 펠릭스(Frankfurter, Felix)

프랭클린, 벤저민(Franklin, Benjamin)

프레몽, 제시 벤턴(Frémont, Jessie Benton)

프레몽, 존 찰스(Frémont, John Charles)

프렌치, 메리 애덤스(French, Mary Adams)

프렌치, 벤저민(French, Benjamin)

프로스트, 로버트(Frost, Robert)

프록터, 애디슨(Procter, Addison)

프리먼, 윌리엄(Freeman, William)

프티, 존(Petit, John)

플레전츠, 제임스 S.(Pleasants, James S.)

피어스, 프랭클린(Pierce, Franklin)

피켓, 조지(Pickett, George)

핀천, 토머스(Pynchon, Thomas)

핀커튼, 앨런(Pinkerton, Allan)

필드, 데이비드 더들리(Field, David Dudley)

필드, 몬셀(Field, Maunsell)

필립스, 웬델(Phillips, Wendell)

필모어, 밀러드(Fillmore, Millard)

ㅎ

하딘, 존(Hardin, John)

하딩, 조지(Harding, George)

하웰스, 윌리엄 딘(Howells, William Dean)

하트, 앨버트(Hart, Albert)

한셀, 에머릭(Hansell, Emerick)

할랜, 메리(Harlan, Mary)

할랜, 제임스(Harlan, James)

할스테드, 무라트(Halstead, Murat)

해리스, 아이라(Harris, Ira)

해리스, 클라라(Harris, Clara)

해리슨, 벤저민(Harrison, Benjamin)

해리슨, 윌리엄 헨리(Harrison, William Henry)

해리슨, 윌리엄(Harrison, William)

해링턴, 조지(Harrington, George)

해케트, 제임스(Hackett, James)

핼렉, 헨리(Halleck, Henry)

햄린, 엘런(Hamlin, Ellen)

햄린, 한니발(Hamlin, Hannibal)

행콕, 윈필드(Hancock, Winfield)

행크스, 데니스(Hanks, Dennis)

헌돈, 윌리엄(Herndon, William)

헌터, 데이비드(Hunter, David)

헌터, R. M. T.(Hunter, R. M. T.)

헐버트, 스티븐(Hurlbut, Stephen)

험프리스, 엘리자베스(Humphreys, Elizabeth)

헤닝, 페니(Henning, Fenny)

헤럴드, 데이비(Herald, David)

헤이, 밀턴(Hay, Milton)

헤이, 존(Hay, John)

헤이, 찰스(Hay, Charles)

헤이스, 러더포드 B.(Hayes, Rutherford B.)

헤일, 존(Hale, John)

헨리, 앤슨(Henry, Anson)

헨리, 조지프(Henry, Joseph)

헬름, 벤저민 하딘(Helm, Benjamin Hardin)

헬름, 에밀리 토드(Helm, Emilie Todd)

헬름, 캐서린(Helm, Katherine)

호세아, 로버트(Hosea, Robert)

홀스타인, 슐레스비히(Holstein, Schleswig)

홀트, 조지프(Holt, Joseph)

홈스, 올리버 웬델(Holmes, Oliver Wendell)

홈스, 올리버 웬델, 2세(Homes, Oliver Wendell, Jr.)

홉킨스, 이래스터스(Hopkins, Erastus)

화이트, 마르타 토드(White, Martha Todd)

화이트, 호러스(White, Horace)

후드, 토머스(Hood, Thomas)

후커, 조(Hooker, Joe)

후퍼, 새무얼(Hooper, Samuel)

휘트니, 헨리(Whitney, Henry)

휘트먼, 월트(Whitman, Walt)

휘티어, 존 그린리프(Whittier, John Greenleaf)

휴스, 존(Hughes, John)

▪ 옮긴이 소개

옮긴이 이수연은 상명대학교에서 교육학과 영어교육학을 전공했고, 홍익대학교 대학원에서 미학을 공부했다. 일요신문 외신부에서 해외정보작가로 근무하다 현재는 전문번역가로 활동하고 있다. 옮긴 책으로는 《반 고흐 vs 폴 고갱》《고야, 영혼의 거울》《삶은 유한하다》《환상》《수백 가지 신의 얼굴》《왓슨, 내가 이겼네》 등 다수가 있다.

▪ 그림 출처

시카고 역사 박물관(Chicago Historical SocietyMuseum): 4쪽

에이브러햄 링컨 대통령 도서관(Abraham Lincoln Presidential Library): 5쪽, 14~15쪽, 201쪽, 343쪽, 513쪽, 749쪽, 799쪽

Philos 014

권력의 조건

라이벌까지 끌어안은 링컨의 포용 리더십

개정판 1판 1쇄 발행 2013년 3월 7일
개정판 1판 7쇄 발행 2024년 5월 17일

지은이 도리스 컨스 굿윈
옮긴이 이수연
펴낸이 김영곤
펴낸곳 (주)북이십일 아르테

편집 김지영 최윤지
기획위원 장미희
출판마케팅영업본부 본부장 한충희
마케팅 남정한 한경화 김신우 강효원
영업 최명열 김다운 김도연 권채영
해외기획 최연순 소은선
제작 이영민 권경민

출판등록 2000년 5월 6일 제406-2003-061호
주소 (10881) 경기도 파주시 회동길 201(문발동)
대표전화 031-955-2100 **팩스** 031-955-2151 **이메일** book21@book21.co.kr

(주)북이십일 경계를 허무는 콘텐츠 리더

아르테 채널에서 도서 정보와 다양한 영상 자료, 이벤트를 만나세요!
인스타그램 instagram.com/21_arte **페이스북** facebook.com/21arte
　　　　　　 instagram.com/jiinpill21 　　　　　 facebook.com/jiinpill21
포스트 post.naver.com/staubin **홈페이지** arte.book21.com
　　　　 post.naver.com/21c_editors 　　　　　 book21.com

ISBN 978-89-509-4775-0 03320